LANDVERGNÜGEN

Schöner steht man selten!

Inhalt

Landgeschichten

Region Nord
Region Nordwest
Region Ost
Region Mitte-West
Region West
Region Südost
Region Südwest

Das ist Landvergnügen

„Herzlich willkommen!“ Wenn Sie im Landvergnügen unterwegs sind, werden Sie diesen Satz in Zukunft öfter hören. Egal ob Sie mit dem Wohnmobil, Bulli oder Wohnwagen unterwegs sind – mit Landvergnügen sind Sie bei landwirtschaftlichen Produzenten aus ganz Deutschland eingeladen.

Sie werden eine Vielzahl an Köstlichkeiten direkt am Ort ihrer Erzeugung kennenlernen. Neben Geschmack und Frische erwartet Sie ländliche Gastfreundschaft fleißiger Familien und kleiner Betriebe, die sich auf wertschätzende Gäste und Kunden freuen – zeigen Sie Ihre Anerkennung durch einen Einkauf im Hofladen.

LANDVERGNÜGEN

Schöner steht man selten!

EIN HOCH AUF DIE ANALOGE WELT

Noch nie erschien mir die Welt so nah und so klein. Noch nie schien sie so eng miteinander verzahnt. Wir leben in einem schnellen, globalisierten und digitalen Zeitalter. Ereignisse, die sich tausende Kilometer entfernt ereignen, wie ein Schiff, das in einem Kanal in Schieflage gerät, legen auf einmal ganze Produktionsketten lahm. In den letzten Jahren haben wir gelernt, dass diese Welt, wie wir sie lieben, schnell aus dem Gleichgewicht geraten kann, wenn wir nicht ein wenig bewusster leben.

Regionalität lautet daher das Zauberwort der Stunde. Das betrifft die Produktion unserer Nahrungsmittel ebenso wie das Reisen. Beides vereint unser Reise- und Genussführer Landvergnügen wie kein anderes Konzept. Seit nunmehr neun Jahren in Folge freuen wir uns über die begeisterte Resonanz zu unserem Gast-Gastgeber-Konzept.

Wer sich für diese Art des Reisens entscheidet und jedem Hof offen und neugierig begegnet, kann sich über echte Erlebnisse freuen: morgens mit dem Landwirt die frischen Eier aus dem Nest sammeln, die Geburt eines Lämmchens erleben, die Sterne am Himmelszelt bestimmen oder einen Whisky im Reifeprozess probieren. Durch die Einladung Ihrer Gastgeber sind diese Erlebnisse ganz nah und machen Ihre Touren quer durchs Landvergnügen einmalig.

Ein schöner Urlaub definiert sich nicht über das perfekte Postkartenpanorama, sondern über die Entdeckungen vor Ort. Lassen Sie sich treiben und von den kleinen Schönheiten des Lebens verzaubern!

Ich bin ein Genussmensch wie Sie und liebe regionale Erzeugnisse. So oft es geht, probiere ich Lebensmittel direkt am Ort ihrer Entstehung. Ich erfahre auf meinen Reisen, wie Landwirtschaft heute funktioniert und entdecke handwerklich hergestellte kulinarische Schätze. Dafür bin ich sehr dankbar.

Ich wünsche Ihnen von Herzen eine schöne Zeit im Landvergnügen und viele einmalige, analoge Momente.

Gute Reise!

Mit freundlichen Grüßen

– Ole Schnack –
Geschäftsführer, Landvergnügen

FRANCE PASSION

BON VOYAGE AUS FRANKREICH...

In diesem Jahr feiert France Passion sein 30-jähriges Bestehen. Die Idee zu dem Stellplatzführer stammt von dem Weinjournalisten Pierre Ginoux. Mit seinem Wohnmobil war er viel in den südfranzösischen Weinbergen unterwegs und kam dabei auf die Idee, ein Winzer-Netzwerk aufzubauen, das Wohnmobil-Reisende auf seinen Weingütern empfängt.

Besonders die authentischen Begegnungen ziehen Reisende an. Die Gastgeber schätzen die Philosophie des Netzwerks und vor allem die Solidarität, die ihnen von der großen Mehrheit ihrer Gäste entgegengebracht wird. In drei Jahrzehnten haben wir viele schöne Geschichten gehört: Besucher, die morgens von einem frischen Baguette an der Windschutzscheibe überrascht wurden, Gastgeber, die unbeschwert ins Restaurant oder Kino gehen konnten, weil Wohnmobilisten auf ihrem Grundstück die Stellung hielten und die heute Freunde aus aller Herren Länder haben... von denen sie wiederum eingeladen werden!

Wir sind sehr stolz darauf, ähnliche Netzwerke in Europa und auf der ganzen Welt inspiriert zu haben. So konnten wir Millionen Begegnungen zwischen Wohnmobilisten und der ländlichen Welt ermöglichen. Interessanterweise wurden die „Goldenen Regeln für den Empfang von France Passion“ von allen Ländern übernommen, was beweist, dass sie bereits bei der Entstehung des Konzepts gut durchdacht waren.

Ole, den Gründer von Landvergnügen, haben wir 2014 an unserem Stand auf der Freizeitfahrzeugmesse in Paris kennengelernt. Die Chemie stimmte sofort, denn wir teilen die gleiche Philosophie, was den ländlichen Tourismus im Wohnmobil angeht. Seitdem verbindet uns eine wunderbare Geschichte der Freundschaft: Wir wünschen Landvergnügen alles Gute für die neue Ausgabe seines Stellplatzführers für Deutschland!

– Marc Guillermain –
Geschäftsführer, France Passion

France Passion ist Teil des Europäischen FEFI-Netzwerkes. www.fefi.eu

WIE FUNKTIONIERT „LANDVERGNÜGEN“?

Um Ihnen das „Bedienen“ dieses Reise- und Genussführers zu erleichtern, haben wir im Folgenden die wichtigsten Punkte für eine gelungene Reise im Landvergnügen für Sie zusammengestellt.

Allgemeines

Die Jahresvignette und die Mitgliedskarte sind Ihre persönliche Einladung ins Landvergnügen. Ihre Mitgliedschaft ist gültig vom 31. März 2022 bis 31. März 2023. Die Landvergnügen-Jahresvignette kleben Sie bitte gut sichtbar an Ihre Windschutzscheibe. Die praktische Mitgliedskarte passt in die Brieftasche. Stellen Sie sich bitte stets mit Verweis auf Vignette und Mitgliedskarte bei Ihren Gastgebern vor. **Vignette und Mitgliedskarte sind fahrzeug- und personengebunden.** Dies gilt auch, wenn Sie mit einem Mietfahrzeug unterwegs sind.

Als Mieter können Sie innerhalb einer Saison auch mit unterschiedlichen Fahrzeugen reisen. Eine kostenpflichtige Aktualisierung der Mitgliedsunterlagen ist hierfür jedoch erforderlich. Informationen hierzu finden Sie im Landvergnügen Support-Center unter support.landvergnuegen.com.

Mit dem Wohnwagen...

Wohnwagen werden auf vielen Höfen akzeptiert. Achten Sie auf das Punkt-im-Punkt Symbol. Bei einer Gespannlänge von mehr als 14 m erfragen Sie vorab telefonisch die Rangier- und Stellmöglichkeiten.

Gast & Gastgeberinnen

Landvergnügen basiert auf einem persönlichen Gast-Gastgeber-Verhältnis zwischen Ihnen als Caravaner und landwirtschaftlichen Produzenten aus ganz Deutschland. Sie sind eingeladen, mit Ihrer gültigen Jahresvignette maximal bis zu 24 Stunden kostenfrei auf dem Privatgelände Ihrer Gastgeber zu stehen. Längere Aufenthalte sieht das Konzept von Landvergnügen nicht vor.

Kostenlos, aber mit Respekt

Beachten Sie für Ihre Reise unbedingt den gesamten Leitfaden und verhalten Sie sich den „Goldenen Regeln“ (siehe Seite 12) entsprechend.

Unterwegs ohne Sanitäranlagen

Ohne Toilette an Bord können Sie Landvergnügen nur eingeschränkt nutzen. Wählen Sie bitte nur Gastgeber, die Zugang zu ihren Toiletten anbieten. Manche Gastwirtschaften bieten nur Zugang während der Öffnungszeiten an.

Zelte

Zelte jeder Art (auch Wurfzelte und Vorzelte) sind im Landvergnügen nicht zugelassen. Ausnahmen stellen Dachzelte auf PKWs dar.

GUTE FAHRT!

Bei Ihren Gastgebern lernen Sie einmalige regionale Köstlichkeiten aus eigener Herstellung kennen. Nur am Ort der Erzeugung lässt sich Frische verbunden mit Geschmack so genussvoll erleben.

Blicken Sie hinter die Kulissen der landwirtschaftlichen Produktion, lernen Sie Menschen und deren Geschichten kennen und entdecken Sie Regionen abgelegen von üblichen Touristenpfaden.

Bis bald
im Landvergnügen!

Stellen Sie sich nach Ankunft mit einem Lächeln bei Ihren Gastgebern vor.

Vor Anreise

Beachten Sie die Angaben des jeweils ausgewählten Gastgebers. Viele Ihrer Gastgeber wünschen eine telefonische Vorankündigung, um sich auf Ihren Besuch einstellen zu können. Die Vorankündigung sollte erst erfolgen, wenn Sie sicher sind, diesen Gastgeber innerhalb der nächsten 24 Stunden zu besuchen. Auch Einzelheiten zur Bewirtung, zu Einkaufsmöglichkeiten vor Ort und andere Fragen können telefonisch abgesprochen werden.

Alle Angaben zu den Höfen sind die Spielregeln Ihrer Gastgeber und dürfen nicht nachverhandelt werden!

Falls Sie Ihren angekündigten Besuch kurzfristig absagen müssen, melden Sie sich bitte auch telefonisch bei Ihren Gastgebern ab, damit diese nicht vergebens auf Sie warten.

So funktioniert's: Kurzes Einleitungsvideo

Im Landvergnügen reservieren Sie Ihren Stellplatz nicht Tage oder sogar Wochen im Voraus. Frühestens 24 Stunden vorher, oft am gleichen Tag, nehmen Ihre Gastgeber verbindliche Reservierungen telefonisch entgegen. Das hat gute Gründe: Landvergnügen-Gastgeber sind in erster Linie landwirtschaftliche Betriebe. Sie betreiben keinen Campingplatz und wollen kein aufwendiges Reservierungssystem führen.

Mit der angegebenen Adresse, den GPS-Koordinaten und der Landvergnügen-App finden Sie einfach den Weg zu Ihrem Landvergnügen-Gastgeber. Vor Ort weist Ihnen die Landvergnügen-Beschilderung mit dem blauen Stern die letzten Meter zu Ihrem Stellplatz.

Um Ihren Stellplatz sicher zu finden, sollten Sie immer vor Einbruch der Dunkelheit anreisen. Bitte respektieren Sie unbedingt die angegebene späteste Anreisezeit.

Ihre Gastgeber können Ihnen nur zum Teil und gegen Gebühr Services wie Wasser oder Strom anbieten. Auch wenn diese angeboten werden, reisen Sie bitte mit einem gefüllten Wohnmobil bzw. Wohnwagen an. Ihre Gastgeber erwarten hauptsächlich autarke Gäste.

Auch mit dem Wohnwagen läßt sich Landvergnügen entdecken.

Bei Ankunft

Ihre Gastgeber freuen sich darauf, Sie kennenzulernen. **Der persönliche Kontakt und die gute Verständigung mit Ihrem Gastgeber bilden den Grundstein für einen beidseitig angenehmen Aufenthalt.** Stellen Sie sich daher bitte umgehend nach Ankunft mit Ihrer persönlichen Mitgliedskarte bzw. der aktuellen Jahresvignette bei Ihren Gastgebern vor.

Vor Ort

Beachten Sie, dass die Landvergnügen-Gastgeber nicht nur lange und oft intensive Arbeitstage, sondern auch ein Privat- und Familienleben haben. Respektieren Sie bitte private Zeiten und Bereiche der Familie. Sollten Ihre Gastgeber daher einmal beschäftigt oder nicht anzutreffen sein, hinterlassen Sie einfach einen schriftlichen Gruß.

Alle Services, die Ihnen vor Ort angeboten werden (Strom, Wasser, Toilette etc.), sind Extra-Angebote Ihres Gastgebers: **Klären Sie bitte alle Nutzungsbedingungen (z.B. Nutzungsgebühr, Ort, Bedienung), bevor Sie die Services in Anspruch nehmen.**

Manche Kommunen erheben unter Umständen eine von allen Reisenden abzuführende **Kurtaxe**. Ihr Gastgeber hat hierauf keinen Einfluss.

Ebenso bitten wir Sie, die **Goldenen Regeln** (siehe Seite 12) zu respektieren, um Ihren Besuch zu einem angenehmen Erlebnis für alle Beteiligten zu machen.

Vor Abreise

Kündigen Sie bitte Ihre Abreise an und verabschieden Sie sich vor Abfahrt bei Ihren Gastgebern. Sollten diese beschäftigt oder abwesend sein, ist auch hier eine schriftliche Notiz eine sympathische Geste.

Wie bei jedem Besuch gehört zu einem „Hallo“, „Moin“, „Juten Tach“ oder „Servus“ auch ein „Tschö“, „Tschüss“, „Auf Wiedersehen“ oder „Pfüati“.

Auf Wiedersehen
Servus
Hallo
Moin
Juten Tach
Tschüss
Pfüati
Tschö mit ö

Die Goldenen Regeln!

Liebe Landvergnügen-Reisende, bitte respektieren Sie während Ihres Aufenthalts unbedingt die folgenden Regeln. Diese Regeln müssen Sie kennen bevor Sie losfahren!

1 Die Nutzung des Landvergnügen Netzwerkes erfordert eine gültige Mitgliedschaft und Jahresvignette.

2 Kostenlos, aber mit dem nötigen Respekt: Sie sind im Urlaub, Ihre Gastgeber aber nicht! Bitte nehmen Sie unbedingt Rücksicht auf das Familienleben und den Arbeitsalltag Ihrer Gastgeber.

3 Geben Sie Ihrem Gastgeber Bescheid, dass Sie auf seinem Hof angekommen sind bzw. wieder abfahren. Schleichen Sie sich nicht auf den Hof oder fahren heimlich wieder ab.

4 Der Aufenthalt auf dem Hof ist jeweils auf 24 Stunden bzw. eine Nacht begrenzt.

Naturlandhof Froschhammer, Bayern – Region Südost

Anmelden!

Viele Landvergnügen Gastgeber wünschen eine freundliche telefonische Anfrage, bevor Sie den Hof anfahren können. Sollten Sie niemanden erreichen, dürfen Sie diesen Hof nicht einfach anfahren. Besuchen Sie in diesem Fall bitte einen anderen Gastgeber.

Sollten Sie es nicht schaffen, Ihre angekündigte Anreise wahrzunehmen, melden Sie sich bei Ihren Gastgebern unbedingt ab. Dafür wird man Verständnis haben und die Gastgeber werden nicht vergeblich auf Ihre Ankunft warten und anderen Gästen absagen.

Abmelden!

5 Respektieren Sie die von Ihrem Gastgeber genannten Auflagen: telefonische Vorankündigung erforderlich, späteste Anreisezeit, Anzahl der Stellplätze, Umgang mit Hunden, nur für Reisemobile zugelassen etc.

6 Würdigen Sie die von Ihrem Gastgeber angebotenen Produkte als einfaches und elegantes Dankeschön für die erwiesene Gastfreundschaft. Ein Kaufverpflichtung besteht für Sie natürlich nicht.

Was kostet ein Stellplatz?

Rabehof Oldendorf – Region Nordwest

Auch wenn Stellplätze im Landvergnügen kostenfrei von den Gastgebern angeboten werden, so ist selbstverständlich die Bewirtschaftung des Gastgeber-Hofes nicht nur mit einem Lächeln bezahlt. Landvergnügen-Stellplätze bezahlt man mit einem Einkauf im Hofladen.

Das Landvergnügen-System ist ein System des Gebens und Nehmens. Wir sagen gerne: Eine Übernachtung im Landvergnügen kostet ein paar Flaschen Wein, eine Kiste feldfrisches Gemüse, gutes Grillfleisch und leckere Würste für den Lagerfeuerabend.

Unser Tipp: Überlegen Sie bereits bei der Auswahl eines Hofes, ob es dort Produkte gibt, die Sie interessieren. Überschlagen Sie, wieviel eine Nacht auf einem Campingplatz gekostet hätte und investieren Sie dann diese Summe in leckere Lebensmittel, einen guten Obstbrand oder Souvenirs für die Daheimgebliebenen.

7 Anfragen bei den Gastgebern nur innerhalb von 24 Std. vor geplanter Anreise. Falls Sie sich bei einem Hof angekündigt haben und ihn letztendlich nicht ansteuern, dann melden Sie sich bitte telefonisch bei Ihrem Gastgeber wieder ab, damit dieser nicht vergebens auf Sie wartet.

8 Es gibt kein Anrecht auf einen Stellplatz und eine Reservierung ist nicht möglich. Sollten einmal alle angegebenen Stellplätze belegt sein, so fahren Sie bitte zum nächstgelegenen Landvergnügen-Gastgeber.

9 Akzeptieren Sie bitte, wenn es vorkommen sollte, dass ein Gastgeber Sie einmal nicht empfangen kann. Die Gründe hierfür können vielfältig sein, sowohl privat als auch betrieblich. Besuchen Sie einfach einen anderen Gastgeber.

10 Serviceleistungen der Gastgeber können ausschließlich nach Absprache genutzt werden. Beispiele hierfür sind Frischwasser oder Toilettennutzung. Hierfür fallen Nutzungsgebühren an.

11 Vermeiden Sie jede Art der Ruhestörung, entzünden Sie ungefragt kein Feuer und füttern Sie keine Tiere ohne Absprache. Außer im Rahmen von Führungen o. Ä. ist es nicht erlaubt, private oder landwirtschaftliche Geräte und Einrichtungen zu benutzen bzw. zu betreten.

12 Hinterlassen Sie keine Spuren und halten Sie den Stellplatz Ihrer Gastgeber unbedingt sauber. Sofern Ihr Gastgeber Tagesmüll entgegennimmt, und nur dann, nutzen Sie dafür die ausgewiesenen Müllcontainer.

13 Landvergnügen ist nur für Wohnmobile, Campingbusse und Wohnwagen konzipiert, Zelte sind nicht zugelassen. Einzige Ausnahme sind Dachzelte auf PKWs.

Stellplätze reservieren?

Bold's Schnapsideen – Region Südost

Im Landvergnügen reservieren Sie Ihren Stellplatz nicht Tage oder sogar Wochen im Voraus. Frühestens 24 Stunden vorher, oft am gleichen Tag, nehmen Ihre Gastgeber verbindliche Reservierungen telefonisch entgegen. Das hat gute Gründe: Landvergnügen-Gastgeber sind in erster Linie landwirtschaftliche Betriebe. Sie betreiben keinen Campingplatz und wollen kein aufwendiges Reservierungssystem führen. Auch für Sie ist das von Vorteil. Nur dadurch können Sie die echte Freiheit des Wohnmobil-Reisens genießen.

Ob Sie abends wie geplant auf dem Weingut stehen, den benachbarten Straußenhof besuchen oder einfach dem guten Wetter folgen: all das können Sie mit Landvergnügen spontan und frei entscheiden. Deswegen fährt man doch mit dem Reisemobil, oder?

Landvergnügen ist die Freiheit auf vier Rädern!

Reisen mit Kindern

Landvergnügen-Höfe sind für Kinder ein Traum. Tiere entdecken, durch die Natur flitzen und abends Sterne zählen. Und nebenbei erleben, wie die Milch ins Kühlregal kommt oder wie Käse entsteht. Mit unseren Tipps gelingt der Familienurlaub.

Sprechen Sie mit den Gastgebern

Lassen Sie sich möglichst gleich bei Ihrer Ankunft erklären, wo Gefahren durch Landmaschinen oder Werkzeuge lauern und von welchen Bereichen sich die Kinder fernhalten sollten. Bitte steigen Sie nicht über Zäune und öffnen Sie keine Stalltüren. Ernten Sie reife Früchte nur nach Absprache.

Füttern nur nach Rücksprache

Nur nach ausdrücklicher Erlaubnis dürfen Sie und Ihre Kinder Tiere füttern. Fragen Sie den Landwirt, vielleicht hat er auch Zeit, mit Ihnen auf die Weide zu gehen und Ihnen mehr über seinen Hof zu erklären.

Kinder beaufsichtigen

Die Wohnmobiltür öffnen und die Kinder losflitzen lassen, ist leider nicht immer möglich. Landwirtschaftliche Betriebe sind keine Spielplätze. Besprechen Sie mit Ihren Kindern, wo sie toben dürfen.

Kindgerechte Ziele aussuchen

Fahren Sie mit Ihren Kindern gezielt auf Höfe, auf denen sie interessante Tiere wie Kühe, Hühner, Strauße oder Alpakas entdecken können. Einige unserer Gastgeber bieten ein umwelt- oder bauernhofpädagogisches Angebot für Reisende an, zum Beispiel Führungen oder Ausritte. In den Hofbeschreibungen finden Sie dazu nähere Informationen.

Auf alles vorbereitet

Packen Sie für sich und Ihre Kinder Gummistiefel ein. Gerade morgens können die Wiesen noch nass und matschig sein. Mit einer Becherlupe im Gepäck können Kinder Insekten beobachten. Das neue Landvergnügen-Malbuch verkürzt die Zeit auf langen Autofahrten und ist eine schöne Möglichkeit sich gemeinsam auf den Urlaub vorzubreiten.

Brunnerhof – Region Südost

Unterwegs mit dem Hund

Hundebesitzer lieben Landvergnügen. Wunderschöne Wanderwege beginnen oft direkt vor der Wohnmobiltür und viele Gastgeber freuen sich über den vierbeinigen Besuch. Wir geben Tipps für einen harmonischen Urlaub mit Ihrem Hund.

Besuch ankündigen

Besonders wenn Sie mit einem Hund unterwegs sind, ist es wichtig, dass Sie Ihren Besuch ankündigen. Sagen Sie dem Gastgeber, dass Sie mit Hund anreisen und vergewissern Sie sich, dass er damit einverstanden ist. Fahren Sie nur auf Höfe, auf denen Hunde ausdrücklich erwünscht sind. Diese sind mit einem Piktogramm gekennzeichnet.

Regeln respektieren

Generell gilt: Führen Sie Ihren Hund immer an der Leine. Die Umgebung ist für das Tier ungewohnt. Das kann dazu führen, dass es sich anders verhält als zu Hause und nicht auf Ihre Kommandos hört. Wenn es Bereiche gibt, in denen Hunde unerwünscht sind, halten Sie sich davon fern. Ställe und Weiden sind grundsätzlich tabu.

Lage beachten

Wenn Sie gezielt Höfe aussuchen, die am Ortsrand oder in Alleinlage liegen, können Sie mit dem Hund direkt zu langen Spaziergängen in die Natur aufbrechen. Oft haben Sie auf solchen Höfen viel Platz, auch zum nächsten Wohnmobil, sodass Ihr Hund nicht mit anderen Artgenossen in die Quere kommt.

Hinterlassenschaften beseitigen

Auch in der offenen Landschaft müssen Sie die Hinterlassenschaften Ihres Hundes auf jeden Fall entfernen: ein nicht beseitigter Hundehaufen stellt eine ernste Gefahr für die Nutztiere dar, diese können erkranken oder gar sterben. Bitte beachten Sie, dass es auf den Höfen manchmal keine Mülltonnen für Camper gibt. Nehmen Sie Ihre Abfälle bis zur nächsten öffentlichen Mülltonne mit.

Delikatessen einkaufen

Nicht nur für Menschen, auch für Tiere gibt es im Landvergnügen Neues zu erschmecken. Ob Bisonschwanz oder Rinderöhrchen, Ihr Hund wird begeistert sein von der kulinarischen Vielfalt. Fragen Sie Ihren Gastgeber nach speziellen Leckerbissen für Ihren Hund.

Iberico Westfalia / Hof Vincke – Region Mitte-West

Schöner steht man selten...

Straußenfarm Riederfelde – Region Nord

WIE BENUTZE ICH DIESEN STELLPLATZFÜHRER?

So finden Sie den Gastgeber in Ihrer Nähe.

Die gelben Punkte auf der Übersichtskarte im Buchdeckel und auf den jeweiligen regionalen Detailkarten kennzeichnen die Standorte der Landvergnügen-Gastgeber.

Die sieben Regionen (N, NW, O, W, MW, SO, SW) werden in den jeweiligen Kapiteln mit Detailkarten vorgestellt. Hier werden die Standorte der Gastgeber angezeigt, die sich mit dem Kapitelverzeichnis schnell auffinden lassen. Wenn Sie den Namen des gesuchten Gastgebers schon kennen, können Sie auch den Index im Anhang nutzen.

Die Sortierung der Höfe innerhalb der Regionen erfolgt alphabetisch nach Ortsnamen. Die Höfe stellen sich ausführlich durch eigene Beschreibungen und Piktogramme vor. Zudem sind die Detailkarten in Quadranten eingeteilt, sodass Sie auch beim Durchblättern der Hofeinträge schnell erkennen können, welche Höfe sich noch in Ihrer Umgebung befinden.

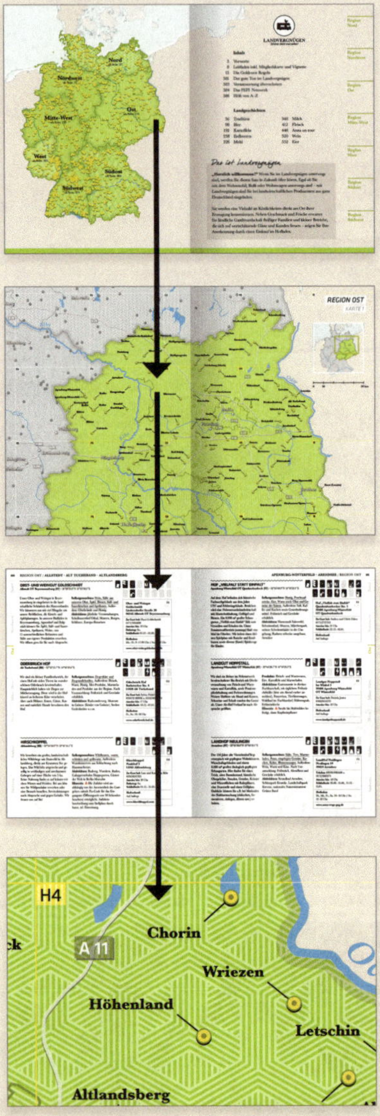

WIE FUNKTIONIERT DIE LANDVERGNÜGEN APP?

Mit der Landvergnügen-App bieten wir Ihnen eine praktische digitale Ergänzung zum Landvergnügen Stellplatzführer.

Finden Sie Höfe in Ihrer Nähe

Damit Sie Höfe in Ihrer Nähe leichter finden, kann die App Ihren Standort orten und zeigt auf der Karte die nächstgelegenen Gastgeber an.

Suchen und finden

Ihr nächster Gastgeber soll Hunde auf seinem Grundstück erlauben und Strom anbieten? Dank der Filterfunktion finden Sie schnell den passenden Ort für Ihre Bedürfnisse. Sie können aber auch Schlüsselbegriffe wie „Winzer“ oder „Käse“ in die Suchfunktion eingeben und landen dann bei einem passenden Hof.

Speichern Sie Ihre Favoriten

Sie haben einen besonders interessanten Hof gefunden? Dann fügen Sie ihn zu Ihren Favoriten hinzu, um alle Informationen später mit einem Klick abrufen zu können.

Die App ist keine Voraussetzung, um das Landvergnügen-Konzept nutzen zu können. Mit dem gedruckten Stellplatzführer erhalten Sie Ihre persönlichen Mitgliedsunterlagen, bestehend aus Vignette, Mitgliedskarte und Mitgliedsnummer. Mit Ihrer Mitgliedsnummer schalten Sie alle Funktionen der Landvergnügen-App frei.

APP ERHÄLTLICH BEI Google Play

Erhältlich im App Store

Informationen und Download unter www.landvergnuegen.com/app

Bitte beachten: Sie können die Landvergnügen-App auf zwei eigenen Endgeräten gleichzeitig aktivieren und nutzen. Die Geräte teilen sich dabei einen Benutzer-Account und auch die Favoriten.

Die Landvergnügen-App ist optimiert für aktuelle Smartphones. Mindestanforderung ist iOS 10 bzw. Android 6, ältere Geräte werden nicht unterstützt.

LEGENDE

Bio-Betrieb, der mindestens EU-Ökosiegel zertifiziert ist. Je nach Verbandszugehörigkeit erfüllen viele Betriebe auch strengere Auflagen.

Historische/traditionelle Art Hier wird auf historische/traditionelle Weise produziert und/oder verarbeitet.

Einblick in den Produktionsbetrieb Es werden Führungen, Tiere füttern o. Ä. angeboten.

Telefonische Vorankündigung Diese sollte innerhalb von 24 Stunden vor der geplanten Anreise erfolgen.

Nur für Reisemobile zugelassen (Kartensymbol:)

Für Reisemobile & Wohnwagen (Kartensymbol:)

Anzahl der angebotenen Stellplätze, dargestellt durch die weißen Felder.

Über 3,5 t Gewicht. Die Anfahrt und das Stehen für Fahrzeuge schwerer als 3,5 t ist möglich.

Über 10 m Länge. Die Anfahrt und das Stehen für Fahrzeuge über 10 m Länge ist möglich.

Achtung: Hier gibt es Besonderheiten bei der Anfahrt zu beachten!

Bewirtung möglich Bitte Öffnungszeiten beachten!

Bewirtung nach Voranmeldung Frühstück, Abendessen, Getränke oder Sonstiges, siehe auch Hofbeschreibung.

Hunde willkommen Bitte ggf. Leinenpflicht beachten!

Duschen möglich*

Frischwasser auffüllen*

Tagesmüll entsorgen*

Zugang zu Strom am Standplatz*

WC Nutzung möglich*

Kabelloses Internet*

*** Bitte beachten Sie, dass Ihre Gastgeber keinen Campingplatz betreiben und dass Sie Ihre Erwartungen entsprechend anpassen müssen.**

Die Nutzung der Versorgungsservices ist kostenpflichtig und wird vor Ort individuell abgerechnet.

IHRE GASTGEBER IM NORDEN

Eichenhof

Hof Taterborn

Schloss- und Gutsanlage Zinzow

Bison Nissen

Hofladen Backensholz

D1
E1
Neukirchen
Bögelhuus-Weesby
Munkbrarup/Siegum
Wallsbüll
Dollerup
Emmelsbüll-Horsbüll
Steinbergkirche
Sörup
Sprakebüll
Stoltebüll
Joldelund
Mittelangeln
Sieverstedt
Klappholz
Reußenköge
Waabs
Oster-Ohrstedt
Groß Rheide
Neudorf-Bornstein
Bergenhusen
Lehe
Owschlag-Norby
Gremersdorf
Drage
Kiel
E2
Heringsdorf
Kropp
Blekendorf
A 210
Owschlag
Kiel
Schlichting
Großbarkau
A 215
Pahlen
Techelsdorf
Ellerdorf
Brinjahe
Preetz
Schillsdorf
Rendswühren
Seedorf
Wöhrden
A 23
Todenbüttel
Wensin
Rade
Grauel
A 21
Marne
Ahrensbök
Latendorf
Hohenlockstedt
Quarnstedt
Wahlstedt
Lübeck
Kisdorf
Seefeld
Brande-Hörnerkirchen
Veelböken
Travenbrück
Reinfeld
Blomesche Wildnis
Behlendorf
Kollmar
Kneese Dorf
D3
Neuendorf
Grönwohld
E3
Panten
Schwerin
Hamburg
Hamfelde/Stormarn
Warsow
rhaven
Bantin
A 26
Geesthacht
Testorf/Zarrentin
A 25
Gallin
Elbe
Goldenbow
A 27
Lüneburg
Vielank
A 270
urg
Bremen
D4
E4
Aller

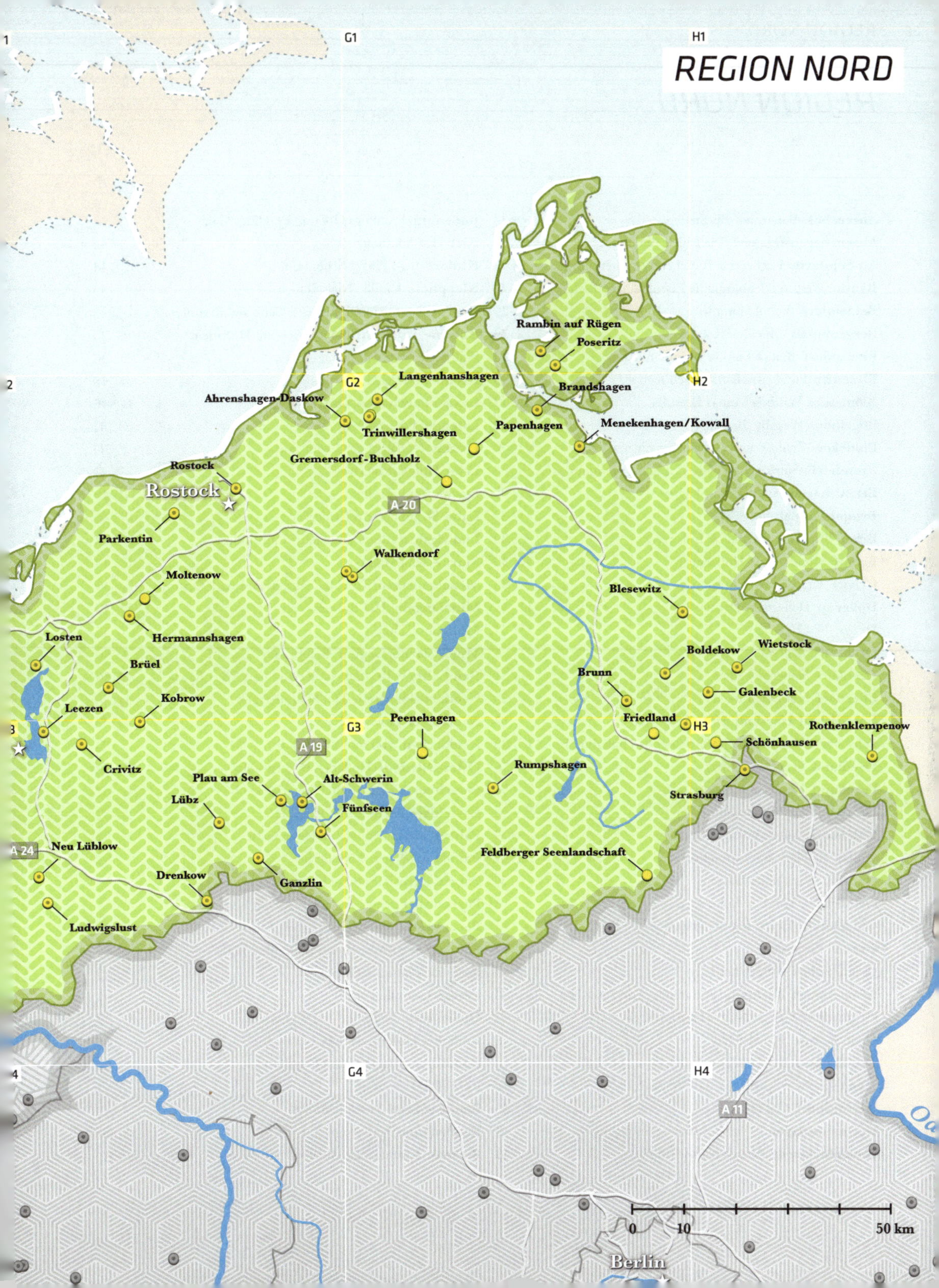
REGION NORD
G1
H1
G2
H2
G3
H3
G4
H4
Rambin auf Rügen
Poseritz
Langenhanshagen
Brandshagen
Ahrenshagen-Daskow
Trinwillershagen
Papenhagen
Menekenhagen/Kowall
Gremersdorf-Buchholz
Rostock
Rostock
A 20
Parkentin
Walkendorf
Moltenow
Blesewitz
Hermannshagen
Losten
Boldekow
Wietstock
Brüel
Brunn
Galenbeck
Kobrow
Leezen
Friedland
Peenehagen
Rothenklempenow
A 19
Schönhausen
Crivitz
Rumpshagen
Plau am See
Alt-Schwerin
Lübz
Fünfseen
Strasburg
A 24
Neu Lüblow
Feldberger Seenlandschaft
Drenkow
Ganzlin
Ludwigslust
A 11
0
10
50 km
Berlin

REGION NORD

INHALT

BAUERNHOF-EIS STEFFENS

Ahrensbök (SH) · 53°59'58.2"N 10°34'29.2"E

Wir sind ein Ackerbaubetrieb mit einer eigenen Speiseeisherstellung und einem schönen Eis-Café. In unserem Hofladen bieten wir neben regionalen Produkten auch Produkte aus eigener Herstellung für Sie an. Eine Bewirtung findet gerne zu unseren Café-Öffnungszeiten oder durch vorherige Anmeldung zu unseren Eisverkostungs- oder Frühstücksbuffet-Terminen (s. Homepage) statt. Die Öffnungszeiten des Hofladens gelten für die Hauptsaison. Kleinere Fahrzeuge sind bei uns herzlich willkommen, größere können wir aufgrund der Gegebenheiten vor Ort leider nicht empfangen. Unser Platz befindet sich in freier Natur, auf unserem Hof gibt es einen Platz mit Stromanschluss.

Selbstgemachtes: Eis, Natur-Joghurt, Marmeladen, Liköre und Milch (pasteurisiert). Außerdem: Eier, Kartoffeln, Käse, Wurst, Säfte, Tee, Honig, Wein u.v.m.

Aktivitäten: Hofcafé, Waldspaziergang, Badesee (8 km), Ostsee (12 km)

Bauernhof-Eis Steffens E2
Langendamm 3 2017
23623 Ahrensbök

Zu Gast bei: Dörte Steffens 04525/5019997
Anreise bis: 18 Uhr
Ruhetag: Mi.
Schließzeit: 08.10.–21.10.

Hofladen und Hofverkauf:
Mo., Di., Do.–Sa. 9–18 Uhr // So. 12:30–18 Uhr

bauernhofeis-steffens.de

DIE MILCH JUNGS

Ahrenshagen-Daskow (MV) · 54°14'21.7"N 12°32'29.6"E

Wir betreiben einen kleinen landwirtschaftlichen Betrieb mit Direktvermarktung in Ostseenähe, auf dem Weg zum Darß. Wir haben eine kleine Molkerei mit eigener Schlachtstätte. Bei uns können Sie einen Einblick in die Produktion von Käse, Milch und Fleisch gewinnen.

Selbstgemachtes: Trinkmilch, A2A2-Milch, Joghurt, Quark, Butter, Frischkäse, Schnittkäse, halbfester Schnittkäse, Salzlakenkäse, Hartkäse, Eier, Schweine- und Rindfleisch.

Aktivitäten: Ostsee, Bernsteinmanufaktur, Vogelpark Marlow, Darß, Saaler Bodden, Recknitz

Die Milch Jungs G2
Melkerweg 4 2021
18320 Ahrenshagen-Daskow

Zu Gast bei: Jan Brauer 0172/3159398
Anreise bis: 22 Uhr

Hofverkauf:
Fr. 16–18 Uhr // Sa. 12–14 Uhr

www.die-milch-jungs.de

FISCHEREI & RÄUCHEREI ALT-SCHWERIN

Alt-Schwerin (MV) · 53°30'0.6"N 12°20'5.0"E

Wir sind ein Fischereibetrieb am Plauer See mit Fischladen und Fischrestaurant. Zur Erhaltung des Bestandes der Großen Maräne im Drewitzer- und Schalsee betreiben wir Laichfischfang, Vermehrung und Aufzucht. Wir vermieten außerdem Ferienhäuser, Wohnungen und Boote. Angelkarten sind vor Ort erhältlich. Campingmobile bis 7 m finden Platz auf unserer großen Wiese auf der Insel Werder. Bitte melden Sie sich bei Ankunft im Fischladen an.

Selbstgemachtes: Aal, Stör, Saibling, Forelle, Maräne, Heilbutt, Rotbarsch geräuchert, Fischsuppe im Glas, Brathering in der Dose, Maränen & Störschinken vakuumiert, Nudeln und Pesto. Außerdem: fertige Fisch-und Wildgerichte, Wildwurst, Kartoffeln, Getränke, Brot, Brötchen, Butter, Wurst und Angelkarten. Frühstück, Abendbrot und Getränke erhältlich.

Aktivitäten: Wassersportarten, Wandern, Radfahren, Agroneum, Bootsvermietung, Angeln

Hinweis: △ Letzten 100 m: Fahrweg senkt sich ab und wird zum Hohlweg. Hier besteht keine Wendemöglichkeit.

Fischerei & Räucherei F3
Alt-Schwerin 2021
Wendorf 4
17214 Alt-Schwerin

Zu Gast bei: Hans-Werner Thomas 0171/3669712
Anreise bis: 17 Uhr

Hofladen und Hofverkauf:
Täglich 8–18 Uhr

www.fischerei-alt-schwerin.de

WESTMECKLENBURGISCHE EISENBAHNGESELLSCHAFT

Bantin (MV) · 53°32'8.0"N 10°58'14.3"E

Wir möchten die Außenstelle unseres Eisenbahnverkehrsunternehmens an einer nicht befahrenen Bahnstrecke, die sehr ländlich gelegen und nicht ständig bewohnt ist, gern mit Campern teilen. Am besten erreichen Sie uns per SMS unter der angegebenen Mobilnummer.

Aktivitäten: Baden im Schaalsee (4 km), Wander- und Radwege

Hinweis: △ Die ehemalige Ladestraße endet stumpf als 1,5 m Höhe Kopframpe, nicht runter fallen! Keine Wendemöglichkeit für Fahrzeughänger.

Westmecklenburgische Eisenbahngesellschaft mbH E3
Zum Bahnhof 3 2020
19246 Bantin

Zu Gast bei: Kai Strathmann
0171/1248001

BIOHOF HÜMME

Behlendorf (SH) · 53°42'52.9"N 10°38'50.8"E

Wir sind ein Demeter-Familienbetrieb, der biologisches Gemüse produziert, Hühner und Rinder hält. Unsere Hühner leben in einem mobilen Hühnerstall, dem Hühnermobil. Die Produkte des Hofes werden über einen Selbstbedienungsstand ab Hof verkauft. Unser Hof liegt landschaftlich sehr schön am Elbe-Lübeck-Kanal.

Selbstgemachtes: saisonales Gemüse (ca. 20 verschiedene Kulturen) und Eier.
Aktivitäten: viele Badeseen und Radwege

Biohof Hümme E2
Hollenbek 10 2019
23919 Behlendorf

Zu Gast bei: Anne Hümme
04544/8089771
Anreise bis: 20 Uhr
Schließzeit: 22.12.–02.01.

Hofverkauf:
Auf Anfrage

www.biohof-huemme.de

MILCHHOF KOBERG

Bergenhusen (SH) · 54°22'39.3"N 9°18'55.4"E

Unser landwirtschaftlicher Betrieb liegt im Storchendorf Bergenhusen, inmitten der Eider-Treene-Sorge-Niederung in Stapelholm. Das Bild der Niederung war früher durch zahlreiche Flachseen geprägt. Heute bieten die vielen Feuchtwiesen den hier zahlreich brütenden Weißstörchen ein sehr gutes Futtergebiet. Unser Kühlschrank ist 24 h für Sie da.

Selbstgemachtes: Milch, Käse, Eier, Gemüse der Saison u.v.m. Außerdem: Lebensmittelgeschäft mit Bäckerabteil im Ort (5 min). Nach Voranmeldung: Frühstück erhältlich.
Aktivitäten: Angeln, Weißstorchausstellung im Michael-Otto-Institut NABU, Rad- und Wanderwege, Nord und Ostsee, Dänemark (45 min) erreichbar, Husum, Schleswig und Rendsburg (ca. 30 km), Büsüm und St. Peter-Ording (1 h)

Milchhof Koberg D2
Redder 5 2016
24861 Bergenhusen

Zu Gast bei: Matthias & Silke Koberg
0172/8726477 o. 0162/9739655
Anreise bis: 21 Uhr

Hofverkauf:
Auf Anfrage

BALTICA SAFT- & WEINMANUFAKTUR

Blekendorf (SH) · 54°16'54.6"N 10°38'54.3"E

Am Rande der holsteinischen Schweiz und nur 4 km von der Ostseeküste entfernt, finden Sie unseren Obsthof mit eigener Weinkelterei an einer ruhigen Nebenstraße gelegen. Er ist ein idealer Ausgangspunkt zum Baden, Radwandern oder für Vogelbeobachtungen in einem der vielen Naturschutzgebiete. Wir bauen viele alte Obstsorten und die Gesundheitsbeere Aronia an. Gäste haben jederzeit die Möglichkeit im Hofladen einzukaufen.

Selbstgemachtes: Sirup, Obstweine aus dem Holzfass im Sherryverfahren gereift, Säfte aus biologischem Anbau (speziell Aroniasaft) und Fruchtaufstriche.

Aktivitäten: Baden in der Ostsee an einem der schönsten Strände in Schleswig-Holstein, Wanderungen auf der Steilküste und zu den Naturschutzgebieten, ausgedehntes Radwandernetz in der holsteinischen Schweiz

Baltica Saft- & Weinmanufaktur E2
Blekendorfer Berg 9 2020
24327 Blekendorf

Zu Gast bei: Susann Puck 04381/7698
Anreise bis: 19 Uhr

Hofladen und Hofverkauf:
Auf Anfrage

www.manufaktur-baltica.de

LANDWIRTSCHAFTSBETRIEB KOPPE

Blesewitz (MV) · 53°49'38.0"N 13°36'54.8"E

Der Landwirtschaftsbetrieb Koppe ist ein familiärer Gemüsebaubetrieb, der hofeigenes Gemüse und regionale Produkte anbietet. Wir legen großen Wert auf gesunde Produkte, die nach traditioneller Herstellung ohne künstliche Zusatzstoffe auskommen. Man kann uns bei der Arbeit über die Schulter schauen und den Zusammenhang zwischen Mensch, Natur und Landwirtschaft kennen- und verstehen lernen. Am Wochenende öffnen wir den Hofladen (tel. Anmeldung)

Selbstgemachtes: Gemüse, Obst, Liköre, Direktsäfte, Fruchtaufstriche, Pestos, fassfrisches Sauerkraut, eingewecktes Gemüse, Eier und Entenbraten. Außerdem: Honig, Wurst, Fleisch, Käse- und Molkereiprodukte, Tee, Kaffee, Gewürze, Öle, Weine, Keramik und Dekoideen von regionalen Künstlern. Bewirtung nach Voranmeldung.

Aktivitäten: Hoffest, kulinarische Abende, Hofführungen, Stadt Anklam, Stadt Greifswald, Stadt Neubrandenburg, naturverbundene Wanderungen an der Peene, Kanu- und Schifffahrten, Freizeitbäder und Badeseen, Therme in Ahlbeck

Hinweis: △ letzte 500 m nur einspurig

Landwirtschaftsbetrieb Koppe G2
Dorfstaße 51 2021
17392 Blesewitz

Zu Gast bei: Diana Koppe 039712/442883
Anreise bis: 18 Uhr
Ruhetag: So.

Hofladen:
Mo.–Do. 10–18 Uhr // Fr. 10–15 Uhr

www.hofladen-koppe.de

ANNAS DIEKHUS

Blomesche Wildnis (SH) · 53°49'14.2"N 9°24'1.6"E

Annas Diekhus ist eine Kätnerstelle mit Ferienwohnungen. Der große Garten dient zum Anbau von Gemüse, Kräutern und Obst für den eigenen Bedarf sowie für Familie und Freunde. Auf dem Hof leben neben den Bewohnern Katze, Hühner und zeitweise zwei Schweine. Direkt neben dem Elbdeich gelegen können Sie wunderbar spazieren gehen oder Radfahren. Wenn das Wetter es zulässt, laden wir sie ein direkt zwischen unseren Apfelbäumen zu campen.

Selbstgemachtes: Eier, Konfitüren, saisonal Obst und Gemüse.

Aktivitäten: kleine Badestelle hinterm Deich an der Elbe, Surf- bzw. Kitesurfen (ca. 500 m), Radwandermöglichkeiten durch die Kremper- und Wilstermarsch (Fahrräder vorhanden), Spielmöglichkeiten für Kinder, Grillplatz

Annas Diekhus D2
Am Neuendeich 187 2014
25348 Blomesche Wildnis

Zu Gast bei: Anna Meier 04124/8619

www.annas-diekhus.de

BEGELHOF

Bögelhuus-Weesby (SH) · 54°51'38.3"N 9°8'36.7"E

Wir sind ein Bioland-Betrieb mit Mutterkuhhaltung und Selbstvermarktung von französischen Salers-Rindern. Zum Hof gehört außerdem ein großzügiger, liebevoll angelegter Hof-Garten, der neben einer Vielzahl an Pflanzen auch unterschiedliche Verweilmöglichkeiten bietet. Dort können die Gäste entspannen oder die Hof-Tiere (Rinder, Esel, Pony) beobachten.

Selbstgemachtes: Fleisch und Wurst vom französischen Salers-Rind, u.a. Bratwurst, Mettwurst, Salami-Beißer und Rinderschinken. Außerdem: kleine Bio-Eisdiele mit außergewöhnlichen Eissorten. Öffnungszeiten Ab-Hof-Verkauf: Hauptsaison: Juni/Juli/August, Mo-S. 14–18 Uhr,Nebensaison: April/Mai und September/Oktober, Fr/Sa/So 14–18 Uhr. **Aktivitäten:** Bade- und Angelsee (7 km), Nolde Museum, Bauernmuseum, Hofspielplatz mit Riesensandkiste, Hofkino, Grillmöglichkeiten auf dem Hof (auf Anfrage)

Begelhof D1
Betonstr. 2 2016
24994 Bögelhuus-Weesby

Zu Gast bei: Hartmut Callsen
04605/1021 o. 0172/2733202
Anreise bis: 18 Uhr
Schließzeit: 01.11.–31.03.

Hofverkauf:
Auf Anfrage

www.begelhof-offeneweiden.com

SCHLOSS- UND GUTSANLAGE ZINZOW

Boldekow (MV) · 53°42'37.5"N 13°32'40.4"E

Schloss Zinzow befindet sich im Herzen des Landschaftsschutzgebietes Landgrabental in Vorpommern und lässt Sie auf den Spuren des preußischen Landadels wandeln. Als ein besonderes Element der Gutsanlage präsentiert sich die Brennerei, welche heute in Anlehnung an ihre Geschichte als Edeldestillerie betrieben wird und hochwertige Edelbrände, Geiste und Liköre produziert. Zur Landschaftspflege werden im angeschlossenen landwirtschaftlichen Betrieb Pommersche Landschafe und Wasserbüffel gehalten.

Selbstgemachtes: Edelbrände, Geiste, Liköre, Fleischprodukte von Lamm und Wasserbüffel, Woll- und Fellprodukte. **Aktivitäten:** ruhige, abgelegene Rad- und Wanderwege, die Insel Usedom ist in 30 min mit dem Fahrzeug erreichbar **Hinweis:** △ Zufahrt von Kavelpass meiden (Kopfsteinpflaster).

Schloss- und G2
Gutsanlage Zinzow 2015
Zinzow 61
17392 Boldekow

Telefon: 039722/22786
Anreise bis: 19 Uhr
Schließzeit: 24.12.–06.01.

Hofladen:
Mo.–Fr. 8–17 Uhr // Sa., So. 14–17 Uhr

www.ostseeschloss.de

THE COLLECTORS DESIGNPRESS

Brande-Hörnerkirchen (SH) · 53°51'7.1"N 9°43'22.4"E

Wir betreiben einen beschaulichen Resthof mit nahe liegendem Biohof und einer Buchdruckerei. Wir haben eigene Hühner, einen großen Garten und vieles zum Entdecken. Der Hof liegt nur 45 km von Hamburg entfernt und bietet das vollkommene Landgefühl.

Selbstgemachtes: Kunstdrucke und Eier. **Aktivitäten:** Handlettering Workshops, Einblick in die Druckerei, Hinterhof mit Grillmöglichkeit, Boiler See (zu Fuß 20 min), Spielplatz, Radtouren, nahe gelegener Bio-Hof (10 min) **Hinweis:** △ Hofauffahrt hinten benutzen

The Collectors Designpress D2
Dorfstr. 11 2020
25364 Brande-Hörnerkirchen

Zu Gast bei: Arne Kern
04127/978579 o. 0162/9646861
Anreise bis: 20:30 Uhr

Hofverkauf:
Auf Anfrage

www.the-collectors.de

Nord

Nordwest

Ost

Mitte-West

West

Südost

Südwest

ARCHE BRANDSHAGEN

Brandshagen (MV) · 54°14'20.6"N 13°10'36.8"E

Familien- und seniorenfreundlicher Hof mit Arche-Tieren, Eseln, Hund, Katze und mit der Flasche aufgezogene, halbzahme Rehe. Eine Bewirtung ist durch unseren Verein gegen eine entsprechende Spende gerne möglich. Wir freuen uns auf Ihren Besuch!

Selbstgemachtes: Marmelade, Postkarten und kleine Mitbringsel. Bewirtung nach Voranmeldung.
Aktivitäten: Streichelzoo, Eselführungen und -wanderungen, in Stralsund Schwimmen und Boot fahren, Yachthafen, Kormoraninsel

Arche Brandshagen e.V.
Dorfallee 20/21
18519 Brandshagen
G2
2019

Zu Gast bei: Gudrun Thiess
0152/53596963
Anreise bis: 21 Uhr

www.arche-brandshagen.de

ALPAKAHOF STIEPER

Brinjahe (SH) · 54°9'50.9"N 9°38'3.7"E

Wir sind ein Bio-Angus Mutterkuhbetrieb mit Alpaka Hobbyhaltung im Naturpark Aukrug. Wir freuen uns auf Ihren Besuch.

Selbstgemachtes: Alpakaprodukte.
Aktivitäten: Naturpark und Wandern, Nordostseekanal, Schiffe schauen
Hinweis: △ Stellplatz befindet sich hinter dem landwirtschaftlichem Betrieb.

Alpakahof Stieper
Hauptstr. 19
24816 Brinjahe
D2
2021

Zu Gast bei: Hans Markus Stieper
0151/10076169

Hofverkauf:
Auf Anfrage

BRENNEREI BROGILUS & IMKEREI

Brüel (MV) · 53°44'32.5"N 11°43'0.1"E

Wir sind eine kleine, beschauliche Brennerei für Edelbrände inmitten des Naturparks Sternberger Seenland. Unsere Produkte wie Geiste und Gins können gern verkostet werden. Ergänzt wird dieses Angebot durch einen außergewöhnlichen Naturgarten auf einer ehemaligen Industriebrache mit eigener Imkerei und einem Atelier mit Druckwerkstatt.

Selbstgemachtes: Gin, Geiste, Honig und Druckgrafiken.
Aktivitäten: professionelle Einführung mit vielen Geheimtipps durch eine Natur- und Landschaftsführerin in unsere Naturparkregion mit seinen vielen Seen, Fahrrad-, Wasser- und Wanderwegen, Schlössern und Museen

Brennerei Brogilus
& Imkerei
Bahnhofstr. 18a
19412 Brüel
F2
2020

Zu Gast bei: Lydia & Willfried Klammer 0162/3672445
Anreise bis: 19 Uhr

Hofverkauf:
Mo.–Sa. 9–18 Uhr

www.brogilus.com

MOSTEREI UND HOFLADEN

Brunn OT Roggenhagen (MV) · 53°39'41.2"N 13°24'41.9"E

Wir betreiben eine kleine Mosterei und einen Landwirtschaftsbetrieb und bieten Geflügel zu Weihnachten, Wild und hausgemachte Produkte im kleinen Rahmen an. Unsere Gallowayrinder sind Bestandteil des Betriebes. Seit 2015 vermieten wir auch 2 Ferienwohnungen. Unsere Stellplätze sind eine gute Alternativen zur überlaufenen Ostsee in der Nähe. Außerhalb der Öffnungszeiten öffnen wir den Hofladen nach telefonischer Vereinbarung. Bitte haben Sie Verständnis dafür, dass wir wegen unseres Hofhundes keine anderen Hunde empfangen können.

Selbstgemachtes: Saft, Wurst, je nach Saison und Ernteerfolg unsere Produkte. Außerdem: Hofladenpalette.

Aktivitäten: Badeseen, Freibad, Neubrandenburg, Naturerlebnispark, Museen, Tierpark in der Nähe, Grill und Gemütlichkeit auf unserem Hof

Mosterei und Hofladen G2
Dahlener Straße 6 2021
17039 Brunn OT Roggenhagen

Zu Gast bei: Ingo Rosteck
03960/820072 o. 0162/6633536

Hofladen:
Do., Fr. 16–19 Uhr

www.hofladenmosterei-rosteck.de

KRÄUTERBOX

Crivitz OT Basthorst (MV) · 53°38'2.8"N 11°37'14.7"E

Wir betreiben eine Tee- und Gaststube mit Hofladen, einem kleinen Restaurant mit ehrlicher Küche mit Innen- und Außenbereich in idyllischer Umgebung auf einem 6.000 m² großen Grundstück. Der Hofladen ist an den Wochenenden regulär geöffnet, unter der Woche nach Vereinbarung. Angelgästen wird die Möglichkeit geboten, im nahe gelegenen Hofsee Augustenhof ihr Glück zu versuchen. Ebenfalls bieten wir Führungen auf unserer Flusskrebsfarm im Krebsgarten Basthorst an. Nach Absprache ist die Toilette rund um die Uhr nutzbar.

Selbstgemachtes: Speisen, Kräuterbox Tees und Gewürze und Edelkrebszucht. Außerdem: Van Dyck Kaffee, Zubehör für Tee. Nach Voranmeldung: Frühstück, Abendbrot und Getränke erhältlich.

Aktivitäten: Angeln, Badesee, Floßfahrten, Malkurse, Filzwerkstatt, Naturwerk (Deko und Floristik), Wandern, Radfahren, Winston-Golf, Tennis/ Squash (Pinnow), Reiten-Naturpark Sternberger Seenland, Schmuckwerkstatt

Hinweis: △ Asphaltierte Fahrbahn - Vorsicht: Viel Wild.

Kräuterbox, Le Colibri F3
Tee- und Gaststube 2021
Schloßstr. 7
19089 Crivitz OT Basthorst

Zu Gast bei: Steffen Teufel
03863/502460
Anreise bis: 18 Uhr
Schließzeit: 03.01.–31.03.

Hofladen:
Sa. 15–21 Uhr // So. 12:30–18 Uhr

www.myteatime.de

DOLLERUPER DESTILLE

Dollerup (SH) · 54°46'59.3"N 9°40'26.7"E

In der Dolleruper Destille befindet sich die nördlichste Brennerei & Mosterei Deutschlands. In unserem biozertifizierten Hofladen können unsere von Hand abgefüllten Spirituosen direkt verkostet und erworben werden. In der offenen Galerie, die auch für private Feiern gemietet werden kann, finden regelmäßig Veranstaltungen statt. In der Sommerferienzeit haben wir auch sonntags von 12–16 Uhr geöffnet. Sonderöffnungszeiten entnehmen Sie bitte unserer Homepage. Die Toilette kann nur während der Öffnungszeiten benutzt werden.

Selbstgemachtes: Obstbrände und -geiste, fruchtige Liköre, Whisky, Rum, Gin, Apfelsaft und Biolandbier. Außerdem: Schokolade, Wein, saisonale Spezialitäten und Urstrom-Biere.

Aktivitäten: Ostsee, Wander- und Radwege, Museumsdorf Unewatt, Fördeland-Therme

Hinweis: △ Aus Richtung Kappeln keine Einfahrt von der Straße möglich, ca. 500 m weiter auf B199, beim Landgasthaus Streichmühle rechts in Haffstraße, direkt rechts in Neukirchener Weg, weitere 450 m Ziel rechts.

Dolleruper Destille D1
Neukirchener Weg 8a 2020
24989 Dollerup

Zu Gast bei: Axel Hartwig
04636/976030
Anreise bis: 17:30 Uhr
Ruhetag: So.

Hofladen:
Mo.–Fr. 10–18 Uhr // Sa. 11–16 Uhr

www.dolleruper-destille.de

HOF HASCHE

Drage (SH) · 54°20'17.5"N 9°9'32.0"E

Wir betreiben einen Milchvieh- und Mutterkuh-Betrieb direkt an der Eider. Unsere Tiere haben täglichen Weidegang auf den grünen Eiderwiesen. Auf dem Hof finden Sie auch Hähnchen und Schweine zur Selbstvermarktung.

Selbstgemachtes: Fleisch von unseren Angus Rindern, Hähnchenfleisch, Marmeladen, Milch und Eier. Außerdem: Honig, Kartoffeln und Grillfleisch.
Aktivitäten: Badestelle, Schleuse Nordfeld, Radwege

Hof Hasche D2
Delje Koog 2021
25878 Drage

Zu Gast bei: Sascha Hasche
0171/3218895
Anreise bis: 19 Uhr
Schließzeit: 15.10.–25.03.

Hofverkauf:
Auf Anfrage

PFERDEGESPÜR

Drage (SH) · 54°21'30.3"N 9°7'40.4"E

Mein Betrieb lädt förmlich zur Erholung ein. Alle Gäste und Freunde fühlen sich gleich geerdet und mit der Natur und den Tieren verbunden. Sie spüren die Ruhe und genießen die Lage, wie ich. Es ist mein Paradies auf Erden.

Selbstgemachtes: verschiedene Apfelsorten, Birnen, Quitten, Himbeeren, Marmeladen u.v.m. Außerdem: Eiderwiesenbeef, Milch und Eier (vom Hof Hasche).
Aktivitäten: Ponyreiten, Eiderbadestelle, SUP, Radwanderwege, Grachtenfahrten, Museen, Tönninger Wattforum, Fun Center Husum, St. Peter Ording
Hinweis: △ 2 km nur einspurig, Weg zum Deich.

Pferdegespür D2
Feddersdeich 1 2021
25878 Drage

Zu Gast bei: Alina Kempcke
0172/3922075
Anreise bis: 19 Uhr
Ruhetag: So.
Schließzeit: 01.11.–01.04.

Hofverkauf:
Auf Anfrage

www.pferdegespuer.de

SIEBENGIEBELHOF

Drenkow (MV) · 53°19'0.9"N 12°0'25.2"E

Wir sind ein kleiner Bio-Milchviehbetrieb mit eigener Hofkäserei. Neben unserer behörnten Kuhherde gehören noch Angler-Sattelschweine und Hühner zum Hof. Von Freitag bis Sonntag bieten wir Ihnen in unserem kleinen Hofladen eine Auswahl unserer eigenen Produkte sowie anderer Bio-Betriebe an, außerhalb der Öffnungszeiten auch gern nach Vereinbarung. Am Wochenende können Sie dazu im Café 7 frisch gebackenen Kuchen und leckeren Kaffee genießen. Am besten erreichen Sie uns über die angegebene Handynummer. Der Zugang zu Strom ist, abhängig von der zur Verfügung stehenden Stellfläche, an manchen Tagen nicht möglich. Wir freuen uns auf Ihren Besuch. Sonntags Anreise bis 19 Uhr.

Selbstgemachtes: Käse, Quark, Joghurt, verschiedene Wurstwaren und Kuchen im Café. Außerdem: Bioladen-Sortiment.
Aktivitäten: Treptowsee, Ruhner Berg mit Aussichtsturm

Siebengiebelhof F3
Alte Dorfstr. 10 2016
19376 Drenkow

Zu Gast bei: Ve-Annissa Spindler
0176/10165926
Anreise bis: 22 Uhr

Hofladen:
Fr.–So. 10–18 Uhr

www.siebengiebelhof.de

HOF DREI BIRKEN

Ellerdorf (SH) · 54°11'31.2"N 9°50'25.2"E

Wir sind ein landwirtschaftlicher Pferdebetrieb und jagdlich ambitioniert. Besucher können mich als Falknerin bei der Jagd mit dem Greifvogel beobachten. Es sind begleitete Ausritte mit den Pferden möglich. Auf dem Trecker mitfahren und sich einmal in der Heuernte ausprobieren wird bei uns gern gesehen. Ich freue mich auf Gäste, die dankbar und respektvoll sind.

Selbstgemachtes: Heu für den Kleintierbedarf. Außerdem: Getränke und saisonale und regionale Produkte.
Aktivitäten: Rad,- Reit- und Wandertouren an den Mittelpunkt von Schleswig-Holstein, Angeln, Baden und Segeln im Naturpark Westensee

Hof Drei Birken D2
Nortorfer Straße 20 2021
24589 Ellerdorf

Zu Gast bei: Iris Brücker
0157/83574408
Anreise bis: 21 Uhr
Ruhetag: Mi.
Schließzeit: 01.10.–30.04.

Hofverkauf:
Auf Anfrage

HOF DIEDERSBÜLL

Emmelsbüll-Horsbüll (SH) · 54°50'28.1"N 8°41'31.8"E

Herzlich willkommen an der Nordsee! Wir bewirtschaften einen landwirtschaftlichen Betrieb mit dem Schwerpunkt Ackerbau. Außerdem verkaufen wir unsere handgearbeiteten Strickwaren, die auf einer Handstrickmaschine und überwiegend aus reiner Merinowolle hergestellt werden. Wir öffnen gerne unseren Ausstellungs- und Verkaufsraum für Sie.

Selbstgemachtes: Pullover, Jacken, Socken, Mützen, Schals u.v.m.
Aktivitäten: Nordsee, Wandern und Kräuterführungen im Weltnaturerbe Wattenmeer, Noldemuseum, Insel Sylt, Tondern (Dänemark)

Hof Diedersbüll C1
Diedersbüllerweg 4 2021
25924 Emmelsbüll-Horsbüll

Zu Gast bei: Nicole Melfsen 04665/879
Anreise bis: 19 Uhr

Hofladen:
Auf Anfrage

www.strickdesignnicolemelfsen.de

SCHÄFEREI HULLERBUSCH

Feldberger Seenlandschaft (MV) · 53°19'9.0"N 13°26'33.6"E

Wir halten ca. 400 Mutterschafe zuzüglich ihrer Lämmer in ganzjähriger Weidehaltung in und um das Naturschutzgebiet Hauptmannsberg. Die Rasse „Rauhwolliges Pommersches Landschaf" gilt als bedrohte Haustierrasse. Wir halten unsere Tiere in traditioneller Freilandhaltung und bauen auch das Winterfutter (Heu, Getreide) selbst an. Geschlachtet und verarbeitet werden die Tiere bei uns auf dem Hof. In unserem Hofladen bieten wir Ihnen Fleisch- und Wollprodukte sowie einen kleinen Imbiss an. Produkte von anderen Betrieben erweitern das Sortiment.

Selbstgemachtes: Lammfleisch, Schafwurst, Imbiss (Lammsoljanka, Kuchen, etc.) und Schafwollprodukte. Außerdem: Getränke, Brot, Honig und Keramik. Abendbrot und Getränke erhältlich.
Aktivitäten: Endmoränenrücken, Seen, Wanderungen, Boots- oder Fahrradtouren, Seilfähre, Badestelle
Hinweis: △ Die letzten Meter zum Stellplatz können zwischen Oktober und März zeitweise sehr matschig sein (Lehm).

Schäferei Hullerbusch GbR G3
Hullerbusch 2 2016
17258 Feldberger Seenlandschaft

Zu Gast bei: Jakob Hermühlen, einfach anreisen…

Hofladen:
Mi. –So. 11–17 Uhr

www.schaeferei-hullerbusch.de

…3°36'3.2"E

…naher …eich in …zum …em Wohn- …ngen befindet sich eine Wei… …n und Rindern. Unser Platz-Kater Pepe verjagt Mäuse und bewacht unsere Hühner. Auf unserem Innenhof befindet sich der Imbiss, wo man sich morgens mit Brötchen und Frühstück versorgen kann. Es besteht die Möglichkeit die sanitären Anlagen des dazugehörigen Campingplatzes zu benutzen.

Selbstgemachtes: Selbstgenähte Brötchenbeutel, Einkaufsbeutel, Schlüsselanhänger und selbst gebackene Kuchen. Abendbrot und Getränke erhältlich.
Aktivitäten: Radwanderweg, Teich zum Baden

Star Camp Cosa G3
Bergstr. 2 2022
17098 Friedland

Zu Gast bei: Petra Schröder
03968/210068
Anreise bis: 20 Uhr

Hofladen:
Täglich 8–20 Uhr

www.star-camp-cosa.de

PASTERHOF EICHHORST

Friedland OT Eichhorst (MV) · 53°35'41.2"N 13°29'40.0"E

Wir wohnen und arbeiten in einem denkmalgeschützten, ehemaligem Pfarrhof mit eigenem kleinen See und großen Wiesen. Wir betreiben hier ein Wochenendcafé, einen Hofladen und eine Pension, bauen Obst und Gemüse an und züchten Schafe. Wir bieten darüber hinaus auch vier Doppel- und zwei Einzelzimmer an, ein Schäferwagen ist im Aufbau.

Selbstgemachtes: Obst und Gemüse, Marmeladen, Sirup, Liköre, Pralinen, Kräutertees, Salze, Pesto und am Wochenende Kuchen und Torten. Außerdem: regionale Produkte wie Käse und Wurstwaren, Schönes und Nützliches. Nach Voranmeldung: Frühstück, Abendbrot und Getränke erhältlich.
Aktivitäten: Radwege, Seen, Neubrandenburg, Guts- und Herrenhäuser
Hinweis: △ Die Straße ab Glienke ist einspurig mit Haltebuchten, unsere Einfahrt befindet sich gegenüber der Kirche

Pasterhof Eichhorst G3
Kastanienallee 2 2018
17098 Friedland OT Eichhorst

Zu Gast bei: Simone Preller
039606/299799 o. 0179/2151354
Anreise bis: 21 Uhr

Hofladen:
Auf Anfrage

www.pasterhof-eichhorst.de

WALDHOF BRUCHMÜHLE

Fünfseen (MV) · 53°26'26.1"N 12°23'28.3"E

Inmitten der Müritzer Waldlandschaft liegt der Waldhof, umringt von 20 Hektar Wiesenflächen, die Teil des Vogelschutzgebietes sind. Auf den Weiden grasen Pferde, Rinder und Schafe. Unser Hofladen öffnet nach Absprache. Die Anreise ist von 15–18 Uhr, die Abreise bis 11.30 Uhr und nach Absprache möglich. Bezahlungen können in der Zeit von 9–11.30 Uhr und 15–18 Uhr erfolgen. Die Toilettennutzung ist nur möglich, wenn keine Toilette am Fahrzeug ist. Sollten Sie uns nicht erreichen, bitte eine Mail an info@waldhof-bruchmuehle.de oder eine WhatsApp an 0152/53531012. Bitte angeben: Name, Wohnort, Personenanzahl, Länge Camper und ob Strom benötigt wird.

Selbstgemachtes: Eier, Wildfleisch, Lammfleisch, Rindfleisch, Brotaufstriche, Obst und Gemüse. Außerdem: Honig und Wein. Nach Voranmeldung: Frühstück und Getränke erhältlich.
Aktivitäten: Seen, Radwanderungen, Reiten, Grillabende, Försterstunde, viele Hofangebote (siehe Website)
Hinweis: △ Navi: Waldstraße 3, 17213 Fünfseen / zum Hof 2,5 km Schotterpiste

Waldhof Bruchmühle F3
Bruchmühle 1 2020
17213 Fünfseen

Zu Gast bei: Isabel Schwahn
039932/14926
Anreise bis: 18 Uhr

Hofladen:
Auf Anfrage

www.waldhof-bruchmuehle.de

DEXTERHOF AM SANDBERG

Galenbeck (MV) · 53°40'3.0"N 13°40'51.8"E

Unser Hof liegt am Waldrand sehr schön gelegen in der Mecklenburgischen Seenplatte. Der Hofladen ist klein und gemütlich. Vergessen Sie den Alltag auf unserem Hof und genießen Sie die Natur.

Selbstgemachtes: Rindfleisch, Knacker, Eier und Deko. Außerdem: Gemüse, Gewürze, Tee und Kaffee. Bewirtung nach Voranmeldung.
Aktivitäten: Wandermöglichkeiten, Badesee (3 km), Radfahrmöglichkeiten, Ruhe und Natur erleben

Dexterhof am Sandberg H2
Am Sandberg 6 2022
17099 Galenbeck

Zu Gast bei: Mareike Hensel
0173/3978544

Hofladen:
Auf Anfrage

BIOFLEISCHEREI GUT GALLIN

Gallin (MV) · 53°29'48.2"N 10°50'10.0"E

Wir bewirtschaften seit 25 Jahren ökologisch unseren Betrieb in Westmecklenburg am Rande des Biosphärenreservates Schaalsee. Wir sind einer der vielseitigsten und größten Biobetriebe Deutschlands. Wir betreiben Ackerbau und Viehzucht und vermarkten einen großen Teil unserer Produkte selbst. Wir haben eine hofeigene Biofleischerei, einen Hofladen und eine kleine Gastronomie. Auf Anfrage können Sie unseren Hof gerne besichtigen.

Selbstgemachtes: Fleisch, Wurst und Gemüse. Außerdem: biologisches Vollsortiment, überwiegend regional.
Aktivitäten: Badesee, Biosphärenreservat mit Ausstellung etwa 10 km

BioFleischerei Gut Gallin GmbH E3
2018
Hauptstraße 1
19258 Gallin

Zu Gast bei: Peggy Rasim
0163/6010485
Anreise bis: 19:30 Uhr
Ruhetage: Sa. So.

Hofladen:
Mo.–Fr. 8–18 Uhr

www.biofleischerei-gut-gallin.de

WANGELINER GARTEN

Ganzlin OT Wangelin (MV) · 53°23'43.5"N 12°10'53.6"E

Der Wangeliner Garten ist ein Erlebnis- und Kräutergarten in der Mecklenburgischen Seenplatte. Mit seinem Gartencafé, dem Hofladen, dem Kinderspielplatz und den experimentellen, ökologischen Lehmbauten lädt er zum Verweilen, Staunen, Lernen, Genießen und Schlendern ein. Getreu dem Motto „Aus dem Garten auf den Teller" verköstigt das Gartencafé Sie mit frischen Speisen, Torten und Kuchen. Auch für den integrierten Hofladen ist dieses Credo großgeschrieben. Im April und Oktober ist unser Hofladen nur samstags und sonntags regulär geöffnet.

Selbstgemachtes: „Wunderfeld"-Produkte: Essige, Öle, Aufstriche, Senf, Tee, Samenbomben, Vogelhäuser und Pflanzen. Außerdem: Kosmetik, Keramik, Fachbücher zu Garten- und Lehmbau.
Aktivitäten: Führungen durch den Kräutergarten und zu den Lehmbauten, Lehmmuseum Gnevsdorf, Seminare/Kurse zum Thema Garten- und Lehmbau, Badesee, Radwege

Wangeliner Garten F3
Vietlübber Str. 2020
19395 Ganzlin OT Wangelin

Telefon: 038737/499877
Anreise bis: 18 Uhr
Schließzeit: 01.11.–31.03.

Hofladen:
Täglich 10–18 Uhr

www.wangeliner-garten.de

Hellweghof – Region Mitte-West

LANDHOF BUHK

Geesthacht (SH) · 53°27'22.0"N 10°20'44.1"E

Am Rande einer Stadt von 30.000 Einwohnern liegt unser Hof mit Hofladen und idealer Verbindung nach Hamburg. Unsere Hühner leben im Hühnermobil, welches alle 2 Wochen bewegt wird, damit die Hühner ständig frisches Gras zum Fressen haben. Wegen unserer Hühner sind Hunde leider nicht erlaubt. Ein Einblick in den Produktionsbetrieb ist nach Absprache möglich. Während der Spargelsaison (Mitte April bis Mitte Juni) ist der Hofladen auch am Sonntag geöffnet.

Selbstgemachtes: Eier, Spargel, Nudeln, Mehle, Eierlikör und Geflügel. Außerdem: regionale Lebensmittel. Getränke erhältlich.
Aktivitäten: Freibad, Kino, Radweg, Ponyreiten, Hamburg (25 km)

Landhof Buhk E3
Besenhorst 34 2022
21502 Geesthacht

Zu Gast bei: Peter Buhk 0160/1803268
Anreise bis: 18 Uhr

Hofladen:
Mo.–Fr. 10–18 Uhr // Sa. 9–13 Uhr

www.hofladen-hamburg.de

HERRENHAUS GOLDENBOW

Goldenbow (MV) · 53°26'11.7"N 10°58'16.6"E

Zwischen dem Biosphärenreservaten Schaalsee und der Flusslandschaft Elbe-MV in der Metropolregion Hamburg liegt das 1696 erbaute, denkmalgeschützte Herrenhaus Goldenbow. Das zu den ältesten Herrenhäuser Mecklenburgs zählende Gebäude wird, nachdem es komplett eingestürzt war, seit 2010 wieder von uns aufgebaut. Der angrenzenden Park bietet eine absolute Idylle und viel Geschichte. Auf Nachfrage gibt es eine multimediale Führung. Grillmöglichkeit mit Wildspezialitäten auf Anfrage. Toilettennutzung nur tagsüber.

Selbstgemachtes: Souvenirs, Holzskulpturen, antikes Holz und handgeschmiedete Nägel von 1696 (stammen aus diesem Haus,) Kräuterbutter und Gierschpesto. Außerdem: Regionale Produkte und Wildfleischgrillpakete (Forsthof Schildfeld). Nach Voranmeldung: Frühstück, Abendbrot und Getränke erhältlich.
Aktivitäten: Zarrentin am Schaalsee mit Fischerei, Radfahrrouten, Reitwege, Wasserturm, App zur Herrenhaus-Führung

Herrenhaus Goldenbow E3
Zum Wasserturm 35 2021
19260 Goldenbow

Telefon: 0151/41272220
Anreise bis: 20 Uhr
Schließzeit: 01.04.–15.04.

Hofverkauf:
Auf Anfrage

www.herrenhaus-goldenbow.de

EICHENHOF

Grauel (SH) · 54°4'24.5"N 9°40'2.0"E

Der Eichenhof ist ein Familienbetrieb im Herzen Schleswig-Holsteins und wird von der Familie Eekhoff & Ruhsert, dem treuen Hofhund Jerry, den Hofkatzen Simba, Nala und Kiara sowie Schafen und Hühnern bewohnt. Wir bewirtschaften einen Milchviehbetrieb mit ca. 110 Milchkühen und 100 ha Land. Neben der Landwirtschaft vermieten wir auch eine Ferienwohnung und betreiben eine Zimmervermietung. Seit Mitte 2020 gibt es einen kleinen Hofladen mit hofeigenen und regionalen Produkten. Für Interessierte bietet unsere Tochter Melanie spannende Hofführungen für Groß und Klein an. Wer möchte, kann am frühen Morgen oder am späten Nachmittag beim Melken und Kälber füttern zugucken.

Selbstgemachtes: Säfte, Gelees, Fruchtaufstriche, Liköre, Chutneys, Kuchen im Glas, eingemachtes Obst, Honig, Grillsoßen, Sirup, Bauernhofeis, Eier, Rohmilch, je nach Jahreszeit frisches Obst und Gemüse aus dem eigenem Garten sowie Fleisch und Fleischprodukte von Rind und Lamm.
Aktivitäten: Hofführungen, Rad-und Wanderwege

Eichenhof D2
Achterlang 7 2020
24594 Grauel

Zu Gast bei: Melanie Eekhoff 0162/5297458

Hofverkauf:
Auf Anfrage

www.eichenhof-grauel.de

SPARGELHOF HAY

Gremersdorf OT Kembs (SH) · 54°20'48.7"N 10°55'7.0"E

Unsere Familie bewirtschaftet seit 300 Jahren den landwirtschaftlichen Betrieb in Kembs. Vor 25 Jahren begannen wir zusätzlich mit dem Anbau von Sonderkulturen wie Spargel, Grünspargel, Erdbeeren und Frühkartoffeln. Die Öffnungszeiten unseres Hofladens gelten von April bis Juli. Ganzjährig führen wir einen Selbstbedienungsstand (24/7). Unser Stellplatz belohnt Sie mit einem Blick auf den Apfelgarten mit Feuerstelle umgeben von Feld, Wiese und Hühnerwagen. Bitte beachten Sie unsere Schließzeiten! Wir freuen uns auf Sie!

Selbstgemachtes: Spargel, Erdbeeren, Kartoffeln, Marmeladen, Eier u.v.m. Außerdem: Honig, Saucen zum Spargel, Katenschinken aus Holstein, Qualitätsweine und Wildspezialitäten.
Aktivitäten: Oldenburg, Wallmuseum, Heiligenhafen, Ostsee, Lagerfeuer, Radwege, Strand und Steilküste in unmittelbarer Nähe

Spargelhof Hay E2
Hufenweg 15 2020
23758 Gremersdorf OT Kembs

Zu Gast bei: Theda Hay
0152/55668989
Anreise bis: 18:30 Uhr
Schließzeit: 01.10.–15.03.

Hofladen und Hofverkauf:
Mo.–Sa. 8:30–18:30 Uhr // So. 9–16 Uhr

www.spargelhof-hay.de

FRAU HOLLES LAND-ART-HOF

Gremersdorf-Buchholz (MV) · 54°6'36.2"N 12°51'50.4"E

Idyllischer Permakulturhof im Küstenvorland zwischen Stralsund und Greifswald. Ökologische und ressourcengerechte Bewirtschaftung. Idealer Platz für einen sehr ruhigen Aufenthalt mitten in der Natur, mit I-I-A-A-H, Gegacker und Gezwitscher. In der Nähe vom Ostsee-Strand und den Hansestädten Stralsund und Greifswald. Hunde bitte an der Leine führen!

Selbstgemachtes: Fruchtaufstriche, Eier, Brot aus dem Holzofen auf Anfrage, Obst und Gemüse aus dem Permakultur Garten. Nach Voranmeldung: Frühstück, Abendbrot und Getränke erhältlich.
Aktivitäten: Naturführungen durch das Küstenvorland, Kajak-Touren auf Trebel und Recknitz, Frei-Luft Aktionen, Teilnahme an Landschaftsführungen und Kunstworkshops mit Anmeldung, Messerschleifen, Mithilfe beim Brotbacken

Permakulturhof Brandl G2
Dorfstraße 33 2021
18461 Gremersdorf-Buchholz

Zu Gast bei: Anna Ulrike Brandl
038320/717460 o. 0151/70093592
Anreise bis: 21 Uhr

Hofverkauf:
Auf Anfrage

GRÖNWOHLDER HAUSBRAUEREI

Grönwohld (SH) · 53°38'22.2"N 10°24'31.1"E

Unsere kleine Brauerei liegt im Herzen des wunderschönen Kreises Stormarn. Hier brauen wir leckeres Bier, bieten Brauereibesichtigungen, Brauseminare, Biersommelierevents und diverse Hoffeste, wie Burgerfest, Tag der offenen Tür usw. an. Weiterhin gibt es bei uns eine Walnussplantage, Bienenstöcke, diverse Obstbäume und eine Regenwurmzucht. Im Direktverkauf kann man Produkte aus unserem landwirtschaftlichen Anbau bekommen. Auf dem ca. 2,5 ha großen traumhaften Gelände genießen sie ihre Freizeit und erholen sich im Landschafts- und Naturschutzgebiet wunderbar. Haustiere sind nicht zugelassen.

Selbstgemachtes: Bier, Walnüsse und Regenwurmhumus. Außerdem: Bierbrauzubehör, Honig und Spirituosen. Nach Voranmeldung: Getränke erhältlich.
Aktivitäten: Rad- und Wanderwege, Drehort der Sendung „Neues aus Büttenwarder", Waldgebiete Hahnheide und Sachsenwald, Badeseen, Schwimmbad, Angelteiche, Kletterpark, gute Anbindung an öffentliche Verkehrsmittel nach Hamburg und Lübeck

Grönwohlder Hausbrauerei E3
Poststr. 21 e 2021
22956 Grönwohld

Zu Gast bei: Sabine Schumacher
04154/984141
Anreise bis: 17:30 Uhr
Ruhetage: Sa. So.
Schließzeit: 07.10.–19.03.

Hofladen:
Di.–Do. 14:30–18 Uhr // Fr. 10–12, 14:30–18 Uhr // Sa. 10–12 Uhr

www.groenwohlder.de

RHEIDER HOF

Groß Rheide (SH) · 54°26'52.1"N 9°24'28.7"E

Herzlich Willkommen auf dem Rheider Hof. Bei uns leben Lamas und Alpakas, Katzen und Hunde. Schlafen zwischen den „Delfinen der Weide". Wir züchten seit 2020 mit viel Herzblut Lamas und bieten Lama- und Alpakaspaziergänge an. Für Landvergnügengäste bieten wir unseren „Evening Twogheter"-Spaziergang für 2 Personen an (Infos unter www.rheider-hof.de). Wir freuen uns auf Ihren Besuch!

Aktivitäten: Badesee, Kanutouren, Lama- und Alpakawanderungen
Hinweis: △ Das Tor zur Streuobstwiese ist geschlossen und wird von uns geöffnet.

Rheider Hof D1
Hauptstr. 64 2021
24872 Groß Rheide

Zu Gast bei: Dennis Ewert
04627/2583293
Anreise bis: 20 Uhr

Hofverkauf:
Auf Anfrage

www.rheider-hof.de

RIECKENS LANDMILCH

Großbarkau (SH) · 54°13'28.2"N 10°10'10.0"E

Wir betreiben einen Milchviehbetrieb, dem eine Hofmeierei und ein Hofladen angeschlossen sind. Dort bieten wir Ihnen unsere köstliche Milch, Milchprodukte und eigene Fleischprodukte an. Seit 2017 haben wir den Schritt zur Bio-Zertifizierung vollzogen. Sie sind herzlich willkommen! Zu unseren Bürozeiten erreichen Sie uns gut (Mo-Fr von 8–13 Uhr) sowie Sa nachmittags. Sprechen Sie gern auf den AB. In den Sommerferien bieten wir auch Kinderferienpassprogramme. Bitte kontaktieren Sie uns hierfür direkt! Eine Anreise am Sonntag ist nach Absprache möglich.
Selbstgemachtes: frische Vollmilch, Joghurt, Frischkäse, Schnittkäse, Trinkmolke, Rinderschinken, Reinbeißer, Rindermettwurst, Bratwurt, Currywurst, Hackfleisch, Gulasch, Steaks, Braten und Rinderknochen. Außerdem: regionale Spezialitäten.
Aktivitäten: Kiel (10 km), Ostseestrände (25 km), Freilichtmuseum Molfsee (15 km)

Rieckens Landmilch D2
Zum Eichhof 2 2017
24245 Großbarkau

Zu Gast bei: Kerstin & Bert Riecken
04302/96870
Anreise bis: 20 Uhr
Ruhetag: So.

Hofladen und Hofverkauf:
Täglich 8–20 Uhr

www.rieckens-landmilch.de

GASTHOF WALDESLUST

Hamfelde/Stormarn (SH) · 53°36'18.3"N 10°26'44.5"E

Der Gasthof Waldeslust ist ein Ausflugslokal direkt an der Hahnheide. Im Sommer lädt die große Sonnenterrasse zum gemütlichen Verweilen ein. Genießen Sie in herrlicher Landschaft, was Keller und Küche zu bieten hat. Die Galloways, Moorschnucken, Enten und Gänse stammen aus unserer eigenen Zucht und artgerechter Haltung. Hinweis: Die Toilette ist nur während der Öffnungszeiten zugänglich. Es handelt sich um einen Parkplatz für die Restaurantgäste. Daher ist es am Wochenende ziemlich voll und erst zum späten Abend wird es ruhiger.
Selbstgemachtes: Spezialitäten sind Wild aus umliegenden Wäldern, Gänse und Enten, Forellen und Karpfen aus eigener Zucht, Galloways und Moorschnucken. Außerdem: Essen im Restaurant (auch zum Mitnehmen), frisches Wildfleisch je nach Verfügbarkeit.
Aktivitäten: Restaurant, kleines Tiergehege, Spielplatz, Wald mit Wanderwegen, Radwege, Hahnheider Turm

Gasthof Waldeslust E3
Dorfstr. 6 2021
22929 Hamfelde/Stormarn

Zu Gast bei: Sylvia Koops 04154/2526
Anreise bis: 19 Uhr
Ruhetage: Mo. Di.

www.waldeslust-hamfelde.de

GUT GÖRTZ

Heringsdorf (SH) · 54°17'22.3"N 11°1'3.5"E

Unser Gut ist ein familienfreundlicher Gutshof mit gemütlicher Atmosphäre. Genießen Sie ein Stück selbstgebackenen Kuchen aus der hauseigenen Bäckerei im idyllischen Hofcafé in der alten Scheune am Kamin. Sonntag ab 10.00 Uhr gibt es Frühstück im Café und jeden Tag Snacks im Bistro. Spazieren Sie über den alten Gutshof und lassen Sie die außergewöhnlichen Ausstellungen der verschiedenen Kunsthandwerker auf sich wirken. Hunde sind willkommen, aber bitte an der Leine führen.

Selbstgemachtes: Marmeladen, Brot, Wurst, Kuchen und geräucherter Schinken. Außerdem: Eier, Kunsthandwerk u.v.m.
Aktivitäten: Streichelzoo, Falknerei, Rad- und Wanderwege

Gut Görtz E2
Görtz 1 2021
23777 Heringsdorf

Zu Gast bei: Franziska Fleischer
0177/1444113
Anreise bis: 17 Uhr
Ruhetag: Mo.
Schließzeit: 19.12.–28.02.

Hofladen:
Di.–So. 11–18 Uhr

www.gut-goertz.de

WEIDEHOF HERMANNSHAGEN

Hermannshagen (MV) · 53°52'49.0"N 11°47'43.4"E

Unser kleiner Hof liegt idyllisch in den Weiten der mecklenburgischen Hügellandschaften. Es ist eine Hofstelle aus den 80ern, und wir wollen beweisen, dass man auch diese nicht-historischen Orte zu schönen Flecken Erde machen kann. Uns liegt weiter der gute Umgang mit unseren Mutterkühen und Pferden, wie auch dem Boden, sehr am Herzen.

Selbstgemachtes: Leinöl, Rindfleisch und -wurst von unseren Tieren. Außerdem: Saft und Eier aus dem Dorf.
Aktivitäten: Feuerstelle auf dem Hof, mehrere Badeseen und Ausflugsmöglichkeiten in der Umgebung
Hinweis: △ im Navi bitte Weidehof Hermannshagen eingeben, nicht die Adresse Obere Dorfstraße! Zufahrt ist bei unserem Googleaccount zu erkennen - das kleine Stück Feldweg GANZ langsam fahren, dann links aufs weiße Haus zufahren, hier sind die Wege wieder gut.

Weidehof F2
Hermannshagen GbR 2022
Obere Dorfstr. 6
18249 Hermannshagen

Telefon: 0176/76778406
Anreise bis: 21 Uhr
Schließzeit: 01.09.–08.09., 01.10.–31.12.

Hofverkauf:
Auf Anfrage

BERNDS KARTOFFELHOF

Hohenlockstedt (SH) · 54°0'5.7"N 9°36'16.8"E

Unser Kartoffelhof und Ackerbaubetrieb liegt direkt am Holsteiner Wald. Wir bieten in unserem Hofladen saisonale und regionale Produkte an. Rund um unseren Ort werden diverse Freizeitaktivitäten angeboten.

Selbstgemachtes: Kartoffeln (verschiedene Sorten), Brotaufstriche, saisonales Gemüse und Obst. Außerdem: Eier, Honig und Äpfel.
Aktivitäten: Badesee, Radwanderwege, Wald, Museum, Fallschirmspringen, Rundflüge, Angelsee

Bernds Kartoffelhof D2
Ridders 8 2019
25551 Hohenlockstedt

Zu Gast bei: Bernd Senne
0171/2334051
Anreise bis: 18 Uhr
Ruhetag: So.

Hofladen:
Mo.–Sa. 8–18 Uhr

Nord

HOF UND FRÜHLINGS CAFÉ

39'49.9"N 9°9'12.7"E

…egt im Herzen Nordfries-… mit Pferden, Hunden, Katzen und Meerschweinen. Dazu gehört ein sonniges Hofcafé (Mo. und Di. geschl.) mit selbstgebackenen Torten und Kuchen und eine Heuherberge.

Selbstgemachtes: Torten und Kuchen. Nach Voranmeldung: Frühstück erhältlich.
Aktivitäten: Kinderspielplatz mit Sandkasten, Lagerfeuerplatz mit Grillmöglichkeit, Radwegenetz Nordfriesland, Heimatmuseum, Badeseen

Frühlings Hof und Frühlings Café D1
Bahnhofstr. 3 2016
25862 Joldelund

Zu Gast bei: Susanne & Horst Frühling 04673/244 o. 0176/21646967
Anreise bis: 17:30 Uhr
Ruhetage: Mo. Di.
Schließzeit: 15.12.–01.03.

www.fruehlings-cafe.de

HOF ADERHOLD

Kiel (SH) · 54°15'45.6"N 10°9'5.6"E

Landleben erleben auf dem Freiland- und Bio-Hühnerhof am Stadtrand von Kiel. Seit fünf Generationen betreiben wir Ackerbau und Viehwirtschaft und legen dabei traditionell besonderen Wert auf einen verantwortungsvollen Umgang mit Natur und Tier. Als Kiels erster Freilandhühnerhof versorgen wir u.a. regionale Supermärkte, Restaurants und Cafés mit Freiland- und Bio-Eiern in bester Qualität. Erleben Sie Hühner, Ponys und Ziegen hautnah und auf den Wiesen grasen schottischen Hochlandrinder. Unser Hofladen lädt zum Einkauf ein.

Selbstgemachtes: hofeigene Bio- und Freilandeier in allen Größen, Bio-Eierlikör und Nudeln, Fleisch und Wurst der eigenen Schottischen Hochlandrinder. Außerdem: umfangreiches Sortiment an Lebens- und Genussmitteln und regionalen Produkten, sowie Küchenaccessoirs.
Aktivitäten: Hoftiere: Hühner, Ziegen, Ponys und Highland-Rinder, Freilichtmuseum Molfsee, Hafen und Fähren (15 min), Nord-Ostsee-Kanal, Schleuse in Holtenau, Strände (20 min), Radwege

Hof Aderhold D2
Zum Schlüsbeker Moor 33 2019
24145 Kiel

Zu Gast bei: Aderhold Friderike und Thies 04317/12554 o. 0172/4544513
Anreise bis: 19 Uhr

Hofladen:
Täglich 7–19 Uhr

www.hof-aderhold.de

INGO PINGEL-SCHÜMANN

Kisdorf (SH) · 53°48'43.4"N 10°2'36.6"E

Wir sind ein landwirtschaftlicher Familienbetrieb mit Milchkühen und etwas Ackerbau. Unser Hof liegt kurz hinter Kisdorf und ist gut zu erreichen. Außerdem haben wir eine Milchtankstelle mit frischer Rohmilch, Eiern von freilaufenden Hühnern und Honig vom Imker aus dem Nachbardorf.

Selbstgemachtes: Milch und Eier. Außerdem: Honig.
Aktivitäten: Badesee in Itzstedt, Holstentherme in Kaltenkirchen
Hinweis: △ Je nach Anfahrt vor oder hinter dem Ortsschild die Auffahrt beim Schild „Milchtankstelle" nutzen.

Ingo Pingel-Schümann D2
Segeberger Str. 28 2021
24629 Kisdorf

Zu Gast bei: Ingo Pingel-Schümann, einfach anreisen…
Anreise bis: 21:30 Uhr
Schließzeit: 01.12.–31.03.

Hofverkauf:
Auf Anfrage

Nordwest
Ost
Mitte-West
West
Südost
Südwest

FAMILIE NIELS STAUCH

Klappholz (SH) · 54°38'4.7"N 9°30'48.2"E

Unser kleiner Hof liegt unweit der dänischen Grenze zwischen Nord und Ostsee. Ein Badesee, ein Freibad, eine Gastwirtschaft, ein Café, Museen und ein Freizeit-Park sind in wenigen Minuten zu erreichen und trotzdem ist es durchweg ländlich bei uns. Wir haben die Landwirtschaft im Nebenerwerb, machen sehr viel Selbst-Qualität und Tierwohl ist uns sehr wichtig. Hunde müssen an der Leine bleiben.

Selbstgemachtes: Gemüse, Fleisch und Honig vom Altenteiler. Außerdem: Kartoffeln, Honig, Freiland-Eier aus dem Mobilstall, Weidemastfleisch und Suppenhühner je nach Verfügbarkeit.
Aktivitäten: Badestelle Havetofter See, Freibad, Gastwirtschaft, Café, Museen, Freizeit-Park, Spielplätze

Familie Niels Stauch D1
Westscheider Straße 10 2022
24860 Klappholz

Telefon: 0172/5382179
Anreise bis: 19 Uhr
Schließzeit: 30.11.–01.04.

Hofverkauf:
Auf Anfrage

MOSTEREI KNEESE/SCHWARZ' BRENNEREI

Kneese Dorf (MV) · 53°39'15.3"N 10°58'11.4"E

Wir bewirtschaften auf unserem Biolandbetrieb 5 ha Streuobstwiesen mit ca. 100 alten Apfelsorten. In der Mosterei stellen wir Obstsäfte und Eistees her, in der Brennerei Edelbrände von unseren alten Obstsorten. Bei uns stehen Sie mit Blick auf den Teich und auf die Wiese und können die Ruhe genießen.

Selbstgemachtes: Obstbrände, Apfelpunsch, Eistees, Schwarze Nüsse (Walnüsse), Obstbrände und Bier. Nach Voranmeldung: Abendbrot und Getränke erhältlich.
Aktivitäten: Badestelle am Schaalsee (ca. 3 km)

Mosterei Kneese/ E3
Schwarz' Brennerei 2021
Hauptstraße 22
19205 Kneese Dorf

Zu Gast bei: Jochen Schwarz
038876/31349
Anreise bis: 19 Uhr
Schließzeit: 01.09.–01.11.

Hofladen:
Di.–Fr. 9–17 Uhr // Sa. 9–16 Uhr

www.mosterei-kneese.de

LANDWIRTSCHAFTSBETRIEB MIT HOFLADEN

Kobrow (MV) · 53°40'22.2"N 11°48'50.1"E

Wir sind ein familienbetriebener Bauernhof mit Tierhaltung (Mutterkuhaufzucht verschiedener Rassen), Pflanzenanbau für die Tiere in 3. Generation und einem Hofladen. Für Gäste öffnen wir gern auch am Sonntag unseren Hofladen mit Fleisch- und Wurstprodukten aus eigener Herstellung. Wir bitten um Verständnis, dass während der Erntezeit auch nachts Erntemaschinen und LKWs fahren – ein Einblick in die pure Landwirtschaft!

Selbstgemachtes: Wurst- und Fleischprodukte (z. B. Leberwurst im Glas, Frischwurst vom Schwein, Ente, Hähnchen, Kaninchen, Bratwurst vom Haus- oder Wildschwein, Grillfleisch), Kartoffeln, Gelees, Fruchtaufstriche, Säfte und Liköre.
Aktivitäten: Kutschenmuseum (2 km), Hofsee und Schönfelder See in Kobrow, Kinderspielplatz, Fussballplatz, Grillveranstaltungen alle 2 Wochen in Sternberg auf dem Campingplatz (5 km)

Krügers Hofladen F3
Stieter Str. 49 2020
19406 Kobrow

Zu Gast bei: Cerrien Krüger
0172/2591531
Anreise bis: 20 Uhr

Hofladen:
Mo. 14:30–18 Uhr // Mi.–Fr. 9–13:30, 14:30–18 Uhr // Sa. 9–12 Uhr

BIOHOF MOORHUSEN

Kollmar (SH) · 53°45'18.6"N 9°32'39.7"E

Unser Hof liegt im Marschendorf Kollmar, wir liegen sehr ruhig im Moor mit weiten Feldern und Ausblicken. Hier können Sie die muttergebundene Kälberhaltung erleben und unsere Bio-Hühner kennenlernen. Unsere 24h-SB-Hütte ist immer für Sie da!

Selbstgemachtes: Eier, Obst und Gemüse im Sommer und Marmelade. Außerdem: Fleisch vom eigenen Rind, Milch, Joghurt, Quark, Butter unserer Meierei und Nudeln.
Aktivitäten: Radfahrwege, Ponyreiten nach Absprache, Hofalltag miterleben, Nähe zur Elbe

Biohof Moorhusen D2
Moorhusen 41 2022
25377 Kollmar

Telefon: 0170/4671399
Anreise bis: 19 Uhr

Hofverkauf:
Auf Anfrage

MEIEREI GEESTFRISCH

Kropp (SH) · 54°23'19.1"N 9°30'4.7"E

Unser landwirtschaftlicher Betrieb liegt in ruhiger Lage nördlich von Kropp zwischen Schleswig und Rendsburg. Wir haben eine eigene Hofmeierei zur Verarbeitung unserer Milch mit angeschlossenem Hofladen. Wasser auffüllen ist nur in kleineren Mengen möglich.

Selbstgemachtes: Milchprodukte, Eis, Fleisch, Käse und Fruchtaufstriche. Außerdem: Getränke, Schokolade, Honig und Spirituosen.
Aktivitäten: Radwanderwege

Meierei Geestfrisch D1
Fuhlreit 4 2016
24848 Kropp

Zu Gast bei: Gunda Juliana Sierck
04624/450329
Anreise bis: 17 Uhr
Ruhetage: Mo. Di. So.

Hofladen:
Mi.–Fr. 9–12, 15–18 Uhr // Sa. 9–12 Uhr

www.meierei-geestfrisch.de

OSTSEEMÜHLE

Langenhanshagen (MV) · 54°16'41.3"N 12°39'8.2"E

Die Ostseemühle ist eine familienbetriebene Ölmühle mit Hofladen und Lesecafé. Unsere Öle und Mehle werden durch schonende Kaltpressung in handwerklicher Weise gewonnen. Wir pressen jede Woche frisches Leinöl und viele andere Sorten. Bewirtung und Toilettennutzung nur während der Öffnungszeiten Mo-Sa 9–17 Uhr.

Selbstgemachtes: kaltgepresste Speiseöle, glutenfreies Mehl, Müsli, Salz, Gewürze und Essig. Außerdem: Senf, Konfitüre, Liköre, Tee, Bücher, Porzellan, Käse, Wurst, Getreide, Säfte, Naturkosmetik und Schokolade. Frühstück, Abendbrot und Getränke erhältlich.
Aktivitäten: Hofcafé, Spaziergänge, Radwege

Ostseemühle GmbH G2
Dorfstr. 14 2020
18320 Langenhanshagen

Zu Gast bei: Sabine Zaepernick, einfach anreisen…

Hofladen:
Mo.–Sa. 9–17 Uhr

www.ostseemühle.de

KIEBELSTEIN

Latendorf OT Braak (SH) · 54°0'35.0"N 10°5'18.7"E

Unser Familienbetrieb mit Milchvieh, Ackerbau und Legehennen liegt mitten in Schleswig Holstein. Wir sind Neueinsteiger bei der Direktvermarktung. Unser Selbstbedienungshofladen versorgt sie gern mit leckeren landwirtschaftlichen Produkten. Die Gäste auf unserem Hof dürfen bei uns in das Leben auf dem Bauernhof Einblick nehmen.

Selbstgemachtes: Milch, Eier, Rindfleisch, Marmelade, Eingemachtes, Zucchini, Kürbis, Tomaten, Gurken und Getreide. Außerdem: Honig, Kartoffeln und Kohl.

Aktivitäten: Karl-May-Festspiele, Noctalis (Kalkberhöhlen), Museum für Tuch und Technik, viele Rad- und Wanderwege z.B. in Wäldern, Bierbrauerei Rickling, Wildpark

Kiebelstein D2
Dorfstraße 2 2021
24598 Latendorf OT Braak

Zu Gast bei: Malte Kiebelstein
0162/4248945
Anreise bis: 20 Uhr

Hofverkauf:
Auf Anfrage

HOFLADEN DER LANDFRAUEN

Leezen (MV) · 53°39'41.6"N 11°29'52.9"E

Unser schöner Hofladen der Landfrauen und eine Ferienwohnung sind im wunderschönen Leezen zu besuchen, nahe der Landeshauptstadt Schwerin. Wir bieten täglich regionale Produkte für unsere Gäste an. Diese Produkte werden von unseren Landwirten und Landfleischereien für uns produziert und können auch verkostet werden. Eine Blumen-, Kräuter-, Holzterrasse bietet einen Ruheort zum Entspannen und zum abendlichen Grillen und Beisammensein an. Wir heißen Sie herzlich willkommen.

Produkte: frische Eier, Obst, Gemüse, Freilandgeflügel, Äpfel und Säfte, regionaler Honig, Liköre, Kuchen aus der Hofladenbäckerei, Fleisch und Wurstwaren von den Landfleischern und Marmelade von den Landfrauen.

Aktivitäten: Kino auf dem freien Hof, Mittelaltermarkt, Badesee, Boot fahren, Fahrradverleih, Radwege rund um den Schweriner See und das Schweriner Schloss

Hofladen der Landfrauen F3
Schlossstraße 4c-d 2021
19067 Leezen

Zu Gast bei: Torsten Kollex
03866/470266
Anreise bis: 20 Uhr

Hofverkauf:
Auf Anfrage

HOF NORDSTERN

Lehe (SH) · 54°21'58.7"N 9°1'2.1"E

Unser landwirtschaftlicher Betrieb liegt in der Eidermarsch im nördlichen Dithmarschen. Hier können Sie neben grasenden Schafen und Kühen auch unsere freilaufenden Hühner, Gänse und Enten erleben. Wir möchten gerade Urlaubern aus der Stadt und Kindern unser Landleben zeigen und natürlich allen, die daran interessiert sind. Wie ist es Tiere zu streicheln, zu füttern und sich um sie zu kümmern? Wie fühlt sich Wolle an, wie riechen und leben Schafe? Zudem bietet jede Jahreszeit bei uns ein Naturschauspiel.

Selbstgemachtes: Landeier, Lamm- und Geflügelfleisch, Fruchtaufstriche, handgenähte und bestickte Wollfilzprodukte, Wolle u.v.m. Außerdem: Ziegenkäse, Schafmilchseife und Schafmilchhandcreme.

Aktivitäten: Tiere streicheln und füttern, Hofführungen, Workshops und Thementage rund um das Schaf, Friedrichstadt, Tönning, Schwimmbad Lunden, Kinderspielzeug auf dem Hof

Hof Nordstern C2
Preiler Ring 7 2021
25774 Lehe

Zu Gast bei: Stefanie Mahmens
04882/5146 o. 0151/26504381

Hofladen und Hofverkauf:
Auf Anfrage

www.hof-nordstern.jimdofree.com

ZUM TROLLHOF

Losten (MV) · 53°47'32.4"N 11°28'54.3"E

Zwischen Wismar und Schwerin leben wir auf unserem 6000m² großen Trollhof. Nicht nur Trolle sind hier zu Hause, auch unsere Hühner und Katzen wohnen hier. In unserem naturnahen Garten bauen wir verschiedene Kräuter und Gemüse an. Wir haben eine große Wildblumenwiese und viele Obstbäume. Für unsere kleinen Gäste ist ein kleiner Spielplatz mit einer großen Sandkiste vorhanden.

Selbstgemachtes: Brot und Brötchen aus frisch gemahlenem Mehl, Produkte aus Kräutern und Obst und Gemüse. Nach Voranmeldung: Frühstück und Abendbrot erhältlich.
Aktivitäten: Kräuterführungen, vollwertige Koch-und Backkurse, Schweriner See, Radfahren, Wandern – Unsere Veranstaltungen findet ihr auf unserer Webseite zum-trollhof.de
Hinweis: △ Die letzten 800 m sind ein gut befahrbarer Feldweg.

Zum Trollhof – Kräuter, Kurse, Köstlichkeiten F2 2019
Zum Trollhof 2
23996 Losten

Zu Gast bei: Grit Zitzler
01578/4631948
Anreise bis: 20 Uhr

Hofverkauf:
Auf Anfrage

www.zum-trollhof.de

STRAUSSENFARM RIEDERFELDE

Lübz (MV) · 53°28'5.6"N 12°3'32.3"E

Wir betreiben eine Straußenfarm auf einem 18 ha Gelände. Die Strauße stehen in dem Naturschutzgebiet „Riederfelde Moor". Je nach Jahreszeit befinden sich zwischen 100 –180 Strauße auf der Farm.

Selbstgemachtes: Straußenfleisch, -wurst, -federn, -eier, -leder u.v.m.
Aktivitäten: sehr schöne Badestelle am Kritzower See (5 km), Plau am See (12 km), Schwerin (50 km)
Hinweis: △ Achtung bei langem, starkem Regen. Das Farmgelände verfügt nur über unbefestigte Landwege!

Straußenfarm Riederfelde GbR F3 2014
Riederfelde 3c
19386 Lübz

Zu Gast bei: Monika Helfrich
0173/6460929
Schließzeit: 01.11.–28.02.

Hofladen:
Fr.–So. 10–18 Uhr

www.straussenfarm-riederfelde.de

BRAUMANUFAKTUR LUDWIGSLUST

Ludwigslust (MV) · 53°19'37.6"N 11°29'20.2"E

In der fast 250 Jahre alten Ludwigsluster Orangerie – wo zu Herzog's Zeiten die mediterranen Gewächse überwinterten – produziert die Braumanufaktur Ludwigslust illustre Getränke. Hier finden Sie die wohl kleinste Brauerei Mecklenburg-Vorpommerns. Die Orangerie ist in der Region ein Begriff für Kunst und Kultur. Unsere Toiletten sind nur während der Öffnungszeiten der Brauerei geöffnet.
Selbstgemachtes: diverse Sorten Bier und Limonaden, regionale Produkte unserer Netzwerkpartner werden saisonal offeriert und auch verkostet. Außerdem: Getränke und regionale Produkte anderer Hersteller, z.B. Käse, Sanddorn und Wurstwaren. Bewirtung nach Voranmeldung.
Aktivitäten: Biertasting, Brauereiführung, Sanddornausstellung, Schlosspark und Schloss in Sichtnähe
Hinweis: △ Orangerie liegt auf dem Gelände der PG Storchennest bzw. des Gartenbaumarktes. Daher bitte unbedingt anmelden, da nach Ladenschluss das Gelände auch mal geschlossen ist.

Braumanufaktur Ludwigslust F3 2021
Friedrich Naumann Allee 26
19288 Ludwigslust

Telefon: 0171/5425535
Anreise bis: 18 Uhr
Ruhetag: So.

Hofverkauf:
Auf Anfrage

www.lusthopfen.de

KALLE-BÄCKER

Marne (SH) · 53°57'27.9"N 9°0'59.1"E

Wir sind eine familiengeführte, handwerkliche Bäckerei in der vierten Generation und haben unsere Produktionsstätte im Gewerbegebiet der Stadt Marne. Das Gewerbegebiet ist ab Nachmittag sehr ruhig. An unserem Standort können Back- und Konditoreiwaren aus eigener Produktion erworben werden. Sanitäre Anlagen stehen Ihnen nach Absprache zur Verfügung.

Selbstgemachtes: Brötchen, Brot, Kuchen, Feingebäck und weitere traditionelle, regionale und handwerkliche Backwaren. Frühstück und Getränke erhältlich.
Aktivitäten: Draisinenfahrt (April-Oktober), Seehundstation Friedrichskoog, Kanalschleusen Brunsbüttel, Nationalpark Wattenmeer, Skatclubmuseum, Kohltage (3. September-Woche), nach Absprache Bäckerei-Besichtigung

Kalle-Bäcker GmbH & Co. KG
Feldstr. 58 a
25709 Marne
C2
2014

Telefon: 04851/95550
Anreise bis: 16:30 Uhr
Ruhetag: So.

Hofverkauf:
Mo.–Fr. 7–18 Uhr // Sa. 7–12 Uhr

www.kallebaecker.de

NATURERLEBNISPARK GRISTOW

Menekenhagen/Kowall (MV) · 54°9'48.8"N 13°18'31.4"E

In unberührter Natur leben im Naturerlebnispark Gristow in artgerechter Haltung Schweine, Geflügel, Pferde, Emus, Schafe, Ziegen und andere heimische Tierarten. Erleben Sie Landwirtschaft zum Anfassen und bringen Sie auch gerne Ihre eigenen Pferde mit. 120 ha zum Wohlfühlen mit vielen Plätzen zum Erholen, Wohlfühlen und Picknicken in direkter Wasserlage am Bodden. Erleben Sie die Natur in ihrer ursprünglichsten Art.

Nach Voranmeldung: Frühstück, Abendbrot und Getränke erhältlich.
Aktivitäten: Radweg, Reiten, Bootstouren, Wald, Tierpark, diverse Natur- & Outdoorerlebnisse (z.B. Bogenschießen), beliebte Ziele in MV von uns aus gut erreichbar

Naturerlebnispark Gristow
Wiesenweg 18a
17498 Menekenhagen/Kowall
G2
2021

Zu Gast bei: Vera Fickers
03834/2273 o. 0160/97078508
Anreise bis: 16 Uhr

www.naturerlebnispark-gristow.de

HOF BRAMMESTAB

Mittelangeln (SH) · 54°41'11.0"N 9°39'29.7"E

Im Herzen von Angeln bewirtschaften wir einen Bioland Betrieb mit Mutterkühen und Legehennen. Außerdem züchten wir Fjordpferde. Erleben Sie die Landschaft Angelns bei einer Kutschfahrt oder einem gemütlichen Ausritt.

Selbstgemachtes: Eier, Rind- und Schweinefleisch. Außerdem: Grill-, Bratwurst, Obst und Gemüse aus der Region von befreundeten Kollegen, Brot und Brötchen auf Bestellung.
Aktivitäten: Reitunterricht und geführte Ausritte für Kinder und Erwachsene, Kutschfahrten auf und mit unseren Ponys, Badesee (5 km), beheiztes Freibad 5 km, Flensburg, Kappeln, Schleswig (je 20 km), Golfplatz (18 km)

Hof Brammestab
Am Wald 4
24986 Mittelangeln
D1
2019

Zu Gast bei: Stephanie und Henning Bothmann 0151/61987195
Anreise bis: 20 Uhr

Hofverkauf:
Auf Anfrage

www.hof-brammestab.de

HUFE 1

Moltenow (MV) · 53°54'46.5"N 11°50'55.0"E

Unser Hof beherbergt 2 Schafe, 1 Hängebauchschwein, welches sich immer über Streicheleinheiten freut, 4 Katzen und eine Schar Hühner. Das Grundstück liegt sehr ruhig 1,5 km vom Dorf entfernt.

Selbstgemachtes: Eier, Marmelade und Säfte. Außerdem: Bio-Honig und weitere saisonale Angebote.
Aktivitäten: Badesee und Cafe (3,5 km), Klein Sien, ein kleiner Dorfladen in Bernitt sorgt für den täglichen Bedarf
Hinweis: △ Im Dorf rechts in die Sackgasse abbiegen und der Straße 1,5 km folgen.

Hufe 1 F2
Moltenow 15 2021
18246 Moltenow

Zu Gast bei: Martina Moll & Regine Häderle 038464/227264 o. 0176/54925834
Anreise bis: 21 Uhr

Hofverkauf:
Auf Anfrage

BOLBROHAUS

Munkbrarup/Siegum (SH) · 54°49'22.5"N 9°37'3.2"E

Reetgedeckte Angeliter Bauernkate von 1781 mit formalem Bauerngarten. Auf dem Gelände befindet sich auch ein historisches Backhaus. Neben dem privaten Obst- und Gemüseanbau werden 5 ha Grünland zur Heugewinnung (Pferde) genutzt. Rundum sanft hügelige Angeliter Natur mit Bäumen und Knicks – ein Paradies für Naturliebhaber!

Selbstgemachtes: Marmelade, Kräutersalz, Eier, saisonales Gemüse und Heu.
Aktivitäten: Ostsee-Radwanderweg, Flensburger Förde mit Sandstrand (15 min Laufdistanz), Flensburger Hafen, Schloss Glücksburg, Museum Unnewatt
Hinweis: △ Ab Ringsberg einspurig; für Gespanne: bitte über Langballig anreisen!

Bolbrohaus D1
Siegum 5 2021
24960 Munkbrarup/Siegum

Zu Gast bei: Harald Schlangmann 04636/97718817

Hofverkauf:
Auf Anfrage

www.bolbrohaus.de

RESTHOF VON KERSTIN UND ERNST BEWIG

Neu Lüblow (MV) · 53°22'42.6"N 11°27'48.5"E

Idyllischer und ruhiger Resthof direkt am neuen Kanal gelegen. Mit Blick auf den Kanal und die Streuobstwiese. Hinter dem Kanal ist eine große Rinderweide. Zwei Wohnmobilfans heißen Sie willkommen!

Selbstgemachtes: Bio-Eier und Obst in bescheidenem Maßstab.
Aktivitäten: Radwanderung zum Schloß Ludwigslust und zur Burg Neustadt

Resthof von Kerstin F3
und Ernst Bewig 2021
Ludwigsluster Straße 3
19288 Neu Lüblow

Telefon: 0177/4639816
Anreise bis: 20 Uhr

Hofverkauf:
Auf Anfrage

HOF SCHRÖDERSBEK

Neudorf-Bornstein (SH) · 54°25'13.9"N 9°54'21.9"E

Wir sind ein kleiner Direktvermarktungsbetrieb mit Rindern, Schafen, Schweinen und Freilandhühnern. An unserer Bornsteiner Eierbude können Sie 24 h unsere Produkte kaufen. Unseren Hofladen öffnen wir auch gern auf Anfrage außerhalb der Schließzeiten für Sie. Angeleinte Hunde sind herzlich willkommen. Bitte reisen Sie nur an, wenn Sie autark sind.

Selbstgemachtes: Fleisch vom Welsh Black, Fleisch und Wurstwaren vom Rotbunten Husumer Schwein, Eier aus Freilandhaltung, Hähnchen, Suppenhühner und Nudeln. Außerdem: Kartoffeln.

Aktivitäten: Eckernförde (9 km), Badestrand (10 min)

Hof Schrödersbek D1
Bornsteiner Str. 40 2021
24214 Neudorf-Bornstein

Zu Gast bei: Malte Mohr
0173/6504751
Anreise bis: 18 Uhr

Hofladen und Hofverkauf:
Do. 17–18 Uhr // Sa. 9–12 Uhr

www.hof-schroedersbek.de

HOF STAJOHANN

Neuendorf (SH) · 53°44'31.7"N 9°31'57.1"E

Wir sind ein Familienbetrieb mit Legehennen, Mutterkuhhaltung, Schäferei und Ackerbau. Der Betrieb wird seit Generationen von unserer Familie bewirtschaftet. Neuerdings sind unsere Eier auch außerhalb der Öffnungszeiten rund um die Uhr in unserem Eierautomaten zu bekommen.

Selbstgemachtes: Eier, Lammfleisch und Rindfleisch. Außerdem: Geflügel, Kartoffeln, Äpfel, Apfelsaft, Nudeln, Honig und Schinken.

Aktivitäten: Rad- und Wandertouren, Deichspaziergänge

Hof Stajohann D2
Dorfreihe 16 2016
25335 Neuendorf

Telefon: 04128/213 o. 0151/59259015

Hofladen und Hofverkauf:
Mo., Di. 9–18:30 Uhr // Mi.–Sa. 12–18:30 Uhr

www.hofladen-stajohann.de

WERKHAUS BYNEBÜLL

Neukirchen (Nordfriesland) (SH) · 54°52'19.9"N 8°44'10.2"E

Nahe der dänischen Grenze und der Nordsee liegt das Werkhaus Bynebüll idyllisch auf einer Warft am Naturschutzgebiet der kleinen Landgemeinde Neukirchen. Hier ist der Stammsitz des Mahamudra-Figurentheaters mit Werkstatt, Atelier und Probebühne. Wir betreiben Musikschule, Musikstudio und den „Kunstraum" für musikalische Projekte, Ausstellungen und Begegnungen, sowie professionelle und kreative Fundraising-Beratung für gemeinnützige Projekte.

Selbstgemachtes: Produkte aus Garten und Landküche in Bioqualität wie Früchte und Kräuter, Fruchtaufstriche, Säfte, Blütensekt, Kombucha u.v.m., Musikproduktionen, handwerkliches und künstlerisches aus Naturmaterial und Beratung für Kultur- und Fundraisingmanagement. Außerdem: eigene Eier und Honig.

Aktivitäten: Barfußgarten, beheiztes Freibad, Badestelle Natursee, Deichmuseum, Noldemuseum, Radwanderwege, Naturbeobachtung, Unesco-Welt-naturerbe Wattenmeer

Werkhaus Bynebüll C1
Osterdeich 64 2021
25927 Neukirchen (Nordfriesland)

Zu Gast bei: Karin P. und Manne Burmeister 04664/983604
Anreise bis: 19 Uhr

Hofverkauf:
Auf Anfrage

www.bynebuell.de

HOFLADEN BACKENSHOLZ

Oster-Ohrstedt (SH) · 54°29'57.8"N 9°16'31.3"E

Backensholz ist ein ökologischer landwirtschaftlicher Betrieb mit hofeigener Rohmilchkäserei, Hofladen und Restaurant. Hier werden unsere eigenen und weitere regionale Produkte verarbeitet und können in schöner Atmosphäre genossen werden. Freuen Sie sich auf Husumer Protestschweine, Milchvieh, Pommerngänse und Hofhunde. Achtung: Hunde bitte an der Leine führen.

Selbstgemachtes: Rohmilchkäse, Fleisch, Aufstriche und Marmeladen (alles 100 % Bio). Außerdem: Olivenöl, Weine und Spirituosen, Präsentkörbe, Postkarten und Küchenutensilien. Abendbrot und Getränke erhältlich.
Aktivitäten: Essen in unserem Café und Bio-Restaurant, Kanufahren auf der Treene, Fahrradfahren im Umland, Wandern, Ausflug zu den Seehundbänken, Angeln

Hofladen Backensholz GmbH & Co. KG D1
2020
Schwabstedter Damm 10
25885 Oster-Ohrstedt

Zu Gast bei: Lena Höth
04626/1858294
Anreise bis: 17:30 Uhr

Hofladen:
Mo.–Fr. 10–18 Uhr // Sa. 10–14 Uhr

www.backensholz.de

MILCHSCHAFHOF SOLTERBECK

Owschlag (SH) · 54°21'19.5"N 9°34'13.5"E

Wir bewirtschaften einen über 400 Jahre bestehenden Familienbetrieb im ebenso alten und kleinen Dorf Sorgwohld, heute Ortsteil von Owschlag. Seit 2005 sind wir ein Bioland-Betrieb mit Milchschafen und einer Hofkäserei mitten in Schleswig Holstein.

Selbstgemachtes: diverse Schafkäsesorten.
Aktivitäten: Kanufahren, Fußballgolf im Wald, Naturschutzgebiet Sorgwohlder Binnendünen, historischer Ochsenweg

Milchschafhof Solterbeck D2
2017
Sorgwohld 10
24811 Owschlag

Zu Gast bei: Hans-Peter Solterbeck
04336/1577
Anreise bis: 20 Uhr
Schließzeit: 01.11.–31.03.

Hofverkauf:
Auf Anfrage

www.schafkäserei.de

HOF OSSLACHTE

Owschlag-Norby (SH) · 54°23'55.8"N 9°34'35.2"E

Unser Hof liegt am Ortsrand von Norby, bei Owschlag. Der Blick geht in die Natur und am Hof zieht eine Au vorbei. Auf den Wiesen laufen Jungtiere oder Pferde. Unser Hofladen hat ganztägig geöffnet.

Selbstgemachtes: Rindfleisch, während der Grillsaison Grillfleisch, Grill- und Currywurst und Eier.
Aktivitäten: Badestelle am Owschlager-See, Rad- und Wanderwege, Kinderspielplatz

Hof Osslachte D1
2022
Blöcken 48a
24811 Owschlag-Norby

Zu Gast bei: Martin Schmidt
04336/3607 o. 0174/1617833
Anreise bis: 17 Uhr
Schließzeit: 01.11.–01.03.

Hofladen:
Auf Anfrage

KASTANIENHOF VON HOHENLIETH

Pahlen (SH) · 54°16'6.1"N 9°19'56.4"E

Eingebettet zwischen Eider und Dörplinger Moor in Dithmarschen, begrüßen der Erlebnishof und die Nutztier-Arche alle kleinen und großen Tierfreunde. Unser 60 ha großes Land ist dem Naturschutz verpflichtet, alles wird ohne Dünge- und Pflanzenschutzmittel bewirtschaftet. Hofführungen können wir nach telefonischer Absprache anbieten.

Selbstgemachtes: Fleisch- und Wurstwaren von unseren Tieren (Rinder, Schweine, Schafe), Honig, Eier, Marmelade, Obst und Gemüse aus unserem Bauerngarten.
Aktivitäten: Hofführungen, Weideexkursionen zu den Tieren, Moorfahrten, Lesungen, Kindergeburtstage, Eiderfahrten, Kanutouren, Steinzeitpark, Wattforum, Radtouren

Kastanienhof von Hohenlieth D2
Hohenlieth 51 2017
25794 Pahlen

Zu Gast bei: Gerd Voß 04803/1492
Anreise bis: 16:30 Uhr
Schließzeit: 01.11.–31.01.

Hofverkauf:
Auf Anfrage

kastanienhof-hohenlieth.de

BIOMARKT LÄMMERHOF

Panten OT Mannhagen (SH) · 53°38'34.5"N 10°36'43.7"E

Wir sind ein Hofladen und Naturkostfachgeschäft mit einem umfangreichen Sortiment biologischer Lebensmittel und ökologischer Naturwaren. Alle Bio-Lebensmittel sind zertifiziert und garantieren Ihnen höchste Sicherheit bei Ihrem Einkauf. Wählen Sie in aller Ruhe schon beim Einkauf mit Genuss aus unserem vielfältigen und stets frischen Angebot an Obst und Gemüse, Brot und Backwaren, Molkereiprodukten und Käse. Entdecken Sie die Vielfalt biologischer Lebensmittel! Sehen, riechen und kosten Sie!

Produkte: biologisches Vollsortiment (Obst, Gemüse, Brot und Backwaren, Molkereiprodukte, Käse und Wein).
Aktivitäten: Lauenburgische Seen, verschiedene Radwegenetze, Naturschutzgebiete fußläufig zu erreichen (Pantener Moorweiher, Hellmoor), Spielplatz und Lamaführungen im Ort, Wildpark in Mölln

BioMarkt Lämmerhof E3
Hauptstraße 8 2021
23896 Panten OT Mannhagen

Zu Gast bei: Christian Brüggemann 045438/91177
Ruhetag: So.
Schließzeit: 09.07.–19.07.

Hofladen:
Mo. 9–12:30 Uhr // Di.–Fr. 9–18:30 Uhr // Sa. 9–13 Uhr

www.laemmerhof.de

ZIEGENHOF SIEVERTSHAGEN

Papenhagen (MV) · 54°10'17.0"N 12°57'40.6"E

Unser kleiner biologisch wirtschaftender Ziegenhof mit Käserei befindet sich im idyllischen Vorpommern. Dörflich ruhig gelegen, umgeben von weiten Wäldern und Wiesen, liegt unser Hof etwa eine Fahrstunde von der Ostseeküste entfernt. Neben den Ziegen leben auch Hühner und Katzen auf unserem Hof. Nach Absprache geben wir gerne eine Hofführung und unsere Käsespezialitäten, die in aufwendiger Handarbeit entstehen, können verkostet werden.

Selbstgemachtes: Ziegenmilch und -käse, Wurst und Fleisch von der Ziege je nach Verfügbarkeit.
Aktivitäten: Vogelpark Marlow, Kanufahren auf der Trebel, Waldspaziergänge und Radtouren

Ziegenhof Sievertshagen G2
Sievertshagen 40 2014
18510 Papenhagen

Zu Gast bei: Markus Stühle & Barbara Landesberger, einfach anreisen…
Schließzeit: 20.12.–20.02.

Hofverkauf:
Auf Anfrage

FISCHEREIBETRIEB LEIF DETLEFSEN

Parkentin OT Hütten (MV) · 54°4'37.0"N 11°57'31.5"E

Wir sind ein Fischbetrieb in unmittelbarer Nähe zum Naturschutzgebiet Hütter Klosterteiche mit hofeigener Räucherei und feinem Bistro, sowie traditioneller Karpfenwirtschaft in alten Klosterteichen der Zisterziensermönche. Genießen Sie bei uns den Sonnenaufgang über dem Wiesenteich. Die Öffnungszeiten gelten von März bis Oktober. An Feiertagen gelten die Zeiten von Sonntag.

Selbstgemachtes: Frischfisch, Räucherfisch, Sauerteigbrot, Keramiken, Marmeladen, Kräuter und Kuchen (Wochenende). Außerdem: Käse und warmer Mittagstisch im Bistro. Nach Voranmeldung: Getränke erhältlich.
Aktivitäten: Naturschutzgebiet Hütter Klosterteiche

Fischereibetrieb F2
Leif Detlefsen 2020
Am Hütter Wohld 5
18209 Parkentin OT Hütten

Zu Gast bei: Leif Detlefsen
038203/12244
Anreise bis: 19 Uhr
Ruhetage: Mo. Di.
Schließzeit: 03.02.–06.03.

Hofladen:
Mi.–Sa. 9–17 Uhr // So. 10–16 Uhr

www.fischereihof.de

HOF MAIWEG

Peenehagen/Alt Schönau (MV) · 53°35'3.0"N 12°44'9.0"E

Wir bewirtschaften einen reinen Ackerbaubetrieb für diverse Getreide, Raps und Mais, der mittlerweile in der 13. Generation mit viel Herzblut geführt wird. Auch die nächste Generation steht bereits in den Startlöchern und ist tatkräftig mit dabei! 2 Ponys, 2 Miezen und auch eine Hühnerbande dürfen ihren Lebensabend bei uns verbringen. Den Obstgarten betreiben wir als Hobby. Gerne geben wir Einblicke in den Ackerbau und beantworten bei Bedarf Fragen zu den Ackerfrüchten. Je nach Jahreszeit kann die Ernte auch hautnah mitverfolgt werden. Unser Hofladen öffnet bei Bedarf.

Selbstgemachtes: Rapsöl, Rapsblütenhonig, Kräutersalze, diverse Konfitüren/ Marmeladen, Chutneys, Grillsaucen und Eier. Außerdem: frische Brötchen & diverse Gebäcke zum Frühstück, Nudeln, Eintöpfe, eingelegtes Obst/Gemüse, Milch vom Nachbarbetrieb und skandinavische Home-Accessoires.
Aktivitäten: Radwanderweg, Seenähe (4 km)

Hof Maiweg G3
Warener Chaussee 17 2021
17192 Peenehagen/Alt Schönau

Zu Gast bei: Michaela Maiweg
039934/87850 o. 0175/1608878
Anreise bis: 20 Uhr

Hofladen:
Auf Anfrage

www.fewo-hof-maiweg.de

IMKEREI UND BAUERNHOF BODE

Plau am See (MV) · 53°30'19.3"N 12°15'56.6"E

Unser Hof liegt landschaftlich sehr schön am Plauer See. Hier können Sie alles rund um die Honigernte erleben. Unser gemütlicher Hofladen mit verschiedenen Bienenprodukten lädt Sie zum Stöbern ein. Von Mai bis Juli und je nach Witterung können Sie beim Honigschleudern zusehen oder selber Hand anlegen.

Selbstgemachtes: verschiedene Honigsorten (z.B. Rapshonig, Lindenblütenhonig, Kornblumenhonig), Kerzen, Honig-Eierlikör, Bärenfang, frische Eier, verschiedene Marmeladen, Wurst und Fleisch vom Schwein oder Rind, zu Weihnachten Enten und Gänse. Außerdem: diverse Bienenkosmetika (z.B. Shampoo mit Akazienhonig, Creme mit Gelee Royal, Zahncreme mit Propolis), Honigliköre, Honigwein, Honigbonbons, Blütenpollen, Äpfel und Kartoffeln.
Aktivitäten: Badestellen mit Spielplatz am Plauer See, Radwanderweg, Bienenmuseum und Spielplatz auf unserem Hof

Imkerei und F3
Bauernhof Bode 2022
Rostocker Chaussee 61
19395 Plau am See

Zu Gast bei: Frank und Marlies Bode
038735/45225
Anreise bis: 18 Uhr

Hofladen:
Mo.–Fr. 10–18 Uhr // Sa. 10–15 Uhr // So. 11–14 Uhr

www.bienen-bode.de

NATURHOF OTTO

Poseritz (MV) · 54°19'27.3"N 13°14'47.0"E

Wir sind ein kleiner ökologischer Familienbetrieb und bauen alte Kartoffel- und Getreidesorten an. Auf unserem Hof haben wir viel Platz, ihr könnt also wählen, ob ihr auf einem Schotterplatz oder auf einer Wiese stehen möchtet. Unser Hofladen befindet sich gerade in der Entstehung.

Selbstgemachtes: bunte Kartoffeln, viele verschiedene Kürbissorten, Gemüse und Getreide. Außerdem: Rindfleisch und Käse vom Nachbarhof.
Aktivitäten: zauberhafte Strände, ob Bodden oder Ostsee, Pilgerwege, Meeresmuseum u.v.m.

Naturhof Otto G1
Datzow 14A 2021
18574 Poseritz

Zu Gast bei: Julia Otto 0160/5078460
Anreise bis: 20 Uhr

Hofverkauf:
Auf Anfrage

LOHMÜHLENHOF

Preetz (SH) · 54°13'5.0"N 10°15'52.4"E

Auf meinem kleinen Hof leben Esel, Ziegen, Schafe, Hühner, Katzen, Hunde und natürlich Menschen in einem friedlichen Miteinander. Auf Spaziergängen mit Eseln oder Schafen erfahrt ihr nicht nur Neues über die Tiere, sondern auch über euch selbst. Fragt gern schon bei der Anmeldung nach, ob ein Spaziergang möglich ist. Unser Hof liegt sehr ruhig mitten im Grünen, eine Badestelle ist ebenso wie der Marktplatz schnell erreicht. Gern können Sie ihren Hund mitbringen, sofern er mit anderen Hunden verträglich ist.

Selbstgemachtes: Eier und Gemüse in geringen Mengen.
Aktivitäten: verschiedene Angebote mit Tieren: Eseltrekking, Eselführerschein, Geburtstag mit Tieren, Kutsche fahren, Haustierberatung, psychosoziale Beratung mit Unterstützung meiner Tiere, Marktplatz mit gemütlichen Cafés und Restaurants (2 km), Badestelle (15 min)
Hinweis: ⚠ Die letzten Meter des Lohmühlenwegs sind nicht befestigt. Unsere kleine Wiese ist nur für Fahrzeuge bis 6,5m geeignet. Wir sind ein Nichtraucherhof.

Lohmühlenhof – hilft tierisch weiter E2
2019
Lohmühlenweg 100
24211 Preetz

Zu Gast bei: Astrid Faehling 0151/11914730

Hofverkauf:
Auf Anfrage

www.lohmuehlenhof.de

KUHBLICK – HOF HAUSCHILDT

Quarnstedt (SH) · 53°57'12.9"N 9°47'1.8"E

Wir betreiben einen Milchbetrieb mit muttergebundener Kälberaufzucht. Es gibt Stellplätze mit Kuhblick auf unserem Hof oder außerhalb neben einer Kuhweide für autarke Camper. Schauen Sie uns beim Melken über die Schulter oder versuchen es selbst, wenn es unsere Zeit erlaubt. Zugleich finden Sie Ruhe und Entschleunigung bei uns.

Selbstgemachtes: Milchprodukte, Eier, Marmeladen, Bauernhofeis, Honig, Wurstwaren, Käse, TK-Backwaren, Bio-Bier, Getränke, Seifen, Gewürze und Geschenkartikel rund um die Kuh. Außerdem: Milchprodukte, Rohmilch, Eier, Honig, Eis, Backwaren, Wurstwaren, Käse und Bier. Bewirtung nach Voranmeldung.
Aktivitäten: Freibad, Spielplatz, Spielmöglichkeiten auf dem Hof, Radfahren und Wandern (Naturpark Aukrug), Kanufahren, Nord- und Ostsee, Kiel, Hamburg, Lübeck

KuhBlick – Hof Hauschildt D2
Haupstr. 8 2021
25563 Quarnstedt

Zu Gast bei: Kirsten Hager 0157/85710017
Anreise bis: 22 Uhr

Hofladen und Hofverkauf:
Auf Anfrage

www.kuhblick.jimdofree.com

TRADITION

ÖZIS SUPERFOOD

Der Hutzelhof Hümmer im Steigerwald bewahrt eine alte Tradition: das Trocknen von Birnen zu Hutzeln. Es ist einer der letzten Betriebe seiner Art in Deutschland.

Sie sind klein, federleicht und verschrumpelt wie ein Greisengesicht: Hutzeln sind Birnen, die mit Stumpf und Stiel in einem mit Holz beheiztem Trockenraum, der Darre, getrocknet werden. „Früher sicherten die getrockneten Früchte das Überleben der Menschen, weil sie sie im Winter mit Vitaminen versorgten", erklärt Franz Hümmer, Inhaber des Hutzelhofs in Fatschenbrunn. Reinhold Messner schwor bei seinen Bergtouren auf die getrockneten Früchte und auch die steinzeitliche Gletschermumie Özi soll sie im Gepäck gehabt haben.

Seit Generationen stellen die Hümmers Hutzeln her. So war es auch für Franz Hümmer keine Frage, das alte Handwerk weiterzuführen. „Bis in die 70er- und 80er-Jahre waren Lebkuchenbäcker unsere größten Abnehmer", sagt er. „In guten Lebkuchen sind nach wie vor Hutzeln, aber in der Supermarktware werden Sie sie nicht finden." Aus diesem Grund starb die in Franken weit verbreitete Tradition langsam aus.

Inzwischen sind es vor allem Liebhaber aus dem gesamten deutschsprachigen Raum, die gedörrte Birnen und auch Zwetschgen bei Franz Hümmer bestellen oder im Hofladen kaufen. In der Weihnachtszeit versendet der Hutzelhof auch Lebkuchen und Hutzelbrot. Mit Hutzeln veredelte Brände und Honig aus Fatschenbrunn gehören ebenfalls zum Angebot.

Bei der Herstellung der Hutzeln kommen eigene Ressourcen zum Einsatz. Alte Birnenbäume und –sorten wuchsen ursprünglich auf Feldern. „Die Baumfeldwirtschaft ist eine sehr effiziente Art der Nutzung, die von einer zunehmend industrialisierten Landwirtschaft zurückgedrängt wurde: Während am Boden das Getreide gedeiht, wachsen an den Bäumen Früchte heran", erklärt Franz Hümmer. In Fatschenbrunn gibt es die am besten erhaltenen Relikte dieser Agrarforste. →

Die alten Bäume mit fast ausgestorbenen Sorten liefern bis heute sehr aromatische Früchte ohne jede Chemie, ganz anders als manches Plantagenobst aus dem Supermarkt. Das schmeckt man auch bei den Hutzeln.

Mit Holz aus dem eigenen Wald feuert Franz Hümmer den Dörrofen an. Bei 60 Grad Celsius dörren Birnen und Pflaumen auf speziellen Gittern über vier bis sieben Tage. Alle fünf Stunden legt Franz Hümmer Holz nach. Jeden Tag müssen die Birnen von unten nach oben umgeschichtet werden, um die unterschiedlichen Temperaturen im Ofen gezielt zum Trocknen der Früchte auszunutzen. Zwischendurch sortiert er bereits fertige Hutzeln aus. „Die Kunst besteht darin, dass der Ofen nicht zu heiß ist, damit die Hutzeln die richtige Konsistenz erreichen“, sagt er. „So bleiben 80 Prozent der Vitamine erhalten.“ Äußerlich gleicht keine Hutzel der anderen. Je nach Sorte und Reifegrad reicht ihre Farbe von orange bis dunkelbraun.

Die getrockneten Früchte schmecken in Gebäck ebenso wie im Müsli oder als Energiebällchen. Sie können aber auch einfach so als Proviant auf Touren durch den Steigerwald dienen. Fatschenbrunn ist der höchste Ort des Mittelgebirges. Franz Hümmer geht davon aus, dass es als größter zusammenhängender Buchenwald Nordeuropas in Zukunft zum Naturpark erklärt wird.

Die Hutzel ist bereits als schützenswertes Kulturgut anerkannt. Sie gehört zum Immateriellen Kulturerbe der UNESCO. Fatschenbrunn ist dank seiner Hutzeln einer von „100 offiziellen Genussorten in Bayern“. Der Hutzelhof ist außerdem Mitglied im Slow Food-Netzwerk.

Für die Saison 2022 plant Franz Hümmer für die Wohnmobilreisenden von Landvergnügen eine Fläche an seinem Birnenfeld zu planieren. Dann haben sie die gesunden Früchte gleich beim Aufwachen vor Augen – Pflücken ist natürlich nicht erlaubt.

GRASHOFF

Rade bei Hohenwestedt (SH) · 54°6'9.0"N 9°43'19.5"E

Der typische Reiz des Naturparks Aukrug liegt in den von Flussauen durchzogenen Wald-, Weiden-, und Heideflächen. Eine Idylle, zentral gelegen zwischen Nord- und Ostseeküste. Genießen Sie den Sonnenuntergang, ein Schleswig-Holsteiner Mahl und den Blick in den Sternenhimmel. Hier recken neugierige Isländer ihre Hälse. Streicheln erlaubt. Es besteht die Möglichkeit gemeinsam zu grillen. Bitte melden Sie sich unbedingt telefonisch vorher an.

Selbstgemachtes: Likör, Obst und Gemüse, Brotaufstriche, Honig, (Wild) Kräuter und Kunsthandwerk. Außerdem: Wildfleisch, Kaffee und Kuchen. Frühstück, Abendbrot und Getränke erhältlich.

Aktivitäten: Kräuterführung, Outdoor-Küche, Fahrradverleih, Nachtwanderungen, kreatives Arbeiten, Qi-Gong, Lachyoga, Atemübungen, Wander(-Reiten), Freibad, Golf, Radwanderwege, Pilgerpfad

Grashoff D2
Grashoff 1 2014
24594 Rade bei Hohenwestedt

Telefon: 0163/2605553
Anreise bis: 20 Uhr
Schließzeit: 01.11.–31.03.

Hofverkauf:
Auf Anfrage

grashoff-landvergnuegen.jimdo.com

ALTE POMMERNKATE

Rambin auf Rügen (MV) · 54°21'14.3"N 13°12'3.9"E

Entdecken Sie bei uns eine Vielfalt regionaler Spezialitäten von der Insel Rügen. Verkehrsgünstig gelegen zwischen Bahngleisen und Bundesstraße, können Sie bei uns als Start- oder Endpunkt Ihrer Landvergnügentour unser Frühstücksbuffet oder die hausgemachten Torten genießen. In unserer Nudelwerft und Fischräucherei können Sie täglich bei der Produktion und Zubereitung schmackhafter Besonderheiten zusehen. Unser großer Bauernmarkt bietet alles, was das Touristenherz begehrt. Hinweis: Die Toilettennutzung ist nur während der Öffnungszeiten möglich.

Selbstgemachtes: Fleisch und Wurstwaren. Außerdem: Bio-Vollsortiment, Tee, Kaffee, Kuchen, Imbiss und Eis.

Aktivitäten: Wandern, Radwandern, Seen

Alte Pommernkate – Rügener Bauernmarkt & Hofcafé G1
2020
Hauptstr. 2 a
18573 Rambin auf Rügen

Zu Gast bei: Marco von Kessel
038306/62630
Anreise bis: 21 Uhr

Hofladen:
Täglich 7–19 Uhr

www.altepommernkate.de

TRAVENHOF

Reinfeld (SH) · 53°49'11.7"N 10°27'22.6"E

Unser Hof liegt sehr zentral in Reinfeld, zwischen Lübeck und Bad Oldesloe in Einzellage. Wir halten auf unserem Hof Legehennen in Mobilställen, betreiben Ackerbau und haben Schweine. Seit Ende 2021 haben wir einen schönen Hofladen, in dem es frische Brötchen und tolle, saisonale Lebensmittel gibt.

Selbstgemachtes: Eier, Mehl, Nudeln und Eierlikör. Außerdem: Getränke, Obst, Gemüse, Brötchen, Fleisch, Eingewecktes, Öle, Salz, Alkohol, Eis, Marmelade, Süßwaren, Dekorationsartikel und Blumen.

Aktivitäten: Badesee in Reinfeld, großes Fahrradnetz, Tourismusregion Lübeck

Travenhof E2
Travenhof 2022
23858 Reinfeld

Zu Gast bei: Lars Wichmann
04533/8161 o. 0160/4615042
Anreise bis: 21 Uhr
Ruhetage: Mo. Di.

Hofladen und Hofverkauf:
Mi.–So. 8–18 Uhr

www.travenhof.de

HOF VIEHBROOK

Rendswühren (SH) · 54°4'58.5"N 10°8'0.5"E

Das ländliche Kultur-, Bildungs- und Erlebniszentrum Hof Viehbrook verbindet Landwirtschaft, Gastronomie (Fr.- So. geöffnet), Nahversorgung, Bildungs- und Freizeitangebote auf eine besonders schöne Weise. Die Produkte der anerkannten Nutztier-Arche werden im Hofladen und in der hofeigenen Gastronomie angeboten. Die Tiere des Hofes sind für die Besucher zugänglich. Der Hof Viehbrook liegt in Alleinlage und auf dem Hofgelände befinden sich historische Gebäude.

Selbstgemachtes: Fleisch und Wurstwaren von hofeigenen Rindern, Schafen und Schweinen sowie Wildfleisch aus dem eigenen Dam- und Rotwildgatter. Außerdem: andere regionale Köstlichkeiten. Bewirtung nach Voranmeldung.
Aktivitäten: Streichelwiese mit Schafen, Ziegen und Eseln

Hof Viehbrook D2
Viehbrooker Weg 6 2016
24619 Rendswühren

Zu Gast bei: Kirsten Voß-Rahe, einfach anreisen…
Anreise bis: 22 Uhr

Hofladen:
Fr. 12–19 Uhr // Sa., So. 10–17 Uhr

www.hof-viehbrook.de

KATHARINENHOF

Reußenköge (SH) · 54°37'57.5"N 8°51'32.6"E

Kleiner Familienbetrieb mit Ackerbau und Rinderhaltung. Denkmalgeschützte Hofgebäude nur 800 m von der Nordseeküste entfernt.

Selbstgemachtes: Angus-Rindfleisch (tiefgefroren), Honig von eigenen Rapsfeldern, Getreide, Raps, Heu und Stroh für Kleintiere.
Aktivitäten: Badestelle Nordsee, Fahrradwegenetz, Natur pur, Rinder, Katzen und eventuell bald Hühner zum beobachten und füttern
Hinweis: ⚠ Bitte nur Adresse ins Navi eingeben.

Katharinenhof C1
Sönke-Nissen-Koog 47 2021
25821 Reußenköge

Zu Gast bei: Hauke Nissen, einfach anreisen…
Schließzeit: 28.10.–01.04.

Hofverkauf:
Auf Anfrage

KÜSTENMÜHLE ROSTOCK

Rostock (MV) · 54°7'8.5"N 12°10'0.7"E

Die Küstenmühle Rostock, ein Integrationsbetrieb mit eigener Gastronomie und zertifizierter Bioland-Gärtnerei, lädt ein, in Ruhe und Naturverbundenheit Ihren Aufenthalt hier zu verbringen. Schauen Sie vorbei und lassen Sie sich von unserem regionalen Gemüseangebot überraschen. Nehmen Sie praxiserprobte Gärtnertipps mit auf Ihre weitere Reise. Unser Hof liegt in der Nähe der Autobahn, ein Lärmschutzwall sorgt jedoch für Ruhe und Erholung. Anmeldung bitte bis 17 Uhr. Sonntag gibt es von 10–14 Uhr einen Brunch mit Voranmeldung.

Selbstgemachtes: ökologische, saisonale Gemüsevielfalt, z.B. Tomaten, Salate, Kräuter, Gurken und essbare Blüten. Außerdem: Eier. Nach Voranmeldung: Frühstück erhältlich.
Aktivitäten: Ostseeküste und die Universitäts- und Hansestadt Rostock in der Nähe, unsere kleinen Gäste können auf dem Außengelände toben und teilweise freilaufende Hoftiere erleben

Küstenmühle Rostock F2
Neu Hinrichsdorf 18 a 2019
18146 Rostock

Zu Gast bei: Chris Traufetter
0381/66619204
Anreise bis: 22 Uhr

Hofladen:
Mo.–Fr. 8–10:30, 11:30–14 Uhr

www.kuestenmuehle.de

HÖFEGEMEINSCHAFT POMMERN

Rothenklempenow (MV) · 53°31'14.0"N 14°12'23.7"E

Knapp 2.300 ha Land, Rinder, Schweine, Schafe, Gärtnerei – die drei Betriebe der Höfegemeinschaft Pommern haben viel zu bieten. Über allem stehen das Tierwohl und der Respekt vor der Natur. Die Höfegemeinschaft Pommern setzt eine Tradition fort, die in der Gegend schon immer prägend war. Rothenklempenow fungierte im Laufe der Jahrhunderte immer als Produktionsort und galt zu DDR-Zeiten als Pionierort der Landwirtschaft. Dorfführungen und Weltackerführungen auf Anfrage.

Selbstgemachtes: frisches Gemüse, frisches Weidefleisch von Rind, Gans, Ente, Wurst, Aufstrichprodukte, Sonnenblumenöl, Müsli, Apfelsaft, Tortillas und vegane Fertiggerichte. Außerdem: Bioladen - Vollsortiment.

Aktivitäten: Weltacker direkt am Hofladen, Denkmaldorf in schöner Spazierlandschaft, historische Gutsanlage mit tollem Ausblick von einem 23 m hohen Fangelturm, Heimatstube und -museum, Gaststätte, Badesee mit Anglerhütten und weiteren Food Start-ups, alte Bunker im Wald, Mutter-Erde-Statue, Fluss Randow

Höfegemeinschaft Pommern H3
Dorfstr. 56 2021
17321 Rothenklempenow

Zu Gast bei: Tobias Till Keye
039744/559001
Anreise bis: 18 Uhr
Ruhetag: So.

Hofladen:
Di., Do. 15–18 Uhr // Fr. 10–18 Uhr

www.hoefegemeinschaft-pommern.de

MÜRITZALPAKA

Rumpshagen (MV) · 53°30'27.9"N 12°57'28.2"E

Die Alpakafarm liegt am Rande des Müritz-Nationalparks, sehr schön gelegen in der Gutsanlage Rumpshagen. Genießen Sie die Ruhe in der Natur und lassen sich von den wunderbaren Alpakas verzaubern.

Selbstgemachtes: Wolle, Seife, Kleidung, Bettwaren. Nach Voranmeldung: Getränke erhältlich.

Aktivitäten: Badesee, Ponyreiten, Alpakawanderung, Museen, Radwanderweg, Storch und Seeadlerbeobachtungsstation

Müritzalpaka G3
Parkstrasse 11 2021
17219 Rumpshagen

Zu Gast bei: Dirk Schmietendorf
0160/97557954
Anreise bis: 19 Uhr

Hofladen:
Auf Anfrage

www.mueritzalpaka.de

LANDGASTHOF KIRSCHENHOLZ UND BEER-BRAUEREI

Schillsdorf (SH) · 54°6'50.7"N 10°7'32.3"E

Landgasthof im Herzen Schleswig-Holsteins, nahe Neumünster, mit eigener Brauerei und Bauernladen mit hausgemachten Spezialitäten und Produkten aus der Region. Ein großer Biergarten und die Terrasse laden zum Verweilen ein. Genießen Sie unsere holsteinischen Spezialitäten, hausgemachte Kuchen und Torten.

Selbstgemachtes: Selbstgebrautes Bier, Landwaren wie Leberwurst, Sauerfleisch, Marmeladen, Eingemachtes, Kuchen, Torten u.v.m. Außerdem: Honig, Käse, Tee, Seife, Handarbeiten, Schmuck, Kindersachen, Kaffee und Produkte aus Filz. Frühstück, Abendbrot und Getränke erhältlich.

Aktivitäten: Brauseminare, Badesee, Draisine und Radfahrwege

Landgasthof Kirschenholz D2
und Beer-Brauerei 2021
Hauptstraße 4
24637 Schillsdorf

Zu Gast bei: Gaby Overath 04394/309
Anreise bis: 20 Uhr

Hofladen und Hofverkauf:
Mi.–So. 10–20 Uhr

www.kirschenholz.de

NUTZTIER-ARCHE AM JINGHANGSWEG

Schlichting (SH) · 54°19'15.1"N 9°5'23.3"E

Wir sind ein kleiner Betrieb und züchten alte, bedrohte Nutztierrassen. Durch den Verbrauch von Produkten gefährdeter Nutztiere können auch Sie zur Artenerhaltung beitragen. Anreise bitte bis 12:00 Uhr telefonisch anmelden! Höchstens 2 und an der Leine geführte Hunde sind herzlich willkommen. Bitte haben Sie Verständnis, dass wir nur gegen Covid 19-Geimpfte auf unserem Hof empfangen.

Selbstgemachtes: Eier, Schweinefleisch und Fleisch von Schaf und Ziege, Mett- und Leberwurst, Ziegenkäse.
Aktivitäten: Radwanderweg, Museum, Tretbootfahren, Badeanstalt

Nutztier-Arche am Jinghangsweg D2 2016
Dorfstr. 62
25779 Schlichting

Zu Gast bei: Lars Andresen
0176/26007798
Anreise bis: 19 Uhr
Schließzeit: 01.11.–28.02.

Hofverkauf:
Auf Anfrage

www.hofamjinghangsweg.de

MILCHSCHAFHOF AM FUCHSBERG

Schönhausen (MV) · 53°34'8.5"N 13°41'41.2"E

Wir stellen handwerklichen Schafskäse her und bieten außerdem Fleisch und Würste von Lamm und Schwein an. Wir bitten um Verständnis, dass wir keine Gästehunde auf dem Hof empfangen können, da wir selbst über zehn Arbeitshunde bei uns haben.

Selbstgemachtes: Schafskäse in verschiedenen Varianten, Würste und Fleisch von Lamm und Schwein.
Aktivitäten: Mühlenmuseum (15 km), Schloß (7 km), See (1,5 km), Schmalspur-Museumsbahn (15 km)

Milchschafhof am Fuchsberg H3 2020
Dorfstr. 46
17337 Schönhausen

Zu Gast bei: Oliver Barf
0157/58843863
Anreise bis: 19 Uhr

Hofverkauf:
Do. 9–18 Uhr // Fr. 11:30–18 Uhr // Sa. 10–15 Uhr // So. 13:30–14 Uhr

www.milchschafhof-am-fuchsberg.de

RAHLF HOF

Seedorf (SH) · 54°3'37.3"N 10°20'37.4"E

Unser landwirtschaftlicher Betrieb in der holsteinischen Schweiz nahe des Plöner Sees besteht seit über 220 Jahren in der 10. Generation. Wir sind ein Gemischtbetrieb mit Ackerbau, Milchkühen, Sauen und Aufzucht. Die wunderschöne Gegend lädt zum Radfahren, Wandern, Baden und Verweilen ein. Wir freuen uns auf Ihren Besuch.

Selbstgemachtes: frische Vollmilch, Kartoffeln, Käse, Mett-, Leber- und Schinkenwurst, Frühstücks- und Grillfleisch. Außerdem: Eier, Ziegeneis, frisches Brot (donnerstags), Konfitüren, Wein und Deko-Artikel.
Aktivitäten: Badesee, Radwanderwege, Torhaus und Herrenhaus Seedorf

Rahlf GbR E2 2022
Aukamp 4
23823 Seedorf

Zu Gast bei: Anja Rahlf
04555/7146190 o. 0174/9120713
Anreise bis: 19:30 Uhr
Schließzeit: 01.11.–28.02.

Hofladen:
Täglich 7–21:30 Uhr

LOTTIHOF FÜR KINDER UND TIERE

Seefeld (MV) · 53°45'30.1"N 11°16'11.5"E

Der Lottihof ist ein Kinderbauernhof und ein Gnadenhof für derzeit 170 Tiere, die ausgesetzt, beschlagnahmt oder abgegeben wurden. In ruhiger Lage im schönen Mecklenburg-Vorpommern können Kinder, Jugendliche, beeinträchtigte Menschen und Senioren artgerechten Umgang mit Tieren erleben und erfahren. Wir möchten aufklären und zeigen, dass der Mensch mit der Umwelt im Einklang leben kann.

Aktivitäten: Hilfe bei der Betreuung und Pflege unserer Tiere, Einblick in unsere Tierschutzarbeit, Wanderung mit einigen unserer Tiere, Piraten-Open-Air in Grevesmühlen

Hinweis: △ Achtung Schräglage - Keile notwendig.

Lottihof für Kinder und Tiere e.V. E2
Waldweg 2a 2021
23936 Seefeld

Zu Gast bei: Christine Geburtig
0173/6002852

www.lottihof.org

FRIESEN- UND PONNYHOF KROLL

Sieverstedt (SH) · 54°38'31.3"N 9°29'35.4"E

Auf unserem ländlich gelegenen Hof sind Pferde, Hühner, Gänse, Hunde und Katzen im Einklang mit der Natur zu Hause. Die Gegend eignet sich hervorragend, um sie mit dem Fahrrad, zu Fuß oder mit einer Kutsche zu erkunden.

Selbstgemachtes: Eier und selbstgemachte Marmeladen. Außerdem: Honig.

Aktivitäten: Badesee, Rad- und Wanderwege, beheiztes Freibad, Kutschfahrten und Ponyreiten (für beides vorherige Anmeldung nötig), Kanufahren auf der Treene

Friesen- und Ponnyhof Kroll D1
Stenderuper Str. 11 2021
24885 Sieverstedt

Zu Gast bei: Peter Kroll 0172/9866699

Hofverkauf:
Auf Anfrage

JAHNKES ZIEGENKÄSE

Sörup (SH) · 54°42'20.1"N 9°38'5.0"E

Wir sind seit 1966 ein kleiner landwirtschaftlicher Betrieb in der 3. Generation im nördlichen Teil von Schleswig-Holstein. Auf unserem Hof leben nicht nur wir, die Familie Jahnke, sondern auch unsere 70 weißen Edelziegen mit ihrer Nachzucht. Bei uns sind Hunde willkommen, sollten jedoch gerne angeleint geführt werden. Ab sofort bieten wir unseren Campern auch gegen Gebühr ein voll ausgestattetes Badezimmer an (Waschmaschine, Trockner). Von unserem Hof aus kann man sehr gut mit dem Rad die Umgebung erkunden. Zur Ostsee sind es mit Auto ca. 20 Minuten. Auch bietet Sörup einen Badesee.

Selbstgemachtes: Ziegenkäsespezialitäten, Ziegenfleisch und -wurst, Ziegenbutter und leckeres Ziegenmilcheis.

Aktivitäten: Betriebsbesichtung, Fahrradweg, Badesee, Reiten

Jahnkes Ziegenkäse D1
See-Ender-Str. 6 2018
24966 Sörup

Zu Gast bei: Wolfgang Jahnke
04635/1575
Anreise bis: 18 Uhr
Schließzeit: 01.11.–31.01.

Hofladen:
Auf Anfrage

www.jahnkes-ziegenkaese.de

JOHANNSENS HOFLADEN

Sprakebüll (SH) · 54°46'31.1"N 9°4'38.5"E

Unser familiengeführter Hof liegt zwischen Nord- und Ostsee, an der Grenze zu Dänemark. In unserem Hofladen bekommen Sie Fleisch- und Wurstwaren vom Shorthornrind und Angler-Sattelschwein, Bio-Geflügel aus eigener Haltung sowie Hausgemachtes und Regionales. Wir öffnen unseren Hofladen auf Anfrage gerne auch außerhalb der Öffnungszeiten.

Selbstgemachtes: hochwertige Fleisch- und Wurstwaren „direkt vom Feld", hausgemachte Spezialitäten wie Marmeladen, Suppen und Soßen. Außerdem: regionale Produkte wie Honig, Eier, Kartoffeln und Schafskäse.
Aktivitäten: Spielplatz im Dorf, Draisinen-Bahnhof in Leck, Elektroautoverleih („Sprakebüller Dörpsmobil")

Johannsens Hofladen C1
Dorfstr. 3 2018
25917 Sprakebüll

Zu Gast bei: Kristina Johannsen
04662/8813861 o. 0170/1879520
Anreise bis: 19 Uhr

Hofladen:
Do. 9–18 Uhr // Fr., Sa. 9–12 Uhr

www.johannsens-hofladen.de

DINGHOLZER HOFKIOSK

Steinbergkirche (SH) · 54°44'40.8"N 9°42'56.4"E

Dingholzer Hofkiosk „Denk Weit – Kauf Nah!" Das ist unser Ziel! Dabei sind Nachhaltigkeit, Transparenz und Qualität eine Selbstverständlichkeit geworden. Das Familienunternehmen erzeugt mit höchsten Qualitätsansprüchen Eier, Kartoffeln und Gemüse, welches an unseren Hofladen, Supermärkte, Restaurants und viele weitere Kunden geliefert wird.
Selbstgemachtes: Eier, Kartoffeln und Gemüse (Zwiebeln, Kürbis, Möhren, Zuckermais, Zucchini, Steckrüben, Porree, Rhabarber, Bohnen). Außerdem: Brötchen, Spirituosen, Nudeln, Kräuter Dips, Marmeladen, Käse, Brotaufstriche, Eis, Säfte, Limonaden, Tee, diverses Obst & Gemüse.
Aktivitäten: Badestrände Ostsee (7 km), Scheersberg, Barfußpark, Freizeitpark Tolk-Schau, Maislabyrinth, Ostseeradweg, Naturschutzgebiete Geltinger Birk & Winderatter See, Landschaftsmuseum Unewatt
Hinweis: △ Im Navigationsgerät bitte „Dingholzer Hofkiosk" eingeben.

Dingholzer Hofkiosk D1
Quern-Dingholz 1 2021
24972 Steinbergkirche

Zu Gast bei: Sven Nissen
0179/6071243
Anreise bis: 18 Uhr
Ruhetage: Sa. So.

Hofladen:
Mo.–Fr. 8–18 Uhr // Sa. 8–12 Uhr

www.hofkiosk.de

MARTENSEN-HOF

Stoltebüll (SH) · 54°41'35.1"N 9°50'21.3"E

Wir sind ein im Herzen Angelns gelegener, familiengeführter Milchviehbetrieb. Neben Kühen und Kälbern leben auch Wagyu-Mutterkühe auf unserem Betrieb. Das Futter für unsere Tiere, sowie Getreide bauen wir selbst an. Als Gast auf unserem Hof gewinnen Sie einen Einblick in die moderne Landwirtschaft. Auf Ihrem Stellplatz können Sie das dörfliche Flair und die schöne Aussicht genießen, morgens werden Sie von muhenden Kühen und Vogelgezwitscher geweckt. Wir freuen uns auf Ihren Besuch!

Selbstgemachtes: Milch, Fleisch, Brot und Marmelade.
Aktivitäten: Strand (15 min), Ostseefjord Schlei (10 min), Barfusspark (10 min), viele Aktivitäten in der Schleiregion
Hinweis: △ Im Ort Gulde hinter der Bushaltestelle auf den Hof einbiegen.

Martensen-Hof D1
Gulde 6 2021
24409 Stoltebüll

Zu Gast bei: Björn Martensen
04642/5408
Anreise bis: 19 Uhr
Schließzeit: 30.10.–31.03.

Hofverkauf:
Auf Anfrage

GUT RAVENSMÜHLE

Strasburg (MV) · 53°30'42.7"N 13°47'5.0"E

Unweit von Strasburg, einer Kleinstadt in der sanft hügeligen Landschaft der nördlichen Uckermark, liegt am Ufer des Mühlbaches das kleine Dorf Ravensmühle. Hier befindet sich unser familiengeführter Bio-Gemischtbertrieb mit Ackerbau, Mutterkuhherde und Geflügel. Die eigenen Produkte verkaufen wir in unserem Hofladen mit zusätzlichem Naturkostsortiment. Der Hofladen öffnet auch auf Anfrage.

Selbstgemachtes: Wurstwaren von Geflügel, Rind und Schwein. Außerdem: Obst, Gemüse, Brot, Backwaren, Milchprodukte, Käse und ein komplettes Naturkost- und Naturkosmetiksortiment. **Aktivitäten:** zwei Badeseen wenige Kilometer entfernt, Museum in Strasburg, Radwanderweg Berlin-Usedom, Naturschutzgebiet Galenbecker See, Wildtierland Gut Klepelshagen

Gut Ravensmühle H3
Ravensmühle 9 2015
17335 Strasburg

Zu Gast bei: Maria & Herbert Bexten
0157/36122487

Hofladen:
Do., Fr. 10–18 Uhr // Sa. 9–14 Uhr

www.hofladen-ravensmuehle.de

HOF HARTZ

Techelsdorf (SH) · 54°12'50.8"N 10°2'48.7"E

Unser Hof liegt 15 km südlich der Landeshauptstadt Kiel, direkt am schönen Eidertal-Naturwanderweg. Auf unserem Resthof kann man die Ruhe genießen, sich von den Hähnen wecken lassen und sich auf ein unterhaltsames Miteinander bei uns freuen. Für unser Naturschutzgebiet freuen wir uns über eine Spende und heißen Sie herzlich willkommen.

Produkte: frische Hühnereier, Honig und regionale Wildspezialitäten. **Aktivitäten:** Wander- und Radwanderwege, Schleswig-Holsteinisches Freilichtmuseum, Urzeitmuseum, Gaststätte

Hof Hartz D2
Dorfstraße 2 2022
24220 Techelsdorf

Zu Gast bei: Hans-Hermann und Anita Hartz 04347/2614 o. 0163/3931426
Anreise bis: 19 Uhr
Ruhetag: So.
Schließzeit: 01.11.–01.03.

Hofverkauf:
Auf Anfrage

MOSAIK & WEIDE

Testorf/Zarrentin (MV) · 53°33'11.2"N 10°51'31.2"E

Es erwartet Sie eine Künstlerwerkstatt, in der frostfeste Gartendeko aus Mosaik und dekorative Objekte aus Weide (keine Körbe) gefertigt werden sowie ein großer Selbstversorgergarten. Der Hof befindet sich im Biosphärenreservat Schaalsee, 4 km entfernt vom Schaalsee, dem tiefsten See Norddeutschlands. Die Stellplätze befinden sich in einem wunderschönen Naturgarten. Spontan sind Gartenführungen und das Basteln von Mosaiken möglich. Der Hofladen ist rund um die Uhr geöffnet. Bitte unbedingt telefonisch anmelden!

Selbstgemachtes: Gartendeko aus Mosaik und Weidengeflochtenes, ebenso Obst und Gemüse aus dem Selbstversorgergarten. **Aktivitäten:** Gartenführung und Mosaike basteln, Badesee in der Nähe, Biosphärenreservat Schaalsee mit vielen Wander- und Radwanderwegen

Mosaik & Weide E3
Kastanienallee 22 2020
19246 Testorf/Zarrentin

Zu Gast bei: Birgit Anklam
038851/329371 o. 0176/39287707
Anreise bis: 22 Uhr

Hofverkauf:
Auf Anfrage

www.mosaikundweide.de

GLÖY

Todenbüttel (SH) · 54°7'34.7"N 9°34'23.0"E

Landwirtschaftlicher Haupterwerbsbetrieb mit Ackerbau, Energieerzeugung, Holstein Färsen und Angus in der Mitte von Schleswig-Holstein. Hunde bitte an der Leine führen!

Selbstgemachtes: Rindfleisch und Wild nach Verfügbarkeit.
Aktivitäten: Hofrundgang, Besichtigung Biogasanlage, Wald in unmittelbarer Nähe

Glöy D2
Maisborsteler Straße 16 2022
24819 Todenbüttel

Zu Gast bei: Gerrit Glöy
0174/1008840
Anreise bis: 22 Uhr
Schließzeit: 01.11.–31.03.

Hofverkauf:
Auf Anfrage

MALUS PONYHOF

Todenbüttel (SH) · 54°7'45.9"N 9°33'5.7"E

Der Hof wird als Ponyhof betrieben. Die Landschaft ist durch Wiesen, Äcker und Wälder geprägt. Kilometerlange, gut ausgebaute Wege zwischen den Knicks laden zum Fahrradfahren, Reiten und Skaten ein. Auf unserem Reiterhof gibt es 35 Pferde, vom Shetty bis zum Trakehner. Daneben gibt es Hund, Katze, Hühner, Kaninchen und Meerschweinchen. Wir bieten in unserem modernen Wellnessbereich Wellness, Kosmetik und Fußpflege an, auch eine kleine Sauna ist vorhanden. Darüber hinaus bieten wir nach Absprache Reiten für Kinder und Erwachsene – auch für Anfänger.

Selbstgemachtes: Fleisch, Wurst, Schinken, Marmeladen, Liköre, Eier und Öl. Nach Voranmeldung: Frühstück, Abendbrot und Getränke erhältlich.
Aktivitäten: Fahrradfahren, Reiten und Skaten, Nord-Ostsee-Kanal (ca. 6 km)

Malus Ponyhof D2
Bergstr. 8 2019
24819 Todenbüttel

Zu Gast bei: Peter Schumann
04874/214 o. 0171/6133256
Anreise bis: 18 Uhr

Hofverkauf:
Auf Anfrage

www.malus-ponyhof.de

IMKEREI LODDERS

Travenbrück (SH) · 53°49'49.2"N 10°18'30.5"E

Wir betreiben unsere Imkerei seit einigen Jahren und produzieren unseren Honig nach den strengen Qualitätsrichtlinien des Deutschen Imkerbundes hier im schönen Kreis Stormarn. Unser Honig ist garantiert rein und naturbelassen, so wie die Natur ihn uns anbietet. Wir sind ein Familienbetrieb mit Kindern. Bei uns leben neben den Bienen auch Islandpferde, Schafe, Hühner, Hunde und Katzen.

Selbstgemachtes: Honig, Met, Honiglikör, Bienenwachs, Bienenwachskompressen, Bienenwachstücher und Kerzen. Außerdem: Milch, Joghurt, Brotbackmischungen, Likör, Biere aus Schleswig Holstein, Lammfleisch aus Island und Wildbratwurst.
Aktivitäten: Badeseen, Karl-May-Festspiele, Wanderweg, Radweg, Ponyreiten nach Absprache, in der Nähe von Bad Oldesloe, Bad Segeberg, Lübeck und Hamburg
Hinweis: △ gegenüber der Feuerwehrtechnischen Zentrale

Imkerei Lodders E2
Lindenstr. 87 2021
23843 Travenbrück

Zu Gast bei: Marc und Imke Lodders
0171/6459566
Anreise bis: 20 Uhr
Schließzeit: 23.12.–03.01.

Hofladen:
Auf Anfrage

www.imkerei-lodders.de

ARONIA-GUT MARQUARDT

Trinwillershagen (MV) · 54°14'54.4"N 12°37'35.2"E

Wir haben im Frühjahr 2019 das Gelände übernommen, auf ökologischen Landbau umgestellt, aufgeräumt und die Pflanzflächen vorbereitet. Im Herbst haben wir auf rund 3 ha Aroniabeeren, Apfelbäume und Himbeeren gepflanzt und geerntet. Zusammen mit dem Bestand an Mirabellen, Holunder, Brombeeren und den Feigen im Gewächshaus wollen wir gesunde und leckere Produkte aus unseren Früchten anbieten.

Selbstgemachtes: Säfte, Marmeladen, Chutneys, alkoholische Getränke aus eigenen Früchten und Fruchtpulver.
Aktivitäten: Mithilfe bei der Hofarbeit, Salzreich im Ort, Ölmühle in Langenhanshagen, Senfmühle in Schlemmin, Vogelpark Marlow, Konsum mit Imbissbereich im Ort

Aronia-Gut Marquardt G2
Gartenstraße 12 2021
18320 Trinwillershagen

Zu Gast bei: Gunnar Marquardt
0173/2041118
Anreise bis: 18 Uhr
Schließzeit: 01.11.–31.03.

Hofverkauf:
Auf Anfrage

SALZMANUFAKTUR

Trinwillershagen (MV) · 54°14'42.1"N 12°37'15.7"E

Willkommen in unserer Salzmanufaktur. Wir machen Salz erlebbar! Ihr Stellplatz liegt in ruhiger Feldrandlage direkt an unseren Salztürmen, in denen wir 32.000 kg Natursalz und ein 6,50 m hohes Gradierwerk verbaut haben. In unserem Hofladen führen wir 220 Natursalze und Salzprodukte, in der Salzstube servieren wir Kaffee und Kuchen sowie unsere salzigen Vesperplatten.

Selbstgemachtes: Natursalzspezialitäten, Salzprodukte, Liköre, Kaffee und Kuchen. Nach Voranmeldung: Frühstück und Getränke erhältlich.
Aktivitäten: Natursalze und -spezialitäten verkosten und erleben, Führungen durch unseren Salzturm Trinwillershagen, Workshops, Vogelpark Marlow, Wasserwanderrastplatz Fluss Recknitz

Salzmanufaktur MV G2
Trinwillershagen 2022
Feldstr. 10
18320 Trinwillershagen

Zu Gast bei: Günther Axel
038225/51789 o. 0172/9944554
Anreise bis: 20 Uhr

Hofladen:
Mo.–Sa. 10–17 Uhr

www.salzmanufaktur-mv.de

GENIALWARENLADEN

Veelböken OT Paetrow (MV) · 53°44'1.7"N 11°9'51.5"E

Der Genialwarenladen ist ein Geschäft mit Galerie auf einem ehemaligem Bauernhof in Einzellage, umgeben von Feldern. Unser Motto lautet: Genial ist, was einfach ist – Köstliches, Duftendes, Handwerk und Kunst. Wir sind ein offizieller touristischer Infopunkt. Bei uns bekommen Sie Informationsmaterialien aus der Region (Flyer, Broschüren, Karten).

Selbstgemachtes: Fruchtaufstriche und saisonales Obst (wenn vorhanden). Außerdem: Bio-Wurstwaren aus Arche-Hof-Produktion, Eier, Säfte, Liköre, Obstler, Honig, Kaffee, Schokolade, Schmuck, Keramiken, Gemälde, Malereien, Seifen und Holzdeko.
Aktivitäten: Badesee (5 km), Schloß Gadebusch (5 km), Kloster Rehna (10 km), Radwegenetz, mehrere Dorfkirchen

Genialwarenladen E2
Gadebuscher Straße 6 2021
19205 Veelböken OT Paetrow

Zu Gast bei: Simone Jürß
03886/7059888
Anreise bis: 18 Uhr
Ruhetage: Mo. So.

Hofladen:
Di.–Fr. 13–18 Uhr // Sa. 10–12:30 Uhr

www.genialwarenladen.de

VIELANKER BRAUHAUS

Vielank (MV) · 53°14'3.4"N 11°8'21.3"E

Hausgemachte Biere, Fassbrausen, und Spirituosen, Spezialitäten von der eigenen Auerochsenherde, Brauereiseminare – das erleben Sie nur im Vielanker Brauhaus. Lassen Sie sich von uns mit unseren Auerochsenspezialitäten oder vielen anderen, leckeren Gerichten zu einem frischen Vielanker Bier oder einer Fassbrause verwöhnen. Bei gutem Wetter auch in unserem sonnigen Biergarten. Genießen Sie Ruhe und romantisches Ambiente in unserem Brauhaus-Hotel. Eine Tischreservierung ist zu empfehlen.

Selbstgemachtes: Bier, Fassbrause, Spirituosen, Whisky, Bio-Auerochsensalami, -schmalz und -leberwurst. Außerdem: Bierbrot. Nach Voranmeldung: Frühstück, Abendbrot und Getränke erhältlich.

Aktivitäten: Elbtalauen, die Elbe, Brauhaus, Brauereiführungen, Brauereiseminare, Erlebnisgastronomie, Biergarten, Auerochsensafari (auf Wunsch mit Picknick), Reiten, Paintballpark Wöbbelin, Alpincenter Wittenburg, Barockschloss Ludwigslust

Vielanker Brauhaus GmbH & Co. KG
Lindenplatz 1
19303 Vielank
E3
2014

Einfach anreisen...
Anreise bis: 20 Uhr

Hofladen und Hofverkauf:
Täglich 8–20 Uhr

www.vielanker.de

TÖPFERHOF HOHENWOOS

Vielank OT Hohenwoos (MV) · 53°14'30.7"N 11°12'59.4"E

Der ca. 25 ha große Töpferhof liegt am Rande des UNESCO Biosphärenreservats „Flusslandschaft Mecklenburgisches Elbetal" und bietet in waldreicher Umgebung ideale Bedingungen für Ihren Urlaub auf dem Lande. Genießen Sie die ruhige Lage an unserem See mitten im Wald zusammen mit unseren Mini-Schafen, Kühen und Schweinen. Hier können Sie auch selbst kreativ werden und Keramik in unserem Malstudio selbst bemalen. Kinder können sich zudem auf den vielen vorhandenen Spielmöglichkeiten austoben.

Selbstgemachtes: Keramik und Töpferwaren, Kaffee und Wildfleisch. Außerdem: Eier, Honig und Sanddornprodukte.

Aktivitäten: Töpfern und Keramikbemalen im Kreativstudio

Hinweis: △ Falls das Tor verschloßen ist, bitte klingeln oder anrufen.

Töpferhof Hohenwoos
Ziegelei 1
19303 Vielank OT Hohenwoos
E3
2021

Zu Gast bei: Hans-Heinrich Döscher
0162/2415673
Anreise bis: 21 Uhr

Hofladen:
Mo.–Fr. 9–17 Uhr

www.toepferhof-hohenwoos.de

GUT SOPHIENHOF

Waabs (SH) · 54°31'16.4"N 9°56'50.4"E

Unser Resthof bietet eine großzügige Stellfläche für Landvergnügen-Gäste. Auf dem Hofgelände kann Swingolf und Fußballgolf gespielt werden. Auf unserer Außenterrasse und im Bistro/Café servieren wir Ihnen leckere Speisen sowie Kaffee, hausgebackene Torten und Kuchen. Bis nach Eckernförde sind es nur 10 km.

Selbstgemachtes: Kuchen und Torten. Außerdem: ggf. Frühstück in der Heuherberge.

Aktivitäten: Swingolf, Fussballgolf, Naturstrand (2,5 km), Ostsee-Radwanderweg, Reiterhof (1 km)

Gut Sophienhof
Gut Sophienhof
24369 Waabs
D1
2015

Zu Gast bei: Johannes Thomsen
04358/6380045
Anreise bis: 19 Uhr
Ruhetage: Mo. Di.

Hofverkauf:
Auf Anfrage

www.gutsophienhof.de

KLEINE ARCHE WAHLSTEDT

Wahlstedt (SH) · 53°57'16.0"N 10°11'29.9"E

Die kleine Arche Wahlstedt e.V. wird ehrenamtlich betrieben. Unser Hof liegt am Rande des Segeberger Forstes in Ortsnähe von Wahlstedt. Wir züchten Rassen, die auf der Roten Liste stehen, und beschäftigen uns mit der Zucht von Mini-Shettys.

Selbstgemachtes: Eier, Honig, Liköre und Marmelade.
Aktivitäten: Karl May in Bad Segeberg, Kalkberghöhlen, Fledermauszentrum, Wandern im Segeberger Forst, Radwege, Tierkuscheln, Wildpark Eekholt, Marine Artillerie Arsenal, Heimat- und Handwerksmuseum, Schwimmbad, Tennisplätze

Kleine Arche Wahlstedt D2
Gartenweg 4 2021
23812 Wahlstedt

Zu Gast bei: Bärbel Schwarz
0171/9112001
Anreise bis: 18 Uhr

www.kleine-arche-wahlstedt.de

FERIENGUT DALWITZ

Walkendorf (MV) · 53°56'4.7"N 12°32'17.0"E

Gut Dalwitz ist ein landwirtschaftlicher Vollerwerbsbetrieb mit Ackerbau und Viehzucht, welcher der Mittelpunkt eines ökologischen und nachhaltigen Wirtschaftssystems ist. In der abwechslungsreichen Umgebung des Gutes präsentieren sich Flora und Fauna mit einem bemerkenswerten Artenreichtum. Wir freuen uns auf Ihren Besuch und bitten Sie, einen Tag vor Anreise bei uns telefonisch anzumelden!

Selbstgemachtes: Bio-Fleisch (Entrecôte) und Wild, Leberwurst, Sülze, frische Eier, Gewecktes der Saison, Apfelsaft, Honig, Käse (nur im Sommer) und Kartoffeln. Frühstück, Abendbrot und Getränke erhältlich.
Aktivitäten: Reiten auf Criollo-Pferden, Streichelzoo, Radwege, Hofführungen nach Anmeldung, Natur- und Umweltpark Güskow

FerienGut Dalwitz G2
Dalwitz 46 2014
17179 Walkendorf

Zu Gast bei: Lucy Gräfin von Bassewitz 039972/56140
Anreise bis: 16 Uhr
Schließzeit: 01.11.–01.03.

Hofladen und Hofverkauf:
Mo., Do.–So. 9–17 Uhr

www.gutdalwitz.de

HOFGUT ROSENGARTEN

Walkendorf (MV) · 53°56'45.0"N 12°31'9.0"E

Da wo der Hahn kräht, die Hühner auf saftigen Wiesen scharren, dort erleben Sie Natur und Tiere hautnah! Wir sind ein Biolandbetrieb, der sich im Aufbau befindet, in ruhiger und wunderschöner Landschaft im Mecklenburger Parkland und halten Legehennen in Hühnermobilen sowie einige Schafe. Wir freuen uns über große und kleine Gäste, die Entschleunigung leben und sich darüber freuen, ihr Frühstücksei selbst aus dem Nest zu sammeln.

Selbstgemachtes: Bio-Eier. Außerdem: Kartoffeln, Marmeladen, Säfte, Geflügel- und Wildfleisch.
Aktivitäten: Badesee, Reiten, Schlösser

Hofgut Rosengarten G2
Stechow 1 2017
17179 Walkendorf

Zu Gast bei: Hubertus Heinemann
039972/56171 o. 0172/3817413
Schließzeit: 01.11.–01.03.

Hofverkauf:
Auf Anfrage

www.hofgut-rosengarten.de

BISON NISSEN

Wallsbüll (SH) · 54°47'12.8"N 9°14'56.1"E

Wir sind ein sehr junges Unternehmen und züchten Bisons und Herford-Rinder. Im Dezember 2018 haben wir uns den Hof gekauft und sind seitdem jeden Tag dabei, an unserem Hof zu arbeiten. Wir wohnen und arbeiten hier, unsere Tiere stehen bei uns und zusätzlich wird bei uns selbst zerlegt und die Produkte selbst hergestellt. Vergessen Sie bei schlechtem Wetter die Gummistiefel nicht ;-)!

Selbstgemachtes: Alles vom Bisonfleisch: vom Filet bis zum Gulasch, Bratwurst, Grillwurst, Mettwurst, Salami, Beißer, Bisonschädel, Präparate und Felle.
Aktivitäten: Wikingerdorf, Rad- und Wanderwege, Nähe Nord- und Ostsee

Bison Nissen GbR D1
Ellunder Straße 15 2021
24980 Wallsbüll

Zu Gast bei: Marion Nissen, einfach anreisen…

Hofverkauf:
Auf Anfrage

www.bisonnissen.de

HOF-CAFÉ EMIL

Warsow OT Kothendorf (MV) · 53°32'35.2"N 11°17'1.5"E

Vor den Toren Schwerins, im Grünen. „Immer wieder sonntags" ist das Hof-Café Emil ein Treffpunkt für Sahneschnuten. Hier backen wir unser Brot noch selbst. Gäste können freitags, samstags und sonntags bei uns stehen. Bitte beachten Sie, dass unser Café nur am Sonntag geöffnet ist. Eine Bewirtung ist ausschließlich in dieser Zeit möglich.

Selbstgemachtes: Kaffee, Tee, Kuchen und Torten. Außerdem: Eier, Brot und Kuchen. Bewirtung nach Voranmeldung.
Aktivitäten: Bootstouren von Schwerin aus, Rad- bzw. Wandertouren möglich, Schwimmen in diversen Seen ringsherum

Hof-Café Emil E3
Zu den Hofwiesen 3 2020
19075 Warsow OT Kothendorf

Zu Gast bei: Yvonne Stampniok
0173/8284585
Ruhetage: Mo. Di. Mi. Do.
Schließzeit: 01.10.–31.03.

Hofverkauf:
So. 13–18 Uhr

HOF TATERBORN

Wensin (SH) · 54°0'57.4"N 10°24'48.0"E

Unser Hof liegt sehr abgelegen am Rad- und Wanderwegenetz Naturpark Holsteinische Schweiz. Wir betreiben Land- und Forstwirtschaft sowie ein Ferienhaus und eine Massagepraxis.

Selbstgemachtes: Trödel. Außerdem: Honig, selbstgemachte Karten, besondere Postkarten und Zeichnungen, Getränkekühlschrank (Bier, Saft, u.v.m.).
Aktivitäten: Radfahren, Wandern, Nordic Walking, Massagen, Wellness, Segeberg, Eutin, Plön (jeweils 15 km), Ostsee (25 km)
Hinweis: △ Der Ausschilderung Taterborn Wellnesscheune folgen und die letzten 400 m eine Lindenallee herunterfahren.

Hof Taterborn E2
Taterborn 1 2021
23827 Wensin

Zu Gast bei: Wolfgang und Dagmar Traber 04559/98564 o. 0172/5170823
Anreise bis: 19:30 Uhr
Schließzeit: 15.10.–15.04.

Hofverkauf:
Auf Anfrage

www.hof-taterborn.de

WIETSTOCKER WEITBLICK

Wietstock (MV) · 53°42'45.4"N 13°46'54.3"E

Naturnahe, charmante und ruhige Dorfrandlage. Streuobstwiese mit sehr alten Obstbäumen, auch zum Selberpflücken und Mitnehmen. Mit etwas Glück können Sie heimische Tiere entdecken. Von A wie Adler bis Z wie Zauneidechse.

Selbstgemachtes: Bio-Eier, Atelier für Metallobjekte der besonderen ART. Getränke erhältlich.
Aktivitäten: Badeseen, Wandern, Radfahren abseits des touristischen Aktionismus, zwanglos sein
Hinweis: △ Im Ort Wietstock, Dorfstraße 32 .Die Zufahrt ist mit einem Womo Stellplatz Schild gekennzeichnet.

Wietstocker Weitblick H2
Dorfstraße 32 2021
17379 Wietstock

Zu Gast bei: Tom Rosenow, einfach anreisen…
Anreise bis: 13 Uhr
Schließzeit: 01.10.–30.04.

Hofverkauf:
Auf Anfrage

HOF HAASE

Wöhrden (SH) · 54°8'35.8"N 9°0'39.4"E

Unser familiengeführter Betrieb wird seit drei Generationen von uns mit viel Herzblut betrieben. Wir sind ein kleiner Milchviehbetrieb mit Futterbau. Als Milchviehbetrieb startet die Arbeit auf dem Hof selbstverständlich mit Sonnenaufgang. Wir bitten unsere Gäste um entsprechendes Verständnis. Wir haben neben Holstein-Friesian-Rindern auch ein paar Jerseyrinder. Die Milch unserer Kühe können Sie frisch aus unserer Milchtankstelle zapfen. Außerdem haben wir ausgewählte regionale Produkte für Sie in unserem Regiomaten zusammengestellt. Wir haben selbst Hunde auf dem Hof. Wenn Sie uns mit Ihrem Vierbeiner besuchen wollen, bitten wir um telefonische Rücksprache. Hunde sind bei uns unbedingt an der Leine zu führen.

Selbstgemachtes: Milch. Außerdem: Milch, Eier, Butter, Käse, Honig, Wurstwaren, Fleischwaren, Rapsöl, Apfelsaft, Chips, Nudeln und Sauerkraut.
Aktivitäten: ausgiebige Spaziergängen, Heide, Büsum, Wöhrden, Meldorf

Hof Haase C2
Am Deich 2a 2021
25797 Wöhrden

Zu Gast bei: Jan Haase 048399/53449
Anreise bis: 17 Uhr
Ruhetag: So.
Schließzeit: 01.11.–28.02.

Hofladen:
Täglich 7–22 Uhr

www.hofhaase.de

IHRE GASTGEBER IM NORDWESTEN

Krügers Hof

Blümels

Hof Bostel

Blaubeerplantage Schlote

Hofladen und Café Lore Feindt

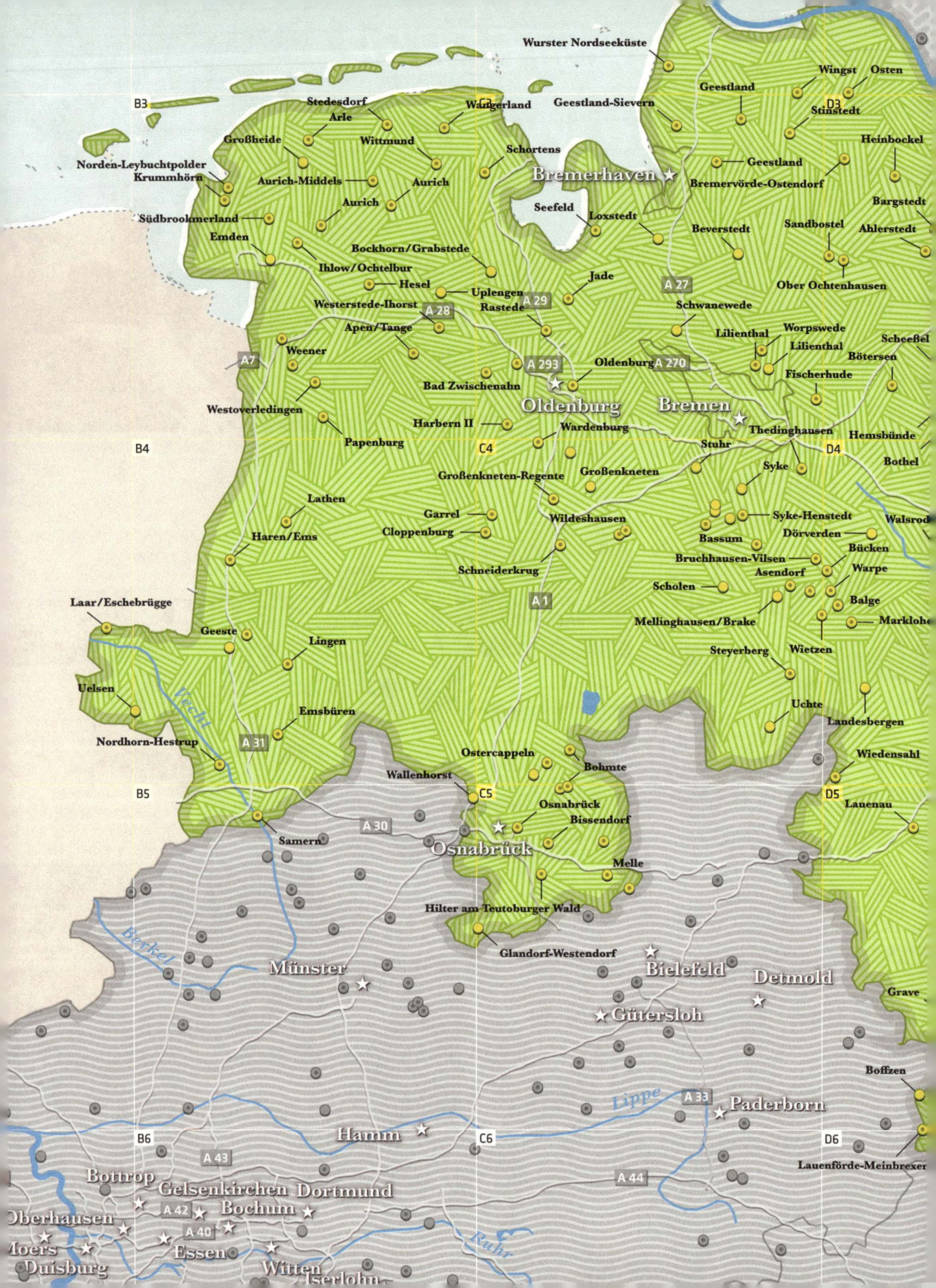

Wurster Nordseeküste
B3
C3
D3
Stedesdorf
Wangerland
Geestland-Sievern
Geestland
Wingst
Osten
Arle
Stinstedt
Großheide
Wittmund
Schortens
Heinbockel
Norden-Leybuchtpolder
Krummhörn
Aurich-Middels
Aurich
Bremerhaven
Geestland
Bremervörde-Ostendorf
Aurich
Bargstedt
Südbrookmerland
Seefeld
Loxstedt
Sandbostel
Ahlerstedt
Emden
Beverstedt
Bockhorn/Grabstede
Ihlow/Ochtelbur
Jade
A 27
Ober Ochtenhausen
Hesel
Uplengen
Westerstede-Ihorst
A 28
Rastede
A 29
Schwanewede
Apen/Tange
Lilienthal
Worpswede
Scheeßel
A7
Weener
Lilienthal
A 293
Oldenburg
A 270
Bötersen
Bad Zwischenahn
Fischerhude
Westoverledingen
Oldenburg
Bremen
Harbern II
Wardenburg
Thedinghausen
Papenburg
Stuhr
Hemsbünde
B4
C4
D4
Syke
Bothel
Großenkneten-Regente
Großenkneten
Lathen
Garrel
Syke-Henstedt
Walsrode
Wildeshausen
Cloppenburg
Haren/Ems
Bassum
Dörverden
Bruchhausen-Vilsen
Bücken
Schneiderkrug
Asendorf
Warpe
Scholen
A 1
Balge
Laar/Eschebrügge
Mellinghausen/Brake
Marklohe
Geeste
Lingen
Steyerberg
Wietzen
Uelsen
Vecht
Uchte
Landesbergen
Emsbüren
Nordhorn-Hestrup
A 31
Ostercappeln
Wiedensahl
Bohmte
Wallenhorst
B5
C5
D5
Osnabrück
Lauenau
A 30
Bissendorf
Samern
Osnabrück
Melle
Hilter am Teutoburger Wald
Berkel
Glandorf-Westendorf
Münster
Bielefeld
Detmold
Gütersloh
Grave
Boffzen
Lippe
A 33
Paderborn
Hamm
B6
C6
D6
A 43
Lauenförde-Meinbrexen
Bottrop
Gelsenkirchen
Dortmund
A 44
A 42
Bochum
Oberhausen
A 40
Ruhr
Moers
Essen
Duisburg
Witten
Iserlohn

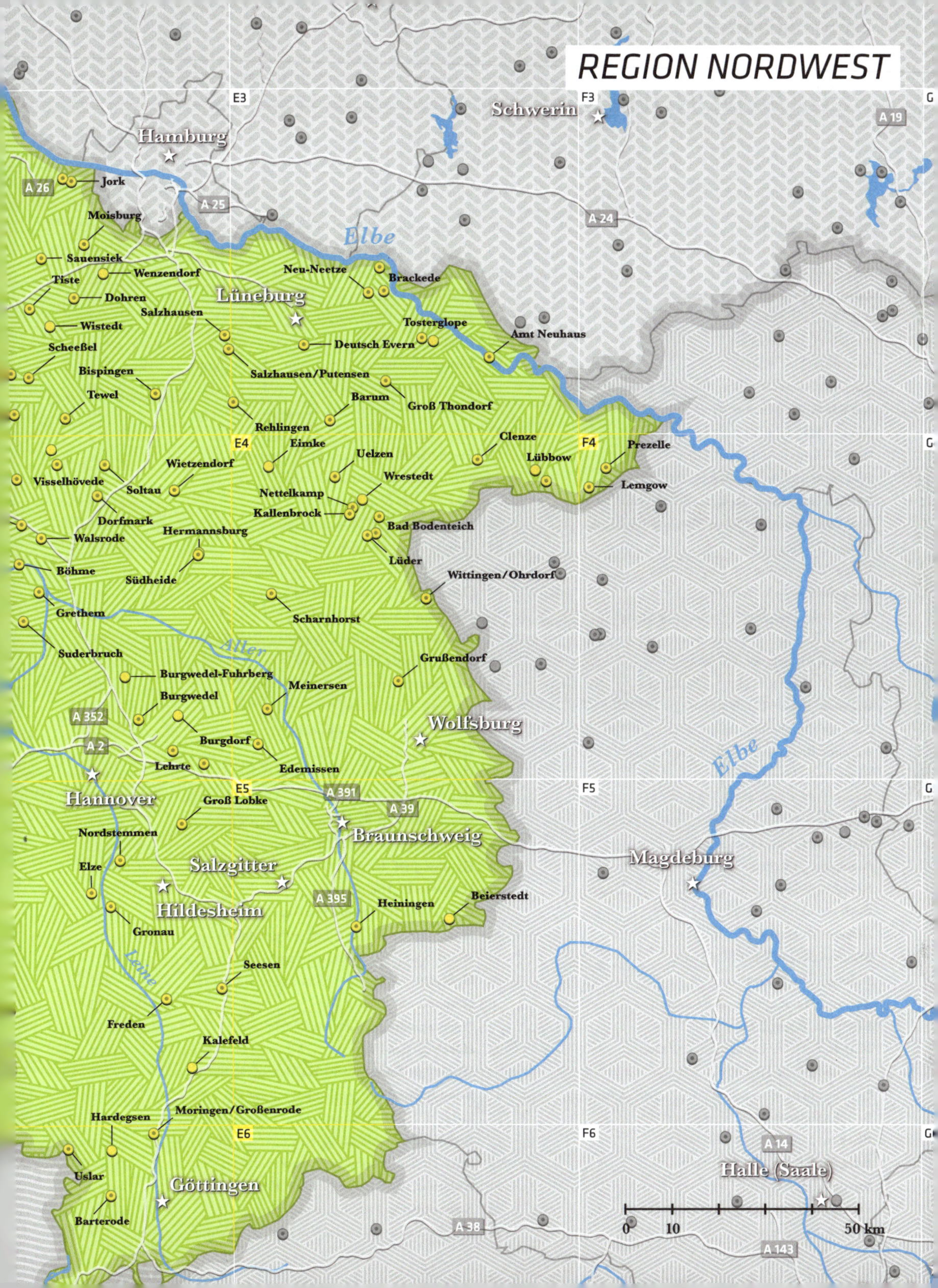
REGION NORDWEST
E3
F3
G
Schwerin
A 19
Hamburg
Jork
A 26
A 25
Elbe
A 24
Moisburg
Sauensiek
Tiste
Wenzendorf
Dohren
Lüneburg
Neu-Neetze
Brackede
Salzhausen
Wistedt
Tosterglope
Amt Neuhaus
Scheeßel
Deutsch Evern
Bispingen
Salzhausen/Putensen
Tewel
Barum
Groß Thondorf
Rehlingen
E4
Eimke
Clenze
F4
Prezelle
Wietzendorf
Uelzen
Lübbow
Lemgow
Visselhövede
Soltau
Wrestedt
Nettelkamp
Kallenbrock
Dorfmark
Bad Bodenteich
Hermannsburg
Walsrode
Lüder
Böhme
Südheide
Wittingen/Ohrdorf
Grethem
Scharnhorst
Aller
Suderbruch
Grußendorf
Burgwedel-Fuhrberg
Meinersen
Burgwedel
A 352
Wolfsburg
Burgdorf
A 2
Lehrte
Edemissen
Elbe
Hannover
E5
A 391
F5
Groß Lobke
A 39
Braunschweig
Nordstemmen
Magdeburg
Salzgitter
Elze
A 395
Beierstedt
Heiningen
Hildesheim
Gronau
Leine
Seesen
Freden
Kalefeld
Moringen/Großenrode
Hardegsen
E6
F6
A 14
Uslar
Halle (Saale)
Göttingen
Barterode
A 38
0
10
50 km
A 143

REGION NORDWEST

INHALT

BRUNKHORST

Ahlerstedt (NI) · 53°24'17.6"N 9°24'41.1"E

Unser landwirtschaftlicher Betrieb wurde in kleinen Schritten Anfang der 90er Jahre endgültig aufgegeben. Anfangs nur ein Hobby, vermarkten wir heute in kleinen Mengen Tannenbäume und Tannengrünschnitt. Es besteht die Möglichkeit Jungpflanzen zu erwerben oder ab November einen Weihnachtsbaum selber zu schlagen. Unser Stellplatz auf dem Rasen zeichnet sich durch eine besondere Ruhe auch unter der Woche aus. Nachts sieht man je nach Jahreszeit Fledermäuse und hört oft die nachtaktive Schleiereule. Wir bieten eine Feuerstelle mit Feuerholz. Da wir selbst Camper sind, möchten wir Gleichgesinnte herzlich begrüßen.

Selbstgemachtes: Nüsse, selbstgemachte Konfitüre, Weihnachtsbäume, Tannengrünschnitt und Jungpflanzen. Außerdem: Kartoffeln aus der Region.

Aktivitäten: Schwimmbad Ahlerstedt, Eishalle und Verzehrkino Harsefeld

Brunkhorst D3
Mühlenstrasse 3a 2021
21702 Ahlerstedt

Zu Gast bei: Siegfried Brunkhorst
0160/94484871
Anreise bis: 20 Uhr
Schließzeit: 16.07.–31.07., 30.04.–15.05.

Hofverkauf:
Auf Anfrage

SCHÜTZENHOF AHLERSTEDT

Ahlerstedt (NI) · 53°24'13.2"N 9°27'4.5"E

Den Schützenhof Ahlerstedt gibt es schon seit über 200 Jahren am gleichen Ort. Heute wird er von der 6. und 7. Generation der Familie geführt. Im Jahr 1802 wurde uns erstmals die Ausschankgenehmigung erteilt. Aus einer kleinen Gaststube ist nach und nach ein regionales, bedeutendes Landhotel geworden.

Selbstgemachtes: Regionale Spezialitäten. Außerdem: Gewürze von Manufaktur Büchel und Spirituosen der Nordic Brennerei. Nach Voranmeldung: Frühstück, Abendbrot und Getränke erhältlich.

Aktivitäten: regionale Besichtigungsprogramme, Radwanderwege, Kegeln, Luftgewehrschießen, Boßeln und ein Hallenbad (500 m)

Schützenhof Ahlerstedt D3
Stader Str. 2 2021
21702 Ahlerstedt

Zu Gast bei: Nils Bockelmann
04166/84200
Anreise bis: 20 Uhr
Ruhetag: Mi.

Hofverkauf:
Auf Anfrage

www.schuetzenhof-ahlerstedt.de

APFELHOF HAUL

Amt Neuhaus OT Bitter (NI) · 53°10'3.0"N 11°2'12.3"E

Unser Apfelhof ist ein Bauernhof direkt an der Elbe, der seit 200 Jahren von der Familie Haul bewirtschaftet wird. Seit November 2013 sind wir ein zertifizierter Archebetrieb, auf dem vom Aussterben bedrohte Haustierrassen auf Bio-Streuobstwiesen mit alten Obstbaumsorten leben. Eine Ernährungs- und Gesundheitsberatung mit Massage sowie eine Übernachtung im hauseigenen Wohnwagen ist nach vorheriger Terminabsprache möglich.

Selbstgemachtes: Bio-Saft, Bio-Obstler, Wurst von seltenen Nutztierrassen, Honig, Bio-Eier, Fruchtaufstrich, Obst und Gemüse aus dem Hofgarten und Produkte aus handgesponnener Schafswolle. Nach Voranmeldung: Frühstück, Abendbrot und Getränke erhältlich.

Aktivitäten: Elberadweg, Baden & Angeln in der Elbe, Hofführung auf unserem Archehof, Möglichkeit im Lehmbackofen Brot oder Kuchen zu backen, Vorführung alter Handarbeitstechniken (Spinnrad, Filzen), Fähre nach Hitzacker (Museum)

Apfelhof Haul E3
Elbstr. 13 2014
19273 Amt Neuhaus OT Bitter

Zu Gast bei: Fred Haul 0174/7979300
Schließzeit: 20.11.–20.02.

Hofverkauf:
Auf Anfrage

KRÄUTERKÖRBCHEN

Apen/Tange (NI) · 53°11'50.0"N 7°45'13.1"E

Ruhig gelegener Kräuter- und Wildkräuterhof mit einem großen, naturnahen Garten, der Lebensraum für Schmetterlinge, Bienen und Vögel bietet. Seit dem 01.03.2015 befindet sich hier das Kräuterkörbchen, dessen Küche tolle Möglichkeiten bietet, den Wildkräutern und auch heimischen Kräutern kulinarisch und mit allen Sinnen zu begegnen. Der Hof ist auch idealer Ausgangspunkt für schöne Radtouren.

Selbstgemachtes: Senfe, Aufstriche, Salze, Chutneys, Liköre aus Früchten, Kräutern und Wildkräutern, Sirup-Kollektion für Limonade, Wasser, Gin und Prosecco.
Aktivitäten: Wildkräuter schmecken und erleben im Rahmen einer Führung, Badesee in der Nähe, tolle Radwanderwege, Ruhe und Erholung im ruhigen Garten

Kräuterkörbchen B3
Gartenstr. 3 2019
26689 Apen/Tange

Zu Gast bei: Yvette Kühl
04489/4048301 o. 0163/6240850

Hofladen:
Täglich 10:30–18 Uhr

www.kraeuterkoerbchen.de

FERIENHOF OSTARLE

Arle (NI) · 53°36'34.0"N 7°23'49.7"E

Unser Hof liegt an einem ausgebauten Fahrradnetz, in dem Sie direkt durch die schöne Natur zur Nordsee bzw. zu den Sielen gelangen können. Neben dem Hofladen gibt es auf unserem Ferienhof auch Pferde, Schafe, Hühner, Enten und Kaninchen. Die Öffnungszeiten des Hofladens erfahren Sie auf Anfrage.

Produkte: regionale Produkte wie Fleisch, Wurst, Milchprodukte, Eier, Kartoffeln und Honig.
Aktivitäten: Kiessee mit Bademöglichkeiten im Ort, Ausflüge zu den Sielen der Nordsee, Spaziergang im Moor am Ewigen Meer
Hinweis: △ Die letzten 200 m fahren Sie auf einer 3 m breiten, gut asphaltierten Nebenstraße zu unserem Hof.

Ferienhof Ostarle B3
Dornumerweg 3 2021
26532 Arle

Zu Gast bei: Heiko Sassen
0172/4385191

Hofladen:
Auf Anfrage

www.ferienhof-ostarle.de

HOF BOCKHOP

Asendorf (NI) · 52°44'24.3"N 9°2'12.8"E

Unser Hof besteht bereits seit über 600 Jahren. Er ist idyllisch von Wald, Weiden und Äckern umrahmt. Das Waldstück hinter unserem Hof ist ein Naturschutzgebiet. Wir bauen Holunder an, dieser wird komplett per Hand und auf traditionelle Art und Weise verarbeitet. Auf unserem Hof stehen zwei Speicher, die um 1700 errichtet wurden und bis heute erhalten sind.

Selbstgemachtes: Sirup, Saft, Likör, Fruchtaufstrich und Gelee aus eigenem Holunder.
Aktivitäten: Radwanderwege, Naturbeobachtung, Wandern durch Wald und Wiesen, Nordic Walking, Joggen, Fahrt mit der Museumseisenbahn
Hinweis: △ Fahren Sie bitte in den Innenhof.

Hof Bockhop C4
Büntstr. 1 2020
27330 Asendorf

Zu Gast bei: Hans Bockhop
0174/7756842
Anreise bis: 20 Uhr
Ruhetag: So.
Schließzeit: 01.01.–11.01., 19.09.–03.10.

Hofladen:
Mo., Fr., Sa. 9–12 Uhr // Do. 15–18 Uhr

www.hof-bockhop.de

HOF STEIMKE

Asendorf (NI) · 52°45'2.7"N 8°58'22.7"E

Wir sind ein landwirtschaftlicher Schweinemast- und Ackerbaubetrieb in traumhafter Einzellage. Hier ist Erholung garantiert. Auf unserem konventionellen Betrieb halten wir neben den „Bewohnern" des Schweinestalls auch ein paar Kamerunschafe, die uns das Rasenmähen abnehmen und einige Hühner, die für die Eierproduktion zuständig sind. Außerdem gibt es bei uns Katzen, Meerschweinchen und unseren Hund „Mira". Kinder sind herzlich willkommen, denn reichlich Platz und Spielgeräte stehen zur Verfügung.

Selbstgemachtes: Wurst, Eier, Gemüsebrühe und Honig. Außerdem: Honig und Rohmilch aus der Umgebung.
Aktivitäten: Hofführungen, Lagerfeuer, Radfahren, Wandern, Nordic-Walking, erste deutsche Museumseisenbahn, Schaukel, Rutsche, Sandberg und Trampolin für Kinder auf dem Hof
Hinweis: △ Der letzte Kilometer der Fahrbahn ist einspurig, aber wenig befahren.

Hof Steimke C4
Kuhlenkamp 12 2020
27330 Asendorf

Zu Gast bei: Marlene und Carsten Steimke 04253/8005000 o. 0172/8514489
Anreise bis: 20 Uhr

Hofverkauf:
Auf Anfrage

IMKEREI & ARONIA-PLANTAGE BOGENA

Aurich (NI) · 53°26'36.6"N 7°26'41.0"E

Seit 2009 betreiben wir im schönen Aurich-Rahe in Ostfriesland eine Imkerei. Aus eigener Herstellung bieten wir verschiedene, regionale Honigsorten und andere Produkte aus dem Bienenstock an. Im Jahr 2017 haben wir zudem eine Aronia-Plantage angelegt, die unseren Bienen eine zusätzliche Nahrungsquelle bieten soll. Zur jeweiligen Erntesaison bieten wir Ihnen auf Wunsch einen direkten Einblick in unsere Produktion. Gerne öffnen wir auch unseren Hofladen außerhalb unserer Öffnungszeiten für Sie.

Selbstgemachtes: Honig und Produkte von unserer Aronia-Plantage. Außerdem: Produkte rund um die Imkerei.
Aktivitäten: Ems Jade Kanal, Radwege, Altstadt Aurich

Imkerei & Aronia-Plantage Bogena B3
2020
Mittelweg 15
26605 Aurich

Zu Gast bei: Karin & Rudolf Bogena 04941/698869 o. 0152/04369799
Anreise bis: 20 Uhr

Hofladen:
Do. 14–18 Uhr // Fr., Sa. 9–12:30 Uhr

www.imkerei-bogena.de

KULKE MILCH AB HOF

Aurich OT Brockzetel (NI) · 53°29'7.9"N 7°40'22.1"E

Unsere Familie betreibt einen Milchviehbetrieb mit 125 Milchkühen und deren Nachzucht. Mit Blick auf unsere Grünlandflächen können Sie in unserem Hofladen frische Milch und andere landwirtschaftliche Produkte kaufen.

Selbstgemachtes: Fruchtaufstriche und Liköre. Außerdem: Milch, Eier, Kartoffeln und Honig.
Aktivitäten: Radwanderwege

Kulke Milch ab Hof Hofladen B3
2017
Wieseder Str. 9
26605 Aurich OT Brockzetel

Zu Gast bei: Jörg & Kerstin Kulke 04948/9594501 o. 0174/6431370
Anreise bis: 19 Uhr

Hofladen:
Auf Anfrage

STROHABENTEUER

Aurich-Middels (NI) · 53°31'57.5"N 7°36'38.0"E

Der Strohabenteuer Hof besteht aus einem tierischen Erlebnishof (Alpakas, Esel, Zwergziegen, Hühner etc.) und einem Melkhus (Milchraststätte) in einem ostfriesischen Gulfhof von 1910. Aurich Middels bietet eine dörflichen Idylle im Herzen Ostfriesland. Die Städte Aurich, Wittmund, Esens und die Küste sind schnell zu erreichen. In unserem Melkhus gibt es Kaffee, Milchshakes, Kuchen und immer frisch gebackene Waffeln. Ein Besuch im Stall/Hühner-Füttern ist möglich.

Selbstgemachtes: Marmalade, Sirup, Eier, Waffeln und Kuchen. Außerdem: Senf, Honig, Eierlikör und div. Dekoartikel. Nach Voranmeldung: Frühstück und Getränke erhältlich.
Aktivitäten: „Alpaka-Führerschein" und -Spaziergänge bei Anmeldung, Bäcker und Kaufmann vor Ort, Radwege, Badesee Tannhausen mit Wasserspielplatz/Wakeboardanlage, Einkaufsstadt Aurich, Küste (15 km)

Strohabenteuer B3
Westerloogerstr. 9 2020
26607 Aurich-Middels

Zu Gast bei: Sigrid Awater
04947/5088580
Anreise bis: 17 Uhr
Ruhetage: Mo. Di.

Hofladen:
Mi.–So. 11–17 Uhr

www.strohabenteuer.de/landvergnuegen

BIOGUT BAUCK

Bad Bodenteich (NI) · 52°49'48.7"N 10°39'22.9"E

Willkommen auf dem BioGut Bauck. Wir betreiben eine einzigartige Nutztiersafari, um die Artenvielfalt in der Lüneburger Heide zu schützen. In unserem Hofladen können Sie sich gerne einen Picknick-Korb für unterwegs zusammenstellen oder in unserer Gastronomie köstliche Speisen verzehren. Ihre Kinder können auf dem hofeigenen Spielplatz spielen. Hofbesichtigungen und Erlebnistouren wie Planwagenfahrten durch das Schweimker Moor sind auf Anfrage möglich. Unser Hofladen und die Bio-Gastronomie sind samstags und sonntags ab 10 Uhr geöffnet. Eine Übernachtung ist nur von Samstag auf Sonntag möglich.

Selbstgemachtes: Unsere Bio-Produkte wie z.B. Fleisch, Wurst und Käse. Außerdem: Wein. Frühstück, Abendbrot und Getränke erhältlich.
Aktivitäten: Nutztiersafari, Kinderspielplatz, Besichtigung von diversen Nutz- und Wildtieren

BioGut Bauck E4
Bergstr. 30 2017
29389 Bad Bodenteich

Zu Gast bei: Henning Bauck
05824/2346
Ruhetage: Mo. Di. Mi. Do. Fr.

Hofladen:
Auf Anfrage

IM ALTEN HÜHNERSTALL

Bad Bodenteich (NI) · 52°51'44.3"N 10°40'6.3"E

Im großen Garten, mit angrenzenden Wiesen, laufen Hühner und Schafe. Ein massives, mediterranes Gartenhäuschen mit Außenküche und Unterstand lädt zum Grillen am Feuerkorb ein. In meinem umgebauten Hühnerstall biete ich Workshops in Filzen und kreativem Gestalten mit Naturmaterialien an. Alles zum Selberherstellen und Kaufen für Klein und Groß. Hunde sind bitte an der Leine zu führen. Wir freuen uns auf Ihren Besuch!

Selbstgemachtes: Eier, selbstgebackener Kuchen, Filzteile, Naturkränze, Gestecke und Mosaiktischplatten. Außerdem: regionales Futterkörbchen.
Aktivitäten: Freibäder, Radwege, Burgruine, Abenteuerspielplatz im Seepark

Im alten Hühnerstall E4
Unter den Eichen 7, 2021
OT Kuckstorf
29389 Bad Bodenteich

Zu Gast bei: Heidrun Schwerin
05824/3582 o. 0179/4331724
Anreise bis: 19 Uhr

Hofverkauf:
Auf Anfrage

HEILKRÄUTER-LABYRINTH-GARTEN

Bad Zwischenahn (NI) · 53°10'48.1"N 8°5'19.9"E

In unserem 4.000 qm großen Privatgarten findet sich eine Sammlung mit über 250 größtenteils heimischen Heil- & Würzpflanzen, historischen Gemüsesorten in Permakultur und weiteren Nutzpflanzen. Führungen und Workshops für kleine Gruppen (siehe Internetseite). Naturnaher, schattiger Stellplatz im idyllischen Wäldchen zwischen hohen Eichen und Buchen.

Selbstgemachtes: Staudenverkauf von Heil-, Würz- und Gemüsepflanzen.
Aktivitäten: Führungen & Workshops rund um die Kräuterei, Radwege
Hinweis: △ Auf dem Steenkampweg finden Sie einen amerik. Briefkasten auf einem gelben X, dort re. auf den unbefestigten Weg zum Hof einbiegen. Keine Wendemöglichkeit für große Fahrzeuge. Bei schlechter Witterung keine Zufahrt für Fahrzeuge ü. 2,5 t.

Heilkräuter-Labyrinth-Garten C3
Steenkampweg 3 2020
26160 Bad Zwischenahn

Zu Gast bei: Nina Grüther
04403/5731 o. 0173/9430546
Anreise bis: 22 Uhr

Hofverkauf:
Auf Anfrage

heilkraeuter-labyrinth-garten.de

WELSH BLACK BROCKHOFF

Bad Zwischenahn/Ekern (NI) · 53°9'42.8"N 7°59'25.4"E

Die naturnahe, artenreiche Weidewirtschaft mit Wallhecken und die wesensgerechte Tierhaltung liegen uns besonders am Herzen. Unseren anerkannten Bio-Betrieb bewirtschaften wir schon jahrelang ökologisch und vermarkten Welsh Black Rindfleisch. Das Fleisch stammt von Tieren, die auf unserem Hof geboren und im Kreise ihrer Herde herangewachsen sind. Die Rinder stehen ganzjährig auf der Weide, haben Zugang zu einem Offenstall und werden ausschließlich mit frischem Gras und Heu von den eigenen Weiden gefüttert.

Selbstgemachtes: Welsh Black Rindfleisch.
Aktivitäten: Radwanderwege, Zwischenahner Meer, Segeln, SUP, Surfen, Shopping und Wellness, Lokale und Cafés, Park der Gärten
Hinweis: △ Die letzten 300 m sind nur einspurig.

Welsh Black Zuchtbetrieb C3
Bernd Brockhoff 2022
Buschriede 3
26160 Bad Zwischenahn/Ekern

Zu Gast bei: Nadine Schönherr
0176/78036712
Anreise bis: 20 Uhr
Ruhetag: So.

Hofverkauf:
Auf Anfrage

HOF SCHWARZES MOOR

Balge (NI) · 52°42'45.3"N 9°7'37.7"E

Wir haben für unsere Gäste die einstigen Heidschnuckenweiden in mit Hecken und Bäumen umgebene Flächen mit Feuerstelle parzelliert. Unsere freilaufenden Hühner und Hunde kommen hier zu Besuch. Unsere Außenlage bietet euch Ruhe pur. Für Strom bitte ein langes Kabel mitbringen! Da wir als Rentner viel unterwegs sind, freuen wir uns über Gleichgesinnte. Wir bieten Vorträge über unsere Touren abseits der touristischen Pfade an.

Selbstgemachtes: Heidschnuckenprodukte, Obst, Gemüse, Eier, Apfelsaft, Fruchtaufstriche, Cutneys und Ketchups. Außerdem: Bio-Qualität: Dinkelbrötchen, Bier, Wein und kleines Lebensmittelsortiment.
Aktivitäten: Rad- und Wanderwege, Badeseen, Freibad, Draisine, schönster Wochenmarkt Europas in Nienburg, Wassermühle
Hinweis: △ Bitte im Hellen anreisen, da die letzten 50 m für Ungeübte schwierig sind.

Hof Schwarzes Moor D4
Am Stührberg 6 2014
31609 Balge

Zu Gast bei: Heidi Kowalski & Stephan Hamann 05022/891225
Anreise bis: 20 Uhr

Hofladen und Hofverkauf:
Auf Anfrage

www.hofschwarzesmoor.de/urlaub-auf-unserem-hof/

DAMWILDHOF AM KLÜNDERBERG

Balge-Bad Blenhorst (NI) · 52°42'51.1"N 9°7'44.9"E

Sie sind zu Gast auf einem stilvoll sanierten Landhof mit eigenem angrenzenden Buchenwald und Damwildgehege. Unser Hof befindet sich in unmittelbarer Nähe zur Weser in traumhafter Lage. In einer Spielscheune kann die Freizeit mit Kindern auch bei schlechtem Wetter verbracht werden. Bitte rufen Sie uns nur von 11 bis 15 Uhr an.

Selbstgemachtes: je nach Verfügbarkeit Wildbret und Eier. Nach Voranmeldung: Abendbrot und Getränke erhältlich.
Aktivitäten: Weser Radweg, Deutsche Mühlenstraße, Nienburg, Weser mit Yachthafen (5 km)

Damwildhof am Klünderberg D4
Blenhorster Straße 30 2022
31609 Balge-Bad Blenhorst

Zu Gast bei: Astrid Volkening
0177/7771077
Anreise bis: 16 Uhr

Hofverkauf:
Auf Anfrage

JITHOFER KÄSEREI

Bargstedt (NI) · 53°26'58.5"N 9°26'32.0"E

Unser Hof liegt idyllisch auf der Stader Geest an der Aue – gut 20 km vom Alten Land entfernt. Wir haben Milchkühe und verarbeiten die Milch in unserer Hofkäserei zu leckerem Käse, der in unserem Hofladen probiert werden kann. Vom Laden aus kann man einen Blick in die Käserei werfen. Unter den großen Eichen und am Teich kann man bei uns sehr gemütlich sitzen und die Landschaft genießen.

Selbstgemachtes: Schnittkäse wie der Hamburger Pfeffersack, Hartkäse nach Bergkäserezeptur und leckerer Camembert. Außerdem: Käse, Eier, Wurst, Kartoffeln, Nudeln, Marmelade, Wein, Olivenöl usw. Nach Voranmeldung: Frühstück erhältlich.
Aktivitäten: viele schöne Rad- und Wanderwege, Hansestädte Stade, Bremen und Buxtehude, regelmäßige Bahnverbindung nach Hamburg (Fahrtzeit ca. 50 min), Altes Land mit seinen Obstgärten (20 km)
Hinweis: △ Die letzten 800 m sind einspurig.

Jithofer Käserei D3
Jithof 1 2021
21698 Bargstedt

Zu Gast bei: Annette Alpers-Tipke
04164/6479 o. 0171/5824695
Anreise bis: 17 Uhr
Ruhetag: So.
Schließzeit: 01.12.–28.02.

Hofladen:
Mo.–Do. 8:30–12:30 Uhr // Fr. 8:30–18 Uhr, Sa. 8:30–13 Uhr

www.jithofer-kaeserei.de

PLUMBOHM GASTHAUS & CATERING

Barterode (NI) · 51°32'53.3"N 9°46'19.7"E

Wir sind ein schönes, in der vierten Generation geführtes Landgasthaus und bieten saisonale und regionale deutsche Küche an. Für ein tolles Frühstück liegt gegenüber eine ausgezeichnete 5-Sterne-Bäckerei (sonntags Ruhetag!). Unsere Stellplätze haben einen Blick auf Felder und Wald. Bitte beachten Sie, dass das Gasthaus montags, dienstags und mittwochs nicht geöffnet ist. Landvergnügen-Reisende sind an diesen Tagen gern willkommen. Da aber kein Gastgeber vor Ort ist, können Gäste leider nicht bewirtet werden und auch keine Serviceleistungen in Anspruch nehmen. Zudem richten wir im Sommer häufig Hochzeiten aus – ob an diesen Tagen eine Anreise möglich ist, erfragen Sie bitte vorher telefonisch.

Produkte: Verarbeitung von Produkten des heimischen Bäckers und Metzgers. Abendbrot und Getränke erhältlich.
Aktivitäten: Heimatmuseum Barterode, Universitätsstadt Göttingen, Schloss Adelebsen, Wildpark Hardegsen, Wanderwege

Plumbohm Gasthaus & Catering D6
Göttinger Straße 12 2020
37139 Barterode

Zu Gast bei: Jasmin Plumbohm
0171/7748255
Anreise bis: 20 Uhr
Schließzeit: 02.08.–20.08., 13.01.–06.02.

www.gasthaus-plumbohm.de

KUNSTSCHMIEDE BARUM

Barum (NI) · 53°3'10.1"N 10°30'59.3"E

Die Kunstschmiede liegt im schönen Dorf Barum zwischen der Lüneburger Heide und dem Wendland. Hier werden handgeschmiedete Unikate für Haus & Garten gefertigt. Wenn das Schmiedefeuer brennt, darf dem Schmied gerne bei der Arbeit über die Schulter geschaut werden.

Selbstgemachtes: Handgeschmiedete Unikate für Haus und Garten (Kleinserien), Einzelanfertigungen und Restaurierungsarbeiten nach Kundenwunsch und zeitweise Eier.
Aktivitäten: Radwanderwege, Jod-Soletherme in Bad Bevensen, Kanu und SUP auf der Ilmenau

Kunstschmiede Barum E3
An den Wiesen 5 2021
29576 Barum

Zu Gast bei: Lars Dittmer
0179/4918700
Anreise bis: 20:30 Uhr

Hofverkauf:
Auf Anfrage

www.kunstschmiede-barum.de

ERDBEERHOF NÜSTEDT

Bassum (NI) · 52°53'43.4"N 8°43'47.5"E

Wir sind ein familiengeführter Obst- und Gemüsebetrieb. Außer Erdbeeren bauen wir Spargel, Kartoffeln, Äpfel, Kürbisse und Beeren an. Unsere Stiefmütterchen zieren viele Gärten im Umkreis und unsere Tannen erleuchten zu Weihnachten so manch eine Stube. Unser Hof beherbergt Alpakas und Hühner. Bei uns ist das ganze Jahr Saison. Wir freuen uns auf Ihren Besuch!

Selbstgemachtes: Obst und Gemüse aus eigenem Anbau, Marmelade, Erdbeer- und Apfelsaftsaft, Eier, eingelegte Gurken und Kürbisse. Außerdem: diverse Säfte, Honig, Milchprodukte, Käse, Wurst- und Fleischwaren, Eintöpfe, Prosecco, ein breites Obst-, Gemüse- und Pflanzenangebot, Brötchen und Zeitung (samstags und sonntags).

Erdbeerhof Nüstedt C4
Döhren 3 2014
27211 Bassum

Einfach anreisen…
Anreise bis: 17 Uhr

Hofladen und Hofverkauf:
Mo.–Sa. 8–18 Uhr

www.erdbeerhof-nuestedt.de

HOMBACH HOF

Bassum (NI) · 52°54'26.1"N 8°43'51.0"E

Unser kleiner Hof wird in der 5. Generation geführt. Der Hof liegt im schönen Hombachtal Nordwohlde. Bei uns leben Hühner im Hühnermobil, Angusrinder (Mutterkuhherde) ganzjährig auf der Weide, Schweine, ein Hund und Katzen. Im SB-Verkauf bieten wir täglich unsere Produkte und dazu noch andere regionale Produkte zum Kauf an. Gerne machen wir Hofführungen und stellen unseren Betrieb vor.

Selbstgemachtes: Freiland-Eier, Fruchtaufstriche, eingekochtes Obst und Gemüse (saisonal), Naturseifen und Nudeln aus unseren Eiern. Außerdem: regionale Waren wie Honig, Kartoffeln, Säfte, Pestos und andere Kleinigkeiten.
Aktivitäten: Rad- und Wanderwege, Minigolf-Platz, Gastwirtschaft mit Dorfladen, Kirche Bassum, Tierpark und Stiftspark Bassum, Kreismuseum Skye mit vielen Aktionen, 9 Schwimmbäder, Waldspielplatz

Hombach Hof C4
Am Hombach. 12 2021
27211 Bassum

Zu Gast bei: Jürgen Kattau
0174/2073514
Anreise bis: 20 Uhr
Schließzeit: 31.03.–01.05.

Hofladen und Hofverkauf:
Täglich 7:30–22:30 Uhr

STÖVERS LANDGASTHAUS

Bassum (NI) · 52°52'10.1"N 8°42'0.0"E

Herzlich willkommen in unserem Landgasthaus. Seit über 400 Jahren bewohnt unsere Familie diesen Bauernhof in Bassum, inmitten der Wildeshauser Geest, etwa 25 km südlich von Bremen. Die Landwirtschaft war immer der Haupterwerbszweig. Vor gut 200 Jahren kam die Gaststätte dazu. Bewandern Sie die umliegenden Naturschutzgebiete und lassen Sie sich von unserer Hausmannskost verwöhnen (Öffnungszeiten sind auf unserer Homepage einsehbar). Wir freuen uns auf Sie.

Selbstgemachtes: Dauerwurstwaren von eigenen Bioschweinen. Außerdem: Restaurant. Abendbrot und Getränke erhältlich.
Aktivitäten: Stift Bassum, Freudenburg, Tierpark Petermoor, Gokart, Bassumer Rundwanderwege, Bassumer Bäder

Stövers Landgasthaus C4
Groß Henstedt 8 2021
27211 Bassum

Zu Gast bei: Elke Buchholz
04241/2623
Anreise bis: 22 Uhr

www.stoevers-gasthaus.de

FERIENHOF PANKALLA

Bassum- Neubruchhausen (NI) · 52°49'50.3"N 8°51'52.1"E

Zwischen Wiesen und Feldern eingebettet, liegt unser Hof im schönen Naturpark Wildeshauser Geest. Wir sind ein kleiner Familienbetrieb mit Ferienwohnungen und Gästezimmern, einem großen Garten und einem tollen Spielplatz für die Kleinen. In den Monaten Mai bis September öffnen wir sonntags unseren Garten zum Kaffeetrinken & -genießen. Wir öffnen gern unseren Ab-Hof-Verkauf auch auf Anfrage.

Produkte: Marmeladen, Honig, Eis und Getränke. Frühstück und Getränke erhältlich.
Aktivitäten: Bauerngolfanlage

Ferienhof Pankalla C4
Nienburger Straße 42 2021
27211 Bassum- Neubruchhausen

Zu Gast bei: Berenice Pankalla
04248/902808
Anreise bis: 20 Uhr

Hofverkauf:
Auf Anfrage

www.ferienhof-pankalla.de

BIOLANDHOF STEDING

Bassum-Bramstedt (NI) · 52°52'52.4"N 8°46'43.4"E

Wir sind klein, aber fein! Auf wenigen Hektar versuchen wir eine größtmögliche Vielfalt an ökologischen Produkten zu erzeugen. Bis zu 40 verschiedene Kulturen sowie Hühner, Hähnchen und Rinder können bei uns erlebt werden. Es besteht die Möglichkeit bei uns zu grillen oder die Mittagsversorgung unserer Kantinenküche zu genießen – solange der Vorrat reicht. Bei Bedarf öffnen wir den Hofladen auch gern außerhalb der Öffnungszeiten. Wir freuen uns auf Ihren Besuch!

Selbstgemachtes: Eier, Gemüse, Kräuter, Kartoffeln, Brot und Kleingebäck. Außerdem: umfangreiches Naturkostsortiment.
Aktivitäten: Spazieren, Fahrradfahren

Biolandhof Steding GbR C4
Bassumer Str. 29 2019
27211 Bassum-Bramstedt

Zu Gast bei: Elke Steding 04241/5199
Anreise bis: 21 Uhr
Schließzeit: 01.01.–29.02.

Hofladen und Hofverkauf:
Mo., Fr. 11–18 Uhr

www.steding-hof.de

HEESEHOF

Beierstedt (NI) · 52°4'25.6"N 10°51'32.7"E

Wir produzieren aus der Natur für die Natur. Unser Heesehof ist eine Schäferei und liegt am Fuße des Heesebergs. Hier halten wir Ostfriesische Milchschafe, Suffolks, Merino Fleischschafe und graue gehörnte Heidschnucken. Unsere Weideflächen liegen im Flora-Fauna-Habitat Heeseberg Schutzgebiet. Es wird nicht mineralisch gedüngt und auf die chemische Behandlung gegen Unkräuter verzichtet. Durch die Haltung der Schafe auf Landschaftsschutz- und Naturflächen leisten wir einen wichtigen Beitrag zur Erhaltung geschützter Kulturlandschaften. Unser Schafstall ist in Jerxheim, die Käseproduktion und der Hofladen sind im Nachbarort in Beierstedt.

Selbstgemachtes: Schafskäse, Fleisch und Wurst. Außerdem: Honig.

Aktivitäten: Museum, Freibad, Ponyreiten, Wandern

Hinweis: △ Der Stellplatz befindet sich in der Wallstr. 14 in 38381 Jerxheim.

Heesehof E5
Schöninger Str. 4 2014
38382 Beierstedt

Telefon: 05354/994253
Anreise bis: 20 Uhr

Hofladen und Hofverkauf:
Fr. 16–18 Uhr

www.heesehof.de

GRÜNE PERLE

Beverstedt (NI) · 53°23'53.4"N 8°48'6.8"E

Die „Grüne Perle" ist ein ehemaliger landwirtschaftlicher Betrieb, reizvoll gelegen inmitten landwirtschaftlich genutzter Flächen und bietet nichts als natürliche Stille – keinen Zivilisationslärm. Alle sprechen von Auszeit, innere Ruhe finden, Achtsamkeit, Gelassenheit. Wenn nicht jetzt, wann dann? Die schönsten Dinge im Leben sind keine Dinge! In diesem Sinne wir freuen uns auf Sie.

Produkte: Je nach Laune der Bienen: Honig aus der Region.

Aktivitäten: Freibad, Badesee, Minigolf, schöne Fahrradtouren, Skulpturenpark, Angelteich, Sightseeing via Bahnanschluss in Bremen bzw. Bremerhaven

Grüne Perle C3
Sandersweg 21 2017
27616 Beverstedt

Zu Gast bei: Birgit Illjes
04748/947094 o. 0162/9731873
Anreise bis: 22 Uhr

REHR'S HOF

Bispingen OT Behringen (NI) · 53°6'42.2"N 9°57'22.9"E

Wir sind ein traditioneller landwirtschaftlicher Betrieb inmitten der Lüneburger Heide. Den landwirtschaftlichen Betrieb haben wir 2012 übernommen, die Hofstelle wird aber bereits seit 1727 von der Familie geführt. Von uns aus können viele verschiedene Ausflüge unternommen werden: Natur, Kultur, Familienspaß. Wir haben einen SB-Hofladen, der rund um die Uhr erreichbar ist und von unseren Kunden aus Nah und Fern sehr gut angenommen wird.

Selbstgemachtes: Eier, Nudeln aus eigenen Eiern, Geflügelfleisch, Eingemachtes, Fruchtaufstriche und einen Gemüsegarten zum Selbsternten. Außerdem: Produkte von persönlich bekannten Betrieben: Kartoffeln, Obst, Gemüse, Wurst, Molkereiprodukte, Honig, Fruchtaufstriche, Säfte u.v.m.

Aktivitäten: Wilseder Berg, Brunausee, Rad- und Wanderwege, Kutschfahrten, Freizeitparks

Rehr's Hof D3
Heberer Str. 9 2021
29646 Bispingen OT Behringen

Zu Gast bei: Stefanie Jungemann
0172/4147537

Hofverkauf:
Auf Anfrage

www.rehrs-hof.com

CASAS EICHENHOF

Bissendorf OT Wersche (NI) · 52°14'40.0"N 8°12'29.6"E

Der Stellplatz befindet sich in der Gemeinde Bissendorf OT Wersche auf einem ehemaligen Bauernhof. Direkt neben dem urigen Restaurant „Casas Eichendorf" mit einer frischen, regionalen Speisekarte, sowie einem gemütlicher Biergarten. Die Öffnungszeiten entnehmen Sie bitte der Homepage. Wersche liegt im Hasetal, landschaftlich schön gelegen zwischen Wiehengebirge und Teutoburger Wald. Ein idealer Ausgangspunkt für Radtouren in die nähere Umgebung. Wir freuen uns über ihren Besuch.

Selbstgemachtes: Speisen des Restaurants. Abendbrot und Getränke erhältlich.

Aktivitäten: Radwanderweg direkt am Haseufer, Osnabrück mit großem Zoo, Melle mit schönem Automuseum, Bad Rothenfelde mit Saline, Bad Iburg, Bad Essen mit Hafen am Mittellandkanal, Deutschlands einmalige Bifurkation (www.bifurkation.de)

Eichenhof Bissendorf/ Wersche C5 2020
In der Bauerschaft 3
49143 Bissendorf OT Wersche

Zu Gast bei: Jürgen Haase
0171/3334774
Ruhetage: Mo. Di. Mi.

www.casas-eichenhof.de

HOF STEINBERG

Bleckede (NI) · 53°18'8.6"N 10°42'8.2"E

Wir sind ein mittelständischer Familienbetrieb im Herzen des Biosphärenreservats Niedersächsische Elbtalaue. Hier betreiben wir Ackerbau und Hühnerhaltung in mobilen Hühnerställen. Dem Tierwohl unserer Hühner wird diese Art der Freilandhaltung besonders gerecht – das können Sie an den hochwertigen und gesunden Eiern schmecken. Naturliebhaber kommen beim Wandern, Radfahren, Reiten, Paddeln, Angeln und beim Genießen der Ruhe am Elbufer auf ihre Kosten. Wir freuen uns auf Sie! Kontaktieren Sie uns gerne über Whatsapp/SMS. Als besonderen Service bieten wir an ihre Fahrzeuge auf der Fuhrwerkswaage für eine Gebühr zu wiegen.

Selbstgemachtes: Honig und Eier (die Eier lassen wir auch zu Likör und Nudeln weiterverarbeiten), auf Anfrage leckere Wurst von unseren Legehennen und Mehl. Außerdem: Fleisch und Wurst (u.a. Wild), Kartoffeln und Schafskäse.

Aktivitäten: Elberadweg 500 m, Biosphaerium Bleckede 2 km, Freibad 9 km, Heideexpress nach Lüneburg 2,2 km

Hof Steinberg GbR E3 2020
Große Str. 5
21354 Bleckede

Zu Gast bei: Henrik Burmester
0160/97204802
Anreise bis: 21 Uhr

Hofverkauf:
Täglich 7:30–21 Uhr

www.hofsteinberg.de

LANDCAFE LÜTTJE ANKERPLATZ

Bockhorn/Grabstede (NI) · 53°21'32.6"N 8°0'6.7"E

Ankommen, Anker werfen, wohlfühlen! Dem Alltag entfliehen, einfach mal entschleunigen. In familiärer Umgebung hausgemachte Kuchen und Torten genießen. Alles regional und saisonal. Dazu gibt es Kaffee, Tee und kalte Getränke. Friesland ist zudem immer eine Reise wert. Das Café hat nur am Wochenende von 14–18 Uhr geöffnet. Wir freuen uns auf Ihren Besuch. Bitte nur einen Hund pro Fahrzeug mitbringen und an der Leine führen.

Selbstgemachtes: Saisonal Kuchen und Torten, Marmelade und Likör. Frühstück und Getränke erhältlich.

Aktivitäten: Kanufahrten, Fahrradtouren, Wandern, Schulmuseum, Ruheforst, Neuenburger Urwald, Naturerlebnis Südliches Friesland, Wilhelmshaven mit Marinemuseum, Jever mit Schloß

Hinweis: ⚠ Es empfiehlt sich, über die Ortsmitte von Grabstede zu fahren (von der anderen Seite ist die Straße wirklich sehr schlecht).

Landcafe Lüttje Ankerplatz C3 2018
Sandkrugsweg 21
26345 Bockhorn/Grabstede

Zu Gast bei: Ronald Friedel Elke Weets 04452/5999988
Anreise bis: 18 Uhr

Hofladen und Hofverkauf:
Sa., So. 14–18 Uhr

www.landcafe-lüttje-ankerplatz.de

ÖLMÜHLE SOLLING

Boffzen (NI) · 51°45'26.2"N 9°23'17.0"E

Seit über 20 Jahren steht die Ölmühle Solling für mühlenfrische Ölvielfalt und Genuss. Die familiengeführte Bio-Manufaktur im Weserbergland bestimmen Werte wie Bio, Nachhaltigkeit und soziale Fairness. Wir verarbeiten Bio-Ölsaaten und -Nüsse aus der Region und aller Welt zu über 120 kaltgepressten gesunden Spezialitäten. Bei uns erhalten Sie wertvolle Verwendungstipps und können unsere Ölvielfalt entdecken und probieren. Verweilen Sie bei einer Tasse Kaffee in unserem Mühlengarten.

Stromversorgung nur während der Ladenöffnungszeiten: Bitte wenden Sie sich an unsere Mitarbeiter.

Selbstgemachtes: Mühlenfrische Speise-, Würz- und Vitalöle, Essige, Aufstriche, Mehle, Bio-Feinkost und Naturkosmetik (alles in Bio-Qualität). Außerdem: Olivenöl, Kokosöl und Arganöl.

Aktivitäten: Weser-Radwanderweg, Höxter, Weltkulturerbe Corvey

Hinweis: ⚠ Weserbrücke Höxter gesperrt für Fahrzeuge über 3,5 Tonnen und 2,10m Breite.

Ölmühle Solling GmbH D5
Höxtersche Str. 3 2019
37691 Boffzen

Zu Gast bei: Familie Baensch, einfach anreisen…
Anreise bis: 22 Uhr

Hofladen:
Mo.–Fr. 9–17:30 Uhr // Sa. 9:30–14:30 Uhr

www.oelmuehle-solling.de

SMEERS HOF

Böhme (NI) · 52°47'1.5"N 9°30'31.3"E

Klein, familiär und zentral inmitten des schönen Heidekreis gelegen! Unser Hof bietet saisonale Produkte und daraus hergestellte Kleinigkeiten an. Hunde sind bei uns herzlich willkommen, jedoch bitten wir darum diese anzuleinen, da unsere Hühner freilaufen.

Selbstgemachtes: Eier, Kartoffeln, Gemüse, süße Aufstriche, Chutneys und Honig.

Aktivitäten: Badesee, Radwanderwege, Angeln, Serengeti-Park Hodenhagen, Weltvogelpark Walsrode, Magic-Park Verden

Smeers Hof D4
Bierde 26 2021
29693 Böhme

Zu Gast bei: Isabel Blanke
05164/802299 o. 0160/ 2107850

Hofladen:
Täglich 9–20 Uhr

www.smeershof.de

KARTOFFELHOF MASSMANN

Bohmte (NI) · 52°21'18.9"N 8°16'2.0"E

Der Kartoffelhof Maßmann ist ein alter Sattelmeierhof mit Gründung vor 1500. Heute ist der Hof ein Milchviehbetrieb mit 90 Kühen in konventioneller Haltung, Jungviehaufzucht, Bullen- und Schweinemast, sowie Direktvermarktung. In ruhiger Umgebung in der norddeutschen Tiefebene gelegen, laden ein hofangrenzender Wald und Bachlauf, sowie das nahe Wiehengebirge zu ausgedehnten Spaziergängen ein.

Selbstgemachtes: Kartoffeln, Walnüsse und Eier. Außerdem: Wein, Sekt, Liköre, Äpfel, div. Sorten Obst- und Gemüsesaft, saisonales Gemüse, Wein vom Weingut Burghof Oswald in Guntersblum, Buch von Heinz Maßmann über seinen Werdegang als Landwirt und die Entwicklung der Landwirtschaft.

Aktivitäten: Golfplatz Arenshorst, angrenzender Wald mit Bachgewässer, Ausblick auf Wiehengebirge, Radwanderweg zu Saurierspuren und Varusschlacht (Museum), Mittellandkanal

Kartoffelhof Maßmann C5
Leckerfeldweg 1 2020
49163 Bohmte

Zu Gast bei: Heinz Maßmann
05471/317
Anreise bis: 18 Uhr
Ruhetag: So.
Schließzeit: 22.12.–31.12.

Hofladen:
Mo.–Sa. 8–12, 14–18 Uhr

HOF WINTER

Bohmte OT Hunteburg (NI) · 52°25'36.9"N 8°16'23.4"E

Wir sind ein familiengeführter und moderner Milchviehbetrieb mit 140 Milchkühen und deren Nachzucht. Der Hofladen ist auf Automatenbasis für Sie 24/7 geöffnet. Hier bekommen Sie Rohmilch und diverse andere Milchprodukte unserer Tiere. Im Sommer bieten wir Ihnen hier auch regionales Grillfleisch sowie Softeis an.

Selbstgemachtes: Milch, Käse, Butter, Wurstwaren und Brotaufstriche. Außerdem: Eier, Milch in Flaschen, Quark, Joghurt, Sahne, regionales Grillfleisch und Softeis.
Aktivitäten: Radwanderung zum Kronen- und Dümmer See, Ausgrabungsstätte Varusschlacht, Wiehengebirge, Venner Mühleninsel, Eisenzeithaus Venne, Salzgrotte und Solearena in Bad Essen, Igelmuseum in Bohmte

Hof Winter C4
Scheelenkamp 5 2020
49163 Bohmte OT Hunteburg

Zu Gast bei: Annette Winter
0171/9406409
Anreise bis: 19 Uhr

Hofladen:
Auf Anfrage

HIMBEERHOF NIEMEYER

Bohmte-Herringhausen (NI) · 52°21'5.1"N 8°14'37.6"E

Wir bieten Ihnen in der Erntesaison (Juni bis August) täglich ab 8:00 Uhr bis zum Einbruch der Dunkelheit köstliche Himbeeren und neuerdings auch Brombeeren zum Selberpflücken. Sonst stehen für Sie geerntete Beeren auf Vorbestellung bereit. Wir freuen uns auf Ihren Besuch! Hinweis: Die Toilettennutzung ist nur während der Öffnungszeiten möglich.

Selbstgemachtes: Himbeeren und Brombeeren zum Selberpflücken oder auf Bestellung.
Aktivitäten: Beeren pflücken, Mittellandkanal, Kronensee, Wiehengebirge, Dümmersee, Museumspark Kalkriese

Himbeerhof Niemeyer C5
Auf der Höhe 2 2020
49163 Bohmte-Herringhausen

Zu Gast bei: Volker Niemeyer
05473/696
Schließzeit: 01.09.–31.05.

Hofverkauf:
Auf Anfrage

www.himbeerhof-niemeyer.de

KLANGENS HOF

Bötersen (NI) · 53°8'33.4"N 9°18'9.2"E

Wir sind ein landwirtschaftlicher Betrieb mit Direktvermarktung, Freilandhaltung für Legehennen, Hähnchen und Schweine (Freiland-Duroc-Schweine) und einem eigenen Schlachtbetrieb. Zudem haben wir Alpakas und Ziegen als Sicherheitsbeauftragte für unser Geflügel. Ab Hof stehen Regioboxen 24/7 für Sie zur Verfügung. Der Direkteinkauf ist gern auch nach Absprache möglich.

Selbstgemachtes: alles vom Weidgockel und vom Freiland-Duroc-Schwein jede Woche frisch, Eier, Fleisch und Wurst vom Weidehähnchen, dauerhaft ungekühlt haltbare Fertiggerichte und Suppen in Einweckgläsern, Nudeln hergestellt aus eigenen Mobilstalleiern, Saisongeflügel, Freilandflugenten, Freilandgänse und Freilandbronzeputen, Rindfleisch vom Wümme Rind, Brotaufstriche und Marmeladen aus Beerenobst.
Aktivitäten: Radwanderwege, Bullensee, Wümmeniederung

Klangens Hof GbR D3
Höperhöfen 15 2021
27367 Bötersen

Zu Gast bei: Cord Meyer
0151/14076323
Schließzeit: 27.10.–15.03.

Hofverkauf:
Auf Anfrage

www.klangens-hof.de

Nord · Nordwest · Ost · Mitte-West · West · Südost · Südwest

BOTHELER LANDHAUSMANUFAKTUR

Bothel (NI) · 53°4'32.6"N 9°29'56.7"E

Wir haben genügend Platz für Kinder und tolle Spazierwege mit Waldlehrpfad. Oder wie wäre es mit einer Fahrradtour zum See, um die Angel auszupacken. Unsere Schafe und das Damwild freuen sich, von Euch gefüttert zu werden. Immer wenn jemand vor Ort ist oder nach Absprache, ist gern ein Verkauf ab Hof möglich.

Selbstgemachtes: Wildspezialitäten aus heimischen Wäldern, besondere Bratwurst für den Grill am Abend. Bewirtung nach Voranmeldung.
Aktivitäten: Freibad in Bothel, viele Wanderwege, Badeseen, Radwege

Botheler Landhausmanufaktur D3
Hemsbünder Straße 13 2021
27386 Bothel

Telefon: 04266/984810 o. 0175/5571806
Anreise bis: 18 Uhr

Hofverkauf:
Auf Anfrage

ELBE HIGHLAND CATTLE

Brackede (NI) · 53°20'55.0"N 10°41'25.4"E

Unser Highland Cattle läuft das ganze Jahr über auf naturbelassenen Weiden und wird im Winter nur mit Heu gefüttert. Bei der Zucht verzichten wir auf jegliche Art von Kraftfutter, synthetische Wachstumsförderer und natürlich auch auf Gentechnik. Unser Fleisch mit einzigartiger Qualität ist genau das Richtige für Feinschmecker und Menschen, die Wert auf artgerechte Tierhaltung legen. Überzeugen Sie sich selbst und genießen Sie das Biosphärenreservat! Hunde sind an der Leine zu führen. Die Elbe ist nur einen Steinwurf entfernt!

Selbstgemachtes: Highland Cattle Fleisch- und Wurstwaren (100% Rind, 4% Fett).
Aktivitäten: Rad- und Wanderwege, Badeanstalt (15 km), Hofkutschfahrten, Angeltouren
Hinweis: △ Hofzufahrt über die Straße „Pferdekoppel".

Elbe Highland Cattle E3
Deichstr. 7 2019
21354 Brackede

Zu Gast bei: Frank Dittmer
0171/7914148
Anreise bis: 20 Uhr

Hofverkauf:
Auf Anfrage

www.elbe-highland-cattle.de

MILCHSCHAFHOF BRÜNJES

Bremervörde-Ostendorf (NI) · 53°35'6.6"N 9°8'55.4"E

Idyllischer Reetdachhof im Moordorf (Findorff-Siedlung) Ostendorf. Ruhig gelegen, in unmittelbarer Nähe des Flusses Oste. Unsere Herde ostfriesischer Milchschafe umfasst ca. 200 Muttertiere, aus deren Milch wir von Februar bis November köstliche Milchprodukte handwerklich herstellen. Natürlich gibt es auch Katzen bei uns. Hofverkauf gerne auch nach Absprache.

Selbstgemachtes: verschiedene Schafskäsesorten, Joghurt und Milch. Außerdem: Fleisch und Wurst.
Aktivitäten: Radwanderweg, Angeln (in der Oste), Einblick in die Käserei durch's Fenster

Milchschafhof Brünjes D3
Ostendorferstr. 51 2014
27432 Bremervörde-Ostendorf

Zu Gast bei: Ingrid & Roland Brünjes
04769/461

Hofverkauf:
Auf Anfrage

www.milchschafhof-bruenjes.de

SPARGELHOF MYSEGADES

Bruchhausen-Vilsen (NI) · 52°48'14.0"N 9°3'20.0"E

Unser Spargelbetrieb befindet sich in Riethausen bei Bruchhausen-Vilsen. Wir haben einen Hofladen und Spargelrestaurant in gemütlicher Atmosphäre. Spargelessen können Sie bei uns mittags und abends nach Anmeldung. Unser Hofladen ist von April bis Ende Juni für Sie geöffnet.

Selbstgemachtes: Spargel, Kartoffeln und Eier. Außerdem: Hollandaise, Schinken, Milchprodukte und Weiteres während der Spargelsaison. Nach Voranmeldung: Abendbrot erhältlich.
Aktivitäten: Einblick von der Ernte bis zum Verkauf des Spargels, Spargelschälmaschine, Luftkurort Bruchhausen-Vilsen mit Schwimmbad, Wasserspielplatz und Museumseisenbahn

Spargelhof Mysegades C4
Riethausen 4 2016
27305 Bruchhausen-Vilsen

Telefon: 04251/2255
Anreise bis: 21 Uhr

Hofladen:
Täglich 9–18 Uhr

www.mysegades.de

NUTZTIERARCHE LUKEMOOR

Bücken (NI) · 52°46'49.0"N 9°5'32.4"E

Die Hofstelle existiert seit 1786 und liegt geografisch gesehen in der Mitte Niedersachsens, im Bücker Ortsteil Duddenhausen. Seit der Großelterngeneration ist der Hof in Familienbesitz. Die Nutztierarche erhält vorm Aussterben bedrohte, alte, einheimische Nutztierrassen und legt den Fokus zudem auf alte Obst- und Gemüsesorten. Hofeigene Produkte können auf Anfrage erworben werden. 2012 wurde der Hof auf Hobby-Basis „reaktiviert" und wieder eine neue Betriebsnummer besorgt. Kleinbäuerliche Viehzucht mit Nachhaltigkeit wie früher, nur jetzt ohne Einsatz von Pestiziden und Herbiziden.

Selbstgemachtes: Wurst- und Fleischprodukte der hofeigenen Schweine, Schafe und Geflügel nach Verfügbarkeit, Eier, Honig sowie Obst und Gemüse.
Aktivitäten: Freibad, Badesee, Wandermöglichkeiten in großen Wäldern sowie Naherholungsgebiet Heiligenberg

Nutztierarche Lukemoor D4
Duddenhausen 33 2019
27333 Bücken

Zu Gast bei: Matthias Wendt
04251/670876 o. 0176/80063223
Anreise bis: 21 Uhr
Schließzeit: 03.08.–19.08.

Hofverkauf:
Auf Anfrage

nutztierarche-lukemoor.de.tl

ERLEBNISHOF LAHMANN

Burgdorf (NI) · 52°28'58.4"N 10°0'33.3"E

Auf dem Erlebnishof kann man in einer Art Flugzeug-Hangar, mit Blick auf Straußen, Nandus und Damwild, essen und feiern. Der Hofladen lädt zum Erlebniseinkauf ein. Auf dem Hof befindet sich auch die einzige Swin-Golfanlage der Region.

Selbstgemachtes: Spargel, Erdbeeren und Blumen. Außerdem: Kartoffeln, Backwaren, ein Lebensmittelgrundsortiment, Obst und Gemüse. Nach Voranmeldung: Frühstück, Abendbrot und Getränke erhältlich.
Aktivitäten: Swin Golf, PaGoBi

Lahmann's Hofladen GbR D4
Burgdorfer Str. 26 2014
31303 Burgdorf

Zu Gast bei: Carsten Lahmann
05136/83737
Schließzeit: 01.11.–28.02.

Hofladen und Hofverkauf:
Mo.–Fr. 7–18 Uhr // Sa. 7–13 Uhr // So. 7–12 Uhr

www.erlebnishof-lahmann.de

HOF WOLF

Burgwedel (NI) · 52°28'36.0"N 9°53'2.3"E

Wir sind ein kleiner, privater Pferdepensionsstall im Landschaftsschutzgebiet. Ruhig gelegen, mitten im Grünen mit guter Anbindung an die Landeshauptstadt Hannover.

Aktivitäten: Kiesteich, Schwimmbad, Radwanderweg, Einblick in die Pferdehaltung

Hof Wolf D4
Pestalozzistr. 32 2016
30938 Burgwedel

Zu Gast bei: Jörg Wolf 0175/9643123

SPARGELHOF HEUER

Burgwedel-Fuhrberg (NI) · 52°33'36.8"N 9°50'35.8"E

Wir sind ein Familienbetrieb in dritter Generation mit Anbau und Vermarktung von Spargel, Erd- und Heidelbeeren. In unserer hofeigenen Zelt Gastronomie können Sie von April bis Juni leckere Spargelvariationen, hausgemachte Torten und Kuchen genießen. Besuchen Sie unseren Hofladen mit regionalem Produktsortiment rund um unsere eigenen Feldfrüchte. Die Toilettennutzung ist nur während der Restaurant-Öffnungszeiten möglich.

Selbstgemachtes: Spargel, Erdbeeren, Heidelbeeren, Kuchen und Torten. Außerdem: Schinken, Soßen, Butter, Kartoffeln, Konfitüren, Weine, Wurst und Eis. Nach Voranmeldung: Abendbrot und Getränke erhältlich.
Aktivitäten: Planwagenfahrten zu den Erdbeer-, Heidelbeer und Spargelfeldern (Wochenende), Hofführungen, Radwanderwege, Steinhuder Meer, Fachwerkstadt Celle, Gedenkstätte Bergen-Belsen (30 km), Serengeti Park (40 km), Celler Badeland, Strandbad Ovelgönne

Spargelhof Heuer D4
Fuhrberger 2021
Spargelwirtschaft
Trülldamm 5-7
30938 Burgwedel-Fuhrberg

Zu Gast bei: Melani Licht, einfach anreisen…
Anreise bis: 21 Uhr
Schließzeit: 01.07.–31.03.

Hofladen und Hofverkauf:
Täglich 8–19 Uhr

www.spargelhof-heuer.de

WENDLAND ZIEGE

Clenze (NI) · 52°58'6.4"N 10°59'19.2"E

Wir sind drei junge Leute – Veronika, Sören & Markus – die einen Bioland-Ziegenbetrieb bewirtschaften und in der hofeigenen Käserei leckere Ziegenmilchprodukte herstellen. Unsere hübschen Ziegen dürfen auch bewundert werden von Besuchern! Die Toilette kann zu unseren Öffnungszeiten benutzt werden.

Selbstgemachtes: Ziegenkäse, Ziegenjoghurt, Kartoffeln, Knoblauch, Felle, Seifen und Ziegenfleisch.
Aktivitäten: Bausen (Rundlingsdorf), Rundlingsmuseum in Lübeln, Radwege, Naturschutzgebiete

Wendland Ziege GbR E4
Bausen 3 2019
29459 Clenze

Zu Gast bei: Veronika & Sören Obermayer, einfach anreisen…
Anreise bis: 18 Uhr
Ruhetag: So.

Hofladen:
Mo.–Sa. 9–12, 14–18 Uhr

www.wendland-ziege.de

OBSTHOF THIEKEN

Cloppenburg (NI) · 52°50'59.5"N 7°59'44.1"E

Willkommen auf einem kleinen landwirtschaftlichen Betrieb mit Rinderzucht, Schweinezucht, Hühnerhaltung und Obstanbau. Unsere Produkte finden Sie im Hofladen, denn wir haben täglich und für Gäste auch nach Absprache geöffnet. Bei uns finden Sie einen Stellplatz mit Blick auf Weinreben auf dem auch Plattdeutsch gesprochen wird.

Selbstgemachtes: Kartoffeln, Äpfel, Birnen, Weintrauben, Nüsse, Eier, Qualitätsfleisch von Rind und Schwein.
Aktivitäten: Badeseen, Radwanderwege, Museumsdorf Cloppenburg, mehrere Reiterhöfe, Schwimmbäder

Obsthof Thieken C4
Neuendamm 53 2021
49661 Cloppenburg

Zu Gast bei: Heinrich Thieken
04471/7863
Anreise bis: 20 Uhr
Ruhetag: So.

Hofladen:
Auf Anfrage

www.obsthof-thieken.de

PRÖHL'S HOFLADEN

Deutsch Evern (NI) · 53°12'4.8"N 10°26'18.5"E

Wir sind ein familiengeführter, landwirtschaftlicher Betrieb mit Gemüseanbau nahe der Hansestadt Lüneburg und bieten unsere Produkte aus eigenem Anbau in unserem Hofladen an. Gerne bewirten wir Sie auch und geben Ihnen Hof- und Ernteführungen auf Anfrage. Hinweis: Bitte beachten Sie unsere geänderten Winteröffnungszeiten (Mo, Mi, Sa 8–14 Uhr; Di, Do, Fr 8–18 Uhr; So 10–17 Uhr).

Selbstgemachtes: Spargel, Rhabarber, Kartoffeln, Brot, Eingekochtes, Marmelade und Kuchen. Außerdem: Obst, Eier, Käse, Eis, Wurstwaren und Kaffee. Frühstück, Abendbrot und Getränke erhältlich.
Aktivitäten: Lüneburger Heide, Ilmenauer Radweg, Hansestadt Lüneburg, Biosphärenreservat Elbtalaue

Pröhl's Hofladen E3
Dorfstr. 22 2020
21407 Deutsch Evern

Zu Gast bei: Johanna Pröhl
04131/79531
Anreise bis: 18 Uhr
Schließzeit: 21.12.–10.01.

Hofladen:
Täglich 8–18 Uhr

HOF DALLMANN

Dohren (NI) · 53°18'5.4"N 9°41'59.1"E

Wir leben mit 120 Kühen in unserem Betrieb in der Nordheide und verarbeiten etwa 1/3 der Milch die wir melken zu allem, was man aus Milch zaubern kann: u.a. Joghurt, Quark, Buttermilch und Hartkäse. Außerdem sind wir einer von nur 70 Betrieben deutschlandweit, die Vorzugsmilch verkaufen dürfen, d.h., dass wir Milch ohne jegliche Behandlung, nur gekühlt, direkt an den Kunden geben dürfen. Wir beliefern unsere Kunden selbst; die Milch und unsere Produkte werden von uns bis zur Haustür gebracht!

Selbstgemachtes: Vorzugsmilch, pasteurisierte Milch, Joghurt, Quark, Hartkäse, Frischkäse, Fruchtmolke, Buttermilch und Butter.
Aktivitäten: Badesee, gute Radwege, Hamburg ist 20 Minuten entfernt

Hof Dallmann D3
Am Mühlenbach 5 2015
21255 Dohren

Telefon: 04182/21645
Ruhetag: So.

Hofladen und Hofverkauf:
Auf Anfrage

www.hofdallmann.de

BUSCHMANN'S HOF

Dorfmark-Bad Fallingbostel (NI) · 52°54'52.9"N 9°45'48.9"E

Wir sind ein konventioneller Schweinemastbetrieb mit Ackerbau und Forstwirtschaft in der Lüneburger Heide. Unser Hof liegt abseits von Straßen und Ortschaften. Unser Ab-Hof-Verkauf befindet sich derzeit im Aufbau. Auf Wunsch können Einblicke in Tierhaltung, Forst und Ackerbau gegeben werden. Wir möchten darauf hinweisen, dass es während der Getreideernte zu Staub- und Lärmbelästigungen kommen kann.

Selbstgemachtes: Kartoffeln und Eier. Außerdem: Produkte aus dem Gemüsegarten.
Aktivitäten: Kanutouren, Wander- und Radfahrmöglichkeiten, Strandbad, Therme Soltau, Heide Park, Vogelpark, Serengeti Park, Magic Park Verden, Stadt Soltau, Lüneburger Heide

Buschmann's Hof D4
Rieper Straße 20 2021
29683 Dorfmark-Bad Fallingbostel

Zu Gast bei: Henrike Bremer
0160/5050479
Anreise bis: 20:30 Uhr

Hofverkauf:
Auf Anfrage

www.buschmann-dorfmark.de

HOF VOIGTS

Dörverden (NI) · 52°51'12.0"N 9°14'9.6"E

Unser Hof liegt direkt an der B215. Im hinteren Bereich, wo auch der Stellplatz ist, finden Sie nur noch Felder, Wiesen und die Weser. Unser Hofladen lässt keine Wünsche offen, egal ob für Jung oder Alt, ob für Mensch oder Hund. Während der Spargelzeit ist der Hofladen von April bis Ende Juni durchgehend Mo-So geöffnet. Hunde sind bitte an der Leine zu führen.

Selbstgemachtes: Spargel, Gurken, Tomaten, Kürbisse und Eier. Außerdem: Obst, Gemüse, hausmacher Sachen, reichhaltiges Sortiment für Hund und Katz, Fertiggerichte, Direktsaft im Karton, Dekoartikel, Spirituosen, Wein, Marmeladen u.v.m.
Aktivitäten: Wolfcenter Dörverden, Serengeti-Park Hodenhagen, Niedersächsische Spargelstraße, Kletterpark, Schwimmbad in Verden/Aller

Hof Voigts, Frank Voigts D4
Große Str. 81 2022
27313 Dörverden

Telefon: 01522/2869884
Anreise bis: 17:30 Uhr
Ruhetage: Mo. So.
Schließzeit: 01.11.–31.03.

Hofladen:
Di.–Fr. 8:30–18 Uhr // Sa. 8:30–15 Uhr

www.hof-voigts.de

HOF HACKE

Edemissen (NI) · 52°25'27.8"N 10°15'47.4"E

Im idyllischen Dörfchen Wehnsen, am Rande der Südheide, liegt unser konventioneller, landwirtschaftlicher Ackerbaubetrieb. Auf unseren Feldern bieten wir bienenfreundliche Blühflächen, ebenso wachsen dort Kartoffeln, Braugerste, Dinkel, Roggen, Rüben und Mais. Nach Absprache steht Ihnen eine Küche zur Verfügung und unser Garten lädt Sie zum Entspannen ein.

Selbstgemachtes: Kartoffeln, verschiedene Konfitüren, Rote Bete süßsauer, Kürbis süßsauer, Kuchen und Holunderblütensirup. Außerdem: Obst, Gemüse, Säfte, Honig und Fertiggerichte. Nach Voranmeldung: Frühstück und Getränke erhältlich.
Aktivitäten: Badesee, Rundlingsdorf, Boulebahn

Hof Hacke E4
Unter den Eichen 6 2022
31234 Edemissen

Zu Gast bei: Ingrun Hering-Hacke
0160/1884251
Anreise bis: 21 Uhr

Hofladen:
Mi., Fr. 15–18 Uhr // Sa. 9–12 Uhr

www.hof-hacke.de

BIOLANDHOF OSTERMANN – HEIDEKRÄUTER

Eimke (NI) · 52°57'53.7"N 10°18'54.7"E

Wir sind ein Bio-Betrieb mit Ackerbau und Tierhaltung und beheimaten so Rinder, Pferde, Hühner und Gänse. Zudem haben wir einen Kräuteranbau sowie -verarbeitung (Kräutermanufaktur), einen Heilpflanzenschau- und Bauerngarten.

Selbstgemachtes: Tee, Kräuter, Öle, Kartoffeln und Eier.
Aktivitäten: Radwanderweg am Ort, Wacholderheide ca. 2 km, Landwirtschaftliches Museumsdorf Hösseringen, Kloster Ebstorf 15 km

Biolandhof Ostermann – Heidekräuter E4
Dorfstrasse 5 2021
29578 Eimke

Zu Gast bei: Verena und Jörg-Wilhelm Ostermann 05873/9800230 o. 0176/52911644
Anreise bis: 20 Uhr

Hofverkauf:
Auf Anfrage

www.heide-kraeuter.de

HÜHNERHOF THIELE

Elze (NI) · 52°8'21.4"N 9°43'30.5"E

Unser Hof liegt in Sichtweite zur bekannten Marienburg. Wir leben zusammen mit unseren beiden Söhnen, unserem Hund und knapp 6.000 Hühnern auf dem Hof. Die grüne 60.000 qm große Hühnerwiese mit Mobilställen grenzt direkt an unseren Hof. Die Mobilstalleier vermarkten wir direkt vor Ort und im umliegenden Einzelhandel. Wir freuen uns immer über Besuch und zeigen Ihnen gerne unsere Mobilställe! Unser SB-Laden ist täglich von 8–18 Uhr geöffnet.

Selbstgemachtes: Freiland-Mobilstalleier, Suppenhühner, Masthähnchen, saisonales Mastgeflügel,TK-Wildfleisch und saisonales Gemüse. Außerdem: regionale Fruchtaufstriche, regionaler Honig, regionale Dosenwurst und Weckgläser, Eierlikör und verschiedene Eiernudelsorten.
Aktivitäten: Marienburg, Radwanderwege, Freizeitpark für Kinder

Hühnerhof Thiele D5
An der Beeke 9 2021
31008 Elze

Zu Gast bei: Celina Thiele 050689/310161 o. 0151/28476883
Anreise bis: 20 Uhr

Hofverkauf:
Auf Anfrage

www.thieles-leckerei.de

FISCHEREIBETRIEB R. ENDJER

Emden (NI) · 53°22'28.1"N 7°16'50.0"E

Wir sind ein Binnenfischereibetrieb und bewirtschaften ca. 1000 ha Seen und Kanäle im Bereich Emden und Umgebung. Wir vermarkten unsere gefangenen Fische über unseren Hofladen. Unser Betrieb liegt direkt am Naherholungsgebiet Uphuser Meer, ca. 7 km von der Stadtmitte von Emden. Anreise unter der Woche bis 16 Uhr, Samstag bis 12 Uhr. Bitte telefonisch anmelden!

Selbstgemachtes: Räucherfisch: Aal, Forelle, Lachs; Frischfisch: Aal, Hecht, Zander, Barsch, Karpfen, Schleie; Fischbrötchen mit Räucherfisch und Heringsprodukten (Mai-Oktober).
Aktivitäten: Badesee (eingeschränkt), Radwanderwege, Restaurant in unmittelbarerer Nähe, Emden mit Museum, Kunsthalle und Schwimmbad

Fischereibetrieb R. Endjer B3
Schwagerweg 9 2018
26725 Emden

Zu Gast bei: Rudolf & Karin Endjer 04921/25648
Anreise bis: 16 Uhr
Ruhetag: So.

Hofladen:
Mo.–Fr. 9–13, 14:30–18 Uhr // Sa. 9–12 Uhr

BIER

BÜTTENWARDER
KRONE

BIERGENUSS IM HOHEN NORDEN

Das Landvergnügen-Team war beim Bierbrauen in der Grönwohlder Hausbrauerei in Schleswig-Holstein dabei.

Vorsichtig das Glas anschrägen, um das Bier möglichst sanft schäumend einzugießen? Ganz falsch. „Die Schaumkrone ist wichtig. Sie schützt die Kohlensäure", erläutert Torsten Schumacher.

Schon beim Einschenken kann man viel von dem Brauer lernen. Er ließ sich das Handwerk in den Neunzigern in einem Volkshochschulkurs beibringen. Es folgten weitere Seminare und zahlreiche Selbstversuche, in denen er seine Technik perfektionierte. 2009 machte der ehemalige Küchenplaner das Hobby zum Beruf. Er gab seinen sicheren Job auf und gründete mit seiner Frau Sabine die Grönwohlder Brauerei im gleichnamigen Ort in Schleswig-Holstein.

Wer nordische Biere vor allem als herb abgespeichert hat, wird bei Torsten Schumacher eines Besseren belehrt. Auch ein leichtes Weizen oder ein naturtrübes Landbier hat er im Sortiment. Über einen Online-Versand verschickt er es in die gesamte Republik. Auf Events wie dem Heavy Metal-Festival im nahegelegenen Wacken steht ein Grönwohlder-Stand.

Der neueste Hit ist das Büttenwarder-Pils, eine Edition benannt nach der gleichnamigen NDR-Serie, die teilweise in Grönwohld gedreht wurde.

Veranstaltungen finden aber auch direkt in der Brauerei statt. Dann brät Torsten Schumacher Burger auf der Feuertonne, bereitet Fleisch im eigenen Lehmbackhaus vor oder wendet Spezialitäten auf seinem großen Edelstahlgrill. Dazu fließt literweise Grönwohlder aus der Flasche oder vom Fass.

Die Corona-Pandemie machte den Brauer erfinderisch. Seinen Braukessel gab er zur Produktion von Desinfektionsmittel her. In seinem Garten richtete er eine Regenwurmzucht ein. Aus Küchen- und Brauereiabfällen produzieren die Tiere einen kostbaren Humus, der sich als Bio-Dünger eignet. Davon profitieren auch die 50 Walnussbäume, die die Schumachers vor einigen Jahren gepflanzt haben.

In Brauseminaren, die mit den Dingen durchgeführt werden, die in nahezu jedem Haushalt vorkommen, gibt Torsten Schumacher sein Wissen weiter. „Die Zutaten bestimmen maßgeblich den Geschmack", erklärt er vor dem computergesteuerten Braukessel aus Edelstahl. Das beginnt schon mit der Wasserqualität. Hartes, kalkhaltiges Wasser macht das Bier bitter, weiches eher süffig. →

GRÖNWOHLDER
SEIT-2009

LAND-
BIER

Hier kein
Eingang

Grönwohlder
Termine

„Ein gutes Bier ist für mich eins, aus dem man den Charakter des Brauers herausschmeckt."

Zuerst wird das in der Umgebung von Grönwohld angebaute Getreide geschrotet und dann eingemaischt, also mit 280 Litern Wasser vermischt und per Gasbrenner auf 45 bis 48 Grad Celsius erwärmt. Eiweiß und verschiedene Zucker lösen sich. Es entsteht die süße Maische. Dann erhöht der Brauer die Temperatur nach und nach auf 76 Grad.

Bei dieser Temperatur wird abgemaischt. Das bedeutet, dass die Maische in einen zweiten Bottich, den Läuterbottich, gepumpt wird. Dort trennt ein Lochgitter die festen von den flüssigen Bestandteilen. Die übrig gebliebene Treber dient als Rinderfutter, kann aber auch zu einem Brot weiterverarbeitet werden. Die Würze hingegen wird zurück in den Braukessel gepumpt. Dort wird sie nun zum Kochen gebracht. Sobald sie kocht, gibt er den Hopfen dazu, der unter anderem das Bittere ins Bier bringt.

Nach dem Kochen wird die Würze auf 20 Grad Celsius abgekühlt und die Hefe hinzugegeben. Sie verwandelt den Malzzucker in Kohlenstoffdioxid und Alkohol. Nach dem Gärprozess reift das Bier bei 2 Grad Celsius über mehrere Wochen.

„Ein gutes Bier ist für mich eins, aus dem man den Charakter des Brauers, der sich gerne mal etwas trauen darf, herausschmeckt", unterstreicht Torsten Schumacher. Als einer der ersten Bier-Sommeliere Schleswig-Holsteins empfiehlt er, das Bier langsam über die Lippen laufen zu lassen, um die Frische zu spüren. Danach sollte das Bier über die Rezeptoren der Zunge gleiten, um die Süffigkeit und das Bittere des Bieres erkennen zu können, bevor es dann ein paar Sekunden auf der Zunge liegen bleibt. „So erkennt man die Rezenz des Bieres, durch die man schmeckt, ob das Bier frisch oder schal ist", sagt Torsten Schumacher. Das Bier sollte auf der Zunge kribbeln und zum Schluss sein Aroma im Mundraum entfalten.

Und so schmecken wir gleich genauer hin, als wir auf dem liebevoll hergerichteten Stellplatz nahe eines Teichs hinter dem Brauereigelände mit einem Bier den Tag ausklingen lassen.

QUERDELS HOF

Emsbüren (NI) · 52°26'52.0"N 7°20'19.1"E

Ein landwirtschaftlicher Direktvermarktungsbetrieb mit Bauernhofcafé und Restaurant direkt an mehreren Fahrradrouten im südlichen Emsland gelegen. In der Saison hat unser Hofladen für Sie von 8 bis 18 Uhr geöffnet, in der Nebensaison von 14 bis 18 Uhr.

Selbstgemachtes: Spargel, Erdbeeren, Heidelbeeren, Brot, Kuchen, Säfte, Marmelade, eingelegte Gurken und Suppen. Außerdem: Schinken, Mettwurst, Weine, Liköre, Wurstdosen und -gläser. Abendbrot und Getränke erhältlich.

Aktivitäten: Badesee, Radwanderwege, Reiten, Angeln, Ems als Freizeitmöglikeit

Querdels Hof B4
Gleesener Hauptstr. 2 2014
48488 Emsbüren

Zu Gast bei: Bernhard Querdel
0591/3848
Anreise bis: 20 Uhr
Ruhetag: Mo.
Schließzeit: 24.12.–31.01.

Hofladen:
Di.–So. 8–18 Uhr

www.querdel.de

WERKSTATT FÜR PORZELLAN

Fischerhude (NI) · 53°6'55.6"N 9°3'21.8"E

Die Keramikmeisterin Katharina Bertzbach arbeitet seit Mitte der 90er Jahre mit Porzellan. In ihrer Werkstatt entstehen an der Töpferscheibe Gebrauchsgeschirr und großformatige Einzelstücke. Die Gefäße werden Inglasur bemalt und im Einbrand bei 1280°C im Gasofen gebrannt. Ihre figürlichen Arbeiten, die entweder als kleine Unikate die Wände bevölkern oder als Griff auf Deckeln das Innere von Dosen bewachen, sind frei modelliert.

Selbstgemachtes: Tassen,Teller, Krüge, große und kleine Vasen, Bodenvasen, Becher, große Schüsseln, Schalen und diverse Skulpturen aus Porzellan.

Aktivitäten: Baden in der Wümme, wunderschöne Spaziergänge, 3 Museen im Dorf: Zöhlmuseum/ Kaff, Modersohn Museum, Buthmannhof mit wechselnden Ausstellungen

Werkstatt für Porzellan C3
Im Krummen Ort 10 2021
28870 Fischerhude

Zu Gast bei: Katharina Bertzbach
04293/787545 o. 0151/26628533
Anreise bis: 21:30 Uhr

Hofverkauf:
Auf Anfrage

www.bertzbachporzellan.de

ZUM ZWETSCHENKREUGER

Freden (NI) · 51°55'48.9"N 9°57'23.9"E

In Westerberg gab es früher eine Glashütte und Ziegelei für deren berufsbedingten Durst die Gaststätte schon immer sorgte. Unsere Landwirtschaft produziert, was in unserer Gaststätte und Fleischerei angeboten wird. Sie haben Lust auf saisonale Spezialitäten, dann schauen Sie auf unsere Webseite. Rustikales Essen, Einkaufen auf dem Bauernhof, Fleisch von Schweinen aus eigener Züchtung, Hausschlachtung – bei uns gibt es mehr als nur Essen und Trinken!

Selbstgemachtes: Fleisch, Wurst und Kartoffeln. Abendbrot und Getränke erhältlich.

Zum Zwetschenkreuger D5
Am Westerberg 1 2022
31084 Freden

Zu Gast bei: Henner Kaufel 05184/318
Anreise bis: 21 Uhr
Ruhetage: Mo. Di.
Schließzeit: 23.12.–28.02.

Hofverkauf:
Auf Anfrage

www.zwetschenkreuger.de

FRISCHEHOF DÖPKE

Garrel (NI) · 52°53'4.1"N 8°0'52.7"E

Unsere Familie baut seit Anfang der 80er Jahre Spargel und Erdbeeren an. Unsere Produkte und ein umfangreiches Sortiment an ländlichen und regionalen Produkten erhalten Sie in unserem Hofladen „BauernMARKT". Im „Restaurant & BauernCAFE" bieten wir täglich ab 8 Uhr durchgehend warme Küche an. Öffnungszeiten Hofladen: April bis August täglich 8–20 Uhr, September bis März täglich 9–18 Uhr.

Selbstgemachtes: Spargel, Erdbeeren und Rhabarber aus eigenem Anbau, hausgemachte Marmeladen und Gelees. Außerdem: Lebensmittel-Vollsortiment sowie Gebäck, Körbe, Taschen, Geschenkartikel und Präsentkörbe. Frühstück, Abendbrot und Getränke erhältlich.
Aktivitäten: am Hof: Kinderspielplatz, Maislabyrinth (Juli-September), in der Nähe: Thülsfelder Talsperre, Golfclub, Museumsdorf Cloppenburg, Tier- und Freizeitpark Thüle, Kletterwald Nord

Frischehof Döpke C4
Friesoyther Str. 1 2014
49681 Garrel

Zu Gast bei: Andreas Döpke, einfach anreisen…
Anreise bis: 21 Uhr
Schließzeit: 11.01.–28.01.

Hofladen:
Täglich 8–20 Uhr

www.frischehof.de

EMSLAND MOORMUSEUM

Geeste (NI) · 52°36'54.0"N 7°10'34.8"E

Europas größte Einrichtung zum Thema Moor lockt mit einer umfangreichen Dauerausstellung, großem Außengelände mit Feldbahn und Bohlenwegen sowie einem Archehof, der alte Haustierrassen beherbergt. Sollte ein Feiertag auf einen Montag fallen, begrüßen wir Sie gern auch montags! Hunde sind im Außengelände gern gesehen, aber an der Leine zu führen.

Selbstgemachtes: Produkte vom Bunten Bentheimer Schwein und Honig. Außerdem: Säfte aus der Region und andere regionale Spezialitäten.
Aktivitäten: Museumsbesuch, Feldbahnfahrten, Führungen, Museumscafé

Emsland Moormuseum B4
Geestmoor 6 2019
49744 Geeste

Zu Gast bei: Dr. Michael Haverkamp
05937/709990
Anreise bis: 17 Uhr
Ruhetag: Mo.
Schließzeit: 01.11.–29.02.

Hofverkauf:
Di.–So. 10–18 Uhr

www.moormuseum.de

TORF- UND ERDENHOF LAMMERS

Geeste (NI) · 52°38'27.9"N 7°13'51.8"E

Willkommen in einer herrlichen Moorlandschaft. Auf dem ehemaligen Betriebsgelände, am kleinen Löschteich gelegen, finden Sie unweit der A31 einen ruhigen Stellplatz. In unserem kleinen Laden finden Sie Geschenkartikel aus Torf, Dekorationen für Haus und Garten, sowie Naturkost aus der Region.

Selbstgemachtes: Fruchtaufstriche, Liköre, Torfschuh, Honig, Säfte,Tee, Eier und Kartoffeln. Außerdem: Geschenkartikel, Windräder, Dekoration für Haus und Garten, Naturkost, Weine, Liköre und Produkte aus der Region. Nach Voranmeldung: Getränke erhältlich.
Aktivitäten: Radwanderweg Pionierroute „Zwei Kulturen", Moor-Energie-Erlebnispfad, Emsland Moormuseum, Internationaler Naturpark Bourtanger Moor-Bargerveen, Heidelbeerplantage, Twist Erdölmuseum (10 km), Speicherbecken Geeste (15 km)

Torf- und Erdenhof Lammers B4
Ulmenstraße 53 2018
49744 Geeste

Zu Gast bei: Maria Lammers
05937/1392
Anreise bis: 18:30 Uhr

Hofladen:
Mo.–Fr. 9–18 Uhr // Sa. 9:30–13 Uhr

LANDGUT WOLFF-VON DER LIETH

Geestland (NI) · 53°34'39.6"N 8°43'48.8"E

Unser Hof liegt im schönen Elmlohe, als Teil der Stadt Geestland im Landkreis Cuxhaven. Unser Betrieb ist ein kleiner Familienbetrieb mit Geflügel, Schweinen und einem Hund.

Selbstgemachtes: Wurstprodukte und Eier.
Aktivitäten: Der Hof befindet sich im Dreieck zwischen Bremerhaven, Cuxhaven und Bederkesa. Jeder Ort hat einige Attraktionen zu bieten.
Hinweis: △ Die Zufahrt befindet sich in einem Wirtschaftsweg.

LandGut Wolff-von der Lieth C3
Geesteallee 63 2022
27624 Geestland

Zu Gast bei: Dennis Wolff-von der Lieth, einfach anreisen…
Anreise bis: 22 Uhr

Hofverkauf:
Auf Anfrage

www.hof-wolff-vonderlieth.de

GEESTLANDIMKEREI MEYER

Geestland OT Flögeln (NI) · 53°39'42.9"N 8°48'35.9"E

Herzlich willkommen in unserer Wohlfühloase! Wir sind eine vierköpfige Familie mit Hobbyimkerei. Unser Hof mit Bienen, Hühnern, Enten, Gänsen und Hündin Paula liegt am Ortsrand, nahe unseres schönen Sees. Ein Spielturm mit Sandkasten und Trampolin begeistert besonders kleine Besucher. Es gibt viel Platz zum Verweilen und Genießen. Ein Einblick in die Arbeit mit Bienen ist möglich.

Selbstgemachtes: verschiedene Sorten Honig und Honigprodukte.
Aktivitäten: Seen, Aussichtsturm mit Seeblick, Vorgeschichtspfad, Moorerlebnispfad

Geestlandimkerei Meyer C3
Diekstroot 16 2020
27624 Geestland OT Flögeln

Zu Gast bei: Matthias Meyer
0160/94427801
Anreise bis: 20 Uhr

Hofverkauf:
Auf Anfrage

HOF ICKEN

Geestland-Sievern (NI) · 53°38'53.0"N 8°35'55.4"E

Aktiver, landwirtschaftlicher Bio-Betrieb mit Milchviehhaltung, Ackerbau, Schweinen im Offenstall und Hofladen & Hofcafé. Die Kühe werden in intensiver Weidehaltung gehalten und es wird Heumilch produziert. Außerdem wird die „saisonale Abkalbung" mit „Mutter-/Ammengebundene Kälberaufzucht" durchgeführt. Im Hofladen erhalten Sie neben vielen hofeigenen Produkten auch weiteres aus der Region. Die „freilaufende Bratwurst" gibt´s aus dem Bratwursttoaster, neben Kaffee & hofgebackenen Kuchen.

Selbstgemachtes: Schweinewurst & -fleisch aus Bio-Freilandhaltung, „Freilaufende Mettwurst", Bratwurst, Rohmilchkäse, Kaffee, selbstgebackenen Kuchen, Marmeladen, Honig, Liköre, Genähtes, Deko, Brot, Geflügel, Wein, Eis und Gemüse. Nach Voranmeldung: Getränke erhältlich.
Aktivitäten: Hofbesichtigungen, Sieverner Badesee mit Sandstrand und Spielplatz, Rad- und Wanderwege, Moorerlebnispfad, Deich, Hafen, Kutter, Strand, kleine Museen

Hof Icken C3
Hörn 4 2014
27607 Geestland-Sievern

Zu Gast bei: Wiebke & Matthias Icken
04743/1038 o. 0151/18401569
Anreise bis: 20 Uhr
Schließzeit: 01.11.–27.02.

Hofladen:
Di., Fr. 9–12, 14–18 Uhr // Mi. 14–17 Uhr // Sa. 9:30–12 Uhr

www.hof-icken.de

NATURLAND HOF BÄUMER

Glandorf-Westendorf (NI) · 52°4'35.6"N 7°59'17.3"E

Qualitativ hochwertige Lebensmittel werden von immer mehr Menschen wertgeschätzt, deshalb bieten wir seit Mai 2012 auf unserem Hof ökologisch produzierte Eier und andere Geflügelprodukte an, die in einem der besten Ställe Deutschlands produziert werden. Wenn Sie daran Interesse haben, besuchen Sie uns gerne auf unserem verkehrsgünstig gelegenen Hof in Glandorf!

Selbstgemachtes: Eier, Eierlikör, Suppenhühner, Masthähnchen und Wurstwaren vom Bunten Bentheimer Landschwein.
Aktivitäten: fünf verschiedene Fahrradrouten, die alle in der Nähe unseres Hofes vorbeiführen, Hallen-Garten-Bad 950m, historische Kirche, Windmühle und Brunnen auf dem historischen Thieplatz im Ort, Museum für historische Landtechnik in der Nähe

Naturland Hof Bäumer C5
Auf der Urlage 1 2014
49219 Glandorf-Westendorf

Zu Gast bei: Kerstin Bäumer 05426/5858
Anreise bis: 18 Uhr
Ruhetage: Di. So.

Hofladen:
Mo., Mi.–Sa. 9–18 Uhr

www.hof-bäumer.de

BIOHOF FAMILIE STAPEL

Grave (NI) · 51°54'44.7"N 9°27'37.3"E

Herzlich willkommen auf dem Biohof Familie Stapel! Sie finden uns in dem idyllischen Ort Grave an der Weser, in der Weseraue zwischen Holzminden und Bodenwerder, einer der schönsten Ecken im Weserbergland. Wir sind ein kinderfreundlicher Bio-Familienbetrieb mit Rinder-, Kuh-, Bullen-, Schweine- und Hühnerhaltung. Außerdem leben bei uns noch Pferde, Katzen und Hunde. Samstags und sonntags bietet unser „Auszeit-Imbiss" (siehe FB) von 12–20 Uhr bzw. 12–19 Uhr leckere Burger und Bratwurst aus eigener Herstellung an. Wir freuen uns auf Ihren Besuch und bitten unbedingt um telefonische Voranmeldung! Anreise zwischen 10–12 Uhr oder 15–18 Uhr.

Selbstgemachtes: Eier, Rinderbratwurst, Burger und Rindfleisch.
Aktivitäten: Fahrradtouren auf dem Weserradweg (erreichbar mit der Graver Solarfähre), Freibad in Polle (5 km), Hofbesichtigungen nach Absprache möglich

Biohof Familie Stapel D5
Hauptstr. 13 2019
37647 Grave

Zu Gast bei: Elke Stapel 05535/363
Anreise bis: 18 Uhr
Ruhetage: Di. Mi. Do.
Schließzeit: 01.11.–01.04.

Hofverkauf:
Auf Anfrage

HEERMANNS BLAUBEERLAND

Grethem (NI) · 52°43'42.1"N 9°34'19.1"E

Wir führen Deutschlands ältesten Heidelbeerbetrieb mit Anbau, Vermarktung und Café inmitten des Dreiecks der Städte Bremen, Hannover und Hamburg. Die A7 (Schwarmstedt und Westenholz) und die A29 (Walsrode west und Hodenhagen) sind schnell zu erreichen. Unser Heidelbeeren, Aronia- und landwirtschaftlicher Anbau erfolgt in der Badenhop Bio GbR auch biologisch. Verpassen Sie unser Heidelbeerfest Ende Juli nicht!

Selbstgemachtes: Blaubeerprodukte aller Art, Kaffee und Kuchen im Café. Nach Voranmeldung: Frühstück erhältlich.
Aktivitäten: Blaubeeren selber pflücken, Badesee im Nachbarort, Serengeti-Tierpark, Heidepark Soltau, Vogelpark Walsrode, ebenes Radfahrgebiet, Bremen, Hannover und Hamburg

Heermanns Blaubeerland D4
Grethemer Hauptstraße 35 2020
29690 Grethem

Telefon: 05164/8323
Anreise bis: 16 Uhr
Schließzeit: 01.11.–28.02.

Hofladen:
Mo.–Fr. 8–18 Uhr // Sa., So. 10–18 Uhr

www.blaubeerland.de

ECHT SCHAF

Gronau OT Betheln (NI) · 52°6'42.9"N 9°47'8.9"E

Wir sind ein familiengeführter Milchschaf- und Ziegenbetrieb mit eigener Hofkäserei. Unser Bio-Betrieb ist den Nutztier-Archehöfen beigetreten und beherbergt unter anderem Husumer Sattelschweine, schwarze Ostfriesische Milchschafe und weiße Deutsche Edelziegen. Die in der Herdbuchzucht geführten Schafe weiden auf unseren wunderschönen Naturschutzflächen in der Leinemasch. Um Sie herzlich empfangen zu können, bitten wir Sie, sich einen Tag vorher bei uns telefonisch anzumelden! Der Hofladen kann gern auf Anfrage geöffnet werden.

Selbstgemachtes: Schaf- und Ziegenprodukte.

Aktivitäten: Marienburg in Nordstemmen, Wisentgehege bei Springe, Weltkulturerbe in Alfeld, Hildesheim

Hinweis: △ Eingemeindung, daher Adresse in Google Maps und alten Navis falsch. Bitte „Mühlenstr. 6 in 31032 Betheln" eingeben.

Echt Schaf D5
Bethelner Mühlenstr. 6 2015
31028 Gronau OT Betheln

Zu Gast bei: Kathrin Bergmann
05182/3307
Anreise bis: 20 Uhr

Hofladen:
Fr. 14–17 Uhr

GUTSHOF EUCKEN

Groß Lobke (NI) · 52°16'14.9"N 10°0'53.8"E

Unser Gutshof mit idyllischem Eichenpark liegt inmitten einer ruhigen ländlichen Umgebung zentral zwischen den Städten Hannover, Hildesheim und Peine. Die denkmalgeschützte Hofanlage mit ihren Ziegelbauten stammt aus der zweiten Hälfte des 19. Jahrhunderts. Seit 1956 ist der Gutshof im Besitz der Familie Eucken.

Selbstgemachtes: Aroniabeeren und Aroniasaft. Frühstück und Getränke erhältlich.

Aktivitäten: Golfplatz 3 km, Fahrradfahren

Gutshof Eucken D5
Andreasplatz 2 2021
31191 Groß Lobke

Zu Gast bei: Carl-Georg Eucken
05126/31115 o. 0170/2610877
Anreise bis: 21 Uhr

Hofverkauf:
Auf Anfrage

www.gutshof-eucken.de

WITT-WEIN

Groß Thondorf (NI) · 53°7'35.5"N 10°42'2.6"E

Wir haben 2018 den ersten Wein gepflanzt, nun steht die Anlage in vollem Ertrag. Wir möchten es euch ermöglichen, eine Nacht direkt am Wein zu verbringen, den Sonnenuntergang zu genießen und Euch zu fühlen als würdet ihr ganz woanders sein. Aus unserem Hofladen, den wir gerne auch nach Vereinbarung für Euch öffnen, könnt ihr das schöne Gefühl in Flaschen mit auf eure weitere Reise nehmen. Seid herzlich Willkommen, eure Winzerfamilie Alvermann.

Selbstgemachtes: Bio-Wein aus Groß Thondorf.

Aktivitäten: Weinfeste am Weinberg, Mithilfe bei der Weinernte, Reiten, Badeanstalten, Swingoff, Rad- und Wanderwege, Heidewanderwege, Museum, Göhrde, Heidepark Soltau

Witt-Wein E3
Bäckerstr. 2 2022
29584 Groß Thondorf

Zu Gast bei: Jan Alvermann
05828/487 o. 0171/7786309
Anreise bis: 19 Uhr
Ruhetag: So.

Hofladen und Hofverkauf:
Mi., Fr. 16–18 Uhr // Sa. 10–12 Uhr

www.witt-wein.de

GUT MOORBECK

Großenkneten (NI) · 52°56'29.1"N 8°19'47.1"E

Unser Ferienhof liegt idyllisch im Naturpark Wildeshauser Geest. Unser Hof ist 5,5 ha groß und hat einen großen Bauerngarten. Im denkmalgeschützten Gutshaus aus dem Jahre 1659 befindet sich unsere Gastronomie mit Hofladen. Dort ist auch ein großer Mühlenteich mit einer historischen Wassermühle. Im Ferienhaus sind 5 Ferienwohnungen und 6 Ferienzimmer. Für die Reisemobilisten gibt es Stellplätze mit Versorgungssäulen und eine Station mit Kassetten-Entleerungen.

Selbstgemachtes: Fruchtaufstriche, Pestos, Gewürze, eingelegtes Gemüse, eingeweckte Suppen, Kekse, Süßigkeiten und Liköre. Außerdem: Lebensmittel für den täglichen Bedarf, Kaffee, hausgemachten Kuchen und herzhafte Vespermahlzeiten. Nach Voranmeldung: Frühstück, Abendbrot und Getränke erhältlich.

Aktivitäten: Badesee, Kanufahrten auf der Hunte, Golfplatz, Pferdehöfe, Naturdenkmäler, Angeln im Mühlenteich, Fahrradrouten

Gut Moorbeck Kultur und Tradition GmbH C4 2022
Amelhauser Straße 56-58
26197 Großenkneten

Zu Gast bei: Lucia von Aschwege
04433/255 o. 0174/3039588
Anreise bis: 17 Uhr
Ruhetage: Mo. Di.

Hofladen und Hofverkauf:
Mi.–So. 8–18 Uhr

www.gut-moorbeck.de

GUT SANNUM

Großenkneten (NI) · 53°0'29.3"N 8°15'50.7"E

Gut Sannum ist eine soziale Einrichtung mit eigener Landwirtschaft und Biogärten inmitten des Naturschutzgebietes der Wildeshausener Geest, direkt am Fluss der Hunte. Unser Motto ist:"Freiraum für alle!" Unser Hofcafé sowie Hofladen haben dienstags bis sonntags für Sie geöffnet.

Selbstgemachtes: saisonales Gemüse, Eier, Marmeladen, Kräuter, Öle, passierte Tomaten, Fleisch von unseren Hühnern und Gänsen. Nach Voranmeldung: Frühstück und Getränke erhältlich.

Aktivitäten: Radwanderwege durch das Barneführer Holz, Kanuverleih in unmittelbarer Nähe, Wild- und Freizeitpark Ostrittrum, Baden in der Hunte

Gut Sannum C4 2019
Sannumer Str. 30
26197 Großenkneten

Zu Gast bei: Daniela Sieverkropp
04487/928756
Anreise bis: 16 Uhr

Hofladen:
Di.–Fr. 11–16 Uhr // Sa., So.
12–16 Uhr

www.gut-sannum.de

NATURELL ART

Großenkneten-Regente (NI) · 52°54'60.0"N 8°12'44.9"E

Unser Hof, der in der Wildeshauser Geest liegt, wurde bis vor 25 Jahren landwirtschaftlich geführt. Jetzt haben wir einen kleinen Laden, der Ihnen kulinarische Dinge, Dekoartikel, Kräuter, Pflanzen, Floristik uvm. anbietet. Mit bei uns auf dem Hof ist die Tomatenlady mit vielen alten besonderen Tomatensorten. Unser Sträußchen-Häuschen ist stets geöffnet (24/7). Die Toilette ist während der Ladenöffnungszeiten benutzbar. Hunde sind bitte an der Leine zu führen.

Selbstgemachtes: Blumensträuße, saisonabhängig Tomaten und Paprika. Außerdem: Dekoartikel, Geschenkartikel, Kulinarisches aus der Region.

Aktivitäten: Ahlhorner Fischteiche, Heidehüpfer Radwanderweg, Traditionsgemeinschaft „Fliegerhorst Ahlhorn", Museumsdorf Cloppenburg

Naturell ART C4 2021
Oldenburger Straße 16
26197 Großenkneten-Regente

Zu Gast bei: Bernd Küther
04435/916713
Anreise bis: 20 Uhr
Ruhetage: Mo. So.

Hofverkauf:
Di.–Fr. 9–12:30, 15–18 Uhr // Sa.
9–13 Uhr

www.naturellart.de

COLDINNE-FREILANDEIER

Großheide (NI) · 53°33'55.6"N 7°22'52.6"E

Wir stellen auf einem geschotterten Platz bis zu 3 Stellplätze bereit. Unser Hof liegt sehr idyllisch. Sie verweilen umgeben von mobilen Hühnerställen in besonderem Ambiente. Wenn der Hahn Sie morgens geweckt hat, können Sie für Ihr Frühstück in unserem SB-Hofladen einkaufen und gemütlich in den Tag starten.

Selbstgemachtes: Eier und Nudeln. Außerdem: Obst, Gemüse, Konfitüren, Honig, Milchprodukte, Fleischprodukte, Eis und Gewürze.
Aktivitäten: Badesee, Kieselbucht (3 km), Radwanderwege, Ewiges Meer (größter Hochmoorsee Deutschlands, 4 km), Norddeich (20 km)

Coldinne-Freilandeier B3
Königsweg 2 2022
26532 Großheide

Zu Gast bei: Renate Nitschke, einfach anreisen…
Anreise bis: 19 Uhr

Hofladen:
Mo.–Sa. 7:30–19:30 Uhr // So. 8–19:30 Uhr

FORSTHOF GRUSSENDORF

Grußendorf (NI) · 52°32'24.8"N 10°42'58.7"E

Lust auf etwas Besonderes? Hereinspaziert in die Plantagen des Forsthof Grußendorf! Erleben Sie hier den etwas anderen Stellplatz mitten in der Heidelbeerplantage zwischen Wolfsburg und Gifhorn. Naschen erwünscht. Bitte beachten Sie, dass wir ein landwirtschaftlicher Betrieb sind und es daher vorkommen kann, dass wir nicht alle Lärmquellen vermeiden können.

Selbstgemachtes: Heidelbeeren, Heidelbeerpflanzen, Aroniabeeren, Heidelbeersaft, Heidelbeerwein, Heidelbeermarmelade, -Gelee, gefriergetrocknete Heidelbeeren, TK-Heidelbeeren, Kürbiskerne, Eis, Schnittgrün und Honig.
Aktivitäten: Wanderwege im Wald
Hinweis: △ letzter Kilometer Schotterpiste bis Blockhütte

Forsthof Grußendorf E4
Birkenweg 100 2021
38524 Grußendorf

Telefon: 05379/9813572
Anreise bis: 18 Uhr
Schließzeit: 24.12.–30.01.

Hofverkauf:
Auf Anfrage

www.forsthof-grussendorf.de

HOF NUSTEDE

Harbern II (NI) · 53°3'40.9"N 8°3'36.3"E

Wir sind ein kleiner Betrieb, süd-westlich von Oldenburg mit Mutterkuhhaltung, Ferienwohnungen und Direktvermarktung von Rindfleisch Spezialitäten. Eine Zucht mit Herzblut! Seit 1953 züchten wir unsere Kühe selber, in respektvoller Haltung, wie Sommer Weidehaltung und im Winter offener Strohstall. Die Fütterung erfolgt mit selbst angebautem Rauffutter. Wir sind regional! Deshalb arbeiten wir bei der Schlachtung und Zerlegung mit einem regionalen Schlachthof Hand in Hand.

Selbstgemachtes: Rindfleisch.
Aktivitäten: Badesee, Nordseeküste, Radwandern, Museen
Hinweis: △ letzten 3 km natürliche Verkehrsberuhigung, da Mooruntergrund

Hof Nustede C3
Rathjenweg, 21 2022
26203 Harbern II

Zu Gast bei: Klaus Nustede
0172/4326069

Hofverkauf:
Auf Anfrage

www.nustede.de

LICHTENBORNER KRÄUTER

Hardegsen (NI) · 51°38'9.1"N 9°46'37.7"E

Schon beim Aussteigen werden Sie vom Duft unserer Kräutern empfangen und Sie können die Seele baumeln lassen. Unsere Topfgärtnerei liegt in idyllischer Lage mit Aussicht auf die Mittelgebirge von Harz, Solling und Kaufunger Wald. Hier kultivieren wir auf 0,7 ha aus tiefer Leidenschaft ca. 250 überwiegend winterharte Topfkräutersorten. Wir sind ein biodynamischer und Gemeinwohl-ökonomie-zertifizierter Betrieb (GWÖ) und legen großen Wert auf ein solidarisches Arbeiten und Miteinander. Das liebevoll gestaltete Gelände mit Kräuterrondell, Streuobst- und Wildblumenwiese bietet viele Möglichkeiten zum Verweilen, Innehalten und Picknicken. Wir freuen uns über Interesse an unserer Arbeit. Der Platz ist nur für Reisemobile unter 6m geeignet.

Selbstgemachtes: 250 Topfkräutersorten (winterhart). Außerdem: Obstsäfte (Apfel, Birne, Quitte, Aronia), Honig und saisonales Obst.

Aktivitäten: Picknick, Wander- und Radwege, Freibad, Waldbadesee

Hinweis: △ Fahrzeuglänge darf maximal 6m betragen.

Lichtenborner Kräuter (Demeter) D6 2021
Twetgenweg 10
37181 Hardegsen

Zu Gast bei: Michael Brodda
05505/959269 o. 0176/32482712
Anreise bis: 20 Uhr
Ruhetag: Mo.
Schließzeit: 20.04.–31.05.

Hofverkauf:
Auf Anfrage

www.lichtenborner-kraeuter.de

FERIEN- & FREIZEITHOF MEUTSTEGE

Haren/Ems (NI) · 52°47'11.1"N 7°10'19.8"E

Wir sind ein naturnaher Ferien- und Freizeithof in der Nähe der schönen Schifferstadt Haren. Außerdem sind wir ein anerkannter Archepark mit vielen Tierarten, die vom Aussterben bedroht sind. Ein Erlebnishof für Groß und Klein. Im Winter hat unser Hofcafé am Mittwoch, Samstag und Sonntag geöffnet.

Selbstgemachtes: Marmeladen, Torten, Kuchen, Pfannkuchen, Liköre, Honig, im Sommer Eintopf, Suppe und Burger. Nach Voranmeldung: Frühstück, Abendbrot und Getränke erhältlich.

Aktivitäten: Badesee (Schloß Dankern), auf dem Hof: Bauerngolf, Maislabyrinth (Juli bis Oktober), Spielplatz, viele Tiere

Ferien- & Freizeithof Meutstege B4 2017
Hebel 28
49733 Haren/Ems

Zu Gast bei: Heike Meutstege
0170/2958055
Anreise bis: 18 Uhr
Ruhetag: Mo.
Schließzeit: 01.01.–31.01.

Hofverkauf:
Di.–So. 12–18 Uhr

www.meutstege.de

HENRY OFFERMANN

Heinbockel OT Hagenah (NI) · 53°33'7.3"N 9°18'46.0"E

Unser kleines Hagenah liegt sehr zentral zwischen Stade und Bremervörde mitten in der Natur. Hier heißen wir Euch auf unserem familiengeführten Milchviehbetrieb mit 500 Kühen, einem Hühnermobil, eigenem Futterbau und eigener Nachzucht willkommen. Die Hühner sorgen täglich für frische Eier und das Storchennest mit Nachwuchs für Staunen. Unsere Weide ist mit einem Steinlesewall umrandet, dessen Steine wir in jahrelanger Eigenarbeit zusammengetragen haben. Ein einmaliges Erlebnis!

Selbstgemachtes: Eier.

Aktivitäten: „Hohes Moor" (10 min. mit dem Rad entfernt), Rad- und Wanderwege direkt entlang wiedervernässter Hochmoorflächen und alter Torfstiche durch das Naturschutzgebiet, Ausflug nach Stade in die historische Altstadt, Elbe

Hinweis: △ Durchfahrbreite 3,50 m

Henry Offermann D3 2021
Kirchweg 37
21726 Heinbockel OT Hagenah

Zu Gast bei: Henry Offermann
0151/17229736 o. 0176/55421279

Hofverkauf:
Auf Anfrage

KLOSTERGUT HEININGEN

Heiningen (NI) · 52°3'47.2"N 10°33'48.3"E

Das denkmalgeschützte Klostergut Heiningen ist heute ein kleiner Milchviehbetrieb, der nach Demeter-Richtlinien wirtschaftet. Zum Hof gehören 30 Milchkühe, 40 Milchziegen samt Nachwuchs, Weiden, Wiesen, Felder und Wald. In unserer Molkerei stellen wir unsere Milchprodukte her, u.a. mehr als 30 köstliche Sorten Käse. In der eigenen Schlachteküche entstehen Spezialitäten aus dem Fleisch unserer Tiere. Hunde bitte an der Leine führen und die Hundebeutel nicht vergessen. Ist der Platz besetzt, bitten wir Sie weiterzufahren.

Selbstgemachtes: Milch, Quark, Frischkäse, Käse, Joghurt, Fleisch, Wurst, Pralinen und Süßigkeiten. Außerdem: ein kleines biologisches Vollsortiment.
Aktivitäten: schöner Kiesteich (Melkstätte für unsere Kühe im Sommer, Baden nicht erlaubt), Hofführung jeden ersten Samstag im Monat, Besuch im Hofladen
Hinweis: △ Der geschotterte Stellplatz liegt außerhalb auf dem Parkplatz am Teich vor dem Kieswerk Raulf. Anfahrt über Hauptstr. in Börßumer Str./L512, rechts beim Kieswerk-Schild abbiegen. Das Klostergut ist ca. 600 m entfernt.

Klostergut Heiningen E5
L512 am Kieswerk 2019
38312 Heiningen

Einfach anreisen…
Ruhetage: Sa. So.
Schließzeit: 22.12.–07.01.

Hofladen:
Do., Fr. 10–13, 15–18 Uhr

www.klostergut-heiningen.info

BIEBER-TEC

Hemsbünde (NI) · 53°5'40.4"N 9°26'54.0"E

Unser kleines Familienunternehmen in der Heide beschäftigt sich mit dem Bau und der Reparatur von Freizeitfahrzeugen. Dafür testen wir ständig neue Ausrüstung in der Fahrzeugtechnik und im Zubehörbereich, die wir in unsere Fahrzeuge integrieren und verkaufen. Wir haben Spaß am Reisen und hören gern anderen Weltenbummlern zu. Die Nutzung der Toiletten ist nur während der Öffnungszeiten möglich. Wir helfen Ihnen bei Problemen am Fahrzeug und bieten eine Betriebsbesichtigung an.

Selbstgemachtes: Herstellung, Umbau, Reparaturen an Reisemobilen, Wohnkabinen, Wohnwagen- und Campergrillpaket mit Wildfleisch. Außerdem: Reisemobilzubehör, Honig und saisonale Spezialitäten vom Wild aus unseren heimischen Wäldern.
Aktivitäten: Testfahrt im Allradcamper mit Grillen am See, Fahrradweg zum Badesee (Bullensee), Wanderwege

Bieber-Tec GmbH & Co.KG D3
Am Sägewerk 4 2021
27386 Hemsbünde

Zu Gast bei: Max Bieber, einfach anreisen…
Anreise bis: 20 Uhr

Hofverkauf:
Mo.–Fr. 9–17 Uhr // Sa. 9:30–12:30 Uhr

www.bieber-tec.com

RABEHOF OLDENDORF

Hermannsburg (NI) · 52°47'58.4"N 10°5'9.4"E

Ganz in der Tradition der alten Bauernhöfe leben und arbeiten hier drei Generationen Hand in Hand zusammen für ein Leben in Einklang und Harmonie mit den Tieren und der Natur. Die Früchte dieser Arbeit können Sie im Hofladen (Mai bis September auch sonntags geöffnet) begutachten, probieren und natürlich auch erwerben. In unserem gemütlichen Sommercafé (geöffnet Mai bis September) können Sie die Ruhe unter den alten Hofeichen genießen und sich entspannen. Von Oktober bis April können wir sonntags leider keine Gäste empfangen.

Selbstgemachtes: Honig, Eier, Brot, Wurst, Obst, Salat, Gemüse, Eingemachtes, Kuchen und Blumen. Außerdem: Käse, Obst aus dem Alten Land, Feinkost, Wein und ländliche Dekoartikel. Nach Voranmeldung: Frühstück, Abendbrot und Getränke erhältlich.
Aktivitäten: Rad- und Wanderwegenetz, Badesee, Heideflächen

Rabehof Oldendorf D4
Örtzheide 2 2018
29320 Hermannsburg

Zu Gast bei: Birgit Rabe 05052/543
Anreise bis: 18 Uhr

Hofladen:
Mo.–Fr. 8–12:30, 14:30–18 Uhr // Sa. 7–13 Uhr

www.rabehof.net

STEFFEN HINRICHS

Hesel (NI) · 53°19'49.4"N 7°36'16.9"E

Wir bewirtschaften einen Milchviehbetrieb mit ca. 110 Kühen plus weiblicher Nachzucht im Herzen Ostfrieslands. In den Sommermonaten laufen unsere Kühe auf den Weiden zwischen den traditionellen Wallhecken. Wir verzichten komplett auf gentechnisch manipuliertes Futter und halten unsere Kühe vollkommen artgerecht. Hunde sind herzlich willkommen, aber bitte an der Leine zu führen. In unserem Automaten und der Vertrauenskasse können Sie zusätzlich zur frischen Weidemilch aus unserer Milchtankstelle auch viele weitere ökologisch hergestellte Produkte von unseren Partnerhöfen jeder Zeit erwerben. Kommen Sie gerne vorbei, wir freuen uns auf Sie!

Selbstgemachtes: Frische Weidemilch. Außerdem: Butter, Käse, Eier, Wurstprodukte vom hofeigenen Schlachter, Grillpakete, Kartoffeln, Äpfel, Honig, Marmelade und Kakao.

Aktivitäten: Ostfriesland Wander-, und Radweg, Kur-, Freizeit- und Badesee Timmel (10 km), ostfriesische Wallheckenlandschaft

Steffen Hinrichs B3
Kleiner Südmoorweg 3 2021
26835 Hesel

Zu Gast bei: Steffen Hinrichs
0179/4160336
Anreise bis: 20 Uhr

Hofverkauf:
Auf Anfrage

www.milchtanken.de

HOF FISCHER

Hilter am Teutoburger Wald (NI) · 52°11'0.5"N 8°11'12.8"E

Wir betreiben einen Bauernhof im Nebenerwerb mit Pensionspferden. Landschaftlich ist unser Hof sehr reizvoll gelegen, mit Rundum-Weitblick in die sogenannte „Borgloher Schweiz". Ein perfekter Ort zum Entschleunigen und idealer Startpunkt für Wanderungen oder Fahrradtouren durch Wald und Flur. Hunde sind bitte an der Leine führen.

Selbstgemachtes: Konfitüren, Gelees und Säfte. Außerdem: Honig vom ortsnahen Imker. Bewirtung nach Voranmeldung.

Aktivitäten: Reiterhof in der Nähe, Badesee (10 km), mehrere Kurorte in der Nähe, Osnabrück (15 km), Stadt Melle mit dem Weltwunder Bifurkation

Hof Fischer C5
Borgloher Straße 31 2022
49176 Hilter am Teutoburger Wald

Zu Gast bei: Johannes Fischer
05409/6491 o. 0173/9002782
Anreise bis: 17 Uhr

FENNENHOF

Ihlow/Ochtelbur (NI) · 53°24'31.5"N 7°22'5.6"E

Unser Hof liegt am Ortsrand, nahe dem Ems-Jade-Kanal (900 m), umgeben von offenem Land, vielen Radwegen und immer einer Brise Wind um die Nase.

Produkte: Eier, Milch, Biokäse, Kartoffeln, Äpfel, Honig und selbst gemachtes Brot.

Aktivitäten: Schlickmuseum (2 km), Radwege, Badesee Ihlowerfehn (4 km), Ponyreiten (4 km), Angeln im Kanal mit Schein

Fennenhof B3
Fennenstr. 26 2022
26632 Ihlow/Ochtelbur

Zu Gast bei: Pupkes Reinhard
04928/236 o. 0157/52571664
Anreise bis: 18 Uhr
Ruhetag: So.
Schließzeit: 18.12.–05.01., 14.04.–19.04., 02.06.–07.06.

Hofladen:
Auf Anfrage

Nord | Nordwest | Ost | Mitte-West | West | Südost | Südwest

HOF MÜHLENHAMM

Jade (NI) · 53°18'28.0"N 8°15'8.8"E

Unser Biohof liegt direkt an der Jade mit Stellplatzmöglichkeiten direkt am Fluß. Bei uns bekommt ihr einen direkten Einblick in die Milchkuhherde und die kuhgebundene Kälberaufzucht. Gern liefern wir euch von Freitag bis Sonntag frische Biobrötchen bis an den Wohnwagen. Gegen Aufpreis stellen wir eine Grillmöglichkeit zur Verfügung. Unsere Verkaufshütte ist rund um die Uhr geöffnet. Hunde sind bitte an der Leine zu führen.

Selbstgemachtes: Eier, Honig, Kartoffeln (saisonal), Äpfel und Birnen (saisonal).
Aktivitäten: Radwanderweg, Bollenhagener Moorwald, Kanu fahren auf der Jade

Hof Mühlenhamm C3
Kreuzmoorstr. 44 2022
26349 Jade

Zu Gast bei: Sven Gramsch
0174/2131794
Schließzeit: 22.08.–26.08.

Hofverkauf:
Auf Anfrage

HERZAPFELHOF LÜHS

Jork (NI) · 53°31'43.8"N 9°41'52.0"E

Hier wird im Einklang mit der Natur Bio-Obst angebaut. Tradition, innovative Ideen und höchste Bio-Richtlinien treffen dabei zusammen. Der Hofladen hat tägl. geöffnet, eine Stärkung gibt es im Hofcafé bei Kaffee und Kuchen. Von April bis Oktober finden öffentliche Führungen (ohne Voranmeldung) statt: Obsthofwanderung montags 10 Uhr, freitags 18 Uhr; Genussvolle Kostproben sonntags 10:30 Uhr. Von April bis Oktober hat der Hofladen freitags bis 19.30 Uhr geöffnet. Toilettennutzung im Hofcafé nur während der Öffnungszeiten.

Selbstgemachtes: Äpfel, Kirschen, Pflaumen, Zwetschgen, Birnen u. anderes Obst (saisonal), Apfelsaft, Konfitüren und Fruchtaufstriche. Außerdem: Apfelchips, Apfelsecco, Fruchtsaftbonbons, Fruchtgummibärchen, Obstbrände, Liköre, Geschenkideen, Honig, Wurstwaren, Souvenirs und Dekoartikel.
Aktivitäten: Herz-Apfel-Garten mit über 250 historischen Apfelsorten, Bio-Obst pflücken und naschen (Mitte Juni – Ende Okt.), Radwanderwege, Deichspaziergänge, Museum

Herzapfelhof Lühs D3
Osterjork 102 2016
21635 Jork

Einfach anreisen…
Anreise bis: 17 Uhr

Hofladen und Hofverkauf:
Mo.–Sa. 8–18 Uhr // So. 10–18 Uhr

www.herzapfelhof.de

HOFLADEN UND CAFÉ LORE FEINDT

Jork (NI) · 53°32'6.6"N 9°40'12.6"E

Wir sind ein kleiner Familienbetrieb im Herzen des Alten Landes in Jork. Neben unseren selbst angebauten Äpfeln haben wir auch viele andere regionale Produkte. Seit 2007 bewirtschaften wir neben unserem Hofladen auch ein Café mit selbstgemachten Torten und einem reichhaltigen Frühstück.

Selbstgemachtes: Obst wie Äpfel und Birnen und Marmelade. Außerdem: Brot, Eier, Käse, Honig, Wurst, Öle, Liköre, Spirizuosen, Deko, Gemüse, Säfte und Aronia. Nach Voranmeldung: Frühstück und Getränke erhältlich.
Aktivitäten: Obstlehrpfad, Museum
Hinweis: △ Bitte fahren Sie auf dem Hof bis zum Parkplatz hinten durch.

Hofladen und Café D3
Lore Feindt 2020
Westerjork 57
21635 Jork

Zu Gast bei: Lore & Rieke Feindt
04162/7549
Anreise bis: 18 Uhr

Hofladen:
Mo.–Sa. 8–18 Uhr // So. 9–18 Uhr

www.hofladen-lore-feindt.de

AUETALER BIOHOF UND BULLES BIOKÄSE

Kalefeld (NI) · 51°47'42.7"N 10°2'3.0"E

Unser Hof ist im südlichen Niedersachsen zwischen Harz und Leinebergland gelegen. Die Hofstelle liegt inmitten des Dorfes, nach hinten geht es über eine Brücke raus in die Wiesen, die Felder und den Wald. Mitten auf dem Hof steht ein Stellplatz auf befestigtem Untergrund zur Verfügung. Direkt angrenzend ein wunderschöner Sitzplatz unter einem Kastanienbaum. Wer möchte, kann unseren Hühnern oder Schafen einen Besuch abstatten und nebenbei etwas über Landwirtschaft erfahren. Unseren Hof- und Käseladen öffnen wir nach Absprache auch außerhalb der Öffnungszeiten, sodass einem gemütlichen Abend mit leckerem Käse nichts entgegen stehen sollte.

Selbstgemachtes: Eier, Geflügelfleisch, Obst, Fleisch, Wurst vom Schaf und handwerklich hergestellte Bio-Käse-Spezialitäten. Außerdem: Bioland-Brot, in Absprache mit einem Weinhändler im Dorf französische Weine.

Aktivitäten: Europaradweg, Freibad, Römisch-Germanisches Schlachtfeld, Gandersheimer Domfestspiele

Auetaler BioHof und Bulles BioKäse D5
Auetalstraße 29
37589 Kalefeld 2021

Zu Gast bei: Irmgard Bulle
0160/99669206
Anreise bis: 19 Uhr
Ruhetage: Di. Mi. Do.

Hofladen und Hofverkauf:
Di. 9–12 Uhr // Fr. 15–18 Uhr

www.bulles-biokaese.de

BAUMBACHHOF BOMBECK

Kallenbrock (NI) · 52°52'6.4"N 10°34'23.6"E

Galloways? Natürlich! Wir sind ein kleiner Galloway-Biobetrieb mit eigenem Hofladen am Rande der Lüneburger Heide. Für unsere nachhaltige Fleischerzeugung werden unsere Tiere mit der Weideschuss-Methode direkt auf der Weide stressfrei geschlachtet. Nach Absprache bieten wir Ihnen einen Picknickkorb mit leckerem Frühstück und / oder ein Galloway-Abendessen jeweils mit vorwiegend regionalen und Bio-Produkten an. Wir freuen uns auf Ihren Besuch!

Selbstgemachtes: Galloway-Fleisch und -Wurst. Nach Voranmeldung: Frühstück, Abendbrot und Getränke erhältlich.

Aktivitäten: Wald grenzt direkt an Kallenbrock, gute Wander- und Radwege, im Nachbarort Stadensen chlorreduziertes Sommerschwimmbad, im Nachbarort Nettelkamp Elbershof mit vollsortiertem Biohofladen (auch Landvergnügen-Gastgeber)

Baumbachhof Bombeck E4
Kallenbrock 1 2020
29559 Kallenbrock

Zu Gast bei: Anke Bombeck
05802/987899 o. 0174/9993371
Anreise bis: 21 Uhr

Hofladen:
Auf Anfrage

www.galloway-baumbachhof.de

FERIENHOF GUT MIDDELSTEWEHR

Krummhörn (NI) · 53°29'17.2"N 7°7'35.5"E

Ein familiengeführter Hof vor den Toren von Greetsiel für Naturverliebte und Wasserratten. Wir haben Wiesen und Siele zwischen Tier und Natur, vom eigenen Steg ins Wasser mit Boot oder Badehose. Ob am Strand mit Beachvolleyball, Spielboot und Sonnenliegen oder in der großen Spielscheune für „Klein und Groß", es ist für jeden etwas dabei. Gerne können Sie auch eine Tagestour mit dem Hofrad machen und unseren Hofladen besuchen.

Selbstgemachtes: Salate, Kräuter, Kürbis, Tomaten, Marmeladen, Pesto u.v.m.

Aktivitäten: eigener Steg mit Paddelbooten, Motorbooten, Baden und Angeln, Fahrradweg vor der Tür, Beachvolleyball, Tischtennis, Kicker auf dem Hof

Ferienhof Gut B3
Middelstewehr 2021
Greetsieler Strasse 9
26736 Krummhörn

Zu Gast bei: Mike Masurczak
0177/1764158 o. 0177/1764158
Anreise bis: 20 Uhr

Hofladen:
Auf Anfrage

www.gutmiddelstewehr.de

ARENDS-HOF

Laar/Eschebrügge (NI) · 52°38'49.7"N 6°46'28.5"E

Wir sind ein Archehof mit alten und seltenen Haustierrassen. Ein Rundweg entlang der Tiergehege lädt zum Entspannen ein und auf dem Spielplatz können die kleinen Gäste toben. Auf Anfrage können Sie bei uns leckere Grillpakete erhalten. Wir sind Mitglied der Gesellschaft zur Erhaltung alter und gefährdeter Haustierrassen.

Selbstgemachtes: selbstgebackener Kuchen, hausgemachte Marmelade, Kaffee, Fleisch, Schinken- und Wurstwaren vom hofeigenen Bunten Bentheimer Schwein. Außerdem: Honig von hiesigen Imkern, Ziegen- und Schafsfelle. Getränke erhältlich.
Aktivitäten: unmittelbarer Campingplatz mit Volleyballfeld und Bolzplatz, idyllischer Badesee in 10 min zu Fuß erreichbar, Grenzerlebnisstation in 400 m, Rad- und Wanderwege direkt am Hof, Landesgrenze in unmittelbarer Nähe, Centerpark Huttenheugte (NL) in ca. 8 km

Arends-Hof A4
Zur Grenze 6 2015
49824 Laar/Eschebrügge

Zu Gast bei: Lambertus Arends
05947/534 o. 0162/9859595
Ruhetage: Di. Do.
Schließzeit: 01.11.–31.12.

Hofverkauf:
Auf Anfrage

www.arends-hof.net

BICKBEERNHOF CAFÉ

Landesbergen (NI) · 52°33'4.6"N 9°12'54.8"E

Auf dem Bickbeernhof werden auf 25 ha Bio-Kulturheidelbeeren angebaut. Die Blaubeeren können Sie in der Saison von Mitte Juli bis August selbst pflücken. Neben einem Hofladen und einem Geschenkeladen gibt es ein Hofcafé mit 400 Sitzplätzen und Blick auf die Plantage. Kinder sind bei uns immer herzlich willkommen! Auf dem Naturspielplatz haben unsere jungen Gäste jede Menge Sand, Spielzeug und Platz, um sich auszutoben. Die Öffnungszeiten des Hofcafés entnehmen Sie bitte unserer Homepage.

Selbstgemachtes: Heidelbeeren, Blaubeeren, Fruchtzubereitungen, Dessert, Säfte, Honig, Kuchen und Brot. Außerdem: Wurst, Käse, Kartoffeln, Brotaufstriche u.v.m.
Aktivitäten: Badesee 1 km, Wanderweg ums Golddorf 10 km lang, Weserradweg 5 km

Bickbeernhof Café D4
Brokeloher Hauptstr. 37 2015
31628 Landesbergen

Zu Gast bei: Sylke Herse, einfach anreisen…
Anreise bis: 18 Uhr
Schließzeit: 01.11.–15.03.

Hofladen und Hofverkauf:
Auf Anfrage

www.bickbeernhof.de

ROTWILDGEHEGE TRIMPE

Lathen (NI) · 52°51'47.2"N 7°21'2.4"E

Inmitten von Waldgebieten, Ackerflächen und einer Obstbaumallee liegt unser wunderschönes Rotwildgehege. Durch die ruhige Lage können unsere Gäste gut vom Alltag abschalten und Tiere und Natur genießen. Bei Bedarf stellen wir für die Abendstunden gerne ein Grillpaket mit Rotwildprodukten, Baguette und Rotwein zusammen. Der Hof ist der ideale Ausgangspunkt zum Wandern und Fahrradfahren entlang der Emsroute. Wegen der Tiere sind keine Hunde erlaubt.

Selbstgemachtes: Rotwildprodukte wie Salami, Bratwurst, Frikadellen, Gulasch, Braten und Steaks. Außerdem: hausgemachte Marmelade, regionaler Honig und Bio-Eier.
Aktivitäten: Fahrradtouren an der Ems, Jagdschloss Clemswerth, Kapellenmoor, Hilter Mühle

Rotwildgehege Trimpe B4
Ströhnweg 5 2022
49762 Lathen

Zu Gast bei: Anita Trimpe
0175/1664085
Anreise bis: 19 Uhr
Ruhetage: Mo. So.
Schließzeit: 01.11.–31.03.

Hofverkauf:
Auf Anfrage

RUPP-BRÄU

Lauenau (NI) · 52°16'45.2"N 9°22'10.2"E

Die Brauerei Rupp-Bräu ist heute die älteste im Betrieb befindliche Brauerei im Landkreis Schaumburg und eine der ältesten Brauereien in Niedersachsen. Unsere Brauerei mit Restaurationsbetrieb liegt im Flecken Lauenau. Der angrenzende Wald (Deister) lädt zu jeder Jahreszeit zum Wandern ein. Die Toilette ist nur während der Öffnungszeiten zugänglich, die Stromnutzung ist nach Absprache möglich. Mo und Di haben wir geschlossen, Sie können aber trotzdem anreisen.

Selbstgemachtes: Biersorten in 2 l Siphon, Bockbierlikör, Apfelbiergelee, Kombucha, verschiedene Buttersorten, Remoulade, Brot, div. Speisen im Glas, Sauerfleisch und verschiedene Senfsorten. Abendbrot und Getränke erhältlich.

Aktivitäten: Brauereibesichtigungen nach Absprache, Brauereiseminare, Eishalle (Schlittschuhlaufen, Eisstockschießen), div. sportliche Aktivitäten, Wandern im Deisten, Freibad

Rupp-Bräu GmbH D5
Feggendorfer Str. 10 2022
31867 Lauenau

Zu Gast bei: Thomas u. Kerstin Rupp, einfach anreisen…
Anreise bis: 21 Uhr

Hofverkauf:
Auf Anfrage

www.brauhaus-felsenkeller.de

RITTERGUT MEINBREXEN

Lauenförde-Meinbrexen (NI) · 51°41'18.8"N 9°23'52.6"E

Das historische Rittergut in Meinbrexen liegt in ländlich schöner Lage am Rande des Sollings und der deutschen Märchenstraße, direkt am Weser-Radweg. Erkunden Sie die wundervolle Landschaft! Jeden 2. Sonntag im Monat und für Gruppen auf Anfrage haben Sie die Möglichkeit, den historischen Freimaurerpark des Rittergutes in Form einer Führung zu besichtigen. Während der Erdbeersaison gibt es in unseren nah gelegenen Verkaufsständen die Möglichkeit, sich mit den roten Früchten einzudecken oder diese selbst zu pflücken. Außerhalb der Saison (April – September) können Sie uns gerne auf Anfrage besuchen.

Selbstgemachtes: Erdbeeren (während der Saison).

Aktivitäten: Weser-Radweg, Wanderwege, Porzellan-Manufaktur Fürstenberg, Weltkulturerbe Corvey, Dampferfahrten auf der Weser

Hinweis: △ Die Anreise entlang der Weser ist kurvenreich und leicht bergig.

Rittergut Meinbrexen D5
Rittergut 1 2017
37697 Lauenförde-Meinbrexen

Zu Gast bei: Familie von Mansberg
05273/367280 o. 0152/08794556
Anreise bis: 18 Uhr

Hofverkauf:
Auf Anfrage

www.rittergut-meinbrexen.de

KUMAL ALPAKAS

Lehrte (NI) · 52°23'16.8"N 10°5'21.8"E

Bei uns dreht sich alles um Alpakas. Wir bieten mit unseren sechs Alpakas Wanderungen und tiergestützte Interventionen an. In unserem Hofladen finden Sie verschiedene Produkte aus Vlies von unseren Tieren. Unseren Hofladen öffnen wir auch gerne außerhalb des Freitags jederzeit nach Absprache für Sie. Wir bieten Ihnen gerne nach Absprache leckeren elsässischen Flammkuchen aus dem Holzofen an. Unser Grundstück befindet sich in schöner Lage am Waldrand im Landschaftsschutzgebiet „Gelbe Riede". Wir heißen Sie herzlich willkommen!

Selbstgemachtes: Handgesponnene Wolle, Alpakaseife und Handspindeln. Außerdem: Alpakawolle, Alpakasocken, Alpakateddies und Alpakaeinlagen.

Aktivitäten: Freibad, eisenzeitliches Freilichtmuseum, Radwanderwege, Alpakawanderungen

Hinweis: △ Die letzten 100 m sind eine enge Privatstraße und anliegerfrei.

Kumal Alpakas D4
Am Schützenplatz 2 2019
31275 Lehrte

Zu Gast bei: Andrea Buchholz
0151/59165225 o. 0151/59165225
Anreise bis: 19 Uhr

Hofladen:
Fr. 14–18 Uhr

www.kumal-alpakas.de

KASTANIENHOF

Lehrte-Steinwedel (NI) · 52°24'52.8"N 9°59'26.7"E

Wir sind ein Kartoffelbaubetrieb und Hofladen mit diversen regionalen Produkten. Unser Hof hat eine Aussicht auf ein Wiesengelände mit kleinem Flusslauf mit Sitzplätzen und Grillhütte. Hunde sind herzlich willkommen, aber bitte nur angeleint wegen der Rehe in Hofnähe.

Selbstgemachtes: Kartoffeln, kaltgepresste Speiseöle, Biomehle, Honig und Marmeladen. Außerdem: Eier, Fertigprodukte und Wurstwaren.
Aktivitäten: Wander und Radwege ausgeschildert.

Kastanienhof D4
Dorfstraße 71a 2021
31275 Lehrte-Steinwedel

Zu Gast bei: Hans-Heinrich Willers
05136/1397 o. 0174/1600304

Hofladen:
Mo. 13:30–18 Uhr // Mi.–Fr. 13–18 Uhr // Sa. 8:30–18 Uhr

HAHLBOHMS – DIREKT VOM HOF

Lemgow (NI) · 52°54'27.9"N 11°20'29.9"E

Vielseitiger Hof mit Hühnern, Rindern, Ziegen, Schweinen sowie großen Maschinen. Wunderschön gelegen, im östlichen Teil des Wendlands, an der Grenze zur Altmark. Ein Stellplatz mit Panorama Sonnenuntergang, direkt bei den Hühnern. Offene, freundliche Familie mit Lust auf Austausch.

Selbstgemachtes: Eier, Fruchtaufstriche, Likör, Nudeln und Sirup. Außerdem: Wurst, Käse, Grillfleisch und Wachteleier.
Aktivitäten: gutes Radwege-Netz, Arendsee, Gartower See, Grünes Band
Hinweis: △ Meldet Euch bei der Ankunft bitte an der Haustür und fahrt nicht einfach auf den Hof

Hahlbohms – direkt vom Hof F4
2021
Bockleben Nr. 29
29485 Lemgow

Zu Gast bei: Carlotta Hahlbohm
0171/6406605
Anreise bis: 18 Uhr
Ruhetag: So.

Hofverkauf:
Auf Anfrage

HOF KÖSTER

Lilienthal (NI) · 53°10'25.8"N 8°54'5.4"E

Idyllischer Resthof im Stil eines Niedersächsischen Hallenhauses mit Landbäckerei (historischer Holzbackofen) in der Ortsmitte Frankenburgs gelegen, zwischen der Weltkulturerbe-Stadt Bremen und dem schönen Künstlerdorf Worpswede. Die Landschaft ist vom Wasser geprägt, so dass es viele Wasservögel zu bestaunen gibt, sowie jede Menge Rad- und Wanderwege entlang der Flüsse. Wir bieten „Historische Schulstunden" mit einzigartigem Anschauungsmaterial an, sowie auch entspannende Yoga-Stunden und Meditation (auf Anfrage). Die Umgebung bietet jede Menge Möglichkeiten, sich mit Lebensmitteln direkt vom Hof einzudecken und z.B. bei uns zu grillen und am Feuer zu sitzen, bei einem guten Glas Wein.
Produkte: Kreatives von Künstlern aus dem Ort. Getränke erhältlich.
Aktivitäten: Yoga, Klang, Meditation, Grillen, Rad- und Wanderwege, Reiten, Museen, im Sommer kulturelle Unterhaltung in der „Freilichtbühne Lilienthal"

Hof Köster C3
Hinter dem Berg 12 2014
28865 Lilienthal

Zu Gast bei: Bernhard Köster
04298/3885 o. 0171/9500607

Hofverkauf:
Auf Anfrage

HOF LINDEMANN

Lilienthal (NI) · 53°10'50.1"N 8°51'32.7"E

In der 14. Generation wird unser idyllisch gelegener Bauernhof mit viel Liebe und Leidenschaft geführt. Neben der Milch- und Grünlandbewirtschaftung, ist das Rinderleasing ein weiterer Betriebszweig. Wir haben hauseigene und regionale Produkte, die wir in einer Kate rundum zur Selbstbedienung anbieten. Die Eier kommen von unseren freilaufenden Hühnern und die täglich frisch abgefüllte Milch in Flaschen von unseren Kühen. Wir haben auch Gänse, Enten, Hähnchen und das Bentheimer Schwein auf unserem Hof.

Selbstgemachtes: Marmeladen, Milch, Eier Kartoffeln, Fleisch, Rind, Schwein, Geflügel und Säfte. Außerdem: Honig, Wurst im Glas, Milchprodukte, Gewürze und Eingewecktes.
Aktivitäten: Künstlerdorf Worpswede, Radfahrweg, Museen, Natur pur!

Hof Lindemann
Wührden 1
28865 Lilienthal
C3
2020

Zu Gast bei: Angelika und Hermann-Dirk Lindemann 04298/30986
Anreise bis: 18 Uhr
Schließzeit: 01.11.–28.02.

Hofverkauf:
Auf Anfrage

www.hofladen-lindemann.de

HOF KRONE-RAUE

Lingen (NI) · 52°35'7.3"N 7°21'55.5"E

Wir sind ein Familieunternehmen im Emsland, erzeugen Apfelsaft aus Äpfeln der Region, eigenen Streuobstwiesen und Partnern aus der Region. Gerne heißen wir Sie bei uns auf dem Hof herzlich willkommen. In unserem Hofladen bieten wir neben unseren Säften viele regionale Produkte an. Ein Kräuterhof – Café und der Gasthof Niemann befinden sich direkt in der Nähe unseres Hofes.
Selbstgemachtes: Apfelsaft in 5 L Bag in Box und 0,7 l Flaschen. Außerdem: Geschenkkörbe, Emslandkorb, Vollsortiment von Produkten aus der Region, Eier, Kartoffeln, Obst, Eingemachtes und Geschenkideen. Nach Voranmeldung: Abendbrot und Getränke erhältlich.
Aktivitäten: Das Radwegenetz im Emsland, Waldwege, Speichersee Geeste, Altstadt Lingen, Meppen, Haselünne, Spielplätze in der Nähe, Muntermachergarten in der Ortsmitte mit Kräuterbeeten und Staudenflächen, einer Bienenwiese, und Wasserkneippbecken

Hof Krone-Raue
Bramharstr. 12
49811 Lingen
B4
2018

Zu Gast bei: Olaf & Roswitha Raue 05963/1232
Anreise bis: 15 Uhr
Ruhetag: So.

Hofladen und Hofverkauf:
Fr., Sa. 10–15 Uhr

www.hof-krone-raue.de

HOLLER

Loxstedt (NI) · 53°25'35.8"N 8°32'29.0"E

Wir betreiben nebenberuflich einen kleinen Hobbyhof mit Schafen, freilaufenden Hühnern und Laufenten. Vom Stellplatz hat man einen schönen Blick auf Wiesen und Felder. Die Umgebung kann gut mit dem Fahrrad erkundet werden. Telefonisch sind wir am besten ab 18 Uhr erreichbar.

Selbstgemachtes: Eier von freilaufenden Hühnern und Laufenten.
Aktivitäten: Strand mit Strandbar (3 km), Sightseeing in Bremerhaven (10 km), Kanufahren auf der Lune und Geeste, Deich und schöne Fahrradtouren
Hinweis: △ Das Wohnmobil sollte nicht über 3,20 m hoch sein, Stellplatz teilweise unbefestigt.

Holler
Weserstr. 24
27612 Loxstedt
C3
2021

Zu Gast bei: Tanja Holler 04740/140854 o. 0175/9360061
Anreise bis: 21 Uhr

Hofverkauf:
Auf Anfrage

ARCHEHOF BENSE REBENSTORF

Lübbow OT Rebenstorf (NI) · 52°55'20.8"N 11°12'20.2"E

Fachhandel für Imkereibedarf sowie Verkauf von Honig und Honigprodukten, Fruchtsäften und -weinen. Wir sind ein Archebetrieb und züchten die vom Aussterben bedrohten alten Haustierrassen „Buntes Bentheimer Schwein", „Bentheimer Landschaf", „Schwarzbuntes Niederungsrind" und alte Geflügelrassen. Einblicke in den Zuchtbetrieb sind möglich, ebenso Stallbesichtigungen und Vorführungen bei der Honigernte.

Selbstgemachtes: Käse von Kühen mit Weidegang, Nudeln aus Freiland-Eiern, Honig, Honigwein, -sekt, -bonbons, -pflegeprodukte, Wurst, saisonal Kartoffeln, Gemüse und Fruchtsäfte. Außerdem: Weine. Nach Voranmeldung: Frühstück, Abendbrot und Getränke erhältlich.
Aktivitäten: Radwegenetz, Rundlingsdörfer, Fachwerkbauten und Rolling-Stones-Museum (Lüchow), Frei- u. Hallenbad (Salzwedel), Wandern oder Kutschfahrten in Nemitzer Heide, Elbtalaue, Grünes Band

Archehof Bense Rebenstorf E4
Dorfstr. 11 2014
29488 Lübbow OT Rebenstorf

Telefon: 05841/6686

Hofladen:
Auf Anfrage

KARTOFFELHOF KUNITZ

Lüchow OT Saaße (NI) · 52°56'39.8"N 11°10'18.5"E

Unser Motto: Landleben heißt (er-)leben. Wir, das sind Tobi und Esther Kunitz, leben und arbeiten auf unserem Event-Gasthof und Bauernhof im Rundlingsdorf Saaße im schönen Wendland. Zum Kauf bieten wir unsere eigenen Kartoffeln und Eier an. Drei Generationen freuen sich auf nette (motorisierte) Besucher.

Selbstgemachtes: Kartoffeln.
Aktivitäten: Radwege, Badeseen, Schwimmbäder, Museen (Rundling/Rolling Stones), kleine Fachwerkstadt Lüchow

Kartoffelhof Kunitz E4
Im Ring 8 2020
29439 Lüchow OT Saaße

Zu Gast bei: Esther Kunitz, einfach anreisen…
Anreise bis: 18 Uhr

Hofverkauf:
Auf Anfrage

www.kartoffelhof-kunitz.de

HOF HEITSCH

Lüder (NI) · 52°49'34.6"N 10°37'44.2"E

Hof Heitsch aus Reinstorf ist ein landwirtschaftlicher Familienbetrieb in der Lüneburger Heide. Wir sind Landwirte aus Tradition und Leidenschaft seit 1850. Immer mit dem Blick in Richtung Zukunft wollen wir unseren Teil zum Wohle der Umwelt und den Menschen leisten. Gerne geben wir Ihnen Einblick in unsere Arbeit. Unser landwirtschaftlicher Betrieb ist nicht nur vom konventionellen Ackerbau geprägt, sondern bietet neben eigenen Kartoffeln auch täglich frische Freilandeier aus dem mobilen Hühnerstall an.

Selbstgemachtes: Dinkel- und Weizennudeln aus den eigenen Eiern, Freilandeier, Speisekatroffeln, Kürbisse, Gurken, Tomaten und Zwiebeln (je nach Saison vorrätig). Außerdem: Käsesorten, Wildfleisch, Spargel, Erdbeeren, Süßkartoffeln, Dosensuppen, Marmeladen und Öle (aus der Region). Nach Voranmeldung: Getränke erhältlich.
Aktivitäten: Schwimmbad, Radwanderweg, Legehennen in Freilandhaltung in Mobilställen und Landwirtschaft, Einblick in den Hofalltag

Hof Heitsch E4
Reinstorfer Ring 13 2021
29394 Lüder

Zu Gast bei: Lukas Heitsch
0175/1101546
Anreise bis: 20 Uhr

Hofladen:
Auf Anfrage

www.hof-heitsch.de

AHBURS SCHÜNE

Marklohe (NI) · 52°40'47.1"N 9°10'17.6"E

Idyllischer Hof in der Wesermarsch am Landschaftsschutzgebiet mit Mutterkühen und Lamas. Das Hofcafé ist am Wochenende und nach Bedarf in der Woche von März bis Oktober geöffnet. Gelegentlich finden samstags Feierlichkeiten (Hochzeiten, Geburtstage) statt.

Selbstgemachtes: Kuchen und Likör. Außerdem: Eis, herzhafte Snacks, Honig, Kaffeevariationen, Fassbier, sonstige Getränke. Nach Voranmeldung: Frühstück, Abendbrot und Getränke erhältlich.
Aktivitäten: Lamatrekking, Freibad (1,5 km), Badesee, Weserradweg, im Sommer Freilichtbühne (plattdt. Theater), Bäckerei und Supermarkt (2 km)

Ahburs Schüne D4
Ahstr. 1 2021
31608 Marklohe

Zu Gast bei: Hartwig Gerking
0162/2097611
Schließzeit: 20.12.–07.03.

Hofverkauf:
Auf Anfrage

www.ahburs-schuene.de

BODE-KIRCHHOFF

Meinersen (NI) · 52°29'30.2"N 10°17'42.4"E

Wir haben einen kleinen landwirtschaftlichen Betrieb mit einigen Streicheltieren. Vom 04.07. bis zum 04.10. betreiben wir ein Maislabyrinth, welches Sie zwischen 11 und 18 Uhr besuchen können. Wir freuen uns auf Ihren Besuch bei uns!

Produkte: Auf Anfrage frische Eier. Bewirtung nach Voranmeldung.
Aktivitäten: Maislabyrinth (Dirtbikebahn, Gokartstrecke, Streichelzoo, Strohburg, Fußballplatz), Grillplatz in der Nähe, Freibad, Celle, Autostadt Wolfsburg, Windmühlenmuseum, Otterzentrum, gute Bahnverbindung nach Hannover ab Dedenhausen GVH, Ausflüge in die Südheide, Kloster Wienhausen, Weinprobe, Wichtelgeschichte im Stall

Bode-Kirchhoff E4
Höfen Nr. 1 2019
38536 Meinersen

Zu Gast bei: Hinnerk Bode-Kirchhoff
0151/67597892
Anreise bis: 21 Uhr
Schließzeit: 05.10.–01.04.

www.bauernhof-und-mehr.de

BIOHOF MEIERFRANKENFELD

Melle (NI) · 52°10'59.6"N 8°23'41.7"E

Wir sind ein junger, moderner Biohof, hauptsächlich mit Milchkühen und auch ein paar Fleischrindern. Der Hof ist ländlich gelegen, jedoch mit guter Verkehrsanbindung. Eine Direktvermarktung verschiedener Produkte befindet sich im Aufbau.

Selbstgemachtes: Biomilch, Biorindfleisch und Rindfleischprodukte, Eier und Kartoffeln.
Aktivitäten: Automuseum Melle, Wiehengebirge mit guten Wandermöglichkeiten, Saurierspuren, Hücker Moor, See mit Gastronomien
Hinweis: △ Achtung: Bitte keine Hunde laufen lassen. Sollte ein Hund dabei sein, unbedingt an der Leine führen und vorher mit uns absprechen.

Biohof Meierfrankenfeld C5
Westendorfer Str. 6 2020
49328 Melle

Zu Gast bei: Jessica Meierfrankenfeld
0151/23471667
Anreise bis: 23 Uhr

Hofverkauf:
Auf Anfrage

www.facebook.com/BiomilchhofMelle/

Nord

Nordwest

Ost

Mitte-West

West

Südost

Südwest

JOUVENAL SILPHIE UND SOLAR

Melle (NI) · 52°14'55.9"N 8°22'58.5"E

Wir, das sind meine Frau, unser Sohn und 2 Hunde, bewirtschaften einen landwirtschaftlichen Ackerbaubetrieb in traumhafter Lage. Neben ländlicher Idylle können Sie in unserem „Kleinen Dorfkühlschrank" unsere leckeren Freilandeier, Wurst, Geflügel und Wild kaufen. Wir freuen uns auf Ihren Besuch!

Selbstgemachtes: Eier und Wurst.
Aktivitäten: Rad - und Wanderwege, Automuseum und Saurierspuren als Ausflugziel, und Einkaufsmöglichkeit für den tägl. Bedarf (1,5 km)

Jouvenal Silphie und Solar C5
Osnabrücker Straße 50 2021
49328 Melle

Zu Gast bei: Bernd Jouvenal
0173/9407865
Anreise bis: 18 Uhr
Schließzeit: 01.11.–01.03.

Hofverkauf:
Auf Anfrage

OHSENSHOF

Melle (NI) · 52°9'27.5"N 8°27'52.3"E

Biohof Meyer zu Ohsen ist ein Biolandbetrieb seit 2007. Er befindet sich in Einzellage mit guter Aussicht in abwechslungsreicher Landschaft.

Selbstgemachtes: Saisonales Gemüse z.B. Kürbisse, Futteranbau und Eier. Außerdem: Honig.
Aktivitäten: Spielmöglichkeiten für Kinder, Einkaufsmöglichkeiten in Spenge (3 km), oder in Riemsloh (5 km), kleine beheizte Freibäder in beiden Städten
Hinweis: △ Für Fahrzeuge über 7,5 t oder 10 m Länge Zufahrt über Distelkamp.

Ohsenshof C5
Hoyeler Str. 89 2016
49328 Melle

Zu Gast bei: Lisa Marie Meyer zu Ohsen 05225/790202 o. 0151/15675772
Anreise bis: 18 Uhr

Hofverkauf:
Auf Anfrage

FORSTHOF BULT

Mellinghausen/Brake (NI) · 52°43'45.2"N 8°55'52.9"E

Unser 400 Jahre alter Forsthof lädt zum Erholen und Entspannen ein. Ein Ort für Ruhesuchende, Naturliebhaber und Pferdefreunde. Genießen Sie unseren Frühstücksservice mit regionalen Produkten.

Nach Voranmeldung: Frühstück erhältlich.
Aktivitäten: Landschaftsschutzgebiet, Rad- und Wanderwege, Erdmannsweg, Esel- und Ziegenhof, Heiligenberg 15 km, Klostermühle, Luftkurort Buchhausen-Vilsen
Hinweis: △ Die letzten 200 m sind eine unebene, gepflasterte Straße.

Forsthof Bult C4
Forsthausstr. 31 2021
27249 Mellinghausen/Brake

Zu Gast bei: Bettina Manke
0176/62304341
Anreise bis: 21:30 Uhr
Schließzeit: 01.11.–01.03.

BLÜMELS

Moisburg (NI) · 53°24'19.8"N 9°44'6.2"E

Seit über 30 Jahren bauen wir Weihnachtsbäume an. Aus einem Hobby ist inzwischen ein Familienbetrieb geworden, der rund um die Tanne keine Wünsche offen lässt. Wir arbeiten für die schönste Zeit im Jahr – Weihnachten! Mit dem Erwerb der neuen Hofstelle haben wir 2018 in Moisburg den Grundstein für die Zukunft gelegt. Mit Saskia und Ihrer Schwester Svea steht die nächste Generation in den Startlöchern. Zudem ist ein kleines Hofcafé entstanden, das von Silke Blümel geführt wird (Fr. – So. 9–17 Uhr). Unser Hofladen bietet regionale Spezialitäten und Erzeugnissen rund um die Tanne. Wir freuen uns auf Sie und stehen für Fragen gern zur Verfügung!

Selbstgemachtes: Weihnachtsbäume. Nach Voranmeldung: Frühstück erhältlich.

Aktivitäten: Einblick in den Betrieb

Blümels D3
Ruhmannshof 4 2021
21647 Moisburg

Zu Gast bei: Saskia Blümel
04165/2238980 o. 0151/25259475

www.bluemels.de

KEESES BAUERNHOF

Moringen/Großenrode (NI) · 51°40'4.1"N 9°54'33.6"E

Wir sind ein landwirtschaftlicher Familienbetrieb in der 3. Generation. Auf unserem Hof im idyllischen Leinetal lohnt sich ein Besuch immer, nicht nur für Kartoffelfreunde. Bei uns erhalten Sie unsere berühmten Kartoffelpuffer, die wir aus eigenen Kartoffeln herstellen sowie weitere Produkte vom Hof. Wir freuen uns auf Ihren Besuch!

Selbstgemachtes: Kartoffeln, Zwiebeln, Rote Bete, Möhren, Eier und Rindfleisch. Außerdem: Honig und Gemüse.

Aktivitäten: Wanderwege, Umweltpfad

Keeses Bauernhof D6
Am Schmandberge 1 2020
37186 Moringen/Großenrode

Zu Gast bei: Frank Keese 05503/3087
Ruhetag: So.
Schließzeit: 20.10.–30.03.

Hofladen:
Mo.–Sa. 8–18 Uhr

www.keeses-bauernhof.de

ELBERS HOF

Nettelkamp (NI) · 52°52'52.5"N 10°35'1.0"E

Unser Hof liegt in der Lüneburger Heide zwischen den Hügeln der Wierener Berge und den Auen des Bornbachs. Auf unseren Feldern wachsen über 70 Sorten Getreide, Gemüse, Kräuter, Salate und Obst in bester Demeter-Qualität. Zu einem Demeter-Hof gehören Tiere, die hier artgerecht leben: eine Mutterkuhherde, im Bestand bedrohte Bentheimer Landschafe und -schweine, Wasserbüffel und Hühner mit Aktion Bruderhahn.

Selbstgemachtes: Kartoffeln, Gemüse, Kräuter, Salate, Obst, Fleisch, Wurst und Eier. Außerdem: gesamtes Naturkostsortiment mit Milchprodukten, Trockenware, Brot, Kosmetik und Hygieneartikeln.

Aktivitäten: Sommerbad (chlorreduziert), Burg Bodenteich, Museumsdorf Hösseringen, Handwerksmuseum Suhlendorf

Elbers Hof GmbH & Co. KG E4
An der Kirche 5 2018
29559 Nettelkamp

Telefon: 05802/4049
Anreise bis: 18 Uhr
Ruhetag: So.

Hofladen:
Mo.–Fr. 8–18 Uhr // Sa. 9–13 Uhr

www.elbers-hof.de

BOSTELMANN'S HOF

Neu-Neetze (NI) · 53°18'0.4"N 10°39'6.4"E

Unser Hof liegt westlich von Bleckede im Biospährenrerservat Niedersächsische Elbtalaue. Bei Wanderungen und Fahrradtouren kann man die Natur und Vogelwelt genießen. In dieser schönen Umgebung wurde unser Hof 1853 gegründet. 1996 haben wir die Bewirtschaftung auf Ökologischen Landbau umgestellt, um zu einer naturfreundlichen Landwirtschaft beizutragen und gesunde Lebensmittel zu erzeugen.

Selbstgemachtes: Kartoffeln, Getreide, Tomaten, Gurken, Salate, Kohl, Zwiebeln und Kräuter. Außerdem: Gemüse, Obst, Kartoffel, Milch, Eier u.v.m.
Aktivitäten: Elbschloss Bleckede 7 km, Heideexpress 7 km, Rad und Wanderwege an der Elbe

Bostelmann's Hof E3
Fraaschweg 3 2022
21398 Neu-Neetze

Zu Gast bei: Katharina Bostelmann 0151/70623851
Anreise bis: 19 Uhr

Hofladen:
Auf Anfrage

www.bostelmanns-hof.de

RESTAURANT ESCHENHOF

Norden-Leybuchtpolder (NI) · 53°30'47.8"N 7°8'12.5"E

Fernab von jeder Hektik und nah am Deich gelegen, empfangen wir unsere Gäste mit einem freundlichen „Moin". Unser Hof befindet sich im Naturschutzgebiet, 3 km von dem kleinen Fischerdorf Greetsiel entfernt. Hier verwöhnen wir unsere Gäste mit Speisen aus frischen, regionalen Produkten. Unser Restaurant hat Mittwoch bis Samstag von 17–21 Uhr und sonn-und feiertags von 12–14 Uhr und 17–21 Uhr geöffnet. Bitte beachten Sie folgendes: Wir können nur autarke Wohnmobile und Camper empfangen. Montag und Dienstag ist Ruhetag und Januar bis Mitte März ist das Restaurant geschlossen.
Abendbrot und Getränke erhältlich.
Aktivitäten: Radwanderwege, Boot fahren

Restaurant Eschenhof B3
Karl-Wenholt-Str. 21 2020
26506 Norden-Leybuchtpolder

Zu Gast bei: Iris Wilms 0160/96946638
Anreise bis: 20 Uhr
Ruhetage: Mo. Di.
Schließzeit: 01.11.–24.12.

www.restaurant-eschenhof.de

AUF DEM HANENLAND

Nordhorn-Hestrup (NI) · 52°23'8.8"N 7°9'14.4"E

Unser idyllisch gelegener Hof nahe der deutsch-niederländischen Grenze bietet viele Möglichkeiten zum Genießen und Wohlfühlen. Unser Hofcafé mit Hofladen „Hanenhueske" lädt zum Verweilen ein. Hier gibt es selbstgemachten Kuchen und kleine Speisen aus ehrlichen Produkten der Nachbarschaft. Zudem betreiben wir eine Hobbyzucht von Islandpferden. Ob Sie zu Fuß, mit dem Fahrrad, Pferd, Auto oder auch Kanu unterwegs sind: kommen Sie vorbei!

Selbstgemachtes: Kaffee, Kuchen und kleine Speisen im Hofcafé (Öffnungszeiten: Mi–Fr ab 13:00 Uhr / Sa, So sowie feiertags ab 11:00 Uhr). Nach Voranmeldung: Frühstück, Abendbrot und Getränke erhältlich.
Aktivitäten: Sonnenuntergang in unser Schwedischen Hottub (bitte vorbestellen) oder an der Vechte (5 Minuten zu Fuß), Radfahren und Wandern, Kanufahren auf der Vechte, Tierpark Nordhorn, Freibad Nordhorn, Burg Bad Bentheim, Ponyreiten auf Hof Wilmink

Auf dem Hanenland B4
Neerlager Weg 9 2020
48531 Nordhorn-Hestrup

Zu Gast bei: Marleen van Werven 0160/5853150
Anreise bis: 20 Uhr

www.aufdemhanenland.de

GUTSHOF BARNTEN

Nordstemmen (NI) · 52°12'7.5"N 9°49'4.9"E

Unser Hof liegt zwischen Hannover und Hildesheim, eingerahmt von vielen Seen. Wir möchten gerne unseren Beitrag zum Erhalt der Vielfalt von Nutztierarten leisten, darum haben wir uns bei unseren Nutztieren hauptsächlich für vom Aussterben bedrohte Arten entschieden. Neben Rotbunten Husumer Sattelschweine sind bei uns Leinegänse, Hühner, Bienen, Kaninchen und Katzen zu Hause. Unsere Kulturscheune bereichert zudem mit vielseitigen Veranstaltungen und regelmäßigen Yogakursen.

Selbstgemachtes: Eier, Nudeln, Wurst, Honig und Marmelade.
Aktivitäten: Badesee im Nachbarort, Radwege, Jakobsweg

Gutshof Barnten D5
Landesstr. 14 2022
31171 Nordstemmen

Zu Gast bei: Nadine Egner
0178/5097550
Anreise bis: 18 Uhr

Hofverkauf:
Auf Anfrage

www.gutshof-barnten.de

OSTE-FERIENHOF

Ober Ochtenhausen (NI) · 53°23'14.1"N 9°8'44.5"E

Der Hof liegt in Ober Ochtenhausen, einem malerischen Dorf mit bemerkenswert gut erhaltenen Fachwerkhäusern und einem großen Bestand an alten Eichen. Der Ort ist umgeben von der Oste sowie Wiesen, Feldern, Wald, Heide- und Moorlandschaft. Wir haben eine Mutterkuhherde, Ferienwohnungen und einen Obst- und Gemüsegarten auf dem Hof.

Selbstgemachtes: Produkte von Bioschweinen, Marmeladen und Apfelsaft. Bewirtung nach Voranmeldung.
Aktivitäten: Nordpfade, Kanufahren auf der Oste

Oste-Ferienhof D3
Im Dorfe 5 2022
27446 Ober Ochtenhausen

Zu Gast bei: Lisa Schnakenberg
0176/56107817
Anreise bis: 17 Uhr

Hofverkauf:
Auf Anfrage

www.oste-ferienhof.de

HOF REUTER

Oldenburg (NI) · 53°8'18.6"N 8°16'10.2"E

Der Hof Reuter ist ein familiengeführter, landwirtschaftlicher Hof, der in dritter Generation Ochsen in Weidemast hält. Außerdem runden Legehennen in mobiler Freilandhaltung den Betrieb ab. Alle Produkte werden direkt vermarktet.

Selbstgemachtes: Ochsenfleisch von der Bratwurst bis zum Steak, Freilandeier und Suppenhühner. Außerdem: Nudeln, Brot, Marmelade, Kartoffeln, Käse, Senf, Gewürze und Chips.
Aktivitäten: Stadtwald, Badesee, Innenstadt von Oldenburg 4 km entfernt. Gutes Wander und Radwegenetz.

Hof Reuter C3
Tweelbäker Weg 21 2021
26135 Oldenburg

Zu Gast bei: Sven Reuter
0176/63650521
Anreise bis: 20 Uhr

Hofladen:
Täglich 8–20 Uhr

www.ochsenfleisch-reuter.de

Weinbau Beuschel – Region Südost

HOF BEN SAID

Osnabrück (NI) · 52°16'26.5"N 8°6'33.2"E

Unser Hof ist ein vollrestaurierter Niedersachsen-Hof im Herzen von Osnabrück. Hier leben über 70 – teils aus schlimmsten Verhältnissen gerettete – Tiere (Schafe, Ziegen, Lamas, Alpakas, Pferde, Ponys, Hühner, Pfauen, Esel u.v.m.) Die Gäste müssen mit „Biolärm" rechnen. Hunde sind bitte an der Leine zu führen.

Selbstgemachtes: psychologische Beratung, Paartherapie, Schulungen mit Tier und Mensch, Hunde- und Pferdefriseur, Pferdebox, Ponyreiten, Reitunterricht, Kommunikationsschulungen, Coaching mit Greifvögeln und Hofführungen. Außerdem: Wildfleisch aus der Region.
Aktivitäten: Haseuferweg, Radtouren, Altstadtbesuch, Schwimmbäder, Kanutouren auf dem Stichkanal

Quid agis GmbH C5
Scharfe Hegge 35 2021
49086 Osnabrück

Zu Gast bei: Daniela Ben Said
0170/5488847
Anreise bis: 18 Uhr

Hofverkauf:
Auf Anfrage

www.danielabensaid.com

SEEFAHRER – DEICH-CAFÉ-HOTEL

Osten (NI) · 53°42'53.2"N 9°9'39.8"E

Direkt an der Oste gelegen, einem wunderschönen Fluss, der in beide Richtungen fließt. Der Seefahrer bietet auch Gästezimmer an und einen Steg für Angler und Bootsfahrer. Unsere Gastronomie bietet Do – So Kaffee, Kuchen und Abendessen. Frühstück nach Absprache. Wir bitten um Abmeldung, falls Sie doch nicht kommen. Unsere telefonische Erreichbarkeit ist vormittags (10–12 Uhr) am besten.

Selbstgemachtes: Torten im Café und frische Küche. Nach Voranmeldung: Frühstück, Abendbrot und Getränke erhältlich.
Aktivitäten: Radwege (Deutsche Fährstraße, Oster-, Elbe- und Nordseeküstenweg), Schwebefähre (3 km), Tauchen im Kreidesee (8 km), Zementmuseum, An geln, Baden, Kanufahren
Hinweis: △ Unsere Deichlücke muss durchfahren werden (nicht möglich für Wohnwagen und WoMos über 3,5 t). Alternativ Parkplatz vor dem Haus (ohne Strom).

Seefahrer – Deich-Café-Hotel D2
2021
Achthöfener Deich 10
21756 Osten

Zu Gast bei: Klaus Eisner
04771/6419936
Anreise bis: 21 Uhr
Ruhetage: Mo. Di. Mi.

www.seefahrer-hotel.de

WIEHENGEBIRGSBLICK

Ostercappeln (NI) · 52°22'40.9"N 8°9'32.7"E

Wir leben auf einer kleinen, idyllischen, stillgelegten Hofstelle am Rande des Wiehengebirges mit Anbindung an das weitläufige Rad- und Wanderwegnetz.

Selbstgemachtes: Saisonales von nahegelegenen Höfen und ab und zu Strickereien.
Aktivitäten: Bauernhofcafe, Eisenzeithaus mit Tierparadies 0,8 km, Rad- und Wanderwege mit Lehrpfaden, historisches Venner Mühleninselmuseum, Waffelbäckerei mit Museum 1–2 km, Golfplatz und Erlebnisgastronomie 2 km, Mittellandkanal und Varusschlacht-Museum mit Park 3 km, Osnabrücker Altstadt 18 km

Wiehengebirgsblick C4
Knostweg 5a 2020
49179 Ostercappeln

Zu Gast bei: Helmut & Susanne Meier
05476/253
Anreise bis: 20 Uhr

Nord
Nordwest
Ost
Mitte-West
West
Südost
Südwest

ARCHE-HOF-BROXTEN

Ostercappeln-Venne (NI) · 52°24'4.3"N 8°12'5.8"E

Unser Hof liegt am Rande des Wiehengebirges, unweit der Friedensstadt Osnabrück. Unser Familienbetrieb züchtet hauptsächlich vom Aussterben bedrohte Tierrassen. Auf Wunsch öffnen wir den Hofladen für unsere Gäste. Wir freuen uns jederzeit sehr auf interessierte Besucher!

Selbstgemachtes: Gemüse, Fleischprodukte, Wollprodukte, Käse, Säfte, selbstgebackenes Brot, Eingemachtes, Fruchtaufstrich, Lammfelle und Eier. Nach Voranmeldung: Frühstück, Abendbrot und Getränke erhältlich.
Aktivitäten: Museumspark Varusschlacht, Dümmer See, Alfsee, Tiere anschauen und füttern

Arche-Hof-Broxten C4
Alter Damm 1 2014
49179 Ostercappeln-Venne

Zu Gast bei: Ute & Lars Degen
05476/9189933
Anreise bis: 21 Uhr

Hofladen:
Auf Anfrage

www.arche-hof-broxten.de

GASTSTÄTTE SCHULTE-LIND

Papenburg (NI) · 53°4'10.7"N 7°27'49.8"E

Unser Gastronomiebetrieb besteht seit 1837 und wird in der 6. Generation geführt. Das ganze Jahr über bieten wir regionale Spezialitäten und eine gutbürgerliche Küche in unserem Restaurant mit Gartenterrasse an. Am Haus gibt es eine Reitanlage und einen Kinderspielplatz. Die Toilettennutzung ist während der Restaurantöffnungszeiten möglich (Mi, Fr, Sa und So, siehe Homepage).

Selbstgemachtes: regionale Spezialitäten wie z.B. Grünkohl, Snirtje und mehr. Nach Voranmeldung: Frühstück, Abendbrot und Getränke erhältlich.
Aktivitäten: Besuch im schönen Papenburg, Reiten, Wandern, Schwimmen, Tennis, Golf, Meyer-Werf, Museen

Gaststätte Schulte-Lind B3
Umländerwiek links 90 2021
26871 Papenburg

Zu Gast bei: Anke Lind 04961/73489 o. 0173/9029961
Ruhetage: Mo. Di. Do.

www.gaststaette-schulte-lind.de

SCHNEEVOIGT

Prezelle OT Lomitz (NI) · 52°56'40.4"N 11°23'54.4"E

Wir sind ein Familienbetrieb mit Ackerbau und Schwerpunkt Milcherzeugung und -vermarktung. Wir legen besonderen Wert auf artgerechte Haltung und persönliche Betreuung der Tiere. Unsere weiße Milch ist besonders schmackhaft und natürlich. Die Milchproduktion kann jederzeit besichtigt werden – unser Stall ist immer offen! Unsere Milchtankstelle ist 24/7 geöffnet. Hunde bitte nur angeleint mitbringen! Nach Absprache ist ein Einblick in den Produktionsbetrieb möglich.

Selbstgemachtes: frische Milch, Käse in verschiedenen Sorten, Eier und saisonale Eigenerzeugnisse.
Aktivitäten: Radwanderweg „Grünes Band" (1 km), Badeseen in Arendsee und Gartow (12 km), Heidekutschfahrten (8 km), Nemitzer Heide

Schneevoigt GbR F4
Alte Dorfstraße 20 2021
29491 Prezelle OT Lomitz

Zu Gast bei: Frank und Annika Schneevoigt 05848/9812950 o. 0172/1786412
Anreise bis: 21 Uhr

Hofverkauf:
Auf Anfrage

www.fabelhafterstall.de

JANSSEN HOF

Rastede (NI) · 53°14'44.5"N 8°10'59.3"E

Wir sind ein Familienbetrieb mit großer Vielfalt. Auf dem Hof befindet sich ein Hofladen mit Bäcker- und Fleischerei, 2 Golfanlagen (Abenteuer- und Swingolf) sowie ein Café. In der Landwirtschaft liegt der Schwerpunkt im Anbau von Back- und Futtergetreide. Dieses ist die Grundlage für die Fütterung der Strohschweine und der Legehennen im Mobilstall.

Selbstgemachtes: Brot aus dem Steinofen, Brötchen, Kekse, Fleisch und Wurstwaren vom Schwein, Eier aus Freilandhaltung, Fruchtaufstriche, Liköre, Säfte, Backgetreide, Kuchen und Torten in unserem Café. Außerdem: Käse, Milchprodukte, Honig, Nudeln, Kartoffeln, Gemüse und Wein.
Aktivitäten: Abenteuer- und Swingolf, Freibad, Badesee, Kletterwald, Schloßpark, Fahrradrouten

Janßen-Hof
Pantinenweg 6
26180 Rastede
C3
2014

Zu Gast bei: Carsten Janßen
04402/2482
Anreise bis: 19 Uhr

Hofladen:
Di.–Fr. 9–12:30, 14:30–18:30 Uhr // Sa. 8:30–18, 21:30–22 Uhr // So. 11–18 Uhr

www.janssen-hof.de

SOS-HOF BOCKUM

Rehlingen (NI) · 53°5'31.1"N 10°12'21.2"E

SOS-Hof Bockum ist eine Einrichtung für erwachsene Menschen mit einer geistigen Behinderung. In Bockum leben und arbeiten rund 100 Menschen und produzieren biologische Lebensmittel. Sie übernachten mitten im Geschehen zwischen Gärtnerei, Landwirtschaft und Käserei.

Selbstgemachtes: Käse, Milchprodukte, Quark, Joghurt, Kartoffeln, Gemüse und Produkte aus der Tischlerei.
Aktivitäten: Sie haben die Möglichkeit, sich auf unserem Hof umzuschauen und zu erleben, wie wir unseren Alltag gestalten. Unsere Gäste freuen sich über die ruhige Atmosphäre.
Hinweis: △ Alle drei Plätze sind gut zu erreichen.

SOS-Hof Bockum
Bockum Nr. 10
21385 Rehlingen
E3
2021

Zu Gast bei: Axel Dräseke
0170/3758509
Anreise bis: 20 Uhr
Schließzeit: 15.12.–15.01.

Hofladen und Hofverkauf:
Auf Anfrage

www.sos-hof-bockum.de

HOF LÜBBERSTEDT

Salzhausen (NI) · 53°13'25.2"N 10°10'58.9"E

Wir haben einen landwirtschaftlichen Milchviehbetrieb mit ca. 55 Kühen und befinden uns im Außenbereich von Salzhausen. Einen Teil unserer Milch vermarkten wir direkt und haben in unserem kleinen Hofladen auch noch andere Produkte von regionalen Höfen aus der Umgebung. Von April bis Oktober bieten wir sonntags von 13 bis 18 Uhr einen Kugeleisverkauf auf unserem Hof an.
Selbstgemachtes: Bauernhofeis, Joghurt, pasteurisierte Milch, Milch-Mixgetränke, Butter und Pudding. Außerdem: Käse, Wurst, Fleisch, Bratwurst, Eier, Kartoffel, Saft, Nudeln, Essig, Sirup, Kaffee und Knödel.
Aktivitäten: Freibad (200 m), Ponyreiten (1 km), Wildpark (8 km), Radwanderwege, Lüneburger Heide (15 km), Lüneburger Altstadt, Stint (20 km)
Hinweis: △ Hinterm Schwimmbad 200 m weiter in die Wiesen fahren, dann die zweite Einfahrt hinterm Stall nehmen. Gegenüber vom Schwimmbad befindet sich ein Wohnmobilstellplatz der Gemeinde, bitte fahren Sie zu uns weiter!

Hof Lübberstedt
Am Waldbad 10
21376 Salzhausen
D3
2022

Zu Gast bei: Margit Lübberstedt
04172/961435
Anreise bis: 21 Uhr

Hofladen und Hofverkauf:
Fr., Sa. 9–18 Uhr

www.hof-luebberstedt.de

HOF COHRS-THIEDE

Salzhausen/Putensen (NI) · 53°11'44.8"N 10°11'40.6"E

Unser Hof in der Lüneburger Heide mit 11.000 qm Grundstück ist ein harmonisches Zusammenspiel aus Nostalgie und Moderne. Wir haben ein denkmalgeschütztes Ensemble 400 Jahre alter Gebäude, sowie Neubauten. Der idyllische Bestand zahlreicher alter Eichen lädt zum Verweilen ein. Mensch und Tier sollen sich auf unserem Hof wohlfühlen und Ruhe finden. Die Achtung vor Natur und Umwelt ist uns sehr wichtig. Bei uns gibt es einen Saftladen, der nach Bedarf öffnet.

Selbstgemachtes: Bio-Angus-Weiderindfleisch, Bio-Heu und Kaminholz. Außerdem: Rüter Fruchtsäfte und Weine.

Aktivitäten: Freibad (3 km), Wilseder Berg, Wildpark in Niendorf

Hof Cohrs-Thiede D3
Lindenallee 7 2021
21376 Salzhausen/Putensen

Zu Gast bei: Familie Cohrs-Thiede
04172/961960 o. 0174/3743100
Anreise bis: 20 Uhr

Hofverkauf:
Fr. 14–18 Uhr

www.beren-bur.de

HOFKÄSEREI DENNEMANN

Samern (NI) · 52°17'16.4"N 7°16'43.3"E

Seit Generationen ist unser Hof in Familienbesitz. Seit 1991 betreiben wir nicht nur Land- und Viehwirtschaft, sondern stellen in unserer kleinen Hofkäserei auch feinste Hofkäsedelikatessen aus Kuh- und Ziegenmilch her. In unserem „Käsehuesken" können Sie diese verschiedenen Käse probieren, aber auch an Käseseminaren teilnehmen. Wir freuen uns über Ihre Anmeldung per SMS oder über unseren Anrufbeantworter.

Selbstgemachtes: Frisch-, Schnitt- und Hartkäse, Camembert, Quark, Joghurt, Molke und Trinkmilch aus Kuh- und Ziegenmilch, Ziegensalami, Ziegenbratwurst, Spezialität: „Muh und Mäh", ein Schnittkäse aus Kuh- und Ziegenmilch. Außerdem: Eier, Nudeln, Pesto und Honig. Nach Voranmeldung: Frühstück, Abendbrot und Getränke erhältlich.

Aktivitäten: eigenes Baggerloch, Badeseen, Fahrrad- und Wanderrouten, Burg Bentheim, Kurbad Bad Bentheim, Kloster Bentlage

Hofkäserei Dennemann B5
Am Esch 12 2019
48465 Samern

Zu Gast bei: Dirk Dennemann
05923/5611 o. 0157/80930481
Anreise bis: 20 Uhr

Hofladen:
Mo., Di., Do.–Sa. 9–18 Uhr // Mi. 9–13 Uhr // So. 11–18 Uhr

www.dennemann.de

REINER NEUMANN

Sandbostel (NI) · 53°23'43.8"N 9°5'54.0"E

Wir sind ein landwirtschaftlicher Betrieb in ruhiger Lage. Unser kleines Dorf mit 15 Häusern liegt direkt am Naturschutzgebiet Huvenhoops Moor (Teufelsmoor). Milchkühe und eine Mutterkuhherde sowie Acker- und Grünlandbewirtschaftung sind die Schwerpunkte des Betriebes. Wir stellen Ihnen bei Bedarf gerne unsere große Gemeinschaftsküche zur Verfügung.

Selbstgemachtes: Milch, Frischkäse, Eier, Gemüse, Kartoffeln und Fleisch vom Piemonteser Rind.

Aktivitäten: Radwandern und Wandern auf den Nordpfaden, Kanu fahren auf der Oste mit unseren eigenen Kanus, hofeigene Außensauna im Garten, Moorlehrpfad, drei Naturseen hinterm Haus

Reiner Neumann D3
Berghoepen 1 2022
27446 Sandbostel

Telefon: 0170/5349072
Anreise bis: 14 Uhr

Hofverkauf:
Auf Anfrage

KLINDWORTHS GASTHOF

Sauensiek (NI) · 53°22'46.6"N 9°35'45.4"E

Wir sind ein traditionsreicher, dörflicher Gasthof mit den besten Speisen von damals und heute mit regionalen Zutaten. Unser Bier brauen wir selbst und haben über die Jahreszeiten immer mehrere, wechselnde Spezialitäten für Sie zum Probieren. Bei fünf Sorten vom Fass und weiteren zum hier Trinken oder Mitnehmen in der Flasche, finden Sie garantiert das Richtige für Ihren Geschmack.

Selbstgemachtes: Biere, Soßen und Speisen. Frühstück, Abendbrot und Getränke erhältlich.
Aktivitäten: wunderschönes Naturbad direkt neben dem Hof, Wanderung zum Gaussturm (Aussichtsturm) auf dem Litberg

Klindworths Gasthof D3
Hauptstraße 1 2016
21644 Sauensiek

Einfach anreisen…
Anreise bis: 21:30 Uhr

Hofladen und Hofverkauf:
Auf Anfrage

www.klindworths.de

ENDEHOLZER WIESEN-EI

Scharnhorst (NI) · 52°42'58.4"N 10°18'57.0"E

Wir sind ein familiengeführter Bauernhof mitten im Naturpark Südheide. Unsere Hühner und Hähne leben in einem Mobilstall auf einer großen Wiese und werden von den Ziegen Lucky und Naseweiß beschützt. Außerdem gibt es zwei Pferde, Katzen und Schweine.

Selbstgemachtes: Eier aus Freilandhaltung, Nudeln, Kuchen im Glas, Kartoffeln und Wurst im Glas. Außerdem: Eis, Produkte vom Bruderhahn (Currywurst, Bolognese, Frikassee, Hähnchen-Curry, Geflügelsuppe, Fond, Leberwurst, Leberwurst für Tiere) und Direkt-Säfte.
Aktivitäten: Spielplatz im Ort, ländliche, sehr waldreiche Umgebung, gutes Radwegenetz, Badesee, Freibäder, Restaurants, Einkaufsmöglichkeiten, Spielzeugmuseum, Filmtierpark

Endeholzer Wiesen-Ei E4
Masch 9 2021
29348 Scharnhorst

Zu Gast bei: Kathrin Kaiser-Knoop
05142/410863 o. 0176/44571511
Anreise bis: 21 Uhr

Hofladen:
Auf Anfrage

www.endeholzer-wiesenei.de

MELKHUS & BASSEN'S BAUERNLADEN

Scheeßel (NI) · 53°9'17.2"N 9°29'24.2"E

Im Melkhus können Sie alles rund um Milchprodukte erleben: Eis, Quarkspeisen, Milchshakes und natürlich Kaffee und Kuchen. Bei schönem Wetter draußen, bei schlechtem Wetter im Frühstücksraum. In unserem Hofladen dreht sich alles um unsere freilaufenden Hühner und um Kräuter.

Selbstgemachtes: Eier, Tee, Kekse, Likör, Marmelade, sauer Eingelegtes, Suppen und Nudeln. Außerdem: Gewürze, Honig, Wurst, Käse, Gemüse, Säfte, Sekt. Frühstück und Getränke erhältlich.
Aktivitäten: Radwege, Nordpfade, Heimatmuseum mit Blaudruck

Melkhus & Bassen's D3
Bauernladen 2019
Finteler Weg 2
27383 Scheeßel

Zu Gast bei: Sabine Bassen
04263/94283
Anreise bis: 18:30 Uhr

Hofladen:
Täglich 9–18 Uhr

www.hofladen-bassen.de

HOF SCHROERS

Scheeßel-Westervesede (NI) · 53°8'50.1"N 9°32'55.0"E

Seit über 400 Jahren ist der Hof Schroers in Familienbesitz. Die Umwelt im eigenen Umfeld zu gestalten und dies weiterzugeben ist unser Ziel geworden. Blockheizkraft und Wasserfilterung wurde hier umgesetzt. In unserem kleinen Hofcafé gibt es hausgemachte Torten und Kuchen zu hochwertigem Lloyd-Kaffee. Der Hofkontor-Laden bietet allergiefreie Alpaka-Mode, Textilien aus natürlichen Materialien und lädt zum Shoppen ein. Sie können es sich auch gern auf der Terrasse und in unserem Garten gemütlich machen.

Selbstgemachtes: leckere Torten (klassisch, glutenfrei, vegan), verschiedenes Gebäck, Eier, Obst u.v.m. Außerdem: allergiefreie Alpaka-Mode, Pullover, Mützen, Schals, Socken, Pima-Baumwoll-Shirts und Mode aus natürlichen Leinenstoffen, Infos zum Hof, zu Energie & Wasser: Photovoltaik, Energiespeicherung. Nach Voranmeldung: Getränke erhältlich.
Aktivitäten: (Rad-)Wandern auf den Nordpfaden: www.nordpfade.info

Hof Schroers D3
Brückenstrasse 5 2021
27383 Scheeßel-Westervesede

Zu Gast bei: Heidi Roselius
04263/982876 o. 0151/61454682
Anreise bis: 22 Uhr

Hofladen und Hofverkauf:
Fr.–So. 14–18 Uhr

www.hofschroers.de

SPARGEL- UND BEERENKULTUREN JAHN

Schneiderkrug (NI) · 52°49'37.1"N 8°14'8.3"E

Unser Familienbetrieb liegt im schönen Oldenburger Münsterland zwischen Vechta und Cloppenburg. Hier können Sie vieles über Spargel-, Erdbeeren- und Heidelbeeranbau erfahren. Während unserer Saison (Mitte April bis Mitte August) sind Sie herzlich willkommen zum gemütlichen Einkaufen in unserem Hofladen. Ein Einblick in den Produktionsbetrieb (Spargelstechen, allgemeine Ernteabläufe) ist nach Absprache möglich.

Selbstgemachtes: Spargel, Grünspargel, Erdbeeren, Heidelbeeren und Fruchtaufstriche. Außerdem: Wein, Heidelbeersaft, Honig, Kartoffeln, Schinken, Nudeln, Tomaten und Kekse.
Aktivitäten: Museumsdorf Cloppenburg, Ahlhorner Fischteiche, Wanderung (Großsteingräber), Thülsfelder Talsperre

Markus und Doris Jahn GbR, Spargel- und Beerenkulturen C4
Halter Weg 2 2022
49685 Schneiderkrug

Zu Gast bei: Doris Jahn 04447/210 o. 0170/1676744
Anreise bis: 18 Uhr
Ruhetag: So.
Schließzeit: 01.09.–15.04.

Hofladen: Mo.–Fr. 8–18 Uhr // Sa. 8–16 Uhr // So. 8–12:30 Uhr

www.jahn-obstbau.de

ATELIERHOF SCHOLEN 53

Scholen (NI) · 52°44'50.1"N 8°45'25.0"E

Der idyllisch am Rand eines Moorgebiets liegende Atelierhof wurde 1997 von der Keramikerin Sabine Kratzer und der Buchbinderin Sabine Rasper gegründet. Ein Heilpflanzengarten wurde 2014 von einem gemeinnützigen Verein auf dem Gelände angelegt. Regelmäßig finden Ausstellungen, Kurse und Holzofenbrände statt. Informationen dazu finden Sie auf der Homepage. Führungen durch Ateliers und Gärten gerne nach Absprache.

Selbstgemachtes: Gartenkeramik, Porzellanunikate, Keramik aus dem Holzofen, Buch- und Papierarbeiten.
Aktivitäten: Einblick in zwei Künstlerateliers, Besuch eines Heilpflanzengartens und Biotops mit Streuobstwiese, Bienen, Hofcafé in 2 km, Moorerlebniswelt in 20 km, Kranichrastplatz

Atelierhof Scholen 53 C4
Scholen 53 2015
27251 Scholen

Zu Gast bei: Sabine Rasper & Sabine Kratzer 04245/267 o. 0151/24246426
Anreise bis: 19 Uhr

www.scholen53.de

FAIRHANDELSHAUS MERCADO MUNDIAL

Schortens (NI) · 53°33'9.4"N 7°58'36.0"E

Herzlich willkommen! Wir sind ein öko-faires Bildungszentrum mit einem Bio-Hofladen, eigener Geflügelhaltung und diversem Gemüseanbau. Wir führen ebenso ein Bio-Fairkaufhaus mit gemütlichem Café und einer traditionellen Kaffee-Rösterei. Die Toilettennutzung ist nur während der Öffnungszeiten des Geschäfts möglich.

Selbstgemachtes: Röstkaffee, Kuchen, Eier, Obst und Gemüse. Außerdem: Bio-Lebensmittel, Kunsthandwerk, Fairtrade-Produkte. Getränke erhältlich.
Aktivitäten: In den Sommerferien Einblick in die Kaffee-Rösterei, Waldwanderungen, Seenlandschaften, Treckerfahrten für Kinder

Fairhandelshaus Mercado Mundial
Accumer Str. 5
26419 Schortens
C3
2017

Zu Gast bei: Reinhard Hartwig, einfach anreisen…
Anreise bis: 17 Uhr

Hofladen:
Di.–Fr. 10–12:30, 14:30–18 Uhr // Sa. 10–12:30 Uhr

www.mercado-mundial.de

ARCHE-HOF SCHWANEWEDE

Schwanewede (NI) · 53°14'54.0"N 8°36'10.4"E

Herzlich willkommen auf dem Wollschwein-Hof-Schwanewede! – Wir sind ein kleiner im Nebenerwerb geführter Bauernhof mit reetgedecktem Wohnhaus mitten zwischen Bremen und Bremerhaven. Auf unserem Hof leben rund 100 Tiere. Wir züchten vom Aussterben bedrohte Haustierrassen wie Wollschweine, Moorschnucken Gänse, Kaninchen, Enten und Hühner. – Mit uns auf dem Hof leben noch mehrere Bienenvölker, 2 Katzen und unsere beiden Hunde. Bei uns dürfen Sie das Leben auf einem kleinen Bauernhof kennenlernen und den Tieren ganz nah kommen, sie streicheln oder beim Füttern helfen. Wir und all unsere Tiere freuen uns auf Ihren Besuch!
Selbstgemachtes: Honig aus eigener Imkerei, Fleisch- und Wurstwaren.
Aktivitäten: Tierfütterungen, Radwanderwege, diverse interessante Ausflugsziele

Wollschwein-Hof-Schwanewede
Hamfährer Weg 31
28790 Schwanewede
C3
2017

Zu Gast bei: Tanja & Karsten Bode
04209/3355 o. 0171/7750098 o. 0160/94762807

Hofverkauf:
Auf Anfrage

wollschwein-hof-bode.jimdo.com

HOF BUTENDIEK

Seefeld (NI) · 53°26'30.9"N 8°20'20.1"E

Wir führen einen landwirtschaftlichen Familienbetrieb mit 150 Milchkühen und eigener Nachzucht. Außerdem haben wir noch ein Hühnermobil. An unserem Hof ist eine Hofkäserei angeschlossen, in der die hofeigene Milch zu leckeren Produkten verarbeitet wird, die sind selbstverständlich für Sie in unserem Hofladen zu finden.

Selbstgemachtes: Frischkäse, Schnittkäse, Joghurt, Quark, Wurst und Eier. Außerdem: Butter.
Aktivitäten: Strandbad Sehestedt, Kulturzentrum Seefelder Mühle

Hof Butendiek
Reitlander Str. 1
26937 Seefeld
C3
2016

Zu Gast bei: Elisabeth Bruns
04734/218
Anreise bis: 17 Uhr
Ruhetage: Sa. So.
Schließzeit: 01.11.–28.02.

Hofladen:
Mo.–Fr. 9–18 Uhr // Sa. 9–12 Uhr

www.hof-butendiek.de

GALLOWAYHOF RHÜDEN

Seesen OT Rhüden (NI) · 51°56'56.4"N 10°7'60.0"E

Besuchen Sie unseren Bilderbuchbauernhof und lernen Sie einen anderen Umgang mit Nutztieren kennen. Versetzen Sie sich für ein paar Stunden in die schönen Seiten der „guten alten Zeit". Bei uns leben die Tiere in einem artgerechten Zuhause. Wir öffnen unseren Hofladen gerne nach Vereinbarung für Sie. Bitte führen Sie Ihren Hund an der Leine. Nach Absprache ist der Hofladen auch außerhalb der Öffnungszeiten geöffnet.

Selbstgemachtes: Rind- und Schweinefleisch, Wurst, Marmelade, Kompott und Säfte (nach Jahreszeit).
Aktivitäten: St. Martini-Kirche, Wilhelm-Busch-Museum, Steinwaypark

Gallowayhof Rhüden D5
Am Lahberg 1 2022
38723 Seesen OT Rhüden

Zu Gast bei: Sabine Kirsch
0160/8019031
Anreise bis: 19 Uhr

Hofladen:
Mi. 17–18 Uhr // Sa. 10–12 Uhr

www.galloway.mykirsch.de

HOF BARMBRUCH

Soltau (NI) · 52°58'27.6"N 9°47'19.0"E

4 Seiten Hof = 4 Seiten Wald. Wir, das sind Marlen und Hans-Jürgen Sander, freuen uns über Ihren Besuch. Seit 2011 bewirtschaften wir unseren historischen Hof im Südwesten von Soltau, mitten in der wunderschönen Lüneburger Heide. Wir haben uns entschieden, zusätzlich zur Landwirtschaft, einen eigenen Hofladen zu betreiben. Dabei haben wir das Selbstbedienungskonzept vor Ort ausgewählt. Außerdem halten wir Freilandschweine, Hühner und Hofhunde.

Selbstgemachtes: Kartoffeln, Eier, Fleisch, Fruchtaufstriche und Wildspezialitäten. Außerdem: Honig, Bonbons und Dosenwurst.
Aktivitäten: Soltau-Therme, Heidepark Soltau, Spielzeugmuseum, Das fliegende Klassenzimmer
Hinweis: △ Fahrzeuge bis 5,5 t, Anlieger frei

Hof Barmbruch D4
Barmbruch 5a 2022
29614 Soltau

Zu Gast bei: Marlen und Hans-Jürgen Sander 05191/8384349 o. 0171/4863439
Anreise bis: 18 Uhr

Hofladen:
Täglich 8–18 Uhr

www.hof-barmbruch.de

HOF FAMILIE PETERS

Stedesdorf (NI) · 53°38'34.8"N 7°39'18.9"E

Wir sind ein kleiner Familienbetrieb mit Legehennen und ein paar Mastschweinen, der nach den Kriterien des Deutschen Tierschutzbundes erzeugt. Gern können uns interessierte Gäste bei der täglichen Arbeit über die Schulter schauen oder auch behilflich sein. Wir befinden uns in ruhiger Lage an der Nordseeküste und freuen uns auf Ihren Besuch!

Selbstgemachtes: Freilandeier, Kartoffeln, Eierlikör, Fruchtaufstriche und Wurst.
Aktivitäten: Spielscheune 5 km, Mühlenmuseum, Küstenbrauerei, Nordsee 8 km, Schwimmbad

Hof Familie Peters B3
Kantor-Fehlhaber-Str. 1 2019
26427 Stedesdorf

Zu Gast bei: Johann Peters
0174/3804614
Anreise bis: 21 Uhr

Hofverkauf:
Auf Anfrage

STRAUSSENHOF PLENGE

Steyerberg (NI) · 52°34'43.3"N 8°58'23.8"E

Sind Sie schon mal vom Strauß geweckt worden? Oder von Schafen? Nein? Dann kommen Sie zu uns auf den landwirtschaftlichen Betrieb mit Schwerpunkt Ackerbau und Biogasanlage und übernachten direkt neben dem Straußengehege. Genießen Sie einen tollen Tag in ländlicher Idylle in unserem Garten mit großem „Mensch Ärger Dich Nicht" Spielfeld, Kegelbahn, Sandkasten und Schaukel für die Kinder. Wir freuen uns auf Ihren Besuch.

Selbstgemachtes: Straußeneier (je nach Saison auch volle). Außerdem: Staubwedel aus Straußenfedern.
Aktivitäten: Fluss „Große Aue" mit Kanuanleger und Angelmöglichkeit, Radwanderwege, die Energieentdeckerroute, Kegelbahn und großes „Mensch Ärger Dich Nicht" Spielfeld auf dem Hof

Landwirtschaftlicher Betrieb Plenge C4
Düdinghausen 11 2021
31595 Steyerberg

Zu Gast bei: Antje und Armin Plenge
05764/9419811 o. 0162/6575756
Anreise bis: 18 Uhr

Hofverkauf:
Auf Anfrage

www.duxen.de

KARTOFFELHOF MOMO

Stinstedt OT Moorausmoor (NI) · 53°38'4.8"N 8°58'6.1"E

Herzlich willkommen auf unserem kleinen Hof umgeben von Wiesen und Feldern. Wir, das sind Hinni und Astrid, arbeiten und leben mit drei Katzen und einem kleinen Hund auf unserem Bauernhof und bieten zum Kauf unsere eigenen Kartoffeln an. Weiterhin betreiben wir traditionellen Ackerbau.

Selbstgemachtes: Kartoffeln, saisonales Obst und Gemüse, Marmelade und Säfte.
Aktivitäten: Radwanderwege, Otterndorf und Cuxhaven an der Küste, Rudern, Museum Burg Bad Bederkesa, Bremer Hafen nicht weit entfernt

Kartoffelhof MOMO C3
Lamstedterstraße 5 2021
21772 Stinstedt OT Moorausmoor

Zu Gast bei: Astrid Ingwersen
0173/2006044
Anreise bis: 19 Uhr

Hofverkauf:
Auf Anfrage

EGGESE 3

Stuhr (NI) · 52°58'48.3"N 8°40'4.1"E

Sie besuchen eine denkmalgeschützte Hofanlage aus den Jahren 1774 und 1897 mit zahlreichen Nebengebäuden. Der landwirtschaftliche Betrieb wurde um 1930 eingestellt, seitdem sind die Gebäude im Dornröschenschlaf und werden derzeit behutsam wieder aufgeweckt. Die Zeit scheint stehen geblieben zu sein, alles befindet sich nahezu im Originalzustand. Im ehemaligen Obstgarten neben alten Eichenbäumen und begrenzt von einer uralten Buchenhecke liegt die gemähte Grasstellfläche mit wunderbarem Blick auf die historischen Gebäude.
Aktivitäten: Gästeführung nach Absprache über die Hofstelle und durch die Gebäude (Schwerpunkt: Bauweise mit Baustoffen Lehm und Sumpfkalk, bewegende Geschichte einer Flüchtlingsfamilie nach dem zweiten Weltkrieg)
Hinweis: △ Bitte unbedingt von der Strasse „Langer Weg" anfahren, nicht von der „Siekstrasse". Die letzten 500 m sind einspurig und beschottert. Die Zufahrt zum Stellplatz ist sehr eng.

Eggese 3 C4
Langer Weg 44 2021
28816 Stuhr

Zu Gast bei: Jens Oyen 0176/23236302
Anreise bis: 20 Uhr

HOF HOGELÜCHT

Südbrookmerland (NI) · 53°27'17.3"N 7°16'23.3"E

Wir sind ein familiengeführter Milchviehbetrieb im Herzen Ostfrieslands. Etwa 30 Kilometer von der Nordseeküste entfernt sind neben unseren Kühen auch Hühner, Ponies und Hunde zu Hause. Typisch für die Region sind unsere Kühe vom Frühjahr bis Herbst auf der Weide.
Selbstgemachtes: Milch (geht an die Molkerei Rücker), Eier, Marmelade und Holunderblütensirup. Außerdem: Trauben, Holunderblütengelee und Traubensaft (saisonal). Getränke erhältlich.
Aktivitäten: Hofführungen, Mitmachen beim Melken, Kühe von der Weide holen, Ponyreiten auf den eigenen Ponies, Großes Meer (Badesee) mit vielfältigen Wassersportangeboten, Fahrräder zum Ausleihen
Hinweis: △ Bahnübergang 300m vor dem Hof. Wenn die Schranken geschlossen sind auf den Knopf dort drücken und auf Rückmeldung warten.

Hof Hogelücht B3
Punger Weg 3 2021
26624 Südbrookmerland

Zu Gast bei: Anne te Brake
04942/718 o. 01522/4042855
Anreise bis: 20 Uhr
Schließzeit: 01.11.–28.02.

Hofverkauf:
Auf Anfrage

Instagram: hofhogelucht

NUTZTIER-ARCHE SUDERBRUCH

Suderbruch (NI) · 52°40'18.3"N 9°31'13.3"E

Wir sind eine zertifizierte Nutztier-Arche im Nebenerwerb. Als Selbstversorger mit Überschussvermarktung wirtschaften wir nach dem Slow-Farming Prinzip. Einen klassischen Hofladen betreiben wir nicht, aber einen kleinen SB-"Bauernbauchladen". Unsere Herzensangelegenheit ist es vom Aussterben bedrohte Nutztierrassen, Obst- und Gemüsesorten zu erhalten und somit die Agrobiodiversität zu stärken. Seitdem wir im Rentenalter sind, haben wir uns vornehmlich auf die Haltung verschiedener Geflügelrassen spezialisiert. Weiterhin gibt es Pferde, Hunde und Katzen bei uns. Wir sind selbst Wohnmobilisten und freuen uns auf nette Landvergnügengäste. Hunde können wir, wegen unserer Geflügelhaltung, nur empfangen wenn diese grundsätzlich auch angeleint werden.
Selbstgemachtes: Eier, Wachteleier, Dosenwurst, Kürbisse, Früchte der Saison, Obstsäfte und Marmeladen. Außerdem: Honig.
Aktivitäten: Badesee, Dorfmuseum, Lagerfeuerplatz, Tischtennis und Sitzecke auf dem Hof

Nutztier-Arche Suderbruch D4
Zum Schießstand 3 2014
29690 Suderbruch

Zu Gast bei: Familie zum Berge
05074/92114 o. 0171/9958789
Anreise bis: 19 Uhr

Hofverkauf:
Auf Anfrage

www.nutztier-arche.de

HOF ALBERS

Südheide OT Oldendorf (NI) · 52°47'45.6"N 10°4'58.9"E

Wir sind ein schöner Familienbetrieb inmitten der Lüneburger Heide, auf dem vier Generationen, Katzen und ein lieber Hund leben. Die Heideflächen sind nur eine kurze Radtour entfernt. Wir halten Limousin-Rinder und Bunte Bentheimer Schweine und betreiben einen kleinen Hofladen, in dem man die Produkte unserer Tieren erwerben kann. Den Hofladen öffnen wir auch gerne außerhalb der Öffnungszeiten.
Selbstgemachtes: Fleisch- und Wurstwaren, Schmalz und Marmelade. Außerdem: Honig, Eier, Heide-Kartoffeln und Cellagon.
Aktivitäten: Gut ausgebautes Rad- und Wanderwegenetz, Paddeln auf der Örtze, Heideflächen, Heide-Park Soltau 30 km, Wildpark Müden/Örtze 6 km, hist. Altstadt Celle und Schloss, Freibad in Faßberg (Mai bis September)

Hof Albers D4
Alte Gasse 13 2020
29320 Südheide OT Oldendorf

Zu Gast bei: Dominique Albers
0172/4235356
Anreise bis: 20 Uhr

Hofladen:
Di.–Do. 14–18 Uhr // Fr. 9–12, 14–18 Uhr // Sa. 9–13 Uhr

FRISCHEKISTE UND BIOLAND HOFRESTAURANT

Syke (NI) · 52°56'20.2"N 8°48'56.9"E

Wir sind ein Bioland-Hof mit Gemüseanbau. Auf unseren Grünflächen weiden Schafe. Unsere Produkte vermarkten wir über unseren Lieferdienst frischeKISTE. Als Highlight haben wir ein Bio-Restaurant, in dem man unsere Produkte auch gleich probieren kann. Abendessen gibt es nur von Mittwoch bis Samstag, während unserer Restaurant-Öffnungszeiten. Am Sonntag bieten wir Brunch an, dafür ist eine Reservierung erforderlich. Montag und Dienstag ist die Gastronomie geschlossen.

Selbstgemachtes: Gemüse, Äpfel, Apfelsaft, Honig, Speisen und Getränke während der Öffnungszeiten. Außerdem: Wir bieten ein Naturkost-Vollsortiment. Nach Voranmeldung: Abendbrot und Getränke erhältlich.
Aktivitäten: Waldwege, Goldhort-museum

frischeKISTE und Bioland Hofrestaurant C4
2021
An der Wassermühle 20
28857 Syke

Zu Gast bei: Dirk & Stefanie Wolters
04242/8363
Anreise bis: 20 Uhr

Hofverkauf:
Mi.–Fr. 17–22 Uhr // Sa. 11:30–22 Uhr // So. 11:30–17:30 Uhr

www.frischekiste.de u. www.bioland-hofrestaurant.de

HOFLADEN BÜNTEMEYER & LEHMKUHL

Syke-Henstedt (NI) · 52°53'16.7"N 8°49'6.9"E

Wir sind ein kleiner familiengeführter Bauernhof mit Hofladen, in dem wir unsere eigenen Produkte vermarkten. Der Stellplatz befindet sich in dem schön gelegenen Garten mit Anschluss an eine Spielscheune und Abenteuerspielplatz. Kuschelkaninchen und Hühnerbesuch inklusive. Eine geführte Hoftour zu unseren Tieren machen wir gerne und erzählen dabei wie Bauernhof bei uns funktioniert. Wir haben auch Ponys und Katzen, die sich gerne ein paar Streicheleinheiten abholen. Der Selbstbedienungsstand ist auch außerhalb der Öffnungszeiten für Sie da. Wir freuen uns auf Sie!

Selbstgemachtes: alles vom Schwein, Eier, Kartoffeln, Marmeladen, Freilandhähnchen und Suppenhühner. Außerdem: Milchprodukte, Käse, verschiedene Senfsorten, Eierlikör, Nudeln und Äpfel.
Aktivitäten: Hoftour, Kinder dürfen gerne beim Eiersammeln und sortieren helfen, schöne Spaziergänge, Treckerfahren, Syker Kreismuseum

Hofladen Büntemeyer & Lehmkuhl C4
2014
Henstedter Str. 52
28857 Syke-Henstedt

Zu Gast bei: Kris Peperkorn
04242/50768
Anreise bis: 19 Uhr

Hofladen und Hofverkauf:
Mo.–Fr. 8–18 Uhr

www.hofladen-buentemeyerundlehmkuhl.de

MILCHHOF AUDEHM

Tewel (NI) · 53°4'1.4"N 9°39'54.8"E

Unser Milchviehbetrieb im ländlichen Tewel ist seit mehreren Generationen in Familienbesitz. An unserer eigenen Milchtankstelle auf unserem Hof kann man selbst frische Rohmilch zapfen. Außerdem gibt es Käse, Schwein- und Rindfleisch aus Eigenproduktion. Unsere Produkte kann man 24 Stunden an Verkaufsautomaten erwerben.

Selbstgemachtes: Käse, Milch, geräucherter Schinken, Mettwurst, Wurst im Glas, gekochte Rinderwurst und Leberwurst. Außerdem: Eier, Kartoffeln, Getränke, Snacks und Süßes.
Aktivitäten: Einblick in den Betrieb, Kälber streicheln und tränken, Naturbad in Dehmsen, Rad- und Wanderwege

Milchhof Audehm D3
2018
Dorfstr. 14
29643 Tewel

Zu Gast bei: Rainer Audehm
0174/3418351
Anreise bis: 20 Uhr

Hofverkauf:
Auf Anfrage

BIOLAND-HOF BÖSE-HARTJE

Thedinghausen (NI) · 52°58'47.0"N 9°0'32.6"E

Unser Bio-Bauernhof zum Anfassen. Wir sind umgeben vom saftigen Grün der Wesermarschwiesen. Wir öffnen den Hofladen auch gerne auf Zuruf. Sonntags hat unser kleines Hofcafé von 14:00 bis 18:00 Uhr für Sie geöffnet.

Selbstgemachtes: Milch, Käse, Eier, Wurst und Fleisch. Außerdem: Brot und Molkereiprodukte.
Aktivitäten: Erbhof-Baudenkmal der Weser-Renaissance, Deichspaziergang entlang der Weser, regionaler Öko-Markt auf dem Hof jeweils am 2. Samstag des Monats, Weser-Radwander-Weg, Baggerseen, Bremen

Bioland-Hof Böse-Hartje C4
Groß Eißel 26 2015
27321 Thedinghausen

Zu Gast bei: Johanna Böse-Hartje, einfach anreisen…
Anreise bis: 20 Uhr

Hofladen:
Fr., So. 14–18 Uhr // Sa. 11–18 Uhr

www.biohof-boese-hartje.de

KLOSTERGUT BURGSITTENSEN

Tiste (NI) · 53°16'54.5"N 9°33'17.2"E

Das Klostergut Burgsittensen ist ein Ort der Begegnung & Erlebnisse. Packen Sie Ihre Familie und Freunde ein und verbringen Sie einen Kurzurlaub bei uns. Neben historischen Gebäuden erwarten Sie Ziegen und Hühner, ein Hofladen und deftige Stullen. Bei uns finden Gästeführungen nach Absprache statt. Unser SB-Hofladen hat So-Do 24h für Sie geöffnet. Die Burgküche, unser Café, ist Sa und So von 10–17h geöffnet. In dieser Zeit ist auch die Toilettennutzung möglich.

Selbstgemachtes: Fruchtaufstriche, Säfte, Spirituosen, Gemüse, Kartoffeln und Sirup. Außerdem: Nudeln, Pesto, Eier, Käse, Chips, Deko u.v.m.
Aktivitäten: Nordpfad Börde Sittensen, Moorbahn Burgsittensen, Radfernweg Hamburg-Bremen, Heimatmuseum Sittensen
Hinweis: △ Über Hauptstraße aus Tiste kommend auf das Gut fahren!

Klostergut Burgsittensen D3
Burgsittensen 1 2021
27419 Tiste

Zu Gast bei: Sigrid Wülpern 0160/95252264

Hofladen und Hofverkauf:
Fr., Sa. 10–17 Uhr

www.klostergut-burgsittensen.de

LÜBIO

Tosterglope (NI) · 53°12'32.7"N 10°49'16.6"E

Wir sind ein familiärer Bioland-Betrieb im Naturpark Elbhöhen-Wendland. Auf unseren Feldern wachsen hauptsächlich Kartoffeln und Zwiebeln sowie Getreide und Leguminosen. Seit Anfang 2017 halten wir auf einer hofnahen Kleegrasfläche Legehennen in mobilen Ställen.

Selbstgemachtes: Bio-Kartoffeln, Bio-Eier aus dem Mobilstall und Bio-Zwiebeln. Außerdem: Bio-Honig aus dem Nachbarort.
Aktivitäten: Mithilfe beim Eiersammeln, Elbe-Fährfahrt, gute Deich-Radwege, Biosphaerium Elbtalaue, Schloss Bleckede

LüBio E3
Neuhauser Str. 11 2017
21371 Tosterglope

Zu Gast bei: Familien Schoop und Noske 05851/7059 o. 0176/43389780, 0151/27097073
Anreise bis: 17 Uhr

Hofverkauf:
Auf Anfrage

KRÜGERS HOF

Tosterglope OT Ventschau (NI) · 53°12'9.9"N 10°51'29.3"E

Unser Hof liegt idyllisch im kleinen Örtchen Ventschau. Hier kann man vieles zum Thema Schwein und zum Ackerbau lernen. In unserem liebevoll eingerichteten Hofladen kann man eigene und regionale Produkte shoppen und dabei auch eine Tasse Kaffee genießen. Wir freuen uns auf ihren Besuch.

Selbstgemachtes: Wurst und Fleischprodukte von unseren Schweinen. Außerdem: Eier, Käse, Milch, Joghurt, Butter, Honig, Nudeln, Mehl, Senf/Dips, Tee, Fruchtgummis/Bonbons, Kartoffeln, Zwiebeln, Äpfel, saisonales Gemüse, Apfelsaft, Hoflikör, Bier und div. Handarbeiten.
Aktivitäten: Findling, Rad- und Wanderwege, Elbe

Krügers Hof GbR E3
Hauptstraße 35 2022
21371 Tosterglope OT Ventschau

Zu Gast bei: Andrea Krüger
0171/5643718
Anreise bis: 20 Uhr

Hofladen:
Fr. 14:30–15, 17:30–18 Uhr

www.facebook.com/HofKrueger/

HOF FRIEN

Uchte (NI) · 52°28'28.2"N 8°54'31.4"E

Wenn du mal so richtig dem Alltag entfliehen möchtest, dann bist du auf unserem Hof Frien genau richtig! Ein Nachmittag und du fühlst dich wie frisch aus dem Urlaub – versprochen! Unsere leckeren kulinarischen Highlights aus dem Restaurant „Alter Kuhstall" lassen dich den Stress vergessen. Oder lass es dir gut gehen bei einem Stück hausgemachter Torte im Bauerncafé. Hier verwöhnt die Seniorchefin seit über 25 Jahren die Gäste noch höchstpersönlich.

Selbstgemachtes: Torten und Kuchen aus eigener Herstellung, Restaurant mit regionalem Bezug. Frühstück und Abendbrot erhältlich.
Aktivitäten: Uchter Torfmoor, Glashütte Gernheim, Weser Radweg

Hof Frien C4
Höfen 13 2022
31600 Uchte

Zu Gast bei: Frank Mayland-Quellhorst 05763/1590
Anreise bis: 19:30 Uhr
Ruhetage: Mo. Di. Mi.

www.hoffrien.de

HOF BLEKKER

Uelsen (NI) · 52°29'10.0"N 6°52'37.3"E

Wir sind ein heilpädagogischer Bauernhof für Menschen mit Behinderung. Wir betreiben ein Hofcafé, züchten bedrohte Nutztierrassen und haben einen kleinen Hofladen. Das Hofcafé hat Mittwoch bis Sonntag von 14–18 Uhr geöffnet.

Selbstgemachtes: Fruchtaufstriche, Senf, Liköre, Essig, Salze, Geschenk und Dekorationsartikel, Obst und Gemüsesorten. Außerdem: Salami und Honig.
Aktivitäten: Bronzezeithof, Waldbad Abenteuerspielplatz, Frei- und Hallenbad

Hof Blekker – Heilpädagogischer Bauernhof B4
Am Feriengebiet 5 2021
49843 Uelsen

Zu Gast bei: Frank Wilken
05942/8243100
Schließzeit: 20.12.–10.01.

Hofladen und Hofverkauf:
Auf Anfrage

gemeinsam-leben-und-wohnen.de

HOF ALMS

Uelzen (NI) · 52°56'30.9"N 10°31'42.0"E

Unser Kartoffelhof und Ackerbaubetrieb liegt in Veerßen, am Rande der schönen kleinen Hansestadt Uelzen. Wir arbeiten mit drei weiteren Landwirten aus dem Dorf zusammen und betreiben eine konventionelle, moderne Landwirtschaft. Der Hof Alms mit seinem niedersächsischen Fachwerkhaus liegt idyllisch mit weitem Blick über die Felder. Es gibt auf dem Hof einen Spielplatz und unsere Hühner und Ziegen freuen sich über Ihren Besuch. Bei Bedarf steht eine selbst gebaute Biokomposttoilette zur Verfügung. Hofhund Alma begrüßt alle ganz herzlich.

Selbstgemachtes: Kartoffeln, saisonales Obst und Gemüse aus unserem Garten und Eier von glücklichen Hühnern.

Aktivitäten: Baden und Kanufahren auf dem Fluß Gerdau, Hansestadt Uelzen, Fahrradfahren, Gartencafé 800 m

Hof Alms E4
Parkstr. 65 2021
29525 Uelzen

Zu Gast bei: Luisa Alms 0171/3515044
Anreise bis: 18 Uhr
Schließzeit: 01.09.–15.10.

Hofverkauf:
Auf Anfrage

www.hof-alms.de

DIE MÖBELWERKSTATT

Uplengen OT Meinersfehn (NI) · 53°19'2.0"N 7°50'21.4"E

Im südlichen Ostfriesland steht unser denkmalgeschützter Gulfhof auf einem naturnahen Grundstück mit Obstgarten und Schafsweiden. Der Stellplatz befindet sich neben einer Weide, wo Sie Ruhe und Natur genießen können. Vielleicht besucht Sie unser Haus- und Hofkater Johann. Hunde sind willkommen, aber an die Leine zu nehmen.

Selbstgemachtes: Einzelmöbel nach Kundenwunsch und Selbstgemachtes aus den Früchten des Gartens.

Aktivitäten: Badesee (3 km), Radwegenetz nach Knotenpunktsystem direkt ab Hof, Moorerlebnispfad (4 km), Moornaturschutzgebiete in näherer Umgebung

Die Möbelwerkstatt B3
Meinersfehner Str. 35 2022
26670 Uplengen OT Meinersfehn

Zu Gast bei: Andrea und Frank Sirsch
0162/6269540
Anreise bis: 19 Uhr

Hofverkauf:
Auf Anfrage

www.tischlerei-sirsch.de

GUT STEIMKE

Uslar (NI) · 51°38'23.6"N 9°38'24.9"E

Wir sind ein Selbstversorger-Hof mit Ferienwohnung, Kulturscheune und einem kleinen Hofladen. Unser denkmalgeschütztes Gut liegt in Alleinlage in wunderschöner Umgebung mit Flüsschen, Feldern, Wiesen, Wald und Weiden.

Selbstgemachtes: Honig und Eier u.v.m. Außerdem: ganz normales Bioladen-Sortiment.

Aktivitäten: Schwimmbad, Schmetterlingspark, Erlebniswald, Hochseilgarten

Gut Steimke D6
Steimke 1 2016
37170 Uslar

Zu Gast bei: Cornelia Schöning
0177/8566192

Hofladen:
Auf Anfrage

www.gut-steimke.de

BIOLAND-HOF WILKENS

Visselhövede (NI) · 52°58'36.1"N 9°38'9.5"E

Wir betreiben unseren Bioland-Hof seit 28 Jahren mit 50 ha vielseitigem Ackerbau, Rindern, Hühnern und einer Heidelbeerplantage. Der angegliederte Schulbauernhof „ackern&rackern" bietet Kindern Landwirtschaft zum Anfassen. Der Stellplatz bietet viel Platz und Blick auf die Streuobstwiese mit den freilaufenden Hühnern. Anmeldung bitte möglichst per Mail oder WhatsApp.

Selbstgemachtes: Kulturheidelbeeren (Mitte Juli bis Ende August), Quinoa und Eier.
Aktivitäten: beschilderter Wanderweg, gutes Radwegenetz, Heidepark

Bioland-Hof Wilkens D4
Riepholm 3 2016
27374 Visselhövede

Zu Gast bei: Olaf & Christina Wilkens 04262/2298 o. 0157/37034720

Hofverkauf:
Auf Anfrage

GOLDSCHMIED PETER THOMAS

Visselhövede OT Hiddingen (NI) · 53°0'21.7"N 9°37'4.8"E

Gerne möchte ich Reisenden einen Ruheplatz auf unserem Mehrgenerationen-Hof bieten. Unser Hof wurde 1880 erbaut und nach einem Brand 1963 wieder auf seinen Grundmauern aufgebaut. Das erhaltene Stallgebäude wird als Goldschmiedeatelier genutzt. Erleben Sie „Ring to go"! Die Zutaten: einige Hämmer, Ring-Rohlinge aus Silber, etwas Erfahrung und Spontanität. Schauen Sie zu, wie aus dem ausgewählten Ring-Rohling in einer halben Stunde Ihr Wunschring entsteht und perfekt passt!

Selbstgemachtes: Schmuck und Restauration von Großuhren.
Aktivitäten: Kamelfarm, Serengetipark, Vogelpark Walsrode, Skihalle, Heidepark Soltau, Bisbingen

Goldschmied Peter Thomas D4
Brunnenstr. 6 2021
27374 Visselhövede
OT Hiddingen

Zu Gast bei: Peter Thomas
0172/7628989
Anreise bis: 22 Uhr

Hofverkauf:
Auf Anfrage

www.ergotrauringe.de

BUNKENHOF

Visselhövede-Bleckwedel (NI) · 52°56'58.1"N 9°30'14.7"E

Biologisch wirtschaftender Milchviehbetrieb, gelegen am Rande der Lüneburger Heide (im Städtedreieck Verden-Walsrode-Soltau). Gehalten werden die vom Aussterben bedrohten Altdeutschen Schwarzbunten Niederungsrinder, die von Frühjahr bis Herbst auf den umliegenden Grünlandflächen weiden. Unser Hof liegt idyllisch und ruhig mit alten Hofeichen.

Selbstgemachtes: Bio-Schnittkäse aus Rohmilch.
Aktivitäten: Rad- und Wanderwege, Vogelpark Walsrode, Kloster Walsrode, Bullensee mit Mitmach- und Erlebnisgarten

Bunkenhof D4
Bleckwedel 3 2019
27374 Visselhövede-Bleckwedel

Zu Gast bei: Kirsten Meyer 05168/312
Anreise bis: 20 Uhr

HOF HAWIGHORST

Wallenhorst (NI) · 52°19'50.5"N 7°58'3.6"E

Unser langjähriger Familienbetrieb ist ein Spargelhof im Osnabrücker Land mit Eventgastronomie und Hofladen von April bis Ende Juni. Wir bieten abends in dieser Zeit von Dienstag bis Sonntag ebenfalls ein reichhaltiges Spargelbuffet an. Bitte beachten Sie, dass ab Juli bis Januar freitags und samstags keine Anfahrtsmöglichkeit für Reisemobilisten besteht. Ende Januar bis Ende Februar lassen Sie sich donnerstags, freitags und samstags mit regionalem Grünkohl beim Abendbuffet verwöhnen. Achten Sie bitte auf die saisonbedingten Öffnungszeiten. Die Toilettennutzung ist nur zu unseren Öffnungszeiten möglich. Wir freuen uns auf Ihren Besuch!

Selbstgemachtes: saisonabhängig Spargel, Spargelbuffet und Grünkohlbuffet. Außerdem: Kartoffeln, Schinken, Wein, Butter, Marmelade, Säfte aus regionaler Herstellung, saisonales Gemüse und Obst. Nach Voranmeldung: Abendbrot erhältlich.

Aktivitäten: Wanderwege, Stichkanal, Piesberg

Hof Hawighorst B5
Brockhauser Straße 24 2021
49134 Wallenhorst

Zu Gast bei: Laura Hawighorst
05407/32317
Anreise bis: 19 Uhr
Ruhetag: Mo.

Hofladen:
Di.–So. 9–19 Uhr

www.hof-hawighorst.de

HEIDELBEERHOF BLOCK

Walsrode (NI) · 52°48'53.3"N 9°26'55.0"E

Den ersten Blaubeerbusch pflanzten wir im Frühjahr 1973. Seitdem wuchs die Heidelbeerplantage auf eine Größe von 6,3 ha. Wir sind stolz auf die hohe Qualität unserer Heidelbeeren und freuen uns, Sie bei uns begrüßen zu dürfen. Die Saison geht von Ende Juni bis Mitte August, nach Absprache können Sie danach trotzdem gern bei uns stehen. Auch der Ab-Hof-Verkauf ist dann nach Absprache möglich: klingeln Sie einfach bei uns. Unser Hoffest findet an jedem 1. Sonntag im August statt.

Selbstgemachtes: Marmelade, Gelee, Saft und Likör. Außerdem: Honig vom Imker hier im Ort.

Aktivitäten: Badesee, Alpakahof, Vogelpark, Serengetipark, Heidepark Soltau (80 km)

Heidelbeerhof Block D4
Groß Eilstorf 44 2021
29664 Walsrode

Zu Gast bei: Andrea Block
05166/423 o. 0172/9780403
Anreise bis: 18 Uhr

Hofladen:
Täglich 8:30–20 Uhr

www.heidelbeerhof-block.de

HOF BOSTEL

Walsrode (NI) · 52°50'1.2"N 9°34'53.9"E

Wir sind ein landwirtschaftlicher Betrieb mit Spargel-, Rhabarber- und Erdbeeranbau von April bis Juni, sowie Kürbisanbau im Herbst. Bei uns finden Sie verschiedenste Tiere – von Hunden über Katzen bis hin zu Mutterkühen. Wir bieten außerdem zwei komfortable Ferienwohnungen mit vielen Freizeitgestaltungsmöglichkeiten. Bitte beachten Sie, dass der Hofladen nur von April bis Juni geöffnet hat! Einige Produkte bieten wir aber ganzjährig in unserem Kartoffelhäuschen (24/7) an und stehen bei Fragen jederzeit zur Verfügung.

Selbstgemachtes: Spargel, Erdbeeren, Rhabarber, Kürbis, Marmeladen, Fleisch vom Chianina-Rind. Außerdem: Wurst, Schinken, Kartoffeln, Gurken, Wein, Secco, Eier, Saucen und Kuchen.

Aktivitäten: Strandbad, Heidemuseum, Rad- und Wanderwege, Freizeitparks

Hof Bostel D4
Benzen 7 2021
29664 Walsrode

Zu Gast bei: Gerhard-Adolf Bostel
05161/74399
Anreise bis: 18 Uhr
Ruhetag: So.
Schließzeit: 19.12.–08.01.

Hofladen und Hofverkauf:
Täglich 8–18 Uhr

www.hof-bostel.de

Nord Nordwest Ost Mitte-West West Südost Südwest

ISERMANNS HOF

Walsrode (NI) · 52°49'10.8"N 9°27'10.3"E

Idyllisch, familiär, ländlich, aktiv – der Isermanns Hof! Perfekt inmitten des Heidekreises, ruhig gelegenen gut erreichbar. Umgeben von vers. Erholungs- und Freizeitparks, könnt ihr bei uns moderne Landwirtschaft erleben. In unserem kleinen SB-Hofladen bieten wir unsere eigenen Produkte an. Eine Feuerstelle mit Grillmöglichkeiten kann gerne genutzt werden.

Selbstgemachtes: Eier, Kartoffeln, Bratwurst, Marmelade, Kräutersalz und Chutneys. Nach Voranmeldung: Frühstück erhältlich.

Aktivitäten: Aller-Leine-Tal mit vielen Rad- und Wanderwegen, die Hermann-Löhns-Stadt Walsrode bietet neben dem berühmten Vogelpark auch Einkaufsmöglichkeiten und Museen, Reiterstadt Verden mit Freibad, Dom, Pferdemuseum, Freizeitpark „Magic-Park"

Isermanns Hof D4
Gr. Eilstorf 13 2021
29664 Walsrode

Zu Gast bei: Kim Ahlden-Holste
0174/1715831
Anreise bis: 21 Uhr
Schließzeit: 01.11.–01.04.

Hofverkauf:
Auf Anfrage

isermanns-hof.wixsite.com/website

BECKERS HOF

Walsrode (NI) · 52°51'37.0"N 9°31'5.2"E

Willkommen auf Beckers Hof im wunderschön gelegenen Schneeheide bei Walsrode. An diesem Ort haben wir uns unseren Lebenstraum erfüllt und der alten, niedersächsischen Hofstelle (Baujahr 1913) mit viel Liebe zum Detail neues Leben eingehaucht. Nebenberuflich betreiben wir eine Nutztierarche zur Erhaltung vor dem Aussterben bedrohter Haustierrassen. Gerne laden wir Sie ein, für eine Weile in unseren Traum einzutauchen und das Hofleben mit allem drum und dran mitzuerleben. Wir freuen uns auf Sie!

Selbstgemachtes: Wurstprodukte von der Moorschnucke, Eier, Wachteleier, Marmeladen, Apfelsaft (je nach Verfügbarkeit) und Stockbrotteig. Außerdem: Honig, Senf und Olivenöl und gekühlte Getränke. Nach Voranmeldung: Getränke erhältlich.

Aktivitäten: Spielplatz, Grillplatz, Tischtennis, Darts, Naturpark Lüneburger Heide, Vogelpark 9 km, Kletterpark, Walsroder Kloster, Serengeti-Park 20 km, Heidepark 45 km, Wanderungen und Fahrradtouren

Nutztier-Arche Beckers Hof D4
Schneeheide 42 2018
29664 Walsrode

Zu Gast bei: Boris Boenke
0176/52870590
Anreise bis: 21 Uhr
Schließzeit: 01.11.–28.02.

Hofverkauf:
Auf Anfrage

www.schneeheide42.de

CHRISTIANSHOF DER ARCHEHOF

Wangerland (NI) · 53°38'18.5"N 7°50'32.6"E

Auf dem Christianshof werden Obst und Gemüse angebaut. Abends wird der Biergarten mit Leben gefüllt und Produkte aus dem Hofladen können genossen werden. Eine Freude ist dabei der Blick auf die umliegenden Weiden mit den typischen schwarz-weißen Kühen. Genießt die Ruhe auf diesem abseits gelegenen Hof. Für Kinder gibt es viele Spielmöglichkeiten. Ein Grill kann kostenlos genutzt werden. Sonntags ist das Angebot eingeschränkt und wir freuen uns über Anmeldungen im Vorfeld.

Selbstgemachtes: Fleisch, Wurst, Eier, Obst, Gemüse und Fruchtsäfte. Außerdem: Milchprodukte, Backwaren, Marmelade, Öl, Limo, Wein, Bier u.v.m. Nach Voranmeldung: Frühstück, Abendbrot und Getränke erhältlich.

Aktivitäten: Badesee, Jever, Nordsee, Hallenbad, Radwege, tiergestütze Pädagogik auf dem Hof

Christianshof der Archehof B3
Christianshof 1 2021
26434 Wangerland

Zu Gast bei: Lars Ulmke
0171/1718226
Anreise bis: 18 Uhr

Hofladen:
Mo.–Mi., Fr. 15–18 Uhr // Do., Sa. 9–18 Uhr

www.christianshof-middoge.de

DAHMS. WIRTSCHAFT, HANDLUNG, KUNSTBETRIEB

Wardenburg OT Littel (NI) · 53°1'37.7"N 8°9'39.9"E

Wir sind ein ländlicher Familienbetrieb mit (Garten-)Café, Kunst- und Kulturprogramm, Dorfkneipe, kleiner Handlung, Saal, Bouleplatz und Ferienunterkünften. Uns gibt es schon seit über 110 Jahren, mittlerweile in der fünften Generation. Unser parkähnliches Grundstück inmitten des Geestdorfes Littel bei Oldenburg, unweit der Küste, bietet viel Platz zum Entspannen oder Boule spielen. Gern bewirten wir Euch in unseren Gasträumen.
Selbstgemachtes: köstlichen Kuchen und Torten nach Familienrezepten, Obst aus dem Garten, Frisches vom Grill, Quiche und Frikadellen „as bi Omi Dahms". Außerdem: Brot, Honig, Wein, Brände, Hofladen-Sortiment, Marmelade, regionale Milchprodukte, Eier und Petersdorfer Schwarzbrot. Nach Voranmeldung: Frühstück, Abendbrot und Getränke erhältlich.
Aktivitäten: Bouleplatz, Tischtennis, Fahrrahdverleih, Lesestoff auf dem Hof, Badesee, Kanutouren (Hunte), Museen in Oldenburg, Themenführungen

Dahms. Wirtschaft, Handlung, Kunstbetrieb
Garreler Str. 139
26203 Wardenburg OT Littel
C4
2021

Telefon: 04407/357
Anreise bis: 19 Uhr

Hofladen und Hofverkauf:
Sa. 7:30–11 Uhr // So. 13–16 Uhr

www.dahms-littel.de

OKELMANN'S. NATÜRLICH. ECHT. VON HERZEN.

Warpe (NI) · 52°44'27.3"N 9°6'14.7"E

Über das Land weht der Duft von frisch gemähtem Gras. Unsere Region ist voller Vielfalt und Kontraste. Geprägt von Anhöhen und Senken, Wasserläufen und -mühlen, zahlreichen Wäldern und jeder Menge Vieh auf den Weiden. Mittendrin unser Okelmann's. Ein Wohlfühlort zum Durchatmen. Unser Hofladen befindet sich in unserem Café „Heimatliebe" und öffnet täglich ab 8 Uhr und für Gäste nach Absprache. Sie können gegen Aufpreis unsere Sauna im Schäferwagen nutzen.
Selbstgemachtes: Brote & Brötchen, Torten & Kuchen aus unserem Steinbackofen, Karamellcreme und Marmeladen. Außerdem: Kaffee, regionales Kunsthandwerk, Hunde-Accessoires, Weine, Geschenkartikel und Naturkosmetik. Nach Voranmeldung: Frühstück, Abendbrot und Getränke erhältlich.
Aktivitäten: Sauna, Radwanderwege, Badesee, Skulpturenpfad Warpe, Wasserbüffelhof, Haus der Sonne

Okelmann's. natürlich. echt. von Herzen.
Warpe 15
27333 Warpe
D4
2021

Zu Gast bei: Maren Geisler-Okelmann
05022/512
Anreise bis: 19 Uhr
Schließzeit: 18.12.–15.01.

Hofladen:
Auf Anfrage

www.okelmanns.de

WEIDEMILCHHOF MEYER

Weener (NI) · 53°13'14.1"N 7°19'27.9"E

Sie sind zu Gast auf einem ostfriesischen Familienbauernhof mit Kühen, Kälbern und Katzen. Auf unserem Hof mit Blick zur Wiese, genießen Sie die Ruhe unserer flachen Landschaft. Gegen Servicegebühren können Sie die sanitären Einrichtungen nutzen und unsere eigenen Produkte sind nach Absprache gern zu erwerben.
Selbstgemachtes: Milch, Gartenprodukte und Marmelade.
Aktivitäten: Fahrradstrecken, Wattenmeer, Papenburger Werft, Altstadt Leer

Weidemilchhof Meyer
St. Geogiwold 30
26826 Weener
B3
2021

Zu Gast bei: Eildert Meyer
04953/8177 o. 0176/47391150
Anreise bis: 20 Uhr
Schließzeit: 15.11.–15.03.

Hofverkauf:
Auf Anfrage

Nord
Nordwest
Ost
Mitte-West
West
Südost
Südwest

HAFEN 55

Weener (NI) · 53°10'8.6"N 7°21'39.8"E

Hafen 55 bietet eine außergewöhnliche, maritime Location. Im Innenbereich wie im Aussenbereich sind maritime Objekte in Ausstellung und Nutzung. Eine Entdeckungsreise direkt am alten Hafen mit vielen fischigen Speisen, einigen lokalen Produkten und Eis sind im Angebot des Restaurants und Biergartens. Bei uns können Sie ein Elektroboot mieten oder mit einem StandUp Paddel den alten Hafen Weener erkunden. Getränke und Speisen werden auch aus regionalem Umfeld angeboten. Die aktuellen Öffnungs- und Schließzeiten entnehmen Sie bitte stets der Webseite. Genießen Sie einen erholsamen Aufenthalt in Weener.

Selbstgemachtes: wechselnde Speisenangebote. Abendbrot und Getränke erhältlich.

Aktivitäten: Bootfahren, Stand Up Paddeln, Rad- und Wanderwege, gemütlicher kleiner Hafenort, Rad- und Wanderwege

Hinweis: △ Auffahrt zum Parkraum und Gelände des Hafen 55 nutzen. Achtung! Die Wiese ist nur nach Abstimmung und Trockenheit zu nutzen.

Hafen 55 B3
Am Hafen 55 2021
26826 Weener

Zu Gast bei: Hilmar Bockhacker
04951/9477567
Anreise bis: 20 Uhr

www.hafen55-weener.de

HOF OELKERS

Wenzendorf (NI) · 53°20'53.6"N 9°47'42.5"E

Bereits vor über 50 Jahren haben wir uns auf die Direktvermarktung unserer hofeigenen Produkte spezialisiert. Heute ist der Hof ein abwechslungsreiches Ausflugsziel für die ganze Familie mit Hofladen, Hofcafé und Restaurant. Der Hof liegt in herrlicher Umgebung der Nordheide. Im Süden von Hamburg mit der A1 „vor der Haustür“ sind wir schnell zu erreichen. Nur in den Monaten Februar und März, sowie von Juli bis September ist dienstags Ruhetag.

Selbstgemachtes: Spargel, Heidelbeeren, Buchsbäume, Weihnachtsbäume, Spezialitäten aus der Hofküche, Brot, Hofcafé mit selbstgebackenen Torten und Kuchen sowie warme Küche bis 17:30 Uhr. Außerdem: regionale und saisonale Lebensmittel, Feinkost, Blumen, Wohndekoration und Wein. Frühstück, Abendbrot und Getränke erhältlich.

Aktivitäten: in der Saison Haltestelle des Heide- und des Regionalpark-Shuttles Rosengarten (gratis Fahrrad-Shuttle), Spielplatz

Hof Oelkers D3
Klauenburg 6 2020
21279 Wenzendorf

Zu Gast bei: Rita Oelkers, einfach anreisen…
Anreise bis: 18 Uhr
Ruhetag: Di.
Schließzeit: 24.12.–31.01.

Hofladen:
Täglich 9–18 Uhr

www.hof-oelkers.de

WEINDIELE

Westerstede-Ihorst (NI) · 53°14'55.7"N 7°50'5.1"E

Unser ruhig gelegener Bio-Weinhandelsbetrieb mit Hofladen liegt im Herzen des Ammerlandes. Unsere Region bietet mit ihrer flachen bis leicht hügeligen Landschaft ideale Bedingungen für Ihren nächsten Radurlaub! Viele Rhododendron-Parks, Baumschulen sowie große und kleine Bauern- und Privatgärten sind ein ganz besonderes Erlebnis für alle Sinne. Wir freuen uns auf Ihren Besuch!

Selbstgemachtes: Honig. Außerdem: Bio-Weine (auch alkoholfrei) und Bio-Säfte.

Aktivitäten: Einkaufsmöglichkeiten und Restaurants in Augustfehn, Apen, Kreisstadt Westerstede, öffentlicher Privatgarten in unmittelbarer Nähe, Landhof Tausendschön, Rhododendronpark Hobbie (20 Fahrminuten), Ammerländer Fahrradrouten (ausgeschildert), Routenführer erhältlich

Weindiele® M.K. B3
Weinhandel UG 2020
Lange Wischen 10
26655 Westerstede-Ihorst

Zu Gast bei: Moritz Kotzias
04489/941090
Anreise bis: 20 Uhr

Hofladen:
Mo.–Fr. 9–17 Uhr // Sa. 9–13 Uhr

www.weindiele.de

#landvergnügen

Nord

Nordwest

Ost

Mitte-West

West

Südost

Südwest

DAD ROOD EIERHUSKE

Westoverledingen (NI) · 53°8'12.8"N 7°26'6.4"E

Wir sind die Familie Luiking-de Groo. Wir bewirtschaften einen Milchviehbetrieb mit 130 Milchkühen und weiblicher Nachzucht. Weiterhin haben wir eine Galloway-Herde mit 30 Tieren plus Kälbern. Die Tiere sind handzahm und können gern gestreichelt werden. Wir vermarkten unser Fleisch zu 100% direkt. Das Verkaufshäuschen ist von 5:30 bis 22:00 Uhr geöffnet. Nach Absprache ist ein Einblick in den Produktionsbetrieb möglich. Die Toilette ist von 6:00 bis 22:00 Uhr im Wohnhaus benutzbar.

Selbstgemachtes: Eier, Torten, Kekse, Marmelade, Honig, Kartoffeln, Joghurt, Buttermilch, Butter, Eierlikör, Galloway Pattys und Galloway Bratwürste. Nach Voranmeldung: Frühstück, Abendbrot und Getränke erhältlich.
Aktivitäten: Badesee in 800 m, Fahrradwege, Meyer Werft, Altstadt Leer

Dad rood Eierhuske B3
Steenfelder Dorfstraße 45 2021
26810 Westoverledingen

Zu Gast bei: Alexander Luiking
04955/987300

Hofverkauf:
Auf Anfrage

BIOHOF DETERDING

Wiedensahl (NI) · 52°22'40.1"N 9°7'11.7"E

Kleiner alter Hof im ruhigen Wiedensahl, dem Geburtsort von Wilhelm Busch. Ein kulturell sehr interessanter Ort mit Museen und Veranstaltungen. „Bei Wilhelm Busch zu Hause". Neben dem Anbau von Getreide, Gemüse und Trauben verarbeiten wir in unserer landwirtschaftlichen Werkstatt, unserer Tischlerei, das Holz des Waldes zu Möbelholz.

Selbstgemachtes: Getreide, Mehl, Brot, Kartoffel, Honig, Gemüse (saisonal), Trauben - Wein, Möbelholz. Außerdem: bald auch regionale Produkte von anderen Betrieben.
Aktivitäten: Vieles ist möglich (Anfrage)

Biohof Deterding D4
Hauptstr. 37 2022
31719 Wiedensahl

Zu Gast bei: Christian Deterding
0175/2818247
Anreise bis: 21 Uhr

Hofverkauf:
Auf Anfrage

UNSER KLEINER HOF

Wietzen (NI) · 52°41'37.6"N 9°4'30.5"E

Idyllischer Platz auf einem Bauernhof. Umgeben von Wiesen und Feldern, ca. 2 km vom Ortskern Wietzen entfernt. Eine hofeigene Fasssauna steht Ihnen gegen Gebühr an unserer großzügigen Teichlandschaft zur Verfügung.

Selbstgemachtes: Eier, Marmeladen, Lammfleisch aus eigener Haltung und Obst. Außerdem: regionale Molkerei-, Fleisch- und Wurstprodukte. Frühstück erhältlich.
Aktivitäten: Grill- und Lagerfeuerplätze, Fasssauna, Fahrradwege, Wanderungen, beheiztes Freibad (Mai bis September)
Hinweis: ⚠ Zufahrt vor dem Hof auf der rechten Seite, entlang der Scheune (Feuerwehrzufahrt).

Unser kleiner Hof C4
Heidestr. 163 2015
31613 Wietzen

Zu Gast bei: Jens Reinhardt
0178/5313847

Hofladen:
Auf Anfrage

www.unser-kleiner-hof.de

BLAUBEERPLANTAGE SCHLOTE

Wietzendorf (NI) · 52°55'20.7"N 10°0'37.3"E

Wir sind seit 1972 ein Familienbetrieb mit Tradition direkt in der Lüneburger Heide und betreiben eine Blaubeerplantage. Hier können Sie die Beeren (vor allem alte Sorten) auch selber pflücken. Großen Wert legen wir auf Nachhaltigkeit – unsere Beeren sind nicht gespritzt. Wir bieten auch viele, weitere Produkte rund um die Blau- bzw. Heidelbeere, die Kartoffel und Honig an. Bitte direkt zum Stellplatz fahren! (s.u.)

Selbstgemachtes: Blaubeeren, Honig und Kartoffeln. Außerdem: Blaubeerwein und -sekt.
Aktivitäten: Blaubeeren pflücken, Badesee und Schwimmbad auf dem SüdseeCamp, Wander- und Fahrradwege
Hinweis: △ Achtung! Die Plantage und die Stellplätze befinden sich in Wietzendorf direkt an der K38 (keine Hausnummer) wenn Sie vom SüdseeCamp Richtung Reddingen fahren, bitte GPS beachten!

Blaubeerplantage Schlote D4
Bleekenweg 16 a 2022
29649 Wietzendorf

Zu Gast bei: Silvia Theil
0157/77369903
Anreise bis: 18 Uhr
Schließzeit: 01.09.–30.06.

Hofverkauf:
Auf Anfrage

www.blaubeerplantage-schlote.de

HIGHLAND AUFZUCHT & VERMARKTUNG

Wildeshausen (NI) · 52°50'55.2"N 8°25'23.6"E

Wir kaufen und verkaufen Schottische Hochlandrinder und ziehen diese auf. Unsere eigenen Fleisch- und Wurstspezialitäten sowie Eier vermarkten wir im Hofladen, der samstags neben den Öffnungszeiten auch nach Absprache geöffnet werden kann. Besuchen Sie uns und unsere Tiere, wir freuen uns auf Ihren Besuch !

Selbstgemachtes: Fleisch und Wurstwaren vom Highland Cattle (s. Homepage) und Eier. Außerdem: wechselnde regionale Produkte, Bier, Gemüse, Ziegenkäse, Spirituosen und Liköre.
Aktivitäten: Pestruper Gräberfeld, Kleinenknetener Steine, Hunte-Radweg, Hartensbergsee in Goldenstedt

Highland Aufzucht & C4
Vermarktung GmbH 2019
Kleinenkneten 1
27793 Wildeshausen

Zu Gast bei: Familie Joachimmeyer & Michelbrand 04431/7482350
Anreise bis: 19 Uhr

Hofladen:
Fr. 9–18 Uhr // Sa. 9–12 Uhr

www.highland-vermarktung.de

HOFLADEN HELMS

Wildeshausen (NI) · 52°51'21.7"N 8°26'37.7"E

Unser Hof liegt in der schönen Wildeshauser Geest, umgeben von Gräberfeld, Ursteingräbern und dem Fluß Hunte, ca. 3 km von der Stadt Wildeshausen. Der Hofladen ist ganzjährig geöffnet. Wir haben Hühner, Schweine und Katzen auf unserem Hof.

Selbstgemachtes: Kartoffeln, geschälte Kartoffeln, Eier, Salate, Grünspargel, Tomaten, Gurken, Kohlarten, Kräuter und Konfitüren. Außerdem: Kartoffeln, Eier, Gemüse, Obst, Säfte, Nudeln, Wurstwaren und Fruchtaufstriche.
Aktivitäten: viele Radwege, auch direkt an der Hunte, Badesee, Spieleparadies und Freibad Wildeshausen, Gräberfeld, Kleinenkneter Steine
Hinweis: △ In das Navi „Bauernschaft Lohmühle" eingeben.

Hofladen Helms C4
Bauernschaft Lohmühle 5 2021
27793 Wildeshausen

Zu Gast bei: Wolfgang Helms
044314538
Anreise bis: 20 Uhr
Ruhetag: So.
Schließzeit: 19.12.–02.01.

Hofladen:
Mo., Di.–Fr. 8–18:30 Uhr // Di. 8–14 Uhr // Sa. 8–16 Uhr

www.hof-helms.de

Nord
Nordwest
Ost
Mitte-West
West
Südost
Südwest

HOF NATUR IM MOOR

Wingst (NI) · 53°42'51.3"N 8°59'35.8"E

Im Hof unter einem großen Kastanienbaum die Ruhe und das Moor genießen. Wir sind ein kleiner Selbstversorgerhof mit Hühner, Enten, Freilandputen, Schafen und Galloway Rindern. All unsere Produkte sind im „Kleine Moorladen" erhältlich.
Selbstgemachtes: Saisonales Gemüse und Obst, Kräuter, Eier, Apfelsaft, Eingemachtes, Spezialitäten von Lamm und Freilandpute, Wolle im Kardenband, gefilzte Felle und handgesponnene Strickwolle. Alles in Bio Qualität.

Außerdem: Schafmilchseife, Lammfelle und Bio-Käse. Nach Voranmeldung: Frühstück, Abendbrot und Getränke erhältlich.
Aktivitäten: Radwanderwege, Spielpark und Zoo Wingst, Hofbesichtigung, Filz- und Spinnkurse auf Anfrage.
Hinweis: △ Die Zufahrt zu unserem Hof führt über eine 6 Meter breite Brücke, die Zufahrtstrasse ist recht schmal und bei Gegenverkehr nicht das Bankett befahren, da es kaum befestigt ist.

Hof Natur im Moor C2
Oppeln 79 2019
21789 Wingst

Zu Gast bei: Kirstin Mayer
04754/8087163

Hofverkauf:
Auf Anfrage

www.natur-im-moor.de

HOF WÜMMETAL

Wistedt OT Wümme (NI) · 53°14'49.8"N 9°37'12.6"E

Direkt an der Wümme liegt Hof Wümmetal in der Wümmeniederung. Auf unseren Weiden grasen Galloway-Rinder sommers wie winters unter freiem Himmel. Die ganzjährige, naturnahe Weidehaltung gibt den Tieren ausreichend Zeit zu wachsen. Wer Lust hat, darf das Landleben aus nächster Nähe kennenlernen und auf dem Hof mit anpacken. Wir freuen uns über Menschen, die Interesse an Natur, Landwirtschaft und Nutztierhaltung haben. Kleine Wohnmobile und originelle Bullis mit max. zwei Personen finden bei uns einen schönen Platz. Nach Voranmeldung: Getränke erhältlich.
Aktivitäten: Lüneburger Heide, Tister Moor, Kanufahrten auf der Wümme

Hof Wümmetal D3
Wümmer Hauptstraße 5 2018
21255 Wistedt OT Wümme

Zu Gast bei: Judith Reinhard
0172/4165949
Anreise bis: 19 Uhr
Schließzeit: 01.11.–15.03.

www.hof-wuemmetal.de

PETI'S BOTHSHOF

Wittingen/Ohrdorf (NI) · 52°42'1.6"N 10°48'43.8"E

Wir leben mit ca. 100 Kühen, 30 Kälbern, 50 Hühnern, 5 Katzen und 1 Hund auf unserem idyllisch am Ortsrand von Ohrdorf gelegenen Hof im südöstlichsten Zipfel der Lüneburger Heide. Neben der Landwirtschaft gibt es in unserem Betrieb auch eine Milchtankstelle und einen Regiomat mit einem reichhaltigen Angebot, sowie Übernachtungsmöglichkeiten für insgesamt 9 Personen. Der Betrieb ist nach Rücksprache für interessierte Gäste jederzeit zugänglich.

Selbstgemachtes: Milch, Eier, Marmelade, Buttersorten, Dips und Grillbeilagen. Außerdem: Kakao, Honig, Kartoffeln, Wurstwaren und verschiedene Käsesorten.
Aktivitäten: Fahrrad- und Wanderwege, Sportplatz, Kinderspielplatz, Schwimmbad (6 km), Otterzentrum (15 km), Freilichtmuseum (9 km), Bäcker im Ort

Peti's Bothshof E4
Zur Nachtweide 21 2021
29378 Wittingen/Ohrdorf

Zu Gast bei: Petra Both
0151/12100685
Anreise bis: 22:30 Uhr

Hofverkauf:
Auf Anfrage

ASELERWARF SCHAFHOF UND WOLLWERKSTATT

Wittmund (NI) · 53°34'3.7"N 7°49'4.2"E

Wir züchten Ostfriesische Milchschafe und verarbeiten ihre Wolle. Wir spinnen, filzen, färben und weben auf traditionelle Art. Unser Hofladen hat freitags oder nach Absprache für Sie geöffnet.

Selbstgemachtes: Rohwolle, Spinnwolle, Filzwolle, Handarbeitswolle und Dekorationsartikel. Außerdem: Lammfelle, Zubehör zum Spinnen und Filzen.
Aktivitäten: Spinnkurse, Filzkurse, Grillplatz im Garten, 16 km bis zur Nordseeküste nach Harlesiel

Aselerwarf Schafhof und Wollwerkstatt
Aselerwarfer Weg 21
26409 Wittmund
B3
2019

Zu Gast bei: Waltraud Franke
04462/5828 o. 0172/4308184
Anreise bis: 20 Uhr

Hofladen:
Fr. 15–19 Uhr

www.aselerwarf.de

HOF AN DER SEMKENFAHRT

Worpswede (NI) · 53°12'36.1"N 8°52'45.9"E

Unser Mutterkuhbetrieb liegt am Rande des Naturschutzgebietes Teufelsmoor. Auf unserem Hof haben wir neben unseren Mutterkühen eine Legehennenhaltung im Hühnermobil. Schön gelegen, an Rad-und Wanderwegen der Region, befindet sich der Stellplatz direkt an der Semkenfahrt umgeben von unserer Tieren. Wir freuen uns auf Ihren Besuch!

Selbstgemachtes: Eier, Rindfleisch auf Bestellung, Marmelade und Kartoffeln.
Aktivitäten: Paddeln im Kanu oder Kajak, Rad- und Wanderwege der Region
Hinweis: △ Die Hofzufahrt ist direkt am Kanal gelegen.

Hof an der Semkenfahrt
Waakhauser Strasse 8
27726 Worpswede
C3
2021

Zu Gast bei: Familie Kück
0479/29531992
Anreise bis: 18 Uhr
Ruhetag: So.
Schließzeit: 01.11.–31.03.

Hofverkauf:
Auf Anfrage

MARTINSHOF

Wrestedt (NI) · 52°53'47.1"N 10°36'55.6"E

Wir sind eine sozialtherapeutische Einrichtung für Menschen mit Beeinträchtigung. Unsere Gärtnerei und Bäckerei sind demeterzertifiziert. Am Elbe-Seitenkanal und in der Lüneburger Heide kann man Radfahrten und lange Wandertouren unternehmen. Unsere Gärtnerei ist montags bis freitags von 8.30 bis 16.00 Uhr und die Bäckerei dienstags und freitags von 10.00 bis 16.00 Uhr geöffnet. Feiertags haben wir geschlossen.

Selbstgemachtes: Saisongemüse, Kräuter, Sommerblumen, Jungpflanzen (Tomaten, Paprika, Peperoni), Brot, Brötchen, Kuchen, Marmeladen, Säfte, Kekse, Obstessig und Müsli.
Aktivitäten: Schwimmbad (2,5 km), Schleuse Esterholz (1,5 km), Naturschutzgebiet mit Pferden und Rindern (8 km)

Martinshof e.V.
Klein Bollensen 2
29559 Wrestedt
E4
2022

Zu Gast bei: Anja Prehn
05825/8319126
Anreise bis: 16 Uhr
Ruhetage: Sa. So.
Schließzeit: 01.12.–31.01.

Hofverkauf:
Auf Anfrage

www.martinshof-ev.de

Nord
Nordwest
Ost
Mitte-West
West
Südost
Südwest

HOF EICHENECK / NUSCHTALGIE

Wurster Nordseeküste/Nordholz (NI) · 53°45'52.2"N 8°34'15.2"E

Landleben mit freilaufenden Hühnern, Gänsen, Minischafen, 2 Rentnerponys, 2 Katzen und Elsa, dem Menschen liebenden Hofhund. In unserer Nuschtalgie gibt es Hyggeliges für Heim & Garten zu entdecken. Natürliche ruhige Lage mit altem Baumbestand an der Nordseeküste.

Selbstgemachtes: Konfitüren, Gelees, Säfte, Liköre und Eier von unseren fleißigen Hühnern. Außerdem: Honig, ländliche Dekoartikel und Seifen.
Aktivitäten: kleiner kostenloser Strand Spieka-Neufeld, sehr kinderfreundlich, in 3 km Entfernung, Cuxhaven (ca.15 km), Nationalpark Wattenmeer
Hinweis: △ 150 m lange Auffahrt einspurig

Hof Eicheneck / Nuschtalgie C2
Alter Deich 57 2021
27639 Wurster
Nordseeküste / Nordholz

Zu Gast bei: Anuschka und Tim Ehlers
0176/38887625
Anreise bis: 22 Uhr

Hofladen und Hofverkauf:
Do.–Sa. 10–18 Uhr

Hof „Vielfalt statt Einfalt“

Vor dem Berg

IHRE GASTGEBER IM OSTEN

Ulf's Pastaladen

Oberlausitzer Alpakaland

Fischerei Rosenkranz

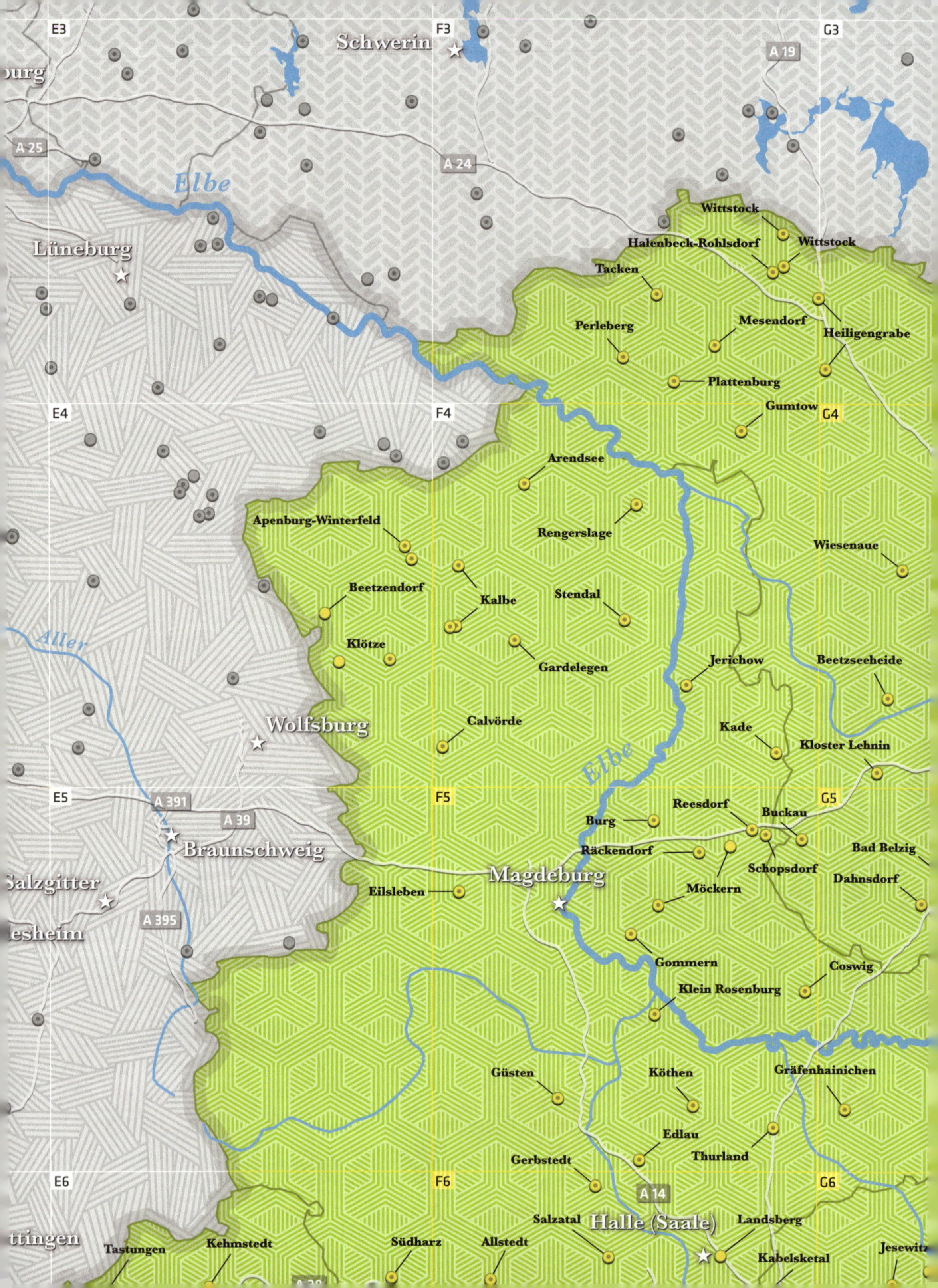
E3
F3
G3
Schwerin
A 19
A 25
A 24
Elbe
Lüneburg
Wittstock
Halenbeck-Rohlsdorf
Wittstock
Tacken
Perleberg
Mesendorf
Heiligengrabe
Plattenburg
Gumtow
E4
F4
G4
Arendsee
Apenburg-Winterfeld
Rengerslage
Wiesenaue
Beetzendorf
Kalbe
Stendal
Aller
Klötze
Gardelegen
Jerichow
Beetzseeheide
Wolfsburg
Calvörde
Kade
Kloster Lehnin
Elbe
E5
A 391
F5
G5
A 39
Reesdorf
Buckau
Burg
Braunschweig
Räckendorf
Bad Belzig
Schopsdorf
Salzgitter
Eilsleben
Magdeburg
Dahnsdorf
Möckern
A 395
Gommern
Coswig
Klein Rosenburg
Güsten
Köthen
Gräfenhainichen
Edlau
Thurland
Gerbstedt
E6
F6
G6
A 14
Salzatal
Halle (Saale)
Landsberg
Tastungen
Kehmstedt
Südharz
Allstedt
Kabelsketal
Jesewitz

REGION OST
KARTE 1
H3
I3
H4
H5
I5
H6
I6
Uckerland
Schenkenberg
Nordwestuckermark
Lychen
Gerswalde
Flieth-Stegelitz
Ringenwalde
Zippelsförde
Sonnenberg
Schönberg (Mark)
Zehdenick
A 11
Chorin
Wriezen
Oder
Höhenland
Kremmen
Oberkrämer
Letschin
0
10
50 km
Letschin
Fehrbellin
Velten
Altlandsberg
Neuhardenberg
Alt Tucheband
Vierlinden
Berlin
Müncheberg
Berlin
Zeschdorf
Groß Kreutz
A 100
Steinhöfel
Potsdam
Jacobsdorf
A 115
Spree
Ludwigsfelde
A 113
A 12
Werder
A 10
Rietz-Neuendorf
Zossen
Heidesee
Beelitz
Mittenwalde
Bestensee
Tauche
Dürrenhofe
Schönwalde
Niedergörsdorf
Steinreich
Luckau
Blönsdorf
Jüterbog
Jessen
Burg (Spreewald)
Vetschau
Forst (Lausitz)
Gehren
A 13
Cottbus
Schönewalde
Schwarze Elster
A 15
Vetschau-Ogrosen
Neuhausen/Spree
Neiße-Malxetal
Hornow
Bad Liebenwerda
Lohsa
Eilenburg
Thallwitz

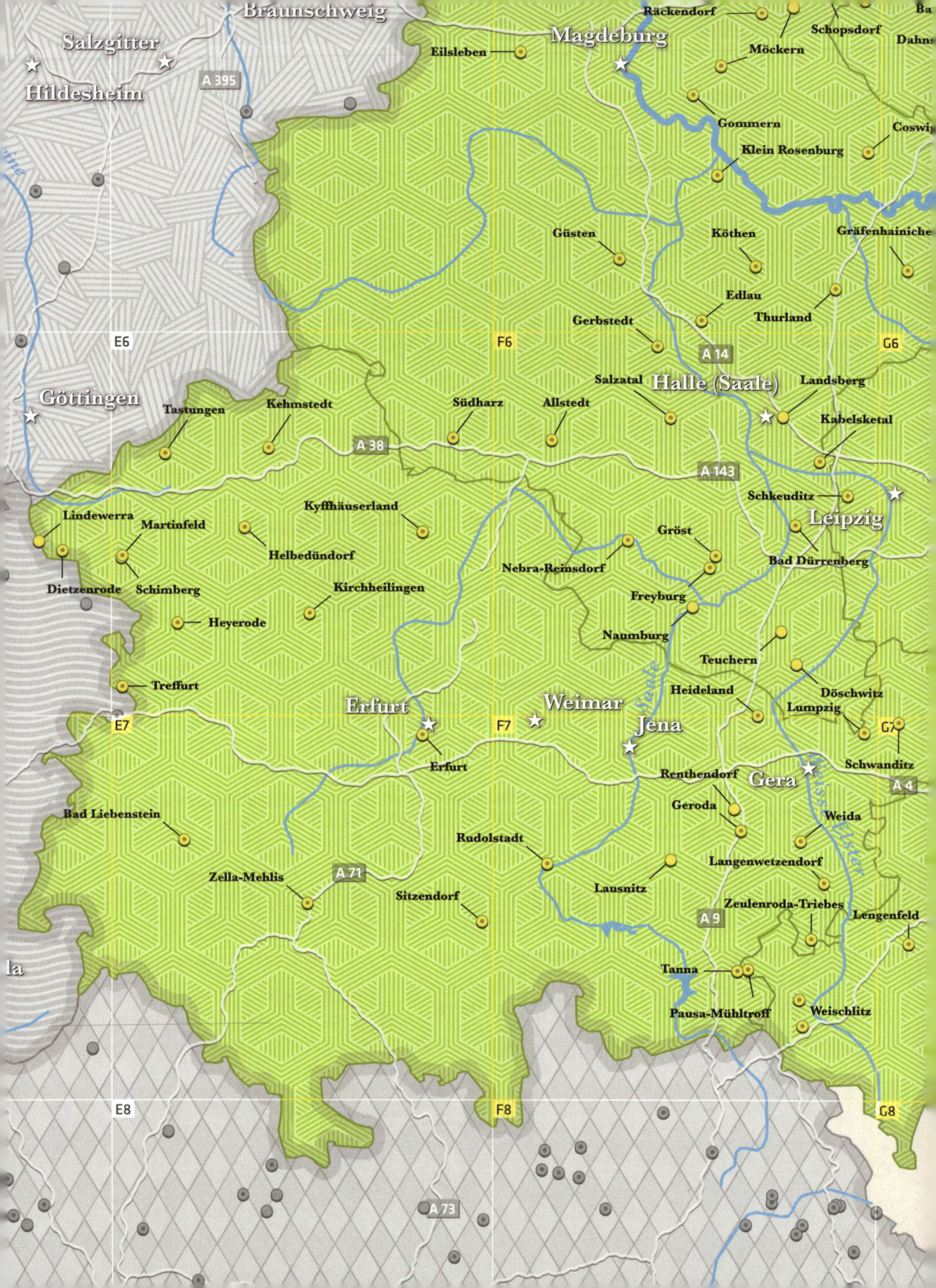

Braunschweig
Salzgitter
Hildesheim
Magdeburg
Räckendorf
Möckern
Schopsdorf
Eilsleben
A 395
Gommern
Klein Rosenburg
Güsten
Köthen
Gräfenhainiche
Edlau
Thurland
Gerbstedt
E6
F6
G6
A 14
Göttingen
Salzatal
Halle (Saale)
Landsberg
Tastungen
Kehmstedt
Südharz
Allstedt
Kabelsketal
A 38
A 143
Schkeuditz
Leipzig
Lindewerra
Martinfeld
Kyffhäuserland
Gröst
Helbedündorf
Bad Dürrenberg
Nebra-Reinsdorf
Dietzenrode
Schimberg
Kirchheilingen
Freyburg
Heyerode
Naumburg
Teuchern
Treffurt
Heideland
Döschwitz
Lumpzig
Erfurt
Weimar
Saale
Jena
E7
F7
G7
Erfurt
Schwanditz
Renthendorf
Gera
A 4
Geroda
Weida
Bad Liebenstein
Rudolstadt
Langenwetzendorf
Zella-Mehlis
A 71
Lausnitz
Sitzendorf
Zeulenroda-Triebes
A 9
Lengenfeld
Tanna
Pausa-Mühltroff
Weischlitz
E8
F8
G8
A 73

REGION OST
KARTE 2
Dürrenhofe
Schönwalde
Niedergörsdorf
Steinreich
Blönsdorf
Jüterbog
Jessen
Luckau
Burg (Spreewald)
Vetschau
Gehren
A 13
Forst (Lausitz)
Cottbus
Schönewalde
Schwarze Elster
A 15
Neuhausen/Spree
Vetschau-Ogrosen
Neiße-Malxetal
Hornow
H6
I6
Bad Liebenwerda
Lohsa
Eilenburg
Thallwitz
Lossatal
Pulsnitz
Diera-Zehren
Malschwitz
Neiße-Aue
Bernstadt auf dem Eigen
Zschaitz-Ottewig
Ruppersdorf
Dresden
Ebersbach -Neugersdorf
Frohburg
Striegistal
Kottmar
A 17
Penig
Liebstadt
H7
I7
Hainewalde
Waltersdorf
Lichtenau
A 72
Drebach
Marienberg
Zwönitz
Stützengrün
H8
0
10
50 km

REGION OST

INHALT

OBST- UND WEINGUT GOLDSCHMIDT

Allstedt OT Beyernaumburg (ST) · 51°28'21.0"N 11°23'58.1"E

Unser Obst- und Weingut in Beyernaumburg ist eingebettet in die landschaftliche Schönheit des Harzvorlandes. Wir kümmern uns mit viel Hingabe um unsere Rebflächen, die Kirsch- und Apfelplantagen. In unseren Hofläden in Beyernaumburg, Agnesdorf und Balgstädt können Sie Äpfel, Süß- und Sauerkirschen, Aprikosen, Weine, von 15 unterschiedlichen Rebsorten und Säfte aus eigener Produktion erwerben. Wir öffnen gern für Sie nach Absprache.

Selbstgemachtes: Wein, Säfte aus unserem Obst, Äpfel, Birnen, Süß- und Sauerkirschen und Aprikosen. Außerdem: Obstbrände und Honig.
Aktivitäten: jährliche Veranstaltungen, Schulbauernhof Othal, Museen, Burgen, Schlösser, Europa-Rosarium

Obst- und Weingut Goldschmidt F6
Liedersdorfer Straße 20 2021
06542 Allstedt OT Beyernaumburg

Zu Gast bei: Harri Goldschmidt
0171/3044608
Anreise bis: 19 Uhr
Ruhetag: So.
Schließzeit: 01.07.–01.09.

Hofladen:
Mo.–Fr. 9–17:30 Uhr // Sa. 9–13 Uhr

www.obst-wein-goldschmidt.de

ODERBRUCH HOF

Alt Tucheband (BB) · 52°32'13.7"N 14°30'49.6"E

Wir sind ein kleiner Familienbetrieb, der einen Hof mit vielen Tieren im wunderschönen Oderbruch bewirtschaftet. Hauptsächlich halten wir Ziegen zur Milcherzeugung. Diese wird in der Hofkäserei zu leckerem Käse verarbeitet. Aber auch Hühner, Enten, Gänse, Katzen und natürlich Hunde bewohnen den Hof.

Selbstgemachtes: Ziegenkäse und Ziegenmilchseifen. Außerdem: Fleisch, Wurst, Honig, Met-Produkte, Marmeladen und Produkte aus der Region. Nach Voranmeldung: Frühstück und Getränke erhältlich.
Aktivitäten: Radwanderweg, Museum in Golzow (Kinder von Golzow), Seelow Gedenkstätte u.v.m.

Oderbruch Hof H4
Rathstocker Str. 6 2016
15328 Alt Tucheband

Zu Gast bei: Sylvia Nickel
033472/189936 o. 0152/04944174
Anreise bis: 17 Uhr
Schließzeit: 18.12.–07.01.

Hofladen:
Fr., So. 10–18 Uhr

www.oderbruch-hof.de

HIRSCHKOPPEL

Altlandsberg (BB) · 52°34'50.9"N 13°41'44.1"E

Wir betreiben ein großes, landwirtschaftliches Wildehege mit Damwild in Altlandsberg, direkt am Krummen See gelegen. Das Wild lebt artgerecht und gesellig in weitläufigen und anerkannten Gehegen auf einer Fläche von 3 ha. Seine Nahrung findet es auf kräuterreichen Wiesen und Weiden. Bei uns können Sie Wildprodukte erwerben oder eine Brotzeit bestellen. Serviceleistungen nach Absprache und gegen Gebühr. Wir freuen uns auf Sie!

Selbstgemachtes: Wildbraten, -wurst, -schinken und -grillwurst. Außerdem: Wurstkonserven aus Schlachtung nach Hausmacherart.
Aktivitäten: Radweg, Wandern, Baden, Galopprennbahn Hoppegarten, Gärten der Welt in Berlin-Marzahn
Hinweis: ⚠ Die Zufahrt wird unabhängig von der Anwesenheit des Gastgebers mittels Pin-Code für das Eingangstor (Öffnungszeit von 30 Sekunden beachten) ermöglicht. Anfahrtsbeschreibung zum Stellplatz durch kurze, tel. Einweisung.

Hirschkoppel H4
Paulshof 5 2021
15345 Altlandsberg

Zu Gast bei: Lutz und Katharina Bähr
033438/67225
Anreise bis: 20 Uhr
Ruhetag: Sa.
Schließzeit: 01.11.–31.03.

Hofverkauf:
Auf Anfrage

www.hirschkoppel.com

HOF „VIELFALT STATT EINFALT“

Apenburg-Winterfeld OT Quadendambeck (ST) · 52°45'49.9"N 11°13'22.1"E

Auf dem Hof befinden sich historische Fachwerkgebäude aus dem Jahre 1797 und Feldsteingebäude. Betrieben wird eine Nebenerwerbslandwirtschaft mit Mutterkuhhaltung, Geflügel und Bienen. Ein 8.000 m² großer Schaugarten „Vielfalt statt Einfalt“ lädt zum Verweilen und Erholen ein. Unser Sommercafébetrieb (sonntags) läuft von Mai bis Oktober. Wir haben einen kleinen Spielplatz mit Rutsche und Sandkasten sowie diverse (Sand-) Spielzeuge für Kinder.

Selbstgemachtes: Honig, Fruchtaufstriche, Eier, Wurst sowie Obst und Gemüse der Saison. Außerdem: Saft, Kaffee und Kuchen sowie Grundnahrungsmittel. Frühstück und Getränke erhältlich.
Aktivitäten: Hansestadt Salzwedel, Schwimmbad, Museen, Märchenpark, weitere Schwimmbäder in der Umgebung, Radnetz teilweise ausgebaut, Arendsee

Hof „Vielfalt statt Einfalt“ E4
Quadendambecker Str. 5 2020
38486 Apenburg-Winterfeld
OT Quadendambeck

Zu Gast bei: Andrea und Ulrich Ehlers
0171/2737343
Anreise bis: 21 Uhr
Schließzeit: 22.12.–02.01.

Hofverkauf:
Auf Anfrage

LANDGUT HOPPSTALL

Apenburg-Winterfeld OT Winterfeld (ST) · 52°44'28.7"N 11°14'29.3"E

Wir sind ein kleiner im Nebenerwerb bewirtschafteter Bio-Betrieb mit Direktvermarktung von Fleisch-und Wurstwaren und Kartoffeln, sowie Pensionspferdehaltung und Ferienwohnungen. Weitere Hoftiere wie Hund und Katzen, Schweine und Schafe runden das Ganze ab. Unser Ab-Hof-Verkauf ist nach Absprache geöffnet.

Produkte: Fleisch- und Wurstwaren, Eier, Kartoffeln und Marmeladen.
Aktivitäten: Gastronomie in direkter Nachbarschaft, mit täglichem Frühstücksbüffet (bitte am Abend vorher anmelden!), Ponyreiten, Tierfütterungen, Waldbad im Nachbardorf, Hühnengrab, Feldsteinkirche
Hinweis: △ Straße bis Hofeinfahrt befestigt, dann Kopfsteinpflaster

Landgut Hoppstall E4
Im Winkel 5 2021
38486 Apenburg-Winterfeld
OT Winterfeld

Zu Gast bei: Daniela Josten
0160/8414370
Anreise bis: 18 Uhr

Hofverkauf:
Auf Anfrage

www.landguthoppstall.de

LANDHOF NEULINGEN

Arendsee (ST) · 52°51'58.0"N 11°34'18.1"E

Der 150 Jahre alte Vierseitenhof liegt ortstypisch mit gepflegten Wohnhäusern, Wirtschaftsgebäuden und einem 6.000 m² großen ökologisch gepflegten Schaugarten. Hier finden Sie einen Teich, alten Baumbestand, historische Obstgehölze, Stauden, Gemüse, Kräuter und Wiesenflächen mit Ruheplätzen, eine Feuerstelle und einen Grillplatz. Einblicke können Sie z.B. bei Methoden der Haltbarmachung (einkochen, fermentieren, einlegen, dörren usw.) erhalten.

Selbstgemachtes: Säfte, Tees, Marmeladen, Pesto, eingelegtes Gemüse, Kuchen, Kekse, Blumensaatgut. Außerdem: Wein, Wurst und Käse. Nach Voranmeldung: Frühstück, Abendbrot und Getränke erhältlich.
Aktivitäten: Strandbad Arendsee, Schlosspark Krumke, Landschaftspark Krevese, nationales Naturmonument Grünes Band

LandHof Neulingen F4
Neulingen 19 2020
39619 Arendsee

Telefon: 03938/4985608 o. 0172/3003375
Anreise bis: 18 Uhr
Schließzeit: 26.08.–31.08., 15.12.–15.01.

Hofladen:
Di., Mi., Fr., Sa. 10–18 Uhr // So. 12–18 Uhr

www.neue-wege-gug.de

FLÄMINGER WEIDESCHWEIN

Bad Belzig OT Nescholz (BB) · 52°9'13.0"N 12°43'0.6"E

Auf unserem 30 ha großen Biobetrieb rennen und wühlen ca. 100 Freilandschweine, es sind Kreuzungstiere der Rassen Sattelschwein-Duroc. Sie leben das ganze Jahr über draußen und bekommen dort auch ihre Ferkel. Unser Hofladen befindet sich in Brück in der Dorfstraße 10.

Selbstgemachtes: Fleisch, Wurst, Eier und im Sommer Gemüse. Außerdem: Honig, Saft, Nudeln und Mehl.
Aktivitäten: Badesee, Reiterhof, Wanderwege, Trappenschutzgebiet, Burg, Therme, Hofführungen

Fläminger Weideschwein G5
Zur Wühlmühle 2020
14806 Bad Belzig OT Nescholz

Zu Gast bei: Anja Koch 0173/3617975
Anreise bis: 20 Uhr

Hofladen:
Fr. 15–18 Uhr

www.fläminger-weideschwein.de

AGRARGENOSSENSCHAFT BAD DÜRRENBERG

Bad Dürrenberg (ST) · 51°18'28.3"N 12°4'15.9"E

Wir, die Agrargenossenschaft Bad Dürrenberg eG, sind ein traditionsreiches, vielseitiges landwirtschaftliches Unternehmen mit Ackerbau, Mutterkuhhaltung, Hühnerhaltung und Biogaserzeugung. Im eigenen Bauernladen vermarkten wir frische Produkte aus eigener Erzeugung und von regionalen Partnern. Ein nachhaltiger und respektvoller Umgang mit der Natur und das Wohl unserer Tiere stehen bei uns an erster Stelle. Gern erstellen wir eine Frühstückstüte mit regionalen Produkten und liefern diese auf den Stellplatz.

Selbstgemachtes: Eier, Eierlikör, Kartoffeln. Außerdem: Marmeladen, Honig, Backwaren, Milch, Milchprodukte, Wurst, Fleisch, Wein, Eis, Mehle und Öle. Nach Voranmeldung: Frühstück erhältlich.
Aktivitäten: nach Absprache Einblick in unsere landwirtschaftliche Produktion möglich, Solestadt Bad Dürrenberg mit Kurpark, Gradierwerk, Leipziger Neuseeland

Agrargenossenschaft F6
Bad Dürrenberg eG 2021
Siedlungsstr. 17a
06231 Bad Dürrenberg

Zu Gast bei: Roxana Tetzlaff 0171/1932680
Anreise bis: 17:30 Uhr
Ruhetag: So.

Hofladen:
Mo., Di., Do., Fr. 8–18 Uhr // Mi. 13–18 Uhr // Sa. 8–12 Uhr

www.agrar-bdg.de

LANDGASTHOF ZUR GUTEN QUELLE

Bad Liebenstein (TH) · 50°47'12.2"N 10°20'40.0"E

Wir sind ein gemütlicher Landgasthof im Familienbesitz mir eigener Landschlachtung und Tierhaltung. Wir liegen im Thüringer Wald in Meimers, einem Vorort von Bad Liebenstein zwischen Eisenach und Meiningen.

Selbstgemachtes: Hausmacherwurst, Eier, Fertiggerichte im Glas, Schinken, Marmelade und Brot. Außerdem: Käse, Milch, Nudeln, Honig, u.v.m. Abendbrot und Getränke erhältlich.
Aktivitäten: Radweg, Badesee (5 km)

Landgasthof Zur E7
Guten Quelle 2022
Breitunger Straße 6
36448 Bad Liebenstein

Zu Gast bei: Markus Harrer 036961/71824
Ruhetage: Mo. Di.

Hofladen:
Auf Anfrage

www.landgasthof-meimers.de

LANDHOTEL BIBERBURG

Bad Liebenwerda (BB) · 51°31'5.1"N 13°23'14.5"E

Wir sind ein kleines Landhotel mit Frühstücksangebot und angegliedertem Weingut im Süden Brandenburgs. Auf dem Hof können Sie gemeinsam mit unseren Tieren entspannen. Unternehmen Sie Kanutouren auf der schwarzen Elster oder fahren Sie mit dem Rad entlang toller Radwege. Unsere selbst angebauten Weine können Sie in toller Umgebung ausgiebig genießen.

Selbstgemachtes: Weine zum Verkauf, Wildsalami und Hausgeschlachtetes zum Frühstück. Außerdem: Honig, regionale Zubereitungen nach Saison (z.B. Suppen) in einem Verkaufsautomaten. Frühstück und Getränke erhältlich.
Aktivitäten: Ragwege, Kajak/ Canadier fahrten, SUP Verleih, Freibad (4 km), Lausitztherme Wonnemar

Landhotel Biberburg G6
Fischergasse 16 2022
04924 Bad Liebenwerda

Zu Gast bei: Rico Leonhardt
035341/2009
Anreise bis: 20 Uhr

Hofladen und Hofverkauf:
Täglich 7:30–10:30 Uhr

www.landhotel-biberburg.de

JAKOBS-HOF BEELITZ

Beelitz (BB) · 52°15'8.2"N 12°59'15.7"E

Wir sind ein regionaler Spargel- und Beerenproduzent. Bei uns erwartet Sie ein idyllischer Landgasthof mit einer täglich geöffneten Gastronomie (01.03.–23.12.) und einem gut sortierten Hofladen, in dem Sie Produkte aus eigener Herstellung und aus der Region käuflich erwerben können. Der Betrieb befindet sich direkt am Ortseingang der Spargelstadt Beelitz, direkt vor den Toren Potsdams und Berlins. Bei uns stehen Sie mit Blick auf die Koppel und den Wald. Wir freuen uns auf Ihren Besuch!

Selbstgemachtes: Frischer Stangenspargel (saisonal), Beeren und Rhabarber (saisonal), Fruchtaufstriche, Fruchtweine und Säfte. Außerdem: regionale Spezialitäten wie Wurst- und Fleischwaren, Weine, Biere und Säfte. Nach Voranmeldung: Frühstück, Abendbrot und Getränke erhältlich.
Aktivitäten: Spielplatz und Streichelzoo auf dem Hof, Barfußpfad und Baumkronenpfad in Beelitz-Heilstätten, Seddiner See (2 km)

Jakobs-Hof Beelitz G5
Kähnsdorfer Weg 1a 2019
14547 Beelitz

Zu Gast bei: Mirko Kramer
033204/62714 o. 0176/31485820
Anreise bis: 21 Uhr
Schließzeit: 23.12.–01.03.

Hofladen und Hofverkauf:
Täglich 10–18 Uhr

www.jakobs-hof.de

LANDLUST KÖRZIN

Beelitz (BB) · 52°13'6.9"N 13°5'28.4"E

Der perfekte Ort für köstliches Essen, neue Begegnungen und eine wunderschöne Landschaft. Wir laden Sie herzlich ein zu einem Erlebnis mit feinen Kreationen mit abgestimmter Weinbegleitung und anregenden Gesprächen. Unser wechselndes Menü servieren wir an einer langen Tafel, die Platz für all unsere Gäste bietet. Anreise bitte nach Absprache.

Selbstgemachtes: Wildsalami, Wildkochwürste und Wildknacker. Außerdem: Wein. Abendbrot und Getränke erhältlich.
Aktivitäten: Westernreiten im Dorf, Museum Blankensee (5 km), Schloss Blankensee, Radwaderwege, Badesee in Dobrikow (5 km)
Hinweis: △ Im Navi bitte nur Körzin unter Stadt angeben.

Landlust Körzin G5
Körzin 19 2019
14547 Beelitz

Zu Gast bei: Ulrike und Stefan Laun
0173/2483983
Ruhetage: Mo. Di. Mi. Do.

Hofverkauf:
Fr. 18–19 Uhr // Sa., So. 13–14 Uhr

www.landlust-koerzin.de

Nord Nordwest Ost Mitte-West West Südost Südwest

SYRING-HOF

Beelitz OT Zauchwitz (BB) · 52°12'58.9"N 13°3'29.4"E

Der Syring-Hof besteht seit 1991 als landwirtschaftlicher Familienbetrieb. Genießen Sie Hofidyll fernab vom Trubel und unsere saisonalen hofeigenen Produkte wie z.B. Spargel, Heidelbeeren, Kürbisse. Von April bis Juni betreiben wir auch ein saisonales Restaurant und sind im Hofladen täglich von 8:00 bis 18:00 für Sie da. Von Juli bis Oktober bieten wir Ihnen in unserem Landladen von Donnerstag bis Sonntag von 10:00 bis 17:00 eine kleinere Bewirtung, z.B. leckere Suppen und Kuchen, an. Herzlich willkommen!

Selbstgemachtes: Heidelbeeren, Spargel, Kürbiskerne und Kürbiskernöl. Außerdem: Aufstriche, Eier, Wurst, Backwaren, regionale Produkte, saisonales Obst und Gemüse. Frühstück, Abendbrot und Getränke erhältlich.
Aktivitäten: Radwege, Wanderwege, hofeigener Spielplatz, Streichelzoo, Schloss Blankensee, Museum Blankensee, Freibad Beelitz, Baumwipfelpfad, Reiterhof im Ort

Syring-Hof G5
Trebbiner Str. 69f 2017
14547 Beelitz OT Zauchwitz

Einfach anreisen…

Hofladen:
Auf Anfrage

www.beelitzerspargel.de

HOFLADEN OHNEKUNST

Beetzendorf OT Mellin (ST) · 52°38'59.1"N 10°59'17.2"E

Unser inhabergeführter Hofladen liegt mitten im Wismarer und Heydauer Forst in Sachsen-Anhalt mit einer Vielzahl von Wander- und Radwegen. Wir legen größten Wert auf Bio-Produkte, zu denen wir Sie auch gerne beraten. Neben den regulären Öffnungszeiten ist unser Hofladen auch nach telefonischer Vereinbarung geöffnet. An der Leine geführte Hunde sind bei uns willkommen. Wir freuen uns auf Ihren Besuch.

Produkte: Obst, Gemüse, Getränke, Milchprodukte, Gewürze, Öl, Essig, Aufstriche, Naschereien u.v.m.
Aktivitäten: Wander- und Radwanderwege
Hinweis: △ Hofeinfahrt ist nur für Kastenwagen oder teilintegrierte Mobile ausgelegt.

Hofladen OHNEKUNST E4
Im Dorfe 14 2020
38489 Beetzendorf OT Mellin

Zu Gast bei: Detlef Meyer
039007/597 o. 0160/7633305
Anreise bis: 20 Uhr

Hofladen:
Di., Mi. 10–19 Uhr

www.ohnekunst-hofladen.de

VIELFRUCHTHOF DOMSTIFTSGUT MÖTZOW

Beetzseeheide (BB) · 52°27'49.7"N 12°35'29.9"E

Wir sind ein Familienbetrieb, der seit 2001 das Domstiftsgut Mötzow bewirtschaftet. Wir bauen u.a. Spargel, Erdbeeren, Heidelbeeren, Mairübchen und grüne Bohnen an. Mit Beginn der Spargelernte im April bis Ende September haben wir viel touristisches Leben auf dem Hof. Neben unserem Hofladen betreiben wir eine sehr gute rustikale Gastronomie mit musikalischen Veranstaltungen und Lesungen. In unserer Kunstmühle können Sie Ausstellungen Brandenburger Künstler betrachten, Bilder und Geschenke Brandenburger Hobbyhandwerker erwerben. In der Spargelzeit hat unser Hofladen von 8 Uhr bis 19 Uhr geöffnet (sonst kürzer).

Selbstgemachtes: Spargel, Beeren, Mairübchen, saisonales Obst und Gemüse, Wurstwaren, Eier, Käse, Brotaufstriche und Brot. Während der Öffnungszeiten der Gastronomie können Sie Mittag- bzw. Abendbrot erhalten. Bewirtung nach Voranmeldung.
Aktivitäten: Beetzsee, Radwanderwege, Kunstmühle, historische Landmaschinen, Hoftiere

Thiermann GmbH G4
& Co. KG 2014
Gutshof 1
14778 Beetzseeheide

Telefon: 033836/2080
Anreise bis: 16 Uhr
Schließzeit: 01.12.–29.02.

Hofladen:
Auf Anfrage

www.vielfruchthof.de

SPEISEGUT

Berlin (BE) · 52°29'13.0"N 13°10'54.8"E

Auf etwa 12 ha Fläche bauen wir in Gatow fast ausschließlich unter freiem Himmel nach den Prinzipien der Solidarischen Landwirtschaft an. Unsere Produkte können im Regionalladen "Alte Feuerwache" erworben werden. Seit sechs Jahren schon versorgt SpeiseGut Menschen in Berlin mit biologisch und lokal angebautem Gemüse und Obst und leistet wichtige Bildungsarbeit für ein nachhaltiges Modell der Landwirtschaft.

Selbstgemachtes: Gemüse, Öl, Wildfleisch und Wildwurst. Außerdem: Obst. Nach Voranmeldung: Frühstück und Getränke erhältlich.
Aktivitäten: Badesee, Radweg, Museen, gute öffentliche Anbindung nach Berlin

Landwirtschaft- & Gemüsebaubetrieb SpeiseGut
Alt-Gatow 30
14089 Berlin
G4
2020

Zu Gast bei: Christian Heymann
0176/21838104
Anreise bis: 18 Uhr
Ruhetag: So.

Hofladen:
Do., Fr. 11–18 Uhr // Sa. 9–16 Uhr

www.speisegut.com

OBERLAUSITZER ALPAKALAND

Bernstadt auf dem Eigen (SN) · 51°2'57.4"N 14°51'21.0"E

Auf unserem Hof in der schönen Oberlausitz haben Sie die Möglichkeit, die flauschigen Alpakas hautnah zu erleben. Sie können bei den Versorgungsrunden dabei sein, viel Wissenswertes erfahren oder gemütlich an der Alpaka-Weide sitzen und die Magie dieser sanftmütigen Wesen spüren. Es ist immer eine Ansprechperson auf dem Hof. Den Hofladen öffnen wir gerne jederzeit für Sie. Hunde sind leider nicht gestattet!

Selbstgemachtes: regionale Herstellung von Strickwolle und Bettdecken aus eigener Alpakawolle. Außerdem: Wollprodukte aus Alpakafaser, wie Schals, Mützen, Handschuhe, Pulswärmer, Stirnbänder, Ponchos und Socken.
Aktivitäten: Hofführung, Alpaka-Wanderung, Badesee (15 min)

Oberlausitzer Alpakaland e.V.
Große Seite 52
02748 Bernstadt auf dem Eigen
I6
2021

Zu Gast bei: Linda Hanspach, einfach anreisen…
Anreise bis: 20 Uhr

Hofladen:
Auf Anfrage

www.oberlausitzer-alpakaland.de

NATURHOF DUDEL

Bestensee (BB) · 52°13'5.5"N 13°41'12.6"E

Naturbelassener Hof mitten im Wald. Wir sind ein kleiner Familienbetrieb und verkaufen unsere Hühnereier. Wir freuen uns, Sie als Gast begrüßen zu dürfen.

Selbstgemachtes: frische Eier.
Aktivitäten: Badeseen sind in der Nähe und Waldwanderwege

Naturhof Dudel
Fernstraße 25
15741 Bestensee
H5
2021

Telefon: 03376/3221495 o. 0152/21427810

Hofverkauf:
Auf Anfrage

AVES CANTUS

Blönsdorf (BB) · 51°57'14.2"N 12°53'43.8"E

Unser kleiner Bauernhof und -laden liegt im Herzen des Flämings. Hier leben wir mit unseren skandinavischen Schafen, Bienen, Landenten, den Wachtelhühnern und unseren Katzen. Unser Laden und Café „aves cantus – Schönes für Haus und Garten" öffnet zusätzlich gern auf Anfrage für Sie. Vom Wohnmobil aus können Sie den wunderschönen Blick auf den Sonnenaufgang, den Märchenwald, Wälder und Felder oder alternativ auf den Hofladen genießen.

Selbstgemachtes: Honig, Wolle, Felle, Eier und Düfte. Außerdem: Kleidung, skandinavische Dekoration, Seifen, Feinkost, Möbel, Farbe und Vintage-Produkte. Nach Voranmeldung: Frühstück erhältlich.
Aktivitäten: Flaeming-Skate, Luther-Tetzel-Wanderweg, Kutschfahrten (auf Anfrage), Holzschnitzen und Basteln mit Balsaholz, verschiedene Freibäder (ca. 10 km), Radweg Berlin-Leipzig

aves cantus G5
Vogelsang 88 2020
14913 Blönsdorf

Zu Gast bei: Cornelia & Axel Clemens
0179/3515725
Anreise bis: 20 Uhr
Schließzeit: 01.01.–28.02.

Hofladen:
Fr. 11–18 Uhr // Sa. 11–16 Uhr

RADPFARRHAUS BUCKAU

Buckau (BB) · 52°13'26.0"N 12°19'38.7"E

Unser ehemaliger Pfarrhof ist denkmalgeschützt und wurde 1865 erbaut. Er liegt auf einem idyllischem Grundstück zwischen einer romanischen Feldsteinkirche (um 1200) und dem Flüsschen Buckau. Wir haben hier einen Gemüsegarten und Hühner. Unsere Skuddenschafe haben die Wölfe geholt. Wir bieten nur einen kleinen Stellplatz direkt am Haus, geeignet z.B. für Familien im Bulli mit kleinen Kindern, die für eine Nacht von der A2 herunter müssen.

Selbstgemachtes: Hühnereier und Bienenhonig, wenn vorhanden Gemüse und Salat der Saison, das berühmte Rad-Pfarrhausfrühstück und Getränke auch extern. Nach Voranmeldung: Frühstück und Getränke erhältlich.
Aktivitäten: Radwanderwege, Reiterhof in der Nachbarschaft, Angelteiche, Kirchenführungen, gelegentlich Konzerte, Grillmöglichkeiten, Planschbad im Flüsschen

RadPfarrhaus Buckau F5
Buckauer Straße 8 2018
14793 Buckau

Zu Gast bei: Thomas & Ute Gandow
033830/61338 o. 0163/2426369
Anreise bis: 22 Uhr
Ruhetage: Fr. Sa. So.

Hofverkauf:
Auf Anfrage

www.radpfarrhaus.de

MÜHLE ZÄNKER

Burg (bei Magdeburg) OT Gütter (ST) · 52°16'2.2"N 11°54'29.3"E

Als Familienbetrieb in der 4. Generation beliefern wir die Bäckereien der Umgebung mit unserem Mehl, versorgen Kleintierzüchter mit Futtermitteln, bieten im gemütlichen Mühlen-Laden ein breites Naturkostsortiment an und erzeugen mit unserem Windrad den Strom für die Mühle. Die Mühle kann gemeinsam mit dem Müllermeister besichtigt werden, so kann man die Produktion von Mehl hautnah miterleben. Für interessierte Kunden haben wir Brotrezepte zum Mitnehmen in unserem Hofladen.

Selbstgemachtes: Mehl, Müsli, Schrot und Flocken. Außerdem: Backzutaten, Getreide, Cerealien, Nudeln, Soßen, Tee, Honig, Most, Likör, Wein, Bier, Gebäck, Bio-Ziegenkäse und Wurst in Gläsern.
Aktivitäten: Radwege nach Burg, Elbe, Wasserstraßenkreuz Hohenwarthe, Doppelspar-Schleuse Niegripp, Magdeburg an der Elbe, Kloster Jerichow, Wasserschloss Gommern, Burg Loburg

Mühle Zänker F5
Dorfstr. 18 2014
39288 Burg (bei Magdeburg) OT Gütter

Telefon: 03921/982525
Anreise bis: 18 Uhr
Ruhetage: Mi. So.

Hofladen:
Mo., Di., Do., Fr. 9–12:30, 14–18 Uhr

www.mühle-zänker.de

KRABAT METZGEREI BURG

Burg (Spreewald) (BB) · 51°50'12.5"N 14°8'56.0"E

Besuchen Sie uns auf der Hauptstraße in Burg und genießen Sie gutbürgerliche Küche mit besten Erzeugnissen aus der Region. Wir verkaufen Produkte der Landfleischerei Turnow und betreiben eine Gaststätte und eine Fleischverkaufsstelle mit eigenem Parkplatz (umzäunt) direkt am Kahnfährhafen. Bitte melden Sie sich innerhalb der vorgegebenen Öffnungszeiten telefonisch an. Sollten Sie außerhalb der Öffnungszeiten anreisen, können Sie mit Ihrer EC-Karte eine freie Parkkarte am Automaten auslösen.

Selbstgemachtes: Fleisch- und Wurstwaren, regionale Küche. Frühstück, Abendbrot und Getränke erhältlich.
Aktivitäten: Kahn fahren, Radfahren u.v.m.

Krabat Metzgerei Burg H5
Hauptstraße 27 2019
03096 Burg (Spreewald)

Zu Gast bei: Uwe Jarick
035603/189086 o. 0151/18818044

Hofverkauf:
Mo.–Fr. 8–18 Uhr // Sa. 8–17 Uhr // So. 9:30–17 Uhr

www.krabat-metzgerei-burg.de

LANDHANDEL PREUSSE AN DER DAMM-MÜHLE

Calvörde OT Berenbrock (ST) · 52°24'35.5"N 11°18'47.9"E

Wir sind ein Familienunternehmen, dass seit über 29 Jahren besteht und dem das Tierwohl sehr am Herzen liegt. Wir liegen am Rande des Biosphärenreservates Drömling, das zum Wandern, Radfahren und Reiten einlädt. Die alte historische Motormühle mahlt nicht mehr, aber die Technik ist noch gut erhalten. Unsere seltenen Landhühner, Dominikaner und Ostfriesischen Möwen liefern Ihnen morgens frische Eier. Hunde sind angeleint willkommen.

Selbstgemachtes: hochwertige Futtermittel und Eier. Außerdem: Honigsorten, Eier, Kartoffeln, Craft-Beer, Portugiesische Weine und spezielle Speiseöle.
Aktivitäten: Freibad, Fluß Ohre, Mittellandkanal, Wandern, Rad fahren, Reiten/Kremserfahrten, Ponyreiten und Versorgen der Tiere

Landhandel Preuße an der Damm-Mühle F4 2021
Damm-Mühle 1
39638 Calvörde OT Berenbrock

Zu Gast bei: Bianca Preuße
039051/982680 o. 0176/40777847
Anreise bis: 20 Uhr

Hofladen:
Mo., Mi., Fr. 9–17 Uhr // Di., Do. 9–13 Uhr

www.landhandel-preusse-an-der-damm-muehle.de

HOF SCHWALBENNEST

Chorin (BB) · 52°54'34.3"N 13°59'32.9"E

Wir sind ein vielseitiger Demeter-Familienbetrieb mit vielen Tierarten im Biosphärenreservat Schorfheide-Chorin am Parsteinsee gelegen. Aus unserer Kuh-, Schaf- und Ziegenmilch fertigen wir in handwerklicher Milchverarbeitung leckere Rohmilchprodukte. Wir betreiben muttergebundene Milchviehhaltung mit silagefreier Milch und bieten auch feine Fleisch-, Schinken- und Wurstspezialitäten von unseren Tieren an.
Selbstgemachtes: Rohmilchprodukte aus Kuh- und Schafmilch, Fleisch von Rind, Lamm und Schwein sowie Wurst und Schinken, Honig, Apfelsaft und Mischsäfte, Marmelade, Kartoffeln, in kleinem Umfang Gemüse, saisonales Obst und Lammfelle.
Aktivitäten: Radwanderweg, Badestellen, Kloster Mariensee, Ökodorf Brodowin, Kloster Chorin, Schiffshebewerk Niederfinow, Zoo Eberswalde
Hinweis: △ nicht dem Navi folgen und Strecke hinter Joachimsthal über Senftenhütte abkürzen (für Wohnmobile nicht befahrbar)

Hof Schwalbennest H4
Pehlitz 3 2015
16230 Chorin

Zu Gast bei: Martina Bressel
033362/70769
Anreise bis: 22 Uhr

Hofladen:
Täglich 7–22 Uhr

www.hofschwalbennest-brodowin.de

Nord Nordwest Ost Mitte-West West Südost Südwest

FORELLENHOF THIESSEN KG

Coswig (ST) · 51°57'27.2"N 12°19'4.8"E

Unberührte Natur, himmlische Ruhe und der unwiderstehliche Duft von frisch geräuchertem Fisch – all das und noch viel mehr erwartet Sie bei einem Besuch auf dem Forellenhof Thießen. Hier werden Forellen, Saiblinge und Karpfen zu Speisefischen herangezogen. In unserer Räucherei werden außerdem diverse Seefische geräuchert.

Selbstgemachtes: Forellen, Lachsforellen, Saiblinge, Karpfen, Räucherware, Bratheringsfilet (unsere Spezialität), Fischbrötchen, Flämingteller, Fischsuppe und -klopse, marinierte Forellen-, Lachs-, und Welsfilets. Fischspieße zum Grillen, Marinaden u.v.m. Außerdem: Eis, Getränke, Wachteleier und Honig.
Aktivitäten: Wandern im Fläming, Wörlitzer Park, Bauhaus Dessau, Lutherstadt Wittenberg (ca. 30 min. entfernt)

Forellenhof Thießen KG F5
Mönchholz 3, OT Thießen 2021
06868 Coswig

Zu Gast bei: Frank Ehrmann
034907/20455
Anreise bis: 17:30 Uhr

Hofladen:
Täglich 8–18 Uhr

www.forellenhof-thiessen.de

OKI'S BAHNHOF

Dahnsdorf (BB) · 52°6'4.0"N 12°39'39.0"E

Die grüne Oase des kinderfreundlichen Öko-Rangers bietet naturnahe entschleunigte Entspannung. Euer Stellplatz liegt versteckt hinter dem kleinen, 1962 stillgelegten Bahnhof. Ziegen und Kamerunschafe helfen bei der Landschaftspflege, die Bewachung übernimmt ein „Kuscheleisbär". Schmetterlingswiese statt Beton, Vogelgezwitscher statt Straßenlärm, Schneckenhäuser statt Plastikmüll, Kraniche statt Kräne, Milchstraße statt Lichtverschmutzung, Toskanablick unverbaut, Gartenschlauch statt Whirlpool. Tiere bitte nur auf Anfrage. Eine Wallbox / Ladestationen 11 KW / 22 KW steht zur Verfügung. Pfingsten und Weihnachten empfangen wir keine Gäste.

Selbstgemachtes: Obst, Gemüse der Saison, Kräuter und Marmelade. Außerdem: Honig. Nach Voranmeldung: Getränke erhältlich.
Aktivitäten: Komthurmühle, Ritterordenskirche, Radwanderweg R1, Kunstwanderweg, Burg Bad Belzig, Burg Raben, Naturparkzentrum, Sole-Thermalbad Belzig
Hinweis: △ Privatstrasse: bitte langsam fahren und nicht hupen!

Oki's Bahnhof G5
Bahnhof 2018
14806 Dahnsdorf

Telefon: 0172/6011895
Anreise bis: 20 Uhr
Schließzeit: 17.05.–21.05.

Hofverkauf:
Auf Anfrage

www.bahnhof-dahnsdorf.com

WINZERHOF GOLK/HERRENBERG

Diera-Zehren OT Golk (SN) · 51°12'56.1"N 13°25'51.5"E

300 Jahr altes Weingut im Zentrum des Meißener Weinbaus, oberhalb des Ortsteiles Golk der Gemeinde Diera-Zehren ist das Weingut auf dem Herrenberg ansässig. Mittwochs bis Sonntagabends bieten wir in der Bella Vista köstliche italienische Küche an. Wein (Riesling, Grauburgunder, Scheurebe, und Spätburgunder Rosé) ist natürlich mit einem schönen Blick auf's Elbtal vor Ort zu genießen! Hunde sind Willkommen, nur bitte anleinen.

Selbstgemachtes: selbst-erzeugter Riesling, Grauburgunder, Scheurebe, und Spätburgunder Rosé Wein. Außerdem: Italienische Küche vor Ort.
Aktivitäten: Radweg, Wanderweg, Treppensteigen

Winzerhof Golk/Herrenberg H6
Zum Forsthaus 7 2021
01665 Diera-Zehren OT Golk

Zu Gast bei: Sarah Thiemig
0162/2766484
Anreise bis: 20 Uhr

Hofladen und Hofverkauf:
Mo.–Fr. 9–18 Uhr

www.herrenbergwein.de

INSELHOF

Dietzenrode (TH) · 51°17'54.7"N 10°0'56.1"E

Seit 1994 bewirtschaften wir den Inselhof, einen ökologischen Landwirtschaftsbetrieb mit Mutterkühen und -schafen sowie Obst- und Ackerbau im schönen Naturpark Eichsfeld-Hainich-Werratal. 2013 gründeten wir zudem die Mühlenbrennerei, in der wir unser handverlesenes Obst und hochwertiges Getreide zu edlen Bränden, aromatischen Likören und exquisitem Whisky verarbeiten. Auf Wunsch kann man an einer Verkostung teilnehmen und die Brennerei besichtigen. Unsere Stellplätze neben dem Schnapskeller sind geschottert, haben Stromanschluss und einen entspannenden Blick ins Grüne.

Selbstgemachtes: Edelbrände, Liköre, Apfelsaft, Wurst, Fleisch, Käse, Eier, Honig, Obst, Kaffee, Weine und Wollprodukte. Außerdem: Käse, Eier, Gemüse, Kaffee, Tee und Nudeln.

Aktivitäten: Premiumwanderwege im Naturpark Unstrut Hainich, Kaufunger Wald und Meißner. Besuch von Werratal Therme, Gradierwerk Bad Sooden, Altstadt und Fachwerk in Allendorf, Grenzmuseum Schifflersgrund, Burgruine Altenstein

Inselhof D6
Mühlplatz 18 2020
37318 Dietzenrode

Zu Gast bei: Ursula Heihoff
036087/90804
Anreise bis: 19 Uhr
Schließzeit: 01.12.–31.12.

Hofladen:
Mi. 14–18 Uhr // Sa. 9–13 Uhr

www.inselhof.net

WEINGUT MARCEL SCHULZE

Döschwitz (ST) · 51°3'50.7"N 12°3'34.5"E

Wir sind ein Familienunternehmen und betreiben unser Weingut seit 1999. Nachdem der Weinbau hier für 200 Jahre brachlag, knüpften wir wieder an die Weinbautradition der Region an. Zu einer Weinprobe unserer gebietstypischen, trockenen Weine in unserer Vinothek sind Sie herzlich eingeladen.

Selbstgemachtes: diverse Weine, z.B. Weißburgunder, Müller-Thurgau, Blauer Zweigelt, Dornfelder, Traminer u.v.m. Außerdem: Weine, Sekt, Liköre und Honig. Nach Voranmeldung: Frühstück und Getränke erhältlich.

Aktivitäten: Kretzschauer See (ca. 1 km)

Weingut Marcel Schulze F6
Naumburger Straße 42 2019
06712 Döschwitz

Zu Gast bei: Marcel Schulze
034425/27326
Anreise bis: 20 Uhr

Hofladen:
Täglich 8–18 Uhr

www.weingut-schulze.de

HOFKÄSEREI HORN

Drebach (SN) · 50°40'22.2"N 13°1'8.4"E

Auf unserem Hof stellen wir von März bis Ende Oktober eigenen Ziegenkäse her, den wir neben vielen anderen Produkten im Hofladen verkaufen. Von Ihrem Stellplatz haben Sie einen herrlichen Blick über das Erzgebirge und nebenbei können Sie unsere Ziegenherde beobachten.

Selbstgemachtes: Ziegenkäse, Eierlikör, Wurst, Fruchtaufstriche und Apfelsaft. Außerdem: Öle, Honig, Wolle und Keramik.

Aktivitäten: Wander- und Radwege, Planetarium im Ort, zwei Burgen, Supermarkt, Bäcker, Café und Gaststätte in unmittelbarer Nähe

Hofkäserei Horn G7
Hauptstr. 81 2015
09430 Drebach

Zu Gast bei: Sigrun Horn 037341/7412
Anreise bis: 18 Uhr
Schließzeit: 01.11.–01.03.

Hofladen:
Mo., Sa. 9–12 Uhr // Di.–Fr. 9–18 Uhr

www.hofkaeserei-horn.de

Hofladen
Naturland
Herzlich Willkommen
LANDVERGNÜGEN

Naturland Hof Bäumer – Region Nordwest

KELTEREI MITSCHKE

Ebersbach -Neugersdorf (SN) · 51°0'22.0"N 14°35'15.6"E

In unserer Kelterei verarbeiten wir von Mai bis November Obst aus regionalen Gärten zu Säften und Nektaren. Dabei kann man uns gern über die Schulter schauen. Unsere eigenen Produkte werden durch Angebote verschiedener, regionaler Hersteller zu einem reichhaltigen Sortiment an Lebensmitteln in unserem Regionalmarkt ergänzt. Dabei ist das Motto: Familienbetrieb trifft Qualität.

Selbstgemachtes: Säfte, Nektare, Getränke, Fruchtweine- und seccos, fruchtige Brotaufstriche. Außerdem: Milchprodukte, Obst und Gemüse (saisonal), Eier, Nudeln, Honig und Mühlenprodukte.
Aktivitäten: Spreeradweg, Spreequelle, Freibad, Kino, Erkundung der Oberlausitz mit ihren charakteristischen Umgebindehäusern

Kelterei Mitschke I6
Hermann-Wünsche Str. 18 2021
02730 Ebersbach -Neugersdorf

Zu Gast bei: Gunter & Beate Mitschke
03586/365258 o. 01575/4293749
Anreise bis: 22 Uhr

Hofladen:
Mo.–Fr. 8:30–12:30, 13:30–17 Uhr // Sa. 8:30–11:30 Uhr

www.kelterei-mitschke.de

GUT EDLAU

Edlau (ST) · 51°40'23.4"N 11°49'49.3"E

Unser Hof befindet sich im Landschaftsschutzgebiet Fuhneaue. Seit 2010 bewirtschaften wir Gut Edlau ökologisch nach den Richtlinen des Naturland-Verbands. Auf den fruchtbaren Böden bauen wir über ein Dutzend verschiedene Kulturen an. Bei uns können Sie einen vielfältigen und innovativen ökologischen Ackerbaubetrieb hautnah erleben.

Selbstgemachtes: Bio-Rübensirup aus hofeigenen Zuckerrüben und Feldgemüse nach saisonaler Verfügbarkeit. Außerdem: Handwerklich gepresste Öle der Region und Wildprodukte nach Verfügbarkeit.
Aktivitäten: Saaleradwanderweg, Rundwanderweg Akazienberg, Badesee Plötz

Gut Edlau F5
Mittelstr. 1 2022
06420 Edlau

Zu Gast bei: Leonard van Uelft
034691/52539
Anreise bis: 18 Uhr
Schließzeit: 16.10.–31.03.

Hofverkauf:
Auf Anfrage

www.gut-edlau.de

TRÜFFELHANDEL & TRÜFFELANBAU

Eilenburg (SN) · 51°27'27.1"N 12°38'9.6"E

Wir sind ein kleines Familienunternehmen, welches eine Leidenschaft für Trüffel und Pilze entwickelt hat. Wir beschäftigen uns seit Jahren mit dem Anbau und der Veredelung von Trüffeln und mit der Ausbildung und Zucht von Trüffelhunden. Unseren Hofladen öffnen wir gerne auf Anfrage. Dienstags und donnerstags laden wir Sie zu unserem Aperitivo-Abend im Hofladen ein.
Selbstgemachtes: Trüffel im Glas, Trüffel Gin, Trüffel Vodka, Trüffel Bier, Trüffel Likör, Trüffelbutter, Trüffelwurst, gebrochener Trüffel, Trüffelkäse aus der eigenen Käserei, Trüffel Butter, Tapanaden und Säfte. Außerdem: Trüffelsalami, Trüffelhonig, Trüffelöl, Lavendelessenz, Lavendelhonig, Hirschschinken und Wildwurst. Getränke erhältlich.
Aktivitäten: Leipzig, Badeseen, Radwege in Naturschutzgebieten, Museum „Alte Schule“, Wanderwege, Wasserfall
Hinweis: △ bei Anreise wir führen Sie von unserem Hofladen im Ort zu Ihrem Stellplatz.

Trüffelhandel & Trüffelanbau G6
2017
Schulstr. 20
04838 Eilenburg

Zu Gast bei: Gunter Kahlo
0178/6768922
Anreise bis: 20 Uhr
Schließzeit: 01.12.–28.02.

Hofverkauf:
Täglich 9–18 Uhr

www.myfridakahlo.de

ALTER LANDGASTHOF

Eilsleben OT Drackenstedt (ST) · 52°9'18.2"N 11°20'46.6"E

Aus einem 200 Jahre alten Bauernhof mitten im Ortskern wurde eine Wohlfühloase zum „Seele baumeln lassen" geschaffen. Für eine kurze Rast während einer Urlaubsreise, Familienfeiern oder einfach mit Freunden bei einem Gläschen und einem guten Essen den Alltag ausschalten. (Toilettennutzung ist während der Restaurant-Öffnungszeiten möglich, siehe Homepage)

Selbstgemachtes: Kuchen und Marmelade. Außerdem: Produkte aus dem Umland wie Rind- und Schweinefleisch, Kartoffeln, Gemüse, Craftbier, Brötchen, Wein, Säfte, Schorlen. Frühstück, Abendbrot und Getränke erhältlich.
Aktivitäten: 20 km nach Magdeburg mit dem Hundertwasserhaus und Dom, Elberadweg, Lokal liegt an der Straße der Romanik

Alter Landgasthof F5
Große Strasse 16 2021
39365 Eilsleben OT Drackenstedt

Zu Gast bei: Diane Ruhnke
039293/50975 o. 0160/7212615
Ruhetag: Mo.

Hofverkauf:
Auf Anfrage

www.alterlandgasthof.de

FISCH-HOFLADEN KRESSEPARK ERFURT

Erfurt (TH) · 50°57'42.0"N 11°0'54.1"E

Der Fisch-Hofladen im Kressepark Erfurt bietet Ihnen absolut frischen Fisch aus eigener Aufzucht und das mitten in der Landeshauptstadt Erfurt. Bis 18 Uhr fangfrisch, geräuchert oder frisch aus Topf und Pfanne – auch feiertags. Im benachbarten Restaurant können Sie auch nach 18 Uhr einkehren.

Selbstgemachtes: fangfrische geräucherte Forellen, Saiblinge, Lachsforellen, Karpfen und frisch zubereitete Speisen (nur Fisch). Außerdem: regionales Bier, Schokolade, Eis und Tee. Abendbrot und Getränke erhältlich.
Aktivitäten: Fischteiche, Streichelzoo, Stadt Erfurt (Straßenbahn nur 200 m entfernt), Kletterhalle

Fisch-Hofladen E7
Kressepark Erfurt 2019
Motzstraße 8
99094 Erfurt

Zu Gast bei: Florian Funkel
0151/59917030
Anreise bis: 15 Uhr
Schließzeit: 23.12.–02.01.

Hofladen:
Täglich 10–18 Uhr

www.fisch-hofladen.de

ÖKOHOF KUHHORST

Fehrbellin OT Kuhhorst (BB) · 52°43'9.2"N 12°51'13.2"E

Wir sind ein Demeterbetrieb mit angegliederter Behindertenwerkstatt. Mit Herz und Hand bauen wir auf ca. 420 ha Acker- und Grünland Obst und Gemüse, Kartoffeln und Getreide an. Wir halten Rinder und Schweine, Enten und Gänse, Esel und Ziegen. Unsere Ernte verarbeiten wir zu Produkten wie Nudeln, Müsli, Mehle und Marmeladen. Darüber hinaus bieten wir frische Fleisch- und Wurstwaren an.

Selbstgemachtes: Fleisch- und Wurstwaren, Kartoffeln, Eier, Nudeln, Müsli, Getreideflocken, Obst, Gemüse, Kuchen und Kekse. Außerdem: Brot, Eis, Milchprodukte u.v.m.
Aktivitäten: Einblick in die Stallungen möglich, Fahrradverleih, Bauerngolf

Ökohof Kuhhorst G4
Dorfstr. 9 2015
16818 Fehrbellin OT Kuhhorst

Zu Gast bei: Hannes-Peter Dietrich, einfach anreisen…
Anreise bis: 16 Uhr
Schließzeit: 23.12.–03.01.

Hofladen:
Do., Fr. 10–18 Uhr // Sa., So. 12–18 Uhr

www.diekuhhorster.de

BONUM GUSTUM REGIONALLADEN

Flieth-Stegelitz OT Flieth (BB) · 53°9'39.6"N 13°48'46.3"E

Gemütlicher Hof im Biosphärenreservat in der Uckermark. Wir starten aus Flieth zu Touren mit Esel, Fahrrad oder zu Fuß. Unser Regionalladen bietet mit über 600 Artikeln Waren des täglichen Bedarfs sowie viele regionale und selbst hergestellte Spezialitäten. – Der Hofladen öffnet bis Ostern freitags bis sonntags von 9 bis 18 Uhr und ab Ostern bis 31.10. freitags bis dienstags von 9 bis 18 Uhr. – Die Nutzung einer Duschgelegenheit und die Stromnutzung sind gegen eine Gebühr möglich.

Selbstgemachtes: Diverse Fleischprodukte wie Ziege und Ente, Gemüse, Brotaufstriche. Außerdem: Waren des täglichen Bedarfs, Frischeprodukte, regionale Spezialitäten. Nach Voranmeldung: Frühstück und Getränke erhältlich.

Aktivitäten: Wanderungen zu schönen Aussichtspunkten, E-Fahrrad-Verleih, Bademöglichkeiten (3 km)

Hinweis: △ vor Auffahrt bitte zur Einweisung im Laden melden oder kurz anrufen

bonUM gustUM Regionalladen H3 2020
Suckower Str. 31
17268 Flieth-Stegelitz OT Flieth

Zu Gast bei: Frank Pohl 0172/5162367
Anreise bis: 18:30 Uhr
Ruhetage: Mi. Do.

Hofladen:
Do. 12–18 Uhr // Fr.–So. 9–18 Uhr

www.regionalladenflieth.de

GUT NEU SACRO

Forst (Lausitz) (BB) · 51°46'26.7"N 14°37'24.0"E

Das Gut Neu Sacro – ein altes Kammergut aus dem Brühlschen Altbesitz, das mit viel Liebe um- und ausgebaut wurde. – Das Gut entwickelt sich zu einem Erlebnishof, auf dem Landwirtschaft hautnah für Klein und Groß erlebt werden kann. Dazu gehört die Vermarktung eigener Erzeugnisse und das Angebot regionaler Produkte in unserem Hofladen. Im Hofbistro wird mit frischen, regionalen Zutaten gezaubert. Unsere Öffnungszeiten bitte der Homepage entnehmen. Die Toiletten stehen nur zu Öffnungszeiten zur Verfügung. Der Stellplatz ermöglicht einen Blick zum Damwildgehege.

Selbstgemachtes: Fleischwurstkonserven vom Schwein, Rind und Wild. Außerdem: Marmeladen, Wein, Schnaps, Schokolade, Backwaren, Milchprodukte, Öle, Naturseifen, Dekoartikel und Präsente. Nach Voranmeldung: Frühstück, Abendbrot und Getränke erhältlich.

Aktivitäten: Führungen, Traktorfahren, Ponyreiten, Freilichtmuseum, Badesee, Kutschfahrten, Radwanderweg

Gut Neu Sacro ein Betrieb der Bauern AG Neißetal I5 2021
Neu Sacro 13
03149 Forst (Lausitz)

Zu Gast bei: Sylvia Müller 03562/69105210 o. 0151/40550504
Anreise bis: 18 Uhr

Hofladen:
Auf Anfrage

www.gut-neusacro.de

WEINDOMICIL RAIK MOH

Freyburg (ST) · 51°14'19.4"N 11°49'40.9"E

Eine naturnahe Bewirtschaftung unseres Weinberges und eine schonende Arbeitsweise stehen im Vordergrund. Unsere Weine der Marke „Weindomicil" sind das Ergebnis neuester Erkentnisse in der Weinbereitung. Dabei werden ausschließlich Qualitätsweine verfeinert, um ihren Geschmack hervorzuheben und zu intensivieren.

Selbstgemachtes: Wein und hofeigene Produkte. Nach Voranmeldung: Getränke erhältlich.

Aktivitäten: Badesee, St. Jakobus Pilgerweg

Weindomicil Raik Moh F6 2014
Zeuchfeld 60
06632 Freyburg

Zu Gast bei: Raik Moh 0173/8744923
Ruhetag: So.
Schließzeit: 20.11.–20.03.

Hofladen:
Mo.–Sa. 9–18 Uhr

www.weindomicil.de

IRRGARTEN DER SINNE

Frohburg (SN) · 51°0'37.5"N 12°35'49.7"E

Übernachten an einem der großen deutschen Heckenirrgärten. 4000 qm Heckenanpflanzungen und ca. 3 km Wegenetz sind gespickt mit 60 Stationen zum Spielen und Experimentieren. Es gibt ein Gasthaus mit Ruderteich und einer vollfunktionsfähigen Wassermühle aus dem 16. Jahrhundert mit angeschlossenem Mühlenladen.

Selbstgemachtes: Mühlenladen mit frischem Mühlenbrot aus dem Steinbackofen (am Wochenende), einheimischer Produktkorb (Honig, Wurst usw.) und Gaststätte mit typisch sächsischer Küche. Nach Voranmeldung: Getränke erhältlich.
Aktivitäten: Irrgartenrundgang ca. 1,5 Stunden, Radfahren, Wandern, Wassertreter fahren, nach Absprache Irrgartenprogramme wie z.B. Fledermausbeobachtungen

Irrgarten der Sinne G6
Rüdigsdorf 37 d 2021
04654 Frohburg

Zu Gast bei: Jörg Günther
0162/6350650
Anreise bis: 17:30 Uhr
Schließzeit: 15.11.–31.03.

Hofverkauf:
Auf Anfrage

www.irrgarten-der-sinne.de

GUTSHOF LINDSTEDT

Gardelegen (ST) · 52°35'32.9"N 11°31'42.1"E

Wir sind ein gemeinnütziger Verein, der sich um die Erhaltung und Wiederbelebung des denkmalgeschützten Gutshofes in Lindstedt kümmert und sich weiterhin generell für eine zukunftsfähige Entwicklung der Dörfer in der Region Lindstedt engagiert. Gern können Sie eine Führung zur Historie des Gutshofes bei uns buchen. Bei Bedarf erhalten Sie Trinkwasseranschluss.

Selbstgemachtes: Apfelsaft.
Aktivitäten: Hofführungen, landschaftliche schöne Feldmark (zu Fuß oder mit dem Rad), Colbitz-Letzlinger-Heide, Milde-Secantsgrabe-Niederung

Förderverein Gutshof F4
Lindstedt 2020
Zum Lindengut 77
39638 Gardelegen

Zu Gast bei: Marcel Heins
0163/8253670 o. 0172/4306695

Hofverkauf:
Auf Anfrage

www.gutshof-lindstedt.de

VOR DEM BERG

Gehren (BB) · 51°47'57.9"N 13°38'22.4"E

Wir sind ein kleiner Selbstversorgerhof in der Lausitz, in direkter Nähe zum Spreewald. Idyllisch vor den Gehrener Bergen am Mühlenfließ, dürfen sich unsere Enten und Hühner frei bewegen. Zwischendrin befinden sich Calendula, Schmuckkörbchen und Kapuzinerkresse als Bienenfutter. Unseren Käse machen wir ohne gefriergetrocknete Kulturen, nur mit der Vielfalt der Milch und Kefir und wir nutzen Microbielles Lab.

Selbstgemachtes: Käse, Marmelade, Gemüsesoßen, getrocknete Brühe. Außerdem: Senf, Kräutersalz, Gin.
Aktivitäten: Waldbad Gehren, Waldbühne Gehren, Kahnfahrten im Spreewald, Bogenschießen vor Ort

Vor dem Berg H5
Bergstraße Gehren 21 2021
15926 Gehren

Zu Gast bei: Dorette & Steve Beckmann 035455/174965 o. 01520/1936262
Anreise bis: 20 Uhr

Hofverkauf:
Auf Anfrage

www.fewo-vor-dem-berg.de

LANDSCHAFTSPFLEGE UND ZIEGENHOF PFEIFFHAUSEN

Gerbstedt OT Pfeiffhausen (ST) · 51°37'51.3"N 11°42'16.6"E

Herzlich willkommen in Pfeiffhausen. Wir bieten Ihnen Erholung in ruhiger Lage in der Nähe zum Naturpark „Unteres Saaletal". Auf unserem Hof befindet sich ein Hofladen und eine Käserei, die aus eigener Ziegenmilch und mit zugekaufter Bio-Kuhmilch köstliche bio-zertifizierte Käseprodukte herstellt. Gerne bieten wir mit Voranmeldungen Führungen durch unsere Käserei an.

Selbstgemachtes: diverse Käsesorten, Joghurt und Wurst. Außerdem: diverse regionale Bio-Produkte, z.B. Marmelade und Wein. Auch ein Brötchenservice wird angeboten.

Aktivitäten: Käsereiführungen, Käseseminare, Zoo Halle (45 km), Badesee „Süßer See", Schaubergwerk Wettelrode, Reiten

Landschaftspflege und Ziegenhof Pfeiffhausen F6 2017
Friedeburger Str. 9
06347 Gerbstedt OT Pfeiffhausen

Zu Gast bei: Wilfried Voigt
034783/60551 o. 0172/2506126

Hofladen:
Auf Anfrage

www.burenziegen-pfeiffhausen.de

THÜRINGER TANNENHOF

Geroda (TH) · 50°46'30.9"N 11°53'14.9"E

Wir begrüßen Sie herzlich auf dem Thüringer Tannenhof – ehemals Tannenhof Passen. Seit 30 Jahren pflanzen wir unsere Tannen der Umwelt zuliebe und sind der Garant für Ihren Traumweihnachtsbaum. Bei einem Spaziergang über unsere große Plantage können Sie Ihren persönlichen Weihnachtsbaum finden. Unser Gelände verfügt über einen Hof, zwei Teiche und viel Platz zum Spazieren und zum Genießen der Natur.

Selbstgemachtes: Tannenhonig und Tannenbrause, Deko-Artikel rund um Weihnachten und auch alle weiteren Hofladen-Klassiker. Außerdem: Tannenpesto, Pinienkerne und Tannen-Orangen-Marmelade.

Aktivitäten: Wanderwege im Wald, Teiche auf der Plantage

Thüringer Tannenhof F7 2022
Wittchenstein 6
07819 Geroda

Zu Gast bei: Christian Mai
0160/6973374
Schließzeit: 01.11.–31.12.

Hofverkauf:
Auf Anfrage

www.thueringer-tannenhof.de

STRAUSSENHOF BERKENLATTEN

Gerswalde (BB) · 53°8'27.7"N 13°45'33.9"E

Straußenzuchtbetrieb mit direkter Produktvermarktung und Imbiss.
14 Hektar Straußengehege, auf denen ca. 100 Strauße verschiedenen Alters leben. Unser Besucherweg läd zum Spazieren ein. Erleben Sie die größten Vögel der Erde. Von Oktober bis März haben wir Dienstag und Mittwoch Ruhetag und nicht geöffnet.

Selbstgemachtes: Straußenfleisch, -wurst, -eier, -federn und -leder. Außerdem: regionale Fruchtaufstriche und Honig.

Aktivitäten: am Hof: Barfußerlebnispark, Besucherrundweg; in der Nähe: Biosphärenreservat Schorfheide-Chorin

Straußenhof Berkenlatten GbR H3 2014
Ort Berkenlatten 7
17268 Gerswalde

Zu Gast bei: Andrea Rätz, einfach anreisen…
Anreise bis: 18 Uhr
Schließzeit: 01.10.–01.03.

Hofladen:
Täglich 10–18 Uhr

www.straussenhof-berkenlatten.de

WASSERBURG ZU GOMMERN

Gommern (ST) · 52°4'11.5"N 11°49'49.4"E

Die historische und denkmalgeschützte Wasserburg liegt inmitten der ostelbischen Seenlandschaft umgeben von dichten Wäldern, grünen Wiesen und glasklaren Seen. Die über 1000 Jahre alte Wasserburg verfügt über ein Hotel, ein Restaurant mit kulinarischen, regionalen Gerichten und über eine hauseigene Brauerei mit Biergarten. Hier wird noch handwerklich und traditionell nach deutschem Reinheitsgebot gebraut. Die Philosophie unserer Gommeraner Burgküche besteht darin, Ihnen stets hausgemachte und bürgerliche Köstlichkeiten mit regionalem Bezug, fein und gesundheitsbewusst interpretiert zu kreieren. Unsere Öffnungszeiten entnehmen Sie bitte der Webseite.

Selbstgemachtes: Bier, Bierlikör und Biergelee. Nach Voranmeldung: Frühstück, Abendbrot und Getränke erhältlich.

Aktivitäten: Brauereiführungen (nach Anmeldung jeden 1. Samstag im Monat um 16:00 Uhr), Badesee, Elberadweg, Spaziergang im Heidegarten

Wasserburg zu Gommern GmbH & Co.KG
Walther-Rathenau-Str. 9-10
39245 Gommern
F5 2021

Telefon: 039200/78850
Anreise bis: 20 Uhr

Hofverkauf:
Täglich 12–21 Uhr

www.wasserburg-zu-gommern.de

ÖKO-LANDWIRT FRANK HÜNSCHE

Gräfenhainichen (ST) · 51°44'49.9"N 12°24'56.1"E

Wir sind ein ökologischer Bauernhof am Rande der Dübener Heide mit einer Mutterkuhherde und mobilen Hühnerställen. Unser Hof liegt direkt am Feldrand. Für Kinder gibt es ein Trampolin, eine Schaukel und einen Buddelkasten. Unser Hofladen hat viele selbstgemachte Überraschungen. Wir freuen uns auf Ihren Besuch.

Selbstgemachtes: Bio-Eier, Rindersalami, Rinderknacker, Produkte der Saison.

Aktivitäten: Radweg R1, Dübener Heide, Wörlitzer Park, Stadt aus Eisen „Ferropolis" mit Badesee (2km), Bergwitzsee, Lutherstadt Wittenberg, Bauhaus Dessau

Öko-Landwirt Frank Hünsche
Judenberger Hauptstr. 39
06773 Gräfenhainichen
G5 2020

Zu Gast bei: Frank & Sabine Hünsche
0174/2028444
Anreise bis: 20 Uhr
Ruhetag: So.

Hofverkauf:
Auf Anfrage

GUT LE VALEUR

Groß Kreutz OT Krielow (BB) · 52°25'15.0"N 12°47'40.9"E

Wir, das Gut Le Valeur, züchten seit ca. 20 Jahren Mecklenburger und Hannoveraner Sportpferde. Neben unserer Reit- und Fahrschule, bieten wir viele Aktivitäten rund um die Landwirtschaft. Ziegen, Schweine, Rinder, Geflügel und Bienen laden zum Entdecken und ausprobieren ein.

Selbstgemachtes: Honig.

Aktivitäten: Reitunterricht, Fahrunterricht, Badestrand an der Havel, Kutschfahrten

Gut Le Valeur
Schmergower Weg 7
14550 Groß Kreutz OT Krielow
G4 2022

Zu Gast bei: Dajana Nicodem
0151/20614238
Anreise bis: 22 Uhr

Hofverkauf:
Auf Anfrage

www.le-valeur.de

Nord Nordwest **Ost** Mitte-West West Südost Südwest

WEINGUT THÜRKIND

Gröst (ST) · 51°15'34.7"N 11°50'43.7"E

Privates Weingut mit schönem, rustikalen Innenhof zum Wein genießen und probieren. Weinproben mit eigenen Weinen und Sekten sind nach Voranmeldung möglich. Hinweise zu unseren Veranstaltungen finden Sie auf unserer Website. Bitten reisen Sie innerhalb unserer Öffnungszeiten an. Wir haben selbst einen Hund.

Selbstgemachtes: Weine und Sekte. Außerdem: Honig und Präsente aus Wein. Nach Voranmeldung: Frühstück, Abendbrot und Getränke erhältlich.
Aktivitäten: Badesee, Radwanderwege, Stadtbesichtigung Freyburg (8 km)

Weingut Thürkind F6
Neue Dorfstr. 9 2016
06632 Gröst

Zu Gast bei: Mario Thürkind
034633/22878
Anreise bis: 18 Uhr
Schließzeit: 01.01.–28.02.

Hofladen:
Mo.–Sa. 9–18 Uhr // So. 9–11 Uhr

www.weingut-thuerkind.de

LANDGESCHMACK

Gumtow OT Görike (BB) · 52°56'38.3"N 12°12'12.8"E

„Landgeschmack" ist ein Betriebszweig der AG Görike-Schönhagen e.G. Wir vermarkten Fleisch- und Wurstprodukte von unseren eigenen Tieren in Weidehaltung (Angus-Rind, Duroc-Schwein, Kamerun-Schaf) sowie Walnussöl vom eigenen Walnussbaum. Unsere Überzeugung und somit auch unser Konzept beinhaltet eine artgerechte Haltung und Fütterung unserer Tiere, die dementsprechend eine hohe Fleischqualität aufweisen. Wir verfügen über einen kleinen Hühnerhof, wo Gäste gern am Morgen selbst die Eier sammeln dürfen. Weniger isst mehr!

Selbstgemachtes: Fleisch- und Wurstprodukte, Walnussöl (in Zusammenarbeit mit der Ölmühle in Katerbow). Außerdem: Fleisch (tiefkühlfrisch), verschiedenen Sorten Salami, Schinken, Wurst im Glas, Walnussöl und Honig.
Aktivitäten: Pilgerweg, Naturschutzgebiet Seebusch, Stadt Kyritz an der Knatter mit Badesee und kleiner Insel (15 min Autofahrt), Besichtigung der Plattenburg mit den umliegenden Fischteichen, Radwege

Landgeschmack F4
Göriker Dorfstr. 13 2020
16866 Gumtow OT Görike

Zu Gast bei: Dr. Katja Leppin
0160/94480437
Anreise bis: 20 Uhr
Schließzeit: 01.10.–01.04.

Hofverkauf:
Mo.–Fr. 9–18 Uhr // Sa. 9–11 Uhr

www.landgeschmack.de

MÜHLENHOF BROMMUNDT

Güsten (ST) · 51°47'11.8"N 11°36'26.4"E

Unser Mühlenhof liegt idyllisch eingebettet in einer Flussauenlandschaft. Das Flüsschen Wipper durchläuft das Grundstück und gibt dem Landstrich etwas Besonderes. Zum Anwesen gehören neben dem historischen Mühlenensemble weitläufige Wiesen für unsere Schafe, eine Obstplantage und die Bienenstände. Um das alte, denkmalgeschützte Ensemble zu erhalten und zu beleben, stellen wir hier Produkte her, die mit viel Liebe und Handarbeit gefertigt werden.

Selbstgemachtes: Imkereiprodukte und Produkte aus der Ölmühle.
Aktivitäten: Wipperradwanderung

Mühlenhof Brommundt F5
Untermühle 1 2020
39439 Güsten

Zu Gast bei: Ron Brommundt
0151/28813929
Anreise bis: 19 Uhr
Ruhetag: Sa.
Schließzeit: 15.10.–15.03.

Hofverkauf:
Auf Anfrage

www.muehlenhof-brommundt.de

ULI'S PASTALADEN

Hainewalde (SN) · 50°54'17.8"N 14°42'12.8"E

Ein kleines Stück Süden und mediterranes Lebensgefühl in die Oberlausitz zu holen, ging uns auf vielen unserer Touren durch Italien immer wieder durch den Kopf. Aus dem Traum wurde schnell ein konkreter Plan und seitdem ist Pasta aus der Oberlausitz unsere Leidenschaft. Auf unserem rustikalen Dreiseitenhof in Hainewalde bei Zittau findet man neben der frischen Ware auch original italienische Zutaten und selbstgemachtes Pesto. Der Hofladen ist auch außerhalb der Öffnungszeiten nach Absprache geöffnet.

Selbstgemachtes: frische Pasta, Gewürzbutter und Tomatensoßen. Außerdem: Feinkost und Weine.
Aktivitäten: Badesee, Zittauer Gebirge, Sommerrodelbahn, Saurierpark, Grenznähe zu Tschechien und Polen, Schloß Hainewalde

Uli's Pastaladen I6
Querweg 4 2021
02779 Hainewalde

Zu Gast bei: Manuela Simmig
035841/2233 o. 0160/6340544
Anreise bis: 19 Uhr
Schließzeit: 01.07.–31.07.

Hofladen und Hofverkauf:
Di. 14–18 Uhr // Do., Fr. 10–18 Uhr

www.ulis-pasta.de

NATURWERK

Halenbeck-Rohlsdorf (BB) · 53°13'11.5"N 12°18'54.6"E

Wir sind begeisterte Gärtner eines Naturgartens mit Obstbäumen und Blühwiese, Vogelhecken, Beerensträuchern, Gemüsebeeten, Kräutern, zwei Blühwiesen, Stauden- und Blumenrabatten. Quer durch unsere blühende Obstwiese kann man auf einem Insektensteg Bienen, Hummeln, Schmetterlinge und Co. betrachten. Dieses Gartenidyll soll erweitert werden und beständig sein. Somit haben wir unseren wirtschaftlichen Verein mit dem Namen „Naturwerk e.V." gegründet.

Selbstgemachtes: sämtliche Ernten unseres Gartens (saisonal). Nach Voranmeldung: Frühstück und Abendbrot erhältlich.
Aktivitäten: Radeln durch Dörfer oder um den Plauer See, Kloster Heiligengrabe, Aussichtsturm Blumenthal, Bärenwald Müritz, Airflow in der Nachbarschaft

Naturwerk e.V. F3
Objektstraße 4 2021
16945 Halenbeck-Rohlsdorf

Zu Gast bei: Elvira Gwozdz
0176/99398717
Anreise bis: 22 Uhr
Schließzeit: 01.11.–30.04.

Hofverkauf:
Auf Anfrage

ETZDORFER HOF

Heideland (TH) · 50°58'34.1"N 11°56'45.9"E

Der Etzdorfer Hof liegt umgeben von malerischen Wiesen, Feldern und Streuobstgärten. Zum Hof gehören neben geschmackvoll eingerichteten Hotelzimmern auch eine Hofschenke, ein Restaurant, eine Festscheune, ein Bauernmuseum, ein Erlebnisspielplatz, eine Reitanlage, eine Kegelbahn und Wohnmobilstellplätze. Die herrliche Natur auf der Hochfläche des Heidelandes lässt sich sowohl zu Fuß als auch per Rad erkunden, auf Wunsch auch inklusive Picknick im Grünen.

Selbstgemachtes: Thüringer Fleischspezialitäten, feine Grillspezialitäten und Wild. Außerdem: Äpfel, Birnen, Apfelsaft, Landbrot, Likör, Honig, Kartoffeln, Gemüse, Blumen, Eier, Nudeln, Ziegenkäse, Gewürze, Kräuter, Strickwaren, Schafwollprodukte und Holzwaren. Frühstück, Abendbrot und Getränke erhältlich.
Aktivitäten: Kegelbahn, Kutsch- und Kremserfahrten, Ponyreiten, Kinderspielplatz, Bauernmuseum

Etzdorfer Hof F6
Crossener Str. 16 2018
07613 Heideland

Zu Gast bei: Steve Weimar
036691/5748113

Hofladen:
Mi.–Fr. 10–18 Uhr // Sa. 10–13 Uhr

www.naturhotel-etzdorf.de

Nord
Nordwest
Ost
Mitte-West
West
Südost
Südwest

MILCHSCHAFHOF STREGANZ BERG

Heidesee (BB) · 52°11'56.1"N 13°47'36.0"E

Besuchen Sie uns doch einmal im alten Forsthaus Streganz Berg! An diesem wunderschönen Fleckchen Erde im Herzen Brandenburgs, betreiben wir seit vielen Jahren einen Milchschafhof. Auf unserem Bio-Hof können Sie eine kleine Schafherde erleben und die täglichen Arbeiten eines Schäfers beobachten. Wir haben eine eigene Bootssteganlage und einen See, wo gern nach Absprache gebadet und geangelt werden kann.

Selbstgemachtes: Lammfelle, Rohwolle, Lammfleisch, Lammschinken, verschiedene Lammwurstspezialitäten und Wildfleischspezialitäten.
Aktivitäten: Wanderwege, Radfahren, See mit Bootsverleih, Bade-, Angelmöglichkeit

Milchschafhof Streganz Berg
Streganz Berg 6
15754 Heidesee
H5
2021

Zu Gast bei: Mathias Strauch
0176/96386510
Anreise bis: 20 Uhr

Hofverkauf:
Fr. 14–18 Uhr // Sa. 11–18 Uhr

www.milchschafhof-streganzberg.de

GRÜNE OASE

Heiligengrabe OT Jabel (BB) · 53°10'16.1"N 12°26'36.5"E

Die „Grüne Oase" ist ein Ausflugslokal im Nordwesten Brandenburgs. Es wurde 2007 als Café eröffnet, mittlerweile kann man noch mehr essen, erleben und entspannen. Das vielfältige Kaffee- und Kuchenangebot wurde um frische regionale und internationale Gerichte ergänzt. Neben unzähligen Pflanzen gibt es allerhand Tiere zu entdecken. An dem Motto „verweile doch" hat sich in den letzten Jahren selbstverständlich nichts geändert. Totale Entspannung ist weiterhin garantiert. Jeden 3. Sonntag im Monat: Brunch. Hunde bitte anleinen!

Selbstgemachtes: Eier, Marmelade und Honig. Frühstück, Abendbrot und Getränke erhältlich.
Aktivitäten: Wittstock, Kloster Stift zum Heiligengrabe, Modemuseum Schloss Meyenburg, Schloss und Oper in Rheinsberg, Neuruppin, Müritz

Grüne Oase Essen + Erleben + Entspannen
Jabeler Dorfstraße 20
16909 Heiligengrabe OT Jabel
F3
2019

Zu Gast bei: Petra Puls 0173/2391569

Hofverkauf:
Auf Anfrage

www.grüne-oase.com

PENSION & GASTHAUS „KATTENSTIEG"

Heiligengrabe Ot Königsberg (BB) · 53°2'43.1"N 12°27'15.3"E

Wir sind ein seit 1991 geführtes Familienunternehmen mit Restaurant und Pension sowie mit Vermarktung aus eigenem Anbau und eigener Fischzucht. Direkt am Naturschutzgebiet „Königsberger See – Kattenstieg See" gelegen, finden Sie bei uns Ruhe und Erholung.

Selbstgemachtes: Fruchtaufstriche, Honig, Fisch, Eier. Außerdem: Wurst, Handwerkskunst, regionale Spirituosen, Met & Wein von Familienunternehmen. Frühstück, Abendbrot und Getränke erhältlich.
Aktivitäten: Badesee (2 km), Angeln direkt am Haus, Kahnverleih auf unserem See, Fahrradverleih, Wanderung in unserer Umgebung
Hinweis: △ 500 m unbefestigter Weg von der Hauptstraße L14, 1900 m unbefestigter Weg von der L144.

Pension & Gasthaus „Kattenstieg"
Kattenstiegweg 2
16909 Heiligengrabe Ot Königsberg
G3
2022

Zu Gast bei: Anke Schorlepp
033965/40215
Anreise bis: 20 Uhr
Ruhetage: Di. Mi.

Hofverkauf:
Auf Anfrage

www.kattenstieg.de

LANDFLEISCHEREI SCHÖPFER

Helbedündorf (TH) · 51°20'0.7"N 10°31'57.5"E

Seit 4 Generationen stellt unser kleiner Familienbetrieb in Keula/Thüringen Hausmacherwurst nach traditionell überlieferten Rezepten her. Wir legen Wert auf hohe Qualität und würzigen Geschmack. Unsere Kunden lieben an unserer Wurst vor allem, dass sie „wie früher" beim Hausschlachten schmeckt. Wir haben an unserer Fleischerei einen kleinen Laden und ein Verkaufsauto, mit dem wir unsere Produkte in der Region vermarkten.

Selbstgemachtes: Produkte aus der traditionellen Hausschlachtung: Schinken, Brat-, Leber- und Blutwurst. Außerdem: regionale Produkte, z.B. Thüringer Senf, Honig, Eier von glücklichen Hühnern und Eierlikör. Frühstück erhältlich.
Aktivitäten: Aussichtspunkt Rondel, Helbetal zum Wandern und Mountainbiken, Erlebnispark Possen, Anschluss an den Unstrut-Rad-Wanderweg, Baumkronenpfad, Thomas-Müntzer-Stadt Mühlhausen

Landfleischerei Schöpfer E6
Holzthalebener Str. 4a 2021
99713 Helbedündorf

Zu Gast bei: David Schöpfer
036029/82218 o. 0162/7367939
Anreise bis: 16 Uhr
Ruhetag: So.
Schließzeit: 01.11.–31.03.

Hofladen:
Mo., Mi. 7:30–12 Uhr // Di., Do., Fr. 7:30–17:30 Uhr // Sa. 7:30–11 Uhr

www.landfleischerei-schoepfer.de

LANDGASTHOF ALTER BAHNHOF

Heyerode (TH) · 51°10'4.2"N 10°20'13.3"E

Der Landgasthof „Alter Bahnhof" in der Welterberegion Wartburg Hainich bietet regionale bodenständige Küche sowie Übernachtungen in Ferienhäusern, -wohnungen und Hotel. In exklusiver Lage im Naturpark Eichsfeld Hainich Werratal können Sie aktiven und erholsamen Urlaub erleben. Familien mit Kindern fühlen sich auf dem Kinderbauernhof und Abenteuerspielplatz wohl. Unsere Öffnungszeiten des Restaurants: Sommer: täglich 11–20 Uhr; Winter: Di.-Do. 11–17 Uhr, Fr.-Sa. 11–20 Uhr, So. 11–17 Uhr.

Selbstgemachtes: Regionale Gastronomie. Außerdem: Kartenmaterial der Region. Nach Voranmeldung: Frühstück, Abendbrot und Getränke erhältlich.
Aktivitäten: Kinderbauernhof mit Ponyreiten, Radverleih, im Winter Langlauf-Skiverleih, Sauna, Abenteuerspielplatz, historisches Mühlhausen, Wartburg und Nationalpark Hainich
Hinweis: △ in Heyerode Richtung Mühlhausen, dann durch das Grenztor, 200m weiter links abbiegen (Verkehrsschild vorhanden)

Landgasthof Alter Bahnhof E6
Bahnhofstr. 69 2018
99988 Heyerode

Telefon: 036024/62310
Anreise bis: 19 Uhr
Ruhetag: Mo.
Schließzeit: 27.08.–06.09., 01.01.–31.01.

Hofverkauf:
Auf Anfrage

www.landgasthof-hainich.de

AGRARGENOSSENSCHAFT „HÖHE"

Höhenland (BB) · 52°43'5.3"N 13°54'26.5"E

Wir sind ein junges, dynamisches, landwirtschaftliches Unternehmen mit einer kleinen aber feinen Ab-Hof-Verkaufsstelle (Regiomat, Milchtankstelle, Eisautomat), die rund um die Uhr geöffnet ist. Bei uns gibt es viele regionale Produkte. Vor allem für Eisliebhaber ist unser selbst hergestelltes Eis ein Genuss. Ein Einblick in den Produktionsbetrieb ist nach vorheriger Absprache möglich.

Selbstgemachtes: Eis, Frozen Joghurt, Milch. Außerdem: Honig, Eier, Kartoffeln, Fleisch, Wurst, saisonal Grillfleisch.
Aktivitäten: kleiner Streichelzoo auf dem Hof, Badesee, diverse Radwege, Carlsburg in Falkenberg mit freien Blick in den Oderbruch, Bunker Wollenberg, viele Wanderwege

Agrargenossenschaft H4
„Höhe" eG 2021
Brunower Straße 1
16259 Höhenland

Zu Gast bei: Nicole Winkelmann
033454/223
Anreise bis: 14 Uhr

Hofverkauf:
Auf Anfrage

www.agrargenossenschaft-hoehe.de

DER KLEINE HOF

Hornow (BB) · 51°38'3.4"N 14°31'4.0"E

Wir sind ein kleinbäuerlicher Betrieb, der viel zu bieten hat. Angefangen mit der hofeigenen Bäckerei, wo noch ganz traditionell gebacken wird. Zudem haben wir einen Hofladen, wo allerlei landwirtschaftliche Erzeugnisse angeboten werden. Von den Backwaren, zu den Fleisch-, Wurst,- und Milchprodukten, über selbstgemachte Marmelade, Honig, Wein und vielen weiteren regionalen Highlights. Besonders praktisch für Sie als Camper, sind unsere eingekochten Suppen. Diese können schnell warm gemacht werden. Auf unserem Hof gibt es viele Tiere, die Sie von ihrem Stellplatz sehen können.

Selbstgemachtes: Backwaren aller Art, Butter, Eier, Käse, Marmelade, Säfte, Honig, Wurst und selbstgemachte, fertige Suppen im Glas. Außerdem: Joghurt, Wurst, Honig und Obst. Nach Voranmeldung: Frühstück, Abendbrot und Getränke erhältlich.

Aktivitäten: Badesee, Radwege, Kirchenführungen, Kutschfahrten, Schokoladenfabrik, Töpferei, Reiten, Stauseeangeln, Wasserski, Moorwanderungen

Der kleine Hof I5
Schulstr. 1a 2017
03130 Hornow

Zu Gast bei: Liane & Andreas Dörry
035698/805692 o. 0152/54288893
Anreise bis: 18:30 Uhr
Ruhetage: Mo. So.
Schließzeit: 17.08.–30.08., 13.05.–17.05., 05.04.–12.04.

Hofladen:
Di.–Fr. 7–18:30 Uhr // Sa. 7–12 Uhr

WEINGUT PATKE

Jacobsdorf OT Pillgram (BB) · 52°19'43.0"N 14°23'48.6"E

Das Weingut Patke ist ein junges Familienweingut aus Ostbrandenburg mitten im schönen Seenland Oder-Spree. Auf 4,7ha Rebfläche werden verschiedene Rebsorten wie Johanniter, Kerner und Regent angebaut. Ihre Weine sowie Brände aus der hauseigenen Patke Destillerie und weitere regionale Produkte verkaufen die frischgebackenen Winzer in Ihrem Hofladen in Pillgram. Der großzügige Hof von Ilse Patke bietet außerdem gemütliche Sitzgelegenheiten mit einer Straußwirtschaft von Mai bis Dezember.

Selbstgemachtes: Wein, Erdbeeren, Spirituosen, Marmelade und Kuchen. Außerdem: Rauchsalami, Essig, Leberwurst, Nudeln, Eierlikör und Bier.

Aktivitäten: Regelmäßige Hoffeste, angrenzender Radweg, Jacobspilgerweg, Bademöglichkeiten Helenesee, Einkaufsmöglichkeiten in Frankfurt (Oder)

Hinweis: △ Zufahrt über den Feldweg hinter dem Weinberg (Frankfurter Straße/Lichtenberger Weg). Bei Anruf erfolgt eine detaillierte Wegbeschreibung.

Weingut Patke GbR H4
Kirchstr. 5 2021
15236 Jacobsdorf OT Pillgram

Zu Gast bei: Jessica Semmler
0151/15165395
Anreise bis: 18 Uhr
Ruhetage: Mo. Di.

Hofladen:
Mi., So. 15–18 Uhr // Fr. 12–18 Uhr

www.weingut-patke.de

KLOSTER JERICHOW

Jerichow (ST) · 52°30'8.3"N 12°0'58.0"E

Genießen Sie die einmalige Aussicht auf das Kloster Jerichow, das als ältester Backsteinbau Norddeutschlands gilt. Neben dem Kloster befinden sich ein Gasthaus, ein großer Klostergarten und ein Klostermuseum. Das Ensemble liegt im Elb-Havel-Winkel im Jerichower Land, einer reizvollen Umgebung am Rande eines Naturschutzgebietes. Unser Klosterladen ist von April bis Oktober täglich von 10 bis 18 Uhr und von November bis März dienstags bis sonntags und feiertags von 10 bis 16 Uhr geöffnet. Hunde sind außerhalb der Klosteranlage gern gesehen. Toilettennutzung nur während der Öffnungszeiten möglich.

Selbstgemachtes: Geiste.

Aktivitäten: Museumsbesuch, Fahrradverleih, Elb-Deich-Wanderung, Elbe-Radweg, historische Altstadt Tangermünde, Badesee Zabakuck, Erlebnisdorf Parey, Brennereiführung, Brennerabend, Klostergarten

Kulturstiftung F4
Sachsen-Anhalt 2019
Am Kloster 1
39319 Jerichow

Einfach anreisen…

Hofladen und Hofverkauf:
Auf Anfrage

www.kloster-jerichow.de

LANDWIRTSCHAFT KÜNNE & GOVINDA LEIPZIG

Jesewitz OT Ochelmitz (SN) · 51°26'9.8"N 12°31'43.3"E

Wir sind eine Hofgemeinschaft mit Bio-Landwirtschaftsbetrieb in der Nähe von Leipzig. Am Hof gibt es eine Backstube mit eigener Mühle, eine Imkerei und Event-Catering. Wir essen seit mehr als 10 Jahren vegetarisch/vegan und tauschen uns auch gerne über alternative Lebensweise aus.

Selbstgemachtes: Natursauerteigbrote (Do.&Fr. ist Backtag), Mehl, Honig und wenn`s mit einem Catering Event passt - ganze Mahlzeit (vegetarisch/vegan). Außerdem: Energieriegel.

Aktivitäten: Schaubäckerei, Spaziergänge, Informationen zur Landwirtschaft, Gute Anbindung nach Leipzig (S-Bahn oder Fahrrad ca.14 km)

Landwirtschaft Künne & Govinda Leipzig G6 2021
Zum Oberdorf 4
04838 Jesewitz OT Ochelmitz

Zu Gast bei: Robert Künne 034241/52760 o. 0163/7432582

Hofverkauf:
Auf Anfrage

www.govinda-Leipzig.de

Nord Nordwest Ost Mitte-West West Südost Südwest

STRAUSSENFARM SCHLÜTERHOF

Jessen OT Naundorf (ST) · 51°55'24.6"N 12°53'26.7"E

Ein gut erhaltener Vierseitenhof, etwa 115 Jahre alt, am Rande des Flämings und der Glücksburger Heide. Drei Generationen leben und arbeiten auf unserem Hof. Wir bieten Ihnen eine schöne, ruhige Lage am Radweg Berlin-Leipzig. Getränke und Frühstück erhalten Sie bei uns gern nach Absprache.

Selbstgemachtes: Straußenfedern, Straußenfleisch und -wurstwaren, Straußeneier und Lederwaren (Lederprodukte nach Absprache). Nach Voranmeldung: Frühstück und Getränke erhältlich.

Aktivitäten: Radwanderweg Berlin-Leibzig, Randfläming, Flaeming-Skate, persönliche Führungen auf unserer Straußenfarm

Straußenfarm Schlüterhof G5 2014
Naundorf Nr. 18
06917 Jessen OT Naundorf

Zu Gast bei: Barbara & Erhard Schlüter 0175/7985124 u. 0170/1007240
Anreise bis: 20 Uhr

Hofverkauf:
Auf Anfrage

www.straussenfarm-schlueterhof.de

LANDLEBEN NATURKOST

Jüterbog OT Markendorf (BB) · 51°59'37.8"N 13°10'3.8"E

Unser Hof mit Hofladen liegt mitten im Wald. Auf der 2 ha großen Hoffläche befindet sich eine Obstplantage und es tummeln sich Ponys, Schafe, Hühner, Hunde und eine Katze. Der Hofladen mit Naturkostsortiment öffnet zusätzlich gerne auf Anfrage. Außerdem bieten wir Übernachtungsmöglichkeiten im Wohnwagen oder Holzhaus an. Wer hat Lust auf's Land zur ziehen? Sprecht uns bitte an. Praktikanten und FÖJler sind herzlich willkommen.

Selbstgemachtes: Apfelsaft und Gemüse. Außerdem: Naturkost von Müsli bis Aufstriche, vegetarische Wurstsorten und Getränke. Bewirtung nach Voranmeldung.

Aktivitäten: Radwanderweg, Skaten, Reiten in Werder (4 km), Naturpark

Landleben Naturkost G5 2015
Markendorfer Waldsiedlung 9
14913 Jüterbog OT Markendorf

Zu Gast bei: Gabriele & Manfred Schoenleitner 03372/440655 o. 0157/80253662
Ruhetag: Sa.

Hofladen und Hofverkauf:
Di., Do. 9–17 Uhr

www.landlebennaturkost.de

Nord
Nordwest
Ost
Mitte-West
West
Südost
Südwest

HERRMANNS HOF

Kabelsketal OT Großkugel (ST) · 51°25'3.9"N 12°8'44.9"E

Unser Biolandobstbaubetrieb mit kleiner Mosterei liegt genau zwischen Halle und Leipzig. In unserem Hofladen erhalten Sie unsere Säfte, deren Herstellung aus handverlesenem Obst erfolgt sowie andere Köstlichkeiten. Hunde bitte anleinen.

Selbstgemachtes: Säfte, Marmelade, Likör und Obst. Außerdem: Getränke, Milchprodukte und Wurst.
Aktivitäten: Badeseen, Radwege, unmittelbare Nähe zu Leipzig und Halle

Herrmanns Hof F6
Dorfstraße 22 2021
06184 Kabelsketal OT Großkugel

Zu Gast bei: Andre Herrmann
034605/20504
Anreise bis: 20 Uhr
Schließzeit: 10.04.–17.04.

Hofladen:
Sa. 9–15 Uhr

www.herrmanns-hof.de

WILDER WEINBERG

Kade (ST) · 52°22'39.2"N 12°15'53.6"E

Wir sind ein kleiner Biobetrieb in dörflicher Umgebung. Auf unseren Wiesen halten wir Highland-Rinder, Damwild und Wikingerschafe. Von ihrem Stellplatz mit Grillmöglichkeit haben Sie einen schönen weiten Blick und können nebenbei unser Damwild beobachten. Wir freuen uns auf Ihren Besuch!

Selbstgemachtes: Fleisch, Wurst und Schinken von Damwild, Schaf und Highland-Rind, Apfelsaft und Bier. Nach Voranmeldung: Getränke erhältlich.
Aktivitäten: Badesee in der Nähe, Teich auf dem Gelände, große Tipischaukel, Grillterrasse

Wilder Weinberg F4
Karower Str. 13 2020
39307 Kade

Telefon: 0173/5756846
Anreise bis: 19 Uhr

Hofverkauf:
Auf Anfrage

www.wilderweinberg.com

REITERHOF DAMMKRUG

Kalbe (ST) · 52°43'36.5"N 11°22'28.6"E

Wir sind ein kleiner Reiterhof in idyllischer Alleinlage mit gemütlichen Unterkünften, liebenswerten Pferden, Katzen, Kaninchen, Hühnern und Hund, auf dem immer etwas los ist. Erholung gibt es nicht nur für Reiter. Camper können unsere Streuobstwiese, Durchreisende unser Bed and Breakfast nutzen. Sie sind willkommen!

Selbstgemachtes: Marmeladen, Honig, Eier von glücklichen, freilaufenden Hühnern und altmärkischer Blechkuchen. Außerdem: Marmelade, Honig, Landeier, Obst und Gemüse der Saison. Frühstück und Getränke erhältlich.
Aktivitäten: Ponyreiten, Radwege, Kutschfahrten

Reiterhof Dammkrug F4
Dammkrug 1 2017
39624 Kalbe

Zu Gast bei: Melissa Schmidt
039009/907509 o. 0171/5769875
Anreise bis: 22 Uhr
Schließzeit: 01.11.–28.02.

Hofverkauf:
Auf Anfrage

www.dammkrug.de

RIETHWIESENHOF

Kalbe OT Engersen (ST) · 52°37'10.4"N 11°20'41.3"E

Unser kleiner Bio-Bauernhof liegt mitten in der Altmark. Wir halten Geflügel, Schweine und Schafe. Als zwei junge Landwirte teilen wir unsere Leidenschaft für unverfälschte Produkte von höchster Qualität. Regional und natürlich Bio! Der vielfältig gestaltete Auslauf sorgt durch Obstbäume, Hecken und Blühstreifen für Schutz und zusätzliche Leckerbissen. Unser Hofladen befindet sich im Nachbarort und freut sich auf Ihren Besuch.

Selbstgemachtes: Eier, Geflügelfleisch, Produkte vom Schwein, Marmeladen, Eingemachtes und Säfte (je nach Saison). Außerdem: kleiner Laden mit umfangreichem Biosortiment im Nachbarort.
Aktivitäten: ruhige und lange Wanderungen, tolle Kulturveranstaltungen in der nahe gelegenen Künstlerstadt
Hinweis: △ Die Zuwegung zum Stellplatz ist auf den letzten 150 m ca. 3 m breit, zum Stellplatz geht es kurz und steil hinunter.

Riethwiesenhof F4
Genusswerkstätten 2022
Ortsstr. 9
39624 Kalbe OT Engersen

Zu Gast bei: Rudolf Sasse
0176/27555241
Anreise bis: 18 Uhr
Ruhetag: So.
Schließzeit: 01.11.–01.03.

www.riethwiesenhof.de

ÖKOHOF GRÜNER BULLE

Kalbe OT Klein Engersen (ST) · 52°37'15.4"N 11°21'42.9"E

Unser landwirtschaftlicher Familienbetrieb liegt in der westlichen Altmark, einem ausgesprochenen Grünlandstandort. Als familiengeführtem Ökohof ist uns der nachhaltige, respektvolle Umgang mit unserer Natur und den Tieren wichtig. Unsere Angustiere werden ganzjährig auf großzügigen Weideflächen gehalten. Überzeugen Sie sich gern von der Qualität unserer Fleischprodukte. Gern können Sie sich bei einer kleinen Betriebsführung einen Einblick verschaffen.

Selbstgemachtes: Rindfleisch vom Angus, Salami, Bratwurst und Bockwurst (100% Rindfleisch).
Aktivitäten: Naturbadestelle, Radwanderwege

Ökohof Grüner Bulle GbR F4
Dorfanger 5 2021
39624 Kalbe OT Klein Engersen

Zu Gast bei: Detlef, Andrea & Sven-Martin Kunze 039080/3482 o. 0157/51947036
Anreise bis: 20 Uhr

Hofverkauf:
Auf Anfrage

www.grünerbulle.de

GÄRTNEREI SROCKE

Kehmstedt (TH) · 51°28'20.7"N 10°36'17.2"E

Unsere Gärtnerei liegt am Ortsrand der beschaulichen, aber sehr gemütlichen kleinen Gemeinde Kehmstedt, von hier hat man einen schönen Blick über Felder und Wälder und ist in kürzester Zeit in einem sehr schönen Wandergebiet. Wir führen eine kleine Gärtnerei und produzieren ab Februar Gemüse und Pflanzen. Nach Absprache öffnen wir gerne unseren Ab-Hof-Verkauf für Sie.

Selbstgemachtes: Kräuter, Gemüse, Eier, Beet- und Balkonbepflanzung, Tannenbäume, Kartoffeln und Kürbisse. Nach Voranmeldung: Frühstück, Abendbrot und Getränke erhältlich.
Aktivitäten: Museen, Kino, Wanderwege, Freibäder
Hinweis: △ Zufahrt entweder über geteerte die Straße oder über den Feldweg

Gärtnerei Srocke E6
Hauptstraße 17 2018
99752 Kehmstedt

Zu Gast bei: Judith Srocke-Werny
0173/9707088
Schließzeit: 01.11.–31.03.

Hofverkauf:
Auf Anfrage

LANDFACTUR

Kirchheilingen (TH) · 51°10'47.8"N 10°42'37.9"E

Hausgemachte Köstlichkeiten und handwerkliche Arbeiten nach bäuerlicher Tradition. Die Landfactur – Die Genussmacher ist eine kleine Manufaktur, welche für Besucher transparent und erlebbar gestaltet wurde. Gute Produkte mit Liebe und selbst gefertigt. Was gibt es Edleres als das Einfangen und Konservieren der ehrlichen Aromen der Natur?

Selbstgemachtes: Rotwein, Liköre, Marmeladen, Fruchtaufstriche, Honig, Säfte, Kuchen, Plätzchen, Rapsöl, Senföl, Leinöl, Walnussöl, Weizen- und Hartweizenmehl, Thüringer Senfspezialitäten aus eigenem Anbau und eigener Herstellung auf einem „Granitmühlstein" fein gemahlen. Außerdem: Thüringer Wurst- und Schinkenspezialitäten.

Aktivitäten: Freibad Kirchheilingen, K2-Radweg, Kneippbecken und Alpakapark in Tottleben, Gärten in Bad Langensalza, Bauernschänke und Gaststätte mit ungarischen Spezialitäten, 24h-Wurstautomat, Fleischerei „Die Wurstkammer"

Landfactur GmbH
Bahnhofstraße 186 a
99947 Kirchheilingen

E6
2019

Zu Gast bei: Frank Baumgarten
0172/3683740
Anreise bis: 20 Uhr

Hofladen und Hofverkauf:
Mo.–Fr. 8:30–16 Uhr

www.knackwurstprofi.de

STRAUSSENFARM KLEIN ROSENBURG

Klein Rosenburg (ST) · 51°55'37.8"N 11°53'22.3"E

Unsere Straußenfarm befindet sich im idyllischen Elb-Saale-Winkel (Naturschutzgebiet), weil hier die besten Voraussetzungen für eine ruhige, naturnahe und artgerechte Haltung des Vogel Strauß gewährleistet sind, worauf wir als Aufzuchtbetrieb sehr viel Wert legen. Auf unserer Fläche von 20.000 m² können sich unsere Laufvögel wunderbar frei bewegen und inmitten der Natur leben.

Selbstgemachtes: vom Strauß: Filets, Steaks, Braten, Schinken, Gulasch, Bratwurst, Knacker, Eier, Eierlikör, Federn, div. Wurstsorten und viele Straußenprodukte mehr. Nach Voranmeldung: Getränke erhältlich.

Aktivitäten: Radwanderung, Kanutouren, Klein Rosenburger Burg mit Burgmuseum, Führung über die Straußenfarm

Straußenfarm Klein Rosenburg
Mittelstr. 24
39240 Klein Rosenburg

F5
2014

Telefon: 0177/3118181

Hofladen:
Auf Anfrage

straussenfarm-klein-rosenburg.de

WILDHOF AM WEINBERG

Kloster Lehnin OT Reckahn (BB) · 52°20'5.2"N 12°33'1.9"E

Zehn Kilometer südlich der Stadt Brandenburg an der Havel liegt unser Wildhof in Reckhahn. Wenn Sie sich gesund ernähren möchten und Freude am Essen und Kochen haben, sind Sie bei uns richtig. In unserem liebevoll eingerichteten Hofladen bereiten wir unser breites Wildangebot frisch für Sie zu. Wildbret aus unserer Region ist ganzjährig erhältlich (frisch/TK), welches genauso einfach zuzubereiten ist wie Rind- und Schweinefleisch und über einen sehr feinen Geschmack verfügt. Die Versorgung mit Strom ist nach Absprache ggf. möglich.

Selbstgemachtes: Wildspezialitäten (Wurstprodukte, Wildschinken und Frischfleisch). Außerdem: Brot, Brötchen, Wein und Honig. Nach Voranmeldung: Frühstück erhältlich.

Aktivitäten: Fischteiche, Schloss mit Museum, Schulmuseum, Radwanderweg, Jagdmöglichkeiten

Wildhof am Weinberg
Krahner Str. 7
14797 Kloster Lehnin
OT Reckahn

G4
2020

Zu Gast bei: Elke Andert
033835/40522
Anreise bis: 18 Uhr

Hofladen:
Di.–Fr. 8–12, 15–18 Uhr // Sa. 8–11 Uhr

www.wildhofamweinberg.de

ERLEBNISHOF QUARNEBECK

Klötze (ST) · 52°33'58.9"N 11°10'13.1"E

Wir sind ein kleiner Familienbetrieb mit Ackerbau und Viehhaltung, es ist aber auch Platz für Kultur und Musik. Wir züchten Rotes Höhenvieh und halten Bunte Bentheimer Schweine. Bei uns können Sie Fleisch, Honig und viele leckere Sachen aus traditioneller Landwirtschaft im Ab-Hof-Verkauf nach Absprache erwerben. Wir freuen uns über ehrliches Interesse an unserer täglichen Arbeit und laden Sie gern dazu ein, in den Zauber der Bauern- und Landwirtschaft hineinzuschnuppern.

Selbstgemachtes: Rind-, Schaf- und Ziegenfleisch, Wild nach Jagderfolg und Honig. Außerdem: Fleisch, Wurst, Honig, Käse und Milch. Nach Voranmeldung: Frühstück, Abendbrot und Getränke erhältlich.
Aktivitäten: Naturpark Drömling, Wander- und Reitmöglichkeiten, Bademöglichkeiten in den Nachbarorten

Erlebnishof Quarnebeck E4
Alte Heerstr. 15 2020
38486 Klötze

Zu Gast bei: Jens Fäsche
0151/50482559
Anreise bis: 21 Uhr

Hofverkauf:
Auf Anfrage

www.erlebnishof-quarnebeck.de

KREATIVHOF KUNRAU

Klötze OT Kunrau (ST) · 52°33'52.4"N 11°1'31.3"E

Aus Naturmaterialien oder quer durch den bunten Blumengarten entstehen in der Hofwerkstatt dekonatürliche Einzelstücke. Trockenblumen und Kränze aller Art sind meine große Leidenschaft. Im ehemaligen Stall, dem zum Nähcircus ausgebauten Zirkuswagen oder an der frischen Luft können Neugierige Handwerksluft schnuppern. Unsere Terrasse und die Ruhe im Garten laden zum Verweilen ein. Sie können gerne 1 Hund zu uns mitbringen.

Selbstgemachtes: Kränze und Dekorationen aus Naturmaterial. Nach Voranmeldung: Frühstück, Abendbrot und Getränke erhältlich.
Aktivitäten: Naturwanderungen, Workshops (Programm online), Biosphärenreservat Drömling, E-Bike-Verleih, Konsum, Wander- & Radwege, Schloss Kunrau, Grenzmuseum Böckwitz mit Grenzlehrpfad
Hinweis: △ Wichtig für alte Navigationsgeräte: Bahnhofstr. 12, 38486 Kunrau eingeben

Kreativhof Kunrau E4
Alte Bahnhofstr. 12 2016
38486 Klötze OT Kunrau

Zu Gast bei: Renate & Rolf Bartels
039008/82084 o. 0171/2832615
Anreise bis: 20 Uhr

Hofverkauf:
Fr. 17–19 Uhr // Sa. 10–13 Uhr

www.kreativhof38.de

FISCHEREI ROSENKRANZ

Köthen (ST) · 51°45'52.7"N 11°59'15.8"E

Die Fischerei Rosenkranz in Köthen vereint Fischerei, Fischgeschäft, Verarbeitung und Räucherei unter einem Dach. Die meisten unserer Verkaufsprodukte stellen wir selbst her. Unsere aus drei gemauerten Öfen bestehende Räucherei arbeitet noch traditionell nach dem Altonaer-Verfahren. Bei dieser althergebrachten Methode werden die Fische drei Stunden lang über offenem Holzfeuer, in der Regel Buche, geräuchert. Wir laden Sie herzlich ein, sich von unserem Sortiment an Frisch- und Räucherfisch, sowie Fischspezialitäten zu überzeugen.Von September bis Juni öffnet der Hofladen donnerstags von 9 bis 18 Uhr. Nach Absprache sind Hunde willkommen.

Selbstgemachtes: Räucherfisch, Frischfisch, Salate, Imbiss und Marinaden.
Aktivitäten: Badesee, Museen, Kino, Spaßbad, Kinderwelt

Fischerei Rosenkranz F5
Dessauer Straße 106 2021
06366 Köthen

Zu Gast bei: Reik Rosenkranz
0177/4569828
Anreise bis: 20 Uhr

Hofladen:
Di.–Fr. 9–16 Uhr

www.fischerei-rosenkranz.de

Nord
Nordwest
Ost
Mitte-West
West
Südost
Südwest

BIO-BERGGASTHOF BECKENBERGBAUDE

Kottmar OT Eibau (SN) · 50°58'58.2"N 14°40'18.6"E

Wir sind Sachsens erster Bio-Berggasthof mitten auf dem 408 m hohen Beckenberg bei Eibau. Schon seit 2001 wird Nachhaltigkeit auf dem Beckenberg gelebt. Was mit dem Verzicht von überfischtem Fisch anfing, ist heute eine regionale, saisonale Speise- und Getränkekarte mit biologischen Produkten. Wir verfügen über eine eigene Kochschule, einen Holzskulpturenpark und einen Biergarten mit Platz für 80 Personen. Nach Voranmeldung kann man an den monatlichen Kochkursen mit max. 10 Personen teilnehmen. Genießen Sie die Oberlausitzer Gastfreundschaft.

Selbstgemachtes: À-la-carte-Küche, Halbkonserven und kulinarische Präsente. Nach Voranmeldung: Frühstück, Abendbrot und Getränke erhältlich.

Aktivitäten: Spielplatz, Holzskulpturenpark, Wanderwege, Örtliches Freibad (15 Fußminuten), Ortskern (5 Fußminuten), Herrnhut, Dreiländereck, Rodelbahn in Oderwitz, Kletterpark, Zittauer Gebirge

Bio-Berggasthof Beckenbergbaude I6
Beckenbergstraße 5 2021
02739 Kottmar OT Eibau

Zu Gast bei: André Meyer
0170/7746742
Anreise bis: 19 Uhr
Schließzeit: 10.05.–16.05.

Hofverkauf:
Mo.–Fr. 17–21 Uhr // Sa., So. 11–21 Uhr

www.beckenbergbaude.de

SPARGELHOF KREMMEN

Kremmen (BB) · 52°45'21.9"N 13°2'1.0"E

Wir sind ein Bauernhof mit Hofladen für regionale und saisonale Spezialitäten und haben einen ganzjährigen Restaurantbetrieb (täglich von 11–20 Uhr). Wir verfügen über eine gute Infrastruktur und der Stellplatz ist idyllisch gelegen. Fußläufig sind gut zu erreichen die Stadt Kremmen, die öffentlichen Verkehrsmittel und unser Spielplatz am Hof.

Selbstgemachtes: Kremmener Spargel, handverlesene Heidelbeeren, Kürbisse, Freilandenten und -gänse. Außerdem: saisonales Obst und Gemüse, Molkereiprodukte, Säfte, Marmeladen und Backwaren. Abendbrot erhältlich.

Aktivitäten: Spielplatz, Restaurant, Eisbahn mit Schlittschuhverleih im Winter, Badelandschaft im Sommer, öffentliche Verkehrsmittel, Radwege, Altstadt Kremmen

Spargelhof Kremmen G4
Groß-Ziethener Weg 2 2021
16766 Kremmen

Zu Gast bei: Malte Voigts
033055/2080
Anreise bis: 19 Uhr

Hofladen:
Täglich 8–20 Uhr

www.spargelhof-kremmen.de

LANDWIRTSCHAFT GROSSSTÜCK

Kyffhäuserland OT Seega (TH) · 51°19'4.6"N 11°1'48.3"E

Neben unserem Produktionsbetrieb für Reyclingverpackungen befindet sich der Landwirtschaftsbetrieb mit dem Ziel der Renaturierung von Nutzflächen zu natürlichen, blühenden Landschaften. Der Erhalt und Schaffung von Streuobstwiesen und Blühflächen zur Erhöhung der Artenvielfalt ist uns wichtig. Bei Interesse besteht die Möglichkeit zu historischen Führungen um das Durchbruchstal der Wipper zwischen Günserode und Seega. Erholung pur – die Ruhe, Idylle und den Blick vom Kohnstein und den Schloßberg mit der Ruine Arnsburg. Herzlich willkommen!

Produkte: Wasser.

Aktivitäten: Wandern im Wipperdurchbruch mit saisonaler Orchideenvielfalt, Radweg „Weg in die Steinzeit", Ausgrabungstätte Steinrinne Bilzingsleben, Barbarossahöhle, Kyffhäuserdenkmal

Landwirtschaftsbetrieb Lutz Großstück E6
Papiermühle 2 2021
99707 Kyffhäuserland OT Seega

Zu Gast bei: Lutz Großstück
03467/178092
Anreise bis: 17 Uhr

Hofverkauf:
Auf Anfrage

STRAUSSENHOF SCHOLZ

Landsberg OT Stichelsdorf (ST) · 51°29'56.7"N 12°2'54.3"E

Wir sind ein kleiner Straußenhof in der Nähe von Halle. Unser Augenmerk liegt im Wohlergehen unserer Tiere. Tourismus ist nicht unser Schwerpunkt, vielmehr konzentrieren wir uns auf die Vermarktung unserer selbst hergestellten Produkte auf den Weg der Direktvermarktung, über unseren Hofladen und über regionale Märkte. Im rustikalen Ambiente können Sie wunderschöne Strauße unmittelbar erleben. Im Hofladen gibt es vorzügliches Straußenfleisch zum Grillen, Wurstwaren und andere Produkte rund um den Vogel Strauß. Bei uns haben nur kleine Wohnmobile bis 6 m Länge Platz.

Selbstgemachtes: Straußenfleisch, Straußenschinken und -speck, Straußeneier voll und leer, Straußenleder, -federn, und -wedel. Außerdem: regionale Weine, Marmeladen, Chutneys und Töpferwaren.

Aktivitäten: nur 8 km bis Innenstadt Halle mit den örtlichen Sehenswürdigkeiten, Straußenhof liegt direkt am Reide-Radwanderweg

Straußenhof Scholz F6
Stichelsdorfer Str. 24 2015
06188 Landsberg OT Stichelsdorf

Telefon: 0171/7814733
Anreise bis: 18 Uhr
Schließzeit: 02.04.–04.04., 13.05.–16.05., 22.05.–25.05.

Hofverkauf:
Auf Anfrage

www.straussenhof-scholz.de

GASTHAUS „DREI TANNEN"

Langenwetzendorf (TH) · 50°40'41.8"N 12°6'43.3"E

Unsere Herberge mit Gasthaus liegt idyllisch inmitten eines Waldes im Thüringer Vogtland. Ihr sucht Ruhe, Erholung, Natur, leckeres Essen, Familienanschluss? Dann seid Ihr bei uns richtig. Wir freuen uns auf nette Gäste!

Selbstgemachtes: Thüringer Hausmannskost im Gasthaus, Kuchen, Brotaufstriche, Aloevera-Pflanzen, Anbau von Gemüse und Kräutern zur Weiterverarbeitung. Außerdem: Eis und Getränke. Nach Voranmeldung: Frühstück, Abendbrot und Getränke erhältlich.

Aktivitäten: Auf dem Gelände: Spielplatz, Tischtennis, Billard, Kätzchen, Freibad mit Rutsche (400 m), Waldwanderwege

Hinweis: △ Leichte Steigung!

Waldherberge und F7
Gasthaus „Drei Tannen" 2021
Jugendherberge 2
07957 Langenwetzendorf

Zu Gast bei: Jacqueline Hendrich
036625/20305 o. 0163/6157362
Anreise bis: 22 Uhr

Hofverkauf:
Auf Anfrage

www.waldherberge-jh.de

GUTSHOF LAUSNITZ

Lausnitz (TH) · 50°43'43.4"N 11°41'29.4"E

Wir betreiben im Frühjahr eine nachhaltig wirtschaftende Gärtnerei mit Gemüse-Jungpflanzenverkauf und Gemüse aus dem eigenen Anbau. Im Herbst wird Saft aus Obst von hiesigen Streuobstwiesen in der Mosterei produziert. Außerdem haben wir ein Gästehaus, bestehend aus zwei Ferienwohnungen und 6 Doppelzimmern mit Bad, die sich auch herrlich als gesamtes Objekt mieten lassen.

Selbstgemachtes: Gemüse-Jungpflanzen, Gemüse je nach Saison, im Sommer immer Tomaten und verschiedene Säfte (insbesondere Apfelsaft). Außerdem: Honig.

Aktivitäten: Radwanderweg, Badesee, Wanderwege

Gutshof Lausnitz F7
Ortsstraße 3 2021
07806 Lausnitz

Zu Gast bei: Alexe von Wurmb
03648/183205 o. 0173/9069266
Anreise bis: 21 Uhr

Hofladen:
Auf Anfrage

www.gutshof-lausnitz.de

NATURHOF FRIEDRICH & KÖLBEL

Lengenfeld (SN) · 50°33'57.8"N 12°20'27.7"E

Unser kleiner Naturhof ist ein familiengeführter Gemüse- und Obstanbaubetrieb mit dem Fokus auf alten Sorten. Auf unserem Hof leben Gänse, Schafe und Hühner, deren Rassen sehr selten geworden und inzwischen vom Aussterben bedroht sind. Unsere Kaltblutpferde kommen bei der Feldarbeit zum Einsatz. Der Hof befindet sich in idyllischer Einzellage im nördlichen Vogtland. Unser Hofladen ist täglich geöffnet – auf Wunsch bieten wir auch einen Brötchenservice an.

Selbstgemachtes: Gemüse und Obst der Saison, Obst- und Gemüse-Konserven, Marmelade, Sirup, Eier, Geflügelfleisch und Kräuter. Außerdem: Säfte, süß-saures Gemüse im Glas und Honig. Nach Voranmeldung: Getränke erhältlich.
Aktivitäten: Betriebsführungen, Freizeitpark, Radwanderweg, Museen, Talsperre, Aussichtsturm, Besucherbergwerk, geführte Wanderungen
Hinweis: △ Die letzten 1000 m sind ein befestigter Feldweg.

Naturhof Friedrich & Kölbel GbR G7
Weststraße 51 2018
08485 Lengenfeld

Zu Gast bei: Dieter Friedrich
0179/5266889
Anreise bis: 20 Uhr
Schließzeit: 01.10.–30.04.

Hofladen:
Auf Anfrage

www.naturhof-vogtland.de

BIOHOF BOELK

Letschin (BB) · 52°38'48.1"N 14°22'41.6"E

Wir sind ein kleines Familienunternehmen und halten Highland Cattle und Schafe. Die Rinder sind bereits biozertifiziert und die Schafe befinden sich in der Umstellung. Wir haben uns dazu entschieden die Tiere nachhaltig zu halten und das wunderbare Fleisch auch an Sie abzugeben.

Selbstgemachtes: Fleisch- und Wurstwaren vom Highland Cattle und Schaf (Angebot siehe Homepage). Nach Voranmeldung: Getränke erhältlich.
Aktivitäten: Schinkelturm, Heimatstube, Eisenbahnmuseum, Bockwindmühle, Grenzfluss Oder mit dem Kulturhafen Groß Neuendorf, Badestellen an der Oder, Radwanderwege, Schloss Neuhardenberg, Stöbbertal im Naturpark Märkische Schweiz (hier finden Sie die Highland Cattle von Mai-Dezember)

Biohof Boelk H4
Sophienthaler Str. 9 2021
15324 Letschin

Zu Gast bei: Rico Boelk
033475570066 o. 01633271554
Anreise bis: 21 Uhr

Hofverkauf:
Auf Anfrage

www.biohofboelk.de

LETSCHINER-MAINECOON-ZWINGER

Letschin OT Wilhelmsaue (BB) · 52°39'43.2"N 14°19'55.8"E

Im Oderbruch, wo die Sonne in Deutschland zuerst aufgeht, befindet sich unser kleiner Bauernhof! In der Nähe von Letschin haben wir uns den Traum vom eigenen Häuschen im Grünen erfüllt. Wir sind leidenschaftliche Katzenfans und beherbergen fünf wunderschöne Mainecoon-Katzen und einen großen Europa-Champion Dancer of Koi Pond in unserem Heim. Sie sind selbstverständlich zu besichtigen. Da unser Hof ca. 2 km von einer größeren Ortschaft entfernt ist, kann es schon mal passieren, dass sich Fuchs und Hase sprichwörtlich „gute Nacht“ sagen.
Aktivitäten: Wandern am Oderbruch, Schinkelturm und Denkmal Friedrichs des Großen in Letschin, Vorführung von Vorlader-Kanonenschießen, Museen in Gorgast und Seelow und viel Ruhe!

Letschiner-Mainecoon-Zwinger H4
2019
Wilhelmsauer Dorfstraße 32
15324 Letschin OT Wilhelmsaue

Zu Gast bei: Klaus-Dieter Prescher
03347/550519
Anreise bis: 22 Uhr

WILDKRÄUTERHOF LANDSPROSSE

Lichtenau OT Garnsdorf (SN) · 50°55'2.7"N 12°54'37.0"E

Landsprosse ist ein ruhig gelegener Biobetrieb am Fuß des Erzgebirges, günstig über die A4 oder A72 zu erreichen. Die Vermarktung von essbaren Blüten und Wildkräutern sind Schwerpunkt des Betriebes. Im Hofverkauf können Sie Kräuterprodukte erwerben oder an einer Veranstaltung zum Thema „Wildkräuter“ teilnehmen.

Selbstgemachtes: Kräutersalze, Wellnesstee, Einzelkräuter, Sirup, Saft und Saatgut.
Aktivitäten: Wildkräuterspaziergang, Wildkräuterbrunch (Termine s. Homepage), Schwimmbad im Ort, Vergnügungspark, Burgen, Schlösser und Herrenhäuser, Bergbau in Chemnitz und Zwickau
Hinweis: △ Bitte die Engstelle von 50 m beachten.

Wildkräuterhof Landsprosse G7
Garnsdorfer Hauptstr. 42 2019
09244 Lichtenau OT Garnsdorf

Zu Gast bei: Sonja Schulze
0151/52580616
Anreise bis: 18 Uhr
Ruhetag: So.
Schließzeit: 01.11.–31.03.

Hofverkauf:
Auf Anfrage

www.landsprosse.de

LANDGUT KEMPER & SCHLOMSKI

Liebstadt OT Großröhrsdorf (SN) · 50°53'33.3"N 13°49'26.9"E

Das denkmalgeschützte Landgut Kemper & Schlomski befindet sich im Landschafts-, Vogelschutz- und FFH-Gebiet und liegt am Rande der Sächsischen Schweiz in unmittelbarer Nähe zu Dresden. Wir sind umgeben von artenreichen Bergwiesen und Feldern. Wald und Wiesen werden nach ökologischen Grundsätzen bewirtschaftet. Teiche, Sträucher und Streuobstwiesen beflügeln die Artenvielfalt. Eine hochwertige Dressur- und Fjordpferdezucht belebt unsere weitläufigen Wiesen. Mit etwas Glück kann im Frühjahr eine Fohlengeburt erlebt werden.

Selbstgemachtes: Kirschen, Äpfel, Birnen, Pflaumen, Fruchtaufstriche und Süßkirschbrand. Außerdem: frisches Wildbret vom heimischen Wild.
Aktivitäten: Ponyreiten, Mithilfe bei der Versorgung der Pferde, Heu- und Obsternte, Landschaftspflege, Walderlebnistage, Jagd erleben, Wanderwege Schlottwitzer Eibe, Schloss Kuckuckstein, Besuch der Uhrenmanufaktur Glashütte

Landgut Kemper H7
& Schlomski 2017
Großröhrsdorfer Str. 3
01825 Liebstadt OT
Großröhrsdorf

Zu Gast bei: Bärbel Kemper
035025/54592

Hofverkauf:
Auf Anfrage

www.lgks.eu

HUNTER OAK RANCH

Lindewerra (TH) · 51°18'54.8"N 9°57'1.2"E

Die Hunter Oak Ranch liegt in Bad Sooden Allendorf auf dem Ahrenberg, umgeben von Wäldern, Wiesen und Hügeln, weit entfernt von lauten Straßen und Stadtgeräuschen. Wir sind ein Bio-zertifizierter Ziegen- und Pferdehof. Der Stellplatz befindet sich direkt mit Blick auf den Wald und Weiden am Hof.

Selbstgemachtes: Ziegenkäse, Joghurt, Milch, Eier, Gemüse und Kartoffeln. Außerdem: saisonales Gemüse, Wurstwaren und Marmeladen.
Aktivitäten: Kanutouren, Eselwandern, Lagerfeuerkochkurs, Bogenschießen
Hinweis: △ Im Navi bis Ahrenberg eingeben, dann vor dem Ortsschild Ahrenberg rechts in den Feldweg einbiegen, direkte Anfahrt zum Hof.

Hunter Oak Ranch D6
Ludwig Wagner Str. 33 2021
37318 Lindewerra

Zu Gast bei: Constanze Felizak
03608/717966 o. 0173/5310474
Anreise bis: 19 Uhr

Hofverkauf:
Auf Anfrage

www.cfwesterntraining.de

KARTOFFELN

AUF DEN ACKER, FERTIG, LOS!

Das Landvergnügen-Team war bei der Kartoffelernte auf dem Hof Alms in der Lüneburger Heide dabei.

Ein bisschen geht es zu wie an Ostern, wenn die Kinder aus der Tagespflege von Luisa Alms auf dem Acker Kartoffeln ernten. Konzentriert lockern sie die Erde mit Harken und Schaufeln, um dann mit in kleinen Arbeitshandschuhen steckenden Händen runde, ovale, manchmal auch lustig geformte Kartoffeln zu Tage zu fördern, die an Gesichter erinnern.

Die Kinderbetreuung ist ein Geschäftszweig des Hofs Alms in Uelzen. Von Montag bis Freitag empfängt Luisa Alms als gelernte Bauernhofpädagogin zusammen mit ihrer Mutter und einer weiteren Betreuerin zehn Kinder zwischen drei und sechs Jahren. Die meiste Zeit verbringen sie im Freien.

Ihren Spielplatz und den kleinen Streichelzoo mit Ziegen und Laufenten dürfen nachmittags auch Landvergnügen-Gäste nutzen. Der kleine Tamme, jüngster der vier Söhne von Luisa und Stephan Alms, freut sich über Spielgefährten. „Habt ihr Kinder dabei?“, ist seine erste Frage an Wohnmobilreisende.

Der Stellplatz befindet sich direkt neben dem wunderschönen Garten der Familie mit weitem Blick übers Feld. Luisa Alms hat ihn liebevoll hergerichtet mit Kompostklo, einer aus Europaletten gezimmerten Campingküche und einem kleinen Lehmofen. Darin gart sie bei unserem Besuch in Alufolie gewickelte Erdäpfel. Aus dem eigenen Beet kommen passende Kräuter für den Quark und fertig ist ein leckeres Mittagessen. Dazu gibt es ein wunderbar fluffiges Kartoffelbrot.

Als echter Familienbetrieb helfen auf dem Hof Alms alle mit. Stephan Almslenkt den Kartoffelroder übers Feld. Die mächtige Landmaschine rollt gemächlich an den Kartoffeldämmen entlang. Ihre Pflugschare lockern das Erdreich. Die Kartoffeln werden über ein Siebband befördert, während die Erde nach unten fällt. Oben auf der Maschine sortieren in atemberaubender Geschwindigkeit vier Erntehelfer Steine und Pflanzenteile aus, während das Förderband die Kartoffeln in Richtung Sammelcontainer transportiert.

Im Traktor kontrolliert Stephan auf drei Bildschirmen unter anderem die Höhe des Roders. Es darf nicht zu viel Erdreich abgetragen, die Kartoffeln aber auch nicht beschädigt werden. Ums Lenken muss er sich nicht kümmern: GPS-gesteuert fährt die Landmaschine autonom. →

neue Ernte 2021

„Die Kartoffelernte ist für uns die arbeitsreichste Zeit des Jahres“, erklärt Stephan Alms. Von Ende August bis Ende Oktober holen der Landwirt und seine Helfer bis zu 6000 Tonnen Kartoffeln von den Äckern. Sie wachsen in einer Fruchtfolge mit Gerste, Weizen und Zuckerrüben auf rund 420 Hektar Land, den der Hof Alms in einer Gemeinschaft mit drei weiteren Landwirtschaftsbetrieben bewirtschaftet.

Zu den angebauten Sorten gehört die fast kugelrunde Gala, die gelbfleischige Regina und die stärkehaltige Amado. Ein Teil geht direkt an die Gastronomie, weitere Kartoffeln an den Handel, ein Schälwerk und eine Stärkefabrik.

Die Liebe zur Kartoffel liegt bei den Alms in der Familie. Als Saatzuchtassistentin entwickelt Luisas Schwester neue Kartoffelsorten. Einige werden direkt auf dem heimischen Acker angepflanzt. „In der Erntezeit essen wir fast täglich Kartoffeln, am liebsten nur mit etwas Butter, Salz und Kräuterquark“, verrät Seniorchef Klaus Kaiser.

Wer im Wohnmobil keinen Platz für einen großen Sack Kartoffeln hat, kann sich an den ausgezeichneten Marmeladen und am hausgemachten Sirup bedienen. Der „Hofladen“ befindet sich in einem grün gestrichenen Küchenschrank vor der imposanten Lagerhalle, in der die Kartoffelernte mit dem Strom aus Sonnenkollektoren gekühlt wird. Eine fruchtige Erinnerung an einen vielseitigen Hof!

LANDVERGNÜGEN ALS ERNTEHELFER

Rund 120 Hektar bewirtschaftet der Hof Alms gemeinschaftlich mit drei anderen Höfen in der Lüneburger Heide. Kartoffeln sind die Spezialität der Landwirte. Im September durfte das Landvergnügen-Team bei der Ernte dabei sein.

Im Cockpit der autonom fahrenden Landmaschine hat Stephan Alms über Kameras alles im Blick. Rechts: Die Kartoffeln laufen über ein Siebband, bevor die Erntehelfer sie oben auf dem Roder sortieren.

Auf dem Kartoffelroder schwankt es ordentlich, während die frisch geernteten Kartoffeln über das Förderband laufen. Ole hält sich ran. Doch so schnell und routiniert wie die professionellen Erntehelfer ist er beim Sortieren lange nicht.

Viele schnelle Hände sind nötig, um Steine und Erdklumpen von den Kartoffeln zu trennen. Nach dem Sortieren landen sie in einen Sammelcontainer.

Von Ende August bis Ende Oktober holen die Landwirte bis zu 6000 Tonnen Kartoffeln von ihren Äckern.

Nach der Ernterunde gibt es eine wohlverdiente Stärkung mit Kaffee und saftigem Kartoffelkuchen.

Ein starkes Team: Landvergnügen-Gründer Ole Schnack mit Luisa und Stephan Alms und den drei Jungs auf ihrem Hof bei Uelzen in der Lüneburger Heide.

HERZOGS RESTAURANT

Lohsa (SN) · 51°23'39.5"N 14°23'57.1"E

Unser Team von „Herzogs Restaurant" zeigt Ihnen, dass wir mit regionalen Produkten eine raffinierte Küche anbieten können. Wir möchten den Reichtum der Region unseren Gästen kulinarisch näher bringen. In unserem Gemüse- und Kräutergarten wachsen viele alte Gemüsesorten, essbare Blumen und Kräuter. Wir bieten Lausitzer Karpfen, Zander, Straußenfleisch, Wild von Erzeugern aus dem Ort, Hühnereier vom eigenen Hof und sorbische Gerichte an.

Selbstgemachtes: Sülzen, Eintöpfe und Bratwürste. Außerdem: Gänseschmalz, Salat Dressing, Sächsische Weine, verschiedene Produkte im Hofladen der Straußenfarm. Abendbrot und Getränke erhältlich.

Aktivitäten: Lausitzer Seenland, Baden, Wassersport, Radwege, Angeln, Energie- und Kraftwerksmuseum, Findlingspark Nochten, Kochkurse im Haus (auf Vorbestellung/ab 5 Pers.), Kartbahn und Bowling

Herzogs Restaurant H6
Alte Bahnhofstraße 4 2021
02999 Lohsa

Zu Gast bei: Maik Herzog

Hofverkauf:
Auf Anfrage

www.herzogs-lohsa.de

KRÄUTERHOF FALKENHAIN

Lossatal OT Falkenhain (SN) · 51°23'52.0"N 12°52'24.4"E

Auf unserem Kräuterhof erfahren Sie, was die Wildkräuterküche hergibt; von Kräuterführungen bis zu Kochkursen bieten wir verschiedene Möglichkeiten, Wildkräuter kennen- und nutzenzulernen. In unserem Hofladen erhalten Sie vom Chutney über Säfte bis hin zu Kräutersalzen viele Leckereien.

Selbstgemachtes: Chutney, Fruchtaufstriche, Kräutersalz, Öl, Säfte, Likör, Essig, Kochbücher, Kräuter- und verschiedene Kernkissen. Außerdem: Honig, Seife. Bewirtung nach Voranmeldung.

Aktivitäten: hauseigener Kräutergarten (Führung auf Anfrage), Rad- und Wanderwege Dahlener Heide, mehrere Bademöglichkeiten (3–6 km)

Kräuterhof Falkenhain G6
Karl-Marx-Str. 24 2015
04808 Lossatal OT Falkenhain

Zu Gast bei: Grit Nitzsche
034262/44949 o. 0178/2932987
Anreise bis: 20 Uhr

Hofladen:
Do. 13–18 Uhr

www.kraeuterhof-falkenhain.de

SPREEWALDBIENENHOF

Luckau (BB) · 51°52'53.6"N 13°42'50.7"E

Wir sind ein kleiner Familienbetrieb. Natürlich dreht sich hier fast alles um die Bienen. Aber da „die Bienen und die Schafe den Herrn im Schlaf ernähren", läuft hier inzwischen auch eine kleine Herde Kamerunschafte über den Hof, die lustig anzuschauen ist und sich manchmal auch gern streicheln lässt. Vor allem die blühenden Wiesen und Weiden und viel naturbelassene Landschaft, im Biosphärenreservat Spreewald und im Naturpark Niederlausitzer Landrücken, ermöglichen eine selten gewordene Blütenvielfalt, die sich im Spreewaldhonig wiederfindet.

Selbstgemachtes: Honig, Brotaufstriche auf Honigbasis und Kerzen.

Aktivitäten: Wandern, Radwandern, Museen u.a. in Luckau (3 km), Kahn- und Paddelbootfahrten im Spreewald (20 km), Tropical Islands (20 km)

Spreewaldbienenhof H5
Schollen 10 2020
15926 Luckau

Zu Gast bei: Andreas Petschick
0174/3259276
Anreise bis: 22 Uhr

Hofverkauf:
Auf Anfrage

www.spreewaldhonig.com

GALLOWAY LÖWENBRUCH

Ludwigsfelde (BB) · 52°17'31.1"N 13°18'47.3"E

Die saftigen und moorigen Grünlandflächen der Fläminger Landschaft, direkt am Nuthegraben am südlichen Berliner Ring, eignen sich hervorragend für die Galloway-Rinderzucht und werden von uns seit Beginn extensiv und ohne chemischen Pflanzenschutz oder künstlichem Dünger bewirtschaftet. Bitte entnehmen Sie die Schließzeiten unserer Internetseite. Ihre Tischreservierung für das Restaurant „Zum Galloway" nehmen wir gern entgegen.

Selbstgemachtes: Genussfleisch der Galloway-Rinder. Außerdem: Honig und Brotaufstrich. Nach Voranmeldung: Frühstück, Abendbrot und Getränke erhältlich.
Aktivitäten: Wandern, Berlin, Potsdam

Galloway Löwenbruch G4
Alt-Löwenbruch 57 2020
14974 Ludwigsfelde

Einfach anreisen...
Anreise bis: 18 Uhr
Ruhetag: So.

Hofverkauf:
Auf Anfrage

www.galloway-loewenbruch.de

STRAUSSENFARM BURKHARDT

Lumpzig (TH) · 50°56'20.8"N 12°14'27.9"E

Wir sind ein Familienunternehmen und züchten Afrikanische Strauße. Bei uns wird von der Zucht bis hin zur Direktvermarktung alles in eigener Regie durchgeführt. Auch eine Gaststätte ist vorhanden, die auf Vorbestellung ab 10 Personen buchbar ist. Unser Hofladen ist von Montag bis Samstag geöffnet. In direkter Nähe befindet sich das Obstgut Geier und die Käserei „Altenburger Land", aus der unser berühmter Altenburger Ziegenkäse stammt.

Selbstgemachtes: alles vom Strauß: Steak, Filet, Braten, Gulasch, Wurstwaren, Eierlikör u.v.m. Außerdem: Deko-Artikel auf Anfrage: leere Straußeneier (auch handbemalt), Straußenfedern, Staubwedel, Lederartikel aus Straußenleder, Eierlampen und Windlichter.
Aktivitäten: älteste Bockwindmühle Thüringens, Töpferei, Pferdehof, Herstellung von Ziegenkäse mit Werksverkauf, Obstgut.
Hinweis: △ Die letzten 100 m sind einspurig.

Straußenfarm Burkhardt F7
Hartha 21 2014
04626 Lumpzig

Zu Gast bei: Bertram Burkhardt
0172/3703808
Anreise bis: 18 Uhr
Schließzeit: 01.11.–31.03.

Hofladen:
Mo.–Sa. 9–11, 15–18 Uhr

www.straussenfarm-burkhardt.de

STORCH-BIER

Lychen (BB) · 53°13'7.9"N 13°18'35.9"E

Wir befinden uns am Rande der uckermärkischen Kleinstadt Lychen inmitten von sieben Seen und großzügigen Wäldern. Unser großer, naturbelassener Garten bietet einen Stellplatz und verschiedene Kinderspielmöglichkeiten. Die kleine Brauerei befindet sich im Keller unseres Wohnhauses. Hier ist das Wiederbeleben regionaler, alter Brautradition aufgrund von Wertschätzung echter Lebensmittel und echtem Handwerk eine Motivation. Gerne laden wir Sie zu einer Brauereiführung mit Bierverkostung ein.

Selbstgemachtes: verschiedene eigene Biersorten. Nach Voranmeldung: Frühstück und Getränke erhältlich.
Aktivitäten: Sonntägliche Alphornfahrten mit dem Floß und musikalisch-kulinarischen Wanderungen – „Alphorn in Saus und Braus" (Termine unter www.sausundbraus.de). Badeseen, Radwege, Angeln, Rudern, Künstlerateliers

Storch-Bier G3
Rutenberger Str. 1 2017
17279 Lychen

Zu Gast bei: Annett & Henning Storch
0152/24058199

Hofverkauf:
Auf Anfrage

www.storch-bier.de

PILZMÄNNCHEN

Malschwitz OT Dubrauke (SN) · 51°14'41.9"N 14°36'19.4"E

Pilzmännchen ist ein ökologisch zertifizierter Hersteller von Bio-Pilzzuchtprodukten für Haus und Garten. Auf dem Firmengelände befindet sich „Pilzmännchens Pilzland", eine 12.000 m² große Parkanlage zum Thema Pilzzucht mit Pilzkeller, Pilzschau, Gartencafé, Kräutergarten, Pilzwald und Permakulturgarten, eingebett in eine Teichlandschaft mit Aussichtsberg, welche zum Entdecken und Geniessen einlädt. Alle Pilzmännchen Pilzzuchtprodukte und frische Bio-Edelpilze gibt es zu günstigen Herstellerpreisen.

Selbstgemachtes: Bio-Hobby-Pilzzuchtprodukte, mit denen Sie einfach selbst Waldpilze in Haus oder Garten kultivieren können: Pilzzucht-Sets, Pilzbruten, Pilzkulturen, Pilzbeete, Frischpilze und Heilpilzprodukte. Außerdem: Gartencafé. Getränke erhältlich.
Aktivitäten: Pilzkeller, Pilzschau, Gartencafe, Kräutergarten, Permakulturgarten, Pilzwald, Aussichtberg, Pilzgarten mit Pilzbeeten und Pilzstämmen, Naturteiche, Hofverkauf

Pilzmännchen (Pilzhof & Edelpilzzucht Breck GbR) I6 2021
Schafbergstraße 31
02694 Malschwitz OT Dubrauke

Zu Gast bei: Hagen Breck
035932/30184
Anreise bis: 18 Uhr

Hofverkauf:
Auf Anfrage

www.pilzmaennchen.de

BUCHERTHOF

Marienberg (SN) · 50°39'18.3"N 13°17'30.1"E

Unser kleiner Resthof liegt da, wo andere Urlaub machen: im wunderschönen Erzgebirge nahe der tschechischen Grenze. Wir freuen uns besonders auf Familien mit Kindern. Hunde können leider nicht mit zu uns kommen.

Selbstgemachtes: saisonales Gemüse, Fruchtaufstriche, Säfte, handgefertigte Kinderkleidung, Kräutersalz, Kräuteröl und Eier von unseren Hühnern. Außerdem: Personalisierte Handtücher, Stoffe und Nähbedarf.
Aktivitäten: Naturbad, Wandern (besonders empfehlenswert ist das Schwarzwassertal), Bergwerke, Erzgebirgsstadt Seiffen

Bucherthof G7 2021
Grundauer Weg 2
09496 Marienberg

Zu Gast bei: Bianka Buchert
0170/7736030
Anreise bis: 20 Uhr

Hofverkauf:
Auf Anfrage

KLEINE HEILE WELT BRÄU

Marienberg (SN) · 50°39'10.0"N 13°14'20.4"E

Auf einem alten Bauernhof mit Tieren und einem Selbstversorgergarten können Sie auch eine kleine Hausbrauerei kennenlernen. Der Hof liegt außerhalb direkt in der schönen Natur vom Erzgebirge und lädt zum Entspannen ein. Lassen Sie abends bei einem gemütlichen Bier am Lagerfeuer Ihre Seele baumeln.

Selbstgemachtes: Bier, Eier, saisonales Obst und Gemüse, selbstgemachte Seife und Kerzen.
Aktivitäten: Biken, Wandern, Extremchillen

Kleine Heile Welt Bräu G7 2021
Johannisstr. 133
09496 Marienberg

Zu Gast bei: Reinsch Alexander
037363/160143
Anreise bis: 20 Uhr
Ruhetag: So.
Schließzeit: 01.11.–31.03.

Hofverkauf:
Auf Anfrage

ARGRARGENOSSENSCHAFT „UNTERSPREEWALD“

Märkische Heide/OT Dürrenhofe (BB) · 52°1'24.6"N 13°56'38.6"E

Wir sind ein Landwirtschaftsbetrieb mit Hofladen, Gemüseanbau, Rinderhaltung und Anbau alter Kulturen im Spreewald. Bitte melden Sie sich im Hofladen an.

Selbstgemachtes: Spargel, Gurken und Kartoffeln. Außerdem: komplettes Hofladen-Sortiment. Nach Voranmeldung: Frühstück und Getränke erhältlich.
Aktivitäten: Gurkenradweg, Spreewald (4 km)

Argrargenossenschaft „Unterspreewald“ e.G. H5
Lübbener Str. 7a 2021
15913 Märkische Heide/
OT Dürrenhofe

Zu Gast bei: Schniese Jens, einfach anreisen…

Hofladen:
Di.–Fr. 8–18 Uhr // Sa., So. 8–14 Uhr

www.agrarhandel-duerrenhofe.de

GASTSTÄTTE & PENSION „ZUR KRONE“

Martinfeld (TH) · 51°17'16.1"N 10°10'58.2"E

Wir sind eine familiengeführte, traditionsreiche, 3* geführte Pension im grünen Herzen von Deutschland. Das Eichsfeld kann man durch unsere hausgemachten Produkte ohne zusätzliche Geschmacksverstärker und Konservierungsstoffe auch schmecken. Auf geführten Mountainbike-Touren zeigen wir Ihnen gern unsere schöne Natur. Wenn Sie Lust haben an einem Schlachtefest teilzunehmen, schauen Sie auf die Webseite und melden sich an. Ein Ausblick zum wunderschönen Schimberg von unserem Hof und die mit sehr viel Liebe zum Detail geschaffene Atmosphäre, lädt zum Verweilen im schönen Eichsfeld ein.

Selbstgemachtes: Marmeladen, Holunderlikör, Schnaps, hausgeschlachtete Wurst wie der Eichsfelder Feldgieper-das Kernstück des Eichsfelder, frische gehackte Wurst, frische Brat-, Leber- und Garwurst. Nach Voranmeldung: Frühstück, Abendbrot und Getränke erhältlich.
Aktivitäten: Wanderwege, geführte Mountainbike-Touren, Tennisplatz, Reiten, Schwimmbad, Badesee, Bolzplatz

Gaststätte & Pension E6
„Zur Krone“ 2021
Hauptstraße 20
37308 Martinfeld

Zu Gast bei: Brunhilde Adler
036082/89353 o. 0175/1127585
Anreise bis: 20 Uhr
Schließzeit: 01.12.–03.01.

Hofverkauf:
Auf Anfrage

www.pension-martinfeld.de

LEMMY'S FARM

Mesendorf (BB) · 53°5'43.6"N 12°8'17.4"E

3 Schottische Hochlandrinder, 9 Hühner, 3 Katzen und 3 Hunde… das ist unsere kleine Farm. Der Ab-Hof-Verkauf ist nach Absprache möglich.

Selbstgemachtes: Eier und Eierlikör.
Aktivitäten: Radwanderwege durch Wiesen, Äcker und Wälder, Freibad, Naturbadeteich, Sommerrodelbahn
Hinweis: △ Direkt gegenüber vom Kleinbahnhof befindet sich unser Hof.

Lemmy's Farm F3
Havelberger Str. 54 2022
16928 Mesendorf

Zu Gast bei: Mathias Lemm
0173/3772200
Anreise bis: 20 Uhr
Schließzeit: 31.12.–01.01.

Hofverkauf:
Auf Anfrage

SWEETHARDRANCH

Mittenwalde (BB) · 52°14'30.0"N 13°31'57.6"E

Die Sweethardranch ist ein kleiner landwirtschftlicher geführter Pferdepensionshof im Süden Berlins, dort wo sich Mensch und Tier wohlfühlen. Auf dem Gelände gibt es Zeburinder und Kamerunschafe zur Wiesenpflege, deren Fleisch wir auf Nachfrage verkaufen. Zum Hof gehört auch eine kleine Imkerei. Von den Stellplätzen können Sie Pferde, Rinder, Schafe, Zwerg- und Zeburinder beim Grasen beobachten. Unsere Hunde laufen auch frei auf dem Gelände.

Selbstgemachtes: Eier, Obst und Gemüse saisonbedingt, Honig, Lamm- und Rindfleischprodukte.
Aktivitäten: Historisches Mittenwalde, Bücher- und Bunkerstadt Wünsdorf, Funkermuseum Königs Wusterhausen, Badesee, Spaziergänge in Wiesenlandschaft, Hoftiere
Hinweis: △ Letztes Straßenstück ist eine schmale Straße, Stellplatz befindet sich auf eingefriedetem Gelände, unbefestigte Zufahrt ca. 50 m.

Sweethardranch H5
Telzer Plan 2 B 2021
15749 Mittenwalde

Zu Gast bei: Frank Luxa
0172/3279510
Anreise bis: 20 Uhr
Schließzeit: 01.11.–31.03.

Hofverkauf:
Auf Anfrage

www.sweethardranch.de

DER RÖHLSCHE HOF

Möckern OT Wallwitz (ST) · 52°7'7.2"N 11°54'41.8"E

Wir betreiben einen Bildungs- und Erlebnisbauernhof mit vielen bauernhoftypischen Tieren, einer Ausstellung mit altem bäuerlichen Hausrat und angeschlossenen Ferienwohnungen. Bei Besuchen am Sonntag bitten wir um vorherige Absprache. Der Hofladen hat für unsere Gäste jederzeit geöffnet. Wir freuen uns auf Ihren Besuch!

Selbstgemachtes: Eier von glücklichen Hühnern. Außerdem: Fruchtaufstriche, Honig, Wurst, Getränke, Wein, Spirituosen, Grillsoßen und Pesto.
Aktivitäten: Museen, Schloß Leitzkau, Straußenfarm, Stadt Magdeburg, Storchenhof Loburg, im Mai Kinder-Spiel- & Spaßtag, im Oktober traditioneller Brotbacktag
Hinweis: △ Natursteinpflaster.

Der Röhlsche Hof F5
August-Bebel-Str. 19 2014
39291 Möckern OT Wallwitz

Zu Gast bei: Frauke Peters
0174/4995359
Anreise bis: 20 Uhr
Schließzeit: 01.11.–31.03.

Hofladen:
Auf Anfrage

www.der-roehlsche-hof.de

FISCHEREIBETRIEB & GASTSTÄTTE „ZUM FORELLENHOF"

Möckern OT Wüstenjerichow (ST) · 52°13'0.2"N 12°7'22.3"E

Fischereibetrieb umgeben von Teichen und Wald (Buchen, Eichen, Kiefern, Mischbestände). Möglichkeiten zum Wandern und Angeln. Bitte eigene Angel mitbringen. Gaststätte mit Fisch- und Fleischgerichten.

Selbstgemachtes: frischer Fisch, Räucherfisch und Fischbrötchen. Außerdem: Salate. Frühstück, Abendbrot und Getränke erhältlich.
Aktivitäten: Waldbad in Theeßen (5 km), Reiterhof in Rietzel (7 km), Kleinbahnmuseum (4 km)

Fischereibetrieb & Gaststätte „Zum Forellenhof" F5
2014
Dorfstr. 20
39291 Möckern OT Wüstenjerichow

Zu Gast bei: Margit Marx 039225/256

Hofladen:
Mi.–So. 10–19 Uhr

www.fischereibetrieb-marx.de

ATELIER & GESCHENKE

Müncheberg (BB) · 52°30'10.8"N 14°6'30.1"E

1990 gründete ich mein Geschäft am Rande der Märkischen Schweiz. Die Geschäftsidee entstand, da ich Hobby und Beruf verbinden wollte. Nun ist mein kleiner Hofladen wieder bei uns zu Hause. Ich stelle vor allem Kunsthandwerk und handgemalte Bilder, Fotografien, Schmuck, Textil- oder Papierwaren her. Neuerdings führen wir auch Gebrauchtwaren, denen ein zweites Leben geschenkt werden soll. Haus und Laden sind umgeben von einem schönen, großen Garten. Neben drei Generationen Familie begrüßen Sie bei uns außerdem zwei Dackel, daher ist das Mitbringen eigener Hunde nur bedingt möglich. Gern erzählen wir Ihnen von den Sehenswürdigkeiten der Region.

Selbstgemachtes: Bilder nach Auftrag, Fensterbilder, Schmuck und Kunstkarten sowie verschiedene Stoffwaren. Außerdem: Kunsthandwerk, regionale Produkte, Schmuck, Textilwaren, Gebrauchtwaren und vieles mehr.

Aktivitäten: Seen, historische Orte, wunderbare Landschaften

Hinweis: △ Die Zufahrt erfolgt über eine unbefestigte Straße.

Atelier & Geschenke H4
Waldstr. 46 2019
15374 Müncheberg

Zu Gast bei: Ines Jaitner 033432/89476
Anreise bis: 19 Uhr
Schließzeit: 30.11.–30.06.

Hofladen:
Mi.–Fr. 10–18 Uhr // Sa. 10–13 Uhr

www.atelier-geschenke-jaitner.de

JAHNSFELDER LANDHOF

Müncheberg OT Jahnsfelde (BB) · 52°30'43.9"N 14°13'37.4"E

Wir sind ein typischer Landwirtschaftsbetrieb mit Tier- und Pflanzenproduktion. Wir wirtschaften ökologisch in einer malerisch gelegenen Natur mit viel Wald und Seen im Umland. Bei uns kann man Tiere sehen und wie wir unsere selbst erzeugten landwirtschaftlichen Urprodukte veredeln. Diese verkaufen wir unter anderem in unserem Hofladen.

Selbstgemachtes: 20 verschiedene Sorten Wurst, Honig, Honigwein, Säfte, Getreide (Roggen, Weizen, Dinkel, Hafer zum selber vermahlen oder als Müsli), Kartoffeln und Fleisch auf Bestellung und saisonal Obst zum selber pflücken. Bewirtung nach Voranmeldung.

Aktivitäten: Badesee (6 km), Radweg (3 km), Bahnlinie (ca. 3 km), gelegentliche Hofführungen, Tiere anschauen

Jahnsfelder Landhof H4
Obersdorfer Weg 11 2014
15374 Müncheberg
OT Jahnsfelde

Zu Gast bei: Frank Prochnow
0171/7190039
Anreise bis: 16 Uhr

Hofladen:
Mo.–Fr. 7–12, 12:45–16 Uhr

WEINGUT HERZER

Naumburg OT Roßbach (ST) · 51°10'16.0"N 11°46'36.1"E

Wir sind ein Winzerhof in ruhiger Lage vor den Toren der Domstadt Naumburg/Saale. In der Nähe des Orchideenschutzgebiets „Tote Täler". Zum Weingut gehören 21 ha. Nach vorheriger Absprache ist eine Besichtigung/Führung möglich. Im Ort gibt es eine Gastwirtschaft und am Radwanderweg befinden sich Straußwirtschaften.

Selbstgemachtes: Wein und Sekt.

Aktivitäten: Radwanderweg, Regionalbahnhaltepunkt, Stadt Naumburg/Saale

Weingut Herzer F6
Am Leihdenberg 7 2016
06618 Naumburg OT Roßbach

Zu Gast bei: Andrea Herzer
03445/202198
Anreise bis: 17 Uhr
Ruhetag: So.
Schließzeit: 01.09.–31.10.

Hofladen:
Mo.–Fr. 8–17 Uhr // Sa. 10–14 Uhr

www.weingut-herzer.de

Nord Nordwest **Ost** Mitte-West West Südost Südwest

WEINGUT BOBBE

Nebra-Reinsdorf (ST) · 51°17'32.5"N 11°36'14.0"E

Machen Sie doch einfach mal Rast und kehren Sie in die erste Straußenwirtschaft am Unstrut-Radwanderweg ein. Genießen Sie im blühenden Garten unsere Weine und den selbst gemachten Flammkuchen.

Selbstgemachtes: vegane Weine, regionaltypisch von trocken bis feinfruchtig, zum Bsp. Müller-Thurgau, Grauburgunder, Weißburgunder und Flammkuchen. Nach Voranmeldung: Abendbrot und Getränke erhältlich.
Aktivitäten: Rad- und Wanderwege, Arche Nebra, UNESCO-Weltkulturerbe Naumburger Dom, Freibad (4 km)

Weingut Bobbe F6
Unterdorf 8 2019
06642 Nebra-Reinsdorf

Zu Gast bei: Hendrik Bobbe
0176/22891395
Anreise bis: 18 Uhr
Ruhetage: Mo. Di. Mi. Do.

Hofverkauf:
Mo., Mi. Fr.–So. 16–20 Uhr

www.weingut-bobbe.de

GUT KRAUSCHA

Neiße-Aue OT Klein Krauscha (SN) · 51°15'11.0"N 14°57'1.1"E

In der östlichsten Ecke Deutschlands, im Landkreis Görlitz, liegt Gut Krauscha, ein Biolandhof mit knapp 400 ha. Auf kargen Böden bauen wir v.a. Roggen und Gerste, sowie das Grünfutter für unsere Charolais-Rinder an. In unserer Hofküche kochen wir Fertiggerichte im Glas aus Rind- und Hühnerfleisch sowie Fonds und Gemüsesuppen – die ideale Verpflegung für Ihre Reise im Wohnmobil! Wir bieten verschiedene Stellmöglichkeiten. Eine befindet sich mitten in der Natur, jedoch ohne Strom und Wasser. Wem das zu einsam ist, der kann auch am Hof übernachten und hat hier die Möglichkeit, Strom und Wasser zu zapfen. Bitte beachten Sie, dass wir 2 Hunde haben!

Selbstgemachtes: Fertiggerichte im Glas, diverse Säfte und Spirituosen. Außerdem: Fruchtaufstriche, Honig und Fruchtmus.
Aktivitäten: Oder-Neiße-Radweg (5 km), Geheeger Wasserscheide (Ostsee-Nordsee, 9 km), Kulturinsel Einsiedel (12 km), Erlichthof Rietschen (26 km)
Hinweis: △ unebenes Gelände

Gut Krauscha I6
Hauptstr. 6 2016
02829 Neiße-Aue OT Klein Krauscha

Zu Gast bei: Sella Mevert & Hans-Joachim Mautschke 035825/899030 o. 0172/7416692
Anreise bis: 18 Uhr
Ruhetage: Sa. So.

Hofverkauf:
Auf Anfrage

www.gut-krauscha.de

ZIEGENHOF PUSACK

Neiße-Malxetal (BB) · 51°35'15.7"N 14°43'47.6"E

Wir sind ein Erlebnis-Ziegenhof für Groß und Klein und liegen direkt am Oder-Neiße-Radweg im Ausläufer des Muskauer Faltenbogens. Sie können einen Blick in unsere hofeigene Käserei werfen und haben jede Menge Möglichkeiten, in der Natur die Entspannung oder den Kontakt mit unseren Tieren zu finden.

Selbstgemachtes: Ziegenkäse in vielen Varianten. Außerdem: Weine und Honig aus der Region. Frühstück und Getränke erhältlich.
Aktivitäten: Neiße zum Baden und Angeln, Bootstouren, Radwandern, Bad Muskauer Park und Schloss
Hinweis: △ Bitte folgen Sie dem Navigationsgerät nicht, wenn Sie einen Waldweg folgen sollen. Der Hof befindet sich auf einer Fahrradstraße.

Ziegenhof Pusack I5
Pusack 4 2019
03159 Neiße-Malxetal

Telefon: 035600/23155
Anreise bis: 20 Uhr
Schließzeit: 01.10.–15.03.

Hofladen:
Auf Anfrage

www.ziegenhof-pusack.de

STRAUSSENHOF WEIDEBLICK

Neuhardenberg (BB) · 52°38'44.4"N 14°14'1.5"E

Wir sind ein Familienbetrieb mit Straußenzucht. Auf unserem Hof kann man aber nicht nur Strauße verschiedener Generationen besichtigen, wir haben auch Schafe, Enten und Kaninchen. In unserem kleinen Hofladen bieten wir unsere Erzeugnisse zum Mitnehmen an, ebenso kleine Andenken und Geschenke.

Selbstgemachtes: Straußenwurst, -fleisch, Straußeneierlikör und weitere Straußenprodukte.
Aktivitäten: Badesee, Radwanderweg, Schloss Neuhardenberg, in der Nähe der Oder

Straußenhof Weideblick H4
Neufriedland 16 2014
15320 Neuhardenberg

Zu Gast bei: Michaela Niemann
0173/9520928
Schließzeit: 01.10.–30.04.

Hofladen:
Auf Anfrage

www.straussenhof-weideblick.de

ZIEGEN- UND KLEINTIERHOF POHLE

Neuhausen/Spree (BB) · 51°39'32.0"N 14°29'25.1"E

Unser traditioneller Dreiseitenhof bietet Ziegen, Hühnern, Puten, Tauben und Kaninchen genug Platz für ein glückliches Leben. Dank des Anbau regionaler Kartoffelsorten und der Produktion von verschiedenen Ziegenfrischkäsesorten kommen unsere Gäste auch kulinarisch auf ihre Kosten und mit etwas Glück können Sie vom Stellplatz mit Blick auf Wald und Wiese Rehe, Hirsche und Wildscheine beobachten.

Selbstgemachtes: Eier, Kartoffeln und Käse.
Aktivitäten: Schokoladenfabrik mit Schauwerkstatt (2 km), Golfplatz (1 km), Reiterhof (1 km), großer und besucherfreundlicher Badesee (5 km), umfangreiches Radwegenetz

Ziegen- und Kleintierhof Pohle H5
Drieschnitz-Vorwerk 36 2014
03058 Neuhausen/Spree

Zu Gast bei: Torsten Pohle
035605/40984 o. 0172/3462147
Anreise bis: 21 Uhr
Ruhetag: So.
Schließzeit: 20.01.–20.03.

Hofverkauf:
Auf Anfrage

SOMMERS HOF

Niedergörsdorf OT Altes Lager (BB) · 52°0'39.8"N 13°0'27.8"E

Wir sind ein familiengeführter Landwirtschaftsbetrieb im Herzen des Flämings. Wir führen einen kleinen Hofladen mit vielen regionalen Produkten. Unsere tägliche Arbeit liegt in der Landwirtschaft und der Zucht unserer eigenen Tiere (Rätisches Grauvieh, Bentheimer Landschwein, Iberisches Schwein). Nach Absprache gibt es die Möglichkeit, unseren Hof und die Tiere zu besichtigen sowie spontan außerhalb der Öffnungszeiten einzukaufen.

Selbstgemachtes: Fleisch- und Wurstwaren (Salami-Sorten, Leberwurst, Blutwurst, Jagdwurst im Glas, Highlight: unser luftgetrockneter Schinken), saisonal Produkte aus dem Garten. Außerdem: Kuchen, Getränke, Oliven, Milchprodukte und weitere regionale Produkte. Nach Voranmeldung: Frühstück und Getränke erhältlich.
Aktivitäten: Flaeming-Skate, Kartbahn, Wandermöglichkeiten, Freibäder, Badeseen
Hinweis: △ Die letzten 100 m sind einspurig. Die Einfahrt über die Schotterpiste sollte nur nach Absprache erfolgen.

Sommers Hof G5
Treuenbrietzener Str. 59 2020
14913 Niedergörsdorf
OT Altes Lager

Zu Gast bei: Silke Hildebrandt
0178/7775498
Anreise bis: 20 Uhr
Schließzeit: 31.12.–01.01.

Hofladen:
Fr. 10–18 Uhr // Sa., So. 10–18 Uhr

www.sommers-hof.de

REGENBOGENHOF

Nordwestuckermark OT Augustfelde (BB) · 53°23'58.3"N 13°41'44.7"E

Auf dem Regenbogenhof werden in möglichst großer Vielfalt Gemüse, Kräuter, Obst sowie Kartoffeln und Getreide angebaut. Durch Pflanzen von Gehölzen werden die natürlichen Zusammenhänge gefördert. So entstand zum Beispiel eine Streuobstwiese mit alten Obstsorten. Sonntags finden auf unserem Hof keine Aktivitäten, wie z.B. Verkauf, statt. Übernachtungen von Samstag auf Sonntag sind aber dennoch möglich. Am Stellplatz dürfen eine Kaltwasser-Gartendusche sowie eine Komposttoilette genutzt werden.

Selbstgemachtes: Gemüse, Kartoffeln, Obst und Kräuter. Außerdem: Bio-Südfrüchte, Eier.
Aktivitäten: Badesee (3 km), Radwege, Reiten im Ort (www.pferde-träume.de), Gastwirtschaft mit regionaler Küche im Nachbarort (www.gutshof-kraatz.de), Mitgärtnern

Regenbogenhof, ökologischer Landbau H3 2019
Alte Bahnhofstr. 6
17291 Nordwestuckermark OT Augustfelde

Zu Gast bei: Matthias Hermsdorf 039853/64950
Anreise bis: 18 Uhr
Ruhetag: So.
Schließzeit: 01.12.–29.02.

Hofverkauf:
Mi., Fr. 17–18:30 Uhr // Sa. 15–18 Uhr

www.regenbogenhof-uckermark.de

GUTSHOF KRAATZ

Nordwestuckermark OT Kraatz (BB) · 53°23'25.3"N 13°39'58.7"E

Wir sind ein kleiner Betrieb im Naturpark „Uckermärkische Seen" und verarbeiten alte Apfelsorten von Streuobstwiesen und aus Gärten der Region zu Apfelsäften und Apfelweinen. Der Betrieb ist in den denkmalgeschützten Wirtschaftsgebäuden der ehemaligen Gutsanlage Kraatz untergebracht. Seit 2014 betreiben wir in einem ehemaligen Stall eine Weinschänke mit einem kleinen Speiseangebot. Weinverkostungen sind im Rahmen der Öffnungszeiten jederzeit möglich, außerhalb der Öffnungszeiten auf Anfrage.

Selbstgemachtes: Apfel-, Birnen- und Quittenweine, Apfelsäfte, Apfelbrände, Liköre und Fruchtaufstriche. Getränke erhältlich.
Aktivitäten: Badeseen (5–10 min), Radwanderweg und Heimatmuseum in Fürstenwerder, Fahrräder zum Verleihen am Hof, zwei Biobauernhöfe (Gemüse und Käse) in den Nachbarorten
Hinweis: △ Die Einfahrt liegt hinter der Scheune links und der Standplatz neben den Apfelbäumen.

Gutshof Kraatz H3 2014
Schloßstr. 7
17291 Nordwestuckermark OT Kraatz

Zu Gast bei: Florian Profitlich & Edda Müller 039859/63976
Anreise bis: 20 Uhr
Ruhetag: Mo.

Hofverkauf:
Do., Fr. 14–21 Uhr // Sa. 12–21 Uhr // So. 10–18 Uhr

www.gutshof-kraatz.de

BÄCKEREI & KONDITOREI PLENTZ

Oberkrämer OT Schwante (BB) · 52°44'10.6"N 13°5'6.6"E

Bäcker mit Herz und Seele seit 1877. Wir sind eine in 5. Generation geführte Bäckerei nördlich von Berlin. Über Generationen wurden alte Familienrezepte bei uns weitergegeben. Gern verwöhnen wir Sie mit unserem Frühstücksangebot, warmen Snacks sowie mit leckeren Kuchen und Torten! Innerhalb der Saison (März–November) können Sie freitags und samstags zuschauen, wie in unserem historischen Holzbackofen knusprige Holzofenbrote gebacken werden. Am Freitag findet innerhalb der Saison ein kleiner Regionalmarkt mit Obst, Gemüse, Fleischereierzeugnissen und Fisch statt.

Selbstgemachtes: verschiedene Brotspezialitäten wie Champagnerroggenbrot (alte Getreidesorte, angebaut in unserer Region), Kartoffelbrot und verschiedene Holzofenbrote, Softeis. Frühstück und Getränke erhältlich.
Aktivitäten: Feste der Bäckerei (s. Website), Mühlensee Schwante / Vehlefanz mit Radwanderweg, historische Bockwindmühle in Vehlefanz, Tier- & Freizeitpark Germendorf

Bäckerei & Konditorei Plentz GmbH & Co. KG G4 2015
Dorfstr. 43
16727 Oberkrämer OT Schwante

Zu Gast bei: Familie Plentz, einfach anreisen…
Anreise bis: 21 Uhr
Ruhetag: So.

Hofladen und Hofverkauf:
Mo.–Fr. 6–18 Uhr // Sa. 6–17 Uhr

www.plentz.de

HOFKÄSEREI MEISSGEIER

Pausa-Mühltroff OT Langenbach (SN) · 50°31'52.9"N 11°53'33.2"E

Inmitten bewaldeter Kuppen, durchzogen von romantischen Tälern und Wanderwegen, gemütlichen Dörfern und der dennoch nahegelegenen Spitzenstadt Plauen, im Südwesten Sachsens, im Vogtländischen Mühlenviertels liegt unser Ziegenhof im Ortsteil Langenbach der Pausa-Mühltroff. Unser Ziegenhof, der als Familienbetrieb mit 70 Thüringer Waldziegen bewirtschaftet wird, stellt etwa 20 verschiedene Ziegenkäsesorten und verschiedene Ziegenwurst her und vermarktet diese im eigenen Hofladen.

Selbstgemachtes: verschiedene Ziegenkäsesorten, verschiedene Ziegenwurst und Fleisch vom hausgeschlachteten Schwein. Nach Voranmeldung: Frühstück und Getränke erhältlich.
Aktivitäten: Schloss Leubnitz und Schloß Burgk, ca. 50 km auf dem Müllerburschenwanderweg zu historischen Mühlen, Plauen

Hofkäserei Annette Meißgeier F7
Winterseite 51
07919 Pausa-Mühltroff
OT Langenbach 2014

Zu Gast bei: Annette Meißgeier
0152/21652949
Anreise bis: 20 Uhr
Schließzeit: 01.12.–15.04.

Hofladen:
Fr. 10–17 Uhr // Sa. 8:30–12 Uhr

GEFLÜGELHOF ARNSDORF

Penig OT Arnsdorf (SN) · 50°57'7.5"N 12°44'0.6"E

Wir bewirtschaften einen kleinen Bauernhof mitten im wunderschönen Sachsen. Auf unseren Wiesen in Arnsdorf bei Penig betreiben wir einen Geflügelhof mit hofeigener Brüterei und Kükenaufzucht. Bei uns leben Gänse, Enten, Hühner und Wachteln – artgerecht und auf natürliche Weise. Unsere Tiere werden in bäuerlicher Tradition gehalten: kleine Gruppen mit viel Auslauf auf Grünland und Einstreu im Stall. Auf Anfrage öffnen wir gern unseren Hofladen auch ausserhalb der Öffnungszeiten.

Selbstgemachtes: Eier, Eis, Nudeln, Eierlikör, saisonales Obst und Gemüse, Geflügelfleisch, Konfitüre und Liköre.
Aktivitäten: Kinderspielplatz, Rad- und Wandertouren im Muldental, Schloss Rochsburg sowie weitere Burgen und Schlösser im Tal der Burgen
Hinweis: △ Mit größeren Mobilen und Wohnanhängern nicht den Eduard-Bilz-Weg befahren, sondern 100 m weiter Richtung Lunzenau und scharf links in den befestigten Wirtschaftsweg einbiegen. Weiter direkt zum Hof.

Geflügelhof Arnsdorf G6
Eduard-Bilz-Weg 3 2017
09322 Penig OT Arnsdorf

Zu Gast bei: Sven Börner
037381/69477

Hofverkauf:
Mo. 16:30–18 Uhr // Fr. 9–13, 14–18 Uhr // Sa. 9–12 Uhr

www.gefluegelhof-arnsdorf.de

STRAUSSENFARM PERLEBERG

Perleberg (BB) · 53°4'53.3"N 11°52'16.2"E

Seit 2004 führen wir unsere Straußenfarm im Nebenerwerb. Wir halten ungefähr 80 Strauße. Im Hofladen sind Fleisch- und Wurstwaren vom Strauß sowie kunsthandwerkliche Straußenprodukte und Warengutscheine erhältlich. Zusätzlich öffnen wir den Hofladen auch auf Anfrage und unternehmen auf Wunsch gerne Führungen zwischen 18 und 19 Uhr mit Ihnen. Wir freuen uns auf Ihren Besuch!

Selbstgemachtes: Fleisch- und Wurstwaren vom Strauß: Filet, Steak, Braten, Knacker, Salami und Leberwurst. Nach Voranmeldung: Getränke erhältlich.
Aktivitäten: Radwanderweg, historische Altstadt

Straußenfarm Perleberg F3
Lübzower Weg 1 2019
19348 Perleberg

Zu Gast bei: Silke & Dietmar Joesten
0172/4134337
Anreise bis: 21 Uhr
Schließzeit: 01.11.–31.03.

Hofladen:
Do. 10–13, 16–18 Uhr // Fr. 13–16 Uhr // Sa. 9–12 Uhr

PENSION UP'N DÖRP

Plattenburg OT Rambow (BB) · 53°2'8.6"N 12°0'57.0"E

In unserem Reiterstall „Reiten up'n Dörp" haben Kinder ab drei Jahren die Möglichkeit, erste Kontakte zu Pferden und Ponys zu erlangen. In den Reitstunden werden die Kinder spielerisch an die Pferde heran geführt. Vom Putzen über das Führen bis hin zum Reiten wird eine partnerschaftliche Beziehung zum Pferd aufgebaut, bei der der Spaß nicht zu kurz kommen soll.
Frühstück und Getränke erhältlich.

Aktivitäten: Ponyreiten nach Anmeldung

Pension up'n Dörp F3
Rambower Hauptstr. 2 2021
19339 Plattenburg OT Rambow

Zu Gast bei: Viola Schnehage
0173/7298835
Anreise bis: 21 Uhr

Hofverkauf:
Auf Anfrage

www.upndoerp.de

BIBELLAND & BIBELGARTEN OBERLICHTENAU

Pulsnitz OT Oberlichtenau (SN) · 51°13'3.4"N 13°59'29.3"E

Wir sind ein Freilichtmuseum über Lebensalltag zu biblischer Zeit. Wir produzieren nicht selbst, bieten vor Ort aber Produkte an, die in unser Gesamtthema passen, wie israelischen Wein und kretisches Olivenöl, ausserdem betreiben wir den nördlichsten israelischen Weinkeller der Welt, ein dreihundertjähriges Baudenkmal. Wir freuen uns auf Ihren Besuch.

Selbstgemachtes: Keramik. Außerdem: Olivenöl, Wein aus Israel, Olivenseife, Bier, alkoholfreie Getränke, Gewürze und Creme vom Toten Meer.
Aktivitäten: Freilichtmuseum Bibelland, Freibäder (4 km), Bienenmuseum, Pfefferkuchenmuseum (4 km), Wanderweg zum Keulenberg (45 min bis zum Gipfel)

CV Oberlichtenau H6
e.V. / Bibelland 2021
Am Schlosspark 2
01896 Pulsnitz OT Oberlichtenau

Telefon: 035955/45888
Anreise bis: 21 Uhr

Hofverkauf:
Mo.–Fr. 8–17 Uhr

www.bibelgarten.de

RÄCKE GBR

Räckendorf (ST) · 52°12'30.9"N 12°1'59.6"E

Wir leben und wirtschaften in Räckendorf, einem kleinen Ort im Jerichower Land in der Nähe von Möckern. Wir wohnen in einem alten Feldsteinhaus mit vier Generationen unter einem Dach. Unsere 120 Milchkühe und 50 Jungtiere bewirten ca. 80 ha Grünland in Stallnähe, umgeben von umfangreichen Waldgebieten, welche zum Wandern einladen.

Aktivitäten: Kühe melken und von der Wiese holen

Räcke GbR F5
Lüttgenziatzer Weg 6 2022
39291 Räckendorf

Zu Gast bei: Winfried Räcke
0160/90254643 o. 0160/90254659

www.raeckegbr.de

WALDHOF

Reesdorf (ST) · 52°14'40.5"N 12°11'11.0"E

Es erwartet Sie ein stillgelegter bäuerlicher Hof mit einer als Ruine erhaltenen Papiermühle. Unser Hof ist umgeben von Wald und Wiesen, gelegen an einem naturbelassenen Bach, der zur Erfrischung einlädt. Unsere Toilette ist ein Plumpsklo. Der Ab-Hof-Verkauf ist nach Absprache möglich.

Selbstgemachtes: saisonales Gemüse, Obst, Marmelade, Pesto, Tee und Kräuter. Nach Voranmeldung: Frühstück und Getränke erhältlich.
Aktivitäten: Burg Ziesar, Rad- und Wanderwege, Waldbad (10 km)
Hinweis: △ Die letzten 200 m sind nicht asphaltiert (Schlaglöcher).

Waldhof F5
Waldhof 1 2022
39291 Reesdorf

Telefon: 0176/43326897
Anreise bis: 19 Uhr
Ruhetag: Sa.
Schließzeit: 01.01.–31.03.

BLÜCHERHOF

Rengerslage (ST) · 52°49'21.5"N 11°53'35.0"E

Wir sind Ruheständler und bewirtschaften einen Bio-Betrieb mit Harzer Rotem Höhenvieh, Hühnern, Gänsen und Puten. 8 ha unserer Flächen umschließen unseren Hof. Der Hof besteht aus einem renovierten Fachwerk-Bauernhaus, Wirtschaftsgebäuden, Garten und einem kleinen Eichengehölz am Ortsrand im Landschaftsschutzgebiet Altmärkische Wische. Der Elbe-Rad-Wanderweg und der Altmark-Rundweg befinden sich in unmittelbarer Nähe. Vom Ortskern Rengerslage sind es nur 700 m zu unserem Hof, erkennbar am großen einzelstehenden Fachwerkhaus.
Selbstgemachtes: Eier.
Aktivitäten: Freibad in Werben

Biolandhof Günter & Edelgard Dihlmann auf dem Blücherhof F4
Rengerslage 60 2017
39606 Rengerslage

Zu Gast bei: Günter & Edelgard Dihlmann 039390/912902 o. 0173/3933044
Anreise bis: 21 Uhr

TÄLER STRAUSSENFARM

Renthendorf (TH) · 50°48'49.7"N 11°52'16.6"E

Wir betreiben seit 2006 eine Straußenfarm mit Hofladen im wunderschönen Saale-Holzland. Umgeben von Tälern und Wäldern werden hier ca. 200 Strauße in großzügigen Gehegen liebevoll betreut und gepflegt. Wir freuen uns auf Ihren Besuch.

Selbstgemachtes: Straußenfleisch, Straußenwurst, Straußensalami, Straußenschinken, Straußeneierlikör, Straußeneier (leer oder voll, saisonal), Staubwedel, Geschenkartikel und Dekoration.
Aktivitäten: Wanderwege, Kletterpark, Brehm-Gedenkstätte, Führungen durch die Straußenfarm

Täler Straußenfarm F7
Hellborn 29 2014
07646 Renthendorf

Zu Gast bei: Steffen Müller 036426/50495 o. 0152/32053545
Anreise bis: 20 Uhr

Hofladen:
Di., Do.–Sa. 10–12, 15–17 Uhr

www.taeler-straussenfarm.de

BAUERNHOF SCHULZE

Rietz-Neuendorf (BB) · 52°14'20.9"N 14°12'7.1"E

Wir sind ein Familienbetrieb und bewirtschaften gemeinsam unseren über 100 Jahre alten Vierseitenhof. Mit uns leben hier 200 Rinder, Hühner, Katzen und ein Hund. Produziert werden Futtermittel und diverse landwirtschaftliche Produkte. Wir freuen uns auf ihren Besuch!

Selbstgemachtes: Milch, Honig und Kartoffeln. Außerdem: Wildfleisch, Grillwurst und Rindfleisch vom Fleischer um die Ecke.
Aktivitäten: Radweg, waldreiche Gegend
Hinweis: △ Görzig Ortsmitte bis zu dem Schild an der Einfahrt: „Kartoffeln – Weizen – Frische Milch".

Bauernhof Schulze H5
Görziger Str. 67 2019
15848 Rietz-Neuendorf

Zu Gast bei: Matthias Schulze
033672/207 o. 0174/8119429
Anreise bis: 18 Uhr
Schließzeit: 03.12.–03.03.

Hofladen und Hofverkauf:
Mo.–Sa. 7–19 Uhr // So. 7–12 Uhr

LANDGASTHOF ZUM GRÜNEN BAUM

Ringenwalde (BB) · 53°3'25.0"N 13°42'52.8"E

Wir sind ein kleiner Familienbetrieb inmitten der Schorfheide/Uckermark. Mit Liebe zum Detail, vielen frischen und regionalen Produkten bieten wir eine feine Landküche.

Selbstgemachtes: süße und herzhafte Aufstriche. Außerdem: Marmeladen, regionale Wurst, Milch, Backwaren u.v.m. Frühstück, Abendbrot und Getränke erhältlich.
Aktivitäten: Badeseen, Wanderwege, kleines Dorfmuseum, Ausflüge nach Templin, Prenzlau, Angermünde

Landgasthof Zum grünen Baum H3
Dorfstr. 57 2015
17268 Ringenwalde

Zu Gast bei: Markus Räthel
039881/44016
Ruhetag: Di.

landgasthofzumgruenenbaum.de

LEBENSHILFEWERK ILMENAU/RUDOLSTADT

Rudolstadt (TH) · 50°43'44.7"N 11°21'3.1"E

Wir wollen als anerkannte Werkstatt für Menschen mit Behinderungen dazu beitragen, dass sich diese durch die Teilhabe an Arbeit und an der Gesellschaft als selbstbestimmte gleichwertige Mitglieder unserer Gesellschaft erleben und von Außenstehenden als solche wahrgenommen werden. Wir bewirtschaften in Rudolstadt ca. 10ha Obstanbauflächen nach ökologischen Grundsätzen. Von hier oben genießt man eine fantastische Aussicht in die Landschaft und eine wohltuende Ruhe nach Feierabend.

Selbstgemachtes: Bio-Apfel-Aronia-Saft, Bio-Honig und Bio-Obst zum selbst pflücken.
Aktivitäten: Residenzschloss Heidecksburg, Schillerhaus, Thüringer Bauernhäuser, Saalestrand Bootsverleih
Hinweis: △ Teilweise über 10% Steigung, bei Schnee Allrad-Antrieb nötig!

Lebenshilfewerk Ilmenau/ F7
Rudolstadt e.V. 2022
Im Eiserstal 22
07407 Rudolstadt

Zu Gast bei: Jens Kahnis
03672/8295540 o. 0173/3518050
Anreise bis: 15:30 Uhr
Ruhetage: Sa. So.
Schließzeit: 23.12.–04.01.

Hofverkauf:
Auf Anfrage

www.lebenshilfewerk-ilmenau-rudolstadt.de/landschaftspflege

RÄUCHER-HÄUS'L

Ruppersdorf (SN) · 51°0'17.7"N 14°44'11.2"E

In ruhiger Tallage des Ruppendorfer Wassers liegt das Räucher-Häus'l. Im sanierten Umgebindehaus aus dem Jahre 1881 befindet sich eine traditionelle Räucherei mit eigenem Spezialitätenladen, Blockstube und 3 Ferienwohnungen. Bei uns wird traditionell geräuchert, da gibt's den beliebten Rauchgeruch!

Selbstgemachtes: Oberlausitzer Räucherspezialitäten, wie Fleisch, Fisch, Käse, Salz, Räucherplatte u.v.m. Außerdem: regionale Spirituosen und Weinhandel. Nach Voranmeldung: Abendbrot und Getränke erhältlich.
Aktivitäten: Schauräucherei, Oberlausitzer Umgebinderadweg, Sächsische Fachwerkstraße, ausgedehnte Wandermöglichkeiten, Herrenhut mit Herrenhuter Sterne-Manufaktur

Räucher-Häus'l I6
Untere Dorfstraße. 53 2021
02747 Ruppersdorf

Zu Gast bei: Romain Kirchner
035873/40487 o. 0160/8192456
Anreise bis: 17 Uhr

Hofladen und Hofverkauf:
Mo., Di., Do., Fr. 10–12, 14–17 Uhr // Sa. 9–12 Uhr

www.räucher-häusl.de

WEINGUT HOFFMANN ALTE SCHROTMÜHLE

Salzatal OT Höhnstedt (ST) · 51°30'17.1"N 11°44'1.5"E

Willkommen in der Toskana des Nordens! Man reibt sich verwundert die Augen, wenn man hier blühende Aprikosenbäume und endlose Weinreihen erblickt. Erleben Sie Weinkultur in der nördlichsten Weinregion, probieren Sie die süffigen Weine des Weingutes. Es darf auch mal ein Glas Winzersekt sein. Besuchen Sie unsere Weinfeste von August-Oktober.

Selbstgemachtes: Weißweine aus Müller-Thurgau, Traminer, Riesling, Silvaner, Weißburgunder, Gutedel, Rotweine aus Merlot, Blauen Spätburgunder und Regent, eigene Winzersekte und Quittensaft.
Aktivitäten: Radwanderweg, Gaststätte in der Nähe, Segeln, Wandern, Museumsbesuch, öffentliche Verkehrsmittel nach Halle
Hinweis: △ Vorsicht bei Einfahrt auf das Privatgelände, die Strasse ist gleichzeitig Feuerwehrausfahrt!

Weingut Hoffmann F6
Alte Schrotmühle 2022
Hauptstraße 35A
06198 Salzatal OT Höhnstedt

Zu Gast bei: Ulrike Hoffmann
0174/6552542
Anreise bis: 19 Uhr
Ruhetag: Mo.
Schließzeit: 01.01.–28.02.

Hofverkauf:
Auf Anfrage

www.weingut-hoffmann-alte-schrotmuehle.de

UCKERMÄRKER LANDKÖRBCHEN

Schenkenberg OT Ludwigsburg (BB) · 53°21'22.2"N 13°58'53.5"E

Herzlich willkommen bei uns auf dem Land. Wir sind ein kleines Unternehmen und freuen uns auf Ihren Besuch. Gerne führen wir Sie in die Zauberwelt des Holunders ein oder zeigen Ihnen, wie man sich am Spinnrad entspannen kann. Unseren Hofladen öffnen wir für Sie gern nach telefonischer Absprache. Auch Hunde bitten wir vorher anzumelden. Bei Starkregen können wir keinen Stellplatz anbieten.

Selbstgemachtes: Holunderspezialitäten und Schafwolle.
Aktivitäten: Badeseen, Freibad, Spielplatz im Ort

Uckermärker H3
Landkörbchen & 2016
Landurlaub in der Uckermark
Ludwigsburg 6
17291 Schenkenberg
OT Ludwigsburg

Zu Gast bei: Gerlind Korb
0172/1000632
Anreise bis: 19 Uhr

Hofverkauf:
Auf Anfrage

LANDHAUS „AM WESTERWALD“

Schimberg OT Martinfeld (TH) · 51°17'6.0"N 10°10'48.5"E

Wir sind ein familiengeführtes Landhotel, gelegen am Fuße des Eichsfelder Westerwaldes. Neben dem Hotel und Restaurantbetrieb haben wir eine eigene Landwirtschaft mit Pinzgauer Rindern und ein Damwildgehege. Alle Produkte sind auch in unserem regionalen Hofladen erhältlich. Bei Ankunft werden Sie auf den Stellplatz eingewiesen.

Selbstgemachtes: Wildspezialitäten, Wurstwaren und selbstgekochte Gerichte (vakuumiert zum Mitnehmen). Nach Voranmeldung: Frühstück, Abendbrot und Getränke erhältlich.
Aktivitäten: geführte Wanderungen ab Hof, klassifizierte Wanderwege, Radweganschluss (ca. 200 m)

Hotel & Restaurant Landhaus „Am Westerwald“ E6 2015
Ershäuser Straße 10
37308 Schimberg OT Martinfeld

Telefon: 036082/89213
Anreise bis: 20 Uhr
Ruhetag: So.
Schließzeit: 23.12.–08.01.

Hofladen:
Auf Anfrage

www.landhaus-westerwald-martinfeld.de

DÖLZIGER HOFLADEN

Schkeuditz OT Dölzig (SN) · 51°21'21.5"N 12°13'15.6"E

Einem alten Rittergut wurde wieder Leben eingehaucht. Wir haben ein Wohngebäude mit 5 Mietwohnungen für Familien ausgebaut, die ein gemeinschaftliches Hofleben schätzen und zusätzlich einen Hofladen mit saisonalen Produkten aus der Region eingerichtet. Wir fühlen uns wohl als Gastgeber und freuen uns, wenn wir nette Menschen um uns haben.

Produkte: regionale, saisonale Produkte aus der Region (Obst, Gemüse, ausgewählte Fleisch- und Wurstwaren, Molkereiprodukte, Saft, Wein, Bier usw.). Nach Voranmeldung: Frühstück, Abendbrot und Getränke erhältlich.
Aktivitäten: Baden, Wandern, Radfahren, Museen, Leipziger Zoo, Freizeitpark Belantis, Stadt Leipzig, Schkeuditz, Markranstädt

Dölziger Hofladen UG F6 2022
Am Kanal 4A
04435 Schkeuditz OT Dölzig

Zu Gast bei: Jacqueline Mau
0163/5103701

Hofladen:
Mi., Do., Fr. 13:30–18 Uhr // Sa. 10:30–15 Uhr

www.hofladen-dölzig.de

HOF FÖHRENLICHT

Schönberg (Mark) (BB) · 52°56'15.3"N 12°57'42.2"E

Kleiner Bioland-Betrieb im Nebenerwerb mit Ackerbau, Grünland, Gemüsebau, Hühnerhaltung, Bienen sowie Ab-Hof-Verkauf der Produkte, wie z.B. auch selbst gepresstes Leindotteröl. Der Hof liegt etwas abseits vom Dorf und der Straße, in Alleinlage, direkt am Waldrand. Das Dorf ist ein kleinerer Knotenpunt der Verbindung Neuruppin–Lindow/Rheinsberg Richtung Müritz und Berlin in der anderen Richtung, ca. 60 km nördlich von Berlin.

Selbstgemachtes: Gemüse der Saison, Honig und Eier nach Saison, Leindotteröl selbst gepresst aus eigenem Anbau, sowie andere kleine Leckereien auf Anfrage und je nach saisonaler Verfügbarkeit.
Aktivitäten: viele Badeseen in näherer Umgebung, Radwanderwege (und -verleih in der Nähe), Natur-Wanderwege, Wassersportaktivitäten in der Umgebung
Hinweis: △ Letzte 200 m in den Waldweg hinein

Hof Föhrenlicht G4 2021
Schönberger Dorfstraße 69
16835 Schönberg (Mark)

Zu Gast bei: Rudi Mixdorf
0151/53747624
Anreise bis: 20 Uhr
Schließzeit: 15.11.–28.02.

Hofverkauf:
Auf Anfrage

www.hof-foehrenlicht.de

STRAUSSENFARM AM BOLZENTEICH

Schönewalde OT Wildenau (BB) · 51°47'2.4"N 13°16'30.2"E

Unsere Straußenfarm ist nicht weit von der der Stadt Schönewalde im Ortsteil Wildenau, im Süden des Landes Brandenburg, im Elbe-Elsterkreis. Der Bolzenteich liegt idyllisch vor unserem Anwesen und ist nicht zum Baden jedoch zur Erholung geeignet. In sieben Gehegen weiden unsere Strauße und andere Tiere. Lassen Sie sich überraschen. Bevorzugt empfangen wir Sie gerne am Wochenende. Wir freuen uns auf Ihren Besuch.

Selbstgemachtes: Eierlikör, Straußenprodukte, wie Fleisch und Wurst, Eier, Federn und Lampen. Nach Voranmeldung: Getränke erhältlich.
Aktivitäten: ca. 10 km von der Flaeming-Skate entfernt, Badesee, Tropical Island (ca. 40 km entfernt)

Straußenfarm am Bolzenteich G5 2014
Alte Dorfstr. 20
04916 Schönewalde OT Wildenau

Zu Gast bei: Ninette Klatt
0173/8711077
Schließzeit: 01.11.–31.03.

Hofladen:
Sa., So. 10–18 Uhr

www.straussenfarm-bolzenteich.de

MINIHOF SPREEWALDSABO

Schönwalde (BB) · 51°59'14.8"N 13°47'36.4"E

Herzlich willkommen auf unserem kleinen Grundstück mitten im Spreewald. Wir sind zwei Berliner, die 2011 das Großstadtleben gegen die Idylle des Spreewaldes getauscht haben. Auf unserem Hof halten wir Alpakas, Freilandhühner sowie Hunde und Katzen. Der Stellplatz liegt mitten auf der Wiese. Sie schauen den Alpakas beim Weiden zu und erfahren alles Wissenswerte rund um diese fantastischen Tiere. Ein Ab-Hof-Verkauf ist nach Absprache möglich.

Selbstgemachtes: Alpakavlies, Eier, naturheilkundliche Behandlung Ihrer Tiere. Außerdem: Spreewälder Produkte: Gurken, Eier, Honig. Getränke erhältlich.
Aktivitäten: Badesee, Gurkenradweg, Wandern, Paddeln, Redfahren, Tropical Islands
Hinweis: △ Die letzten 100 Meter sind unbefestigter Waldweg.

Minihof Spreewaldsabo H5 2020
Ausbau 5
15910 Schönwalde

Zu Gast bei: Britta Saborowski
035474/369727
Anreise bis: 17 Uhr

Hofverkauf:
Auf Anfrage

ÖKOHOF FLÄMING

Schopsdorf (ST) · 52°14'3.3"N 12°13'27.8"E

Unser Bauernhof ist idyllisch in einem kleinen Heidedorf am Nordrand des Hohen Fläming gelegen. Hier und auf unseren Weiden in der weiteren Umgebung leben Pferde, Schweine, Rinder, Ziegen, Bienen, Hühner, Enten und Gänse sowie unsere Hofhunde Susi und Flóki und unsere vier Hofkatzen. Wir betreiben bäuerliche Landwirtschaft mit Ackerbau und Weidewirtschaft. Von unserem Hof aus lassen sich schöne Touren in die Wald- und Heidelandschaft des Flämings unternehmen. Fragen Sie gern auch nach unseren Leihrädern.

Selbstgemachtes: Eier, Gemüse und Obst nach Jahreszeit, Fleischwaren von Rind, Schwein, Huhn, Ente und Gans je nach Verfügbarkeit, Honig, Met, Bienenwachskerzen. Nach Voranmeldung: Frühstück, Abendbrot und Getränke erhältlich.
Aktivitäten: Spielplatz, Grillen, Badesee, Wanderungen und Fahrrad-, Reit- und Kutschtouren im Hohen Fläming, Burg Ziesar, Thermalbad, Thermalbad in Bad Belzig; je nach Zeit und Möglichkeit Hofführung, Tiere füttern, u.v.m.
Hinweis: △ Bitte an der großen Glocke über dem Tor läuten.

Ökohof Fläming F5 2014
Schopsdorfer Dorfstr. 2
39291 Schopsdorf

Zu Gast bei: Nils und Friedrich Rosenthal 0151/51754975
Anreise bis: 23 Uhr

Hofverkauf:
Auf Anfrage

www.oekohof-flaeming.de

Nord Nordwest Ost Mitte-West West Südost Südwest

RITTERGUT SCHWANDITZ

Schwanditz (TH) · 50°57'15.6"N 12°20'17.0"E

Auf unserer 1.000-jährigen Hofstelle mit dem denkmalgeschützten längsten Laubengang Thüringens, betreiben wir Landwirtschaft. Unsere Kühe, Kälber, Hühner, Esel, Katzen und Tauben gehören ebenso dazu, wie die historischen Fischteiche. In unserem Hofladen verkaufen wir eigene und regionale Produkte. Gerne auch auf Nachfrage. Angeleinte Hunde sind herzlich willkommen.

Selbstgemachtes: Weizen, Gerste, Raps, Rüben, Hanf, Kartoffeln, Honig, Eier, Karpfen, Marmelade, Eierlikör und Rindfleisch. Außerdem: Saft, Wein.
Aktivitäten: großes Freigelände, Spielplatz im Park, Angelteich, Ruderboot, Freibad (2km), Residenzstadt Altenburg (8 km), Museen

Rittergut Schwanditz G7
Im Rittergut 1 2021
04626 Schwanditz

Zu Gast bei: Christine Münstermann
03447/315311 o. 0172/9805150
Anreise bis: 18 Uhr
Ruhetag: So.
Schließzeit: 01.11.–31.03.

Hofladen:
Di., Mi., Fr. 15–18 Uhr

www.rittergut-schwanditz.de

HOF AM BERG

Sitzendorf (TH) · 50°37'51.4"N 11°9'57.6"E

Ein kleines Juwel zwischen Wald und Bergweiden gelegen. Von fast überall ist der Blick in das malerische Schwarzatal offen. Das Gute liegt so unerwartet nah.

Selbstgemachtes: Rindfleisch vom Schottischen Hochlandrind.
Aktivitäten: Freibad, viele Rad- und Wanderwege, Eisdiele und ein kleiner Supermarkt im Ort
Hinweis: △ Zufahrt über den Blambachweg: unter der Bahndurchführung 4 m nach den Leitplanken links, weiter geradeaus durch ein silbernes Tor.

Direktvermarktung E7
Hof am Berg 2021
Am Ochsenberg 1
07429 Sitzendorf

Zu Gast bei: Justine Kelpin
0151/23013949
Anreise bis: 20 Uhr

Hofverkauf:
Auf Anfrage

FONTANE GARTEN

Sonnenberg OT Rauschendorf (BB) · 53°1'53.3"N 13°6'50.7"E

Unser 8.000 m² großes Gartenreich mit angrenzender Wiese öffnet seine Pforten, um Besucher von nah und fern zum Verweilen einzuladen. Historische Feldsteinmauern schützen das romantische mit Rosen, Lavendel und Blauregen bewachsene Terrassen-Ensemble am Haus. Im hinteren Bereich des Gartens befinden sich unsere Stellplätze in durch Baumbestand abgeteilten „Hideaways".

Selbstgemachtes: Makramee Boho-Stil, Makramee-Kurs, stimmungsvolle Fotosessions, Frühstück und Abendessen sind erhältlich (Bitte vorab anmelden). Nach Voranmeldung: Frühstück, Abendbrot und Getränke erhältlich.
Aktivitäten: Radwege in der Region, Seenlandschaft, Stechlinsee, Meseberg
Hinweis: △ Die Einfahrt erfolgt über ein historisches Backsteintor von 1,95 Breite.

Fontane Garten G3
Hauptstr. 7 2020
16775 Sonnenberg
OT Rauschendorf

Zu Gast bei: Michael Haddenhorst
0175/4026990
Anreise bis: 18 Uhr
Ruhetage: Mo. Di. Mi.
Schließzeit: 01.01.–30.04., 30.09.–31.12.

www.fontane-garten.de

FÜRSTENWALDER AGRARPRODUKTE

Steinhöfel OT Buchholz (BB) · 52°25'36.1"N 14°6'48.5"E

Unser familiengeführter Landhof liegt im idyllischen Seenland Oder-Spree, umgeben von Feldern, Wäldern und Seen. Am Buchholzer Firmensitz kommen die Kälbchen zur Welt, melken wir unsere Kühe, betreiben eine kleine Hofmolkerei sowie Ackerbau und produzieren regenerative Energien. Wir zeichnen uns durch Ideen und Kooperationen mit anderen Direktvermarktern aus.
Selbstgemachtes: zapffrische Hofmilch, frische Briesener Eier, zartes sowie gut abgehangenes Rindfleisch und fruchtbarer Naturdünger. Außerdem: Marmeladen, Honig, Wurstwaren, Senf, Öle, Mehl, Kaffee, Tee, Schokolade, Nudeln, Suppen, Flaschen, Milchshakepulver, Senfgurken, Müsli, Sirup, Kürbisprodukte, Käse und Kardamom.
Aktivitäten: Hoftiere, Hofführungen, Spiel- und Fußballplatz in Dorf, Wandern, Radeln, Badeseen, Schwapp in Fürstenwalde, Sommerrodelbahn, Bowlingbahn, Kletterpark
Hinweis: △ Im Dorf aus Fürstenwalde kommend, an gr. Kreuzung zweite Abfahrt links. Der Stellplatz befindet sich zwischen Hofmolkerei (gelb) und Trafo.

Fürstenwalder Agrarprodukte GmbH H4 2021
Buchholzer Dorfstr. 23
15518 Steinhöfel OT Buchholz

Zu Gast bei: Benjamin Meise, einfach anreisen…

Hofverkauf:
Auf Anfrage

www.agrafrisch.de

BRENNEREI SELLENDORF

Steinreich OT Sellendorf (BB) · 51°57'28.6"N 13°32'39.7"E

Wir sind ein kleines Familienunternehmen in der Erzeugerregion „Spreewald“ und beschäftigen uns mit der Produktion von landwirtschaftlichen Erzeugnissen und der Herstellung von Spirituosen und Likören mit hoher Qualität. Die Sellendorfer Brennerei ist eine ehemalige historische Gutsbrennerei einen hohem regionalen Bekanntheitsgrad.
Selbstgemachtes: Weizenkorn, Kräuterliköre, 60% Früchtchen, Erdbeer-, Kirsch-, Pflaumenlikör, Gurke im Kornbett, Wachhalter, Eierlikör, Spreewälder Gurkenwasser, Gurke im Kornbett, Bitterlikör „Bukowina“.
Aktivitäten: Brennerei-Führung mit Verkostung, Wildpark Johannesmühle, Museumsdorf Glashütte, Tropical Islands, Gurkenradweg, Lübben (Spreewald)

Brennerei Sellendorf GmbH H5 2021
Sellendorf Nr. 29
15938 Steinreich OT Sellendorf

Zu Gast bei: Annette Diebow
035452/647
Anreise bis: 16 Uhr
Ruhetage: Sa. So.
Schließzeit: 20.12.–31.01.

Hofladen:
Mo.–Fr. 8–16:30 Uhr

www.brennerei-sellendorf.de

STENDALER SCHEUNENLADEN STALLBAUM

Stendal (ST) · 52°37'15.9"N 11°50'46.4"E

Am Stadtrand von Stendal (im Norden) liegt inmitten unserer Obstplantagen unser Scheunenladen. Wir vermarkten unsere selbst erzeugten Äpfel, Süß- und Sauerkirschen, Spargel, sowie Ergänzungsprodukte von Landwirten aus der Region.
Selbstgemachtes: Marmeladen aus eigenen Früchten, Apfelchips, Sauerkraut, Fassgurken, frische Kräuter, Schnittblumen, Tomaten, Kuchen, Spargel, Äpfel, Süß- und Sauerkirschen und Weihnachtsbäume. Außerdem: Wurst, Kartoffeln, Saft, Wein, Tee, Honig und Eier. Nach Voranmeldung: Getränke erhältlich.
Aktivitäten: Pflücken von Äpfeln, Süß- und Sauerkirschen zur Saison möglich, Weihnachtsbäume selber schlagen

Stendaler Scheunenladen F4 2014
Stallbaum GbR
Osterburger Str. 63
39576 Stendal

Zu Gast bei: André Stallbaum
0173/6154934
Anreise bis: 16 Uhr

Hofladen:
Mo.–Fr. 9–17 Uhr // Sa. 9–12 Uhr

www.scheunenladen-stendal.de

Nord Nordwest Ost Mitte-West West Südost Südwest

STRAUSSENHOF STRIEGISTAL

Striegistal (SN) · 50°59'46.6"N 13°10'26.7"E

Wir betreiben in Striegistal eine Straußenzucht mit Direktvermarktung von Straußenprodukten im Hofladen. Unsere Strauße leben in großzügig angelegten Gehegen und hellen Stallungen. Sie haben jederzeit die Möglichkeit, sich im Freien aufzuhalten oder ein Schläfchen im Stall zu halten. Auch im Winter fühlen sich unsere Tiere im Freien sehr wohl. Andere Mitbewohner auf dem Hof sind: Schafe, Schweine, Kühe, Hasen, Katzen, Hühner und andere Vögel. Unseren Hofladen öffnen wir gern auf Anfrage für Sie. Wir freuen uns auf Ihren Besuch.

Selbstgemachtes: Fleisch & Wurstwaren vom Strauß, Straußeneinudeln, Eier (leer, voll-saisonal), Lederwaren aus Straußenleder, Pyramide im Straußenei, kunstgewerbliche Artikel aus Straußeneiern, Staubwedel aus Straußenfedern. Außerdem: regionale Produkte.
Aktivitäten: Wandergebiet Striegistäler, Dresden, Bergstadt Freiberg, Augustusburg, Oederan (Klein Erzgebirge), Burg- und Talsperre Kriebstein

Straußenhof Striegistal G6
Mühlstr. 16 2014
09661 Striegistal

Telefon: 037207/54280
Anreise bis: 20 Uhr
Schließzeit: 20.12.–20.01.

Hofladen:
Mi. 10–18 Uhr, Fr. 15–18 Uhr // Sa. 10–15 Uhr

www.straussenhof-striegistal.de

„DAS WEIHNACHTSLAND" STÜTZENGRÜN

Stützengrün (SN) · 50°31'40.8"N 12°30'49.4"E

Das Weihnachtsland ist eine ganzjährige Verkaufsausstellung für erzgebirgische Volkskunst und verfügt zudem über eine Eigenproduktion. Seit über 20 Jahren stellen wir in liebevoller Handarbeit Holzkunstprodukte her. Nach einem Rundgang in der Erlebniswelt und Schauwerkstatt, lädt unsere angrenzende Gaststätte (+ Biergarten) mit regionaler Küche noch zum Verweilen ein.

Selbstgemachtes: Erzgebirgische Volkskunst, Produktion von Schwibbögen, Leuchten, Fensterbildern, Teelichthalter und Osterartikel. Außerdem: Spezalitäten aus der Region wie Spirituosen, Aufstriche, Ansatzmischungen, Tee und Eier. Bewirtung nach Voranmeldung.
Aktivitäten: Radwanderweg, Aussichtstürme, Badesee, Freizeitpark, Sommerrodelbahn, Minigolf

„Das Weihnachtsland" G7
Stützengrün 2021
Schönheider Straße 70
08328 Stützengrün

Zu Gast bei: Kay Schweigert
037462/634645
Anreise bis: 16 Uhr
Schließzeit: 01.01.–01.02.

Hofverkauf:
Auf Anfrage

www.das-weihnachtsland.de

SÜDHARZER FORELLENZUCHT

Südharz OT Wickerode (ST) · 51°28'53.2"N 11°7'24.9"E

Wir betreiben eine Forellenzucht mit eigener Verarbeitung und direkt angeschlosser Räucherei. In unserem Verkaufsladen mit Imbiss bieten wir Ihnen köstlichen Speisen an. Wir freuen uns auf Ihren Besuch.

Selbstgemachtes: Fisch und Fischwaren, z.B. Forellen, Räucherfisch auch aus Seefisch, Imbiss (Fischbrötchen, gebackene Forelle, Räucherfisch). Nach Voranmeldung: Abendbrot und Getränke erhältlich.
Aktivitäten: Bergbaumuseum, Karstwanderweg, Kyffhäuser, Rosarium Sangerhausen, Schauhöle Heimkehle
Hinweis: △ letzten 300 m einspurig

Südharzer Forellenzucht E6
Auf der Hütte 6 2016
06536 Südharz OT Wickerode

Telefon: 034651/2706
Anreise bis: 18 Uhr
Ruhetage: Mo. So.

Hofladen:
Di.–Fr. 10–16 Uhr // Sa. 10–13 Uhr

KARAWANE

Tacken (BB) · 53°11'22.9"N 11°58'35.9"E

Hof mit 4,5 ha inmitten von Wald, Wiesen und Feldern mit angrenzendem Badegewässer. Keine Lichtverschmutzung für Sternengucker. Für Kinder: Minischweinchen zum Streicheln und Bürsten. (Hunde nach Absprache, weil auf dem Hof Katzen leben.) Kinder dürfen hier toben und laut sein. Getränke erhältlich.

Aktivitäten: Bade- und Angelgewässer, kleine Rundfahrt mit Oldtimer-Trecker, Handsensen üben, Grillen, kleinere Feiern nach Absprache möglich, überdachtes Verweilen im urigen Weideunterstand, geführte Natur- und Tierwanderung (Beobachtung)

Karawane F3
Im Busch 2 2021
16928 Tacken

Telefon: 0151/14361074
Anreise bis: 18 Uhr

www.instagram.com/hof_karawane/

ZUM GOLDENEN STERN

Tanna (TH) · 50°31'45.0"N 11°51'48.8"E

In ruhiger und zentraler Lage finden Sie unseren ehemaligen Gasthof „Zum Goldenen Stern“. Von hier aus können Sie die herrliche Umgebung und den Thüringer Wald erkunden. Nach rechtzeitiger Voranmeldung ist es möglich, in unserem Gasthof, den wir gerne für Sie öffnen, zu Abend zu essen sowie ein Frühstück zu erhalten. Abendessen bieten wir Ihnen von 18 bis 22 Uhr an.

Nach Voranmeldung: Frühstück, Abendbrot und Getränke erhältlich.
Aktivitäten: Wanderwege, Talsperre (15 km), Schloss Burg (12,5 km), gute Luft

Zum Goldenen Stern F7
Mielesdorf 63 2019
07922 Tanna

Telefon: 036645/22250 o. 0170/2040201
Anreise bis: 21 Uhr
Ruhetag: Di.

LANDWIRTSCHAFTSBETRIEB FRANK SCHAFBERG

Tastungen (TH) · 51°27'59.1"N 10°18'40.5"E

Wir sind ein Gemischtbetrieb mit Milch, Schweinemast und Getreideanbau. Zudem haben wir eine hauseigene Fleischerei und ein eigenes Museum zum Thema Landwirtschaft und Familie.

Produkte: Eichsfelder Wurst, Fleisch und Honig.
Aktivitäten: Stausee Tastungen, Wanderungen, Grenzlandmuseum Tastungen

Landwirtschaftsbetrieb E6
Frank Schafberg 2022
Ecke 5
37339 Tastungen

Zu Gast bei: Schafberg Frank
036071/80655

Hofladen:
Auf Anfrage

WETTERMUSEUM LINDENBERG

Tauche OT Lindenberg (BB) · 52°12'29.6"N 14°6'49.2"E

Bei einem Rundgang erleben Sie die Entwicklung von der Wetterbeobachtung über das genaue Messen einzelner Wetterelemente bis zu heutigen Wettervorhersagen. Bestaunen Sie die denkmalgeschützte, hölzerne Ballonhalle mit einer Ausstellung meteorologischer Großdrachen und Radiosonden. Darüber hinaus werden auch Fragen zur Klimageschichte und des Klimawandels beleuchtet. Interaktive Installationen und Projektionen lassen Geschichte lebendig werden. Während unserer Öffnungszeiten ist der Museumsshop geöffnet, eine Imbissversorgung sowie Toilettennutzung ist möglich. (April – Okt. von So.–Do. 10–16 Uhr, im Winter sonntags geschlossen)

Produkte: Museums Shop: originelle Mitbringsel, Andenken oder Informationsmaterial rund um das Wetter, themenbezogene Literatur, Postkarten, Kugelschreiber, Galileo-Thermometer u.v.m. Nach Voranmeldung: Getränke erhältlich.

Aktivitäten: Fahrradweg Oder-Spree-Tour, Schloss Lindenberg, Therme Bad Saarow, Burg Storkow

Wettermuseum Lindenberg H5
Herzberger Str. 21 2018
15848 Tauche OT Lindenberg

Zu Gast bei: Gabriele Weitzel
033677/62521
Anreise bis: 15:30 Uhr

www.wettermuseum.de

KÖHLER'S WEINSCHEUNE

Teuchern (ST) · 51°7'21.1"N 12°1'13.9"E

Rustikaler Hofladen mit Plätzen im Innen- und Aussenbereich. Im Sommer wird der Betrieb als Straussenwirtschaft geführt. Wir befinden uns unweit von der Saale-Unstrut Weinregion im Ländereck von Sachsen-Anhalt, Sachsen und Thüringen. Wir sind verkehrsgünstig gelegen und man erreicht schnell die Großstädte wie Leipzig, Halle, Weimar, Erfurt oder Gera. Unsere Events und Veranstaltungen finden Sie auf unserer Homepage. Solange die Weinscheune geöffnet ist, kann die Toilette genutzt werden. Die Stromnutzung ist auf Anfrage möglich. Wir freuen uns Sie bei uns zu begrüßen.

Produkte: Wein Saale-Unstrut, Honig, Wela Suppen und saisonbedingt z.B. Neuenburger Stollen. Bewirtung nach Voranmeldung.

Aktivitäten: Radweg, weitere Aktivitäten sind vor Ort zu erfragen durch enge Zusammenarbeit mit dem Tourismusverband

Köhler's Weinscheune F6
Probsteistrasse 6 2021
06682 Teuchern

Zu Gast bei: Nicole Köhler
0173/3626013
Anreise bis: 16 Uhr

Hofladen:
Do., Fr. 16–18 Uhr // Sa. 15–18 Uhr

www.weinscheune-koehler.de

EUSPIRON

Thallwitz (SN) · 51°26'17.1"N 12°41'4.6"E

Euspiron ist ein junges dynamisches Unternehmen mit Sitz in Thallwitz/Sachsen. Hier züchten und verarbeiten wir frische Spirulina Algen 100% regional, natürlich und nachhaltig zu medizinischen und kosmetischen Produkten. Durch die sofortige Verarbeitung der noch lebenden Alge sind in unseren Produkten alle essentiellen Vitalstoffe der gesundheitsfördernden Alge in höchster Konzentration enthalten. Auf Anfrage öffnen wir unseren Shop und weisen darauf hin, dass die Toilette nur während der Öffnungszeiten nutzbar ist. Algenartig – einzigartig! Natürlich gesund mit der Kraft der bioaktiven Spirulina. Wir heißen Sie willkommen auf unserem ruhigen Stellplatz mit Blick auf grasende Schafe.

Selbstgemachtes: Nahrungsergänzungsmittel, Schokoriegel, Kosmetikartikel, Algenpaste, Algenpad, Pflege- und Medizinprodukte.

Aktivitäten: Kiesgrube zum Baden (5 km), Einkaufsmöglichkeiten im Ort, Schwimmhalle (5 km), Radweg

Euspiron GmbH G6
Bahnhofstraße 15 2021
04808 Thallwitz

Zu Gast bei: Stephanie Borchers
0172/3544889
Anreise bis: 18 Uhr
Ruhetag: So.

Hofverkauf:
Mo.–Fr. 8–16 Uhr

www.euspiron.de

DAMWILDHOF HALAMUNDA

Thurland (ST) · 51°43'11.0"N 12°12'37.9"E

Kleiner Direktvermarktungsbetrieb, abseits der Stadt Dessau, an der A9. Unser Betrieb liegt im ländlichen Raum 1 km vom Waldrand entfernt. Beliebter Ort für Erholung und Fahrradfreunde, da gute Abfahrtstraßen vorhanden. Von Aufzucht, über Haltung, bis zur Schlachtung alles im eigenem Betrieb. Den Hofladen öffnen wir nach Bedarf. Hunde auf dem Gelände bitte anleinen.

Selbstgemachtes: Fleisch- und Wurstwaren (Rind, Strauß und Damwild). Außerdem: Waren des täglichen Bedarfs.
Aktivitäten: Radwanderweg, Mosigkauer Schloss, Bitterfelder Goitzschesee
Hinweis: △ Bitte rufen Sie 10 min vor der Ankunft an, damit wir Ihnen die Anfahrt beschreiben können.

Damwildhof Halamunda F5
Kleinleipziger Str. 7 2014
06779 Thurland

Zu Gast bei: Marlies Halamunda
034906/20646 o. 0160/3785382
Anreise bis: 22 Uhr
Schließzeit: 01.12.–01.01.

Hofladen:
Auf Anfrage

www.straussen-und-damwildhof.de

HOF RÖSEBACH

Treffurt OT Ifta (TH) · 51°3'28.1"N 10°10'36.8"E

Wir sind ein Bioland-Milchziegenhof mit eigener handwerklicher Käserei. Wir halten bis zu 400 Thüringer Waldziegen, die auf unserem strukturreichen Wiesen und Weiden im Sommer grasen und im Winter in unserem großzügigen Stall stehen. Vom Stellplatz hat man Blick auf die Weide.

Selbstgemachtes: Ziegenkäse in verschiedenen Sorten, Ziegenmilch, Ziegenjoghurt, Kuhkäse und Kuhmilchprodukte.
Aktivitäten: Herkulesradweg, ehemaliger DDR Grenzturm, „Das grüne Band" Premiumwanderweg P21 (von Ifta, Baumkreuz, Lüderbach), Point India, Werratalradweg
Hinweis: △ Navi zeigt nicht richtig an, Hof liegt außerhalb des Ortskerns; die Kreuzgasse bis zum Ende durchfahren; letzten 200 m sind Schotterpiste

Hof Rösebach E6
Kreuzgasse 7 2021
99830 Treffurt OT Ifta

Zu Gast bei: Mira Kuhlmann
036926/724060
Anreise bis: 18 Uhr
Ruhetage: Mo. So.
Schließzeit: 20.12.–06.01.

Hofverkauf:
Auf Anfrage

www.hofroesebach.de

BAUERNKÄSEREI WOLTERS

Uckerland (BB) · 53°24'58.4"N 13°51'6.4"E

Wir betreiben eine Schaukäserei mit Herstellung von Schnittkäse, Frischkäse, Molkespezialitäten und Eisspezialitäten. Die Milch wird jeden Morgen frisch von eigenen Kühen zur Käserei transportiert. Im Hofladen bieten wir einen Mittagsimbiss, Eisspezialitäten und viele andere regionale Spezialitäten an. Bitte beachten Sie, dass unser Hofladen zwischen Oktober und April sonntags geschlossen bleibt.

Selbstgemachtes: Milchprodukte und Eisspezialitäten. Außerdem: Fleisch und Wurstprodukte, Brot, Getränke und Fruchtaufstriche. Frühstück, Abendbrot und Getränke erhältlich.
Aktivitäten: Radwanderweg Berlin-Usedom, Badesee, Marienkirche und Dominikaner Kloster in Prenzlau

Bauernkäserei H3
Wolters GmbH 2016
Bandelow 50
17337 Uckerland

Zu Gast bei: Pieter Wolters
039740/20572
Anreise bis: 20 Uhr

Hofladen:
Mo.–Sa. 8–18 Uhr // So. 9–17 Uhr

www.uckerkaas.de

ROSENHOF FLEMMING

Uckerland (BB) · 53°25'39.3"N 13°49'0.4"E

Vor über 10 Jahren gründeten wir den Rosenhof in absolut ländlicher und ruhiger Umgebung, um unsere Träume wahr werden zu lassen. Wir kauften ein verwildertes Gelände und verwandelten es in ein Rosenparadies, in dem man Ideen sammeln und sich erholen kann. Auf einem idyllischen Rundgang können Sie unsere Rosen mit allen Sinnen genießen. „Miss Marple", unsere liebe Hofhündin, und wir freuen uns auf nette Gäste, die unseren Familienbetrieb besuchen und denen wir Interessantes über unsere Umgebung erzählen können.

Selbstgemachtes: Rosen in großer Vielfalt.

Aktivitäten: Wandern, Badeseen (6 km), Stettin (ca. 45 min)

Rosenhof Flemming H3
Karlstein 5 2020
17337 Uckerland

Zu Gast bei: Maik & Carmen Flemming, einfach anreisen…
Anreise bis: 19 Uhr
Ruhetag: So.
Schließzeit: 01.10.–31.10.

Hofverkauf:
Mo.–Fr. 9–18 Uhr

www.rosenhof-flemming.de

HAUS DES BROTES

Velten (BB) · 52°41'7.2"N 13°10'19.2"E

Herzlich Willkommen in unserem „Haus des Brotes" in der Ofenstadt Velten – einer Filiale unserer Bäckerei & Konditorei Plentz in Oberkrämer im OT Schwante! Wir empfangen Sie im liebevoll sanierten Veltener Bahnhofsgebäude mit gemütlichen Café im Innen- und Außenbereich. Auf dem neu gebauten Parkplatz nebenan sind zwei schöne Stellplätze vorhanden. Wir freuen uns auf Ihren Besuch!

Selbstgemachtes: traditionelle Blechkuchen, Torten, Kekse, Backwaren, warme Snacks, Tagessuppe im Brotteig, Kaffeespezialitäten, ofenfrische und handgedrückte Brötchen sowie ein großes Brotsortiment. Frühstück und Getränke erhältlich.

Aktivitäten: Ofenmuseum Velten, Bernsteinsee Velten, Erlebniscity Turm, Spaßbad Oranienburg

Bäckerei & Konditorei G4
Plentz GmbH & Co. KG 2017
Bahnstr. 7
16727 Velten

Zu Gast bei: Familie Plentz, einfach anreisen…
Anreise bis: 18 Uhr
Ruhetag: So.

Hofverkauf:
Mo.–Fr. 5–18:30 Uhr // Sa. 6–17 Uhr

www.plentz.de

DIE SPREEWALDBAUERN

Vetschau OT Göritz (BB) · 51°48'4.0"N 14°3'7.7"E

Im Biosphärenreservat Spreewald befindet sich unser Ackerbaubetrieb mit traditionellem Gemüseanbau. Auf unserem wunderschön gestalteten Hof empfangen wir Sie mit spreewaldtypischer Architektur, einer historischen Landtechnikausstellung und einem Abenteuerspielplatz. Direktvermarktung eigener Produkte wird bei uns groß geschrieben: Der Hofladen lädt genauso wie die Bauernküche mit Holzbackofen zum Verweilen ein. Sanitäre Anlagen können während der Öffnungszeiten genutzt werden.

Selbstgemachtes: Tomaten, Salatgurken, Kohlsorten, Salat, Kräuter, Hefeblechkuchen u.v.m. Außerdem: frische Backwaren, Spreewaldspezialitäten, Eier, Käse, Säfte, Honig, Fruchtaufstriche, Tee, Liköre, Teigwaren, Nudeln, Nudelsträuße und Nudelfiguren. Nach Voranmeldung: Frühstück und Getränke erhältlich.

Aktivitäten: Radwanderweg, Slawenburg Raddusch, Kahnfahrten, Paddelbootverleih

Hinweis: ⚠ Über die Bahnschienen, links den großen Parkplatz nutzen.

Die Spreewaldbauern H5
Mühlenweg 8 2017
03226 Vetschau OT Göritz

Zu Gast bei: Thomas Goebel, einfach anreisen…
Ruhetag: So.
Schließzeit: 22.12.–01.01.

Hofladen:
Mo.–Fr. 8–16 Uhr

www.die-spreewaldbauern.de

MILCHSCHAFHOF SCHAFGARBE

Vetschau-Ogrosen (BB) · 51°42'46.1"N 14°2'17.1"E

Wir sind ein kleiner familiengeführter Ökobetrieb am Rande des Spreewaldes mit ostfriesischen Milchschafen und Schweinen aus – besonders robusten Rassen (u.a. Mangalitza- Wollschweine). In der hofeigenen Käserei wird die Schafmilch zu verschiedenen Spezialitäten in handwerklicher Tradition verarbeitet und auf zwei Ökomärkten direkt vermarktet. Auf dem Hof leben 100 Milchschafe, 7 Sauen mit ihren Ferkeln, 3 Pferde, viele Katzen, Hühner und die Hofhunde Elli und Socke. Der Ab-Hof-Verkauf ist nach Absprache möglich.

Selbstgemachtes: Schafskäse und andere Schafsmilchspezialitäten, Lamm- und Schweinefleisch, Schaffelle, Wurstwaren vom Lamm und Schwein. Außerdem: Marmeladen, Säfte, Weine und Wollprodukte. Nach Voranmeldung: Frühstück, Abendbrot und Getränke erhältlich.
Aktivitäten: Reitgelegenheit auf dem Hof, sehr gut ausgebaute Fahrradwege, Badesee (3 km) mit Tauchschule und Segelverein

Milchschafhof Schafgarbe H5
Ranzower Str. 7 2014
03226 Vetschau-Ogrosen

Zu Gast bei: Friedhelm & Ulrike Plaß
0170/4146714
Anreise bis: 21 Uhr

Hofladen:
Auf Anfrage

www.milchschafhof-schafgarbe.de

DIEDERSDORFER ÖLMÜHLE

Vierlinden (BB) · 52°30'41.8"N 14°19'31.2"E

Wir sind ein Landwirtschaftsbetrieb ca. 20 Kilometer vor der polnischen Grenze entfernt, direkt an der Bundesstraße 1. Neben dem Saatfruchtbetrieb betreiben wir Mutterkuhhaltung. Seit 2013 produzieren wir im Kaltpressverfahren je nach Saison einheimische Speiseöle, zum Beispiel aus Raps, Sonnenblumen und Leinsamen. Hunde sind willkommen, sollten aber bitte an der Leine geführt werden. Nach Absprache bieten wir gerne Einblick in den Produktionsbereich. Wir freuen uns auf Ihren Besuch!

Selbstgemachtes: kaltgepresste Speiseöle aus Raps, Sonnenblumen, Leinsamen und diverse Varianten.
Aktivitäten: Badesee (1 km), Gaststätte (300 m), Oderbruchradweg (250 m)
Hinweis: △ Die letzten 120 m sind einspurig.

Diedersdorfer Ölmühle H4
Diedersdorf 13 2014
15306 Vierlinden

Zu Gast bei: Jörg Henschke
0172/3988442
Anreise bis: 16 Uhr

Hofverkauf:
Di., Do. 8–16 Uhr

www.diedersdorfer-oelmuehle.de

BIOLANDHOF ZIELKE

Vierlinden OT Görlsdorf (BB) · 52°31'36.4"N 14°18'19.6"E

Mittelgroßer Familienbetrieb am Rand des Oderbruchs. Der Schwerpunkt liegt auf der Produktion und dem Verkauf von Gemüse über Wochenmärkte und Bio-Supermärkte in Berlin. Die umgebende Landschaft ist reizvoll und vielfältig. Kleine Badeseen locken in geringer Entfernung in mehreren Orten. Wir haben einen großen Rüden, der sich über Hündinnen freuen würde. Wenn wir Zeit haben und beide Seiten Lust haben, ist ein gemeinsames Frühstück oder Grillen bestimmt ab und zu möglich.

Selbstgemachtes: Gemüse, Obst, Saft, Eier und Kartoffeln. Nach Voranmeldung: Getränke erhältlich.
Aktivitäten: Badesee, Radwanderweg

Biolandhof Zielke H4
Am Fließ 08 2014
15306 Vierlinden OT Görlsdorf

Zu Gast bei: Verena Zielke
033477/4405
Ruhetag: Do.
Schließzeit: 01.12.–31.01.

Hofverkauf:
Auf Anfrage

www.biolandhof-zielke.de

ALTE SCHULE LANDWIRTSCHAFT

Waltersdorf (SN) · 50°49'5.5"N 13°50'25.5"E

Inmitten der Sächsischen Schweiz, im Osterzgebirge auf einer Höhe von 521m und 20 Autominuten von der Festung Königstein, der Elbe, Bad Schandau und dem Zirkelstein entfernt, liegt unsere Alte Schule in Waltersdorf, die wir zu einem landwirtschaftlichen Begegnungsort für Kinder, Jugendliche und interessierte Erwachsene sukzessive sanieren. Umgeben von weitläufigen Wiesen und alten Baumbeständen könnt Ihr bei uns bei Lagerfeuerromantik echtes Landleben ohne jeglichen Autolärm geniessen.

Selbstgemachtes: französisches Geflügel, Brände, Rilettes, Confits und weitere süße Köstlichkeiten (online zu bestellen), Grillfleisch auf Anfrage. Nach Voranmeldung: Getränke erhältlich.
Aktivitäten: Kochkurse, Weinverköstigungen, mehrere Wanderwege in die Sächsische Schweiz ab Hof, Highlight: Besuch in der Felsenbühne Rathen (landesbuehnen-sachsen.de), Aufstieg zum Zirkelstein, Mountainbike-Touren auf dem Erzgebirgskamm ab Hof, Entekükenkuscheln, Highland-Kälber streicheln und tgl. Hühnerfüttern inklusive

Alte Schule Landwirtschaft H7
Waltersdorferstr. 20b 2021
01825 Waltersdorf

Zu Gast bei: Carsten Ullrich
0152/26575868
Anreise bis: 20 Uhr

www.alteschule-Landwirtschaft.de

GRÄFENBRÜCKER EVENTHOF NR. 14 UND GUTSHOF TAUTE

Weida (TH) · 50°45'11.2"N 12°3'8.6"E

Auf den Gräfenbrücker Eventhöfen trifft Tradition auf Moderne. Ein 86-Einwohner Örtchen, in der Nähe der Osterburg Weida, hat seit 2017 besondere Attraktionen zu bieten. Genuss und Wissen in der MIT MACH-Küche, Kochkurse mit traditionellen Techniken und lokalen Rohstoffen, laden zum Genießen mit allen Sinnen ein (frühzeitige Anmeldung gewünscht). Bewegung auf der Reitanlage vom klassischen Dressurtraining bis zum Steckenpferdrennen ist alles möglich.

Selbstgemachtes: Ausbildung, Vermarktung und Vermittlung von Dressur- und Freizeitpferden.
Aktivitäten: Reiten auf Andalusischen Pferden, Wanderungen um das Zeulenrodaer Meer, Erlebnisbad Waikiki, Möglichkeiten zu Radwanderungen, Osterburg Weida, Otto Dix Haus Gera, Eisenhammer, Weida
Hinweis: △ Bei Eingabe im Navi zu beachten: Eingabe als Straße Gräfenbrück, nicht Gräfenbrücker Straße in Weida.

Gräfenbrücker Eventhof Nr. 14 und Gutshof Taute GbR F7 2021
Gräfenbrück 15
07570 Weida

Zu Gast bei: Carolin und Franziska Töpel 0173/3801400 o.
Anreise bis: 18 Uhr

Hofverkauf:
Auf Anfrage

www.graefenbruecker-eventhof.de

LUFTMÜHLE RODERSDORF

Weischlitz (SN) · 50°28'31.0"N 12°1'56.5"E

Wir sind ein Familienhof mit kleiner Mühle von 1266 zur Herstellung von biozertifizierten Speiseölen und Mehlen. Es gibt viel Platz im Grünen mit Bach und Teich. Wir sind naturnah und kinderlieb. Eine Besichtigung der historischen Mühle ist möglich sowie die Mithilfe auf dem Hof/in der Mühle (diverse Aufräum-, Pflege- und Bauarbeiten) sind bei Interesse möglich.
Selbstgemachtes: biozertifizierte Speiseöle und Mehle. Außerdem: Verkauf von Lebensmitteln aus der Region (benötigte Produkte bitte vorbestellen, alle Dinge des tägl. Bedarfs können besorgt werden). Nach Voranmeldung: Frühstück, Abendbrot und Getränke erhältlich.
Aktivitäten: Wandern, Radfahren, Baden, Talsperre, Besichtigung der historischen Mühle
Hinweis: △ Durch die Ortschaft Rodersdorf ins Tal fahren, außerhalb des Ortes an T-Kreuzung links abbiegen, 100 m wieder links Feldwegeinfahrt geplastert. Vorsicht bei Anfahrt mit Anhänger zu Anhängernhänger, drehen im Hof mit Rangieren möglich.

Luftmühle Rodersdorf F7
Hauptstr. 95 2020
08538 Weischlitz

Zu Gast bei: Johannes Löffler
0173/5750148
Anreise bis: 20 Uhr

Hofverkauf:
Auf Anfrage

www.luftmühle.de

SCHÖNE AUSSICHT

Weischlitz OT Geilsdorf (SN) · 50°25'42.9"N 12°2'18.6"E

Wir betreiben eine Ausflugsgaststätte in traumhafter, ruhiger Lage mit regionalen Spezialitäten und einzigartigen Schnitzelvariationen. Der Vogtland Panorama Weg lädt hervorragend zum Spazieren ein.

Selbstgemachtes: regionale Küche. Nach Voranmeldung: Frühstück, Abendbrot und Getränke erhältlich.
Aktivitäten: 5 km zum Badesee, Rad- und Wanderwege

Schöne Aussicht F7 2019
Obere Dorfstraße 1a
08538 Weischlitz OT Geilsdorf

Zu Gast bei: Silvio Buschner
037436/83636 o. 0173/4165065
Anreise bis: 19 Uhr
Ruhetag: Mo.

Hofverkauf:
Di.–Fr. 14–20 Uhr // Sa., So. 11–20 Uhr

www.schoene-aussicht-geilsdorf.de

WERDERANER TANNENHOF

Werder (BB) · 52°22'43.8"N 12°51'53.5"E

Der Werderaner Tannenhof ist ein regionales Landwirtschaftsunternehmen aus der schönen Blütenstadt Werder und produziert seit 30 Jahren Weihnachtsbäume. Hier kann man inmitten der Natur und der Bäume, die Seele baumeln lassen.

Selbstgemachtes: Tannenspitzensirup, Tannenlikör, Tannenhonig und Kräutersalz. Außerdem: Weihnachtsartikel.
Aktivitäten: Havelradweg, Badesee, Obstweingärten
Hinweis: △ Zufahrt an Fahnenmast, vor der Kurve Richtung Lehnin, ca. 200 m nach dem großen Parkplatz gegenüber vom Obsthof

Werderaner Tannenhof G4 2021
Lehniner Chaussee 19
14542 Werder

Zu Gast bei: Christian Mai
03327/43265 o. 0160/6973374
Anreise bis: 18 Uhr
Schließzeit: 01.11.–26.12.

Hofverkauf:
Auf Anfrage

www.werderaner-tannenhof.com

KARINENHOF – NUTZTIER-ARCHE 82

Wiesenaue OT Brädikow (BB) · 52°41'15.0"N 12°39'3.5"E

Unser Hof liegt vor den Toren von Potsdam und Berlin. Wir haben einen kleinen zertifizierten Öko-Betrieb im Nebenerwerb. Dort halten wir Soay-Schafe und verarbeiten Obst zu Saft, Marmelade und Gelee. Eine kleine Wollwerkstatt verarbeitet ausschließlich deutsche Schafwolle und bietet diese zum Kauf an. Zudem sind Liegewiese und Grillplatz vorhanden. Ergänzende Leistungen sind nach Absprache ggf. möglich. Hunde bitte angeleint führen.

Selbstgemachtes: Lammfleisch und -wurst, Schaffelle, -wolle und -wollprodukte, Marmelade, Gelee und Säfte. Nach Voranmeldung: Frühstück und Getränke erhältlich.
Aktivitäten: Havellandradweg, Badesee Wusterhausen und Kleesen, Ribbeck, Schloss, Kirche und alte Brennerei, Kinderbauernhof Marienhof, Funkstadt Nauen, Optikstadt Rathenow
Hinweis: △ Die Straße ist nicht sehr breit, unsere Einfahrt stellt aber auch für Wohnwagen kein Problem dar.

Karinenhof – Pension G4 2015
Nutztier-Arche 82
Unter den Linden 25
14662 Wiesenaue OT Brädikow

Zu Gast bei: Karin & Dietrich Radzewitz 033237/88707

Hofverkauf:
Auf Anfrage

www.karinenhof.de

Nord

Nordwest

Ost

Mitte-West

West

Südost

Südwest

HIRSCHHOF

Wittstock OT Freyenstein (BB) · 53°17'10.6"N 12°21'1.8"E

Außerhalb der noch heute erkennbaren Stadtmauer der nordmärkischen Kleinstadt Freyenstein im Nordosten der Ostprignitz befindet sich am Rande eines Grünlandtales der 1996 als Pension umgebaute Hirschhof. Wir haben am Rande der Mecklenburgischen Seenplatte auf 45 ha extensive Bio-Grünlandbewirtschaftung (25 ha Damwildgehege, 20 ha mit Highland-Rindern) und sind ein zertifizierter Schlachtbetrieb mit Jagdwaffe. Das Gasthaus hat montags Ruhetag, aber Sie können uns trotzdem gern anfahren.

Selbstgemachtes: Frischfleisch vom Highland-Rind, Muffel und Damwild, Wildleberwurst (200g Glas), Wildsülze (400g Glas) und Salami. Nach Voranmeldung: Abendbrot und Getränke erhältlich.

Aktivitäten: Hirsche, Rinder, Ziegen am Platz, Hofsauna, Traktorkremser zu den Rinder- und Damwildherden, Archäologischer Park, Schloß und Burg mit Parkanlage, Modemuseum, Badeanstalt (Freibad)

Hirschhof – Hildebrandt Landwirtschaft F3
2021
Björn Hildebrandt
Küsterland 19
16909 Wittstock OT Freyenstein

Zu Gast bei: Horst Hildebrandt
033967/60307 o. 0174/7615076

Hofverkauf:
Auf Anfrage

www.hirschhof-hildebrandt.de

BIRKENHOF LEMKE BIO LANDWIRTSCHAFT

Wittstock/Dosse (BB) · 53°13'45.6"N 12°20'52.4"E

In äußerst ruhiger und ländlicher Idylle ist der Birkenhof Lemke gelegen – ein familiengeführter Hof, der mittlerweile bereits in der sechsten Generation kleinbäuerlich bewirtschaftet wird. Neben der saisonal variierenden gärtnerischen Erzeugung von Kräutern und Gemüse, ist das Herzstück des Biobetriebes die Legehennenhaltung in mobilen Ställen, um den Tieren stets Zugang zu frischem Grün zu ermöglichen. Wir laden Sie herzlich ein, das Landleben in familiärer Atmosphäre kennenzulernen. Der Ab-Hof-Verkauf ist nach Absprache möglich.

Selbstgemachtes: Eier, Eierlikör, Geflügelfleisch- und Wurstspezialitäten, Küchenkräuter, Salate, Gemüse der Saison. Außerdem: Marmeladen, Säfte und Liköre.

Aktivitäten: ausgedehnte Waldspaziergänge, zahlreiche Rad- und Wanderwege, Badeseen, Wassersportmöglichkeiten, Wittstock/Dosse mit historischem Stadtkern

Birkenhof Lemke Bio Landwirtschaft F3
2022
Ackerfelder Dorfstraße 14
16909 Wittstock/Dosse

Zu Gast bei: Lisa Lemke
033967/507990 o. 0173/1879370
Anreise bis: 18 Uhr
Schließzeit: 15.12.–05.01.

Hofverkauf:
Auf Anfrage

www.birkenhof-lemke.de

LANDWIRTSCHAFTSBETRIEB KORN

Wriezen OT Neugaul (BB) · 52°45'16.9"N 14°7'15.0"E

Landwirtschaftlicher Betrieb mit Anbau von Obst und Gemüse mit Vermarktung und Verarbeitung. Wir halten außerdem Hühner im Freiland, Pferde, Esel und Schafe.

Selbstgemachtes: Erdbeeren, Johannisbeeren, Äpfel, Kirschen, Kräuter, Grünkohl, Sommergemüse, Marmelade, eingelegte Gurken, Sauerkraut und frische Eier. Außerdem: Säfte, Wein und Likör. Nach Voranmeldung: Frühstück, Abendbrot und Getränke erhältlich.

Aktivitäten: Badesee (Alte Oder), Radwanderweg, Streichelzoo, Eselprüfung für Kinder, Brandenburgisches Freilichtmuseum Altranft (ca. 2,5 km), historischer Stadtkern Bad Freienwalde, Schulzoo Altreetz

Landwirtschaftsbetrieb Korn H4
2014
Neugaul 21
16269 Wriezen OT Neugaul

Zu Gast bei: Hartmut Korn
033456/34909 o. 0151/16961564
Anreise bis: 19 Uhr

Hofladen und Hofverkauf:
Mo.–Fr. 9–19 Uhr

Wendland Ziege – Region Nordwest

Nord Nordwest Ost Mitte-West West Südost Südwest

BERGSDORFER WIESENRIND

Zehdenick (BB) · 52°55'20.2"N 13°15'19.2"E

Die Marke „Bergsdorfer Wiesenrind" steht für Fleisch und Wurst ausschließlich vom Rind aus Bergsdorf. Die eigene Schlachtung und Verarbeitung garantiert kurze Wege für die Tiere und eine regionale Wertschöpfung. Unser Hofladen mit Imbiss heißt Sie herzlich willkommen.

Selbstgemachtes: frisches Rindfleisch, Salami, Wiener, Bratwurst, Knacker, Jagdwurst, Bierschinken, Bockwurst, Pastrami u.v.m. nur vom Rind. Außerdem: Eier, Honig und frisches Landbrot. **Aktivitäten:** Papensee (10 min fußläufig), Felder- und Waldspaziergänge, Schloss Liebenberg (30 min fußläufig)

Bergsdorfer Wiesenrind G4
Liebenberger Weg 12c 2022
16792 Zehdenick

Zu Gast bei: Norman Utke
03308/850247
Anreise bis: 17 Uhr

Hofladen:
Di.–Do. 9–16 Uhr // Fr. 9–18 Uhr // Sa. 9–12 Uhr

www.wiesenrind.de

HOTEL & RESTAURANT WALDMUEHLE

Zella-Mehlis (TH) · 50°40'16.7"N 10°41'9.7"E

Inmitten des Thüringer Waldes liegt unser familiengeführtes Drei-Sterne-Hotel. Hier trifft Tradition auf Moderne. Genießen Sie unsere original Thüringer Küche oder, falls Sie einfach nur abschalten und relaxen möchten, freuen Sie sich auf unser Wellness-Angebot, unsere Saunen und den Wandelgarten mit Außenwhirlpool. Hotel & Restaurant Waldmühle – wo Gäste zu Freunden werden! Die Öffnungszeiten des Restaurants entnehmen Sie bitte unserer Webseite.

Selbstgemachtes: Wurst, Marmelade, Aufstriche, Klöße, Eier u.v.m. Frühstück, Abendbrot und Getränke erhältlich. **Aktivitäten:** Haseltalradweg, Biathlon Oberhof, größtes Thüringer Meeresaquarium, Rennsteig, Mountainbiken, Wandern, Streichelzoo (nur im Sommer) **Hinweis:** △ Wir sind nur eine Minute von der Autobahn enfernt, aber trotzdem ruhig, da die Autobahn im Tunnel verläuft.

Hotel & Restaurant E7
Waldmühle GmbH 2020
Lubenbachstr. 2
98544 Zella-Mehlis

Zu Gast bei: Susen Renner
03682/89890
Anreise bis: 20 Uhr
Ruhetag: So.
Schließzeit: 24.12.–28.02.

Hofverkauf:
Auf Anfrage

www.hotel-waldmuehle.de

NATURSCHUTZSCHÄFEREI KATRIN TODT

Zeschdorf (BB) · 52°25'23.8"N 14°25'28.0"E

Meine Schäferei ist spezialisiert auf Landschaftspflege in Naturschutzgebieten in der Oderregion. Hierfür halte ich 230 Mutterschafe verschiedener Schafrassen zusammen mit einigen Ziegen, die durch die Beweidung die arten- und blütenreichen Flächen entlang der Oder im Lebuser Land erhalten.

Selbstgemachtes: Produkte vom Lamm und Schaf wie Salami, Frühstücksfleisch in Gläsern, Bratwurst, Schinken und Wollprodukte. Außerdem: Wurst, Honig, Eier, saisonal Gemüse und Wollerzeugnisse. **Aktivitäten:** Begleitung bei naturkundliche Wanderungen, Badesee, Reiterhof, Wanderwegesystem

Naturschutzschäferei H4
Katrin Todt 2021
Feldweg 1a
15326 Zeschdorf

Zu Gast bei: Katrin Todt
033602/3220 o. 0170/4329247
Anreise bis: 19 Uhr
Ruhetage: Mo. Di. Mi. Do.
Schließzeit: 01.11.–31.03.

Hofverkauf:
Auf Anfrage

www.naturschutzschaeferei.de

SELBSTGEMACHT

Zeulenroda-Triebes (TH) · 50°34'50.3"N 12°4'15.2"E

Eintauchen in unser SELBSTGEMACHTes Paradies mit Gästehaus, Lamas, Bienen und anderem Getier. Ruhe und gelassene Betriebsamkeit eines vogtländischen Dorfes erleben, Mensch sein dürfen. Unser Früh,- oder Spätstück genießen Sie auf der Teichterrasse mit hausgemachten Marmeladen, eigenem Honig und weiteren Leckereien aus der Region. Je nach Belegung unseres Gästehauses ist die Toiletten- und Badnutzung gegen Gebühr möglich. Seien Sie uns herzlich willkommen.

Selbstgemachtes: Honig, Marmeladen, Liköre, Sirup, Kunsthandwerk und Eier. Nach Voranmeldung: Frühstück erhältlich.
Aktivitäten: Nach Voranmeldung und Absprache Lamawanderungen, E-Bikeverleih, Waldbaden, Filzen, Spinnen, Angebote des regionalen Vermieternetzwerkes wie Ponyreiten, Pizzabacken

SELBSTGEMACHT F7
Arnsgrün 56 2021
07937 Zeulenroda-Triebes

Zu Gast bei: Katrin Liesch
037431/86959
Anreise bis: 20 Uhr

Hofladen:
Auf Anfrage

www.selbst-gemacht.eu

FISCHZUCHT ZIPPELSFÖRDE

Zippelsförde (BB) · 52°59'35.4"N 12°53'54.9"E

Die Fischzucht Zippelsförde – sowohl ein Erlebnisort für Angler als auch Geheimtipp für Kaviarfans, denn in Zippelsförde lebt die größte Anzahl der besonders seltenen Albino-Sterlet-Störe. Unsere Gäste erfahren, wie frisch geräucherter Stör aus dem Ofen schmeckt, und entspannen, wenn Fischadler, Reiher und Milane über den Teichen ihre Runden ziehen. Wir freuen uns auf Ihren Besuch! Hinweis: Unsere Serviceleistungen können nur zu den Hofladenöffnungszeiten genutzt werden!

Selbstgemachtes: Kaviar von Stören und Saiblingen, Forellen, Saiblinge, Störe usw., div. Fischbrötchen, kalt geräucherte Lachsforellen und Karpfenschinken, frisch geräucherter Stör warm aus dem Ofen (nur nach Voranmeldung). Bewirtung nach Voranmeldung.
Aktivitäten: Angeln und Fliegenfischerkurse direkt vor Ort, diverse Wassersportmöglichkeiten in Rheinsberg und Neuruppin

Fischzucht Zippelsförde G3
Rheinshagener Weg 1 2020
16827 Zippelsförde

Zu Gast bei: Andreas Hoesl
033933/70820
Anreise bis: 16 Uhr

Hofladen:
Täglich 7–16 Uhr

www.fz-zippelsfoerde.de

HOTEL RESTAURANT ALTER KRUG

Zossen OT Kallinchen (BB) · 52°12'47.6"N 13°33'30.6"E

Der Landgasthof „Alter Krug“ liegt inmitten des Ausflugsortes Kallinchen, zwei Minuten vom Motzner See entfernt. Unsere regionale Küche ist gesund, schmackhaft und abwechslungsreich. Lassen Sie sich von uns verwöhnen, egal ob vegetarisch, mit Fleischgerichten oder Fisch. Unsere Weinkarte rundet das kulinarische Angebot perfekt ab.

Selbstgemachtes: frische regionale Küche. Außerdem: ECHT Fläming Produkte aus der Region, Honig, Eierlikör u.v.m. Nach Voranmeldung: Frühstück, Abendbrot und Getränke erhältlich.
Aktivitäten: Badesee, Wandern, Ausflüge nach Berlin, Potsdam, Spreewald

Hotel Restaurant Alter Krug H5
Hauptstraße 15 2022
15806 Zossen OT Kallinchen

Zu Gast bei: Marco Hinrichs
033769/8980
Anreise bis: 20 Uhr

Hofverkauf:
Auf Anfrage

www.alter-krug-kallinchen.de

LINDENHOF

Zschaitz-Ottewig (SN) · 51°9'32.9"N 13°11'54.6"E

Wir laden sie auf unseren Mehrfamilienhof in unser 45-Seelen-Dörfchen recht herzlich ein. Wir pflegen einen Gemüsegarten zur Selbstversorgung und halten Hühner, Schafe und Bienen. Hier können sie ausspannen und die Ruhe genießen. Bitte melden Sie sich 24h vorher telefonisch an!

Selbstgemachtes: Marmeladen, Liköre, Brot, getrocknetes Obst, saisonales Obst und Gemüse, Säfte und Seifen. Nach Voranmeldung: Frühstück, Abendbrot und Getränke erhältlich.
Aktivitäten: Radweg Jahna/Muldental, Stausee Baderitz, Kinderreiten bei der Nachbarin, Termine für Kräuterwanderung, Brot backen, Filzen, Spinnen unter www.lindenhof-auterwitz.de

Lindenhof G6
Auterwitz 16 2015
04720 Zschaitz-Ottewig

Zu Gast bei: Claudia Eberlein
0173/4350172
Anreise bis: 19 Uhr
Ruhetag: So.

www.lindenhof-auterwitz.de

BRAUEREI GASTHOF ZWÖNITZ

Zwönitz (SN) · 50°37'40.1"N 12°48'54.2"E

Mit einem herzlichen „Glück Auf" begrüßen wir Sie im 1. Brauerei-Gasthof im Erzgebirge, gegründet 1997. Unsere Erlebnisgastronomie, die täglich ab 11 Uhr geöffnet ist, bietet Ihnen deftige und erzgebirgische Speisen, in urig rustikaler und gemütlicher Atmosphäre. Das Bierbrauen hat in Zwönitz seit mehr als 150 Jahren eine lange Tradition. Jeden Dienstag können Sie dem Braumeister über die Schultern schauen und miterleben wie unser Bier gebraut wird. Gern können Sie einen Tisch im Biergarten bzw. Restaurant über unsere Homepage reservieren.

Selbstgemachtes: Zwönitzer Bierspäzialitäten, Bierlikör und Brotschnaps. Nach Voranmeldung: Frühstück, Abendbrot und Getränke erhältlich.
Aktivitäten: Freibad (200 m), Museum Papiermühle (700 m), Kletterwald und Stauweiher (5 km), Wander- und Radwege direkt vor der Haustür

Brauerei Gasthof Zwönitz G7
Grünhainerstr. 15 2017
08297 Zwönitz

Einfach anreisen…
Anreise bis: 20 Uhr

Hofladen:
Mo.–Fr. 9–12, 14–18 Uhr // Sa. 9–12 Uhr

www.brauerei-zwoenitz.de

Hof Keil

Lammershof

IHRE GASTGEBER IN MITTE-WEST

Sonnenhof

Schloss Vollrads

Biolandhof Mertens Wiesbrock

Vecht
A 31
A5
B5
C5
Mettingen
Lotte
Neuenkirchen
Rheine
A 30
Wettringen
Osnabrück
Ahaus
Saerbeck
Tecklenburg/Ledde
Steinfurt
Schöppingen
Greven
Altenberge
Legden
Berkel
Warendorf
Münster
Münster
Gescher
Rosendahl
Coesfeld
Telgte
Rhein
Reken
Bocholt
Gescher
Everswinkel
Lüdinghausen
Rheda-Wiedenbrück
Schermbeck
Haltern am See
Uedem
Wesel
Selm
Oelde-Sünninghausen
Goch
Alpen-Veen
Voerde-Spellen
A6
B6
Hamm
C6
Sonsbeck
Dorsten
Lünen
Welver
Kevelaer
A 43
A 57
Bottrop
Fröndenberg/Ruhr
Oberhausen
Gelsenkirchen
Dortmund
A 42
Bochum
Issum
Oberhausen
Dortmund
Wickede-Wiehag
A 40
Ruhr
Neukirchen-Vlyn
Moers
Essen
Iserlohn
Arnsberg
Krefeld
Duisburg
Bochum
Witten
Tönisvorst
Iserlohn
Hemer
Wetter
Brüggen
Willich-Anrath
Krefeld
A 535
Hagen
Sundern
Niederkrüchten
Düsseldorf
Wuppertal
Schalksmühle
Mönchengladbach
Finnentrop-Faulebutter
A 52
Solingen
Breckerfeld
Neuss
Mönchengladbach
Korschenbroich
Solingen
Remscheid
Serkenrode
A 46
Schmallenberg
Bergneustadt
Lindlar
Pulheim-Orr
Leverkusen
Leichlingen
A7
Frechen
B7
C7
Köln
Bergisch Gladbach
Gummersbach
A 45
Langerwehe
Netphen
Much
Ruppichteroth
Aachen
Siegen
A 553
Windeck
Erftstadt
A 59
A 555
A 560
Hennef
Euskirchen
Bonn
A 565
Monschau
Beselich Heckholzhausen
Rhein
Koblenz

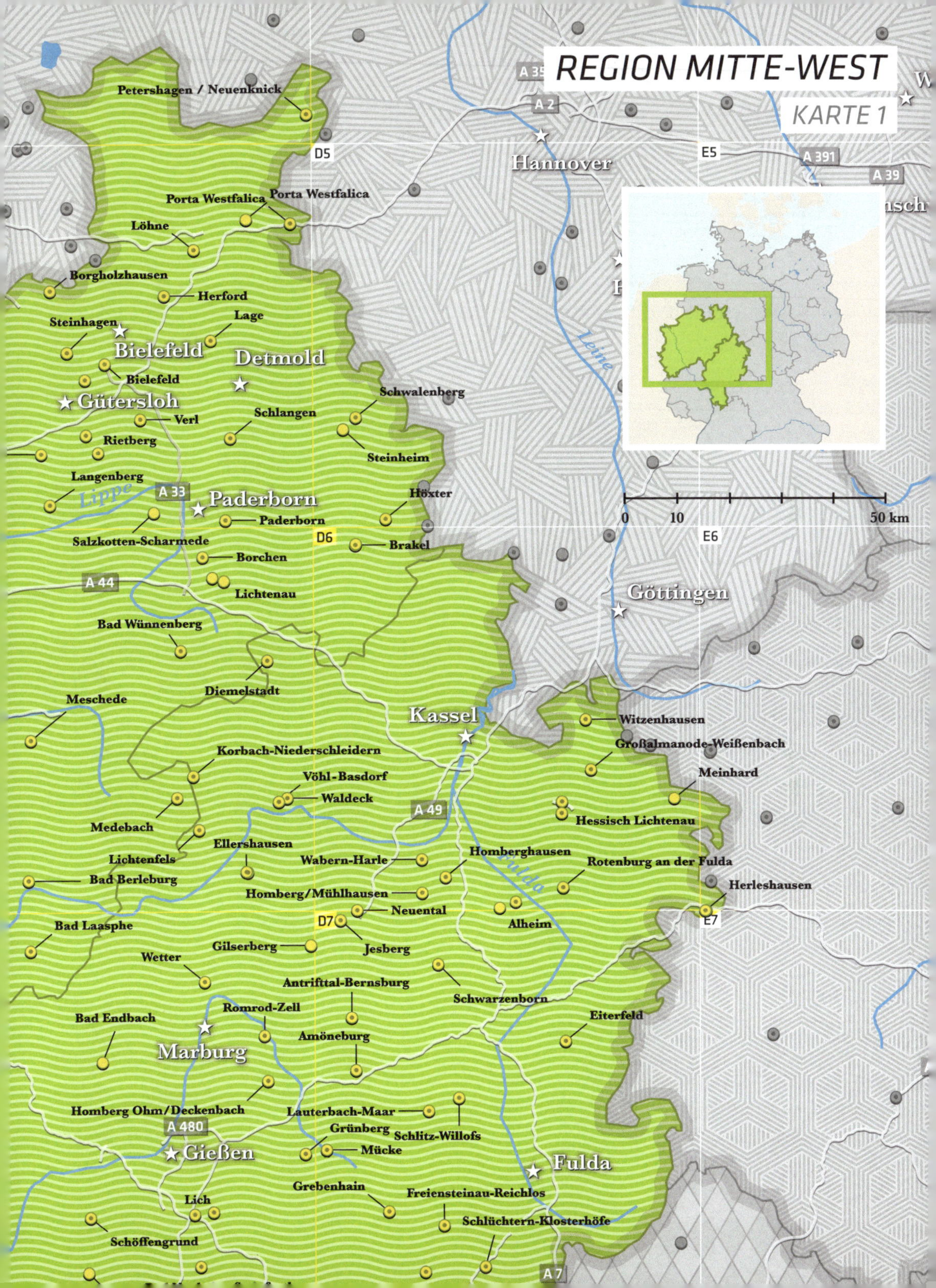
REGION MITTE-WEST
KARTE 1
Petershagen / Neuenknick
Porta Westfalica
Porta Westfalica
Löhne
Borgholzhausen
Herford
Lage
Steinhagen
Bielefeld
Bielefeld
Detmold
Gütersloh
Verl
Schlangen
Rietberg
Schwalenberg
Steinheim
Langenberg
Lippe
Paderborn
Paderborn
Höxter
Salzkotten-Scharmede
Brakel
Borchen
Lichtenau
Bad Wünnenberg
Diemelstadt
Meschede
Kassel
Korbach-Niederschleidern
Vöhl-Basdorf
Waldeck
Medebach
Ellershausen
Lichtenfels
Bad Berleburg
Wabern-Harle
Homberg/Mühlhausen
Neuental
Jesberg
Bad Laasphe
Gilserberg
Wetter
Antrifttal-Bernsburg
Schwarzenborn
Romrod-Zell
Bad Endbach
Amöneburg
Marburg
Homberg Ohm/Deckenbach
Lauterbach-Maar
Grünberg
Schlitz-Willofs
Mücke
Gießen
Fulda
Grebenhain
Freiensteinau-Reichlos
Lich
Schlüchtern-Klosterhöfe
Schöffengrund
Witzenhausen
Großalmanode-Weißenbach
Meinhard
Hessisch Lichtenau
Homberghausen
Rotenburg an der Fulda
Fulda
Herleshausen
Alheim
Eiterfeld
Hannover
Leine
Göttingen
A 35
A 2
A 391
A 39
A 33
A 44
A 49
A 480
A 7
D5
D6
D7
E5
E6
E7
0
10
50 km

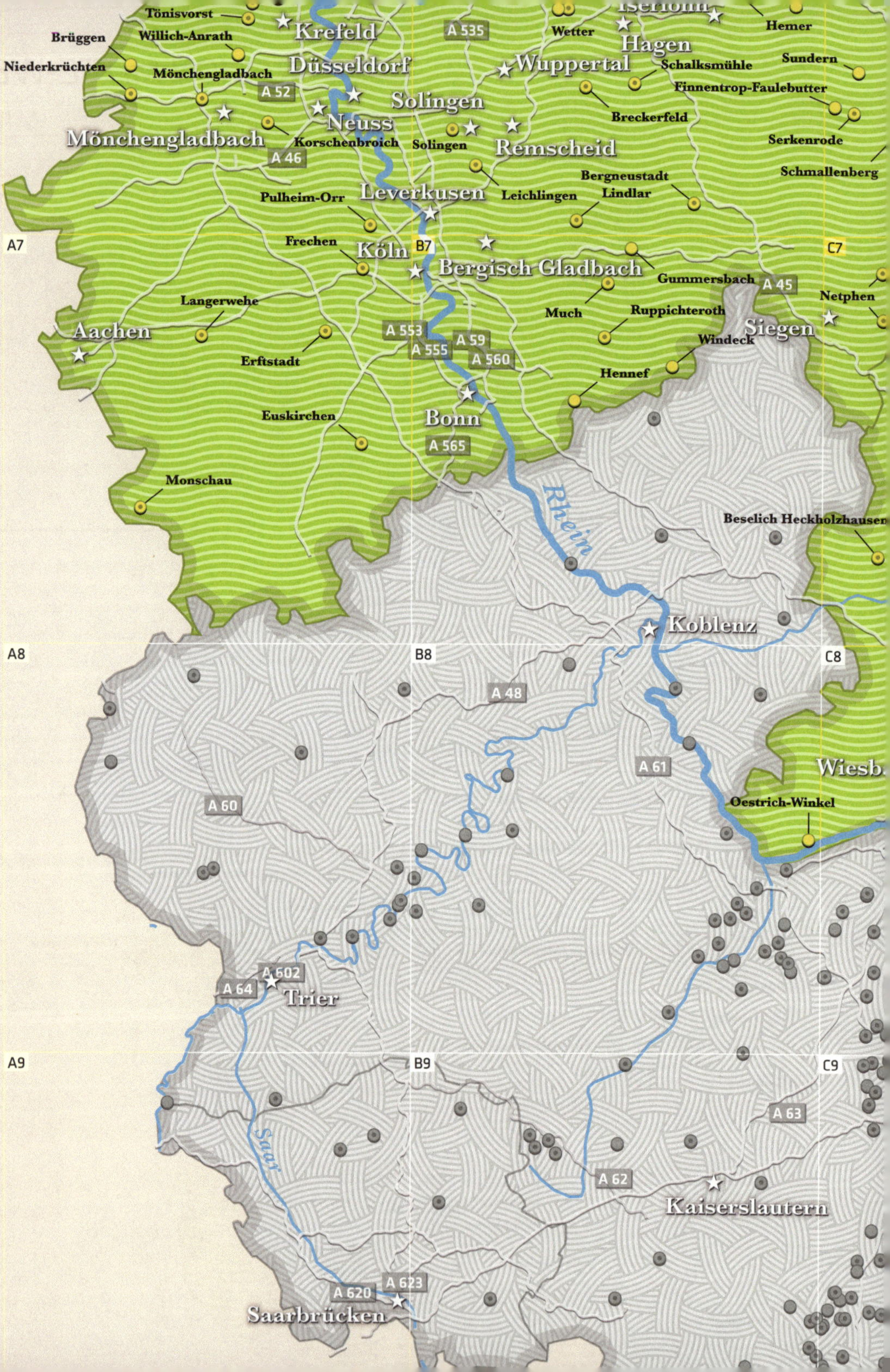
Tönisvorst
Krefeld
A 535
Wetter
Hagen
Hemer
Brüggen
Willich-Anrath
Düsseldorf
Wuppertal
Sundern
Niederkrüchten
Mönchengladbach
Schalksmühle
Finnentrop-Faulebutter
A 52
Solingen
Breckerfeld
Neuss
Mönchengladbach
Korschenbroich
Solingen
Remscheid
Serkenrode
A 46
Bergneustadt
Schmallenberg
Leverkusen
Pulheim-Orr
Leichlingen
Lindlar
A7
Frechen
B7
C7
Köln
Bergisch Gladbach
Gummersbach
A 45
Langerwehe
Netphen
Much
Ruppichteroth
Aachen
A 553
Siegen
A 59
Windeck
Erftstadt
A 555
A 560
Hennef
Bonn
Euskirchen
A 565
Monschau
Rhein
Beselich Heckholzhausen
Koblenz
A8
B8
C8
A 48
A 61
Wiesb.
A 60
Oestrich-Winkel
A 602
A 64
Trier
A9
B9
C9
A 63
Saar
A 62
Kaiserslautern
A 623
A 620
Saarbrücken

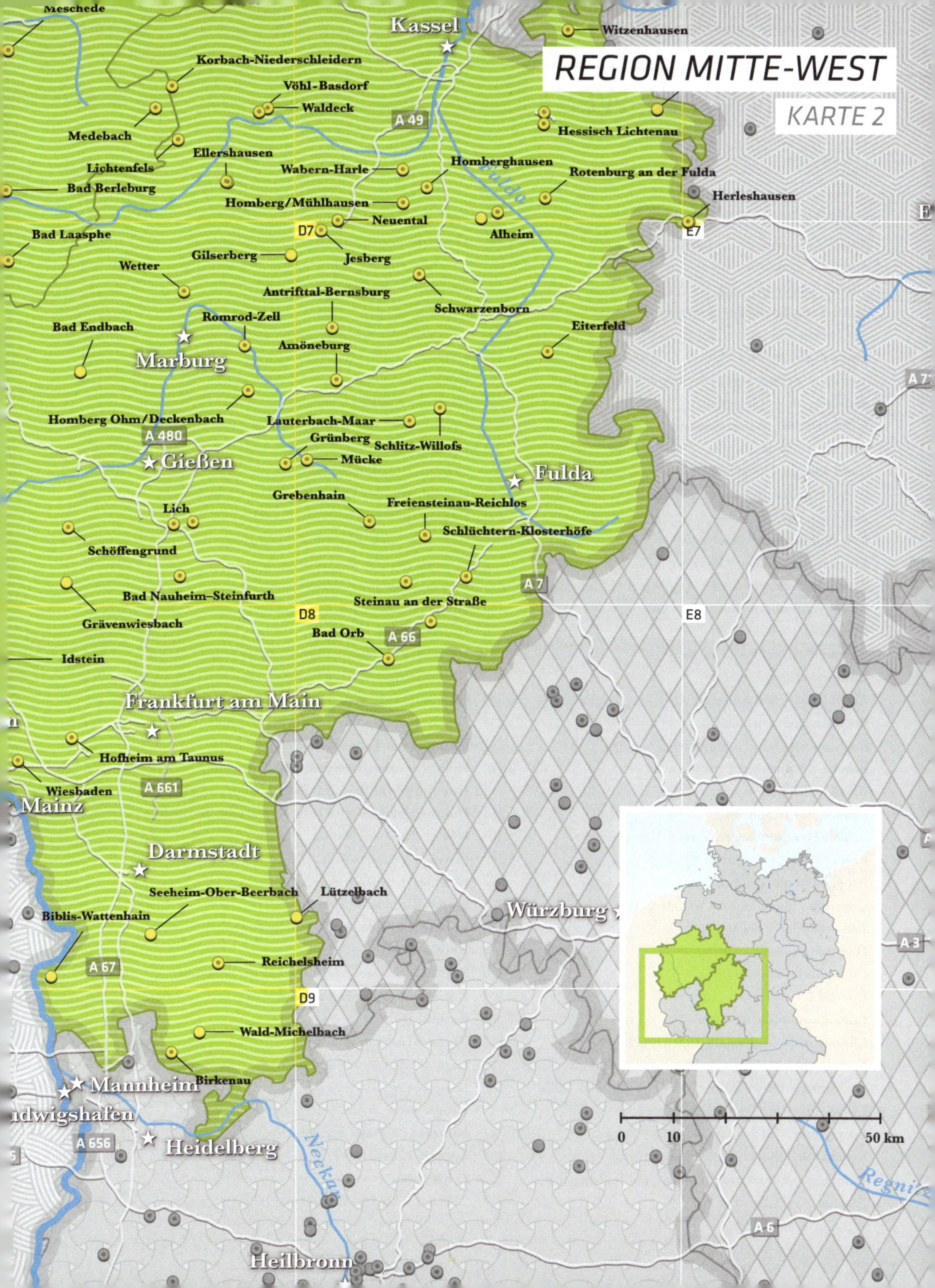
REGION MITTE-WEST
KARTE 2
Meschede
Kassel
Witzenhausen
Korbach-Niederschleidern
Vöhl-Basdorf
Waldeck
Medebach
Lichtenfels
Ellershausen
Bad Berleburg
Wabern-Harle
Homberghausen
Hessisch Lichtenau
Rotenburg an der Fulda
Herleshausen
Homberg/Mühlhausen
Neuental
Alheim
Bad Laasphe
Gilserberg
Jesberg
Wetter
Antrifttal-Bernsburg
Schwarzenborn
Romrod-Zell
Eiterfeld
Bad Endbach
Amöneburg
Marburg
Homberg Ohm/Deckenbach
Lauterbach-Maar
Grünberg
Schlitz-Willofs
Mücke
Gießen
Fulda
Grebenhain
Freiensteinau-Reichlos
Lich
Schlüchtern-Klosterhöfe
Schöffengrund
Bad Nauheim-Steinfurth
Steinau an der Straße
Grävenwiesbach
Bad Orb
Idstein
Frankfurt am Main
Hofheim am Taunus
Wiesbaden
Mainz
Darmstadt
Seeheim-Ober-Beerbach
Lützelbach
Biblis-Wattenhain
Reichelsheim
Würzburg
Wald-Michelbach
Birkenau
Mannheim
Ludwigshafen
Heidelberg
Neckar
Heilbronn
Regnitz
Fulda
A 49
A 480
A 661
A 67
A 66
A 7
A 656
A 3
A 6
D7
D8
D9
E7
E8
0
10
50 km

REGION MITTE-WEST

INHALT

Mitte-West

FELDJAHNS – HOFCAFE UND FERIENWOHNUNG

Ahaus (NW) · 52°8'24.3"N 6°55'31.1"E

Nur 5 km von der niederländischen Grenze liegt unser Hof angrenzend an das Naturschutzgebiet Witte-Venn. Viele verschiedene vom Aussterben bedrohte Tierrassen leben bei uns. Unser gemütliches Hofcafe mit selbst gebackenem Kuchen und Brot lädt zum Verweilen ein. Außerdem können Sie historische Geräte aus Landwirtschaft und Haushalt auf unserem Hof besichtigen. Unser SB-Hofladen steht Ihnen rund um die Uhr zur Verfügung.

Selbstgemachtes: Kartoffeln, Eier, Gemüse, eingelegtes Gemüse und Obst. Außerdem: Honig.
Aktivitäten: Radwanderwege, Rock-und-Pop-Museum, Freibad (2 km), Badesee NL (8 km), Wassermühle (5 km)

Feldjahns – Hofcafe und Ferienwohnung
Schwiepinghook 73
48683 Ahaus
B5 2022

Zu Gast bei: Agnes Witte
02567/907474 o. 0171/5430496
Anreise bis: 22 Uhr

feldjahns-hofcafe.de.tl

LANDGASTHOF HAARMÜHLE

Ahaus (NW) · 52°7'57.5"N 6°52'38.3"E

Die Haarmühle ist ein Gutshof mit Restaurant, großem Biergarten, einem Spielplatz und natürlich der namensgebenden historischen Wassermühle. Herrlich gelegen an der deutsch-niederländischen Grenze lädt er zu ausgiebigen Wander- und Radtouren in das Natur-Erlebnis-Gebiet „Witte Venn“ ein. Zum Gut gehört der nahegelegene Kötterhof Spieker, wo auch die Stellplätze zu finden sind. Sie können uns täglich von 9 bis 16 Uhr telefonisch erreichen.

Selbstgemachtes: Bauernbrot, Schwarzbrot, Roggen-Dinkel-Brot, Kürbiskernbrot, Marmeladen, Brotaufstriche, Kräuterbutter, Knoblauchsauce, Apfelkuchen und saisonale Kuchenspezialitäten. Außerdem: luftgetrockneter Schinken, Wildschwein-Salami und -Leberwurst. Frühstück, Abendbrot und Getränke erhältlich.
Aktivitäten: Rad- und Wanderwege, Biergarten, Musikveranstaltungen im Sommer

Landgasthof Haarmühle
Beßlinghook 58
48683 Ahaus
A5 2021

Zu Gast bei: Guido Brüggemann
02567/93190

Hofverkauf:
Auf Anfrage

www.haarmuehle.de

LANDHAUS LICHERODE

Alheim (HE) · 51°0'56.9"N 9°35'24.2"E

Unser Landhaus, eine Schreinerwerkstatt im Fachwerkstil von 1821, in idyllischer, mobilfunkfreier Natur bietet eine Vinothek, – komfortable Übernachtungen und regionale Produkte, sowie Speisen im Gästegarten in dörflich, ruhiger Umgebung.
Selbstgemachtes: Bio-Aufstriche, Käse, Ahle Wurst, Marmeladen, Honig, Grillpaket, Wildbratwürste, Baguette, Sekt, Wein, Abendmenü nach Voranmeldung im Gästegartenhaus, Frühstück im Gästehaus. Außerdem: Bio-Weine, Bier, Olivenöl, Marmelade, Honig, Baguette, Kunst, Papierarbeiten, Bilder, auf Anfrage kulinarische Wein-Menüs sowie Wildgerichte aus heimischer Jagd, Kerzenleuchter und Vasen. Nach Voranmeldung: Frühstück, Abendbrot und Getränke erhältlich.
Aktivitäten: Waldschwimmbad, Wanderwege, Mountainbiking, Waldbaden (Termine mit zertifiziertem Waldbademeister auf Anfrage)

Landhaus Licherode
Häuserweg 2
36211 Alheim
D6 2018

Zu Gast bei: Harald Kühn
05664/930993
Anreise bis: 18 Uhr

Hofverkauf:
Auf Anfrage

www.landhaus-licherode.de

KIRCHHOF AGRAR

Alheim-Oberellenbach (HE) · 51°1'33.7"N 9°38'7.5"E

Am Rande des Knüllgebirges liegt unser Kirchhof, ein lebendiger Bauernhof zum Entspannen, Erleben und Einkaufen und ein interessanter Erfahrungs- und Urlaubsort für Kinder und Erwachsene. Er wird nach den Grundsätzen der biologisch-dynamischen Landwirtschaft betrieben. Neben Ackerbau und Viehhaltung haben wir eine Hofkäserei, in der wir die Milch unserer Kühe zu hochwertigen Käseprodukten verarbeiten. Für die Kleinen bieten sich besonders viele Möglichkeiten, etwa bei der Stallarbeit mit zu helfen, Katzen zu streicheln oder Esel zu putzen.

Selbstgemachtes: Rohmilch ab Hof, Joghurt, Quark, Schmand, Weichkäse (Bauerncamembert, Kutscherkäse), Schnittkäse, Hartkäse, Bergkäse, Kalb- und Rindfleisch. Außerdem: Gemüse, Brot, Lebensmittel und Kosmetik-Produkte.

Aktivitäten: Radfernwanderweg in der Nähe, Eselwanderung, Knüllgebirge

Kirchhof D6
An der Kirche 6 2020
36211 Alheim-Oberellenbach

Telefon: 05664/2329855
Anreise bis: 20 Uhr

Hofladen:
Auf Anfrage

www.kirchhof-oberellenbach.de

SPARGELHOF SCHIPPERS

Alpen-Veen (NW) · 51°37'31.7"N 6°27'50.6"E

Wir sind ein Spargelanbaubetrieb in der 3. Generation mit überwiegender Direktvermarktung. In der Spargelsaison betreiben wir zudem eine Spargelgastronomie, die von Gästen aus dem ganzen Rheinland und auch darüber hinaus besucht wird. Des Weiteren betreiben wir eine Eventscheune für Familienveranstaltungen jeglicher Art. Unser Hofladen mit Produkten aus der Region hat ganzjährig geöffnet. Auch Hunde sind herzlich willkommen, aber bitte anzuleinen.

Selbstgemachtes: weißer Spargel und grüner Spargel. Außerdem: sämtliche Produkte des täglichen Lebensmittelbedarfs wie z.B. Gemüse, Eier, Kartoffeln und Wurstwaren.

Aktivitäten: Freizeitsee Xanten, Freizeitsee Menzelen, Radwanderwege NRW, Reitwege NRW, Spielplatz für Kinder vor Ort

Hinweis: △ Zufahrt relativ eng für Wohnmobile ab 10 m.

Spargelhof Schippers A6
– Gebr. Schippers 2021
u. Merkewitsch GbR
Tackenstraße 14
46519 Alpen-Veen

Zu Gast bei: Roman Merkewitsch
02802/5459 o. 0171/6294455
Anreise bis: 18 Uhr
Ruhetag: So.

Hofladen:
Mo.–Fr. 9–18 Uhr // Sa. 9–14 Uhr

www.spargelhof-schippers.de

GÄRTNERHOF ENTRUP

Altenberge (NW) · 52°4'12.9"N 7°31'47.0"E

Als Betriebsgemeinschaft bewirtschaften wir ca. 30 ha Land biologisch-dynamisch. Erzeugungsschwerpunkte sind die Milchschafhaltung mit hofeigener Käserei sowie vielfältiger Gemüseanbau. Auf dem Gemüseacker werden die schweren Arbeiten mit Kaltblutpferden verrichtet.

Selbstgemachtes: Gemüse, Obst, Milchprodukte, Brot und Fleisch. Außerdem: Naturkost-Vollsortiment.

Aktivitäten: Radwanderwege, Badesee (2 km)

Hinweis: △ Die letzten 100 m sind eine Schotterpiste.

Gärtnerhof Entrup B5
Entrup 119 2017
48341 Altenberge

Zu Gast bei: Alexander Pasternak
02505/3361
Anreise bis: 19 Uhr
Ruhetage: Mi. So.

Hofladen:
Fr. 14:30–18:30 Uhr // Sa. 9:30–13 Uhr

www.entrup119.de

BRÜCKER MÜHLE

Amöneburg (HE) · 50°47'36.7"N 8°56'15.0"E

Mit der ersten urkundlichen Erwähnung aus 1248 ist unsere Mühle eines der ältesten Häuser in der Umgebung. Wir bewirtschaften das Industriedenkmal in der 3. und 4. Generation und waren Anfang der 90er Jahre eine der ersten Biomühlen in Hessen. Nachhaltigkeit ist auch heute noch unser oberstes Ziel im Naturkostladen und in der Mühlenküche. Unser weitläufiges Gelände lädt zum Entschleunigen ein. Während der Öffnungszeiten können Wasserkraftanlage und Mühle besichtigt und die Toiletten genutzt werden.

Selbstgemachtes: Mehl und Öle. Außerdem: Bioladen mit Vollsortiment und Hofcafé. Nach Voranmeldung: Frühstück, Abendbrot und Getränke erhältlich.
Aktivitäten: Baden im Fluss (auf eigene Gefahr), Mühlenmuseum, „Sprechende Häuser in Amöneburg", Premiumwanderwege, Homberg, Rauschenberg, Burgruine, Radwanderwege, Reiterhöfe, Angeln, Kanu fahren
Hinweis: △ Stellplatz ist hinter der Mühle. Achtung: Gewichtsbegrenzung Steinbrücke 3,5t.

Brücker Mühle C7
Am Friedenstein 6 2021
35287 Amöneburg

Zu Gast bei: Thomas Kleinschmidt
06422/850864
Anreise bis: 20 Uhr
Ruhetag: Mo.

Hofladen:
Di.–Sa. 9:30–18 Uhr // So. 12–18 Uhr

www.brueckermuehle.de

IMKEREI UND BAUERNHOF FINK

Antrifttal-Bernsburg (HE) · 50°49'29.3"N 9°10'38.3"E

Wir betreiben eine Imkerei und einen kleinen Bauernhof mit Pferdepension, einer Angus-Mutterkuhherde, Barbados Blackbelly-Schafen, Hühnern, Kaninchen, Katzen und freilaufenden Schweinen. Die Tiere werden so naturnah wie möglich gehalten, d.h. Kühe, Pferde und Schafe sind im Sommer auf der Weide. Es können lediglich die Kaninchen, Katzen, Schweine und Bienen gestreichelt werden. Als Selbstversorger produzieren wir hauptsächlich für den Eigenbedarf.

Selbstgemachtes: Honig und Hausmacherwurst vom Duroc-Schwein. Außerdem: Wildfleisch und Wildbratwurst (tiefgekühlt) vom örtlichen Jäger.
Aktivitäten: Natur erleben und genießen, Wandern, Radfahren, Antrifttal-Stausee (7 km), Museum in Willingshausen (3 km)

Imkerei und Bauernhof Fink D7
Raiffeisenstr. 4 2020
36326 Antrifttal-Bernsburg

Zu Gast bei: Regina & Reinhold Fink
06692/911311
Anreise bis: 20 Uhr
Ruhetage: Mo. Sa. So.
Schließzeit: 01.10.–31.03.

Hofverkauf:
Auf Anfrage

BIOHOF BAUERDICK

Arnsberg (NW) · 51°23'16.6"N 7°55'23.3"E

Wir bewirtschaften einen Biomilchviehbetrieb mit 75 Milchkühen und eigener Nachzucht im Sauerland. Die denkmalgeschützte Hofstelle blickt mit ihren zahlreichen Gebäuden auf eine über 1000-jährige Geschichte zurück. Die kleine Kapelle kann täglich besichtigt werden und an der gemütlichen Feuerstelle kann Feuer gemacht und gegrillt werden. Sie haben einen wunderschönen Blick auf die Umgebung mit den Wiesen und Wäldern. Hier ist genau der richtige Ort, um abzuschalten. Auf der Wiese nebenan begrüßen Sie im Sommer unsere Rinder. Hunde auf dem Hof bitte anleinen.

Selbstgemachtes: Bio-Kuhmilch, Joghurt, Honig und Eier (je nach Verfügbarkeit).
Aktivitäten: Hofführung, Sorpetalsperre, Rad- und Wanderwege
Hinweis: △ Die Zuwegung führt über eine unausgebaute Straße und die Wendemöglichkeit für große Fahrzeuge ist schlecht.

Biohof Bauerdick B6
Kirchlinde 3 2021
59757 Arnsberg

Zu Gast bei: David und Eva Bauerdick
0151/68679775
Anreise bis: 18:30 Uhr
Ruhetag: So.

Hofverkauf:
Auf Anfrage

SONNENHOF

Bad Berleburg-Wingeshausen (NW) · 51°3'59.9"N 8°16'46.0"E

Unser Hof liegt direkt am Wisent-Wanderweg und vereint artgerechte Tierhaltung von Mutterkühen, Schweinen im Freiland und Legehennen im Hühnermobil mit der Direktvermaktung von Fleisch und Wurstwaren aus eigener Herstellung. Stärken Sie sich vor Ihrer Wanderung mit einem Stück selbstgebackenem Kuchen und einer Tasse Kaffee oder unseren herzhaften Gerichten und einem frisch gezapften Bier in unserem Hofcafé! Bitte kündigen Sie sich vorher telefonisch bei uns an.

Selbstgemachtes: Eier aus Freilandhaltung, Hausmacherwurst, Schinken, Fleisch von Rind und Schwein, Geflügel und Grillfleisch (im Sommer). Außerdem: Käse und Milch. Getränke erhältlich.

Aktivitäten: viele Angebote für Kinder: Ponys, Lamas, Ziegen, Schweine, Ferkel, Hühner, Mufflons u. v. m., Kletterfelsen in naher Umgebung, Sportplatz, kleines Hallenbad, viele schöne Wanderwege, E-Bike-Verleih, Bogenschießanlage, Wisent-Wildnis-Wittgenstein

Sonnenhof C6
An der Bracht 50 2014
57319 Bad Berleburg-Wingeshausen

Zu Gast bei: Mirko Sonneborn
0170/4412710
Ruhetage: Mo. Di.

Hofladen und Hofverkauf:
Mi.–Fr. 14–20 Uhr // Sa., So. 10–20 Uhr

www.sonnenhof-cafe.de

HOHLANDHOF

Bad Endbach (HE) · 50°44'52.1"N 8°29'9.7"E

Wir sind ein kleiner Bio-Bauernhof mit vielen Erlebnismomenten. Unser Hofladen in Bad Endach ist mit regionalen Produkten, Geflügel und Highland Cattle vom Hohlandhof gefüllt. Wild aus eigener Jagd ist natürlich gut! Unser Hofladen ist ab 16 Uhr für Sie geöffnet. Fahrzeuge über 8 m können wir leider nicht empfangen.

Selbstgemachtes: Wildfleisch, Wurstwaren, z.B. Salami, Schinken Bratwürste und Fleischpakete vom Hohlandrind. Außerdem: Honig, Marmelade, Geflügel und Eier. Nach Voranmeldung: Getränke erhältlich.

Aktivitäten: Wandern, Radfahren, Baden an der Aartalsperre, Lahn-Dill-Bergland-Therme und Flowtrail in Bad Endbach

Hohlandhof C7
Auf dem Hohland 1 2021
35080 Bad Endbach

Zu Gast bei: Udo Eisenhuth
0151/54858107
Anreise bis: 21 Uhr

Hofladen:
Auf Anfrage

HOF EICHENGUT

Bad Laasphe (NW) · 50°56'34.9"N 8°17'8.0"E

Wir sind ein kleiner, familiengeführter, landwirtschaftlicher Nebenerwerbsbetrieb im schönen Wittgenstein. Auf unserem Hof leben 690 Freilandhühner in zwei Hühnermobilen, 11 Kühe mit Nachzucht, unsere Zuchtbullen, 2 Pferde, 3 Zwergziegen, 2 Zwerghasen, 2 Katzen und unser Australian Shepherd Rüde Elmo.

Selbstgemachtes: Freilandeier und Rindfleisch. Außerdem: Honig, Eier, Nudeln, Eierlikör, Marmeladen und Rindscurrywurst.

Aktivitäten: Rothaarsteig, viele schöne Wanderwege, Waldnähe, mitten in der Natur

Hof Eichengut C7
Untere Weide 23 2022
57334 Bad Laasphe

Zu Gast bei: Julia Dietrich-Klein
02754/212700 o. 0160/1250182
Anreise bis: 18:30 Uhr

Hofladen:
Auf Anfrage

www.hof-eichengut.de

Nord
Nordwest
Ost
Mitte-West
West
Südost
Südwest

BIOLAND ROSENSCHULE RUF

Bad Nauheim–Steinfurth (HE) · 50°23'18.9"N 8°45'34.3"E

Unsere Bioland Rosengärtnerei liegt in wunderschöner Alleinlage mit Schaugarten und Englischem Glashaus. Der Stellplatz liegt direkt neben den Rosenfeldern im Wettertal mit guten Rad- und Wanderwegen. In unserem großen Hofladen mit Hofcafé bekommen Sie Törtchen, Gebäck sowie Gemüse, Eier und alles rund um die Rose. Der Hofladen ist montags geschlossen, Camper empfangen wir dennoch gern.
Selbstgemachtes: Rosen- und Clematispflanzen, Kulinarisches aus Rosenblüten, Eier, Obst und Gemüse. Außerdem: Kräuter und Stauden aus biologischem Anbau, biologische Pflanzenpflegemittel, Dünger, Rosenkosmetik und Gartendeko. Getränke erhältlich.
Aktivitäten: Rosenveranstaltungen am Hof (mit Voranmeldung), Bad Nauheim (4 km), Rosendorf Steinfurth (Schaugärten, Museum), Wander- und Radwege im Wettertal
Hinweis: △ Betrieb liegt 1 km außerhalb von Steinfurth, an der Straße zwischen Steinfurth und Wisselsheim. Zufahrt über Steinfurth „Zum Sauerbrunnen", links in asphaltierten Feldweg abbiegen.

Bioland Rosenschule Ruf C7
Zum Sauerbrunnen 2014
(außerhalb)
61231 Bad Nauheim–Steinfurth

Telefon: 06032/81893
Schließzeit: 20.12.–21.02.

Hofladen und Hofverkauf:
Di.–Fr. 9:30–13, 14–18 Uhr // Sa. 9:30–16 Uhr

www.rosenschule-ruf.de

HOF SONNENBERG

Bad Orb (HE) · 50°14'31.5"N 9°19'37.5"E

Bei uns finden Sie einen landwirtschaftlichen Familienbetrieb mit eigener Speiseeisherstellung. Zusätzlich betreiben wir 3 Mobilställe für jeweils 900 Legehennen in Freilandhaltung und einen Pferdepensionsbetrieb mit 40 Pferden. In unserer Milchhütte befinden sich viele Selbstbedienungsautomaten für Kaffee, Eis, Eier, Getränke und regional zugekaufte Produkte. Unser Speiseeis ist im Main-Kinzig-Kreis bereits eine bekannte Marke geworden. Das Eis hebt sich von anderen z.B. dadurch ab, dass wir Vanilleschoten von Hand auskratzen!
Selbstgemachtes: Speiseeis in 8 verschiedenen Sorten und Freilandeier. Außerdem: Selbstbedienungsautomaten: Kaffee, Speiseeis, Eier, Getränke und regional zugekaufte Produkte.
Aktivitäten: Flow-Trail in Bad Orb (Mountainbike), Naturfreibad, Barfußpfad, Toskana-Therme, Gradierwerk, Kneipp-Anlagen

Hof Sonnenberg D8
Hof Sonnenberg 2020
63619 Bad Orb

Zu Gast bei: Julia Schecke
0170/4040364
Anreise bis: 21 Uhr

Hofverkauf:
Auf Anfrage

www.hof-sonnenberg.de

BRACKHAUS

Bad Wünnenberg-Bleiwäsche (NW) · 51°28'13.6"N 8°42'16.1"E

Ruhiger Stellplatz für 24 Stunden mit direkter Einkaufsmöglichkeit in unserem Dorfladen. Herzlich Willkommen!
Selbstgemachtes: Honig und Eier.
Aktivitäten: Rad- und Wanderwege, ehemaliges Bergbaugebiet und aktiver Steinbruch
Hinweis: △ Auf den Stellplatz müssen Sie rückwärts einfahren.

Brackhaus C6
Auf den Schächten 9a 2021
33181 Bad Wünnenberg-Bleiwäsche

Zu Gast bei: Daniel Brackhaus
02953/964311 o. 0173/7314384
Anreise bis: 20 Uhr

Hofverkauf:
Auf Anfrage

BIOHOF GAUER

Bergneustadt (NW) · 51°3'32.1"N 7°40'8.0"E

Unser familiengeführtes Bioland-Gut in Alleinlage mit Legehennen, Schafen, Eseln und Pferden ist direkt am Premium-Wanderweg „Panoramasteig" gelegen. Gern könnt Ihr dem Bauern über die Schulter schauen und eigene Erfahrungen beim Ernten, Füttern oder Ausmisten sammeln. Bei uns sind Sie an Feiertagen und am Wochenende herzlich willkommen.

Selbstgemachtes: Eier, Likör, Fleisch, Wurst ,Schinken vom Schaf, Hühnerfrikassee, Suppenhühner und Masthähnchen. Außerdem: Getränke und Bruderhahnbolognese.
Aktivitäten: Wanderreitstation, Eseltrekking, Ausritte, Streicheltiere, Eier sammeln, Wanderweg ab Hof, Talsperre (Agger), Naturfreibad, sehr gute Restaurants (fußläufig)

Biohof Gauer GbR B6
Rosenthal 1 2021
51702 Bergneustadt

Zu Gast bei: Birgit Gauer
01577/1432511
Anreise bis: 20 Uhr
Ruhetage: Mo. Di. Mi. Do.

Hofverkauf:
Auf Anfrage

www.biogut-rosenthal.de

HOFMETZGEREI FÜRNSTALL

Beselich-Heckholzhausen (HE) · 50°28'52.6"N 8°9'41.3"E

Wir sind ein bäuerlicher Familienbetrieb mit eigener Metzgerei und Hofladen. Wir betreiben eine Fleischrinderzucht der Rassen Blonde d'Aquitaine und Wasserbüffel, sowie eine Schweinehaltung mit Sauen, Ferkeln und Mastschweinen. Alle Tiere werden auf Stroh gehalten, die Rinder verbringen den Sommer auf der Weide.

Selbstgemachtes: Fleisch, Wurst- und Schinkenwaren von Rind und Schwein und reichhaltiges Grillsortiment in der warmen Jahreszeit. Außerdem: diverse Salamisorten.
Aktivitäten: Radweg direkt am Hof vorbei (durch das schöne Kerkerbachtal)

Hofmetzgerei Fürnstall C7
Hof Plankenhausen 1 2018
65614 Beselich-Heckholzhausen

Zu Gast bei: Holger Fürnstall
06484/437 o. 0162/6794095
Anreise bis: 22 Uhr

Hofladen:
Mo. 9–12 Uhr // Mi.–Fr. 9–12, 14:30–18 Uhr // Sa. 8–12 Uhr

www.fuernstall.de

HOFLÄDCHEN OCHSENSCHLÄGER

Biblis-Wattenheim (HE) · 49°41'6.6"N 8°24'34.8"E

Wir sind ein landwirtschaftlicher Familienbetrieb im südhessischen Ried, wunderschön am See gelegen. Als Mitglied von Slow Food legen wir großen Wert auf gute und fair erzeugte Produkte. So leben auf unserem Hof Freilandhühner und alte Schweinerassen, die wir mit unserem selbstangebauten Futter versorgen. Ebenso bauen wir 15 verschiedene Kartoffelsorten sowie Urgetreide an. Nach Absprache können Sie unseren Hof besichtigen und Ihren Hund mitbringen. Eine Toilette kann im Hoflädchen genutzt werden.

Selbstgemachtes: Freilandeier, Freilandhähnchen, Kartoffeln, Honig, Marmelade, Chutneys, Nudeln, Eierlikör, Fleisch und Wurst vom Bunten Bentheimer Schwein. Außerdem: u.a. Obst, Gemüse, Brot, Brötchen, Käse, Schinken, Feinkost, Wein und Bier.
Aktivitäten: Baden, Radwege, Surfsee, Golf, Hofführungen, Weltkulturerbe Kloster Lorsch, historische Städte Worms, Bensheim, Heppenheim, Museen, Burgen
Hinweis: △ Der Stellplatz ist auf dem Betriebsgelände. Anmeldung im Hoflädchen erforderlich.

Hoflädchen Ochsenschläger C8
Rheinstr. 15 2017
68647 Biblis-Wattenheim

Zu Gast bei: Dagmar Ochsenschläger
06245/5930
Anreise bis: 19 Uhr
Schließzeit: 01.11.–01.03.

Hofladen:
Mo., Di., Do., Fr. 8–12:30, 15–18 Uhr // Sa. 8–13 Uhr

www.ochsenschlaeger.de

Nord Nordwest Ost Mitte-West West Südost Südwest

HOF KRÜGER

Bielefeld (NW) · 51°58'28.2"N 8°29'25.7"E

Mit Natur und Umwelt verbunden, wird auf unserem Obst- und Gemüsehof nahe des Teutoburger Waldes generationsübergreifend Landwirtschaft betrieben. Saisonbedingt stehen unser Hofladen, sowie unsere Hofexkursionen unter dem Motto „Vom Feld bis auf den Teller" unseren Besuchern zur Verfügung. Ein Highlight sind im Herbst unsere bunte Kürbis-Vielfalt mit der Kürbis-Schnitzaktion und unser Maislabyrinth.

Selbstgemachtes: Spargel, Erdbeeren, Heidelbeeren, Kürbisse und Blumen. Außerdem: Eier, Schinken, Wein, Sauce Hollandaise, Kartoffeln, Eingemachtes, Öle, Essige, Konfitüren, Honig, Nudeln, Kürbis- und Erdbeersecco, Kürbissenf, -sauce, -kerne, Zucchinisalsa und rostige Deko-Objekte.
Aktivitäten: Radwanderwege, Naherholungsgebiet „Bockschatzteiche", Hallenbad, Naturbad Quelle, Tierpark, Sparrenburg, Bielefelder Kunsthalle, Dr. Oetker Welt, Bauernhofmuseum, Kürbisschnitzaktionen (saisonal), Maislabyrinth

Hof Krüger C5
Sunderweg 46 2022
33649 Bielefeld

Zu Gast bei: Detlef und Simone Krüger
0521/446417 o. 0160/3392728
Anreise bis: 20 Uhr
Schließzeit: 01.11.–16.04.

Hofladen und Hofverkauf:
Auf Anfrage

www.brackweder-spargelhof.de

STROTHLÜKE HOFMOLKEREI

Bielefeld (NW) · 51°56'46.8"N 8°26'2.5"E

Wir sind Bielefelds südlichster Milchhof mit eigener Hofmolkerei, eigenem Hofladen und liegen damit in direkter Nähe zum Teutoburger Wald. Außerhalb der Hofladenöffnungszeiten können Sie die Milchtankstelle oder den Selbstbedienungsautomaten nutzen. Wir freuen uns auf Sie!

Selbstgemachtes: Trinkmilch, Milchmischgetränke (Kakao, Molke ACE, Goldene Milch), stichfester Naturjoghurt, 7 verschiedene Fruchtjoghurt-Sorten, Quark, Butter, Buttermilch und Rohmilchkäse. Außerdem: Süßes, Saures und Schönes - ein Mix aus verschiedenen regionalen Produkten.
Aktivitäten: Bielefeld, Gütersloh (beide Städte haben eine Menge touristischer Ausflugsziele zu bieten)

Strothlüke Hofmolkerei C5
Am Reiherbach 13 2020
33649 Bielefeld

Zu Gast bei: Dennis Strothlüke
0171/2080818
Anreise bis: 19 Uhr

Hofladen:
Do., Fr. 10–12:30, 15–18 Uhr // Sa. 10–12:30 Uhr

www.strothlueke.de

LAMMERSHOF

Birkenau (HE) · 49°33'4.5"N 8°44'14.0"E

Neue Sinneseindrücke erleben, andere Dinge probieren, sich überraschen lassen – von Zutaten, Handwerk, Qualität und Geschmack. Die Wertschätzung gegenüber unseren Gästen und den Produkten, die hier verarbeitet werden, stehen an oberster Stelle. Genießen Sie den Blick auf die direkt angrenzenden Weiden mit den imposanten Bison-, Galloway- und Rotwild-Herden. Die Toilettennutzung ist bis 22 Uhr möglich.

Selbstgemachtes: Fleischprodukte von Bisons, Galloways und Rotwild von den eigenen Weiden (Hirschbeißer, Bisonschinken) auf Anfrage und nach Verfügbarkeit. Nach Voranmeldung: Frühstück, Abendbrot und Getränke erhältlich.
Aktivitäten: Wanderwege, Nähe Weinheim, Darmstadt und Heidelberg

Lammershof GmbH C9
Abtsteinacher Str. 2 2021
69488 Birkenau

Einfach anreisen...
Anreise bis: 21 Uhr

Hofverkauf:
Auf Anfrage

www.lammershof.de

BÜFFELHOF KRAGEMANN

Bocholt (NW) · 51°53'47.4"N 6°40'38.3"E

Unser Hof ist eine typisch münsterländische Hofstelle inmitten von alten Eichenwäldern, nahe der niederländischen Grenze. Die Besonderheit unseres Hofes stellen unsere gutmütigen Wasserbüffel dar. Seit 2004 werden sie bei uns gehalten und mit Erfolg zum Melken überredet. Inzwischen zählt unsere Herde etwa 100 Tiere. Außerdem werden noch einige seltene und vom Aussterben bedrohte Rinderrassen gehalten. Neben unserem Hofladen gibt es eine kleine Selbstbedienungshütte (24/7). Hunde sind nach vorheriger Absprache willkommen.

Selbstgemachtes: Spezialitäten vom Wasserbüffel, z.B. Mozzarella, Fleisch, Eier aus mobiler Freilandhaltung, Fleisch vom Berkshire Schwein.

Aktivitäten: Radfahren, Wandern

Büffelhof Kragemann A5
Kotts Stege 5 2021
46397 Bocholt

Zu Gast bei: Silvia und Martin Mölders 02871/39427
Anreise bis: 20 Uhr

Hofladen:
Fr. 14–18 Uhr // Sa. 10–18 Uhr

www.bueffelhof-kragemann.de

HOFLADEN SLÜTTER

Bocholt (NW) · 51°51'23.5"N 6°36'13.1"E

Unser großer Hof im Grünen mit landwirtschaftlichem Vollerwerbsbetrieb liegt am Rande der Stadt Bocholt, nahe der niederländischen Grenze. Unser Hof wird nachhaltig bewirtschaftet. Wir garantieren für die Qualität unserer Produkte.

Selbstgemachtes: Blumen zum Selbstpflücken, Fleisch, Wurstwaren, Brot, Backwaren, abgepackte Gerichte und wechselnder Mittagstisch (Mo-Fr). Frühstück und Getränke erhältlich.

Aktivitäten: Wandern, Radfahren, Bahia-Bad Bocholt mit Saunalandschaft

Hofladen Slütter A5
Bussardweg 17 2020
46399 Bocholt

Zu Gast bei: Josef Slütter, einfach anreisen…
Anreise bis: 20 Uhr

Hofladen:
Mo.–Fr. 9–18:30 Uhr // Sa. 8–13 Uhr

www.hof-sluetter.de

HOF SCHULTE-SCHÜREN

Bochum (NW) · 51°25'57.2"N 7°13'53.2"E

Im mittleren Ruhrgebiet, am Rande von Bochum, finden Sie unseren Familienbetrieb. Mit unseren regionalen Produkten vermitteln wir Qualität und Frische und machen nachhaltige und artgerechte Landwirtschaft erlebbar. Zu unserem Hof gehören demnächst ein Hofladen und ein 24 h-Verkaufsautomat.

Selbstgemachtes: Eier und Hausmacherwurst. Außerdem: Milch, Kartoffeln, Brotaufstriche, Joghurt, Honig, Erdbeeren und Spargel nach Saison.

Aktivitäten: Zisterzienser Kloster (3 min Fußweg), Freizeitbad Heveney in Witten am Kemnader See (20 min mit dem Fahrrad), Hattinger Altstadt (24 min mit dem Fahrrad)

Hof Schulte-Schüren B6
Kemnader Str. 197 2020
44797 Bochum

Zu Gast bei: Guido Schulte-Schüren 0174/6726505
Anreise bis: 18 Uhr

Hofverkauf:
Di.–Fr. 9–18 Uhr // Sa. 9–13 Uhr

www.hof-schulte-schueren.de

KRUSENHOF

Borchen (NW) · 51°38'7.1"N 8°45'58.5"E

Beim Modell der „Solidarischen Landwirtschaft" erklären Sie sich als Verbraucher/innen mit Ihrer lokalen, ökologischen Landwirtschaft verbunden. Der Krusenhof liefert Ihnen übers Jahr verteilt eine bestimmte Menge an Bio-Geflügelfleisch und / oder Bio-Lammfleisch. Sie zahlen monatlich eine fixe Summe. Dieses regelmäßige Einkommen sichert den Erhalt und die Weiterentwicklung des Krusenhofes. Zusätzlich haben Sie dadurch ein Mitbestimmungsrecht darüber, in welche Richtung sich der Hof weiterentwickelt.

Selbstgemachtes: Bio-Hähnchen (Aufzucht von Bruderhähnen), Bio-Lammfleisch, Gänse, Äpfel, Zwetschgen und die Produkte daraus.
Aktivitäten: schöne Rad- und Wanderwege

Krusenhof C6
An der Altenau 28 2021
33178 Borchen

Zu Gast bei: Johannes Lohmann
0529/2363
Anreise bis: 20 Uhr
Schließzeit: 01.11.–01.03.

Hofladen:
Mo.–Fr. 18–20 Uhr // Sa. 10–16 Uhr

www.krusenhof-etteln.de

BAUER BERND

Borgholzhausen OT Berghausen (NW) · 52°6'8.7"N 8°20'8.1"E

Eingebettet in die Natur des Teutoburger Waldes liegt unser Erlebnishof mit Zuckermaisanbau, der das ganze Jahr über Kinder und Junggebliebene zu Spiel, Spaß und Abenteuern einlädt. Kinder können sich naturnah, körperlich und geistig so richtig austoben. Wir haben Wollschweine und verschiedene Hühnerarten in Freilandhaltung. Diejenigen, die es gemütlich mögen, entspannen in unserem Bistro mit Biergartenflair. Angebote zu Ernährungsseminaren, Wildkräuter- und Kochkursen entnehmen sie bitte der Webseite. Eine rechtzeitige Anmeldung ist nötig.

Selbstgemachtes: Zuckermais, Eier, (rohe) vegane Vitalkost, Tomaten, (Wild-) Kräuter, Käse, Säfte und Hanfprodukte. Außerdem: Seife, Handwerkskunst und Obst der Saison. Nach Voranmeldung: Frühstück, Abendbrot und Getränke erhältlich.
Aktivitäten: Spielscheune, Maisbad, Ackersurfen, Gokart-Bahn, Trampoline, Hüpfkissen, Fußballgolf, Swingolf, Ponyreiten, Hanf- und Maislabyrinth

Bauer Bernd C5
Bielefelder Str. 57 2014
33829 Borgholzhausen
OT Berghausen

Zu Gast bei: Familie Bernd Grewe & Annette Kemphues 05425/7047
Anreise bis: 22 Uhr

Hofladen und Hofverkauf:
Täglich 10–19 Uhr

www.zuckermais.de

HOF HARTMANN

Brakel (NW) · 51°39'19.1"N 9°11'41.1"E

Seien Sie zu Gast auf unserem Erlebnisbauernhof, der idyllisch im kleinsten Ort des Kreises Höxter liegt. Wir bieten verschiedenste Kurse für Jung und Alt an – vom Reiten für Erwachsene bis hin zu erlebnispädagogischem Voltigieren. Der Minihofladen mit Sitzecke auf dem Hof lädt zum Verweilen und Entspannen ein. Wir freuen uns auf Sie!

Selbstgemachtes: Marmeladen und Eier. Außerdem: Kaffee, Tee, Bauernhofeis (vom Lindenhof Ikenhausen).
Aktivitäten: Hummelwiese der Familie Johlen Hoppe

Hof Hartmann D6
Parkstraße 7 2021
33034 Brakel

Zu Gast bei: Ina Hartmann
0151/70126795

Hofladen und Hofverkauf:
Täglich 8–18 Uhr

bauernhoferlebnispaedagogik.de

AKTION-HUMMELWIESE

Brakel-Hampenhausen (NW) · 51°39'24.3"N 9°11'44.8"E

Unser Betrieb liegt in einem kleinen, ausschließlich landwirtschaftlich geprägten Dorf im Kreis Höxter. Das wunderbare Summen und Brummen der Insekten auf unserer Hummelwiese zeigt, wie wichtig der vielfältige Lebensraum für die heimische Pflanzen- und Tierwelt ist. Hier können sie inmitten der Blumenpracht den Insekten bei der Arbeit zusehen.

Produkte: Patenschaften für unsere Hummelwiese.
Aktivitäten: Natur genießen, Radfahren, Wandern

Aktion-Hummelwiese D6
Grundkampweg 2 2022
33034 Brakel-Hampenhausen

Zu Gast bei: Sigrid Johlen-Hoppe
0171/3702799

Hofverkauf:
Auf Anfrage

www.aktion-hummelwiese.de

JAUSENSTATION KLÜTINGER ALM

Breckerfeld (NW) · 51°14'49.0"N 7°22'53.3"E

Die Jausenstation Klütinger Alm liegt in idyllischer Lage am Berg des Klütinger Baches, eingebettet zwischen zwei großen Talsperren. Direkt am Wanderweg laden der Biergarten und die Gaststätte zur Brotzeit ein. Lassen Sie sich bei kühlen Getränken und Tiroler Schmankerln verwöhnen. Das Läuten der Ziegenglocken tut ihr Weiteres dazu. Die Toilette kann im Tagesgeschäft benutzt werden.

Selbstgemachtes: Eierlikör, Liköre, Hausmacherwurst, Nudeln, Saucen im Glas, Eintöpfe im Glas und Wohnmobildinner. Nach Voranmeldung: Frühstück, Abendbrot und Getränke erhältlich.
Aktivitäten: Wanderwege direkt vom Hof (Wappenweg 56 km rund um Ennepetal), Wanderwelt Südspitz EN, Talsperre Ennepetal, Heilenbecker Talsperre, Jakobsweg
Hinweis: △ Bitte ins Navi als Zielstadt Radevormwalde und als Zielstraße Filde eingeben.

Jausenstation Klütinger Alm B6
Niederklütingen 3 2022
58339 Breckerfeld

Zu Gast bei: Sigrid Braselmann
0175/2701787
Anreise bis: 19 Uhr
Ruhetage: Mo. Di.
Schließzeit: 23.12.–03.01.

Hofladen und Hofverkauf:
Mi., Do., Sa. 11:30–22 Uhr // Fr. 17–22 Uhr // So. 10–22 Uhr

www.kluetinger-alm.de

GENHOLTER-HOF

Brüggen (NW) · 51°15'30.8"N 6°11'24.3"E

Wir sind ein landwirtschaftlich-gastronomischer Familienbetrieb mit Spargel, Erdbeeren und (Süß-)Kartoffelanbau. Während der Spargelsaison (April – Juni) laden wir in unserem Saisonrestaurant zum Spargelessen. In unserem Hofcafé bieten unseren Gästen wir dienstags bis samstags ab 9 Uhr ein großes, regionales Frühstücksbuffet und nachmittags selbst gebackenen Kuchen an.

Selbstgemachtes: Spargel, Erdbeeren, (Süß-) Kartoffeln (saisonal) und Kuchen. Außerdem: Landspezialitäten, Liköre, Marmeladen, Obst, Gemüse, Eier und Brötchenservice. Frühstück und Getränke erhältlich.
Aktivitäten: direkter Anschluss an viele Rad- und Wanderwege (Naturpark Schwalm-Nette), Borner See (2km), Zentrum Brüggen (2km), Heidweiher, Strandbad (6km)

Genholter-Hof A6
Genholter Str. 61 2019
41379 Brüggen

Zu Gast bei: Herr Ingenrieth
02163/6864
Anreise bis: 19 Uhr
Ruhetage: Mo. So.
Schließzeit: 11.12.–31.01.

Hofladen:
Di.–Fr. 8:30–18:30 Uhr // Sa. 8–18 Uhr

www.genholter-hof.de

HOTEL BRAUHAUS STEPHANUS

Coesfeld (NW) · 51°56'12.9"N 7°9'23.9"E

Geselligkeit, Komfort, Service und Entspannung: so lässt sich das Brauhaus Stephanus in aller Kürze beschreiben. Wir freuen uns auf Sie! Stephan und Matthias Rulle und das ganze Brauhaus-Team.

Selbstgemachtes: Bier und Brot. Außerdem: regionale und internationale Speisen im Brauhaus. Frühstück, Abendbrot und Getränke erhältlich.

Hotel Brauhaus Stephanus B5
Overhagenweg 1 2014
48653 Coesfeld

Zu Gast bei: Matthias Rulle, einfach anreisen…
Anreise bis: 21 Uhr

Hofverkauf:
Täglich 11–00 Uhr

www.brauhaus-stephanus.de

NOLLES HOF

Diemelstadt OT Neudorf (HE) · 51°27'9.8"N 8°56'51.3"E

Nolles Hof ist ein landwirtschaftlicher Betrieb mit überwiegender Direktvermarktung von Eiern und Wurst im liebevoll ausgestatteten Hofladen und liegt im nordhessischen Waldecker Land. Der Hofladen öffnet nach Vereinbarung. In der reizvoll, idyllisch angelegten mediterranen Gartenlandschaft dürfen Sie mal die Seele baumeln lassen. Auf Wunsch und nach Voranmeldung bewirten Sie zum Abendbrot oder zum Frühstück. Vom Stellplatz hat man einen Blick in ein bewaldetes Tal.

Selbstgemachtes: Wurstwaren, Brotaufstriche und Marmeladen. Außerdem: Eier und Honig. Nach Voranmeldung: Frühstück, Abendbrot und Getränke erhältlich.
Aktivitäten: Twistesee, Diemelsee, Edersee, Schloß Bad Arolsen, Eresburg in Obermarsberg, Rad- und Wanderwege

Nolles Hof C6
Kurze Straße 4 2021
34474 Diemelstadt OT Neudorf

Zu Gast bei: Christian Gröticke
05694/346 o. 0171/1278810
Anreise bis: 20 Uhr

Hofladen:
Auf Anfrage

BAUER DALHAUS

Dorsten (NW) · 51°37'40.2"N 6°59'51.8"E

Auf unserem Hof finden Sie neben dem Hofcafé mit eigener Backstube auch unsere Weidegockel, die artgerecht im Freien aufgezogen werden. Direkt auf dem Hof haben wir mit dem Ruhr-KulturGarten eine große, besondere Streuobstwiese geschaffen, die zum Spazierengehen und Entdecken einlädt.

Selbstgemachtes: Weidehähnchen, Apfelsaft, Apfelschnaps, Brot, Brötchen, Kuchen und Gebäck. Außerdem: Grillfleisch, Gewürze, Öle, Kartoffeln, Eier, Gemüse und Obst. Bewirtung nach Voranmeldung.
Aktivitäten: Dorstener Innenstadt, Lippe, großes Freizeitbad (10 min), Wandern und Radfahren direkt ab Hof

Bauer Dalhaus B6
Achterfeld 61a 2022
46282 Dorsten

Zu Gast bei: Tanja Groher
0177/8024173
Anreise bis: 20 Uhr

Hofladen:
Di.–So. 9–18 Uhr

www.bauer-dalhaus.de

SCHULTENHOF

Dortmund (NW) · 51°28'44.9"N 7°26'54.1"E

Landwirtschaft mitten in der Stadt erleben! Bio und sozial. Menschen mit und ohne Behinderung leben und arbeiten auf unserem Bioland zertifizierten Hof nach einem besonderen Konzept. Dieses beinhaltet sowohl den Anbau, als auch die Verarbeitung und die Vermarktung der eigenen Produkte. Wir sind eine AWO-Werkstatt und bauen Getreide, Kartoffeln und Freilandgemüse sowie im Gewächshaus Feingemüse an. Jeden Tag können wir Ihnen frische Bio-Eier anbieten. Auch Mastschweine, Freilandhühner und Rinder gehören zu unserem Hof. WC-Nutzung nur während der Öffnungszeiten. Montag ist Ruhetag, deswegen ist keine Anreise möglich.

Selbstgemachtes: Obst, Gemüse, Fleisch- und Wurstwaren, Wurstspezialitäten im Glas, Suppe, Eintöpfe und Rote Bete im Glas. Außerdem: Lebensmittel-Vollsortiment in Bioqualität. Nach Voranmeldung: Frühstück und Getränke erhältlich.

Aktivitäten: Rad- und Wanderwege, Rombergpark, Zoo, Spielplatz auf dem Hof, BVB-Stadion (10 Minuten fußläufig), Naturschutzgebiet „Bolmke"

Schultenhof B6
Stockumerstr. 109 2018
44225 Dortmund

Zu Gast bei: Monica Stanbridge
0231/79220114
Anreise bis: 17 Uhr
Ruhetag: Mo.

Hofladen:
Di.–Do., So. 10–18 Uhr // Fr., Sa. 10–19 Uhr

www.schultenhof-dortmund.de

DESTILLATIO

Eiterfeld (HE) · 50°46'48.8"N 9°46'9.4"E

Ihr Shop zum Kochen und Destillieren. Töpfe, Kessel und Pfannen für Wohnmobil, Grill und Lagerfeuer ebenso wie für die Küche zuhause. Nachhaltige Qualität aus europäischen Manufakturen mit viel Liebe für Sie hergestellt. Die Toilettennutzung ist während der Öffnungszeiten möglich. Ein Badezimmer mit Badewanne, Wachmaschine und Toilette kann während der Bürozeiten für 15€/Std. gemietet werden.

Produkte: Bio-Bier, regionale Alkoholspezialitäten, Naturkosmetik, Ätherische Öle und Hydrolate, alles zur Alkoholherstellung (Hefen, Behälter, Mühlen, Pressen), zur Herstellung ätherischer Öle (Destillen, Fläschchen, Pipetten, Laborgeräte) und zum Kochen im Wohnmobil, am Grill oder Lagerfeuer.

Aktivitäten: Live Destillation (freitags ab 14 Uhr), Wander- und Radwege, historische Gebäude

Hinweis: △ Falls Sie mit einem Fahrzeug über 7,50 m anreisen, empfehlen wir, die Stellplätze zu prüfen. Die Parkplätze rechts vom Grundstück bieten mehr Platz.

Destillatio D7
Hersfelder Strasse 16 2021
36132 Eiterfeld

Einfach anreisen...

Hofladen und Hofverkauf:
Mo.–Fr. 9–18 Uhr

www.destillatio.com

GARTHE-METZ

Ellershausen (HE) · 51°4'55.0"N 8°53'17.7"E

Unser Hof liegt vor den Toren des Nationalparks Kellerwald. Wir betreiben einen landwirtschaftlichen Betrieb mit den Schwerpunkten Milch- und Zuchttiervermarktung, regenerative Landwirtschaft und Käseherstellung. Letzterer wird neben Kartoffeln und verschiedenen, regionalen Erzeugnissen in einem kleinen SB-Lädchen, mit Aufenthaltsmöglichkeit, angeboten, welcher tagsüber geöffnet ist. Pferde, Schafe und nicht zuletzt der Weckruf des Hahnes lassen einen in längst vergangene Zeiten eintauchen.

Selbstgemachtes: Kartoffeln, je nach Jahreszeit Gemüse und Obst, Milch und Käse. Außerdem: Marmeladen, Karten mit Motiven aus der Gegend, Handarbeiten aus Leder und Wolle (im Ort gefertigt).

Aktivitäten: Bauernhofführungen, Wanderungen im Nationalpark Kellerwald-Edersee, Stadtführungen in Frankenberg/Eder (bei uns buchbar), Wilhelm Tischbein Ausstellung in Haina (Kloster), Hugenottengemeinde Louisendorf, Wanderungen im Lengeltal (Hugenottenpfad und Kellerwaldsteig)

Garthe-Metz GbR C6
In der Gasse 7 2022
35110 Ellershausen

Telefon: 06455/689 o. 0173/7046861
Anreise bis: 20 Uhr

Hofverkauf:
Auf Anfrage

ZIEGENHOF GRÜNE HÜGEL

Ellershausen (HE) · 51°4'52.3"N 8°53'32.0"E

Am südlichen Zipfel des Nationalpark Edersee liegt das kleine Dörfchen Ellershausen. Hier in Nordhessen gibt es viele grüne Hügel, auf denen sich heimische Gräser und Kräuter ausbreiten dürfen, weil wir als EU-Bio-Landwirte auf mineralische Dünger und Pflanzenschutzmittel verzichten und erst ab Juni gemäht wird. Die Ziegenzucht betreiben wir auf 25 ha Grünland rund um den Ort. Unsere Ziegenherde freut sich über ständige Abwechslung auf dem Speiseplan. Das gibt reichlich Milch für leckeren Käse.

Selbstgemachtes: das Beste von der Ziege, Schaf- und Kuhkäse, Ziegenfleisch und Wurst. Bewirtung nach Voranmeldung.
Aktivitäten: Einblick in die Ziegenwirtschaft, Führung durch die Käserei, Ausflug in den Nationalpark (gut zu Fuß erreichbar)

Ziegenhof Grüne Hügel C6
Felsenstr. 2 2021
35110 Ellershausen

Zu Gast bei: Holger Berg 06455/7046

Hofverkauf:
Auf Anfrage

www.gruene-huegel.de

ESSERS PFERDEPARADIES

Erftstadt (NW) · 50°49'53.0"N 6°43'20.8"E

Unser landwirtschaftlicher Betrieb liegt genau in der Mitte zwischen Köln, Bonn und Aachen. In unserer Pferdepension wohnen mit uns auch viele andere Tiere wie Hunde, Ziegen, eine Katze und Schildkröten. Wir sind ein Drei-Generationenbetrieb, Gastgeber und Camper mit Herz. Bei Sturm können wir Ihnen auch einen Platz in der Halle anbieten. Anmeldung bitte nur über WhatsApp, die nach 15 Uhr beantwortet werden kann, da der Telefonempfang nicht möglich ist.

Selbstgemachtes: saisonales Gemüse. Außerdem: Milch, Käse, Joghurt u.v.m. vom Nachbarhof.
Aktivitäten: Einblick in die Stallarbeit morgens und nachmittags auf Anfrage, Wandern und Radfahren an der Erft, Schloss Türnich mit tollen Workshops und leckerem Essen, Gymnicher Mühle, Phantasialand, Städte Köln, Bonn und Aachen, Erholungsgebiet Eifel

Essers Pferdeparadies A7
Kohlstrasse 150 2021
50374 Erftstadt

Zu Gast bei: Sabine Esser
0171/1716056
Anreise bis: 20 Uhr

Hofverkauf:
Auf Anfrage

LVR-INDUSTRIEMUSEUM TUCHFABRIK MÜLLER

Euskirchen (NW) · 50°38'54.8"N 6°49'26.8"E

An diesem außergewöhnlichen Ort scheint die Zeit stehen geblieben zu sein. Nach jahrzehntelangem Dornröschenschlaf haben wir die Tuchfabrik Müller wieder zum Leben erweckt – als einmaliges Museum, das die Blütezeit der Tuchindustrie noch einmal lebendig werden lässt. In der historischen Fabrik beginnen die Maschinen zu surren und demonstrieren, wie aus loser Wolle ein schönes Tuch wird. Die Toilettennutzung ist nur während der Öffnungszeiten möglich. Hunde sind nur auf dem Außengelände erlaubt. Samstags und sonntags ist die Anreise bis 17:30 Uhr möglich.

Selbstgemachtes: Produkte aus Müller-Tuch, das in der Tuchfabrik auf historischen Maschinen gewebt wurde. Außerdem: Museumsshop mit originellen Artikeln rund um die Themen Schaf und Wolle und interessante Auswahl an Literatur.
Aktivitäten: Museum mit Vorführbetrieb, Fahrradverleih am Museum, Erft-Radweg und Wasserburgen-Route

LVR-Industriemuseum A7
Tuchfabrik Müller 2020
Carl-Koenen-Str. 25
53881 Euskirchen

Telefon: 02251/1488134
Anreise bis: 16:30 Uhr
Ruhetag: Mo.
Schließzeit: 21.12.–01.01.

Hofverkauf:
Di.–Fr. 10–17 Uhr // Sa. 11–18 Uhr

www.industriemuseum.lvr.de

HOF PÜNING

Everswinkel (NW) · 51°55'47.0"N 7°48'6.0"E

Wir sind ein fröhlicher Familienbetrieb im Herzen des Münsterlandes, 15 km vor Münster. Bei uns wachsen Weihnachtsbäume und Spargel, wir verkaufen leckeres Wildfleisch und haben eine große Spielscheune für Kinderfeste aller Art. Unsere Kinderspielscheune hat nach Absprache und Verfügbarkeit für Camper geöffnet.

Selbstgemachtes: Spargel, Weihnachtsbäume, Wildfleisch und Wildspezialitäten. Außerdem: regionale Spirituosen, Marmeladen, Eingekochtes und Brotbackmischungen.
Aktivitäten: Kinderspielscheune (nach Absprache), tolles Fahrradwegenetz, Münster, Einblick in den Anbau von Weihnachtsbäumen
Hinweis: △ Wer mit dem Navigationsgerät anreist: bitte „Püning 20 in 48351 Everswinkel" eingeben.

Hof Püning B5
Püning 6 2021
48351 Everswinkel

Zu Gast bei: Dörte Püning
02582/283 o. 0160/99840912
Anreise bis: 17 Uhr
Schließzeit: 01.10.–31.12.

Hofverkauf:
Auf Anfrage

www.hof-puening.de

IBÉRICO WESTFALIA / HOF VINCKE

Everswinkel (NW) · 51°54'45.8"N 7°49'12.3"E

Mitten im Münsterland, am Ortsrand von Alverskirchen, liegt unser Hof. Hier züchten und mästen wir unsere Ibéricoschweine. Unsere Leidenschaft für gutes Essen in Kombination mit artgerechter Haltung brachte uns letztlich dazu, „Ibérico Westfalia" ins Leben zu rufen. Auf dem Stammbetrieb leben wir mit unseren vier Kindern. Ebenso wohnen hier Christians Eltern und Großeltern.

Selbstgemachtes: Fleisch unserer Ibéricos. Außerdem: Bratwurst, Chorizo, Schinken, Creme d'Ibérico und diverse Weine.
Aktivitäten: Vitusbad, Heimatmuseum, Radwanderweg „100 Schlösser-Route", Münster mit seiner historischen Altstadt und großartigen Einkaufsmöglichkeiten, Landgestüt in Warendorf, Telgte als Wallfahrtsort, Golfplatz, Telgte Flugplatz mit Fallschirmsprungmöglichkeiten.
Hinweis: △ Die letztem 500m sind einspurig, Zufahrt nur über die Everswinkeler Straße möglich.

Ibérico Westfalia B5
/ Hof Vincke 2021
Vinckenweg 30
48351 Everswinkel

Zu Gast bei: Andrea Vincke
0176/61522420
Anreise bis: 20 Uhr
Ruhetag: So.
Schließzeit: 15.12.–15.01.

Hofladen:
Mo.–Sa. 8–17:30 Uhr

www.hofvincke.de

KORNBRENNEREI GERBERMANN

Everswinkel (NW) · 51°55'19.3"N 7°47'10.8"E

Im Münsterland, inmitten von Feldern und Wald, liegen unser Hof und die 1870 durch Theodor Gerbermann errichtete Brennerei. Hier, im Herzen des Berdel, entstehen seit 150 Jahren landwirtschaftliche Erzeugnisse sowie hochwertige Korndestillate und Liköre. Auf dieser Tradition aufbauend freuen wir uns, den Familienbetrieb auch in Zukunft erfolgreich fortzuführen.

Selbstgemachtes: 24 verschiedene Sorten Spirituosen, z. B. Korn (speziell aus den alten Getreidearten Dinkel und Emmer), Liköre und Münsterländer Dry Gin. Außerdem: Spirituosen, Liköre, verschiedene Weine und geschmackvolle Präsente.
Aktivitäten: Besichtigung unserer gläsernen Brennerei, 100-Schlösser-Fahrradroute (führt entlang unseres Hofes), 18 Loch-Golfplatz „Brückhausen", Münster (10 km), Pferdestadt Warendorf (15 km), Telgte an der Ems (8 km), Freizeitbad „Vitus Bad" (4 km)

Kornbrennerei Gerbermann B5
Püning 11 2020
48351 Everswinkel

Zu Gast bei: André Gerbermann
02582/288
Anreise bis: 17 Uhr
Ruhetage: Di. So.
Schließzeit: 01.11.–09.01.

Hofladen:
Mo., Mi.–Fr. 9–12:30, 14:30–18 Uhr // Sa. 9–13 Uhr

www.gerbermann.com

LANDGASTHOF RADEMACHER

Finnentrop-Faulebutter (NW) · 51°13'20.7"N 8°1'46.9"E

Den Landgasthof findet man inmitten des Naturparks Homert auf einer Höhe von 525 Metern. Hier halten wir das vom Aussterben bedrohte, rote Höhenvieh. Überall bieten sich weite Ausblicke über die Landschaft und idyllisch gelegene Dörfer. Die gutbürgerliche Küche wird teilweise aus eigener Landwirtschaft versorgt, damit Sie wissen, woher Ihre Mahlzeit kommt. Hinweis: Gästezimmer mit Dusche stehen nach Voranmeldung zur Verfügung. Strom kann nach Absprache genutzt werden. (Toilettennutzung ist möglich von 11 bis 21 Uhr)

Selbstgemachtes: Apfelsaft, Eier, Mittagessen. Frühstück, Abendbrot und Getränke erhältlich.
Aktivitäten: Wanderwege (Sauerland-Höhenflug), Radweg (SauerlandRadring), e-Ladestation für Autos und Fahrräder

Landgasthof Rademacher C6
Faulebutter 2 2020
57413 Finnentrop-Faulebutter

Zu Gast bei: Rademacher 02724/215
Anreise bis: 19 Uhr
Ruhetag: Do.
Schließzeit: 14.12.–27.12.

Hofverkauf:
Auf Anfrage

www.landgasthof-rademacher.de

GUT CLARENHOF

Frechen (NW) · 50°56'13.0"N 6°48'48.9"E

Wir sind ein landwirtschaftlicher Betrieb vor den Toren Kölns mit eigener Hühnerhaltung und Bio-Gärtnerei. In unserem Hofladen finden unsere Kunden viele hausgemachte und regionale Produkte.

Selbstgemachtes: Eier, Spargel, Erdbeeren, hausgemachte Speisen, Marmelade u.v.m. Außerdem: Obst und Gemüse teilweise auch Eigenanbau, Fleisch, Wurst, Käse, warme Speisen, Kuchen, Gebäck, Honig u.v.m.
Aktivitäten: Golf, Minigolf, Wanderungen

Gut Clarenhof A7
GmbH & Co KG 2021
Gut Clarenhof 5
50226 Frechen

Zu Gast bei: Victor Dünn 02234/959620
Anreise bis: 16 Uhr

Hofladen:
Mo.–Fr. 8:30–18:30 Uhr // Sa. 8–18:30 Uhr // So. 10–18:30 Uhr

www.gut-clarenhof.de

BIOHOF PÖHL

Freiensteinau-Reichlos (HE) · 50°27'33.3"N 9°25'43.2"E

Bioland-Milchviehbetrieb mit ammengebundener Kälberaufzucht und Blick auf den Reichloser See.

Selbstgemachtes: Milch und Eier. Bewirtung nach Voranmeldung.
Aktivitäten: Radwanderweg, Badesee (3 km)

Pöhl GbR D7
Rhönstraße 19 2022
36399 Freiensteinau-Reichlos

Zu Gast bei: Jenny Pöhl 06669/396 o. 0151/18179265
Anreise bis: 20 Uhr
Ruhetag: So.

Hofverkauf:
Auf Anfrage

www.instagram.com/biohof.poehl

ARCHEHOF FRÖNDENBERG

Fröndenberg/Ruhr (NW) · 51°30'53.7"N 7°46'25.2"E

Unser Hof ist vielfach strukturiert, mit vielen alten Tierrassen und alter Bausubstanz. Er liegt zentral im Dorf und dennoch ruhig. Wir betreiben einen kleinen Hofladen mit Hofcafé, haben Spielgelegenheiten für Kinder und Wandermöglichkeiten ab Hof. Bitte beachten Sie, dass wir unseren Hof von Anfang November bis Ende Februar schließen. Wir sind ein anerkannter Neulandbetrieb und züchten Rinder und Weidehähnchen.

Selbstgemachtes: Wurst (Leberwurst, Blutwurst, Schwartemagen, Möpkenbrot, Rinderwurst, Mettwurst), luftgetrockneter Schinken, Fruchtaufstriche, Tomatensoßen, Relish und mittwochs frisches Brot. Außerdem: Fleischwaren, Eier, Brötchen, saisonales Gemüse, Wein und andere Getränke.
Aktivitäten: Mauritiuswanderweg ab Hof, Ruhrtal-Radweg in Fröndenberg, zwei Golfplätze in benachbarten Dörfern, Kettenschmiede in Fröndenberg

Hof Dahlhoff B6
Burgstraße 5 2014
58730 Fröndenberg/Ruhr

Telefon: 02303/490651
Ruhetag: So.
Schließzeit: 01.11.–29.02.

Hofladen:
Mi. 16–18 Uhr // Fr. 10–18 Uhr // Sa. 8–18 Uhr

www.hof-dahlhoff.de

HOF SCHULZE SCHOLLE

Gescher (NW) · 51°56'8.5"N 7°4'18.3"E

Mitten im Münsterland liegt unser Hof. Gut erreichbar von der B 525. Bei uns bekommen Sie Erdbeeren, Himbeeren, Heidelbeeren, Äpfel und Kürbisse von der eigenen Plantage. Wir heißen Sie herzlich in unserem Hofladen willkommen.

Selbstgemachtes: Erdbeeren, Himbeeren, Heidelbeeren, Äpfel und Kürbisse.

Hof Schulze Scholle B5
Tungerloh-Pröbsting 33 2021
48712 Gescher

Zu Gast bei: Sibylle Schulze Scholle
02542/7830

Hofladen:
Täglich 10–18 Uhr

www.hofschulzescholle.de

NATUROH

Gescher (NW) · 51°58'31.3"N 7°0'19.6"E

Ein kleiner, extensiver Betrieb mit Schafzucht, Bienen, Fischzucht, Wildpflanzen und -kräutern. Im Hofladen gibt es ein vielseitiges Sortiment an selbst hergestellten Produkten. Dieser ist bei Anreise und nach Anfrage für Sie geöffnet. Es ist ein naturbelassenes Gelände mit Naturteichen in einem Landschaftsschutzgebiet. Aus organisatorischen Gründen ist eine Anmeldung 24 h vorher erforderlich. Die Anreisezeit erfolgt nach Absprache. Wir haben eine Gartendusche, die gern genutzt werden kann. Nur Barzahlung möglich.

Selbstgemachtes: Honig, Fruchtaufstriche, Eingekochtes, Liköre, Fisch, Naturkosmetik, Saft, Essig, Öle, Wasserpflanzen, Wildkräuter, Holzdeko, u. v. m. Nach Voranmeldung: Getränke erhältlich.
Aktivitäten: Radwanderwege, Freibad, Museen, Kräuterkammer, Lagerfeuer, Kerzengießen, Kräuterworkshop, Angeln, Frühstückskorb (mit Anmeldung)
Hinweis: △ Aufgrund der Einfahrt keine Aufnahme von Wohnmobilen über 7 m. Nutzen Sie die Landvergnügen-App, die meisten Navis leiten Sie falsch.

NaturOH B5
Harwick 89 2016
48712 Gescher

Zu Gast bei: Birgit Bartsch
0157/73306124

Hofladen:
Auf Anfrage

www.naturoh.eu

KELLERWÄLDER ERLEBNISBRAUEREI UND BRAUHAUS

Gilserberg (HE) · 50°57'7.8"N 9°3'57.5"E

Herzlich willkommen in der Kellerwälder Erlebnisbrauerei… wir machen die Welt ein Bierchen besser! Besuchen Sie unsere Destillathek oder lernen die Gegend bei einer Bierwanderung mit Besichtigung des Brauhauses kennen. Genießen Sie das schöne Ambiente unserer Gastronomie mit einer leckeren Speisekarte.

Selbstgemachtes: Destillate, Gin, Liköre und Bier. Nach Voranmeldung: Abendbrot und Getränke erhältlich.
Aktivitäten: Wanderungen im Kellerwald, Brauhausbesichtigungen

Kellerwälder Erlebnisbrauerei und Brauhaus
Kasseler Str.19
34630 Gilserberg
C7
2022

Zu Gast bei: Bernd Klöpper
06696/911811
Anreise bis: 20 Uhr
Ruhetag: Mo.

Hofverkauf:
Auf Anfrage

www.kellerwaelder.de

BIOLANDHOF VON AGRIS

Goch (NW) · 51°41'29.1"N 6°4'6.3"E

Unseren familiengeführten Biolandhof findet man am schönen Niederrhein. Mit uns leben reinrassige Galloway-Rinder und Benteimer-Duroc Schweine. Wir versuchen stets, unseren Tieren ein artgerechtes und würdiges Leben zu ermöglichen. Unsere Schweine haben einen großen Stall mit dicker Strohschicht, um sich dort einzukuscheln und sie können in einem großen Außengehege ihrer Buddelleidenschaft nachgehen. Unsere Rinder leben ganzjährig in Weidehaltung. Es besteht die Möglichkeit, unsere Ferienwohnung „Land-leben" zu mieten.

Selbstgemachtes: Rind- und Schweinefleisch.
Aktivitäten: Badesee, Radwanderweg, Wandern, Museen

Biolandhof von Agris
Maasstraße 140
47574 Goch
A5
2021

Zu Gast bei: Klaus von Agris
02827/5684 o. 0160/5994316
Anreise bis: 21 Uhr

Hofverkauf:
Auf Anfrage

www.biolandhof-vonagris.de

IMKER GEORG

Goch (NW) · 51°41'39.3"N 6°13'39.4"E

Am unteren Niederrhein, zwischen Goch und Kalkar, führe ich seit 40 Jahren als leidenschaftlicher Freizeitimker die Imkerei meines Vaters weiter. Unter dem Motto „Dem Imker über die Schulter schauen" kann man sich einen Einblick in die vielfältigen Tätigkeiten des Imkerns verschaffen. Wir zeigen die Lebensweise der Bienen am lebenden Volk. Um unser Haus sind blühende Sträucher, Stauden und Blumenwiesen angelegt, so dass die Insekten das ganze Jahr über Nahrung finden können. Wir freuen uns auf Ihren Besuch!

Selbstgemachtes: Honig. Außerdem: Honigprodukte: Cremes, Salben, Seifen, Shampoo und Wachsprodukte.
Aktivitäten: Einblicke in die Imkerei (Bienenvolk öffnen, Honigschleudern und weitere Schritte der Honiggewinnung), Wachsverarbeitung, Kerzen selbst rollen oder gießen, Niederrhein-Radweg

Imker Georg
Klappekuhlstr. 6a
47574 Goch
A5
2022

Zu Gast bei: Georg Kersten
02823/4240 o. 0162/7012059
Anreise bis: 20 Uhr
Schließzeit: 20.06.–10.07., 25.07.–31.07.

Hofverkauf:
Auf Anfrage

NIERSWALDER LANDHAUS

Goch (NW) · 51°43'31.7"N 6°8'22.6"E

Unser Haus liegt inmitten des Blumendorfes Nierswalde. Von hier aus können Sie die schöne und historisch spannende Kulturlandschaft des Niederrheins entdecken. Sie können Ihren Tag mit einem guten Frühstück bei uns starten, sich wohlfühlen und eines der schönsten Restaurants am Niederrhein mit ländlich-herzlicher Atmosphäre genießen. Unser Küchenchef Jan Hollendung – einer der Spitzenköche zwischen Rhein und Maas – verwöhnt Sie kulinarisch mit einem Konzept, das auf Qualität, saisonaler und regionaler Inspiration und frischer Zubereitung basiert. Anmeldung telefonisch bis 13 Uhr und bei Anreise an der Rezeption!

Selbstgemachtes: Frühstück, Mittagessen am Wochenende, Kaffee, Kuchen, Abendessen, Eis und Wildfleisch. Frühstück, Abendbrot und Getränke erhältlich.

Aktivitäten: Fahrrad fahren, Wandern, Paddeln, Gartenbesichtigungen, Draisine, Kloster-, Schloss- und Stadtführungen, Museen, Freizeitparks, Sport- und Wellnessangebote

Nierswalder Landhaus
Dorfstraße 2
47574 Goch
A5
2020

Zu Gast bei: Sigrid Dittrich
02823/9288833
Anreise bis: 21 Uhr

Hofverkauf:
Auf Anfrage

www.nierswalder-landhaus.de

BIOLAND-IMKEREI KRAMERHONIG

Grävenwiesbach (HE) · 50°22'38.7"N 8°26'55.5"E

Kleine, familiengeführte Bioland-Imkerei im Herzen des Naturparks Hochtaunus. Wir erzeugen regionale Blüten- und Sortenhonige und andere Imkerprodukte. Auf dem neu errichteten Hof ist eine gläserne Produktion geplant. Außerhalb der Öffnungszeiten öffnen wir den Hofladen gern auf Anfrage.

Selbstgemachtes: Honig, Propolis, Bienenwachstücher und Met. Außerdem: Töpferwaren.

Aktivitäten: Wandern, Radfahren, Bienen, Blühflächen und je nach Jahreszeit Einblicke in die Bioland-Imkerei

Bioland-Imkerei
Kramerhonig
Oberste Eiche 1
61279 Grävenwiesbach
C7
2021

Zu Gast bei: Andreas Kramer
0151/25149240
Anreise bis: 19 Uhr
Schließzeit: 01.10.–30.04.

Hofladen:
Mi., Fr. 14–18:30 Uhr

www.kramerhonig.de

VOGELSCHMIEDE

Grebenhain (HE) · 50°29'2.9"N 9°16'36.4"E

Wir betreiben eine gemütliche Jausenstube auf der Herchenhainer Höhe im Vogelsberg. Weitblick von der Wetterau, über den Taunus, die Skyline von Frankfurt, den Odenwald, den Spessart und bis in die Rhön. Ankommen, abschalten, auftanken...! Gönnen Sie sich eine Auszeit auf der Herchenhainer Höhe, wo man mit allen Sinnen genießen kann! Ein ausgewiesener Parkplatz mit E-Ladestation ist vorhanden.

Selbstgemachtes: Kuchen und Käse. Außerdem: regionale Produkte wie Brot, Käse, Wurst, Honig, Eier, Mehl, Kunst, Handwerk u.v.m. Nach Voranmeldung: Frühstück, Abendbrot und Getränke erhältlich.

Aktivitäten: Ausgangspunkt diverser Wanderwege, zertifizierter Premiumwanderweg „Bergmähwiesenpfad" (mehr als 9 km lang), 3 Badeseen (10 min), Erlebnisberg Hoher Rodskopf

Hinweis: △ Sackgasse mit geräumiger Wendemöglichkeit.

Vogelschmiede
Rasthausstr. 19b
36355 Grebenhain
D7
2020

Zu Gast bei: Nicole Aviény
06644/9187937

Hofverkauf:
Auf Anfrage

www.vogelschmiede.de

ERDBEEREN

AUF DIE BEERE GEKOMMEN

Der Landvergnügen-Gastgeber Hochwald-Spargel baut am unteren Niederrhein neben Spargel auch saftige Erdbeeren an.

Die perfekte Erdbeere zu beschreiben, fällt Rachel Poen nicht schwer: Rot muss sie sein, saftig und vor allem aromatisch. Vor zwei Jahren hat die Ergotherapeutin sich für eine Zukunft als Landwirtin entschieden und als ältestes von fünf Kindern den elterlichen Hof übernommen.

„Unsere Familie hatte eine Schweine- und Bullenmast, bevor mein Vater als Pionier in der Region vor dreißig Jahren auf Spargel umstellte und etwas später noch Erdbeeren hinzunahm", sagt Rachel Poen. Auf zwei Hektar wachsen die Früchte. Einmal auf die Beere gekommen, entschied sich die Familie auch noch für Himbeeren und Blaubeeren.

Spargel und Beeren passen nicht nur jahreszeitlich gut zusammen. Sie ergänzen sich auch, was ihre Ansprüche an den Boden betrifft. Während der Spargel seine Nährstoffe aus den tiefen Erdschichten zieht, können die Erdbeeren problemlos in den höheren gedeihen.

Dadurch verlängert sich auch die Saison für das Hofcafé und das Restaurant Hufschen Henn. Ab April öffnet die Gastronomie. Aus dem Spargel, aber auch anderen Feldfrüchten wie Kartoffeln, Salat oder Roter Beete aus eigenem Anbau bereitet ein Koch fantasievolle Kreationen zu. Der Beerenanbau liefert die fruchtige Basis für hausgebackene Kuchen und Desserts. Im Spätsommer stehen auch Kürbis-Gerichte auf der Speisekarte.

Wurden die Poens anfangs noch für ihre Sonderkulturen belächelt, haben sie sich in der Region inzwischen einen Namen gemacht. An zahlreichen Verkaufsständen bringen sie ihren Spargel und die Erdbeeren unter die Leute – und geben Tipps zu Zubereitung und Lagerung mit auf den Weg. „Wir empfehlen, unsere Erdbeeren nicht lange im heißen Auto aufzubewahren", sagt Rachel Poen. „Am besten sollte man sie schnell verzehren oder im Kühlschrank bevorraten, wenn möglich außerhalb der Schale. So werden Druckstellen vermieden."

→

Schon Rachel Poens Vater war es wichtig, bei Hofführungen und -festen den Kunden zu zeigen, wo und wie ihr Obst und Gemüse wächst. Seine Tochter setzt ebenfalls auf Transparenz. „Wir erklären gerne, wie moderne Landwirtschaft funktioniert, erklären, warum wir Folien und Tunnel auf dem Feld einsetzen oder mit Erntehelfern aus Polen und Rumänien zusammenarbeiten“, sagt sie.

Die Helfer, darunter auch Studierende aus der Umgebung, gehören fast zur Familie und kommen seit Jahren. Rachel Poen ist eine gute Atmosphäre auf dem Hof wichtig. Schließlich bedeutet Landwirtschaft auch immer Teamwork. Bei aller Arbeitserleichterung durch Maschinen oder Mittel zum Pflanzenschutz ist immer noch viel Handarbeit nötig. „Wir müssen die Erdbeerpflanzen zum Beispiel so zurechtstutzen, dass sie möglichst viele Früchte im Frühjahr treiben“, beschreibt Rachel Poen ihre Arbeit.

Tätigkeiten wie diese begleiten sie fast das ganze Jahr über. Bis in den Dezember hinein werden zusätzlich Getreide und Zuckerrüben von den Feldern geholt. Lediglich der Januar ist etwas ruhiger, bis die Landwirte im Februar schon wieder die Spargelfelder vorbereiten.

Obwohl sie zwischen April und Oktober keinen freien Tag hat, bereut Rachel Poen den Quereinstieg in die Landwirtschaft nicht. „Ich bin oft an der frischen Luft und kann viel selbst gestalten“, sagt sie. Zusammen mit ihren Eltern und Geschwistern organisiert sie Veranstaltungen wie Konzerte im Hufschen Henn. Höhepunkt des Jahres ist das große Erdbeer- und Spargelhoffest am Pfingstsonntag. Die Erlöse spendet der Hof an soziale Projekte.

Für viele Camper ist der Spargelhof nahe der niederländischen Grenze Ausgangspunkt für Touren durch den Uedemer Hochwald. Sein alter Buchen- und Eichenbestand macht den Mischwald zu einem beliebten Ausflugsziel, das gleich hinterm Acker beginnt. Doch auch die Römerstadt Xanten und der historische Stadtkern in Kalkar sind einen Ausflug wert.

Nord Nordwest Ost Mitte-West West Südost Südwest

HOF MÜNSTERLAND

Greven (NW) · 52°5'38.3"N 7°42'26.6"E

Unser Hof liegt im schönen Münsterland, direkt am Dortmund-Ems-Kanal und am Jakobsweg. Der Kanal eignet sich bestens für Kanutouren oder zum Stand-Up-Paddeln und ist idealer Ausgangspunkt für Radtouren und Spaziergänge. Wir betreiben eine Bullenmast und haben zwei Hofhunde. Für fremde Hunde und für Kinder ist unser Hof leider nicht geeignet. Wir bieten einen Brötchenservice an und haben Feuerschalen und Grills zur freien Verfügung. Achtung: Wir haben oft schlechten Empfang – Anmeldungen bitte nur per SMS / WhatsApp!

Selbstgemachtes: Rindfleisch aus eigener Schlachtung auf Anfrage. Außerdem: Blühpatenschaften und Feuerholz.

Aktivitäten: gut ausgebaute Radwege, auch für Rennräder und Inline Skates bestens geeignet (Spezialasphalt), Wanderwege, Freibäder im Nachbarort, Beach Club an der Ems in Greven, Lagerfeuer, Grillen

Hof Münsterland – Naty & Dave
Glanering 14
48268 Greven
B5
2021

Telefon: 0160/95558558
Anreise bis: 19 Uhr
Schließzeit: 24.12.–26.12.

Hofverkauf:
Auf Anfrage

DER URGESCHMACK

Großalmanode-Weißenbach (HE) · 51°15'24.5"N 9°50'56.8"E

Unsere Jausenstation, der Produktionsort der nordhessischen Lebensmittel, liegt im idyllischen Weißenbach. Die einzigartigen nordhessischen Spezialitäten, die schon Uroma in der Küche zubereitete, können Sie nicht nur in unserem Restaurant und Café genießen, sondern auch aus dem Hofladen mit nach Hause nehmen. Eine ökologische oder traditionelle Lebensmittelherstellung mit naturbelassenen Rohstoffen und Gewürzen ist Gesetz. Auf Wunsch öffnen wir gerne unseren Hofladen für Sie und bieten Bewirtung an. Unser Restaurant ist samstags und sonntags von 11:00 bis 19:30 Uhr geöffnet, in dieser Zeit ist die Nutzung der Toilette möglich.

Selbstgemachtes: nordhessische Wurstspezialitäten, Biolandkäseprodukte, Fertiggerichte im Weckglas, Brot, Torten und Blechkuchen. Nach Voranmeldung: Frühstück, Abendbrot und Getränke erhältlich.

Aktivitäten: Wanderwege, Radwege im Tal, Kirschenhauptstradt Witzenhausen, Burgen

Der Urgeschmack – Restaurant Jausenstation
Weißenbachstr. 1A
37247 Großalmanode-Weißenbach
D6
2021

Zu Gast bei: Matthias Pflüger
05604/9191230
Anreise bis: 18 Uhr

Hofladen:
Auf Anfrage

www.der-urgeschmack.de

NATURLANDBETRIEB LOOB

Grünberg (HE) · 50°35'9.1"N 9°2'55.6"E

Wir sind ein landwirtschaftlicher Naturlandbetrieb mit Imkerei und Gemüseselbsternte, Rinderhaltung und Ackerbau. Wir freuen uns auf Ihren Besuch.

Selbstgemachtes: Honig, Gemüse und Wild. Außerdem: Bio-Schafskäserei und Metzgerei im Ort.

Aktivitäten: Rad- und Wanderwege z.B. Erzweg

Naturlandbetrieb Loob
Lardenbacher Str. 4
35305 Grünberg
C7
2021

Zu Gast bei: Christian Loob
0173/2995266
Anreise bis: 19 Uhr

Hofverkauf:
Auf Anfrage

KLOSTERHOF BÜNGHAUSEN

Gummersbach (NW) · 50°58'55.6"N 7°30'35.4"E

Wir sind ein kleiner, überschaubarer und vielseitiger landwirtschaftlicher Betrieb mit Mutterkuh-Herde, Schafzucht, Hühnern und Pferden. Wir züchten alte Haustierrassen, wie z.B. Rotes Höhenvieh, Bergschafe, Mechelner Hühner und Noriker-Kaltblüter vom Abtenauer Schlag. Die Haltung von Zweitnutzungshühnern und ein interessantes Angebot an Thementagen, Spazier- und Radfahrmöglichkeiten sorgen für einen abwechslungsreichen Aufenthalt. Wir arbeiten nach den Richtlinien von Biokreis, sind anerkannter Demonstrationsbetrieb für den ökologischen Landbau und GEH-Archehof. Bitte 24 h vor Anreise anmelden.

Selbstgemachtes: Rindfleisch, Lammfleisch, Masthähnchen, Eier, Wurstwaren, Äpfel, Apfelprodukte, Walnüsse, Brotaufstriche, Wolle und Felle. Frühstück und Getränke erhältlich.

Aktivitäten: Museen, Spazier-, Wander- und Radfahrwege

Hinweis: △ Die Zufahrt ist einspurig und die letzten 150 m sind geschottert.

Klosterhof Bünghausen B7
Hömelstr. 12 2017
51645 Gummersbach

Zu Gast bei: Peter Schmidt
02261/9879865
Anreise bis: 20 Uhr

Hofverkauf:
Täglich 6–22 Uhr

www.klosterbauer.de

BAUERNLADEN ARENTZ

Haltern am See (NW) · 51°42'49.1"N 7°4'47.0"E

Sie besuchen einen landwirtschaftlichen Betrieb mit einem Hofladen und vielen Produkten, auch aus eigener Herstellung. Im Hofcafé mit Kamin, gemütlicher Atmosphäre und der großen Terrasse in ländlicher Idylle gibt es jeden Morgen ein großes Frühstücksbuffet, später Mittagstisch, Kaffee und Kuchen. Auf unserer Speisekarte finden Sie verschiedene vollwertige Gerichte aus der vegetarischen Küche. Nehmen Sie Platz und genießen Sie in aller Ruhe die frischen Köstlichkeiten. Beachten Sie, dass Toiletten nur während der Öffnungszeiten zu nutzen sind.

Selbstgemachtes: Eier, Wurstwaren, Schweinefleisch, Geflügel, Brot, Kuchen, Gebäck, Liköre und Konfitüren. Außerdem: Obst, Gemüse, Wein, Rindfleisch, Honig und Gurken. Frühstück und Getränke erhältlich.

Aktivitäten: Felder, Wald, Radwege, Halterner Stausee (10 km)

Bauernladen Arentz GbR B5
Birkenallee 119 2021
45721 Haltern am See

Zu Gast bei: Cornelia Arentz
02360/465 o. 0170/3802804
Anreise bis: 18 Uhr
Ruhetag: So.
Schließzeit: 01.12.–31.01.

Hofladen:
Auf Anfrage

www.arentz-bauernladen.de

FREIZEITHOF MESTERSCHEID

Hemer (NW) · 51°24'13.9"N 7°46'36.8"E

Ponys, Pferde und ihre Reiter fühlen sich auf unserem Reiterhof seit jeher wie im Paradies. Ein abwechslungsreiches und fantasievolles Angebot an Aktivitäten lässt Mesterscheid als wunderschönen Freizeithof erstrahlen. Dies reicht von Kindergeburtstagen auf dem Ponyhof über Ferienfreizeiten bis hin zum Ponyreiten. Die idyllische Landschaft lädt einfach zu Ausflügen und Spaziergängen in der Natur ein.

Selbstgemachtes: Eier. Außerdem: Getränke, Käse, Aufstrich, Wurst (im Selbstversorgerkühlschrank), Wild aus heimischen Wäldern, Eierlikör und selbstgemachte Marmeladen.

Aktivitäten: Ponyreiten, Waldspaziergänge, Freibad (20 Min zu Fuß), Sauerlandpark Hemer (40 Min zu Fuß)

Hinweis: △ Der letzte Kilometer führt über einen Schotterweg. Fahren Sie uns bitte immer mittels Navi über die Teichstraße an.

Freizeithof Mesterscheid B6
Mesterscheid 2 2019
58675 Hemer

Zu Gast bei: Sven Rothhöft
0151/75021784
Anreise bis: 22 Uhr

Hofverkauf:
Auf Anfrage

www.freizeithof-mesterscheid.de

STRACKS HOF

Hennef (NW) · 50°43'44.1"N 7°22'19.8"E

Ruhiger Stellplatz auf dem Bauernhof. Proviant ist direkt in unserem SB-Hofladen und in der Landmetzgerei erhältlich. Telefonische Anmeldung erwünscht!

Selbstgemachtes: Produkte aus der Landmetzgerei, Obst und Gemüse.
Aktivitäten: Bergischer Wanderweg

Stracks Hof B7
Raiffeisenstr. 23 2021
53773 Hennef

Telefon: 01578 / 2306060

Hofladen:
Auf Anfrage

BERGS HOF

Herford (NW) · 52°5'39.2"N 8°39'32.1"E

Unser familiengeführter und nach Biolandrichtlinien geführter landwirtschaftlicher Betrieb liegt idyllisch inmitten unserer Strauchbeerenobstplantagen. In unserem Hofladen finden Sie alles, was Sie für ein leckeres Urlaubsmenü benötigen. Wir bauen neben Kartoffeln, Getreide und Futter zahlreiches Beerenobst an, das auch zum Selbstpflücken zur Verfügung steht. Von Juni bis Anfang August hat unser Hofladen montags bis freitags von 9–18 Uhr und samstags von 9–13 Uhr geöffnet.

Selbstgemachtes: Kartoffeln, Beeren, Getreide, Süßkartoffeln, Rindfleisch, Fruchtaufstriche und Apfelsaft. Außerdem: Brot und Brötchen.
Aktivitäten: Freibad, Externsteine, Tierpark, Bismarkturm, Heerser Mühle

Bergs Hof C5
Im Heidsiek 69 2022
32052 Herford

Zu Gast bei: Thomas Flachmeier
0176/63461473
Anreise bis: 20 Uhr

Hofladen:
Di., Do. 9–13, 15–18 Uhr // Fr.
9–18 Uhr // Sa. 9–13 Uhr

www.bergs-hof.de

GÄRTNERHOF IM ZIPFEL

Herleshausen (HE) · 51°0'21.2"N 10°9'35.1"E

Wir sind eine kleine, vielseitige Demeter-Gemüsegärtnerei im schönen Werratal und verkehrsgünstig direkt an der A4, Abfahrt Herleshausen gelegen. Unsere Familie lebt auf einem denkmalgeschützten Vierseithof mit Hund, Katze und einigen Rindern. Wir vermarkten unser erntefrisches Gemüse sowie Brot, welches wir aus unserem eigenen Getreide produzieren. Wer Lust und Interesse hat, darf all dies aus nächster Nähe kennenlernen und mit anpacken. Hinweis: Im Winter hat unser Hofladen nur bis 18 Uhr oder nach Vereinbarung geöffnet.

Selbstgemachtes: Gemüse der Saison und Brot aus eigenem Getreide. Außerdem: Eier, Apfelsaft, Ziegenkäse und Honig.
Aktivitäten: Werratal-Radweg, Burgruine, Hallenbad, Eisenach mit Wartburg

Gärtnerhof im Zipfel E7
Sackgasse 22 2020
37293 Herleshausen

Zu Gast bei: Ina Tröll 0176/98838861

Hofladen:
Fr. 14–19 Uhr

HOTEL RESTAURANT FLEISCHEREI SCHNEIDER

Herleshausen (HE) · 51°0'22.0"N 10°9'44.4"E

Unser Familienbetrieb mitten im grünen Werratal in der ehemaligen Zonenrandgrenze zur DDR wird bereits in 4. Generation bewirtschaftet. Auf unserem Grundstück stehen schöne Fachwerkhäuser. Wurstwaren und Schinken von den Tieren direkt aus der Gemeinde werden in unserer Fleischerei noch selbst hergestellt. Im Restaurant erwartet die Gäste eine regionale Küche, etwa die Hessische Bratwurst oder das Weckewerk. Aktuelle Öffnungszeiten von Restaurant und Fleischerei entnehmen Sie bitte der Webseite. Hinweis: Die Toilettennutzung ist nur möglich, wenn Personal vor Ort ist. Am Sonntag ist der Hofladen nach Absprache geöffnet.

Selbstgemachtes: Bratwurst, Stracke, Rote Wurst, Sülze, Grillfleisch und Aufschnitt. Frühstück, Abendbrot und Getränke erhältlich.

Aktivitäten: Werratal-Radweg, Schwimmbad, Ritterburg Brandenburg, Wartburg in Eisenach, Grenzpark-Museum

Hotel Restaurant Fleischerei Schneider
Am Anger 7
37293 Herleshausen
E6
2020

Zu Gast bei: Uwe Schneider
05654/6428
Anreise bis: 19 Uhr
Ruhetag: So.
Schließzeit: 01.09.–30.09., 01.02.–28.02.

Hofladen:
Mo.–Fr. 8:30–13, 15–18 Uhr

www.hotel-fleischerei-schneider.de

DER HOFLADEN SIEBALD

Hessisch Lichtenau (HE) · 51°10'49.8"N 9°45'59.2"E

Unser landwirtschaftlicher Familienbetrieb liegt am Fuße des Hohen Meißners, einer der landschaftlich reizvollsten Regionen Nordhessens. Neben der Schweinehaltung für die eigene Produktion (z.B. Ahle Wurst), ist die Pferdehaltung und unsere Hobbyzucht mit 2 Zuchtstuten Teil unserer Landwirtschaft. Der Stellplatz ist vor dem Hofladen an der Dorfstraße. Der gemütliche Hofladen mit Einkehrmöglichkeit und einem schönen Bauerngarten mit Sitzmöglichkeiten lässt Sie den Alltag vergessen.

Selbstgemachtes: Hausmacherwurst, Schweinefleisch, Bratwurst und Steaks in der Grillsaison, Brotaufstriche süß und herzhaft, Suppenküche, hausgebackene Kuchen und Torten aus der Backstube. Außerdem: Honig, Essig, Wein, Sekt, Kekse, Käse, Gurken, Salate und Eier. Nach Voranmeldung: Frühstück, Abendbrot und Getränke erhältlich.

Aktivitäten: Premiumwanderweg P10, Naturschutzgebiet, Burgruine Reichenbach, Hallenbad (3 km)

Der Hofladen Siebald
Dorfstraße 18
37235 Hessisch Lichtenau
D6
2021

Zu Gast bei: Susanne Siebald
05602/9190825 o. 0172/1406935
Anreise bis: 19 Uhr

Hofladen:
Mo.–Fr. 8–13 Uhr

www.der-hofladen-siebald.de

LANDFLEISCHEREI AHLE WURSCHT

Hessisch Lichtenau (HE) · 51°12'2.7"N 9°46'3.0"E

Die Landfleischerei Neumeier steht für beste Qualität und absolute Frische. Wir schlachten noch selbst und stehen mit den Bauernhöfen, von denen wir unsere Schweine, Rinder oder Gänse beziehen, in engem Kontakt. Jeden Samstag bieten wir unseren Gästen exklusiv nach Anmeldung Schlachtekurse von Landschweinen an. Sie wollten schon immer mal wissen wie Wurst gemacht wird? Buchen Sie einen Ahle Wurschtkurs am Sonntag, die Termine finden Sie auf der Webseite. Wir freuen uns, Ihnen unsere historische Wurstscheune zu zeigen. Starten Sie bei uns mit einem leckeren Frühstück in einen schönen Tag.

Selbstgemachtes: Hausmacherwurst, Ahle Wurscht, Schweinefleischprodukte und Glaskonserven. Außerdem: Rindfleischprodukte und andere Fleischspezialitäten. Nach Voranmeldung: Frühstück und Getränke erhältlich.

Aktivitäten: Badesee, Radwanderwege, Museum

Landfleischerei Carsten Neumeier Ahle Wurscht
Rommeröder Straße 7
37235 Hessisch Lichtenau
D6
2021

Telefon: 05602/4548
Anreise bis: 20 Uhr
Schließzeit: 07.08.–28.08.

Hofladen:
Di.–Fr. 7–18 Uhr // Sa. 7–12 Uhr

www.ahle-wurscht.de

BIRKENHOF HOFHEIM

Hofheim am Taunus (HE) · 50°6'16.6"N 8°27'50.6"E

Unser Obstbaubetrieb vor den Toren von Frankfurt am Main heißt Sie herzlich willkommen! Bei uns finden Sie auf einer ständig erweiterten Betriebsfläche einen klassischen Obstbaubetrieb mit Kelterei. Besuchen Sie unseren Hofladen und kehren Sie in unsere Bembelschänke ein (3. Juni – September: Donnerstag – Samstag ab 17:30 Uhr, sonn- und feiertags ab 14:00 Uhr). Probieren Sie unsere selbst gemachten Köstlichkeiten und genießen Sie die hessische Gastfreundschaft in entspannter Atmosphäre.

Selbstgemachtes: vieles rund ums Obst, Eier von eigenen freilaufenden Hühnern. Außerdem: Obst, Gemüse, Käse, Wurst, Fleischwaren von einem befreundeten Betrieb in bester Qualität. Bewirtung nach Voranmeldung.
Aktivitäten: Rhein-Main-Therme, Freibäder, Großer Feldberg, Opel-Zoo, Frankfurter Zoo

Birkenhof Hofheim C8
Reifenberger Str. 16 2021
65719 Hofheim am Taunus

Zu Gast bei: Gregor Betzel
0171/5264446
Anreise bis: 20 Uhr
Ruhetag: Mo.

Hofladen und Hofverkauf:
Di.–Fr. 9–13 Uhr // Sa. 9–14 Uhr

www.taunusobst.de

KOCHS HOF

Homberg Ohm/Deckenbach (HE) · 50°42'52.2"N 8°56'48.4"E

Auf unserem ehemaligen Milchviehbetrieb bewirtschaften wir heute einen Hochbeetgarten. Eine Bewirtung ist auf Anfrage möglich. Unsere Hühner sorgen täglich für frische Eier, die Sie neben vielen anderen Produkten aus eigener Herstellung in unserem Hofladen erwerben können. Eine Toilette ist nach Absprache verfügbar.

Selbstgemachtes: Eier, Marmelade, frisches Gemüse, Kräuter, Brotaufstriche, Kuchen, Eierlikör und Kartoffeln (saisonal). Außerdem: aus der Region: Gegrilltes, Wurst, Honig, Brötchen, Brot, Getränke, Holz für Lagerfeuer und Lama-Produkte auf Anfrage. Nach Voranmeldung: Frühstück, Abendbrot und Getränke erhältlich.
Aktivitäten: viele Rad- und Wanderwege, Freibad in Homberg (Ohm)
Hinweis: △ Die letzten 50 m sind ein Schotterweg.

Kochs Hof C7
Rüddingshäuserstraße 17 2022
35315 Homberg Ohm/
Deckenbach

Zu Gast bei: Steffen und Beata Cloos
06633/9110970 o. 0179/3205606
Anreise bis: 19 Uhr

Hofladen:
Täglich 8:30–19:30 Uhr

BIOHOF GROSS

Homberg/Mühlhausen (HE) · 51°2'36.8"N 9°22'27.9"E

Mitten im Grünen, nahe der Efze und unweit der Gärtnerei befinden sich die Landvergnügen-Stellplätze. Von hier aus lohnt sich ein Spaziergang zum familiengeführten Hof für Groß und Klein! Auf dem Weg begegnet ihr unseren Schweinen und Pferden. Im Innenhof befindet sich unser Hofcafé und der Hofladen mit Bio-Vollsortiment.

Selbstgemachtes: frisch geerntetes Gemüse, Kartoffeln, Fleischwaren vom eigenen Schwein, Sauerkraut, Kuchen, Torten und hausgemachte Kaltgetränke. Außerdem: Bio-Vollsortiment im Hofladen, frische Backwaren, Obst, Käsetheke, Getränke, Unverpackt-Lebensmittel, u.v.m. Bewirtung nach Voranmeldung.
Aktivitäten: Efze-Radwanderweg, historischer Altstadtkern in Homberg, Burg Hohenburg, Badeseen, Freizeitpark Silbersee

Biohof Groß D6
Dorfbrunnen 1 2014
34576 Homberg/Mühlhausen

Telefon: 0152/55628328
Anreise bis: 18 Uhr
Ruhetag: So.

Hofladen:
Mo.–Mi. 10–13, 15–18:30 Uhr // Fr. 9–18:30 Uhr // Sa. 10–13 Uhr

www.biohofgross.de

GUT HOMBERGSHAUSEN TIERFAIRBRIK

Homberghausen (HE) · 51°4'14.8"N 9°26'25.0"E

Hier wird sprichwörtlich die Sau rausgelassen. Auf dem alten Fachwerkhofgut, im kleinen nordhessischen Dorf Hombergshausen, tummeln sich in bunter Hofgemeinschaft Schweine in Freilandhaltung, Rinder, Esel, Ziegen, Hühner und Bewohner. Der Stellplatz befindet sich, idyllisch am Waldrand gelegen, mit Blick auf Sonnenuntergang, Hof und Tiere. Des Öfteren findet man sich auf ein kühles Getränk nach Feierabend in oder vor unserem Goldkehlchen (Gemeinschaftsräumlichkeit / Kneipe) zusammen. Ein kurzer Hofladenbesuch lässt sich meistens auch außerhalb der Öffnungszeiten einrichten.Toilette und Frischwasserzapfstelle sind gegen Nutzungsentgelt verfügbar. Wir freuen uns über Ihren Besuch, bitten aber auch darum, die Privatsphäre der Hof- und Wagenbewohner jederzeit zu wahren.

Selbstgemachtes: Ahle Wurscht, Freilandschweinefleisch und Bratwurst (TK), Gemüse der Saison, Leber- und Blutwurst und Honig.

Aktivitäten: Segelflugplatz, Mosenberg

Gut Hombergshausen Tierfairbrik D6
Falkenberger Str. 2 2017
34576 Homberghausen

Telefon: 05681/6095421

Hofladen und Hofverkauf:
Fr. 15–18 Uhr // Sa. 11–13 Uhr

www.tierfairbrik.de

HAUS SILBERTEICH

Höxter (NW) · 51°42'2.1"N 9°16'48.5"E

Seit 10 Jahren betreiben wir am Ortsrand die Gaststätte mit Pension „Haus Silberteich". Aus unserem Teich gibt es frisch gefangene Regenbogenforellen als Hausspezialität. Neben der deutschen Küche servieren wir auch schlesische und polnische Spezialitäten. Das Fleisch für unsere Speisen erhalten wir von Bauern und Jägern aus der näheren Umgebung. Von unserem Platz aus haben Sie einen Blick auf den Teich, die Pferdewiese und das Weserbergland. Gern können Sie beim Füttern und Angeln der Forellen mithelfen.

Selbstgemachtes: Gerichte von Forellen aus eigenem Teich, Piroggen und Kuchen. Außerdem: Fleisch-, Wildgerichte und Eierspeisen. Nach Voranmeldung: Frühstück, Abendbrot und Getränke erhältlich.

Aktivitäten: Rad- und Wanderweg, Museen, Porzellanfabrik, Ölmühle, Tretbecken, Stadt Höxter

Hinweis: △ Zum Stellplatz fahren Sie in der Ortsmitte bis Ende des Pflasters, dann rechts in die Silberbachstraße. Am Tretbecken links ist der Platz.

Haus Silberteich D5
Warburger Str. 6 2021
37671 Höxter

Zu Gast bei: Marius Cybis 05275/369
Anreise bis: 19 Uhr
Ruhetag: Mo.
Schließzeit: 14.09.–30.09.

TAUNUSHOF VOLZ

Idstein (HE) · 50°14'31.6"N 8°16'23.7"E

Unser Aussiedlerhof befindet sich in herrlicher Höhenlage im schönen Taunus. Wir sind seit 2017 anerkannter Archehof und betreiben Direktvermarktung mit Hofladen. Der Hof liegt in unmittelbarer Nähe zu zahlreichen touristischen Sehenswürdigkeiten, die für alle Generationen etwas zu bieten haben. Sie stehen bei uns in ruhiger Lage mit Panorama auf den Taunus und die Weiden. Nach Absprache öffnen wir unseren Hofladen gerne für Sie. Nutzen Sie auch unseren Verkaufsautomaten an der Hofeinfahrt.

Selbstgemachtes: Fleisch- und Wurstwaren, Rapsöl, Eier, Eierlikör und Eiernudeln. Außerdem: Honig, Käse, Brot, Brötchen, Weine, Traubensaft, Dosenwurst und Geflügel.

Aktivitäten: Rad- und Wanderwege, Freizeitbad, Lochmühle, Saalburg, großer Feldberg mit Falknerei und Aussichtsturm (Schmitten), Taunuswunderland, Fasanerie Wiesbaden, Freilichtmuseum Hessenpark, Altstadt von Idstein, Limburg, Wiesbaden, Frankfurt

Taunushof Volz C8
Hohe Straße 5 2018
65510 Idstein

Zu Gast bei: Jürgen Volz
06126/710826 o. 0151/44160103
Anreise bis: 20 Uhr
Schließzeit: 18.12.–28.12.

Hofladen:
Di. 16–18 Uhr // Fr. 16–19 Uhr // Sa. 9–13 Uhr

www.taunushof-volz.de

SAUERLAND-FORELLEN

Iserlohn (NW) · 51°24'56.6"N 7°39'22.1"E

Eingebettet in die waldreiche Landschaft des Sauerlandes, liegt unsere Teichanlage. Seit fast fünfzig Jahren wachsen und gedeihen hier hochwertige Forellen, Karpfen und andere Speisefische unter unserer liebevollen Fürsorge. Auch unsere Ponys, Ziegen, Schafe und Hühner genießen das Leben auf unserem Hof.

Selbstgemachtes: Forelle frisch & filetiert, Räucherforelle, Frikadellen, Räucherkarpfen, Räucheraal, geräucherter Saibling, Eier. Außerdem: Honig, Getränke. Nach Voranmeldung: Frühstück, Abendbrot und Getränke erhältlich.
Aktivitäten: Angeln mit Angelschein, Ponyreiten, Wandern, Radfahren, Museum Barendorf

Sauerland-Forellen B6
Refflingser Str. 87 2021
58640 Iserlohn

Zu Gast bei: Daniela & Kai Guhl
02371/40690
Anreise bis: 18 Uhr

Hofladen:
Mo., Mi.–So. 8–18 Uhr

www.sauerland-forellen.de

KLEINHAEVER-HOF

Issum (NW) · 51°28'36.5"N 6°25'25.5"E

Wir bewirtschaften einen bäuerlichen Kleinbetrieb im Nebenerwerb mit dem Schwerpunkt einer schwedischen Schafzucht, dem Gotländischen Pelzschaf, auch Gotlandschaf genannt. Darüber hinaus haben wir ein kleines Atelier mit Fellen und handgesponnener Wolle. Wir bieten u.a. Schaf-Kuscheln, Schaf-Shootings sowie Schaf-Patenschaften an. Genießen Sie eine kuschelige Auszeit!

Selbstgemachtes: Garn und Veggy-Sitzkissen. Außerdem: Gotland-Felle, Rohwolle, handgesponnenes Garn, Veggy-Sitzfelle, Handstulpen und gefilzte Windlichter.
Aktivitäten: Schaf-Shooting, Schaf-Kuscheln, Schaf-Patenschaften, Wanderwege am Oermterberg, Wallfahrtsort Kevelaer, Xanten, Irrland Freizeitpark, Kamelfarm Issum

Kleinhaever-Hof A6
Großholthuysen 30 A 2021
47661 Issum

Zu Gast bei: Sandra Smeyts
0157/85070910
Anreise bis: 18 Uhr

Hofladen:
Auf Anfrage

www.kleinhaever-hof-smeyts.de

KELLERWALDBLICK VOM SCHLOSSBERG IN JESBERG

Jesberg (HE) · 50°59'45.2"N 9°8'52.9"E

Der Hof befindet sich in ruhiger Lage inmitten des kleinen Ortes Jesberg – „dem Tor zum Welt-Naturerbe-Kellerwald". Das Grundstück ist an einem Hang gelegen, perfekt für den Anbau von Wein. Unmittelbar neben dem Haus befinden sich die Reben. Wir entwickeln unser Grundstück mehr und mehr zu einem Selbstversorgerhof, mit Anstrebung zur Permakultur. Der Gang zum Lebensmittelmarkt soll damit überflüssig werden. Hier kann gerne mit angepackt werden. Frei nach dem Motto: Alles kann, nichts muss.

Selbstgemachtes: Honig, Wein, Ketchup, Pesto, sämtliche Gemüse- und Obstsorten u.v.m. Nach Voranmeldung: Abendbrot und Getränke erhältlich.
Aktivitäten: aktive Einbindung in den Selbstversorgerhof, Schloss, Burg, Naturschutzgebiet, ausgewiesene Fahrrad- und Wanderwege, Streichelzoo, Carsharing vor Ort
Hinweis: △ Relativ starke Steigung zum Ende der Zufahrt.

Kellerwaldblick vom D7
Schlossberg in Jesberg 2021
Hainstraße 8
34632 Jesberg

Zu Gast bei: Michael Schramek
0176/62192289
Anreise bis: 20 Uhr

Hofverkauf:
Auf Anfrage

NATURHOF KEVELAER

Kevelaer (NW) · 51°34'55.4"N 6°17'59.2"E

Unser Hof ist ein klassischer, niederrheinischer Hof und liegt umringt von unseren Schafweiden in direkter Nähe von Wald und Fluss. Auch der Wallfahrtsort Kevelaer ist schnell zu erreichen. In unserem Hofladen findet man alle Produkte rund ums Schaf. Von der kuschligen Wolldecke bis zum leckeren Schinken und alles andere für den Urlaub auf Rädern! Eine Käserei ist auch schon in Planung.

Selbstgemachtes: Woll- und Fleischprodukte von unseren Tieren. Außerdem: Olivenöl, Tee, Kaffee, Gewürzmischungen, Brotaufstriche (Bio-Qualität), Pflegeprodukte mit Schafsmilch und Kinderbücher.
Aktivitäten: Radwanderwege, Solegarten, Barfußpfad, Konzert und Bühnenhaus

Naturhof Kevelaer A6
Altwettener-Weg 12 2022
47625 Kevelaer

Zu Gast bei: Dunja Berendsen
0151/44520941
Anreise bis: 20 Uhr

Hofladen und Hofverkauf:
Do., Fr. 15:30–18:30 Uhr // Sa. 10–14 Uhr

www.naturhof-kevelaer.de

GÖBELS BAUERNHOF

Korbach-Niederschleidern (HE) · 51°15'0.5"N 8°44'23.4"E

Unser Hof liegt in ruhiger Außenlage im schönen Waldeck-Frankenberg. Wir sind ein biologisch produzierender Milchviehbetrieb und bieten nebenbei noch bauernhoferlebnispädagogische Angebote, wie z.B. Familiennachmittage, Entdeckertage sowie Alpakawanderungen an.

Selbstgemachtes: Filzprodukte, Nadelfilzsohlen aus Alpakawolle und Wurstprodukte. Außerdem: Alpakaseifen und Alpakabettdecken.
Aktivitäten: Alpakawanderungen, Hofführungen, Familiennachmittage, Kindergeburtstage, Filznachmittage auf unserem Hof, Ausflugsmöglichkeiten, Eder- oder Diemelsee

Göbels Bauernhof C6
Bäukerweg 40 2022
34497 Korbach-Niederschleidern

Zu Gast bei: Susann Göbel
0160/90947552
Anreise bis: 19 Uhr
Ruhetag: So.
Schließzeit: 24.05.–30.05., 20.10.–31.10.

Hofverkauf:
Auf Anfrage

www.goebel-bauernhof.de

BERTRAMSHOF

Korschenbroich (NW) · 51°10'22.4"N 6°33'19.6"E

Unser Hof liegt gut angebunden nahe Düsseldorf und ist ein Erlebnis für Groß und Klein. Unsere Kühe, Hühner, Schafe und Esel leben artgerecht, werden liebevoll umsorgt und können jederzeit besucht werden. In unserem Hofladen und an unseren Automaten (24/7) kann man eigenes Rindfleisch, eigene Milch, eigene Eier und viele leckere regionale Produkte von Kollegen kaufen.

Selbstgemachtes: Rindfleisch, Milch, Eier und Fertiggerichte aus diesen Produkten. Außerdem: buntes Sortiment an Leckereien von Kollegen aus der Region.
Aktivitäten: Hofführungen, Tiere anschauen und streicheln (wenn die Tiere möchten), Skihalle Neuss, Schloß Dyck und Liedberg in der Nähe

Bertramshof A6
Am Birkenbusch 1 2022
41352 Korschenbroich

Zu Gast bei: Anna Bertrams
0175/2203968
Anreise bis: 19 Uhr

Hofladen und Hofverkauf:
Mi.–Fr. 10–19 Uhr // Sa. 9–16 Uhr

www.irmgards-bauernladen.de

STEVESHOF

Krefeld-Hüls (NW) · 51°22'7.7"N 6°30'15.9"E

Wir führen einen wunderschönen Vierkanthof, der heute nach Bioland-Richtlinien bewirtschaftet wird. Zu unserem Hof gehören etwa 70 Galloway-Rinder und drei Mobilställe für Legehennen und Masthähnchen. Die erzeugten Produkte werden im liebevoll hergerichteten Bioladen verkauft. Fleisch- und Wurstwaren aus der hofeigenen Bio-Metzgerei gibt es als Frischware aus der Theke.

Selbstgemachtes: Eier, Rindfleisch, Geflügel und Wurstwaren. Außerdem: Biovollsortiment, Gemüse, Brot und Schweinefleisch.
Aktivitäten: Spaziergang im Naturschutzgebiet Hülser Bruch und Hülser Berg (63 Höhenmeter!), Rehwild- und Wildschweingehege, Aussichtsturm, Einkehr in der Bergschänke zur Stärkung danach

Steveshof A6
Krüserstr. 22 2020
47839 Krefeld-Hüls

Zu Gast bei: Finn Bönninger
0173/5103940

Hofladen:
Mi.–Fr. 9–18:30 Uhr // Sa. 9–13 Uhr

www.steveshof-hofladen.de

HEILMANNSHOF

Krefeld-Traar (NW) · 51°22'40.5"N 6°34'16.7"E

Auf dem Heilmannshof finden Sie intensiven Gemüseanbau, eine solidarische Landwirtschaft, Beerenobstanbau und einen ca. 5 ha großen, denkmalgeschützen Landschaftspark. Bitte beachten Sie, dass wir bei andauernder Nässe oder Starkregen keine Wohnmobile empfangen können. Die Anreise ist samstags nur bis 13:00 Uhr möglich!

Selbstgemachtes: Feingemüse, Beerenobst, Fruchtaufstriche, Honig, Walnüsse und Quitten. Außerdem: komplettes Naturkost-Sortiment.
Aktivitäten: Landschaftspark, Naturbeobachtung, gutes Radwandernetz
Hinweis: △ Keine Wendemöglichkeit auf der Wiese! Auffahrt ist hingegen befestigt und kann zum Wenden genutzt werden.

Heilmannshof A6
Maria-Sohmann-Str. 93 2020
47802 Krefeld-Traar

Zu Gast bei: Katja Leendertz
02151/560410 o. 0177/2833129
Anreise bis: 18 Uhr
Ruhetag: So.

Hofladen:
Mo.–Fr. 8–18:30 Uhr // Sa. 8–13 Uhr

www.heilmannshof.de

BIO-HOF BRINKMANN

Lage (NW) · 52°0'56.1"N 8°47'25.6"E

Frisches, selbst gebackenes Brot und Brötchen, ein außergewöhnliches, vegetarisches Frühstück, ein toller Garten, ein Blick auf die Pferdeweiden, Platz zum Spielen und Toben, ein unverpackter Hofladen und ein buntes Angebot an Seminaren: der Bio-Hof Brinkmann bietet ein einmaliges Erlebnis für Genießer und Familien in Ostwestfalen-Lippe. Idealerweise sind Sie autark unterwegs.

Selbstgemachtes: Brot aus eigenem Ur-Getreide, Brotaufstriche, Kartoffeln, Getreide, Wildkräuter, Frühstück, belegte Brote und Mittagessen. Außerdem: Hofladenvollsortiment (zu großem Teil unverpackt). Nach Voranmeldung: Frühstück und Getränke erhältlich.
Aktivitäten: Backkurse, Wildkräuterkurse, Verkostungen, Seminare, LWL-Industriemuseum Ziegelei Lage, Freibäder

Bio-Hof Brinkmann C5
Fröbelstr. 4 2020
32791 Lage

Zu Gast bei: Wiebke Brinkmann-Roitsch 05232/5749
Anreise bis: 19 Uhr
Ruhetage: Mo. So.

Hofladen:
Do., Fr. 9–19 Uhr // Sa. 9–14 Uhr

www.bio-hof-brinkmann.de

KRIEGEL'S KRUSTE

Langenberg (NW) · 51°43'34.5"N 8°20'11.6"E

Lowcarb- und Getreidefrei-Bäckerei für Genießer. Wir backen aus Liebe! Seit mein Markus aus Liebe zu mir Kriegels Produkte erfunden hat, ist nicht nur meine Lebensqualität gestiegen, sondern wir haben es uns zur Aufgabe gemacht, das „Paradies Kriegels Kruste" zu den Menschen zu bringen. Seit 2020 haben wir ein Brot-Verkaufsfenster und sind auf vielen Märkten unterwegs. In unserem idyllischen Zuhause sind die Sonnenauf- und besonders die Sonnenuntergänge atemberaubend.

Selbstgemachtes: getreidefreie Backwaren. Außerdem: Senf, kalt gepresste Öle und Hanfprodukte wie z. B. Henf (Senf mit Hanf).
Aktivitäten: Nähe Alberne, Radwanderweg (2 km zum Bad), Waldliesborn, Thermalbad mit Sauna

Kriegel's Kruste C5
Grenzweg 3 2021
33449 Langenberg

Zu Gast bei: Daniela Maria & Markus Kriegel 0177/8656552
Anreise bis: 19:30 Uhr

Hofladen:
Auf Anfrage

www.kriegels-kruste.de

DAHMEN HOURTZ

Langerwehe (NW) · 50°49'3.5"N 6°24'7.1"E

Wir sind ein familiengeführter Gemischtbetrieb mit Milchwirtschaft, Ackerbau und Direktvermarktung. Unser Betrieb liegt im Indeland und grenzt an die Region Eifel.

Selbstgemachtes: Kartoffeln. Außerdem: Eier und Zwiebeln.
Aktivitäten: Besichtigung der St. Nikolaus-Kapelle auf Anfrage (11. Jhd.), Indeland: Tagebau Inden mit diversen Aussichts- und Infopunkten, Badeseen (Echtzer See, Dürener See mit Wassersportanlage, Blausteinsee), Wald mit Wanderwegen in die Eifel, Krönungsstraße Frankfurt-Aachen

Dahmen Hourtz GbR A7
Echtzer Str. 32 2020
52379 Langerwehe

Zu Gast bei: Kristine Hourtz 0178/5068069
Anreise bis: 19 Uhr
Ruhetag: So.
Schließzeit: 01.11.–31.03.

Hofverkauf:
Auf Anfrage

LANDGASTHAUS JÄGERHOF

Lauterbach-Maar (HE) · 50°39'36.9"N 9°23'17.1"E

Der Jägerhof ist ein traditionsreicher Landgasthof mit Hotel, Restaurant und Metzgerei auf dem hessischen Vogelsberg. Wir lieben die regionale und saisonale Frischeküche und verwöhnen unsere Gäste kulinarisch im Restaurant, Biergarten und mit Frühstück. Gerne können Sie auch unseren Hofladen besuchen. Stellen Sie den Camper gerne in den Hof vor unserem historischen Eulenfang.

Selbstgemachtes: küchenfertige Gerichte im Glas ohne Konservierungsstoffe und ohne Geschmacksverstärker, Schwartenmagen, Vogelsberger Kartoffelwurst, Blutwurst, Leberwurst, Fleisch, Schinken und Salami vom Vogelsberger Schwein, Kräuterlamm, Dry Aged Plus-Rind, regionaler Hirsch, Reh und Wildschwein. Nach Voranmeldung: Frühstück, Abendbrot und Getränke erhältlich.
Aktivitäten: Kinderspielplatz, Premiumwanderweg „WiesenTour", Tischfußball, Dart

Landgasthaus Jägerhof D7
Hauptstr. 9 2021
36341 Lauterbach-Maar

Zu Gast bei: Hans Schmidt 06641/96560
Anreise bis: 20 Uhr

Hofladen:
Täglich 9–21 Uhr

www.jaegerhof-maar.de

UNSERE KLEINE FARM

Legden (NW) · 52°2'57.2"N 7°6'29.5"E

Unser kleiner Hof liegt in ruhiger Lage unweit vom „Dorf Münsterland" entfernt. Wir betreiben zwar keine Landwirtschaft im großen Stil, besitzen jedoch neben einigen Kleintieren wie Hühnern und Gänsen auch eine kleine und belebte Pferdepension und können unseren Gästen so einen Hauch von idyllischem Landleben vermitteln. Nebenbei führen wir noch Pensionszimmer mit Übernachtungsmöglichkeiten.

Selbstgemachtes: frische Bio-Eier von freilaufenden Hühnern und Bio-Masthähnchen. Nach Voranmeldung: Frühstück und Getränke erhältlich.
Aktivitäten: Fahrradtouren im schönen Westmünsterland, Dahliengarten im Ortskern „Legden", Gastronomie- und Freizeitberieb „Dorf Münsterland"

Unser kleine Farm B5
Deipenbrock 49 2021
48739 Legden

Zu Gast bei: Angelika Feldhaus
02566/4266 o. 0170/4486690
Anreise bis: 21 Uhr

Hofverkauf:
Auf Anfrage

HIELSCHER HOF & WITZHELDENER BAUERNKÄSEREI

Leichlingen (NW) · 51°6'45.9"N 7°6'0.7"E

Willkommen auf dem Hielscher Hof, einem Milchviehbetrieb mit eigener Käserei, Hofladen und Gastronomie. Gerne können Sie im Kuhstall einen Blick auf die Kälber und Kühe werfen. Auf der Wiese neben dem Hof stehen Alpakas. Von Mitte Juli bis Oktober ist unser Maislabyrinth eine Attraktion. Samstags, sonntags und feiertags bieten wir ein leckeres Frühstücksbuffet an. Toilettennutzung ist zu den Restaurantöffnungszeiten möglich. Die telefonische Erreichbarkeit ist von 10–18 Uhr.

Selbstgemachtes: Frisch- und Dickmilch, Schnitt- und Frischkäse, Quark, Joghurt, Rinderwurst, Fruchtaufstriche und Dressings. Außerdem: Wurst, Müsli, Honig, Nudeln, Obst, Gemüse, Wein und Brände. Frühstück, Abendbrot und Getränke erhältlich.
Aktivitäten: Maislabyrinth, Sengbach- und Diepentalsperre, Schloß Burg, Altenberger Dom, Köln, Düsseldorf, Wander- und Radwege
Hinweis: △ Der Stellplatz ist im Krähwinkel 4 – bitte direkt dort hinfahren!

Hielscher Hof & B6
Witzheldener Bauernkäserei 2015
Krähwinkel 4
42799 Leichlingen

Zu Gast bei: Ute & Bernd Hielscher
02174/748677
Anreise bis: 18 Uhr
Ruhetag: Mo.

Hofladen und Hofverkauf:
Di.–So. 9:30–18:30 Uhr

www.hielscher-hof.de

LINDENHOF LICH-EBERSTADT

Lich (HE) · 50°28'49.3"N 8°44'32.7"E

Der Lindenhof ist ein kleiner, landwirtschaftlicher Familienbetrieb. Wir arbeiten nachhaltig mit der Natur und dies versuchen wir den Besuchern unseres Hofes und Maislabyrinthes zu veranschaulichen. Am Hof befindet sich ein Verkaufshäuschen, das rund um die Uhr geöffnet ist. Ein Einblick in den Produktionsbetrieb ist nach Absprache möglich.

Selbstgemachtes: Kartoffeln. Außerdem: saisonales Gemüse und Eier. Nach Voranmeldung: Abendbrot und Getränke erhältlich.
Aktivitäten: historische Altstädte Lich und Butzbach

Lindenhof / Maislabyrinth C7
Lich-Eberstadt 2021
Zum Stock 2
35423 Lich

Zu Gast bei: Jonas Weisel
0174/9784277
Anreise bis: 20 Uhr
Ruhetage: Mo. Di.
Schließzeit: 01.11.–31.03.

Hofverkauf:
Auf Anfrage

www.irren-im-mais.de

HOF BECKER

Lich-Muschenheim (HE) · 50°29'3.1"N 8°47'43.1"E

Wir sind ein familiengeführter Ackerbaubetrieb am Rande der schönen Wetterau, umgeben von wunderschöner Natur mit Burgblick. Nachhaltigkeit und der sorgsame Umgang mit der Natur sind uns sehr wichtig, damit wir auch in Zukunft ertragreiche Landwirtschaft betreiben können. Rund um unseren Hof lässt sich auf verschiedenen Wanderwegen Geschichte aus mehreren Jahrhunderten entdecken und erkunden.
Selbstgemachtes: Weizen, Gerste, Raps und Zuckerrüben. Außerdem: Eier, Wurst, Fleisch, Nudeln, Kartoffeln und Wein (bitte per Vorbestellung).
Aktivitäten: Einblick & Aufklärung an saisonal stattfindenden Arbeiten rund um die Landwirtschaft, kulturhistorische Wanderwege, mittelalterliche Burgruine, Klosterruine Arnsburg, div. geschichtliche Ausgrabungen, Maislabyrinth Lich-Eberstadt (Nachbarort)
Hinweis: △ In Muschenheim am Alten Rathausplatz der Hessengasse nach Langsdorf folgen, am Ortsausgang geradeaus Feldweg. Stellplatz befindet sich bei der zweiten Halle.

Hof Becker C7
Alter Rathausplatz 6 2021
35423 Lich-Muschenheim

Zu Gast bei: Maximilian Becker
0151/54741393
Anreise bis: 20 Uhr
Schließzeit: 30.09.–31.03.

Hofverkauf:
Auf Anfrage

WANTÜNS HOF

Lichtenau (NW) · 51°35'53.6"N 8°47'38.2"E

Gerne heißen wir Sie auf unserem Erlebnishof im schönen Altenautal herzlich willkommen. Unser Drei-Generationen-Hof liegt am Ortsrand umgeben von Wiesen, Feldern und Wäldern in ruhiger Landidylle. Wir züchten Coburger Fuchsschafe und pressen in unserer kleinen Ölmanufaktur ausgezeichnete kaltgepresste Speiseöle aus zum Teil selbst angebauten Ölsaaten. Die Toilettennutzung ist bis 20 Uhr möglich.
Selbstgemachtes: kaltgepresste Öle, Essigbalsam, Fruchtaufstrich, Honig, Obst, Gemüse je nach Saison, Geflügel- und Lammfleisch. Außerdem: Bauernhofeis und Getränke.
Aktivitäten: Naturfreibad, Wanderwege, Kneipanlage, See

Wantüns Hof C6
Zum Hainberg 11 2022
33165 Lichtenau

Zu Gast bei: Rita Meermeyer
0160/2948444
Anreise bis: 19 Uhr

Hofladen:
Auf Anfrage

www.wantuens-hof.de

BIOHOF LÜNS

Lichtenau-Husen (NW) · 51°35'31.6"N 8°49'36.3"E

Zwischen Paderborn und Kassel, am Rande des Eggegebirges, liegt unser, in der 11. Generation geführter Biobetrieb. Unsere Kühe versorgen uns mit Rohmilch und Fleisch, welches beides nach Absprache auch außerhalb der Öffnungszeiten im Hofladen gekauft werden kann. Unsere alten Hühnerrassen liefern täglich Eier und unsere Bienen eigenen Honig. Unsere Photovoltaikanlage und die Hofbiogasanlage liefern uns Strom und Wärme (Führungen buchbar). Hunde bitte anleinen. Wir freuen uns auf Ihren Besuch und auf ein tolles Miteinander.
Selbstgemachtes: Milch, Eier, Honig, Fleisch und etwas Gemüse. Außerdem: Grillwurst, Kartoffeln, Mehl, Zucker, Bier, Tee und Gewürze.
Aktivitäten: Wander- und Radwege, Museen, Naturbad Altenautal, Kloster Dahlheim, Historische St. Annenkapelle, Wassermühle Böhner, Lourdesgrotte, Steinkammergrab, Wallfahrtsort Kleinenberg, Mittelalterliche Stadtwüstung mit Hörpfad, Besucherbergwerk
Hinweis: △ Bioland-Wegweiser folgen. Einspurige Brücke passieren. Bordsteinkante.

Biohof Lüns C6
Zur Wippe 5 2021
33165 Lichtenau-Husen

Zu Gast bei: Franz-Josef & Marion Lüns 05292/932775 o. 0171/3145031
Ruhetag: So.

Hofladen:
Mi. 16:30–18 Uhr // Sa. 10–12:30 Uhr

Nord
Nordwest
Ost
Mitte-West
West
Südost
Südwest

HOF VESPER

Lichtenfels (HE) · 51°9'20.2"N 8°45'22.0"E

Unser Hof liegt im Waldecker Land angrenzend zum Sauerland. Wir sind ein Milchviehbetrieb im Außenbereich mit Blick auf die Burg Lichtenfels. Ruhige Lage am Ahrtal.

Aktivitäten: Burg Lichtenfels, Lichtenfelser Panoramaweg, Wanderwege, Stausee Edersee, Goldbergwerk

Hof Vesper C6
Schützenstraße 22 2022
35104 Lichtenfels

Zu Gast bei: Michael und Melanie Vesper 06454/408 o. 0176/41628877

BIOHOF SPICHER

Lindlar (NW) · 51°1'34.8"N 7°21'55.6"E

Wir, die Familie Spicher, bewirtschaften im Ort Lindlar im schönen Bergischen Land einen Bauernhof mit Milchkühen und Hühnern. Unseren Hof und unsere Tiere halten wir auf Basis der Bioland-Richtlinien. Auf der Hofstelle befindet sich neben dem Hofladen auch ein Büchertauschregal, eine Milchtankstelle und eine Eierbar, die täglich von 6 – 20 Uhr geöffnet sind. Gegenüber befindet sich eine Bäckerei, sodass Sie sich entspannt für das Frühstück am nächsten Morgen mit frischen Brötchen und den hofeigenen Produkten verwöhnen können. Wir freuen uns auf Ihren Besuch!

Selbstgemachtes: Milch, Eier, Käse, Rindfleisch und Wurstwaren.

Aktivitäten: Freilichtmuseum in Lindlar, Kletterhalle und Wald (fußläufig erreichbar), Wandern im Bergischen Land, Steinhauer Pfad direkt hinter dem Hof

Biohof Spicher B6
Altenlinde 58 2021
51789 Lindlar

Zu Gast bei: Petra Spicher 02266/3416
Anreise bis: 20 Uhr
Ruhetag: So.

Hofladen und Hofverkauf:
Do. 10–16 Uhr // Fr. 10–18 Uhr // Sa. 10–14 Uhr

www.altenlinderstall.de

SCHÄFEREI STÜCKE

Löhne (NW) · 52°10'27.6"N 8°44'36.0"E

Wir betreiben eine Schäferei mit Direktvermarktung der eigenen Produkte über unseren Hofladen. Gerne geben wir Einblicke in unseren Arbeitsalltag und die Arbeit mit den Schafen. Fühlen Sie sich herzlich willkommen bei uns.

Selbstgemachtes: Fleisch und Wurstwaren, z.B. Lammbratwurst, gegerbte Schaffelle (konventionell und medizinische Gerbung), gewebte Teppiche und Sitzauflagen aus Schafwolle, Wollwesten und Pullover, Schafmilchseife und Oberbetten mit Wollfüllung etc.

Aktivitäten: Freibad (2 km), Aqua Magica (5 km), Rürupsmühle Bauernmuseum mit Dreschvorführungen und Brot backen, Wasserschloss Uhlenburg, Porta Westfalica Weserbogen und Kaiser Wilhelm Denkmal (20 km), Kurpark und Museumshof Bad Oeynhausen, Heimatmuseum Löhne

Hinweis: △ Bitte nur die breite Wirtschaftseinfahrt neben dem Hofschild „Schäferei Stücke“ nutzen. Die Einfahrt hat die Adresse Häger Str. 23a!

Schäferei Stücke C5
Häger Str. 23 2021
32584 Löhne

Zu Gast bei: Michael Stücke Jochen Klinge & 0162/5498111
Anreise bis: 20 Uhr
Schließzeit: 17.12.–08.01.

Hofladen und Hofverkauf:
Fr. 13–19 Uhr

www.schaeferei-stuecke.de

LANDCAFE AM GOLDBACH

Lotte (NW) · 52°15'59.0"N 7°56'27.3"E

Wir setzen seit 2014 die Tradition eines gemütlichen Cafés im ländlichen Idyll fort. Zentral am Lotter Kreuz und dennoch im Grünen gelegen. Ob hausgemachte Kuchen und Torten am Nachmittag oder ein Frühstücksbuffet am Wochenende – Besucher sollen sich hier wohlfühlen und gerne einkehren. Die Toilettennutzung ist während der Öffnungszeiten möglich. Für Gastpferde stellen wir gerne Boxen und Wiese zur Verfügung.

Selbstgemachtes: selbstgebackene Torten und Brote. Nach Voranmeldung: Frühstück und Getränke erhältlich.

Landcafe am Goldbach **B5**
Gaster Landweg 6 2021
49504 Lotte

Zu Gast bei: Carola Eckhoff
0163/4311118
Anreise bis: 20 Uhr

Hofverkauf:
Mi.–Fr. 14–18 Uhr // Sa. 9–18 Uhr // So. 9–13 Uhr

www.landcafe-goldbach.de

EDELBUSCH

Lüdinghausen (NW) · 51°47'17.9"N 7°28'56.8"E

Drei Kilometer vor den Toren von Lüdinghausen mit seiner historischen Altstadt liegt unser Vollerwerbsbetrieb mit Ackerbau und Tierhaltung. Seit drei Jahren auch mit Hühnermobilen, Mietgärten und einem kleinem Selbstbedienungs-Hofladen.

Selbstgemachtes: Eier und Gemüse. Außerdem: Kartoffeln, Obst, Milchprodukte, Suppen, Fruchtaufstriche, Getränke, Eis und Honig. Getränke erhältlich.
Aktivitäten: 3-Burgenstadt Lüdinghausen, Rosengarten Seppenrade, ausgewiesene Fahrradrouten, Grillen, Picknick, Sandkasten und Schaukel für Kinder, Tiere zum Streicheln, Mietgärten

Edelbusch **B5**
Aldenhövel 1 2021
59348 Lüdinghausen

Zu Gast bei: Jan-Bernd Edelbusch
0160/91968099
Anreise bis: 19 Uhr

Hofladen:
Täglich 8–20 Uhr

www.bauerjumbo.de

GAHMENER HOF

Lünen (NW) · 51°35'58.5"N 7°30'55.9"E

Unser Hof ist einzigartig und wird schon in der 17.Generation bewirtschaftet – Herzstück sind Rinder und Schweine in artgerechter Tierhaltung. Wir bieten traditionelles, ehrliches Handwerk mit Blick auf das Wohl der Tiere. Fühlen Sie sich bei uns sauwohl. Bitte haben Sie Verständnis, dass Hunde uns leider nicht besuchen dürfen. Aufgrund der offenen Stallungen könnten sie die Tiere erschrecken.

Selbstgemachtes: Fleisch, Wurst, Fertiggerichte und Marmelade. Außerdem: Wein, Nudeln, Brot, Eier, Käse und Milch.
Aktivitäten: Radwanderweg, Datteln-Hamm-Kanal, Lippe, Schloss Cappenberg, Nordkirchen

Gahmener Hof **B6**
Gahmener Kamp 105 2020
44532 Lünen

Zu Gast bei: Fabian Goertz
0152/34540772
Anreise bis: 20 Uhr

Hofladen:
Do.–Sa. 9–18 Uhr

www.gahmener-hof.de

HOFREITE SEEGER

Lützelbach (HE) · 49°47'17.2"N 9°4'34.9"E

Unser Dreiseitenhof mit Pferde Paddock und beschatteter Wiese liegt am Bachlauf im Ortskern des Dorfes. Bitte beachten Sie, dass unser Stellplatz nur für kleine Fahrzeuge bis ca. 7 Meter geeignet ist.

Produkte: Eier, Honig, Wein, Äpfel und Apfelwein. Nach Voranmeldung: Frühstück und Getränke erhältlich.
Aktivitäten: Wandern, Grillen, Schwimmen, Sauna, Ponyreiten, Feuerstelle mit Sitzplatz

Hofreite Seeger D8
Mümlingstraße 2 2021
64750 Lützelbach

Telefon: 0171/9976327
Anreise bis: 20 Uhr

Hofverkauf:
Auf Anfrage

HOF SCHREIBER

Medebach (NW) · 51°12'43.1"N 8°41'39.5"E

Wir sind ein sauerländischer Familienbetrieb mit ca. 130 Kühen und seit 2020 haben wir eine eigene Hofmolkerei für Frischmilch. Unser Betrieb befindet sich in wunderschöner Lage mitten im Vogelschutzgebiet Medebacher Bucht. Gäste haben jederzeit die Möglichkeit, ein kleines regionales Produktangebot zu nutzen.

Selbstgemachtes: Milch. Außerdem: Kaffee, Honig, Wurst im Glas, Eintöpfe im Glas, Freilandeier, Getränke und Grillpakete.
Aktivitäten: Center Park Hochsauerland, Ventura Spielburg, Rad- und Wanderwege in unmittelbarer Nähe, ca. 15 km bis Winterberg und Willingen

Hof Schreiber GbR C6
Hasenkammer 2 2021
59964 Medebach

Zu Gast bei: Michael Schreiber
0175/7775519
Anreise bis: 20 Uhr

Hofverkauf:
Auf Anfrage

HOF MENTHE

Meinhard (HE) · 51°12'14.7"N 10°4'46.6"E

Wir sind ein familiengeführter, landwirtschaftlicher Betrieb im wunderschönen Nordosthessen nahe Eschwege. Seit 14 Generationen betreiben wir nun schon unseren Bauernhof, auf dem wir 70 Milchkühe beherbergen, die durch einen Melkroboter gemolken werden, ebenso zahlreichen Nachwuchs und 350 Freilandhühner, die sich auf unseren Weiden und im Hühnermobil austoben können. Wir freuen uns auf Ihren Besuch! Hunde bitte an der Leine führen.

Selbstgemachtes: Milch, Eier, verschiedene Sorten Nudeln und Gemüse je nach Saison. Außerdem: Joghurt, Kartoffeln, Mehl, Wurstwaren, Rote Wurst, Wildwurst und Raps- sowie Hanföl.
Aktivitäten: Badesee (ca. 3 km), Rad- und Wanderwege, Grenzmuseum Grünes Band (ehemaliger Grenzstreifen), Campingplatz Meinhardsee im Ort, sowie zahlreiche Restaurants und Einkaufsmöglichkeiten in der Kreisstadt

Hof Menthe D6
Grubenstr. 43 2021
37276 Meinhard

Zu Gast bei: Christian Menthe
0171/3646173
Anreise bis: 19 Uhr
Ruhetag: So.

Hofladen:
Täglich 8–20 Uhr

www.hof-menthe.de

KOTTHOFF VELLINGHAUSEN

Meschede (NW) · 51°18'46.3"N 8°17'3.9"E

Unser Haupthaus wurde im Jahr 1797 erbaut und liegt im idyllischen Örtchen Vellinghausen abgelegen am Hennesee. Seither wurde der Betrieb in 12. Generation stetig erweitert. Unsere Schwerpunkte liegen in der Milch- und Forstwirtschaft. Sie erwartet viel Ruhe und eine gute Aussicht in die Natur. Besonders Kinder sind auf unserem Hof herzlich willkommen!

Selbstgemachtes: Fleisch von Wild und Wagyu und Milch.
Aktivitäten: Badesee, Rad- und Wanderwege, Restaurant, aktiver Bauernhof mit modernen Maschinen und Tieren, Fahrradverleih, mehrere Ausflugsziele in der Nähe

Kotthoff Vellinghausen C6
Vellinghausen 1 2021
59872 Meschede

Zu Gast bei: Wilhelm Kotthoff
0291/50254 o. 0152/06715732

Hofverkauf:
Auf Anfrage

www.Kotthoff.de

HOF HEMMER

Mettingen (NW) · 52°17'39.8"N 7°47'53.7"E

Wir sind ein kleiner aber feiner familiengeführter landwirtschaftlicher Betrieb. Eine artgerechte Tierhaltung und der Schutz der Ökologie durch Nachhaltigkeit hat bei uns höchste Priorität. Wir sind stolze Besitzer einer Pferdepension, einer kleinen Hühnerhaltung und einer Galloway-Rinderzucht. In unserer Direktvermarktung bieten wir Ihnen das Fleisch unserer Galloways, das von unserem Dorf-Schlachter fachgerecht zubereitet und vakuumiert wird, eigene Hühnereier und unseren naturtrüben Direktsaft vom Apfel oder Apfel-Birne, der direkt auf unserem Hof gepresst wird, an.

Selbstgemachtes: Galloway-Fleisch, Hühnereier, naturtrüber Direktsaft aus Apfel oder Apfel-Birne.
Aktivitäten: Ponyreiten, Minigolf, Schwimmen im Frei- oder Hallenbad, Wandern, Ausreiten, Radfahren, Kino, Dorf Museum (Geschichte des Leinentuches)

Hof Hemmer B5
Wacholderweg 29 2021
49497 Mettingen

Zu Gast bei: Martin Hemmer
0151/23338373
Anreise bis: 20 Uhr

Hofverkauf:
Auf Anfrage

www.hof-hemmer.de

BIOLAND BRUNGS

Mönchengladbach (NW) · 51°12'27.1"N 6°22'53.8"E

Wir sind ein Bioland Betrieb am Stadtrand von Mönchengladbach. Wir haben 40 Rinder, 200 Legehennen, einen Hofladen und ein Hofcafé. Bei uns finden regelmäßig Kunst- und Kulturveranstaltungen statt. Die Toilettennutzung ist nur von Donnerstag bis Sonntag im Hofcafé möglich.

Selbstgemachtes: Holundersaft, Fruchtaufstrich, Suppen und Senf. Außerdem: ca. 700 Produkte, Käse, Wein, Fleisch, Tiefkühlprodukte, Gemüse, Eier, Molkereiprodukte u.v.m. Frühstück und Getränke erhältlich.
Aktivitäten: Stadt Mönchengladbach, Borussia Mönchengladbach (3 km), Schloss Wickrath, Schloss Rheydt, Museum Abteiberg, Kabarettprogramm auf dem Hof, Borussenpark (30 Gehminuten)

Bioland Brungs A6
Venner Str. 382 2014
41068 Mönchengladbach

Zu Gast bei: Reiner Brungs
0162/1327342
Anreise bis: 20 Uhr

Hofladen und Hofverkauf:
Mo. 9–12 Uhr // Di.–Fr. 9–18:30 Uhr // Sa. 9–14 Uhr

www.biobrungs.de

ANDRE SEIDEL

Monschau (NW) · 50°31'48.7"N 6°15'31.0"E

Wir sind ein kleiner privater Hof, perfekt gelegen für den Einstieg in den Nationalpark Eifel. Ihr Stellplatz ist befestigt mit weitem Blick in die Landschaft der Eifel.

Produkte: frischer Honig vom Imker.
Aktivitäten: Einstieg in den Nationalpark, Bäckerei, Dorflädchen, unweit vom Rursee

Andre Seidel A7
Hermesstraße 2 2021
52156 Monschau

Zu Gast bei: Andre Seidel
0173/3419886 o. 0173/3419886

Hofverkauf:
Auf Anfrage

RESTAURANT HEIDESTÜBCHEN

Much (NW) · 50°55'26.3"N 7°27'4.5"E

Qualität in dritter Generation. Schon in alter Zeit war das Heidestübchen ein idyllisches Örtchen zum Wohlfühlen. Damals wie heute ist die Tradition der Familie, den Gast zu verwöhnen und ihn als Freund des Hauses zu empfangen. Dort, wo die Natur und das Erleben an frischer Luft den Geist befreit und die Sinne belebt.

Selbstgemachtes: regionale Gerichte saisonal nach traditionellen Rezepten.
Außerdem: regionale Produkte: Bergisches Kornbrot, Obstsäfte, Pralinen und Weine. Nach Voranmeldung: Abendbrot und Getränke erhältlich.
Aktivitäten: Fussball- und Kinderspielplatz auf dem Hof, Wander- und Radwege

Restaurant Heidestübchen B7
Hündekausen 2 2021
53804 Much

Zu Gast bei: Kerstin Grimiaux
02245/2429
Anreise bis: 20 Uhr
Ruhetage: Mo. Di.

Hofverkauf:
Auf Anfrage

landgasthaus-heidestuebchen.de

AM GILCHBACHHOF

Mücke (HE) · 50°35'33.6"N 9°6'24.6"E

Unser Hof steht in einem idyllischen Dörfchen im schönen Vogelsberg. Hier bewirtschaften wir einen Milchviehbetrieb mit 50 Kühen, die jeden Sommer zum Grasen auf der Wiese stehen. Außerdem betreiben wir einen liebevoll eingerichteten Selbstbedienungs-Hofladen. Kinder haben ihren Spaß bei uns und dürfen abends die Kühe nach Hause holen.

Selbstgemachtes: Milch und Gemüse.
Außerdem: Eier, Bauernhof-Eis, Wurst, Käse, Schafskäse, Wein, u.v.m. Nach Voranmeldung: Frühstück, Abendbrot und Getränke erhältlich.
Aktivitäten: Badesee, Radfahren, Wandern, Vogelpark, kleiner Freizeitpark für Kinder, Skifahren, Klettern

Am Gilchbachhof D7
Ober-Ohmener-Str. 2 2021
35325 Mücke

Zu Gast bei: Patrick & Melanie Geiger
0176/60351446

Hofladen:
Auf Anfrage

HOF KRÜTZKEMPER

Münster (NW) · 51°57'20.2"N 7°33'52.9"E

Am Rande von Münster Gievenbeck liegt unser Familienbetrieb von 1903. Der ehemals landwirtschaftlich genutzte Hof beheimatet derzeit sieben Pferde und Ponys, Menschen, Katzen, Bienen, Hühner, Kaninchen und einen Hund in einem lebendigen Miteinander. Wir bieten Ihnen vielfältige Möglichkeiten für pädagogisches und therapeutisches Reiten. Hunde sind auf dem Hof bitte an der Leine zu führen.

Selbstgemachtes: Eier, Honig, Obst und Gemüse (saisonal), Nudeln, Eierlikör und Marmelade. Außerdem: Eis, Fleisch und Milchprodukte.
Aktivitäten: Ponyreiten, therapeutisches Reiten, Pferdemuseum, Zoo

Hof Krützkemper B5
Roxeler Straße 466 2022
48161 Münster

Zu Gast bei: Claudia Augenstein
0251/1364550

Hofladen:
Mo.–Sa. 9–19 Uhr // So. 9–12 Uhr

www.pferde-die-staerken.de

HOF SPIELBRINK

Münster (NW) · 52°0'5.6"N 7°42'2.6"E

Seit 1520 ist der Hof Spielbrink in Familienbesitz. Der Hof liegt idyllisch, direkt an der Werse, ca.10 km von der Münsteraner Innenstadt entfernt. Wir bauen weißen und grünen Spargel an, den wir neben unseren Freilandeiern und regionalen Produkten in unserem Hofladen/SBVerkauf vermarkten. Auf 20.000 qm halten wir Hühner, Schafe, Dam- und Rotwild, die sich ganzjährig über Streicheleinheiten freuen. Ein Ausflug zu uns lohnt sich zu jeder Jahreszeit, um auf den Stellplätzen zwischen den Tiergehegen zu übernachten.

Selbstgemachtes: Spargel, Freilandeier, Kartoffeln und Kürbisse. Außerdem: Obst, Gemüse, Honig, Fruchtaufstriche, Marmeladen, Gelees, Milchprodukte, Plätzchen, Eingelegtes, Eingemachtes, Gewürze, Gewürzmischungen, Wurst, Schinken, Grillfleisch, -wurst und -kohle, Fruchtsäfte, Eierliköre, Wein, Spirituosen uvm.
Aktivitäten: (auf dem Hof:) Tiergehege, Maislabyrinth, Maisbad und Strohburg; (in der Nähe:) Radwanderweg, Jakobsweg, Kanuverleih, Freibad- und Hallenbad.

Hof Spielbrink B5
Helweger Esch 51 2021
48157 Münster

Zu Gast bei: Familie Spielbrink
0251/326364 o. 0173/5424481

Hofverkauf:
Täglich 8–22 Uhr

www.hofspielbrink.de

HOF SCHNEIDER

Netphen-Salchendorf (NW) · 50°52'18.4"N 8°9'55.0"E

Wir sind ein in dritter Generation und familiär geführter Betrieb im schönen Siegerland. Tierwohl steht bei uns an erster Stelle, zudem haben alle Tiere bei uns Familienanschluss. Unsere 350 braunen und weißen Hühner der Rasse Lohmann und Weißes Leghorn dürfen ein modernes Hühnermobil ihr Heim nennen. Deren Eier und unsere anderen Produkte erhalten Sie rund um die Uhr (Selbstbedienung). Auf Anfrage bieten wir auch informative Führungen zu unseren Tieren an.

Selbstgemachtes: Freilandeier, Masthähnchen, Bio-Rindfleisch und Schweinefleisch. Außerdem: Fruchtaufstriche, Milchprodukte, Chutneys, Backmischungen, Müsli, Würstchen, Kartoffeln, Präsentkörbe, Senf, Rindfleisch und Suppenhühner.
Aktivitäten: Naturerlebnisbad Deuz, monatlicher Backestag, Wander- und Radwege, Heimatmuseum, Trampolinhalle, Freizeitbad
Hinweis: △ ein Stellplatz ist unbefestigt

Hof Schneider C7
Albert-Klenner-Str. 11 2020
57250 Netphen-Salchendorf

Zu Gast bei: Fabian Schneider
0151/22884666
Anreise bis: 22 Uhr

Hofverkauf:
Mi. 20–20:30 Uhr

www.schneiders-hof.de

ANGUS-HOF SOHLBACH

Netphen-Sohlbach (NW) · 50°56'58.0"N 8°9'40.6"E

Unser Angus-Zuchtbetrieb mit Mutterkuhhaltung im Nebenerwerb wird mit viel Herzblut betrieben. Wir leben in einem kleinen Sackgassendörfchen am Fuße des Rothaarsteiges im schönen Siegerland. Außerdem bewirtschaften wir einen kleinen SB-Hofladen mit den von uns selbst hergestellten Erzeugnisse. Bitte beachten Sie, dass es auf unserem Hof keinen Strom und keine sanitären Anlagen gibt.

Selbstgemachtes: fertig eingekochte / eingelegte Fleisch-, Wurst- und Gemüseprodukte, Nudeln von eigenen Eiern aus Freilandhaltung, Angus-Naturbeef (auf Anfrage, wenn vom Schlachten etwas übrig geblieben ist), Honig, Eier und Kartoffeln.

Aktivitäten: Tiere füttern, Eier holen, mit Hofhund Tom spielen, Kinderfahrzeuge, Kinderspielplatz, Rad- und Wanderwege, Freizeitbad, N-Flow-Trampolinhalle, Sohlbacher Weiher, Restaurant Waldhaus (geöffnet Sa + So)

Hinweis: △ Die letzten 2 km sind schmale Landstraße.

Angus-Hof Sohlbach C7
Weiherstr. 12 2020
57250 Netphen-Sohlbach

Zu Gast bei: Tatjana Busch
02738/8921 o. 0160/8271099
Ruhetag: So.

Hofverkauf:
Täglich 7–22 Uhr

www.hof-sohlbach.de

HOF FIEFHAUS

Neuenkirchen (NW) · 52°12'35.5"N 7°22'32.9"E

Wir sind ein landwirtschaftlicher Betrieb mit Ackerbau, mobiler Hühnerhaltung und einem Blumenfeld. Unsere Großmutter, unsere beiden Töchter und wir sind aktiv auf dem Hof tätig. Neben zwei Alpakas leben Bunte Bentheimer Schweinen bei uns. Alle 2 Monate findet ein Fleischverkauf ab Hof statt. Unsere Produkte erhalten Sie 24/7 in unserem SB-Automaten. Hunde bitte an der Leine führen.

Selbstgemachtes: Braten, Bratwurst, Filets, Haxen unserer Bunten Bentheimer Schweine, gekochte Mett- und Leberwurst, Eier, Eierlikör, Nudeln, Hühnerfrikassee und saisonales Gemüse. Außerdem: Marmelade, Cracker, Grillfleisch, Frikadellen, Bierknacker, Honig, Gyros und Getränke.

Aktivitäten: Offlumer- und Anglersee, Hofführung, Radwege, Naturfreibad, Burg Bad Bentheim, Steinfurter Bagno, Naturzoo Rheine, Schloss Bentlage Rheine, Salinenpark Rheine

Hof Fiefhaus B5
Dorfbauerschaft 4 2022
48485 Neuenkirchen

Telefon: 05973/1543 o. 0157/89219752
Anreise bis: 18 Uhr

Hofverkauf:
Auf Anfrage

www.hof-fiefhaus.de

GIESHEUER

Neuental (HE) · 51°0'47.2"N 9°11'38.5"E

Im wunderschönen Tal der Gilsa gelegen, betreiben wir ökologische Landwirtschaft und ein Landcafé. Wir halten Rinder, Schweine, Schafe, Gänse und Hühner, welche jederzeit auf der Weide oder im Stall besucht werden können.

Selbstgemachtes: Fleisch, Wurstwaren, Brot, Brötchen, Torten, Kuchen, Gebäck, Marmeladen, Kartoffeln und Apfelsaft. Nach Voranmeldung: Frühstück und Getränke erhältlich.

Aktivitäten: Kaffee, Kuchen oder Frühstück im Landcafé, Dorfführungen nach Vereinbarung, Wandern im Kellerwald, Radfahren auf dem Schwalm-Radweg, Besuch der mittelalterlichen Stadt Fritzlar, Baggerseen Stockelache und Neuenhainer See

Giesheuer D6
Gilsatalstrasse 27 2021
34599 Neuental

Zu Gast bei: Franziska Dörr
06693/8701
Anreise bis: 20 Uhr
Ruhetage: Mo. Di.

Hofverkauf:
Fr., Sa. 14–18 Uhr // So. 8–10, 14–18 Uhr

www.3hasenhoefe.de

S+H JAKOBS

Neukirchen-Vlyn (NW) · 51°23'33.4"N 6°33'39.4"E

Mitten im Nirgendwo. Kleines feines Paradies mit 4 Hühnern, Nutzgarten und vielen Pferden drumrum.

Aktivitäten: Angeln, Kochen und Gartenarbeit, Rotwild- und Wildschweingehege, Aussichtsturm, Schluff Dampfeisenbahn, LSG Nieper Altrheinrinne

S+H Jakobs A6
Luiter Dyk 2021
47506 Neukirchen-Vlyn

Telefon: 0163/3526505
Anreise bis: 20 Uhr

BIOHOF BOLTEN

Niederkrüchten (NW) · 51°12'38.8"N 6°11'36.1"E

Wir sind ein familiengeführter Biohof mit Naturkostladen. Seit 1985 folgen wir den Bioland-Richtlinien und produzieren eigenes Bio-Gemüse mit dem wir umliegende Supermärkte und den eigenen Hofladen beliefern. Alpakas und Shetland-Ponies auf dem Hof runden unser Profil ab. Wichtig ist die telefonische Voranmeldung. Wir treffen uns dann vor Ort und ich zeige den Stellplatz. Bitte beachten: Die Toilettennutzung ist nur tagsüber möglich. An Feiertagen können leider keine Gäste empfangen werden.

Selbstgemachtes: Bio-Gemüse wie Möhren, Kartoffeln, Zwiebeln, Rot- und Weißkohl, Knoblauch, Spinat, Salate, Kräuter, Mais, Kürbis, Zucchini, Blumenkohl, Brokkoli, Wirsing und Pastinaken. Außerdem: Obst, Nudeln, Reis, Käse, frisches Brot und Brötchen, Kaffee, Milch, vegane Produkte, Kosmetik, Wein, Getränke, und Tees.
Aktivitäten: Alpaka-Schnuppern, Alpaka-Spaziergang, Ponies füttern, in der Umgebung: Pony- und Pferdereiten, Roermond (Holland)

Biohof Bolten A6
Dam 36 2021
41372 Niederkrüchten

Zu Gast bei: Rosa Bolten
0163/7963477
Anreise bis: 18 Uhr
Ruhetag: So.

Hofladen:
Mo.–Do. 9–18 Uhr // Fr. 9–19 Uhr // Sa. 8–14 Uhr

www.biohof-bolten.de

KÖSTERSHOF

Oberhausen (NW) · 51°33'0.6"N 6°49'9.8"E

Familienbetrieb mit Hofladen und kleinem Café am Rande der Metropole Ruhr. Verkehrsgünstig direkt an der A3 gelegen. Spargel- und Erdbeeranbau und Bullenaufzucht. Hunde bitte an der Leine führen! In der Spargelzeit von Mitte April bis Mitte Juni ist unser Hofladen auch sonn- und feiertags von 10 – 13 Uhr für Sie geöffnet.
Selbstgemachtes: Spargel, Erdbeeen, Eier, Kartoffeln und Rindfleisch. Außerdem: Kaffee, Wein, Obst, Obst und Gemüse der Saison.

Aktivitäten: Radwanderweg, Rotbach, Gasometer Oberhausen, Landschaftspark Duisburg-Nord, Kaisergarten (mit kostenlosem Tierpark), Legoland, Sealife, Aquapark, Kino, LVR Industriemuseum, Halde Haniel, Grafenmühle (Motorradtreff, Minigolf, Tretboot), Freizeitpark Schloß Beck, Warner Brothers Movie World, Heidesee, Rotbachsee, Friedensdorf International, Naturschutzgebiet Hiesfelder Wald, Centro-Einkaufstempel

Köstershof A6
Gabelstr. 71 2015
46147 Oberhausen

Zu Gast bei: Christoph & Barbara Köster 0172/3942781
Schließzeit: 23.12.–06.01.

Hofladen:
Mo.–Fr. 9–18:30 Uhr // Sa. 9–16:30 Uhr

www.koestershof.de

BIOLANDHOF FELDMANN

Oelde-Sünninghausen (NW) · 51°46'0.6"N 8°10'59.5"E

Kleiner Gemüse, Obst und Kräuter produzierender Hof in Alleinlage auf einem Hügel. Schöne Sicht auf Felder, Wiesen und Wald. Sehr ruhig, bis auf zeitweise gackernde freilaufende Hühner, daher sorgen Sie bitte dafür, dass Ihr Hund immer angeleint ist. Eine Bewirtung auf Voranfrage ist möglich.
Selbstgemachtes: Trockenobst, Marmeladen, Chutneys, Obst- und Gemüsesorten der Saison, Wildkräuter, Kartoffeln und Eier.

Aktivitäten: beheiztes Freibad, Stromberg 3,5 km, hügeliger Radwanderweg, Kräuterwanderungen auf dem Hof (sonntags von Mai – September), Baumseminare (Termine anfragen)
Hinweis: △ Achtung! Wer von Süden kommt: bitte nicht in den vom Navi vorgeschlagenen Waldweg einbiegen, sondern ca. 100 m Richtung Sünninghausen weiterfahren. Von der Straße „Auf der Höhe" rechts in die „Eisternriege" abbiegen und weiter geradeaus bis zum Stapelbusch 3.

Biolandhof Feldmann C5
Zum Stapelbusch 3 2014
59302 Oelde-Sünninghausen

Zu Gast bei: Gabriele Langer
02520/1741

Hofverkauf:
Auf Anfrage

SCHLOSS VOLLRADS

Oestrich-Winkel (HE) · 50°0'45.9"N 7°59'48.6"E

Schloss Vollrads ist eines der ältesten Weingüter der Welt und bietet mit der herrlichen Schlossanlage, dem Turm aus dem 14. Jahrhundert sowie den umliegenden Weinbergen eine traumhafte Kulisse. Besucher haben die Möglichkeit das Gutsrestaurant mit der traumhaften Terrasse zu nutzen. Die Speisekarte besteht aus einer Vesper- und Schmankerlkarte, sowie einer „À la carte"-Karte, serviert werden die eigenen Rieslinge. Die Öffnungszeiten decken sich mit denen des Hofverkaufs. Unsere Vinothek ist täglich von 10 bis 18 Uhr für Sie geöffnet.
Selbstgemachtes: Speisen, Riesling, Sekt und Wein. Abendbrot erhältlich.
Aktivitäten: Radwanderwege, Rheinsteig-Wanderweg

Schloss Vollrads GmbH B8
& Co. Besitz KG 2014
Vollradser Allee
65375 Oestrich-Winkel

Zu Gast bei: Carina Arbeit 06723/660
Ruhetage: Di. Mi.

Hofverkauf:
Mo., Do.–So. 12–20 Uhr

www.schlossvollrads.com

BIOLANDHOF SCHMIDT

Paderborn (NW) · 51°41'58.4"N 8°49'53.1"E

Unser Hof liegt verkehrsgünstig, aber trotzdem sehr ruhig, etwa 5 km von der Paderborner Innenstadt entfernt. Wir bewirtschaften unseren Betrieb seit 2002 nach Bioland-Richtlinien. Neben dem vielfältigen Ackerbau gibt es eine kleine Bio-Schweineherde mit viel Stroh und Auslauf und neuerdings eine kleine Hühnerhaltung im Mobilstall auf der Weide.

Selbstgemachtes: Bio-Eier aus dem Hühnermobil.
Aktivitäten: Paderborn, Rad- und Wanderwege

Biolandhof Schmidt C5
Langefeld 4 2020
33100 Paderborn

Zu Gast bei: Simon Schmidt
05293/1419 o.
Anreise bis: 19 Uhr

Hofverkauf:
Auf Anfrage

www.biolandhof-schmidt.de

MUSEUM NEUENKNICK

Petershagen/Neuenknick (NW) · 52°24'45.1"N 9°3'52.8"E

Unser Hof aus dem 19. Jahrhundert wurde von unserem Verein 2015 übernommen, saniert und beherbergt ein Technik-, Fahrzeug- und Requisiten-Museum. Die Umgebung ist sehr ruhig und grün, mit vielen Bauernhöfen in der Nachbarschaft und in unmittelbarer Nähe der Weser. Wer Erholung sucht und die Seele baumeln lassen möchte, ist bei uns genau richtig!

Produkte: Eintrittskarte für unser hofeigenes Museum.
Aktivitäten: Weser-Radroute, Badesee (ca. 5 km), Speed Way-Bahn, Findlingswald, Bock- und Königmühleim im Ort, unser Technik-, Fahrzeug- und Requisiten-Museum (Öffnungszeiten auf Anfrage), Steinhuder Meer (ca. 30 km), Kloster in Loccum

Museum Neuenknick C4
Depenbrock.11 2020
32469 Petershagen / Neuenknick

Zu Gast bei: Rudi Babst
05705/1443226

HOHMEIER

Porta Westfalica (NW) · 52°13'14.5"N 9°1'1.4"E

Auf unserem Hof halten wir Mutterkühe mit Kälbern und Hühner in einem Mobilstall. Unsere Produkte werden direkt ab Hof in einer Holzhütte verkauft. Dort ist 24 h Selbstbedienung. Ihr Stellplatz liegt in Richtung Süden. Dort hat man eine sehr schöne Aussicht. An sonnigen Tagen kann man Richtung Westen traumhafte Sonnenuntergänge erleben. Richtung Norden in 500 Metern befindet sich die A2. Dennoch hat man viele Wandermöglichkeiten vor der Tür. Felder und Wälder laden dazu ein.

Selbstgemachtes: Eier, Kartoffeln, saisonales Obst und Gemüse.
Aktivitäten: Kaiser-Wilhelm-Denkmal, Fernsehturm, Doktorsee, Altstadt von Rinteln, Bergwerksmuseum Kleinenbremen

Hohmeier GbR C5
Alter Kirchweg 92 2019
32457 Porta Westfalica

Zu Gast bei: Christian Hohmeier
05751/9939093 o. 0151/14938322
Anreise bis: 22 Uhr

Hofverkauf:
Auf Anfrage

KÖRNERKISSEN PORTA WESTFALICA

Porta Westfalica (NW) · 52°13'40.0"N 8°53'30.6"E

In unserer Verkaufshütte befinden sich unsere fertig produzierten Körnerkissen, wo ihr auf Nachfrage nach Herzenslust stöbern könnt. Der aktive Produktionsbetrieb ist nur von Oktober bis Dezember. Neben unserem Körnerkissenbetrieb sind wir mit Foodtrucks unterwegs. Strom ist gegen eine Gebühr erhältlich. Anmeldung nur per SMS oder WhatsApp unter Angabe der Mitgliedsnummer (max. 24 Std. vor Anreise). Die Anreise kann von Dienstag bis Sonntag bis 20:00 erfolgen. Montag ist Ruhetag.

Selbstgemachtes: Körnerkissen, Relax- und Kräuterkissen in allen Größen und Formen.
Aktivitäten: Radwanderweg, Fastenwandern, Ausflugsziele, Wanderwege
Hinweis: △ Grundstück liegt in einer Sackgasse und im Wohngebiet.

Körnerkissen Porta Westfalica C5
2020
Parkweg 26
32457 Porta Westfalica

Zu Gast bei: Rainer Vogt
0173/1729807
Anreise bis: 20 Uhr
Ruhetag: Mo.
Schließzeit: 01.11.–31.03.

Hofverkauf:
Auf Anfrage

HEINENHOF

Pulheim-Orr (NW) · 51°0'32.4"N 6°49'47.1"E

Der Heinenhof ist ein moderner, vielseitiger landwirtschaftlicher Familienbetrieb. Sein Reiz besteht in der Kombination aus dem ländlich historischen Flair eines denkmalgeschützten Vierkanthofes mit der unmittelbaren Nähe zur quirligen Großstadt Köln. Unser Hof hat Domblick! Wir freuen uns auf Ihren Besuch!

Selbstgemachtes: Spargel, Tomaten, Gurken, Kürbisse, Kartoffeln, Zuckerrüben, Raps, Getreide, regionale und traditionelle Biere aus der hofeigenen Mikrobrauerei, Limousin-Rinder und Gänse. Außerdem: vielseitiges regionales und saisonales Angebot (s. Webseite).
Aktivitäten: Besuch Kölns, z.B. über den Radwanderweg zur Kölner Innenstadt (ca. 12 km), ausgedehnte Wanderungen, z.B. in der Pulheimer Laache oder im Naherholungsgebiet Stöckheimer Höfe, Brauereibesichtigung nach Absprache

Heinenhof A6
Heinenhof 1 2018
50259 Pulheim-Orr

Zu Gast bei: Gisela Schröder
02238/6733 o. 0160/94412213

Hofladen:
Mo.–Fr. 8:30–18:30 Uhr // Sa. 8:30–14 Uhr

www.heinenhof.de

HOFLADEN KEIL

Reichelsheim OT Bockenrod (HE) · 49°42'30.4"N 8°51'52.8"E

Wir sind ein landwirtschaftlicher Familienbetrieb im Herzen des Odenwalds. In unserem Hofladen bieten wir Ihnen das ganze Jahr über Erzeugnisse, ausschließlich aus eigenem Anbau bzw. eigener Aufzucht und Herstellung an. Unser landwirtschaftliches Anwesen mit Hofladen finden Sie gut ausgeschildert am Ortseingang von Bockenrod.

Selbstgemachtes: ungespritzes Obst der Saison, Walnüsse, Gelees, Wurst, Kaminholz, Weihnachtsbäume und Schnittgrün. Außerdem: Kartoffeln.
Aktivitäten: verschiedene Schwimmbäder, Museen, Radwanderwege

Hofladen Keil C8
Nibelungenstr. 26 2016
64385 Reichelsheim
OT Bockenrod

Zu Gast bei: Helmut Keil
06164/3596 o. 0160/95339516
Anreise bis: 21 Uhr

Hofladen und Hofverkauf:
Täglich 8–19 Uhr

www.hofladen-keil.de

HOF KEIL

Reken (NW) · 51°52'33.8"N 7°3'24.5"E

Unser Hof liegt inmitten der idyllischen Naturschutzgebiete des schönen Westmünsterlandes. Als Familienbetrieb betreiben wir nachhaltige und artgerechte Landwirtschaft im Rahmen von Mutterkuhhaltung der Rasse Blonde d'Aquitaine. In unserer hauseigenen Landmetzgerei stellen wir alle Fleisch- und Wurstprodukte mit viel Liebe zu 100% selbst her.

Selbstgemachtes: Fleisch- und Wurstwaren. Bewirtung nach Voranmeldung.
Aktivitäten: Badesee, Radwanderweg, Freizeitpark

Hof Keil B5
Hadenbrok 9 2020
48734 Reken

Zu Gast bei: Heiner Keil 0170/1697235
Anreise bis: 18:30 Uhr
Ruhetag: So.

Hofladen:
Di.–Fr. 9–18:30 Uhr // Sa. 10–14 Uhr

www.hof-keil.de

BIOLANDHOF VOLLMER

Rheda-Wiedenbrück (NW) · 51°48'56.9"N 8°18'41.3"E

Auf unserem vielseitigen Familienbetrieb wird seit über 30 Jahren nach den Richtlinien von Bioland gearbeitet. Das Zusammenleben von Mensch und Natur steht für uns im Fokus.

Selbstgemachtes: Kartoffeln, Fleisch, Eier, Sauerkraut (Winter), Saisongemüse im Sommer und Herbst, Milch und Getreide. Außerdem: Alles was ein Haushalt begehrt.

Aktivitäten: Historische Altstadt Wiedenbrück und ein gutes Radverkehrsnetz.

Biolandhof Vollmer C5
Schildstr. 4 2021
33378 Rheda-Wiedenbrück

Zu Gast bei: Vollmer Monika
05242/377611
Anreise bis: 18 Uhr

Hofladen:
Di. 10–18 Uhr // Mi. 10–12 Uhr

www.biohof-vollmer.de

RESTAURANT HOHE HEIDE

Rheine-Mesum (NW) · 52°14'44.5"N 7°29'28.0"E

Wir liegen mitten in der Natur nahe der Ems und wir und unsere Alpakas freuen uns auf Euren Besuch. Wir bieten Alpaka-Touren an und in unserem schönen Restaurant gibt es gut bürgerliche deutsche Speisen und leckere hausgemachte Kuchen. Auch Hunde sind herzlich willkommen, aber bitte angeleint.

Selbstgemachtes: Alpakaprodukte: (Stopper-) Socken, Schals, Mützen, Decken, Bettdecken, Sneaker, im Restaurantbereich Kuchen und Wildspezialitäten. Außerdem: Seife und Einlegesohlen von unseren Alpakas, Bier und Spirituosen. Bewirtung nach Voranmeldung.

Aktivitäten: Alpakatouren, Radfahren, in 10 Minuten an die Ems zum Spazieren, Rheine (7 km), Emsdetten (7 km), Münster (50 km)

Restaurant Hohe Heide B5
Emskämpenweg 110 2021
48432 Rheine-Mesum

Zu Gast bei: Heike Beckmann
05975/8229 o. 0176/57675740
Anreise bis: 18 Uhr

Hofverkauf:
Auf Anfrage

www.hohe-heide.shop

GUT KLEINEPÄHLER

Rietberg (NW) · 51°49'6.5"N 8°28'18.6"E

Wir sind ein traditioneller Familienbetrieb, der an Bewährtem festhält und Neues wagt. Unsere betriebliche Vielfalt von Ackerbau über Tierhaltung bis hin zum Obst- und Gemüseanbau finden Sie in unserem Hofladen wieder. Tierwohl und nachhaltiger Umgang mit der Natur sind für uns eine Selbstverständlichkeit und bilden das Grundgerüst für unsere Arbeit. In der Erd- und Himbeersaison können die Beeren selber gepflückt werden.

Selbstgemachtes: saisonales Obst und Gemüse, Eier aus Freilandhaltung, Fleisch, Wurstwaren aus tiergerechter Haltung, süße und herzhafte Gerichte. Außerdem: Milchprodukte, Kaffee und Honig aus der Region.

Aktivitäten: in der Nähe: Naturschutzgebiet Rietberger Emsniederung, historischer Stadtkern Rietberg, Landesgartenschau Rietberg, ausgewiesene Radwege, Steinhorster Becken

Gut Kleinepähler C5
Neuenkirchener Str. 204 2021
33397 Rietberg

Zu Gast bei: Jan Funkenmeier
05244/9051563
Anreise bis: 18 Uhr

Hofladen:
Täglich 7:30–20 Uhr

www.gut-kleinepaehler.de

BIOLANDHOF MERTENS WIESBROCK

Rietberg-Varensell (NW) · 51°50'58.2"N 8°26'13.0"E

Seit über 30 Jahren bauen wir in unserer Bioland-Gärtnerei Gemüse und einige Sorten Obst an. Unsere Erzeugnisse können Sie in den Gewächshäusern und auf dem Acker betrachten und im Hofladen erntefrisch erstehen. Durch unsere Kooperationen mit regionalen Partnern finden Sie im Hofladen auch täglich frisches Brot, feinen Käse, eine Unverpackt-Station für plastikfreien Einkauf uvm.. Wir bieten einen ruhigen Stellplatz mit Blick auf Apfelbäumen in der Streuobstwiese und für 5 Euro/Person ein schönes Bad mit Dusche an.

Selbstgemachtes: Obst und Gemüse und Apfelsaft. Außerdem: Alles, was ein gut sortierter Bioladen zu bieten hat: Obst und Gemüse, täglich frisches Brot, Käse und Aufschnitt, Säfte und Wein, handgefertigte Seifen und vieles mehr.
Aktivitäten: Es gibt schöne Wege zum Radfahren oder Spazierengehen. Das Fachwerkstädtchen Rietberg ist nur wenige Kilometer entfernt und lädt zum Bummeln durch die Altstadt oder zum Spaziergang an der Ems ein.

Biolandhof Mertens Wiesbrock C5 2016
Schulstr. 123
33397 Rietberg-Varensell

Zu Gast bei: Josef Wiesbrock
05244/1817
Anreise bis: 19 Uhr
Ruhetage: Mo. So.

Hofladen:
Di.–Fr. 8:30–13, 14:30–18 Uhr // Sa. 8:30–13 Uhr

www.mertens-wiesbrock.de

DER VOGELSBERGER SCHÄFER

Romrod-Zell (HE) · 50°43'57.3"N 9°11'18.1"E

Unsere nachhaltige Landwirtschaft trägt dazu bei, dass unsere Heimat, der Vogelsberg, einen wertvollen Teil der in Hessen vorkommenden Flora und Fauna aufweist. Unsere Wagyu-Rinder und Schweine profitieren von der natürlichen Umgebung in der Grünen Lunge Vogelsberg. Wir haben den ersten Wagyu-Verband Deutschlands gegründet. Die naturverbundene Verarbeitung lässt sich in unseren Produkten erschmecken!

Selbstgemachtes: Fleisch- und Wurstwaren aus eigener EU-zertifizierter Metzgerei.
Aktivitäten: Vulkanradweg und -wanderweg, Eichsfeld, Sommerrodelbahn

Der Vogelsberger Schäfer GmbH D7 2021
Frauenberg 48
36329 Romrod-Zell

Zu Gast bei: Ulrike Kalb
06636/9180300 o. 0173/4528817
Anreise bis: 19 Uhr
Ruhetag: So.
Schließzeit: 23.12.–10.01.

Hofladen und Hofverkauf:
Auf Anfrage

www.der-vogelsberger.de

BIOHOF BARENBRÜGGE

Rosendahl (NW) · 52°0'27.8"N 7°4'16.8"E

Wir sind ein ökologischer Milchviehbetrieb im westlichen Münsterland. Unser klassischer westfälischer Vier-Seiten-Hof wird seit Generationen von unserer Familie bewirtschaftet. Auf dem Hof leben neben unserer Familie ca. 100 Milchkühe, Pferde und einige Bienenvölker. Gerne bieten wir Ihnen nach Möglichkeit einen Stellplatz auf der Obstwiese an. Wir freuen uns auf Ihren Besuch.

Selbstgemachtes: Rohmilch, Honig, Apfelsaft, Eier und saisonales Gemüse. Außerdem: Molkereiprodukte.
Aktivitäten: Betriebsführung, Radwanderweg R1, Wanderwege, Holtwicker Ei, Barenborg, Dahliengarten Legden, Coesfelder Heide, Kuhlenvenn, Wasserschloss Darfeld, Windmühle Höpingen und vieles mehr.

Biohof Barenbrügge B5 2016
Hegerort 48
48720 Rosendahl

Telefon: 02566/96749 o. 0163/7206363
Anreise bis: 20 Uhr
Schließzeit: 18.12.–31.12.

Hofverkauf:
Auf Anfrage

instagram.com/biohof_barenbruegge

NATURLANDHOF EISING

Rosendahl (NW) · 52°0'2.7"N 7°7'45.3"E

Zertifizierter Naturland-Betrieb, gelegen im schönen Westmünsterland. Mit Rinderaufzucht, Bienen und Pferden.

Selbstgemachtes: Rindfleisch, Honig, Äpfel und Pflaumen.
Aktivitäten: Radwanderweg, Inlinerstrecke, Dülmener Wildpferde (ca. 20 km), Schloss Varlar, Baumberge (Wandern ca. 15 km)

Naturlandhof Eising B5
Riege 5 2021
48720 Rosendahl

Zu Gast bei: Lisa Eising
01590/6466221
Anreise bis: 19 Uhr

Hofverkauf:
Auf Anfrage

HOF WAGNER

Rotenburg an der Fulda (HE) · 51°3'2.1"N 9°46'4.1"E

Im schönen Waldhessen, am Fuße des Alheimers liegt unser idyllischer Hof mit angrenzendem Spiel- und Naschgarten. Neben dem Obst und Gemüsegarten bekommen Sie bei uns auch Fleisch- und Wurstwaren aus eigener Herstellung. In unserem kleinen, feinen Hofladen halten wir noch weitere regionale Produkte für Sie bereit.
Selbstgemachtes: Fleisch und Wurstwaren. Außerdem: Käse, Milch, Nudeln, Eier, Honig von regionalen Lieferanten, verschieden Supermarktprodukte und Hygieneartikel des täglichen Bedarfs. Nach Voranmeldung: Frühstück und Getränke erhältlich.
Aktivitäten: Fußballgolfplatz, Boccia-Bahn, gemütliche Gartenhütte mit Grillmöglichkeit, Spielplatz, Ponyreiten im Nachbarort, schöne Wanderwege, Badesee mit Stand Up Paddle & Tretbootverleih, Kanufahren auf der Fulda, Radweg R1
Hinweis: △ Die letzten 100 m führen über eine geschotterte Hofzufahrt, welche gut befahrbar ist.

Hof Wagner D6
Am Haselbach 18 2021
36199 Rotenburg an der Fulda

Zu Gast bei: Daniel Wagner
06623/41586
Anreise bis: 20 Uhr

Hofladen und Hofverkauf:
Di., Fr. 9–17 Uhr // Do. 9–13 Uhr // Sa. 7:30–13 Uhr

www.wagner-seifertshausen.de

GUT FUSSBERG

Ruppichteroth (NW) · 50°50'5.0"N 7°26'46.3"E

Wir sind ein zertifizierter Biolandbetrieb mit Schwerpunkt auf Geflügel und Ackerbau. Neben den Legehennen leben hier Masthähnchen, Zweinutzungshühnern, Rinder, Enten, Kaninchen, Hund und Katze und wir als vierköpfige Familie mit zwei kleinen Kindern. Unsere und auch andere Produkte vertreiben wir in unserem kleinen, rustikalen Hofladen, der immer freitags und samstags geöffnet ist.

Selbstgemachtes: Fleisch aus artgerechter Haltung, Eier aus dem Mobilstall, Hanfprodukte, Hanföl und Hanfsamen. Außerdem: Gemüse.
Aktivitäten: Angelteich, Lagerfeuerkochschule, Wanderung im Naturgebiet Wasserschutzzone

Gut Fussberg B7
Zum Fußberg 1 2021
53809 Ruppichteroth

Zu Gast bei: Miriam Tölkes
02295/9299356
Anreise bis: 21 Uhr
Schließzeit: 22.12.–03.01.

Hofladen:
Fr. 10–18 Uhr // Sa. 10–16 Uhr

www.gutfussberg.de

LINDERSKAMP'S HOF

Saerbeck (NW) · 52°10'43.1"N 7°36'38.6"E

Linderskamp's Hof ist ein typisch münsterländischen Familienbetrieb in der Klimakommune Saerbeck, deren Geschichte bis ins Jahr 1537 zurückliegt. Hier betreiben wir eine stetig wachsende Direktvermarktung mit eigenen Freilandeiern aus dem Hühnermobil, sowie Kürbissen, Weihnachtsbäumen und einem Blumenfeld zum selber pflücken. Auf unserem Hof erwerben Sie unsere hofeigenen frischen Freilandeier, Eierlikör und Nudeln und Frischeerzeugnisse wie Grillfleisch, Kartoffeln, Milcherzeugnisse oder Milcheis. Unsere Verkaufsautomaten sind 24 Std. am Tag und 7 Tage die Woche geöffnet. Angeleinte Hunde sind willkommen.
Selbstgemachtes: Freilandeier, Grillfleisch, Weihnachtsbäume, Eierlikör, Nudeln, Kürbisse und Blumen zum selbst pflücken auf dem Blumenfeld. Außerdem: Chips, Milcheis, Kartoffeln.
Aktivitäten: Radwegenetz, Emsradweg, Wildfreigehege Saerbeck (5 km), Saerbecker Naturbadesee (2,5 km)

Linderskamp's Hof B5
Middendorf 24 2021
48369 Saerbeck

Telefon: 0151/58725882
Anreise bis: 19 Uhr

Hofladen und Hofverkauf:
Auf Anfrage

www.linderskamp.de

VAUSS-HOF

Salzkotten-Scharmede (NW) · 51°42'47.6"N 8°37'46.3"E

Wir sind ein familiengeführter Bio-Bauernhof mit Mutterkuhhaltung und Hofladen. Darüber hinaus gibt es eine solidarische Landwirtschaft, mit der wir für unsere Genossenschaftsmitglieder Gemüse anbauen. Außerdem mosten wir eigenen Apfelsaft. Die Stellplätze befinden sich direkt an unserer Pferdewiese und unserer naturpädagogischen Spielfläche mit Barfußpfad. Hunde sind willkommen, müssen aber an der Leine geführt werden.
Selbstgemachtes: Bio-Rindfleisch, Bio-Rinderwurstspezialitäten, Bio-Fruchtaufstriche, Bio-Streuobstwiesensäfte und Bio-Obst. Außerdem: Kaffee, Tee, Honig, Chutneys, Bratlinge, Gewürze, Olivenöl, nachhaltige Drogerieartikel (Seifen, Zahnbürsten, Deo etc.), Bücher, Kleidung, Kunsthandwerk und Geschenkartikel.
Aktivitäten: Hofführungen, Naturspielfläche mit Feuerstelle auf dem Hof, Dreckburg, Gradierwerk, Ölmühle und Freibad in Salzkotten, Golfplatz, Radwanderwege, im Oktober Apfelfest auf dem Hof mit Kunsthandwerkermarkt, Hof-Veranstaltungen (siehe Website)

Vauß-Hof C5
Cerisy Platz 2 2014
33154 Salzkotten-Scharmede

Zu Gast bei: Anja & Marius Pötting
0176/20425887
Anreise bis: 18 Uhr

Hofverkauf:
Mi. 15–18 Uhr // Fr. 10–18 Uhr // Sa. 10–14 Uhr

www.vausshof.de

HOF HUXHARDT

Schalksmühle (NW) · 51°15'17.2"N 7°30'29.6"E

Wir sind ein landwirtschaftlicher Familienbetrieb mit zwei Betriebsstätten unmittelbar nebeneinander, allerdings in 2 Kreisen – MK und EN. Unser Wohnsitz, die Huxhardt, beherbergt Milchkühe, Pferde, Hühner und eine kleine Hofmolkerei. Auf dem Hof Stöcken haben wir Milchkühe und Hühner sowie unser „Huxhardter Milchhäusel am Stöcken", welches 24/7 geöffnet ist. Beide Höfe liegen am Rande des schönen Sauerlandes.
Selbstgemachtes: Milch, Joghurt und Eier. Außerdem: Nudeln aus unseren Freilandeiern, Honig und Wildwurst.
Aktivitäten: Besichtigung der Höfe mit den Melkrobotern nach Absprache, tolle Wanderwege, Glörtalsperre, weitere Talsperren zum Wandern oder Radfahren, Minigolf in Halver oder Ennepetal, Freilichtmuseum Hagen
Hinweis: △ Anliegerstraße

Hof Huxhardt B6
Huxhardt 1 2020
58579 Schalksmühle

Zu Gast bei: Hermann-E. Piepenstock
02355/903308 o. 0173/9750075
Anreise bis: 21 Uhr

Hofverkauf:
Auf Anfrage

www.huxhardt.de

GASTHOF PANNEBÄCKER

Schermbeck (NW) · 51°42'31.2"N 6°46'50.2"E

Seit über 100 Jahren ist unser Haus bekannt für gute Gastlichkeit und wird aktuell in der 4. Generation geführt. Direkt am Waldrand gelegen, sind wir Start-und Zielpunkt für Wanderungen oder Radtouren durch den Dämmerwald im Naturpark Hohe Mark. Wir überzeugen mit frischen und saisonalen Produkten aus der näheren Umgebung – hausgemacht und frisch! Im Sommer gibt es jeden Dienstag ab 18 Uhr einen Grillabend.

Selbstgemachtes: Brot, Schmalz, Marmeladen, Speisen und Getränke. Außerdem: Honig und Postkarten. Frühstück, Abendbrot und Getränke erhältlich.
Aktivitäten: Radwanderwege, Wasserschloss, kleinstes Strommuseum der Welt, Hohe Mark Steig

Gasthof Pannebäcker
Malbergerstraße 49
46514 Schermbeck
A5
2022

Zu Gast bei: Nadja Moschüring
02853/2343
Anreise bis: 21 Uhr
Ruhetage: Mo. Do.

Hofverkauf:
Di., Mi., Fr. 10–13:30, 15–22 Uhr // Sa., So. 10–22 Uhr

www.gasthof-pannebaecker.de

ALLEENHOF

Schlangen (NW) · 51°50'38.3"N 8°50'43.3"E

Wir betreiben hier eine vielfältige Demeter-Landwirtschaft mit Direktvermarktung am Rande des Teutoburger Waldes. Herzstück ist unsere Milchviehherde, die den ganzen Sommer um den Hof herum weidet. Eingebettet in Wiesen, Wälder und Felder ist hier unsere Vorstellung einer lebenswerten Landwirtschaft erlebbar.

Selbstgemachtes: Milch, Kartoffeln, Eier, Fleisch von Rind, Kalb und Schwein, Brot, Kuchen, Gemüse und Honig. Außerdem: Bruderhahnprodukte und ein vielfältiges Naturkostsortiment.
Aktivitäten: Vielfältige Freizeitmöglichkeiten im Teutoburger Wald, Herrmannsdenkmal, Externsteine
Hinweis: △ Die Zufahrt von Detmold aus über den teutoburger Wald (Gauseköte genannt) ist auf 3,5 t beschränkt!

Alleenhof
Fürstenallee 2
33189 Schlangen
C5
2021

Zu Gast bei: Maria von Müller
0173/6714605
Anreise bis: 19 Uhr

Hofladen und Hofverkauf:
Auf Anfrage

www.alleenhof-schlangen.de

HOF JOSSATAL ALPAKAS

Schlitz-Willofs (HE) · 50°40'57.6"N 9°28'19.7"E

Am Rande des schönen Vogelsberg kann man tierische Begegnungen mit Alpakas und Eseln erleben und genießen. Der ausgesiedelte Hof am Bachlauf der Jossa liegt in der hügeligen Landschaft des waldumrandeten Dörfchen Willofs. Von der Alpakawiese, neben dem Stall der flauschigen Vierbeiner, hat man einen wundebaren Blick auf den Sonnenuntergang. Ganz besondere Momente mit den Tieren kann man bei einer Alpakawanderung oder beim Eseltrekking erleben.

Selbstgemachtes: alles aus Alpakawolle: Mützen, Stirnbänder, Stulpen, Socken, Einlegesohlen, Strickwolle, Steppdecken, Seife, Bastelset „Alpaka“ und Wachteleier. Außerdem: Honig, Likör, Gelee, Wurst, Getränke, regionales Frühstück und Vesper.
Aktivitäten: Alpakawanderungen, Eseltrekking, interaktive Hofführungen, Badesee (10 km), Rad- und Wanderwege

Hof Jossatal Alpakas
Sommerberg 14
36110 Schlitz-Willofs
D7
2021

Zu Gast bei: Lena Schmelz-Obenhack
0152/28503355
Anreise bis: 19 Uhr
Schließzeit: 01.11.–31.03.

Hofladen:
Auf Anfrage

www.jossatal-alpakas.de

KLOSTERHÖFER ZIEGENKÄSE

Schlüchtern-Klosterhöfe (HE) · 50°23'8.7"N 9°32'26.8"E

Im schönen Bergwinkel bewirtschaften wir einen Ziegenbetrieb. Die Milch von unseren 100 Milchziegen, die nach deren täglichem Weidegang anfällt, verarbeiten wir in unserer kleinen Hofkäserei zu leckerem Frisch-, Schnitt- und Hartkäse. Wenn Sie unseren Ziegenkäse einmal probiert haben, dann werden auch Sie feststellen, dass man gutes Futter, eine tiergerechte Haltung und eine handwerkliche Verkäsung im Käse schmecken kann. Neben dem Hofladen befindet sich ein Regiomat auf dem Hof, der 24/7 geöffnet hat.

Selbstgemachtes: Ziegenkäse, Ziegenmilch, Ziegenbutter, Eier, Ziegenwurst und Ziegenschinken. Außerdem: Schafskäse und Schafsjoghurt.
Aktivitäten: Pferdehof in der Nachbarschaft mit Reitmöglichkeit, Wanderwege über den Spessart-Bogen, Freizeitpark in Steinau, Tropfsteinhöhle in Steinau

Klosterhöfer Ziegenkäse D7
Gomfritz 3 2021
36381 Schlüchtern-Klosterhöfe

Zu Gast bei: Frank Simon und Timo Haas 0170/8156046
Anreise bis: 20 Uhr

Hofladen und Hofverkauf:
Mi. 14–19 Uhr // Sa. 10–14 Uhr

www.klosterhoefer-ziegenkaese.de

HEUMES SCHEUNE GASTHOF VOSS

Schmallenberg (NW) · 51°11'5.7"N 8°12'7.7"E

Seit mehr als 100 Jahren ist der Gasthof Voss geselliger Mittelpunkt des beschaulichen Arpetals. „Mitten im Dorf" mit seinen zahlreichen schönen Fachwerkhäusern finden Sie Sauerländer Gastlichkeit, die von Herzen kommt. Wir bieten täglich regionale Küche aus eigener Erzeugung (12–14 Uhr und 18–21 Uhr) und nachmittags in unserem Hofcafé selbstgebackene Kuchen und leckeren Kaffee. Wir freuen uns auf Ihren Besuch!

Selbstgemachtes: hausgemachte Wurstspezialitäten, Blut- Leberwurst, Rinderwurst, Schinken, Marmeladen und Chutneys. Außerdem: Honig aus dem Ort und Dekorartikel. Frühstück, Abendbrot und Getränke erhältlich.
Aktivitäten: Gasthof, Hofcafe, E-Bike-verleih, ausgezeichnete Wander- und Radwege

Heumes Scheune C6
Gasthof Voss 2014
Arpe 10
57392 Schmallenberg

Telefon: 02971/86971
Anreise bis: 18 Uhr
Ruhetage: Mi. Sa.

Hofverkauf:
Auf Anfrage

www.gasthof-voss.de

LANDGASTHOF & METZGEREI ZUR BERNSTADT

Schöffengrund (HE) · 50°28'29.4"N 8°27'12.2"E

Unser familiengeführter Landgasthof in dritter Generation hat eine eigene Metzgerei angeschlossen. Schlafen Sie umgeben von grüner Wiese und großen Bäumen fußläufig zur Quembach. Unsere Tiere beziehen wir aus artgerechter Haltung, von der bäuerlichen Erzeugergemeinschaft Schwäbisch Hall.

Selbstgemachtes: Alles rund ums Fleisch. Außerdem: Fleisch- und Wurstwaren, Nudeln, Eier, Brötchen und Brot. Abendbrot und Getränke erhältlich.
Aktivitäten: Wir bieten verschiedene Workshops, Seminare und Veranstaltungen an. Ein Badesee, Schwimmbäder und andere Freizeitaktivitäten sind bequem erreichbar, wie z.B. das Braunfelser Schloss.

Landgasthof & Metzgerei C7
Zur Bernstadt 2021
Quembachallee 3
35641 Schöffengrund

Zu Gast bei: Vivien Zimmermann 06445/7440
Anreise bis: 21 Uhr

Hofladen:
Mo. 8–13 Uhr // Di.–Fr. 8–12:30,14:30–18 Uhr // Sa. 8–12:30 Uhr

www.zurbernstadt.de

FEINBRENNEREI SASSE

Schöppingen (NW) · 52°6'2.6"N 7°14'9.9"E

Typisch Münsterländer: Bei uns wird Gastfreundschaft mit Korn geschrieben. Wir sind die Kornmanufaktur aus dem Münsterland, seit über 300 Jahren verbinden sich in unseren Produkten Erfahrung und Innovation. Unser Herzblut und unser Handwerk stecken wir in unsere fassgelagerten Kornbrände, die sich durch einen milden und außergewöhnlichen Geschmack auszeichnen.

Selbstgemachtes: Lagerkorn®, Münsterländer Aperitif Amérie und weitere Spezialitäten aus der Brennerei.
Aktivitäten: Besichtigungen der Feinbrennerei Sasse, Vechtebad in Schöppingen, diverse Rad- und Wanderwege, St. Brictius Kirche

Feinbrennerei Sasse | Lagerkorn GmbH B5
Düsseldorfer Str. 20 2020
48624 Schöppingen

Telefon: 02555/99740
Anreise bis: 16:30 Uhr
Ruhetag: So.
Schließzeit: 17.12.–09.01.

Hofladen:
Mo.– Fr. 8–12, 13–17 Uhr

www.sassekorn.de

WEINE IM POLHOF

Schwalenberg (NW) · 51°52'45.4"N 9°11'52.0"E

Wir sind ein Weinladen und Weinerzeuger – Hofladen und Bistro mit kleinen Speisen. Neben diversen regionalen Produkten bieten wir auch Weinverkostungen an. Wir freuen uns auf Sie. Herzlich willkommen!
Selbstgemachtes: Fruchtaufstriche, Liköre, Wein u.v.m. Außerdem: Honig, Milch, Fruchtaufstriche, Wurstwaren, Süßes und Saures, Souvenirs, Brustkaramellen, Schwalenberger Bitter u.v.m. Frühstück, Abendbrot und Getränke erhältlich.
Aktivitäten: Speis und Trank, Weinverkostungen, Galerien, Wanderwege, Fahrradwege, Spielplätze, Musikveranstaltungen, historische Altstadt, Stadwasser, Burg Schwalenberg, Papiermühle, jüdischer Friedhof u.v.m
Hinweis: △ Kleiner Feldweg – für große Wohnmobile nicht geeignet!

Weine im Polhof D5
Polhof 3 2021
32816 Schwalenberg

Zu Gast bei: Regina Zelms
05284/942 8342
Anreise bis: 22:30 Uhr

Hofverkauf:
Auf Anfrage

HOF RICHBERG

Schwarzenborn (HE) · 50°55'3.4"N 9°25'1.8"E

Wir sind ein idyllischer Bio Bergbauernhof in ruhiger Alleinlage, der als Familienbetrieb geführt wird. Wir haben Milchkühe mit dazugehöriger Aufzucht und ein Hühnermobil. Hunde sind an der Leine zu führen.

Selbstgemachtes: Milch, Eier, Nudeln, Rindfleisch und Marmelade. Außerdem: Honig.
Aktivitäten: Radwanderwege, Wanderwege, Tierpark, Wald, Natur, Knüllköpfchen, Gastronomie

Hof Richberg D7
Richbergstraße 3 2021
34639 Schwarzenborn

Zu Gast bei: Andreas Lux
0173/8947158
Anreise bis: 20 Uhr

Hofverkauf:
Auf Anfrage

SCHAFHOF DRACHENHÖHLE

Seeheim–Ober-Beerbach (HE) · 49°45'33.0"N 8°40'50.8"E

Im Geo-Naturpark Bergstraße Odenwald befindet sich unser wunderschön gelegener kleiner Bio-Schafhof Drachenhöhle zwischen Streuobstwiesen, sanften Hügeln und Buchenwäldern. Auf unserem Hof weiden 150 Mutterschafe, Lämmer und Pferde auf Wiesen. Bei uns finden Sie viel Ruhe und schöne Natur, die zum Erkunden und Entspannen einlädt. Sie haben einen einmaligen Ausblick über die Rheinebene, die entfernte Frankfurter Skyline und viele schöne Sonnenuntergänge. Hunde bitte mit Abstand zu den Schafen und an der Leine.

Selbstgemachtes: saisonales Streuobst, Apfelsaft, Obstbrände, Lammfelle und saisonales Lammfleisch. Außerdem: Schafseife.
Aktivitäten: Burg Frankenstein, Odenwald, Felsenmeer, Rad- und Wanderwege
Hinweis: △ Die Adresse ist schwierig mit dem Navi zu finden. Ab Seeheim Rtg. Ober-Beerbach, Rtg. Stettbach/ Steigert, 500m nach Ortsausgang rechts auf Wirtschaftsweg, Höhenweg folgen, nach etwa 100 m links, Schotterweg bis zum Ende folgen.

Schafhof Drachenhöhle C8
Außerhalb 2017
64342 Seeheim–Ober-Beerbach

Zu Gast bei: Christoph Massoth 0173/ 3444909
Anreise bis: 18 Uhr
Schließzeit: 01.11.–30.04.

Hofverkauf:
Auf Anfrage

schafhof-drachenhoehle.de

HOF BALSTER

Selm (NW) · 51°42'57.7"N 7°30'49.9"E

In der münsterländischen Parklandschaft, umgeben von vielen Wäldern und saftigen Weiden, liegt unser urmünsterländischer Familienbetrieb. Hier züchten wir original japanische Wagyu-Rinder und unterstützen die Natur, indem wir Ackerland durch Patenschaften in eine Blühwiese umwandeln. Für unsere Gäste öffnen wir den Hofladen auf Wunsch, wo sie leckerste Wagyu-Rindprodukte zum Selberkochen erwerben können. Die Familie Balster freut sich auf Ihren Besuch!

Selbstgemachtes: alle Produkte vom Wagyu-Rind, vom Fell bis Fett, hochwertige Fleischprodukte und Gutscheine. Außerdem: Eier, Nudeln, Gin, Wein, Schafprodukte, Kaffee und Hanföl.
Aktivitäten: Radwanderwege, Schloss Nordkirchen, Burg Fischering, Lipperauen

Hof Balster – Balster's Premium Wagyu B5
2021
Buxfort 8
59379 Selm

Zu Gast bei: Patrick Balster 02592/9199300 o. 0151/26418164
Anreise bis: 20 Uhr
Schließzeit: 24.12.–28.12.

Hofladen:
Mi. 16–18 Uhr // Fr. 16–19 Uhr // Sa. 10–13 Uhr

www.balsters-premium-wagyu.de

LANDGASTHOF SCHMITT-DEGENHARDT

Serkenrode (NW) · 51°12'46.1"N 8°4'48.3"E

Unser traditionsreicher Landgasthof mit urigem und modernem Ambiente bietet saisonal und regional beeinflusste Küche mit hausgemachten Sauerländer Spezialitäten. Von unserem Stellplatz haben Sie einen schönen Blick auf die Kirche und Hofanlage in Fachwerk mit Schnitzereien. Gäste dürfen am Ruhetag abends anreisen. Dienstags nur auf Nachfrage Gästebewirtung.

Selbstgemachtes: Marmeladen, Sirup, Suppen, Eintöpfe, Rinderwurst (Sauerländer Spezialität), Wildgerichte in den Wintermonaten und Kartoffeln aus eigenem Anbau. Abendbrot erhältlich.
Aktivitäten: Fledermaustunnel, Sauerland Radring, Biggesee, Knochenmühle, Hexenstein, Pumpspeicherwerk, Wanderwege

Landgasthof Schmitt-Degenhardt C6
2021
Fretterstr. 29
57413 Serkenrode

Zu Gast bei: Björn Schmitt-Degenhardt 0272/4246
Anreise bis: 20 Uhr
Ruhetag: Mo.

Hofverkauf:
Mi.–Sa. 16:30–22 Uhr // So. 10–22 Uhr

landgasthof-schmitt-degenhardt.de

LVR-INDUSTRIEMUSEUM GESENKSCHMIEDE HENDRICHS

Solingen (NW) · 51°10'15.9"N 7°2'13.0"E

Eine „Werkstatt für die Welt" – das war die Stadt Solingen mit ihrer Schneidwarenherstellung Ende des 19. Jahrhunderts. Noch heute können Sie in der Gesenkschmiede Hendrichs erleben, wie rot glühende Spaltstücke unter lautem Getöse zu Scherenrohlingen geschmiedet werden. Dabei erfahren Sie vieles über die Geschichte der berühmten Solinger Schneidwarenindustrie. Öffnungszeiten Museum: Di – Fr 10–17 Uhr, Sa + So 11–18 Uhr (Toilettennutzung nur während der Museumsöffnungszeiten möglich), Öffnungszeiten Café: 12–14 Uhr und 19–23 Uhr, Hunde sind nur im Außengelände erlaubt

Selbstgemachtes: Museumsschere. Außerdem: vielfältiges Sortiment an Schneidwaren, Literatur, Bildbände und Kartenmaterial rund um die Industriekultur.

Aktivitäten: Museum mit Schauproduktion

LVR-Industriemuseum Gesenkschmiede Hendrichs B6
Merscheider Str. 289-297 2020
42699 Solingen

Telefon: 0212/232410
Anreise bis: 21 Uhr
Ruhetag: Mo.
Schließzeit: 21.12.–01.01.

www.industriemuseum.lvr.de

WALDRESTAURANT HÖFER

Sonsbeck (NW) · 51°35'26.5"N 6°23'24.8"E

Mitten im Wald gelegen, nur 5 Autominuten von der Autobahn entfernt, finden Sie unser Waldrestaurant Höfer. Gerne können Sie in unserem wunderschönen Restaurant speisen oder sich das Menü direkt in Ihr Fahrzeug servieren lassen. Wir kochen fast ausschließlich mit regionalen Zutaten und viel Liebe. Wir freuen uns, Sie bei uns begrüßen zu dürfen und wünschen Ihnen eine gute Anreise.

Selbstgemachtes: leckere, hausgemachte Speisen mit Zutaten aus der Region. Abendbrot und Getränke erhältlich.

Aktivitäten: Rad- und Spazierwanderwege, Ponyreiten, Xanten, Badeseen, Spielmöglichkeiten für Kinder

Waldrestaurant Höfer A6
Graf Haeseler Weg 7 2021
47665 Sonsbeck

Zu Gast bei: Friederike Höfer-Wolters
02838/2442 o. 0177/2773024
Anreise bis: 21 Uhr
Ruhetage: Mo. Di.

Hofverkauf:
Mi.–So. 11–23:30 Uhr

www.waldrestaurant.de

HAINFELDERHOF

Steinau an der Straße (HE) · 50°18'27.1"N 9°26'36.3"E

Der Hainfelderhof ist ein landwirtschaftlicher Familienbetrieb mit Hofladen, Milchviehhaltung, sowie Geflügel. Unser Hof liegt am Rande der Gebrüder Grimm Stadt Steinau an der Straße im schönen Kinzigtal. Der Hof beteiligt sich an der Öffentlichkeitsarbeit, einerseits das Projekt Bauernhof als Klassenzimmer und das Projekt Lernfeld Landwirtschaft. Hier dürfen Kinder oder auch Erwachsene in Gruppen in unseren Betrieb schauen. Gerne mit Anmeldung. Wir freuen uns auf Ihren Besuch.

Selbstgemachtes: Wurst, Milch, Käse, Geflügel, Fruchtaufstrich und Mehl. Außerdem: Honig, Nudeln, Eierlikör, Öl und Gewürze.

Aktivitäten: Erlebnispark Steinau, Tropfsteinhöhle, Museum, Schloß, Stausee, Radweg R3, Eselsweg

Hainfelderhof D8
Hainfelderhof 1 2021
36396 Steinau an der Straße

Zu Gast bei: Frank Amend
0173/3166664
Anreise bis: 20 Uhr

Hofladen:
Mo., Di. 10–12 Uhr // Do., Fr. 10–12, 15–18 Uhr // Sa. 10–12 Uhr

Facebook: hainfelderhof

BIOHOF JOCKEL

Steinau an der Straße OT Rabenstein (HE) · 50°22'38.3"N 9°22'32.9"E

Unser Bioland-Familienbetrieb liegt in einem ruhigen 30-Seelen-Dörfchen, idyllisch zwischen Vogelsberg, Rhön und Spessart. Wir leben hier zusammen mit unseren Milchkühen, Rindern, Kälbern, Hühnern und Katzen. Hofeigene Produkte bieten wir in unserer Biolaube 24/7 und unserer Milchtankstelle an.

Selbstgemachtes: Eier, Kartoffeln, Milch und Nudeln. Außerdem: Bauernhofeis, Glühwein, Honig, Wurst, Alkoholfreie Getränke und Milchprodukte (Joghurt, Feta etc.).
Aktivitäten: Südbahnradweg, Erlebnispark, Kletterwald und Tropfsteinhöhle in der Brüder-Grimm-Stadt Steinau an der Straße, Badesee in Nieder-Moos, Spessart Therme in Bad Soden, Freizeitbad Birstein

Biohof Jockel D7
Rabenstein 5 2020
36396 Steinau an der Straße OT Rabenstein

Zu Gast bei: Joachim Jockel
0157/58150748
Anreise bis: 18 Uhr

Hofverkauf:
Auf Anfrage

www.biohof-jockel.de

FAMILIE MEINIKMANN

Steinfurt (NW) · 52°8'43.6"N 7°23'35.6"E

Unser Münsterländer Gräftenhof liegt in der Bauernschaft Hollich im Kreis Steinfurt mitten im Grünen. Bisher als Hof im klassischen Milchviehbetrieb im Vollerwerb geführt, strukturieren wir gerade um und züchten nun zusätzlich zur Rinderrasse Holstein Friesian auch die seltene Rinderrasse Maine-Anjou. Die Kälber zusammen mit den Mutterkühen. Während des Sommers stehen die Tiere auf der Weide. Der Stellplatz ist neben der Hofstelle, von hier aus genießen Sie den Sonnenuntergang und können Wildtiere beobachten.

Selbstgemachtes: Fleisch, Marmeladen, Säfte und Sirup nach Verfügbarkeit und Feuerholz.
Aktivitäten: Wanderwege, Radwege, historische Altstadt in Burgsteinfurt, historischer Konzertsaal im Burgsteinfurter Bagno, buchbare Touren: „Kräuter – Unkräuter" und „Rundgang über den Gräftenhof"
Hinweis: △ Für sehr große Wohnmobile ist die Wendemöglichkeit am Stellplatz begrenzt. Es besteht die Möglichkeit, an einer anderen Stelle zu stehen.

Familie Meinikmann B5
Hollich 139 2021
48565 Steinfurt

Zu Gast bei: Katharina und Norbert Meinikmann 0174/1800304

TELTENKÖTTER

Steinfurt (NW) · 52°7'13.5"N 7°25'4.2"E

Unser Resthof mit frei laufenden Hühnern und Pferdepension liegt am Stadtrand in einer Bauernschaft von Steinfurt-Borghorst und grenzt an ein Waldgebiet. An einem teilweise schattigen Platz auf Rasenfläche sind Sitzgelegenheiten vorhanden. Angrenzend gibt es einen Kiosk mit Snacks und Getränken sowie Köstlichkeiten der Region. Das Zentrum ist zu Fuß erreichbar. In der näheren Umgebung finden Sie das Schloß Burgsteinfurt, den Bangno See und einen Botanischen Garten.

Selbstgemachtes: Eier. Außerdem: Snacks und Getränke.
Aktivitäten: Radwege, Steinfurt Borghorst (1 km), Schwimmbad, ausgewiesene Rad und Wanderwege des Münsterlandes

Teltenkötter B5
Ostendorf 2 2021
48565 Steinfurt

Zu Gast bei: Rolf Teltenkötter
0173/5243884
Anreise bis: 20 Uhr
Schließzeit: 30.10.–30.04.

Hofverkauf:
Auf Anfrage

HUNDESCHULE STEINHAGEN

Steinhagen (NW) · 51°59'38.9"N 8°22'59.9"E

Wir sind lokal und regional mit unserer Heimat verwurzelt. Natürlich sind Hunde bei uns kein Problem, sondern herzlich willkommen. Sofern kein Betrieb auf den Trainingsplätzen ist, kann der vierbeinige Mitreisende gern auf einem der eingezäunten Plätze toben und laufen. Nach Absprache ist es möglich, mit Ihrem Hund am Training teilzunehmen oder Einzeltraining zu buchen. Ich bin aktiver Jäger und biete auch Wildfleisch an. Auf unserem Grundstück haben Sie Blick auf die Trainingsflächen und Zugang zum Wald, in dem man herrlich spazieren gehen kann.

Selbstgemachtes: Wildfleisch, Eier, Dienstleistung „Hund" (Hundetraining, Beratung, Erziehung und Sport). Außerdem: Hundefutter, Leckerlis, Kauartikel und Zubehör.

Aktivitäten: Zuschauen zu unseren Trainingszeiten, Spaziergänge im Pattshorster Wald, Wanderungen, Radtouren, Bielefeld, Gütersloh, Halle (Westfalen), Tierpark Olderdissen

Hundeschule Steinhagen C5
Brockhagener Str. 75 2021
33803 Steinhagen

Zu Gast bei: Maic Horstmann
05204/6949
Anreise bis: 19 Uhr

Hofverkauf:
Auf Anfrage

www.hundeschule-steinhagen.de

HOF*GENUSS

Steinheim (NW) · 51°51'30.5"N 9°9'43.2"E

heimat.besonders.lecker. – Das ist der Hofladen hof*GENUSS in Hagedorn! Hier gibt's eine besondere Auswahl an Fruchtaufstrichen, Likören, Sirup, Saft, Kartoffeln und vielem mehr. Verarbeitet werden ausschließlich Früchte aus dem eigenen Garten – kein Pfirsich, keine Mispel oder Felsenbirne ist vor mir sicher! Außerdem können bei mir ganz besonders schöne Sonnenuntergänge bestaunt werden. Ich freue mich auf Sie!

Selbstgemachtes: Fruchtaufstriche, Liköre, Sirup, Gemüse und Eier. Außerdem: Apfelsaft, Honig, Öle, Essige und Salze. Nach Voranmeldung: Getränke erhältlich.

Aktivitäten: Bogenschießen im Ort nach Anmeldung, Sommercafé vom Heimatverein (1. Sonntag Mai – Sept), Gastronomie und Ausflugstipps (Broschüre im Hofladen vorhanden)

hof*GENUSS D5
Hagedorn 2 2020
32839 Steinheim

Zu Gast bei: Birte Brand
0178/4410833
Anreise bis: 18 Uhr
Ruhetage: Mo. So.
Schließzeit: 01.11.–31.03.

Hofladen und Hofverkauf:
Di.–Fr. 14–19 Uhr // Sa. 10–16 Uhr

Facebook: hofgenuss

AUBRAC HOF

Sundern (NW) · 51°16'49.9"N 8°5'23.8"E

Wir betreiben einen kleinen Hobbyhof am Rande des Homertgebirges, in Meinkenbracht im schönen Sauerland. Auf unserem Hof halten wir eine kleine Herde Mutterkühe der Rasse Aubrac, eine Husumer Zuchtsau mit einigen Mastferkeln, Ziegen, Hühner, Kaninchen und Katzen. Wer Interesse hat, kann gerne nach Absprache bei der Versorgung der Tiere mithelfen.

Selbstgemachtes: frische Eier, Fleisch und Wurstwaren unserer Tiere auf Anfrage.

Aktivitäten: Wanderwege, Kutsch- und Planwagenfahrten bei einem Nachbarbetrieb auf Anfrage, Freibad und Gastronomie im Umkreis von 15 km, ein neu gestalteter Spielplatz nur 500 m vom Hof, angrenzende Wanderwege (z.B. Sauerländer Höhenflug, Meinkenbrachter Sternen- und Planetenweg)

Aubrac Hof Weber C6
Brinkweg 8 2022
59846 Sundern

Zu Gast bei: Daniel Weber
0170/1478888
Anreise bis: 21 Uhr

Hofverkauf:
Auf Anfrage

WINDMÜHLENHOF NEYER

Tecklenburg/Ledde (NW) · 52°14'41.4"N 7°49'42.5"E

Willkommen auf dem Windmühlenhof! Wir sind ein kinderfreundlicher Bio-Familienbetrieb mit Rinder-, Schaf- und Hühnerhaltung inmitten ländlicher Idylle. Die Qualitätsprodukte unserer Tiere verkaufen wir in unserem Hofladen. Gerne führen wir Sie herum und zeigen Ihnen unsere Ställe. Dabei erläutern wir auch gerne unser Konzept der artgerechten Tierhaltung und nachhaltigen Produktion von Lebensmitteln. Bei Interesse kann auch gern bei der Arbeit über die Schulter geschaut oder sogar geholfen werden. Bitte beachten Sie, dass für Strom, Wasser etc. geringe Pauschalen fällig werden.

Selbstgemachtes: Geflügel-, Rind- und Lammfleisch von den eigenen Tieren, Apfelsaft, Obst und Eier. Außerdem: Bio-Vollsortiment.

Aktivitäten: Wanderwege, Freilichtspiele Tecklenburg, Hermannsweg, historischer Ortskern Tecklenburg, Otto-Modersohn-Museum

Windmühlenhof Neyer B5
Windmühlenstr. 42 2017
49545 Tecklenburg/Ledde

Zu Gast bei: Jörg Neyer 0173/8530610
Anreise bis: 17:30 Uhr
Ruhetage: Mo. So.

Hofladen:
Di.–Sa. 7:30–17:30 Uhr

www.windmuehlen-hof.de

SPARGEL- UND ERDBEERHOF LÜTKE ZUTELGTE

Telgte (NW) · 51°58'1.1"N 7°46'10.8"E

Wir sind ein Familienbetrieb mit dem Schwerpunk Spargel- und Erdbeeranbau. Zusätzlich betreiben wir Ackerbau und eine Schweinemast. Um die Umwelt zu schonen und den Wasserhaushalt zu regeln, versuchen wir seit Jahren auf den Pflug zu verzichten und zählen auf die Direktsaat. Bitte melden Sie Ihren Stellplatz bis 18:00 Uhr an. Die Toilettennutzung ist bis 18 Uhr möglich.

Selbstgemachtes: Fruchtaufstriche, Fertiggerichte (Hühnersuppe, Rinderrouladen, Rindfleisch mit Zwiebelsoße), Spargel, Erdbeeren und Kartoffeln. Außerdem: Obst, Gemüse, Wein, Milchproduke, Müsli, Plätzchen, eingelegte Gurken, Eier, Liköre, Brände, Wurst, Schinken, Leber- und Wurstbrot u.v.m.

Aktivitäten: Krippenmuseum und Brennereimuseum in Telgte, Gnadenbild der heilige Mutter Gottes, viele Rad- und Wanderwege, Besichtigung des Hofes (mit Voranmeldung)

Spargel- und Erdbeerhof B5
lütke Zutelgte 2021
Wöste 9
48291 Telgte

Zu Gast bei: Petra lütkeZutelgte 0250/42947
Ruhetag: So.
Schließzeit: 01.04.–31.07.

Hofladen:
Mo.–Fr. 9–18 Uhr // Sa. 9–13 Uhr

www.luetkezutelgte.de

WINGERTSCHES ERB

Tönisvorst (NW) · 51°20'34.1"N 6°29'41.8"E

Unser Hof liegt im Umfeld von Kempen und Krefeld. Sie können gemütlich im Biergarten oder im Café Platz nehmen und sich bei uns genüsslich verwöhnen lassen. Wir haben eine kleine, bodenständige Speisekarte, wo jeder etwas findet (Mo und Di geschlossen). Oder Sie nehmen an einer Alpakawanderung teil – im Winter als Glühweinwanderung mit einer heißen Suppe oder Grillwurst und im Sommer bei einem Grillevent mit hausgemachtem Brot, Dips, Salaten und Cocktails.

Selbstgemachtes: Torten, Kuchen, Brotaufstrich, Liköre, Schokolade und Präsente.

Aktivitäten: Alpakawanderungen (Wandertermine siehe www.wingertsches-erb.de)

Wingertsches Erb A6
Unterweiden 161 2022
47918 Tönisvorst

Zu Gast bei: Elke Jansen 02151/790904

www.wingertsches-erb.de

HOCHWALD SPARGEL

Uedem (NW) · 51°40'56.7"N 6°19'49.1"E

Unser Familienbetrieb liegt direkt am Rande des Hochwalds am idyllischen Niederrhein. Mit viel Herz und Freude bauen wir Spargel, Kartoffeln, Kürbisse und verschiedene Beerenfrüchte an. Der Hofladen und unser Café / Restaurant „Hufschen Henn" sorgen von Anfang April bis Anfang Oktober für Leben auf dem Hof. Detaillierte Öffnungszeiten entnehmen Sie gern unserer Internetseite.

Selbstgemachtes: Spargel, Kartoffeln, Erdbeeren, Heidelbeeren und Brotaufstriche. Außerdem: Wein, Secco, Eier, Senf, Dekorationsartikel u.v.m. Nach Voranmeldung: Abendbrot und Getränke erhältlich.
Aktivitäten: Römerstadt Xanten, Xantener Nord- & Südsee, Nähe holländische Grenze, Nähe Kreisstadt Kleve und bei Interesse gern Hof- und Feldführungen

Hochwald Spargel – Fam. Poen A5
Am Hochwald 5 2021
47589 Uedem

Zu Gast bei: Rachel Poen
0176/21242612
Anreise bis: 19 Uhr
Ruhetage: Mo. Di.
Schließzeit: 01.10.–31.03.

Hofladen:
Auf Anfrage

www.hochwald-spargel.de

SPARGELHOF RODENBECKENSCHNIEDER

Verl (NW) · 51°52'38.8"N 8°35'28.7"E

Unter großen, alten Eichen gelegen ist der über 300 Jahre alte Hof Rodenbeckenschneider nicht nur ein idyllisches Ausflugsziel. Seit Jahren befinden sich hier unser Blumengeschäft „Florales und Mehr" und der traditionelle Hofladen mit frischen eigenen Produkten. Auch in unserer Geschenkedeele präsentieren wir Ihnen geschmackvolle Blumen und Geschenke. Mein Lebensgefährte Tony Zuhlke bewirtschaftet das Hof-Café und die Antikscheune „Antik und Kurioses by Tony". Entdecken Sie Möbel mit Geschichte und lassen Sie sich in unserem Hof-Café verwöhnen.

Selbstgemachtes: Spargel und Kuchen. Außerdem: Blumen, Kaffee, Geschenke und Antiquitäten. Nach Voranmeldung: Frühstück, Abendbrot und Getränke erhältlich.

Spargelhof Rodenbeckenschneider C5
Rodenweg 29 2021
33415 Verl

Zu Gast bei: Wolfgang Rodenbeckenschneider 05207/770171 o. 0151/20762659
Anreise bis: 19 Uhr

Hofladen und Hofverkauf:
Mo.–Fr. 9–18 Uhr // Sa., So. 9:30–18 Uhr

www.hofrodenbeckenschnieder.de

TINTHOF

Voerde-Spellen (NW) · 51°36'40.3"N 6°36'51.6"E

Wir sind ein Demeter Milchviehbetrieb und verarbeiten Milch zu Rohmilchkäse, Quark, Joghurt, Frischkäse und vielen anderen Leckereien. Artgerechte Tierhaltung ist für uns selbstverständlich, deshalb schmecken auch die Eier unserer freilaufenden Hühner so gut. Besucher sind immer willkommen, auch wenn wir nicht immer präsent sein können. Nach Absprache sind Einblicke in die Produktion möglich. Hunde bitte anleinen. Freitags finden Sie uns von 14–18 Uhr auf dem Spellener Bauernmarkt, zusätzlich ist unser Selbstbedienungsraum täglich von 8–20 Uhr für Sie geöffnet.

Selbstgemachtes: laktosefreier Rohmilchkäse, Vollmilch, Joghurt, Quark, Frischkäse, Weichkäse, Feta, Rindfleisch, Rindersalami, Eier, Eierlikör und Holunderlikör. Außerdem: Ziegenkäse, Senf, Marmelade und Kartoffeln.
Aktivitäten: Auesee in Wesel, Radwanderweg, Amphitheater Xanten, Deichkreuz am Rhein in Ork, gemütliche Wiesen am Rhein in Götterswickerhamm

Tinthof A6
Weseler Str. 7 2015
46562 Voerde-Spellen

Zu Gast bei: Christian & Heike Hülsermann 02855/308489 o. 0172/7348731
Anreise bis: 17 Uhr

Hofladen:
Do. 9–12, 15–19 Uhr // Sa. 9–12 Uhr

www.tinthof.de

MAISLABYRINTH AM EDERSEE

Vöhl-Basdorf (HE) · 51°12'15.8"N 8°58'45.3"E

Unser Labyrinth im Maisfeld ist ein ökologisch abbaubarer Freizeitspaß. Von Juli bis Oktober bieten wir Ihnen ein einmaliges und abwechslungsreiches Ausflugserlebnis. Ein natürlich gewachsenes und biologisch abbaubares Freizeitvergnügen und zugleich einen lehrreichen Treffpunkt zwischen Landwirtschaft und Verbraucher schaffen, das war die Grundidee, aus der heraus das Maislabyrinth entstand. Inzwischen ist daraus eine feste Größe in der Waldeck-Frankenberger Tourismus-Landschaft geworden.

Selbstgemachtes: Wurstwaren von Schweinen aus dem Basdorfer Hutewald und Holunderperle. Außerdem: Nudeln, Eier, Liköre, Säfte, Rapsöl, Fruchtaufstriche, Käse und Fruchtweine. Abendbrot und Getränke erhältlich.
Aktivitäten: Maislabyrinth mit vielen Attraktionen, Sommerrodelbahn , Edersee mit zahlreichen Wassersportmöglichkeiten, direkt am Nationalpark Kellerwald Edersee
Hinweis: △ Das Maislabyrinth liegt direkt an der L 3086 zwischen Vöhl und Basdorf

Maislabyrinth am Edersee C6
Brunnenstrasse 10 2022
34516 Vöhl-Basdorf

Zu Gast bei: Heike Schäfer
05635/993727 o. 0160/8960911
Schließzeit: 18.12.–15.06.

Hofladen und Hofverkauf:
Täglich 11–19 Uhr

www.maislabyrinth-edersee.de

HARLER-MÜHLE

Wabern-Harle (HE) · 51°6'7.2"N 9°22'27.7"E

Unser Hof liegt etwas außerhalb der kleinen Ortschaft Harle am Ufer der Schwalm. Wir sind ein konventioneller Landwirtschaftsbetrieb. Bei uns gibt es Schweine, Pferde und Katzen. Auf der Wiese direkt in Ufernähe der Schwalm zwischen alten Kastanienbäumen, können Sie sich die Landluft um die Nase wehen lassen. Auf ihren Besuch freuen sich Jörg und Kerstin Werner.

Selbstgemachtes: Ahle Wurst, regionale saisonale Produkte.
Aktivitäten: Singliser See, Schwalm-Eder Radweg, Harler Küllberg, Stockelache, Melsungen, Fritzlar
Hinweis: △ Ins Navi bitte „Mühlenweg" eingeben.

Harler-Mühle D6
Harler-Mühle 2021
34590 Wabern-Harle

Zu Gast bei: Kerstin Werner
05683/8097
Anreise bis: 20 Uhr
Schließzeit: 01.10.–28.02.

Hofverkauf:
Auf Anfrage

GASTSTÄTTE ZUR JÄGERLUST

Wald-Michelbach (HE) · 49°35'12.1"N 8°48'49.6"E

Wir bewirtschaften ein kleines Anwesen im ländlichen Odenwald mit unserer Gaststätte „Zur Jägerlust", die wir 2021 wieder eröffnet haben und bieten ausgewählte, regionale Produkte an. Bei uns gibt es gutbürgerliches Essen, sonntags variiert unser Tagesgericht. Was in unserem eigenen Kräutergärtchen wächst, wird in unserer Küche verwertet. Unsere Gaststätte hat samstags, sonntags und feiertags für Sie geöffnet. Termine außerhalb der Öffnungszeiten vereinbaren wir gerne nach telefonischer Absprache.

Selbstgemachtes: Kochkäse, Marmelade, eingewecktes Obst und frische Kräutersträuße (saisonal). Nach Voranmeldung: Frühstück, Abendbrot und Getränke erhältlich.
Aktivitäten: Rodelbahn, Kletterwald, Wald-Schwimmbad, Bergtierpark, Kunstwanderweg, Hof-Theater-Tromm, Tagestour mit dem Schiff, Besichtigung bzw. Hilfe auf dem Gnadenhof
Hinweis: △ Nach dem Ortseingang von Gadern noch ca. 500 Meter weiter, dann führt links eine kleine Straße zu unserem Anwesen hoch.

Gaststätte Zur Jägerlust C9
Gaderner Str. 44 2021
69483 Wald-Michelbach

Zu Gast bei: Karl-Robert Kumpf
0170/4529489
Anreise bis: 20 Uhr

Hofverkauf:
Auf Anfrage

www.zurjaegerlust.de

DAS FISCHHAUS

Waldeck (HE) · 51°12'38.9"N 9°0'9.4"E

Wir betreiben eine durch den Verband Naturland zertifizierte Fischzucht mit angeschlossener Gastronomie im Nationalpark Kellerwald-Edersee. Natürliche Qualität ist unser Aushängeschild. Unsere Fische wachsen naturnah in mehreren Zuchtanlagen vom Ei bis zum Speisefisch (sog. Urzucht) heran und werden anschließend gegrillt oder geräuchert von uns serviert – probieren Sie auch unsere gebeizte Lachsforelle. Die Gastronomie hat von April bis November donnerstags bis sonntags und während der Ferienzeit durchgängig für Sie geöffnet. Die Toilette kann nach Absprache auch nachts genutzt werden.

Selbstgemachtes: Forelle, Saibling und Lachsforelle.

Aktivitäten: Sommerrodelbahn direkt gegenüber, Angelpark am See, Radwanderweg, Nationalpark Kellerwald-Edersee

Das Fischhaus C6
Unter dem Hagen 1 2020
34513 Waldeck

Zu Gast bei: Walter Rameil
0563/47548
Ruhetage: Mo. Di. Mi.
Schließzeit: 01.11.–01.03.

Hofverkauf:
Do.–So. 10–18 Uhr

www.waldecker-fischzuchten.eu

RESTAURANT HAUS ALLENDORF

Warendorf (NW) · 51°57'29.0"N 7°55'46.8"E

Seit 1885 Kaffeehaus und seit 1903 in Familienbesitz. Von der schönen Münsterländer Parklandschaft umgeben, liegen wir zentral an vielen Radwegen. Unser Biergarten lädt mit gemütlichen Sitzgelegenheiten zum Verweilen ein und unsere Küche verwöhnt Sie mit regionalen Münsterländer Speisen & saisonalen Spezialitäten, wie z. B. Wild- und Spargelgerichten. Unter altem Baumbestand gelegen, bieten wir für die „Kleinen" einen Spielplatz und rustikale Pausenplätze für die „Großen". Die Toilettennutzung ist während der Öffnungszeiten möglich.

Selbstgemachtes: Speisen im Restaurant oder Biergarten. Außerdem: Getränke. Abendbrot erhältlich.

Aktivitäten: Radwege, touristische Angebote in der Warendorfer Altstadt (Emssee, Landgestüt, Stadtführungen)

Restaurant Haus Allendorf B5
GmbH & Co. KG 2021
Neuwarendorf 16
48231 Warendorf

Telefon: 02581/2107
Ruhetage: Mo. Di.

Hofverkauf:
Auf Anfrage

www.haus-allendorf.de

HELLWEGHOF

Welver (NW) · 51°38'42.5"N 7°59'15.9"E

Wir sind ein vielseitiger Gemischtbetrieb mit geschlossenem Betriebskreislauf. Auf unseren Hof findet man Kühe, Schweine, Hühner, Schafe und Ziegen. Nach Absprache öffnen wir gerne unseren Hofladen jederzeit für Sie zu individuellen Zeiten. Bitte beachten: von Samstag auf Sonntag können wir leider keine Übernachtung anbieten (Abreise muss am Samstag um 13 Uhr erfolgen). Sie sind herzlich willkommen!

Selbstgemachtes: Milch, Joghurt, Quark, Frischkäse aus Kuh- und Ziegenmilch, Fleisch- und Wurstwaren unserer Tiere. Außerdem: Getreide, Obst und Gemüse der Saison.

Aktivitäten: Innenstadt Soest, Innenstadt Werl, Stadtpark Hamm, Lippe Kanutour, Ahsewiesen, Lippeauen, Fahrradtouren

Hellweghof B6
Hündlingsen 1 2017
59514 Welver

Zu Gast bei: Gregor Scholz
0170/2012900
Ruhetage: Sa. So.

Hofladen:
Do. 9:30–18 Uhr

www.hellweghof.de

CLOSTERMANN ORGANICS

Wesel (NW) · 51°41'43.5"N 6°29'51.4"E

Der Neuhollandshof ist eine Herzenssache; ein lebendiger Begegnungsort für uns und unsere Gäste. Dieser offene Geist prägt nicht nur die Art, wie wir unsere Demeter-Äpfel kultivieren und daraus Produkte entwickeln, sondern auch das gesamte Hofgeschehen. Es herrscht Vielfalt, ein buntes Miteinander von Pflanzen und Tieren, Gerüchen, Farben, Geräuschen. Unsere Apfelplantagen sind frei zugänglich für entdeckungsreiche Spaziergänge.

Selbstgemachtes: rund 30 verschiedene Apfelsorten, Demeter-Apfelsaft, rheinisches Apfelkraut, Apfel-Secco, Prämierter alkoholfreier Apfelsekt „Aplériti f".
Aktivitäten: Radwege, Deichnähe, Baggerseen
Hinweis: △ Am 1. weißen Haus auf der rechten Seite vorbeifahren, hinter dem Hofladen nach ca. 30 m ist die große Hofeinfahrt.

Clostermann Organics A5
Jöckern 2 2021
46487 Wesel

Zu Gast bei: Thea Clostermann
02859/325
Anreise bis: 16:30 Uhr
Ruhetage: Sa. So.
Schließzeit: 01.07.–31.08., 19.12.–08.01.

Hofverkauf:
Auf Anfrage

www.clostermann-organics.com

HOF1

Wetter (HE) · 50°53'20.3"N 8°46'15.9"E

Der HOF1 ist ein liebevoll ökologisch sanierter Vier-Seiten-Hof mit einem romantischen Bauerngarten, der von der Unbeschwertheit vergangener Tage träumen lässt. In der historischen Kulisse kann erlebt werden wie handwerklich gearbeitet, Dinge erschaffen und Gemüse angebaut wird. So bekommen die Dinge einen ganz anderen Bezug.
Selbstgemachtes: Gemüse, Obst, Kräutersalze, Tee, Marmeladen, Gelee, Sirup, Blumensträuße, Brot an Backtagen, Angebote des Cafés: Waffeln, Kuchen, Pfannkuchen, Getränke, Kaffee, Schmuck aus Gold und Silber. Außerdem: Eier, Nudeln und Saft aus der Nachbarschaft. Bewirtung nach Voranmeldung.
Aktivitäten: geführte Wanderungen mit unseren Eseln durch den märchenhaften Burgwald (gerne mit Picknick oder Stärkung in unserem Café), schöne Rad-und Wanderwege direkt vor Ort, Badeseen (5 km)

HOF1 C7
Rosphestrasse 1 2021
35083 Wetter

Zu Gast bei: Bonnie Wohlers
0171/9942499
Anreise bis: 22 Uhr

Hofverkauf:
Auf Anfrage

www.hof-1.de

HOF SACKERN

Wetter (NW) · 51°22'31.6"N 7°19'49.7"E

Eingebettet in bewaldete Hügel liegt unser „Hof Sackern". Seit 1984 wird er biologisch-dynamisch bewirtschaftet. Auf ca. 50 ha werden in vielfältiger Ackerfruchtfolge verschiedene Getreide, Kartoffeln, Gemüse und Kleegrasfutter angebaut. Auf den Weiden werden die zwölf Milchkühe, deren Nachwuchs sowie eine kleine Ziegenherde gehalten. Zudem leben hier 14 Schweine, ca. 300 Hühner, 6 Bienenvölker, 2 Ponys, 3 Schafe, 1 Hund, 3 Katzen und einige Mäuse. Außerdem betreiben wir einen Hofladen mit Bäckerei und ein Café.

Selbstgemachtes: Milch, Joghurt, Quark, Käse, Butter, Eier, Fleisch, Wurst, Brot, Gemüse und Obst. Außerdem: Waschmittel, Kaffee, Tee, Saft und Trockenwaren.
Aktivitäten: Wandern, Radfahren, Dortmund, Bochum, Witten

Hof Sackern B6
Albringhauser Straße. 22 2020
58300 Wetter

Zu Gast bei: Kai Holtröhr
02335/8447975 o. 0163/7454130
Anreise bis: 19 Uhr
Ruhetag: So.

Hofladen:
Di., Fr. 10–18 Uhr // Sa. 10–13 Uhr

www.hof-sackern.de

IBINGHOF

Wetter (Ruhr) (NW) · 51°22'27.2"N 7°18'16.5"E

Die Hofstelle „Am Ibing" mit denkmalgeschütztem Vierständer-Fachwerkhaus wurde schon im Mittelalter gegründet. Wir halten vom Aussterben bedrohte Haustierrassen, arbeiten ökologisch und erzeugen umweltverträglich fast alles, was wir verkaufen. Mit unserer Arbeit zeigen wir, dass es den Bauernhof alter Schule noch gibt: mit alten Rassen, Tieren zum Anfassen, Bauerngarten zur Selbstversorgung, im Miteinander von Mensch, Natur und Tier. Respektvolle und interessierte Naturschutzfreunde sind besonders willkommen.

Selbstgemachtes: Felle, Strickwolle, Schafsmilchseife, Eier, Suppenhühner, Würstchen, Produkte der Streuobstwiesen, Honig, Kerzen, saisonal: Lammfleisch. Nach Voranmeldung: Abendbrot und Getränke erhältlich.
Aktivitäten: Ruhetalradweg, Naturbeobachtungen
Hinweis: △ Sackgasse mit schlechter Wendemöglichkeit, sehr holprige Hofzufahrt, max. 3,5 t.

Ibinghof B6
Am Ibing 1 2021
58300 Wetter (Ruhr)

Zu Gast bei: Sonia Gehlen
02335/801466
Anreise bis: 16 Uhr
Ruhetage: Sa. So.

Hofverkauf:
Auf Anfrage

GÖCKE'S HAUS UND GARTEN

Wettringen (NW) · 52°12'31.7"N 7°18'49.1"E

Aus der ehemaligen, landwirtschaftlichen Hofstelle, die mitten im Dorf Wettringen im schönen Münsterland gelegen ist, entstand in den letzten 20 Jahren ein „kleines Paradies". Der Heuboden und die Stallungen wurden zu Ferienwohnungen umgebaut. Den Gästen stehen in dem 2.000 qm großen Garten verschiedene Grillstellen und schöne Sitzecken zur Verfügung. Eine große Rasenfläche bietet Möglichkeiten zum Spielen und Entspannen. Im Hausladen werden regionale Produkte zum Probieren und Kaufen angeboten.

Selbstgemachtes: Basteln und Dekorationen aus Naturmaterial für Haus und Garten. Außerdem: Marmeladen, Honig, Wurstwaren, Eier, Dressing, Pesto, Nudeln, Kartoffeln, Spirituosen, Säfte und saisonales Obst. Nach Voranmeldung: Frühstück und Getränke erhältlich.
Aktivitäten: Fahrradverleih auch E-Bike nach Absprache direkt am Haus, Rundradwegtouren, Basteln mit Naturmaterialien, Kinderspielplatz

Göcke's Haus und Garten B5
Metelener Str. 16 - 20 2021
48493 Wettringen

Zu Gast bei: Bernadette Göcke
02557/929471
Anreise bis: 17:30 Uhr
Ruhetage: Mo. Di.

Hofladen und Hofverkauf:
Mi.–Fr. 10–12, 14–18 Uhr // Sa. 10–12 Uhr

www.goeckeshausundgarten.de

FISCHHOF BAUMÜLLER

Wickede-Wiehagen (NW) · 51°29'56.3"N 7°50'53.4"E

Wir freuen uns, Sie auf dem Fischhof Baumüller begrüßen zu dürfen. Seit mehr als 40 Jahren vermarkten und veredeln wir Speisefische. Wir bieten Ihnen eine vielfältige Palette von Frisch- und Räucherfisch. Dabei haben wir das Ziel, immer gleich bleibende Frische und Qualität zu garantieren. Durch unsere Lage im kleinen Strullbachtal wird unser Hof ständig mit frischem, kristallklaren Quellwasser versorgt – lebensnotwendiger Bestandteil für die Aufzucht und Haltung unserer Forellen.

Hinweis: Die Toilettennutzung ist nur innerhalb der Öffnungszeiten möglich.
Selbstgemachtes: frische Forellen (aus Lebendhaltung), Räucherfischprodukte, große Auswahl an Fischsalaten und hausgemachten Marinaden. Außerdem: Seefisch und Frischlachs.
Aktivitäten: Angelteich, Wander- und Radwanderwege

Fischhof Baumüller B6
Scheda 3 2020
58739 Wickede-Wiehagen

Zu Gast bei: Frank Baumüller 02377-2371
Anreise bis: 18:30 Uhr
Schließzeit: 01.12.–31.01.

Hofladen:
Mo.–Fr. 9–18:30 Uhr // Sa. 9–16 Uhr // So. 10–12:30, 15–18 Uhr

www.fischhof.de

HOF ERBENHEIM

Wiesbaden (HE) · 50°3'52.5"N 8°18'59.5"E

Wir sind ein Obstbauernhof mit Direktvermarktung und Lieferservice. Dabei arbeiten wir rational mit allen modernen und traditionellen Mitteln. Ein Einblick in den Produktionsbetrieb ist nach Absprache möglich.

Selbstgemachtes: Äpfel, Birnen, Mirabellen, Pflaumen, Sauerkirschen, Zwetschgen, Marmeladen, Gelees, frische und pasteurisierte Säfte, Apfelwein, diverse Essige (z.B. Balsamico Essig), Schnäpse und Liköre. Außerdem: Obst, Gemüse, Säfte u.v.m.
Aktivitäten: Wiesbaden, Fahrradwege, Wanderwege, Schwimmbäder

Hof Erbenheim C8
Oberfeld 30 2021
65205 Wiesbaden

Zu Gast bei: Ralf Schaab, einfach anreisen…
Anreise bis: 18 Uhr
Ruhetage: Sa. So.
Schließzeit: 01.12.–02.05.

Hofladen:
Mo.–Fr. 9–13, 14–18 Uhr // Sa. 9–13 Uhr

www.hof-erbenheim.de

STAUTENHOF

Willich-Anrath (NW) · 51°16'57.4"N 6°28'21.8"E

Bioland-Betrieb mit eigener Tierhaltung, Schlachtung und Verarbeitung, eigener Backstube und schönem Hofladen mit Bio-Bistro. Bitte beachten Sie, dass wir Frühstück nur während unserer Öffnungszeiten anbieten können.
2014 erhielten wird den Förderpreis ökologischer Landbau.

Selbstgemachtes: Fleisch, Wurst, Brot, Kuchen, Kartoffeln, Gemüse und Eier. Außerdem: ein Vollsortiment. Nach Voranmeldung: Frühstück erhältlich.
Aktivitäten: gutes Radwanderwegnetz, Kräutergartenführungen
Hinweis: △ Bitte geben Sie Williger Feld oder Schottelstr. in Ihr Navigationsgerät ein.

Stautenhof A6
Darderhöfe 1a 2014
47877 Willich-Anrath

Zu Gast bei: Christoph Leiders, einfach anreisen…
Anreise bis: 18 Uhr
Ruhetage: Mo. So.

Hofladen:
Di.–Fr. 9–18:30 Uhr // Sa. 8–14 Uhr

www.stautenhof.de

EULENHOF

Windeck (NW) · 50°47'19.7"N 7°37'18.3"E

Unser Fachwerkensemble aus dem 18. Jahrhundert mit historischem Backhaus, Gästezimmern und parkähnlichem Grundstück mit altem Baumbestand liegt an einem kleinen See nur 100 m von der malerischen Sieg entfernt. Im Frühstückscafé bewirten wir Sie gerne. Ein Brötchenservice ist möglich. Erholen sie sich bei Wellnessangeboten mit finnischem Badebottich und uriger Sauna. Gern verleihen wir Fahrräder oder ein Kanu. Eine Outdoorküche und ein schöner Grillplatz stehen nach Absprache zur Verfügung.

Selbstgemachtes: Hühnereier aus Gartenhaltung, Marmeladen, Eis und Geschenkartikel. Außerdem: Picknickkörbe, Heiß- und Kaltgetränke, Grillwurst und Honig. Nach Voranmeldung: Frühstück und Getränke erhältlich.
Aktivitäten: Wanderwege, Alpakahof, Siegwasserfall, Radwege, Fahrradverleih, Sauna, Baden und Kanufahren

Eulenhof B7
Im Eulenbruch 12 2021
51570 Windeck

Zu Gast bei: Magdalena Vasters
02292/959276
Anreise bis: 18 Uhr
Ruhetage: Fr. Sa. So.

Hofverkauf:
Auf Anfrage

www.eulenhof.land

HOF KINDERVATTER

Witzenhausen (HE) · 51°20'41.1"N 9°50'9.6"E

Der Kirschenhof in Witzenhausen verfügt über eine Gastronomie, einen Hofladen und mehr als 4.500 Kirschbäume. Wir bieten regionale und saisonale Produkte an. Der Aufenthalt bei uns ist ein Erlebnis für Jung und Alt. Eine Voranmeldung für einen Tisch in unserem Restaurant ist empfehlenswert.

Selbstgemachtes: Wurst, Marmelade, saisonales frisches Obst, Saft und Wein. Außerdem: Spirituosen, Tee und Honig. Nach Voranmeldung: Abendbrot und Getränke erhältlich.
Aktivitäten: Kirschblüte und Ernte, Warratal Radweg, Kanu fahren auf der Werra, ausgewiesene Wanderwege in der Umgebung, Kirschen Erlebnispfad, Erlebnis Park Ziegenhagen, Schlösser und Burgen
Hinweis: △ Die letzten 500 m sind einspurig.

Hof Kindervatter D6
Auf der roten Leithe 1 2015
37213 Witzenhausen

Einfach anreisen…
Ruhetag: Mo.
Schließzeit: 01.01.–16.03.

Hofladen:
Auf Anfrage

www.hof-kindervatter.de

Nord
Nordwest
Ost
Mitte-West
West
Südost
Südwest

Weingut Mayerhof

Hofgut Dösterhof

IHRE GASTGEBER IM WESTEN

Dorf- und Schaukäserei Hirztaler

Bioweingut Rehm

Weingut, Gästehaus und Straußwirtschaft Janson

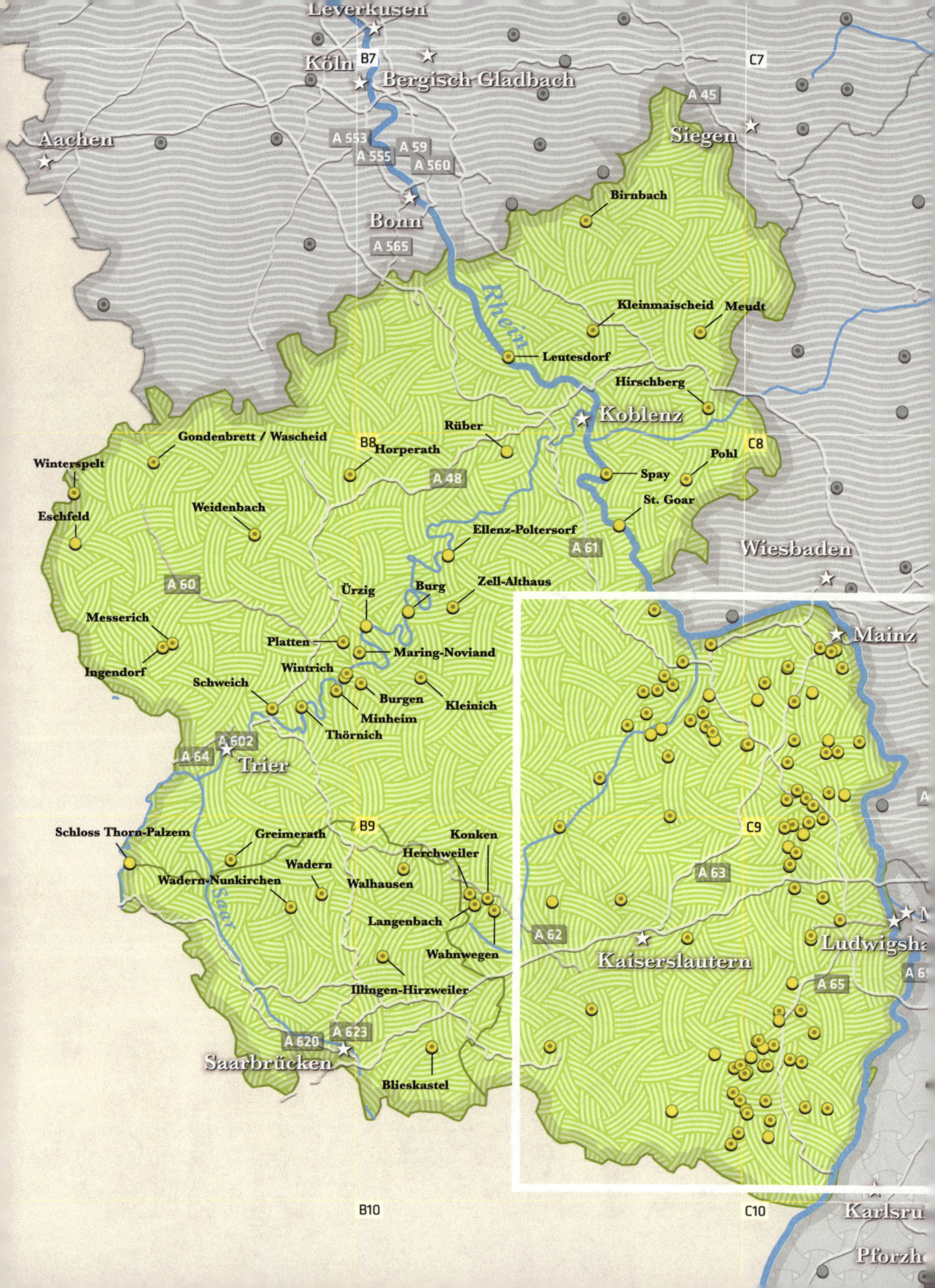
Leverkusen
Köln
Bergisch Gladbach
Aachen
Siegen
Bonn
Rhein
Birnbach
Kleinmaischeid
Meudt
Leutesdorf
Hirschberg
Koblenz
Rüber
Gondenbrett / Wascheid
Winterspelt
Horperath
Spay
Pohl
St. Goar
Eschfeld
Weidenbach
Ellenz-Poltersorf
Wiesbaden
Zell-Althaus
Ürzig
Burg
Messerich
Platten
Maring-Noviand
Ingendorf
Wintrich
Schweich
Burgen
Kleinich
Minheim
Thörnich
Trier
Mainz
Schloss Thorn-Palzem
Greimerath
Konken
Herchweiler
Wadern
Walhausen
Wadern-Nunkirchen
Saar
Langenbach
Wahnwegen
Kaiserslautern
Ludwigsha
Illingen-Hirzweiler
Saarbrücken
Blieskastel
Karlsru
Pforzh
A 45
A 553
A 555
A 59
A 560
A 565
A 48
A 61
A 60
A 602
A 64
A 63
A 62
A 65
A 620
A 623
B7
C7
B8
C8
B9
C9
B10
C10

REGION WEST
Mainz
Oberheimbach
Bingen am Rhein
Burg Layen/Rümmelsheim
Windesheim
Guldental
Gutenberg a. d. Nahe
Sommerloch
Weinsheim
Bad Kreuznach
Waldböckelheim
Niederhausen/Nahe
Norheim/Nahe
Raumbach
Hochstätten
Buborn
Dielkirchen
Essenheim
Essenheim
Mainz
Bodenheim
Biebelsheim
Jugenheim
Zornheim
Udenheim
Vendersheim
Wöllstein
Volxheim
Siefersheim
Dolgesheim
Biebelnheim
Guntersblum
Wintersheim
Hillesheim
Flonheim
Alzey-Schafhausen
Westhofen
Flörsheim Dalsheim
Osthofen
Hangen-Weisheim
Flomborn
Bermersheim
Mölsheim/Zellertal
Mörstadt
C9
Zellertal
Gundersheim
Kindenheim
Monsheim
Bockenheim
Grünstadt
Asselheim
A 67
A 63
Reichenbach-Steegen
Katzweiler
Kirchheim
Weisenheim am Sand
Maxdorf
A 62
Hochspeyer
Friedelsheim
Ludwigshafen
Kaiserslautern
A 656
Neustadt-Mußbach
A 65
Hermersberg
Neustadt a. d. Weinstraße
Neustadt a. d. Weinstraße
Maikammer
Böbingen
Weyher
Hainfeld
Maßweiler
Gleisweiler
Edesheim
Eußerthal
Albersweiler
Hochstadt
Siebeldingen
Essingen/Pfalz
Landau
Impflingen
Eschbach
Landau-Nussdorf
Rülzheim
Oberschlettenbach
Göcklingen
Heuchelheim-Klingen
Herxheim
Steinweiler
Kapellen-Drusweiler
Winden
0
10 km

REGION WEST

INHALT

West

Nord

Nordwest

Ost

Mitte-West

West

Südost

Südwest

BIOLAND-WEINGUT GEBR. NÄGLE

Albersweiler (RP) · 49°13'10.0"N 8°1'24.5"E

Wir betreiben im Weinbauort Albersweiler, direkt an der Deutschen Weinstraße, bereits seit drei Generationen Weinbau und Gastronomie. Da wir die Umwelt und die Natur lieben, produzieren wir nach den Richtlinien von Bioland! Genießen und probieren Sie unsere Weine, Säfte und Destillate auch in unserer urgemütlichen Weinstube zu einem leckeren Essen. Wir freuen uns auf Ihren Besuch!

Selbstgemachtes: Große Auswahl an Bioland-Weiß-, -Rosé- und -Rotweinen, Apfelsaft, Traubensaft (rot oder weiß), Destillate wie Mirabellenbrand, Williamsbirnenbrand, Tresterbrand, Hefebrand und Liköre.
Aktivitäten: viele Wandermöglichkeiten im Pfälzer Wald mit Hütten zum Einkehren, Burgen, Radwege, kleine schöne Städte, auf Anfrage Weinprobe mit Kellerführung und Erläuterungen zum „Arbeitsjahr des Winzers", Weinbergswanderung

Bioland-Weingut Gebr. Nägle B9
Hauptstr. 11 2019
76857 Albersweiler

Zu Gast bei: Peter Nägle 06345/3443
Anreise bis: 20 Uhr

Hofverkauf:
Auf Anfrage

www.weingut-naegle.de

WEINGUT HAHN-HOF

Albersweiler (RP) · 49°13'25.5"N 8°2'22.7"E

Zwischen Weinbergen und dem Naturpark Pfälzer Wald, auf einer sonnigen Anhöhe, liegt das romantische Dörfchen St. Johann bei Albersweiler an der Deutschen Weinstraße. Und genau hier liegt auch unser familiengeführtes Weingut mit Flaschenweinerzeugung.

Selbstgemachtes: Qualitätsweine, Traubensaft und Winzersekt.
Aktivitäten: ausgedehnte, zertifizierte Wanderwege, geführte Weinbergswanderungen, Biosphärenhaus, Burgführungen, Mountainbiketouren, 3. Wochenende im Juli „Weingenussgarten" in den Weinbergen, Weinstand mit neuem Wein und Zwiebelkuchen im September und Oktober

Weingut Hahn-Hof GbR B9
Löwensteinstraße 4 2019
76857 Albersweiler

Zu Gast bei: Heide Hahn-Jörg 0634/51323
Anreise bis: 19 Uhr

Hofverkauf:
Mo.–Sa. 8–12, 13–18 Uhr // So. 10–12 Uhr

www.weingut-hahn-hof.de

WEINGUT PETERSHOF

Alzey-Schafhausen (RP) · 49°45'29.4"N 8°9'10.3"E

In herrlicher Umgebung, zentral gelegen und seit über 350 Jahren im Familienbesitz, betreiben wir Weinbau aus Tradition mit Leidenschaft. Bei uns können Sie Weinbau in allen Facetten erleben. Welcher Wein Ihnen am besten schmeckt, können nur Sie entscheiden. Also testen Sie doch selbst, wir heißen Sie herzlich willkommen! Sie stehen mitten im Innenhof unseres Weinguts, umgeben von Oleandern und Oliven.

Selbstgemachtes: Weine. Bewirtung nach Voranmeldung.
Aktivitäten: Weinprobe, Weinlese (im Herbst), Kellerbesichtigung, Radwege, Wanderwege, Walkingwege

Weingut Petershof C8
Gau-Odernheimer-Str. 19 2017
55232 Alzey-Schafhausen

Zu Gast bei: Stefan Kuhn 06731/5471021 o. 0172/6638577

Hofverkauf:
Auf Anfrage

www.petershof-wein.de

WEINGUT MAYERHOF

Asselheim (RP) · 49°34'43.3"N 8°9'49.0"E

Unser Weingut thront seit 1804 direkt an der Deutschen Weinstraße. Unser Ziel ist, ehrliche und eigenständige Weine zu produzieren, die die besonderen Eigenschaften unserer Region widerspiegeln. In unserem historischen Innenhof befindet sich eine Vinothek mit Einblick in die Weinproduktion. Bei regelmäßigen Veranstaltungen werden Spitzenweine aus der Nordpfalz mit hochwertigen und leidenschaftlich produzierten Lebensmitteln vereint.

Selbstgemachtes: Von easy drinken bis komplexe Lagenweine. Außerdem: Nachhaltig produzierte Produkte von befreundeten Bauern.

Aktivitäten: Radwandern, Wandern

Weingut Mayerhof GbR C9
Weinstraße 22 2021
67269 Asselheim

Zu Gast bei: Felix Mayer
0176/31532260
Anreise bis: 19 Uhr

Hofladen:
Mo.–Sa. 9–18 Uhr

www.mayerweine.de

WEINGUT DESOI

Bad Kreuznach (RP) · 49°49'42.6"N 7°53'22.0"E

Herzlich willkommen, lieber Weinfreund! Wir freuen uns über Gäste auf unserem familiengeführten Weinbaubetrieb mit Direktvermarktung und eigener Vinothek. Hier können Sie unsere Weine genießen – ohne Stress und Hektik in schöner Umgebung. Der Stellplatz ist hinter dem Weingut direkt am Weinberg mit wunderschönem Blick auf den Hunsrück sowie in das Rhein- und Nahetal. Bitte beachten Sie, dass wir verpflichtet sind, Kurtaxe zu erheben.

Selbstgemachtes: Gelee, Wein und Traubensaft. Außerdem: Honig, Nudeln, Wurst, Brände, Liköre und Geschenkideen.

Aktivitäten: vom Hof aus Radfahren, Wandern, Stadt Bad Kreuznach, Rüdesheim am Rhein, Mainz

Hinweis: △ Die letzten 100 m sind einspurig mit kurzer Abfahrt.

Weingut Desoi B8
Darmstädter Hof 2020
55543 Bad Kreuznach

Zu Gast bei: Brigitte Desoi, einfach anreisen…
Anreise bis: 19 Uhr
Ruhetag: So.

Hofladen:
Mo.–Fr. 8–13, 14:30–19 Uhr // Sa. 9–17 Uhr

www.desoi-wein.de

WEINGUT ESPENSCHIED

Bad Kreuznach OT Bosenheim (RP) · 49°50'35.8"N 7°55'23.4"E

Wir sind ein kleines, familiäres Weingut am Ortsrand von Bosenheim und bewirtschaften 11 ha Weinbergsfläche in traditioneller Weise. Erleben Sie bei uns Weinproben, Weinkellerbesichtigungen und Weinbergsführungen. Nach Absprache ist der Weinverkauf tagsüber möglich. Die Toilette ist tagsüber nutzbar. Sonntag ist Ruhetag, nach Voranmeldung können Sie dennoch anreisen. Hunde sind nach Absprache willkommen.

Selbstgemachtes: Weinsortiment. Nach Voranmeldung: Getränke erhältlich.

Aktivitäten: Bad Kreuznach, Freibad, Thermalbad, Wander- und Radwege, im Februar „Grünkohl trifft Nahewein" (mit Voranmeldung)

Hinweis: △ Bitte nicht dem Navi folgen. Mönchstrasse bis zum Ende in den befestigten, landwirtschaftlichen Weg fahren, an Kreuzung links zum Weingut.

Weingut Espenschied B8
Außerhalb-Mönchstr. 20 2020
55545 Bad Kreuznach
OT Bosenheim

Zu Gast bei: Dagmar Espenschied
0671/74077 o. 0160/94768691
Anreise bis: 18 Uhr
Ruhetag: So.
Schließzeit: 01.11.–31.01.

Hofverkauf:
Auf Anfrage

www.weingut-espenschied.de

WEINGUT KROLL

Bermersheim (RP) · 49°40'59.0"N 8°13'21.6"E

Wenn aus Liebe zur Natur Genuß wird. So denken und fühlen wir, wenn ein neuer Wein entsteht. Mit viel Sorgfalt, Engagement und Liebe zum Wein verfolgen wir alle ein Ziel: hervorragende Weine, die durch Frucht, Fülle und Nachhaltigkeit überzeugen. Wir wünschen Ihnen einen tollen Aufenthalt.

Selbstgemachtes: Wein, Traubensaft und Secco.
Aktivitäten: Weinprobe im Weingut, Kellerführungen, Planwagenfahrten durch die Weinberge, Boule-Platz angrenzend
Hinweis: △ Zufahrt über Wirtschaftsweg.

Weingut Kroll C8
Alzeyer Straße 14 2021
67593 Bermersheim

Zu Gast bei: Thomas Kroll
0177/2347630
Anreise bis: 22 Uhr

Hofladen und Hofverkauf:
Auf Anfrage

www.weingut-kroll.com

WEINGUT SCHÖNHALS

Biebelnheim (RP) · 49°47'51.0"N 8°10'11.7"E

Seit über 30 Jahren steht das Weingut Schönhals für ökologischen Weinbau im Einklang mit der Natur. Der Rhythmus der Jahreszeiten und das lebendige Terroir der Weinberge tragen unsere Weine. Unser ganzheitlicher Ansatz ist geprägt vom Leben im Weinberg bis hin zur Reife im Keller. Natürlich können Sie unsere Weine auch gern probieren! Entdecken Sie außerdem die „Zeile für die Natur" – unser Biotop mit regionalen Wildkräutern. Der Hofladen wird auch nach Absprache geöffnet und Lagerfeuer sind auch erlaubt.

Selbstgemachtes: Wein, Sekt, Traubensaft und Tresterbrand. Nach Voranmeldung: Frühstück, Abendbrot und Getränke erhältlich.
Aktivitäten: Weinproben, Streichelzoo, Jakobsweg, direkte Anbindung zum Selztalradweg, Petersberg mit historischer Ruine einer dreischiffigen Basilika aus dem 10. Jahrhundert

Weingut Schönhals C8
Hauptstr. 23 2020
55234 Biebelnheim

Zu Gast bei: Hanneke Schönhals
06733/960050
Anreise bis: 18 Uhr
Ruhetag: So.

Hofladen und Hofverkauf:
Mo.–Fr. 9–18 Uhr

www.weingut-schoenhals.de

WEINGUT FRED EMRICH

Biebelsheim (RP) · 49°52'24.1"N 7°56'19.5"E

Wir sind ein kleines familienbewirtschaftetes Weingut in Biebelsheim auf der Grenze der Weinbaugebiete Nahe und Rheinhessen. Neben üblichen Standardsorten, haben wir es uns zur Aufgabe gemacht seltene Rebsorten wie Rosenmuskateller, Gewürztraminer, Huxelrebe, Würzer und Frühburgunder zu kultivieren und in Flaschen abzufüllen. Auf Anfrage bieten wir Weinbergs- und Kellerführungen an. Sie können auch ohne telefonische Anmeldung anreisen. Wir freuen uns auf Ihren Besuch!

Selbstgemachtes: Wein, Perlwein und Sekt. Außerdem: diverse Spirituosen.
Aktivitäten: Radwanderweg, Weltkulturerbe Mittelrheintal Bingen

Weingut Fred Emrich B8
Hauptstr. 14 2014
55546 Biebelsheim

Zu Gast bei: Fred & Christiane Emrich
06701/7233
Anreise bis: 19 Uhr
Schließzeit: 01.11.–31.03.

Hofverkauf:
Mo.–Fr. 9–17 Uhr // Sa. 9–14 Uhr

www.weingut-emrich.de

GENUSSGARTEN

Bingen am Rhein (RP) · 49°57'47.0"N 7°56'28.4"E

Erleben Sie hier auf unserem Gelände und in unseren Räumen Außergewöhnliches. Ein ganz besonderes Flair ist Ihnen hier geboten: Umgeben von Apfel- und Pfirsichbäumen können Sie hier übernachten – garantiert ein ganz besonders anderer Ort – auch Kinder haben hier Raum zur Entfaltung.

Selbstgemachtes: Wein, Apfelsaft, Traubensaft, Äpfel und Kräuter. Außerdem: Obst und Gemüse, Brot und Käse von einer regionalen Molkerei. Abendbrot erhältlich.
Aktivitäten: Erlebnisrestaurant GenussGarten, Obsthof, UNESCO Weltkulturerbe Oberes Mittelrheintal, Museen, Rad- und Wanderwege
Hinweis: △ Die letzten 100 m sind geschotterter Weg, der nur einspurig befahrbar ist.

GenussGarten B8
Außerhalb Kempten 11 2021
55411 Bingen am Rhein

Zu Gast bei: Maike Bischof
0177/8735511
Anreise bis: 18 Uhr
Ruhetage: Mo. Di. Mi. So.

Hofladen und Hofverkauf:
Do. 10–18 Uhr // Sa. 10–14 Uhr

www.genussgarten-bingen.de

YOGA & ALPAKA SPIRIT

Birnbach (RP) · 50°42'9.5"N 7°34'40.9"E

Herzlich willkommen im schönen Westerwald. 5 Alpakas freuen sich hier auf Ihren Besuch! Hier gibts einen gemütlichen kleinen Stellplatz auf unserem Grundstück. Auf Wunsch biete ich Ihnen gerne einen Brötchenservice an.

Produkte: Alpakasteppdecken aus 100% Alpakawolle, kleine Dinge für Kinder, Tee, Handtaschen, Hundedecken, Bio-Eier und Honig.
Aktivitäten: Yogastunden, Alpakawanderungen, auch mit Catering nach der Wanderung und Lagerfeuer (auf Anfrage), der Westerwaldsteig liegt in der Nähe, Gaststätten mit E-Bike Verleih im Nachbarort

Yoga & Alpaka Spirit B7
Auf der Hohl 21 2021
57612 Birnbach

Zu Gast bei: Astrid Haupt
02681/984671 o. 0160/94680792
Anreise bis: 20 Uhr
Schließzeit: 19.07.–24.07.

Hofverkauf:
Auf Anfrage

www.alpakaspirit.de

HUBERTUSHOF

Blieskastel (SL) · 49°14'39.2"N 7°12'56.6"E

Bei uns is(s)t regional erste Wahl! Unsere Küche bietet Ihnen viele Spezialitäten aus der Biosphäre Bliesgau an. Wir sehen unsere Stärken beim Wild und beziehen das Fleisch nur von Jägern aus der Region. Als Familienbetrieb in der 3. Generation ist uns unsere Heimat mit ihren liebenswürdigen Bewohnern, ihrer intakten Natur und den köstlichen Erzeugnissen sehr ans Herz gewachsen. – Dieses „Gefühl" ist für uns zum Wahlspruch für gelebte Gastfreundschaft und die Auswahl der Produkte in unserer Küche geworden. In den Sommerferien haben wir 2 Wochen Urlaub. Die genauen Daten entnehmen Sie bitte unserer Homepage.

Selbstgemachtes: hausgebackenes Brot, hausgemachte Spätzle, Küche mit regionalen Spezialitäten (insbesondere Wild). Abendbrot erhältlich.
Aktivitäten: Radwanderung, direkte Lage am Waldrand, Biosphäre Bliesgau, Wanderwege
Hinweis: △ Bitte vergessen Sie ihre Keile nicht, der Stellplatz liegt leicht schräg.

Hubertushof B9
Kirschendell 32 2021
66440 Blieskastel

Zu Gast bei: Manuela Hennrich
06842/6544
Anreise bis: 20 Uhr
Ruhetage: Mo. Di.
Schließzeit: 22.10.–28.10., 19.04.–22.04.

Hofladen: Mi.–Sa. 17–21 Uhr // So. 11:30–14, 17–21 Uhr

www.hubertushof-born.de

Nord
Nordwest
Ost
Mitte-West
West
Südost
Südwest

WEINGUT PFAFFMANN

Böbingen (RP) · 49°17'1.2"N 8°14'7.1"E

Herzlich willkommen in Böbingen bei Wein, Genuss und Urlaub. Individuell, naturnah und mit familiärer Wohlfühlatmosphäre. Inmitten des eindrucksvollen Rebenmeers der Südlichen Weinstraße betreibt unsere Familie seit über 200 Jahren Weinbau im behutsamen Umgang mit der Natur. Unsere urige Straußwirtschaft mit Pfälzer Spezialitäten öffnet für Sie von Mitte März bis Ende Mai und Mitte September bis Mitte November und lädt an den Wochenenden zu einem Besuch bei uns ein.

Selbstgemachtes: erstklassige Weine und Winzersekte, Wein-Sekttrüffel und Traubensaft. Außerdem: saisonale Dekorationsartikel.

Aktivitäten: Kraut-und Rüben-Radweg, Speyer, Landau & Neustadt, Wanderwege, Hambacher Schloß, Holiday-Park

Weingut Gerd & Jürgen Pfaffmann GbR C9 2021
Hauptstraße 43
67482 Böbingen

Zu Gast bei: Christine Pfaffmann 0172/7196174
Anreise bis: 18 Uhr
Ruhetag: So.
Schließzeit: 15.12.–15.01.

Hofverkauf:
Auf Anfrage

www.weingutpfaffmann.de

WEINGUT BENSS

Bockenheim (RP) · 49°35'59.4"N 8°10'46.4"E

Wir sind ein kleines Familienweingut inmitten der Weinberge am Ortsrand. An mehr als 60.000 Reben wachsen die Trauben, die unsere Weine ausmachen. Behutsames Arbeiten im Einklang mit der Natur und der qualitätsorientierte Umgang mit den Reben lassen die Trauben gut wachsen, die später im Keller zu den Weinen werden, die typisch für uns sind: Ehrliche Weine, handgemacht von Leuten, die das lieben, was sie tun!

Selbstgemachtes: Wein, Sekt, Secco, Brände und Liköre.

Aktivitäten: Wanderung durch die Weinberge, Weinproben, Weinfeste im Dorf und in der Umgebung

Weingut Benß C9 2019
Am Spiegelpfad 10
67278 Bockenheim

Einfach anreisen…
Schließzeit: 23.12.–10.01.

Hofverkauf:
Mo.–Sa. 10–18 Uhr

www.weingut-benss.de

WEINGUT UND GUTSSCHÄNKE HAUB

Bodenheim (RP) · 49°55'33.9"N 8°17'48.1"E

Unser Weingut ist ein Traditionsbetrieb und seit 1790 in Familienbesitz. In unserer rustikalen Gutsschänke im idyllischen Innenhof bieten wir Ihnen hauseigene Weine und hausgemachte, rheinhessische Spezialitäten an. Sie sind herzlich eingeladen unsere Weine in einem gepflegten Ambiente, inmitten der Weingärten und einer sehr ruhigen Ortsrandlage zu genießen!

Selbstgemachtes: ca. 25 Sorten Wein und rheinhessische Spezialitäten. Außerdem: Hausmacher-Wurst, Honig aus örtlicher Produktion, Apfelsaft, Traubensaft und Sekte. Abendbrot erhältlich.

Aktivitäten: beschilderte Rad- und Wanderwege, Weinlehrpfad direkt am Haus, Tor zu Rheinterrasse, Bodenheimer Touristen-Info (06135/704913) für Ortsrundgänge und Führungen, historische Altstädte Mainz und Oppenheim, asphaltierte Radwege auf dem Polder am Rhein nach Mainz, Funzelfahrten ab 12 Personen

Weingut und Gutsschänke Haub C8 2014
Schreiberweg 11
55294 Bodenheim

Zu Gast bei: Jörg Haub 06135/2874
Anreise bis: 19 Uhr
Ruhetage: Mi. Do.
Schließzeit: 01.07.–23.07.

Hofverkauf:
Auf Anfrage

www.haub-weingut.de

OBSTBRENNEREI GILCHER

Buborn (RP) · 49°38'12.0"N 7°32'33.8"E

Unser Familienbetrieb mit Landwirtschaft und Brennerei liegt im landschaftlich reizvollen Westpfälzer Bergland. Bereits in 4. Generation verarbeiten wir Obst der umliegenden Streuobstwiesen zu hochwertigen und natürlichen Destillaten. Wenn Sie Fragen haben und sich über unseren Hof informieren möchten, rufen Sie gern an. Oder Sie verschaffen sich einen Eindruck auf unserer Homepage. Wir freuen uns, Sie bald begrüßen zu dürfen.

Selbstgemachtes: Edelbränden und Liköre (Mirabellenbrand, Williams-Christ-Birnenbrand, Schlehenbrand), besondere Spirituosen und jahreszeitliche Spezialitäten.
Aktivitäten: Draisinenfahrt, Wander- und Radwege, Freibad, Brennen der Obstmaische (Frühjahr und Winter), Besichtigung der Brennerei (ganzjährig)
Hinweis: △ Die Zufahrt über die B270 wird empfohlen.

Obstbrennerei Gilcher **B9**
Flurweg 3 2021
67742 Buborn

Zu Gast bei: Ute Gilcher 06382/7441 o. 0179/4345476
Anreise bis: 18 Uhr

Hofverkauf:
Auf Anfrage

www.obstbrennerei-gilcher.de

WEINGUT BURGGARTEN

Burg (RP) · 50°0'29.2"N 7°7'17.0"E

Unser Weingut verfügt über Weinberge in dem bekannten Mittelmosel-Weinort Burg. Besonderen Wert legen wir auf Kontakte und Gespräche mit interessierten Weinfreunden, um so die Weinerzeugung und auch die Weinbereitung transparent zu machen und Vertrauensverhältnisse aufzubauen. Gerne zeigen wir Ihnen unseren Betrieb und machen auf die Besonderheiten unserer Weinerzeugung aufmerksam. Anmeldung bevorzugt per E-Mail (weingut@burggarten.de) oder Whatsapp (0170 812 1648)

Selbstgemachtes: Weiß- und Rotweine der Rebsorten Riesling, Weißer Burgunder, Johanniter, Gewürztraminer und Regent.
Aktivitäten: Wanderweg Moselsteig, Radweg, Schwimmbäder in Traben-Trarbach und Zell, Kletterpark, Burgen und Museen in der Umgebung

Weingut Burggarten **B8**
Moselstraße 33 2021
56843 Burg

Zu Gast bei: Erwin Marmann 0170/8121648
Anreise bis: 20 Uhr
Schließzeit: 01.11.–01.03.

Hofverkauf:
Auf Anfrage

www.burggarten.de

WEINGUT POSTKELLEREI

Burg an der Mosel (RP) · 50°0'31.2"N 7°7'17.9"E

Auf unserem kleinen Weingut mit Holzfasskellerei produzieren wir als Familienbetrieb in traditioneller Art Qualitätsweine, die nicht nur Kenner begeistern. Nehmen Sie an einer der beliebten Weinproben im flöterischen Ambiente teil oder genießen Sie gutes Essen in unserem Restaurant mit Moselterrasse. Ein Erlebnis, das Sie bei Ihrem Moselbesuch nicht missen sollten. Die Kunstgalerie steht für Sie täglich von 11 bis 18 Uhr zur Besichtigung offen. Wir wünschen viel Vergnügen!

Selbstgemachtes: Moselweine, Marmeladen und Gemälde. Frühstück, Abendbrot und Getränke erhältlich.
Aktivitäten: Radwandern, Fahrradverleih, Schiffsanlegestelle (50 m), Weinprobe täglich, Besuch in der Gemäldegalerie oder gutes Essen genießen im Gasthaus zur Post

Weingut Postkellerei **B8**
Moselstr. 18/21 2019
56843 Burg an der Mosel

Zu Gast bei: Heinz Floeter 06541/9214
Anreise bis: 19 Uhr
Schließzeit: 01.09.–13.10.

Hofverkauf:
Auf Anfrage

kunst-hotel-zur-post-burg-mosel.de

WEINGUT OTTO SCHÄFER

Burg Layen/Rümmelsheim (RP) · 49°55'54.0"N 7°51'57.2"E

Wir sind ein bodenständiges Familienweingut, das im überschaubaren Rahmen auf Qualität und Individualität setzt. Unser Weingut liegt in dem malerischen Trollbachtal entlang bizarrer Felsformationen und Steilhängen, auf denen die Reben wachsen. Die reiche Vielfalt an Bodenarten rund um Burg Layen setzt erste Akzente für ausdrucksstarke Weine.

Selbstgemachtes: Wein, Sekt, Perlwein, Traubensaft, Traubenbrand, roter Traubenlikör, Weinbergspfirsich-Likör und roter Glühwein in der Winterzeit.
Aktivitäten: Rad- & Wanderwege, Weltkulturerbe Mittelrheintal, Kurstadt Bad Kreuznach

Weingut Otto Schäfer B8
Burgblick 5 2021
55452 Burg Layen/Rümmelsheim

Zu Gast bei: Maren & Klaus Schäfer 0176/77553557
Anreise bis: 22 Uhr

Hofverkauf:
Auf Anfrage

www.nahewein-schaefer.de

WEINGUT BOHN-LEIMBROCK

Burgen (RP) · 49°52'47.7"N 6°59'59.9"E

Unser traditionsreiches Weingut baut seit 14 Generationen an den Rebhängen von Trier bis Graach Trauben an. Die weitgehend natürlich bewirtschafteten Weinbergsflächen liefern unter Mithilfe von Klima, Boden (Terroir) und viel Erfahrung jedes Jahr einen individuellen Wein. Wir sind bestrebt die Eigenheiten eines jeden Weinberges, eines jeden Jahrganges zu bewahren und so dem Tropfen eine Finesse, ein Unterscheidungsmerkmal mit auf den Weg zu geben, welches dem Kunden erleichtert, seinen persönlichen Wein zu finden.

Selbstgemachtes: Wein, Pfirsichlikör, Pfirsich-, Mirabellen- und Tresterbrand. Außerdem: Weinbrand und Sekt.
Aktivitäten: Wanderwege, Weinberge, Wald, Burgbesichtigung in Veldenz (2 km) am 1. Wochenende im Monat, Weinproben, Weinkellerbesichtigungen

Weingut Bohn-Leimbrock B8
Lindenstr. 6 2015
54472 Burgen

Zu Gast bei: Annette Leimbrock-Debus 06534/383
Anreise bis: 20 Uhr

Hofverkauf:
Auf Anfrage

www.bohn-leimbrock.de

ERLEBNISHOF HANAUERHOF

Dielkirchen (RP) · 49°39'33.9"N 7°50'22.2"E

Wir sind ein ökologisch zertifizierter, selbstversorgender, landwirtschaftlicher Betrieb, der mit seinen vielen verschiedenen Tieren Lernort Bauernhof, Therapeutisches Reiten, Reiterferien, Tiergestützte Angebote und Aktionen zur Umweltbildung anbietet. Wir verkaufen zwar kaum landwirtschaftliche Produkte, aber die Besucher können gern an unseren kostenpflichtigen Angeboten teilnehmen.

Selbstgemachtes: Eier, Wurst und Fleisch (hauptsächlich vom Wild). Außerdem: vielfältige Angebote rund um Landwirtschaft, Tiere, Natur und Umwelt.
Aktivitäten: Reiten, Survival, verschiedene Kurse, Naturschwimmbad (4 km), gutes Radwegenetz, Wandergebiet
Hinweis: △ Zufahrt zu den ausserhalb gelegenen Stellplätzen über einspurigen Schotterweg, Plätze direkt am Hof über normale Straße erreichbar.

Erlebnishof Hanauerhof B8
Hanauerhof 2 2021
67811 Dielkirchen

Zu Gast bei: Ulrike Alt 0172/5391357
Anreise bis: 19 Uhr

Hofverkauf:
Auf Anfrage

www.hanauerhof.net

WEINGUT SECK

Dolgesheim (RP) · 49°47'52.0"N 8°15'41.2"E

Weingut Seck ist ein ökologisch arbeitendes Familienweingut und Mitglied im Naturland-Anbauverband im Weinbaugebiet Rheinhessen. Bei uns gibt es Gästezimmer, Stellplätze, Weinproben und Weinseminare.

Selbstgemachtes: Weine, Sekte und Traubensäfte. Getränke erhältlich.
Aktivitäten: Weinproben

Weingut Seck
Weinolsheimer Str. 12
55278 Dolgesheim
C8
2014

Zu Gast bei: Axel Seck 06733/324

Hofverkauf:
Auf Anfrage

www.weingut-seck.de

BIOWEINGUT REHM

Edesheim (RP) · 49°15'36.7"N 8°7'38.3"E

Das Weingut ist schon seit Generationen in Familienbesitz und wird derzeit von Martina und Heribert Rehm fortgeführt. Auch unsere Tochter hat die Liebe zum Wein entdeckt und steht schon in der Startlöchern. Zusatzangebot: Schlafen im Weinfass für Freunde und Verwandte.

Selbstgemachtes: Bioweine, Traubensäfte, Seccos, Sekt und Schnäpse.
Aktivitäten: Radwanderweg und Mühlenwanderweg direkt vor dem Stellplatz, modernstes Freibad der Pfalz (800 m), Bahnhof im Ort, Villa Ludwigshöhe mit Sesselbahn, Hambacher Schloss und viele Burgruinen, Museum in Landau und Speyer, Golfplatz, Klettern, Mountain Biking und vieles mehr
Hinweis: △ Zwei Brücken mit 6 m Breite.

Bioweingut Rehm
Ludwigstr. 36
67483 Edesheim
C9
2015

Telefon: 06323/7749
Anreise bis: 22 Uhr

www.weingut-rehm.de

WEINGUT DIETERICHS

Ellenz-Poltersdorf (RP) · 50°6'32.2"N 7°13'27.8"E

Unser mittelständiges, familiäres Weingut liegt im hübschen Weinort Ellenz-Poltersdorf. Hier erleben Sie Mosel-Feeling pur inmitten schöner Sehenswürdigkeiten und berauschender Natur. Die steilen Moselweinberge und der Moselschieferboden bieten den Reben die beste Grundlage für einen guten und bekömmlichen Wein. Von Anfang Juli bis Ende Oktober (Dienstag Ruhetag) hat unsere Straußwirtschaft ab 18 Uhr für Sie geöffnet. Lassen Sie hier Ihren Urlaubstag in geselliger Runde mit unseren eigenen Weinen und einer Kleinigkeit zu essen gemütlich ausklingen.

Selbstgemachtes: Weiß- und Rotweine, Sekt und Secco. Außerdem: Liköre und Spirituosen.
Aktivitäten: Seilfähre nach Beilstein, Freibad, Erlebnisweg Moselkrampen, Radwege

Weingut Dieterichs
Goldbäumchenstraße 13
56821 Ellenz-Poltersdorf
B8
2020

Zu Gast bei: Peter und Anita Dieterichs 02673/1694
Anreise bis: 20 Uhr
Schließzeit: 31.10.–31.03.

Hofverkauf:
Auf Anfrage

www.ferienweingut-dieterichs.de

WEINGUT WIND

Eschbach (RP) · 49°10'32.1"N 8°1'17.5"E

Sie sind herzlich willkommen auf einem seit mehreren Generationen familiär geführten Qualitätsweingut. Wir haben uns auf Rotweine (Cabernet Sauvignon, Merlot, Spätburgunder u.v.m.), Riesling und Burgundersorten spezialisiert. Die Rotweine werden ausschließlich in Holzfässern ausgebaut. Unser reichhaltiges Angebot können Sie jederzeit in unserer gemütlichen Weinprobierstube verkosten. Wir weisen darauf hin, dass die Toiletten nur während der Öffnungszeiten zur Verfügung stehen.

Selbstgemachtes: Weine, Sekte, Brände und Liköre.
Aktivitäten: Wandern zu den 3 nahe gelegenen Burgen, Radwege, Wild- und Wanderpark, Spielplatz Allahoppanlage

Weingut Wind B9
Weinstrasse 3-5 2021
76831 Eschbach

Zu Gast bei: Michaela und Bruno Wind 06345/2343
Anreise bis: 18 Uhr

Hofverkauf:
Mo.–Sa. 9–12, 14–18 Uhr // So. 9–12 Uhr

www.weingutwind.de

OBSTWEINKELLEREI „AM WÄSSERCHEN"

Eschfeld (RP) · 50°6'33.9"N 6°12'22.2"E

Unsere Obstweinkellerei liegt im Herzen des Deutsch-Luxemburgischen Naturparks. Fernab jeglicher Industrie, auf gesunden Böden und in der sauberen Eifelluft gedeiht unser Rohstoff: Streuobst. Unsere Säfte haben alle 100% Fruchtgehalt, sind ohne Zuckerzusatz, ohne Konservierungsstoffe und naturtrüb. Neben den Öffnungszeiten hat unser Hofladen nach Absprache geöffnet

Selbstgemachtes: naturreine Säfte, Obstwein, Fruchtsecco, Likör und Essig. Außerdem: Obstschnäpse und Honig. Nach Voranmeldung: Getränke erhältlich.
Aktivitäten: Wanderwege hier im deutsch-luxemburgischen Naturpark, Besichtigung der Eschfelder Kirche mit besonderen Malereien

Obstweinkellerei A8
„Am Wässerchen" 2021
Wässerchen 7
54619 Eschfeld

Zu Gast bei: Rudolf & Sigrid Wagner 06559/857
Anreise bis: 20 Uhr
Schließzeit: 01.10.–31.10., 01.01.–31.01.

Hofverkauf:
Mo.–Mi. 9–12 Uhr // Mi. 15–18 Uhr

obstweinkellerei-waesserchen.de

WEINGUT BLODT

Essenheim (RP) · 49°55'36.7"N 8°9'0.4"E

Wir sind ein Familienbetrieb, der ca. 8 ha Weinberge bewirtschaftet. Alle Arbeiten, von der Rebpflanzung bis zur Abfüllung sowie der Verkauf, liegen in Familienhand. Mit jahrelanger Erfahrung und Fachwissen wird dafür gesorgt, dass jedes Jahr ein guter Weinjahrgang präsentiert werden kann. Haus der prämierten Weine.

Selbstgemachtes: Weissweine, Rotweine und Traubensaft. Außerdem: Winzersekt und Rheinknie Cream Likörspezialität.
Aktivitäten: Ortsrandlage mit direktem Zugang zu den Weinbergen mit seinen Spazier- und Wanderwegen, Radwege (hügelig!), Landeshauptstadt Mainz (ca.10 km, Bushaltestelle in der Nähe), Supermarkt mit Bäckerei in 100 m
Hinweis: △ asphaltierter Wirtschaftweg

Weingut Blodt C8
Elsheimer Weg 1 2022
55270 Essenheim

Zu Gast bei: Ralf Blodt 06136/89199
Anreise bis: 19 Uhr
Ruhetag: So.
Schließzeit: 09.04.–19.04., 30.07.–27.08., 24.12.–01.01.

Hofverkauf:
Auf Anfrage

www.weingut-blodt.de

WEINGUT WAGENKNECHT

Essenheim (RP) · 49°55'28.2"N 8°8'52.9"E

Familienweingut unter der Leitung von zwei Powerfrauen. Im Einklang mit der Natur stellen wir uns jedes Jahr den neuen Herausforderungen. Mit Leidenschaft, Demut und dem Engagement der ganzen Familie entstehen jedes Jahr mit viel Herzblut, Liebe und Handarbeit unsere neuen Jahrgänge. Wir verbinden Erfahrung und Tradition mit vielen neuen kreativen Ideen und behalten dabei immer im Blick was uns wichtig ist: unsere Natur!

Selbstgemachtes: Wein, Secco und Traubensaft.
Aktivitäten: Weinwanderung „Hiwweltouren", Weinverkostung
Hinweis: △ Der Stellplatz liegt am Rande von Essenheim und ist direkt an unsere Maschinenhalle angegliedert. Die Zufahrt erfolgt über die Wirtschaftswege (Beton und Schotterweg), s. GPS-Koordinaten!

Weingut Wagenknecht C8
Domherrnstr. 4 2021
55270 Essenheim

Zu Gast bei: Christina Dechent
06136/995845 o. 0170/4309348
Anreise bis: 22 Uhr

Hofladen und Hofverkauf:
Fr. 13–19 Uhr // Sa. 10–19 Uhr

www.weingut-wagenknecht.de

WEINGUT VOLZ & SOHN

Essingen/Pfalz (RP) · 49°14'10.3"N 8°10'19.9"E

Unser familiengeführtes Weingut in der sonnigen Südpfalz bietet eine große Auswahl prämierter Rot- und Weißweine. Langjährige Erfahrung gepaart mit Fortschritt und Jungwinzerwissen garantieren hervorragenden Genuss. Auf Anfrage organisieren wir gerne eine Weinprobe für Sie.

Selbstgemachtes: Rotweine, Weißweine, Sekte und Secco.
Aktivitäten: Golfplatz und Reitanlage (2 km), zahlreiche Wandermöglichkeiten und Draisinenfahrten (2 km), Freibad (5 km)

Weingut Volz & Sohn C9
Dalbergstraße 15 2018
76879 Essingen/Pfalz

Zu Gast bei: Kuno & Susanne Volz
06347/97370 o. 0171/5166260

Hofverkauf:
Auf Anfrage

www.weingut-volz.de

KLOSTERSTÜB'L

Eußerthal (RP) · 49°14'34.8"N 7°58'16.2"E

Schmecken soll's – wir sind ein Slow Food anerkannter kleiner Landgasthof mit idyllischem Biergarten. Lassen Sie sich unsere hausgemachten, tagesfrischen Forellen und Saiblinge aus der Eußerthaler Zucht sowie Wild aus hiesigen Wäldern und andere Spezialitäten in unserem Restaurant schmecken. Vegetarier und Veganer kommen hier auch auf ihre Kosten. Unsere Speisekarte, Öffnungs- und Schließzeiten finden Sie auf der Homepage.

Selbstgemachtes: Hausgemachtes und leckeres Essen à la carte. Nach Voranmeldung: Abendbrot und Getränke erhältlich.
Aktivitäten: Mountainbikepark, Taubensuhl, Wanderparkplatz, Weinsteig, Bürstenbindermuseum, Barbarossaburg

Klosterstüb'l B9
Haingeraidestr. 45 2021
76857 Eußerthal

Zu Gast bei: Wolfgang & Eva-Maria Sambaß 06345/93072
Anreise bis: 20 Uhr
Ruhetage: Mo. Di. Mi.

www.eusserthalerklosterstuebl.de

Nord Nordwest Ost Mitte-West West Südost Südwest

WEINGUT STAUFFER

Flomborn (RP) · 49°41'32.7"N 8°9'8.2"E

Weinbaubetrieb in Familienführung. Wir führen einen liebevollen Familienbetrieb mit Herz und Liebe zur Natur. 2021 erhielten wir die Bio-Zertifizierung. Gerne können Sie auch unseren naturnahen Bauerngarten mitnutzen, wir haben einen Weiher und einige Quellen auf dem Grundstück. Mit uns leben auch Hühner, Katzen und Hunde auf dem Weingut.

Selbstgemachtes: Sekt, Wein, Weingelee und Trester. Nach Voranmeldung: Frühstück erhältlich.
Aktivitäten: Wandern, Radfahren, an den Rhein fahren, Gartennutzung

Weingut Stauffer C8
Borngasse 26 2021
55234 Flomborn

Zu Gast bei: Carolin Stauffer
0157/88458637
Anreise bis: 21 Uhr

Hofverkauf:
Auf Anfrage

www.weingutstauffer.de

WEINGUT & WEINPARADIES MEYERHOF

Flonheim (RP) · 49°47'18.0"N 8°2'43.7"E

Familienweingut mit angegliedertem Gästehaus in der aufstrebenden Weinregion Rheinhessen. Unsere neu erbaute Vinothek lädt zur Weinverkostung ein. Betriebsbesichtigungen sind ebenfalls möglich. Am letzten September- und am ersten Oktoberwochenende findet ein Traubenlesewochenende statt. Weitere Events finden Sie auf unserer Homepage.

Selbstgemachtes: Weine und Winzersekte. Außerdem: Pesto, Senf, Öl und Essig. Nach Voranmeldung: Frühstück erhältlich.
Aktivitäten: Rad- und Wanderweg direkt vor dem Hof, Infothek, Flonheim mit Ortsmuseum

Weingut & Weinparadies C8
Meyerhof 2015
Meyerhof
55237 Flonheim

Zu Gast bei: Alina & Daniela Hammer
06734/8714
Anreise bis: 20 Uhr

Hofverkauf:
Mo.–Fr. 9–12 ,14–18 Uhr // Sa. 10–17 Uhr

www.weingut-meyerhof.de

WEINGUT WERNER

Flonheim (RP) · 49°47'16.4"N 8°2'29.5"E

Als kleiner Familienbetrieb halten wir Anbau, Ausbau und Abfüllung der Weine in unseren Händen. Heute ein ganz entscheidender Faktor für Qualität und Bekömmlichkeit der Weine. Dafür garantieren wir.

Selbstgemachtes: Wein, Secco und Hefebrand. Außerdem: Sekt, Liköre und Traubensaft. Getränke erhältlich.
Aktivitäten: Infothek der Ortsgemeinde Flonheim, Weinproben in der historischen Weinstube mit Kachelofen, Planwagenfahrten mit Weinprobe

Weingut Werner GbR C8
Langgasse 40 2014
55237 Flonheim

Zu Gast bei: Florian Werner
0171/7080027
Anreise bis: 19 Uhr

Hofverkauf:
Auf Anfrage

www.werner-weine.de

WEINGUT FLÖRSHEIMER HOF

Flörsheim Dalsheim (RP) · 49°39'11.6"N 8°12'42.5"E

Wir sind ein familiengeführtes, ökologisch wirtschaftendes Weingut im Herzen von Rheinhessen. Wir verbinden moderne Techniken mit jahrelanger Tradition und Erfahrung, um so das Beste aus unseren Trauben zu gewinnen. Ein Besuch bei uns begeistert.

Selbstgemachtes: erlesene Weine, Sekt, Secco und Likörweine in Bio-Qualität. Nach Voranmeldung: Getränke erhältlich.
Aktivitäten: Weinproben, Eventcocking, Führungen durch Betrieb, Weinberge oder Dorf (Teilnehmerzahl abhängig), Planwagenfahrten

Weingut Flörsheimer Hof C9
Pfarrgasse 5-7 2021
67592 Flörsheim Dalsheim

Zu Gast bei: Thomas Christmann
06243/6021 o. 0176/46776642
Anreise bis: 20 Uhr

Hofverkauf:
Auf Anfrage

www.weingut-floersheimer-hof.de

WEINGUT VOLKER KLEIN

Friedelsheim (RP) · 49°26'55.0"N 8°13'20.9"E

Wir betreiben ein kleines, aber feines Familienweingut inmitten eines klassischen Pfälzer Winzerdorfes. Unser Garten grenzt an den Burgweiher der ehemaligen Friedelsheimer Wasserburg – der ideale Rastplatz um sich zu entspannen.

Selbstgemachtes: verschiedene Weine, Sekt und Traubensaft. Getränke erhältlich.
Aktivitäten: Dorfbackhaus und Bäckerei, Freizeitbad, Kurpfalzpark in Wachenheim (2 km), Kurstadt Bad Dürkheim (3 km), Verbindung nach Mannheim mit der Rhein-Haardtbahn (0,5 km)

Weingut Volker Klein C9
Bahnhofsstr. 9 2018
67159 Friedelsheim

Zu Gast bei: Anja & Volker Klein
06322/9894480

Hofverkauf:
Auf Anfrage

www.weingut-volker-klein.de

WEINGUT IM SCHLOSSGARTEN

Friedelsheim (RP) · 49°27'14.1"N 8°13'19.3"E

Unser Weingut „Im Schlossgarten“ ist als Familienbetrieb seit Generationen mit Freude dem Weinbau verbunden und immer bestrebt, seinen Kunden etwas Besonderes zu bieten. Wir produzieren fruchtige Weine von hoher Qualität, die mit zahlreichen Medaillen und Auszeichnungen belohnt wurden. Wir bieten Weinproben sowie Übernachtung in ruhiger Lage mit wunderschöner Aussicht an und freuen uns auf Ihren Besuch!

Selbstgemachtes: Wein, Secco und Sekt. Außerdem: Weingelee, Liköre, Edelbrände, Honig, Essig, Öl, Dosenwurst, Senf, Traubensaft, Kartoffeln und Äpfel.
Aktivitäten: Weinproben, Weinfeste, Kraut und Rüben Radweg, Burgen und Schlösser, Schwimmbad, Badesee (ca. 6 km), Museum, Freizeitparks, Wandern im Naturpark Pfälzer Wald mit Vesperhütten, Riesenfass, Dom Speyer
Hinweis: ⚠ Zufahrt über Wirtschaftsweg.

Weingut im Schlossgarten C9
Im Schlossgarten 21 2019
67159 Friedelsheim

Zu Gast bei: Wanda Eberle
06322/68679
Anreise bis: 18 Uhr
Ruhetag: Di.
Schließzeit: 01.12.–01.03., 05.08.–16.08.

Hofladen: Mo.–Do. 15–18 Uhr // Fr.–So. 9:30–18 Uhr

www.weingut-im-schlossgarten.de

WEINGUT F.G.KOST

Gleisweiler (RP) · 49°14'18.8"N 8°4'2.2"E

Familienbetrieb mit eigenem Weinbau aus kontrolliert umweltschonendem Anbau (KUW). Unser Gutsausschank öffnet Februar bis November an den Tagen Mittwoch, Freitag, Samstag und Sonntag ab 17 Uhr und nach Vereinbarung. Hier werden Pfälzer Lieder gesungen mit der Wirtin, Weinproben oder Weinwanderwochenenden veranstaltet. Bewirtung zu den Öffnungszeiten der Weinstube.

Selbstgemachtes: Wein, Sekt, Secco und Traubensaft. Abendbrot und Getränke erhältlich.
Aktivitäten: Wanderungen mit dem Winzer, Weinbergsführung mit Weinprobe am Weinberg, Wochenend-Programme „Mandelblüte“, „Weinfrühling“, „Martini“, „Silvesterprogramm“, in Gleisweiler ist die älteste Kaltwasseranlage Deutschlands: die Walddusche, Lage: direkt am Naturpark Pfälzer Wald

Weingut F.G.Kost C9
Hainbachtalstr. 3 2014
76835 Gleisweiler

Telefon: 06345/3000

Hofverkauf:
Auf Anfrage

www.kostwein.de

WEINGUT FERIENHOF SCHÄFER

Göcklingen (RP) · 49°9'44.8"N 8°2'23.5"E

Liebe Weinfreunde, wir sind ein Familienbetrieb mit 9 ha Weinbau und 1 ha Obstbau. Getreu dem Qualitätsdenken unseres Weingutes erzeugen wir einen gesunden, guten, natürlichen Wein aus integriertem kontrollierten und umweltschonenden Anbau. Die Weinberge dienen einer Vielzahl von Insekten als Lebensraum, alle Maßnahmen haben wir darauf ausgerichtet, damit diese Artenvielfalt und die Natur in ihrer ursprünglichen Form und Schönheit erhalten bleibt.

Selbstgemachtes: Wein, Saft, Likör, Sekt, Secco, Marmeladen und Feigensenf. Außerdem: Schnaps, Likör und Essig. Nach Voranmeldung: Frühstück und Getränke erhältlich.
Aktivitäten: Wanderwege, Pfälzer Wald, Mountainbike, Klettern, Pfälzer Jakobsweg, Burgen, Berwartstein, Trifels, Naturschutz-See, Spielplatz, Tiere am Hof, Weinprobe, Maislabyrinth im Herbst

Weingut Ferienhof Schäfer B9
Hauptstraße 24 2019
76831 Göcklingen

Zu Gast bei: Achim und Michael Schäfer 06349/1353
Anreise bis: 22 Uhr

Hofverkauf:
Auf Anfrage

www.ferien-weingut.de

HOF STEINRAUSCH

Gondenbrett/Wascheid (RP) · 50°15'23.7"N 6°24'46.4"E

Der Hof Steinrausch liegt in der naturnahen dünn besiedelten Schneifel. Der Milchziegenbetrieb wird im Vollerwerb seit über 20 Jahren nach Bioland-Richtlinien geführt. Unser Ab-Hof-Verkauf ist nach Absprache möglich.

Selbstgemachtes: diverse Ziegenkäse, saisonal Ziegenlamm- und Schweinefleisch.
Aktivitäten: Stausee, Rad- und Wanderwege, Ruhe
Hinweis: △ Den Hinweisschildern zum „Hof Steinrausch“ folgen. Im Dorf die 3. Abfahrt links den Berg hoch, nach 200 m begrüßt euch links eine Holzziege an der Hofeinfahrt.

Hof Steinrausch A8
Hauptstraße 63 2022
54595 Gondenbrett/Wascheid

Zu Gast bei: Wiebke Medau 06551/981369 o. 0171/2711084
Anreise bis: 18 Uhr
Ruhetag: So.

Hofverkauf:
Auf Anfrage

www.hof-steinrausch.de

DAS GASTHAUS IM PANZHAUS

Greimerath (RP) · 49°33'46.9"N 6°39'33.4"E

Wir sind Ihr Traditions-Gasthaus, familiengeführt in 4. Generation und inmitten der wunderschönen Natur des Hochwalds gelegen, die beste Verbindung zwischen Rheinland-Pfalz und Saarland. Nah genug für den nächsten Wochenend-Ausflug und weit genug weg vom Alltag – für eine echte Auszeit. Unsere Gaststätte hat für Sie täglich von 10 bis 24 Uhr geöffnet.

Selbstgemachtes: frische, regionale & saisonale Gerichte, Bonbons, Marmelade, eingelegtes Gemüse und Fermentiertes, Gin und Wanderproviant. Außerdem: regionale Weine, Brötchendienst (mit Voranmeldung), Miet-Holzgrill und Grillpaket (auf Vorbestellung). Nach Voranmeldung: Frühstück, Abendbrot und Getränke erhältlich.
Aktivitäten: geführte Themen-Wanderungen, Badesee, Weinanbaugebiet Saartal, Trier, Traumschleifen, Saar-Hunsrücksteig

Das Gasthaus im Panzhaus A9
Panzhaus 129 2018
54314 Greimerath

Zu Gast bei: Anton Matela
06587/991284
Anreise bis: 21 Uhr
Schließzeit: 04.03.–18.03.

Hofverkauf:
Auf Anfrage

www.panzhaus.de

WEINGUT ECHTER

Grünstadt (RP) · 49°34'36.2"N 8°9'43.6"E

Unser Weinbaubetrieb liegt im romantischen Leiningerland in der Pfalz an der Deutschen Weinstraße, der „Toskana Deutschlands". Unser Familienbetrieb wird in der 3. Generation geführt. Wir legen sehr großen Wert auf klassischen, umweltschonenden Qualitätsanbau bei den Trauben, wie die vielen Auszeichnungen durch die Landwirtschaftskammer Rheinland-Pfalz zeigen. Der Ab-Hof-Verkauf ist nach Absprache möglich.

Selbstgemachtes: Weine, Sekte, Säfte, Liköre, Schnäpse.
Aktivitäten: Vielzahl von Wanderwegen durch die Weinberge, Schwimmbad, Segelflugplatz

Weingut Echter C9
Eistalstraße 3 2021
67269 Grünstadt

Zu Gast bei: Matthias und Miro Echter
06359/2289 o. 0170/4533720, 0176/70880108
Anreise bis: 20 Uhr
Schließzeit: 31.10.–01.03.

Hofverkauf:
Auf Anfrage

www.wein-echter.de

WEINGUT KRUGER

Guldental (RP) · 49°53'25.2"N 7°50'25.3"E

Unser Weingut besteht seit 1708 und wird in der 13. Generation als Familienbetrieb in Guldental geführt. Hier bieten wir Weinproben mit Betriebsbesichtigung an, nach Absprache auch gerne mit kleiner Vesper.

Selbstgemachtes: Wein, Sekt, Brände und Traubensäfte.
Aktivitäten: Weinwanderweg, schöne Radwege, Weinbaumuseum im Ort, Felseneremitage aus dem Mittelalter

Weingut Kruger B8
Waldhilbersheimer Str. 12 2021
55452 Guldental

Zu Gast bei: Tobias Kruger
06707/668 o. 0170/5283639
Anreise bis: 20 Uhr

Hofverkauf:
Auf Anfrage

www.weingut-kruger.de

WEINGUT LEONHARD HUPPERT

Gundersheim (RP) · 49°41'42.3"N 8°12'17.2"E

Unser Weingut bietet vor allem klassische Rebsorten in bester Qualität an. Sowohl in der Vinothek als auch in der Gaststätte können Sie unsere Weine probieren. Wir öffnen die Vinothek auf Anfrage, die Gaststätte bewirtet Sie von Mittwoch bis Sonntag ab 17:30 Uhr (Tel.: 06244/57326). Der Stellplatz befindet sich ca. 300 m von der Vinothek entfernt unter folgender Adresse: Untere Grabenstr. 21, 67598 Gundersheim.

Selbstgemachtes: Wein, Sekt und Brände. Nach Voranmeldung: Abendbrot erhältlich.
Aktivitäten: Radwanderwege, Lage am Ortsrand ideal für Hunde
Hinweis: △ Die letzten 100 m sind geschottert.

Weingut Leonhard Huppert C8
Wormser Str. 7 2019
67598 Gundersheim

Zu Gast bei: Andreas Huppert, einfach anreisen…

Hofverkauf:
Auf Anfrage

www.weingut-huppert.de

WEINGUT BURGHOF OSWALD

Guntersblum (RP) · 49°47'48.2"N 8°20'45.2"E

Unser Familienweingut befindet sich in einer alten, fränkischen Hofreite im Ortszentrum. Wir erzeugen hochwertige Weine und Sekte, die bei Wettbewerben ausgezeichnet wurden und den Gaumen von Weinfreunden verwöhnen. Unser mediterraner Hof lädt zum Verweilen und Genießen ein. Wir bieten Keller- und Betriebsführungen sowie Weinbergsrundfahrten an.

Selbstgemachtes: Wein, Sekt, Brände und Traubensaft. Außerdem: Gelee, Essig, Öl, Nudeln, Pesto und Chutney. Nach Voranmeldung: Frühstück und Getränke erhältlich.
Aktivitäten: Badesee 3 km, Radwanderwege, Nordic-Walking-Wege, Naturschutzgebiet Insel Kühlkopf, historische Kirche mit Heidentürmen/Sarazenentürmen

Weingut Burghof Oswald C8
Alsheimer Str. 11 2015
67583 Guntersblum

Zu Gast bei: Heidrun Baumann-Oswald 06249/2392
Anreise bis: 20 Uhr
Schließzeit: 15.09.–15.10.

Hofladen:
Mo.–Sa. 8:30–12, 13:30–18 Uhr

www.burghof-oswald.de

WEINGUT & BRENNEREI DAPPER

Gutenberg a. d. Nahe (RP) · 49°52'50.5"N 7°47'57.3"E

Weingut und Brennerei werden seit vielen Generationen von Familie Dapper geführt. Anbau von Weiß- und Rotweinen, wie z. B. Riesling, Bacchus, Chardonnay, Grauer Burgunder oder auch Regent. Ebenso Herstellung von Winzersekt, Secco und Gelees sowie ein großes Sortiment an schonend destillierten Edelobstbränden und selbst hergestellten Likören. Im Weingut Dapper legt man großen Wert auf regionale Qualität und nachhaltige Kundenzufriedenheit. Gerne bewirten wir Sie auch auf Anfrage.

Selbstgemachtes: Weißwein, Rotwein, Rosé, Secco, Winzersekt, Traubensaft, Öl, Essig, Gelees, Marmeladen, Edelobstbrände, Obst-, Kräuter- und Sahneliköre. Nach Voranmeldung: Getränke erhältlich.
Aktivitäten: Rad- und Wanderwege, Kurstadt Bad Kreuznach (Minigolf, Bootsfahrten, Stadtrundfahrten)

Weingut & Brennerei Dapper B8
Am Schloßberg 5 2014
55595 Gutenberg a. d. Nahe

Zu Gast bei: Eckhard Dapper 06706/301 o. 0175/5936323

Hofverkauf:
Auf Anfrage

www.weingut-dapper.de

THEODORUS THEODORHOF

Hainfeld/Pfalz (RP) · 49°15'20.2"N 8°5'54.6"E

Das Theodorus Wein- und Sektgut ist ein alter Familienbetrieb, der in den 70ern an den Ortstrand von Hainfeld ausgesiedelt ist. Er hat eine ruhige Lage mit Blick auf die Schlossvilla Ludwigshöhe, in die Weinberge ist es nur ein Katzensprung und auch der Ortskern mit Bäckerei ist in Fußnähe. Auf dem Wein- und Sektgut erhalten Sie biologisch zertifizierte Weine, Sekt und Secco von trocken bis lieblich und von rot über rosé bis weiß. Die Toilettennutzung ist nur zu unseren Vinothek-Öffnungszeiten möglich. Wir freuen uns auf Ihren Besuch zu unseren Öffnungszeiten.

Selbstgemachtes: Sekt, Secco, biologisch zertifizierte Rot-, Rosé- und Weißweine: weißer Riesling, Grauer & Weißer Burgunder, Chardonnay, Gelber Muskateller, Sauvignon Blanc, Gewürztraminer, Rivaner, Bacchus, Scheurebe, Kerner, roter Spätburgunder, Cabernet Sauvignon & Merlot, Saint Laurent und Dornfelder. Bewirtung nach Voranmeldung.

Theodorus BioWein- und Sektgut Theodorhof
Theodorhof
76835 Hainfeld/Pfalz
C9
2014

Einfach anreisen...
Anreise bis: 18 Uhr

Hofladen:
Mo.–Fr. 9–17 Uhr // Sa. 9:30–16:30 Uhr // So. 9:30–12:30 Uhr

www.theodorus-wein.de

METZWEIN

Hangen-Weisheim (RP) · 49°42'34.2"N 8°10'48.7"E

Wir sind ein familiengeführter Wein- und Ackerbaubetrieb im rheinhessischen Hügelland gelegen. Von Ihrem naturnahen Stellplatz haben Sie einen herrlichen Blick auf die Weinberge. Herzlich willkommen!

Selbstgemachtes: Wein.
Aktivitäten: Wanderwege, Radwege, Badesee und Rhein (15km)
Hinweis: △ Das Ziel liegt direkt neben der Straße, ist aber nur durch einen kurzen Feldweg zu erreichen. Die GPS Daten führen direkt zu Ihrem Stellplatz. Bei schlechtem Wetter, unter Umständen, nicht befahrbar.

MetzWein
Donnersbergstr. 13
55234 Hangen-Weisheim
C8
2021

Zu Gast bei: Julian Metz
0152/26815866
Anreise bis: 21 Uhr

Hofverkauf:
Auf Anfrage

www.metzwein.de

WOLFSBORNERHOF

Herchweiler i. O. (RP) · 49°30'57.1"N 7°18'18.8"E

Idyllisch, mitten in Wald und Wiesen gebettet, liegt der Wolfsbornerhof. Landgasthaus und Ziegenschaukäserei werden familiär geführt. Ein Platz zur gemütlichen Einkehr und Einblicke in die Milchwirtschaft mit Ziegen sind möglich. Unser Landgasthof ist von Mittwoch bis Freitag ab 17 Uhr und Samstag, sonn- und feiertags ab 10 Uhr für Sie geöffnet.

Selbstgemachtes: Ziegenkäse. Abendbrot und Getränke erhältlich.
Aktivitäten: Bostalsee, Ostertalbahn, Ziegenschaukäserei auf dem Hof
Hinweis: △ Im Ort Herchweiler die Straße „Im Bruchgraben" Richtung Wald nehmen, rechts abbiegen und dem asphaltierten Weg 500 m folgen. Unbedingt diese Anfahrtsbeschreibung beachten, da einige Navis den letzten Wegabschnitt nicht kennen.

Wolfsbornerhof
Wolfsbornerhof 1
66871 Herchweiler i. O.
B9
2014

Zu Gast bei: Pascal Buch 06384/343
Anreise bis: 19 Uhr
Ruhetage: Mo. Di.

Hofverkauf:
Auf Anfrage

www.wolfsbornerhof.de

MEHL

Roggenmehl
Type 997
Mühle Zänker
Inhaber G. Hüttner
39288 Burg-Gütter
(0 39 21) 98 25 25
50 kg netto
Burger Roggenmehl
Type 997

GESUNDES GETREIDE

Seit rund 120 Jahren stellt die Mühle Zänker handwerklich Mehl her und beliefert damit Traditionsbäckereien rund um Burg in Sachsen-Anhalt.

Es duftet nach frischem Mehl in der Mühle Zänker. Aus hölzernen Trichtern füllt Gerald Hüttner das gemahlene Getreide in große Säcke ab. „Bei uns ist alles noch Handwerk", erklärt der Müller nicht ohne Stolz. Die Mühle läuft elektrisch und kann mit zwei Leuten bedient werden. Seit vier Generationen betreibt die Familie in Gütter am Rande der Stadt Burg bei Magdeburg ihre handwerkliche Mühle. Mit ihrem Mehl beliefert sie vor allem kleine Bäckereien, die ebenso wie Familie Hüttner noch auf echtes Handwerk setzen.

„Im Gegensatz zum Industriemehl, das so behandelt wird, dass es immer die gleiche Backfähigkeit hat, ist unseres jedes Jahr anders", sagt Gerald Hüttners Frau Liane Hüttner. Die Witterung und der Erntezeitpunkt sind Faktoren, die sich in der Qualität des Korns und damit auch des Mehls niederschlagen.

Während bei vielen Industriebackwaren vor allem weißes Weizenmehl zum Einsatz kommt, stellt die Mühle Zänker überwiegend Vollkornmehl aus Roggen und Weizen her. Es enthält Bestandteile der Schale und ist daher etwas dunkler. „Das ist beim Getreide so ähnlich wie beim Apfel", erklärt Liane Hüttner. „Unter der Schale befinden sich die meisten Mineralstoffe und Spurenelemente. Dadurch ist das dunkle Mehl besonders nahrhaft und gesund." Sogar Kuchen lässt sich damit backen, beispielsweise ein fruchtiger Kirsch- oder Pflaumenkuchen.

Liane Hüttner berät ihre Kunden gerne und kennt sich auch mit Brotrezepten bestens aus. Ihre Erfahrung: „Ein gutes Brot braucht Zeit. Der Teig sollte ausreichend Ruhe bekommen, damit er sein volles Aroma entfaltet." Im Hofladen erhalten Kunden neben Mehl, Backzutaten, Nudeln und Getreideflocken auch regionale Bio-Spezialitäten wie Honig, Soßen oder Öl. Auch Wurst aus dem Glas vom benachbarten Metzger ist im Angebot. →

MUHLENTOUR
Wir bieten an:
Futtermitel für:
Hühner, Enten, Gänse, Vögel
Schweine, Rinder, Pferde
Kaninchen, Schafe
Hunde, Katzen, Tauben
Mühlenladen
Mehl, Nudeln, Müsli
Backzutaten, Gebäck
Honig, Tee, Most, Wein
Wurst, Senf, Öl, Salz
MÜHLE-ZÄNKER
Öffnungszeiten:
Mo. 9-12^{30} u. 14-18^{00}
Di. 9-12^{30} u. 14-18^{00}
Mi. geschlossen
Do. 9-12^{30} u. 14-18^{00}
Fr. 9-12 u. 14-18^{00}
Sa. geschlossen
www.mühle-zänker.de
Zeitung

MÜHLENLADEN

Mühle Zänker
Burg-Gütter
(0 39 21) 98 25 25

„Es ist schön, dass die Welt jetzt zu uns kommt …"

Das Getreide kommt von Landwirten aus der Umgebung. Bereits auf dem Feld trennen die Mähdrescher die Körner von ihren Hüllen, dem Spelz. Während der Spelz auf dem Feld verbleibt, wird das Korn an die Mühle geliefert. Dort durchläuft es einen intensiven Reinigungsprozess. Mehrere Prozeduren sind hintereinander geschaltet, sodass kleine Steinchen oder Metallteile keine Chance haben.

Dann kommt das Getreide auf die Mühle. Mehrmals werden die Körner über Walzenstühle geleitet, die es aufbrechen und den Mehlkern schonend von der Schale lösen. Elf Passagen durchlaufen Roggen und Weizen in der Mühle Zänker, bis das Mehl fertig ist.

Pneumatisch wird das fertige Mehl in Silos transportiert oder in Säcke gefüllt und ruht dort noch eine Weile, bevor es zum Bäcker kommt. „Dadurch reift es und die Backfähigkeit stabilisiert sich", erklärt Gerald Hüttner.

Der Müller fährt seine Mühle nicht täglich, sondern nach Bedarf. Schließlich liefert er das Mehl auch persönlich mit dem eigenen LKW an seine Kunden aus. Die Bäckereien aus der Umgebung sind schon seit Generationen Kunden der Mühle Zänker, auch wenn es immer weniger werden, die ihr Handwerk noch ausüben. Die Konkurrenz aus dem Supermarkt ist einfach zu stark. „Letztlich hängt unsere Existenz an diesen Betrieben", räumt Liane Hüttner ein. Ob noch eine Generation die Mühle weiterführen wird, ist unklar. Mit dem Mühlenladen haben sich Hüttners ein erfolgreiches Standbein geschaffen, das mit seinem liebevoll zusammengestellten Sortiment gesundheitsbewusste Kunden aus der Umgebung anzieht.

Zu ihnen gehören auch die Landvergnügen-Gäste. Von den ruhigen Wohnmobilstellplätzen am Ortsrand haben sie einen Blick ins Grüne. Sie können mit Fahrrädern die flache Umgebung erkunden, zum Beispiel die Altstadt und die Parkanlagen von Burg, das Wasserstraßenkreuz Magdeburg oder das Kloster Jerichow. „Es ist schön, dass die Welt jetzt zu uns kommt", freut sich Liane Hüttner über die Camper. „Landvergnügen ist für uns eine große Bereicherung, sowohl wirtschaftlich als auch menschlich."

Nord
Nordwest
Ost
Mitte-West
West
Südost
Südwest

STRAUSSENFARM EISEL

Hermersberg (RP) · 49°19'3.3"N 7°38'22.2"E

In unserem Farmbetrieb werden Strauße gezüchtet. Die Aufzucht der Strauße erfolgt auf der Farm. Rundgänge können gemacht werden, Führungen sind nur in Gruppen ab zehn Personen möglich. Die Kosten für die Führung betragen 2,50 Euro. Es gibt schöne Wanderwege rund um Hermersberg.

Selbstgemachtes: Straußenfleisch und -wurstwaren, Straußeneier (leer und voll) und Straußenartikel. Bewirtung nach Voranmeldung.
Aktivitäten: Wandern

Straußenfarm Eisel B9
In den roten Äckern 2014
66919 Hermersberg

Zu Gast bei: Rudi Eisel 0170/5312410
Anreise bis: 18 Uhr
Ruhetag: Mo.

Hofladen:
Di.–Fr. 15–18 Uhr // Sa., So. 10–16 Uhr

www.e-r-straussenfarm.de

HOFGUT KUNTZ

Herxheim (RP) · 49°9'10.7"N 8°12'53.0"E

Unser Hofgut liegt im Herzen der Südpfalz am Ortsrand von Herxheim und ist seit 1960 ein Familienbetrieb. Die feinen Eiernudeln und unsere Kartoffeln sind beliebte Produkte in unserem Hofladen.Wir bieten unsere Ware täglich frisch an (auf Anfrage auch gern außerhalb unserer Öffnungszeiten). Gern können Sie bei uns hinter die Kulissen der Nudel- und Kartoffelproduktion schauen. Wir freuen uns, Reisemobilisten auf Hofgut Kuntz begrüßen zu dürfen! Bitte beachten Sie unsere Schließzeiten während der Kartoffelernte im August und September.

Selbstgemachtes: feine Eiernudeln (54 verschiedene Sorten) und Kartoffeln aus eigenem Anbau und Eier. Außerdem: Obst & Gemüse, Käse, Secco, Wein, Marmelade, süße und herzhafte Knabbereien.
Aktivitäten: Radwanderwege, Wanderwege (Kraut und Rüben Radweg, Jakobsweg Pfalz) Waldfreibad, Sandbahnrennen zu Vatertag

Hofgut Kuntz C9
Alzheimer Weg 10 2021
76863 Herxheim

Zu Gast bei: Christoph Kuntz 0151/50497701
Anreise bis: 18 Uhr
Schließzeit: 01.08.–31.10.

Hofladen:
Mo., Di., Do., Fr. 9–18 Uhr // Sa. 8–13 Uhr

Hofgut-kuntz.de

WEINGUT JUNGHOF

Heuchelheim-Klingen (RP) · 49°8'44.3"N 8°3'21.7"E

Mediterraner Junghof mit überdachtem Freisitz, Vinothek, Kellerbesichtigung und Weinproben. Die Straußwirtschaft ist in den Monaten Mai bis Ende Oktober geöffnet. Weitere Informationen zu Öffnungszeiten entnehmen Sie bitte unserer Homepage. Wir freuen uns auf Sie!

Selbstgemachtes: Wein, Secco und Äpfel. Außerdem: Sekt, Likör, Dosenwurst und Gelee. Bewirtung nach Voranmeldung.
Aktivitäten: Radwanderweg, Burgen

Weingut Junghof C9
Hauptstraße 21 2014
76831 Heuchelheim-Klingen

Zu Gast bei: Marco Jung 06349/1881
Ruhetag: Mo.
Schließzeit: 01.10.–31.10.

Hofladen und Hofverkauf:
Di., Do. 15–22 Uhr // Mi. 12:30–19 Uhr // Fr. 12:30–22 Uhr // Sa., So. 12:30–19 Uhr

www.weingut-junghof.de

WEINGUT RICHARD RINCK

Heuchelheim-Klingen (RP) · 49°8'21.1"N 8°3'36.6"E

Guten Wein herzustellen ist unser Lebensinhalt geworden. Er erfasst uns alle, prägt unseren Alltag und unseren Jahresablauf! Eine schöne Abwechslung und ein Ausgleich zu den Arbeiten im Weinberg und Keller ist der persönliche Kontakt zu unseren Urlaubsgästen und Weinkunden. Weinproben bieten wir auf Anfrage an. Vor dem Besuch des Weinverkaufs bitten wir um eine kurze Anmeldung per E-Mail oder Telefon.

Selbstgemachtes: Wein, Secco und Traubensaft.
Aktivitäten: Grillplatz vorhanden, Freibad (1 km), Weinberg-Rundwanderweg, Weinproben
Hinweis: △ Die letzten 200 m sind geschotterter Wirtschaftsweg.

Weingut Richard Rinck C9
Klingbachstr. 11 2019
76831 Heuchelheim-Klingen

Zu Gast bei: Annette Rinck
06349/8542
Anreise bis: 18 Uhr
Schließzeit: 01.12.–29.02.

Hofverkauf:
Mo.–Fr. 9–12, 14–18 Uhr // Sa. 9–16 Uhr

www.weingut-richard-rinck.de

WEINGUT H. ENGELHARD

Hillesheim (RP) · 49°46'34.6"N 8°15'20.9"E

Wir sind ein traditionelles Weingut mit Landwirtschaft. Erhaschen Sie einen Einblick in ein seit vielen Generationen traditionell geführtes Weingut. Neben einem ausgewählten Angebot an exklusiven Wein und Sekt finden Sie auch vieles weitere, das den Gaumen erfreut. Seien Sie ein Entdecker!

Selbstgemachtes: Wein, Sekt, Secco, Traubensaft, Engelhard´s Weinnade (alkoholfreier Wein mit prickelnder Kohlensäure), Kartoffeln, diverse Produkte aus Trauben. Außerdem: Traubenkernöl und Essig.
Aktivitäten: großzüges ausgeschildertes Rad- bzw. Nordic Walking Wegenetz, Mainz, Alzey

Weingut H. Engelhard C8
In den Burggärten 41 2021
67586 Hillesheim

Zu Gast bei: Heiko Engelhard
06733/6013 o. 0177/7349128
Anreise bis: 20 Uhr

Hofverkauf:
Auf Anfrage

www.engelhard-wein.de

SCHNAPSBRENNEREI MECKEL

Hirschberg (RP) · 50°22'41.5"N 7°55'22.4"E

Wir sind ein traditionsreiches Familienunternehmen, das seit mehreren Generationen und seit über 200 Jahren Schnäpse und Liköre in Hirschberg herstellt. Wir führen verschiedene Sorten Kornbranntwein, Obstbrände und Liköre in modischen Designerflaschen.

Selbstgemachtes: Schnäpse und Liköre in Geschenkflaschen.
Aktivitäten: Badesee, Stadterkundungen Diez, Limburg

Schnapsbrennerei Meckel B7
Hauptstraße 51 2017
65558 Hirschberg

Zu Gast bei: Klaus Meckel 06439/7582

Hofladen:
Mo.–Fr. 9–18 Uhr // Sa. 9–13 Uhr

schnapsbrennerei-klaus-meckel.de

GEYERSBERGERHOF

Hochspeyer (RP) · 49°26'46.6"N 7°53'31.2"E

Unser Bauernhof wurde 1954 gegründet und wird nun mehr und mehr von der 3. Generation übernommen. Von 1985 bis heute hat sich mit der Pferdepension, unseren Gästezimmern, dem Swin Golf Platz und dem Café ein wirtschaftlicher Wandel auf unserem Hof vollzogen. Seit 2011 haben wir mit unserer Swin-Golf-Anlage eine Möglichkeit gefunden, unser brach liegendes Ackerland durch eine sehr schöne Freizeitbeschäftigung für Jung und Alt zu nutzen. Wir freuen uns auf Ihren Besuch.

Selbstgemachtes: Kuchen und Torten.
Aktivitäten: Besuch in unserem Café, Swin-Golf, Rad- und Wanderwege im angrenzenden Pfälzer Wald, öffentliches Warmfreibad

Geyersbergerhof – Swin Golf und Café Loch 19 B9
Geyersbergerhof 10 2015
67691 Hochspeyer

Telefon: 06305/9942377

Hofverkauf:
Auf Anfrage

www.geyersbergerhof.de

WEINGUT BRAUN

Hochstadt (Pfalz) (RP) · 49°13'55.6"N 8°12'13.0"E

Leidenschaftlich vielfältig! Reben ist ein idealer Ort um Spitzenweine zu erzeugen. Wir haben es uns zum Ziel gemacht, viele Menschen mit unseren Weinen zu begeistern. Weiterhin bauen wir auf über 130 Hektar Land nachhaltig und umweltschonend Weizen, Gerste, Mais, Raps und Zuckerrüben an. Auf unserem Hof leben mit uns glückliche Schweine und Hühner. Gesunde Trauben von gesunden Reben ernten – dafür investieren wir viel Zeit im Weinberg. Viel Handarbeit, nachhaltige, umweltschonende Methoden und eine Menge Leidenschaft sind nötig, wenn wir im Herbst gesundes Lesegut einfahren möchten. Daraus dann im Keller Weine zu erzeugen, die begeistern, hat viel mit Wissen, Instinkt und Gespür zu tun.

Selbstgemachtes: Wurst, Wein, Sekt und Secco.
Aktivitäten: Radwege, Museum, Draisinenbahn

Weingut Braun GbR C9
Aussiedlerhof am Heupfad 2018
76879 Hochstadt (Pfalz)

Zu Gast bei: Friedrich & Armin Braun
0162/1995955
Anreise bis: 20 Uhr

Hofverkauf:
Auf Anfrage

www.wein-ist-leidenschaft.de

WEINGUT OTTO LAUBENSTEIN

Hochstätten (RP) · 49°45'53.2"N 7°49'53.9"E

Wir, das Weingut Laubenstein, vinifizieren unsere Trauben seit 1860 in der 4. Generation. Nicht nur Tradition, sondern auch der Fortschritt, sind uns sehr wichtig, daher wurden unsere Weine auch schon mehrmals ausgezeichnet. Unsere Philosophie ist es, Bio-Weine aus alten Reben zu produzieren und dabei das Umweltbewusstsein nie aus den Augen zu verlieren. Falls Sie uns einmal telefonisch nicht erreichen, reisen Sie trotzdem gerne bis 17 Uhr an.

Selbstgemachtes: diverse Weine.
Außerdem: regionale Produkte von benachbarten Erzeugern. Nach Voranmeldung: Getränke erhältlich.
Aktivitäten: Radwege, Wanderwege, Golf, Angeln, Kurstadt Bad Münster und Bad Kreuznach 6 km

Weingut Otto Laubenstein B8
Entengasse 2 2017
55585 Hochstätten

Zu Gast bei: Marita Laubenstein
06362/993120
Anreise bis: 17 Uhr
Ruhetag: So.
Schließzeit: 01.01.–28.02.

Hofverkauf:
Auf Anfrage

www.laubenstein.com

NUTZTIER-ARCHE AM KISSELSBACH

Horperath (RP) · 50°14'43.6"N 6°57'12.8"E

Der Arche-Hof liegt in der landschaftlich interessanten Vulkaneifel. Bei uns können Sie vom Aussterben bedrohte Tiere kennenlernen, wie das Deutsche Lachshuhn, die Pommern Ente oder die Waliser Schwarzhalsziege. Als Selbstversorger produzieren wir hauptsächlich für den Eigenbedarf. Neben unseren eigenen Produkten sind diverse Bioprodukte nach telefonischer Rücksprache erhältlich. Wichtig: zwischen 11–13 Uhr sind wir nicht erreichbar.

Selbstgemachtes: Eier, Geflügel, Obst, Gemüse, Marmelade, Säfte, Brot und vegane/vegetarische Aufstriche. Nach Voranmeldung: Frühstück und Getränke erhältlich.

Aktivitäten: Grillen, Schaukeln, Fahrradtouren, auch mit dem Mountainbike (geführt), Center Parc, Tierpark, Sauna, Schwimmen im Maar, Vulkanmuseum, Sommerrodelbahn, Wandern

Nutztier-Arche am Kisselsbach A8
Dederichswiese 6 2015
56766 Horperath

Zu Gast bei: Harald Strüning
02692/931049 o. 0152/28101410
Anreise bis: 18 Uhr

Hofverkauf:
Auf Anfrage

DORF- UND SCHAUKÄSEREI HIRZTALER

Illingen-Hirzweiler (SL) · 49°24'4.8"N 7°4'42.5"E

Wir legen besonderen Wert auf traditionelles Käsen mit gläserner Produktion. Die Herstellung des Hirztaler können Sie an Werktagen vormittags durch ein Schaufenster mitverfolgen und der Käserin über die Schulter gucken. Für uns als Käserei das Wichtigste: die Milch die wir verarbeiten, kommt aus der Region. Die Käserei ist montags bis sonntags von 8 bis 20 Uhr zu besichtigen. Sie können uns bis 14:30 Uhr telefonisch im Büro erreichen. Wir freuen uns jedoch auch über Ihren Besuch, wenn Sie uns vorab nicht erreichen konnten. Beachten Sie dann die besonderen Anfahrtshinweise. Im Foyer der Käserei können Sie von 8 bis 20 Uhr Käse und andere regionale Produkte einkaufen.

Selbstgemachtes: Weich-, Schnitt- und Hartkäse, Butter und Grillkäse. Außerdem: Eierlikör, Nudeln, Honig, Senf, Chutney, Marmeladen und Eier.

Aktivitäten: Kinderspielplatz, Erlebniswanderweg „Rund ums liebe Vieh"

Hinweis: △ Fahren Sie an der Käserei vorbei und direkt auf das Betriebsgelände. Achten Sie auf die Landvergnügen-Schilder.

Dorf- und Schaukäserei Hirztaler B9
Dorfwaldstr. 7a 2016
66557 Illingen-Hirzweiler

Telefon: 06825/4060740

Hofladen:
Auf Anfrage

www.hirztaler.de

WEINGUT JUNKER

Impflingen (RP) · 49°9'44.5"N 8°6'28.5"E

Wir laden Sie herzlich in unseren familiengeführten Betrieb direkt am Rebenmeer ein – zum Probieren, Genießen und Verweilen. Wer die Schönheit der Pfalz und unsere Weine etwas ausführlicher genießen möchte, fühlt sich bei leckeren Weinen, gutem Essen und unserer südpfälzischen Gastfreundschaft wohl.

Selbstgemachtes: Wein und Sekt.

Aktivitäten: Radwanderwege, Weinfeste, Burgen und Schlösser

Weingut Junker C9
Sonnenberghof 2015
76831 Impflingen

Telefon: 06341/84144
Anreise bis: 19 Uhr

Hofverkauf:
Auf Anfrage

www.weingut-junker.de

BRENNEREI THIEL

Ingendorf (RP) · 49°55'56.2"N 6°27'19.7"E

Wir sind ein familiengeführter, landwirtschaftlicher Betrieb mit den Bereichen Schweinemast, Ackerbau und Brennerei. Im Herzen der Südeifel stellen wir edle Brände, Spirituosen und Liköre her. Gerne beantworten wir Ihre Fragen rund um das Brennen. Sie können im Hofladen testen, welche Spirituosen Ihnen schmecken und sie gern mitnehmen möchten. Lasse Sie dann den Tag mit einem Spaziergang auf der Streuobstwiese ausklingen.

Selbstgemachtes: Brände, Spirituosen, Liköre und Konserven mit Wurst von eigenen Schweinen.
Aktivitäten: Besichtigung der Brennerei nach Voranmeldung, Radwege, Luxemburger Schweiz, Teufelsschlucht, Irreler Wasserfälle

Brennerei Thiel A8
Bergstraße 2 2021
54636 Ingendorf

Zu Gast bei: Gerhard Thiel
0656/8277 o. 0151/19440214
Anreise bis: 19 Uhr
Ruhetag: So.

Hofladen:
Mo.–Fr. 9–20 Uhr // Sa. 10–20 Uhr

www.brennerei-thiel.de

WEINGUT DIEHL BLEES

Jugenheim (RP) · 49°53'48.3"N 8°5'13.7"E

Kleines Weingut als Aussiedlung im Weinberg ohne Nachbarn. Hochwertige Weine aus namenhaften Rebsorten und auch ein paar Exoten. Ruhig gelegen mit Ausblick und auch der Möglichkeit „nicht Camper Freunde“ mitzubringen, da auch Gästezimmer und eine Ferienwohnung vorhanden sind.

Selbstgemachtes: Wein und Sekt aus eigenem Anbau, sowie eine kleine Auswahl an Spirituosen und Likör.
Aktivitäten: Weinprobe vor Ort, Wanderwege, Bad Kreuznach (25 min.), Rhein 15 km

Weingut Diehl Blees C8
Am Goldberg 1 2021
55270 Jugenheim

Telefon: 06130/401
Anreise bis: 19 Uhr

Hofverkauf:
Auf Anfrage

www.weingut-diehl-blees.de

ROSENGARTENALPAKA & WEINGUT

Kapellen-Drusweiler (RP) · 49°5'5.8"N 8°1'6.4"E

Es erwartet Sie eine idyllische Natur in Verbindung mit Tieren und edlen Weinen. Ein 24/7-Hofladen mit Grillspezialitäten, Ziegenkäse, frischer Kuhmilchtankstelle und Eisautomat ist auch dabei. Ein Brötchenservice kann am Vorabend angemeldet werden! Wir freuen uns auf Sie!
Selbstgemachtes: Eier, Wein, Wolle, Schnäpse (verschiedene Trauben- und Tresterbrände), Secco und Weinschorle to go. Außerdem: Öl, Essig, Sirup, Honig, Konfiture, Milch, Ziegenkäse, Rohesser, Pfälzer Haggis, Hausmacher Wurst, Merguez, Bratwurst (Rind, Lamm, Schwein), Steaks (Kamm, Rücken) und Rindfleischpakete auf Bestellung.
Aktivitäten: Radweg, Rosengartenwanderweg, Elsass (7 km), Dahner Felsenland (Kletterparadies), Südpfalztherme Bad Bergzabern, Kakteenland Steinfeld, Feuer- und Grillstelle
Hinweis: △ Landmaschinen können entgegenkommen!

Rosengartenalpaka B9
und Weingut 2021
Deutschhof 29
76889 Kapellen-Drusweiler

Zu Gast bei: Martin Schowalter
0151/55825121
Anreise bis: 19 Uhr

Hofladen:
Auf Anfrage

www.rosengartenalpaka.de

BIOLAND-WEINGUT MANDERSCHIED

Kapellen-Drusweiler (RP) · 49°6'17.5"N 8°2'14.0"E

Unser familiengeführtes, ländliches Bioland-Weingut befindet sich im Landkreis Südliche Weinstraße in Rheinland-Pfalz an der Grenze zum Elsaß. 2008 haben wir unseren Betrieb auf biologischen Weinbau umgestellt und unterstützen als Förderer die Idee von SlowFood. Die Umgebung unseres Hofes lädt zu ausgedehnten Spaziergängen oder Fahrradtouren ein. Wir sind überaus tierliebend und vierbeinige Freunde sind bei uns sehr willkommen. Wir produzieren erstklassige und mehrfach ausgezeichnete Weine und auf Ihre Fragen neugierig. Wenn es der Arbeitsalltag erlaubt, freuen wir uns, Ihnen unsere Weine in einer Weinprobe vorzustellen. Wir freuen uns auf Sie!

Selbstgemachtes: biozertifizierte Weine.

Aktivitäten: Weinprobe vor Ort, Südpfalztherme in Bad Bergzabern (2 km), Burgen, Wald, Wandermöglichkeiten

Bioland-Weingut Martin Manderschied B9
Dorfstr. 4 2018
76889 Kapellen-Drusweiler

Zu Gast bei: Nicole Manderschied
06343/2579

Hofverkauf:
Auf Anfrage

www.weingut-manderschied.de

FORELLENZUCHT SCHNEIDER

Katzweiler (RP) · 49°30'43.5"N 7°42'40.8"E

Die Forellenzucht Schneider ist ein Familienbetrieb in der dritten Generation und steht heute unter der fachlichen Leitung der Fischwirtsmeisterin Friederike Schneider, die auf Nachhaltigkeit und artgerechte Haltung bedacht ist. Die Anlage liegt in einer toskanisch anmutenden Umgebung. In den Monaten Oktober bis April ist unser Hofladen sonntags nicht geöffnet. In den Monaten Mai bis Septemper ist unsere Gastwirtschaft (von Donnerstag bis Samstag) geöffnet. Wir bitten um eine Voranmeldung und freuen uns auf Sie!

Selbstgemachtes: grüne und geräucherte Forellen und Lachsforellen, Forellenpastete und Karpfenschinken. Nach Voranmeldung: Getränke erhältlich.

Aktivitäten: Nordic-Walking-Strecke direkt neben Stellplatz, Reiterhof/Ponyreiten, Freilichtbühne mit Programm von Mai bis September

Forellenzucht Schneider B9
Forellenwoog 1 2014
67734 Katzweiler

Telefon: 06301/9671
Anreise bis: 16 Uhr
Ruhetage: Mo. Di. Mi.

Hofladen:
Do.–Fr. 10–17 Uhr // Sa. 14–17 Uhr

www.forellenwoog.de

WEINGUT STAHLHEBER

Kindenheim (RP) · 49°36'35.0"N 8°9'29.8"E

Das Weingut Stahlheber liegt in Kindenheim in der Nordpfalz. Als Familienweingut bewirtschaften wir schon seit Generationen unsere Weinberge und erzeugen Weine mit Charakter. Bei der Pflege unserer Weinberge setzen wir bewusst umweltschonende Prinzipien ein, um unser größtes Potential, die Natur, in vollen Zügen ausschöpfen zu können.

Selbstgemachtes: Traubensaft, Traubensaftsecco, Sekt, Rot- und Weißweine.

Aktivitäten: Weinproben, Weinführungen, Besichtigung Betriebsgebäude, geführte Weinbergswanderungen, Wanderwege mit herrlichen Blick in die Rheinebene, zahlreiche Kulturdenkmäler, Deutsche Weinstraße in Bockenheim

Weingut Stahlheber C9
Hauptstr. 90/92 2017
67271 Kindenheim

Zu Gast bei: Annett Stahlheber
06359/4461
Anreise bis: 20 Uhr

Hofladen:
Mo.–Fr. 9–20 Uhr // Sa. 10–19 Uhr // So. 10–13 Uhr

www.stahlheber.de

WEINGUT KOHL-SPIESS

Kirchheim a.d. Wstr. (RP) · 49°32'16.3"N 8°10'35.9"E

Wir bieten Ihnen in Kirchheim 3 schöne Stellplätze direkt hinter unserem Weingut. Hier haben Sie einen zauberhaften Blick auf den Pfälzer Wald und das Rebenmeer. Morgens mit Vogelgezwitscher aufwachen und am Ende des Tages den Sonnenuntergang mit einem Gläschen Wein genießen.

Selbstgemachtes: Wein, Traubensaft, Sekt, Secco und alkoholfreier Secco aus Traubenmost.
Aktivitäten: malerische Weindörfer und viele andere Sehenswürdigkeiten (wie z.B. Neuleiningen) in unmittelbarer Nähe, Rad- und Wandertouren im und um das Rebenmeer sowie den Pfälzer Wald ab Hof

Weingut Kohl-Spieß C9
Kleinkarlbacher Str. 12 2021
67281 Kirchheim a.d. Wstr.

Zu Gast bei: Heiko & Michaela Spieß
06359/924440
Anreise bis: 18 Uhr

Hofverkauf:
Auf Anfrage

www.kohl-spiess.de

HUNSRÜCK MOSEL ALPAKA

Kleinich (RP) · 49°53'34.7"N 7°9'36.5"E

Unser kleiner Alpakahof liegt in wunderschöner Mittelgebirgshöhenlage, angrenzend an die idyllischen Täler der Mosel. 2008 wurde die Alpakazucht mit zwei Stuten und einem steten Augenmerk auf die artgerechte Haltung gegründet. Neben den Alpakaprodukten in unserem Hofladen biete ich auch Spaziergänge mit den Tieren an. Der Hofladen öffnet nach Absprache. Wir haben 3 Stellplätze in der Alpakaweide und einen Stellplatz auf dem Hof. Tagsüber erreichen Sie uns Mobil, bitte per WhatsApp oder SMS.

Selbstgemachtes: Strickwolle, Bettdecken, Seife, Rohwolle, Pelletslangzeitdünger aus Alpakafasern der eigenen Tiere. Außerdem: Alpakawollaccessoires (Socken, Handschuhe, Mützen etc. in Fairtrade-Herstellung aus Peru). Getränke erhältlich.
Aktivitäten: Teilnahme an der abendlichen Alpakaversorgung, Premiumwanderweg „Kirchspiels Tälertour", Moselsteig Wanderweg, Thermal- u. Freitzeitbad Traben-Trarbach, Bernkastel-Kues, Lebensmittelmarkt mit Bäckerei in Longkamp

Hunsrück Mosel Alpaka B8
Emmeroth 13 2020
54483 Kleinich

Zu Gast bei: Guido Stoffel
06536/933874 o. 01522/1601186
Anreise bis: 22 Uhr

Hofladen und Hofverkauf:
Auf Anfrage

www.hunsrueck-mosel-alpaka.de

ALPAKA-ZUCHT BÖHM

Kleinmaischeid (RP) · 50°30'36.6"N 7°36'12.7"E

Wir züchten Alpakas seit 2003 und bieten auf unserem Hof, der sich im Naturpark Rhein-Westerwald befindet, alles rund ums Tier. In unserem Hoflädchen bieten wir exklusive Alpakamode wie Socken, Schals, Mützen und modische Kleidung, sowie Alpaka-Wanderungen in naher Umgebung an. Je nach Saison können Sie beim Show-Scheren zuschauen. Bitte in der Winterzeit bis 16 Uhr anreisen.

Selbstgemachtes: Alpaka-Rohwolle. Außerdem: Alpaka-Strickwolle, exklusive Alpakamode und Accessoires.
Aktivitäten: Alpaka-Wanderung auf unserem Hof (nach Vereinbarung), Schmetterlingspark ca. 15 km, Hallen- und Freizeitbad mit Sauna ca. 6 km, Wander- und Radwege in unmittelbarer Nähe, Zoo Neuwied ca. 15 km

Alpaka-Zucht Böhm B7
Hauptstr. 13 2020
56271 Kleinmaischeid

Zu Gast bei: Egbert Böhm
02689/6188 o. 0151/56365098
Anreise bis: 18 Uhr
Schließzeit: 01.12.–31.12.

Hofladen:
Mo., Mi., Fr. 9:30–12, 14–18 Uhr

www.alpaca-zucht-boehm.de

GASTHAUS GERLACH

Konken (RP) · 49°30'30.2"N 7°21'11.0"E

Gasthaus Gerlach bietet seinen Gästen frische, regionale und saisonale Speisen in einem gemütlichen Ambiente. Am Rande des Naturschutzgebietes Hunsrück-Hochwald gelegen, bietet Konken durch seine verkehrsgünstige Lage viel Natur und gleichzeitig viele Aktivitäten. Wir gehören zu dem Verein „Kulinarische Landstraße" und können Ihnen demnach viele Tipps geben, wo Sie regionale Produkte von Selbsterzeugern erhalten können. Ein sehr schöner, naturbelassener Spielplatz von der Gemeinde grenzt direkt an unseren Parkplatz.

Selbstgemachtes: leckere Speisen. Abendbrot und Getränke erhältlich.
Aktivitäten: Draisinentour, Wildpark Potzberg, Burgruine Lichtenburg, Bostalsee, viele Rad- und Wanderwege, Spielplatz

Gasthaus Gerlach B9
Hauptstr. 39 2016
66871 Konken

Einfach anreisen…
Ruhetage: Mo. Di.

www.gasthaus-gerlach.de

WEINGUT VILLA HOCHDÖRFFER

Landau (RP) · 49°13'28.0"N 8°6'1.0"E

Willkommen im Südwesten Deutschlands, in der reizvollen Pfalz. Entlang der Deutschen Weinstraße entstehen beste Weine von einzigartiger Qualität. Hier im mediterranen Klima der „deutschen Toskana", wo Mandelbäume, Pinien und Zypressen blühen, gedeiht auch der Wein der Villa Hochdörffer.

Selbstgemachtes: Wein, Saft, Sekt und Destillate. Außerdem: Kaffee, Kuchen, Flammkuchen und Vesperteller. Nach Voranmeldung: Frühstück und Getränke erhältlich.
Aktivitäten: Radwanderweg, Weinerlebnispfad, Plänter Wald, Schwimmbad, Zoo, Weinfeste, Bauernkriegshaus

Weingut Villa Hochdörffer C9
Lindenbergstraße 79 2021
76829 Landau

Zu Gast bei: Hahn-Hochdörffer Lieselotte, einfach anreisen…
Anreise bis: 18 Uhr
Schließzeit: 20.12.–24.01.

Hofverkauf:
Auf Anfrage

www.weingut-villa.de

WEINGUT RUMMEL

Landau-Nussdorf (RP) · 49°13'28.5"N 8°6'43.1"E

Wir betreiben seit 25 Jahren ökologischen Weinbau. Gemäß unserem Motto: „Neue Rebsorten braucht das Land", bauen wir neue, ökologisch sinnvolle Rebsorten an. Mit den PIWI's (pilzwiderstandsfähige Rebsorten) und unseren blühenden Begrünungseinsaaten (Rummelmischung) schaffen wir in unseren Weingärten ein Stück Bio-Paradies. Seien Sie willkommen um selbst zu sehen und zu probieren: „So schmeckt die Lebenskraft der Natur."

Selbstgemachtes: Wein, Saft, Sekt und Traubenkernöl. Nach Voranmeldung: Getränke erhältlich.
Aktivitäten: Wandern im Pfälzerwald, Radwege an der Deutschen Weinstraße, Nähe Speyer (Dom)
Hinweis: △ Ihr Stellplatz befindet sich 500 m von der Zieladresse entfernt.

Weingut Susanne und C9
Klaus Rummel 2016
Geißelgasse 36
76829 Landau-Nussdorf

Zu Gast bei: Susanne & Klaus Rummel 06341/61972
Anreise bis: 20 Uhr
Ruhetag: So.

Hofladen:
Fr., Sa. 9:30–17 Uhr

www.rummel-biowein.de

BRENNEREI ULRICH

Langenbach (RP) · 49°29'46.0"N 7°19'9.5"E

Wir, die Familie Ulrich, bewirtschaften mit 3 Generationen einen landwirtschaftlichen Betrieb und eine Schnapsbrennerei in Selbstvermarktung. Neben selbst hergestellten Likören und Obstbränden, verkaufen wir auch Kartoffeln aus eigenem Anbau. Eine Besonderheit ist die große Vielfalt an Likören und besonderen Bränden, welche weit über die Region hinaus bekannt sind.

Selbstgemachtes: Liköre, Obstbrände und Kartoffeln. Außerdem: verschiedene Schmuckflaschen und Geschenke mit Likören und Bränden.
Aktivitäten: Wanderwege, Mountainbikewege, Weiher mit Gaststätte, Segelflugplatz, Ziegen füttern

Brennerei Ulrich B9
Hauptstraße 87 2021
66909 Langenbach

Zu Gast bei: Sven Ulrich 0638/4236 o. 0160/7463731
Anreise bis: 20 Uhr

Hofladen:
Di.–Fr. 9–18 Uhr // Sa. 9–16 Uhr

www.brennerei-ulrich.de

WEINGUT PETER HOHN

Leutesdorf (RP) · 50°27'36.7"N 7°22'24.5"E

Ich biete meinen Gästen eigene Weine an, diese werden im Umfeld des Hauses produziert. Bei der Herstellung wird weitestgehend auf Maschinen verzichtet, die Weinherstellung ist noch Handarbeit und das merkt man auch im Geschmack.

Selbstgemachtes: Wein.
Aktivitäten: Radfahren, Wandern, Schiffstouren, Größter Kaltwasser Geysir, Weinbergsschaukel mit Blick auf das Neuwieder Becken
Hinweis: △ Bitte folgen Sie der Beschilderung. Das Weingut liegt 500 m hinter dem Schild Ortsende.

Weingut Peter Hohn B7
In der Gartenlay 50 2021
56599 Leutesdorf

Zu Gast bei: Peter Hohn 0171/2764868

Hofverkauf:
Auf Anfrage

www.weingut-hohn.de

WEINGUT FAUBEL

Maikammer (RP) · 49°18'14.1"N 8°8'25.9"E

Das im Jahr 1904 erbaute Gutshaus prägt unnachahmlich den Charakter unseres Weinguts. Dort, wo damals Perfektionismus in der Entstehung des Gebäudes eine große Rolle spielte, spiegelt dieser auch heute unsere gesamte Philosophie wider. Angefangen bei der Pflege unseres Hofes bis hin zur Kreation unserer Weine. Das Weingut mit toskanischem Flair, schöner Außenterrasse und dazugehörigem Weincafé freut sich auf Ihren Besuch.

Selbstgemachtes: Wein, Sekt und Secco. Außerdem: Kleinigkeiten zum Wein sowie Kaffee und Kuchen im Weincafé.
Aktivitäten: Radwege entlang der Weinberge, Hambacher Schloss (Wiege der Demokratie), Pfälzer Wald
Hinweis: △ Großes Hoftor zum Innenhof.

Weingut Faubel C9
Marktstrasse 86 2021
67487 Maikammer

Zu Gast bei: Gerd Faubel 06321/5048
Anreise bis: 18 Uhr
Ruhetag: So.

Hofverkauf:
Auf Anfrage

www.faubel-maikammer.de

AMORELLA KIRSCH-MANUFAKTUR

Mainz (RP) · 49°57'37.5"N 8°14'5.2"E

Seit über 70 Jahren steht „Amorella Kirsch" für unsere Liebe – Amore – zu unseren Schattenmorellen. Wir, Fritz und Katja Mossel, leben diese Kirschphilosophie und stellen aus selbstangebauten Kirschen über 25 eigene Kirsch-Spezialitäten selbst her. Mitten in den seit 7. Generationen nachhaltig bewirtschafteten Kirschgärten leben Hase und Fasan. Das Kulturdenkmal Chausseehaus ist eine alte Zoll- und Pferdewechselstation. Der Historie verdanken wir auch die Straße, die aktuell als Autobahn A63 geführt wird und deren Geräusche, mehr oder weniger gehört werden. Unseren Laden öffnen wir nach Absprache.

Selbstgemachtes: Fruchtig-feine Kirschspezialitäten aus vollreifen Schattenmorellen: Sekte, Weine, Kirschlikör, Brand, Gin, Essig, Balsam, Kirschessiggelee, Säfte, verperlter Kirschsaft, getrocknete Kirschen, Essigkirschen, Amarenen und Konfitüren.

Aktivitäten: Radweg bis Mainz, Spazierwege, Straßenbahn und Bus nach Mainz

Hinweis: △ Die A63-Brücke passieren und den Landvergnügen-Schildern folgen.

Amorella Kirsch-Manufaktur C8
Chausseehaus 1 2021
55127 Mainz

Zu Gast bei: Fritz & Katja Mossel
06131/52690
Anreise bis: 20 Uhr
Ruhetag: So.
Schließzeit: 04.07.–30.07.

Hofladen und Hofverkauf:
Fr. 13–18 Uhr

www.amorella-kirsch.de

FLEISCHER & WEINGUT DER STADT MAINZ

Mainz (RP) · 49°57'14.1"N 8°15'56.2"E

Bis auf das Jahr 1742 lässt sich Weinbau in der Familie Fleischer zurückverfolgen. Die Weinberge befinden sich in den besten Lagen um Mainz. Wir haben Riesling, Burgunder, Roséweine und viele Sorten Rotwein im Sortiment. Ein Einblick in den Produktionsbetrieb ist nach Absprache möglich.

Selbstgemachtes: Wein und Traubensaft. Außerdem: Senf, Gelee, Öl und Essig.

Aktivitäten: Anbindung an öffentliche Verkehrsmittel in die Mainzer Innenstadt, Feldwege zum Wandern und Radfahren

Fleischer & Weingut der Stadt Mainz C8
Rheinhessenstr. 103 2020
55129 Mainz

Zu Gast bei: Stefan Fleischer
06131/59797
Anreise bis: 19 Uhr

Hofladen:
Mo.–Mi., Fr. 10–12, 13–18 Uhr // Do. 10–12, 13–20 Uhr // Sa. 10–18 Uhr

www.weingut-fleischer.de

WEINGUT LEBER

Mainz (RP) · 49°57'28.3"N 8°16'42.6"E

Vor den Toren der Weinhauptstadt Mainz liegt unser Weingut nur 5 Minuten von der Ausfahrt Mainz-Hechtsheim entfernt. Mit der Straßenbahn können Sie bequem die Landeshauptstadt erreichen. In unserer Gutsschänke lassen Sie Ihren Tag bei rheinhessischem Wein und Küche ausklingen, welche für Sie von Mittwoch bis Sonntag ab 17 Uhr geöffnet hat.

Selbstgemachtes: Wein und Traubensaft. Außerdem: Sekt, Secco und Weingelee. Bewirtung nach Voranmeldung.

Aktivitäten: Straßenbahnanbindung an die Stadt Mainz

Weingut Leber C8
Klein-Winternheimer Weg 4 2014
55129 Mainz

Zu Gast bei: Stephanie Bub
06131/507371

Hofverkauf:
Auf Anfrage

www.weingut-leber.de

Nord · Nordwest · Ost · Mitte-West · West · Südost · Südwest

WEINGUT ARTHUR MELSHEIMER

Maring-Noviand (RP) · 49°56'3.8"N 6°59'32.9"E

Wir sind ein traditionelles Familienweingut und produzieren im biologischen Anbau edle Rieslinge, Eiswein und Klosterbrände. Wir bieten Einblicke in das Winzerhandwerk und gehen mit Ihnen „ab durch den Klosterweinberg". Es liegt ganz bei Ihnen, Sie können aktiv Weinwissen erleben oder bei der Traubenlese helfen, unsere leckeren Weine bei einer Probe verkosten und dabei einfach auf unserem mediterran angehauchten Anwesen entspannen. Wir freuen uns auf Sie!

Selbstgemachtes: Wein, Brände und Traubensaft. Außerdem: Honig.
Aktivitäten: Weinproben im ehemaligen Kelterhaus, „Ab durch den Klosterweinberg" (Rundgang mit dem Winzer), Wassertretbecken vor dem Hof, Mosel-Maare-Radweg direkt vor der Haustür, Trier ca. 35 km, Luxemburg ca. 50 km

Weingut Arthur Melsheimer B8
Siebenborn 9 2014
54484 Maring-Noviand

Einfach anreisen…
Ruhetag: Mo.
Schließzeit: 01.11.–01.04.

Hofladen:
Di.–So. 10–12, 14–18 Uhr

www.arthur-melsheimer.de

HITSCHERHOF

Maßweiler (RP) · 49°15'0.7"N 7°31'47.4"E

Auf einem alten Landgut betreiben wir einen Kürbishof im Saar-Pfalz Kreis in ruhiger Lage und landschaftlich schöner und abwechslungsreicher Umgebung im Herzen des Pfälzer Waldes. Typisch für die Region sind die offenen Höhenrücken und bewaldeten Talhänge. Unser Hofladen hat für Sie von August bis Oktober geöffnet.

Selbstgemachtes: Speisekürbisse, Kürbis-Fruchtaufstrich, weitere Leckereien, Deko mit Kürbissen, Zuckermais, Artischocken und Blumen. Nach Voranmeldung: Frühstück erhältlich.
Aktivitäten: 18-Loch-Golfplatz, Erster Golfclub Westpfalz (100 m)

Hitscherhof B9
Hitscherhof 3 2014
66506 Maßweiler

Zu Gast bei: Daniel Fischer
06336/839989
Anreise bis: 18 Uhr
Schließzeit: 01.11.–30.04.

Hofladen:
Auf Anfrage

www.hitscherhof.com

BIO-LANDBAU UND NATURKOST BLATTLAUS

Maxdorf (RP) · 49°28'58.1"N 8°18'0.7"E

Wir betreiben einen Bioland-Gemüse- und Kartoffelhof. In unserem Hofladen bieten wir Ihnen neben unseren eigenen Produkten auch ein ausgewähltes Naturkost-Vollsortiment an. Wir sind in Frankenthal auch mit einem Marktstand vertreten und haben für unsere Gäste Abokisten im Angebot. All unsere angebotenen und erzeugten Produkte sind biologisch produziert. Unser Hof liegt verkehrsgünstig mit Autobahnanbindung. Wir freuen uns auf Ihren Besuch!

Selbstgemachtes: Gemüse und Kartoffeln. Außerdem: Obst, Brot, Brötchen, Milchprodukte, Käse, Honig, Wurst, Fleisch, Wein, Bier und komplettes Naturkost-Sortiment.
Aktivitäten: Hallen- und Freibad mit Sauna im Ort, Badesee im Nachbarort, Kraut- und Rüben-Radweg, Kartoffelmuseum Fußgönnheim, Pfälzer Wald 10 km, Dom Speyer 20 km, Holiday Park Haßloch

Bio-Landbau und C9
Naturkost Blattlaus 2017
Hauptstr. 4
67133 Maxdorf

Zu Gast bei: Karl-Ernst Wingerter
06237/4030768 o. 0160/90223297
Anreise bis: 19 Uhr
Ruhetag: So.
Schließzeit: 22.12.–02.01.

Hofladen: Mo., Mi., Do. 10–13 Uhr // Di., Fr. 10–18 Uhr // Sa. 9–13 Uhr

www.blattlaus-maxdorf.de

BRENNEREI & GEWÖLBEKELLER ARTEFAKT

Messerich (RP) · 49°56'23.4"N 6°28'52.8"E

Brennerei und Gewölbekeller in unserem historischem Gebäude in ruhiger Ortsrandlage von Messerich. Verkostung unserer Edelbrände und Liköre sowie Führung durch unsere familiengeführte Obstbrennerei. Ein Ort zum Abschalten und Durchatmen inmitten der Südeifel. Hunde bitte an der Leine führen. **Selbstgemachtes:** Eifeler Edelbrände, vom klassischen Obst- über den Sortenbrand bis hin zu außergewöhnlichen Kreationen, Likörspezialitäten und Kräuterauszüge. Außerdem: saisonale Obstprodukte je nach Verfügbarkeit. **Aktivitäten:** Verkostung auf Anmeldung, Nimstal-Radweg, Spaziergänge zwischen Wiesen und Wald, Naturpark Südeifel mit Wanderwegen, 5 km Kreisstadt Bitburg (5 km), Trier (30 km) und Moselregion, Irreler Wasserfälle (10 km), Dinopark und Teufelsschlucht (15 km), Echternach (15 km/Lux.), Luxemburg Stadt (50 km)

Brennerei & Gewölbekeller Artefakt A8
Oberdorf 9 2021
54636 Messerich

Zu Gast bei: Maria und Hans Wirtz
06568/263 o. 0160/96762840
Anreise bis: 21 Uhr

Hofverkauf:
Auf Anfrage

www.eifel-artefakt.de

METTERNICHER HOF

Meudt (RP) · 50°30'40.8"N 7°53'48.4"E

Der Metternicher Hof ist als Nutztier-Arche zertifiziert. Im Hofladen erhalten Sie eigene Produkte vom Sattelschwein und Wild sowie weitere regionale Produkte (gerne öffnen wir den Hofladen nach Vereinbarung auch unter der Woche von 19–19:30 Uhr). Unsere Tiere gehören zu den in ihren Beständen gefährdeten alten Haustierrassen. Die Schweine leben in Außenhaltung, ein Großteil der Ferkel geht in die Zucht. Wir schroten das Futter selbst und verzichten auf Soja. Außerdem gibt es noch Kaninchen und Hühner. **Selbstgemachtes:** Fleisch und Wurstwaren vom Sattelschwein, Wild aus zwei Pachtrevieren. Außerdem: regionale Produkte, z.B. Eier, Milch, Honig, Säfte, Öle, saisonale Produkte, z.B. Kirschen, Äpfel, Kürbis, Zucchini und Brot (samstags). **Aktivitäten:** mehrere Rad- und Wanderwege, See mit Bade- und Angelmöglichkeit (3 km), Holzbachschlucht, Brexbachschlucht, Tierpark Gackenbach, Wildpark Bad Marienberg, Stadt Koblenz u.v.m.

Metternicher Hof B7
Forststr. 8 2021
56414 Meudt

Zu Gast bei: Wolfgang Enderst
0175/7680651 o. 0172/6630383
Anreise bis: 19:30 Uhr

Hofladen und Hofverkauf:
Fr. 15–18 Uhr // Sa. 9–12 Uhr

ferienwohnung-jagd-westerwald.de

WEINGUT MERTES

Minheim (RP) · 49°51'56.9"N 6°56'2.8"E

Unser familiengeführtes Weingut, gelegen in der einzigartigen Kulturlandschaft der Mosel. Hier leben und arbeiten wir mit viel Leidenschaft und Liebe zur Natur, um unseren Kunden den bestmöglichen Weingenuss zu ermöglichen! Auf Nachfrage können Sie gerne unsere Produkte käuflich erwerben. Die geschätzte Bekömmlichkeit unserer Weine sowie unsere herzliche Gastfreundlichkeit sind Rückmeldungen, auf die wir besonders stolz sind und die uns in unserem Tun bekräftigen. Im Ort gibt es eine gute Bäckerei mit Einkaufsladen und einem integrierten Café. **Selbstgemachtes:** Wein, Sekt und Spirituosen. Außerdem: Winzersekte, Perlweine, Weiß- und Rotweine. **Aktivitäten:** Weinprobe in unserer Vinothek, ausgewiesene Wanderwege, z.B. Moselsteig, Radwege entlang der Mosel

Weingut Mertes A8
Unterm Wingert 2018
(ohne Hausnummer)
54518 Minheim

Zu Gast bei: Mathias Mertes
0151/70170988
Anreise bis: 19 Uhr

Hofverkauf:
Auf Anfrage

www.mertes-wein.de

Nord
Nordwest
Ost
Mitte-West
West
Südost
Südwest

WEINBAU ROSS

Mölsheim/Zellertal (RP) · 49°38'53.5"N 8°10'10.3"E

Willkommen im schönen Zellertal! In einem der regenärmsten Gebiete Deutschlands, an der Grenze zwischen der Pfalz und Rheinhessen, liegt unser Anwesen und unsere Weinberge. Wein wird hier schon seit über 1200 Jahren im sonnigen Tal erzeugt, auf unseren Kalk-Mergel-Böden wachsen Feigen, Kiwis, Oliven und weitere Südfrüchte. An der Panoramastraße Zellertal gelegen, haben Sie einen traumhaften Ausblick in die Rheinebene. Genießen Sie die sonnigen Südhänge und Produkte des Zellertals. Innerhalb unseres Anwesens aus dem 16. Jahrhundert können Sie Ruhe finden und auch gerne den Wein aus dem Zellertal probieren. Der Verkauf ist nach Vereinbarung jederzeit möglich. Wir freuen uns auf Sie!

Selbstgemachtes: Wein, Secco und Sekt. Außerdem: Gewürze und Senf. Nach Voranmeldung: Frühstück erhältlich.

Aktivitäten: Weinproben, Weinbergswanderungen, Rad- und Wanderwege

Hinweis: △ Die letzten 50 m sind geschottert.

Weinbau Roß C9
Kalkofen 1+4 2014
67591 Mölsheim/Zellertal

Zu Gast bei: Alexander Roß 06243/7860
Anreise bis: 18 Uhr

Hofverkauf:
Auf Anfrage

www.weinbau-ross.de

WEIN- UND HOFLADEN HOLZ-LIEBRICH

Monsheim (RP) · 49°37'56.5"N 8°11'54.0"E

Der Wein- und Hofladen Holz-Liebrich ist ein typisch rheinhessischer landwirtschaftlicher Gemischtbetrieb mit eigenem Weinanbau. Ihr Stellplatz befindet sich auf unserem Hof, inmitten der Weinberge von Monsheim. Wir bieten Weinproben an und rund um Monsheim gibt es ausgeschilderte Wanderwege. Die Nibelungenstadt Worms eignet sich gut für einen Ausflug, man kann sie vom Stellplatz aus mit dem Fahrrad erreichen. Wir freuen uns auf Ihren Besuch!

Selbstgemachtes: Wein, Secco, Sekt, Traubensaft, Kartoffeln, Erdbeeren, Federweißer, Likör, Weinessig, Traubenkernöl, hausgemachte Marmelade, Trauben und Weihnachtsbäume. Außerdem: Bio-Honig, Eier-(Dinkel)-Nudeln, Eier von freilaufenden Hühnern.

Aktivitäten: Radwege

Wein- und Hofladen C9
Holz-Liebrich 2021
Wachenheimer Straße 11
67590 Monsheim

Zu Gast bei: Pia Holz 06243/322 o. 0175/2263543
Anreise bis: 22 Uhr

Hofladen:
Auf Anfrage

www.holz-liebrich.de

WEINGUT DANNENFELSER

Mörstadt (RP) · 49°39'38.2"N 8°14'59.2"E

Wir sind ein kinderfreundliches Familienweingut in Rheinhessen nahe Worms. Im Sommer öffnen wir freitags und samstags unsere Straußwirtschaft und freuen uns über Ihren Besuch. Lernen Sie uns und unseren Betrieb kennen. Der Ab-Hof-Verkauf ist nach Absprache möglich.

Selbstgemachtes: Weine, Seccos. Außerdem: Weingelee, verschiedene Gelees, z. B. mit Peperoni, Ingwer, Likör, Traubenliköre, Pfirsischlikör, Rheinknie Cream und Sekte.

Aktivitäten: Nähe zu Worms, Alzey und Mainz, Rad- und Wanderwege

Hinweis: △ Die letzte 300 m sind Betonweg, Zufahrt im Hinterhof.

Weingut Dannenfelser C8
Ausserhalb 11 2022
67591 Mörstadt

Zu Gast bei: Sissi Dannenfelser 06247/1769 o. 0176/20493382
Anreise bis: 18 Uhr

Hofverkauf:
Auf Anfrage

www.dannenfelser.de

WEINGUT RUMSAUER

Neustadt an der Weinstraße (RP) · 49°19'11.6"N 8°8'26.3"E

Familiengeführtes Weingut am Mittelpunkt der Deutschen Weinstraße direkt zum Fuße vom Hambacher Schloss. Mediteranes Pfälzer Klima. Besuchen Sie uns direkt in den Weinbergen zwischen Rheinebene und Pfälzer Wald.

Selbstgemachtes: Wein, Sekt und Traubensaft. Außerdem: Likör, Brände, Essig, Öl, Gelee u.v.m. Getränke erhältlich.

Aktivitäten: 2 Freibäder in unmittelbarer Umgebung, Deutsche Weinstraße, Neustadt an der Weinstraße mit historischer Altstadt, Holiday Park Haßloch 20 Minuten, mehrere Baggersee, Pfälzer Wald, gutes Radwandernetz, Mountain Bike Gebiet

Weingut Rumsauer C9
Von-Dalheim-Str. 11 2015
67434 Neustadt an der Weinstraße

Telefon: 06321/9969088
Ruhetag: So.

Hofverkauf:
Mo.–Sa. 8–17 Uhr

www.rumsauer.de

WEINGUT KREISELMAIER

Neustadt an der Weinstraße-Lachen-Speyerdorf (RP) · 49°19'21.9"N 8°11'57.4"E

Wir sind ein qualitätsorientiertes Familienweingut mit einer Rebfläche von rund 8 ha. Von der Bewirtschaftung der Weinberge, dem Ausbau im Keller bis zur Füllung der guten Tropfen in die Flasche liegt alles in unseren Händen. Mit Riesling, Grauburgunder, Chardonnay, Spätburgunder, Regent und Cabernet blanc erzeugen wir hochwertige, ausdrucksstarke Weine. Im großen Gartengelände mit eigener Zufahrt ist Platz für Wohnmobile. Eine gute Gelegenheit die Weine sorglos in den Abendstunden zu verkosten. Wir bieten Weinproben und Betriebsführungen.

Selbstgemachtes: Wein, Sekt und Traubensaft. Außerdem: Liköre und Spirituosen.

Aktivitäten: Weinprobe (bis zu 30 Plätze im neu gestalteten Probierraum), Kraut- und Rüben Radweg, Wandern in den Weinbergen, über Wiesen und im Pfälzer Wald, Mountain Biken, sehenswerte Altstadt von Neustadt Weinstraße, Hambacher Schloß, Holiday Park Haßloch (10 min)

Weingut Kreiselmaier C9
Goethestraße 77 2016
67435 Neustadt an der Weinstraße-Lachen-Speyerdorf

Zu Gast bei: Jutta Saalfrank
06327/2155
Anreise bis: 19 Uhr

www.weingut-kreiselmaier.de

WEINLAND MECKENHEIM

Neustadt-Mußbach (RP) · 49°22'13.4"N 8°10'30.6"E

Weinland Meckenheim ist eine kleine, leistungsstarke Genossenschaft. Das Angebot beinhaltet sowohl Pfälzer als auch internationale Klassiker. Qualität und Typizität stehen im Mittelpunkt. Bitte beachten Sie, dass für die Nutzung der Serviceleistungen eine kleine Gebühr anfällt.

Selbstgemachtes: Weine.

Aktivitäten: Pfälzer Wald, Freizeitpark in Haßloch

Weinland Meckenheim C9
An der Eselshaut 76 2016
67435 Neustadt-Mußbach

Einfach anreisen…

Hofladen:
Mo.–Fr. 9–18 Uhr // Sa. 9–17 Uhr // So. 10–17 Uhr

www.weinland-meckenheim.de

WEINGUT MATHERN

Niederhausen/Nahe (RP) · 49°48'8.6"N 7°47'1.2"E

Unser Weingut wird bereits in der dritten Generation geführt und produziert hervorragende Rieslinge. Das historische Kleinod beherbergt ein restauriertes Fachwerkhaus und die sanierte, ehemalige Grundschule des Dorfes.

Selbstgemachtes: Weine, Sekte, Gelees und Liköre. Frühstück und Getränke erhältlich.
Aktivitäten: Weinwanderungen, Radwanderweg, geologische Ausgrabungen, Stollenbesichtigung

Weingut Mathern B8
Winzerstr. 5-7 2016
55585 Niederhausen/Nahe

Zu Gast bei: Gloria Mathern
06758/6714
Anreise bis: 18 Uhr
Ruhetag: So.

Hofverkauf:
Auf Anfrage

www.weingut-mathern.de

WEINGUT BRUNNENHOF

Norheim/Nahe (RP) · 49°48'46.0"N 7°48'42.7"E

Unser Weingut liegt an der mittleren Nahe, dort wo die Natur eine besonders malerische Felsenszenerie geschaffen hat. Hier entstanden im Laufe der Erdgeschichte erstklassige Weinbergsanlagen. Porphyr, ein rotes, magmatisches Gestein prägt eine Vielzahl unserer Weine. In dem milden, regenarmen Weinbauklima des Nahetales finden unsere Reben ideale Wachstums- und Reifebedingungen. Wir sind ein Familienbetrieb und bewirtschaften 5 ha Rebfläche. Wir legen Wert auf einen naturnahen Anbau der Reben. Auf Wunsch bieten wir Ihnen zum Frühstück einen „Brötchendienst“ an.

Selbstgemachtes: Weine, Sekte, Erdbeer-Secco, Liköre, Destillate, Traubensaft und Weingelee.
Aktivitäten: Nahe-Radweg, Wanderwege, Barfusspfad, Saunalandschaft „Bäderhaus“, Traktorfahrt durch die Weinberge (mit Anmeldung)

Weingut Brunnenhof B8
Brunnenhof 1 2014
55585 Norheim/Nahe

Zu Gast bei: Ronald Gebhard
0671/31151
Anreise bis: 19 Uhr
Schließzeit: 31.10.–15.03.

Hofverkauf:
Auf Anfrage

WEINGUT EISENBACH-KORN

Oberheimbach (RP) · 50°1'17.0"N 7°47'10.4"E

Wir sind ein Familienweingut, das bereits im Jahr 1601 gegründet wurde. Gelegen in einem ruhigen Seitental des Mittelrheins betreiben wir unser Weingut unter dem Motto Tradition und Moderne miteinander verbinden. Gerne bieten wir Ihnen Kellerführungen und die Mitarbeit in der Weinlese auf Anfrage an. Auch zu einer kleinen Weinprobe in unserer Vinothek sind Sie nach Absprache herzlich eingeladen. Außerdem finden Sie an unserem Stellplatz einen rund um die Uhr zugänglichen Selbstbedienungskühlschrank. In diesem befinden sich neben einer großen Auswahl unserer Weine auch Traubensaft, Mineralwasser, Fruchtgummis und diverse in Gläser eingemachte Lebensmittel – verschiedene Wurstwaren, Marmeladen, rheinische Suppen, Bolognesesoße, Currywurst...

Selbstgemachtes: Rotweine, Weißweine, Roséweine, Perlweine und Winzersekt.
Aktivitäten: Naturwanderwege Mittelrheintal/Hunsrück, Wildschutzpark Rheinböllen,Rhein-Schifffahrt, Burgenbesichtigungen

Weingut Eisenbach-Korn B8
Kirchstr. 23 2017
55413 Oberheimbach

Zu Gast bei: Natalie Korn 06743/6081

Hofverkauf:
Auf Anfrage

www.eisenbach-korn.de

BÜHLHOFSCHÄNKE

Oberschlettenbach (RP) · 49°8'29.7"N 7°51'32.5"E

Herzlich willkommen in unserer Gaststätte mit köstlichen Pfälzer Spezialitäten und herrlichem Ausblick auf die Burg Lindelbrunn. Hier gibt es ganztägig warmes Essen. An Feiertagen empfangen wir Sie auch sehr gerne. Die Toilettennutzung ist ausschließlich während der Öffnungszeiten der Gaststätte möglich. Unsere Gaststätte hat Montag, Donnerstag und Freitag Ruhetag.

Aktivitäten: Wanderwege, Burg Lindelbrunn, Aussichtspunkte, Bärenbrunnenhof, Löffesberg, Busenberg, Schwanheim

Bühlhofschänke B9
Bühlhof 1 2017
76889 Oberschlettenbach

Zu Gast bei: Luise Veiock 06398/276
Anreise bis: 16:30 Uhr
Ruhetage: Mo. Do. Fr.

www.buehlhof.de

WEINGUT GRITTMANN

Osthofen (RP) · 49°42'9.4"N 8°18'28.2"E

Unser Familienweingut liegt im Herzen des Wonnegaus zwischen Mainz und Worms. Auf der Streuobstwiese mit Blick auf die Weinberge finden Sie Ruhe und Entspannung. Kulinarisch verwöhnen wir Sie von Mai bis Oktober mit einem Wohnmobildinner oder einer Sundownerweinprobe im Rheinhessenstrandkorb, beides buchen Sie bitte mind. einen Tag vorher. Weinliebhaber finden in unserer Vinothek eine große Auswahl an Rot- und Weißweinen. Ab Ende Mai bis Mitte August 2022 öffnet wieder unsere Mittwochsstrausswirtschaft. Ab 17 Uhr heißen wir Sie im Hof herzlich willkommen.

Selbstgemachtes: Wein, Traubensaft, Sekt und Seccos. Bewirtung nach Voranmeldung.

Aktivitäten: Kinderspielplatz, Rheinterassenweg, Jakobspilgerweg, Fahrradwege, Schwimmbäder und Baggerseen, S-Bahn-Anbindung in die Metropolregionen Rhein-Main und Rhein-Neckar.

Weingut Grittmann C8
Alter Westhofer Weg 32 2018
67574 Osthofen

Telefon: 06242/7108
Anreise bis: 19 Uhr

Hofladen:
Mo.–Fr. 8–12, 14–18 Uhr // Sa. 8–12 Uhr

www.grittmannhof.de

WEINGUT GÖRGEN

Platten (RP) · 49°57'6.0"N 6°56'54.3"E

Das Weingut/Winzerhofcafé Görgen ist aus Tradition von mehr als 5 Generationen gewachsen. Im Bereich Mittelmosel, befindet sich unsere Hofstelle mit 400 Sitzplätzen direkt am Maare-Mosel-Radweg in der Wittlicher Senke, der zu Weinerlebnistouren mit dem Fahrrad einlädt. Von unserer Hofstelle können Sie viele Radtouren unternehmen (Daun, Trier, Koblenz etc.). Das Hofcafe „Haus der Besten Schoppen" wurde als „Empfehlenswertes Bauernhofcafe" zertifiziert und ist bis 22 Uhr geöffnet. Wir bieten hausgebackene Kuchen, Leckeres aus der Winzerküche, dazu Weine aus eigenem Anbau und Weinproben in unserer Vinothek an. Von Mai bis Oktober begrüßen wir Sie gerne durchgehend, von November bis April Freitag bis Sonntag.

Selbstgemachtes: diverse Weine, Brände und Marmelade. Außerdem: Geschenkartikel rund um den Wein, Accessoires und Wurst. Frühstück, Abendbrot und Getränke erhältlich.

Aktivitäten: Radwegenetz, Spielplatz

Weingut Görgen A8
Bahnhofstr. 14 2017
54518 Platten

Zu Gast bei: Werner Görgen 06535/807
Anreise bis: 20 Uhr

Hofverkauf:
Täglich 10–22 Uhr

www.weingut-goergen.com

MILCH

ALLES IN BUTTER

Auf dem Eichenhof in Schleswig-Holstein durfte das Landvergnügen-Team beim Melken zuschauen und die Milch gleich weiterverarbeiten.

Es dämmert, als Melanie Eekhoff mit ihrem Vater Hermann in die Melkhalle des Eichenhofs in Grauel geht. Bei der morgendlichen Routine wird jede Hand gebraucht. Während ihr Bruder im Stall die Tiere füttert und sie dann in Richtung Melkstand treibt, achten die Hauswirtschaftliche Betriebsleiterin und ihr Vater darauf, dass jedes Tier seinen Platz findet. Jeweils acht stehen links und rechts der Melkgrube, in der Melanie und ihr Vater auf Augenhöhe mit den Eutern arbeiten.

Mit einem gekonnten Griff an die Zitzen entnimmt Melanie eine Milchprobe. „Wenn die Milch flockig ist, kann das auf eine Infektion hindeuten“, erklärt sie. Melanie setzt das Melkgeschirr an. Ein rhythmisches Pumpen ist zu hören. Durch die Schläuche wird die Milch in einen Edelstahltank befördert.

Mit einem Klacken fallen die Zitzenbecher automatisch ab, sobald der Euter geleert ist. Dann werden die Zitzen in ein Mittel zur Pflege gedippt. Wenn alle fertig sind, dürfen die Kühe den Melkstand verlassen und die Geschirre werden für die nächste Runde gereinigt.

„Die Klauen- und Eutergesundheit steht für uns an oberster Stelle“, erläutert Melanie Eekhoff. Ein Futtermittelberater kümmert sich um die ausgewogene Ernährung der Tiere. Denn nur gesunde Kühe geben auch viel Milch.

Etwa 35 Liter gibt jede Kuh bei zweimaligem Melken am Tag auf dem Eichenhof. Mit seinen 110 Milchkühen ist der Eichenhof ein eher kleiner Betrieb. Die Milch wird von einer Molkerei zu Milchpulver verarbeitet, das zum Beispiel in Schokolade landet. →

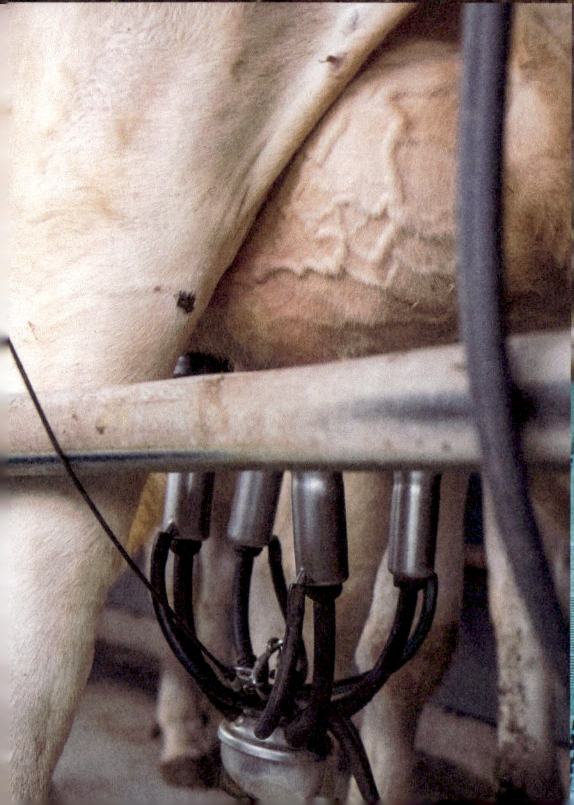

In kleinem Umfang stellt Melanie Eekhoff aber auch eigene Milchprodukte her. In ihrem Hofladen bekommen Reisende Sahne oder Eis. Auch an Käse hat sie sich schon einmal versucht. In einem hübschen Küchenschrank stehen Fruchtaufstriche, Säfte und eine exzellente Barbecue-Soße mit Rhabarber zum Verkauf bereit, die zu den Grillpaketen mit Würsten von den eigenen Lämmern und Rindern in einen Kühlschrank passt.

Für den Besuch des Landvergnügen-Teams hat sich Melanie Eekhoff etwas Besonderes ausgedacht: Gut 10 Liter Milch sollen zu Butter verarbeitet werden. Ein ganz schönes Gewicht haben die Eimer, die wir in ihre Wohnküche schleppen. Die 24-Jährige gibt die Milch in einen Topf und erwärmt sie. Durch das Erwärmen trennt sich später das Fett besser von der Molke.

Dann gibt sie die Milch in eine Milchzentrifuge. Schleudernd trennt sie den Rahm von der Magermilch. Danach füllt sie die Sahne in einen Topf um und erwärmt sie noch einmal auf 70 Grad. In sterilisierten Flaschen kühlt die Flüssigkeit ab. Jetzt wird die Sahne solange geschlagen, bis sich Butterflöckchen bilden. Nun ist Muskelkraft gefragt: Durch minutenlanges Schütteln im Glas entsteht ein Butterklumpen. Melanie gießt den Flascheninhalt durch ein Mulltuch ab. Die verbleibende Butter wird kurz unter kaltem Wasser gewaschen und in vier kleine Gläschen gefüllt – unglaublich, wie viel Rohmilch und Aufwand dafür nötig ist.

Wer die Milchverarbeitung hautnah miterlebt, lernt sie anders zu schätzen, davon ist Melanie Eekhoff überzeugt. Sie kann sich gut vorstellen, Kurse wie diese in Zukunft regelmäßig anzubieten. Schon jetzt können Reisende bei ihr Bauernhofführungen buchen, sich die Kühe, Schafe und Hühner zeigen lassen und etwas über moderne Landwirtschaft erfahren.

Bei den großzügigen Stallanlagen gibt es verschiedene Stellplatzmöglichkeiten für Landvergnügen-Gäste. Sie blicken in schönste Natur, sind aber trotzdem mittendrin im Bauernhofgeschehen.

Hofladen
BAUERNHOF-EIS
vom
Kroghoff

LIMESKASTELL POHL

Pohl (RP) · 50°15'6.3"N 7°51'57.0"E

Das Limeskastell Pohl ist ein nach heutigem Forschungsstand authentischer Nachbau eines römischen Holz-Erde-Kastells mit Wachturm. Das weltweit einmalige Projekt bietet Besuchern spannende Einblicke in das Leben an der Grenze und ist Teil des UNESCO-Weltkulturerbes Obergermanisch-Raetischer Limes. Die Öffnungszeiten für unser Museum können Sie unserer Webseite entnehmen. Die Toilettennutzung ist während der Öffnungszeiten möglich.

Selbstgemachtes: Verkauf von exklusiv für das Kastell produzierter Lukanischer Bratwurst, römischer Leberwurst in der Dose und Marmelade. Außerdem: kleines Angebot mit Produkten der Region zu den Öffnungszeiten des Kastells (siehe Homepage).
Aktivitäten: Kastell Pohl, Kastell Holzhausen, Limes-Radwanderweg, Lahn mit Wassersportmöglichkeiten in der Nähe

Limeskastell Pohl B8
Kirchstraße 18 2018
56357 Pohl

Einfach anreisen…

www.limeskastell-pohl.de

WEINGUT ROHR

Raumbach (RP) · 49°43'27.1"N 7°38'52.9"E

Unser Weingut befindet sich im kleinen Örtchen Raumbach, am Rande des Anbaugebietes Nahe, in einem kleinen Seitental des Glans gelegen. Das idyllische, mittelalterliche Städtchen Meisenheim liegt in direkter Nachbarschaft. Unsere etwa 5 ha große Rebfläche verteilt sich zu 100% auf Steillagen. Von Wäldern umrahmt, sind die bis zu 70% steilen Hänge nach Süden ausgerichtet. In unserer Vinothek können Sie sich von unserer Qualität überzeugen.

Selbstgemachtes: Wein, Sekt und Traubensaft. Nach Voranmeldung: Getränke erhältlich.
Aktivitäten: Weinproben in unserer Vinothek oder direkt in unseren Weinbergen, mittelalterliche Stadt Meisenheim, Freibad
Hinweis: △ Die Einfahrt zu unserem Stellplatz ist für Wohnmobile über 10 m Länge nicht geeignet!

Weingut Rohr B8
Hauptstraße 104 2021
55592 Raumbach

Zu Gast bei: Michael Rohr 06753/2827
Anreise bis: 21 Uhr

Hofladen und Hofverkauf:
Di.–Fr. 9–12, 13–18 Uhr // Sa. 10–12 Uhr

www.weingut-rohr.de

KISSEL, BROT UND MEHR

Reichenbach-Steegen (RP) · 49°30'17.7"N 7°31'37.4"E

Mitten im Westpfälzer Bergland, dem „Musikantenland", direkt am Fuße des Potzberges, liegt Reichenbuch-Steegen. Dort finden Sie unsere kleine Handwerksbäckerei, die in 3. Generation von den Geschwistern Paul (Bäckermeister) und Petra geführt wird.

Selbstgemachtes: unsere handwerklich hergestellten Leckereien von Brotspezialitäten über Brötchen und feine, süße Teilchen.
Aktivitäten: Backstubenbesichtigung, Rad- und Wanderwege (Barbarossaweg, Pfälzerland Weg), Potzberg (562 m) und das Musikantenmuseum Kusel.

Kissel, Brot und mehr GbR B9
Herrenbergstr. 3 2021
66879 Reichenbach-Steegen

Zu Gast bei: Petra Kunz 06385/321
Anreise bis: 18 Uhr
Ruhetage: Mo. So.

Hofladen:
Di.–Sa. 6:30–11 Uhr

www.backparadies-kissel.de

NUTZTIERARCHE MONTAGSHOF

Rüber (RP) · 50°17'38.1"N 7°22'31.9"E

Unser Hof liegt mitten in der Ferienregion Maifeld und bietet einen zentralen Ausgangspunkt für eine Vielzahl attraktiver Ausflugsziele. Wir wirtschaften biologisch mit alten Haustierrassen: Unsere Exmoorponies, Schwarzhalsziegen, Ostpreussichen Skudden und Sulmtaler Hühner leben naturnah, werden zur Selbstversorgung genutzt und außerdem im Naturschutz eingesetzt. Gerne bieten wir Exkursionen ins nahegelegene Naturschutzgebiet „Nothbachtal“ an.

Selbstgemachtes: je nach Verfügbarkeit: Felle, Eier, Fleisch, Obst, Gemüse, Kräuter, Marmeladen und Brot. Nach Voranmeldung: Frühstück, Abendbrot und Getränke erhältlich.
Aktivitäten: auf dem Hof: Exkursionen, Workshops, Kräuterwanderungen, Ziegenwandern, Ponyreiten; in der Nähe: Fahrradweg, Burgen, Traumpfade, Weinproben, Badeseen, Kletterfelsen, Vulkanpark, Vulkanmuseen, Abtei Maria Laach, Rhein, Mosel, Koblenz

Nutztierarche Montagshof B8
St. Margarethenstr. 18 2015
56295 Rüber

Zu Gast bei: Bernadette Riediger
0157/34255402
Anreise bis: 16 Uhr
Ruhetag: Mi.
Schließzeit: 31.08.–06.09., 02.04.–07.04.

Hofverkauf:
Auf Anfrage

STRAUSSENFARM MHOU

Rülzheim (RP) · 49°9'3.6"N 8°16'25.2"E

Wir betreiben Deutschlands älteste und größte Straußenfarm, Europas führender Zuchtbetrieb und das deutsche Zentrum für Straußenzucht. Wir sind bekannt für unsere artgerechte Haltung und unsere Fleisch- und Ledererzeugnisse. Unser Restaurant mit großer Sonnenterrasse und exotischem Farmgarten gilt als Tipp für gesunden Genuss. Die Farm und alle Gebäude sind barrierefrei. Bitte beachten: nur mit autarken Fahrzeugen anreisen.

Selbstgemachtes: Straußenfleisch mit passenden Gewürzen, Wurstwaren, Straußenlederwaren, Kosmetik aus Straußenfett, Federprodukte, Tiernahrung für allergiegeplagte Hunde und Katzen. Außerdem: Pfälzer- und afrikanische Weine, Eilampen, Kunsthandwerk aus Afrika u.v.m. Getränke erhältlich.
Aktivitäten: Farmführungen, Streichelzoo, Badesee, Laufstrecken, Rad- und Wanderwege, Museen, historische Anlagen in der Umgebung

Straußenfarm Mhou C9
Am See 2014
76761 Rülzheim

Zu Gast bei: Christoph Kistner
07272/9297670
Anreise bis: 19 Uhr

Hofladen:
Täglich 10–18 Uhr

www.mhoufarm.de

SCHLOSS THORN

Schloss Thorn-Palzem (RP) · 49°33'5.1"N 6°22'59.9"E

Das Schloss Thorn ist das älteste Schlossweingut an der Mosel. Die Eigenproduktion von Wein, Sekt und Bränden ist umfangreich und begeistert alle Kunden von nah und fern. In der Vinaria können alle Kreszenzen probiert und erworben werden. Die Vinaria hat vom 1. April bis 31. Oktober zu den angegebenen Öffnungszeiten für Sie geöffnet. Vom 1. November bis 31. März kann die Vinaria auf Anfrage besucht werden.

Selbstgemachtes: Wein, Sekt, Brände und Wildsalami. Nach Voranmeldung: Frühstück und Getränke erhältlich.
Aktivitäten: Radwanderwege, Römisches Mosaik

Schloss Thorn A9
54439 Schloss 2015
Thorn-Palzem

Zu Gast bei: Dr. Baron von Hobe-Gelting 06583/433
Anreise bis: 18 Uhr

Hofverkauf:
Mo.–Fr. 9–11, 14–18 Uhr // Sa., So. 14–18 Uhr

www.schloss-thorn.de

WEINGUT HEINZ ZANDER

Schweich (RP) · 49°49'51.8"N 6°45'33.4"E

Wir sind ein familiengeführtes Weingut, verkehrsgünstig gelegen an der wunderschönen Mittelmosel. Wir sind sehr naturverbunden und versuchen stets im Einklang mit der Natur zu arbeiten. Wenn Sie auf der Suche nach einem guten Glas Wein sind, dann sind Sie bei uns richtig!

Selbstgemachtes: verschiedene Weiß-, Rosé- und Rotweine sowie Sekt.
Aktivitäten: Weinproben auf dem Betrieb, Rad- und Wanderwege, Reiten, Museumsmühle, Schwimmbad

Weingut Heinz Zander A8
Auf Desburg 4 2021
54338 Schweich

Zu Gast bei: Jasmin Zander, einfach anreisen…
Anreise bis: 21 Uhr

Hofverkauf:
Auf Anfrage

WEIN- UND SEKTGUT MARIENFELDERHOF

Siebeldingen (RP) · 49°12'45.8"N 8°3'23.6"E

Kleines, familiengeführtes Bioland-Weingut mit eigener Brennerei.

Selbstgemachtes: Wein, Sekt, Secco (auch alkoholfrei) und Brände. Bewirtung nach Voranmeldung.
Aktivitäten: Weinstraßen Fahrradweg, Wanderungen zu Pfälzerwald Hütten, Burgen und Ruinen
Hinweis: △ Weinstraße Richtung Frankweiler, nach Ortsausgang die nächste Straße rechts und der Beschilderung folgen. Geteerter Forstweg (Anlieger frei).

Wein- und Sektgut C9
Marienfelderhof 2014
Marienfelder Hof 1
76833 Siebeldingen

Zu Gast bei: Thorsten Weiter
06345/919112

Hofverkauf:
Auf Anfrage

www.marienfelderhof.de

WEIN- UND SEKTGUT WILHELMSHOF

Siebeldingen (RP) · 49°12'32.1"N 8°3'4.2"E

„Den Weg von der Traube bis zum schäumenden Wein im eigenen Gut zu begleiten, fasziniert uns immer wieder. Deshalb ist die Sektherstellung nach der traditionellen Methode für uns zur Passion geworden" erzählt Winzerin Barbara Roth. Neben den hinreißenden Qualitäten kannten schon die alten Handwerksknechte noch einen Grund: Der Hof da unten im Tale, „dem Wilhelm seiner" – Roths Opa – war berühmt für seine Gastfreundschaft. Das ist bis heute so geblieben. Erstes, bisher einziges Weingut mit Nachhaltigkeitsbericht (GRI 4).

Selbstgemachtes: Weißweine (Riesling, Weißburgunder, Grauburgunder), Rotweine (Spätburgunder), Sekte nach der Méthode champenoise und Traubensecco (alkoholfrei lt. Gesetz).
Aktivitäten: Queichtalradweg, Wandern, Pfälzer Wald
Hinweis: △ In der Dorfmitte in die Queichstraße einbiegen und nach dem Weingut rechts in den Wirtschaftsweg fahren.

Wein- und Sektgut C9
Wilhelmshof 2019
Queichstraße 1
76833 Siebeldingen

Zu Gast bei: Familie Roth & Ochocki
06345/919147
Anreise bis: 18 Uhr
Ruhetag: So.

Hofverkauf:
Mo.–Fr. 8–12, 13–18 Uhr // Sa. 9–16 Uhr

www.wilhelmshof.de

WEINGUT SEYBERTH

Siefersheim (RP) · 49°47'44.9"N 7°57'24.2"E

Unsere Weinberge liegen in der reizvollen Umgebung der Rheinhessischen Schweiz, dem Land der „tausend Hügel". Grundlage im Weingut Seyberth ist der biologische Anbau, der seit 2016 um die Regeln der biodynamischen Landwirtschaft erweitert wurde (Demeter). Um die Basis qualitativ hochwertige Trauben zu schaffen, orientieren wir uns an Mondphasen und verwenden biodynamische Präparate. Weiterhin schaffen wir mit einem vielschichtigen Begrünungsmanagement Lebensräume für Insekten, kultivieren Lavendel und pflegen alte Trockenmauern.

Selbstgemachtes: Bioweine, Traubensaft und Sekt. Außerdem: Essig. Nach Voranmeldung: Abendbrot und Getränke erhältlich.

Aktivitäten: siehe www.siefersheim.de, Weinprobe mit Winzervesper mit Anmeldung

Weingut Seyberth B8
Sandgasse 10 2014
55599 Siefersheim

Zu Gast bei: Alexandra Seyberth
06703/705

Hofverkauf:
Auf Anfrage

www.weingut-alte-schmiede.de

WEINGUT BARTH

Sommerloch (RP) · 49°52'39.0"N 7°45'38.6"E

Alles spricht vom Sommerloch – fahren Sie doch mal hin! Herzlichkeit und ein urgemütliches, stilvolles Ambiente erwarten Sie bei uns im Weingut Barth in Sommerloch an der Nahe. In unserem mit Reben bewachsenen Weingarten, umgeben von hohen Bäumen und Wiesen, können Sie so richtig vom Alltag relaxen.

Selbstgemachtes: Wein und Sekt. Nach Voranmeldung: Frühstück, Abendbrot und Getränke erhältlich.

Aktivitäten: Rad- und Wanderwege, Kurort Bad Kreuznach (12km), Weinprobe nach Anmeldung

Weingut-Gutschänke- B8
Gästezimmer Barth 2021
Weinbergstr. 4
55595 Sommerloch

Zu Gast bei: Maria Barth 06706/6065
Anreise bis: 22 Uhr

Hofverkauf:
Auf Anfrage

www.weingut-barth.net

WEINGUT VOLK

Spay (RP) · 50°15'30.6"N 7°38'54.4"E

Unser Familienbetrieb befindet sich in Spay in der Welterberegion oberes Mittelrheintal. Spay hat eine der längsten Fachwerkhausfronten am Mittelrhein. Spay verfügt über eine gute lokale Gastronomie, auch eine Bäckerei und einen Metzger gibt es vor Ort. Die Anreise kann nur während unserer Öffnungszeiten erfolgen.

Selbstgemachtes: Wein, Sekt, Traubensaft, Secco und Weingelee. Außerdem: viele Produkte rund um den Wein.

Aktivitäten: Radwanderweg am Rhein, diverse Trammschleifen (Wanderwege), Klettersteig, Sesselbahn in Boppard (8 km)

Weingut Volk B8
Koblenzer Straße 6 2022
56322 Spay

Zu Gast bei: Heidi u. Jürgen Volk
02628/8290
Anreise bis: 18 Uhr

Hofladen und Hofverkauf:
Auf Anfrage

www.weingutvolk.de

WEINHOTEL LANDSKNECHT

St. Goar (RP) · 50°10'6.9"N 7°41'10.3"E

Wir sind ein familiengeführtes Weinhotel direkt am Rhein. Passend zu unseren Weinen aus unserem eigenen Weingut, dem Weingut Toni Lorenz, bieten wir eine regionale Küche an. Besuchen Sie uns in unserem Obstgarten am Rheinufer. Gerne nehmen wir Ihre Tischreservierung entgegen.

Selbstgemachtes: Wein, Trester, Likör und Konfitüren. Außerdem: Schmuck. Frühstück, Abendbrot und Getränke erhältlich.
Aktivitäten: Radwanderweg, Rhein-Burgen-Weg, Traumschleifen, Rheinsteig, Burg Rheinfels, Freilichtbühne Loreley

Weinhotel Landsknecht B8
Aussiedlung 2019
Landsknecht 4-6
56329 St. Goar

Zu Gast bei: Martina Lorenz
06741/2011
Anreise bis: 20 Uhr
Schließzeit: 01.12.–28.02.

Hofladen:
Täglich 7–22 Uhr

www.hotel-landsknecht.de

WEIN- UND SEKTGUT ROSENHOF

Steinweiler (RP) · 49°7'40.3"N 8°7'16.5"E

Der Rosenhof liegt idyllisch in der Feldmark. Familie Bohlender hat neben einer großen Weinauswahl auch handgerüttelte Sektspezialitäten, welche im Weingut hergestellt werden, im Programm. Genießen Sie die Ruhe und die wunderbaren Sonnenuntergänge. Sonn- und feiertags sowie mittwochs haben wir geschlossen, bitte reisen Sie nur während der Öffnungszeiten des Hofladens an. Während dieser Öffnungszeiten ist die Toilette (ohne Waschgelegenheit) nutzbar.

Selbstgemachtes: Weiß-, Rosé- und Rotweine, handgerüttelte Sektspezialitäten, Sekt nach der klassischen Flaschengärung, Traubensaft, Weingelee, Präsentideen, während der Saison Federweißer, Glühwein, Schnaps und Likör. Außerdem: alkoholfreier Secco. Getränke erhältlich.
Aktivitäten: Am Radweg gelegen, Bad Bergzabern, Wanderwege
Hinweis: △ Das Weingut befindet sich in der Feldmark, ca. 2 km vom Ortskern entfernt.

Wein- und Sektgut Rosenhof C9
Rosenhof 6 2021
76872 Steinweiler

Zu Gast bei: Familie Bohlender
06349/8125
Anreise bis: 18 Uhr
Ruhetage: Mi. So.
Schließzeit: 01.11.–28.02.

Hofladen:
Mo.–Fr. 9–12, 14–18 Uhr // Sa. 9–15 Uhr

www.rosenhof-steinweiler.de

WEIN- UND SEKTGUT BLESIUS-JOSTOCK

Thörnich (RP) · 49°50'7.5"N 6°50'24.0"E

Wir sind ein Familienweingut seit 1678, unsere Tochter (21) hat soeben Ihre Weinlinie kreiert. Ihr Vater brennt für Obstbrände und pflückt seine eigenen Zitronen für den Gin, Mami schwört auf alles Eingekochte und selbstgemachte Getränke, die im Glas perlen. In einer herrlichen Landschaft zu Füßen der Steilstlage Thörnicher Ritsch. Probieren Sie mit uns Nachhaltigkeit in unseren „Weinen for Future" – alle neuen Trauben kommen nahezu ohne Pflanzenschutzmittel aus. So arbeiten wir kontrolliert umweltschonend in unseren Weinreben und erhalten Weine, die so individuell und einmalig sind wie wir.

Selbstgemachtes: Riesling- und Burgunderweine, PIWI's (Pilzwiderstandsfähige Reben), Secco, Sekt handgerüttelt, Gin, Weinbergpfirsichbrand, Weingelee, Marmelade u.v.m.
Aktivitäten: Wein- und Sektproben, Kellerbesichtigungen, Mithilfe im Weinberg bei Traubenlese, Führung und Probe in moderner Destillerie, Moselradweg, Klettersteig, Rundwanderwege

Wein- und Sektgut A8
Blesius-Jostock 2021
Hauptstr. 1
54340 Thörnich

Zu Gast bei: Alois Blesius 06507/3007
Anreise bis: 20 Uhr
Schließzeit: 01.12.–28.02.

Hofverkauf:
Auf Anfrage

www.weingut-blesius.de

WEINGUT SCHRAUTH-BECKER

Udenheim (RP) · 49°51'53.9"N 8°10'5.1"E

Ihr Ziel zu jeder Jahreszeit. Seit Generationen widmet sich unsere Familie der Kunst des Weinbaus. Mit unserem Fachwissen helfen wir unseren Gästen, ihre Weinfavoriten zu finden. Wir ermöglichen Ihnen in anspruchsvollem Ambiente auf unserem Winzerhof und Gästehaus die Welt des Weines zu erleben. Das faszinierendste am Wein ist seine große geschmackliche Vielfalt! Entdecken Sie ihre Favoriten.

Selbstgemachtes: Wein, Traubensäfte, Winzersekt, Secco und Trauben Secco.
Aktivitäten: Rad- und Wanderwege, EBike- und Segwayverleih, Schwimmbad in der Nähe

Weingut Schrauth-Becker
Ludwigstrasse 17
55288 Udenheim
C8
2021

Zu Gast bei: Brigitte Becker
0673/24430 o. 0157/73060962
Anreise bis: 22 Uhr

Hofverkauf:
Auf Anfrage

www.schrauth-becker.de

WEINGUT C.H.BERRES

Ürzig (RP) · 49°58'51.0"N 7°0'32.3"E

Wir sind ein Familienweingut in der 21. Generation. Entdecken Sie die schöne, malerische Kulturlandschaft der Mosel sowie das Weingut mit seiner langen Geschichte und der großen Vielfalt an authentischen, mineralischen Moselriesling-Weinen. Wir laden Sie mit Ihren Freunden zu einer Führung durch unser Weingut mit anschließender Weinprobe ein.

Selbstgemachtes: Moselweine aus den bekanntesten Lagen der Mosel, wie Ürziger Würzgarten, Erdener Treppchen und Ürziger Goldwingert.
Aktivitäten: Weinproben im Weingut, Wandern, Radfahren, Fischen, Rudern,

Weingut C.H.BERRES
Würzgartenstr. 41
54539 Ürzig
B8
2021

Zu Gast bei: Markus Berres
06532/2513 o. 0173/8433455

Hofverkauf:
Auf Anfrage

www.berres.de

WEINGUT, GÄSTEHAUS UND STRAUSSWIRTSCHAFT JANSON

Vendersheim (RP) · 49°52'0.7"N 8°4'7.0"E

Die Freude an einem hervorragenden Glas Wein verbindet und eint uns – als Familie und als Winzer. Der Wein ist unser Leben. In unseren Flaschen steckt die pure Leidenschaft. Seien Sie unser Gast, herrlich gelegen auf einem malerischen Höhenzug mit unglaublichen Fernsichten inmitten unserer Weinreben. Eine mit Weinreben umrankte Sitzbank lädt in ungestörter Natur zum Verweilen ein. Eine telefonische Anmeldung ist nur zu den Geschäftszeiten werktags und Samstags von 8 bis 17 Uhr und Sonntags von 8 bis 12 Uhr möglich. Ein Kühlschrank mit eigenen Erzeugnissen und regionalen Spezialitäten steht frei zugänglich auf dem Hof.

Selbstgemachtes: Weine, Säfte und Secco. Außerdem: Saisonale Früchte, Eier, Marmeladen und Honig. Nach Voranmeldung: Frühstück, Abendbrot und Getränke erhältlich.
Aktivitäten: Freitags Straußwirtschaft, Weinproben, Wanderwege

Weingut, Gästehaus und Straußwirtschaft Janson
Hauptstraße 7
55578 Vendersheim
C8
2021

Zu Gast bei: Oliver Janson
0170/3026217
Anreise bis: 20 Uhr
Schließzeit: 24.12.–02.01.

Hofverkauf:
Fr. 18–23 Uhr

www.weingutjanson.de

WEINGUT BRÜHLER HOF

Volxheim (RP) · 49°49'4.9"N 7°55'53.1"E

Wir laden Sie herzlich zu uns ein. Unsere Vinothek ist für Sie Mo-Fr zwischen 17 und 19 Uhr, sowie nach Absprache geöffnet. Wir engagieren uns nicht nur im Bioweinbau, sondern auch in vielen Themenfeldern die damit zusammenhängen. Mit unserer App „Wildes Kraut und edler Wein" können Sie entlang an unseren Weinbergen auf Erkundungstour gehen. Ihr Stellplatz befindet sich bei unserem Weingut im Wohngebiet in Volxheim mit Kinderspielplatz in der Nähe.

Selbstgemachtes: Wein, Traubensaft und Apfelsaft. Außerdem: Sekt, Essig, Balsamico, Trauben- und Hefebrand.
Aktivitäten: vielfältige Veranstaltungen des Weinguts über Biowein, Wanderungen durch Weinberge, Nähe zum Nahe-Radweg, Rheinhessische Schweiz

Weingut Brühler Hof B8
Talgartenstr. 12 2016
55546 Volxheim

Zu Gast bei: Sebastian Rook
06703/606

Hofladen:
Mo.–Fr. 17–19 Uhr

www.bruehler-hof.de

HOFGUT DÖSTERHOF

Wadern (SL) · 49°30'30.6"N 6°54'35.9"E

Unser historischer Vierseithof liegt in malerischer Alleinlage auf den Höhenzügen des Naturparks Saar-Hunsrück. Als zertifizierter Archehof haben wir uns der Erhaltung alter Nutztierrassen und einer tiergerechten, transparenten Landwirtschaft verschrieben. Wir bieten Ihnen in der Nähe zur A1 (10 km) einen ruhigen Platz mit Hofcafé, Hofverkauf und viel Natur zum Spazieren, Wandern und Erholen. Wir empfangen Sie auch gerne an Feiertagen.

Selbstgemachtes: Wurst, Fleisch, Eier, Sauerteigbrot (samstags), Apfelsaft und -schnaps, Gebäck, Plätzchen, Kuchen und Torten, saisonal: Fruchtaufstriche, Liköre, Kompott, durchgehend warme und hausgemachte Speisen im Hofcafé. Außerdem: Honig, diverse Schnäpse und Liköre. Nach Voranmeldung: Getränke erhältlich.
Aktivitäten: Wanderwege, Angeln, Wildgatter, Mountainbike-Trails, Bauernhof
Hinweis: △ Bitte langsam fahren, zum Teil enge, kurvige Straße.

Hofgut Dösterhof A9
Dösterhof 1 2018
66687 Wadern

Zu Gast bei: Jennifer Blasius
06871/6369020
Anreise bis: 20 Uhr
Schließzeit: 20.12.–01.01.

Hofladen:
Fr.–So. 11–18 Uhr

www.doesterhof.de

GASTHAUS „ZUM NUNKIRCHER WILDGEHEGE"

Wadern-Nunkirchen (SL) · 49°29'0.9"N 6°49'35.3"E

Im Nunkircher Wildgehege leben auf 21 ha etwa 300 Damhirsche. Direkt am Wildgehege finden Sie unsere zwei Stellplätze in Fußentfernung zum Gasthaus Nunkircher Wildgehege. Dort bieten wir Ihnen regionale Produkte und vor allem die Hirsch-Spezialitäten aus unserer eigenen Manufaktur. Zusätzlich steht Ihnen der Verkaufsautomat rund um die Uhr zur Verfügung. Erkunden Sie das Wildgehege und die Hirsche in ihrer natürlichen Umgebung auf dem 1,8 km langen Rundweg oder auf dem 6,6 km langen Traumschleifchen, das direkt durch das Gehege führt.

Selbstgemachtes: Hirsch-Spezialitäten, z.B. Hirsch-Lyoner, Hirsch-Salami, Hirsch-Rohesser, Hirsch-Jagdwurst, Hirsch-Leberwurst, Hirsch in Aspik, Fleisch von unseren Tieren nach Verfügbarkeit, selbstgemachte Marmeladen. Abendbrot und Getränke erhältlich.
Aktivitäten: Wandern, Radfahren, Spaziergänge, Stausee Losheim (9 km), Saarschleife in Mettlach (21 km)

Gasthaus „Zum A9
Nunkircher Wildgehege" 2014
Am Felswäldchen 13
66687 Wadern-Nunkirchen

Zu Gast bei: Leo Meyer 06874/172156
Anreise bis: 21 Uhr

Hofladen und Hofverkauf:
Täglich 10–21 Uhr

www.nunkircherwildgehege.de

OBSTEDELBRENNEREI DOCKWEILER

Wahnwegen (RP) · 49°29'13.5"N 7°22'18.8"E

Landwirtschaftliche Aussiedlung in idyllischer Lage. Die Gemeinde Wahnwegen liegt in waldreicher Umgebung unterhalb des 437 m hohen „Hühnerkopfes". Im Nebenerwerb betreiben wir eine Obstbrennerei und heißen Sie herzlich willkommen.

Selbstgemachtes: Schnäpse, Liköre und Ingwershots.
Aktivitäten: Wanderwege in das Naherholungsgebiet „Hodenbachtal", „Hühnerkopf" (437 m hoch), Baden und Tretbootfahren im Ohmbachsee, Draisinenfahrt, Tierpark mit Falknerei, Schnapsverköstigung vor Ort, Einkaufsmöglichkeiten im Ort „Mei Lädche"

Obstedelbrennerei Dockweiler B9
Im Weidling 4 2021
66909 Wahnwegen

Zu Gast bei: Stefan Dockweiler
06384/6710 o. 0175/5967915
Anreise bis: 21 Uhr

Hofverkauf:
Auf Anfrage

WEINGUT FUNCK-SCHOWALTER

Waldböckelheim (RP) · 49°49'3.4"N 7°43'11.2"E

In unserem Familienbetrieb werden Wein und Getreide angebaut. Wir lieben das Arbeiten mit und in der Natur. Auf unserem Hof befinden sich Weinkeller, Ölmühle, Vinothek sowie Schafe und Hühner.

Selbstgemachtes: Weißwein, Rotwein, Winzersekt, Traubensaft, Liköre, Brände, Essig, Öl, Gelee und Eier von eigenen freilaufenden Hühnern. Außerdem: Nudeln und Senf.
Aktivitäten: Weinproben, Hildegard-von-Bingen-Wanderweg, Barfußpfad, Weinwanderwege, Heimbergturm, Kurgebiete, Salinen

Weingut Funck-Schowalter B8
Schneiderstr. 2 2021
55596 Waldböckelheim

Zu Gast bei: Thomas Funck
0160/90215278
Anreise bis: 17 Uhr
Ruhetag: So.

Hofladen und Hofverkauf:
Mo., Di., Sa. 14–18 Uhr // Do. 14–20 Uhr // Fr. 9–18 Uhr // So. 10–12 Uhr

www.weingut-funck-schowalter.de

BIOLANDHOF CARLOWITZ

Walhausen (SL) · 49°33'23.2"N 7°7'38.4"E

Im hügeligen St. Wendeler Land gelegener kleiner Biolandbetrieb mit Hofladen, umgeben von Wiesen und Wald mit dem Schwerpunkt Schafhaltung (Coburger Fuchsschaf). In der Nähe des Bostalsees liegt unser Hof etwas außerhalb des Bergbau- und Köhlerdorfes Walhaus direkt am Rundweg zum Hinkelstein.

Selbstgemachtes: Schurwollkleider, Schaffelle und Lammfleisch. Außerdem: Naturkostsortiment, Mi. und Fr. frisches Brot.
Aktivitäten: Bostalsee in 5 km (Baden, Segeln, Spaßbad...), Hinkelstein, Schaumeiler im Ort, Anbindung an Saar-Radweg, Hunnenring in 10 km (Otzenhausen)

Biolandhof Carlowitz B9
In den Hanfgärten 11 2019
66625 Walhausen

Zu Gast bei: Hendrik von Carlowitz
0176/70010427
Anreise bis: 19 Uhr

Hofladen und Hofverkauf:
Mi. 12–18 Uhr // Fr. 10–18 Uhr

Nord
Nordwest
Ost
Mitte-West
West
Südost
Südwest

HOF WIESENTAL

Weidenbach (RP) · 50°8'8.7"N 6°41'46.2"E

Herzlich willkommen auf Hof Wiesental im Herzen der wunderschönen Vulkaneifel! Hauptsächlich erzeugen wir mit unseren 135 Milchkühen Milch. Wir sind zusätzlich seit 2021 stolze Besitzer eines Hühnermobils und starten mit der Selbstvermarktung. Bei telefonischer Stellplatz-Anfrage schicken wir per WhatsApp eine detaillierte Beschreibung. Wir freuen uns auf Ihren Besuch, Thorsten und Janina mit Team.

Selbstgemachtes: Fleischpakete, verschiedene Wurstsorten, frische Eier von unseren Freilandhennen und frische Milch. Außerdem: Regionale und saisonale Produkte.
Aktivitäten: Maare (Badeseen), tolle Wander- und Fahrradstrecken, Ponyreiten und Ausritte, einzigartige Natur z.B. Eishöhlen
Hinweis: △ Bitte nicht dem Navi durch den Wald folgen, sondern von der Bundesstraße B257 in den geteerten Feldweg einbiegen.

Hof Wiesental A8
Hof Wiesental 2021
54570 Weidenbach

Zu Gast bei: Janina Weins
0151/57303611
Anreise bis: 21 Uhr

Hofverkauf:
Auf Anfrage

KLEIN.WINE

Weinsheim (RP) · 49°50'22.2"N 7°46'13.5"E

Wir sind das derzeit jüngste Weingut im Anbaugebiet Nahe. Erst im Jahr 2016 gegründet, bewirtschaften wir unsere Weinberge, die in einem Seitental der Nahe liegen, bereits im zweiten Jahr ökologisch. Unser Weingut liegt idyllisch am Ortsrand, direkt an den Weinbergen und dem Weinsheimer Weinwanderweg.

Selbstgemachtes: Weine aus ökologischem Weinbau.
Aktivitäten: Weinsheimer Weinwanderweg („Weinsemer Wingertsweg"), Nähe zum Kleinbahnradweg, empfehlenswerte italienische Gastronomie im Ort, Weinproben, Weinwanderungen, Glühweinwanderung, Erlebnistag auf dem Weingut, Weinfeste, Einblick in den Betrieb

Klein.wine – Weingut Klein B8
Fritz-Bohr-Str. 41 2020
55595 Weinsheim

Zu Gast bei: Phil Klein 0152/31727284
Anreise bis: 19 Uhr
Schließzeit: 02.12.–02.03.

Hofverkauf:
Auf Anfrage

www.klein.wine

EDELOBSTBRENNEREI SCHERNER

Weisenheim am Sand (RP) · 49°31'18.3"N 8°15'9.1"E

Wir sind ein von Wein- und Obstbau geprägter landwirtschaftlicher Familienbetrieb, der über Generationen schon sorgfältig und nachhaltig Feldfrüchte erzeugt. Um das vollreife Obst noch besser zu veredeln, haben wir uns 1989 dazu entschlossen, eine Brennerei zu eröffnen. Hier werden mit Herzblut und Einsatz die Früchte mittels eines aromaschonenden Brennens zu einzigartigen Destillaten veredelt. Nach Absprache führen wir Proben für Gästegruppen durch.

Selbstgemachtes: sortenreine Destillate und Liköre aus (Wild-) Obst, Trester, Knollen usw., außerdem Brände.
Aktivitäten: Verkostungen, Wandern durch die Weinberge und Obstfelder

Edelobstbrennerei Scherner C9
Wormser Straße 28 2020
67256 Weisenheim am Sand

Zu Gast bei: Thomas Scherner
0170/2281982
Anreise bis: 18 Uhr

Hofladen und Hofverkauf:
Mo.–Fr. 14–18 Uhr // Sa. 9–13 Uhr

WEINGUT LANGENWALTER

Weisenheim am Sand (RP) · 49°31'22.2"N 8°15'16.7"E

Das Weingut Langenwalter, ein klassischer Familienbetrieb, bewirtschaftet in den besten Lagen, in Weisenheim und Freinsheim, 31 ha Weinberge. Unsere Spezialitäten sind weiße und rote Burgundersorten. Genießen Sie an unser neu gebauten Kelterei den herrlichen Blick über die Weinberge.

Selbstgemachtes: Wein und Sekt. Außerdem: Schnaps und Weinartikel (Weingelee, Traubenkernöl, Senf und Essig).
Aktivitäten: Wandern, Radfahren, gute Gastronomie im Ort

Weingut Langenwalter C9
Bahnhofstr. 45 2014
67256 Weisenheim am Sand

Zu Gast bei: Thorsten Langenwalter
06353/7390

Hofverkauf:
Mo.–Mi., Fr. 10–12, 14–18 Uhr // Sa. 10–15 Uhr

www.weingut-langenwalter.de

WEINGUT GRAF

Westhofen (RP) · 49°42'20.9"N 8°15'54.0"E

Unser familienbetriebenes Weingut liegt im Landschaftsschutzgebiet Rheinische Tiefebene und wird in der 5. Generation geführt. Bei uns gedeihen sortentypische Spitzenprodukte, welche wir aus einem breiten Portfolio von unterschiedlichen Böden und kleinklimatischen Besonderheiten in die Flasche füllen. Wir verknüpfen Tradition und altes Handwerkstum mit neuestem schulischem Wissen und Innovation.

Selbstgemachtes: Weiß- und Rotwein, Winzersekt und Traubensaft. Außerdem: Perlwein. Nach Voranmeldung: Getränke erhältlich.
Aktivitäten: Rad- und Wanderweg, Weinproben in der Weinprobierstube vor Ort nach Absprache möglich
Hinweis: △ Senke direkt an der Einfahrt, 250m weiter ebene Einfahrt und Zufahrt über Betonweg möglich.

Weingut Graf GbR, C8
Volker und Tobias 2022
Osthofener Landstr. 1
67593 Westhofen

Zu Gast bei: Ruth Graf 0177/3404650
Anreise bis: 20 Uhr
Ruhetag: So.
Schließzeit: 01.09.–15.10.

Hofverkauf:
Auf Anfrage

www.weingut-graf-von-westhofen.de

FAMILIENWEINGUT KAUFMANN-ZIEGLER

Weyher (RP) · 49°16'5.1"N 8°5'11.8"E

Gemütliches familiengeführtes Weingut inmitten des kleinen Winzerdorfes Weyher in der Pfalz. Der Stellplatz ist am Eingang des Dorfes mit Blick in die Rheinebene gelegen. Es befindet sich eine 24h-Weinkiste mit Wein aus eigenem Anbau und Snacks vor Ort. Der angrenzende Pfälzer Wald lädt zu tollen Wanderungen ein.

Selbstgemachtes: Wein, Sekt, Secco, Traubensaft, Likör und Gelee. Außerdem: Snacks und Gläser.
Aktivitäten: Weinproben, Wanderwege, Neustadt an der Weinstrasse, Landau, Speyer, Weinfeste

Familienweingut C9
Kaufmann-Ziegler 2022
Rhodter Straße 6
76835 Weyher

Zu Gast bei: Walter Ziegler
01762/1009429
Anreise bis: 20 Uhr

Hofverkauf:
Auf Anfrage

www.weingut-kaufmann-ziegler.de

LANDVERGNÜGEN
Schöner steht man selten!
www.landvergnuegen.com
#landvergnügen

WEINGUT GRAF VON WEYHER

Weyher (RP) · 49°16'2.0"N 8°4'57.6"E

Das Weingut befindet sich in dem kleinen Dorf Weyher an der südlichen Weinstraße, nahe des Pfälzerwaldes. Der Familienbetrieb wird in der 3. Generation von Otmar Graf und seinen zwei Söhnen geführt. Verweilen Sie bei uns am Waldrand direkt am Weingut mit Blick in die Rheinebene. Im September und Oktober gibt es einen Gutsausschank. Außerdem sind Weinproben möglich.

Selbstgemachtes: Weine, Winzersekte und Spirituosen. Nach Voranmeldung: Frühstück und Getränke erhältlich.
Aktivitäten: Wanderwege, Radwanderwege, Rietburg, Villa Ludwigshöhe
Hinweis: △ Bitte nicht direkt die Borngasse anfahren, da es hier keine Wendemöglichkeit gibt. Wir sind nur durch die Weinberge erreichbar.

Weingut Graf von Weyher C9
Borngasse 7 2015
76835 Weyher

Telefon: 06323/980064 o. 0171/7842926
Anreise bis: 18 Uhr
Ruhetag: So.
Schließzeit: 01.12.–31.01.

Hofverkauf:
Auf Anfrage

www.graf-von-weyher.de

WEINGUT PETER BITZEL

Winden (RP) · 49°5'54.8"N 8°6'59.2"E

Wir sind ein Familienunternehmen und betreiben seit vier Generation ein Weingut mit Restaurant. Aufgrund langjähriger Erfahrung können wir Ihnen ein breites Spektrum an Qualitätsweinen anbieten: von modernen, schlanken bis hin zu traditionellen Weinen, die aus unseren 40 Jahre alten Reben hergestellt werden. Wir freuen uns auf Ihren Besuch! Die Öffnungszeiten gelten für Restaurant und Hofladen. Zusätzlich ist an Feiertagen von 11:30 bis 22 Uhr geöffnet.

Selbstgemachtes: Sekt, Wein, Schnaps und Likör, Restaurant mit Pfälzer Spezialitäten. Außerdem: Pfälzer Hausmacher Dosenwurst und Obst der Saison. Abendbrot und Getränke erhältlich.
Aktivitäten: Weinprobe, Wanderung durch die Obst- und Weinberge, Deutsches Weintor (25 km), Freibad und Outdoorkletterpark in Kandel (7 km)

Weingut Peter Bitzel C9
Hauptstraße 66 2019
76872 Winden

Zu Gast bei: Peter Bitzel 06349/8511

Hofladen und Hofverkauf:
Fr. 17–22 Uhr // Sa., So 11:30–22 Uhr

www.weingut-bitzel.de

WEINGUT GROSSMANN

Windesheim (RP) · 49°54'21.0"N 7°49'2.0"E

Unser Weingut liegt in Windesheim, zwischen Bingen und Bad Kreuznach. Wir sind ein kleiner Familienbetrieb und bewirtschaften unsere Weinberge mit klassischen, als auch neuen Rebsorten seit über 25 Jahren nach den Prinzipien des ökologischen Landbaus. Die Vermarktung erfolgt ab Hof. Zu den normalen Geschäftszeiten ist in der Regel jemand zu Hause. Zu anderen Zeiten oder Besuchen am Wochenende empfiehlt sich eine telefonische Absprache. Wir freuen uns auf Ihren Besuch!

Selbstgemachtes: Weiß- und Rotwein und Traubenaft. Außerdem: Perlwein, Sekte, Brände und Essig.
Aktivitäten: Weinwanderweg, Radwege, Orgelmuseum, Uhrenmuseum und noch vieles mehr, Vital-Wandertour „Wald, Wein und Horizonte"

Weingut Großmann B8
Im Setzling 8 2014
55452 Windesheim

Telefon: 06707/583

Hofverkauf:
Auf Anfrage

www.bioweinegrossmann.de

WEINGUT THOMAS BISCHMANN

Wintersheim (RP) · 49°46'42.2"N 8°17'15.7"E

Unser Weingut liegt im idyllischen Wintersheim mitten in der Natur, fast genau in der Mitte zwischen Mainz und Worms. Die neue Winzergeneration baute den Betrieb kontinuierlich vom typisch rheinhessisschen Gemischtbetrieb zum reinen Weingut mit kontrolliertem ökologischen Weinbau um. Das Wein- und Sektangebot ist breit gefächert und bietet für jeden Geschmack etwas. Besonders erwähnenswert sind noch der Tafeltraubenanbau sowie die 4-Sterne (DTV) Ferienwohnung im Weingut.

Selbstgemachtes: Wein, Sekt und Tafeltrauben. Außerdem: Liköre und Brände. Nach Voranmeldung: Frühstück und Getränke erhältlich.
Aktivitäten: Weinbergs- und Kellerführungen, Weinproben – gerne auch von einem Happen begleitet

Weingut Thomas Bischmann C8
Hof Westergewann 1 2016
67587 Wintersheim

Zu Gast bei: Sandra Bischmann
06733/6351

Hofverkauf:
Auf Anfrage

www.weingut-bischmann.de

LINDENHOF WINTERSPELT

Winterspelt (RP) · 50°11'50.4"N 6°11'50.7"E

Idyllischer kleiner Hof mit Pferde- und Rinderzucht inmitten schönster Natur des Hohes Venn. Wir züchten einen Mix aus Schottischen Hochlandrindern und Blond d´Aquitane Rindern. Unsere Kälber wachsen bei Ihren Müttern in der Herde auf, bis sie geschlechtsreif werden. Dann werden die Bullen in einer Einzelherde gehalten. Mit dem Holzbackofen im „Alten Backhaus" zaubert die Bäuerin feinsten Flammkuchen und leckeres Holzofenbrot. Neben der Kapelle liegt unsere Freifläche, auf der Sie mit dem Wohnmobil stehen können.

Selbstgemachtes: Rindfleisch und Rindfleischspezialitäten (vakuumiert und tiefgefroren), Holzofenbrot, Pizza und Flammkuchen. Nach Voranmeldung: Abendbrot erhältlich.
Aktivitäten: wandern in der wunderschönen, fast unberührten Natur, Naturpark Hohes Venn, schöne Wanderwege auch im angrenzenden Belgien (Grenze liegt nur knapp 700 m vom Hof entfernt)

Lindenhof GbR A8
Talstr. 18 2020
54616 Winterspelt

Zu Gast bei: Sarah-Isabelle Radtke
06555/9019250
Anreise bis: 20 Uhr

Hofverkauf:
Auf Anfrage

WEINGUT EBERT

Wintrich (RP) · 49°53'47.4"N 6°57'37.9"E

Willkommen auf unserem Weingut! Das Weingut Ebert besteht in der 3. Generation und die 4. ist gesichert. Seit über 100 Jahren Weinbautradition in der Familie, von Generation zu Generation, wird das Weingut heute von uns, Sascha und Angelina Ebert, geführt. Im Herzen der Mittelmosel steht unser Weingut in einer wunderschönen und ruhigen Lage mitten in den Weinbergen. Wir empfangen Sie gerne auch in unserer Straußwirtschaft.

Selbstgemachtes: Weine, Edelobstbrände und Liköre. Außerdem: Gastronomie, Kaffee und Kuchen.
Aktivitäten: Wanden, Radfahren, Mosel in unmittelbarer Nähe, Bernkastel (10 km), Trier (45 km)

Weingut Arnold Ebert A8
& Sohn GbR 2022
Am Kestener Weg 1
54487 Wintrich

Zu Gast bei: Sascha Ebert
0173/6779977
Anreise bis: 20 Uhr
Schließzeit: 01.12.–28.02.

Hofverkauf:
Auf Anfrage

www.weingut-ebert.de

WEINGUT JOCHEN CLEMENS

Wintrich (RP) · 49°53'24.0"N 6°57'16.8"E

Kleiner gemütlicher Platz direkt beim Winzer in der Nähe des Moselradweges. Eigene Herstellung von Weißwein, Sekt und Bränden. Unsere Weine sind in diversen Weinführern (Vinum, Falstaff) ausgezeichnet und können in unserer Straußwirtschaft (Öffnungszeiten: an den Wochenenden im Mai, Juni und August, September und nach Absprache) verkostet werden. Für Gruppen ab 8 Personen bieten wir nach Voranmeldung gerne Grillabende mit Weinbegleitung an.

Selbstgemachtes: Wein, Sekt und Brände. Getränke erhältlich.
Aktivitäten: Moselradweg, Wanderwege, Schifffahrten auf der Mosel

Weingut Jochen Clemens A8
Kurfürstenstraße 11 2019
54487 Wintrich

Zu Gast bei: Jochen Clemens, einfach anreisen…
Anreise bis: 20 Uhr

Hofverkauf:
Auf Anfrage

www.jochenclemens.com

WEINGUT MÜLLER

Wöllstein (RP) · 49°48'31.4"N 7°57'0.6"E

Willkommen im Weingut Hermann J. Müller. Aus einem ursprünglichen Mühlenbetrieb mit Fasswein, Ackerbau und Viehhaltung entstand vor drei Generationen ein Weingut mit Flaschenweinvermarktung mit nur noch einem geringen Anteil an Ackerbau. Wir sind ein Familienbetrieb, bearbeiten die Weinberge, füllen selbst ab und vermarkten den Flaschenwein. Bei uns finden Sie eine breite Palette an verschiedenen Rebsorten. Wir freuen uns auf Ihren Besuch. Hunde bitte anleinen.

Selbstgemachtes: Wein und Traubensaft.
Aktivitäten: Freizeitbad, Wander- & Radwege

Weingut Müller B8
Mühlenstr. 14 2021
55597 Wöllstein

Zu Gast bei: Jutta Müller 06703/2470
Anreise bis: 20 Uhr

Hofverkauf:
Fr. 13–18 Uhr // Sa. 9–17 Uhr // So. 9–12 Uhr

www.hjm-wein.de

BIOHOF ALTHAUS-ZELL & MOSELSCHWEIN

Zell-Althaus (Mosel) (RP) · 50°1'4.8"N 7°14'26.4"E

Nur zehn Kilometer von Zell (Mosel) entfernt, züchten, mästen und direktvermarkten wir unsere Bunten Bentheimer Bioland-Schweine in herrlicher Alleinlage mit fantastischer Aussicht. Wir verkaufen Ihnen gerne unsere Produkte in unserem Verkaufswagen direkt auf dem Hof.

Selbstgemachtes: Bioland-Fleisch, -Schinken und -Würste vom bunten Bentheimer Landschwein und weitere Bio-Lebensmittel.
Aktivitäten: Wanderwege (Moselsteig, Hunsrückhöhensteig), Burgen, Hängeseilbrücke, Boppard, Traben-Trarbach

Biohof Althaus-Zell GmbH B8
& Moselschwein GbR 2019
Siedlung Althaus 2
56856 Zell-Althaus (Mosel)

Zu Gast bei: Volker Luckenbach & Waltraud Fazio 0170/6346105 o. 0151/11115724
Anreise bis: 17 Uhr

Hofverkauf:
Auf Anfrage

www.biohof-althaus-zell.de

WEINGUT BREMER

Zellertal (RP) · 49°38'36.2"N 8°8'51.9"E

Die drei Schwestern, Anna, Rebecca, Leah, leiten seit 2014 das preisgekrönte Weingut im idyllischen Zellertal. Freuen Sie sich auf ein wunderschönes Weingut, fernab des touristischen Trubels und genießen Sie ein schönes Glas Wein im alten Gutshof unter der Linde. Genießen Sie den Blick vom Stellplatz neben einer Schafwiese auf die Weinberge und den malerischen Ort Zell.

Selbstgemachtes: Wein, Sekt und Secco. Nach Voranmeldung: Abendbrot und Getränke erhältlich.
Aktivitäten: Wanderwege, Badeseen, Radwege, Weinproben im Weingut
Hinweis: △ Der Weg zum Parkplatz ist leicht abschüssig, aber geschottert.

Weingut Bremer GmbH & Co KG
Brückenstrasse 2
67308 Zellertal
C9
2021

Zu Gast bei: Rebecca Bremer
06355/8639166
Anreise bis: 17:30 Uhr
Ruhetage: Mo. Di.
Schließzeit: 01.08.–31.08.

Hofverkauf:
Do., Fr. 14–20 Uhr // Sa. 11–17 Uhr

www.weingutbremer.de

WEINGUT KESSLER

Zornheim (RP) · 49°52'53.2"N 8°12'56.9"E

Unser Weingut liegt im wunderschönen Zornheim in Rheinhessen, kurz vor der Landeshauptstadt Mainz. Wir bewirtschaften unsere Weinberge ökologisch. In unserer Vinothek haben Sie die Möglichkeit unser Sortiment zu verkosten. Ihr Stellplatz befinden sich an unserer Betriebsstätte außerhalb der Ortslage, ruhig gelegen mit traumhaftem Ausblick über die Rheinhessische Hügellandschaft.

Selbstgemachtes: Wein, Sekt, Secco und Traubensaft.
Aktivitäten: Wander- und Radwege in der Region
Hinweis: △ Ab der Abfahrt von der Hauptstraße, ca. 200 m mit Kopfstein gepflasterter, einspuriger Weg bis zum Stellplatz.

Weingut Keßler GbR
Hahnheimer Str. 49
55270 Zornheim
C8
2022

Zu Gast bei: Johannes Keßler
0178/7263605

Hofladen:
Fr. 13–19 Uhr // Sa. 9–17 Uhr

www.kesslerwein.de

Garnecker Galloways

Kloster Maria Bildhausen

Bio Hof Fuchshuber

Braumanufaktur Hertl

Eselhof Allinger

IHRE GASTGEBER IM SÜDOSTEN

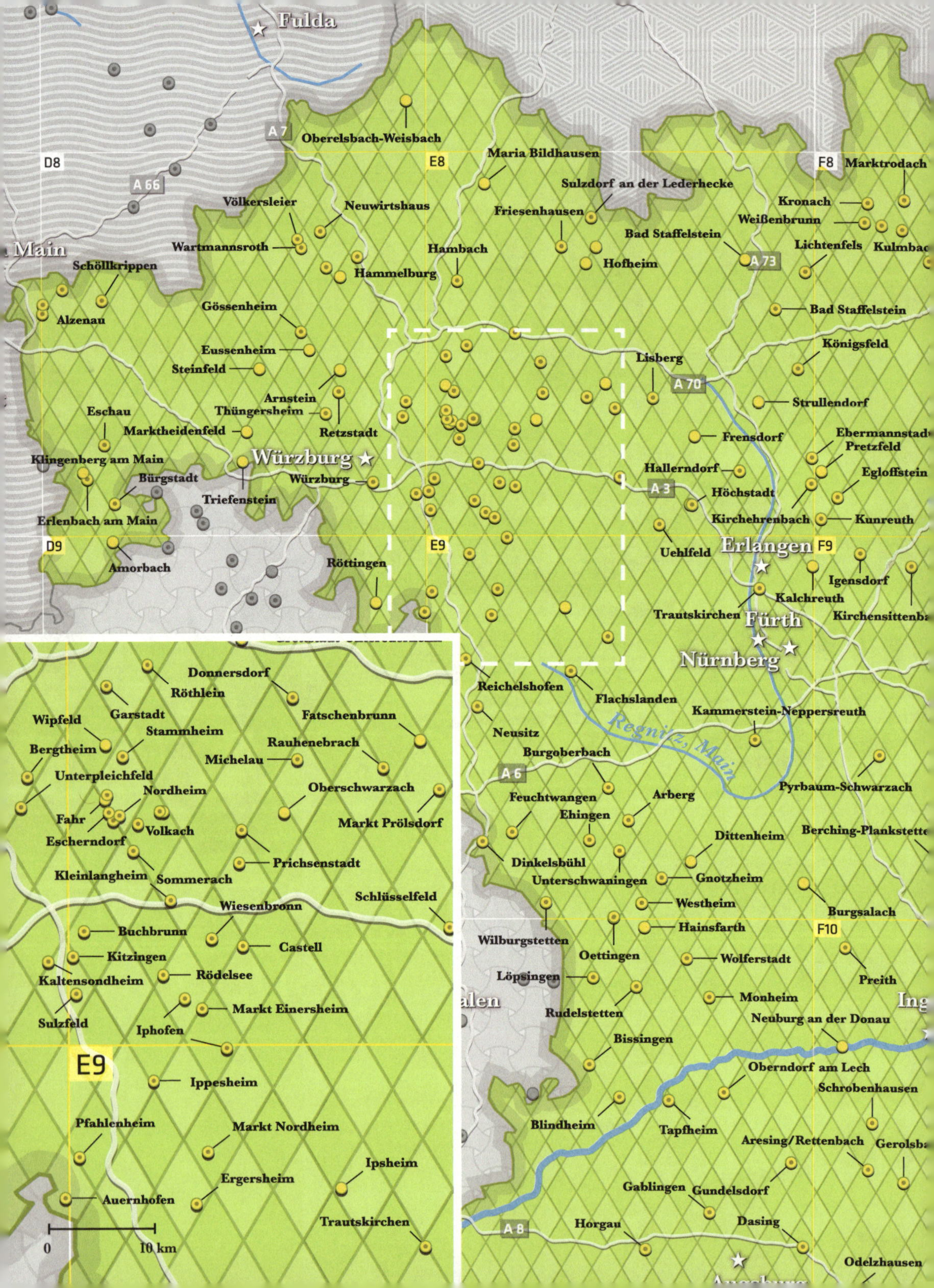

Fulda
A 7
Oberelsbach-Weisbach
D8
E8
Maria Bildhausen
F8
Marktrodach
A 66
Sulzdorf an der Lederhecke
Völkersleier
Neuwirtshaus
Friesenhausen
Kronach
Weißenbrunn
Main
Wartmannsroth
Hambach
Bad Staffelstein
Lichtenfels
Kulmbac
Schöllkrippen
Hammelburg
Hofheim
A 73
Alzenau
Gössenheim
Bad Staffelstein
Eussenheim
Königsfeld
Steinfeld
Lisberg
A 70
Arnstein
Strullendorf
Eschau
Thüngersheim
Retzstadt
Marktheidenfeld
Frensdorf
Ebermannstad
Pretzfeld
Klingenberg am Main
Würzburg
Hallerndorf
Egloffstein
Bürgstadt
Würzburg
A 3
Höchstadt
Triefenstein
Erlenbach am Main
Kirchehrenbach
Kunreuth
D9
E9
Erlangen
F9
Amorbach
Röttingen
Uehlfeld
Igensdorf
Kalchreuth
Trautskirchen
Fürth
Kirchensittenba
Nürnberg
Reichelshofen
Flachslanden
Kammerstein-Neppersreuth
Neusitz
Regnitz, Main
Burgoberbach
A 6
Pyrbaum-Schwarzach
Feuchtwangen
Arberg
Ehingen
Dittenheim
Berching-Plankstette
Dinkelsbühl
Unterschwaningen
Gnotzheim
Westheim
Burgsalach
Wilburgstetten
Hainsfarth
F10
Oettingen
Wolferstadt
Löpsingen
Preith
Monheim
alen
Rudelstetten
Ing
Neuburg an der Donau
Bissingen
Oberndorf am Lech
Schrobenhausen
Blindheim
Tapfheim
Aresing/Rettenbach
Gerolsba
Gablingen
Gundelsdorf
Horgau
Dasing
A 8
Odelzhausen
Donnersdorf
Röthlein
Garstadt
Fatschenbrunn
Wipfeld
Stammheim
Rauhenebrach
Bergtheim
Michelau
Unterpleichfeld
Oberschwarzach
Nordheim
Fahr
Volkach
Markt Prölsdorf
Escherndorf
Prichsenstadt
Kleinlangheim
Sommerach
Schlüsselfeld
Wiesenbronn
Buchbrunn
Castell
Kitzingen
Kaltensondheim
Rödelsee
Markt Einersheim
Sulzfeld
Iphofen
E9
Ippesheim
Pfahlenheim
Markt Nordheim
Ipsheim
Ergersheim
Auernhofen
Trautskirchen
0
10 km

REGION SÜDOST
KARTE 1
G8
H8
G9
H9
G10
H10
0
10
50 km
Naila
Münchberg
Kirchenlamitz
Thierstein
Hohenberg
Weißenstadt
Röslau
Arzberg-Seussen
Kulmain
Bayreuth
Plößberg
Kirchendemenreuth
Waldnaab
Naab
Waidhaus
Waldthurn
Pleystein
Leuchtenberg
Etzelwang
Hahnbach
Schönsee
Waldmünchen
Pommelsbrunn
Guteneck
Schwandorf
Pemfling
Beratzhausen
A 93
Regensburg
Kollnburg
Patersdorf
Demling
Parkstetten
Eppenschlag
Thalmassing
Hinterschmiding
Abensberg
Schierling
Grattersdorf
Tittling
Mallersdorf-Pfaffenberg
Donau
Rohr i.NB
Bayerbach
Ruderting
Vilshofen a. d. D.
Hohenthann
Essenbach
Eichendorf
Rottersdorf
Reisbach
Roßbach
Aham
Mienbach
Egglham
Pfaffenhofen an der Ilm
Landshut
Dietersburg
Altfraunhofen
Unterdietfurt
Triftern
Rotthalmünster
Leonhardsbuch
Neumarkt-Sankt Veit
Tann
Hohenpolding
Kößlarn
A 92
Dorfen
Wittibreut
Mitterskirchen

Kammerstein-Neppersreuth
Schwandorf
Neusitz
Regnitz, Main
Burgoberbach
A 6
Pyrbaum-Schwarzach
Feuchtwangen
Arberg
Ehingen
Beratzhausen
Dittenheim
Berching-Plankstetten
A 93
Dinkelsbühl
Gnotzheim
Unterschwaningen
Westheim
Burgsalach
E10
Hainsfarth
F10
Wilburgstetten
Thalmassing
Oettingen
Wolferstadt
Abensberg
Löpsingen
Preith
Aalen
Monheim
Ingolstadt
Rudelstetten
Neuburg an der Donau
Donau
Rohr i.NB
Bissingen
Oberndorf am Lech
Hohenthann
Schrobenhausen
Blindheim
Tapfheim
Aresing/Rettenbach
Gerolsbach
Pfaffenhofen an der Ilm
Gablingen
Gundelsdorf
Leonhardsbuch
Horgau
Dasing
Ulm
A 8
A 92
Odelzhausen
Augsburg
E11
F11
Kirchheim
Kirchheim
Machtenstein
München
Scheuring
Ettringen
Günding
Weilbach/Pfaffenhausen
Salgen
Mammendorf
A 99
Fellheim
Moorenweis
Unggenried
A 96
St. Ottilien
A 995
Glonn
Baisweil
Niederrieden
Westerheim
Unterdießen
Feldkirchen-Westerham
Oberegg
Untrasried
Isar
Biessenhofen
Weilheim
A 95
Bad Feilnbach
Ruderatshofen
Penzberg
Steingaden
Kreuth
Sulzberg
Oy-Mittelberg
Wildsteig
Opfenbach
Prem
E12
F12
Stiefenhofen

REGION SÜDOST

KARTE 2

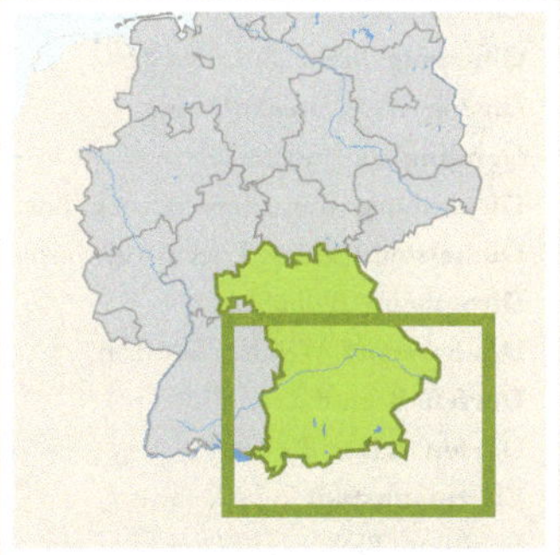

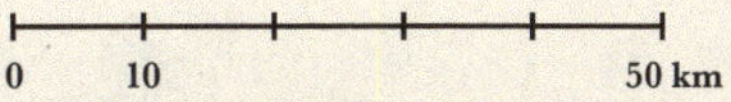

REGION SÜDOST

INHALT

SPARGELHOF KÜGEL

Abensberg (BY) · 48°50'7.2"N 11°49'9.0"E

Wir sind ein liebevoller Familienbetrieb in naturnaher, aber dennoch zentraler Lage in unmittelbarer Nähe zum Kurort Bad Gögging. Während der Spargelsaison bieten wir unseren Gästen im Spargelzelt von 11–18 Uhr Frühstück, Kaffee und Kuchen, sowie an Sonn- und Feiertagen Mittagstisch an. Die Öffnungszeiten des Hofladens gelten ebenfalls für die Saison von April bis Juni. Ganz neu ist unsere Schmankerlkiste (SB-Automat), die ganzjährig mit regionalen Produkten wie Eiern, Milch, Obst, Gemüse, Getränken, Käse, Fleisch und Nudeln gefüllt ist.

Selbstgemachtes: Spargel, Erdbeeren, Himbeeren, Brombeeren und Heidelbeeren. Außerdem: Eier, Milch, Obst, Gemüse, Marmelade, Käse und Honig aus der Region. Frühstück und Getränke erhältlich.

Aktivitäten: Radweg vor der Tür, Altmühltal, Kuchlbauer Hundertwasserturm, Donaudurchbruch, Limes-Therme, Kloster Weltenburg

Spargelhof Kügel F10
Abensberger Str. 2 2020
93326 Abensberg

Zu Gast bei: Familie Kügel, einfach anreisen…
Anreise bis: 18:30 Uhr
Schließzeit: 01.11.–28.02.

Hofladen und Hofverkauf:
Täglich 8–19 Uhr

www.spargelhof-kuegel.de

STOI-CAFE

Aham (BY) · 48°32'37.9"N 12°25'38.9"E

Unser Café liegt in ruhiger Lage. Bei einem ausgiebigen Spaziergang in unserer unberührten Natur können Sie so richtig entspannen und Kraft tanken. Das Café hat täglich von 8 bis 18 Uhr für Sie geöffnet. Wir freuen uns auf Sie!

Selbstgemachtes: hausgemachte Kuchen und Torten, Brotzeit mit hofeigenem Käse, Getränke. Nach Voranmeldung: Frühstück, Abendbrot und Getränke erhältlich.

Aktivitäten: Rad- und Wanderwege

Stoi-Cafe G10
Oberhausenthal 1a 2019
84168 Aham

Zu Gast bei: Manuela Talhammer
08744/966530
Anreise bis: 18 Uhr
Schließzeit: 01.12.–06.01.

Hofladen:
Auf Anfrage

www.stoi-cafe.de

GASTHOF WALDSCHÄNKE

Altfraunhofen (BY) · 48°26'4.9"N 12°8'55.5"E

Unsere Waldschänke steht für bayerisch-regionale Küche und saisonale Wildspezialitäten, für die nur beste Zutaten verwendet werden. Überzeugen Sie sich von der bayerischen Gemütlichkeit. Montags bis freitags öffnen wir ab 15 Uhr (warme Küche von 17–21.30 Uhr), samstags, sonntags und feiertags ab 10 Uhr (warme Küche von 11–21.30 Uhr). Donnerstag ist Ruhetag.

Selbstgemachtes: regionale Küche. Nach Voranmeldung: Frühstück, Abendbrot und Getränke erhältlich.

Aktivitäten: Rad- und Wanderwege, Kinderspielplatz, Fußballplatz, Musiker willkommen

Gasthof Waldschänke G10
Untersteppach 4 2019
84169 Altfraunhofen

Zu Gast bei: Familie Petermaier
08705/780
Anreise bis: 21 Uhr
Ruhetag: Do.

Hofverkauf:
Auf Anfrage

www.gasthof-waldschaenke.de

FEINBRENNEREI SIMON'S

Alzenau (BY) · 50°5'48.6"N 9°7'53.4"E

Unsere Feinbrennerei ist seit 1879 ein Familienbetrieb, in dem schon unser Ururgroßvater feine Brände destillierte. Unsere Manufaktur stellt authentische, hochwertige Destillate her. Dabei legen wir großen Wert auf Regionalität und Nachhaltigkeit. Wir liegen direkt am Weinberg, umrandet von Wald im Vorspessart und haben zudem Gastronomie am Hof.

Selbstgemachtes: Wein, Schnaps, Whisky, Gin, Rum und Liköre. Außerdem: Honig. Abendbrot erhältlich.
Aktivitäten: Wanderwege, Radwege, Mountainbike-Trails, Gastronomie

Feinbrennerei Simon's D8
Dörsthof 4 2021
63755 Alzenau

Zu Gast bei: Severin Simon
06023/5072191
Anreise bis: 19 Uhr
Ruhetage: Mi. So.

Hofladen:
Mo.–Fr. 14–19 Uhr // Sa. 9–14 Uhr

www.simon-brennt.de

HOFGUT HÖRSTEIN

Alzenau (BY) · 50°3'15.4"N 9°4'37.2"E

Herzlich willkommen im Hofgut Hörstein – wir freuen uns auf Ihren Besuch. Nach Anmeldung bieten wir Bewirtung in unserer Gastronomie und Frühstück im Hotel Käfernberg (gegenüber) an. Bitte kontaktieren Sie uns vor Ihrem Besuch. Vielen Dank! Die Vinothek hat neben dem Gutsauschank montags bis freitags von 9–12 und von 13–16 Uhr geöffnet.

Selbstgemachtes: Frankenwein, Traubensaft, Sekt, Perlwein und leckere Schmankerln zum Wein. Nach Voranmeldung: Frühstück, Abendbrot und Getränke erhältlich.
Aktivitäten: Badesee 4 km, Wanderweg direkt vom Hof, Weinproben, Mainradweg, Mountainbike Trail Alzenau und diverse andere Veranstaltungen (siehe Homepage)

Hofgut Hörstein D8
Wein & Wirtschaft 2014
Mömbriser Str. 6
63755 Alzenau

Telefon: 0171/6396612
Ruhetag: Di.

Hofverkauf:
Mo, Mi, Sa 15–22 Uhr // So 11–20 Uhr

www.hofgut-hoerstein.de

WEINGUT WENZEL – WENZELS WEINSCHEUNE

Alzenau-Wasserlos (BY) · 50°4'12.5"N 9°4'42.0"E

Weingut am bayerischen Untermain mit Gastronomie in der Weinscheune und umfangreicher fränkischer Speisekarte, darunter viele Wildgerichte aus der Region.

Selbstgemachtes: Frankenweine, Traubensaft und Quittensaft. Abendbrot und Getränke erhältlich.
Aktivitäten: viele Badeseen, Aschaffenburg, Schloss, Spessart, Wasserschloss, Weinbergswandern, gut ausgebautes Radwegenetz

Weingut Ernst Wenzel – D8
Wenzels Weinscheune 2016
Schloßbergstr. 5
63755 Alzenau-Wasserlos

Zu Gast bei: Ernst Wenzel 06023/5947
Anreise bis: 20 Uhr
Ruhetag: Mo.

Hofladen:
Auf Anfrage

www.wenzel-wein.de

SCHENKS LANDGASTHOF

Amorbach (BY) · 49°39'10.2"N 9°15'45.6"E

Unser Landgasthof befindet sich oberhalb von Amorbach mit einem herrlichen Blick über den Odenwald. Das Wohl unserer Gäste liegt uns am Herzen. Sie zu begeistern und zu verwöhnen ist die Philosophie unseres Hauses.
Die Toilette steht Ihnen gerne nach Absprache zur Verfügung. Herzlich willkommen!

Selbstgemachtes: Speisen. Außerdem: Getränke. Nach Voranmeldung: Frühstück, Abendbrot und Getränke erhältlich.
Aktivitäten: Freilandmuseum, Wanderwege (Nibelungensteig), Mountainbike Trail

Schenks Landgasthof D9
Neudorf 7 2022
63916 Amorbach

Zu Gast bei: Jochen Schenk
09373/2065440
Anreise bis: 18 Uhr
Ruhetage: Mo. Di. Mi. Do.

www.schenks-landgasthof.de

SCHLUND – DIREKT VOM BAUERNHOF

Arberg (BY) · 49°9'0.7"N 10°38'8.3"E

Unser landwirtschaftlicher Betrieb befindet sich in einem kleinen, ruhigen Ort, am Rande des fränkischen Seenlandes, wo viele touristische Attraktionen zu finden sind. Der Altmühlsee ist von uns aus gut mit dem Fahrrad erreichbar. Auf unserem Hof halten wir Mutter- und Mastschweine in Auslaufhaltung sowie Mutterkühe mit Nachzucht auf der Weide und vermarkten diese in unserem Partyservice und Hofladen. Hunde bitte unbedingt an der Leine führen!

Selbstgemachtes: Wurstsorten und Fertiggerichte im Glas, tiefgekühltes Rind- und Schweinefleisch (z. B. Grillpäckchen, Bratwürste), frisch gebackenes Bauernbrot (mittwochs) und Spanferkel to go (Termine s. Website). Außerdem: Eier, verschiedene Mehle, Nudeln, Fruchtaufstriche und Liköre.
Aktivitäten: Altmühlsee für Wassersportaktivitäten, gut ausgebaute Radwege, sehr ländliche Gegend, flaches Gelände, Gastronomie um den Altmühlsee

Schlund – direkt E9
vom Bauernhof 2022
Oberschönau 3
91722 Arberg

Zu Gast bei: Manuela Schlund
09822/604896
Anreise bis: 18 Uhr

Hofladen und Hofverkauf:
Mi. 9–17 Uhr

www.spansau.de

SPARGEL-UND BEERENHOF KLING

Aresing/Rettenbach (BY) · 48°31'34.2"N 11°15'0.3"E

Auf unserem Familienbetrieb ernten Sie inmitten unberührter Natur unsere verschiedenen Obst- und Beerenfrüchte in idyllischen, umzäunten Selbstpflückanlagen. Ab Juni beginnen wir mit der Ernte der ersten Frühkartoffeln. In der eigenen Hofbrennerei erzeugen wir 100 % reine Destillate ohne Zusätze und Aromastoffe. Im Hofcafé bekommen Sie ab April neben unseren Produkten täglich auch Kaffee, Kuchen und an Sonn- und Feiertagen auch Spargelmenüs angeboten. Besuchen Sie uns auf unserem Bauernhof – zum Ausruhen, Genießen und Erleben!

Selbstgemachtes: Kartoffeln, Spargel, Obst, Brände, Konfitüre, Beeren und Kuchen. Außerdem: Eier. Nach Voranmeldung: Frühstück und Getränke erhältlich.
Aktivitäten: E-Bike-Radverleih nach Voranmeldung, Badeseen, Radwanderwege, Museen, Ponyreiten, Kirchen

Reitbergerhof Familie Kling F10
Beinbergerstr. 15 2021
86561 Aresing/Rettenbach

Telefon: 08252/2521
Anreise bis: 20 Uhr
Schließzeit: 01.11.–31.03.

Hofverkauf:
Auf Anfrage

www.spargelhof-kling.de

BINSFELDER GUT

Arnstein (BY) · 49°57'3.3"N 9°53'11.7"E

Das Binsfelder Gut hat eine lange und bewegte Geschichte. Bis heute leben mehrere Generationen auf dem Gutshof und arbeiten gemeinsam in der Landwirtschaft mit dem Schwerpunkt Tierhaltung von Rindern, Pferden und Schafen. Bienen, Hühner, Hund und Katze sind auch mit von der Partie. Die Ernte von der Streuobstwiese wird in der Brennerei zu einem delikaten Getränk veredelt. Wenn jemand vor Ort ist, ist ein Verkauf ab Hof möglich. Ein Einblick in den Produktionsbetrieb ist nach Absprache möglich. Unsere Produktverfügbarkeit ist saisonabhängig.

Selbstgemachtes: Schnaps, Whisky, Wildfleisch, Rindfleisch und Eier. Außerdem: Honig.

Aktivitäten: Ponyreiten, Radwanderweg, Waldbaden, Wandern

Binsfelder Gut D8
Untere Dorfstraße 2021
6-8 Binsfeld
97450 Arnstein

Zu Gast bei: Patrick Kropp
0170/5641783
Anreise bis: 18 Uhr
Schließzeit: 01.11.–31.03.

Hofverkauf:
Auf Anfrage

BIO HOFGUT DÖTSCHENMÜHLE

Arzberg-Seussen (BY) · 50°1'46.4"N 12°9'25.4"E

Wir sind ein familiengeführter Mast- und Zuchtbetrieb und das derzeit einzige Unternehmen in Europa, welches auf dem Weg ist, erfolgreich Bio-Kaninchenhaltung zu realisieren. Mit eigenem HACCP-zertifiziertem Schlachtbetrieb produzieren wir Fleisch für den Verkauf. An unseren Wiesenrändern ernten wir von den Obstbäumen Früchte, aus denen wir Fruchtzubereitungen fertigen. Das Wasser des Mühlbachs dient der eigenen Stromproduktion. Der Hofladen öffnet nach Bedarf. Führungen im Betrieb sind nach Absprache in der Regel möglich.

Selbstgemachtes: Bio-Kaninchenfleisch ganzjährig, saisonal Frischgemüse, Obst, Früchte und Fruchtzubereitungen.

Aktivitäten: mit Angelschein im Mühlbach angeln, Natur-Badestausee mit dem Rad in 10 min zu erreichen, Festpielbühne Luisenburg, riesiges Wanderareal

Bio Hofgut Dötschenmühle F8
Dötschenmühle 1 2021
95659 Arzberg-Seussen

Zu Gast bei: Georg Majer
09233/716717 o. 0171/4165291
Anreise bis: 17:30 Uhr

Hofverkauf:
Auf Anfrage

ÖKOLOGISCHER LAND- & WEINBAU KRÄMER

Auernhofen (BY) · 49°31'23.9"N 10°6'15.7"E

Wir sind ein kleiner, vielfach ausgezeichneter Weinbaubetrieb mit Ackerbau und zeitweiser Gastronomie. Eine Oase der Ruhe zum Aus- und Entspannen. Der Verkauf und die Verkostung unserer Weine finden immer nach Absprache statt.

Selbstgemachtes: Bio-Weine, Bio-Spirituosen und sonstige Getränke. Nach Voranmeldung: Abendbrot und Getränke erhältlich.

Aktivitäten: Rad- und Wanderwege, Ausflüge nach Rothenburg/Würzburg

Ökologischer Land- & D9
Weinbau Krämer 2016
Lange Dorfstr. 24
97215 Auernhofen

Zu Gast bei: Stephan & Simone Krämer 09848/96845
Anreise bis: 20 Uhr
Schließzeit: 27.12.–02.01.

Hofverkauf:
Auf Anfrage

www.kraemer-oeko-logisch.de

BIOHOF HIRZINGER

Bad Endorf (BY) · 47°55'6.6"N 12°19'50.7"E

Unsere Landwirtschaft, an einem der schönsten Flecken im Chiemgau, ist seit über 2 Jahrzehnten ökologisch. Besuchen Sie uns und beobachten Sie unsere Rinder beim Grasen auf kräuterreichen Wiesen und Weiden, die Kälber beim Trinken und die Hühner beim Scharren, Sandbaden und Picken. Der SB-Automat ist Ihnen rund um die Uhr geöffnet.

Selbstgemachtes: Bio-Eier, Eiernudeln, Rindfleisch (gefroren) und Eierlikör. Außerdem: Natureis aus Kuhmilch und Biokartoffeln.
Aktivitäten: Eggstätt-Hemhofer Seenplatte, Chiemsee (20 min)
Hinweis: △ Achtung! Die Koordinaten der Stellplätze weichen von der Adresse ab. 1. Stellplatz mit Hofverkauf, Strom und Wasser: 47°55'7"N 12°19'46"E. 2. Stellplatz in absoluter Ruhe: 47°55'2"N 12°19'59"E.

Biohof Hirzinger G11
Rankam 7 2022
83093 Bad Endorf

Zu Gast bei: Johannes Hirzinger
0172/9077675
Anreise bis: 20 Uhr

www.biohof-hirzinger.de

TRAINER EDELBRÄNDE & LIKÖRE

Bad Feilnbach (BY) · 47°48'43.3"N 11°57'46.3"E

Wir sind eine Kleinbrennerei im bayerischen Voralpenland in Bad Feilnbach/Sonnenham am Fuße des Wendelsteins. Das milde Klima ist hier optimal für qualitatives Brennobst und hat eine jahrhundertelange Brenntradition. Wir verwenden nur beste, handverlesene Früchte aus der Region. Zusammen mit dem Wissen des Brenners und dem richtigen Einsatz der Technologie entstehen Produkte von höchster Qualität. Unseren Hofladen öffnen wir gerne auf Anfrage für Sie.

Selbstgemachtes: Schnäpse und Liköre. Getränke erhältlich.
Aktivitäten: viele Radwanderwege, Bergwanderungen, Chiemsee (35 km), Tegernsee (30 km), Schliersee, Wendelstein
Hinweis: △ Die letzten 450 m sind einspurig, davon 50 m Schotterpiste.

Trainer Edelbrände F11
& Liköre 2021
Sonnenham 2
83075 Bad Feilnbach

Zu Gast bei: Christian Trainer
08064/585
Anreise bis: 18 Uhr

Hofladen:
Mo.–Sa. 8–18 Uhr

www.brennerei-trainer.de

HAUSBRENNEREI ZUM VOGLBAUER

Bad Füssing/Aigen (BY) · 48°18'14.1"N 13°15'38.0"E

Seit 1998 betreibt unsere Familie die Hausbrennerei „Zum Voglbauer" in Aigen am Inn. Wir liegen im Außenbereich direkt am Unteren Inn. Von April bis September ist unsere Gastwirtschaft bei schönem Wetter von Mittwoch bis Samstag ab 14 Uhr geöffnet. Je nach Jahreszeit ist ein Einblick in die Produktion der Brennerei und Obstverarbeitung möglich.

Selbstgemachtes: Edelbrände, Liköre, Most, Säfte und Aufstriche. Außerdem: regionaler Zukauf von Honig, Eier und Nudeln.
Aktivitäten: Wanderwege, Radwege, Europas größtes Thermalbad in Bad Füssing

Hausbrennerei H10
Zum Voglbauer 2021
Dammweg 5
94072 Bad Füssing/Aigen

Zu Gast bei: Hubert Rothbauer
08537/9199909
Anreise bis: 17 Uhr
Ruhetage: Mo. Di. So.
Schließzeit: 01.12.–31.01.

Hofladen:
Mi.–Sa. 14–19 Uhr

www.zum-voglbauer.de

BIOLANDBAUERNHOF – DER KRÖGELHOF

Bad Staffelstein (BY) · 50°2'36.3"N 11°3'50.5"E

Wir sind ein Bioland-Bauernhof mit Milchkühen, Weidehaltung, Hofladen und eigenem Holzofenbrot.

Selbstgemachtes: Holzofenbauernbrot und -vollkornbrot, Mehl und Kartoffeln. Außerdem: Käse, Wein, Eier, Salz, Honig und Apfelsaft.
Aktivitäten: Wanderungen
Hinweis: △ Bitte beachten Sie die 12 %-Steigung.

Biolandbauernhof – Der Krögelhof
Krögelhof 8
96231 Bad Staffelstein
E8
2016

Zu Gast bei: Nicole Gründel
09573/34856
Anreise bis: 20 Uhr

Hofladen:
Mi. 8–18 Uhr

www.derkroegelhof.de

FORSTGUT BANZ

Bad Staffelstein (BY) · 50°7'53.7"N 10°59'7.0"E

Das Forsthaus Banz liegt am Fuße des Banzberges. Sie haben von Ihrem Stellplatz eine wunderbare Aussicht auf das Kloster Banz sowie auf Banz-, Staffel- und Veitsberg. Direkt an die Stellplätze schließen sich die Weiden für unsere Hinterwälder Rinder an. Im Sommer ist hier ein Sonnenschutz zu empfehlen. Hunde bitte an der Leine zu führen.
Selbstgemachtes: Wildfleisch, Wildwurstspezialitäten, Eier, Wachteleier, Apfelsaft, Grillfleisch vom Reh (im Sommer) und Rindfleisch aus Weidehaltung.

Aktivitäten: Badesee (2,5 km), Bad Staffelstein (4,5 km), Obermaintherme (3,4 km), Waldklettergarten (1,7 km), Kloster Banz (1,7 km), Wildkatzenlehrpfad (2 km), Wanderung im Banzer Wald, Erlebnisbad (2,5 km), Wanderwege ab Hof
Hinweis: △ Trotz dem Schild „Zufahrt über 3,5 t verboten" ist die Zufahrt möglich. Letzte 300 m zum Stellplatz auf schmaler Straße und Schotterweg. Dachvorsprung der Halle bei hohen Fahrzeugen beachten.

Herzoglich Bayerisches Forstgut Banz
Forsthaus Banz
96231 Bad Staffelstein
E8
2022

Telefon: 09573/950276 o. 0171/2636538
Anreise bis: 20 Uhr
Schließzeit: 23.12.–06.01., 01.11.–30.11., 06.08.–06.09.

Hofverkauf:
Mo.–Fr. 8–12 Uhr

FAMILIE RUF

Baisweil (BY) · 47°57'47.5"N 10°33'59.4"E

Unser Familienbetrieb liegt zwischen den sanften Hügeln des Voralpenlandes. In unserem Hofladen verkaufen wir Milch, Käse und Eier unseres Hofes. Außerdem bieten wir Produkte anderer Familienbetriebe aus der Region wie etwa Joghurt und Fisch an. Bei uns könnt Ihr einen Einblick in die Produktion eines modernen Milchviehbetriebes bekommen oder bei einem Blick in die Landschaft die Seele baumeln lassen.

Selbstgemachtes: Milch und Eier. Außerdem: Nudeln aus eigenen Eiern, Wurst im Glas mit eigenem Rindfleisch, Käse aus eigener Milch, Joghurt (verschiedene Sorten), Grillfleisch, Fisch, Eis und Kaffee.
Aktivitäten: Therme Bad Wörishofen (7 km), Skylinepark (Freizeitpark 7 km), gut ausgebaute Radwege rund um Bad Wörishofen

Familie Ruf
Großried 5
87650 Baisweil
E11
2022

Zu Gast bei: Matthias Ruf
0152/52012318
Anreise bis: 18 Uhr
Schließzeit: 01.12.–28.02.

Hofladen:
Täglich 7–22 Uhr

www.rufs-hofladen.de

PENKER OBSTBRENNEREI

Bayerbach (BY) · 48°43'15.4"N 12°17'20.1"E

Wir sind ein landwirtschaftlicher Familienbetrieb ohne Tierhaltung. Natürlich nicht ganz ohne: Hund, Katze, Hühner, Enten und Gänse leben mit uns. Schon seit Generationen wird der Hof in Penk bei Bayerbach in Niederbayern von der Familie Prückl bewirtschaftet.

Selbstgemachtes: Brände, Geiste, Liköre und Marmeladen. Außerdem: Honig.

Aktivitäten: Führungen durch die Brennerei mit Erläuterungen und Schnapsproben, Spaziergänge, Rad- und Wanderwege

Penker Obstbrennerei G10
Penk 2 2021
84092 Bayerbach

Zu Gast bei: Johann Prückl
08774/1301 o. 0172/8201680

Hofladen:
Auf Anfrage

www.penker-obstbrennerei.de

RUDLHOF

Beratzhausen (BY) · 49°6'26.0"N 11°50'51.9"E

Wir sind ein landwirtschaftlicher Familienbetrieb mit wunderbarer Aussicht auf die Jurahochebene. Als EU-zertifizierter Schlachtbetrieb mit Bullenmast vermarkten wir Rind und Schwein direkt. Wir verwöhnen Sie das ganze Jahr über mit deftigen Brotzeiten und hausgemachten Spezialitäten im eigenen Wirtshaus. Alle Oberpfälzer Schmankerl gibt es auch zum Mitnehmen. Während unserer Öffnungszeiten können Sie gern das WC nutzen.

Selbstgemachtes: Verköstigung im eigenen Wirtshaus, Oberpfälzer Wurstwaren: Bratwürste, Wacholderrauchschinken, im Glas: Leberwurst, Speckwurst, Bratenfleisch u.v.m. Abendbrot und Getränke erhältlich.

Aktivitäten: Bauernmuseum, Schokoladenfabrik, Labertal, Hofführung, Schwimmbad in Beratzhausen, Weltkulturerbe-Stadt Regensburg

Hinweis: △ Ins Navi bitte Oberlichtenberg 1, 93176 Beratzhausen eingeben.

Rudlhof F9
Oberlichtenberg 1 2018
93176 Beratzhausen

Zu Gast bei: Franziska Fleischmann
09493/844

Hofladen und Hofverkauf:
Auf Anfrage

www.rudlhof.com

BENEDIKTINERABTEI PLANKSTETTEN

Berching-Plankstetten (BY) · 49°4'10.0"N 11°27'10.4"E

Seit 1129 bietet wir Erholung für Leib und Seele: als „grünes Kloster" betreiben die Mönche ökologische Landwirtschaft. Die eigene Fleischproduktion und -verarbeitung sowie der Anbau alter Sorten wie Dinkel und Emmer bilden den Kern unserer Produktion. Da unsere Gäste Stille und Erholung suchen und auch die Klostergemeinschaft selbst einen Großteil des Tages in Schweigen verbringt, werden alle gebeten, jegliche elektronischen Geräte auszuschalten. Es gibt eine Buchhandlung sowie einen Missionsbasar mit Fairtrade-Produkten. Im Sommer ist unsere Klosterschenke mit Biergarten geöffnet.

Selbstgemachtes: Fleisch-, Wurst-, Getreideprodukte, Gemüse, Biere, Brände und Limonaden. Außerdem: Milchprodukte, Weine, Marmeladen, Süßwaren, Kosmetika und Waschmittel – alles in Bio-Qualität. Nach Voranmeldung: Frühstück, Abendbrot und Getränke erhältlich.

Aktivitäten: Rad(fern)wege, mittelalterliche Stadtmauer, Abenteuerpark mit Klettergarten

Benediktinerabtei F9
Plankstetten 2015
Klosterplatz 1
92334 Berching-Plankstetten

Telefon: 08462/2060
Anreise bis: 17 Uhr

Hofladen:
Mo.–Fr. 9–18 Uhr // Sa. 8–17 Uhr

www.kloster-plankstetten.de

WEINGUT SCHMITT

Bergtheim (BY) · 49°53'39.7"N 10°3'49.7"E

Familienbetrieb in der 3. Generation. Seit 1947 wird die hohe Weinqualität im Zusammenspiel mit der Natur und moderner Technologie erreicht. Großer Wert wird auf die natürliche Flora und Fauna in den begrünten Weinbergen gelegt. Der Wein reift im Weinkeller mit beruhigender, klassischer Musik und speziellen Lichteinflüssen. Kommen Sie zur Weinverkostung oder zu einem der Wein-Events. Tür-Codes für Sanitäranlagen und WiFi Zugangsdaten sind im Weinverkauf erhältlich.

Selbstgemachtes: Frankweine (weiß und rot), Traubensaft, Sekt, Secco, Weincocktail, Edelbrände, Liköre, Weingelee, Pralinen, hausgemachter Winzer-Glühwein (weiß und rot), Federweißer und Tafeltrauben (im Herbst). Außerdem: Honig aus unseren Weinbergen und Obstbäumen, Hausmacher Wurst vom Bauernhof-Metzger. Getränke erhältlich.

Aktivitäten: Weinproben, Sportgelände: Tennis, Kegelbahn, Hartplatz, Sporthalle, Reithalle mit Reitplatz, Radwege, Beach-Volleyball

Weingut Schmitt D8
Am Weinfaß 1 2014
97241 Bergtheim

Telefon: 09367/90910
Schließzeit: 21.12.–10.01.

Hofladen und Hofverkauf:
Mo.–Fr. 8–18 Uhr // Sa. 9–16 Uhr

www.privat-weingut-schmitt.de

SCHLOSSMÜHLEN-HOF FILSER

Biessenhofen (BY) · 47°49'25.6"N 10°39'9.2"E

Biomilchviehbetrieb in alter Schlossmühle. Unsere Bio-Kühe haben permanent Zugang vom Stall zur Weide, die Milch daraus wird über Andechser Natur vermarktet und unsere Kälber werden kuhgebunden aufgezogen. Der Betrieb liegt am idyllischen Mühlbach, welcher noch zur Wasserkraft dient, in ruhiger Ortsrandlage.

Selbstgemachtes: Biofleischprodukte. Außerdem: Hof-Eis, saisonale Produkte, Wein vom befreundeten Biohof der Toskana und Olivenöl je nach Verfügbarkeit.

Aktivitäten: zwischen Kaufbeuren und Marktoberdorf, traditionelle Gastwirtschaft am Ort mit regionalen Gerichten von unserem Hof, Skyline Park, viele Voralpenseen und Allgäuer Berge schnell erreichbar

Hinweis: △ Von der B16 abbiegen in den Ortsteil Hörmanshofen auf die Bernbacherstraße, dort bleiben bis in ca. 900m rechts ein Landvergnügenschild kommt. Hier abbiegen und durch die Viehschranke einfach durchfahren.

Schlossmühlen-Hof Filser E11
Ottilienberg 3 2021
87640 Biessenhofen

Zu Gast bei: Michael Filser
0151/28710937
Anreise bis: 19 Uhr

Hofverkauf:
Auf Anfrage

REITERHOF ZOLTINGEN

Bissingen (BY) · 48°43'20.2"N 10°31'7.0"E

Wir sind ein familiengeführter Reiterhof mit ca. 50 Pferden, haben früher Reiterferien angeboten und sind es somit gewohnt, Gäste zu beherbergen. Gerne können Gäste an unserem Frühstück, Mittagessen und/oder Abendessen teilnehmen. Wir leben in einem kleinen Dorf in wunderschöner Landschaft – hier kann man wirklich entspannen.

Selbstgemachtes: leider keine, wir züchten Pferde. Außerdem: Bewirtung, Mahlzeiten, Getränke. Nach Voranmeldung: Frühstück, Abendbrot und Getränke erhältlich.

Aktivitäten: Radtouren, Wandern

Reiterhof Zoltingen E10
Zoltingen 18 2021
86657 Bissingen

Zu Gast bei: Katharina Zoller
0175/4186208

www.reiterhof-zoltingen.de

LENZHOF

Blindheim (BY) · 48°39'50.7"N 10°35'44.5"E

Wir sind ein Bauernhof mit kleiner Wirtschaft (geöffnet freitags bis sonntags), Biergarten und verschiedenen (Nutz-)Tieren in gemütlicher und familiärer Atmosphäre, jedoch kein Streichelzoo. Wir züchten Europäische Dahomey-Zwergrinder. Bei der Herstellung unserer Wurst verwenden wir keine Geschmacksverstärker. Der einzigartige Geschmack unseres Korianderschinkens entsteht ganz natürlich beim Räuchern. Jeden 3. Freitag im Monat gibt es Spareribs, Hax'n und Gockel vom Grill (Anmeldung zwei Tage vorher). An jedem letzten Samstag im Monat ist Musikantenstammtisch.

Selbstgemachtes: Wurst, Korianderschinken, Konfitüren, Quittenbrot, Liköre. Nach Voranmeldung: Getränke erhältlich.

Aktivitäten: Wanderweg, Museum, Vogelbeobachtungen, historische Städte Nördlingen, Dillingen, Lauingen, Burg- und Klosterruinen Christgarten, Klöster, Legoland

Lenzhof
Berghausen 11
89434 Blindheim
E10
2017

Zu Gast bei: Gisela Lenz 09074/1719
Anreise bis: 20 Uhr
Schließzeit: 24.12.–25.12.

Hofverkauf:
Auf Anfrage

www.berghausener-reiterstueble.de

WEINBAU GEORG HOPFENGART

Buchbrunn (BY) · 49°45'27.6"N 10°8'10.1"E

Klein aber fein – familiär und motiviert! Uns Hopfengarts lässt der Wein auch in unserer Freizeit nicht los. Der Weinbau ist für uns Berufung und Beruf. Auf unseren eigenen gerade mal 1,5 ha wächst, was wir „nach Feierabend" bewirtschaften können. Mit seiner mutigen, ausdrucksstarken Hot-Stone-Linie setzt unser Sohn Andreas noch einmal einen völlig neuen Akzent. Für alle, die nun neugierig sind auf uns und unsere Weine: herzlich willkommen!

Selbstgemachtes: Wein und Secco. Getränke erhältlich.

Aktivitäten: Weinproben, viele schöne Rad- und Wanderwege u. a. bis nach Kitzingen und direkt nach Mainstockheim, Dorfladen im Ort, Erlebnis-Steinzeit-Ausstellung im Rathaus, Fussballplatz am Haus, Spielplatz im Ort, Deutsches Fassnachtmuseum, Historische Weinstadt Kitzingen, 1,5 km bis zum Main

Weinbau Georg Hopfengart
Gartenstraße 4
97320 Buchbrunn
E8
2016

Zu Gast bei: Helga Hopfengart 0170/3090837

Hofverkauf:
Auf Anfrage

www.wein-hopfengart.de

BRENNEREI WESTENTHANNER

Burgkirchen (BY) · 48°9'46.5"N 12°41'55.6"E

Vom knackigen Apfel bis zum edlen Tropfen – alles aus einer Hand. OBST AUS EIGENEM ANBAU wird bei uns schon immer groß geschrieben. Es bildet die Grundlage unserer Produktpalette und ermöglicht es uns, aus der Natur für uns Wert zu schöpfen. Wir besitzen die größte Streuobstwiese im Landkreis Altötting und Andrea ist die erste bayerische landwirtschaftliche Brennmeisterin. Herzlich willkommen!

Selbstgemachtes: Äpfel, Birnen als Frischware, Apfelsaft, Apfelwein, Most, Brände, Liköre und Essig. Außerdem: Roll-Blitz Apfelsammler, Deko und Geschenke aus der Kreativwerkstat Fussel und Späne.

Aktivitäten: Burghausen, Freibad, Badeseen

Hinweis: △ Wir sind außerhalb der Ortschaft. Der Zufahrtsweg zum Hof ist einspurig, aber geteert.

Brennerei Westenthanner
Barbermühlweg 2
84508 Burgkirchen
G11
2022

Zu Gast bei: Andrea Westenthanner 08679/4147 o. 0177/5274907
Anreise bis: 20 Uhr
Ruhetag: So.

Hofverkauf:
Auf Anfrage

www.brennerei-westenthanner.de

LANDWIRTSCHAFT JÜRGEN HAHN

Burgoberbach (BY) · 49°12'30.8"N 10°35'2.1"E

Wir sind ein landwirtschaftlicher Vollerwerbsbetrieb mit Milchkühen, erneuerbarer Energie und Hofladen. Fränkische Kultur und Kulinarisches wird bei uns in der Region groß geschrieben, es gibt viele Gasthäuser und sehenswerte Städtchen, die zum Verweilen einladen. Der Hofladen öffnet auch nach Vereinbarung und freut sich auf Ihren Besuch.

Selbstgemachtes: Frische Eier, Nudeln, Eierlikör, Selbstgenähtes und Karten. Außerdem: Wurstdosen, Marmeladen, Saucen, Aufstriche, Schmuck und saisonales Gemüse.

Aktivitäten: In der Ortschaft Badeweiher, Radweg zum Altmühlsee, Pinselmuseum Bechhofen

Landwirtschaft Jürgen Hahn E9
Niederoberbach 67 2021
91595 Burgoberbach

Zu Gast bei: Elisabeth Hahn
09805/933757
Anreise bis: 18 Uhr
Ruhetag: So.
Schließzeit: 24.12.–06.01., 15.09.–20.10.

Hofladen:
Do. 13–16:30 Uhr // Sa. 9:30–13 Uhr

BROTHOF STRAUSS

Burgsalach (BY) · 49°1'59.8"N 11°5'54.0"E

Seit 2005 bewirtschaften wir unseren Hof entsprechend den Naturland-Kriterien für ökologische Landwirtschaft. Auf 19 ha Acker- und Grünland bauen wir Biogetreide und Kartoffeln an. Unsere Bergschafe halten wir artgerecht; deren Futter stammt ausschließlich von unseren Flächen. Zu unserem Betrieb gehören ebenso einige Bienenstöcke und vier Hofschweine, eine Vollwertbackstube und eine Kulturscheune. Herzlich willkommen!

Selbstgemachtes: Brot und Backwaren, Honig, Wurstspezialitäten. Außerdem: Käse aus der Region. Nach Voranmeldung: Frühstück, Abendbrot und Getränke erhältlich.

Aktivitäten: Brombachsee, Weißenburg, Burgsalach, Bechtaler Weiher

Brothof Strauß / Biohof E9
Hauptstr. 18 2019
91790 Burgsalach

Zu Gast bei: Reiner Strauß
09147/90299
Anreise bis: 20 Uhr

Hofladen:
Di.–Fr. 6–13, 16–18 Uhr // Sa. 6–13 Uhr

www.brothof-strauss.de

WEINGUT STICH „IM LÖWEN“

Bürgstadt (BY) · 49°43'10.5"N 9°16'7.9"E

Familienweingut mit Tradition. Wir erzeugen Weine mit Charakter für Menschen mit Charakter. Qualität ist unser oberstes Ziel. Der respektvolle und nachhaltige Umgang mit der Natur ist für uns eine Selbstverständlichkeit. Wir können unsere Gäste zu folgenden Zeiten bewirten: ab Ostermontag für 14 Tage täglich ab 12.00 Uhr, 14 Tage Ende Juni/Anfang Juli sowie 14 Tage im November.

Selbstgemachtes: Frankenweine (rot und weiß), Spätburgunder, Silvaner, Müller-Thurgau, Frankensekt, Secco, Traubensaft, Trauben-Secco, Gelees, Weinbrand und Trester. Nach Voranmeldung: Getränke erhältlich.

Aktivitäten: Mainschiffahrt, Rotweinwanderweg, Radweg am Main, Altstadt Miltenberg, Weingutsführungen

Weingut Stich „Im Löwen“ D8
Freudenberger Strasse 73 2021
63927 Bürgstadt

Zu Gast bei: Helga Stich 09371/5705
Anreise bis: 19 Uhr

Hofladen:
Mo.–Sa. 9–12, 14–18 Uhr // Sa. 9–16 Uhr

www.weingut-stich.de

FÜRSTLICH CASTELL'SCHES DOMÄNENAMT

Castell (BY) · 49°44'30.6"N 10°21'10.9"E

Hier, wo sich die Kulisse des Steigerwaldes mit den Weinbergen verbindet, erleben Sie die Weinregion Franken und nicht zuletzt unsere charakterstarken Weine, die geprägt sind von unserem Boden, dem Kleinklima, den einzigartigen Lagen und natürlich den Menschen, die Sie mit großer Passion herstellen. Insbesondere der unverwechselbare Silvaner wird Ihnen im Gedächtnis bleiben. Obwohl sonntags kein regulärer Betrieb ist, empfangen wir Sie gern! Unser Restaurant bewirtet Sie von Mittwoch bis Sonntag!

Selbstgemachtes: Weiß- und Rotweine, Winzersekte, Seccos, Destillate, Zwetschgenbrand, Quittengeist, Tresterbrand. Außerdem: Weine und Winzersekte/Seccos, Essig, Öl, Marmeladen, Schokolade, Weinzubehör. Abendbrot und Getränke erhältlich.
Aktivitäten: Weinfeste, Wanderungen, Kellerführungen, Weinproben, Menüabende, Konzerte in der Casteller Grafschaftskirche, Restaurant am Weingut

Fürstlich Castell'sches Domänenamt
Schlossplatz 5
97355 Castell
E8
2019

Zu Gast bei: Carola Kemmer, einfach anreisen…
Anreise bis: 18 Uhr

Hofverkauf:
Mo.–Fr. 8–18 Uhr // Sa. 10–16 Uhr

www.castell.de

BIOHOF SIEGFRIED ZENZ

Chieming (BY) · 47°56'33.3"N 12°32'44.4"E

Unser Biohof in ruhiger Naturlage liegt in Chiemseenähe. Als Familienbetrieb kümmern wir uns um die besondere Kuhrasse der Schottischen Hochlandrinder. Schauen Sie bei unserer Arbeit zu oder genießen Sie den Blick auf den Wald.

Selbstgemachtes: Fleischpakete, Braten und Suppenfleisch. Außerdem: Bio-Saft und Bier.
Aktivitäten: ca. 4,5 km zum Chiemsee, schöne Radwege, Wanderwege, nahe gelegener Fundort und Keltenmuseum

Biohof Siegfried Zenz
Hörpoldinger Str. 6
83339 Chieming
G11
2021

Zu Gast bei: Siegfried Zenz
0171/3447680
Anreise bis: 20 Uhr

Hofverkauf:
Auf Anfrage

BAUERNMARKT DASING

Dasing (BY) · 48°23'35.3"N 11°4'17.0"E

Elf Landwirte haben sich im Jahr 2000 zusammengeschlossen, um sich und weiteren Erzeugern aus dem Wittelsbacher Land eine direkte Vermarktung von Lebensmitteln und Produkten zu ermöglichen. Es gilt unser Leitsatz: Frisches aus unserer Region! Unsere lichtdurchflutete Markthalle beinhaltet eine Gastronomie, einen Handel, eine eigene Backstube und eine Metzgerei. Hinweis: Toilettenzugang und WLAN-Nutzung sind nur innerhalb unserer Öffnungszeiten möglich. Hunde sind nur in unserem Biergarten erlaubt.

Selbstgemachtes: regionales Obst und Gemüse, Metzgerei, saisonal wechselnde bayerisch-schwäbische Gerichte, tägliches Frühstücksbuffet, Kuchen,Torten, Marmeladen, Gelees, Liköre, Soßen und Salate. Frühstück, Abendbrot und Getränke erhältlich.
Aktivitäten: Städte Aichach, Friedberg und Augsburg, Freibad Dasing

Bauernmarkt Dasing
An der Brandleiten 6
86453 Dasing
E10
2020

Telefon: 08205/959910
Anreise bis: 19 Uhr

Hofladen:
Täglich 8–20 Uhr

www.bauernmarkt-dasing.de

BIOLANDHOF HEITZER

Demling (BY) • 49°0'50.8"N 12°16'22.9"E

Unseren kleinen Familienbetrieb gibt es seit mehreren Generationen. Die Umstellung auf Bio erfolgte im Jahr 2016 und wird kontinuierlich ausgebaut und erweitert. Die Kundenzufriedenheit ist für uns oberstes Gebot. Junge Familien mit Kindern lieben es nach einem Einkaufsbummel in unserem Bio-Hofladen unsere Pferde, Hühner und Katzen zu besuchen. Wir sind der Biolandhof zum Anfassen.

Selbstgemachtes: Gemüse und Eier. Außerdem: Milch, Trockensortiment und Getränke.
Aktivitäten: Radwege und Sehenswürdigkeiten wie die Walhalla und die Donaustauffer Burg

Biolandhof Heitzer G9
Austraße 2 2021
93090 Demling

Zu Gast bei: Dominik Heitzer
0151/40171815
Anreise bis: 17 Uhr
Ruhetage: Mo. Di. Mi.

Hofladen:
Mi., Do. 16–19:30 Uhr // Fr. 14–18 Uhr // Sa. 10–16:30 Uhr

www.biolandhof-heitzer.de

KAMERUNSCHAFZUCHT EDER

Dietersburg (BY) • 48°30'13.4"N 13°0'51.0"E

In Eitzenham, einem Dorf am Rande des schönen Rottals, bewirtschaften wir unseren kleinen Bauernhof bereits in der 3. Generation. Seit 2011 bei uns die ersten Kamerunschafe einzogen, sind wir bestrebt, in einer naturnahen und artgerechten Offenstallhaltung gesunde und kräftige Tiere zu züchten. Neben den Schafen leben bei uns im Garten hinter dem Haus auch Legewachteln und Laufenten. Der Hofladen ist täglich geöffnet. Das Mitbringen von Hunden ist an der Leine erlaubt.

Selbstgemachtes: Wurstwaren aus 100% Kamerunschafsfleisch, u.a. Bratwürste, Krakauer, Leberwurst, Salami, Lamm in Aspik, gefüllter Rollbraten, Fleischkäse, Kamerunlammfleisch, ganze oder halbe Schlachtkörper, vakuumierte Teilstücke, selbstgenähte Taschen und Accessoires. Außerdem: Bunzlauer Keramik. Nach Voranmeldung: Frühstück und Getränke erhältlich.
Aktivitäten: Wander-, Rad- und Reitwege, Badesee, Rottal Therme, Naherholungsgebiet Stausee Postmünster

Kamerunschafzucht Eder G10
Eitzenham 8 2020
84378 Dietersburg

Zu Gast bei: Roland Eder
08565/1266 o. 0170/8912598
Anreise bis: 20 Uhr

Hofladen und Hofverkauf:
Auf Anfrage

www.wilde-schafe.de

GEORG ENGELHARDT GARTENBAUMSCHULE

Dinkelsbühl (BY) • 49°7'4.6"N 10°14'55.8"E

Garten ist für Sie Lebenselixier, Kraftspender und der Raum, in dem Sie gerne entspannen, Berufliches abschütteln und das Leben abseits aller Verpflichtungen genießen wollen. Schlendern Sie durch prächtige Rosen, blühende Stauden, duftende Kräuter, fruchtige Gehölze und schmuckes Blattwerk. Genießen Sie das entspannende Murmeln schöner Wasserspiele. Oder den Gang durch unseren Steingarten mit vielen Schätzen, für die, die es trocken mögen.

Selbstgemachtes: Pflanzen aus eigener Aufzucht. Außerdem: Fleisch, Wurst und Gemüse in der Nachbarschaft erwerbbar. Nach Voranmeldung: Getränke erhältlich.
Aktivitäten: Führungen, Seminare, Veranstaltungen, beheiztes Waldfreibad, Radwanderwege, romantische Straßen, Pferdehöfe, historische Altstadt mit Museen und Theater

Georg Engelhardt E9
Gartenbaumschule 2016
Weidelbach 29
91550 Dinkelsbühl

Zu Gast bei: Georg Engelhardt
09857/502

Hofladen:
Täglich 8–18 Uhr

www.bs-engelhardt.de

BIOHOF LÜDKE

Dittenheim (BY) · 49°4'32.4"N 10°47'53.7"E

Der Biohof Lüdke in Windsfeld liegt im Fränkischen Seenland, direkt am Altmühl-Radweg. Die ruhige Lage des Ortes und das Ambiente des idyllischen Hofes lädt zur Erholung und Entspannung ein. Die verschiedenen Getreidearten gibt es als handfeste Kostprobe zum Anfühlen und in bearbeiteter Form zum Verzehr. Der Ab-Hof-Verkauf öffnet nach Absprache.

Selbstgemachtes: Bio-Getreide (Dinkel, Roggen, Weizen usw.), Dinkelmehl und Eier. Außerdem: Bio-Getränke. Nach Voranmeldung: Frühstück und Getränke erhältlich.
Aktivitäten: Altmühlsee, Brombachsee (8 km), Radwege
Hinweis: △ Die letzten 300 m sind Schotterweg

Biohof Lüdke E9
Windsfeld 25 2021
91723 Dittenheim

Zu Gast bei: Ewald Lüdke 09834/1375
Anreise bis: 18 Uhr
Schließzeit: 01.12.–01.04.

Hofverkauf:
Auf Anfrage

www.biohof-luedke.de

WEINBAU DÖRFLEIN

Donnersdorf (BY) · 49°57'34.0"N 10°25'40.0"E

Wir sind ein familiengeführter Weinbau-Betrieb in der vierten Generation, mitten in der schönsten Weinlage Frankens. Wir stellen selbst angebaute Wein her. Als Weißweine können wir die Rebsorten Müller Thurgau, Silvaner, Bacchus und Rivaner anbieten, unsere Rotweine beinhalten die Rebsorten Acolon und Rotling.

Selbstgemachtes: Weiß- und Rotweine. Außerdem: Honig von einem befreundeten Imker.
Aktivitäten: Weinproben im wunderschönen Falkenberg, Wandern, Radfahren, Baden, Landschaft und Natur genießen
Hinweis: △ Sie werden bei Ankunft zu Ihrem Stellplatz geführt.

Weinbau Dörflein E8
Falkenstein 12 2021
97499 Donnersdorf

Telefon: 0157/31048319
Anreise bis: 21 Uhr

Hofladen:
Auf Anfrage

BEIM BAUERN Z'ELFING

Dorfen (BY) · 48°18'12.1"N 12°7'29.7"E

Ein familiengeführter Milchviehbetrieb, der seinen Horizont erweitert und seit 2018 die Direktvermarktung für sich entdeckt hat. Wir führen Produkte, die neben der guten Qualität auch sinnliche Erlebnisse bieten. Wir freuen uns darauf, Sie bei uns begrüßen zu dürfen!

Selbstgemachtes: Milch, Eier, Brot, Kalb- und Rindfleisch, Rindersalami roh und gekocht und Grillwürste. Außerdem: Käsegriller, rohe Rinderbratwürste, Roh- und Kochsalami, Handwürste: Natur, Steinpilze, Pfeffer und Knoblauch.
Aktivitäten: Radwege auf alten Bahntrassen
Hinweis: △ Die Zufahrt zum Stellplatz ist relativ steil!

Winkler G10
Eglafing 1 2021
84405 Dorfen

Zu Gast bei: Marianne Winkler 08081/957620 o. 0151/62822255
Anreise bis: 21 Uhr
Schließzeit: 20.10.–20.03.

Hofverkauf:
Auf Anfrage

frischeKISTE und Bioland Hofrestaurant – Region Nordwest

ADLSTRASS

Dorfen OT Grüntegernbach (BY) · 48°19'4.2"N 12°13'41.5"E

Wir sind ein Landschafts-Paten-Projekt im wunderschön gelegenen Oberen Isental. Wir betreiben unseren Hof permakulturell, solidarisch und gemeinwohlorientiert. So entsteht ein Ort, an dem Nachhaltigkeit und Harmonie erlebbar werden. Wir geben der Natur etwas zurück für das, was wir täglich von ihr erwarten. Am nahegelegen Campingplatz befinden sich eine Gastwirtschaft und ein Kiosk. Hinweis: Für Hunde besteht Leinenpflicht auf unserem Hof.

Selbstgemachtes: Hanfprodukte (z. B. Hanfsamenöl, -nüsse, -salz, Aronia-Hanf-Likör), fermentierte Ziegenmolke, Bodenheiler, Aronia-Direktsaft, Adlstraß-Honig, Lavendel, Brennholz.
Aktivitäten: Genussregion Oberes Isental, Obstgarten, benachbarte Spirituosen-Brennerei, Klettern, Angeln, Radtouren
Hinweis: △ Die Navigation über Google Maps funktioniert nicht!

Adlstraß „Paradies gemeinsam schaffen und erleben" G10
Adlstraß 1 2020
84405 Dorfen OT Grüntegernbach

Zu Gast bei: Hilde & Matthias Tafelmeier 0176/80349350
Anreise bis: 17 Uhr

Hofladen und Hofverkauf:
Fr. 14–18 Uhr // Sa. 9–12 Uhr

www.adlstrass.de

SUN-ALPACAS

Ebermannstadt (BY) · 49°46'49.2"N 11°9'3.0"E

Herzlich willkommen auf unserem Alpaka-Hof in Niedermirsberg bei Ebermannstadt in der Fränkischen Schweiz. Hier leben derzeit 25 Alpakas. Wir bieten auf Wunsch Alpakawanderungen und Einblicke in die Wollverarbeitung und die der Alpaka-Produkte an. Das Staatsministerium für Ernährung, Landwirtschaft und Forst hat durch unsere Lernprogramme für Schulen unseren Hof als Erlebnisbauernhof für Schulen zugelassen. Als Gast dürfen Sie in unseren Familienbetrieb reinschnuppern. Wir erklären Ihnen den Hof und Sie dürfen auch mithelfen. Der Hofladen mit wärmenden Alpakawollprodukten ist auf Nachfrage geöffnet.

Selbstgemachtes: Verarbeitung von Rohwolle, Wolle, gestrickte Wollprodukte (Socken, Sohlen, Pullover u.v.m.). Außerdem: Alpaka-Seifen und Alpakabetten.
Aktivitäten: Mithilfe bei den Alpakas, Alpaka-Trekkingtour, Weben von Stuhlkissen, Spinnen lernen, im Traktor mitfahren, Wandern

Sun-Alpacas E8
Wiesengrundstraße 2 2021
91320 Ebermannstadt

Zu Gast bei: Gisela Herbst 0171/5867287
Anreise bis: 21 Uhr
Schließzeit: 01.01.–16.01.

Hofladen:
Auf Anfrage

www.sun-Alpacas.de

BIOHOF HAUSBERG

Egglham (BY) · 48°32'25.8"N 13°2'16.5"E

Ursprüngliche, bäuerliche Landwirtschaft mit alten Tierrassen. Liebevoll restaurierter, denkmalgeschützter Rottaler Vierseithof. Abendessen im Sommer unter der Linde oder im Innenhof. Unsere Spezialität: luftgetrockneter Speck von Turopolje-Weideschweinen, hergestellt von der Klostermetzgerei Plankstetten.

Selbstgemachtes: Bio-Eier, div. Specksorten vom Turopolje-Weideschwein, saisonal: Weidefleisch vom Aubrac-Ochsen und Turopoljeschwein, Lammfleisch vom Alpinen Steinschaf, Bio-Gänse und -Hähnchen, Obst und Gemüse direkt aus dem Garten. Nach Voranmeldung: Frühstück, Abendbrot und Getränke erhältlich.
Aktivitäten: Rad-und Wanderwege, Golfen, Thermen

Biohof Hausberg G10
Haag 10 2014
84385 Egglham

Zu Gast bei: Anton Dapont 0171/9505536
Anreise bis: 17 Uhr

Hofverkauf:
Auf Anfrage

www.biohof-hausberg.de

EDELBRANDBRENNEREI ERLWEIN

Egloffstein (BY) · 49°42'35.0"N 11°13'2.1"E

Sie finden uns im Herzen der Fränkischen Schweiz (Hochplateau). Wir sind ein Obstbaubetrieb. Was wir nicht frisch vermarkten, verarbeiten wir in unserer Brennerei zu edlen Bränden oder fruchtigen Likören. Einzigartig ist unser Charlemagner.

Selbstgemachtes: Obst nach Saison, Schnäpse, Liköre, Charlemagner, Aufstriche usw. Nach Voranmeldung: Getränke erhältlich.
Aktivitäten: Wildpark Hundshaupten, Radwanderwege, Klettern, Freibad

Edelbrandbrennerei Erlwein F8
Hundsboden 21 2014
91349 Egloffstein

Zu Gast bei: Ludwig Erlwein
09197/1698

Hofladen:
Auf Anfrage

www.preuschens.de

GASTHOF „ZUR BURGSCHÄNKE"

Ehingen am Hesselberg (BY) · 49°7'1.5"N 10°31'51.3"E

Wir betreiben eine traditionelle Gastwirtschaft im kleinen Ort Friedrichsthal in der idyllischen Fränkischen Seenplatte. In der Küche legen wir Wert auf frische saisonale Zutaten aus der Region, aus denen wir bayerisch-fränkische Spezialitäten zubereiten. Wir wurden als „musikantenfreundliches Wirtshaus" ausgezeichnet. Für Camper steht u. a. eine Feuerstelle bereit. Dank der Entfernung zu größeren Ortschaften kann man bei uns in klaren Nächten einen wunderschönen Sternenhimmel genießen.

Produkte: bayerisch-fränkische Küche, inkl. eigener Kreationen. Frühstück, Abendbrot und Getränke erhältlich.
Aktivitäten: Musikantenabend am 2. Samstag des Monats (Teilnahme für jeden), Sternenhimmel, Wanderungen und Radtouren, Hesselberg mit Aussichtspunkt (höchste Erhebung Mittelfrankens), Badesee (ca. 2 km)
Hinweis: △ Die letzten 50 m führen über einen breiten, geschotterten Feldweg.

Gasthof „Zur Burgschänke" E9
Friedrichsthal 11 2020
91725 Ehingen am Hesselberg

Zu Gast bei: Manfred Pfeilmaier
09835/9779997
Ruhetag: Mo.

Hofverkauf:
Di.–Do. 16–22 Uhr // Fr.–So. 11–22 Uhr

zur-burgschaenke.de.tl

VENUS REGIONAL

Eichendorf (BY) · 48°38'52.1"N 12°46'55.7"E

Unser Hof liegt im schönen Vilstal in Niederbayern, auch bekannt als die Toscana von Bayern. Sie haben eine traumhafte Aussicht und unseren Hofladen wo sie Essen und Trinken bekommen! Der beliebte Bayernpark ist ca. 25 km entfernt.

Selbstgemachtes: Getreidefutter für Tiere, Mehl, Nudel und Kuchen. Außerdem: Lebensmittel vom Bauern oder Kleinunternehmen, frische Milch, Müsli und Zucker. Nach Voranmeldung: Frühstück, Abendbrot und Getränke erhältlich.
Aktivitäten: Hofladen mit Events vor Ort, Stadt Landau Isar (10 min), Eggenfelden, Pfarrkirchen, Straubing, Deggendorf, Dingolfing (30 min)

Venus Regional G10
Silbersberg 1 2022
94428 Eichendorf

Zu Gast bei: Caroline Venus
09956/904801 o. 0157/31812855
Ruhetag: Mo.
Schließzeit: 01.10.–30.04.

Hofladen:
Auf Anfrage

www.venus-regional.de

ZUM FÜRST'N

Eppenschlag (BY) · 48°54'28.1"N 13°18'52.6"E

Herzlich willkommen beim Fürst'n: ein historischer Bauernhof am Daxberg, mitten im Naturpark Bayerischer Wald. Ein modernes Haus mit Ferienwohnungen, eine Stätte der Gastlichkeit und Tradition. Rundum unberührte Natur, kein Lärm, kein Auto, windgeschützte Lage, viel Sonne, Freundlichkeit und Freizeit. Entdecken Sie die besondere familiäre Atmosphäre unseres Hauses: echt bayerisch, ländlich, romantisch und liebenswert. Sie erwartet gelebte, bayerische Wirtshauskultur. Wir freuen uns auf Ihren Besuch!

Selbstgemachtes: Fleisch und Wurst aus eigener Zucht vom Hochlandrind, Bauerngeselchtes von der eigenen Sau und Apfelsaft aus eigener Herstellung. Außerdem: selbstgemachte Marmelade und Schnaps. Frühstück, Abendbrot und Getränke erhältlich.
Aktivitäten: Ponyreiten (gebührenpflichtig), Angeln am hauseigenen Weiher, Streichelzoo, Kneippanlage und Barfußpfad, Gastronomie mit preisgekröntem Biergarten, Spielhaus für Kinder, Grillmöglichkeit und Lagerfeuerplatz

Zum Fürst'n H9
Daxberg 1 2021
94536 Eppenschlag

Zu Gast bei: Josef Steininger 08553/1687
Anreise bis: 18 Uhr
Ruhetage: Mo. Do.
Schließzeit: 01.11.–30.11.

Hofverkauf:
Auf Anfrage

www.zum-fuersten.de

ERNST HETZNER

Ergersheim (BY) · 49°30'57.6"N 10°17'0.2"E

Ackerbaubetrieb mit Biogasanlage, gelegen in Ergersheim an der Mittelfränkischen Bocksbeutelstraße mit tollen Freizeitmöglichkeiten. Ein Direktvermarkter für Wein und Spirituosen befindet sich in unmittelbarer Nähe.

Produkte: selbst hergestellte Edelbrände und Liköre vom Nachbarn (Brennerei Kner).
Aktivitäten: Frankentherme Bad Windheim, Fränkisches Freilandmuseum, historische Stadt Rothenburg ob der Tauber, Steigerwald (5 km)
Hinweis: △ Am Ortsende Richtung Seenheim links in den Hinterhof einbiegen.

Ernst Hetzner E9
Neuherberg 5 2021
91465 Ergersheim

Zu Gast bei: Ernst Hetzner, einfach anreisen…

Hofverkauf:
Auf Anfrage

ELTERSDORFER HOFLADEN

Erlangen/Eltersdorf (BY) · 49°33'9.0"N 11°0'2.3"E

Wir haben einen landwirtschaftlichen Nebenerwerbsbetrieb mit Direktvermarktung im Städtedreieck Nürnberg-Fürth-Erlangen und sind Teil des Biokreis e.V.. Unsere Kulturen sind: Frühkartoffeln, Lagerkartoffeln, Speise-, Zier- und Schnitzkürbisse, Getreide und Blumen. Wir legen besonderen Wert auf gute, frische Lebensmittel. Ob saisonales Obst, erntefrisches Gemüse oder Fleisch von glücklichen Tieren – bei uns bekommt man saisonale und regionale Produkte nach dem Motto: „Vom Feld direkt auf den Tisch".

Selbstgemachtes: Kartoffeln, Blumen, Kürbisse, Zucchini, Torten und Kuchen. Außerdem: Kartoffeln, Kürbisse, Eier, Milch, Brot und Brötchen, Butter, Käse, Wurst, sauer Eingelegtes, Nudeln, Müsli, Saucen, Wein, Schnaps, Gemüse, Obst, Essig, Öl, Schokolade, Kaffee, Joghurt, Quark und Milch.
Aktivitäten: im Städtedreieck Nürnberg-Fürth-Erlangen, Radwege, Fränkische Schweiz, Walderlebniszentrum, Playmobil-Funpark (20 min), S-Bahn (3 min fußläufig)

Familie Ebersberger, E9
Eltersdorfer Hofladen 2018
Weinstraße 30
91058 Erlangen/Eltersdorf

Zu Gast bei: Klaus & Carmen Ebersberger 09131/615616 o. 0160/7857888

Hofladen und Hofverkauf:
Do. 15–18 Uhr // Fr. 9:30–18 Uhr // Sa. 9:30–13 Uhr

www.hofladen-eltersdorf.de

LUISENHOF

Eschau (BY) · 49°49'23.8"N 9°14'30.7"E

Genießen Sie auf dem Luisenhof die Ruhe und Natur in herrlicher Alleinlage am Fuße des Spessarts und besichtigen Sie unsere Bisons, Rinder und Duroc-Schweine. In unserem Hoflädchen vermarkten wir das Fleisch unserer Tiere aus artgerechter Haltung, regionale Produkte und vieles mehr, was Sie für einen gemütlichen Abend auf unserem Grillplatz benötigen. Keine Anreise an Sonn- und Feiertagen.

Selbstgemachtes: Fleisch, Wurst, Schinken, Felle, Schädelpräparate, Hundenahrung. Außerdem: Bauernhof-Eis, Eier, Essige, Öle, BBQ-Saucen, Senfe, Aufstriche, Honig, Weine und Brände.
Aktivitäten: Bisonrundweg, Wanderwegenetz, Hofbesichtigung, Frei- und Hallenbäder, Römersauna, Alpaka-Farm, Wildgehege, Burgen, Schlösser, Altstädte, Mainschifffahrt
Hinweis: △ Bitte ins Navigationsgerät „Bergstraße“ eingeben. Achten Sie auf das Bison-Logo.

Luisenhof D8
Aussiedlerhof 1 2018
63863 Eschau

Zu Gast bei: Martina Roth
09374/9784518
Anreise bis: 17 Uhr
Ruhetag: So.

Hofladen:
Mi. 15–18 Uhr // Do., Fr. 15–18 Uhr // Sa. 10–16 Uhr

www.luisenhof-spessart.de

WEINGUT CLEMENS FRÖHLICH

Escherndorf (BY) · 49°51'41.1"N 10°10'23.1"E

In unserem familiengeführten Weingut werden Sie herzlich empfangen. Bei uns arbeiten drei Generationen eng zusammen, um hochwertige Weine und Brände herzustellen, denn Qualität hat oberste Priorität. Unser Steckenpferd sind fränkisch trockene Weine mit Frucht und Eleganz.

Selbstgemachtes: verschiedene Weißweine, Rotweine, Sekt, Secco, Traubensaft und Edelbrände.
Aktivitäten: Wandern, Fahrrad fahren, Weine genießen
Hinweis: △ Die Stellfläche ist über einen Flurbereinigungsweg erreichbar.

Weingut Clemens Fröhlich E8
Bocksbeutelstr. 19 2021
97332 Escherndorf

Zu Gast bei: Ingrid Fröhlich
09381/1776
Anreise bis: 18 Uhr
Ruhetag: So.

Hofladen und Hofverkauf:
Mo.–Fa. 9–18 Uhr // Sa. 9–17 Uhr

www.weingut-froehlich.de

ZOMBRÄU

Essenbach/Mirskofen (BY) · 48°36'56.1"N 12°11'14.7"E

Wir sind eine kleine Craft-Beer-Brauerei. Bei uns wird noch alles von Hand gemacht. Vom Brauen über das Abfüllen bis hin zu Flaschenreinigung und Etikettierung. Der Monatsausstoß liegt bei ca. 1000 Litern. Nach Absprache ist ein Einblick in den Produktionsbetrieb möglich. Wir sind oft auf Veranstaltungen, daher ist es wichtig, sich telefonisch anzumelden.

Selbstgemachtes: Bier (5 Sorten im Standardsortiment und saisonale Biere und Spezialsude), Hopfenlimo und Merchandise.
Aktivitäten: Wanderwege, Freibad (1 km), Gasthof Luginger (200 m), Großwirt (400 m)

Zombräu G10
Obere Sendlbachstr. 19 2021
84051 Essenbach/Mirskofen

Zu Gast bei: Bastian Merches
08703/4658592
Anreise bis: 22 Uhr
Ruhetag: So.
Schließzeit: 20.12.–02.01., 08.04.–11.04.

Hofladen:
Mo.–Do. 16–20 Uhr // Fr. 14–20 Uhr // Sa. 9–18 Uhr

www.zombraeu.com

SCHARNAGL BIOLAND GEMÜSE

Ettringen OT Siebnach (BY) · 48°7'57.4"N 10°40'59.5"E

Der Gemüseanbaubetrieb ist ein Familienbetrieb und wird nach Bioland-Richtlinien bewirtschaftet. Im Gewächshaus und auf dem Feld bauen wir viele verschiedene Kulturen an. Gerne können Sie sich diese in unserem Gewächshaus anschauen und auch in unserem 200 qm großen Hofladen mit Bio-Vollsortiment erwerben. Unser neu eröffnetes Hofcafé bietet Ihnen mittags eine warme Küche und Kaffee und Kuchen zu unseren Hofladenöffnungszeiten an. Wir bitten Sie, Hunde auf dem Hofgelände an der Leine zuführen.

Selbstgemachtes: Gemüse und Eier. Außerdem: Milchprodukte, Käse und Trockenprodukte.
Aktivitäten: Badesee ca. 8 km, Radfahren am Fluß Wertach, Freizeitpark ca. 12 km

Scharnagl GbR E11
Bioland Gemüse 2015
Hiltenfingerstr. 35
86833 Ettringen OT Siebnach

Zu Gast bei: Anna & Albert Scharnagl
08249/962664
Anreise bis: 20 Uhr
Ruhetag: So.

Hofladen:
Mo.–Fr. 9–14, 15–19 Uhr // Sa. 9–14 Uhr

WASSELBAUERNHOF

Etzelwang (BY) · 49°32'52.6"N 11°34'7.5"E

Unser Stall ist außerhalb vom Ort, ruhig und gemütlich in Wälder eingebettet. Die Kühe treffen Sie beim Frühstück nebenan auf der Weide, während Sie leckeren selbstgemachten Joghurt mit Lein genießen.

Selbstgemachtes: Milch, Joghurt, Quark, Butter, Eier und Lein.
Aktivitäten: Erlebnisbauernhof für Gruppen, Klettern im Höhenglücksteig

Wasselbauernhof F9
Schmidtstadt 2 2021
92268 Etzelwang

Zu Gast bei: Sandra Meier
09663/1586 o. 0172/8160327

Hofverkauf:
Auf Anfrage

www.wasselbauernhof.jimdofree.com

WINZERFAMILIE JONAS

Eussenheim (BY) · 49°59'12.6"N 9°48'14.0"E

Unser Winzerhof liegt am Ortsrand von Eussenheim, einem typisch fränkischen Dorf mit Wald, Feldern und Weinbergen. In einer langen Tradition kultivierte unsere Familie an den Hängen des Mains und der Wern den Weinbau. Bei uns können Sie ganzjährig die saisonalen Arbeiten im Weinberg begleiten. Gerne sitzen wir mit unseren Gästen bei einem Glas Wein am Abend zusammen und lassen den Tag gemeinsam ausklingen.

Selbstgemachtes: Weiß- und Rotwein und Traubensaft. Nach Voranmeldung: Getränke erhältlich.
Aktivitäten: Radwanderweg an der Wern, „Literat(o)ur im Weinberg", kleine Hofbibliothek

Winzerfamilie Jonas D8
Am Stockbrunnen 11 2017
97776 Eussenheim

Telefon: 09353/8988 o. 0160/95079318
Anreise bis: 21 Uhr

Hofverkauf:
Fr. 16–19 Uhr // Sa. 11–18 Uhr

www.winzerfamilie-jonas.de

WEINBAU MEUSERT

Fahr (BY) · 49°52'23.0"N 10°10'5.8"E

Wir sind ein familienbetriebener Winzerhof mit Heckenwirtschaft und Gästezimmern in ruhiger Ortsrandlage. Ein Badesee und Radwege befinden sich in unmittelbarer Nähe. Hier haben Sie die Möglichkeit, hinter die Kulissen des Weinanbaus zu schauen und Wein zu verkosten. Während der Heckenwirtschaftssaison bewirten wir Sie gerne auch mit leckeren Speisen. Unser Weinverkauf findet immer nach Absprache statt.

Selbstgemachtes: Weine aus eigenem Anbau und Secco. Getränke erhältlich.
Aktivitäten: Badesee, Radwege, Kanuverleih, Militärmuseum, Weinerlebniswanderungen (auf Anfrage)

Weinbau Bernhard & Birgit Meusert
Am Sportplatz 18
97332 Fahr
E8
2018

Zu Gast bei: Birgit Meusert
09381/715990 o. 0160/3012545
Anreise bis: 20 Uhr

Hofladen:
Auf Anfrage

www.weinbau-meusert.de

HUTZELHOF HÜMMER

Fatschenbrunn (BY) · 49°55'10.2"N 10°36'0.0"E

Immaterielles Kulturerbe zum Genießen – so schmeckt Kulturlandschaft. Wir pflegen seit vielen Generationen eine uralte Tradition: das Trocknen von Obst, vor allem Birnen. Birnbäume waren bis vor einigen Jahren ein wesentlicher Bestandteil der fränkischen Kulturlandschaft. Die Hutzelproduktion sorgte für den Erhalt und die Pflege der Bäume. Die Hutzelbirnen, auch als Dörrbirnen bekannt, wurden früher in die ganze Welt geliefert und dienten zum Beispiel als Schiffsproviant. In unserem Hofladen, der nach Absprache öffnet, können Sie es heute als Reiseproviant erwerben.

Selbstgemachtes: Hutzeln, getrocknete Zwetschgen, Hutzelbrand, Hutzelschnaps, Zwetschgenbrand, Zwetschgenschnaps, Hutzelbrot, Honig und geschnittene Hasen (traditionelles Schmalzgebäck).
Aktivitäten: Wander- und Radwege, europäischer Kulturweg Fatschenbrunn, Führungen und Exkursionen

Hutzelhof Hümmer
Markertsgrüner Weg 3
97514 Fatschenbrunn
E8
2021

Zu Gast bei: Franz Hümmer
09529/373
Anreise bis: 18 Uhr
Schließzeit: 01.12.–28.02.

Hofladen:
Auf Anfrage

www.hutzeln.net

ERLEBNISBAUERNHOF-OBERLAUS

Feldkirchen-Westerham (BY) · 47°56'23.5"N 11°50'39.1"E

Wir wollen Kinder, die Interesse am Bauernhof und Freude an Tieren haben, ermöglichen, viele Informationen über Tiere zu erhalten und direkt vor Ort auch „hautnah" miterleben zu können. Rinder, Pferde, Esel, Lamas, Schafe, Ziegen, Schweine, diverse Geflügelarten, Katzen und Hasen dürfen nicht fehlen. Aktionstag für Kinder ab 6 Jahren buchbar. Bitte fragen Sie uns. Hunde sind willkommen, jedoch bitte unbedingt anzuleinen! Bewirtung nach Voranmeldung.

Aktivitäten: Aktivitäten mit Tieren, Lamatouren, Ponyreiten, Tiere füttern

Erlebnisbauernhof-Oberlaus
Oberlaus 5
83620 Feldkirchen-Westerham
F11
2016

Zu Gast bei: Michael & Philomena Huber 08063/972005
Schließzeit: 01.11.–28.02.

www.erlebnisbauernhof-oberlaus.de

Nord
Nordwest
Ost
Mitte-West
West
Südost
Südwest

LANDGASTHOF ZUM ADLER

Fellheim (BY) · 48°4'18.9"N 10°9'7.7"E

Mitten im Dorf wartet die kulinarische Entdeckung: der Landgasthof Adler gibt sich auf den ersten Blick ganz bescheiden. Ein lauschiger Biergarten und die Spielwiese für Kinder machen diese unauffällige Idylle auf den zweiten Blick perfekt. Der Familiengasthof wird in vierter Generation geführt und Reinhard Schiefele bietet darin eine ländliche Küche vom Feinsten – mit drei bayerischen Rauten ausgezeichnet, auch im Fernsehen bereits gerühmt. Der Chef bietet auch Kochkurse an. Mi und Do öffnen wir ab 17 Uhr, Fr bis So von 11.30 Uhr – 14 Uhr und dann wieder ab 17 Uhr. Anreisezeiten sind auch individuell vereinbar. Die Toilette kann während der Öffnungszeiten genutzt werden.

Selbstgemachtes: frische, saisonale und regionale Landhausküche in Bio-Qualität. Außerdem: Salat-Dressing außer Haus, Griebenschmalz und heimischer Honig. Abendbrot und Getränke erhältlich.

Aktivitäten: Dorfführungen, renovierte Synagoge und jüdischer Friedhof, Iller-Radweg

Landgasthof zum Adler E11
Memminger Straße 5 2021
87748 Fellheim

Zu Gast bei: Reinhard Schiefele
0833/5260
Anreise bis: 20 Uhr
Ruhetage: Mo. Di.

www.landgasthof-zum-adler.de

BAUERNHOF UND ÖLMÜHLE DÄNZER

Feuchtwangen (BY) · 49°8'0.2"N 10°19'37.1"E

Herrliche Hoflage auf 500 m Höhe mit bis zu 20 km Weitsicht! Die Stellplätze befinden sich auf ebener Fläche hinter dem Holzblockhaus. Wir betreiben eine Ölmühle für regionale Speiseöle mit Direktvermarktung. Bei fast absoluter Ruhe können Sie so richtig ausschlafen und entspannen. Der Gockelhahn weckt zum Tagesbeginn. Ein toller Sonnenuntergang abends und herrlicher Sternenhimmel nachts ist nicht nur für romantisch Veranlagte zu beobachten.

Selbstgemachtes: Kaltgepresste Speiseöle (Raps, Lein, Leindotter, Hanf, Sonnenblume), Honig, Bauernkäse und Raps-Wärmekissen.

Aktivitäten: Fahrradtouren um die Felder oder in die nahen Städte an der „Romatischen Straße" Dinkelsbühl, Feuchtwangen, Rothenburg o.d.T., Kleintiere, Kinderspielzeug

Bauernhof und E9
Ölmühle Dänzer 2014
Mögersbronn 22
91555 Feuchtwangen

Zu Gast bei: Erich Dänzer 09857/213

Hofladen:
Auf Anfrage

www.oldmcdonald.de

EDELBRENNEREI HENNINGER

Flachslanden (BY) · 49°24'54.3"N 10°29'30.0"E

Wir betreiben seit 1801 eine Traditionsbrennerei mit über 80 verschiedenen Edelbränden und Likören (vorwiegend aus eigenem Streuobst), Bränden aus Holzfasslagerung und New-Line-Produkten wie z. B. Gin, Ingwergeist und Kakaogeist. Eine Bewirtung mit regionalen Getränken ist während der Ladenöffnungszeiten möglich. Bitte per Mail kontaktieren.

Selbstgemachtes: Produkte aus eigener Brennerei: Liköre, Brände, Edelbrände, Spirituosen und Secco. Außerdem: Trüffel-Pralinen (nicht im Sommer), Apfel-Secco, Walnußnudeln, Tafelmeerrettich, Walnußöl und Balsamico-Essig.

Aktivitäten: Obernzenner See, Rothenburg ob der Tauber (28 km), Freilandmuseum, Bad Windsheim (16 km), Kreisstadt Ansbach (16 km)

Edelbrennerei Henninger E9
Wippenau 2 2020
91604 Flachslanden

Zu Gast bei: Karola Henninger
09829/260
Anreise bis: 18 Uhr
Ruhetage: Di. Mi.
Schließzeit: 01.12.–31.12.

Hofladen:
Mo., Do., Fr. 14:15–18 Uhr // Sa. 10–14 Uhr

www.edelbrennerei-henninger.de

BIOLANDHOF MOHL

Frensdorf OT Abtsdorf (BY) · 49°49'23.7"N 10°50'9.8"E

Der Bioland-Bauernhof, im Rauhe Ebrach Tal im Steigerwald, liegt 10 km von Bamberg entfernt. Der Schwerpunkt ist der Kartoffel- und Kürbisanbau mit einer vielfältigen Fruchtfolge auf 20 ha. Seit 34 Jahren betreiben wir Biolandanbau. Außerdem gibt es einen SB-Hofladen von 8–20 Uhr.

Selbstgemachtes: 12 Sorten Kartoffeln (u. a. „Bamberger Hörnla"), Kürbisse, Getreide: Dinkel, Roggen und Nacktha-fer.
Aktivitäten: Schloss Weisenstein (10 km), Weltkulturerbe Bamberg (10 km), Steigerwald Baumwipfelpfad (20 km), Naturbad Frensdorf (2 km)

Biolandhof Mohl E8
In Abtsdorf 14 2014
96158 Frensdorf OT Abtsdorf

Zu Gast bei: Hans Jürgen Mohl
0171/7188104
Anreise bis: 21 Uhr

Hofverkauf:
Auf Anfrage

www.biolandhofmohl.de

DIREKTVERMARKTUNG OBERMAYER

Fridolfing (BY) · 47°58'51.3"N 12°50'41.0"E

Idyllisch gelegen auf einer Anhöhe mit Blick in die Berge befindet sich unser Schweinemast- und Direktvermarktungsbetrieb. Katzen, Hühner und ein kleiner Spielplatz lassen Kinderherzen höher schlagen. Außerdem gibt es im Umkreis eine Vielzahl an Ausflugsmöglichkeiten. Bei unseren Fleisch- und Wurstwaren verwenden wir ausschließlich Schweinefleisch aus eigener Produktion und haben einige kulinarische Schmankerl für Sie auf Lager. Alle unsere Produkte werden auf traditionelle, bäuerliche Weise und ohne Zusatz von Geschmacksverstärkern hergestellt.

Selbstgemachtes: verschiedene Sülzen, Leberwurstsorten, Griebenschmalz, Bauerngeräuchertes, Wurst, Salami, Schweinefleisch, im Sommer Grillfleisch und hausgemachte Bratwurst.
Aktivitäten: Badesee (1 km), Museum (10 km)

Direktvermarktung G11
Obermayer 2014
Schifferleiten 1
83413 Fridolfing

Zu Gast bei: Sebastian Obermayer
08684/384

Hofladen:
Di., Sa. 9–12 Uhr // Mi., Do. 9–12, 15–18 Uhr // Fr. 15–18 Uhr

BIOHOF KETTLER

Friesenhausen (BY) · 50°9'42.1"N 10°29'24.3"E

Wir sind ein biologisch-dynamisch wirtschaftender Familienbetrieb am Fuße der Hassberge. Dabei liegt uns das Wirtschaften im Einklang mit der Natur besonders am Herzen. Ein geschlossener Kreislauf in einem ganzheitlichen, nachhaltigen System steht bei unserer Arbeit ganz oben. Wir sind stolz, gesunde Lebensmittel zu produzieren und etwas für die nachfolgenden Generationen zu schaffen und zu erhalten.

Selbstgemachtes: Kartoffeln, Kürbisse und verschiedene Öle.
Aktivitäten: Badesee, Radwege, Mountainbikestrecken, Wanderwege

Biohof Kettler E8
Dalbergstraße 1 2021
97491 Friesenhausen

Zu Gast bei: Jonas Kettler
0176/63386949
Ruhetag: So.

Hofverkauf:
Auf Anfrage

www.biohof-kettler.de

HOFMETZGEREI ZIMMERMANN

Gablingen (BY) · 48°27'27.3"N 10°49'32.6"E

Wir bewirtschaften einen landwirtschaftlichen Betrieb mit Mutterkühen, Rinderaufzucht und Strohschweinen. Außerdem vermarkten wir unsere eigenen Tiere in unserer Hofmetzgerei. Wir verfolgen ein nachhaltiges Konzept, sowohl bei der Fütterung und Haltung der Tiere, als auch in unserer Hofmetzgerei.

Selbstgemachtes: Rindfleisch, Schweinefleisch, Wurstwaren, Gläser, Salate und Frischkäse. Außerdem: Geflügelfleisch, Eier, Kartoffeln, Mehle, Käse, Gemüse und Backwaren. Nach Voranmeldung: Getränke erhältlich.
Aktivitäten: Schöner Badesee in Gablingen, tolle Radwege

Hofmetzgerei Zimmermann E10
Angerstr. 3 2022
86456 Gablingen

Zu Gast bei: Lena Zimmermann
08230/1760
Anreise bis: 18 Uhr
Ruhetag: So.

Hofladen und Hofverkauf:
Mi. 8–13 Uhr // Fr. 8–17 Uhr // Sa. 8–12 Uhr

www.hofmetzgerei-zimmermann.de

BIO SPARGELHOF & WASSERSPORTCENTER BRAUN

Garstadt (BY) · 49°58'22.7"N 10°10'23.5"E

Wir sind ein Naturland-Bauernhof und bauen grünen und weißen Spargel, Erdbeeren und Tafeltrauben im milden Mainklima an. Der Hofladen ist von Ende März bis Ende Juli von 8 bis 19 Uhr und bis Oktober saisonbedingt geöffnet. Weiterhin betreiben wir hier ein Wassersportcenter, bei dem man sich Stand Up Paddle Boards ausleihen kann und sich hinter unserem Wassersportboot mit verschiedenen Boards ziehen lassen kann. Der Stellplatz bietet einen Blick auf die Weide mit Ponys und ist ca. 50 m vom Main entfernt. Hier befindet sich auch eine Slipstelle für Boote. Wir freuen uns auf Ihren Besuch.

Selbstgemachtes: Spargel weiß und grün, Erdbeeren, Tafeltrauben, Traubensaft-Secco (alkoholfrei, hell und rot), Traubensaft. Außerdem: Wein und Biowein aus der Region.
Aktivitäten: Stand Up Paddling, Wasserski & Co, Main-Radweg, Schweinfurt

Bio Spargelhof & Wassersportcenter Braun E8
2021
Dorfstrasse 68
97493 Garstadt

Zu Gast bei: Armin & Silvia Braun
09722/4446
Anreise bis: 20 Uhr
Schließzeit: 01.11.–31.03.

Hofladen und Hofverkauf:
Auf Anfrage

www.spargelhof-braun.de

STOCKHAUSENER FREILANDEIER

Gerolsbach (BY) · 48°30'7.2"N 11°20'34.1"E

Wir sind ein Ackerbaubetrieb in Einzellage mit im Hühnermobil lebenden Freilandhennen sowie kleinem Imkereibetrieb zwischen München, Augsburg und Ingolstadt. Unsere Eier können Sie täglich rund um die Uhr in unserem Verkaufshäusl (Selbstbedienungsladen) erwerben. Herzlich Willkommen! Hinweis: Hunde bitte an der Leine führen.

Selbstgemachtes: Eier, Wachteleier (saisonal) und Honig. Außerdem: Nudeln.
Aktivitäten: Kletterpark Jetzendorf, Spargelmuseum, Schrobenhausen, Hopfenmuseum Wolnzach, München (ca. 12 km mit dem Auto, 25 min Bahnfahrt)

Stockhausener Freilandeier F10
Stockhausen 1 2020
85302 Gerolsbach

Zu Gast bei: Thomas Klinger
08445/303989 o. 0151/21509787
Anreise bis: 18 Uhr
Schließzeit: 01.09.–31.10.

Hofverkauf:
Auf Anfrage

www.stockhausenerfreilandeier.de

HERRMANNSDORFER LANDWERKSTÄTTEN

Glonn (BY) · 47°59'36.2"N 11°53'53.5"E

Die Herrmannsdorfer Landwerkstätten praktizieren auf ihrem ökologischen Gutshof in Glonn eine bewährte Synthese aus landwirtschaftlicher Erzeugung (Viehzucht Acker- und Gartenbau), Lebensmittelverarbeitung (Bäckerei, Metzgerei, Käserei, Brauerei, Brennerei) und Lebens-mittelvermarktung in Form von eigener Gastronomie, einem Hofladen und zehn Verkaufsfilialen in und um München.

Selbstgemachtes: Fleisch- und Wurstwaren, Brot- und Backwaren, Käse und selbst gebrautes Bier. Außerdem: komplettes Bio-Trockensortiment, Kaffee- und Teespezialitäten, Feinkostsalate und Gläserwaren. Frühstück, Abendbrot und Getränke erhältlich.
Aktivitäten: Führungen durch die Landwerkstätten, Bierbrauen, Bratwurstkurse, Weißwurst- und Breznkurse, Kochkurse in der Handwerkstatt, Hoffeste, Jazz-Frühschoppen jeden 1. Sonntag von Juni – Sept., Kunsthandwerkermärkte, Wandern

Herrmannsdorfer Landwerkstätten
Herrmannsdorf 7
85625 Glonn
F11
2015

Zu Gast bei: Stefanie Schmid
08093/90940

Hofladen:
Mo.–Fr. 9–18 Uhr // Sa. 8:30–14 Uhr

www.herrmannsdorfer.de

GASTHOF GENTNER, OBSTARCHE GENTNER

Gnotzheim (BY) · 49°2'52.5"N 10°43'9.3"E

Herzlich willkommen auf unserem Gutshof in Spielberg. Wir haben unserem Anwesen mit einem Gasthof, einem Kultur-Sudhaus und einer Obstarche wieder neues Leben gegeben. Lassen Sie Ihren Blick vom Spielberg aus ins Tal schweifen, genießen Sie unsere Apfel- und Birnenspezialitäten und eine feine, regionale Slowfood-Küche in den historischen Gaststuben. Gerne öffnen wir unseren Verkauf auch nach telefonischer Absprache.
Selbstgemachtes: Marmeladen, Chutneys, Kräuter-, Blüten- und Brennesselsalz, Rosen- und Lavendelzucker und Säfte. Außerdem: Gentner Vollbier, Säfte, Secco, Apfel- u. Birnen-Cider, Obstbrände und Walnussöl. Nach Voranmeldung: Frühstück, Abendbrot und Getränke erhältlich.
Aktivitäten: Wander- und Radwege, Badeseen, Museen, Weltkulturerbe Limes, Kloster Heidenheim, Steinerne Rinne, Gelber Berg
Hinweis: △ Von Gnotzheim den Berg hinauffahren, hinter Ortsschild links abbiegen, am Gasthof vorbei auf den Parkplatz fahren.

Gasthof Gentner
Spielberg 1
91728 Gnotzheim
E9
2018

Zu Gast bei: Walburga Gentner
09833/988930
Ruhetage: Mo. Di.

Hofverkauf:
Mi.–So. 11:30–14, 18–21 Uhr

www.gasthof-gentner.de

WEINGUT HACK

Gössenheim (BY) · 50°1'8.3"N 9°46'52.4"E

Unser kleines Familienweingut liegt im Zentrum des Weinortes Gössenheim, der unter anderem auch durch die Burgruine Homburg, eine der größten Burgruinen Deutschlands, bekannt ist. An den steilen und steinigen Hängen am Rande des Naturschutzgebietes Ruine Homburg wachsen auf knapp 5 ha unsere Reben. Aus den in liebevoller Handarbeit hergestellten Trauben erzeugen wir Jahr für Jahr ehrliche und typische Frankenweine. Die Öffnungszeiten der Gaststätte entnehmen Sie der Website.

Selbstgemachtes: Wein, Brände, Likör, Sekt und Secco.
Aktivitäten: Burgruine und Naturschutzgebiet Homburg, Wern-Radweg, Weinwanderung nach Absprache, Weinverkostung mit dem Winzer auf dem Weingut täglich möglich, Bäcker und Metzger im Ort

Weingut Hack
Hauptstraße 36a
97780 Gössenheim
D8
2022

Zu Gast bei: Johannes Hack
0160/93448324
Anreise bis: 17:30 Uhr

Hofverkauf:
Auf Anfrage

www.hack-weine.de

Nord · Nordwest · Ost · Mitte-West · West · Südost · Südwest

REITERHOF MÜHLBAUER

Grattersdorf (BY) · 48°48'24.0"N 13°8'52.2"E

Unser Hof liegt eingebettet in der hügeligen Mittelgebirgslandschaft der Region Sonnenwald-Lallinger Winkel. Das einzigartige Ambiente des Hofes in Orts- und Waldrandlage mit gemütlichem Reiterstüberl und überdachtem Stadl mit Blick auf die Pferde im Offenstall laden zum Verweilen ein. Lagerfeuerromantik beim Grillen und der Duft aus dem Holzbackofen berühren alle Sinne.

Selbstgemachtes: Äpfel, Apfelsaft, Marmeladen, Natursauerteigbrot und Mehl. Außerdem: Honig, Kräuter, Bier und Wein. Nach Voranmeldung: Frühstück und Getränke erhältlich.
Aktivitäten: Reitunterricht, Wanderritte, Kutsch- und Pferdeschlittenfahrten, Bogenschießen, Spielplatz, Liegeweise, Brötchen- und Frühstücksservice, Grillplatz, Nordic-Walking-Zentrum, Langlauf-Loipeneinstieg in unmittelbarer Hofnähe, Skilift, Naturbadeweiher, Frei- und Hallenbäder

Reiterhof & Forstwirtschaft G10
Untere Hofmark 36 2018
94541 Grattersdorf

Zu Gast bei: Elke Mühlbauer
09904/846510

Hofverkauf:
Auf Anfrage

www.reiterhof-muehlbauer.de

SCHLOSSMÜHLE UNTEREUERHEIM

Grettstadt-Untereuerheim (BY) · 50°0'42.8"N 10°21'36.2"E

Die Schlossmühle Untereuerheim wird in der dritten Generation von unserer Familie betrieben. Unser idyllisches und ruhig gelegenes Anwesen wird seitlich von einem Garten mit Stauweiher, der vom Erleinsbach gespeist wird, begrenzt. Neben der Mehlherstellung für Bäckereien bieten wir in unserem Mühlenladen auch ein kleines Naturkostsortiment und natürlich Mehl-Gebinde (Weizen-, Dinkel- und Roggenmehl) für unsere Gäste an. Bitte Anreise und telefonische Anfragen nur während unserer Öffnungszeiten. Wir freuen uns auf Ihren Besuch.

Selbstgemachtes: Mehl. Außerdem: Cerealien, diverse Müslisorten, verschiedene Nudeln, Naschereien mit und ohne Schokolade, Bio-Kaffee, Eier, Rapsöl und Honig aus der näheren Umgebung.
Aktivitäten: Maintal-Radweg (unmittelbare Nähe), Wanderwege, Museen (Schweinfurt), Wildpark (13 km), Steigerwald

Schlossmühle E8
Untereuerheim 2020
Schloßmühlenweg 2
97508 Grettstadt-Untereuerheim

Zu Gast bei: Jochen Schor 09729/227
Anreise bis: 17 Uhr
Ruhetage: Sa. So.

Hofladen:
Mo., Di., Do., Fr. 8–11:30, 13:30–17 Uhr // Mi. 8–11:30 Uhr, Sa. 9–12 Uhr

schlossmuehle-untereuerheim.de

CHIEMGAU-ALPAKAS

Griesstätt (BY) · 47°58'25.3"N 12°10'26.1"E

Auf dem familiär geführten Alpakahof im nördlichen Chiemgau befinden sich neben Alpakas noch weitere verschiedene Tiere (Nandus, Schweine, Hühner, Katzen). Eine Alpakawanderung kann gebucht werden. Der Chiemsee und andere schöne Ausflugsziele sind zeitnah zu erreichen. Der Hofladen wird gern auf Anfrage geöffnet.

Selbstgemachtes: Alpakawolle, Alpakabettdecken, Alpakaprodukte, Hühnereier, saisonal: Nandueier.
Aktivitäten: Alpakawanderung, Chiemsee, Berge, Wasserburg

Chiemgau-Alpakas G11
Feld 52 2021
83556 Griesstätt

Zu Gast bei: Siegfried Maier
0151/44268537
Anreise bis: 20 Uhr

Hofladen:
Auf Anfrage

www.chiemgau-alpakas.de

STEGMAYR-HOF

Gundelsdorf (BY) · 48°32'30.6"N 11°2'46.5"E

Unsere Hofstelle besteht schon seit über 100 Jahren. Wir haben uns auf Hühner in Freilandhaltung mitten im Herzen des Wittelsbacher Landes spezialisiert. Das Hühnerfutter kommt aus dem eigenen Anbau. In der Nachbarschaft befindet sich der Schleppjagdverein von Bayern. Der Stellplatz ist an der Maschinenhalle und neben dem Hühnerauslauf mit schönem Blick auf Gundelsdorf.

Selbstgemachtes: Eier, Kartoffeln, Marmelade, Nudeln, Bauerngeräuchertes und Hähnchen auf Vorbestellung. Außerdem: Käse.
Aktivitäten: Mandlachsee, Wandern, Radfahren
Hinweis: △ Der Stellplatz befindet sich in 86554 Gundelsdorf, Koppenzeller Straße 14.

Stegmayr-Hof E10
Bürgermeister-Mörtl Str. 36 2021
86554 Gundelsdorf

Zu Gast bei: Helmut Stegmayr & Daniela Lindermayr 0171/4015747
Anreise bis: 20 Uhr

Hofverkauf:
Auf Anfrage

MAISINGERHOF

Günding (BY) · 48°14'59.5"N 11°23'47.5"E

Wir sind ein bayerischer Milchviehbetrieb vor den Toren Münchens und geben unseren Gästen täglich rund um die Uhr die Möglichkeit, frische Rohmilch unserer Kühe am Automaten zu beziehen. Zusätzlich erhalten Sie bei uns auch unseren Rohmilchkäse und Produkte anderer regionaler Erzeuger. Sie können gerne einen Blick in unseren landwirtschaftlichen Betrieb werfen. Bei uns stehen Sie mitten im Ort des Geschehens.

Selbstgemachtes: Rohmilch, Rohmilchkäse, Heu und Stroh für Kleintiere. Außerdem: Eier, Nudeln, Eis, Kartoffeln, Honig, Rapsöl und Brotzeitstangerl (Wurst).
Aktivitäten: Amperauen (Rad- und Wandermöglichkeit), Dachau (Bezirksmuseum, Schloß, Gedenkstätte Dachau), München

Maisingerhof F11
Kanalstr. 6 2018
85232 Günding

Zu Gast bei: Claudia & Franz Gasteiger 08131/79839
Anreise bis: 19 Uhr
Ruhetag: So.

Hofladen und Hofverkauf:
Mo.–Sa. 8–20 Uhr

www.maisingerhof.de

WERNER HOF

Guteneck (BY) · 49°27'27.4"N 12°18'21.7"E

Ein Bio Hof mitten im Nirgendwo mit traumhafter Aussicht und unendlicher Ruhe. Überzeugen Sie sich selbst und besuchen Sie unseren Werner Hof.

Selbstgemachtes: Bio Legehennen, Bio Rindfleisch, Eier, ökologischer Strom und Bio-Kräuter je nach Saison.
Aktivitäten: Freilandmuseum, Schloss Guteneck, Murner See

Werner Hof G9
Pischdorf 38 2021
92543 Guteneck

Telefon: 0151/54719056

LAUBHOF

Hahnbach (BY) · 49°30'6.4"N 11°49'3.9"E

Unser Hof liegt im Herzen der Oberpfalz fernab von Trubel und Hektik idyllisch in der Natur. Wir halten Rinder auf der Weide, sowie Schweine in Aussenklimaställen. In der hofeigenen Metzgerei stellen wir handwerklich und mit viel Liebe unsere leckeren Wurstwaren her. Hunde sind auf dem Hof anzuleinen.

Selbstgemachtes: Schinken, Salami, Fleisch und Wurst (auch in Konserven) und Frischfleisch nach Absprache. Außerdem: Getränke, Kartoffeln, Brot und Eier.
Aktivitäten: Rad- und Wanderweg, Kanufahren auf der Vils

Ulrich Direktvermarktung GbR F9
Laubhof 1 2021
92256 Hahnbach

Zu Gast bei: Anna Ulrich 09664/307
Anreise bis: 18 Uhr
Ruhetag: So.
Schließzeit: 16.08.–30.08., 24.12.–10.01.

Hofverkauf:
Auf Anfrage

www.ulrich-laubhof.de

NIEDERGERNER ALPAKA RANCH

Haiming (BY) · 48°12'40.5"N 12°51'57.4"E

Unser Bauernhof mit Alpakazucht liegt im wunderschönen Niedergern, eingebettet zwischen Inn und Salzach mit all den schönen Flussauen. In unserem Familienbetrieb arbeiten alle Hand in Hand, sei es beim Stricken unserer Wollprodukte am Spinnrad oder beim Verwöhnen unserer Gäste im hofeigenen Café. Dieses öffnen wir immer am 1. und 3. Sonntag im Monat von 13–17 Uhr für Sie.

Selbstgemachtes: Alpakawollprodukte jeglicher Art (Strickwolle, Socken, Mützen, Stirnbänder, Kissen, Decken, Schals, Sitzkissen), Dekorationsartikel, Fruchtaufstriche, hausgemachte Kuchen und Torten. Außerdem: Bettdecken und Seifen aus unserer Alpakawolle.
Aktivitäten: Alpakawanderungen direkt bei uns am Hof, Radweganbindung, Golfplatz, Badeseen, Freibad, Hallenbad, Sauna, Burghausen mit der weltlängsten Burg, diverse Museen

Niedergerner Alpaka Ranch G11
Moosen 10 2020
84533 Haiming

Zu Gast bei: Martin Gartmeier 08678/8389 o. 0151/12413016
Anreise bis: 20 Uhr
Schließzeit: 01.12.–15.03.

Hofladen:
Auf Anfrage

www.niedergerner-alpaka-ranch.de

WILDENSTEINER SCHAFHOF

Hainsfarth (BY) · 48°57'42.3"N 10°40'15.8"E

Wir züchten alte und gefährdete Schaf- und Ziegenrassen und schützen sie mit Herdenschutzhunden und Lamas vor dem Wolf. Unsere Tiere sind ein Erlebnis. Unsere bio-zertifizierten Produkte, die wir von und mit unseren Tieren erarbeiten, kann man bei uns kaufen.

Selbstgemachtes: Schaf-, Lamm- und Ziegenfleisch, Lammbratwürste, Wolle, gegerbte Felle, Apfelsaft und Schnäpse von der Streuobstwiese und Drechsel-Gefäße. Außerdem: kellerkühles Oettinger Bier.
Aktivitäten: Kontakt zu Tieren, Wanderungen mit Schafen und Lamas, Radtouren, Geologie-Exkursion

Wildensteiner Schafhof E10
Weiherweg 2 2021
86744 Hainsfarth

Zu Gast bei: Peter Dobrick 09082/2195

Hofverkauf:
Auf Anfrage

BRAUHAUS AM KREUZBERG

Hallerndorf (BY) · 49°45'35.6"N 10°57'18.9"E

Fränkischer Bierkeller mit eigener Brennerei und Brauerei. Fränkische Küche mit einer großen Variation an Bieren vom Fass. Bodenständiger Familienbetrieb mit Spaß an der Arbeit. Bei Ankunft bitte umgehend beim Brauhaus anmelden. Wir freuen uns, wenn wir Sie in unserem Bierkeller (es gibt 3 verschiedene auf dem Kreuzberg) begrüßen dürfen.
Selbstgemachtes: Hochklassische Destillate, süffige Biere und fränkische Küche. Außerdem: Destillate und Honig. Abendbrot und Getränke erhältlich.
Aktivitäten: Bierkellerbesuch, Wandern, Pilgern
Hinweis: △ Der Parkplatz vom Brauhaus am Kreuzberg befindet sich direkt neben der Wallfahrtskapelle. Öffnungszeiten bitte der Webseite entnehmen, da der Parkplatz nur in diesem Zeitraum geöffnet ist. Extra Parkplätze für Übernachtungsaufenthalt neben der Kirche. Bitte nicht in den Fahrstreifen hineinparken.

Brauhaus am Kreuzberg E8
Kreuzberg 1 2014
91352 Hallerndorf

Zu Gast bei: Norbert Winkelmann, einfach anreisen…
Ruhetage: Mo. Di.
Schließzeit: 20.11.–20.02.

Hofverkauf:
Auf Anfrage

www.brauhaus-am-kreuzberg.de

BAUERNHOF RECK

Hambach (BY) · 50°6'17.1"N 10°12'28.2"E

Idyllisch gelegener Aussiedlerhof mit Rindern, Schweinen, Hühnern, Gänsen, Hasen, Pferden, Katzen und Hund. Mit Direktvermarktung und Bauernhofgastronomie. Nebst dem Hofladen haben wir auch einen Selbstbedienungskühlschrank.

Selbstgemachtes: Rind- und Schweinefleisch, Hausmacher Wurst, Geräuchertes, Nudeln, Eier, Fertiggerichte (z. B. Hühnerfrikassee, Rindergulasch etc.) verschiedene Marmeladen, eingemachtes Gemüse, Schnäpse und Liköre.
Aktivitäten: Radwanderweg direkt am Hof, 6 km bis Schweinfurt, 20 km bis Bad Kissingen, Kräuterlehrpfad

Bauernhof Reck E8
Oberer Grund 1 2021
97456 Hambach

Zu Gast bei: Michael Reck
0151/46403944
Anreise bis: 20 Uhr

Hofladen und Hofverkauf:
Auf Anfrage

www.bauernhof-reck.de

STURMIUSHOF

Hammelburg (BY) · 50°7'53.7"N 9°51'12.1"E

Am Sturmiusberg, dort wo die Rhön auf die Fränkische Saale trifft, liegt unser Sturmiushof. Ruhig über dem Saaletal betreiben wir Ackerbau, Geflügel-Freilandhaltung und unser Highlight, die Whiskybrennerei. Für Gruppen ab 10 Teilnehmern werden Whisky-Touren oder Whisky-Tastings angeboten. Eine Außen-Solardusche steht Ihnen zur Verfügung. Der Hofladen ist nach Vereinbarung geöffnet. Voranmeldung auch per Email möglich. Für Landvergnügen-Gäste findet täglich um 18 Uhr eine Führung mit Tasting statt.

Selbstgemachtes: Whisky, Edelbrände, High-Dry Gin, Obstliköre, Eier, Hausmacherwurst, Whisky-Salami, Whisky-Speck und Silvaner-Bratwurst. Frühstück erhältlich.
Aktivitäten: jeden 1. Samstag im Monat „Whiskytour mit Tasting" (mit Anmeldung), Baden, Angeln und Bootfahren auf der Saale, Burgen-Radweg
Hinweis: △ Eisenbahnbrücke mit 3,50 m Durchfahrtshöhe. Danach 500 m auf geteerter und kurviger Straße hoch zum Hof fahren.

Sturmiushof D8
Galgenberg 14 2017
97762 Hammelburg

Zu Gast bei: Doris & Walter Zeitz
09732/6199
Anreise bis: 18 Uhr

Hofladen:
Auf Anfrage

www.sturmiushof.de

Nord

Nordwest

Ost

Mitte-West

West

Südost

Südwest

WEINGUT LANGE SCHLOSS SAALECK

Hammelburg (BY) · 50°6'53.3"N 9°53'25.5"E

Das Weingut Schloss Saaleck wurde bereits im Jahr 1298 erstmals urkundlich erwähnt. Heute werden auf über 18 ha unsere Reben biologisch nach Naturland-Richtlinien bewirtschaftet. Mit Verzicht auf Herbizide, Kunstdünger und chemisch-synthetische Spritzmittel leisten wir einen wichtigen Beitrag für ein intaktes Ökosystem. Unsere charaktervollen Bioweine und Säfte sind in der Vinothek erhältlich. Der Hofladen ist sonntags ist nur von Juni – Okt. der geöffnet. Anmeldung bitte in der Vinothek. Stellplatz am Weinkeller mit Blick auf die Burg.

Selbstgemachtes: Weiß-, Rot-, Roséwein, Secco, Sekt, Traubensecco, Apfelsaft, Weingelee, Destillate, Likör und Weinessig. Außerdem: Honig, Traubenkernöl, Chutney, Geschenkkörbe und -karton.

Aktivitäten: Kayakfahren, Baden, Schwimmbad, Museum, hist. Altstadt, Rad- und Wanderwege, Weinlehrpfad

Hinweis: △ Serpentinenstraße zur Burg, rechts weiter Richtung Zeltplatz, dann rechte Einfahrt. Neben dem großen Holzfass können Sie parken.

Weingut Lange D8
Schloss Saaleck 2016
Am Marktplatz 1
97762 Hammelburg

Zu Gast bei: Thomas und Ulrike Lange 09732/7887450
Anreise bis: 17 Uhr

Hofladen:
Mo.–Fr. 9–13, 14–18 Uhr // Sa. 9–14 Uhr // So. 11–16 Uhr

www.weingut-schloss-saaleck.de

BIOHOF HARTUNG

Hammelburg-Feuerthal (BY) · 50°8'57.9"N 9°56'14.4"E

Andreas Hartung ist Landwirt aus Leidenschaft und Überzeugungstäter was Nachhaltigkeit und biologisches Arbeiten betrifft. Man findet seinen Hof im Dörfchen Feuerthal, das umgeben von Hügeln, idyllisch eingebettet in einem Tal bei Hammelburg liegt. Dort, wo die Straße endet, liegt sein Biohof. Vor Ort gibt es einen Hofladen mit Selbstbedienung.

Selbstgemachtes: Eier (aus einem Mobilstall), Suppenhühner, Kartoffeln (Bellinda und Marabel), verschiedene Vollkornmehle aus Urgetreide, Hafer- und Mehrkornflocken, Vollkornnudeln, verschiedene Destillate/ Edelbrände, Apfelsaft aus Streuobstwiesen, saisonal Obst und Gemüse (alles Bio-Produkte). Außerdem: Honig, Geschenkkörbe auf Bestellung.

Aktivitäten: wunderschöne Wanderwege in der Rhön, Reiten mit unseren Pferden (Haflinger und bayerisches Warmblut), Radwanderwege, Kanufahren auf der fränkischen Saale

Biohof Hartung D8
Feuerthaler Straße 47 2022
97762 Hammelburg-Feuerthal

Zu Gast bei: Andreas Hartung 0176/42096546

Hofladen:
Täglich 7–20 Uhr

www.biohof-hartung.de

BIOHOF PREISSLER

Hinterschmiding (BY) · 48°49'35.3"N 13°35'13.6"E

Schön gelegen, grenzt der Biohof Preißler an die Nationalparkgebiete Šumava und Bayerischer Wald, mit sehr schönem Fernblick. Ein Betrieb mit Milchvieh und Gewächshaus. Milch, Fleisch und Wurst gibt es direkt ab Hof zu kaufen, für alles andere ist der Hofladen donnerstags tagsüber geöffnet. Der Untergrund auf dem Hof ist nicht gänzlich befestigt.

Selbstgemachtes: verschiedene Wurstwaren, Fleisch, Milch und Gemüse. Außerdem: ein kleines Naturkostsortiment.

Aktivitäten: Wandermöglichkeiten in der Umgebung, Urwaldgebiet, Wildniscamp, beeindruckende Schluchtenlandschaften, Lagerfeuer mit gutem Braten und Westerngitarre, auf einem 300 Jahre alten Baum auf einer Plattform übernachten

Biohof Preißler H10
Schmidinger Str. 13 2014
94146 Hinterschmiding

Telefon: 08551/914160

Hofladen:
Auf Anfrage

AISCHBLICK RESTAURANT-CAFE

Höchstadt (BY) · 49°42'9.0"N 10°49'29.3"E

Wir betreiben ein fränkisches Restaurant direkt an den Aisch-Auen gelegen. Unser Familienbetrieb arbeitet regional und saisonal.

Selbstgemachtes: frisch zubereitete regionale und saisonale Speisen. Außerdem: Marmelade und Liköre. Frühstück, Abendbrot und Getränke erhältlich.
Aktivitäten: Bamberg und Nürnberg (ca. 35 km), Kräuterrundweg, Aischtal-Radwanderweg, Aischtaler Karpfenrundweg, Freibad
Hinweis: △ Die letzten 200 m sind einspurig.

Aischblick Restaurant-Cafe
Große Bauerngasse 88a
91315 Höchstadt
E8
2020

Zu Gast bei: Norbert Gumbrecht
09193/698090
Anreise bis: 21 Uhr
Ruhetage: Mo. Di.
Schließzeit: 01.06.–12.06., 03.08.–31.08.

Hofverkauf:
Mi.–So. 10–14, 17:30–21 Uhr

www.aischblick.de

HAFLINGERHOF UND BAUERNLADEN

Höchstadt (BY) · 49°42'12.3"N 10°49'10.8"E

Wir freuen uns über Ihren Besuch auf unserem Bauernhof. Mit uns zusammen leben hier Pferde, Schweine und Geflügel sowie im Frühling die Fohlen der Stuten. In unserem Bauernladen bieten wir Ihnen unsere hofeigenen Produkte zum Kauf an.

Selbstgemachtes: Geflügel, Eier, Fruchtaufstrich, Wurst, Geräuchertes, Schnaps und Kartoffeln.
Aktivitäten: Kutschfahrten mit der Familie, Kinderreiten auf unserem Hof (bitte Terminabsprache), Freibad, Erdbeerpflücken in der Nähe, Einkaufszentrum in Höchstadt

Haflingerhof und Bauernladen Familie Hock
Große Bauerngasse 7
91315 Höchstadt
E8
2019

Zu Gast bei: Alexander Hock
0157/39598248
Anreise bis: 19 Uhr

Hofladen:
Fr. 8:30–18 Uhr // Sa. 8:30–12 Uhr

DEMETERHOF DÜNNINGER

Hofheim (BY) · 50°7'53.3"N 10°33'15.6"E

Unser Bio-Hof liegt außerhalb von Goßmannsdorf, einem Ortsteil von Hofheim, im Naturpark Haßberge, inmitten von Feldern und Wiesen. Unser Schwerpunkt liegt im Ackerbau, daneben halten wir ca. 60 Schweine und verschiedene Kleintiere. In unserem Hofladen und der Hofbackstube können Sie sich mit biologischen Lebensmitteln und Produkten für den täglichen Bedarf versorgen. Nach Absprache ist ein Einkauf im Hofladen auch außerhalb der Öffnungszeiten möglich.

Selbstgemachtes: Brot, Wurst und Schweinefleisch. Außerdem: Käse, Obst, Gemüse, Getränke und Naturkost.
Aktivitäten: Badesee, Lamatrekking, schöne Wander- und Radwege, Gaststätten, Einkaufsmärkte und Schwimmbad im 3 km entfernten Hauptort Hofheim
Hinweis: △ Die letzten 200 m sind eine schmale Betonstraße. Bitte langsam fahren - Kinder, Katzen und Hunde.

Demeterhof Dünninger
Im Steig 1
97461 Hofheim
E8
2019

Zu Gast bei: Claudia Woy-Dünninger
09523/950619
Anreise bis: 20 Uhr
Schließzeit: 22.12.–28.02.

Hofladen und Hofverkauf:
Fr. 13:30–18:30 Uhr // Sa. 9–13 Uhr

www.demeterhof-duenninger.de

Nord
Nordwest
Ost
Mitte-West
West
Südost
Südwest

MÜHLE WUNDERLICH

Hofheim (BY) · 50°9'34.4"N 10°34'57.5"E

Wir betreiben eine Getreidemühle in der sechsten Generation in idyllischer Lage im Herzen der Haßberge. In unserer 300 Jahren alten Mühle verarbeiten wir Tag für Tag die verschiedensten Getreidesorten aus der Region. Mühlenprodukte und Regionales stehen in unserem kleinen Mühlenladen zur Auswahl.

Selbstgemachtes: Mehl, Schrot und Körner aus Dinkel, Emmer, Roggen und Weizen. Außerdem: Nudel, Honig, Müsli, Backzutaten u.v.m.
Aktivitäten: Kamele in Goßmansdorf, Schwedenschanze in Eichelsdorf, Landschaftsgarten bei Manau, Schwimmbad in Hofheim, Sägewerk auf dem Hof

Mühle Wunderlich E8
Sulzbach 37 2021
97461 Hofheim

Zu Gast bei: Armin Wunderlich
09523/880
Anreise bis: 20 Uhr
Ruhetag: So.

Hofladen:
Mo.–Fr. 9–12, 13–18 Uhr // Sa. 9–12 Uhr

www.muehle-wunderlich.de

GASTHOF „ZUR BURG"

Hohenberg (BY) · 50°5'49.3"N 12°13'22.5"E

Wir sind ein Familienbetrieb mit Herz und Leidenschaft in vierter Generation. Unser Gasthof befindet sich in schöner Lage unmittelbar an der mittelalterlichen Burganlage im Zentrum Hohenbergs im östlichen Fichtelgebirge. „Frisch auf den Tisch" ist seit vielen Jahren das Prinzip unserer Küche. Unsere Fischteiche sind 800 m vom Restaurant entfernt, genauso wie unsere Schafherde. Alle anderen Produkte kommen von regionalen Lieferanten. Jeder Gast soll sich bei uns wie zu Hause fühlen. Außer mittwochs haben wir für Sie täglich von 9–22 Uhr geöffnet. Von Oktober bis April ist auch am Dienstag Ruhetag. Wir freuen uns auf Sie!
Selbstgemachtes: geräucherter Saibling, Wurstwaren, Lammschinken, hausgemachte Gerichte (auch zum Mitnehmen). Nach Voranmeldung: Frühstück, Abendbrot und Getränke erhältlich.
Aktivitäten: Burg Hohenberg, Wanderwege, Thermenbesuch, Porzellan- und Bauernhofmuseum, Outlet-Besuche

Gasthof „Zur Burg" G8
Burgplatz 5 2020
95691 Hohenberg

Zu Gast bei: Thomas Geiger
09233/9404
Anreise bis: 19 Uhr
Ruhetag: Mi.

www.gasthof-zur-burg.com

GEIGEL'S GEWÖLBE IM WINKEL

Hohenberg (BY) · 50°5'53.0"N 12°13'22.2"E

Neben unserer modernen Bio-Landwirtschaft mit freilaufenden Angusrindern und anderen Tieren, betreiben wir eine urige Gastwirtschaft in unserem alten, denkmalgeschützten Vierseithof. An Tagen, an denen unsere Gaststätte nicht geöffnet hat, stellen wir Ihnen gerne Grillgut zur Verfügung. Von Ihrem Stellplatz blicken Sie über die Rinderweide und das malerische Egertal ins benachbarte Böhmerland (Tschechien).

Produkte: Speisen. Abendbrot und Getränke erhältlich.
Aktivitäten: Steinberg, Burg Hohenberg, Carolinenquelle Hohenberg, das benachbarte Tschechien zu Fuß oder mit dem Rad

Geigel's Gewölbe im Winkel G8
Im Winkel 10 2021
95691 Hohenberg

Zu Gast bei: Nadine Lippert
0171/8336757
Anreise bis: 21 Uhr
Schließzeit: 01.10.–30.11.

Hofverkauf:
Mi., Fr., So. 17–22 Uhr

www.geigelsgewölbe.de

HUBERHOFLADEN

Hohenpolding (BY) · 48°22'51.5"N 12°8'41.6"E

Der Huberhof bietet nicht nur hochwertige Produkte aus eigener Manufaktur, sondern ist auch ein Ort, an dem man sich aus dem Alltag ausklinken kann. Ich möchte den Menschen die Idee nahebringen, sich wieder im Rhythmus der Natur und den Jahreszeiten entsprechend zu ernähren und somit hochwertige Qualität wieder schätzen zu lernen. Mit Liebe verarbeitete Lebensmittel bringen viel Energie und der Kreativität sind keine Grenzen gesetzt. An Sonn- und Feiertagen gönne ich mir eine Pause und empfange keine Gäste.

Selbstgemachtes: Fruchtaufstriche, Soßen, Chutneys, Pesto, Senf, Essig, Öle, Tee, Sirup, Gewürze und Eingelegtes. Außerdem: Geschenkkörbe. Nach Voranmeldung: Frühstück, Abendbrot und Getränke erhältlich.
Aktivitäten: Kräuterwanderungen, Radwege, Ruheoase
Hinweis: △ Die Zufahrt führt über eine enge Straße.

Huberhofladen G10
Harting 12 2019
84432 Hohenpolding

Zu Gast bei: Gabriele Geitner
08084/258773
Anreise bis: 21 Uhr
Ruhetag: So.
Schließzeit: 01.08.–20.09.

Hofladen:
Mo.–Sa. 13–19 Uhr

www.huberhofladen.de

HOHENTHANNER BRAUEREIGASTHOF

Hohenthann (BY) · 48°39'29.9"N 12°5'34.1"E

Nehmen Sie Platz und lassen Sie es sich gut gehen. In unserem Brauereigasthof im Herzen Niederbayerns servieren wir Ihnen Speisen aus frischen, regionalen Zutaten und unsere prämierten Biere der Hohenthanner Schlossbrauerei. Kleine Gäste finden in unserem Biergarten einen Kletterturm mit Sandkasten und Rutsche. Unser Brauereigasthof ist einer unter 100 ausgezeichneten Heimatwirtschaften Bayerns und ein idealer Treffpunkt für die ganze Familie. Unsere Küche ist bis 21:30 Uhr geöffnet. Wir freuen uns auf Ihren Besuch!

Selbstgemachtes: bayerische Spezialitäten und Liköre. Außerdem: Biere der Schlossbrauerei. Abendbrot und Getränke erhältlich.
Aktivitäten: Schwimmbad im Ort, Wallfahrtskirche Heiligenbrunn, Rad- und Wanderwege (Karten im Gasthaus erhältlich)

Hohenthanner Brauereigasthof F10
Rottenburger Str. 22 2019
84098 Hohenthann

Zu Gast bei: Horst Eibl
08784/969601 o. 0151/46434936
Anreise bis: 22 Uhr
Ruhetage: Mo. Di. Mi. Do.

Hofverkauf:
Mi.–Sa. 17–00 Uhr // So. 11–22 Uhr

hohenthanner-brauereigasthof.de

ROTHTAL-FORELLEN LANGE

Horgau OT Bieselbach (BY) · 48°23'43.1"N 10°39'16.4"E

Willkommen bei der Rothtal-Forellenzucht und Räucherei Lange in Horgau – Bieselbach. Natürlich und frisch sind die Fische aus unserer Anlage im Herzen des Naturparks Augsburg – Westliche Wälder. Herzhaft feine Räucherfische, wie Saiblinge, Forellen und Lachsforellen werden hier bis zu drei Mal wöchentlich, traditionell über Buchenholz im Steinofen meisterlich veredelt.

Selbstgemachtes: fangfrische, küchenfertige Fische (auf Wunsch gleich filetiert), grill- oder ofenfertig fein gewürzte Kräuterfische, Kräuterfilets in Folie, buchenholzgeräucherte Fische und Räucher-Filets.
Aktivitäten: Baden und Spazieren im und am Rothsee (4 km), Augsburg und Legoland Günzburg (30 min)

Rothtal-Forellenzucht und Räucherei Lange E10
Mühlangerstr. 4 2021
86497 Horgau OT Bieselbach

Telefon: 08294/2885
Anreise bis: 20 Uhr

Hofladen und Hofverkauf:
Mo.–Fr. 8–19 Uhr // Sa. 9–18 Uhr

www.rothtal-forellen.de

OBST VON BAUER

Igensdorf (BY) · 49°36'36.9"N 11°16'26.1"E

Obst von Bauer, ein ökologischer Obstbaubetrieb am Rande der fränkischen Schweiz. Wunderschön gelegen auf der ebenen Hochfläche des Jura in Oberrüsselbach. Wir bauen verschiedene Sorten von Äpfeln, Birnen, Kirschen und Zwetschgen an und verarbeiten sie selber. Ab Mitte Juli beginnt erst unser Ab-Hof-Verkauf, sie sind aber trotzdem davor schon herzlich willkommen.

Selbstgemachtes: frische Äpfel und Birnen, Süßkirschen, Sauerkirschen, Mirabellen, Säfte u.v.m.
Aktivitäten: vielfältiges Wander- und Radwegenetz, Bikepark Osternohe, Segelflugplatz
Hinweis: △ In Oberrüsselbach in die letzte Straße am Wanderparkplatz abbiegen. Die letzten 300 m sind einspurig und land- und forstwirtschaftlicher Weg.

Obst von Bauer F9
Oberrüsselbach 20 2021
91338 Igensdorf

Zu Gast bei: Magdalena Bauer
0173/6900883
Anreise bis: 18 Uhr
Ruhetag: So.
Schließzeit: 24.12.–02.01.

Hofverkauf:
Auf Anfrage

www.obst-bauer.de

ERLEBNISBAUERNHOF STIERHOF

Iphofen (BY) · 49°39'8.2"N 10°19'41.2"E

Saustarke Ferien auf dem Bauernhof am südlichen Rand des Steigerwaldes. Wir bieten Ihnen Tiere zum Anschauen, Anfassen und Füttern.

Selbstgemachtes: Eier, warme Mahlzeiten, Kaffee und Kuchen. Frühstück, Abendbrot und Getränke erhältlich.
Aktivitäten: Wanderwege, Kirchenburgmuseum

Erlebnisbauernhof Stierhof E9
Dorfstraße 8 2016
97346 Iphofen

Zu Gast bei: Irma Stierhof 09326/1875
Anreise bis: 23 Uhr

Hofverkauf:
Auf Anfrage

www.urlaub-auf-dem-stierhof.de

WEINGUT & WINZERHOF EMMERICH

Iphofen (BY) · 49°41'48.3"N 10°16'22.5"E

Mitten im Grünen liegt unser Weingut im mediterranen Stil: hell, offen und herzlich. Ob im großzügigen Hof, auf der Weingutswiese oder bei einer Wanderung durch die Weinberge – bei uns sind Sie der Natur ganz nah. Als Familienweingut betreiben wir nachhaltigen, naturnahen Weinbau. Von Frühsommer bis Herbst hat unser Gartenausschank geöffnet – lassen Sie die Seele baumeln bei einem fränkischen Picknick und einem Glas Wein.
Selbstgemachtes: Gutsweine, Sekt, Perlwein, Edelbrände, hausgemachte Fruchtaufstriche, fränkische Hausmacherwurst und geräucherter Schinken. Frühstück und Getränke erhältlich.
Aktivitäten: Gartenausschank „Sonne. Wein.Picknick.“, Weinbergsführung mit Weinverkostung, Hausmacher Wurst „to go“ oder als Brotzeit, Rebstock-Leasing, Veranstaltungen, Weinprobe unter freiem Himmel, Jahrgangspräsentation mit VINIssage, Hallenbad, Terrassenbad, Wander- u. Radwege, mittelalterliches Städtchen, Museen

Weingut & Winzerhof E8
Emmerich 2014
Einersheimer Str. 47
97346 Iphofen

Telefon: 09323/875930
Anreise bis: 18 Uhr
Schließzeit: 20.12.–20.01.

Hofladen:
Mo.–Sa. 8–18 Uhr // So. 9–12 Uhr

www.weingut-emmerich.de

WEINGUT SCHMIDT

Ippesheim (BY) · 49°37'29.9"N 10°13'39.4"E

Wir sind ein familiengeführtes Weingut im „Weinparadies Franken“ an den südlichen Ausläufern des Steigerwaldes. Wir setzen auf erstklassige Weine und hohe Qualität, nur so können wir Ihnen das gewisse Etwas bieten. Zahlreiche Weiß- und Rotweine haben wir für Sie im Angebot, abgerundet von einem prickelnden Sekt oder einem süßen Eiswein. Gerne empfangen wir Sie am Wochenende. Samstags und sonntags sind die Johannesstuben ab 11 Uhr geöffnet mit durchgehend warmer Küche und fränkischer Vesper.

Selbstgemachtes: Weißwein, Rotwein, Sekt, Secco, Eiswein und Traubensaft. Abendbrot und Getränke erhältlich.
Aktivitäten: Wanderwege, Sehenswürdigkeiten, Weinstuben und Heckenwirtschaften

Weingut Schmidt GbR
Bullenheim 157
97258 Ippesheim
E9
2014

Zu Gast bei: Lukas Schmidt 09339/407
Ruhetage: Mo. Di. Mi. Do. Fr.

Hofverkauf:
Sa., So. 9–20 Uhr

www.weingut-johannesstuben.de

WEINBAU STREBEL UND POPP

Ipsheim (BY) · 49°31'38.3"N 10°28'48.1"E

Unser familiengeführtes Weingut mit Selbstvermartkung, eigener Brennerei und Obstanbau heißt Sie herzlich willkommen. Unser Wein gedeiht auf den dunklen Keuper- und Lehmböden Mittelfrankens. Ausgebaut werden unsere Weißweine im Edelstahltank. So behalten Sie Ihre unverfälschliche Frische. Unsere Rotweine werden teils im Holzfass und teils im Barriquefass gelagert, so bekommen Sie Ihren edlen, einzigartigen Charakter.

Selbstgemachtes: Rot- und Weißwein, Secco, Rohling, Rosé, Weinessig, Liköre, Obstgeiste, Obst- und Edelbrände, verschiedene Säfte, Federweißer, Glühwein und Honig. Außerdem: Rapsöl, Sonnenblumenöl und Meerrettich.
Aktivitäten: Freilandmuseum Bad Windsheim, Frankentherme BW, Freibad BW, Frohsinnsdorf Oberntief, Spielzeugmuseum im Schloß Sugenheim, Badesee Obernzenn, Reichstadtmuseum BW, Weinwanderweg, Weinbergsbewirtung Mai – Oktober und vieles mehr

Weinbau Strebel und Popp
Fischergasse 14
91472 Ipsheim
E9
2021

Zu Gast bei: Familie Popp 09846/298
Anreise bis: 19 Uhr
Ruhetag: So.
Schließzeit: 01.09.–30.09.

Hofverkauf:
Auf Anfrage

www.weingut-strebel-popp.de

MINDERLEINSMÜHLE

Kalchreuth (BY) · 49°35'23.4"N 11°8'42.4"E

Wir von der Minderleinsmühle sind Getreidespezialisten mit langer Tradition und stellen naturnahe, ökologisch und nachhaltig produzierte Lebensmittel her. Seit 2020 vereinen wir unter unserer hauseigenen Marke „MiNøttly“ skandinavische Naturverbundenheit mit nussigen Crunchys aus Franken. Ganz unter dem Motto „Franconian-Scandinavia“. Sie erreichen uns telefonisch nur während der Öffnungszeiten des Ladens. Wir freuen uns auf Ihren Besuch!

Selbstgemachtes: Müsli, Gebäck, Waffeln, Schokoliertes, glutenfreie Produkte. Außerdem: Saaten, Backzutaten, Tees, Honig, Öle.

Minderleinsmühle GmbH & C. KG
Minderleinsmühle 1
90562 Kalchreuth
E9
2021

Einfach anreisen…
Anreise bis: 18 Uhr
Ruhetag: So.

Hofladen:
Mo.–Fr. 8–18 Uhr // Sa. 9–13 Uhr

www.minderleinsmuehle.de

Nord
Nordwest
Ost
Mitte-West
West
Südost
Südwest

FLEISCH

SCHWEIN GEHABT

Mit ihrer Ibérico-Zucht im Münsterland stellen Andrea und Christian Vincke Fleisch für Genießer her.

Nur wenige Wochen sind die kleinen Ferkel alt, die sich hinter einer großen Glasscheibe um das Muttertier scharen. Mit ihrer schwarzen, manchmal leicht ins rötliche gehenden Haut unterscheiden sich die Ibéricos auf Hof Vincke auf den ersten Blick von konventionellen Hausschweinen. „Die Pata Negra, also die schwarze Pfote, ist ihr Markenzeichen", erklärt Andrea Vincke, die zusammen mit ihrem Mann Christian den Landwirtschaftsbetrieb in Alverskirchen im Münsterland betreibt. Weil sich die Zucht deutscher Hausschweine aufgrund der niedrigen Preise für den Familienbetrieb nicht mehr lohnte, legte er sich vor fünf Jahren die ersten Ibérico-Schweine zu. Was als Experiment auf dem Pachtbetrieb zwei Kilometer entfernt begann, füllt jetzt die Ställe des Stammbetriebs.

Vom Ferkel bis zum Eber Helmut leben etwa 500 Exemplare der aus Andalusien stammenden Rasse auf dem Hof. Trotzdem haben sie viel Platz, denn in den Ställen wurden früher sechsmal so viele rosafarbene Hausschweine gemästet.

Im Sommer wie im Winter dürfen die Tiere frei zwischen Stall und Weide wechseln. 50.000 Quadratmeter ist das Gelände groß, auf dem sie sich nach Herzenslust im Schlamm suhlen dürfen. Neben dem, was sie im Freien finden, ernähren sie sich von einer Spezialmischung aus Gerste, Weizen und Fettsäuren, deren Zusammensetzung Christian Vincke ausgetüftelt hat und die er auf seinem Hof herstellt.

„Die Tiere, ihre Zucht und ihre Aufzucht sind um ein Vielfaches teurer als bei konventioneller Schweinehaltung", gibt Andrea Vincke zu bedenken. Davon können sich Besucher in ihrer transparenten Landwirtschaft überzeugen. →

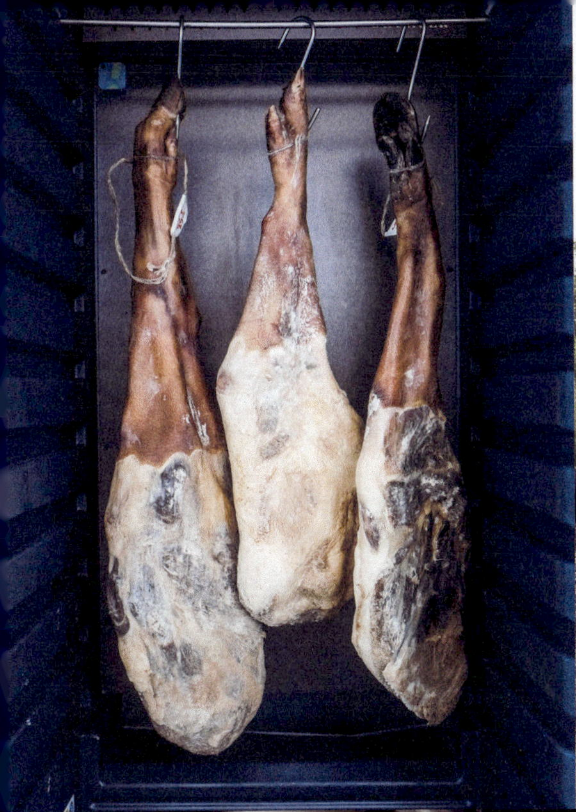

AGRO mais

Etwa anderthalb Jahre werden die Ibérico-Schweine auf dem Hof Vincke alt, bevor sie von kleinen Betrieben in Milte oder Schöppingen geschlachtet werden. Perspektivisch wäre es Andrea Vincke lieber, sie per Weideschuss zu erlegen, um den Schweinen den Transport zu ersparen. Doch die Auflagen für diese Art des Schlachtens sind hoch.

Vom Schlachtbetrieb liefert der Hof Vincke das Fleisch nach der Zerlegung direkt an die Endkunden. Einige kaufen direkt im Hofladen ein. Der Hof beliefert aber auch Metzger und Gastronomen in ganz Deutschland. „Das Besondere an dem Ibérico-Fleisch ist sein hoher Anteil ungesättigter Fettsäuren", betont Andrea Vincke. „Daher hat es auch den Beinamen ‚Olive auf vier Pfoten'."

Doch das Fleisch ist nicht nur gesund, auch geschmacklich ist es vielen Fleischsorten überlegen. „Das liegt daran, dass sich dieses wertvolle Fett in den Fleischfasern einlagert", erläutert Andrea Vincke. „Das verbessert die Koch- und Brateigenschaften erheblich."

Wer sich zum ersten Mal ein Stück Ibérico-Schwein gönnt, dem empfiehlt Andrea Vincke es ganz minimalistisch nur mit Salz anzubraten und anschließend etwas Pfeffer hinzuzugeben. „So kann sich das Aroma am besten entfalten. Sie erleben vielleicht zum ersten Mal den Geschmack von Schwein." Auch auf dem Grill macht sich das Fleisch als Steak oder Spare Rips gut.

Den in Spanien so beliebten Schinken stellen die Vinckes zusammen mit einem lokalen Metzger her. Dafür wird das Fleisch in Meersalz eingelegt und dann an der Luft getrocknet – ein echter Genuss. Das gilt auch für die Umgebung des Hofes in Alleinlage zwischen Feldern und Wäldern, auf dem Naturliebhaber auf ihre Kosten kommen.

WEINBAU BEUSCHEL

Kaltensondheim (BY) · 49°43'53.6"N 10°5'13.5"E

Wir lassen uns von unserer Begeisterung und Leidenschaft treiben, Jahr für Jahr attraktive Weine zu erzeugen. Einen bekömmlichen und natürlichen Wein anstrebend, hegen wir unsere Rebflächen und bewirtschaften sie naturnah. Als kleiner Familienbetrieb liegt es uns sehr am Herzen, allen Weinliebenden eine kompetente Beratung zu bieten. Auch für Familien mit Kindern ist bestens gesorgt. Weinverkauf und Verkostung montags bis sonntags nach telefonischer Vereinbarung.

Selbstgemachtes: Frankenweine (Silvaner, Müller-Thurgau, Bacchus, Domina, Rotling, Secco), in der Lesezeit auch Federweißer und Traubensaft. Außerdem: Häckerplatte, Liköre und Getränke.

Aktivitäten: Keller-Hofführung, aktives Mitwirken auf dem Hof, Weinverkostung, Radwege, Kinderspielecke auf dem Hof, Wildpark in Sommerhausen, in Kitzingen: Schifffahrt, Hallenbad, Freibad

Weinbau Beuschel D8
An der Marter 20 2017
97318 Kaltensondheim

Zu Gast bei: Diana Beuschel-Zinn
09321/9296482 o. 0157/88198498
Anreise bis: 19 Uhr
Ruhetag: So.
Schließzeit: 12.08.–20.08.

www.weinbau-beuschel.de

KÜRBISHOF SCHNELL

Kammerstein-Neppersreuth (BY) · 49°17'12.1"N 10°58'40.9"E

Einziger Kürbishof in Bayern mit eigener Kürbiskernölmühle, in der das schmackhafte Kürbiskernöl mit Kürbiskernen aus eigenem Anbau erzeugt wird. Außerdem bauen wir Speise,- Halloween- und Zierkürbisse an, die ab Anfang September in unserem Hofladen erhältlich sind.

Selbstgemachtes: Hokkaido, Muskatkürbis, Butternut, Spaghettikürbis, Mikrowellenkürbis, Halloweenkürbis, Zierkürbis, Kürbiskerne in verschiedenen Geschmacksrichtungen, Kürbiskernöl, Kürbiskernmehl und Fruchtaufstriche. Außerdem: Kürbiskernnudeln, Kürbiskernsenf, Liköre, Nudeln, Essig, Holunderprodukte, Wurstdosen, Wein, Quittenwein und -secco.

Aktivitäten: Wandern im Heidenberg mit Besichtigung der Jakobuskapelle, Goldschlägerstadt Schwabach (5 km), Schloß Ratibor in Roth (8 km), Rothsee, Brombachsee, Nürnberg (25 km)

Schnells Kürbiskerne GbR E9
Ringstr. 4 & 15 2014
91126 Kammerstein-Neppersreuth

Zu Gast bei: Martin & Petra Schnell
09122/830703
Anreise bis: 18 Uhr
Ruhetag: So.
Schließzeit: 01.08.–12.08.

Hofladen:
Mi., Do. 14–18 Uhr // Fr. 9–12:30, 14–18 Uhr // Sa. 9–13 Uhr

www.schnells-kuerbiskerne.de

BRENNEREI-GASTHAUS SPONSEL

Kirchehrenbach (BY) · 49°44'03.8"N 11°08'50.2"E

Wir sind ein echtes Familienunternehmen, in dem jeder seinen Teil dazu beiträgt, dass Sie Ihren Besuch rundum genießen können. Landwirt Maximilian Sponsel führt unsere eigene Landwirtschaft. Aus den Erzeugnissen seines älteren Bruders kreiert Koch Ferdinand unsere schmackhaften Gerichte, Brennmeister Alexander Sponsel leitet den Service und ist er für Ihr „geistliches" Wohlbefinden zuständig: Er führt die hauseigene Brennerei, welche im Sommer geöffnet ist.

Selbstgemachtes: Brände, Geister, Liköre, Hausmacher Wurstsorten im Glas, ver. Schinken, Lamm und Zickleingerichte. Außerdem: viele verschiedene regionale Spezialitäten. Frühstück, Abendbrot und Getränke erhältlich.

Aktivitäten: Wandern am Walberla, Klettern in der Fränkischen Schweiz, Kanufahren

Brennerei-Gasthaus
Sponsel GmbH & Co. KG 2021
Hauptstraße 45
91356 Kirchehrenbach

Zu Gast bei: Alexander Sponsel
09191/94448

Hofverkauf:
Auf Anfrage

www.gasthaus-sponsel.de

HOFKÄSEREI LANG

Kirchendemenreuth (BY) · 49°45'30.2"N 12°5'20.4"E

Wir führen einen Bio-Heumilchbetrieb mit 22 Milchkühen, Direktvermarktung und Bauernhofgastronomie. Ein Selbstbedienungskühlschrank mit offener Ladenkasse steht von Montag bis Sonntag von 8 bis 20 Uhr zur Verfügung. Donnerstags nachmittags wird von 14 bis 18 Uhr Kaffee und Kuchen serviert. An die Hundehalter: wir haben einen eigenen Hund, der sich stets frei bewegen kann.

Selbstgemachtes: Hartkäse, Weichkäse, Camembert, Quark, Milch, Joghurt, Gemüse, Obst, Marmelade, Kuchen, Fleisch vom Rind. Außerdem: Eier, Kaffee, unverpackte Grundnahrungsmittel und Tee. Getränke stehen im Kühlschrank bereit. Nach Voranmeldung: Frühstück erhältlich.
Aktivitäten: Thermenwelt Weiden, Kiesweiher Josephstal, Freibad Windischeschenbach, KTB Windischeschenbach, Vulkanmuseum Parkstein, Bockelradweg, schönster Basaltkegel Europas in Parkstein, Wanderwege

Hofkäserei Lang GbR F8
Oed 2 2021
92665 Kirchendemenreuth

Zu Gast bei: Renate Lang
09602/63219 o. 0151/29503468
Anreise bis: 19 Uhr
Schließzeit: 22.12.–06.01.

Hofladen:
Do. 14–18 Uhr // Fr. 8–11, 14–18 Uhr // Sa. 8–11 Uhr

www.hofkaeserei-lang.de

FERIENHOF PETZOLD

Kirchenlamitz (BY) · 50°7'59.9"N 11°56'14.7"E

Umrahmt von Wiesen und Wäldern liegt der Ferienhof Petzold auf 600 m Höhe mit herrlichem Blick auf Schneeberg und Ochsenkopf. Auf unserem Bauernhof betreiben wir Ackerbau und Tierzucht. Wir bieten ein Frühstücksangebot oder einen Brötchenservice für unsere Gäste an. Hunde sind an der Leine zu führen. Wer möchte, darf gern bei uns auf dem Bauernhof mithelfen.

Selbstgemachtes: Eier aus unserem Hühnermobil, Kartoffeln, Wurst und Bauernhofcafé am Wochenende und feiertags. Nach Voranmeldung: Frühstück erhältlich.
Aktivitäten: Grillen, Lagerfeuer, Traktorfahren, Weißenstädter See, Therme Weißenstadt, Sommerrodelbahn, Radwegenetz

Ferienhof Petzold F8
Großschloppen 1 2021
95158 Kirchenlamitz

Zu Gast bei: Sebastian und Elke Petzold 09285/8389
Anreise bis: 19:30 Uhr

Hofverkauf:
Auf Anfrage

www.ferienhof-petzold.de

BUCHBERGHOF EISMANUFAKTUR

Kirchenlamnitz (BY) · 50°7'16.3"N 11°56'7.9"E

Willkommen auf einem modernen Milchviehbetrieb mit Roboter und nebenan einer Speiseeisproduktion mit Eiscafé. Für unsere Kleinen gibt es viele Spielmöglichkeiten, Sandkasten, Schaukel, Tretttraktoren und einen Streichelzoo mit Eseln, Ziegen, Hühnern, Katzen und Kälbern. Bitte Hunde auf unserem Hof unbedingt anleinen. Unser Eiscafé hat von Mai bis September an den Feiertagen sowie samstags und sonntags für Sie von 13 –19 geöffnet sowie Oktober bis April von 9 –12 Uhr. Unsere Produkte können Sie am 24h-Automaten täglich frisch erhalten.

Selbstgemachtes: Käse, Eis, Wurst, Joghurt, Fleisch, Rote Bete, Zucchini süßsauer, Eierlikör. Außerdem: Liköre, Marmeladen und Nudeln. Getränke erhältlich.
Aktivitäten: Badeseen, Felsenlabyrinth, Sommerrodelbahn, verschiedene Museen, Fahrradwege, Wanderwege, Greifvogelpark, Wildpark

Buchberghof Eismanufaktur F8
Fichtenhammer 7 2021
95158 Kirchenlamnitz

Zu Gast bei: Florian Reichel
0160/7269213
Anreise bis: 18 Uhr

Hofladen und Hofverkauf:
Auf Anfrage

www.buchberghof.eu

ALEX(Z)ANDER'S FISCHZUCHT

Kirchensittenbach (BY) · 49°35'5.8"N 11°24'36.4"E

Idyllisch gelegen im Sittenbachtal liegt die Obermühle. Hier kann man neben Pferden und Fischen die Natur genießen. Der Biergarten lädt zum Verweilen und der Hofladen zum Stöbern ein. Wir weisen darauf hin, dass unsere Landvergnügenstellplätze nur von Donnerstag bis Sonntag zur Verfügung stehen.

Selbstgemachtes: Speisefische, Eis. Außerdem: Nudeln, Honig, Schokolade, Kaffee, Kuchen und vieles mehr. Nach Voranmeldung: Abendbrot und Getränke erhältlich.

Aktivitäten: Kletterwand (natur), Spielplatz, Wander- und Fahrradwege, Pferde, Kochworkshops, Events, Biergarten, Hofladen, Gewölbekeller

Hinweis: △ Steile Einfahrt.

Alex(Z)ander's Fischzucht & Events F9
Obermühle 1 2021
91241 Kirchensittenbach

Zu Gast bei: Alexander Schalber-Müller 0177/7790108
Anreise bis: 19 Uhr
Ruhetage: Mo. Di. Mi.

Hofladen:
Do. 14–19 Uhr // Fr. 13–19 Uhr // Sa. 12–19 Uhr

www.alexzanders.de

BESTHANS BIOHOF

Kirchheim (BY) · 48°12'6.7"N 10°27'5.1"E

Wir vom Besthans Biohof sind – aus Achtung vor der Schöpfung – seit über 30 Jahren auf dem Weg, gesunde Lebensmittel für den Menschen zu erzeugen. So gibt es seit über 10 Jahren keine Silage mehr auf unserem Hof. Die behornten Orginal Braunvieh Mutterkühe stehen von April bis Ende November auf den Weiden. Seit Anfang 2021 gibt es auf dem Hof einen Hofautomaten mit dem Ziel, die Direktvermarktung stärker auszubauen.

Selbstgemachtes: Mehle und Flocken von vielen Getreidesorten, Hanföl, Hanfmehl, Hanfsamen,Tees, Dinkelnudeln, Dinkel-Hanfnudeln und Rindfleisch. Außerdem: Aufstriche, Pestos, Hanfmilch, Schokolade und vieles mehr.

Aktivitäten: Kräuterführung auf dem Hof, Klangturm in Planung, Legoland Günzburg

Hinweis: △ Die letzte Einfahrt kann bei Starkregen erschwert sein, da es direkt auf unbefestigten Untergrund übergeht.

Besthans BIOHOF E11
Bergstraße 1 2021
87757 Kirchheim

Zu Gast bei: Albert Lochbrunner 0151/41211033
Anreise bis: 19 Uhr
Ruhetag: So.

Hofverkauf:
Auf Anfrage

www.hanftaube.de

NYMPHAION

Kirchheim OT Tiefenried (BY) · 48°11'58.5"N 10°28'27.3"E

Wir betreiben eine Wasserpflanzengärtnerei mit der größten Auswahl an Lotosblumen in Europa. Außerdem haben wir über 200 verschiedene Seerosen, einen großen Obstgarten, einen Schwimmteich u.v.m. Unser 3,3 ha großes Grundstück liegt außerhalb des Ortes.

Selbstgemachtes: Lotospflanzen, Seerosen, Apfelsaft, Honig, Lotostee, Gewürze und Weine. Außerdem: saisonale Produkte. Nach Voranmeldung: Abendbrot und Getränke erhältlich.

Aktivitäten: Einzigartige Lotosblumensammlung, Fuggerschloß mit dem berühmten Zedernsaal, Radwege, viel Ruhe

Hinweis: △ Wir haben einen großen Hund, der sich nicht mit allen Hunden versteht. Mit Rüden hat er meist ein Problem! Wir bitten das zu beachten.

Nymphaion E11
Mindelzeller Str. 9 2021
87757 Kirchheim OT Tiefenried

Zu Gast bei: Manfred Schmid 0163/1469263
Anreise bis: 20 Uhr

Hofverkauf:
Auf Anfrage

www.nymphaion.de

WEINSTUBE / WEINGUT EHERIEDER MÜHLE

Kitzingen (BY) · 49°44'8.1"N 10°7'14.4"E

Wir sind ein familiengeführtes Weingut in dritter Generation. In idyllischer Lage in der freien Natur liegt es direkt an Rad- und Wanderwegen. In unserer Gaststätte servieren wir neben unseren Gutsweinen frische und regionale Spezialitäten. Öffnungszeiten: donnerstags bis samstags ab 17 Uhr, sonn- und feiertags ab 12 Uhr. Der Weinverkauf ist durchgehend geöffnet.

Selbstgemachtes: Rot- und Weißweine, Secco, Liköre, Schnäpse, saisonal auch Federweißer und Glühwein. Abendbrot und Getränke erhältlich.
Aktivitäten: ausgewiesene Wander- und Radwege, Golf (3 km), Thermalbad, Sauna und Freibad (4 km), historische Innenstadt mit Museum (3 km), Badesee (4 km), Tierpark (7 km)

Weinstube / Weingut Eherieder Mühle E8
Kaltensondheimerstr. 115 2017
97318 Kitzingen

Zu Gast bei: Irene Haßold
09321/24464
Anreise bis: 20 Uhr
Schließzeit: 20.12.–06.01.

www.weingut-hassold.de

UDO'S SPITZENSPARGEL – FRÄNKISCHER SPARGELHOF

Kleinlangheim OT Haidt (BY) · 49°47'0.5"N 10°15'21.9"E

Direkt im Schwarzacher Becken befindet sich unser Familien-Spargelbetrieb. Hier können Sie alles über Spargel erfahren, was Sie schon immer wissen wollten. Ob Spargel aus unserem Hofladen oder zubereitete Spargelgerichte bei einem unserer Hoffeste – hier sind Sie genau richtig! Ein Teil des Hofes besteht aus fränkischem Muschelkalkpflaster. Es gibt Insektenhotels und Vogelhäuser zum Erhalt der Vielfalt an geflügelten Lebewesen. In der Spargelsaison haben wir täglich von 8 bis 19 Uhr geöffnet.

Selbstgemachtes: Spitzenspargel, Erdbeeren, Rhabarber, Brot und Kuchen (Holzbackofen), Freilandeier, Frischeinudeln, Eierlikör, Kürbis, Marmelade, Erdbeersecco und -wein sowie Säfte. Außerdem: Gemüse, Obst, Wurstprodukte von Wild und Schwein, Honig, Käsespezialitäten, Schnäpse, Liköre, Öle und Essig. Nach Voranmeldung: Getränke erhältlich.
Aktivitäten: Radwanderweg am Main entlang, Schwanenberg, Museen, Abtei Münsterschwarzach, Vogelsgurg, Hallburg und Maria im Weingarten

Udo's Spitzenspargel – Fränkischer Spargelhof E8
Haidt 4 2021
97355 Kleinlangheim OT Haidt

Zu Gast bei: Udo Hertlein
0171/9564636
Anreise bis: 19 Uhr
Schließzeit: 01.12.–31.01.

Hofladen:
Do. 14–18 Uhr // Fr. 9–18 Uhr // Sa. 8–14 Uhr

www.udos-spitzenspargel.de

WEINGUT HOFMANN-HERKERT

Klingenberg am Main (BY) · 49°46'26.9"N 9°11'3.8"E

Familienweingut mit Erzeugung hochwertiger Bioweine, Bewirtschaftung der arbeistintensiven Terrassensteillagen in Klingenberg, Direktvermarktung ab Hof, eigener Häckerwirtschaft, Einzelhandel und Gastronomie. Der Weinverkauf ist ab Hof jederzeit möglich, wenn jemand vor Ort ist. Ein Einblick in den Produktionsbetrieb ist nach Absprache möglich. Hunde bitte an der Leine führen.

Selbstgemachtes: Bioweine, Marmelade, Essig und Spirituosen.
Aktivitäten: gut ausgebautes Radwegenetz, Wandern im Spessart und Odenwald
Hinweis: △ Der Platz ist sehr eng.

Weingut Hofmann-Herkert D8
Schenkenstraße 8 2021
63911 Klingenberg am Main

Zu Gast bei: Christian Herkert
09372/408418 o. 09372/3747
Anreise bis: 18 Uhr
Ruhetag: So.

Hofverkauf:
Auf Anfrage

www.weingut-hofmann-herkert.de

WEINGUT WENGERTER

Klingenberg/Röllfeld (BY) · 49°45'45.9"N 9°11'42.0"E

Mitten im Grünen, fern von Lärm und Hektik des Alltags finden Sie unseren großen Winzerhof. Von Mai bis September veranstalten wir jeden ersten Mittwoch im Monat ein Oldtimertreffen. Von April bis Juni Spargelverkauf sowie „Spargel und Wein", ab November bis Mitte Dezember „Gänse und Wein" in der Winzerstube. Nach Vereinbarung öffnen wir gerne unseren Hofladen für Sie.

Selbstgemachtes: Weißweine, Rotweine, Rotling, Seccos, Liköre, „Winzers Winter"-Glühwein, Apfelsaft, Apfelwein und saisonal Spargelverkauf.
Aktivitäten: Radweg, Rotweinwanderweg, Badessen, Mainradweg, Winzerfeste, Hofladen

Winzerstube Wengerter D8
Himmeltaler Str. 42 2018
63911 Klingenberg/Röllfeld

Zu Gast bei: Rainer Wengerter
09372/921154 o. 0151/11214360
Anreise bis: 18 Uhr

Hofladen:
Auf Anfrage

www.weingut-wengerter.de

BIO HOF FUCHSHUBER

Kollnburg (BY) · 49°1'14.1"N 12°53'15.0"E

Wir sind ein familiengeführter Bio-Milchviehbetrieb inmitten des Bayerischen Waldes mit Ab-Hof-Direktvermarktung von regionalen und saisonalen Produkten. Der Stellplatz befindet sich abseits vom Hof in Alleinlage mit Blick auf das Aitnachtal. Wir freuen uns auf Ihren Besuch! Unser Hofladen ist von Sonnenaufgang bis Sonnenuntergang geöffnet.

Selbstgemachtes: Hausgemachtes Bauernhof Eis, Bio-Rohmilch, Eier, Kuchen im Glas, Marmelade, Sirup.
Außerdem: Zum Grillen: Fleisch und Würstchen vom regionalen Metzger.
Aktivitäten: ausgedehnte Wandermöglichkeiten, Kneippanlagen 500 m entfernt, Freibäder im Umkreis von 10 km, Sommerrodelbahn
Hinweis: △ Die letzten 300 m sind einspurig und haben eine 10%-ige Steigung.

Bio Hof Fuchshuber G9
Neidling 7 2019
94262 Kollnburg

Zu Gast bei: Franz & Maria Fuchshuber 09942/905989 o. 0151/46791936
Anreise bis: 19 Uhr

Hofverkauf:
Auf Anfrage

NATURLANDHOF BREHM

Königsfeld (BY) · 49°56'14.2"N 11°7'13.5"E

Der Naturlandhof Brehm ist ein 12 ha großer landwirtschaftlicher Nebenerwerbsbetrieb in der fränkischen Schweiz. Wir betreiben Ackerbau und halten zwei „Hobbyschweine". Wir freuen uns auf Ihren Besuch!

Aktivitäten: Fränkische Schweiz, Rad- und Wanderwege, Bamberg (20 km), Therme Obernsees (20 km)
Hinweis: △ Die letzten 100 m sind einspurig und geschottert.

Naturlandhof Brehm E8
Poxdorf 52 2015
96167 Königsfeld

Zu Gast bei: Stefan Brehm
09207/980977 o. 0176/55149318
Ruhetag: So.

KRÄUTERBAUER

Kößlarn (BY) · 48°22'40.2"N 13°6'24.1"E

Wir sind ein kleines Familienunternehmen mit Kräuterhof. Unser Umgang mit den Kräutern erfolgt wertschätzend und pfleglich per Hand, was sowohl die Ernte als auch die Pflegearbeiten betrifft. Neben den Kräutern gibt es noch einen großen Obstgarten mit alten Apfelsorten und ein begehbares Kräuterlabyrinth. Unsere weiten Wiesen werden von der seltenen Schafrasse „Soay" beweidet.

Selbstgemachtes: Pesto, Essige, Öle, Chili- und Grillsaucen, im Herbst Äpfel und im Frühsommer Kirschen zum Selberpflücken.
Aktivitäten: Baden in heißen Quellen, Kößlarn: Wehrkirchenanlage, Weißbierbrauerei, Gasthof Biemesmeier

Kräuterbauer G10
Hofreith 3 2018
94149 Kößlarn

Zu Gast bei: Paul Joseph Stoiber
08536/9194112
Anreise bis: 23 Uhr
Schließzeit: 22.10.–27.02.

Hofverkauf:
Mo.–Do. 9–18 Uhr

www.der-kraeuterbauer.de

GASTHOF ZUM HAGN

Kreuth (BY) · 47°40'24.3"N 11°45'11.5"E

Gastlichkeit, gemütliche Atmosphäre und kulinarische Erlebnisse stehen für uns an erster Stelle. Der Familienbetrieb in 2. Generation, seit 2013 unter der Führung von Christian Nocker mit seiner Lebensgefährtin Christiane Weidner-Hagn, besticht nicht nur durch Gemütlichkeit, sondern legt auch großen Wert auf regionale Küche und bayrische Schmankerl. Noch immer stehen Christian's Eltern Gabi und Hans Nocker dem jungen Wirt tatkräftig zur Seite. (WC-Nutzung ist nur während der Restaurant-Öffnungszeiten möglich)

Selbstgemachtes: regionale Speisen. Nach Voranmeldung: Frühstück, Abendbrot und Getränke erhältlich.
Aktivitäten: direkte Lage mitten in den Bregen in der Nähe der Wallbergbahn

Gasthof zum Hagn F11
Tegernseerstrasse 30 2021
83708 Kreuth

Zu Gast bei: Christian Nocker
08022/6248
Anreise bis: 21 Uhr
Ruhetag: Mo.
Schließzeit: 02.11.–15.11.

www.gasthofhagn.de

FRÖSCHBRUNNA

Kronach (BY) · 50°13'33.1"N 11°19'15.4"E

Am Rand der historischen Stadt Kronach gelegen, erwarten wir Sie mit unserer Biolandwirtschaft, der Sommerrodelbahn und unserem Gasthaus. Hier können Sie aus verschiedenen, traditionellen und regionalen Bio-Hähnchen- und Bio-Angus-Gerichten wählen. Auch mittwochs ist die Anreise nach telefonischer Anmeldung möglich. Die Rodelbahn hat keinen Ruhetag, wird von November bis Ostern aber nur am Wochenende betrieben. Die Toilettennutzung ist nur während der Öffnungszeiten des Gasthauses möglich.

Selbstgemachtes: Bio-Hähnchen-Fleisch (TK) und Frischfleisch alle 8 Wochen (Vorbestellung notwendig) direkt im Gasthaus, regionale und fränkische Spezialitäten. Abendbrot und Getränke erhältlich.
Aktivitäten: Sommerrodelbahn, Wander- und Radwege, ehemaliges Landesgartenschaugelände (300 m), Floßfahrten (donnerstagabends im Sommer), Festung Rosenberg (1 km), Erlebnisbad Crana Mare (1 km), historische Altstadt Kronach (1 km), Aussichtsturm

Fröschbrunna – Sommerrodelbahn, Gasthaus und Biolandwirtschaft F8 2020
Fröschbrunn 3
96317 Kronach

Zu Gast bei: Karin Hanna
09261/91203
Anreise bis: 20 Uhr
Ruhetag: Mi.

Hofverkauf:
Mo., Di., Do.–So. 10:30–21 Uhr

www.froeschbrunna.de

FILZ VOM WOLF

Kulmain (BY) · 49°55'2.9"N 11°53'38.3"E

Seit fast 30 Jahren bewirtschaften wir unseren wunderschön renovierten, alten Selbstversorgerhof. Mit uns leben Schafe, Hühner, Enten, Bienen, Katzen und ein Hund am Rande eines kleinen Dorfes in der Oberpfalz zwischen Fichtelgebirge und Steinwald. Neben dem Anbau von Nahrungsmitteln stellen wir Filzprodukte und Alltagsgegenstände selbst her.

Selbstgemachtes: handgemachte Filzwaren wie Hüte, Schuhe, Taschen und Sitzkissen, Schaffelle, Gemüse und Obst (saisonal).
Aktivitäten: Filzkurse für Kinder und Erwachsene, Führungen über den Selbstversorgerhof, Nutzung des Holzbackofens, Felsenlabyrinth, Luisenburg, Naturpark Steinwald, Wildpark Mehlmeisl, Fichtelgebirge

Filz vom Wolf F8
Lenau 6 2021
95508 Kulmain

Zu Gast bei: Magdalena Wolf
09642/7428
Anreise bis: 20 Uhr

Hofladen:
Do. 10–18:30 Uhr // Fr. 14–17 Uhr

www.filzvomwolf.de

BIOHOF DISTLER

Kulmbach (BY) · 50°10'37.1"N 11°24'41.9"E

Wir erzeugen mit Herzblut und Leidenschaft regionale Schätze. Gallowayfleisch aus Weidehaltung, kaltgepresste Öle aus eigenem Anbau und Kartoffeln werden auf unserem bio-zertifizierten, landwirtschaftlichen Betrieb angebaut. Seit fünf Generationen arbeiten wir mit viel Engagement und Freude auf unserem Betrieb. Der Hofladen öffnet nach Absprache. Ein Einblick in den Produktionsbetrieb ist nach Absprache möglich.

Selbstgemachtes: Gallowayfleisch, Rapsöl, Senföl, Leindotteröl, Hanföl, Leinöl, Sonnenblumenöl, verschiedene Sorten Kartoffeln, Hackschnitzel und Holz.
Aktivitäten: ausgezeichnetes Wandernetz „Frankenwaldsteigla", Gasthof (1 km), Radwege, Ruhe, Wald, Natur

Biohof Distler F8
Esbach 1 2021
95326 Kulmbach

Zu Gast bei: Birgit und Manfred Distler 0178/9140050
Anreise bis: 18:30 Uhr

Hofladen:
Auf Anfrage

GUT DÖRNHOF KULMBACH

Kulmbach (BY) · 50°7'12.7"N 11°28'54.8"E

Das Gut Dörnhof liegt nur 2 km von Kulmbach entfernt, 450 ü.N. mit herrlichem Blick auf die Plassenburg. Wir haben uns Tierrassen verschrieben, die auf der Roten Liste stehen und bemühen uns mit um den Arterhalt. Auf unserem Gelände bieten wir Campern gerne die Möglichkeit zu übernachten.
Selbstgemachtes: Eier von Huhn und Wachtel, Fleisch und Wurstprodukte vom Strohschwein, Fleisch von Kaninchen, Huhn und Wachtel (ganzjährig), Fleisch von Pute, Gans, Ente, Lamm und Zicklein (saisonal), Marmeladen, Gelees und Apfelsaft. Außerdem: Nudeln, Getränke, weiteres Sortiment wechselt.
Aktivitäten: Wanderwege, Tiergehege, Weideschweine, Badeseen, Plassenburg, Fahrradwege
Hinweis: △ Anfahrt über einspurige Teerstraße, Zufahrt beschränkt bis 7,5 m Fahrzeuglänge, Anreise möglich über Lehenthal-Baumgarten mit längeren Fahrzeug, letzte 500 m Schotterweg mit Steigung und enger Kurve.

Gut Dörnhof Kulmbach F8
Dörnhof 1 2021
95326 Kulmbach

Zu Gast bei: Jana Zink
092218/788100 o. 0170/8788100
Anreise bis: 22 Uhr

Hofverkauf:
Auf Anfrage

www.gut-doernhof.de

TERRASSENCAFÉ UND BRENNEREI GEIST-REICH

Kunreuth (BY) · 49°40'21.9"N 11°10'15.8"E

Willkommen im Geist-Reich! „Wer genießen möchte, ist bei uns richtig." Die Brennerei Geist-Reich befindet sich in Weingarts in der Fränkischen Schweiz. Unsere Obstbrände werden nach traditioneller Methode hergestellt, wobei ausgesuchte, vollreife Früchte aus eigenem Anbau einen besonders edlen, köstlichen Geschmack garantieren. Von Frühjahr bis Herbst ist bei uns Café-Saison. Geöffnet ist dann dienstags bis samstags von 14–20 Uhr. Genießen Sie guten Kaffee und ein Stück selbst gemachten Kuchen in angenehmer Runde.

Selbstgemachtes: edle Brände und Geiste, fruchtige Aufstriche, Gelees, Chutneys, Relishes, Säfte und Eingelegtes. Nach Voranmeldung: Frühstück und Getränke erhältlich.
Aktivitäten: Trampolin, Wanderwege, Themenwege (z.B. Brauereiweg, Genießerwege), Klettern, Fliegenfischen, Kanufahren, Freibäder, Museen, Fachwerktouren, Bamberg, Bayreuth und Nürnberg

Terrassencafé und Brennerei Geist-Reich F8
Weingarts 20 2018
91358 Kunreuth

Zu Gast bei: Michaela Engelhardt
09199/697071 o. 0173/5945006
Anreise bis: 19:30 Uhr

Hofladen:
Di.–Sa. 14–20 Uhr

www.brennerei-geistreich.de

SCHNEIDERHOF

Leonhardsbuch (BY) · 48°24'26.5"N 11°34'58.3"E

Besuchen Sie unseren kleinen Hof mitten im Ampertal und fühlen sich genauso wohl wie unsere Hühner, Gockel, Enten, Ziegen und 2 Katzen. Für Insekten haben wir eine Blumenwiese angelegt. Der Umwelt zuliebe. Wenn Sie Glück haben, hat Ihre Gastgeberin gerade Kuchen gebacken.

Selbstgemachtes: Obst, Marmeladen, Kräutersalz, Apfelsaft, Likör und Eier.
Aktivitäten: Badesee, Spielplatz, Keltenmuseum, Weihenstephan (älteste Brauerei der Welt), Schloss Hohenkammer, Ammer-Amper-Radweg

Schneiderhof F10
Buchstrasse 19 2021
85391 Leonhardsbuch

Zu Gast bei: Monika Abstreiter
0152/55807330
Anreise bis: 21 Uhr

Hofverkauf:
Auf Anfrage

STREUOBSTHOF BERNHARD

Leuchtenberg (BY) · 49°35'45.5"N 12°17'41.7"E

Wir sind eine kleine Kelterei, welche das Obst von der eigenen Streuobstwiese schonend verarbeitet. Seit 2016 stellen wir auch edle Obstbrände in unser Edel-Destillat-Manufaktur Bernhard her. Im Herbst pressen wir die von unseren Kunden mitgebrachten Äpfel zum eigenen Saft. Unser Hof liegt in einem kleinen Dorf – dort, wo sich Fuchs und Hase noch gute Nacht sagen. Wir öffnen unseren Hofladen gerne auf Anfrage.

Selbstgemachtes: Streuobstsäfte, edle Obstbrände, Gelees, Marmeladen, Sirup und Likör. Außerdem: Schnaps und Honig.
Aktivitäten: Obsternte, Burg Leuchtenberg mit Festspielen, Natur-Freibad, Lerauthal, auf den Spuren der Sage „Der Kalte Baum"

Streuobsthof Bernhard G9
Steinach 3 2016
92705 Leuchtenberg

Telefon: 09659/932465
Anreise bis: 19 Uhr
Schließzeit: 01.09.–31.10.

Hofladen:
Auf Anfrage

BIOLANDHOF KREMER

Lichtenfels (BY) · 50°6'26.4"N 11°8'49.0"E

Kleiner Bioland-Ackerbaubetrieb mit schönem Obstgarten, Freilandhühnern, Kartoffeln und anderen Produkten aus eigenem Anbau. Traumhafte Sonnenuntergänge in direkter Natur. Unser Hofverkauf erfolgt in Selbstbedienung Montag bis Sonntag von 8 bis 20 Uhr. Der geschotterte Stellplatz befindet sich gegenüber der Hausnummer 4, unterhalb der Scheune. Wiesen und Äcker grenzen direkt an.

Selbstgemachtes: Eier, Kartoffeln, grüne Linsen, Kürbisse, Getreide, Most, Likör, Schnaps, Marmelade, Brot nach Verfügbarkeit und Getränke in Flaschen. Außerdem: Backwaren.
Aktivitäten: Mainwanderweg, Mainradweg, Wallfahrtskirche Vierzehnheiligen, Kloster Banz, Gottesgarten am Obermain, Staffelberg, Obermain Therme, Badeseen, Klettergarten, Abenteuerspielplatz Kordigast, Fussballgolf

Biolandhof Kremer E8
Schafhof 4 2021
96215 Lichtenfels

Zu Gast bei: Isabell Kremer
0957/69258963 o. 0157/87615097

Hofverkauf:
Auf Anfrage

instagram.com/biolandhofkremer

GRIMMER'S BIO-KARPFENZUCHT

Lisberg/Trabelsdorf (BY) · 49°53'32.3"N 10°43'32.8"E

Unser Wirtshaus, Hotel und unsere Fischzucht liegen am Ortsrand zwischen Wald und See. Genuss und Entspannung – das ist es, was wir Ihnen in unserem Hause bieten wollen. Wir, das ist die Familie Grimmer und das gesamte Team. Wir sind ein Familienbetrieb und nehmen uns für all Ihre Anliegen persönlich Zeit. Bitte beachten Sie, dass für unsere Serviceleistungen eine Gebühr erhoben wird.

Selbstgemachtes: frisch, geräuchert oder gewürzt: Karpfen (eigene Bio-Zucht), Forelle, Saibling, Wildbrett aus eigener Jagd: Reh, Hirsch und Wildsalami (Abholservice aller Gerichte im Wirtshaus). Frühstück, Abendbrot und Getränke erhältlich.
Aktivitäten: Badesee direkt am Haus, Radwege, Wandern, Welterbe Bamberg, Naturpark Steigerwald, Baumwipfelpfad

Grimmer's Bio-Karpfenzucht E8
2021
Seeleite 1
96170 Lisberg/Trabelsdorf

Zu Gast bei: Jürgen Grimmer
09549/1247
Anreise bis: 21 Uhr

Hofverkauf:
Auf Anfrage

www.altes-kurhaus.de

BIOHOF HUBEL

Löpsingen (BY) · 48°52'31.6"N 10°31'59.9"E

Löpsingen, idyllisch am ruhigen Ufer der Eger im Herzen des Rieses gelegen. Hier heißt Sie die Familie Hubel auf ihrem Biobauernhof herzlich willkommen. Im schwäbischen Stil lädt das Anwesen zum gemütlichen Verweilen ein. Im Angebot stehen saisonale und hausgemachte Produkte vom eigenen Hof und unseren Tieren.

Selbstgemachtes: Eier, Nudeln und Rote Bete.
Aktivitäten: Radwanderwege, Altstadt Nördlingen, Geopark Ries
Hinweis: △ Die letzte Brücke ist im Normalfall nur für Anlieger.

Biohof Hubel E10
Weilerstraße 4 2021
86720 Löpsingen

Zu Gast bei: Dieter & Elke Hubel
0170/3057450
Anreise bis: 21 Uhr
Ruhetag: So.

Hofverkauf:
Auf Anfrage

BIO-HOF SELLER

Machtenstein (BY) · 48°17'22.8"N 11°18'58.4"E

Unsere kleinbäuerliche Landwirtschaft wird nach den bio-dynamischen Richtlinien des Demeter-Verbandes bewirtschaftet. Wir betreiben eine sehr vielfältige Tierhaltung mit Ackerbau (Ur-Getreide-Anbau), eine kleine Imkerei mit wesensgemäßer Bienenhaltung und bieten „Blühpatenschaften" für Naturliebhaber an. Der idyllische Ort Machtenstein liegt eingerahmt von Wäldern im schönen Dachauer Hinterland. Ab-Hof-Verkauf auf Anfrage und je nach Angebot. Anreise nur nach telefonischer Voranmeldung.

Selbstgemachtes: Eier, Fleisch von Geflügel, Hochlandrindern und Schwein, Honig und Imkereiprodukte, saisonales Obst und Gemüse aus dem Hausgarten, Wachsprodukte, Urgetreide und Produkte daraus, Kräutersalze und -tinkturen, Selbstgemachtes aus Holz und Metall usw.

Bio-Hof Seller F10
Ortstr. 28 2020
85247 Machtenstein

Zu Gast bei: Nikolaus Blank
08138/1254
Anreise bis: 18 Uhr

Hofverkauf:
Auf Anfrage

BENEDIKTHOF

Mallersdorf-Pfaffenberg (BY) · 48°44'2.4"N 12°15'4.6"E

Unser Dreiseithof liegt idyllisch im Tal des Ellenbachs. Die Stellplätze befinden sich im Garten mit seinen alten Obstbäumen, aus deren Früchten wir leckere Marmeladen herstellen. Direkt am Garten beginnt ein von den Landwirten genutzter Weg. Ein Spaziergang führt zu zwei Weihern, die ein Bioreservat mit vielfältiger Tierwelt bilden, und dann weiter in den Wald. Abends können Sie mit einem Glas Rotwein aus der Schmankerlgarage den Tag ausklingen lassen.

Selbstgemachtes: Marmeladen, Gelees, Sirupe, Bienenhonig,Bio Apfelsaft, saisonales und unbehandeltes Obst aus dem Garten. Außerdem: Getränkeabholmarkt, kaltgepreßte Speiseöle, hausgemachter süßer Senf, Bio Pestos , Bio Kürbisketchups, Bio Kartoffel, Bio Essige, fertige Salatdressings, Steaksoßen und Rot-, Weiß- und Roséweine, verschiedene Bio Kürbissuppen.
Aktivitäten: Bogenschießen mit eigenem Equipment möglich, Rad- und Wanderwege, Maria-Hilf-Kapelle, Kloster Mallersdorf, Schloss Neufahrn, Minigolf

Benedikthof G10
Oberellenbach 526 2016
84066 Mallersdorf-Pfaffenberg

Zu Gast bei: Wilfried Benedikt
08772/773 o. 0171/5731765
Anreise bis: 22 Uhr

Hofladen:
Mo.–Fr. 14–18 Uhr // Sa. 8:30–13 Uhr

KLOSTERBRÄUSTÜBERL

Mallersdorf-Pfaffenberg (BY) · 48°46'47.8"N 12°15'9.2"E

Wir, die Wirtsleute Renate und Heinz Bauer und Belegschaft, freuen uns auf Sie und möchten Sie in unserem gemütlichen Wirtshaus mit bayerischen Schmankerln, hausgemachten Brotzeiten und den Klosterbieren der Brauereimeisterin S. M. Doris verwöhnen. Der gemütliche Biergarten bietet in der warmen Jahreszeit einen angenehmen Aufenthalt und einen schönen Ausblick auf das Labertal.

Selbstgemachtes: saisonale und regionale Speisen, Kaffee und Kuchen. Nach Voranmeldung: Frühstück, Abendbrot und Getränke erhältlich.
Aktivitäten: Klosterbesichtigung (nach Anmeldung), Freibad, Rad- und Wanderwege

Klosterbräustüberl G10
Nardinistraße 1 2019
84066 Mallersdorf-Pfaffenberg

Zu Gast bei: Renate Bauer
08772/915470
Anreise bis: 20 Uhr
Ruhetag: Mo.
Schließzeit: 01.11.–30.11.

Hofverkauf:
Di.–Sa. 9–21:30 Uhr // So. 9–21 Uhr

klosterbraeustueberl-mallersdorf.de

BIOHOF DREXLER

Mammendorf (BY) · 48°11'17.6"N 11°9'8.8"E

Idyllisch und ländlich gelegener, alter Hof im Weiler Egg, umgeben von Pferdekoppeln, Acker und Wald. Das Herzstück ist eine große Streuobstwiese mit alten Hochstamm-Bäumen.

Selbstgemachtes: Apfelsaft und saisonbezogenes Gartengemüse und Obst. Außerdem: biologisches ShampooBit und ShowerBit geeignet für unterwegs.
Aktivitäten: Badesee und Freibad, S-Bahn nach München, Aufenthaltsraum mit einfacher Küche, Pool

Biohof Drexler F11
Egg 3 2021
82291 Mammendorf

Zu Gast bei: Bernadette Steiner, einfach anreisen…
Anreise bis: 20 Uhr
Schließzeit: 09.06.–21.06., 08.07.–19.07., 18.08.–30.08.

Hofverkauf:
Auf Anfrage

KLOSTER MARIA BILDHAUSEN

Maria Bildhausen/Münnerstadt (BY) · 50°16'31.1"N 10°17'9.1"E

Das Kloster Maria Bildhausen ist ein ganz besonderer Ort, eingebettet in die sanfte Hügellandschaft der vorderen Rhön. Einzigartig gelegen im Herzen unserer historischen Klosteranlage, empfangen wir Sie getreu unserer Philosophie „Oase des Lebens". In der professionellen Atmosphäre unserer Werkstätten, in denen Menschen mit und ohne Behinderung Hand in Hand arbeiten, entstehen handgefertigte Produkte. Nachhaltigkeit spielt hierbei eine große Rolle. Wir freuen uns auf Sie!

Selbstgemachtes: Kerzen, Kunstgegenstände, Holzartikel, selbstgerösteter Kaffee, Obst, Gemüse und Kräuter. Außerdem: Produkte aus über 100 Werkstätten für behinderte Menschen (u.a. Spielzeug, Wohnaccessoires, Schreibwaren, Keramik). Nach Voranmeldung: Frühstück, Abendbrot und Getränke erhältlich.
Aktivitäten: Obst- und Bienengarten, Klosterführungen, Kurse der Kloster Akademie (u.a. Lettering, Yoga, Waldbaden)

Dominikus-Ringeisen-Werk E8
Region Unterfranken 2022
Maria Bildhausen 1
97702 Maria Bildhausen/ Münnerstadt

Einfach anreisen…

Hofladen:
Mo.–Do. 11–17 Uhr // Fr. 9–17 Uhr

www.bildhausen.de

WEINGUT GAMM

Markt Einersheim (BY) · 49°41'15.4"N 10°17'46.6"E

Wir sind ein familiär geführtes Weingut im Weinort Markt Einersheim, am Fuße des Steigerwaldes. Wir bauen unsere Weine frisch und fruchtig an. Kellerführungen und kleine Weinproben sind jederzeit möglich. Wir empfangen Sie sehr gerne ganzjährig, außer bei Dauerregen.

Selbstgemachtes: Wein, Sekt, Secco, Likör und Schnaps. Getränke erhältlich.
Aktivitäten: Freibad, Wanderwege, Radwege, Weinproben, Museum, Straßenweinfest im Juli, Hofweinfest im August, historische Kirchweihe im September
Hinweis: △ Wir liegen in einer kleinen Nebenstraße, die einspurig ist.

Weingut Gamm E8
Mönchsondheimerstr. 4 2017
97348 Markt Einersheim

Zu Gast bei: Karin Gamm 09326/487

Hofladen:
Mo.–Sa. 8–12:30, 13:30–19 Uhr

www.weingut-gamm.de

WEINGUT MEIER SCHMIDT

Markt Nordheim (BY) · 49°33'40.8"N 10°18'1.6"E

100 % Paradies! Wir sind ein Weingut mit moderner Vinothek etwa 11 km östlich vom romantisch verträumten Weinörtchen Bullenheim. Wir produzieren authentische und regionaltypische Rebsortenweine im Einklang mit der Natur. Erleben Sie Weinverkauf in entspannter Wohlfühlatmosphäre mit Blick auf die Weinberge. Wir freuen uns auf Sie! Bitte planen Sie ausschließlich eine Anreisezeit von 13 bis 19 Uhr ein.

Selbstgemachtes: Wein, Secco, Sekt und Traubensaft. Getränke erhältlich.
Aktivitäten: Wanderwege, Therme Bad Windsheim

Weingut Meier Schmidt E9
Ulsenheim 114 2020
91478 Markt Nordheim

Zu Gast bei: Markus Meier
09842/2479
Anreise bis: 19 Uhr
Ruhetag: So.

Hofladen und Hofverkauf:
Mo.–Sa. 13–19 Uhr

www.meier-schmidt.de

BAUERNLÄDLA PRÖLSDORF

Markt Prölsdorf (BY) · 49°52'33.4"N 10°37'26.6"E

Landwirtschaft – ein großes Wort in der Familie Raab. Schon seit vielen Generationen bewirtschaftet unsere Familie Äcker und Wälder. Auch Tiere wie Schweine, Hasen, Hühner, Enten und Turmfalken gehören schon immer dazu. Hausschlachtungen sind bei uns ebenfalls seit vielen Jahren Tradition. Die Produkte , die wir herstellen, werden ausschließlich mit natürlichen Gewürzen verarbeitet. In unserem Hofladen (Öffnung auch nach Absprache), möchten wir die sehr gute Qualität unserer regionalen Produkte an unsere Kunden weitergeben.

Selbstgemachtes: Marmeladen, Wurstwaren (z. B. Göttinger, weißer und roter Presssack, Leberwurst, Rotwurst, „die Prölsdorfer", Mettwurst, Salami usw.) Fleischwaren (z. B. Bauernschinken, Steaks usw.). Außerdem: Wein, Bier, Getränke, Nudeln, Honig, Senf, Backwaren, Gewürzgurken, Sauerkraut, Müsli, Eier, Milchprodukte und Eis.
Aktivitäten: Betriebsführungen, Rad- und Wanderwege, Steigerwald Baumwipfelpfad
Hinweis: △ In der Anfahrt ist eine schmale Passage.

Bauernlädla Prölsdorf E8
Mühlleite 1 2021
96181 Markt Prölsdorf

Zu Gast bei: Familie Raab
09554/923478 o. 0170/2161176
Anreise bis: 19:30 Uhr

Hofladen:
Mi., Sa. 7–13 Uhr

www.bauernlaedla-proelsdorf.de

LANDGASTHOF BAUMHOF-TENNE

Marktheidenfeld (BY) · 49°50'39.8"N 9°37'50.4"E

Wir sind ein ruhig gelegener Landgasthof am Ortsrand von Marktheidenfeld. Von Oktober bis Weihnachten organisieren wir Gänsefeste in der Tenne, als Einzelportion oder als ganze Gans mit Wein und Hausschnaps Marille im Arrangement. Unsere Gaststätte ist freitags und samstags ab 17 Uhr und sonntags von 11 bis 14 Uhr mit warmer Küche für Sie geöffnet. Wir freuen uns auf Ihren Besuch!

Frühstück, Abendbrot und Getränke erhältlich.
Aktivitäten: Spazier- und Radwege, Stadtbushaltestelle direkt am Haus

Landgasthof D8
Baumhof-Tenne 2016
Baumhofstr. 147
97828 Marktheidenfeld

Einfach anreisen…
Anreise bis: 20 Uhr

www.baumhoftenne.de

GEBRANNTES GLÜCK

Marktrodach (BY) · 50°13'45.4"N 11°25'9.9"E

Bioland zertifizierter Ackerbaubetrieb. Schnaps trinken, das kann jeder. Aber warum schmecken manche furchtbar und andere wirklich lecker aromatisch? Das Brennen von Destillaten und Ihnen diese näher zu bringen, ist meine Leidenschaft und mein kleines Glück. Hier gibt es Gin, Whisky (ab 2023) und außergewöhnliche Destillate, mit viel Handwerk und Liebe hergestellt. Seit Herbst 2021 führen wir auch Linsen aus eigenem Anbau.

Selbstgemachtes: Gin, Whisky (ab 2023) und außergewöhnliche Destillate (nicht Bio-zertifiziert).
Aktivitäten: Radwege, gutes Wandernetz, Salzgrotte (Nachbar)

Gebranntes Glück F8
Waldbuch 8 2021
96364 Marktrodach

Zu Gast bei: Ina Kirschner
0176/34938606
Anreise bis: 19 Uhr
Ruhetage: Mo. Di. Do. So.
Schließzeit: 16.08.–23.08.

Hofverkauf:
Auf Anfrage

www.gebranntes-glueck.de

WALSERLEHEN

Marktschellenberg/Scheffau (BY) · 47°40'9.5"N 13°2'50.6"E

Wir betreiben einen Bergbauernhof und haben uns auf die Zucht aussterbender Rassen wie Tauernscheckenziege, Brillenschafe und Pinzgauer Mutterkuhhaltung spezialisiert. Außerdem halten wir freilaufende Hühner und haben Schweine. Wir freuen uns über Ihren Besuch! Bitte reisen Sie nur nach telefonischer Voranmeldung (8–9 Uhr morgens) von 16.30–19 Uhr an. Hunde können wir leider nicht empfangen.

Selbstgemachtes: auf Anfrage: Ziegen- und Schafswurst, Fleisch (saisonbedingt), Eier, selbstgemachte Marmeladen, Felle von Schaf und Ziege. Außerdem: Honig.
Aktivitäten: Nationalpark Berchtesgaden, Königssee, Kehlstein, Salzbergwerk, Berchtesgaden, Salzburg
Hinweis: △ In Unterau in die Reckensbergstr. (24% Steigung bis 3,5 t) bis Scheffau. Dann in den einspurigen Steinerweg, wird zum Anfangmühlweg. Die letzten 100 m sind Sandstraße. Bitte unbedingt so und nicht per Navi fahren! Die Anfahrt zum Platz ist sehr eng.

Walserlehen G11
Anfangmühlweg 22 2018
83487 Marktschellenberg/ Scheffau

Zu Gast bei: Bernd & Sharon Fendt
0171/2337577 o. 0171/8078646
Anreise bis: 19 Uhr
Ruhetag: Mo.
Schließzeit: 01.11.–31.03.

Hofverkauf:
Auf Anfrage

WEINMANUFAKTUR PFRANG

Michelau im Steigerwald (BY) · 49°54'17.8"N 10°25'56.5"E

In unserer kleinen Weinmanufaktur produzieren wir als Familenbetrieb im Nebenerwerb mit viel Liebe und Handarbeit unsere leckeren, körperbetonten Steigerwaldweine. Unter anderem haben wir uns dem weißen Winzerglühwein verschrieben. Als Hobby betreiben wir eine Burenziegenzucht. Die Ziegen sind von April bis November auf den Wiesen und Hängen rings um Michelau zu finden, manchmal grasen sie auch direkt am Wohnmobilstellplatz.

Selbstgemachtes: Wein, Winzerglühwein und Apfelsaft.
Aktivitäten: Steigerwald Panoramaweg, Aussichtsturm Zabelstein, Freizeitbad Geomaris in Gerolzhofen, Baumwipfelpfad in Ebrach, Steigerwaldzentrum in Handthal

Weinmanufaktur Pfrang E8
Oberdorf 13 2022
97513 Michelau im Steigerwald

Zu Gast bei: Martin Pfrang
09382/318900
Anreise bis: 20 Uhr

Hofverkauf:
Auf Anfrage

www.weinmanufaktur-pfrang.de

NUTZTIER-ARCHE MIENBACHER WALDGARTEN

Mienbach (BY) · 48°36'2.9"N 12°42'36.3"E

Wir sind ein Zwei-Familien-Betrieb im niederbayerischen Vilstal mit Blick in das Flusstal. Wir betreiben eine Nutztier-Arche mit einem Permakultur-Lehrgarten, Bio-Hofladen und Landschaftsbau. Wir leiten ebenso die Selbstversorger-Akademie und sind Mitglied bei Naturgarten e.V. und Beispielgarten für einen essbaren Wildpflanzenpark. Unsere Toiletten liegen ca. 100 m vom Standplatz entfernt. Auf Anfrage bieten wir gerne Führungen in unserem permakulturellen Lehr- und Schaugarten an.

Selbstgemachtes: Eier, Kräuter, Kräuterpflanzen, Honig, Schnaps, Likör. Außerdem: diverses Bio-Vollsortiment. Nach Voranmeldung: Frühstück und Getränke erhältlich.
Aktivitäten: Bayern-Park, Radwege entlang der Isar, Vils, niederbayerisches Hügelland, mehr unter www.ferienland-dingolfing-landau.de
Hinweis: △ Über die ansteigende Mauererstraße geht es direkt auf das geschotterte Betriebsgelände der Firma Laimer Gartenbau. Bitte für die Anmeldung im Bio-Hofladen melden.

Nutztier-Arche Mienbacher Waldgarten G10
Mauererstr. 3 2017
94419 Mienbach

Zu Gast bei: Hannelore Zech & Claudia Laimer 09956/904200
Anreise bis: 19 Uhr
Schließzeit: 01.12.–28.02.

Hofladen:
Mo., Mi., Fr. 9–18 Uhr // Di. 9–9:30 Uhr // Do. 9–12 Uhr // Sa. 9:30–12 Uhr // So. 9:30–10 Uhr

www.mienbacher-waldgarten.de

GASTHAUS ROTHNEICHNER

Mitterskirchen (BY) · 48°20'59.1"N 12°44'4.7"E

Unser traditionsreiches Wirtshaus ist seit Generationen im Besitz der Familie Rothneichner. Neben typisch bayerischen Schmankerln bieten wir unseren Gästen auch so manche Spezialität, die nur noch selten auf Speisekarten zu finden ist. Das Gasthaus hat montags ab 17 Uhr geöffnet, mittwochs bis sonntags ab 8 Uhr. Dienstags ist Ruhetag, unseren Stellplatz können Sie aber trotzdem gerne nutzen. Wir freuen uns auf Ihren Besuch!

Selbstgemachtes: regionale bayerische Spezialitäten. Nach Voranmeldung: Frühstück, Abendbrot und Getränke erhältlich.
Aktivitäten: Rad- und Wanderwege, Freibad im Ort, Wallfahrtsort Altötting, Bäderdreieck: Bad Birnbach, Bad Griesbach, Bad Füssing

Gasthaus Rothneichner G10
Hauptstr. 16 2019
84335 Mitterskirchen

Zu Gast bei: Johannes Rothneichner 08725/338
Anreise bis: 20 Uhr
Schließzeit: 10.06.–23.06.

www.gasthaus-rothneichner.de

ZIEGENHOF MONHEIM

Monheim (BY) · 48°50'10.2"N 10°50'20.0"E

Wir betreiben einen kleinen, idyllisch gelegenen Bio-Ziegenhof mit ca. 40 Toogenburger Ziegen am Rande des Donau-Ries-Kraters. In Handarbeit stellen wir feinen Bio-Ziegenkäse her, den wir an die umliegenden Bio-Märkte liefern und in unserem „Käskammerl" rund um die Uhr in Selbstbedienung anbieten. Wir – das sind eine langgediente Airlinerin im Ruhestand und ein ausgestiegener Manager aus der Lebensmittelindustrie, die jetzt einfach etwas Schönes mit Tieren machen.

Selbstgemachtes: verschiedene Sorten von Bio-Ziegenkäse. Außerdem: Bergkäse aus dem Allgäu, Bio-Gemüse in Gläsern und Eis (nur im Sommer).
Aktivitäten: Donau-Ries-Gebiet, das Altmühltal, Rad- und Wanderwege

Ziegenhof Monheim E10
Hagenbuch 3-5 2021
86653 Monheim

Zu Gast bei: Hedwig Summer 0151/52368088
Anreise bis: 18:30 Uhr
Ruhetag: So.

Hofverkauf:
Auf Anfrage

www.ziegenhof-monheim.de

BIOHOF SILBERNAGL

Moorenweis OT Eimerszell (BY) · 48°9'0.1"N 11°3'35.4"E

Die Familie Silbernagl betreibt seit mehr als einem Viertel Jahrhundert naturnahe und integrierte Bio-Landwirtschaft mit dem Schwerpunkt Rinderzucht und Freiland-Mutterkuhhaltung. Wir befinden uns im 200-Seelendorf Eismerszell, umgeben von sanften Hügeln in der Ammersee-Region. Es können auch Einblicke in den Streuobstanbau, in die Hühner- und Gänsehaltung, den Ackerbau und die sich hieraus ergebende Kreislaufwirtschaft ohne Kunstdünger und Futterimporte gegeben werden.

Selbstgemachtes: Karotten, Nudeln und Zwiebeln. Außerdem: Eier, Äpfel, Rindfleisch und Brennholz.
Aktivitäten: Badesee, Schloss Kaltenberg (Ritterspiele im Juli)

Biohof Silbernagl E11
St.-Michael-Str. 2 2020
82272 Moorenweis OT Eimerszell

Zu Gast bei: Ludwig Silbernagl
0152/28734396
Anreise bis: 20 Uhr

Hofverkauf:
Auf Anfrage

www.biohof-silbernagl.de

BIOHOF RAITHEL

Münchberg (BY) · 50°12'47.4"N 11°46'42.9"E

Wir sind ein vielseitiger Biolandhof, der zwischen Fichtelgebirge und Frankenwald nahe der A9 sehr verkehrsgünstig gelegen ist. Sie stehen bei uns direkt am Hof, sodass Sie viel von unserem Bauernhof erleben können. Kinder finden Spielgelegenheiten und Erwachsene machen es sich in der Sitzecke unterm Pflaumenbaum gemütlich.

Selbstgemachtes: Rindfleisch, Schweinefleisch, Fleisch- und Wurstprodukte traditionell handwerklich selbst in der Hofmetzgerei hergestellt, Kartoffeln, Gemüse, Getreide u.v.m. aus eigenem Anbau.
Aktivitäten: Rinder im Stall und auf der Weide, Schwäbisch-Hällische Freilandschweine, verschiedene andere Nutztiere auf dem Hof, Radwege, Wanderwege, Fichtelgebirge, Bauernhofmuseum Kleinlosnitz

Biohof Raithel F8
Laubersreuth 2 2016
95213 Münchberg

Zu Gast bei: Anja & Gerhard Raithel
09251/6985 o. 0160/94849715

Hofverkauf:
Auf Anfrage

www.biohof-raithel.de

MITIMINO-LAMATREKKING

Naila (BY) · 50°17'8.1"N 11°38'54.3"E

Bei uns ankommen und die Natur genießen. Der Mitimino-Lamahof liegt in Alleinlage im schönen Frankenwald am Fuße des Döbrabergs. Zum Landleben in Döbrastöcken gehören unsere Lamas: Safran, Thymian, Cayenne, Peperoni, Anis, Tabasco, Kümmel, Quendel, Lavendel, Fenchel, Melisse, Kurkuma, Minze und Ingwer. Auch Hühner, Gänse, Hund und Katze leben hier.

Selbstgemachtes: Lamasockenwolle, Lamakeratinseifen, Lamanudeln, Honig, Socken, Taschen u.v.m. rund ums Lama, Getränke auf Anfrage.
Aktivitäten: Wandern, Radfahren, Lamas und die anderen Hoftiere beobachten, Hallenbad (Schwarzenbach/Wald 2 km, Therme Bad Steben 8 km), Freibad Naila (8 km)

Mitimino-Lamatrekking F8
Döbrastöcken 5 2016
95119 Naila

Zu Gast bei: Michaela Baier
09289/964784 o. 0173/1938726
Anreise bis: 20 Uhr

Hofverkauf:
Auf Anfrage

www.mitimino-lamas.de

ARCO-SCHLÖSSCHEN

Neuburg an der Donau (BY) · 48°44'39.8"N 11°11'25.0"E

Das Arco-Schlösschen wurde 1805 auf einem Felsen, oberhalb der Stadt Neuburg von Karl August Graf von Reisach erbaut und bald zu einem beliebten Ausflugsziel. 1808 erwarb der Besitzer die Bier-, Wein- und Schankrechte.
1848 übernahm der heutige Namensgeber Graf Arco von Stepperg das Schloss mit dem wohl schönsten Blick auf das Neuburger Schloss und die Donau. Wir freuen uns, Sie in diesem geschichtsträchtigen Haus mit gehobener Küche begrüßen zu dürfen. Auf unserer Internetseite finden Sie die aktuelle Speise- und Getränkekarte.

Produkte: Weine vom Winzer Tremml aus Neuburg an der Donau. Abendbrot und Getränke erhältlich.

Aktivitäten: 10 min Fußweg zur Innenstadt, Radwanderweg, Reiterhof, Museum, Schloß Neuburg

Arco-Schlösschen F10
Arcostraße 18 2021
86633 Neuburg an der Donau

Zu Gast bei: Michaela Enzersberger
08431/5389820
Anreise bis: 20 Uhr
Ruhetage: Mo. Di. Mi.
Schließzeit: 01.01.–31.03.

www.arco-neuburg.de

BAYERN-HASELNUSS MAYER

Neumarkt-Sankt Veit (BY) · 48°22'7.4"N 12°29'48.8"E

Bayern-Haselnuss ist ein bäuerlicher Familienbetrieb im südostbayerischen Alpenvorland. Vor 14 Jahren begannen wir als Haselnuss-Pioniere mit der Pflanzung von rund 2.900 Haselnussbäumen. Heute bewirtschaften wir 16 Haselnuss-Sorten auf fast 70.000 m² Anbaufläche in naher Umgebung. Auf unserem Hof verkaufen wir unsere frischen Haselnüsse und die daraus hergestellten Produkte. Probieren Sie den vielfältigen und echten Haselnussgeschmack unserer bayerischen Heimat! Wegen unseres Hofhundes, bitten wir Sie, Besucherhunde erst einmal an der Leine führen.

Selbstgemachtes: Haselnüsse, Haselnusskerne, Haselnussöl, Haselnussmehl, Haselnussgeist, Haselnusslikör, gebrannte Haselnüsse, Haselnusszwieback und Nagetierfutter.

Aktivitäten: historischer Stadtkern, Freibad, Wandern auf Feldwegen, Hummel-Museum (10 km), Radwanderweg, 1 km bis ins Stadtzentrum, Schwimmbad, Joggen, Waldspaziergang

Bayern-Haselnuss Mayer G10
Oberdörfl 3 2019
84494 Neumarkt-Sankt Veit

Zu Gast bei: Rita und Johann Mayer
08639/1446 o. 0160/95913670
Anreise bis: 20 Uhr
Schließzeit: 01.10.–31.03.

Hofverkauf:
Auf Anfrage

www.bayern-haselnuss.de

NATURLANDHOF SCHIRMER

Neusitz (BY) · 49°21'19.6"N 10°14'29.6"E

Wir sind ein kleiner Naturland-Betrieb im Naturpark Frankenhöhe ganz in der Nähe von Rothenburg ob der Tauber. Unser Bestreben ist es, uns mit unseren erzeugten Lebensmitteln selbst zu versorgen und diese auch zu verkaufen. Wir vermarkten unsere Produkte ab Hof und freuen uns immer auf neue Interessenten!

Selbstgemachtes: Bauern- und Körnerbrot, Kartoffeln, Eier, Gemüse saisonal, im Winterhalbjahr Fleisch-und Wurst-Produkte von eigenen Angus-Rindern. Nach Voranmeldung: Getränke erhältlich.

Aktivitäten: Naturpark Frankenhöhe mit vielen Rad- und Wandermöglichkeiten, Touristenstadt Rothenburg ob der Tauber (5 km)

Naturlandhof Schirmer E9
Södelbronn 4 2021
91616 Neusitz

Zu Gast bei: Werner & Gerda Schirmer 09861/4814
Anreise bis: 16 Uhr

Hofverkauf:
Auf Anfrage

BOLD'S SCHNAPSIDEEN

Neuwirtshaus (BY) · 50°11'42.7"N 9°50'18.4"E

Unser Bio-Hof liegt im Süden des Biosphärenreservats Rhön. Was wir tun, ist ganz einfach: Rohstoffe selbst anbauen, sammeln und verarbeiten. Ohne Schnick-Schnack stellen wir daraus Gin, Rhöner Whiskys, Brände und Liköre her. Genug Raum für Genussmomente bietet die Destillathek (Verkostung und Verkauf), ein Hingucker aus Licht, Glas, Holz und Stahl. Habt Ihr Fragen zu Wildkräutern? Einfach raus damit. Es ist das unbeschwerte, spontane Reisen mit tollen Begegnungen, das uns an Landvergnügen begeistert. Abends findet für unsere Landvergnügen-Gäste eine Brennerei-Führung und Verkostung statt

Selbstgemachtes: Rhöner Whiskys, Gin, Obst- und Wildfruchtbrände, Liköre und Fruchtaufstriche und Biogetreide. Außerdem: Honig, Getränke, Aroniaprodukte. Nach Voranmeldung: Getränke erhältlich.

Aktivitäten: Brennerweg, Neuwirtshäuser Forst, Schnapsseminare und Kräuterworkshops (ab 10 Personen), Geocaching, E-Biken, Kurstadt Bad Kissingen, Naturschwimmbad Aura

Bold's Schnapsideen – Geistvolles aus der Rhön D8
Fuldaer Str. 14 2017
97797 Neuwirtshaus

Zu Gast bei: Lothar Bold 09737/422 o. 0171/4150683
Anreise bis: 20 Uhr
Schließzeit: 01.12.–28.02.

Hofladen:
Auf Anfrage

www.brennerei-bold.de

FRIEDL'S STADL-LEBEN

Niederrieden (BY) · 48°2'48.2"N 10°12'27.7"E

Idyllisch gelegener Einödhof im Unterallgäu mitten zwischen Wiesen und Weiden mit viel Ruhe, nur unterbrochen durch das Muhen der Kühe auf der Weide oder das Rufen unserer Esel Fredi und Baldrian. Hier kann man auf der Terrasse unserer Bio-Gastronomie ein leckeres Landvergnügen-Menü mit regionalen BioBier-Spezialitäten genießen. Auch ein Bio-Frühstück kann gebucht werden – bitte mit Voranmeldung im Laufe des Vormittags. Wer Infos zum Ökologischen Landbau erhalten will, der kann den Bauer Josef fast alles fragen.

Selbstgemachtes: Apfelsaft, Eier und 1x wöchentlich Brot. Außerdem: Demeter Käse, Wurst, Honig, Nudeln und Getränke von regionalen Bio-Kollegen, Hof-Eis - erhältlich in unserem 24 h Verkaufskühlschrank. Hundefutter und Leckerlies von Bioland. Nach Voranmeldung: Frühstück, Abendbrot und Getränke erhältlich.

Aktivitäten: Waldgebiet mit tollen Wanderwegen, Freizeitpark, Legoland, Bodensee, Alpenvorland

Friedl's Stadl-Leben E11
Am Ziegelstadel 1 2014
87767 Niederrieden

Zu Gast bei: Sabine & Josef Friedl 08335/986186
Anreise bis: 19 Uhr

www.friedls-stadl-leben.de

GASTHOF SÖLL

Niedertaufkirchen (BY) · 48°19'48.7"N 12°32'52.9"E

Unseren idyllisch und ruhig gelegenen Landgasthof betreiben wir bereits seit vier Generationen. Gutbürgerliche Küche mit Tradition und frische Zutaten aus der Region gehören hier zusammen. Genießen Sie unsere Gaumenfreuden im Restaurant, in der Ofenstube, auf der überdachten, beheizten Terrasse oder im Biergarten unter Palmen und alten Buchen. In den Sommermonaten finden donnerstags und freitags bei schöner Witterung Grillabende statt. Unser Gasthof ist am Montag, Dienstag, Donnerstag und Freitag ab 17 Uhr, am Samstag und Sonntag von 9 bis 14 Uhr und von 17 bis 24 Uhr geöffnet.

Produkte: Wurst, Brot und Fleisch. Frühstück, Abendbrot und Getränke erhältlich.

Aktivitäten: Rad- und Wanderwege, Marktl, Wallfahrtsort Altötting, Massing mit Berta-Hummel-Museum und Freilichtmuseum, Mühldorf, Burghausen mit der längsten Burg Europas, Landshut, Bayerischer Wald, Schloss Tüßling

Gasthof Söll G10
Hundhamer Str. 2 2019
84494 Niedertaufkirchen

Telefon: 08639/227
Anreise bis: 20 Uhr
Ruhetag: Mi.
Schließzeit: 25.08.–15.09.

www.gasthof-soell.de

LANDGASTHOF ROSSKOTHEN

Niedertaufkirchen (BY) · 48°19'4.2"N 12°33'21.9"E

Wir haben es uns zur Aufgabe gemacht, unseren Gästen bestmögliche Qualität zu bieten! Deswegen verwenden wir fast ausschließlich regionale und saisonale Produkte. Besonders bei den tierischen Produkten ist es uns wichtig, dass wir eine artgerechte Haltung garantieren können. Unsere hofeigenen Rohstoffe wie Milch, Eier, Kartoffeln sowie Obst, Beeren und Rindfleisch sind immer besonders frisch. Alles in Bio-Qualität!

Selbstgemachtes: regionale Speisen, nach Voranmeldung packen wir Lunchpakete. Nach Voranmeldung: Abendbrot und Getränke erhältlich.
Aktivitäten: Wanderwege

Landgasthof Roßkothen G10
Stetten 3 2019
84494 Niedertaufkirchen

Zu Gast bei: Hubert Roßkothen
0152/29960407
Anreise bis: 20 Uhr
Ruhetage: Di. Mi.
Schließzeit: 25.08.–10.09.

Hofverkauf:
Mo., Do., Fr. 17–23 Uhr // Sa., So. 11–23 Uhr

www.landgasthof-rosskothen.de

WEINGUT AM VÖGELEIN

Nordheim (BY) · 49°51'30.9"N 10°11'14.6"E

Zuhause auf der Weininsel in Nordheim am Main, umrahmt von grünen, saftigen Weinbergen und dem Altmain, betreiben wir ein familiär geführtes, modernes und zugleich traditionsverbundenes Weingut mit saisonal geöffneter Heckenwirtschaft. Für den Namen unseres Weingutes stand die berühmte Lage „Nordheimer Vögelein" Pate. Überzeugen Sie sich selbst: Kommen. Schmecken. Erleben!

Selbstgemachtes: Weine, Säfte und Edeldestillate.
Aktivitäten: kleiner Strand am Altmain mit Badegelegenheit, Wandern, Radfahren, Weinfeste

Weingut Am Vögelein E8
Raiffeisenstr. 34 2020
97334 Nordheim

Zu Gast bei: Markus Schneider
09381/3000 o. 0162/2543887
Anreise bis: 21 Uhr
Ruhetag: So.
Schließzeit: 01.09.–31.10.

Hofladen:
Mo.–Fr. 9–18 Uhr // Sa. 10–14 Uhr, So. 10–12 Uhr

www.weingut-am-voegelein.de

WEINGUT GLASER

Nordheim am Main (BY) · 49°51'16.1"N 10°10'44.0"E

Wir leben am schönsten Ort der Welt, nämlich im neuen Weingut Glaser mitten im Weinberg und wir lieben Wein. Bei uns gibt es viel zu erleben. Kehren Sie zum Beispiel in unsere saisonal betriebene Heckenwirtschaft (im April samstags, sonn- und feiertags ab Mittag, von September bis Oktober zusätzlich montags bis freitags von 14–18 Uhr) oder die Sommer.Wein.Bar (von Mai bis Juli sonntags von 14–18 Uhr) ein oder nehmen Sie an einer Weinprobe oder -wanderung teil. Die aktuellen Öffnungszeiten der Vinothek finden Sie auf unserer Website.

Selbstgemachtes: Wein und Edelobstbrände. Bewirtung nach Voranmeldung.
Aktivitäten: Radfahren, Weinbergswanderungen

Weingut Glaser E8
Sommeracher Str. 42 2020
97334 Nordheim am Main

Zu Gast bei: Melanie Glaser
09381/9464
Anreise bis: 17 Uhr

Hofladen und Hofverkauf:
Auf Anfrage

www.weingut-glaser.com

MINDELTAL-LAMM

Oberegg (BY) · 47°56'35.5"N 10°27'30.5"E

Unsere Schafe und Lämmer leben das ganze Jahr an der Mindel im Bereich Binkenhofen zwischen Oberegg und Warmisried. Wir freuen uns auf Ihren Besuch.

Selbstgemachtes: Lammfleisch tiefgekühlt, geräuchertes Lamm- und Schaffleisch und Würste von Schaf und Lamm.

Mindeltal-Lamm E11
Obere Hauptstr. 7 2022
87782 Oberegg

Zu Gast bei: Gottfried Schwank
08269/758 o. 0174/4518843
Ruhetag: So.

Hofverkauf:
Auf Anfrage

BIOHOF HARTMANN

Oberelsbach-Weisbach (BY) · 50°25'24.4"N 10°4'39.3"E

Unser Bauernhof liegt im Biosphärenreservat Rhön am Fuße der Hohen Rhön. Unser Betriebsschwerpunkt sind die Mutterkuhhaltung und Rindermast, wobei die Weidehaltung in den Sommermonaten einen wichtigen Beitrag zur Landschaftspflege leistet. Ackerbau und Direktvermarktung von Bio-Rindfleisch und -Wurst, saisonales Bio-Gemüse, sowie der Erlebnisbauernhof ergänzen unseren Betrieb. Seit 2020 sind wir ein Demonstrationsbetrieb des ökologischen Landbaus. Unser Hofladen ist ein SB-Laden.

Selbstgemachtes: Bio-Rindfleisch als Mischpakete oder Grillpakete, Bio-Rindersalami, Rinderschinken und Bio-Gemüse. Außerdem: ggf. frisches Obst und Gemüse aus dem Garten und Konfitüren (solange der Vorrat reicht).
Aktivitäten: Erlebnisbauernhof (Hofführungen indiviuell planbar), Weidewanderungen, Rad- und Wanderwege im Biosphärenreservat, Minigolf in Oberelsbach, Kreuzberg

Biohof Hartmann D7
Herrenwiese 21 2021
97656 Oberelsbach-Weisbach

Zu Gast bei: Claudia Hartmann
09774/8116 o. 0151/15579242
Anreise bis: 17 Uhr

Hofladen:
Auf Anfrage

www.biohof-hartmann.de

FAMILIE KRAUS ZUR MÜHLE

Oberndorf am Lech (BY) · 48°40'4.5"N 10°52'17.8"E

Unser Hof ist an einer romantischen Straße im Ortskern von Oberndorf gelegen. Am Fischteich kann man sich direkt eine frische Forelle fangen. Auf dem Hof leben Katzen und Hühner und es gibt viel zu entdecken! Wir haben auch Fahrräder und Angebote für Kinder. Wir freuen uns auf Ihren Besuch.

Selbstgemachtes: frische Forellen, Eier und Marmelade. Frühstück und Getränke erhältlich.
Aktivitäten: Badesee und Radwege, Waldspaziergang zur Lourdgrotte, Radfahren (Fahrradverleih), Outlet-Center und der Hauptsitz von Zott (5–7 km)

Familie Kraus zur Mühle E10
Mertigerstraße 6 2021
86698 Oberndorf am Lech

Zu Gast bei: Anton Kraus
09090/2827 o. 0171/8286095
Anreise bis: 21 Uhr

Hofverkauf:
Auf Anfrage

DER REISERER – RINDER- & WASSERBÜFFELZUCHT

Oberneukirchen (BY) · 48°10'15.1"N 12°33'13.9"E

Unser betrieblicher Schwerpunkt ist die extensive Rinderzucht. Wir engagieren uns mit der Beweidung von Feuchtwiesen und Niedermooren für den Erhalt seltener Pflanzen und Tiere und sind Projektpartner verschiedener Naturschutzprojekte. Neben der Zucht gefährdeter Rinderrassen wie Murnau-Werdenfelser, der einzigen autochthonen Rinderrasse Bayerns und Braunvieh halten wir auch Wasserbüffel, die als Landschaftspfleger besondere Eigenschaften und Fähigkeiten besitzen.

Selbstgemachtes: Fleisch vom Weiderind (vakuumiert und tiefgefroren) und Eier. Bewirtung nach Voranmeldung.
Aktivitäten: Mühldorf, Wasserburg, Altötting und Neuötting, die Salzachstädte Burghausen und Tittmoning, Chiemsee mit dem schönen Chiemgau, Radwanderwege

Der Reiserer – Rinder- & Wasserbüffelzucht G11
Reiserer 29 2016
84565 Oberneukirchen

Zu Gast bei: Josefine Reißaus
08630/986884 o. 0170/7759255

Hofverkauf:
Auf Anfrage

www.der-reiserer.de

WEINBAU RUPPENSTEIN

Oberschwarzach (BY) · 49°51'30.2"N 10°24'46.8"E

Kleiner, feiner Weinerzeuger aus dem Steigerwald. Herrliche Lage, direkt am Fuße des Oberschwarzacher Herrenberges. Wir laden Sie ein, uns auf dem Weingut zu besuchen und in moderem Ambiente unsere Weine mit direktem Blick auf die Weinberge zu verkosten.

Selbstgemachtes: Wein aus den eigenen Trauben (Secco, Weiß- und Rotweine, Rosé, Rohling, Cuvées). Außerdem: alkoholfreie Getränke.
Aktivitäten: Bikepark und Generationplatz (500m), Rad- u. Wanderwege im Steigerwald, Nachhaltigkeits-Zentrum in Handthal (2 km), Baumwipfelpfad in Ebrach (7 km)

Weinbau Ruppenstein E8
Steiggasse 5 2021
97516 Oberschwarzach

Zu Gast bei: Katja Ruppenstein
09382/90703 o. 0172/7585615
Anreise bis: 16 Uhr
Schließzeit: 10.09.–31.10.

Hofladen:
Mo.–Sa. 14–18 Uhr // So. 14–17 Uhr

www.wein-von-ruppenstein.de

GUTSHOTEL UND BRÄUSTÜBERL ODELZHAUSEN

Odelzhausen (BY) · 48°18'55.4"N 11°12'16.0"E

Bayerisch, beständig, besonders – verweilen Sie mitten in der idyllischen Natur des Glonntal, im Schlossgut mit Charakter und voller Gemütlichkeit. Hier wird bayerisch-stilvolle Lebensart gepflegt. Brauerei-Besichtigung und „Küchen-Rendezvous" möglich. Unser Bräustüberl ist von Montag bis Sonntag in der Zeit von 7–22 Uhr für Sie geöffnet.

Selbstgemachtes: saisonale Produkte („natürlich & fein") wie Fruchtaufstriche, Säfte, Sirup, Gebäck, Pralinen, hausgemachtes Sauerteigbrot, Bierspezialitäten: naturtrübes Helles, Operator u.v.m. Frühstück, Abendbrot und Getränke erhältlich.
Aktivitäten: Golf, Reiten, Wandern, „Der Freistaat"-Caravaning & more in unmittelbarer Nähe (nächste Ausfahrt)

Gutshotel und Bräustüberl Odelzhausen F10
Am Schlossberg 1 2014
85235 Odelzhausen

Zu Gast bei: Gabi Eser 08134/99870
Anreise bis: 23 Uhr

www.schlossgut-odelzhausen.de

DOLLINGERHOF LOHE

Oettingen (BY) · 48°58'51.6"N 10°35'28.4"E

Schöner Hof in idyllischer Lage am Riesrand. Auf unserem Hof werden Fleckviehrinder großgezogen und in einem mobilen Hühnerstall Legehennen gehalten. Wir bewirtschaften den Hof mit Wiesen, Getreide und Maisanbau in althergebrachter Weise. Täglich bieten wir unsere frischen Eier, Eiernudeln, Liköre und Wurstwaren in unserem Verkaufshäuschen an. An den Backtagen wird frisches Brot gebacken. Schöne Fahrrad- und Wanderwege laden zum Entspannen und Erholen ein!

Selbstgemachtes: Mobilstalleier in Freilandhaltung, Bullenfleisch und Schweinefleisch, selbst gebackenes Brot.
Aktivitäten: Flussbad, Fahrradwanderwege, Wandern auf dem Fürstenweg, Brauereibesichtigung, Schlossbesichtigung, Eselwanderungen, Kräuterwanderungen

Dollingerhof Lohe E9
Lohe 3 2019
86732 Oettingen

Zu Gast bei: Daniela Helmle
09082/961750 o. 0151/20700986
Anreise bis: 20 Uhr

Hofverkauf:
Auf Anfrage

HOLUNDERHOF-LOHE

Oettingen (BY) · 48°58'48.6"N 10°35'25.0"E

Umgeben von Wälder und Feldwegen liegt unser Hof am nördlichen Riesrand mit wunderschönen Blick nach Mittelfranken. Wir betreiben unseren Hof biologisch und verkaufen hofeigene Produkte im Hofladen. Bei uns kann man entschleunigen und die Seele baumeln lassen. Lernen Sie den Anbau von Dinkel, Emmer und Leindotter kennen. Aus dem Leindottersamen wird ein hochwertiges Speiseöl gepresst, auch als Gold der Kelten bekannt.

Selbstgemachtes: Getreide, Leindotteröl, Wurst, Aufstriche, Liköre, Sirup und Säfte. Außerdem: Brot, Käse, Eier, Nudeln, Gewürze, Konserven, Essigvariationen, versch. Öle, Tee, Bier, Wein sowie Hausmittelchen und Geschenkartikel. Nach Voranmeldung: Frühstück, Abendbrot und Getränke erhältlich.
Aktivitäten: Kräuterwanderungen, Eseltouren, Wanderwege, Fürstenstadt Oettingen, Schloß- und Stadtführungen, Museen, Sternwarte, Nördlingen, Fuchsienstadt Wemding, Hesselberg

Holunderhof-Lohe E9
Lohe 2 2016
86732 Oettingen

Zu Gast bei: Siglinde Beck 09082/4717
Anreise bis: 17 Uhr
Ruhetag: So.
Schließzeit: 31.10.–01.04.

Hofladen:
Do. 16–19 Uhr // Fr. 14–19 Uhr // Sa. 9–16 Uhr

www.holunderhof-lohe.de

SCHAUBRENNEREI UND FERIENHOF FINK

Opfenbach (BY) · 47°37'9.2"N 9°49'53.8"E

Vielseitigkeit und Abwechslungsreichtum sind Trumpf auf unserem Hof. Einerseits wollen wir Sie neugierig machen und Sie überzeugen, dass ein Besuch bei uns überaus lohnenswert ist und andererseits bietet Ihnen unser Shop die Möglichkeit, sich mit den Spezialitäten aus unserer Brennerei im Allgäu einzudecken. Kostenpflichtige Brennereibesichtigungen sind nach Absprache möglich. Wenn wir vor Ort sind, ist der Hofladen täglich geöffnet, sonst nach telefonischer Absprache. Bevorzugt sind wir per Mobil erreichbar.

Selbstgemachtes: Liköre, Edelbrände, Spirituosen (Whisky, Gin usw.).
Aktivitäten: Kinderspielplatz, Fahrzeuge für Groß und Klein, Wanderwege ab Hof, Radwegenetz, Deutschlands höchstgelegener Moorsee (Waldsee), diverse Freibäder

Schaubrennerei und D12
Ferienhof Fink 2021
Heimen 78
88145 Opfenbach

Zu Gast bei: Herbert Fink
08385/1226 o. 0173/4524794
Anreise bis: 19 Uhr

Hofladen:
Auf Anfrage

www.schaubrennerei-fink.de

BIO-HOF SCHWARZENBACH

Oy-Mittelberg (BY) · 47°40'1.1"N 10°25'9.0"E

Wir sind ein Bioland-Hof in ruhiger Lage am Ortsrand von Oberzollhaus und sind ganzjährig für Sie geöffnet. Wir sind in einem tollen Rad-Wandergebiet in schönster Landschaft gelegen und bieten viele abwechslungsreiche Ausflugsmöglichkeiten. Wir halten Hochlandrinder, seltene Hühnerrassen und Merino-Schafe. Aufgrund der freilaufenden Hühner und den Weideflächen der Kühe direkt am Stellplatz können wir leider keine Hunde empfangen.

Selbstgemachtes: Eier und Wurst. Außerdem: Außerdem: Käse, Honig, Bier, Liköre aus Regionaler Produktion, sowie verschiedene Bioprodukte und Mitbringsel in unserem Hofladen.
Aktivitäten: Mitarbeit auf dem Hof, Radwege, Wanderwege, Allgäuer Moorallianz, Badeseen, historische Bauwerke z.B. Römerbrücke und Wallfahrtskirche Maria Rain
Hinweis: △ Die letzten 100 m sind ein einspuriger Kiesweg. Bei starkem Schneefall kann es zu Zufahrtsbehinderungen kommen.

Bio-Hof Schwarzenbach E11
Füssener Str. 11 2017
87466 Oy-Mittelberg

Zu Gast bei: Michaela & Fridolin Schwarzenbach, einfach anreisen…

Hofverkauf:
Auf Anfrage

MARMELADENKÜCHE HASLBECK

Parkstetten (BY) · 48°55'59.7"N 12°35'57.8"E

Wir sind ein Familienbetrieb mit der Leidenschaft für feine Marmeladen. Unser Hofcafé erfreut sich großer Beliebtheit (Öffnungszeiten: jedes 1. und 3. Wochenende, Samstag und Sonntag von 13 bis 18 Uhr). Produkte aus der Region haben bei uns Vorrang! Des Weiteren gibt es bei uns ein kleines Hirschgehege und eine Pferdekoppel mit Tipi. Wir freuen uns auf Ihren Besuch!

Selbstgemachtes: Marmelade, Gelee, Säfte aus Garten- und Wildfrüchten.
Aktivitäten: Friedenheim, See, Wasserski, Naherholungsgebiet Parkstetten

Marmeladenküche Haslbeck G9
Unterharthof 28 2019
94365 Parkstetten

Zu Gast bei: Erika Eichinger-Haslbeck 09428/630
Anreise bis: 17 Uhr
Ruhetage: Mo. Di.
Schließzeit: 01.01.–31.03.

Hofladen und Hofverkauf:
Mi.–Fr. 9–12, 14–18 Uhr // Sa. 9–12 Uhr

www.marmeladenkueche.de

BERGGASTHOF ZOTTLING

Patersdorf (BY) · 49°0'15.8"N 12°56'25.5"E

Unser Berggasthof liegt auf einer der schönsten Hochlagen des Bayerischen Waldes – in und auf der „Panoramaregion Patersdorfer Berge" mit traumhaftem Blick auf das Aitnachtal und unsere Süddeutschen Kaltblutpferde.

Selbstgemachtes: A2A2-Milch-Joghurt, Mozzarella, Fruchtaufstriche, Sirups, Chutneys, Salz, Kräuter und Rumtopf. Außerdem: Bayerwald-Seifen und Cremes. Nach Voranmeldung: Frühstück, Abendbrot und Getränke erhältlich.
Aktivitäten: Ponyreiten, Panoramaregion, Radwanderwege, Waldbaden, Badesee, Kräuterwanderungen

Berggasthof Zottling G9
Zottling 1 2022
94265 Patersdorf

Zu Gast bei: Monika Schweizer, einfach anreisen…
Anreise bis: 18 Uhr
Ruhetage: Mo. Di.
Schließzeit: 01.12.–15.03.

Hofverkauf:
Auf Anfrage

www.berggasthof-zottling.de

BIO-HOFBAUER

Pemfling (BY) · 49°14'52.2"N 12°37'41.4"E

Wir sind ein landwirtschaftliches Familienunternehmen mit Rindermast, Schweinemast, eigener Schlachtung, Legehennen und Gemüsebau. Bei uns können Sie mehr über die ökologische Landwirtschaft lernen. Unsere Betriebsschwerpunkte liegen in der Erzeugung von Eiern und Fleisch. Ein Winterdienst und Forstdienstleistungen sind ein weiteres wirtschaftliches Standbein. Die Bioprodukte erhalten Sie an unserem Automaten rund um die Uhr.

Selbstgemachtes: Rindfleisch, Schweinefleisch, Wurstwaren, Eier, Nudeln, Kartoffeln, Gemüse der Saison. Außerdem: Honig und Käse.
Aktivitäten: Badeweiher, Reitmöglichkeiten, Burgen und Ruinen, Wanderwege, Radwege, Stadt Cham ca. 3 km entfernt.

Bio-Hofbauer G9
Blumenstraße 6a 2021
93482 Pemfling

Zu Gast bei: Claudia Aschenbrenner-Bucher 0160/ 90391822
Anreise bis: 17 Uhr

Hofverkauf:
Auf Anfrage

www.bio-hofbauer.de

LANDHOTEL HOISL-BRÄU

Penzberg (BY) · 47°47'30.0"N 11°23'14.3"E

Wir sind ein Ausflugslokal im bayrischen Stil mit viel Platz ums Haus. Der Standort für Wohnmobile ist mit herrlichem Blick auf unsere Hausberge (Benediktenwand, Jochberg und Herzogstand). Wir bewirtschaften ein sehr schönes Restaurant mit vielen, sehr guten und natürlich hausgemachten Gerichten und Kuchen sowie einem wunderbaren Frühstücksbuffet. (Die Toilettennutzung ist nur während der Öffnungszeiten möglich)

Selbstgemachtes: Kuchen, Hollersirup (nur in der Saison), 100 % „hausgemachte“ Gerichte in unserer Gastronomie. Frühstück, Abendbrot und Getränke erhältlich.
Aktivitäten: Badesee, Reiterhof, Jakobsweg, Spielplatz

Landhotel Hoisl-Bräu F11
Promberg 1 2021
82377 Penzberg

Zu Gast bei: Maria Dehmelt
08856/9017330
Anreise bis: 21 Uhr
Ruhetage: Mo. Di.

www.hoisl-braeu.de

HOLZPFEIFERHOF

Pfaffenhofen an der Ilm (BY) · 48°32'16.0"N 11°26'45.1"E

Idyllisch gelegener kleiner Betrieb inmitten der Holledau und an der Grenze zum Spargelland. Unser Schwerpunkt ist die Aus- und Weiterbildung im Reitsport mit verschiedensten Seminaren, Lehrgängen und Veranstaltungen. Genießen Sie die Natur bei ausgedehnten Wanderungen und Radtouren oder einen Abend an der Feuerstelle. Getränke erhältlich.

Aktivitäten: Hopfenmusseum Wolnzach, Spargelmuseeum, Kloster Scheyern, ausgebautes Rad- und Wanderwegenetz rund um Pfaffenhofen
Hinweis: △ Bitte beachten Sie die genaue Lage auf Google Maps, Reitanlage befindet sich genau zwischen den Ortschaften Wolfsberg und Fürholzen. Nicht wie in manchen Navigationsgeräten angegeben in Wolfsberg.

Holzpfeiferhof F10
Wolfsberg 21 2021
85276 Pfaffenhofen an der Ilm

Zu Gast bei: Sabine Olbrich
0171/6451104
Anreise bis: 18 Uhr
Schließzeit: 30.11.–30.01.

www.holzpfeiferhof.de

HABERMANNS HOF

Pfahlenheim (BY) · 49°33'32.3"N 10°7'28.1"E

Wir sind ein kleiner landwirtschaftlicher Familienbetrieb, auf dem Weg zur Bio-Eintragung. Mitten in einem 100-Seelen-Dorf, gelegen am Jakobs- und Kunigundenweg, halten wir seltenen Tierrassen, wie das fränkische Gelbvieh-Rind, das Angler-Sattel-Schwein und Augsburger Hühner. Unser Hoflädle hat regulär nur am letzten Wochenende im Monat geöffnet. Sie können aber jederzeit ein Familienmitglied ansprechen und nach passender Einkaufs-, Hofbesichtigungs- und Fitnesszeit fragen.

Selbstgemachtes: Rindfleisch, Schweinefleisch, Wurstwaren, Gelbvieh-Käse in Öl eingelegt, Dauerwurst-Salami, Schinken und Eier. Außerdem: Gebäck, Nudeln, Haferflocken, Buchweizenmehl, Fruchtaufstriche, Honig, Schnaps, Wein, Obst und Gemüse nach Saison, Kunstvolles.
Aktivitäten: Fitness im Stall, Jakobs-Wanderweg, Ottilienquelle (Heilquelle für die Augen), Dorfkirche (Schlüssel hat Esther Habermann), Kinderbetreuung gegen kleinen Obulus

Habermanns Hof E9
Ortsstr. 22 2021
97258 Pfahlenheim

Zu Gast bei: Esther Habermann
09848/251 o. 0170/5451250

Hofladen:
Fr., Sa. 15–18 Uhr

www.habermann-hof.de

GRIESSLHOF

Pleystein (BY) · 49°36'55.3"N 12°27'46.8"E

Auf unserem Erlebnisbauernhof leben Mensch und Tier im Einklang mit der Natur. Euer Stellplatz bietet Euch eine herrliche, weitläufige Aussicht über die Weiden unserer Hühner, Gänse, Enten und Alpakas hinweg. Ein großer Garten mit Spielschiff, Laube und Grillplatz laden zum Verweilen ein. Ideal für Kinder!

Selbstgemachtes: Eier, Nudeln, Liköre, Säfte, Sirupe (u.a. Fichtenspitzsirup, Mädesüßsirup, Herzwein, Wermuttrank), Fruchtaufstriche, Kartoffeln und frisch geschlachtetes Geflügel. Außerdem: Wurst im Glas und Honig.
Aktivitäten: Wanderungen mit unseren Alpakas, tägliches Sammeln der Eier unserer Hühner, Kartoffelernte im Herbst, großer Spielplatz am Hof, Rad- und Wanderwege, Terrassenbad Pleystein, Freizeitanlage Bäckeröd Waidhaus
Hinweis: △ Der Weg zum Stellplatz ist geschottert.

Grießlhof G8
Burkhardsrieth 4 2019
92714 Pleystein

Zu Gast bei: Alexander Balk
0172/3112677
Anreise bis: 20 Uhr
Schließzeit: 01.12.–27.12., 14.10.–20.10.

Hofladen:
Mo.–Fr. 8–12 Uhr // Sa. 9–12 Uhr

www.griesslhof.de

GRILLMEIERHOF

Plößberg (BY) · 49°49'29.4"N 12°15'1.3"E

Familienbetrieb mit Hofladen, Kühen, Kartoffel- und Gemüseanbau, Gewächshäusern mit Gurken und Tomaten, Fischteich, Wald und eigenem Jagdrevier in verkehrsgünstiger, aber trotzdem ruhiger Dorflage. Im Landschaftsschutzgebiet Oberpfälzer Wald bauen wir besonders schmackhaften Kartoffelsorten an.

Selbstgemachtes: Kartoffeln, Gemüse und Salate der Saison, Herbst- und Wintergemüse, Honig und Rohmilch ab Hoftank. Außerdem: Obst, Wurstgläser, Brotaufstrich, Eier, Feingebäck, Speiseöle, Essig und Gewürze.
Aktivitäten: Radwanderweg, Wanderwege ins Waldnaabtal, Ausflüge ins Egerland, Sybillenbad, Klosterstadt Waldsassen, stigmatisierte Therese Neumann vom anderen Konnersreuth (ca. 25 km), Zoigl-Stuben in der Nähe

Grillmeier Agrar GbR G8
Konnersreuth 2 2014
95703 Plößberg

Zu Gast bei: Johann Grillmeier
09637/1088
Anreise bis: 20 Uhr

Hofladen:
Mo.–Fr. 8–18 Uhr // Sa. 8–12 Uhr

www.meinbauer.de

GASTHAUS ZUM SCHOTTENTAL

Pommelsbrunn (BY) · 49°27'54.8"N 11°33'37.6"E

Fränkisches Wirtshaus mit regionaler und saisonaler Küche. Unser gemütliches Gasthaus mit eigener Schlachtung, liegt mitten im kleinen Dorf Heldmannsberg nahe der Oberpfälzischen Grenze. Der Ort ist sehr schön auf den Ausläufern des Jura gelegen und ist Ausgangspunkt für schöne Wanderungen. Für das leibliche Wohl sorgt unsere regionale fränkische Küche mit all ihren Leckereien.

Selbstgemachtes: Fränkische Wurstwaren. Außerdem: Honig frisch vom Imker. Abendbrot und Getränke erhältlich.

Aktivitäten: Badeseen, Kletterfelsen, Spielplatz, Naturschutzgebiet zum Wandern

Gasthaus zum Schottental F9
Heldmannsberg 4 2021
91224 Pommelsbrunn

Zu Gast bei: Klaus Patermann
09154/94444
Anreise bis: 20 Uhr
Ruhetage: Mo. Di.
Schließzeit: 31.10.–01.04.

Hofverkauf:
Auf Anfrage

www.zum-schottental.de

BIOHOF MAYER

Preith (BY) · 48°55'4.6"N 11°12'17.8"E

Wir sind seit 1988 ein Biobauernhof mit Murnau-Werdenfelser-Rindern, alten Schweinerassen und Hühnern. Wir betreiben Gemüsebau und Ackerbau mit alten Kulturpflanzen und vermarkten unsere Produkte direkt und im Hofladen. Drei Mal wöchentlich gibt es bei uns frisches Brot aus Dinkel, Roggen und Emmer, außerdem Fleisch und Wurstwaren aus eigener Schlachtung.

Selbstgemachtes: Brot, Fleisch, Wurst, Eier, Kartoffeln, Gemüse, Getreide und Mehl. Außerdem: Obst, Gemüse, Milch, Käse, weitere Milchprodukte und ein breites Trockensortiment.

Aktivitäten: Jurahöhe im Naturpark Altmühltal, historische Altstadt Eichstätt (4 km), Kanufahrten auf der Altmühl, Wandern, Radfahren, und Fossiliensuche im Steinbruch

Biohof Mayer F10
Steigweg 4 2018
85131 Preith

Zu Gast bei: Franz Josef Mayer
08421/906257 o. 0171/9097574
Anreise bis: 19 Uhr

Hofladen:
Do. 14–19 Uhr // Fr. 8:30–12, 14–19 Uhr // Sa. 7:30–12 Uhr

www.biohof-mayer.de

BUNTER HOF

Prem (BY) · 47°40'28.0"N 10°50'30.2"E

Unser Hof befindet sich umringt von saftigen Grünlandwiesen im Voralpengebiet mit Blick auf die Berge. Auf unseren Weiden stehen wunderschöne Ochsen. Die kleinsten Kälber sind schon mit von der Partie und tummeln sich zwischen den großen Tieren. Wir haben Pferde, Schafe und Hühner.

Selbstgemachtes: hochwertiges und gut gereiftes Fleisch, optimal zum Grillen.

Aktivitäten: Badeseen, Wander- und Radwege, Bergwanderungen

Bunter Hof E11
Holz 8a 2021
86984 Prem

Zu Gast bei: Stephan Palkowitsch
08862/774397 o. 0172/8415810
Anreise bis: 20 Uhr

Hofverkauf:
Auf Anfrage

NIKL BRÄU

Pretzfeld (BY) · 49°45'21.6"N 11°10'31.9"E

Wir sind die kleinste Handwerksbrauerei im Herzen der Fränkischen Schweiz. Wenn Sie lernen wollen, wie man Bier braut, dann sind Sie bei uns genau richtig. Genießen Sie unsere eigenen Biere und Brände bei fränkischer Küche in unserer Gastwirtschaft mit Blick in unser Sudhaus. Montags bis donnerstags können Sie unsere Biere kaufen, freitags bis sonntags zusätzlich speisen. Brauseminare sind über unsere Homepage buchbar. Unser Braumeister Mike Schmitt führt Sie gern in die Geheimnisse echter Braukunst ein.

Selbstgemachtes: Biere und Brände, am Wochenende fränkische Küche.
Aktivitäten: wunderschöne Wander- und Radwege im größten Kirschenanbaugebiet Deutschlands, fränkische Bierkeller

Nikl Bräu F8
Egloffsteiner Straße 19 2021
91362 Pretzfeld

Zu Gast bei: Mike Schmitt, einfach anreisen…
Ruhetage: Mo. Di. Mi. Do.

Hofverkauf:
Mo.–Do. 9–18 Uhr // Fr.–So. 10–20 Uhr

www.brauerei-nikl.de

WEINGUT UND GÄSTEHAUS HEINRICH KOHLES

Prichsenstadt (BY) · 49°48'54.0"N 10°21'0.9"E

An unserem neu gebauten Weingut vor den Stadtmauern der Altstadt befindet sich unser Stellplatz für 3 Fahrzeuge. In unserem Gästehaus können Sie frühstücken und unsere Eigenbauweine probieren, sowie in unserem gemütlichen Innenhof ein Gläschen Wein genießen. Im Mai und Juni gibt es Prichsenstadter Spargel im Hofverkauf. Weinbergs- und Kellerführungen stehen zu bestimmten Zeiten an. Anmeldung im Gästehaus in der Luitpoldstraße 20 (keine Einfahrt möglich). Der Stellplatz befindet sich außerhalb, etwa 100 m entfernt nahe dem TSV-Gelände (Hinweis-Schild „Halt a' Mal").

Selbstgemachtes: Wein, Traubensaft und Spargel. Außerdem: Honig, Marmelade und Schnäpse.
Aktivitäten: Rad- und Wanderwege, Weinbergsführungen, Weinverkostungen
Hinweis: △ Anmeldung in der Luitpoldstraße 20 (im Altort, keine Einfahrt möglich), Stellplatz befindet sich in der Friedrich-Schülein-Straße und ab Oktober in der Wiesentheider Straße.

Weingut und Gästehaus E8
Heinrich Kohles 2020
Mühlgasse 2
97357 Prichsenstadt

Telefon: 09383/1439
Anreise bis: 21 Uhr

Hofverkauf:
Auf Anfrage

www.weinbaukohles.de

WÖRNERS SCHLOSS

Prichsenstadt OT Neuses am Sand (BY) · 49°50'37.4"N 10°21'16.0"E

Wir sind ein bioenergetisches Weingut direkt im Schloss mit Wellnesshotel und Restaurant. Die Stellplätze befinden sich hinter dem Schloss mit Blick in den Naturpark Steigerwald. Von hier aus haben Sie eine direkte Anbindung an verschiedene Rad- und Wanderwege. Auf Wunsch stehen Ihnen unser Wellnessbereich, Brötchenservice und Fahrradverleih zur Verfügung. Hunde bitte immer an der Leine führen. Montags und dienstags empfangen wir keine Gäste.

Selbstgemachtes: Cosmowein, Sekt, Likör, Edelbrand, Whiskey, Balsamico, Essig, Traubenkernöl u. -saft, Marmeladen, Gelee und Pralinen. Außerdem: Antikes, Kunst, Krempel, Glas-Korb-Keramik, Eisenwaren und Delikatessen. Nach Voranmeldung: Frühstück, Abendbrot und Getränke erhältlich.
Aktivitäten: Rad- und Wanderwege, Fahrradverleih, Bogenschießen, Tischtennis, Spielplatz für Kleinkinder

Wörners Schloss E8
Neuses am Sand 21 2018
97357 Prichsenstadt
OT Neuses am Sand

Zu Gast bei: Harald Wörner
09383/7179
Anreise bis: 17 Uhr
Ruhetage: Mo. Di.
Schließzeit: 01.12.–31.03.

Hofladen:
Mi.–So. 10–18 Uhr

www.woerners-schloss.de

DESTILLE LUTTER

Pyrbaum-Schwarzach (BY) · 49°15'16.1"N 11°18'38.1"E

Wir, der „Katzerer Hof", sind ein kleiner Familienbetrieb und betreiben seit vielen Jahren die Schnapsbrennerei „Destille Lutter", mit der wir die in unserer Gegend bekannten „Katzerertropfen" herstellen. Hierzu verarbeiten wir das unbehandelte Obst von unserer Streuobstwiese mit über 100 Obstbäumen. Im landwirtschaftlichen Nebenerwerb züchten wir Brillenschafe, eine vom Aussterben bedrohte Tierrasse, die gleichzeitig auf unseren Streuobstwiesen als Rasenmäher zum Einsatz kommen. Außerdem halten wir glückliche, freilaufende Hühner, die gerne für frische Frühstückseier sorgen. Auf Nachfrage können Sie gerne unsere Produkte käuflich erwerben. Hunde sind willkommen und auf dem Hof bitte an der Leine zu führen. Wir freuen uns auf Ihren Besuch.

Selbstgemachtes: Brände und Liköre.

Aktivitäten: Fränkisches Seenland, Rothsee (6 km)

Destille Lutter F9
Bachstraße 10a 2018
90602 Pyrbaum-Schwarzach

Zu Gast bei: Gerhard Lutter
09180/1544
Anreise bis: 20 Uhr

Hofverkauf:
Auf Anfrage

BAUER REINHART

Rauhenebrach Obersteinbach (BY) · 49°53'46.8"N 10°32'56.6"E

Bauer Reinhart ist ein Familienbetrieb mitten im schönen Naturpark Steigerwald mit Hofladen und Hofrestaurant. Hier erleben Sie Frische pur ab April mit Spargel und Erdbeeren aus eigenem Anbau. Der Steigerwald gilt als Geheimtipp für Wanderer und Gourmets. Während der Spargelsaison hat unser Hofrestaurant für Sie geöffnet. Der Steigerwald gilt als Geheimtipp für Wanderer und Gourmets.

Selbstgemachtes: Spargel, Erdbeeren, Fruchtaufstriche, Liköre, eingelegter Spargel, Wein und Secco. Außerdem: Brot, Brotaufstriche, Honig, Nudeln und Öle. Nach Voranmeldung: Getränke erhältlich.

Aktivitäten: Baumwipfelpfad, Naturbad (8 km), Radwanderwege in unmittelbarer Nähe, Themenweg wie Skulpturenweg, Ponyreiten (4 km), Weg der Artenvielfalt Obersteinbach (1 km)

Bauer Reinhart E8
Obsthof 1 2014
96181 Rauhenebrach
Obersteinbach

Zu Gast bei: Ingo Reinhart 09554/212
Anreise bis: 19 Uhr
Schließzeit: 01.08.–31.08., 20.12.–31.12.

Hofladen:
Täglich 9–19 Uhr

www.bauer-reinhart.de

BRAUEREI GASTHOF HOTEL LANDWEHR-BRÄU

Reichelshofen (BY) · 49°26'23.6"N 10°12'45.6"E

Vier gemütliche und individuell eingerichtete Gasträume, sowie die großzügige Terrasse am Haus zeigen die traditionelle Verbundenheit zu unserer Region und die fränkische Gastlichkeit. Hier werden einmal mehr die Sammelleidenschaft für Antiquitäten und die liebevollen Dekorationen des Besitzers deutlich. Gemütlichkeit und ein perfekter Service ergänzen das Bild und sorgen für einen angenehmen Aufenthalt. Brauereiführung möglich.

Selbstgemachtes: Bier, Wurstwaren, Brände und Likör. Frühstück, Abendbrot und Getränke erhältlich.

Brauerei Gasthof Hotel E9
Landwehr-Bräu 2014
Reichelshofen 31
91628 Reichelshofen

Telefon: 09865/9890

Hofverkauf:
Auf Anfrage

www.landwehr-braeu.de

HOFGUT AM DOBL – FRÖLICH ÖLMANUFAKTUR

Reisbach (BY) · 48°32'19.4"N 12°38'20.3"E

Es ist die Kraft des Einklangs der vitalen Natur in Verbindung mit der spürbar besonderen Hofgut-Atmosphäre, die uns, unser Leben, unsere Arbeit, unsere Produkte und auch Dich inspiriert, beseelt und nährt! Natur pur, dies ist für uns der lebendige Ausdruck unseres Naturells, unsere tiefe Naturverbundenheit, unsere offene Herzlichkeit, pure Lebensfreude und natürlich innewohnender Glückseligkeit. frÖLich sein heißt für uns: dynamisch, lebendig, vital, frohen Mutes und voller Lebenskraft – genauso ist unser Öl!

Selbstgemachtes: kaltgepresste Omega-3-Speiseöle, Saatenmehle und Wildkräuter-Feinkost. Außerdem: Öl-Begleitprodukte, Filz-Kollektion, Geschenk- und Dekorationsartikel. Nach Voranmeldung: Frühstück erhältlich.
Aktivitäten: ÖlTastings auf dem Hof mit dem Neurowissenschaftler und Ölmüller Ralf Schäfer, Bayernpark, Erlebnisbad Caprima, Rad- und Wanderwege, Wachsender Felsen Usterling

Schäfer inspiriert GmbH G10
Thannenmais-Dobl 15 2022
94419 Reisbach

Zu Gast bei: Ralf Schäfer
0174/7363921
Anreise bis: 18 Uhr
Ruhetag: Mo.

Hofladen:
Mo.–Fr. 17–18 Uhr // Sa. 8–12 Uhr

www.hofgutamdobl.de

IFF'S FERIENHOF

Retzstadt (BY) · 49°54'45.0"N 9°52'55.3"E

Unser kleiner Bioland-Hof befindet sich mitten im Ort im schönen Frankenland unweit von Würzburg in einem Seitental des Mains. In der Brennerei werden die Früchte der vielen Streuobstwiesen veredelt, außerdem pressen wir selbst Saft, bauen Wein an und haben eine große Hühnerschar, die auf den Wiesen in zwei Mobilställen lebt. Wir öffnen gerne auf Anfrage unseren Hofladen für Sie.

Selbstgemachtes: Obstbrände, Likör, Apfelsaft, Eier und Nudeln.
Aktivitäten: Radweg zum Main (Würzburg, Karlstadt), viele Themenwege (Poeten-, Lieder-, Planetenweg usw.), im Mai Orchideen (Diptam, Frauenschuh), im August großes Weinfest, Weinlese, Schnaps- und Weinprobe, Freibäder
Hinweis: △ enge Hofeinfahrt

Iff's Ferienhof D8
Goldbrunnenstr. 39 2016
97282 Retzstadt

Zu Gast bei: Franz Iff 09364/811713 o. 0176/24768910
Anreise bis: 22 Uhr

Hofverkauf:
Auf Anfrage

www.iffs-ferienhof.de

WEINGUT HEMBERGER

Rödelsee (BY) · 49°43'4.2"N 10°14'37.9"E

Unser Hof liegt zwischen Rödelsee und Iphofen auf einer leichten Anhöhe direkt an den Weinbergen mit Blick auf den Schwanberg. Wir sind ein Familienweingut, welches gerade in der Umstellung auf biologischen Weinbau ist. Die Natur gibt uns den Takt vor und wir versuchen gerne daraus Musik zu machen. Mit der Natur zu arbeiten macht Spaß, viel Spaß – aber ohne Freunde und Helfer wären wir aufgeschmissen. Wir wollen Ihnen nach Absprache Einblick in unser Tun und Handeln und unsere Produkte geben.

Selbstgemachtes: Wein, Sekt, Likör, Edelbrände und Apfelsaft.
Aktivitäten: Schwanberg, Radwege, Wanderwege

Weingut Hemberger E8
Aussiedlerhof 3 2021
97348 Rödelsee

Zu Gast bei: Tobias Hemberger, einfach anreisen…
Anreise bis: 18 Uhr

Hofladen:
Mo., Mi.–Fr. 9–18 Uhr // Sa. 10–18 Uhr

www.weingut-hemberger.de

ANNA ON TOUR

REISEBERICHT

MIT BIOLAND IM LANDVERGNÜGEN

Landwirtin und Bioland-Mitarbeiterin Anna Proebstle besuchte mit dem Landvergnügen-Mobil Mitgliedsbetriebe der Erzeugergemeinschaft in ihrer Heimat nahe des Bodensees.

Ich bin schon viel in der Welt unterwegs gewesen, aber noch nie mit einem Camper. Von daher war es für mich eine absolute Premiere, als ich im Juni 2021 zum ersten Mal in den KNAUS Boxlife 630 ME von Landvergnügen stieg. Auch wenn ich mich an die Automatikschaltung erst gewöhnen musste: das Fahrzeug ist purer Luxus. Kühlschrank, Bett, Herd – ich hatte alles an Board, was ich brauchte.

Statt einer langen Tour am Stück nahm ich mir Kurztrips zu Landvergnügen-Höfen in der Nähe unseres Bioland-Familienbetriebes in der Region Bodensee-Oberschwaben vor, den ich zusammen mit meinen Brüdern bewirtschafte. Schon länger hatte ich mir vorgenommen, meine Heimat besser kennenzulernen.

Mein erster Ausflug führte mich auf den **Magdalenenhof** in Hilzingen zu Gabi und Thomas Hägele. Der Obstanbaubetrieb mit Hofladen und Brennerei liegt absolut traumhaft in einer hügeligen Vulkanlandschaft mit einem wunderbaren Ausblick. Bis zu den Schweizer Alpen konnte ich von dort oben schauen.

Bei einer Schnapsverkostung habe ich mich von Thomas' Können als Brenner überzeugt. Er hat eine riesige Auswahl an Schnäpsen aus Äpfeln, Birnen und Beeren, die alle ganz wunderbar schmecken. Vier Flaschen Likör nahm ich mit, da bin ich gar nicht zimperlich.

Wir haben uns lange über das Thema Biodiversität ausgetauscht. Thomas hat besondere Insektenbehausungen gebaut. Beim Mähen auf den Plantagen lässt er einzelne Grasreihen stehen, um den Nützlingen Nahrung und Rückzugsorte zu bieten. Mit einem Bier und einer leckeren Gemüsebolognese ließ ich abends im Wohnmobil den Tag ausklingen, während es draußen herrlich gewitterte. →

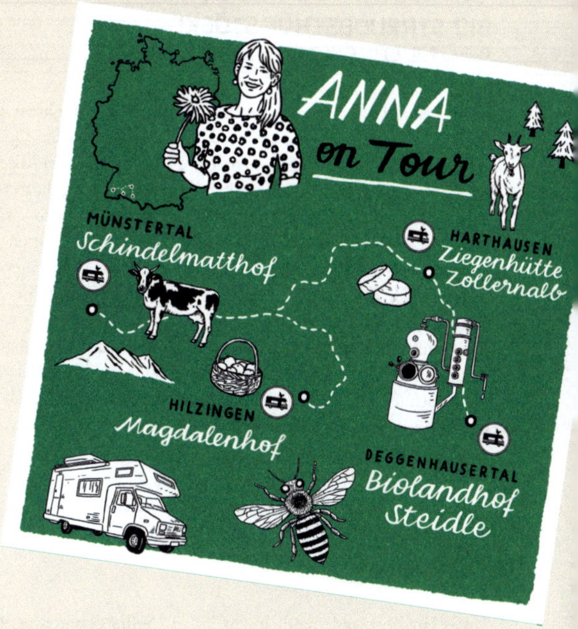

Auf einer zweiten Tour steuerte ich auf dem Weg zu einem Arbeitstermin für Bioland den **Schindelmatthof** bei Freiburg an. Er liegt nur zwei Kilometer neben dem Aussichtspunkt Schauinsland. Ich kam erst spät an. Familie Riesterer war gerade schwer beschäftigt mit der Heuernte. Wir genossen eine leckere Rindswurscht auf dem Traktor, während die Sonne hinterm Feld unterging. Am nächsten Morgen half ich mit, die Rinder auf ein neues Stück Weide zu treiben. Da wir auf meinem Hof auch Rinder halten, habe ich mich mit Anke Riesterer über Möglichkeiten der Direktvermarktung ausgetauscht; ein wichtiges Thema für uns Bio-Bauern.

Karo und Alex von der **Ziegenhütte Zollernalb** sind alte Bekannte von mir. Ihr Hof liegt in der Schwäbischen Alb in einer wunderschönen Umgebung. Sie haben ihn von ihren Eltern übernommen und auf Bio umgestellt. Bei meinem Besuch habe ich ihnen Honig und Rindssalami von unserem Hof mitgebracht und im Gegenzug ihren Ziegenkäse probiert. Köstlich! Als Genussmensch habe ich ein Faible für handwerklich gemachte Produkte. Hofläden sind daher für mich echte Fundgruben für gute, regionale Lebensmittel.

Der **Biolandhof Steidle** liegt im Deckenhausertal, dem letzten ruhigen Tal vor dem Bodensee, nur einen Katzensprung von meiner Heimat entfernt. Die Familie hat alles, was man sich als Landwirt vorstellen kann: eine Mutterkuhherde, Schweine, Gänse und Hühner. Sie betreibt ein Biorestaurant, baut Schnittblumen und Getreide an. Zudem ist Norbert Steidle ein begeisterter Destillateur und macht köstliche Brände. Ich durfte auf seiner Streuobstwiese stehen. Morgens habe ich im Restaurant ausgezeichnet gefrühstückt.

Mein Fazit: Meine Kollegen im Landvergnügen brennen für ihren Beruf und das Tierwohl. Sie teilen das mit Menschen, die ihre Arbeit wertschätzen. Es ist toll, wie viele Höfe so offen sind und Reisenden einen Einblick in ihre Arbeit geben. Gerne wäre ich noch weiter bis ins Allgäu gefahren – vielleicht bei meiner nächsten Tour durchs Landvergnügen.

Nord Nordwest Ost Mitte-West West Südost Südwest

BIO-STREUOBSTHOF STÖCKL

Rohr i.NB (BY) · 48°46'7.4"N 11°58'20.0"E

Unser Leitbild ist es, auf unserem Hof mit 7 ha Streuobstwiesen in der nördlichen Hallertau unter Verzicht auf jegliche Pflanzenschutzmittel aromatisches Obst von Hochstämmen zu erzeugen. Dieses Obst wird handwerklich zu bestem Saft verarbeitet und direkt an natur- und gesundheitsbewusste Kunden vermarktet. Daraus beziehen wir Wertschätzung und Wertschöpfung. Auf unserem Lernort Bauernhof vermitteln wir – auch mit Hilfe unserer Legehennen und Weidegänse – ganzen Schulklassen das „Erlebnis Streuobstwiese".

Selbstgemachtes: alle Produkte in zertifizierter Bio-Qualität: naturtrüber Apfelsaft, Apfel-Mischsäfte mit Holunder-, Johannisbeeren-, Birnen-, Quitten-, Kirsch- und Aroniasaft, Äpfel (vorwiegend alte Sorten), Birnen, Nüsse, Kürbisse, Eier, Suppenhennen und bratfertige Weidegänse. Außerdem: Kartoffeln.

Aktivitäten: Freibad, Hallenbad, Reitanlage, Tennisplätze im Ort, Asamkirche Maria Himmelfahrt, Hallertauer Bauernhofmuseum

Bio-Streuobsthof Stöckl F10
Hauptstr. 6 2014
93352 Rohr i.NB

Zu Gast bei: Georg Stöckl 08783/679
Anreise bis: 19 Uhr

Hofverkauf:
Auf Anfrage

www.streuobsthof-stoeckl.de

FICHTELHOF RAUSCHENSTEIG

Röslau (BY) · 50°4'46.7"N 12°1'5.1"E

Unser Hof liegt landschaftlich sehr schön im Herzen des Fichtelgebirges. Bei uns am Hof finden Sie die seltenen Coburger Fuchsschafe sowie Kühe, Kälber, Hühner im Hühnermobil, Freilandgänse, Ziegen, Enten und Pferde. Bei einer Hofführung können Sie den Alltag vergessen, Kinder können unsere Tiere mit versorgen. Anschließend können Sie regionale Produkte erwerben und einen Gaumenschmaus erleben.

Selbstgemachtes: Eier, Gänse, Enten, Milch, Nudeln und Eierlikör. Außerdem: Kartoffeln, Wurstdosen, Fleisch, Bratwürste und Grillkohle (im Sommer). Nach Voranmeldung: Frühstück und Getränke erhältlich.

Aktivitäten: Weißenstädter See, Therme Siebenquell, 12 Gipfelblick, Kletterhalle, Greifvogelpark mit Wildgehege, Felsenlabyrinth und Naturbühne Luisenburg, Sommerrodelbahn am Ochsenkopf

Fichtelhof Rauschensteig F8
Rauschensteig 22 2022
95195 Röslau

Zu Gast bei: Willi Schöffel
0176/22785781 o. 0151/67501820
Anreise bis: 21 Uhr
Schließzeit: 01.11.–15.02.

Hofverkauf:
Auf Anfrage

HOFLÄDLE KRAUT & RÜBE

Röslau (BY) · 50°3'49.9"N 12°0'2.1"E

Wir betreiben eine kleine Landwirtschaft mit Direktvermarktung unserer Produkte im Herzen des Fichtelgebirges und haben es uns zum Ziel gesetzt, Tierwohl und Fleisch von bester Qualität für jeden erreichbar zu machen. Das Anwesen liegt am Ortsende mit Weitblick und viel Ruhe.

Selbstgemachtes: Strohschweinspezialitäten: u.a. Sonderrassen wie Duroc, Ibérico und schwäbisch Hällischem, Geflügelprodukte aus artgerechter Freilandhaltung, Apfelsaft ohne künstliche Zusätze direkt vom Baum in den Karton und Dosenspezialitäten von unseren Schweinen (Pressack, Leberwurst etc.). Außerdem: Nussspezialitäten von regionaler Zuckerbäckerei, edle Schnäpse aus Weißenstadt und frische Kartoffeln aus der Region.

Aktivitäten: Badeseen, Wanderwege, Radweg unmittelbar angrenzend, Eselwanderung im Ort, Hofführungen bei uns, Greifvogelpark, Museen verschiedener Art, Bauernhofcafe in der Nähe

Hofläde Kraut & Rübe F8
Bibersbach 11 2021
95195 Röslau

Zu Gast bei: Vanessa Vobis
0151/10007436 o. 09232/1834211

Hofladen:
Mi.–Sa. 10–19 Uhr

www.hofläd le-kraut-und-rübe.de

LAND. LUFT LEBERFING

Roßbach (BY) · 48°35'52.6"N 12°54'2.9"E

Auf unserem Biohof stellen wir hochwertige Biolebensmittel her: Fleisch von Tieren in ganzjähriger Weidehaltung und eigener Hofschlachtung, Saft, Marmelade und Gemüse. Ein gesunder Boden sorgt für gesunde Lebensmittel sowie für das Futter unserer Tiere. Großzügige Weiden bieten viel Freiraum für Schweine, Rinder, Schafe und Hühner. Wir verzichten auf Tiertransport und schlachten direkt am Hof, in der den Tieren vertrauten Umgebung. Dabei verarbeiten wir fast alles, was uns das Tier geschenkt hat. Alles hat seinen Sinn und Wert – das wollen wir erhalten, pflegen und schmecken! Unser Bio-Restaurant hat für Sie Mi-So von 11–23 Uhr (warme Küche ab 17 Uhr) geöffnet. Aktuelle Öffnungszeiten finden Sie auf unserer Website.

Selbstgemachtes: eigene Fleisch- und Wurstwaren. Außerdem: komplettes Biosortiment. Abendbrot und Getränke erhältlich.

Aktivitäten: Rad- und Wanderwege, Fleisch- und Grillseminare, Biorestaurant

Land. Luft Leberfing G10
Leberfing 1 2019
94439 Roßbach

Einfach anreisen...
Anreise bis: 22 Uhr

Hofladen:
Mi.–So. 11–20 Uhr

www.landluft.bio

BAUERNHOF GÖTZ

Röthlein (BY) · 49°59'26.9"N 10°13'48.8"E

Unser Bauernhofcafé liegt in der Nähe des Mainradweges. Wir leiten den Hof nun schon in der fünften Generation. Damit wir uns auch in Zukunft weiterentwickeln, setzen wir auf ständige berufliche Weiterbildung und enge Zusammenarbeit mit regionalen Verbänden. Unsere Direktvermarktung bietet selbsterzeugte Früchte und Beeren, sowie regionale Erzeugnisse, Spargel und Bauernhofeis.

Selbstgemachtes: Erdbeeren, Himbeeren, Heidelbeeren, Spargel, Gurken, Bauernhof-Eis und Kuchen. Außerdem: Produkte nach Saison. Nach Voranmeldung: Frühstück und Getränke erhältlich.

Aktivitäten: Erdbeeren zum Selbstpflücken am Hof, Badesee (2km), Mainradweg (1km), Kunstmuseum Georg Schäfer (7km)

Hinweis: △ Die letzten 100m sind einspurig.

Bauernhof Götz E8
Am Kührasen 1 2022
97520 Röthlein

Zu Gast bei: Michael Götz 09723/3542
Schließzeit: 01.11.–28.02.

Hofverkauf:
Täglich 9–18 Uhr

www.feines-vom-bauernhof.com

WILDHOF BRUNNERPOINT

Rottersdorf (BY) · 48°36'38.2"N 12°41'43.2"E

Erleben Sie bei uns regionalen Wildgenuss – nachhaltig, gesund und hochwertig! Wir betreiben eine ganzjährige Weidehaltung mit hofeigenem Futter. Kein Tiertransport und ein fachgerechter Weideschuss sind für uns selbstverständlich. Unsere eigene Veredelung und Verarbeitung geben unseren Produkten eine besondere Note. Herzlich willkommen!

Selbstgemachtes: Wildwurst- und Schinkenspezialitäten, Grillfleischpakete von Wild und verschiedene Wildgerichte im Glas. Frühstück, Abendbrot und Getränke erhältlich.

Aktivitäten: Badeweiher, Vilstaler Radweg, Bayernpark

Wildhof Brunnerpoint G10
Andreasstraße 3 2021
94405 Rottersdorf

Zu Gast bei: Florian Bachhuber
09956/93020 o. 0163/4634524
Anreise bis: 20 Uhr

Hofverkauf:
Auf Anfrage

HOFLADEN STEINHUBER

Rotthalmünster (BY) · 48°23'8.0"N 13°10'11.2"E

Unser Hofladen liegt im wunderschönen Bäder-Dreieck Bad Griesbach, Bad Füssing und Bad Birnbach. Hier bieten wir Ihnen original Rottaler Bauerngeräuchertes und hausgemachte Wurstspezialitäten ganzjährig an. Die Wurst wird nach alten Rezepten hergestellt. Wir freuen uns auf Ihren Besuch in unserem Hofladen!

Selbstgemachtes: Niederbayerisches Bauerngeräuchertes, Bauernmost, Liköre, diverse Wurstarten: Salami, Leberkäs, Pfefferbeißer, Presssack, Eier und Marmeladen. Außerdem: Nieder Schnäpse, Holzofenbrot, (auf Vorbestellung), Nudeln und Honig.

Aktivitäten: Bulldogmuseum am Hof (mit Terminvereinbarung: 08533/598), Wanderwege, Bäderdreieck, Golf Resort, Kloster Asbach

Hofladen Steinhuber H10
Altasbach 5 2021
94094 Rotthalmünster

Zu Gast bei: Fam. Steinhuber
08533/7246
Anreise bis: 19 Uhr
Ruhetag: So.
Schließzeit: 20.12.–14.01.

Hofladen und Hofverkauf:
Di., Fr. 10–16 Uhr

www.hofladen-steinhuber.de

WEINBAU BACH

Röttingen (BY) · 49°30'25.9"N 9°58'22.0"E

Wir sind ein Familienbetrieb mit Weinbergen, Ackerbau und Heckenwirtschaft. Unser Aussiedlerhof liegt direkt an der Tauber. Essen, Trinken und gute Laune wird in unserem Winzerhof immer groß geschrieben. Genießen Sie ein paar fröhliche Stunden in gemütlicher und familiärer Atmosphäre. Duschen und WC sind nur von April bis Ende Oktober geöffnet.

Selbstgemachtes: Weine, Quittenlikör, Gelee und Traubensaft. Außerdem: Tresterbrand, Hausmacher Wurst aus unseren eigenen Schweinen, Honig aus der Nachbarschaft.

Aktivitäten: Taubertalradweg, Stadt der Sonnenuhren, Frankenfestspiele, Romantische Straße, Wanderwege, Heckenwirtschaft im Frühjahr und Herbst

Weinbau Bach D9
Klingenerstraße 1 2021
97285 Röttingen

Zu Gast bei: Bettina Bach
09338/980507 o. 0160/95241368
Anreise bis: 18:30 Uhr

Hofverkauf:
Auf Anfrage

www.weinbau-bach.de

BIOHOF DÜRRWANGER

Rudelstetten OT Alerheim (BY) · 48°51'28.0"N 10°38'47.4"E

Aus Liebe und Achtung zur Natur betreiben wir eine nachhaltige Landwirtschaft. Unser Biohof wird sowohl modern als auch traditionell und bewußt in Verantwortlichkeit zur Natur bewirtschaftet, um Ihnen gesunde Bioprodukte anbieten zu können. Mit uns können Sie die heimatliche Pflanzenwelt und Natur entdecken. Auf Wunsch öffnen wir gerne jederzeit unseren Hofladen für Sie.

Selbstgemachtes: Wurstwaren und Fleischwaren vom Bio-Schwein, Bio-Kartoffeln, Bio-Süßkartoffeln, Bio-Zwiebeln, Bio-Linsen, Bio-Eier, Bio-Getreide, Apfelsaft, Bio-Mohn und Honig.

Aktivitäten: Donau Ries Park, Fahrradtouren zum Baggersee, Stadt Nördlingen, Restaurants im Ort

Biohof Dürrwanger E10
Lange Äcker 22 2019
86733 Rudelstetten OT Alerheim

Zu Gast bei: Bernd und Steffi Dürrwanger 0175/2677217
Anreise bis: 21 Uhr

Hofladen:
Auf Anfrage

www.naturlust.bio

STICH FEINKÄSEREI

Ruderatshofen (BY) · 47°49'8.8"N 10°35'30.7"E

Sie sind ein Feinschmecker, legen großen Wert auf gesunde Qualität und Frische sowie eine natürliche und schonende Verarbeitung? Dann sind Sie bei uns genau richtig: Unser Familienbetrieb Stich Feinkäserei liegt im charmanten Ostallgäuer Ort Ruderatshofen und produzieren seit 1895 verschiedene Käse-Köstlichkeiten in bester handwerklicher Tradition. Gerne bieten wir Ihnen auch Käserei-Führungen an. Herzlich willkommen!

Selbstgemachtes: diverse Käseprodukte. Außerdem: Wurstwaren, Backwaren, Milch und Geschenkartikel. Frühstück, Abendbrot und Getränke erhältlich.
Aktivitäten: Baden im Elbsee

Stich Feinkäserei E11
Hauptstr. 2 2017
87674 Ruderatshofen

Zu Gast bei: Laurent Stich
08343/92390

Hofladen:
Mo.–Fr. 6–18 Uhr // Sa. 6–12 Uhr

www.kaeserei-stich.de

SCHÄTZLHOF

Ruderting (BY) · 48°39'28.3"N 13°24'58.3"E

Wir sind ein familiengeführter Betrieb mit drei Generationen. Ein großes Rotwildgehege mit herrlichem Rundwanderweg und viel Wald gehört auch dazu. Neben unserem kleinen, feinen Hotel und einem tollen Restaurant haben wir eine Hausbrennerei, denn der Opa ist Edelbrandsommelier und Brenner aus Leidenschaft! Unser Rothirschgehege lädt zum Füttern und Streicheln ein. Bei der Rundwanderung um unser Gehege laufen Sie durch ein Erlenbiotop. Dienstags und mittwochs ist das Restaurant geschlossen. Wie heißen Sie herzlich willkommen!

Selbstgemachtes: 40 verschiedene Edelbrände und Liköre (international ausgezeichnet), Rohfleisch vom Hirsch vakuumiert, Hirschsalami und hausgemachte Marmeladen. Nach Voranmeldung: Frühstück, Abendbrot und Getränke erhältlich.
Aktivitäten: Freibad und Badeseen (12 km), Wanderwege direkt ab Hof, Zuweg zum Goldsteigwanderweg, Donauradweg (12 km), Wanderweg um unser Rotwildgehege, Brennereiführung mit dem Edelbrandsommelier Josef Schätzl

Schätzlhof OHG Hotel H10
Restaurant Hausbrennerei 2022
Petzersberg 1
94161 Ruderting

Zu Gast bei: Marianne Schätzl
08509/90040
Anreise bis: 20 Uhr

Hofverkauf:
Auf Anfrage

www.schaetzlhof-ruderting.de

ZIEGENHOF HÄMMERLE

Salgen (BY) · 48°7'44.1"N 10°28'53.5"E

Wir sind eine junge Familie und haben unser Hobby zum Beruf gemacht: Wir führen seit mehreren Jahren einen Milchziegenbetrieb im Nebenerwerb. Der Hof mit rund 50 Milchziegen der Rassen Toggenburger und Thüringer Waldziegen wird ergänzt durch Enten, die in der angrenzenden Mindel schwimmen können. Bei uns finden Sie auch einen idyllischen Obstgarten mit 30 alten Apfel- und Birnensorten. Der gesamte Betrieb wird nach den Richtlinien des Bioland-Verbands bewirtschaftet.

Selbstgemachtes: Ziegenmilch, - käse, verschiedene Ziegenwurstspezialitäten, nach Verfügbarkeit Ziegenfleisch, Enten, Äpfel und Apfelsaft.
Aktivitäten: Mindeltal Rad- und Wanderwege, Baggerseen, historische Altstadt Mindelheim, Allgäu Skyline Park, Legoland

Ziegenhof Hämmerle E11
Eichbühlstr. 9 2017
87775 Salgen

Zu Gast bei: Nina & Rainer Hämmerle
08265/733606 o. 0170/5102975
Anreise bis: 20 Uhr

Hofverkauf:
Auf Anfrage

www.ziegenhof-haemmerle.de

BIO HÜTT'N

Scheuring (BY) · 48°9'54.3"N 10°53'46.2"E

Die Bio Hütt'n ist ein kleiner Hofladen mit besonders hochwertigen Bio-Produkten aus Scheuring und der Region. Wir sind ein Bio-Hof mit muttergebundener Kälberaufzucht und Direktvermarktung. Zusätzlich zum Hofladen ist ein 24-Stunden-Automat vorhanden. Hunde müssen bitte angeleint sein.

Selbstgemachtes: Milch, Käse, Fleischwaren, Wurstwaren, Schmankerl im Glas, Gerichte wie Bolognesesauce oder Gulasch, Eier, usw.
Aktivitäten: Badeplatz am Lech, Wander-Fahrradwege am Lech entlang, Freizeitpark, Ammersee
Hinweis: △ Der letzte Hof schräg gegenüber vom Autohaus Huttner. An der Hofeinfahrt steht ein Schild vom Hofladen!

Bio Hütt'n E11
Hauptstr. 1 2021
86937 Scheuring

Zu Gast bei: Michael Eisele
0152/08678154

Hofladen und Hofverkauf:
Fr. 14:30–17 Uhr // Sa. 8–13:30 Uhr

www.biohüttn.de

SCHIERLINGER BRÄUSTÜBERL

Schierling (BY) · 48°50'16.3"N 12°8'14.2"E

Lasst Euch von uns verwöhnen. Mit unserer klassischen bayerischen Küche im modernen Gewand. Vom Fleisch über die Kartoffeln bis hin zum kleinsten Radieserl suchen wir je nach Saison für Euch die besten Produkte aus der Region aus. Bei uns schmeckt Ihr die Liebe zu guten Zutaten und die Leidenschaft fürs Kochen! Unsere Brauerei befindet sich im Ortskern, der Stellplatz ist direkt vor der Tür auf unserem Brauereiparkplatz.

Selbstgemachtes: Bayerische Küche und Bierspezialitäten. Außerdem: Lunchpaket. Nach Voranmeldung: Frühstück, Abendbrot und Getränke erhältlich.
Aktivitäten: Löwendenkmal „Schlacht bei Eggmühl", Hundertwasserturm (20 km)

Schierlinger Bräustüberl F10
Rathausplatz 11 2019
84069 Schierling

Zu Gast bei: Markus Schmuck
09451/9488440
Anreise bis: 20 Uhr
Ruhetag: Mo.

Hofverkauf:
Mo.–Sa. 11–23 Uhr // So. 11–21 Uhr

www.braeustueberl-schierling.de

BRAUMANUFAKTUR HERTL

Schlüsselfeld (BY) · 49°45'15.6"N 10°37'59.8"E

Die kleinste Brauerei Frankens, geführt von Braumeister und Sommelier David Hertl, stellt jährlich 44 Biersorten her und veranstaltet Brau- und Verkostungsseminare. Im November und Dezember empfangen wir Sie nur auf Anfrage. Unseren Hofladen öffnen wir nach Vereinbarung auch samstags und sonntags für Sie. Hunde bitte nur nach Absprache mitbringen.

Selbstgemachtes: Biere und Getränke aller Art, u.a. Weine, Spirituosen. Nach Voranmeldung: Abendbrot und Getränke erhältlich.
Aktivitäten: Freibad, Steigerwaldhochpfad, Museen, Städtedreieck Nürnberg, Bamberg und Würzburg

Braumanufaktur Hertl E8
Thüngfeld 61 2019
96132 Schlüsselfeld

Zu Gast bei: Bernd & David Hertl
09552/981028
Anreise bis: 20 Uhr

Hofladen:
Mo.–Fr. 8–18 Uhr

www.braumanufaktur-hertl.de

BADERBRÄU SCHNAITSEE

Schnaitsee (BY) · 48°4'15.2"N 12°22'8.4"E

Wir sind eine 2005 gegründete kleine Brauerei im nördlichen Chiemgau und stellen hochwertige Biere nach traditioneller Brauweise her. Ein historisches Bräustüberl und ein Biergarten laden zum Verweilen ein. Gern können Sie nach Anmeldung an einem unserer Brauseminare teilnehmen.

Selbstgemachtes: Baderbräu Helles, Weißbier, Märzen und Dunkles. Außerdem: Nichtalkoholische Getränke.
Aktivitäten: Radwanderweg Chiemgau, Weitsee etwa 1 km entfernt, Badesee mit Bewirtung

Baderbräu Schnaitsee GmbH & Co. KG
Baderweg 4
83530 Schnaitsee
G11
2021

Zu Gast bei: Edmund Ernst
0176/32357045

Hofverkauf:
Auf Anfrage

www.baderbräu.de

ÖLMÜHLE GARTING

Schnaitsee (BY) · 48°4'59.0"N 12°21'30.8"E

Unsere Liebe zu Natur und Heimat ist die Grundlage unserer Arbeit. Daraus schöpfen wir Kraft und Inspiration für die Herstellung unserer Speiseöle. Auf unseren Feldern finden sich viele untypische Pflanzen wie Leindotter, Drachenkopf, Hanf und Schwarzkümmel, die in unseren beiden Ölpressen verarbeitet werden. Gäste können bei Führungen (Termine auf der Homepage) einen Einblick in den Betrieb bekommen. Hinweis: An Feiertagen sowie samstags ab Mittag und sonntags ist unser Büro nicht besetzt und wir können keine Gäste empfangen.

Selbstgemachtes: Raps-, Sonnenblumen, Lein-, Walnuss-, Hanf-, Färberdistel-, Schwarzkümmel-, Senf-, Sesam-, Mohn- und Kokosöl, (davon viele auch in Bio-Qualität), Hanfprotein und Mehle (Lein-, Senf- und Traubenkernmehl). Außerdem: Öle, Essig, Mehl, Honig, Dressings, Nudeln und Pestos.
Aktivitäten: Wanderweg, Badesee, Radweg, Aussichtsturm

Ölmühle Garting
Garting 2
83530 Schnaitsee
G11
2020

Zu Gast bei: Toni Lamprecht
08074/917758
Anreise bis: 17 Uhr
Ruhetage: Sa. So.

Hofladen:
Mo.–Do. 8–12 Uhr // Fr. 8–12, 13–17 Uhr // Sa. 9–12 Uhr

www.oelmuehle-garting.de

VILLA HOF LANGENBORN

Schöllkrippen (BY) · 50°4'36.9"N 9°14'16.9"E

Wunderschöner Hof mit biozertifizierter Landwirtschaft, idyllisch im Vorspessart mit Blick auf das Kahltal. Auf Wunsch packen wir einen Frühstückskorb oder bereiten ein Abendessen zum Abholen. Gerne könnt ihr auch den „heimischen Garten" besuchen und frisches Gemüse vom Acker ernten. Baden im hofeigenen Naturbadesee nach Rückfrage möglich. Auf Anfrage ist ein Verkauf von unseren Produkten im Restaurant möglich.

Selbstgemachtes: Apfelsaft, Marmelade und Gelees. Außerdem: Äpfel, Heidelbeeren, Johannisbeeren, Himbeeren, Gemüse vom heimischen Garten zum selbst ernten, Schinken vom Schwäbisch-Hällischen Freilandschwein, Apfelsaft und Schnaps. Nach Voranmeldung: Frühstück, Abendbrot und Getränke erhältlich.
Aktivitäten: Naturbadeteich, Rad- und Wanderwege, Kupferbergwerk, Erlebnisbad

Villa Hof Langenborn
Im Langenborn 5 + 17
63825 Schöllkrippen
D8
2014

Zu Gast bei: Klaus & Burgi Kilgenstein
06024/675430 o. 0172/6152913
Anreise bis: 18 Uhr

Hofverkauf:
Auf Anfrage

www.villa-hof-langenborn.de

LITTLE-HILL-RANCH PETTNERHOF

Schönsee (BY) · 49°29'25.6"N 12°29'29.6"E

Der Pettnerhof ist ein Erlebnisbauernhof. Hier leben viele Tieren, wie Emus, Kängurus, Alpakas, ein zahmes, aber sehr lebhaftes Reh, Waschbären, Wildschweine und viele andere. Bewusst wird hier den Menschen, ob klein oder groß, erklärt wie Lebensmittel hergestellt werden und welche Vorteile die Weidehaltung bietet. Neben den Nutztieren bieten wir auch tolle Erlebnisprogramme an. Hunde bitte an der Leine halten.

Selbstgemachtes: Fleisch und Wurstswaren vom Rotwild, Straußeneier, Eierliköre und Nudeln vom Straußenei. Außerdem: Bienenhonig.

Aktivitäten: Ponyreiten am Hof (mit Anmeldung), Wildfütterung mit Führung, Wandern, Badeseen, größte Kugel der Welt, Aussichtstürme nach Tschechien, Erlebnisprogramme (Anmeldung notwendig), Campingplatz im Nachbardorf 2km, Felsenkeller Schwanendorf, Grillplatznutzung auf Anfrage

Little-Hill-Ranch Pettnerhof G9
Rackenthal 11 2021
92539 Schönsee

Zu Gast bei: Martin Biegerl
09674/9240393 o. 0170/2721942
Anreise bis: 21 Uhr
Ruhetag: So.

Hofverkauf:
Auf Anfrage

www.little-hill-ranch.de

ERLEBNISBAUERNHOF MESSNER

Schrobenhausen (BY) · 48°36'28.3"N 11°15'52.6"E

Unser Bauernhof mit Hofladen und Gastronomie befindet sich in Linden, zwischen Edelshausen und Langenmosen mitten im wunderschönen Schrobenhausener Land. Wir sind ein über Generationen hinweg geführter Familienbetrieb und bewirtschaften unseren Bauernhof mit Weiderindern, Schweinen, Schafen, Hühnern, Enten, Gänsen und Hähnchen in Freilandhaltung. Unser SB-Hofladen ist rund um die Uhr für Sie geöffnet.

Selbstgemachtes: Fleisch, Wurst, Eier, süße Aufstriche, eingelegtes Gemüse getrocknete Kräuter und Säfte. Außerdem: Käse, Tee, Kaffee, Eis, Nudeln, Kekse und Mehle.

Aktivitäten: kleiner landwirtschaftlich geprägter Ort (ca. 100 Einwohner)

Erlebnisbauernhof Meßner F10
Sommerfeldstr. 10 2022
86529 Schrobenhausen

Zu Gast bei: Zenta und Hans Meßner
08252/2127 o. 0151/59437973

Hofladen:
Auf Anfrage

www.erlebnisbauernhof-messner.de

BRUNNERHOF

Schwandorf (BY) · 49°20'43.5"N 12°5'18.6"E

Wir sind ein landwirtschaftlicher Familienbetrieb mit Hof-Metzgerei, regionalem Hofladen und Café, Töpferwerkstatt und Erlebnisbauernhof im Herzen der Oberpfalz. Wir haben uns die naturbelassene und artgerechte Erzeugung von Lebensmittel auf die Fahne geschrieben und leben und arbeiten „im Einklang mit der Natur". Wir freuen uns auf Ihren Besuch!

Selbstgemachtes: Kartoffeln, Schweinefleisch- und Wurst, Wurst im Glas, Kuchen und Aufstriche, alles fürs Frühstück sowie Getränke sind bei Ihrem Gastgeber erhältlich. Außerdem: Brot, Semmeln, Mehl, Müsli, Obst, Gemüse, Nudeln, Öle, Kaffee, Gebäck, Schokolade, Wurst, Lamm, Geflügel und Käse.

Aktivitäten: Oberpfälzer Seenland (10 km), Schwandorfer Felsenkeller (3 km), Erlebnis-Garten (300 m), Klausensee (5 km), Erlebnisholzkugel am Steinberger See (11 km), Murner See (18 km)

Brunnerhof F9
Adalbert-Brunner-Str. 31 2018
92421 Schwandorf

Telefon: 09431/8604
Anreise bis: 22 Uhr
Schließzeit: 01.12.–01.02.

Hofladen:
Di., Do., Fr. 9–18 Uhr // Sa. 9–13 Uhr

www.brunnerhof-richt.de

WEINGUT GALENA SOMMERACH

Sommerach (BY) · 49°49'38.6"N 10°12'18.3"E

Der Wein ist uns ans Herz gewachsen, daher unsere Leidenschaft, die Fürsorge und das Engagement in Weinberg und -keller. Gäste zu Freunden machen – das hat bei uns Tradition, denn die Gastfreundschaft und der Wein schaffen ganz besondere Beziehungen. Fühlen Sie sich wohl in gemütlicher Atmosphäre unserer Heckenwirtschaft und unserem einladenden Innenhof. Wir verwöhnen Sie gerne in unserer Heckenwirtschaft im Mai/Juni und Sep/Okt, Montag bis Donnerstag von 16–22 Uhr. Wir freuen uns auf Ihren Besuch.

Selbstgemachtes: feine Weiß-, Rosé- und Rotweine, Edeldestillate, Verjus (Saft aus grünen Trauben), Fruchtaufstriche, Traubensaft weiß, Glühwein weiß und Secco. Bewirtung nach Voranmeldung.
Aktivitäten: Mainradweg, Wandern, Weinproben und -führungen, Heckenwirtschaften / Gastronomie, Dorfführungen, Floßfahrt, Kanu, Segway, Stand Up Paddling
Hinweis: △ Schräge beim Befahren des Baumfeldes.

Weingut Galena Sommerach E8
Turmstr. 11 2020
97334 Sommerach

Zu Gast bei: Franziska Galena
09381/9368
Anreise bis: 17 Uhr
Ruhetag: So.

Hofladen und Hofverkauf:
Mo.–Fr. 9–12, 14–17 Uhr // Sa. 9–12, 14–16 Uhr // So. 10–12 Uhr

www.weingut-galena.de

HOFLADEN ST. OTTILIEN

St. Ottilien (BY) · 48°5'41.0"N 11°2'39.3"E

Der Hofladen ist Teil des Benediktinerklosters der Erzabtei von St. Ottilien. Eigenerzeugnisse prägen unser Angebot. Die Produkte unseres Klosterweingutes Jakobsberg sind ebenso erhältlich wie die Erzeugnisse unserer Gärtnerei.

Selbstgemachtes: Eier, Brot, Wurst- und Fleischwaren, Käse, Nudeln, Honig, Liköre, Brände, Weine, Gärtnereiprodukte und Schlachtgeflügel.
Aktivitäten: Missionsmuseum, Nähe Ammersee, Ponyhof, Radwanderwege

Hofladen St. Ottilien E11
Erzabtei 16 2016
86941 St. Ottilien

Zu Gast bei: Bruder Daniel Felber
08193/71280
Anreise bis: 16 Uhr
Ruhetag: So.
Schließzeit: 01.10.–16.01.

Hofladen:
Mo.–Do. 8–11:30, 13:30–17 Uhr // Fr. 8–17 Uhr, Sa. 8–11:30 Uhr

www.erzabtei.de/hofladen

BOCKSBEUTELWEINGUT SCHELLER

Stammheim (BY) · 49°54'38.7"N 10°11'36.0"E

Die naturnahe Bewirtschaftung unserer Reben im Einklang mit der heimischen Flora und Fauna ist für uns seit Jahrzehnten selbstverständlich. Nicht, weil Bio oder Öko draufsteht, sondern weil Überzeugung drinsteckt. Als kleines Familienweingut lieben wir die Vielfalt. Im Glas. Und im Weinberg. Wir bauen insgesamt neun Rebsorten an. An genau dem Fleck am Stammheimer Eselsberg, wo sie sich am wohlsten fühlen. Es erwartet Sie ein großes Anwesen in Ortsrandlage. Unser Weingut besitzt zudem den „Größten Bocksbeutel der Welt", in dem man sehr idyllisch ein Glas Wein trinken kann.

Selbstgemachtes: diverse Weine.
Aktivitäten: kostenlose Weinverkostung, unmittelbare Nähe zum Main und zu den Weinbergen, idealer Ausgangspunkt für Wanderungen, Weinbergführungen

Bocksbeutelweingut Scheller E8
Maintalstraße 73 2019
97509 Stammheim

Zu Gast bei: Michael Scheller
0172/4374427
Anreise bis: 19 Uhr

Hofverkauf:
Auf Anfrage

www.bocksbeutelweingut.de

BURKS NUDELN

Steinfeld (BY) · 49°57'15.8"N 9°40'1.4"E

Wir sind eine kleine familiengeführte Nudelmanufaktur mit Hofladen. Wir stellen Nudeln in vielen Varianten mit und ohne Ei, aus Hartweizen oder Dinkel, bio und auch vegan her. Nach telefonischer Voranmeldung ist gern eine Besichtigung der Nudelmanufaktur möglich.

Selbstgemachtes: Nudeln. Außerdem: Eier, Pesto und Soßen.
Aktivitäten: Besichtigung der Nudelmanufaktur, Wallfahrtskirche Mariabuchen im Naturpark Spessart, Lohr a. Main, Rothenfels a. Main, benachbarter Reiterhof

Burks Nudeln D8
Riedwiesen 10 2020
97854 Steinfeld

Zu Gast bei: Werner Burk 09359/699 o. 0171/8634971
Anreise bis: 14 Uhr
Ruhetage: Sa. So.
Schließzeit: 01.08.–31.08., 24.12.–02.01.

Hofladen:
Mo.–Fr. 9–14 Uhr

www.burks-nudeln.de

FERIENHOF STEINGADEN

Steingaden (BY) · 47°43'11.4"N 10°51'02.6"E

Unser Hof liegt außerhalb von Steingaden ganz nah an den Königsschlössern. Es gibt viele schöne Wander- und Radwege. Unsere Tiere wie Hund, Katzen, Schafe, Ziegen, Pferde, Esel und Hühner sind das ganze Jahr auf dem Hof und freuen sich auf Streicheleinheiten. Gerne dürfen Sie auch in den See springen. Regionale und eigene Produkten werden direkt ab Hof verkauft. Wir freuen uns auf Sie.

Selbstgemachtes: Schaffleisch, Wurst, Schaffelle, Eier und Gemüse. Außerdem: Käse, Milch, Gemüse, Geschenkartikel, Semmeln, Brot, Kaffee, Kuchen und Brotzeiten. Frühstück und Getränke erhältlich.
Aktivitäten: Rad- und Wanderwege, Schlösser (Schwanstein, Schwangau, Wieskirche), Kloster Steingaden, Forkesee
Hinweis: △ Nach Maderbichel führt nur eine einspurige Straße, es gibt aber Haltebuchten.

Ferienhof Steingaden
Maderbichel 4 2021
86989 Steingaden

Zu Gast bei: Claudia Paletschek 08862/9872018
Anreise bis: 21 Uhr

Hofladen:
Täglich 8–20 Uhr

ARTEMISIA KRÄUTERHOF

Stiefenhofen (BY) · 47°33'41.8"N 9°58'27.6"E

Wir sind ein familiengeführter, Bioland-zertifizierter Hof, der sich vor allem der händischen Herstellung von Kräutertees, Kräutersalzen und anderen landwirtschaflichen Produkten verschrieben hat. Mit unserer Teestube (geöffnet zu Hofladenzeiten) und dem Hofladen, den wir immer weiter ausbauen, haben wir unser Angebot erweitert. Besonders unsere einzigartige Lage im Voralpenraum macht unseren Hof zu einem magischen Ort.

Selbstgemachtes: Tees, Kräutersalze, Räucherwerk, Kräuter und Heilpflanzen, Gemüse (saisonabhängig), Kräutertinkturen, Kräuteröle und Kräutersalben. Außerdem: Pflegeprodukte, kleine Auswahl an Lebensmitteln und Bücher.
Aktivitäten: auf dem Hof: siehe Online-Programm, in der Umgebung: Rad- und Wanderwege, Freibad- und Spaßbad, Reiten, Sennerei, Skilift, Rodelbahn, Miniatureisenbahn, Sommerrodelbahn

artemisia Gmbh & Co. KG D12
Hopfen 29 2018
88167 Stiefenhofen

Zu Gast bei: den Menschen von Artemisia , einfach anreisen…
Anreise bis: 17 Uhr
Schließzeit: 21.12.–07.01.

Hofladen und Hofverkauf:
Mi.–Fr. 14–18 Uhr // Sa., So. 10–18 Uhr

www.artemisia.de

BRAUEREI-GASTHOF-GRIESS

Strullendorf OT Geisfeld (BY) · 49°52'50.1"N 11°0'40.7"E

Wir sind eine Kleinbrauerei vom Land, die noch ihr eigenes Bier herstellt. Dazu können Sie unsere hausgemachten Brotzeiten verköstigen.

Selbstgemachtes: naturtrübes Kellerbier und saisonale Biere. Außerdem: verschiedene Käsesorten. Getränke erhältlich.
Aktivitäten: Bierwanderwege, Mountainbike, Bockbieranstich immer letzter Samstag im November

Brauerei-Gasthof-Griess E8
Magdalenenstr. 6 2014
96129 Strullendorf OT Geisfeld

Telefon: 09505/1624
Ruhetag: Mi.

www.brauerei-griess.de

STUBENBERGER HOFBRENNEREI

Stubenberg (BY) · 48°19'4.0"N 13°4'27.6"E

Idyllisch gelegener landwirtschaftlicher Betrieb im Genussort Stubenberg (100 Genussorte Bayern). Wir besitzen einen familiengeführten Bauernhof mit 70 Milchkühen und einer Edelbrand-Destillerie. Herrlich gelegen im schönen Rottal, kann man von uns aus viele Wanderwege begehen und das Alpenpanorama bei einem Stamperl selbst gebrannten Schnaps genießen. Hunde sind bitte an der Leine zu führen.

Selbstgemachtes: Edelbrände (Obstler, Birnen-, Zwetschgen-, Kirschbrand etc.), Gin, Geiste (Ingwer-, Haselnuss-, Orangengeist etc.), Liköre (Holunder-, Walnusslikör, Schlehenfeuer etc.) und Most.
Aktivitäten: Schnapsprobe, Gruppenanmeldung zur Besichtigung beim Schnapsbrennen (meist in Wintermonaten möglich), Wandern, Mountainbiking, Europareservat unterer Inn, Thermen im Bäderdreieck, Bad Füssing, Wirtshäuser

Stubenberger Hofbrennerei G10
Maierhof 3 2021
94166 Stubenberg

Zu Gast bei: Manuel & Fritz Wieland
08571/2841
Anreise bis: 19 Uhr

Hofverkauf:
Auf Anfrage

www.hofbrennerei-stubenberg.de

BIOLANDHOF HÖRMANN

Sulzberg (BY) · 47°39'50.9"N 10°22'54.5"E

Wir sind ein kinderfreundlicher Biolandhof mit Milchkühen in Alleinlage sowie einem wunderbaren Blick weit über das Allgäu. Auf unserem Hof leben viele verschiedene Tiere. Unser SB-Hofladen hat 24/7 für Sie geöffnet. Auf Anfrage zeitweise Bewirtung möglich. – Herzlich willkommen!

Selbstgemachtes: saisonales Gemüse aus dem hofeigenen Gemüsegarten, Apfelsaft, Eier, Brot, Milch, Käse, Joghurt, Fleisch, Eingelegtes. Außerdem: Müsli, Eis sowie zahlreiche weitere Lebensmittel. Bewirtung nach Voranmeldung.
Aktivitäten: Badesee, Radweg, Ponyreiten gegen Gebühr, Allgäuer Seenland
Hinweis: △ Die letzten 300 m sind einspurig.

Biolandhof Hörmann E11
Auf'm Buch 7 2017
87477 Sulzberg

Zu Gast bei: Manuela Hörmann
08376/9287225 o. 0160/4467918

Hofladen und Hofverkauf:
Auf Anfrage

Nord
Nordwest
Ost
Mitte-West
West
Südost
Südwest

GASTHAUS GLÜCKSTEIN

Sulzdorf an der Lederhecke (BY) · 50°12'44.0"N 10°34'16.2"E

Wir sind glücklich, nachhaltig, innovativ, zukunftsorientiert, fränkisch freundlich und sehr gastfreundlich. Unser Gasthaus mit Ferienwohnung bietet fast alles, was man von einem erholsamen Urlaub erwarten kann. Bei uns ist auch immer tierisch was los. Von der Hündin Luna bis zu unseren vier Schildkröten ist hier immer Bewegung. Unsere Öffnungszeiten sind kundenorientiert flexibel. An- und Abmeldungen der Gäste nehmen wir gern im Gasthaus entgegen. Schauen Sie gern auf unsere Webseite, dort finden Sei den aktuellen Eventkalender.

Selbstgemachtes: Liköre, Obstbrände und Fränkische Brotzeiten. Außerdem: Wurst vom Hausmetzger, Wein vom Weingut Espenschied. Nach Voranmeldung: Getränke erhältlich.

Aktivitäten: Schweinfurt, Bad Neustadt, Coburg, Haßfurt und Ebern, Wasserschloß in Brennhausen, Schloß Sternberg, Bayernturm, Reuthsee, Quelle der Saale in Obereßfeld und der Kirchenburg Serrfeld, deutsche Burgenstraße

Gasthaus Glückstein E8
Schulstraße 7 2021
97528 Sulzdorf an der Lederhecke

Zu Gast bei: Ralf Glückstein 09763/1047
Anreise bis: 20 Uhr
Schließzeit: 01.11.–28.03.

Hofverkauf:
Auf Anfrage

www.gasthaus-glueckstein.de

WEINGUT ROLAND STAUDT

Sulzfeld (BY) · 49°42'10.0"N 10°7'27.2"E

Dort, wo die Hänge des Sulzfelder Maustal zum Wandern einladen, liegt eingebettet zwischen Main und Weinbergen unser Bio-Weingut. Unsere Familie widmet sich dem An- und Ausbau junger, frischer Weine. Aber auch kräftige Rotweine oder prickelnde Seccos entdecken Sie bei uns. Gerne bringen wir Ihnen unsere Philosophie in unseren modernen, in mediterranem Flair gebauten Weingut näher.

Selbstgemachtes: Rot- und Weißweine. Nach Voranmeldung: Getränke erhältlich.

Aktivitäten: Ortsführungen und Weinproben, Kellerbesichtigung, Badesee, Knauf-Museum Iphofen, Kirchenburgmuseum Mönchsondheim

Weingut Roland Staudt E8
Am Maustal 3 2015
97320 Sulzfeld

Zu Gast bei: Gisela Staudt 09321/6826
Anreise bis: 18 Uhr
Ruhetag: So.

Hofverkauf:
Auf Anfrage

www.weingut-staudt.de

MITTERSOLLINGERHOF

Tann (BY) · 48°22'14.0"N 12°55'6.8"E

Wir bewirtschaften einen kleinen Bauernhof mit Schweinezucht und -mast. Desweiteren haben wir auch noch Honig und im Herbst Äpfel und Walnüsse anzubieten.

Selbstgemachtes: Honig, Äpfel, Walnüsse und Marmelade.

Aktivitäten: kostenloses Freibad in 7 km Entfernung, vers. Freizeitangebote im Umkreis von 20 km

Hinweis: △ Die letzten 500 m einspurig, Hofeinfahrt Dachrinne mit 3,50 m Höhe.

Mittersollingerhof G10
Solling 4 2016
84367 Tann

Zu Gast bei: Theresia Weiß 08572/969562
Anreise bis: 20 Uhr

Hofverkauf:
Auf Anfrage

HOFGUT BÄLDLESCHWAIGE

Tapfheim (BY) · 48°39'23.9"N 10°43'29.5"E

Herrlich gelegen im Donau-Ried, direkt am Donau-Radwanderweg. Bei uns sitzen Sie gemütlich in der Sonne oder bei Regen in der überdachten Pergola. Lassen Sie sich einen deftigen Schweinebraten, bayerischen Wurstsalat oder einen leichten Salat schmecken. Fühlen Sie sich wohl bei uns. Sonn- und feiertags öffnen wir bereits gegen 10:00 Uhr. An allen anderen Tagen beginnt unsere Bewirtung ab 12:00 Uhr.

Selbstgemachtes: Wurstdosen, Marmeladen, Liköre, Nudeln und Schinken. Frühstück, Abendbrot und Getränke erhältlich.
Aktivitäten: Radwanderweg, großer Biergarten, Tanzveranstaltungen

Hofgut Bäldleschwaige E10
Bäldleschwaige 1 2016
86660 Tapfheim

Zu Gast bei: Claudia Sautter
09070/217
Schließzeit: 01.10.–31.03.

Hofladen:
Auf Anfrage

www.baeldleschwaige.de

GARNECKER GALLOWAYS

Taubenbach (BY) · 48°16'28.2"N 12°55'46.4"E

Auf unserem Biohof züchten wir schottische Galloways. Unsere Rinder leben ganzjährig im Freien auf unseren naturbelassenen Weiden und Schutzflächen. Wir haben einen Hofladen und eine kleine Bauernhofgastronomie. Im Sommer hat unser Biergarten jeden ersten und dritten Sonntag im Monat geöffnet mit Grillspezialitäten vom Galloway. Weitere Veranstaltungen finden Sie auf unserer Internetseite. Nach Anfrage öffnen wir unseren Hofladen auch außerhalb der Öffnungszeiten.

Selbstgemachtes: Fleisch vom Galloway, Wurstwaren, Schinken. Nach Voranmeldung: Getränke erhältlich.
Aktivitäten: Radwege, Wanderwege, Badeseen, Freibad in Tann, Rottaler Bäderdreieck, längste Burg in Burghausen

Garnecker Galloways G10
Garneck 1a 2020
84367 Taubenbach

Zu Gast bei: Thomas Jetzlsperger
08572/694 o. 0175/2040730

Hofladen und Hofverkauf:
Fr. 14–18:30 Uhr

www.garneckergalloways.de

NATURLANDHOF FROSCHHAMMER

Thalmassing (BY) · 48°55'6.2"N 12°8'56.7"E

Etwas außerhalb des Dorfes in idyllischer Umgebung gelegen, erwartet Sie ein kleinbäuerlicher Bio-Betrieb. Umschlossen von alten Obstbäumen ist gerade an heißen Sommertagen Wohlfühlatmosphäre garantiert. Der zentrale Stellplatz schafft eine relativ enge Verbindung zu den aktuellen betrieblichen Abläufen und zu den Tieren. Auf der angrenzenden umfassenden Weide werden Bunte Bentheimer Schweine in Freilandhaltung gehalten. Egal ob ruhiger Abendausklang oder actionreiche Kinderbeschäftigung, nach Absprache gibt es viele Möglichkeiten den Aufenthalt am Hof zu gestalten.

Selbstgemachtes: Schweinefleisch (Bunte Bentheimer, frisch nur Sep-Nov), Lammfleisch (Kameruner Schaf), Wurstprodukte, Edelbrände aus alten Obstsorten, Kartoffeln und Eier.
Aktivitäten: Fütterung der Tiere, Wanderwege und Rundradwege, Altstadt Regensburg (Bushaltestelle direkt am Hoftor)

Naturland-Hof G10
Froschhammer 2014
Stadtberg 1
93107 Thalmassing

Telefon: 09453/1796
Schließzeit: 15.11.–15.03.

Hofladen:
Mi. 16–19 Uhr // Sa. 9–13 Uhr

www.naturlandhof-froschhammer.de

BIOLANDHOF SCHÖRNER – FICHTEL EI

Thierstein (BY) · 50°6'31.2"N 12°6'20.4"E

Im familiär geführten Nebenerwerbsbetrieb nach Biorichtlinien beschäftigen wir uns mit Ackerbau und Legehennenhaltung im Mobilstall. Vom Stellplatz neben der Scheune haben Sie freien Blick auf Wiesen, Äcker und ins Dangesbachtal. Die SB-Verkaufshütte ist täglich von 7–20 Uhr geöffnet.

Selbstgemachtes: Bio-Eier, Nudeln aus eigenen Bioeiern und Kartoffeln. Außerdem: Produkte einer Landmetzgerei, Getränke, Honig und Back-Mohn.
Aktivitäten: Burgruine, Wanderwege, Radwanderweg

Biolandhof Schörner – Fichtel Ei F8 2021
Forsthaus 2
95199 Thierstein

Zu Gast bei: Florian Schörner 0171/5093748
Anreise bis: 18 Uhr
Schließzeit: 01.11.–28.02.

Hofverkauf:
Auf Anfrage

HOLZDESIGN ZAUS

Thierstein (BY) · 50°6'47.6"N 12°6'46.4"E

Am Dangesbach, umgeben von Wiesen und Wäldern, liegt das ehemalige Mühlengelände mit Wohnhaus und Nebengebäuden von Thierstein. Sowohl Ruhesuchende haben bei uns die Möglichkeit in vollen Zügen die Flora und Fauna zu genießen, als auch Aktive finden zahlreiche Möglichkeiten direkt vom Hof aus das Fichtelgebirge aber auch die angrenzende böhmische Region zu entdecken. Abseits des täglichen Trubels entstehen in der Schreinerei Holzdesign Zaus direkt auf dem Hof in Handarbeit Unikate aus Hölzern aus der Region, wie zum Beispiel aus Laubhölzern aber auch recycelten Materialen. Wir freuen uns, unsere einzigartigen Schreinerarbeiten im Ausstellungsraum zeigen zu dürfen. Eine Werkstattführung ist auf Anfrage möglich.
Selbstgemachtes: individuelle Wohnaccessoires aus heimischen Hölzern. Getränke erhältlich.
Aktivitäten: Besichtigung der Burgruine Thierstein, Kultursommer auf der Burg, Wanderungen und Radtouren ab dem Hofgelände uvm.

Holzdesign Zaus F8 2021
Hafendeck 1
95199 Thierstein

Zu Gast bei: Stefan Zaus 09235/205577
Anreise bis: 19 Uhr

Hofverkauf:
Auf Anfrage

www.holzdesign-zaus.de

KRIPPNER HOF

Thierstein (BY) · 50°6'42.7"N 12°7'24.9"E

Unser Hof liegt direkt am Waldrand mit herrlichem Blick auf die Burgruine Thierstein. Mitten im Nichts und trotzdem zentral – Autobahnausfahrt A93 Thierstein/ Höchstädt in 2 km Entfernung, bis zur Tschechischen Grenze 9 km. Auf unserem Hobby-Bauernhof leben außer vier Kindern, auch noch Hunde, Katzen, Schafe und Hühner. Bei uns gibt es immer frisches Bier vom Fass.

Selbstgemachtes: Eier, verschiedene Wurstgläser vom Schwein und Wildschwein, Getränke und täglich frisches Brot. Nach Voranmeldung: Getränke erhältlich.
Aktivitäten: Rad- und Wanderwege ab Hof, Geocaching, Porzellanstadt Selb, Greifvogelpark Wunsiedel, Tschechische Bäder Städte, Bademöglichkeit (8 km)

Krippner Hof F8 2020
Pfannenstiel 4
95199 Thierstein

Zu Gast bei: Familie Krippner 0152/56421186

Hofverkauf:
Auf Anfrage

PRIVAT-WEINGUT HART MIT „LANDGASTHAUS WINZERHOF“

Thüngersheim (BY) · 49°52'29.3"N 9°50'46.9"E

Unser Weingut liegt am südlichen Ortsrand von Thüngersheim inmitten von Weinbergen: Franken-Weine erster Güte. Probieren Sie unsere vielfach ausgezeichneten und bekömmlichen Franken-Weine. Vom leichten, spritzigen Weißen, über klassische Spätlesen bis zu edelsüßen Spezialitäten und kräftigen Rotweinen. Bei Strombedarf muss ein 30 m Kabel mitgebracht werden.

Selbstgemachtes: Weißwein, Rotwein, Destillate, Traubensäfte und Weingelee. Außerdem: Sekt. Frühstück, Abendbrot und Getränke erhältlich.
Aktivitäten: Radwanderweg nach Würzburg 12 km, Maintal Landschaft zum Wandern, historischer Altort, Fränkisches Restaurant, Weinproben, schöne Maintal Landschaft, Schwimmbad
Hinweis: △ Auf Fahnen und sehr großes Weinfass achten. Stellplatzanfahrt über Mittelweg.

Privat-Weingut Hart mit „Landgasthaus Winzerhof“ D8
Veitshöchheimer Str. 29
97291 Thüngersheim 2014

Zu Gast bei: Hans-Jürgen Hart
09364/9637
Anreise bis: 20 Uhr

Hofverkauf:
Auf Anfrage

www.weingut-hart.de

FERIENHOF SCHMAUSS

Tittling (BY) · 48°45'37.6"N 13°23'37.0"E

Unser Ferienhof liegt in traumhafter Alleinlage zwischen Nationalpark Bayerischer Wald und der Dreiflüssestadt Passau. Naturliebhaber und Wanderer finden bei uns erlebnisreiche Wanderwege und die nötige Ruhe, um mal wieder richtig auszuspannen.

Selbstgemachtes: Eier, Honig und Marmelade. Nach Voranmeldung: Getränke erhältlich.
Aktivitäten: Grill- und Lagerfeuerplatz, Streicheltiere, Badeseen (5 km), Anbindung an Rad- und Wanderwege
Hinweis: △ Wegen der engen Zufahrt nur Kastenwagen und Campingbusse möglich, nicht für große Wohnmobile über 7 m Länge und 3 m Höhe geeignet! Bitte die Teerstraße bis zur Hofeinfahrt nicht verlassen.

Ferienhof Schmauß H10
Böhmreut 2 2021
94104 Tittling

Zu Gast bei: Susanne Schmauß
08504/5152
Anreise bis: 19 Uhr
Schließzeit: 01.11.–28.02.

Hofverkauf:
Auf Anfrage

www.ferienhof-schmauss.de

MILCHHOF STRÖBEL

Trautskirchen (BY) · 49°28'26.8"N 10°35'28.2"E

Eingebettet in sanften Hügeln des Zenntales liegt unser landwirtschaftlicher Familienbetrieb im schönen Naturpark Frankenhöhe. Drei Generationen kümmern sich hier um eine umweltbewusste Bewirtschaftung, bei der die artgerechte Haltung unserer Milchkühe im Mittelpunkt steht. Die Kühe fühlen sich im modernen Laufstall mit Außenklima bei viel frischer Luft, Platz und Bewegung wohl, bekommen hofeigenes Futter – und danken es uns mit bester Milchqualität.

Selbstgemachtes: Milchprodukte (Vollmilch, Joghurt, Molke-Joghurt-Drinks, Quark, Käse, Camembert) und Marmelade. Außerdem: Kartoffeln, Nudeln, Eier, Dosenwurst, Schinken, Honig und Spargel (nach Saison).
Aktivitäten: Radwanderweg, Naturpark Frankenhöhe, See

Milchhof Ströbel E9
Hohenroth 4 2021
90619 Trautskirchen

Zu Gast bei: Monika Ströbel
091079/6870
Anreise bis: 19 Uhr
Ruhetag: So.
Schließzeit: 19.12.–08.01.

Hofverkauf:
Auf Anfrage

www.milchhof-stroebel.de

Nord

Nordwest

Ost

Mitte-West

West

Südost

Südwest

WEINGUT BLANK

Triefenstein-Homburg (BY) · 49°47'29.9"N 9°37'7.8"E

Das Weingut Blank in Triefenstein liegt im schönen Weinanbaugebiet Franken. Zwischen Wertheim und Würzburg unmittelbar am Main gelegen, betreiben wir unser familiengeführtes Weingut nun schon in der dritten Generation. Über die Weinproduktion hinaus kümmern wir uns um unsere eigenen Bienen und Hühner und bewirtschaften eine große Streuobstwiese. Bei offenem Hoftor sind wir immer für Sie da.

Selbstgemachtes: Wein, Sekt, Obstbrände und Apfelsaft. Nach Voranmeldung: Getränke erhältlich.
Aktivitäten: Weinproben, Kellerführung, Heckenwirtschaft (Frühjahr/Spätsommer) Mainradweg, Museum Papiermühle, Badesee, Shopping im Wertheim-Village
Hinweis: △ Wir können Wohnmobile bis zu einer maximalen Länge von 6,5 m empfangen.

Weingut Blank D8
Maintalstraße 33 2021
97855 Triefenstein-Homburg

Zu Gast bei: Jonas Blank
09395/99319 o. 0174/6894074
Anreise bis: 20 Uhr
Ruhetag: So.

Hofverkauf:
Mi. 15–19 Uhr // Fr. 14–19 Uhr // Sa. 9–17 Uhr

www.weingut-blank.de

GEMÜSE LIRSCH

Triftern (BY) · 48°22'43.6"N 13°2'30.5"E

Wer seinen Bedarf an Gemüse und Fleisch bei uns deckt, weiß genau, dass er/sie regional, saisonal und nachhaltig einkauft. Wir sind ein kleiner direktvermarktender Familienbetrieb, der auf einer Fläche von ca. 4 Hektar viele Gemüsesorten sowie Erdbeeren und Kulturheidelbeeren erzeugt. Dabei verzichten wir aus Überzeugung weitestgehend auf den Einsatz von chemischen Pflanzenschutzmitteln. Unser Sortiment ergänzen wir mit Produkten von uns persönlich bekannten Gemüsebauern aus der Region. Unseren Hofläden finden Sie in Pelkering und Hebertsfelden.

Selbstgemachtes: Gemüse und Beeren. Außerdem: Kartoffeln, Nudeln, Wein, Gewürze, Eier, Öle, Schokolade u. Kaffee (fairtrade), Wurst, Käse und Milch.
Aktivitäten: Freibad, Triftern mit Minigolfanlage, Wanderwege
Hinweis: △ Das letzte Stück der Zufahrt ist etwas steil.

Gemüse Lirsch – Katharina und Ludwig Lirsch GbR G10
Pelkering 3 2022
84371 Triftern

Zu Gast bei: Katharina und Ludwig Lirsch 08562/870
Anreise bis: 16 Uhr
Ruhetag: So.

Hofladen:
Mo., Do., Fr. 9–18 Uhr // Sa. 9–12 Uhr

www.lirsch.de

GASTHOF & METZGEREI STEINER

Tüßling (BY) · 48°12'44.9"N 12°35'59.4"E

Unser Traditionsgasthof wurde erstmals 1497 in den Büchern erwähnt. Seit 1903 im Besitz der Familie Steiner, wird der Gasthof mittlerweile in dritter Generation geführt und steht für höchste Qualität und Güte. Erleben Sie in unseren gemütlichen Gastzimmern die sprichwörtliche Tüßlinger Gastlichkeit, die unseren Ort bis weit über die Landesgrenzen hinaus bekannt und beliebt gemacht hat. Von Montag bis Mittwoch ist unser Restaurant geschlossen, Frühstück ist jedoch trotzdem möglich. Die Toiletten sind nur zu Öffnungszeiten der Metzgerei zugänglich.

Selbstgemachtes: Geräuchertes, unsere Spezialität Bossner Grillwurst und Fleisch aus eigener Schlachtung. Nach Voranmeldung: Frühstück, Abendbrot und Getränke erhältlich.
Aktivitäten: Rad- und Wanderwege, Veranstaltungen im Schloss Tüßling, Chiemsee (ca. 30 Min. Fahrzeit)

Gasthof & Metzgerei Steiner G11
Marktplatz 26 2019
84577 Tüßling

Zu Gast bei: Franz Steiner 08633/313
Anreise bis: 21 Uhr

Hofladen:
Mo., Sa. 7–12 Uhr // Di–Fr. 7–12:30, 14–18 Uhr

AISCHGRUND BIOHOF PRECHTEL

Uehlfeld (BY) · 49°40'10.5"N 10°44'6.7"E

Sonne tanken in Franken! Unser Biobauernhof liegt in Mittelfranken im schönen Aischgrund, direkt am Aischtal-Radweg. Betriebsschwerpunkt ist die Milchviehhaltung mit Kälberaufzucht, dazu haben wir eine kleine Imkerei und Direktvermarktung via Verkaufsautomaten. Wir züchten die vom Aussterben bedrohte Rinderrasse Gelbvieh / Frankenvieh.

Selbstgemachtes: Milch, Honig, Lippenbalsam, Bienenwachsprodukte, Fruchtaufstriche und saisonal Kartoffeln. Außerdem: SB-Automat 24 h: Eier, Nudeln, Dinkelreis, Wurstgläser, Imkereiprodukte, Kräuterbutter, Meerrettich, Käse, Joghurt, Kekse, Müsli, Gummibärchen, Nussmix, Fruchtaufstriche, Kaffee, Cappucchino, Latte, Espresso, Kakaodrink – alles Bio und/oder regional.

Aktivitäten: Voggendorf/Uehlfeld ist die storchenreichste Gemeinde in ganz Bayern, Biergarten mit Kinderspielplatz vor Ort, Aischtalradweg, Karpfenrundweg, Wasserwelten, Kindereisenbahn (sonntags), auf Wunsch kleine Betriebsführung, Kuhstall, Melken, Bienen, Picknickplatz am Weiher

Aischgrund Biohof Prechtel E8
Voggendorf 26 2019
91486 Uehlfeld

Zu Gast bei: Mirjam Prechtel-Knapp
09163/1016 o. 0160/95472195
Anreise bis: 21 Uhr
Schließzeit: 15.12.–31.01.

Hofverkauf:
Auf Anfrage

www.bioprechtel.com

DEMETER-HOF STÜMPFL

Unggenried (Mindelheim) (BY) · 48°1'53.0"N 10°28'31.6"E

Wir sind ein familienfreundlicher Demeter-Hof mit vielen Feldern und Wiesen und ein Ort, an dem jeder seinen Platz findet. Unsere Passion ist es, gesunde Lebensmittel unter die Menschen zu bringen und Lebensqualität durch Respekt vor Natur und Mitmenschen zu stiften. Genießen Sie eine entspannte Auszeit auf unserem idyllischen Hof und erfreuen Sie sich an unserer gesunden und schmackhaften Obst- und Gemüsevielfalt. Gegen einen Unkostenbeitrag ist das Wäschewaschen und -trocknen möglich.

Selbstgemachtes: Gemüse, Frühstück während der Ladenöffnungszeiten (außer sonntags), Torten (freitags und samstags). Außerdem: Getränke, Trockenwaren, Obst, Milchprodukte, Eier, Käse, Wein, Bier und Kaffee. Nach Voranmeldung: Frühstück und Getränke erhältlich.

Aktivitäten: Naturlehrpfad, Therme (15 km), Schloss Mindelburg, Pferde am Hof, Kräuterspirale, Sandkasten, Trampolin, Kinderfuhrpark, Radwege, Sonnenterrasse

Demeter-Hof Stümpfl E11
Talstr. 13 2020
87719 Unggenried (Mindelheim)

Zu Gast bei: Anton Stümpfl, einfach anreisen…
Anreise bis: 21 Uhr
Schließzeit: 24.12.–06.01.

Hofladen:
Mo.–Fr. 8–16:30 Uhr // Sa. 8–13 Uhr

www.stuempflhof.de

REITSCHULE/THERAPIEHOF LILLEMOR

Unterdießen (BY) · 47°58'53.3"N 10°50'48.1"E

Wir sind ein Pferdehof in ländlicher Lage mit der Möglichkeit erlebnispädagogischer Aktivitäten, wie Unterricht, geführten Ausritten, Therapie, Begegnung mit dem Pferd, Entspannung, Mithilfe bei der Versorgung der Pferde und Ponys und „Kuscheln". Außerdem haben wir einen Laden für natürliche Gesundheitsprodukte für „innen und außen" für Mensch und Tier, sowie naturnahes, artgerechtes Hunde- und Katzenfutter.

Produkte: natürliche Gesundheitsprodukte für „innen und außen" für Mensch und Tier, naturnahes, artgerechtes Hunde- und Katzenfutter aus regionalem Betrieb.

Aktivitäten: Freibäder, Baden im Lech und in Seen, Fahrradtouren, Wanderwege, Biergärten, Schloß Neuschwanstein, Therme und Skyline Park in Bad Wörishofen, Bergwandern (40 km), Altstädte wie Landsberg am Lech, Kaufbeuren, Mindelheim, Memmingen, Füssen, München (60 km)

Reitschule/Therapiehof Lillemor E11
Lillemor 2021
Bahnhofstraße 45
86944 Unterdießen

Zu Gast bei: Ilona Foris
0176/38091120
Anreise bis: 19 Uhr

Hofladen und Hofverkauf:
Täglich 9–18 Uhr

www.reitschule-lillemor.de

KARL BRINNINGER

Unterdietfurt (BY) · 48°23'11.1"N 12°41'23.0"E

Wir bewirtschaften einen kleinen Bio-Naturlandbetrieb mit Schafen, Hühnern und Imkerei. Über Streicheleinheiten freuen sich unsere Hasen, Dackel und Katze. Das Bad und die Toilette neben dem Gartenhäuschen können Sie auch benutzen. Grillen sowie Wassertreten sind ebenfalls möglich. Ich zeige Ihnen gerne unseren Betrieb und die Imkerei mit dem kleinen Bienenmuseum. Meine Sammlung alter landwirtschaftlicher Geräte gibt Aufschluss über das Leben in früheren Zeiten. Auf Wunsch lade ich Sie auch zu einer kleinen Kutschenfahrt ein.

Selbstgemachtes: Wald- und Blütenhonig, Kerzen und Bienenwachsfiguren, Buch „Landwirtschaft und Dorfleben im Wandel der Zeit".
Aktivitäten: Bauernhofmuseum Massing (Führung möglich), kostenlose Nutzung der historischen Kegelbahn, Rad- und Wanderwege, Bayernpark, Kletter- und Freizeitpark

Karl Brinninger G10
Attenham 10 2015
84339 Unterdietfurt

Zu Gast bei: Karl Brinninger
08721/8640
Anreise bis: 21:30 Uhr

Hofverkauf:
Auf Anfrage

BIOHOF WANDL

Untergriesbach (BY) · 48°35'22.1"N 13°39'4.1"E

Gib der Natur ihr Recht – unser Credo! Schafzucht, Wassergeflügel, Legehennen in artgerechter Haltung, umgeben von Wald, artenreichen Wiesen und Bächen: sehr idyllisch liegt unser kleiner, familiengeführter Hof. Wir bieten Ihnen auch einen Ab-Hof-Verkauf aus der Vertrauenstruhe, sowie nach Absprache an.

Selbstgemachtes: Eier, Enten, Gänse, Tauben, Kartoffeln, Lammfleisch, Schafsfelle, Marmelade und saisonales Gemüse. Außerdem: Kissen aus Schafsfell, Schafsmilchseifen, Rindfleisch und Wildfleisch.
Aktivitäten: Badesee (10 km), Museum (5 km), Wanderwege, Radwege

Biohof Wandl H10
Steinbruck 1 2021
94107 Untergriesbach

Zu Gast bei: Andrea Wandl
08593/938261 o. 0178/1814213
Anreise bis: 20:30 Uhr

Hofverkauf:
Auf Anfrage

PLEICHACHTALHOF

Unterpleichfeld (BY) · 49°52'3.1"N 10°3'15.9"E

Landwirtschaftlicher Betrieb seit 1399 mit derzeit Spargel, Erdbeeren, Gemüse und Hühnern. Hofladen mit Vollsortiment, auch Fisch und Fleisch vom Nachbarn. Anreisezeit nach Absprache. Auf Wunsch können wir Ihnen kleine Speisen zubereiten (Brotzeit, Kaffee). Unser Biergarten befindet sich gerade im Aufbau. In der Spargel- und Erdbeerzeit (Mai bis Juli) haben wir auch sonntags geöffnet (Kaffee und Kuchen).

Selbstgemachtes: Erdbeeren, Spargel, Gemüse, Eier und frisches Sauerkraut vom Faß. Außerdem: Hofladen-Vollsortiment. Nach Voranmeldung: Frühstück und Getränke erhältlich.
Aktivitäten: Krautfest im Oktober, Krautschneiden, Radfahrwege, Tourismusangebote aus Würzburg

Pleichachtalhof D8
Oberpleichfelder Straße 18 2021
97294 Unterpleichfeld

Zu Gast bei: Erwin Bauer
09367/8667 o. 0171/5505871
Anreise bis: 21 Uhr

Hofladen:
Mo.–Fr. 9–18 Uhr // Sa. 8–16 Uhr

SCHLOSSVERWALTUNG DENNENLOHE

Unterschwaningen (BY) · 49°5'48.6"N 10°36'35.6"E

Der in ganz Europa berühmte Schlosspark Dennenlohe und die Ländereien von Baron Süsskind werden nach Bioland-Richtlinien bewirtschaftet. Der Schloß-Shop ist von 10–17 Uhr geöffnet, unser Restaurant von 11–16.30 Uhr.

Selbstgemachtes: Honig, Streuobstwiesenapfelsaft, Green Baron Gin, diverse Marmeladen und handgestrickte Socken. Außerdem: diverse Geschenkartikel. Nach Voranmeldung: Getränke erhältlich.
Aktivitäten: 26 ha großer (eintrittspflichtiger) Schloß- und Landschaftspark mit vielen seltenen Pflanzensammlungen, Biergarten, Orangerie, Café und Wirtshaus im Sommer (Corona-abhängig to go), Badesee 200 m entfernt (Angeln erlaubt), Fränkisches Seenland mit diversen Freizeitangeboten

Schlossverwaltung Dennenlohe
Dennenlohe 1
91743 Unterschwaningen
E9
2021

Zu Gast bei: Sabine von Süsskind
9836/96888
Anreise bis: 16 Uhr

Hofverkauf:
Auf Anfrage

www.dennenlohe.de

ESELHOF ALLINGER

Untrasried (BY) · 47°50'44.7"N 10°22'52.2"E

Wir bieten geführte Esel- und Alpakawanderungen im Allgäu. Unser Hof ist der größte Eselhof im Allgäu und bietet zudem eine fantastische Bergsicht auf über 100 Gipfel. Im Hofladen können frische Eier von unseren Hühnern, sowie Nudeln und Eis erworben werden.

Selbstgemachtes: Eier und Nudeln. Außerdem: Eis aus der Region.
Aktivitäten: Esel- und Alpakawanderungen, Kutschfahrten, Radwege, Naturfreibad

Eselhof Allinger
Eschers 2
87496 Untrasried
E11
2021

Zu Gast bei: Patrick Allinger
0176/53210085
Schließzeit: 01.12.–31.03.

Hofladen:
Täglich 7:30–21 Uhr

www.eselhof-eschers.com

REINHARDT LANDWIRTSCHAFT

Vilshofen a. d. D. (BY) · 48°37'10.6"N 13°11'49.1"E

Biokreis-Betrieb mit Schweinen, Schafen und Geflügel. Vertrieb von alternativen Energien und Wein von eigenem Weingut in Ungarn, die vor Ort genossen werden können. Einen Einblick in unseren Hof finden Sie auf Facebook unter „Biohof Reinhardt Vilshofen".

Selbstgemachtes: ungarische Weine und Säfte, Tresterbrand, Likör, Gelees, Marmeladen, Aroniasaft sowie -pulver und -essig, Honig, hausgemachter Balsamico-Essig, Rauchfleisch und Paprikawurst (saisonal in der kalten Jahreszeit).
Aktivitäten: Radwanderweg, Asamkirche Vogelpark, Kinderspielplatz, Kloster Schweiklberg 3 km, kurzer Spaziergang mit bestem Blick auf das Promenadenfest „Donau in Flammen" am zweiten Juliwochenende möglich

Reinhardt Landwirtschaft GdbR
Oberer Galgenberg 4
94474 Vilshofen a. d. D.
H10
2014

Zu Gast bei: Gisela Reinhardt
08541/910833 o. 08541/910831
Anreise bis: 19 Uhr

Hofladen:
Täglich 9–20 Uhr

WEINGUT „ZUR SCHWANE"

Volkach (BY) · 49°51'41.0"N 10°14'55.4"E

Wir sind ein traditionelles und modernes Familienunternehmen in idyllischer Lage und mit direkter Anbindung an Wanderwege in die Weinberge. Als langjähriges VDP-Prädikatsweingut erwarten Sie in unserer modernen Vinothek Weine und Brände aus eigener Produktion. In unserer Vinothek in der Innenstadt finden Sie nicht nur unsere Weine – direkt nebenan erleben Sie über 600 Jahre alte gastliche Tradition in unseren Restaurants „Weinstock" mit der experimentellen Aromenküche von Bayerns jüngstem Sternekoch Steffen Szabos sowie der „Schwane 1404" mit gehobener Heimatküche für Herz und Bauch. Die Öffnungszeiten der Vinothek sind Mo-Do von 8–12 Uhr.

Selbstgemachtes: Fränkische Schmankerl aus unserem Hause, z. B. Wein, Leberwurst, Marmelade und Gewürze. Frühstück, Abendbrot und Getränke erhältlich.

Aktivitäten: Radfahrwege, Wanderwege, Museum, Kloster, Weinberge, Restaurants, Weinproben

Weingut „Zur Schwane" E8
Erlachhof 7 2014
97332 Volkach

Telefon: 09381/71760

Hofladen und Hofverkauf:
Mo.–Do. 8–16 Uhr // Fr. 8–12 Uhr

www.schwane.de

WEINGUT LEO LANGER

Volkach (BY) · 49°51'41.7"N 10°14'41.7"E

Wir haben einen Weinbaubetrieb mit Brennrecht. Alle Weine und Brände verkaufen wir direkt ab Hof. Nach Absprache zeigen wir Ihnen in unserer Kellerei, wie der Wein entsteht mit anschließender Verkostungsmöglichkeit. Gekühlte Weine für ihren Aufenthalt sind immer vorrätig. Absprache an Wochenenden, immer telefonische Anmeldung. Im Sommer verkaufen wir zusätzlich an Samstagen, Sonn- und Feiertagen im kleinen Altort im Lagergeschäft „Langers Ladala", Hauptstraße 21.

Selbstgemachtes: Weiß- und Rotweine, Sekt, Secco, Traubensaft, Glühwein, Obstbrände und Liköre.

Aktivitäten: Weinbergswandern, ein Fahrradnetz um die Ecke, Freibad, Hallenbad, Kanufahren, Baden im Main, Schifffahrten, Mainschleifenbahn, gutes Essen und Wein am lebendigen Marktplatz

Weingut Leo Langer E8
Erlachhof 3 2016
97332 Volkach

Zu Gast bei: Tatjana Hart & Winfried Langer 09381/2833 o. 0170/2218423 o. 0171/7190624
Anreise bis: 18 Uhr
Ruhetag: So.

Hofverkauf:
Mo.–Fr. 9–12, 15–18 Uhr

www.weingut-langer.de

WEINGUT RÖMMERT

Volkach (BY) · 49°51'41.7"N 10°14'37.1"E

Im Weingut Römmert greifen Erfahrung und Leidenschaft ineinander. Die Liebe zum Wein und zur Region wurde über 100 Jahre bewahrt. Seit 2015 kommen mit dem neuen Eigentümer zu den traditionellen Werten noch reichlich moderner Geist und Innovation hinzu. Das Wein-Making ist beim Weingut Römmert Chefsache. Unser Weingutleiter Christoph selbst ist der Hauptverantwortliche für unsere 25 ha Weinberge und den Keller.

Selbstgemachtes: Wein, Liköre und Brände. Außerdem: spannende und originelle Produkte rund um das Thema Wein. Frühstück, Abendbrot und Getränke erhältlich.

Aktivitäten: spannende Führungen, Weinproben und Veranstaltungen zu jeder Jahreszeit, Weinwanderwege und Touren an der Mainschleife

Weingut Römmert E8
Erlachhof 1 2021
97332 Volkach

Zu Gast bei: Niklas Roth
09381/7183200

Hofladen:
Mo.–Sa. 10–18 Uhr // So. 9–16 Uhr

www.weingut-roemmert.de

WEINGUT SCHLOSS HALLBURG

Volkach (BY) · 49°51'3.8"N 10°12'44.4"E

Südlich von Volkach an der Mainschleife liegt das Weingut Schloss Hallburg auf der Weininsel. Eingebettet in eine idyllische Landschaft werden hier auf rund 35 ha ökologischer Wein- und Obstbau betrieben und die Erzeugnisse in der eigenen Vinothek verkauft. Die Rebfläche ist mit typisch fränkischen Sorten bepflanzt, allen voran Silvaner, gefolgt von Riesling, Grau- und Weißburgunder, die ihren außergewöhnlichen und würzigen Charakter der Insel mit ihrem Muschelkalk, Keuper und Mergel verdanken. Die Vinothek hat über das Jahr an unterschiedlichen Tagen geöffnet, die Uhrzeit bleibt jeweils gleich mit 11 – 17 Uhr.

Selbstgemachtes: Weine, Sekt und Secco, Edelbrände, Essig und Saft.

Aktivitäten: Rad- und (Wein-)Wanderwege, Weinproben

Hinweis: △ Standplatz auf Schotter.

Weingut Schloss Hallburg
Schloss Hallburg 1
97332 Volkach
E8
2021

Telefon: 09381/2415
Anreise bis: 17 Uhr

Hofladen:
Täglich 11–17 Uhr

www.weingut-schloss-hallburg.de

WEINGUT KIRCH

Volkach-Fahr (BY) · 49°52'37.2"N 10°10'16.1"E

Am Fuße der Volkacher Weinberge bauen wir als Familienweingut, verschmolzen aus zwei Standorten und zwei Familien heute 15 ha Rebfläche aus. Die Weine aus dem Steilhang in Volkach profitieren von lehmhaltigen, schweren Böden und der Sonnenreflektion des direkt unterhalb vorbeifließendes Mains. In Nordheim gedeihen sie hingegen auf Sandböden in zum Teil kühleren Nordlagen und trotzen bestens der Klimaerwärmung.

Selbstgemachtes: Wein, Traubensaft, Sekt und Spirituosen.

Aktivitäten: Radwanderweg am Main, Wanderwege in den Weinbergen, Fluss in fußläufiger Nähe, historische Altstadt Volkach, Mainschleife

Weingut Kirch
Mönchbergstr. 11
97332 Volkach-Fahr
E8
2021

Zu Gast bei: Monika Kirch
09381/80870
Anreise bis: 18 Uhr
Ruhetag: So.

Hofverkauf:
Auf Anfrage

www.weingut-kirch.de

DER SCHNAPSKOCHER

Völkersleier (BY) · 50°10'53.4"N 9°46'29.9"E

Wir führen seit vier Generationen einen kleinen landwirtschaftlichen Betrieb im Nebenerwerb mit Hofbrennerei. Auf unseren Feldern im Umkreis von 3 km wächst das Getreide für unsere Kornbrände und unsere Mastschweine, die artgerecht auf Stroh gehalten werden. Das Schnapskocherhaus bietet einen Verkaufsraum, eine Probierstube sowie Gästezimmer mit Küche, Dusche und WC.

Selbstgemachtes: Brände, Whisky, Liköre und Völkschlerer Dschin auf Apfelbrandbasis. Nach Voranmeldung: Frühstück und Getränke erhältlich.

Aktivitäten: Spielplatz am Hof, Brennerwanderweg, Radwege

Der SchnapsKOCHer
– Die Hofbrennerei
Quellengasse 9
97797 Völkersleier
D8
2021

Zu Gast bei: Robert Koch
09737/1271 o. 01515/1756780
Anreise bis: 22 Uhr

Hofladen und Hofverkauf:
Auf Anfrage

www.schnapskocher.de

WALDIMKEREI

Waidhaus (BY) · 49°40'48.3"N 12°27'58.9"E

Als Rentner betreibe ich nebenberuflich eine Waldimkerei. Die hochwertigen Honigprodukte werden in unserem Hofladen angeboten. Gemeinsam mit meinem Sohn züchte ich Rassekaninchen (Graue Wiener).

Selbstgemachtes: Blütenhonig: cremig, Waldblütenhonig, Wabenhonig, Bienenwachskerzen und Kaninchenfleisch. Außerdem: Bienenwachstücher und Propolistinktur.
Aktivitäten: Freizeitanlage mit beheiztem Badeweiher (5 km), Bockradweg, unzählige markierte Wanderwege

Waldimkerei G8
Reinhardsrieth 34 2022
92726 Waidhaus

Zu Gast bei: Josef Kick 09652/1690 o. 0157/31521905

Hofladen:
Auf Anfrage

www.waldimkerei-kick.de

FALTLHOF

Waldmünchen (BY) · 49°25'7.9"N 12°40'52.5"E

Unser Hof befindet sich lediglich einen Kilometer vor der tschechischen Grenze im oberen Bayerischen Wald. Wir wirtschaften biologisch und extensiv. Neben einem 3 ha großen Rotwildgehege trifft man bei uns auch auf 22 Schafe, 8 Hühner, 3 Gänse und 2 Labradorhündinnen. Camper können bei uns Ruhe genießen und unsere Produkte nach Absprache probieren und erwerben. Vom Hof aus können Radtouren, Wanderungen und weitere Outdoor-Sportarten unternommen werden.

Selbstgemachtes: diverse Fleischprodukte und Wurstwaren von Wild und Lamm, Säfte, Obstbrände, Obst und Gemüse aus biologischem Anbau saisonabhängig.
Aktivitäten: Badesee, Radwanderweg (grenzüberschreitend), Freilichtspiel, Erlebnisbad

Faltlhof G9
Untergrafenried 4 2021
93449 Waldmünchen

Zu Gast bei: Johannes Schneider 09972/1297 o. 0174/3356672
Anreise bis: 20 Uhr
Schließzeit: 23.12.–06.01.

Hofverkauf:
Auf Anfrage

BERGGASTHOF-METZGEREI WEIG JOSEF

Waldthurn (BY) · 49°40'4.2"N 12°21'56.7"E

Wir laden Sie zu einem beliebten Ausflugsziel in idyllischer und absolut ruhiger Lage ein. Unser Haus befindet sich im Naturpark „Oberpfälzer Wald“ auf einem Berg mit 801 m über N.N. Von hier bieten sich weite Rundblicke in das Oberpfälzer Land und in den Böhmerwald. Der gemütliche Berggasthof Weig möchte Sie gerne mit gutbürgerlichen Speisen und deftigen Brotzeiten aus der hauseigenen Metzgerei bewirten. Nachmittags laden wir Sie zu Kaffee, Torte und hausgemachtem Kuchen ein.

Selbstgemachtes: Fleisch- und Wurstwaren, Konserven (Gläser und Dosen) und Schinken. Nach Voranmeldung: Frühstück, Abendbrot und Getränke erhältlich.
Aktivitäten: Wandern, Freibad Pleystein, Naturbad Waldthurn, Minigolf, Fahrradwege, Skilift, Langlauf

Berggasthof – Metzgerei G8
Weig Josef 2021
Oberfahrenberg 1
92727 Waldthurn

Zu Gast bei: Josef Weig, einfach anreisen…
Anreise bis: 17 Uhr
Ruhetag: Di.
Schließzeit: 01.11.–31.12.

Hofladen:
Mo., Mi.–So. 8–18 Uhr

www.berggasthof-weig.de

EDELBRENNEREI BISCHOF

Wartmannsroth (BY) · 50°9'58.8"N 9°47'6.4"E

Willkommen im Rhöner Genussort Wartmannsroth. Auf unserem Hof dreht sich alles um die Herstellung von Obstbränden, Whisky und Gin. Von der Ernte, übers Brennen bis zur amüsanten Verkostung – als ausgebildete Edelbrandsommeliers und Brenner zeigen wir gern unser Handwerk. Von unserer Destillathek und von Ihrem Stellplatz genießen Sie ein herrliches Panorama und einen hervorragenden Gin Tonic.

Selbstgemachtes: Whisky, Gin, Obstbrände & Geiste und Liköre. Außerdem: Honig, Whiskycreme, Pfeffer, Brötchenservice, Restaurant nebenan (Reservierung erforderlich) und Getränke (auch gekühlt). Nach Voranmeldung: Getränke erhältlich.
Aktivitäten: Brennereiführungen und Events (Termine auf Homepage), Wanderwegenetz „Der Brennerweg", MTB-Trails, Wasserfall, Freibad, Wasserskianlage, Kanufahren, Weinstadt Hammelburg, Kurstadt Bad Kissingen

Edelbrennerei Bischof / Franziska – Die Brennerin D8
Hauptstr. 8 2020
97797 Wartmannsroth

Zu Gast bei: Franziska Bischof 09737/6913035 o. 0176/97928520
Anreise bis: 18 Uhr

Hofverkauf:
Auf Anfrage

www.diebrennerin.de

ALPAKA- & ZIEGEN-RANCH

Weilbach/Pfaffenhausen (BY) · 48°7'33.3"N 10°25'37.5"E

Willkommen auf unserem Alpaka-Hof! Hier leben wir zu fünft mit unseren Alpakas und Ziegen, unserem Hund und den Katzen am idyllischen Weilbächle, westlich von Pfaffenhausen. Wir halten unsere Tiere als Hobby und lieben den täglichen Umgang, sowie die Arbeit mit ihnen. Unsere Tiere machen bei uns auch den Job des Landschaftspflegers, getreu dem Motto „Wir fressen uns durch!".

Selbstgemachtes: „Alpaka Gold" als Dünger für Garten, Balkon- und Zimmerpflanzen, andere Produkte vom Alpaka, Insektenhotels (aus einheimischen Materialien), Vogelhäuschen und Eier.
Aktivitäten: Alpaka- & Ziegenbegegnungen (z. B. Picknick auf der Weide, Helfen beim Versorgen der Tiere, Spazierengehen mit den Tieren u.v.m.), Lagerfeuer, Besuch beim Schamanen Don Pipiripero, Naturtherme Bedernau, Radwege, Skyline-Park

Alpakas am Weilbächle E11
Weilbach 36 2020
87772 Weilbach/Pfaffenhausen

Zu Gast bei: Nancy Wanner 01590/1508352
Anreise bis: 18 Uhr

Hofverkauf:
Auf Anfrage

NATURKÜCHE WIESHOF

Weilheim-Marnbach (BY) · 47°49'59.8"N 11°11'38.0"E

Der Wieshof liegt im oberbayerischen Pfaffenwinkel im Landkreis Weilheim/Schongau. Umgeben von Wiesen und Wäldern sind wir mit der Natur stark verbunden und achten deshalb und auch aus Überzeugung darauf, dass wir unseren Garten möglichst naturnah bewirtschaften. In meinem Garten können Sie eine Zeitreise der Gartengeschichte erleben und in meiner Naturküche an individuellen Kochkursen mit Kräutern, Gemüse aber auch mit Fleisch und Fisch teilnehmen.

Selbstgemachtes: Kräuteressig-Salz, Liköre, Gelee, Fruchtaufstriche und Sirup. Außerdem: Apfelsaft.
Aktivitäten: Praxisseminare, Badesee, Radwanderwege, Museen (Buchheim Museum), Freilichtmuseum Glentleiten

Naturküche Wieshof F11
Wieshof 1 2021
82362 Weilheim-Marnbach

Zu Gast bei: Elisabeth Doll 0881/2342
Anreise bis: 21 Uhr
Ruhetag: So.

Hofverkauf:
Auf Anfrage

www.naturkueche-wieshof.de

Nord
Nordwest
Ost
Mitte-West
West
Südost
Südwest

HOFGARTEN PFAFFENWINKEL

Weilheim-Unterhausen (BY) · 47°51'41.1"N 11°9'21.7"E

Der Hofgarten Pfaffenwinkel ist ein Naturgarten mit Bio-Gemüseanbau und dem Hofcafé „Hofgartenstüberl". Es ist ein Ort für Leib und Seele, um Energie zu tanken und um saisonale Lebensmittel, so wie die Natur sie hervorbringt, wieder kennen zu lernen und zu genießen. Hier sind Natur, Mensch und Tier noch im Einklang.

Selbstgemachtes: ca.120 Bio-Gemüsesorten sowie Produkte daraus, Eingemachtes, Sauerteigbrot aus dem Holzofen und Kuchen (am Wochenende zu Café-Öffnungszeiten). Außerdem: Weine vom Weingut Simonshof im Tälchen an der Mosel.
Aktivitäten: Permakultur Gartenschau, Radwanderweg direkt vorm Haus, Badesee „Dietlhofer See"

Hofgarten Pfaffenwinkel F11
Dorfstr. 4 2021
82362 Weilheim-Unterhausen

Zu Gast bei: Thomas & Barbara Schweyer 0151/59962290
Anreise bis: 18 Uhr
Schließzeit: 18.12.–31.01.

Hofverkauf:
Auf Anfrage

www.hofgarten-pfaffenwinkel.de

DIREKTVERMARKTUNG WAGNER

Weißenbrunn (BY) · 50°11'8.6"N 11°21'24.5"E

Mein Hof liegt allein mitten im Frankenwald, abseits vom Alltagsstress. Ein Erlebnis für Familien mit Kindern. Bei uns leben Rinder, Schweine, Hühner und Katzen. Nach Absprache ist ein Blick in den Produktionsbetrieb und der Ab-Hof-Verkauf möglich.

Selbstgemachtes: Fleischwaren, Wurst, Eier, Kartoffeln, Rouladen im Glas und Geschnetzeltes im Glas. Nach Voranmeldung: Frühstück und Getränke erhältlich.
Aktivitäten: Tiere auf dem Hof, Sommerrodelbahn, Reiterhof, Spielplatz, Burg, Museum

Direktvermarktung F8
Tanja Wagner 2022
Sorg 10
96369 Weißenbrunn

Zu Gast bei: Tanja Wagner 0160/8401338
Anreise bis: 19 Uhr

Hofverkauf:
Auf Anfrage

www.bio-und-mehr.de

FAMILIE SCHUBERT

Weißenbrunn (BY) · 50°11'31.1"N 11°18'40.3"E

Unser Hof ist seit 1658 in Familienbesitz. Wir halten Mutterkühe und Legehennen und produzieren auch Eierliköre, Marmeladen und Konserven. Außerdem betreiben wir einen Hofladen. Bitte die Mobilnummer nur benutzen, wenn die 1. Nummer nicht erreicht wird.

Selbstgemachtes: Eier, Marmeladen, Fruchtkonserven, Gemüsekonserven, Kräuteröl, Kräuteressig, Pesto, Nudeln, Chutney, Mus, Sirup, Eier-, Frucht- und Kräuterliköre. Außerdem: umfangreiches Standardsortiment, Gewürze, Wurst, Käse, Kochkäse, Honig, Obst und Gemüse.
Aktivitäten: Rosenberg Festspiele, Frankenwald, Mountainbiking, Laufwege, Kronach mit Festung (7 km)

Familie Schubert F8
Eichenbühl 2 2014
96369 Weißenbrunn

Zu Gast bei: Michael Schubert 09264/9716 o. 0170/2284305

Hofladen:
Mo.–Mi. 8–12 Uhr // Do., Fr. 8–18 Uhr // Sa. 9–13 Uhr

www.eichenbuehler.de

RUDOLFSTEIN ALPAKAS

Weißenstadt (BY) · 50°4'59.9"N 11°51'42.1"E

Unser kleiner Alpakahof befindet sich im Herzen des Fichtelgebirges am Fuße des Rudolfsteins. Gern öffnen wir für Sie unseren Hofladen. Der Weißenstädter See sowie eine Therme, das Siebenquell Gesundzeitresort, liegen nur wenige Fahrminuten vom Hof entfernt.

Selbstgemachtes: Bettwaren, Mützen und Socken aus unserer Alpakawolle. Außerdem: Seifen.
Aktivitäten: Alpakawanderungen, Pizzabacken im Steinbackofen, Therme Siebenquell, Weißenstädter See

Rudolfstein Alpakas F8
Schönlind 4 2019
95163 Weißenstadt

Zu Gast bei: Nicole Grießhammer
09253/954169 o. 0171/6717338
Anreise bis: 21 Uhr

Hofladen:
Auf Anfrage

www.rudolfstein-alpakas.de

FAM. KÖNIGSBERGER

Westerheim (BY) · 48°0'50.4"N 10°18'17.8"E

Unser landwirtschaftlicher Betrieb liegt im idyllischen Günztal und ist bereits seit 300 Jahren in Familienbesitz. Unser Milchviehbetrieb wird nach Demeter-Richtlinien bewirtschaftet. Zusätzlich haben wir noch Hühner, Bienen, Schafe, Katzen und einen liebevollen Hofhund. Unsere hofeigenen Produkte bekommen Sie auf Anfrage. Wir freuen uns auf Ihren Besuch!

Selbstgemachtes: Milch, Honig, Eier und Kartoffeln. Bewirtung nach Voranmeldung.
Aktivitäten: nahe gelegener Badesee, Günztalradweg, Spaziergänge

Familie Königsberger E11
Raiffeisenstr. 1a 2019
87784 Westerheim

Zu Gast bei: Michael & Christine Königsberger 08336/809899
Ruhetag: So.

Hofverkauf:
Auf Anfrage

STEINHOF WESTHEIM

Westheim (BY) · 49°0'15.6"N 10°39'54.9"E

Auf unserem alten Bauernhof betreiben wir einen bio-regionalen Hofladen und veranstalten verschiedenste Kulturprojekte, von Konzerten über Theateraufführungen, Lesungen, Gesundheitsberatungen bis hin zur Brauchtumspflege. Aufgrund diverser Qualifizierungen zum Natur- und Landschaftsführer, Geopark- und Wanderführer, Kirchenführer, etc. werden fundierte Führungen in verschiedensten Bereichen angeboten. Unser Hofladen öffnet nach telefonischer Absprache gerne für Sie.

Selbstgemachtes: Biokäse, Biohonig, Gemüse und Apfelsaft. Außerdem: sämtliche bio-regionalen Produkte (saisonabhängig), Käse, Wild, Fisch, Mehl, Getreide, Weine, Bier, Säfte und Öle.
Aktivitäten: Nähe zum Naturpark Altmühltal, Geopark Ries, Fränkisches Seenland und Hesselbergregion mit den verschiedensten Angeboten, Sport-, Natur-, Kulturerlebnisse in großer Bandbreite

Steinhof Westheim E9
Oberdorfstraße 13 2018
91747 Westheim

Zu Gast bei: Markus Steinhöfer
09082/9987951 o. 0176/22517719

Hofladen:
Auf Anfrage

www.steinhof-westheim.de

STEINBERGERS WEINE

Wiesenbronn (BY) · 49°44'56.4"N 10°18'39.1"E

Wir sind ein Familienbetrieb auf der schönen Rotweininsel Wiesenbronn/ Franken. Unser Weingut baut vegane Weine nach naturnahen Anbau an und im Keller traditionell aus. Neben dem Weingut haben wir eine kleine Häckerstube mit allerlei regionaler Hausmannskost für Sie. Toiletten und Wasser können nach vorheriger Absprache gerne im Betrieb genutzt bzw. entnommen werden.

Selbstgemachtes: diverse, in Teilen auch vegane Weine.
Aktivitäten: Radwanderwege, Wein-Kunst-Weg, Weinstocklabyrinth, Krämerladen

Steinbergers Weine E8
Hauptstr. 48 2017
97355 Wiesenbronn

Zu Gast bei: Paul & Michael Steinberger 09325/902423
Anreise bis: 20 Uhr

Hofverkauf:
Mo.–Fr. 12–18:30 Uhr // Sa., So. 10–15 Uhr

www.steinbergers-weine.de

BACH'S HOFLADEN

Wilburgstetten (BY) · 49°0'32.7"N 10°24'47.9"E

Wir betreiben unseren landwirtschaftlichen Betrieb in langjähriger Tradition. Neben Ackerbau und Hühnerhaltung konzentrieren wir uns in erster Linie auf Fruchtiges. In liebevoller Handarbeit verarbeiten wir unsere Beeren und Früchte zu köstlichen Fruchtkompositionen. In unserem kleinen Hofladen bieten wir unsere sowie auch Produkte von anderen regionalen Herstellern an. Gern öffnen wir den Hofladen auch nach Vereinbarung.

Selbstgemachtes: Liköre, Marmelade, Eingemachtes, Öl, Essig, Kleingebäck, Eier und Kartoffeln (saisonal). Außerdem: Honig, Wurstdosen, Geräuchertes, Käse, Joghurt, Mehl, Nudeln und Müsli.
Aktivitäten: Radwanderungen, Romantische Straße, Museen in der Nähe, Limeseum, Freilichtbühne

Bach's Hofladen E9
Greiselbach 7 2022
91634 Wilburgstetten

Zu Gast bei: Lyudmyla Bach 09853/385440
Anreise bis: 19 Uhr
Ruhetag: So.
Schließzeit: 20.12.–10.01.

Hofladen:
Mo.–Sa. 15–18 Uhr

SCHWAIKERHOF

Wildsteig (BY) · 47°41'42.9"N 10°56'13.3"E

Herzlich willkommen auf unserem Hof! Wir sind ein familiengeführter Bio-Betrieb mit Hofladen im Süden von Deutschland. Auf unserem Hof leben 35 Kühe, Schweine, Hühner, Katzen, Pferde und Hasen. Bitte beachten Sie, dass Hunde nicht gestattet sind. Ein Einblick in den Produktionsbetrieb ist nach Absprache möglich. Unser Hofladen ist ein Selbstbedienungsladen.

Selbstgemachtes: Käse, Milch, Wurst, Fleisch und Nudeln. Außerdem: Joghurt, Honig und Eis.
Aktivitäten: Badesee, Ponyreiten, Wieskirche, Pfaffenwinkel Milchweg, Schloss Neuschwanstein

Schwaikerhof E11
See 2 2022
82409 Wildsteig

Telefon: 08867/9123619 o. 0151/23518961
Anreise bis: 17 Uhr

Hofladen:
Täglich 7–22 Uhr

WEINGUT LOTHER

Wipfeld (BY) · 49°55'16.9"N 10°10'13.4"E

Das Weingut Lother ist ein familiengeführtes Weingut und dabei eines der größten im Landkreis Schweinfurt. Mit über 500 Auszeichnungen auf Bundes- und Landesebene und führen wir fast alle in Franken gängigen Rebsorten. Bitte melden Sie sich bei Anreise im Weinverkauf an. Bei Gelegenheit ist ein Einblick in den Produktionsbetrieb möglich. Im Ort gibt es zahlreiche Einkaufsmöglichkeiten und Gastronomien. Hinweis: Der Empfang von Wohnmobilen ist im August und September nur nach Absprache möglich.

Selbstgemachtes: über 30 verschiedene Weine, Liköre, Destillate, Gelee und Winzersekt.
Aktivitäten: herrliche Wanderwege (z. B. durch die Weinberge), Mainfähre, Fahrradwege, Literaturhaus in Wipfeld, Museum in Schwanfeld

Weingut Lother E8
Birkenstr. 3 2020
97537 Wipfeld

Zu Gast bei: Sebastian Lother
09384/1867
Anreise bis: 17 Uhr
Ruhetage: Di. So.
Schließzeit: 15.12.–04.01., 01.08.–30.09.

Hofladen:
Mo., Mi.–Fr. 9–18 Uhr // Sa. 9–16 Uhr

www.weingut-lother.de

PRIVATRÖSTEREI BÖGL

Wittibreut (BY) · 48°19'52.0"N 13°0'14.6"E

In der Privatrösterei Bögl wird der Kaffee frisch wie vor 60 Jahren ganz analog im gusseisernen Trommelröster geröstet. Ein echtes Handwerk, das viel Zeit, Können und Liebe benötigt.

Selbstgemachtes: frisch gerösteter Kaffee aus aller Welt.
Aktivitäten: Nach Vereinbarung kann beim Rösten zugesehen werden, Kutscherstub'n mit täglicher Bewirtung direkt nebenan

Privatrösterei Bögl G10
Friedlöd 4 2021
84384 Wittibreut

Zu Gast bei: Alex Schander
0151/25333350

Hofverkauf:
Auf Anfrage

www.boegl-kaffee.de

BERGSCHREINERHOF

Wolferstadt (BY) · 48°54'17.4"N 10°46'52.9"E

Qualität – Regionalität – Leidenschaft. Wer Wert auf regionale Produkte, Natur und Genuss legt, ist bei uns genau richtig. Am Rande zu Mittelfranken in einer hügeligen Juralandschaft mit weiten Fluren und ruhigen Wäldern, im Naturpark Altmühltal, begrüßen wir unsere Gäste. Unser hofeigenes Fleisch ist 24 h täglich in der Bergschreiner BeefBox zu kaufen.
Selbstgemachtes: Schweinefleisch (portionsweise vakuumiert), mariniertes Grillfleisch (Mai – Oktober), Wurstwaren, hausgemacht. geräucherte Schinken, Buttervariationen (zur Grillsaison), Bauernbrot, Fruchtaufstriche, selbstgebackene Plätzchen, Stollen, Hutzel- und Apfelbrot (zu Weihnachten). Außerdem: frische A2-Milch, Joghurt, Käse, Eier, Nudeln, Kartoffeln, Tomatensoße, Pesto, Brotaufstriche, Eis, Obst in Schokolade, süße Knabbereien, Holunderblütensirup und Grillkohle. Nach Voranmeldung: Getränke erhältlich.
Aktivitäten: Waldsee Wemding, Wallfahrtskirche, Wanderrouten, Hallenbad und Freibad Monheim, Reiterhof Wolferstadt
Hinweis: △ Zufahrt 300 m gekiest.

Bergschreinerhof E10
Am Berg 4 2022
86709 Wolferstadt

Zu Gast bei: Monika und Martin Färber 09092/9675798 o. 0151/65248679
Anreise bis: 21 Uhr
Ruhetage: Mo. Di.
Schließzeit: 01.11.–28.02.

Hofcafé:
Öffnungszeiten auf der Website

www.bergschreinerhof.de

WEINGUT FESEL

Würzburg (BY) · 49°45'9.6"N 9°58'15.3"E

Mitten in der Natur präsentiert sich das Weingut A. Fesel vor den Toren Würzburgs. Mit 13 Rebsorten aus Toplagen in verschiedenen Qualitätsstufen bietet unser Familienbetrieb ein reichhaltiges Angebot für jeden Anspruch. Winzer- und Kellermeister Stefan Fesel leitet das erfolgreiche Weingut in der 2. Generation und steht zur Betriebsphilosophie: naturnaher Weinbau, schonende Traubenverarbeitung und sortentypische Weine mit hohem Qualitätsanspruch. Wir öffnen den Hofladen gern nach telefonischer Vereinbarung. Ein Einblick in den Produktionsbetrieb ist nach Absprache möglich.

Selbstgemachtes: Wein, Liköre und Brände.

Aktivitäten: Rad- und Wanderwege, Würzburg

Hinweis: △ Bitte nicht auf den Innenhof fahren, die Höhe der Einfahrt beträgt nur 2 m.

Weingut Fesel D8
Hinterer Kirchbergweg 6 2021
97084 Würzburg

Zu Gast bei: Stefan Fesel
0171/8378553
Anreise bis: 20 Uhr

Hofladen:
Auf Anfrage

www.fesel.de

Winzerhof Werner

Ziegenhütte Zollernalb

Weingut Albrecht-Kiessling

Eichrüttehof

IHRE GASTGEBER IM SÜDWESTEN

Ziegenhof Ensmad

Freudenberg-Rauenberg
Külsheim
Wertheim-Dörlesberg
A 67
C9
D9
Tauberbischofsheim
Hardheim-Rütschdorf
Königheim
Heddesheim
A 63
Lauda-Königshofen
Waldbrunn
Beckstein
Mannheim
A 62
Kaiserslautern
Ludwigshafen
Boxberg-Uiffingen
Dörzbach
A 656
Heidelberg
A 65
Neckar
Oftersheim
Rauenberg
Hambrücken
Heilbronn
Karlsruhe
C10
D10
Muggensturm
Pforzheim
Ludwigsburg
Straubenhardt
Sinzheim
Schömberg
Stuttgart
A 5
Rheinau
Baden-Baden
Altbulach
Bühl
Achern
Neuweiler
Kappelrodeck
Schlat
Herzogsweiler
Durbach
Oberkirch
Reutlingen
Neuried-Altenheim
Ortenberg
Oppenau
Bodelshausen
Münsingen
Heroldstatt
Gengenbach
Bad Peterstal
Schwanau
Schapbach
Hohenstein
Schwörzkirch
Berghaupten
Gengenbach
Fluorn-Winzeln
Balingen-Ostdorf
Hayingen
Fußbach
C11
Rötenberg
D11
Aichelau
Ettenheim
Burladingen
Schuttertal
Langenenslingen
Mühlenbach
Rottweil
Hettingen
Zwiefalten
Endingen
Winterlingen
Berg-Ehingen
Herbolzheim-Broggingen
Sasbach
Altheim
Teningen-Köndrigen
Sigmaringen
Simonswald
A 81
Biberach
Waldkirch
Andelfingen
Ihringen
Donau
Vogtsburg
Glottertal
Mengen-Rosna
Freiburg
Leibertingen
Glochen
Buchenbach-Wagensteig
Horben
Meßkirch
Breisach
Hattingen
Kirchzarten
Ostrach-Habsthal
Freiburg im Breisgau
Münstertal
Bad Waldsee
Bodman-Ludwigshafen
Baienfurt
Buggingen
Heitersheim
Überlingen
Deggenhausertal
Engen
Schliengen
Blumberg-Riedöschingen
Hilzingen
Waldburg
Bad Bellingen
Frickingen
Steinen- Endenburg
Gailingen
Bodnegg
Görwihl
Bermatingen-Ahausen
Efringen-Kirchen
Kandern-Egerten
Maulburg
Dachsberg-Wilfingen
Wangen
Fischingen
C12
D12
Tettnang-Apflau
A 98

REGION SÜDWEST
A 3
E9
F9
Erlangen
Fürth
Nürnberg
Niederstetten
Bad Mergentheim
Schrozberg
Mulfingen
A 6
Vellberg
Crailsheim
Frankenhardt
Adelmannsfelden
E10
Riesbürg
Mutlangen
Böbingen Rems
Aalen
Bopfingen
Aalen-Ebnat
Ballmertshofen
Geislingen
Herbrechtingen
Gerstetten
Altheim/Alb
Holzkirch
Öllingen
Ulm
A 8
E11
Dettingen an de
Ummendorf
Rottum
Eberhardzell
Wangen
Isny
Wangen
E12
F12
G12
Heidelberg
Neckar
Elztal-Auerbach
Billigheim
Gundelsheim
Mühlhausen/Tairnbach
Bad Rappenau
Neckarsulm
Kirchardt-Bockschaft
Erlenbach
Weinsberg
Heilbronn
Bretzfeld
Kraichtal
Geddelsbach
Gemmingen
Leingarten
Heilbronn
Schwaigern
Nordheim
Obersulm-Willsbach
Schwaigern-Stetten
Talheim
Löwenstein
Sulzfeld
Lauffen
Untergruppenbach
Brackenheim
Ilsfeld
Mainhardt
Kürnbach
Oberderdingen
Bönnigheim
Hessigheim
Beilstein
Wüstenrot
Löchgau
Kirchheim
Aspach
Sachsenheim-Hohenhaslach
D10
Marbach am Neckar
Mühlacker-Lomersheim
Ludwigsburg
Wiernsheim-Iptingen
Leutenbach
Ludwigsburg
Winnenden
Eberdingen
Hemmingen
Schwaikheim
Kernen-Stetten
Schorndorf
Börtinge
Weinstadt
Stuttgart
Adelberg
Uhingen
Wildberg-Gültlingen
Deckenpfronn
Nürtingen-Oberensingen
0
10 km

REGION SÜDWEST

INHALT

TOBI'S WACHTELFARM

Aalen-Ebnat (BW) · 48°48'12.7"N 10°11'0.5"E

Wir haben einen landwirtschaftlichen Betrieb im schönen Härtsfeld/Ostalb. Unser Sohn Tobias studiert Landwirtschaft und betreibt eine kleine Wachtelfarm mit zur Zeit 70 Legewachteln. Die Tiere legen pro Tag ca. 50 Eier, die aufgrund Ihres Geschmacks etwas Besonderes sind! Zu unserem Hof gehören noch ein Berner Sennenhund, eine Katze und eine Streuobstwiese direkt auf dem Hofgelände.

Selbstgemachtes: frische Wachteleier (SB- Kühlschrank direkt am Wohnhaus), Wachteleierlikör in verschiedenen Sorten (u.a. Kaffee- und Himbeergeschmack) und Marmelade. Außerdem: handgemachte Arbeiten aus Holz und Geschenke.

Aktivitäten: Kreisstadt Aalen mit Limesmuseum, Bergwerk Tiefer Stollen, Bucher Stausee, Radwegnetz, Neresheimer Kloster, historische Eisenbahn „Schättre", Wandern auf dem Härtsfeld

Hinweis: △ Die Einfahrt ist etwas eng, die Aufnahme von sehr großen Fahrzeugen nicht möglich.

Tobi's Wachtelfarm
Ebnater Hauptstr. 71/1
73432 Aalen-Ebnat
E10
2021

Zu Gast bei: Margit Vetter
07367/919633 o. 0163/8142933
Anreise bis: 19:30 Uhr
Schließzeit: 01.11.–30.04.

Hofverkauf:
Auf Anfrage

www.regionalvermarkter-ostalb.de/regionalvermarkter/tobi-s-wachtelfarm/

INTEGRATION SCHOLLENHOF

Achern (BW) · 48°37'43.1"N 8°0'15.6"E

Bereits seit 700 Jahren wird der Schollenhof bei Achern bewirtschaftet. Heute findet sich hier unser integrativer Betrieb, in dem Menschen mit und ohne Behinderung gemeinsam arbeiten. Zusammen betreiben wir unter anderem einen Hofladen, in dem wir selbstgemachte Lebensmittel und Waren anbieten. Zudem finden regelmäßig Veranstaltungen wie Sommerfeste, Workcamps, ein Weihnachtsmarkt und auch Hochzeiten statt. Unser Hofladen ist für unsere Gäste auch außerhalb der Öffnungszeiten nach Vereinbarung geöffnet. Andernfalls ist ein Teil des Sortiments über einen Verkaufsautomaten verfügbar.

Selbstgemachtes: Brot, Backwaren, Marmelade, Sirup, Schnaps, Bio-Ofenanzünder, Deko- und Geschenkartikel. Außerdem: Wurst, Käse, regionales Obst und Gemüse, Teigwaren, Eier, Honig, alkoholische und alkoholfreie Getränke.

Aktivitäten: Radwege, Wanderwege, Badeseen, Schwimmbad, Nähe zu Straßburg und zum Schwarzwald

Hinweis: △ Die letzten 2,3 km sind einspurig.

Integration Schollenhof
Schollenhof 1
77855 Achern
B10
2021

Zu Gast bei: Otto Grimmig
07805/3002 o. 0157/80795197
Anreise bis: 21 Uhr

Hofladen und Hofverkauf:
Di. 15–18 Uhr // Fr. 10–18 Uhr

www.schollenhof.de

ZACHERSMÜHLE

Adelberg (BW) · 48°44'53.2"N 9°37'5.8"E

Wir betreiben auf unserem historischen Anwesen einen Gasthof mit großem Biergarten. Im Angebot sind viele Bio-, regionale und hauseigene Produkte, sowie vegetarische Speisen. Hier leben unsere Pommerschen Landschafe und 13 Esel, mit denen wir Trekkingtouren anbieten. Die Toilettennutzung ist nur über die Gaststätte möglich. Bitte entnehmen Sie die Öffnungszeiten der Gaststätte unsere Webseite.

Selbstgemachtes: Schnäpse, Holunderblütensirup, Apfelsaft, Most, Maultaschen und weitere Produkte aus unserer Küche. Nach Voranmeldung: Abendbrot und Getränke erhältlich.

Aktivitäten: Eseltrekking (mit Voranmeldung), Wander- und Radwege, kulturelle Veranstaltungen im eigenen Haus, Kloster Adelberg, Märklin-Museum

Zachersmühle Gaststätte
Zachersmühle 1
73099 Adelberg
D10
2020

Zu Gast bei: Angelika Holzer
07166/255 o. 0163/2858760
Anreise bis: 20 Uhr
Schließzeit: 11.08.–16.08.

Hofverkauf:
Auf Anfrage

www.zachersmuehle.de

GOLDSCHMIEDE IM FABRIKLE

Adelmannsfelden (BW) · 48°57'28.6"N 9°58'6.9"E

Ein Goldschmiedeatelier in der Natur mit Blick auf die Schwäbische Alb? Hier am Ortrand der 80 Seelengemeinde Bühler leben und arbeiten wir in unserem Fabrikle, wohltuender Arbeits- und Lebensraum unter einem Dach. Wir laden Sie ein, dieses entspannte Ambiente mit uns für einen Tag zu teilen. Lernen Sie unsere Arbeiten kennen, erproben Sie sich selbst bei einem Goldschmiedekurs in unserer Werkstatt. Unter persönlicher Anleitung fertigen Sie IHR Schmuckstück. Oder lassen Sie sich verwöhnen mit einer hawaiianischen Lomi-Lomi-Massage (für Frauen) im besonderen Flair des Gartenpavillons.

Selbstgemachtes: ergonomische Ringe und Trauringe und Schmuckunikate. Außerdem: anderes Kunsthandwerk (wechselnd).

Aktivitäten: 1-tägiger Goldschmiedekurs auf Anfrage (mind. 2 bis max. 4 Pers.), Lomi-Lomi-Massage (mit Anmeldung), Wandern und Radfahren im schönen Bühlertal, Hammerschmiedesee, Altenbergturm

Goldschmiede im Fabrikle D10
Bühler 49 2015
73486 Adelmannsfelden

Zu Gast bei: Matthias Thomas & Beate Baumann 07963/840353

Hofverkauf:
Auf Anfrage

www.goldschmiede-im-fabrikle.de

BIOBAUER RAACH

Aichelau (BW) · 48°17'23.0"N 9°24'4.1"E

Wir bewirtschaften unseren kleinen Ackerbaubetrieb (ca. 20 ha), der seit 2000 Bioland-zertifiziert ist, im Nebenerwerb. Im ehemaligen Schweinestall/im Scheuer befindet sich ein kleines Museum zum Besichtigen von Landmaschinen, Schleppern sowie alten (Haushalts-) Geräten. Um Aichelau ist es sehr ruhig und es bestehen tolle Wandermöglichkeiten. Jeden Freitag wird von uns frisches Brot auf dem Hof gebacken. Achtung: Bitte stören Sie in der Zeit 12–15 Uhr nicht die Mittagsruhe unseres auf dem Hof lebenden Vaters. Zu dieser Zeit sollte also z. B. nicht angereist werden.

Selbstgemachtes: Bauernbrot und Dosenwurst (falls vorhanden).

Aktivitäten: Hofmuseum (Stall/Scheuer), Wanderung Albhoftour, Pfähnopfad

Hinweis: △ Der Stellplatz befindet sich Hayinger Str.12

Biobauer Raach D11
Hartwiesen 3 2020
72539 Aichelau

Zu Gast bei: Klaus Raach
07387/16569 o. 07388/496
Anreise bis: 20 Uhr

Hofverkauf:
Auf Anfrage

BIOHOF SILBERBERG

Altbulach (BW) · 48°39'54.9"N 8°42'27.7"E

Altbulach liegt auf einer Bergnase über dem Nagoldtal, landschaftlich ein sehr reizvolles offenes Hochplateau umgeben von Wäldern. Der Ausblick reicht bis zur Schwäbischen Alb. Unser Hof wurde seit 1990 nach den strengen Richtlinien von Bioland und wird seit 2008 nach den noch strengeren Richtlinien von Demeter bewirtschaftet. Zur Zeit haben wir Islandpferde, Hühner, Katzen und einen Hund.

Selbstgemachtes: Eier, Nudeln, Gockelprodukte vom Bruderhahn im Glas (z. B. Fond, Suppe, Frikassee, Bolognese, Schinkenwurst, Leberwurst, Lyoner), Suppenhühner (gefroren) und Apfelsaft in 5 Liter Boxen.

Aktivitäten: Radwanderweg Heidelberg-Bodensee, Fernwanderweg „Ostweg", Thermalbäder

Hinweis: △ Der Stellplatz ist gepflastert, aber leicht schräg

Biohof Silberberg C10
Mühlstr. 6 2022
75387 Altbulach

Zu Gast bei: Martin Dietrich
07053/2996559
Anreise bis: 20 Uhr

Hofverkauf:
Auf Anfrage

www.biohof-silberberg.de

HOF MOOSHERR

Altheim (BW) · 48°8'53.1"N 9°26'40.7"E

Wir sind ein landwirtschaftlicher Familienbetrieb, der sich auf die Herstellung von Speiseöl aus eigenem Raps sowie dessen Direktvermarktung spezialisiert hat. Die Gewinnung der Öle erfolgt dabei durch schonende Kaltpressung des Rapssamens. Außerdem halten wir einige Hofwild- und Hausschweine. Unser Hofladen öffnet für Sie nach Vereinbarung. Gut gesittete Hunde sind bei uns gern willkommen.

Selbstgemachtes: Speiseöl, Schweinefleisch und Eier. Außerdem: Nudeln und Marmelade aus dem Ort.
Aktivitäten: Donauradwanderung

Hof Moosherr GbR D11
Beim Weißen Stein 1 2020
88499 Altheim

Zu Gast bei: Dieter Moosherr
07371/3850 o. 0171/9810144
Anreise bis: 18 Uhr
Ruhetag: So.

Hofladen:
Auf Anfrage

www.oel-hofladen.de

PREISSING'S MÄRKLES HOFEIS

Altheim/Alb (BW) · 48°33'36.5"N 10°2'51.3"E

Unser landwirtschaftlicher Betrieb mit Milchkühen liefert die Milch, die in unserer Eisdiele die Grundlage für ein reichhaltiges Eisangebot aus eigener Herstellung bietet. In der Eishauptsaison von April bis Oktober stehen verschiedene Kaffeekreationen, unterschiedliche Eisbecher und hausgemachte Kuchen zur Auswahl. In dieser Zeit haben wir täglich für Sie geöffnet, dann kann auch die WC-Anlage genutzt werden. Außerhalb der Saison bekommen Sie Milch und kleine Leckereien nach Absprache.

Selbstgemachtes: Speiseeis, Marmelade, Eierlikör, Kuchen und Milch. Außerdem: Kaffee, Getränke, Frühstück und Vesper nach Absprache. Nach Voranmeldung: Getränke erhältlich.
Aktivitäten: Badeseen, Legoland Günzburg, Ulm, Blaubeuren, Blautopf, Rad- und Wanderwege (Lonetal), Biosphären-Gebiet, Steiffmuseum

Preißing's Märkles Hofeis D10
Märkleshöfe 3 2021
89174 Altheim/Alb

Zu Gast bei: Renate Preißing
07340/583 o. 0152/51025634
Anreise bis: 19 Uhr

Hofverkauf:
Mo.–Sa. 14–20 Uhr // So. 13–20 Uhr

www.maerkleshofeis.de

NUDELMANUFAKTUR SCHAUT

Andelfingen (BW) · 48°8'48.6"N 9°24'21.4"E

Wir sind ein landwirtschaftlicher Betrieb, verkehrsgünstig gelegen, der sich auf die Direktvermarktung hochwertiger Manufakturprodukte spezialisiert hat. In unserem ansprechend gestalteten Ladengeschäft finden Sie allerlei Schönes & Gutes aus der Region und darüber hinaus. Für den täglichen Bedarf führen wir Eier, Kartoffeln, Nudeln, Soßen, Gewürze und in unserer Frischetheke finden Sie Käse aus dem Allgäu, Wurst aus der Region und verschieden Milchprodukte.

Selbstgemachtes: Nudelspezialitäten aus eigenem Getreide (Dinkel oder Hartweizen), aromatische Nudelsoßen, Dinkelmehl, Brotbackmischungen und Rapsöl aus eigenem Anbau. Außerdem: Gewürze, Öle, Essige, Wein, Bier, Süßigkeiten, Honig, Marmelade, Wurst, Käse, Milchprodukte wie Joghurt, Milch, Butter u.v.m.
Aktivitäten: Gläserne Nudelmanufaktur bei uns im Ladengeschäft, Kloster Heiligkreuztal, Rundweg am Andelfinger Berg

Nudelmanufaktur Schaut D11
Holzbachstraße 10 2021
88515 Andelfingen

Zu Gast bei: Brigitte Schaut
07371/8853
Anreise bis: 18 Uhr

Hofladen:
Mo.–Fr. 8:30–18 Uhr // Sa. 8:30–13 Uhr

www.schauts.de

BESENWIRTSCHAFT „ZUR GRÜNFLÄCHEN“

Aspach (BW) · 48°59'0.7"N 9°22'38.4"E

Wir führen seit über 100 Jahren einen Weinbaubetrieb mit angeschlossener Besenwirtschaft und einen Hofladen mit eigener Wurst-und Weinerzeugung. In unserer Brennerei werden neben verschiedenen Schnäpsen auch Trester, wie unser Bariquetrester hergestellt. Wir freuen uns auf Ihren Besuch!

Selbstgemachtes: Regionale Württemberger Weine, Schnaps Brennerei, Wurst, Dosenwurst, Rauchfleisch und Maultaschen, Quittenschnaps, Williamsschnaps und sortenreine Tresterschnäpse und Bariquetrester. Außerdem: Sekt und Flaschenöffner. Frühstück, Abendbrot und Getränke erhältlich.
Aktivitäten: Weinprobe nach Absprache, Naturpark Schwäbisch-Fränkischer Wald

Besenwirtschaft „Zur Grünflächen“ D10
2021
Röhrach 16
71546 Aspach

Zu Gast bei: Walter Seeger
0171/1215805

Hofladen und Hofverkauf:
Täglich 8:30–22 Uhr

zur-gruenflaeche.de/besenschmaus

LANDHAUS ETTENBÜHL

Bad Bellingen (BW) · 47°43'5.4"N 7°35'1.0"E

Das Landhaus Ettenbühl liegt ruhig nur wenige Kilometer von Bad Bellingen entfernt zwischen Freiburg und Basel inmitten des idyllischen Markgräflerland. Englische Gartenkultur, Restaurant und Teegarten, ein über 40 Jahre gewachsener, 7 ha umfassender Landschaftspark im engl. Stil mit 25 Themengärten. In der Rosengärtnerei findet man über 1000 Rosensorten, Country Shop, Picknicks u. v. m.

Selbstgemachtes: Rosen, andere Pflanzen, Fruchtaufstriche mit oder ohne Rose, Kuchen, Torten, Tees, Honig und Picnicservice. Außerdem: Gartenartikel, Accessoires und Lebensmittel. Frühstück, Abendbrot und Getränke erhältlich.
Aktivitäten: Englische Parkanlage, Gartenkurse, Rosenberatung, Wanderwege, Fahrradtouren, Balinea Thermen, Schwarzwald

Landhaus Ettenbühl B11
Hof Ettenbühl 1 2021
79415 Bad Bellingen

Zu Gast bei: Stefanie Körner
07635/827970
Anreise bis: 22 Uhr

Hofladen und Hofverkauf:
Täglich 9–18 Uhr

www.landhaus-ettenbuehl.de

APFELHOF

Bad Mergentheim (BW) · 49°24'51.7"N 9°50'14.8"E

Wir sind ein familiengeführter Bio-Betrieb in absoluter Alleinlage. Wir produzieren Milch und Fleisch für den Eigenbedarf sowie Getreide. Je nach Arbeitsbelastung ist ein Einblick in den Produktionsbetrieb möglich.

Selbstgemachtes: Milch und Fleisch auf Anfrage.
Aktivitäten: Badesee, Wildpark, Therme, Rad- und Wanderwege
Hinweis: △ Die Zufahrt zum Hof erfolgt auf einem unebenen Feldweg mit Steigung.

Apfelhof D9
Apfelhof 2020
97980 Bad Mergentheim

Zu Gast bei: Stefanie Schmidt-Bär
07932/605258
Anreise bis: 20 Uhr
Schließzeit: 01.11.–28.02.

Hofverkauf:
Auf Anfrage

LÖCHERHANSENHOF

Bad Peterstal (BW) · 48°25'11.0"N 8°10'30.7"E

Unser Bauernhof liegt in ruhiger, nebelfreier und sonniger Lage, in 550 m Höhe und 4 km von Bad Peterstal-Griesbach entfernt. Wir sind ein Familienbetrieb mit Milch- und Forstwirtschaft. Ein besonderes Markenzeichen sind unsere Schwarzwälder Edelbrände und Liköre aus der hauseigenen Brennerei sowie selbsterzeugter Honig. Bitte beachten Sie, dass wir Kurtaxe erheben müssen.

Selbstgemachtes: Destillate, Liköre, Honig, Milch, Eier, Apfelmost und Apfelsaft. Nach Voranmeldung: Getränke erhältlich.
Aktivitäten: Wanderwege, Wassertretanlage
Hinweis: △ Achtung: Schmale Zufahrt!

Löcherhansenhof C10
Breitsodstr. 11 2022
77740 Bad Peterstal

Zu Gast bei: Verena Schmieder
0151/54282980
Anreise bis: 19 Uhr

Hofladen:
Auf Anfrage

www.edelbrandundhonig.de

BRAUEREI HOTEL GASTHOF HÄFFNER BRÄU

Bad Rappenau (BW) · 49°14'17.9"N 9°6'43.4"E

Gemütlicher privater Brauereigasthof mit Hotel beimRappSoDie – Sole- und Saunaparadies inmitten des Kurgebietes und nur 200 m vom Gradierwerk entfernt. Schauen Sie gern auf die Webseite für weitere Informationen.
Selbstgemachtes: Häffner Bräu: Export, Kurpils, Kurstadtweizen, Schwärzberg Gold, Raban, Winterbier, Bierlikör, Quittenlikör, Bierbrand, Hopfenstopfer Craftbiere: Citra Ale, Incredible Pale Ale, Comet IPA und saisonal wechselnde Craftbiere. Außerdem: Bierlikörpralinen. Frühstück, Abendbrot und Getränke erhältlich.
Aktivitäten: Tennis, Golf, Wandern, Schwimmen in der Badelandschaft, Gruppen ab 10 Personen können nach Voranmeldung eine Brauereiführung bekommen
Hinweis: △ Ins Navigationssystem als Straße „Am Brauhaus" eingeben. Für den Wohnmobilstellplatz „Weinbrennerstraße" (öffentlich und ca. 300 m von uns entfernt).

Brauerei Hotel Gasthof D9
Häffner Bräu 2022
Salinenstraße 24
74906 Bad Rappenau

Zu Gast bei: Susanne Häffner, einfach anreisen…
Ruhetag: Fr.

Hofverkauf:
Auf Anfrage

www.haeffner-braeu.de

HANSIENDA

Bad Rappenau (BW) · 49°15'0.4"N 9°6'40.2"E

Die Hansienda ist ein magischer, abgelegener Ort im Grünen. Zwischen zahlreichen Obstbäumen, Wäldern und Feldern kann man in Bauernhof-Atmosphäre mit einem guten Wein die Abendsonne genießen. Der 30 Jahre alte Mammutbaum sowie die alten Überbleibsel des ehem. Demeterhofes machen es einfach, dem Alltagsrausch zu entfliehen. Gegen ein Entgeld kann man gerne rund um die Uhr die Dusche, das Bad, den Grillplatz, WLAN sowie Wasser und Strom nutzen. Herzlich willkommen auf der Hansienda!

Produkte: saisonweise Obst.
Aktivitäten: Römersee, Wanderwege, Kurstadt Bad Rappenau, Neckar, Burgenstraßen, Burg Guttenberg, Fachwerkstadt Bad Wimpfen
Hinweis: △ Achtung! Bitte nach 3-Wort-Adresse fahren: www.what3words.com: /dürfen.kelch.üpping Bitte jede Anreise unbedingt telefonisch anmelden! Die letzten 500 m sind geteerter Feldweg.

Hansienda D9
Im Grafenwald 3/1 2021
74906 Bad Rappenau

Zu Gast bei: Hanno und Vivien Bahls
07131/89866369
Anreise bis: 20 Uhr

Hofverkauf:
Auf Anfrage

www.instagram.com/hansienda_liebe

MOSTBAUER

Bad Waldsee (BW) · 47°56'11.5"N 9°44'42.9"E

Kurgäste gaben uns vor vielen Jahren den Namen Mostbauer. Heute finden Sie auf unserem Hof eine Besenwirtschaft mit Kaffee und Kuchen, Most und Vesper und ein Hofeinkauf mit vielen selbstgemachten Produkten. In idyllischer Alleinlage inmitten von alten Streuobstwiesen, in nächster Nähe von Bad Waldsee der Geburtsstadt der Hymer Wohnwagen und Wohnmobile.

Selbstgemachtes: verschiedene Aroniaprodukte, Marmeladen, Gelee's, Bauernbrot, Apfelsaft, Apfel und Kirschmost, Schnäpse und Liköre, Wurst und Rauchfleisch, Walnüsse, Obst und Gemüse (saisonal). Außerdem: Käse, Honig, Eier, Nudeln, Walnüsse.
Aktivitäten: Besenwirtschaft mit traumhaftem „Mostgarten", verschiedene Museen (2 km), Strand und Freibad

Mostbauer D11
Ringers 1 2021
88339 Bad Waldsee

Zu Gast bei: Jörg Waggershauser, einfach anreisen…
Anreise bis: 18 Uhr
Ruhetage: Mo. Do. So.
Schließzeit: 10.12.–31.03.

Hofverkauf:
Auf Anfrage

www.mostbauer.de

SONNENHOF

Bad Waldsee (BW) · 47°54'2.2"N 9°45'31.8"E

Wir sind ein kleiner traditionsreicher familiengeführter Hof, der sich einem Wirtschaften im Einklang mit der Natur verschrieben hat. Auf unserem Hof halten wir Hühner, Kühe und Pferde. Uns liegt es besonders am Herzen, die Böden unserer Felder, das Fleckchen Erde, welches wir bewirtschaften dürfen, gesund zu halten, so dass auch noch viele Generationen nach uns leckere und vor allem gesunde Lebensmittel ernten können.

Selbstgemachtes: Eier, Kartoffeln, Apfelsaft, saisonales Gemüse und Milch. Außerdem: Nudeln und Mehl.
Aktivitäten: Kletterwald,Therme, Wildgehege, Radwege, alte historische Weiler

Sonnenhof D11
Neuurbach 2 2021
88339 Bad Waldsee

Zu Gast bei: Johannes Hepp
07524/7701
Anreise bis: 19 Uhr

Hofverkauf:
Täglich 7–22 Uhr

www.pferde-sonnenhof.de

WEINGUT FISCHER

Baden-Baden (BW) · 48°44'22.8"N 8°9'53.1"E

Wir sind ein feines und familiäres Weingut am Fuße der Weinberge. Seit 1984 bauen wir nun schon Wein an und verkaufen Ihnen hochqualitative Produkte. Diese langjährige Erfahrung ist in unserem Weinsortiment spürbar. Falls Sie nach einer genussvollen Freizeitaktivität suchen, sind wir der richtige Ansprechpartner. Wir bieten außerdem Weinproben unserer selbst produzierten Weine an.

Selbstgemachtes: Wein, Sekt, Secco, Branntweine und Tafeläpfel.
Aktivitäten: Wanderwege durch die Weinberge, Radwege

Weingut Fischer C10
Alte Landstraße 45 2021
76534 Baden-Baden

Zu Gast bei: Kurt Fischer
0178/2331868
Anreise bis: 17 Uhr

Hofladen:
Mi.–Fr. 10–12, 15–18 Uhr // Sa. 9–12 Uhr

www.fischer-weingut.de

BIOHOF FORDERER

Baienfurt (BW) · 47°49'5.0"N 9°39'39.2"E

Unser Hof liegt am Rande des schönen Schussentals in Oberschwaben. Briach ist ein Ortsteil von Baienfurt. Wir betreiben Ackerbau und unsere Mutterkuhhaltung. Der Hof ist ein guter Ausgangspunkt für Unternehmungen am Bodensee und im Allgäu. Von hier aus erreichen Sie die Basilika, in Weingarten, in nur 20 Gehminuten. Wir freuen uns auf auf Ihren Besuch!

Selbstgemachtes: Fleisch von unseren Bioland-Rindern.
Aktivitäten: Ponyreiten auf Anfrage, Basilika Weingarten, Freibad Weingarten

Biohof Forderer D11
Briach 4 2022
88255 Baienfurt

Zu Gast bei: Stefan Forderer
0171/4197402

Hofverkauf:
Auf Anfrage

URIA LANDWIRTSCHAFT

Balingen-Ostdorf (BW) · 48°18'14.3"N 8°50'19.3"E

Wir sind ein Verein zur Förderung einer neuen Art der Tierhaltung, die sich kompromisslos an den Bedürfnissen der Tiere orientiert: Naturnahe Rinderhaltung, kein Lebendtiertransport, keine Ohrmarken, mobile Schlachtbox und Selbstvermarktung. Hinweis: Die Toilettennutzung ist nur während der Öffnungszeiten des Hofladens möglich.

Selbstgemachtes: Rindfleisch und Rinderwurst. Außerdem: Naturkostsortiment.
Aktivitäten: Wanderwege, Schwäbische Alb, Traufgang, Radwege, Burg Hohenzollern, Balingen, Schönberger Stausee

Uria e. V. C11
Dorfstr. 42 2020
72336 Balingen-Ostdorf

Zu Gast bei: Edgar Maier
07433/21774 o. 0171/1121529
Anreise bis: 19 Uhr
Ruhetag: So.
Schließzeit: 01.10.–31.03.

Hofladen:
Mo.–Fr. 9–11, 16–19 Uhr // Sa. 9–13 Uhr

www.uria.de

BIOHOF HAUSSMANN

Ballmertshofen (BW) · 48°40'23.3"N 10°22'7.3"E

Unser Hof liegt am Eingang zum Härtsfeld im schönen Egautal mit Berg und Tal bewaldet, eingebettet in ländlicher Idylle. Wir produzieren im Kreislauf der Natur gesunde biologische Lebensmittel und ernten diese frisch mit eigener Arbeitskraft und Technik. Unser Verkaufscontainer ist rund um die Uhr geöffnet.

Selbstgemachtes: Nudeln, Samen und Bio-Getränke. Außerdem: Kartoffeln, Zwiebeln, Linsen, Dinkel und Öl.
Aktivitäten: Härtsfeldsee, Burg Hartenstein, Kloster Neresheim, Schloss Duttenstein, Steiff-Museum, Legoland, Egaustrand

Biohof Haußmann E10
Oberdorfstraße 32 2022
89561 Ballmertshofen

Zu Gast bei: Siegmar Haußmann
07327/6164 o. 0152/59737326
Anreise bis: 19 Uhr
Ruhetag: So.
Schließzeit: 10.09.–31.10.

Hofverkauf:
Auf Anfrage

www.biohof-haussmann.de

BECKSTEINER WINZER

Beckstein (BW) · 49°32'48.1"N 9°42'7.1"E

Besuchen Sie unsere moderne Vinothek und verkosten Sie über 80 exzellente Wein- und Sektspezialitäten aus Tauberfranken. Bei einer Weinprobe im historischen St.-Kilian-Keller genießen Sie Wein mit allen Sinnen.

Selbstgemachtes: Wein, Sekt, Secco. Außerdem: Schokolade, Nudeln, Geschenkartikel, Präsente, Traubenkernöl und Rosmarinessig.

Aktivitäten: Wandern, Radfahren, Wildpark, Schwimmbad

Becksteiner Winzer eG D9
Weinstraße 30 2019
97922 Beckstein

Zu Gast bei: Michael Spies
09343/50050

Hofverkauf:
Mo.–Sa. 9–18 Uhr // So. 10–16 Uhr

www.becksteiner-winzer.de

WEINGUT KROHMER

Beilstein (BW) · 49°2'23.0"N 9°18'24.3"E

Unser Familienweingut liegt im Weinstädtchen Beilstein am Rande des Bottwartales. Anfangs noch als gemischter Landwirtschaftsbetrieb mit Ackerbau, Weinbau und Tierhaltung geführt, entwickelten wir uns bis heute zu einem reinen Selbstvermarktungsweingut mit Weinstube, welche zwölf Tage im Monat geöffnet ist. Bitte entnehmen Sie die Öffnungszeiten unserer Webseite. Wir begrüßen Sie herzlich bei uns im Weingut, damit Sie sich selbst ein Bild unseres Weinsortiments machen können. Bei uns stehen Sie mit schönem Blick auf die Burg Hohenbeilstein und die umliegenden Weinberge.

Selbstgemachtes: Weine, Sekte und Liköre. Außerdem: Dosenwurst und vieles mehr.

Aktivitäten: Hallenbad und Freibad im Ort, Rad- und Wanderwege, Falknerei

Weingut Krohmer D9
Winzerhausener Weg 22 2019
71717 Beilstein

Zu Gast bei: Christel Krohmer, einfach anreisen…

Hofladen:
Auf Anfrage

www.weingut-krohmer.de

WEINGUT UND EDELBRENNEREI GEMMRICH

Beilstein (BW) · 49°2'31.7"N 9°19'57.2"E

Das Weingut und Edelbrennerei Gemmrich liegt in Beilstein, am Fuße der idyllischen Löwensteiner Berge. Dort bewirtschaftet die Familie Gemmrich Weinberge und Streuobstwiesen, aus denen leckere Weine, Cider und über fünzig verschiedene Streu- und Wildobstbrände hergestellt werden. In jeder Flasche steckt liebevolle Handarbeit, das Streben nach nachhaltigem Arbeiten, höchster Qualität und purem Genuss. Die Toilette ist während der Öffnungszeiten zugänglich.

Selbstgemachtes: Weine, Edelbrände, Sekt, Secco, Cider, Liköre, Glühwein aus eigener Produktion und Honig. Außerdem: kleine Snacks zum Wein. Getränke erhältlich.

Aktivitäten: Wein- und Edelbrandevents, Weinstube, idyllische Rad- und Wanderwege, Burg Hohenbeilstein mit Falknerei, Erlebnis- und Wildtierpark Tripsdrill, Breitenauer See, Blühendes Barock mit Residenzschloss in Ludwigsburg

Weingut und Edelbrennerei D9
Gemmrich 2021
Löwensteiner Str. 34
71717 Beilstein

Telefon: 07062/3514
Ruhetag: So.
Schließzeit: 01.09.–15.10.

Hofladen:
Mi.–Fr. 9–18 Uhr // Sa. 9–15 Uhr

www.gemmrich.de

BERG BRAUEREIWIRTSCHAFT

Berg-Ehingen (BW) · 48°15'43.2"N 9°44'9.4"E

Mitten in Berg-Ehingen begrüßt Sie die BrauereiWirtschaft. In ungezwungener und stilvoller Atmosphäre können Sie hier gemütliche Stunden erleben. Entdecken Sie unsere frisch gezapften Biere und lassen Sie sich vom Team mit schwäbischen Gerichten verwöhnen. Seit 1757 ist die Berg Brauerei im Besitz der Familie Zimmermann. Aus dieser Tradition heraus ist es eine liebgewonnene Pflicht geworden, dass unsere Rohstoffe aus der Region kommen. Unsere Gaststätte ist täglich von 10–23.30 Uhr geöffnet. Die Toilettennutzung ist innerhalb der Öffnungszeiten der Gaststätte möglich.

Selbstgemachtes: Bier, Bierprodukte und Geschenkartikel rund ums Bier. Abendbrot und Getränke erhältlich.

Aktivitäten: Brauereibesichtigung, Brauerei-Museum, Bierverkostung mit Biersommelier, Bier- und Brotbackzeit mit Bäckermeister und Biersommelier sowie Braukurse (mit Voranmeldung), Bierwanderweg, Bierkulturstadt Ehingen, Schwäbische Alb

Berg BrauereiWirtschaft D11
Graf-Konrad Str. 21 2020
89584 Berg-Ehingen

Einfach anreisen…
Schließzeit: 13.01.–25.01., 08.07.–13.07.

Hofladen und Hofverkauf:
Mo., Di., Do., Sa. So. 10–21:30 Uhr // Mi., Fr. 10:30–21:30 Uhr

www.bergbier.de

BRENNEREI BRUDER/BRENNSTUB-STRAUSSE

Berghaupten (BW) · 48°24'8.2"N 7°59'9.3"E

Unser Familienbetrieb liegt inmitten der Ortenau, eingebettet zwischen der Oberrheinebene und den Höhenzügen des Mittleren Schwarzwaldes. Mit Freude laden wir unsere Gäste ein, die kulinarischen Vorzüge dieser Region im Hofladen oder in unserer Straußwirtschaft (Besenwirtschaft) zu erleben. Der Hofladen ist ganzjährig und die Brennstub-Straße saisonal (jeweils 8 Wochen im Frühjahr & Herbst) geöffnet. Hunde bitte an der Leine führen.

Selbstgemachtes: Feine Brände & Liköre, Single Malt Whisky & Dry Gin, Obst (Äpfel, Birnen, Kirschen), Apfelsaft, Wein (als Genossenschaftswinzer der Weinmanufaktur Gengenbach), Apfelwein, Honig, Marmelade und Weihnachtsbäume.

Aktivitäten: Badesee im Ort, Wanderrouten (Kandelhöhenweg in unmittelbarer Nähe), Kinzigtalradweg

Brennerei Bruder/ B10
Brennstub-Straße 2021
Talstraße 17
77791 Berghaupten

Zu Gast bei: Conny Bruder
07803/2434
Anreise bis: 18 Uhr
Schließzeit: 01.11.–09.01.

Hofladen:
Mo. 9–12 Uhr, Mi. 15–18 Uhr // Fr. 9–12, 15–18 Uhr, Sa. 9–13 Uhr

www.brennerei-bruder.de

BIO MILCHZIEGENHOF MOSER

Bermatingen-Ahausen (BW) · 47°43'16.5"N 9°19'32.0"E

Schöner, familiengeführter Bio-Milchziegenhof mit Hofkäserei und Direktvermarktung am Dorfrand von Ahausen gelegen. Neben unserem Hofladen haben wir auch einen Regiomat mit ausgewählten Produkten und eine SB-Kaffeemaschine. Gerne können Sie einen Blick in die Käserei, den Ziegenstall und auf unsere Weidetiere werfen. Am besten erreichen Sie uns telefonisch zwischen 9 und 13 Uhr.

Selbstgemachtes: feiner Bio-Käse aus Kuh- oder Ziegenmilch, Ziegenmilch, Butter, Rindfleisch, Traubengelee, Honig, Joghurt, vegetarische Maultaschen, saisonal Äpfel und Kartoffeln.

Aktivitäten: Pfahlbauten, Schloss Salem und Schlossee Salem, Affenberg, Bodensee, Insel Mainau, Traktormuseum Gebhardsweiler, Meersburg, Wandern im Deggenhausertal, schönes Radwegenetz

Bio Milchziegenhof Moser/ D11
Hofkäserei Moser 2022
Ittendorfer Str. 16
88697 Bermatingen-Ahausen

Zu Gast bei: Georg und Tamara Moser
07544/6468
Anreise bis: 19 Uhr
Schließzeit: 24.12.–26.12.

Hofladen und Hofverkauf:
Mo.–Mi., Fr. 9–13 Uhr // Sa. 10–12 Uhr

www.hofkaeserei-moser.de

Wantüns Hof – Region Mitte-West

GASTHAUS BURREN

Biberach (BW) · 48°7'1.4"N 9°43'20.2"E

Bio-Gasthaus mit schönem Biergarten mitten im Wald. Wir verkaufen ausschließlich Bio-Produkte und stellen viele von ihnen selber her. Gerne bieten wir auch Naturführungen im benachbarten Burrenwald an. Bitte beachten: Toilettennutzung nur zu den Öffnungszeiten der Gaststätte möglich.
Selbstgemachtes: aus dem Holzofen im Backhaus: Brot, Brötchen, Laugengebäck, Leberkäse, Dennete (schwäbische Pizza), Wildkräutersalz, Kuchen, selbstgemachtes Eis und die bayerische Käsespezialität Obatzda. Außerdem: Griebenschmalz, Leberwurst und Honig. Abendbrot und Getränke erhältlich.
Aktivitäten: Kletterpark im Burrenwald, Rundwanderwege mit Start an unserem Gasthaus, naturnaher Badesee Alberweiler (10 km), Naturschutzgebiet Federsee (10 km), Museum, historische Altstadt
Hinweis: △ Hinweisschild „Burren" ist sehr klein. Wenn Sie die Einfahrt verpassen, können Sie nach ca. einem Kilometer erneut rechts zu uns abbiegen.

Gasthaus Burren D11
Burren 1 2019
88400 Biberach

Zu Gast bei: Andreas Gottschalk
07357/8834316
Anreise bis: 20 Uhr
Ruhetage: Mo. Di.

Hofverkauf:
Mi.–Fr. 15–22 Uhr // Sa., So. 11–22 Uhr

www.gasthaus-burren.de

SCHÄFEREI ENGEL

Biberach an der Riss (BW) · 48°4'28.7"N 9°41'26.3"E

Wir sind da, wo Fuchs und Hase sich „Gute Nacht" sagen! Freie Sicht auf Feld, Wald und Wiese!

Selbstgemachtes: Kuschliges und Köstliches von Schaf und Lamm.
Aktivitäten: Thermalbäder, Klettergarten, Radwege, „Weltkulturerbe" Federsee, Barock-, Fachwerk- und Mühlenstraße

Schäferei Engel D11
Eichen 20 2021
88400 Biberach an der Riss

Zu Gast bei: Ulla Engel
07582/9345955
Anreise bis: 19 Uhr

Hofladen:
Mo.–Sa. 13–18 Uhr

www.schaeferei-engel.de

ASSULZER HOF

Billigheim (BW) · 49°19'31.7"N 9°12'52.8"E

Wir sind eine Bio-Landwirtschaft und Spezialitätenbrennerei im idyllisch gelegenen Weiler am südlichen Ende des Odenwaldes. Umrahmt von Streuobstwiesen und Birnbaumalleen bieten wir unterschiedlichste Edelbrände und Destillate an. Unsere Gastwirtschaft hat für Sie ganzjährig geöffnet. Wir heißen Sie herzlich willkommen. Genießen Sie die schöne Natur und unsere leckeren Produkte.

Selbstgemachtes: Damwild aus eigener Aufzucht, Kochkäse, Brot, Edelbrände und Liköre. Außerdem: Wurst. Abendbrot und Getränke erhältlich.

Assulzer Hof D9
Assulzer Hof 5 2019
74842 Billigheim

Zu Gast bei: Mathias Hennrich
06265/211
Anreise bis: 19 Uhr
Ruhetage: Mo. Di.

Hofverkauf:
Auf Anfrage

www.assulzerhof.de

STRAUSSENFARM STEPPACHER HOF

Blumberg-Riedöschingen (BW) · 47°50'45.1"N 8°35'4.3"E

Der Steppacherhof ist ein kleiner Bauernhof in idyllischer Alleinlage, der nun in der 4. Generation landwirtschaftlich genutzt wird. Es werden neben Straußen auch Auerochsen sowie Damwild gehalten. Es gibt einen kleinen Hofladen und am Wochenende eine Besenwirtschaft. Der Hofladen öffnet auch nach Absprache.

Selbstgemachtes: Fleisch und Wurst vom Strauss und Auerochsen, Eier und Deko vom Strauss. Nach Voranmeldung: Getränke erhältlich.
Aktivitäten: Museumsbahn, Freibad Blumberg, Wutachtalschlucht, Rheinfall, Rad- u. Wanderwege

Straußenfarm Steppacher Hof C11
Steppach 1 2016
78176 Blumberg-Riedöschingen

Zu Gast bei: Ingfried Kurz, einfach anreisen…
Anreise bis: 20 Uhr

Hofladen und Hofverkauf:
Täglich 8–20 Uhr

www.straussenfarm-steppacherhof.de

BRESSEL'S MILCHHÄUSLE

Böbingen Rems (BW) · 48°48'31.4"N 9°56'5.0"E

Wir sind ein gastfreundlicher Milchviehbetrieb mit Direktvermarktung in idyllischer Lage. Außerhalb vom Ort liegt unser Hof neben einem Bach. In einer mobilen Käserei wird unsere Milch regelmäßig zu verschiedenen Käsesorten zubereitet. Jeden Samstag von 10–13 Uhr zusätzlicher Verkauf von Brot, Kuchen, Honig, Marmelade und geräucherten Forellen. Wir freuen uns auf Ihren Besuch.

Selbstgemachtes: Rohmilch, Hofkäse, Rindfleisch, Nudeln und Milchshakes. Außerdem: Kartoffeln, Eier, Marmelade, Honig, Fleisch, Wurst, Grillfleisch, Fertiggerichte wie Rinderrouladen, Sauerbraten, Gulasch und Sahnegeschnetzeltes.
Aktivitäten: Park, Abenteurspielpaltz, Freibad, Hallenbad, Planwagenfahrt, Rad- und Wanderwege, Therme Aalen (10 km)

Bressel's Milchhäusle D10
Bachäcker 4 2021
73560 Böbingen Rems

Zu Gast bei: Kurt Bressel
0172/8546926
Anreise bis: 19 Uhr

Hofverkauf:
Auf Anfrage

BIRKENHOF

Bodelshausen (BW) · 48°24'18.6"N 8°58'22.3"E

Unser Bioland-Milchviehbetrieb mit Pensionspferden und Hühnern liegt wunderschön mit Blick auf den Albtrauf und die Burg Hohenzollern. Mit Leidenschaft betreiben wir hier ökologische Landwirtschaft und stellen leckere und gesunde Trinkmilch her. Artgerechte Tierhaltung, Regionalität und Partnerschaften sowie eine Landwirtschaft ohne Gentechnik liegen uns am Herzen.

Selbstgemachtes: Milch und Eier. Außerdem: Butter, Quark, Käse und Joghurt.
Aktivitäten: Burg Hohenzollern, Werksverkäufe Speidel, Rieker und Marc Cain
Hinweis: △ Bei Google Maps bitte Thomas und Alexandra Schäfer in Bodelshausen eingeben.

Birkenhof C10
Birkenhof 1 2021
72411 Bodelshausen

Zu Gast bei: Thomas und Alexandra Schäfer 0172/8901014
Anreise bis: 20 Uhr

Hofverkauf:
Auf Anfrage

www.die-milchmanns.de

MÜLLERS OBSTKISTE

Bodman-Ludwigshafen (BW) · 47°48'55.2"N 9°1'27.9"E

Familiengeführter Obstbaubetrieb in Bodman am Bodensee. Direktvermarktung im Hofladen Müllers Obstkiste. Schwerpunkt ist die Produktion von Äpfeln. Im Sommer sind wir bis 18 Uhr für Euch da (Winteröffnungszeiten Nov-Mrz/Apr 9–17:30 Uhr). Bitte immer im Hofladen An-und Abmelden!
Selbstgemachtes: Äpfel, Birnen, Zwetschgen, Pfirsiche, Nektarinen, Erdbeeren, Edelbrände aus eigener Brennerei, Fruchtaufstriche und Saft. Außerdem: Gemüse, Salat, Wurst, Käse, Nudeln, Wein, Bauernhofeis, regionale Produkte, an 3 Tagen Backwaren (Di,Fr,Sa) und vieles mehr.
Aktivitäten: Nähe zum Bodensee, direkt am Bodenseerundradwanderweg, Anschluss an den Fußweg durch das Naturschutzgebiet direkt entlang dem westlichen Bodenseeufer.
Hinweis: △ Der Stellplatz befindet sich hinter der großen Halle in der auch unser Hofladen Müllers Obstkiste ist.

Müllers Obstkiste C11
An der Hurtbrücke 15 2021
78351 Bodman-Ludwigshafen

Zu Gast bei: Pamela Müller, einfach anreisen…
Anreise bis: 17:30 Uhr
Schließzeit: 24.12.–15.01.

Hofladen:
Täglich 9–18 Uhr

www.obstbau-mueller.de

FERIENHOF METZLER

Bodnegg (BW) · 47°42'4.1"N 9°40'56.1"E

Entdecken Sie ein kleines Paradies. Ferienhof mit Hopfen, Obst, Brennerei und Pferden. Wir produzieren auf historisch traditionelle Weise Obstbrände und veredeln diese auch im Holzfass. Ein großer Hofraum mit Schwimmteich lädt zum Verweilen ein.
Selbstgemachtes: Apfelsaft und Edelbrände.
Aktivitäten: Schwimmteich, Grillplatz, Rad- und Wanderwege

Ferienhof Metzler D11
Fahnhalden 1 2014
88285 Bodnegg

Zu Gast bei: Claudia Metzler
07520/91100
Ruhetag: So.

Hofladen:
Auf Anfrage

www.ferienhof-metzler.de

WEINKELLEREI HEINZ KÖLLE

Bönnigheim (BW) · 49°2'31.8"N 9°6'10.7"E

Wir sind eine Familienweinkellerei in der 3. Generation. Wir legen besonderen Wert auf eine schonende Verarbeitung der Trauben, um kräftige, strukturbetonte Rotweine und filligrane Weißweine zu erhalten. Hunde sind nach telefonischer Absprache herzlich willkommen!
Selbstgemachtes: Weine, Sekte, Destillate und Liköre. Nach Voranmeldung: Getränke erhältlich.
Aktivitäten: Wandern, Radwandern, diverse Ausflugsziele

Weinkellerei Heinz Kölle D9
Schmiedsberger Weg 38 2015
74357 Bönnigheim

Zu Gast bei: Heinz & Elke Kölle
07143/24748
Anreise bis: 20 Uhr

Hofverkauf:
Auf Anfrage

www.weinkellerei-koelle.de

FELDWIESER-HOF

Bopfingen (BW) · 48°52'29.4"N 10°20'59.2"E

Der Feldwieser-Hof ist ein Familienbetrieb in Bopfingen-Oberdorf, gelegen direkt am Fuße des Ipfs, unserem bekannten Hausberg, nur von freien Feldern umgeben. Wir genießen jeden Tag auf unserem Hof mit unseren vier Kindern. Gemeinsam mit Oma und Opa bewirtschaften wir unseren landwirtschaftlichen Betrieb mit viel Liebe und Leidenschaft – bereits in der 4. Generation! Der Hofautomat ist rund um die Uhr für sie geöffnet. Hunde sind bitte an der Leine zu führen.

Selbstgemachtes: Freiland-Eier, Wurst und Fleisch von unseren Schweinen, Spätzle, Flädle, Eierlikör, Freilandhähne. Außerdem: Nudeln, Käse, Eis, Öl, Saft, Kartoffeln.
Aktivitäten: Fürstensitz der Kelten direkt neben dem Hof, Nördlinger Ries, Radwege, viele Museen und Schlösser

Feldwieser-Hof E10
Schulstraße 60 2022
73441 Bopfingen

Zu Gast bei: Sandra und Markus Feldwieser 07362/920226
Anreise bis: 18 Uhr
Schließzeit: 31.03.–30.04.

Hofladen und Hofverkauf:
Fr. 9–18 Uhr // Sa. 9–12 Uhr

www.feldwieser-hof.de

BRENNHOLZ & GARTENARBEITEN THUDIUM

Börtlingen (BW) · 48°46'21.6"N 9°37'46.6"E

Unser Familienbetrieb vereint die schöne Landschaft mit vielen Tieren (Schottische Hochlandrinder, Schafe, Gänse, Hühner, Esel, Hund und Katze). Wir verkaufen unsere eigenen Produkte, zudem können Sie Traktoren und andere landwirtschaftliche Maschinen anschauen. Bei Interesse ist eine Traktorfahrt möglich. Auch ein Heubett gibt es bei uns, sowie einen Schwenkgrill mit Holz und passenden Grillpaketen. Bei uns kann jeder das Landleben genießen.

Selbstgemachtes: Marmelade, Honig, Liköre, Sirup, Saft, Grillgut und Eier. Außerdem: Schnaps, Wurst, Fleisch (von Schaf und Rind) und Schaffelle. Nach Voranmeldung: Frühstück, Abendbrot und Getränke erhältlich.
Aktivitäten: Spielplatz, Pool, Grillmöglichkeiten, Eseltouren, Badeseen, Hallenbäder, Kloster Lorch, Zoologischer Garten Stuttgart, Ulmer Münster, Schwaben Park, Rad- und Wanderwege

Brennholz & D10
Gartenarbeiten Thudium 2020
Schneiderhof 3
73104 Börtlingen

Zu Gast bei: Alexander & Brigitte Thudium 0173/8607212 u. 0152 08868125

Hofverkauf:
Auf Anfrage

BEATE'S HOFLADEN BURKHARDT

Boxberg-Uiffingen (BW) · 49°30'0.0"N 9°35'46.6"E

Wir sind seit 20 Jahren ein Biolandhof mit Ackerbau (Dinkel, Grünkern, Emmer u.s.w.) und Mutterkuhhaltung. Schauen Sie sich die Mutterschweine mit Aufzucht an und hören das Gackern der glücklichen Biolandhähnchen vor dem Mobilstall. In der urigen Bauernstube können Sie gern nach Anmeldung ein Frühstück einnehmen oder abends eine Hausmachervesper genießen. Unser Hofladen hat für Gäste nach Vereinbarung geöffnet.

Selbstgemachtes: Dinkel, Grünkern, Linsen, Emmer, Hausmacher-Wurst im Glas, Schinken und frisches Fleisch. Nach Voranmeldung: Frühstück, Abendbrot und Getränke erhältlich.
Aktivitäten: Auf dem Hof Tiere füttern, Mitfahren auf dem Traktor, liebliches Taubertal, Radwanderwege (Grünkernradweg)

Beate's Hofladen D9
Burkhardt GbR 2021
Uiffingerstr. 47
97944 Boxberg-Uiffingen

Zu Gast bei: Dieter und Beate Burkhardt 07930/8150 o. 0152/29680990
Anreise bis: 18 Uhr

Hofverkauf:
Sa. 9–13 Uhr

Nord Nordwest Ost Mitte-West West Südost Südwest

WEINGUT WINKLER/BESENWIRTSCHAFT „UFF'M SCHEURABODA"

Brackenheim (BW) · 49°4'48.1"N 9°3'45.4"E

Das Weingut Winkler mit zertifizierter Besenwirtschaft liegt in Brackenheim, dem Herzen des Zabergäu. Es ist ein kleines, familiengeführtes Unternehmen in dem sich Moderne und Tradition vereinen. Gern werden die Gäste während der Besenöffnungszeiten mit Mittag- und Abendessen nach Karte von uns bewirtet.

Selbstgemachtes: Qualitätsweine und Prädikatsweine. Außerdem: Winzersekt handgerüttelt, Secco, Obstbrände, Liköre, saisonal diverse Apfelsorten und Birnen.

Aktivitäten: verschiedene Radwanderwege, Benno-Bauer-Lehrpfad, interessante Weinlehrpfade, Wildparadies und Erlebnispark Tripsdrill in Cleebronn, Planwagenfahrten auf Anfrage

Weingut Winkler/ Besenwirtschaft „Uff'm Scheuraboda" C9
Stockheimer Str. 13 2014
74336 Brackenheim

Zu Gast bei: Thomas Winkler
07135/13023

Hofverkauf:
Mo.–Fr. 18–20 Uhr // Sa. 9–14 Uhr

www.winklerwein.de

WEINGÄRTNER STROMBERG-ZABERGÄU

Brackenheim (BW) · 49°5'6.1"N 9°3'39.4"E

Die Liebe, Energie & Sorgfalt, welche die Winzer in ihre Arbeit im Weinberg stecken, spiegeln sich in den Weinen der Weingärtner Stromberg-Zabergäu wider und werden regelmäßig mit zahlreichen Auszeichnungen gelobt. Neben klassischen Genussweinen und exklusiven Weinen werden auch Besonderheiten wie Steillagen- und vegane Bioweine angeboten.

Selbstgemachtes: Wein, Sekt, Secco und Traubensaft.

Aktivitäten: Radwanderwege, Wandern, Weinlehrpfad, Planwagenfahrten nach Voranmeldung

Weingärtner Stromberg-Zabergäu eG C9
Neipperger Str. 60 2016
74336 Brackenheim

Zu Gast bei: 07135/98550
Anreise bis: 18 Uhr
Ruhetag: So.

Hofverkauf:
Mo.–Fr. 9–18 Uhr // Sa. 9–13 Uhr

www.wg-sz.de

WEINGUT HOLZWARTH

Brackenheim-Botenheim (BW) · 49°3'5.9"N 9°2'49.5"E

Wir sind ein familiärer Weinbaubetrieb. Ein Aussiedlerhof in ruhiger, idyllischer Umgebung. Die Reben unseres kleinen Weinguts gedeihen auf der Lage „Cleebronner Michaelsberg", dem Wahrzeichen des Zabergäus. Mit seinen 394 Metern Höhe ist er die höchste Erhebung des Zabergäus und bietet gute Standortbedingungen für unsere Weinstöcke. Im Frühjahr sowie im Herbst freuen wir uns darauf, Sie in unserer Besenwirtschaft „Spundloch" begrüßen zu dürfen. In gemütlicher, geselliger Atmosphäre können Sie unsere Weine genießen – dazu servieren wir traditionell-schwäbische kalte oder warme Gerichte. Der Ab-Hof-Verkauf ist täglich auch nach Absprache möglich.

Selbstgemachtes: Wein, Sekt, Säfte und Marmelade.

Aktivitäten: Freizeitpark Tripsdrill mit Wildparadies, Naturpark Stromberg mit Badesee Ehmetsklinge

Weingut Holzwarth C9
Schleifweg 94 2021
74336 Brackenheim-Botenheim

Zu Gast bei: Rolf Holzwarth
07135/12656 o. 0172/6244190
Anreise bis: 20 Uhr
Ruhetag: So.
Schließzeit: 10.08.–10.09., 01.01.–28.02.

Hofverkauf:
Sa. 9–15 Uhr

www.weingut-holzwarth.de

WEINKONVENT DÜRRENZIMMERN

Brackenheim-Dürrenzimmern (BW) · 49°5'5.1"N 9°4'45.1"E

Die Region Zabergäu ist eine Weinbauregion mit jahrhundertealter Tradition. Wir als qualitätsorientierte Genossenschaft zählen zwar nicht zu den größten, jedoch zu den außergewöhnlichsten und charaktervollsten Genossenschaften. Gerne bieten wir auf Anfrage eine Führung an. Von September bis Oktober können wir leider nur eingeschränkt einen Stellplatz anbieten.

Selbstgemachtes: Rotwein, Weißwein, Weißherbst, Traubensaft, Sekt, Secco und Likör. Außerdem: Likörwein, Weinessig, Traubenkernöl, Nudeln, Schokolade und verschiedene Weinpräsente.
Aktivitäten: Badesee Katzenbach und Ehmetsklinge in Zaberfeld, Erlebnispark Tripsdrill und Wildparadies in Cleebronn, Wanderrouten, Theodor-Heuss-Museum Brackenheim, Weinausschank am Mönchsbergsee, Lemberger Express, geführte Weinwanderung, Weinprobe mit rustikalem Vesper in unserer beeindruckenden Schatzkammer

Weinkonvent Dürrenzimmern D9
Meimsheimer Str. 11 2014
74336 Brackenheim-Dürrenzimmern

Telefon: 07135/95150
Ruhetag: So.
Schließzeit: 01.09.–31.10.

Hofverkauf:
Mo.–Fr. 8–18 Uhr // Sa. 9–13 Uhr

www.wg-duerrenzimmern.de

WEINGUT SOMMER

Brackenheim-Haberschlacht (BW) · 49°5'40.3"N 9°1'23.1"E

Idyllisch gelegenes Weingut mitten in den Weinbergen von Haberschlacht. Traditioneller Familienbetrieb mit Besenwirtschaft und Weinverkauf. Bewirtung während der Öffnungszeiten der Besenwirtschaft möglich. Toilettennutzung nur eingeschränkt möglich.

Selbstgemachtes: Wein, Sekt, Saft und Spirituosen. Abendbrot und Getränke erhältlich.
Aktivitäten: Badesee, Zweiradmuseum Sinsheim, Erlebnispark Tripsdrill

Weingut Sommer C9
Im Krämer 1 2014
74336 Brackenheim-Haberschlacht

Zu Gast bei: Familie Sommer
07135/7766

Hofverkauf:
Auf Anfrage

weingut-sommer-haberschlacht.de

WEINGUT ECHLE

Brackenheim-Neipperg (BW) · 49°6'8.5"N 9°2'56.3"E

Wir sind ein Weingut mit Blick auf Burg Neipperg und angeschlossener Besenwirtschaft „Zum alten Pflug", die Ihnen eine reichhaltige schwäbische Speisekarte anbietet. Wir laden Sie auch herzlich vom 30.4. bis 2.5. zu unserem Hoffest und vom 1.10. bis 3.10. zu unserem Herbstfest ein! Sollten Sie später als 19 Uhr anreisen, bitten wir um telefonische Anmeldung!

Selbstgemachtes: Branntweine, Weine, Sekt und Secco. Bewirtung nach Voranmeldung.
Aktivitäten: Neckertal-Radweg, Wanderwege, Weinbergsfeste

Weingut Echle C9
Marsaner Str. 18 2017
74336 Brackenheim-Neipperg

Zu Gast bei: Barbara Echle, einfach anreisen…
Anreise bis: 19 Uhr

Hofverkauf:
Mo.–Sa. 8–19 Uhr

www.weingut-echle.de

ROTHAUS BÄCKEREI KONDITOREI CAFÉ BIOMARKT

Breisach (BW) · 47°59'52.7"N 7°37'43.5"E

Das Rothaus in Breisach bietet gemütliches Flair im Rothaus Café, traditionelle Backwaren aus der eigenen Hofbäckerei und einen 300 qm großen Biomarkt. 5 min vom Hof entfernt, befindet sich am Waldrand unser Damwildgehege. Vorbeischauen lohnt sich. Sonn- & feiertags haben wir geschlossen. Die Toilettennutzung ist nur während der Öffnungszeiten möglich. Während des Gastbetriebs können Sie gern bei uns speisen.

Selbstgemachtes: Torten, Kuchen, Holzofenbrot, Backwaren, Wildfleisch und Wurst aus der eigenen Jagd und aus dem hofeigenen Damwildgehege. Außerdem: Café, Bäckerei, Konditorei und Biomarkt mit Vollsortiment. Frühstück, Abendbrot und Getränke erhältlich.

Aktivitäten: Badesee (5 min mit dem Fahrrad), Damwildgehege hinter dem Hof, Radwege

Rothaus Bäckerei Konditorei Café Biomarkt B11 2021
Landhof Rothaus 3
79206 Breisach

Zu Gast bei: Sylvia und Frank Hinterseh, einfach anreisen…

Hofladen:
Mo.–Sa. 7–18:30 Uhr

www.rothaus-breisach.de

WEINGUT BORTH

Bretzfeld (BW) · 49°9'49.3"N 9°27'4.8"E

Wir betreiben ein selbstvermarktendes Weingut mit 6 ha Rebfläche sowie einen angeschlossenen Weinverkauf, den wir gern auf Anfrage für Sie öffnen. Dem schließt sich eine Weinstube an (öffnet alle 14 Tage, Zeiten auf der Homepage) mit Besengerichten, regionaler Hausmannskost und Hohenloher Spezialiäten sowie einige Weinapartements. In unserem beschaulichen Örtchen finden Sie zudem einen Bäcker und einen Metzger.

Selbstgemachtes: Wein und Sekt.

Aktivitäten: Wanderwege, Radwege, Wanderungen durch die Weinberge, Naherholungsgebiet Breitenauer See

Weingut Borth D9 2020
Unterheimbacherstr. 35
74626 Bretzfeld

Zu Gast bei: Andrea Borth
07946/2139 o. 0176/10056800
Anreise bis: 21 Uhr

Hofverkauf:
Auf Anfrage

www.weingut-borth.de

WEINGUT UND WEINAUSSCHANK BIRKERT

Bretzfeld-Adolzfurt (BW) · 49°9'50.3"N 9°27'0.3"E

Wir führen einen traditionellen Weinbaubetrieb mit nachhaltigen Produktionsstandards nach FAIR'N'GREEN, mit Gutsausschank und eigenem Tafelobst-Anbau. Wir befinden uns mitten im Ortskern von Adolzfurt. Unsere Stellplätze sind direkt am Weingut. Der Hofladen kann auch nach Vereinbarung geöffnet werden.

Selbstgemachtes: Wein, Sekt, Apfelsaft, Traubensaft, Honig, Marmelade, Edelbrände und Liköre. Nach Voranmeldung: Abendbrot und Getränke erhältlich.

Aktivitäten: Brettachtal-Radweg, Wanderweg durch die Weinberge, Naturschutzgebiet Pulvermühle, Breitenauer See

Weingut und Weinausschank Birkert GbR D9 2021
Unterheimbacher Straße 28
74626 Bretzfeld-Adolzfurt

Zu Gast bei: Regina Birkert 07946/484
Anreise bis: 19 Uhr

Hofverkauf:
Mo.–Fr. 8–12, 13–18 Uhr // Sa. 8–16 Uhr

www.weingut-birkert.com

STAPF'S HOFLÄDLE

Bretzfeld-Bitzfeld (BW) · 49°11'23.1"N 9°25'34.0"E

Von Feldern, Dörfern, Wäldern und Weinbergen umgeben, liegt unser Aussiedlerhof auf der Anhöhe am Tor zum Hohenlohe. Für unsere Produkte aus eigener Herstellung werden ausschließlich hochwertige, regionale Waren verwendet. Ball, unser Bernersennenhund, ist wie ein Kuscheltier und empfängt freudig jeden Kunden. Samstags ist die Anreise bis spätestens 13 Uhr möglich.

Selbstgemachtes: regionales Obst, Gemüse, Salat und Backwaren. Außerdem: Putenprodukte, Milchprodukte, Eier, Nudel, Wein, fertige Salate u.v.m. aus der Region.
Aktivitäten: Rad- und Wanderwege führen direkt vorbei. Stadtbahn Öhringen - Heilbronn (1 km), Besenwirtschaften 4mal (4 km)

Stapf's Hoflädle D9
Birkenhöfe 2 2021
74626 Bretzfeld-Bitzfeld

Einfach anreisen…
Anreise bis: 17 Uhr
Ruhetage: Mo. Di. Mi. So.

Hofladen:
Do., Fr. 9–18 Uhr // Sa. 9–14 Uhr

www.gi-stapf.de

WEINGUT KARL BUSCH

Bretzfeld-Dimbach (BW) · 49°10'14.5"N 9°22'32.9"E

Junges Familien-Weingut, geführt von Weinbautechniker Markus Busch. Unser Weingut liegt im idyllischen Eingang zum Tor des Hohenloher Landes umrandet von Weinbergen, Wiesen und Wäldern. Unser Weingut bekam im Jahr 2016 die höchste deutsche Auszeichnung – dem Bundesehrenpreis in Gold verliehen und somit den Titel „Winzer des Jahres 2016/2017". Wir haben neben unserem Weingut eine eigene Besenwirtschaft.

Selbstgemachtes: Wein, Sekt, Secco, alkoholfreier Bio-Traubensecco, Bio-Traubensaft, Bio-Weine, Destillate und Hausmacher-Bauerndosenwurst. Abendbrot erhältlich.
Aktivitäten: Badesee, Freilichtspiele, Würth.-Museum in Schwäbisch Hall, Freilandmuseum, Rad- und Wanderwege u.v.m.
Hinweis: △ Am Ortseingang von Dimbach links abbiegen und scharf rechts, danach ca. 1,5 km geradeaus (Aussiedlerhof, Greuthof).

Weingut Karl Busch GbR D9
Greuthof 1 2017
74626 Bretzfeld-Dimbach

Zu Gast bei: Elvira Busch 07946/2465
Schließzeit: 31.10.–01.03.

Hofverkauf:
Auf Anfrage

www.karlbusch-wein.de

SCHAFHOF JAUERNIK

Bretzfeld-Weißlensburg (BW) · 49°12'8.9"N 9°25'51.1"E

Unsere Familie lebt im Hohenlohekreis in Baden-Württemberg. Der Hof liegt im Brettachtal in dem idyllischen Örtchen Weißlensburg. Unsere ersten beiden Milchschafe hatten wir vor ungefähr 15 Jahren. Wir bewirtschaften unseren zertifizierten Biohof aus Überzeugung landschaftsschonend und nachhaltig.

Selbstgemachtes: Milchprodukte vom Schaf.
Aktivitäten: Radwanderweg, Ponyreiten, Freibad

Schafhof Jauernik D9
Am Steg 3 2016
74626 Bretzfeld-Weißlensburg

Zu Gast bei: Valentin Jauernik 0176/97341912
Anreise bis: 19 Uhr

Hofladen:
Mo.–Sa. 9–12, 16–19 Uhr

www.schafhof-jauernik.de

Nord
Nordwest
Ost
Mitte-West
West
Südost
Südwest

SCHMIEDSHÄUSLE

Buchenbach-Wagensteig (BW) · 47°59'38.6"N 8°4'40.6"E

Wir heißen Sie herzlich willkommen auf unserem kleinen Schwarzwaldhof in idyllischer Lage mit herrlicher Aussicht. Da uns die Erhaltung der Biodiversität am Herzen liegt, züchten wir unter anderem seltene Dexter-Minirinder, eine der kleinsten Rinderrassen der Welt. Aber auch Ziegen und Minischweine freuen sich, genau wie wir, über netten Besuch! Auch Weihnachtsbäume werden bei uns angepflanzt und vertrieben.

Selbstgemachtes: Weihnachtsbäume. Nach Voranmeldung: Getränke erhältlich.
Aktivitäten: Wanderwege, Luftkurort Sankt Märgen
Hinweis: △ Die letzten 3 km führen über eine einspurige Teerstraße mit einem Anstieg bis zu 7%.

Schmiedshäusle C11
Schweigbrunnenstraße 9 2018
79256 Buchenbach-Wagensteig

Zu Gast bei: Thomas Schuler
0172/7422360
Anreise bis: 21 Uhr

WEINGUT NOLL

Buggingen (BW) · 47°51'37.6"N 7°38'11.0"E

Wir sind ein kleines, familiengeführtes Weingut im sonnenverwöhnten Markgräflerland. Genießen Sie die vielfältigen Spezialitäten aus unseren Weinbergen im sonnenverwöhnten Buggingen-Seefelden. Von der Lese bis zur Flaschenfüllung alles in eigener Hand! Hier entstehen beste Weine, Liköre, Sekte und Edelbrände. Im Frühling bieten wir Spargel direkt vom Feld an.

Selbstgemachtes: Wein, Sekt, Spirituosen und im Frühjahr Spargel. Außerdem: Marmelade, Honig und Schokolade.
Aktivitäten: Weinproben, Wandern in den Reben, Radtouren, Schwimmbäder

Weingut Noll B11
Kirchstraße 20a 2021
79426 Buggingen

Zu Gast bei: Annemarie Noll
07634/2739
Anreise bis: 18:30 Uhr
Schließzeit: 01.11.–28.02.

Hofverkauf:
Auf Anfrage

www.weingut-noll.com

WEINTREFF GUNZENHAUSER

Buggingen (BW) · 47°51'31.5"N 7°38'29.1"E

Herzlich willkommen auf unserem Weingut, das wir in der 4. Generation führen. Vom 11. April bis zum 6. August und vom 22. August bis zum 11. Oktober 2018 ist auch unser Restaurantbetrieb für Sie geöffnet; von Mittwoch bis Samstag ab 17 Uhr, sonn- und feiertags bereits ab 9:30 Uhr. Während dieser Zeit ist auch der Hofverkauf geöffnet. Lassen Sie sich auf unserer großen Außenterrasse köstliche, regionale Speisen schmecken. Kindern bieten wir auch viele Spielmöglichkeiten.

Selbstgemachtes: Wein, Schnaps, Sekt und Secco. Bewirtung nach Voranmeldung.
Aktivitäten: Radwanderweg, Dreiländereck Deutschland-Frankreich-Schweiz

Weintreff Gunzenhauser B11
Weingartenstr. 9 2017
79426 Buggingen

Zu Gast bei: Familie Gunzenhauser
07634/551910 o. 0171/8952472
Ruhetage: Mo. Di.
Schließzeit: 05.01.–31.03.

Hofverkauf:
Mi.–Sa. 9–12, 14–18 Uhr

weintreff-gunzenhauser.de

BIO-WEINGUT RIEGER

Buggingen-Betberg (BW) · 47°51'6.0"N 7°39'44.2"E

Vier Generationen leben auf dem Bio-Weingut Rieger. Seit 2005 arbeiten wir nach den Richtlinien des ökologischen Weinbaus. Unsere Weine sind deutschlandweit bekannt. Eine Stellplatzfläche steht jeden Tag für Sie bereit, sonntags widmen wir uns jedoch ausschließlich der Familie.

Selbstgemachtes: Wein, Sekt, Brände und Saft.
Aktivitäten: Markgräferland entdecken, Museen, Thermen, Sterne-Gastronomie, Rad- und Wanderwege

Bio-Weingut Rieger B11
Noblingstr. 13b 2015
79426 Buggingen-Betberg

Telefon: 07634/2013 o. 0174/1824669

Hofladen:
Mo.–Fr. 9–12, 14–18 Uhr // Sa. 10–15 Uhr

www.weingutrieger.de

AFFENTALER WINZERGENOSSENSCHAFT

Bühl (BW) · 48°42'36.4"N 8°8'45.5"E

Wir sind ein traditioneller badischer Betrieb, der sich seit über 100 Jahren der Weinherstellung widmet und stetig darauf bedacht ist, Wein als Kulturgut weiterzugeben und zu leben. Unser Winzerkeller liegt im Herzen der Ortenau, am Fuße des Nordschwarzwaldes. Durch die hervorragenden klimatischen Bedingungen wachsen und gedeihen hier perfekte, ausdrucksstarke und gebietstypische Weine. Unsere Stellplätze liegen mit guter Verkehrsanbindung nur 10 Gehminuten von der Innenstadt entfernt. Wanderwege durch die Weinberge sind schnell erreicht. Probieren Sie Premiumweine der Region, am besten bei der öffentlichen Weinprobe mittwochs um 15:30 Uhr.

Selbstgemachtes: Riesling, Müller-Thurgau, Weißer Burgunder, Grauer Burgunder, Traminer und Gewürztraminer, Sauvignon Blanc, Spätburgunder Rotwein, Cabernet Dorsa, Merlot und Lagrein.
Aktivitäten: Weinproben, Weinbergführungen, Planwagenfahrten, Kellerführungen

Affentaler Winzer eG C10
Immensteinstr. 13 2014
77815 Bühl

Einfach anreisen...

Hofladen:
Mo.–Fr. 8–18 Uhr // Sa. 9–13 Uhr // So. 10–14 Uhr

www.affentaler.de

BIO PFISTER

Burladingen (BW) · 48°19'6.0"N 9°3'29.6"E

Wir sind ein Biobetrieb mit Anbau, Veredlung und Vermarktung mitten in der Schwäbischen Alb. Zu unserem Anbausortiment gehören die berühmten „ZollernAlb Linsen", alte Getreidearten wie Emmer, Einkorn und Dinkel, sowie Ölsaaten wie Lein, Leindotter oder Hanf, aus denen wir mit unserer hauseigenen Ölpresse hochwertiges Speiseöl herstellen. Dies geschieht in kleinen Chargen, damit Sie stets auf frischgepresstes Speiseöl zugreifen können.

Selbstgemachtes: ZollernAlb Linsen, Speiseöle, Getreideprodukte, Obst, Gemüse, Fisch u.v.m. Außerdem: Speisen und Getränke.
Aktivitäten: Schwäbischen Alb, Wasserfälle, Radwege, Wanderwege

Bio Pfister Trade GmbH C10
Bundesstrasse 66-70 2021
72393 Burladingen

Zu Gast bei: Martin Pfister
0172/8192665
Anreise bis: 17:30 Uhr
Ruhetage: Mo. So.

Hofladen:
Di.–Fr. 11–18 Uhr // Sa. 8–13 Uhr

www.bio-pfister.de

MILCHHOF LUDWIG

Crailsheim (BW) · 49°5'57.7"N 10°6'0.7"E

Wir wohnen inmitten eines kleinen Weilers, etwa 500 m von einem gut besuchten Badesee entfernt und sind ein traditioneller Milchviehbetrieb mit verschiedenen weiteren Tieren, die auf große und kleine Gäste warten. Jeden Freitag bieten wir in unserer Gastronomie Blootz an, eine regionale Variante des Flammkuchens.

Selbstgemachtes: Milch, freitags Brot, Zopf und Blootz. Außerdem: Backwaren.
Aktivitäten: Badesee, in der näheren Umgebung das Jagsttal und Dinkelsbühl
Hinweis: △ Aus Jagstheim kommend zuerst bis Crailsheim und dann oberen Weg fahren (da in Jagstheim eine Bahnbrücke ist). Diese Zufahrt hat keine Höhenbegrenzung.

Milchhof Ludwig GbR D9
Alexandersreut 1 2019
74564 Crailsheim

Zu Gast bei: Martin Ludwig 07951/4699650 o. 0160/96735232
Anreise bis: 20 Uhr

Hofladen:
Fr. 15–21 Uhr

www.ludwig-alexandersreut.de

BÄRENHOF

Dachsberg-Wilfingen (BW) · 47°40'9.0"N 8°6'3.4"E

Wir sind ein kontrollierter Naturland-Betrieb, spezialisiert auf die Mutterkuhhaltung und Erzeugung von jungem Angus Weiderind. Außerdem haben wir eine eigene Hofbrennerei. In unserem Hofladen bieten wir Ihnen unsere köstlichen Produkte an und jeden Samstag gibt es frisch gebackenes Holzofenbrot. Am ersten Sonntag im August veranstalten wir einen Brunch auf dem Bauernhof, zu dem Sie herzlich willkommen sind! Bitte beachten Sie, dass wir Kurtaxe erheben müssen.

Selbstgemachtes: Wurst, Speck, Schnäpse, Liköre und jeden Samstag frisch gebackenes Bauernbrot. Außerdem: Nudeln und Eier. Bewirtung nach Voranmeldung.
Aktivitäten: Wanderwege, Radwanderwegenetz, Museen, Spaßbad in Titisee-Neustadt (42 km), Schweiz (20 km), Frankreich (70 km), Bodensee (70 km)

Bärenhof C11
Birkenstr. 6 2015
79875 Dachsberg-Wilfingen

Zu Gast bei: Dirk Bär 07755/457 o. 0170/7856674
Anreise bis: 18 Uhr
Ruhetag: So.

Hofladen:
Mo., Di., Fr. 13–18 Uhr // Mi., Do. 10–16 Uhr // Sa. 10–14 Uhr

www.baerenhof-dachsberg.de

TENNENTALER GEMEINSCHAFTEN

Deckenpfronn (BW) · 48°38'46.6"N 8°50'31.7"E

Das Tennental ist eine Einrichtung der Eingliederungshilfe. Hier leben und arbeiten Menschen mit und ohne Behinderung in Gemeinschaft zusammen. Unsere Werkstätten produzieren eine Vielzahl an Lebensmitteln in bester Demeter-Qualität. In der Holz- und Metallverarbeitung werden wunderschöne Dinge gefertigt. All unsere Produkte und ein großes Sortiment an weiteren Bioprodukten sind in unserem Dorfladen und Bistro erhältlich.

Selbstgemachtes: Gemüse, Käse, Fruchtaufstriche, Pesto, Brot, Kekse, Kuchen, Metallwaren, Astholzwaren und Holzwaren. Außerdem: Lebensmittel, Getränke, Kaffee, Kuchen und Snacks.
Aktivitäten: Einkaufen im Bioladen, Altstadt von Herrenberg, Calw und Nagold, Wandern im Nordschwarzwald und Schönbuch
Hinweis: △ Im Tennental am Dorfladen vorbei. Nach 50 m Parkplatz auf der linken Seite. Die hinteren Stellplätze am Teich nutzen. Parkplatz könnte bis ca. 18h belegt sein.

Tennentaler Gemeinschaften e.V. C10
Ita-Wegman-Str. 7 2021
75392 Deckenpfronn

Zu Gast bei: Patrick Schönborn 07056/926284
Anreise bis: 18:30 Uhr
Ruhetage: Sa. So.
Schließzeit: 18.12.–08.01.

Hofladen:
Mo.–Fr. 9–18 Uhr // Sa. 9–13 Uhr

www.tennental.de

BIOOBSTHOF MOLL

Deggenhausental (BW) · 47°46'45.6"N 9°22'53.5"E

Herzlich willkommen im Deggenhausertal, dem Tal der Liebe. Zwischen blühenden Streuobstwiesen und Wäldern liegt unser 3 ha kleiner, aber liebevoll geführter Bioobsthof. Ruhe, Auszeit und Erholung werden bei uns groß geschrieben. Unsere Shetlandponys und Falabellas lieben es, von Kindern geputzt und gekuschelt zu werden. Der Ab-Hof-Verkauf und ein Einblick in den Betrieb sind nach Absprache möglich. Hunde bitte an der Leine führen. Feuer- und Grillstelle, Bierbänke und Sonnenschirme können gegen eine Gebühr geliehen werden. Gern bereiten wir Stockbrotteig zu und haben ein SB-Café. Eine Anmeldung per WhatsApp ist möglich.

Selbstgemachtes: Apfelsaft, Apfelmus, Deko, Apfelchips, Honig, Marmelade, Essig, Kinderpunsch, Bienenwachs und Bienenwachstücher. Außerdem: Grillfleisch, Bio Käse, Eier und Nudeln. Getränke erhältlich.

Aktivitäten: Kinderspielplatz, Ponyausflüge, Badesee, Wanderwege, Grillstelle, Schlafen unter freiem Himmel auf dem Heuwagen (gegen Gebühr)

Bioobsthof Moll D11
Hagenbuch 6 2021
88693 Deggenhausental

Zu Gast bei: Patrick & Melanie Moll
0152/59804891
Anreise bis: 22 Uhr

Hofladen und Hofverkauf:
Täglich 7–22 Uhr

BIOLANDHOF STEIDLE

Deggenhausertal/Obersiggingen (BW) · 47°47'37.2"N 9°23'13.5"E

Im Deggenhausertal verwurzelter Mutterkuhbetrieb nach Bioland-Standard mit eigener Vermarktung und zugehörigem Gastronomie-Betrieb. Luftkurort in 20 km Entfernung zum Bodensee gelegen. Voranmeldung nur während der Öffnungszeiten der Gaststätte möglich. 24h-Automat mit Bar- und Kartenzahlung, Destillate im Gasthaus während der Öffnungszeiten.

Selbstgemachtes: Viele verschiedene Wurst- und Räucherwaren (Dosenwurst, Landjäger, Pfefferbeißer, Schinken, Speck) Eier (aus mobiler Bioland-Haltung), Nudeln und 20 verschiedene Destillate (Verkauf im Gasthaus) .. erhältlich im 24h-Automat. Außerdem: kalte und warme Speisen gutbürgerlich im „Gasthaus zum Sternen". Frühstück, Abendbrot und Getränke erhältlich.

Aktivitäten: Luftkurort, Premium-Wanderwege, Hallenbad (2 km)

Biolandhof Steidle D11
Lellwangerstr. 3 2014
88693 Deggenhausertal/ Obersiggingen

Zu Gast bei: Familie Steidle
07555/92030
Ruhetag: Do.
Schließzeit: 01.01.–28.02.

Hofverkauf:
Auf Anfrage

www.biolandhof-steidle.de

KARTOFFELHOF STEINHAUSER

Dettingen an der Iller (BW) · 48°6'45.5"N 10°7'24.6"E

Kartoffelanbau, Kartoffelverarbeitung, Teigwarenproduktion, Übernachten verkehrsgünstig, direkt an der Autobahnabfahrt A7. Seit Generationen wird die tolle Knolle bei uns angebaut. In unseren neu erbauten Produktionsräumen verarbeiten wir unsere Kartoffeln und stellen aus regionalen Produkten Teigwaren her. Diese tagfrisch produzierten, küchenfertigen Kartoffelprodukte und Teigwaren verkaufen wir in unserem Hofladen und liefern diese an den regionalen Einzelhandel und Großküchen. Im Hofladen findest du weitere regionale Produkte, auch in Bio-Qualität. Toilettennutzung ist während der Öffnungszeiten unseres Hofladens möglich.

Selbstgemachtes: Kartoffelsalat, Kartoffeln, Spätzle, Schupfnudeln, Kartoffelknödelteig und Krautschupfnudeln. Außerdem: Gemüse, Obst, Wurstwaren, Fleisch, Mühlenprodukte, Öl, Tee, Eier, Käse, Milchprodukte, Brotaufstriche, Weine, Liköre und Spirituosen.

Aktivitäten: Badesee, Freibad, Hallenbad, Freizeitbad, Dorfmuseum, regionale Gastronomie, Iller-Radweg, Minigolf, Einkaufsmöglichkeiten

Kartoffelhof Steinhauser E11
Robert-Bosch-Str. 7 2017
88451 Dettingen an der Iller

Telefon: 07354/937360
Anreise bis: 18 Uhr
Ruhetag: So.

Hofladen:
Mo.–Fr. 9–12:30, 14–18 Uhr // Sa. 8:30–12:30 Uhr

www.kartoffelhof-steinhauser.de

BIRKENHOF WUNDERLICH

Dörzbach (BW) · 49°23'4.2"N 9°43'33.0"E

In aussichtsreicher Höhenlage mit Blick ins herrliche Jagsttal gelegen, bietet der Birkenhof Wunderlich seinen Gästen vom Hofladen, der Zeburinderzucht, den Planwagenfahrten bishin zu Reitunterricht die Möglichkeit einen Einblick in einen nicht alltäglichen und modernen bäuerlichen Familienbetrieb zu bekommen. Wir freuen uns auf Ihren Besuch.

Selbstgemachtes: Zeburind Edelsalami, Zeburindknacker, Zeburindfleisch und verschiedene Wurstsorten z.B. Lyoner Schinkenwurst. Außerdem: Honig und Nudeln aus der Region. Bewirtung nach Voranmeldung.
Aktivitäten: Reitunterricht, Ponyführen, Kutsch- u. Planwagenfahrten, Reiterstube mit Bewirtung nach Vorbestellung, Badessee, Bad Mergentheim nur 15 km entfernt, Wanderweg „Pfad der Stille" direkt durch unsere Zebuweide, Kneipbecken

Birkenhof Wunderlich D9
Reiterhof & 2015
Zeburinderzucht
Birkenhöfe 3
74677 Dörzbach

Zu Gast bei: Martin Wunderlich
07937/604 o. 0151/54925372

Hofladen:
Auf Anfrage

www.birkenhof-wunderlich.de

WINZERHOF WERNER

Durbach (BW) · 48°29'17.2"N 8°1'2.1"E

Herzlich willkommen auf dem Winzerhof Werner. Suchen Sie nach einer ruhigen Oase zum Relaxen oder haben Sie Interesse an den "guten Geistern" des Hauses? Unser Winzerhof liegt im Sendelbach, einem idyllischen Seitental des Weinorts Durbach, eingerahmt von Weinbergen und Obstwiesen. Von hier aus haben Sie einen herrlichen Blick auf Schloss Staufenberg und das hügelige Durbachtal. Das Paradies befindet sich sozusagen direkt vor Ihren Füßen.

Selbstgemachtes: Edelbrände, Liköre und Balsam-Essig. Außerdem: eine kleine Auswahl an Weinen der Winzergenossenschaft Durbach.
Aktivitäten: Genießer-Pfad und Premiumwanderweg „Durbacher Weitblick", weitere Wanderungen oder Radtouren

Winzerhof Werner B10
Destillerie und 2022
Ferienwohnungen
Sendelbach 12
77770 Durbach

Zu Gast bei: Marianne & Tobias Werner 0781/42984
Anreise bis: 19 Uhr
Ruhetag: So.

Hofverkauf:
Auf Anfrage

www.winzerhof-werner.de

WÖRNERHOF

Durbach (BW) · 48°29'32.3"N 8°0'36.0"E

Mitten im Schwarzwald liegt unser Obst- und Winzerhof, der von uns seit Generationen als Familienbetrieb bewirtschaftet wird. Selbstgewonnene, vollreife Früchte werden in unserer Hausbrennerei zu aromatischen Obstbränden veredelt. Erleben sie Genuss und Erholung bei einem Einkauf im Hofladen und genießen Sie den Blick auf Weinberge und Obstbäume. In unserem Ort besteht Leinenpflicht für Hunde. Herzlich Willkommen auf dem Wörnerhof im sonnenverwöhnten Durbachtal.

Selbstgemachtes: Äpfel, Birnen, Zwetschgen, Kirschen, Heidelbeeren, Obstbrände, Marmelade und Apfelsaft. Außerdem: Kartoffeln, saisonales Obst, Gemüse und Salat, frische Eier,Honig und Wein.
Aktivitäten: Wandern auf den Premiumwanderwegen, Einblick in die Hausbrennerei und Verkostung

Wörnerhof B10
Hatsbach 7 2021
77770 Durbach

Zu Gast bei: Gerhard Wörner
0781/43892
Anreise bis: 19 Uhr
Ruhetag: So.
Schließzeit: 23.12.–02.01.

Hofladen und Hofverkauf:
Mo.–Sa. 8–14:30 Uhr // So. 10–12 Uhr

www.woernerhof.de

ANDREAS BECK OBSTBAU

Eberdingen (BW) · 48°52'52.7"N 8°57'50.2"E

Wir betreiben einen schön gelegenen Obsthof mit Hofladen sowie saisonalen Angeboten zum Selbstpflücken und führen eigene und andere regionale Spezialitäten. Unser Hof liegt zentral in der Ortsmitte, die Stellplätze finden sich außerhalb des Ortes an unserer Obsthalle, ruhig und mit schöner Aussicht. Unsere aktuellen Öffnungszeiten finden Sie auf unserer Website.

Selbstgemachtes: saisonal Beeren (Erd-, Him- und Heidelbeeren), Äpfel, Kirschen, Marmeladen und Säfte. Außerdem: Obst, Gemüse, Eier, Nudeln, Wurstwaren und Mühlenprodukte.
Aktivitäten: Freibad, Keltenmuseum im Ort

Obstbau Andreas Beck C10
Hochdorfer Str. 1 2020
71735 Eberdingen

Zu Gast bei: Andreas Beck
0152/54036676
Anreise bis: 19 Uhr
Ruhetag: So.

Hofladen:
Auf Anfrage

www.beck-obstbau.de

LIMOUSINZUCHT SPIELER

Eberhardzell (BW) · 47°57'43.2"N 9°50'2.1"E

Wir führen einen Gemischtbetrieb in Oberschwaben mit Fleischrindern in Mutterkuhhaltung, mit Limousinzucht und Getreidebau. Im Herbst verwandelt sich unser Hof zum Kürbisparadies mit über 120 verschiedenen Sorten. Unsere Produkte können rund um die Uhr an unseren SB-Automaten erworben werden. Unser Hof liegt verkehrsgünstig an der B465.

Selbstgemachtes: Rindfleisch, Wurst und verschiedenste Kürbisse. Außerdem: Kartoffeln, Eier, Nudeln, Honig, Kürbiskernprodukte, Grillfleisch, Gewürze, Hofeis usw.
Aktivitäten: Radwege, Wanderwege, Thermalbad (10 km), Barockstraße (10 km)
Hinweis: △ an der B465

Spieler GbR D11
Mauchenmühleweg 2 2021
88436 Eberhardzell

Zu Gast bei: Gebhard und Arno Spieler 07358/666 o. 0172/8423525, 0152/03508266
Anreise bis: 22 Uhr

Hofladen und Hofverkauf:
Auf Anfrage

www.limousinzucht-spieler.de

SEEBODENHOF

Efringen-Kirchen (BW) · 47°39'13.7"N 7°35'4.2"E

Im idyllischen Markgräflerland liegt der Seebodenhof außerhalb der Ortschaft Efringen-Kirchen. Der familiengeführte Landwirtschaftsbetrieb ist spezialisiert auf die Herstellung von frischer Landmilch, Bauernhof-Eis, Eiern aus Freilandhaltung und verschiedene Branntweine aus den eigenen Obstgärten. Wir möchten jedem Interessierten das heutige Leben und Arbeiten auf dem Bauernhof zeigen und offene Fragen beantworten.

Selbstgemachtes: frische Landmilch, Bauernhof-Eis, Eier aus Freilandhaltung und Branntweine.
Aktivitäten: Leben auf einem familienfreundlichen Bauernhof, Ausflug in die Weinberge mit Blick aufs Dreiländereck, Tierpark in Basel, Südschwarzwald

Seebodenhof B11
Seeboden 1 2020
79588 Efringen-Kirchen

Zu Gast bei: Christine & Heinz Kaufmann 07628/1276
Anreise bis: 22 Uhr

Hofverkauf:
Auf Anfrage

www.seebodenhof.de

WEINGUT CLAUDIA STRAUB

Efringen-Kirchen-Blansingen (BW) · 47°41'30.1"N 7°32'30.0"E

Wir sind ein traditioneller Familienbetrieb in der fünften Generation. Unsere Weine aus der Einzellage „Blansinger Wolfer" gehören zu den Besten aus dem Markgräferland. Weinverkauf ist täglich zu unterschiedlichen Zeiten, sowie nach Vereinbarung möglich. Im Weingut befindet sich das historische Weinlokal „Wolferkeller". Wir bieten Fr bis So „Flammwaie á la Wohnmobil-Dinner. Bitte beachten Sie, dass wir während der Weinlese leider nur beschränkt Gäste empfangen können!

Selbstgemachtes: Wein und Schnaps. Abendbrot und Getränke erhältlich.
Aktivitäten: Weinwanderweg durch die Reben mit Blick ins Rheintal und Elsass
Hinweis: △ Bitte beachten Sie unsere maximale Durchfahrtshöhe von 3,20 m.

Weingut Claudia Straub B11
Alemannenstr. 12 2014
79588 Efringen-Kirchen-Blansingen

Telefon: 07628/1300
Anreise bis: 20 Uhr

Hofverkauf:
Auf Anfrage

www.weingut-straub.de

LANDWIRTSCHAFTLICHER BETRIEB FAMILIE BENDER

Elztal-Auerbach (BW) · 49°22'37.6"N 9°14'7.3"E

Wir sind ein landwirtschaftlicher Familienbetrieb in der Nähe des schönen Odenwaldes, umgeben von Wäldern und Feldern. Auf unserem Aussiedlerhof leben Bullen, Schweine und Freilandhühner, welche vor dem Hühnermobil beobachtet werden können. In unserem Hofladen, den wir nach Absprache gern für Sie öffnen, vermarkten wir selbst erzeugte Produkte vom Hof, die wir zur Verkostung anbieten. Bei einer individuellen Hofführung können Sie einen Einblick in die Landwirtschaft bekommen.

Individuelle Natur- und Bauernhofpädagogische Programme für Familien mit Kindern sind möglich.
Selbstgemachtes: Frischei-Nudeln, Freiland-Eier, Wurstdosen, Kartoffeln, saisonales Obst- und Gemüse und Honig.
Aktivitäten: Rad- und Wanderwege, 3-Täler-Radweg sowie der europäische Fernwander- und Jakobsweg, Heimatmuseen sowie Burgen und schöne Altstädte wie Mosbach (Baden), Bad Wimpfen und Buchen

Landwirtschaftlicher Betrieb Familie Bender D9
Dännigsiedlung 4 2021
74834 Elztal-Auerbach

Zu Gast bei: Larissa Bender
06293/929361 o. 0152/52457688
Anreise bis: 20 Uhr
Schließzeit: 20.12.–06.01.

Hofladen:
Auf Anfrage

www.nudelstube-bender.de

WINZERHOF LINDER

Endingen (BW) · 48°7'59.6"N 7°42'31.4"E

Wir sind ein kleines Demeter-Weingut, ein Familienbetrieb, auf dem es immer etwas zum Schauen und zum Mitmachen gibt! Noch dazu finden Sie uns an einem der schönsten Fleckchen Deutschlands: dem Kaiserstuhl. Unser Hof befindet sich etwas außerhalb von Endingen, in Gehweite von der Innenstadt. Außer der Übernachtungsmöglichkeit bieten wir unterschiedliche Führungen an. Freitags findet ein Bio-Wochenmarkt vor unserer Marktscheune statt.

Selbstgemachtes: Wein, Kräuterprodukte (Sirup, Tee, Essig usw.), Eier und Fleisch vom Schaf. Außerdem: Mehl, Tee, Sirup, Essig, Öl, Honig, Porzellan, Kunst, Schnaps, Fruchtaufstrich, Würzmittel, Saft und Kekse.
Aktivitäten: Badeseen, Wanderwege, historisches Stadtzentrum, Museen, Führungen, Weinproben, Minigolf, kinderfreundlich (Sandkasten, Spielhaus, Kettcars
Hinweis: △ Bei der Abfahrt von der Landstraße zwischen Riegel und Endingen gibt es eine Abflussrinne mit Aufsetzgefahr.

Winzerhof Linder B11
Röstehof 2 2020
79346 Endingen

Zu Gast bei: Elena Bollin
07642/5525 o. 0171/4194447
Anreise bis: 22 Uhr

Hofverkauf:
Auf Anfrage

www.winzerhof-linder.de

WEINGUT UND WEINHAUS L. BASTIAN

Endingen am Kaiserstuhl (BW) · 48°8'34.5"N 7°41'57.3"E

Wir sind das älteste noch von der Gründerfamilie geführte Weingut am Kaiserstuhl. Unser Betrieb verbindet Tradition und Moderne wir kein anderer Betrieb in der Gegend. Das Augenmerk liegt auf einem nachhaltigen Weinbau mit den innovativsten runden Weinen mit extrem wenig Säure.

Selbstgemachtes: Wein, Sekt, Traubensaft, Glühwein, alkohol- und zuckerfreier Glühwein. Außerdem: regionale Spezialitäten.
Aktivitäten: Weinproben und Erlebnisweinproben mit Unimogfahrt durch die Rebberge, zahlreiche Fahrradwege, Wanderwege in direkter Nähe, Badesee in der Nähe, E-Bike-Verleih in der Nachbarschaft

Weingut und Weinhaus L. Bastian B11
2021
Königschaffhauser Str. 8
79346 Endingen am Kaiserstuhl

Zu Gast bei: Fabian Spuller
07642/8684
Anreise bis: 16:30 Uhr
Ruhetag: So.

Hofladen und Hofverkauf:
Mo.–Fr. 9–12, 14–17:30 Uhr // Sa. 9–12 Uhr

www.weingut-bastian.de

DESTILLERIE DRACHE VOM PETERSFELS

Engen-Bittelbrunn (BW) · 47°51'56.5"N 8°48'44.2"E

Kleiner Hof in der Dorfmitte mit Streuobstwiesen und eigener Obstbrennerei. Grillplatz und Terasse können genutzt werden. Gleich nebenan gibt es eine sehenswerte kleine Dorfkirche und einen Spielplatz.

Selbstgemachtes: Destillate vom eigenen Streuobst.
Aktivitäten: Kinderspielplatz nebenan, historische Altstadt Engen, Erlebnisbad Engen (4,6 km), Aachquelle (6 km), viele Möglichkeiten zum Wandern und Radfahren in der Vulkanlandschaft Hegau

Destillerie Drache vom Petersfels C11
2015
Petersfelsstr. 21
78234 Engen-Bittelbrunn

Zu Gast bei: Heiko Habich
0173/3193238
Anreise bis: 21 Uhr
Schließzeit: 26.09.–23.10.

Hofverkauf:
Auf Anfrage

CLAUS RANK SPEZIALITÄTEN-BRENNEREI

Erlenbach (BW) · 49°10'10.7"N 9°16'18.8"E

Herstellung von Edelbränden und Likören und Bewitschaftung von Streuobstwiesen und Weinbergen. Verkostung selbsterzeugter Destillate und Liköre mit einem regionalem Bauern-Vesper.

Selbstgemachtes: Edelbrände und Liköre. Außerdem: Apfelringe, Fruchtgummies, Säfte und Seccos (je nach Angebot). Nach Voranmeldung: Abendbrot und Getränke erhältlich.
Aktivitäten: Breinenauer See, Weinroute, Weinbaumuseum, Zweiradmuseum
Hinweis: △ Der historischer Ortskern hat enge Gassen, unser Hof liegt jedoch am Ende einer Sackgasse mit Wendemöglichkeit.

Claus Rank Spezialitäten-Brennerei D9
2020
Hafenweiler 31
74235 Erlenbach

Zu Gast bei: Claus Rank
0172/4634338
Anreise bis: 20 Uhr
Schließzeit: 01.09.–31.10.

Hofverkauf:
Mo.–Fr., So. 17–20 Uhr // Sa. 8–20 Uhr

www.edel-destillate.com

WEINGUT KLAUS HABERKERN

Erlenbach (BW) · 49°10'11.4"N 9°16'9.6"E

Unser Weingut wird in der 4. Generation geführt und liegt im Ortskern von Erlenbach. Umweltschonender und umweltnaher Weinbau und Pflanzenschutz sind für uns eine Selbstverständlichkeit. Wir produzieren mehr als 30 verschiedene Weine und diverse Winzersekte. Seit 2014 betreiben wir auch eine Weinpension. Herzlich willkommen.

Selbstgemachtes: Wein, Sekt und Likör. Außerdem: Wildwurst.
Aktivitäten: Krimi-Dinner, Salzbergwerk Bad Friedrichshall, Sternwarte Heilbronn, Weinfeste, Ludwigsburg

Weingut Klaus Haberkern D9
Weissenhofstr. 4 2017
74235 Erlenbach

Zu Gast bei: Sigrid Haberkern
07132/2901 o. 0151/14151409
Anreise bis: 20 Uhr

Hofladen:
Mo.–Fr. 17–19 Uhr // Sa. 9–17 Uhr

www.weingut-klaushaberkern.de

WEINGUT UND RESTAURANT WEBER

Ettenheim (BW) · 48°15'17.5"N 7°47'37.8"E

Erleben Sie bei uns die lebendige und zeitgemäße Weinkultur in Verbindung mit einem herausragenden Genussangebot aus Küche und Keller – frisch, regional und vielfältig. Im Herzen der wunderschönen Urlaubs- und Weinregion Breisgau finden Sie unseren Familienbetrieb in außergewöhnlicher Lage mit Weingut, Restaurant, Walnussanbau, Edelbränden und vielen Angeboten und Events. Unser Restaurant ist von Mi.–So. von 11:30 bis 14 Uhr und ab 18 Uhr für Sie geöffnet. Wir heißen Sie herzlich willkommen.

Selbstgemachtes: Wein, Sekt, Edelbrände und Walnüsse. Außerdem: Dekoartikel. Nach Voranmeldung: Abendbrot und Getränke erhältlich.
Aktivitäten: Süddeutschlands größter Walnussgarten, Wanderwege, Segway-Tour, Weinproben, Kellerführung, Baggersee, Europa-Park, Tabak-Museum Mahlberg, Tiergehege Ringsheim am Kahlenberg, Schwimmbad

Weingut und B11
Restaurant Weber 2016
Im Offental 1
77955 Ettenheim

Einfach anreisen…

Hofladen:
Mo.–Fr. 10–18 Uhr // Sa. 10–14 Uhr

www.weingut-weber.de

FÜNFSCHILLING-HOF

Fischingen (BW) · 47°38'52.1"N 7°36'5.4"E

Umgeben von Reben und Obstbäumen finden Sie unseren Hof im Südwesten Deutschlands. Die einzigartige Kombination aus landwirtschaftlichem Erzeugerbetrieb (haupts. Obstbau und Reben), hauseigenem Weingut, großem Hofladen und dazugehörigem Restaurant mit Garten lädt Gäste ganzjährig zum Verweilen ein. Ein Kinderspielplatz gehört auch dazu. Die genauen saisonalen Öffnungszeiten entnehmen Sie bitte unserer Website. Die Toilettennutzung ist während der Öffnungszeiten möglich. Am Sonntag können wir keine Gäste willkommen heißen.

Selbstgemachtes: Obst, Gemüse, Marmelade, Pasta, Wein, Säfte, Konditorei-Torten, Gebäck und Brote. Frühstück, Abendbrot und Getränke erhältlich.
Aktivitäten: Wanderwege, Radwege, Basel, Freiburg

Fünfschilling-Hof B11
Binzener Str. 1 2020
79592 Fischingen

Einfach anreisen…
Anreise bis: 22 Uhr
Ruhetag: So.

Hofladen:
Mo.–Sa. 8–21 Uhr

www.fuenfschilling.de

WALDHOF ÖLMANUFAKTUR

Fluorn-Winzeln (BW) · 48°17'7.8"N 8°28'12.2"E

Ein liebevolles Geschenk für unsere Gesundheit steckt im Herzen der Natur und steht auf den Feldern direkt vor unserer Haustür. Diese natürlichen Kostbarkeiten veredeln wir in unvergleichliche Rohkostöle, von der Saat bis zur Flasche! Für mehr Lebensfreude und Lebensqualität arbeitet man hier, auf dem idyllisch gelegenen Waldhof mit Hand und Herz. Gönnen Sie sich etwas Gutes: kalt gepresste Köstlichkeiten für Ihre Gesundheit! Unser Ab-Hof-Verkauf öffnet nach Absprache. Von Juni bis August werden Felderbegehungen auf Anfrage angeboten.

Selbstgemachtes: Leindotteröl, Senföl, Rapsöl, Hanföl, Leindottersamen, Senfsamen, Hanfsamen, Geschenkpackungen und Rapssamenkissen.

Aktivitäten: Rad- und Wanderweg, Schwimmbäder, Tiergehege, Sportflugplatz, Pizzeria, Kegelbahnen

Waldhof Ölmanufaktur C11
Zollhausstr. 78 2020
78737 Fluorn-Winzeln

Zu Gast bei: Roswitha & Georg Mauch
07402/322 o. 0171/1961069
Anreise bis: 19 Uhr

Hofverkauf:
Auf Anfrage

www.waldhof-oelmanufaktur.de

KARTOFFEL- UND KÜRBISHOF RÜECK

Frankenhardt (BW) · 49°3'43.7"N 10°2'12.0"E

Wir haben im idyllischen Frankenhardt den vermutlich kleinsten Einkaufsladen der Region mit den längsten Öffnungszeiten: An 7 Tagen in der Woche können Sie Lebensmittel aus der Region erwerben. Wir backen nach alter Tradition mit Natursauerteig im Holzbackofen. Dosenwurst und Fleischwaren kommen aus einer Manufaktur im Nachbarort, die Schweine von Landwirten aus der Gemeinde.

Selbstgemachtes: Kartoffeln, Kürbisse (saisonal), Eier, Marmelade, Eingemachtes, Backwaren aus dem Holz- und Steinbackofen (freitags). Außerdem: Dosenwurst, Pfefferbeisser, Bauernbratwürste, Rauchfleisch, Eier, Nudeln, Honig, Äpfel, Birnen, Senf, Ketschup, Essig, Öle, Holzkohle, Gartenartikel sowie Futter für Hunde und Katzen.

Aktivitäten: Rad- und Wanderwege, Frei- und Hallenbäder, Badeseen, Saunalandschaft Crailsheim, Burgberg Oberspeltach, Jakobsweg, Reiterhof Täger

Kartoffel- und D9
Kürbishof Rüeck 2020
Sandhof Nr. 4
74586 Frankenhardt

Zu Gast bei: Volker Rüeck
07959/926678 o. 0177/2821742
Anreise bis: 17 Uhr

Hofladen und Hofverkauf:
Auf Anfrage

www.r-agrar.de

WEINGUT KUHN

Freiburg im Breisgau (BW) · 47°57'51.9"N 7°42'12.3"E

Ein kleines familiengeführtes Wein- und Spargelgut im südlichsten Teil von Freiburg in Munzingen am Fuße des Tunibergs, welcher zwischen Schwarzwald und Kaiserstuhl und in Nähe der Autobahn liegt. Am Samstag freuen wir uns über die Anreise bis 13 Uhr. Während der Spargelsaison (Ende April – Anfang Juni) ist auch die Anreise am Sonntag bis 13 Uhr möglich.

Selbstgemachtes: leckere Weine, Sekte, Destillate, sowie weißen und grünen Spargel. Außerdem: Kaffee, Schokolade, Gewürze und Nüsse.

Aktivitäten: Weinproben, Freiburg, Badischer Weinradweg, Münstertal, Golfplatz

Hinweis: △ Der Betrieb liegt etwas außerhalb. In Munzingen Richtung Mengen abbiegen und einfach auf der Straße bleiben bis der Betrieb zu sehen ist.

Weingut Kuhn B11
Romanstr. 33 2021
79112 Freiburg im Breisgau

Zu Gast bei: Florian Kuhn
0176/22937163
Anreise bis: 20 Uhr
Ruhetag: So.

Hofverkauf:
Auf Anfrage

www.kuhn-weine.de

Nord
Nordwest
Ost
Mitte-West
West
Südost
Südwest

HEIMATHOF

Freudenberg-Rauenberg (BW) · 49°44'22.5"N 9°23'5.8"E

Wir sind ein kleiner Hofladen, der drei mal pro Woche geöffnet hat. In unserer Eventscheune finden gelegentlich Events statt, wie zum Beispiel Konzerte oder Tastings. Der Hof ist am Ortsrand gelegen, mit Blick in die Natur.

Selbstgemachtes: Fleisch von eigenen Gallowayrindern, Eingewecktes Gemüse und Semmelknödel sind meist vorhanden. Außerdem: regionale Produkte: Milch, Wurst, Eier, Nudeln, Gewürze und Backwaren. Nach Voranmeldung: Frühstück, Abendbrot und Getränke erhältlich.
Aktivitäten: in unmittelbarer Nähe gibt es viele Wanderwege und einen Badesee

Heimathof D8
Raubachstraße 36 2021
97896 Freudenberg-Rauenberg

Zu Gast bei: Eugen Wagner
093779/297428 o. 0160/95187043
Anreise bis: 20 Uhr

Hofladen und Hofverkauf:
Di. 8:30–10:30 Uhr // Do. 16:30–18:30 Uhr // Sa. 7:30–11:30 Uhr

www.heimathof-rauenberg.de

ZIEGLERHOF

Frickingen (BW) · 47°47'57.6"N 9°17'40.1"E

Unser alter Familienbetrieb ist idyllisch gelegen im Hinterland des Bodensees im Salemertal. Viel Natur und ein Naturschutzgebiet grenzen an den Milchviehbetrieb. Mit Blick auf die Alpen, Schloss Salem und Schloss Heiligenberg ist es ein idealer Ort zum Rast machen. Auf unserem Hof gibt es viel zu erleben. Im 24h-SB-Hofladen gibt es für das leibliche Wohl Leckereien.

Selbstgemachtes: Rohmilch und Kuchen. Außerdem: Käse, Wurst, Eier, Honig, Obst nach Saison, Grillgut zur Saison, Kartoffeln, Getränke, Kaffee, Nudeln, Mehl und Bauernhofeis.
Aktivitäten: Radweg, Badesee, Bodensee, Schlösser, Aftenberg

Zieglerhof D11
Lampach 1 2021
88699 Frickingen

Zu Gast bei: Markus & Theresia Ziegler 07554/987561
Anreise bis: 21 Uhr

Hofverkauf:
Auf Anfrage

MAIERHOF

Fußbach-Gengenbach (BW) · 48°21'53.8"N 8°0'57.6"E

Sie besuchen den ehemaliger Maierhof der Benediktinerabtei Gengenbach. Es gibt eine kleine Brennerei. Auf Wunsch dürfen Gäste testen und in selbst mitgebrachten Flaschen sich unsere Brände abfüllen. Der Blick über das Kinzigtal und auf die Weide mit den Kühen verspricht einige erholsame Stunden in unserem dörflichen Umfeld.

Selbstgemachtes: Brot, Brände zum Selbstabfüllen, Kartoffeln und Gemüse aus dem Bauerngarten.
Aktivitäten: Kinzigtalradweg, Wassertretstelle, Burg Hohengeroldseck

Maierhof B10
Fußbach 12 2021
77723 Fußbach-Gengenbach

Zu Gast bei: Ursula & Konrad Schilli
07803/6411
Anreise bis: 20 Uhr

Hofverkauf:
Auf Anfrage

WINKELHOF

Gailingen (BW) · 47°41'55.9"N 8°47'4.1"E

Kleines Familienweingut in ruhiger Lage am Südhang. Herrlicher Ausblick in die Schweiz. Direktvermarktung mit Besenwirtschaft. Wir haben sogar eine Entsorgungsmöglichkeit für Schwarz- und Grauwasser, sowie eine Frischwasserstation. Bitte lassen Sie unser Telefon lange läuten, wir haben eine Rufumleitung eingerichtet. Unser Abendessen bieten wir Ihnen gerne während der Öffnungszeiten der Besenwirtschaft an.
Selbstgemachtes: Wein, Sekt, Secco, Destillate, Apfelsaft, Marmelade, Honig, Brot, Kürbis, Dosenwurst und Brot während der Besenzeit. Abendbrot und Getränke erhältlich.
Aktivitäten: Schwimmen im Rhein, Wanderwege, Schaffhauser Rheinfall, Bodensee, Burgruine in Singen, Altstadt Stein am Rhein, Holzaussichtsturm Wildensbuch
Hinweis: △ In Gailingen links Richtung Ramsen einbiegen. Immer gerade weiterfahren (nicht der Vorfahrtstraße nach Diessenhofen folgen). Der Hof liegt 1,5 km außerhalb von Gailingen Richtung Ramsen.

Winkelhof C11
Winkelhof 1 2021
78262 Gailingen

Zu Gast bei: Armin Zolg 07734/6598
Anreise bis: 17 Uhr
Ruhetage: Mo. Di.

Hofladen und Hofverkauf:
Mi.–Sa. 10–18 Uhr

www.zolg.de

SCHNECKENHOF WEINGUT MÜLLER & GASTHAUS LAMM

Geddelsbach (BW) · 49°8'36.1"N 9°29'53.0"E

Idyllisches Familienweingut mit gutbürgerlichem Gasthaus im schönen Brettachtal. Die Stellplätze liegen direkt am Bach zwischen Weinbergen, Wald und Wiese. Die Gaststätte ist unter der Woche abends für Sie geöffnet, nach Anmeldung bekommen Sie auch gern Mittagessen. Am Wochenende haben wir die Gaststätte den ganzen Tag geöffnet.
Selbstgemachtes: Wein, Sekt und Schnaps. Nach Voranmeldung: Abendbrot erhältlich.
Aktivitäten: diverse Rundwanderwege durch die Weinberge und Wald mit Ausgangspunkt in Geddelsbach, der 22 km lange Brettachtalradweg beginnt in Geddelsbach und geht nahtlos in den Kocher-Jagst-Radweg über

Schneckenhof Weingut Müller & Gasthaus Lamm D9
2014
Untere Brettachtalstr. 7
74626 Geddelsbach

Zu Gast bei: Helene Müller & Alexandra Siller 07945/2292
Ruhetag: Mi.
Schließzeit: 24.12.–01.02.

Hofladen:
Täglich 8:30–20 Uhr

weingut-schneckenhof.de

GASTSTÄTTE OBERE ROGGENMÜHLE

Geislingen (BW) · 48°39'22.0"N 9°53'40.2"E

Unsere denkmalgeschützte Gaststätte mit Forellenzucht liegt in einem engen Tal mitten im Naturschutzgebiet auf der Schwäbischen Alb.
Selbstgemachtes: frische und geräucherte Forelle. Außerdem: Honig. Abendbrot und Getränke erhältlich.
Aktivitäten: Rad-und Wanderwege, große Gartenwirtschaft, Spielplatz, Kneippanlage

Gaststätte Obere Roggenmühle D10
2021
Obere Roggenmühle 1
73312 Geislingen

Zu Gast bei: Martin Seitz 07331/61945
Anreise bis: 19 Uhr
Ruhetage: Mo. Di.
Schließzeit: 01.12.–28.02.

Hofverkauf:
Mi.–So. 9–19 Uhr

www.obereroggenmuehle.de

Nord | Nordwest | Ost | Mitte-West | West | Südost | **Südwest**

TOSKANA SCHUKRAFT'S HOFLADEN UND BAUERNHOFCAFÉ

Gemmingen (BW) · 49°9'8.9"N 9°0'4.9"E

Mitten im schönen Kraichgau finden Sie unser Bauernhofcafé TOSKANA mit Hofladen. Wir verwöhnen Sie mit Frühstück, Kaffee, Kuchen und Torten oder Hausmacher Vesper. Im Sommer lädt unsere herrliche Terrasse zum Verweilen ein. Wir sind ein landwirtschaftlicher Familienbetrieb mit Ackerbau, Legehennenhaltung und Schweinemast. Nach Absprache ist vormittags ein Einblick in den Produktionsbetrieb möglich. An Feiertagen haben wir geschlossen.

Selbstgemachtes: selbstgebackene Kuchen und Torten, Marmeladen und Eier. Außerdem: Nudeln, Dosenwurst, Fertiggerichte, Marmelade, Honig, Schinken, Joghurt, Käse, Obst, Karoffeln, Kaffee u.v.m. Frühstück und Getränke erhältlich.

Aktivitäten: Freibad am Ortsrand, Erlebnispark Tripsdrill, Experimenta Heilbronn, Technik-Museum Sinsheim, Rad- und Wanderwege

TOSKANA Schukraft's Hofladen und Bauernhofcafé
Schleifweghöfe 1/1
75050 Gemmingen
C9
2021

Zu Gast bei: Adelheid Schukraft
07267/911070 o. 0171/2217717
Anreise bis: 17 Uhr
Ruhetage: Mo. So.

Hofladen:
Mi., Fr. 8:30–12:30, 14–18:30 Uhr // Sa. 8:30–17:30 Uhr, So. 14–17:30 Uhr

www.toskana-gemmingen.de

ARMBRUSTERS HOFLÄDELE

Gengenbach (BW) · 48°25'8.5"N 7°59'59.0"E

Seit über 40 Jahren werden auf unserem Hof auf etwa 15 ha Fläche Obst und Gemüse umweltschonend angebaut und direkt in unserem Hoflädele selbst vermarktet. Besonders zu erwähnen ist die hauseigene Brennerei. Hier wird das angebaute Obst zu edlen Bränden, erlesenen Geisten und fruchtigen Likören verarbeitet, welche schon vielfach prämiert wurden. Zu unseren Spezialitäten gehören insbesondere das Schwarzwälder Kirschwasser, Williams Christ Birnenbrand, Eierlikör mit Schwarzwälder Kirschwasser und der Topinambur.

Selbstgemachtes: 80 verschiedene Brände, Geiste, Spirituosen, Fruchtliköre sowie 18 verschiedene Eierliköre, Weine, Eier, Nudeln, Kartoffeln, Äpfel und Birnen.

Aktivitäten: Historische Altstadt Gengenbach, Wanderpfade

Armbrusters Hoflädele
Alte Landstraße 6
77723 Gengenbach
B10
2020

Zu Gast bei: Wolfgang Armbruster
07803/3235 o. 0171/4615025
Anreise bis: 18:30 Uhr

Hofladen und Hofverkauf:
Mo.–Sa. 8–19 Uhr

www.hoflaedele.de

FRANZ WILD

Gengenbach (BW) · 48°23'15.5"N 8°1'13.5"E

Wir sind eine familiengeführte Traditionsbrennerei mit Weingut in Gengenbach im Schwarzwald. Wir stellen in Handarbeit und unter steter Wahrung höchster Qualität Hochprozentiges her. Einen Großteil des Obstes dafür bauen wir selbst an. Tradition und Moderne verbinden – unter dieser Devise entstehen unsere Produkte, die auch bei uns vor Ort verkostet werden können. Hinweis: Bei der Ankunft wird eine Kurtaxe pro Person fällig, die in bar zu entrichten ist. Sollten Sie spätabends anreisen, melden Sie sich bitte am nächsten Morgen in der Vinothek.

Selbstgemachtes: Edelbrände, Liköre, Eierliköre, Whisky, Gin, Rum, Vodka, Weine und Sekt. Außerdem: Honig und kleine Geschenkartikel.

Aktivitäten: Wein- und Schnaps-Tastings, Führungen durch die Brennerei (auf Anfrage), Erlebnis-Wanderwege, historische Altstadt Gengenbach, Badeseen, Schwimmbad, Radwege und Mountainbike-Strecken

Franz Wild GbR
Streuobstgarten 1
77723 Gengenbach
B10
2020

Zu Gast bei: Manuel Wild 07803/5555

Hofladen:
Mo.–Sa. 9–18 Uhr // So. 11–15 Uhr

www.wild-brennerei.de

KULTURHOF ERPFENHAUSEN

Gerstetten (BW) · 48°38'20.6"N 10°3'10.9"E

Unser Hof ist ein ehemaliger Bauernhof, umgebaut und umgenutzt für Feiern und Kulturveranstaltungen im idyllisch gelegenen Weiler Erpfenhausen. Die Straße, auf der Sie anreisen, endet hier. Wir sind eingebettet zwischen Wiesen, Feldern, Wacholderheiden und einem Waldgebiet mit gut ausgeschilderten Wanderwegen, die zu kleineren oder größeren Ausflügen einladen. Im Frühling, Sommer und Winter finden jeweils an 3 bis 4 zusammenhängenden Tagen Musik und Comedyfestivals in der Kulturscheune statt.

Selbstgemachtes: Handwerklich hergestellter GIN – die „7 Schwaben Edition", Kräutersalz, Tees, Benny's Musik-CDs, Kunsthandwerk aus Holz und Trockenfrüchte. Außerdem: Regionale Bierspezialitäten und Alb-Linsen.

Aktivitäten: Wandern oder Spazierengehen in naturbelassenen Heideflächen und Wäldern, Riffmuseum, Geröteten Wasserturm mit Blick bis zu den Alpen, Heimatmuseum Ursula-Stift in Gussenstadt (5 km), Meteorkratermuseum Steinheim (7 km), Steiff Museum (14 km)

Kulturhof Erpfenhausen
Benny Jäger &
Sonja Banzhaf GbR
Erpfenhausen 1
89547 Gerstetten

D10
2021

Zu Gast bei: Benny Jäger
07323/920634 o. 0178/2076998
Anreise bis: 19 Uhr
Ruhetag: Sa.

Hofverkauf:
Auf Anfrage

www.erpfenhausen.de

LANDLEBENLEUTER

Glochen (BW) · 47°58'17.4"N 9°31'23.2"E

Unser landwirtschaftlicher Vollerwerbsbetrieb mit Mastschweinen, Hühnern, Pony und Schafen in artgerechter Haltung, einer Biogasanlage und einem neu erbauten Hofcafé mit Hofladen liegen im Herzens Oberschwabens, nur 30 min vom Bodensee entfernt. Gerne können Sie sich mit unseren leckeren Produkten vom Hofladen eindecken oder sich eine Auszeit in unserem Hofcafé nehmen.

Selbstgemachtes: Wurst aus eigener Schlachtung, Freilandeier, Backwaren wie Bauernbrot, Dinkelbrot, Dinnete, Kuchen und Torten aus dem Steinbackofen. Außerdem: Nudeln, Marmelade und Sirup. Frühstück, Abendbrot und Getränke erhältlich.

Aktivitäten: Wanderwege, Radtouren, Thermalbad, Bodensee

LandLebenLeuter
Am Feldrain 1
88361 Glochen

D11
2017

Zu Gast bei: Silke Leuter
07581/506814 o. 0157/85948991
Anreise bis: 19 Uhr

Hofladen:
Auf Anfrage

www.landleben-leuter.de

RINZBERGHOF

Glottertal (BW) · 48°3'3.0"N 7°56'39.8"E

Wir sind ein kleines Bioweingut am Fuße der Weinberge, liegen nahe der Dorfmitte und doch im Grünen. Auf dem Hof leben außer uns Menschen noch Ziegen und Katzen. Besuchen Sie uns und probieren Sie unsere Weine und Schnäpse vom Glottertal und vom Kaiserstuhl in unserer schönen Probierstube.

Selbstgemachtes: Wein, Schnaps, Apfelsaft, Essig und Honig.

Aktivitäten: Wandern, Essen gehen, Freiburg usw.

Rinzberghof
Schurhammerweg 4
79286 Glottertal

B11
2017

Zu Gast bei: Franziska Salwey
0151/57304677
Anreise bis: 21 Uhr

Hofverkauf:
Di.–Fr. 15–18 Uhr // Sa. 10–14 Uhr

www.rinzberghof.de

EICHRÜTTEHOF

Görwihl-Hartschwand (BW) · 47°39'36.8"N 8°3'48.9"E

Mitten im Naturpark Südschwarzwald betreiben wir auf unserem ruhig und abseits gelegenem Bauernhof eine Vesperstube und einen Biergarten. Unsere ökozertifizierte Mutterkuhhaltung umfasst 60 Rinder.

Selbstgemachtes: Weiderindfleisch, Wurst, Bauernbrot, Honig und Schnäpse. Abendbrot und Getränke erhältlich.
Aktivitäten: Wandern, Museum, Kutschfahrten

Eichrüttehof **B11**
Hartschwand 1 2016
79733 Görwihl-Hartschwand

Zu Gast bei: Thomas Gerspacher
07754/1262
Anreise bis: 21 Uhr
Ruhetag: Mo.
Schließzeit: 10.02.–25.03.

Hofladen und Hofverkauf:
Di.–So. 10–20 Uhr

www.eichruettehof.de

BRENNEREI ENGLERT

Gundelsheim (BW) · 49°17'17.1"N 9°9'21.9"E

Willkommen in Gundelsheims ältester Brennerei. Lernen Sie in uriger Atmosphäre alles über die Brennkunst von früher bis heute kennen. Ich biete Führungen durch die eigene dampfbetriebene Brennerei an, außerdem bin ich als Stadt- und Weinerlebnisführer kompetenter Ansprechpartner für Land und Leute.

Selbstgemachtes: Liköre, Brände, Apfelsaft BaginBox und Apfelsaft von Streuobstwiesen.
Aktivitäten: Führungen durch die Brennerei, Terrassenfreibad, Burg Guttenberg

Brennerei Englert **D9**
Burghalde 13 2020
74831 Gundelsheim

Zu Gast bei: Armin Englert
06269/427240 o. 0151/56375740
Anreise bis: 18 Uhr

Hofverkauf:
Auf Anfrage

www.brennerei-englert.de

HOFGUT STAHL

Gundelsheim (BW) · 49°17'25.1"N 9°10'10.1"E

Willkommen auf dem Hofgut Hohschön! Wir freuen uns, Sie auf unserem idyllischen Bauernhof in ruhiger, traumhafter Lage begrüßen zu dürfen. Sehen Sie selbst, wie artgerechte Tierhaltung im Freiland, regenerative Landwirtschaft und die Herstellung von gesunden Lebensmitteln aus Überzeugung gelebt wird! Genießen Sie die Köstlichkeiten in unserer Gutschenke auf dem Hofgut oder im Hofladen zum direkten Mitnehmen.

Selbstgemachtes: Freilandeier, Teigwaren, Eierlikör, Maultaschen, Hausmacher Wurst vom Freiland-Duroc-Schwein, Freilandgeflügel, Feinkostsortiment von Geflügelbolognese, Kartoffelsuppe, Linsen und Gulasch.
Aktivitäten: eigener Flugplatz für Ultraleichtflugzeuge, Neckartal, Weinberge, Wanderwege, Radwege, Burg Hornberg, Burg Guttenberg, Salzbergwerk, Altstädte Bad Wimpfen, Mosbach

Hofgut Stahl **D9**
Hofgut Hohschön 1 2021
74831 Gundelsheim

Zu Gast bei: Rüdiger Stahl 06269/381
Anreise bis: 20 Uhr

Hofladen und Hofverkauf:
Mo.–Do. 9–16 Uhr // Fr., Sa. 9–12:30 Uhr

www.hofgut-stahl.de

SPARGELHOF SIMIANER

Hambrücken (BW) · 49°11'45.3"N 8°33'13.8"E

Herzlich willkommen auf dem Spargelhof Hugo Simianer und Söhne. Wir sind ein traditioneller landwirtschaflicher Betrieb, spezialisiert auf Spargel und Erdbeeranbau. Neu im Programm haben wir auch Himbeeren und Brombeeren. In unserem schönen Spargelrestaurant bieten wir saisonal während der Spargelzeit eine große Auswahl an leckeren Spargelgerichten an.

Selbstgemachtes: Alles saisonal: Spargel, Erdbeeren, Himbeeren, Brombeeren, Kartoffeln, verschiedene Marmeladen, sauer eingekochter Spargel in Gläsern, Erdbeersecco und Erdbeerwein.
Aktivitäten: Kleiner Spielplatz beim Hof, 300 m zum Waldrand (herrliche Wälder um ganz Hambrücken), schöne Kirche in der Mitte Hambrückens, Vogelpark mit Minigolf-Anlage, Heidesee im Nachbarort
Hinweis: △ Wir sind ein Aussiedler Hof 1km außerhalb von Hambrücken Richtung Wiesental.

Spargelhof Hugo Simianer und Söhne C9
Keitländerstr. 100 2021
(Aussiedlerhof)
76707 Hambrücken

Zu Gast bei: Hugo Simianer
0171/5487143
Anreise bis: 18 Uhr

Hofladen und Hofverkauf:
Mo.–Sa. 7–18 Uhr // So. 8–18 Uhr

www.spargelhof-simianer.de

RÜTSCHORFER STROHSCHWEINE

Hardheim-Rütschdorf (BW) · 49°38'32.3"N 9°24'53.2"E

Wir, ein landwirtschaftlicher Familienbetrieb, haben im Jahr 2020 einen neuartigen Tierwohlstall gebaut. Unsere Schweine leben hier auf Stroh und haben einen großzügigen Auslauf ins Freie. Der Stellplatz liegt mitten in der Natur und ist umgeben von Feldern und Wald. Man hat einen tollen Ausblick über das Erftal und kann pure Landluft schnuppern. Entspannung garantiert!

Selbstgemachtes: Fleisch- und Wurstwaren, Honig u.v.m.
Aktivitäten: Besichtigung unseres Tierwohlstalls, Wanderung zum Schächerstein, viele Wander- und Radwege
Hinweis: △ Die letzten 300 m zum Stellplatz am Tierwohlstall sind geteerter Feldweg.

Mathias und Lukas D9
Berberich GbR 2021
Rütschdorfer Straße 8
74736 Hardheim-Rütschdorf

Zu Gast bei: Mathias Berberich, einfach anreisen…
Anreise bis: 20 Uhr

Hofladen und Hofverkauf:
Täglich 8–20 Uhr

www.ruetschdorfer-strohschweine.de

BIOLANDHOF DUTTLINGER

Hattingen (BW) · 47°55'18.3"N 8°47'2.4"E

Wir betreiben Geflügelhaltung, Rinderaufzucht, Grünland und Ackerbau. Wir haben 50 Aufzuchtrinder. Die Freilandhühner halten wir im Hühnermobil, im Stall an der Hofstelle und im neuen 6000er Biolandstall. Katzen haben wir auch auf dem Hof und teilweise halten wir Tagesküken. Verschiedene Nudelsorten aus eigenem Frischei werden vermarktet. Unser Betrieb wird nun auch nach den Bioland-Richtlinien bewirtschaftet.

Selbstgemachtes: Eier und Milch. Außerdem: Nudeln, Brot, Wurst, Käse und Fleisch. Nach Voranmeldung: Frühstück, Abendbrot und Getränke erhältlich.
Aktivitäten: Bodensee, Schwarzwald

Biolandhof Duttlinger C11
Rathausstraße 11 2022
78194 Hattingen

Zu Gast bei: Rainer Duttlinger
0172/8096682

Hofladen:
Auf Anfrage

www.eier-duttlinger.de

WEIN

„Wir verfolgen den Ansatz, dass der Geschmack des Weins am Rebstock entsteht"

TRADITION TRIFFT INNOVATION

Mitten in der Erntezeit besuchte Landvergnügen das Weingut Stauffer. Auf dem frisch zertifizierten Biobetrieb in Rheinhessen hat der Weinbau eine lange Tradition.

Es ist ein sonniger, spätsommerlicher Tag, als das Landvergnügen-Team das Weingut Stauffer in Flomborn in Rheinhessen besucht. Dabei gehören für Alexander Stauffer eigentlich kühle Temperaturen und ein bisschen Nebel zur Weinlese dazu, damit das richtige Herbstgefühl aufkommt.

Der studierte Önologe übernimmt gerade nach und nach das Traditionsweingut seiner Eltern. Seit 1790 ist es in Familienbesitz. Deutlich älter ist der Vierseitenhof, auf dem sich das Weingut befindet. Der klösterliche Zehnthof stammt aus dem zwölften Jahrhundert. Camper stehen mitten im Geschehen auf historischem Kopfsteinpflaster.

Im September und Oktober ist auf dem Weingut besonders viel los. Dann steht die Weinlese an, bei der die Stauffers Unterstützung von vielen Helfern aus der Region bekommen. Die geernteten Früchte werden entrappt, also von den Stielen getrennt, der beim Pressen entstandene Saft in Fässern gelagert. Dort vergärt er langsam zu Alkohol.

„Wir verfolgen den Ansatz, dass der Geschmack des Weins am Rebstock entsteht", betont Alexander Stauffer. Die kalkhaltigen Böden und die recht hohe Lage nahe des Hügelkamms geben den an den Südhängen eines Rhein-Seitentals wachsenden Trauben eine fast salzige Mineralität. Sie zeichnet vor allem den Riesling – ein Bestseller vom Weingut Stauffer – aus. Wäre da nicht die lebhafte Säure des Weißwein-Klassikers, würde ihn Alexander Stauffer als Einsteigerwein empfehlen. „Aber diese Eigenschaft muss man mögen", sagt er.

Um sich mit Wein zu beschäftigen, ist eine Weinprobe immer eine gute Möglichkeit. Auf dem Weingut Stauffer sollten sich Reisende dafür möglichst vorher anmelden. Dann nimmt sich Alexander Stauffer Zeit, um mit den Gästen mehrere Weine durchzuprobieren und Hintergrundwissen zu vermitteln.

Als während der Corona-Pandemie keine Veranstaltungen stattfinden durften, hat er Online-Weinproben etabliert. Dafür versendet der Winzer vorab ein Weinpaket. Bei einem Zoom-Termin verkostet und bespricht er dann die Weine mit den Kunden. →

Wein-Verkauf

Vorsicht Glas
ups

2020
Merlot
Reserve

STAUFFER
Riesling
„Kalkgestein"
2020
STAUFFER
Rosé
Feinherb
2020

„Wir gewinnen diesen sehr hochwertigen Rotwein aus 90 Jahre alten Reben"

Eine Sorte, die Alexander Stauffer besonders am Herzen liegt und für die sein Betrieb schon mehrfach ausgezeichnet wurde, ist der Blaue Portugieser. „Wir gewinnen diesen sehr hochwertigen Rotwein aus 90 Jahre alten Reben", erklärt er. Mit der Herstellung dieses edlen Tropfens möchte er der alten deutschen Sorte zu einem Comeback verhelfen.

Seit 2021 ist das Weingut Stauffer ein zertifizierter Bio-Betrieb. Für den Winzer bedeutet das mehr Arbeit, vor allem beim Pflanzenschutz. Er darf nur Mittel verwenden, die nicht in die Pflanze eindringen, beispielsweise Backpulver. „Ein sauberer Rebschnitt kann zudem die Qualität des Ertrags erhöhen", erklärt er. Um den weit verbreiteten Mehltau zu vermeiden, müssen zum Beispiel im Sommer die Trauben entblättert und damit freigestellt werden. Um die Monokultur zu durchbrechen, säen die Stauffers Blühmischungen und zuletzt sogar versuchsweise Kartoffeln zwischen den Rebzeilen aus. Das zieht Insekten an und stärkt die Biodiversität. Die Bio-Zertifizierung gilt aber auch für den Keller. Die Zugabe von Schwefel und anderen Behandlungsmitteln ist bei der Bio-Weinherstellung streng geregelt.

Für den 2021er-Jahrgang hat Alexander Stauffer eine ganz klare Prognose: „Das wird Wahnsinnswein!" Der relativ kühle Sommer ermöglichte eine lange Reifezeit, ohne dass – wie in den vorhergehenden Jahren – die Trauben zu süß wurden. „Davon profitiert besonders der Riesling, aber auch die anderen Sorten haben sehr komplexe Aromen entwickelt", sagt der Winzer. Die ersten Flaschen werden ab April verkauft – pünktlich zur neuen Landvergnügen-Saison.

BIOHOF GORZELANY

Hayingen-Kochstetten (BW) · 48°18'28.8"N 9°31'41.7"E

Unser Biohof liegt inmitten des Biosphärengebiets Schwäbische Alb in der Nähe des Großen Lautertals. Unser Hof ist ruhig in einem kleinen Weiler gelegen. Ein wunderschönes Wandergebiet beginnt direkt vor Ihrem Stellplatz. Bei uns gibt es seltene Gemüsesorten! Wir bauen Alblinsen und Buchweizen an! Sie wollen einmal bei der Kartoffelernte dabei sein? Kein Problem – gerne dürfen Sie selber einmal mit Hand anlegen.

Selbstgemachtes: Gemüse, Eier, Nudeln und Kartoffeln.
Aktivitäten: Radwanderweg direkt am Hof, Großes Lautertal, touristisch attraktive Gegend
Hinweis: △ Nicht jedes Navi findet die Hofäckerstraße, viele landen dann mitten im Wald, besser nur Kochstetten eingeben!

Biohof Gorzelany D11
Hofäckerstr. 18 2015
72534 Hayingen-Kochstetten

Telefon: 07386/311 o. 0171/6712002

Hofladen:
Auf Anfrage

www.biohof-gorzelany.de

WEINGUT UND OBSTHOF SCHRÖDER

Heddesheim (BW) · 49°32'5.5"N 8°37'13.4"E

Familiengeführtes Weingut und Obsthof, Gastronomie an den Wochenenden und Direktverkauf der eigenen Erzeugnisse. Genießen Sie auf der Terrasse und im großzügig angelegten Garten der mediterranen Lokation angenehme Stunden bei erlesenen Weinen und leckeren Speisen.

Selbstgemachtes: Wein, Winzer-Sekt, Seccos, Brände, Liköre, Säfte, Fruchtaufstrich, Gelees, Pesto, Senf, Chutney, Eingemachtes und saisonales Obst (Äpfel, Zwetschgen, Erdbeeren, Himbeeren, Brombeeren, Süßkirschen, Aprikosen, Pfirsiche, Kiwis) und Walnüsse. Nach Voranmeldung: Frühstück, Abendbrot und Getränke erhältlich.
Aktivitäten: Badesee, Radwanderweg, Minigolf, Heideberg (20 min), Weinheim, Geo-Naturpark, Kloster Lorsch (UESCO Welterbe), Straßenbahn (15 min)

Weingut und Obsthof C9
Schröder 2021
Muckensturm 28
68542 Heddesheim

Zu Gast bei: Judith Schmidt
06201/16766
Anreise bis: 18 Uhr

Hofladen:
Mo.–Fr. 9–12:30,14–18 Uhr // Sa. 9–14 Uhr

www.weingut-schroeder.de

GENOSSENSCHAFTSKELLEREI HEILBRONN

Heilbronn (BW) · 49°10'5.5"N 9°14'35.6"E

Die Genossenschaftskellerei befindet sich in einer Region, die man als das Herz des Württemberger Weinbaus bezeichnen darf. Über die Sommermonate verwöhnt Sie der Weingarten mit einer ausgesuchten Weinkarte und sommerlichen Gerichten. Von April bis September hat der Weingarten am Spätnachmittag und sonntags ab 11 Uhr geöffnet. Die Kellerei ist zwischen Heilbronn und Erlenbach gelegen, mit Blick auf Erlenbach.

Selbstgemachtes: Wein, Sekt, Secco und Traubensaft.
Aktivitäten: Weingarten mit Kinderspielplatz, viele Veranstaltungen um das Thema Wein, Openair Kino, Heilbronn

Genossenschaftskellerei D9
Heilbronn eG 2021
Binswanger Straße 150
74076 Heilbronn

Telefon: 07131/157914
Anreise bis: 17:30 Uhr
Schließzeit: 24.12.–31.12.

Hofverkauf:
Mo.–Fr. 8:30–18 Uhr // Sa. 8:30–14 Uhr // So. 11–17 Uhr

www.wg-heilbronn.de

WEINGUT ALBRECHT-KIESSLING

Heilbronn (BW) · 49°9'09.1"N 9°14'24.9"E

Erweiterter Familienbetrieb mit Tradition. Am Fuße der besten Lage von Württemberg, dem Wartberg. Jetzt setzen wir mit einem Neubau, der Treffpunkt für Weinliebhaber und Veranstaltungsort für niveauvolle Events sein wird, ein markantes architektonisches Zeichen.

Selbstgemachtes: Wein, Sekt und Tresterfeinbrand. Außerdem: Honig, Öle aus regionaler Herstellung und Essig.
Aktivitäten: Weinwanderwege, Experimenta (erstes Sciencecenter in Süddeutschland), Botanischer Obstgarten, Soleo Hallenbad, Salzbergwerk Heilbronn, Naturpark Schwäbisch-Fränkischer Wald, Spaßbad Aquatoll

Weingut Albrecht-Kiessling
Im Breitenloch 37
74076 Heilbronn
D9
2018

Telefon: 07131/178947
Anreise bis: 19 Uhr
Ruhetage: Mo. So.
Schließzeit: 23.12.–06.01.

Hofverkauf:
Di.–Fr. 9–18 Uhr // Sa. 9–16 Uhr

www.albrecht-kiessling.de

WEINGUT FISCHER ERBENGEMEINSCHAFT

Heilbronn (BW) · 49°9'55.4"N 9°13'58.7"E

Unser Weingut wird von der Familie in der 9. Generation geführt und liegt inmitten der Weinberge am Rande der Stadt Heilbronn unterhalb vom Kleinen Stiftsberg. Hier erzeugen wir qualitativ hochwertige Weine. Unseren Einsatz und die Liebe zum Wein werden Sie sicherlich auch bei einem Glas aus unserem Hause erkennen.

Selbstgemachtes: Weine und Spirituosen. Nach Voranmeldung: Getränke erhältlich.
Aktivitäten: Radwege durch die Weinberge und entlang des Neckars, Weinstraße, Besuch in Heilbronn
Hinweis: △ Sobald Sie zu uns abbiegen gibt es zwei Einfahrten/Häuser; wir liegen auf der rechten Seite!

Weingut Fischer
Erbengemeinschaft
Kleiner Stiftsberg 2
74076 Heilbronn
D9
2021

Zu Gast bei: Velia Fischer
07131/179763 o. 0172/9352426
Anreise bis: 22 Uhr

Hofladen und Hofverkauf:
Mo.–Fr. 9–18 Uhr // Sa. 10–16 Uhr

www.weingut-fischer.de

WEINGUT UND STRAUSSWIRTSCHAFT SCHNEIDER-PFEFFERLE

Heitersheim (BW) · 47°52'25.8"N 7°40'16.2"E

Wir sind ein ökologisch arbeitendes Weingut, mitten im Markgräflerland mit herrlichem Blick auf den südlichen Schwarzwald. Außerdem bewirten wir Sie gerne in unserer Straußwirtschaft. Hier legen wir besonderen Wert auf regional erzeugte Produkte unseres Vertrauens.

Selbstgemachtes: feine Weine.
Aktivitäten: Thermal- sowie Sportbäder, Römerausgrabungen und Maltesermuseum, Wanderungen im Schwarzwald und in den Weinbergen, Nähe zur Schweiz und Frankreich

Weingut und
Straußwirtschaft
Schneider-Pfefferle
Kolpingstr. 7
79423 Heitersheim
B11
2014

Zu Gast bei: Katharina Pfefferle,
einfach anreisen…

www.weingut-schneider-pfefferle.de

Nord

Nordwest

Ost

Mitte-West

West

Südost

Südwest

E. GENTNER OBSTBAU

Hemmingen (BW) · 48°52'13.7"N 9°0'16.8"E

Wir sind ein landwirtschaftlicher Familienbetrieb im schönen Strohgäu. Neben Sonderkulturen bauen wir auch Getreide, Kartoffeln und Mais auf unseren Feldern an. In unserem SB-Häuschen auf dem Hof finden Sie viele unserer Produkte auch außerhalb der Öffnungszeiten. In der Beerenzeit (Juni-Juli) ist unser Hofladen täglich geöffnet. Hunde bitte an der Leine führen. Wir freuen uns auf Ihren Besuch.

Selbstgemachtes: Äpfel, Birnen, Kartoffeln, Fruchtaufstriche, Beerenobst, Steinobst und Kürbisse. Außerdem: Zwiebeln, Apfelsaft, Heckengäulinsen, Honig, Eier, Nudeln und Tomaten.
Aktivitäten: Freibad, Keltenmuseum, Freizeitpark Rutesheim, Freestyle Academy Stuttgart (Indoor-Spielplatz)

E. Gentner Obstbau C10
Spitzenhof 2 2022
71282 Hemmingen

Zu Gast bei: Alexander Schwind Barbara Gentner 07150/41914 o. 0162/4307633

Hofladen und Hofverkauf:
Do. 9–12 Uhr // Fr. 9–12, 14–18 Uhr // Sa. 9–13 Uhr

www.gentner-obstbau.de

KLEINBRENNEREI FITZKE

Herbolzheim-Broggingen (BW) · 48°13'7.9"N 7°49'44.5"E

Wir sind eine kleine Brennerei, die in Handarbeit sortenreine Whiskys und Edelbrände herstellt. Die Verarbeitung von alten Getreide- und Obstsorten macht unsere Destillate außergewöhnlich. Unser Schwarzwälder Whisky „Derrina" wurde von Whisky-Papst Jim Murray schon mehrfach ausgezeichnet.

Selbstgemachtes: Schwarzwälder Whisky „Derrina", Schwarzwälder Obstbrände, Bierbrände, Gin und Absinth.
Aktivitäten: Brennereiführung mit Verkostung unserer Destillate, Schwimmbad und Badesee (5 km), Europapark Rust (14 km), Radwegenetz Breisgau-Ortenau-Kaiserstuhl-Markgräflerland, Elsass (15 km), Freiburg (35 km), Schweiz (80 km)

Kleinbrennerei Fitzke B11
Riedstr. 18 2019
79336 Herbolzheim-Broggingen

Zu Gast bei: Edith Fitzke 07643/1523
Anreise bis: 20 Uhr

Hofverkauf:
Auf Anfrage

www.kleinbrennerei-fitzke.de

BIOTAL HOFGEMEINSCHAFT ESELSBURG

Herbrechtingen (BW) · 48°36'2.6"N 10°10'44.0"E

Wir sind ein Bioland-Milchviehbetrieb mit Ackerbau, Hofladen & Hofcafé im schönen Eselsburger Tal. Unser Hof wird sehr vielseitig bewirtschaftet, dadurch ist unser Angebot an selbst erzeugten Waren sehr umfangreich. Wir halten Milchkühe, Rinder, Kälber, Schafe, Ziegen und Wasserbüffel. Das Besondere an unserem Hofladen, ist, dass er regional aus Stroh, Holz und Lehm erbaut wurde. Eine Toiletten können Sie zu den Öffnungszeiten des Hofcafés gerne nutzen.

Selbstgemachtes: Milch, Jogurt, Käse, Eis, Quark, Wurst, Fleisch, Apfelsaft. Außerdem: komplettes Natursortiment sowie Frühstück, Mittagessen, Kaffee & Kuchen (im Bistro als auch to-go).
Aktivitäten: Naturschutzgebiet in bewaldetem Tal mit prähistorischen Höhlen, Weilern und mittelalterlichen Ruinen, Wanderwege, Schwimmbad im Nachbarort, großer Sandkasten mit Spielzeug vor der Tür
Hinweis: △ Die letzten Meter sind etwas steil mit ein paar Huppeln in der Straße.

Biotal Hofgemeinschaft Eselsburg E10
2021
Talstraße 23
89542 Herbrechtingen

Zu Gast bei: Nicola Hartmann 07324/4103000
Anreise bis: 19 Uhr

Hofladen:
Mo.–Fr. 8:30–18:30 Uhr // Sa. 7:30–16 Uhr

www.milchmobil.de

ALPAKA DREAMS

Heroldstatt (BW) · 48°26'28.2"N 9°40'33.6"E

Wir betreiben seit 10 Jahren eine Alpaka-Zucht mit zur Zeit 85 Alpakas. Es werden Wanderungen und andere Aktionen mit Alpakas angeboten. In unserem Laden gibt es eine große Auswahl an Alpaka-Produkten. Auf der Plantage gibt es frisches Gemüse, frei von Schadstoffen und Pestiziden. Nach Absprache ist ein Einblick in den Produktionsbetrieb möglich. Hunde sind an der Leine zu führen. Bitte beachten Sie die besondere Zufahrt.
Selbstgemachtes: feinste Wolle und Steppwaren von unseren Tieren, Webteppiche, Langzeitdünger, Eier und Gemüse aus dem Garten. Außerdem: Kleidung und Accessoires aus 100% Alpakawolle. Nach Voranmeldung: Getränke erhältlich.
Aktivitäten: Hofführung, Alpaka-Wanderungen, Ponyreiten, Kutschfahrten, Tropfsteinhöhlen, Kletterwald, Rad- und Wanderwegnetz, Biosphärengebiet, Loipen im Winter
Hinweis: △ Ins Navi Blaubeurer Weg 24 eingeben! Von dort kommend, ca. 400 m leicht rechts den Berg herunterfahren. Die letzten 200 m sind Schotterpiste.

Alpaka Dreams GbR D10
Taubergweg 17 2021
72535 Heroldstatt

Zu Gast bei: Menno-Kuhn Frau
0157/59168495
Ruhetage: Mo. Di. Mi. Do.
Schließzeit: 15.05.–05.06.

Hofladen:
Mo. 14:30–18 Uhr, Di. 9:30–12:30 Uhr, Mi., Do. 10–17 Uhr, Fr. 14:30–18 Uhr

www.alpaka-dreams.de

FINCH WHISKYDESTILLERIE

Heroldstatt (BW) · 48°25'6.5"N 9°38'25.4"E

Unsere Brennerei wird gerade in einem historischen Gebäude neu eingerichtet und liegt mitten im Biosphärengebiet Schwäbische Alb. Im Vorfeld bitte unbedingt anrufen, um eine Anfahrtsbeschreibung zu erhalten, denn die Adresse des Stellplatzes ist abweichend von der hier angegebenen Adresse. Eine Führung ist nach Absprache möglich. Unser Regiomat ist rund um die Uhr geöffnet und der Hofladen siehe Öffnungszeiten oder nach Absprache.
Selbstgemachtes: Whisky, Spirituosen. Außerdem: ausgewählte regionale Produkte (Weine, Büffelspezialitäten, Schokolade usw.).
Aktivitäten: Radwanderwege, Höhlen, Urmu Blaubeuren, Biosphärenzentrum, Altes Lager Münsingen

Finch Whiskydestillerie D10
Am Berg 5 2022
72535 Heroldstatt

Zu Gast bei: Hans-Gerhard Fink
07389/758300 o. 0172/7413084
Anreise bis: 20 Uhr
Schließzeit: 01.12.–28.02.

Hofladen und Hofverkauf:
Mo.–Fr. 8–16 Uhr

www.finch-whisky.com

SCHÄFEREI ALLGAIER

Heroldstatt (BW) · 48°26'19.0"N 9°39'3.1"E

Unsere Schäferei ist ein Familienbetrieb und unsere Schafe werden auf dem ehemaligen Truppenübungsplatz Münsingen traditionell gehütet. Unser Betrieb befindet sich außerhalb und liegt am Rande des Biosphärengebietes Schwäbische Alb. Hier finden Sie Ruhe, einen schönen Ausblick bei Sonnenuntergang und Natur pur. In den Monaten Dezember bis März ist ein Stellplatz je nach Wetterlage möglich. Unter Aufsicht oder an der Leine sind Hunde willkommen.
Selbstgemachtes: Bauernbrot. Außerdem: verschiedene Wurstsorten vom Schaf und Wildschwein und Eier. Nach Voranmeldung: Frühstück, Abendbrot und Getränke erhältlich.
Aktivitäten: Aussichtsturm im ehemaligen Truppenübungsplatz, Sontheimer Höhle, Laichinger Tiefenhöhle
Hinweis: △ Die angegebenen GPS-Daten verweisen auf den Stellplatz und nicht auf die Hofadresse.

Schäferei Allgaier D10
Münsingerstr. 64 2014
72535 Heroldstatt

Zu Gast bei: Regina Allgaier
07389/752 o. 0173/8544116
Anreise bis: 19 Uhr
Schließzeit: 01.12.–31.03.

Hofverkauf:
Auf Anfrage

www.schwabenlamm.de

RÄUCHERSPEZIALISTEN PFAU

Herzogsweiler (BW) · 48°30'33.1"N 8°31'57.6"E

Wir sind ein attraktives Ausflugsziel für Jung und Alt mitten im Schwarzwald und bieten Ihnen ein pures Erlebnis mit unserer original Schwarzwälder Bauernrauchbesichtigung. Als Räucherspezialist fördern wir auch die Slow Food-Bewegung und heißen Feinschmecker und Genießer sehr herzlich willkommen. Hinweis: Unsere Toiletten sind nur während der Öffnungszeiten zugänglich!

Selbstgemachtes: Edelräucherschinken (z.B. luftgetrockneter Bauernschinken, Lammschinken, Hirschinken), 15 Sorten Salami (z.B. Schwarzwälder Kirschwassersalami, Wildschweinsalami mit Sommertrüffel, Bauernsalami mit Bergkäse), hausgemachte Fertiggerichte in Bratensoße und Wurstdosen. Nach Voranmeldung: Getränke erhältlich.

Aktivitäten: Bauernrauchbesichtigung, Nationalpark Schwarzwald

Räucherspezialisten Pfau C10
Alte Poststr. 17 2020
72285 Herzogsweiler

Zu Gast bei: Frank Pfau, einfach anreisen…
Anreise bis: 18 Uhr
Ruhetag: So.

Hofladen:
Mo.–Di. 7:30–12:30, 14–18 Uhr // Mi. 7:30–12:30 Uhr // Do.–Fr. 14–18 Uhr // Sa. 7:30–12:30 Uhr

www.pfau-schinken.de

FELSENGARTENKELLEREI BESIGHEIM

Hessigheim (BW) · 48°59'45.1"N 9°10'50.0"E

Inmitten des idyllischen Neckartales liegt die Felsengartenkellerei Besigheim am Rande Hessigheims. Steil empor ragen die Muschelkalkfelsen der klimatisch begünstigten Felsengärten. Tradition und Passion verpflichten die zahlreichen Weingärtner bei ihrer täglichen Arbeit in den terrassierten Steillagen. Am Wochenende und feiertags (März bis November) wird der Kellereihof bewirtet. Zu unseren Weinen erhalten Sie eine kleine Auswahl an Speisen sowie Kaffee und Kuchen. Außer den Stellplätzen auf dem Kellereihof stehen zusätzliche Stellplätze auf dem Parkplatz gegenüber dem Kellereihof zur Verfügung. Wir freuen uns auf Ihren Besuch!

Selbstgemachtes: Wein, Winzersekt, Secco, Weincocktails, Liköre, Trester und Weinbrand. Außerdem: Essig und Öl.

Aktivitäten: Rundwanderwege, Radwanderwege, Anlegestelle der Neckarschifffahrt

Felsengartenkellerei D9
Besigheim eG 2014
Am Felsengarten 1
74394 Hessigheim

Einfach anreisen…

Hofverkauf:
Mo.–Fr. 8:30–18 Uhr // Sa. 9–16 Uhr // So. 12–17 Uhr

www.felsengartenkellerei.de

SCHÄFEREI GERD HOSPACH

Hettingen-Inneringen (BW) · 48°11'31.3"N 9°16'46.8"E

Wir sind eine Wanderschäferei mit 650 Mutterschafen und über 100 ha Landschaftspflegefläche (überwiegend Wachholderheide und Steilhänge). Unsere Tiere sind von April bis November auf der Weide und in den Wintermonaten im Stall. Wir betreiben die Schäferei im Nebenerwerb.

Selbstgemachtes: Lammfleisch und -wurst(saisonal, gern auf Nachfrage) und Lammfelle. Nach Voranmeldung: Frühstück, Abendbrot und Getränke erhältlich.

Aktivitäten: Ponyreiten, Mitarbeit auf dem Hof, Wander- und Radwanderwege, Gestüt Marbach ca. 45 min entfernt, stundenweise Kinderbetreuung möglich, gerne können Gäste mitgenommen werden, um die Schafe auf eine neue Weide zu treiben

Hinweis: △ Die letzten 800 m sind ein einspuriger Feldweg und nur in schneefreier Zeit befahrbar. Die Zufahrt wird bei Eis und Schnee nicht geräumt.

Schäferei Gerd Hospach D11
Sendwag 7 2014
72513 Hettingen-Inneringen

Zu Gast bei: Claudia Hospach
0177/6480991

Hofverkauf:
Auf Anfrage

BIO OBSTANBAU MAGDALENENHOF

Hilzingen (BW) · 47°46'46.7"N 8°46'30.2"E

Der Magdalenenhof in Hilzingen wurde 1956 von Familie Hägele gegründet und ist ein lokaler Bio-Obstbaubetrieb mit Hofladen und Brennerei. Zu den Produkten gehören neben Äpfeln und Birnen auch Beeren, Steinobst und eigene Obstbrände sowie Apfelsaft, Most und Süßmost. Außerdem bieten wir Betriebsführungen und Schnapsproben an.

Selbstgemachtes: Äpfel, Birnen, Himbeeren, Johannisbeeren, Brombeeren, Zwetschgen, Nüsse, Obstbrände, Süßmost, Apfelsaft und Apfelwein. Außerdem: Eier, Kartoffeln, Dosenwurst, Nudeln, Dörrobst, Honig, Pesto und Milchprodukte.

Aktivitäten: Schwimmbad, Minigolf und Indoor-Minigolf im Ort, Wander- und Radwege, etwa 20 Autominuten bis zum Bodensee

Bio Obstanbau Magdalenenhof C11
Magdalenenhof 1 2019
78247 Hilzingen

Zu Gast bei: Thomas Hägele 07731/60607 o. 0175/2602304
Schließzeit: 01.11.–29.02.

Hofladen:
Mo., Di., Do. Fr. 8:30–12, 13:30–18:30 Uhr // Mi., Sa. 8:30–12 Uhr

www.magdalenenhof.info

HOHENSTEINER HOFKÄSEREI

Hohenstein-Ödenwaldstetten (BW) · 48°20'43.3"N 9°21'35.9"E

Auf der Albhochfläche bei Ödenwaldstetten liegt die Hohensteiner Hofkäserei inmitten einer faszinierenden Landschaft. Hier stellen wir auf traditionelle Weise, mit Herz und Hand, nach Bioland-Richtlinien unseren Albkäse in verschiedenen Variationen her. Ein Besuch der Hofkäserei und des Hofladens lässt sich mit Ausflügen zu Sehenswürdigkeiten und anderen Einkaufsmöglichkeiten (z.B. kleiner Tante-Emma-Laden im Dorf) in der näheren Umgebung verbinden. Wir freuen uns auf Ihren Besuch!

Selbstgemachtes: Albzarella, Rohmilchkäse, Kuh- und Büffelmilch auf Anfrage. Außerdem: Marmelade, Nudeln und Honig.

Aktivitäten: Wasserbüffel und Kühe beobachten, Mithilfe im Stall oder beim Melken möglich, Hofführung auf Anfrage, Radfahren, Wandern, Bauernmuseum, Pferdegestüt in Marbach, Chocolaterie, Seifenmanufaktur, Biosphärengebiet

Hohensteiner Hofkäserei D10
Heidäcker 1 2014
72531 Hohenstein-Ödenwaldstetten

Zu Gast bei: Helmut Rauscher & Karin Delessert 07387/1297 o. 0170/3896329
Anreise bis: 21 Uhr

Hofladen:
Täglich 7–19 Uhr

www.albkaes.de

ANGELA UND ERNST BUCK

Holzkirch (BW) · 48°31'53.4"N 9°59'39.6"E

Wir betreiben Schweinehaltung im geschlossenem System, dass heißt, die Tiere leben bei uns von der Geburt bis zur Schlachtung. Zudem betreiben wir Ackerbau, bauen seltene Alplinsen an und pressen Rapsöl selbst.

Selbstgemachtes: Rapsöl, Alplinsen und Wurstdosen.

Aktivitäten: Rad- und Wanderwege im Lonetal, Stadt Ulm (ca.15 km), Legoland (30 km), Hofführungen nach Anmeldung

Angela und Ernst Buck D10
Hauptstraße 15 2021
89183 Holzkirch

Zu Gast bei: Ernst Buck 07340/6351 o. 0171/8975937
Anreise bis: 20 Uhr

Hofverkauf:
Auf Anfrage

STEINMÜHLE

Horben (BW) · 47°55'55.0"N 7°51'2.7"E

Erleben Sie in der Steinmühle den Schwarzwald hautnah! Zwischen Freiburg im Breisgau und der Bergwelt Schauinsland befindet sich in Horben unser Bauernhof. Mitten in der Natur betreiben wir unseren kleinen Hof mit Vorderwälder Rindern, Burenziegen, Schweinen, Hund und Katzen. Das Besondere auf unserem Hof sind die Kräuterspezialitäten und Wildkräuterführungen. Unser Holzofenbrot müssen Sie unbedingt vorbestellen! Wir haben ein kleines SB-Regal mit Verkauf.

Selbstgemachtes: Holzofenbrot, je nach Jahreszeit Fruchtaufstriche, Kräutersenfe, Kräutersalze, Liköre, Eingelegtes und Chutneys.
Aktivitäten: Wildkräuterführungen (nach Absprache), Hofrundgang, Wanderwege, Exit-Spiel „Hofgeheimnis Wald und Holz"
Hinweis: △ Der letzte Kilometer ist eng und steil mit Ausweichmöglichkeiten. Die Straße zu uns führt über die Dorfmitte, nicht über den Feldweg!

Steinmühle **B11**
Steinmühleweg 9 2020
79289 Horben

Zu Gast bei: Petra Rehm-Hug
0761/290198
Anreise bis: 22 Uhr
Ruhetag: So.

Hofverkauf:
Auf Anfrage

www.fewo-steinmuehle.de

WEINGUT LENA FLUBACHER

Ihringen (BW) · 48°2'28.7"N 7°37'48.4"E

Herzlich willkommen auf unserem Weingut, in einer der schönsten und wärmsten Weinbauregionen Deutschlands, dem Kaiserstuhl. Wir, das sind Lena und Christian, bauen seit 2014 Burgunderweine an. Kommen Sie auf einen Besuch vorbei, probieren Sie unsere Weine und erleben Sie den Kaiserstuhl bei einem Weinerlebnis der besonderen Art. Bitte melden Sie sich bei Ankunft im Weinverkauf zur Anmeldung und Bezahlung der örtl. Kurtaxe. Wir öffnen unseren Weinverkauf gerne auch außerhalb der Öffnungszeiten für Sie.

Selbstgemachtes: Wein, je nach Saison: Spargel, Erdbeeren, Kirschen, Trauben und Rebsetzlinge, das ideale Souvenir für den Garten Zuhause.
Aktivitäten: Wir bieten Weinerlebnisse wie Weinwanderungen, Weinpicknicks oder klassische Weinproben an.
Hinweis: △ Die letzten 300 m sind ein Radweg/landwirtschaftlicher Weg, daher Rücksicht aufeinander nehmen!

Weingut Lena Flubacher **B11**
Führhäupterweg 7 2021
79241 Ihringen

Zu Gast bei: Lena Flubacher
07668/9951759
Anreise bis: 18 Uhr
Ruhetag: So.

Hofverkauf:
Mi. 14–18 Uhr // Sa. 10–14 Uhr

www.lena-flubacher.de

WEINGUT UND KERZENWERKSTATT LAY

Ihringen (BW) · 48°2'42.4"N 7°38'40.2"E

Unser kleines Weingut ist ein Familienbetrieb und wird mittlerweile in 3. Generation geführt. Wir bearbeiten unsere landwirtschaftlichen Flächen sowie unsere Weine nach traditioneller Weise. Durch unseren Garten, in dem auch 10 Hühner wohnen, ist ein großer Spielplatz anliegend. Zusätzlich gehört zu unserem Hof eine Kerzenwerkstatt, in welcher Kerzen aus natürlichen und nachhaltigen Wachsen in Handarbeit gefertigt werden.

Selbstgemachtes: Landweine, Obstbrände, Kerzen aus Bienenwachs und Kerzen aus Sojawachs.
Aktivitäten: Workshops zur Kerzenherstellung: montags zur offenen Werkstatt oder nach Absprache, anliegender Kinderspielplatz mit Duft- und Kräutergarten

Weingut und **B11**
Kerzenwerkstatt Lay 2021
Breisacherstraße 31
79241 Ihringen

Zu Gast bei: Sina Lay 0170/5289165
Anreise bis: 18 Uhr
Ruhetage: Di. So.
Schließzeit: 01.04.–09.04.

Hofverkauf:
Auf Anfrage

GOLTER – WEINGUT IM KLEE

Ilsfeld (BW) · 49°3'45.7"N 9°14'18.8"E

Das Familienweingut, geführt von Reinhard, Christine und Christoph Golter, liegt umgeben von Wiesen, Feldern und Weinbergen im Ilsfelder Schozachtal. 2017 ist der jüngste Sohn Christoph mit Gründung der GbR in das Weingut eingestiegen und leitet gemeinsam mit seinem Vater die Geschicke des Weingutes. Naturnahes und nachhaltiges Arbeiten steht für sie an erster Stelle. Dicht gefolgt vom Bestreben, Weine mit Herkunft und besonderer Qualität zu produzieren.

Selbstgemachtes: Wein, Brände, Liköre, Traubensaft, Wildfleisch und Wildwurst.
Aktivitäten: Schozachtalradweg mit Verbindung zum Neckartalradweg und Bottwartalradweg

Golter – Weingut im Klee GbR D9
Klee 1 2022
74360 Ilsfeld

Zu Gast bei: Christoph Golter
07062/978940
Anreise bis: 18 Uhr
Ruhetag: So.
Schließzeit: 15.08.–30.09.

Hofverkauf:
Di.l, Mi., Fr. 10–12, 15–17:30 Uhr // Do. 15–17:30 Uhr // Sa. 9–12 Uhr

www.weingut-golter.de

HIMMELSHOF

Isny (BW) · 47°42'54.9"N 9°59'42.7"E

Wir sind ein traditioneller Allgäuer Heumilchbetrieb bei Isny. Der Blick auf die grünen Wiesen, Wälder und nahen Berge lädt zum Entspannen ein. Für bereits Entspannte gibt es unzählige Freizeitmöglichkeiten vom nah gelegenen Natursee „Badsee“ mit vielen Angeboten, über den Eistobel, die Altstädte von Isny und Wangen, bis zu Bergtouren und schönste Sonnenuntergänge. Hunde bitte an der Leine führen.

Selbstgemachtes: Wurst, Käse, Rindfleisch, Dinkelmehl, Apfelsaft, Honig und Heumilch zu Stallzeiten.
Aktivitäten: Baden im Natursee, Wandern im Eistobel, Ausflüge nach Isny und Wangen, Bergtouren

Himmelshof D11
Baumgarten 1 2019
88316 Isny

Zu Gast bei: Manuel Huber
07562/6189720
Anreise bis: 20 Uhr
Ruhetag: So.

Hofverkauf:
Auf Anfrage

KREITERHOF WEINSCHENKE

Kandern-Egerten (BW) · 47°40'33.3"N 7°39'57.0"E

Unsere Weinschenke befindet sich in einem historischen, landwirtschaftlichen Anwesen mit einer großen Sammlung alter landwirtschaftlicher Maschinen und Geräte. Die Schenke öffnet Dienstag bis Donnerstag ab 15 Uhr ihre Pforten. An den Tagen Freitag bis Sonntag und Feiertagen heißen wir Sie schon ab 11 Uhr willkommen.

Selbstgemachtes: Wein, Schnaps, Brot und Obst der Saison. Abendbrot und Getränke erhältlich.
Aktivitäten: Wandern, verschiedene Themenwege, Museen in Lörrach, Weil am Rhein, Basel

Kreiterhof Weinschenke B11
Wollbacherstr. 1 2016
79400 Kandern-Egerten

Zu Gast bei: Armin Kreiter, einfach anreisen…

Hofverkauf:
Auf Anfrage

www.kreiterhof.de

WINZERHOF DAGMAR DOLL

Kappelrodeck (BW) · 48°35'55.1"N 8°7'41.4"E

Wir sind ein typischer Ortenauer Winzerhof mit Wiese, Wald, Kirschen, Zwetschgen, Heidelbeeren und eigener Flaschenweinvermarktung. Zu uns kommen das ganze Jahr über Besuchergruppen für Weinwanderungen und Weinproben, zu denen wir selbst gebackene Dinnede (Flammkuchen mit eigenem Brotteig) reichen. Unsere Straußwirtschaft öffnen wir im April/Mai und September/Oktober: Fr. u. Sa. ab 16 Uhr, So. ab 12 Uhr.

Selbstgemachtes: Apfel-, Traubensaft, Dasecco-Perlwein, Weine und Schwarzwälder Edelbrände. Außerdem: Kirsch-, Zwetschgen-, Pflaumen- und Mirabellenwasser, Williams, Williams-Birnen-Gold und Tresterbrände. Nach Voranmeldung: Abendbrot und Getränke erhältlich.

Aktivitäten: Wein- und Schnapsbrunnen auf dem Hof, Weinwanderung, Wildgehege, Wanderreitstation, Freibad

Hinweis: △ Der letzte km ist einspurig mit gelegentlichen Haltebuchten, an den Häusern vorbei, rechts abbiegen.

Winzerhof Dagmar Doll C10
Ottenberg 8 2019
77876 Kappelrodeck

Zu Gast bei: Dagmar Doll
0170/8964361
Anreise bis: 20 Uhr

Hofladen:
Mi., Fr. 16–19 Uhr // Sa. 10–13 Uhr // So. 11–14 Uhr

www.winzerhof-doll.de

WEINGUT ZIMMER

Kernen-Stetten (BW) · 48°47'55.8"N 9°21'6.8"E

Die Familie Zimmer ist eine traditionelle Winzerfamilie. Bereits 1615 haben die Zimmers in Stetten, Beutelsbach und Strümpfelbach Weinbau betrieben. Von Generation zu Generation wurden bis zur heutigen Zeit die Rebflächen weitergegeben. Mit innovativen Ideen und langjähriger Erfahrung werden bei uns neue Weinstile kreiert, aber auch die Traditionen aufrechterhalten. Bitte haben Sie Verständnis dafür, dass wir ausschließlich autark Reisenden einen Stellplatz anbieten können.

Selbstgemachtes: Rot- und Weißweine, Sekt aus Riesling, Apfel-Birnen-Secco und Rosé.

Aktivitäten: Besuch der Yburg mit herrlicher Aussicht und dem Museum, Rad- und Wanderwege, Villa Rustica, Schloss Stetten u.v.m.

Hinweis: △ Die letzten 300 m sind einspurig mit Ausweichmöglichkeiten.

Weingut Zimmer D10
Frauenländerstr. 85 2019
71394 Kernen-Stetten

Zu Gast bei: Walter Zimmer
07151/910068
Anreise bis: 18 Uhr
Schließzeit: 01.11.–28.02.

Hofladen:
Mo.–Fr. 11:30–13:30, 17:30–19 Uhr // Sa. 10:30–14 Uhr

www.zimmer-weingut.de

SPARGELHOF SCHECHTER

Kirchardt-Bockschaft (BW) · 49°12'18.2"N 8°58'7.7"E

Unser Ackerbaubetrieb liegt am Ortsrand vom idyllisch gelegenen Bockschaft. Wir produzieren in sechster Generation saisonal weißen und grünen Spargel mit Verkauf im Hofladen, welcher ganzjährig geöffnet ist. Die erweiterten Öffnungszeiten während der Spargelsaison (April bis Ende Juni) reichen täglich von 7 bis 20 Uhr.

Selbstgemachtes: Spargel, Marmelade und Kartoffeln. Außerdem: Obst, Gemüse, Wein, Wurst, Schinken u.v.m.

Aktivitäten: Badewelt Sinsheim, Erlebnispark Tripsdrill, Steinsberg, Museum Sinsheim

Spargelhof Schechter C9
Gerhardsklinge 1 2020
74912 Kirchardt-Bockschaft

Zu Gast bei: Eckhard Schechter
0172/8984553
Anreise bis: 22 Uhr

Hofladen:
Mi. 9–12:30, 16–19 Uhr // Sa. 9–12:30 Uhr

www.spargelhof-schechter.de

ROSENBERGER FRUCHT & GEMÜSE

Kirchheim am Neckar (BW) · 49°3'13.4"N 9°7'54.2"E

Direktvermarktungsbetrieb mit Gemüse, Obst- und Weinbau. Landschaftlich reizvoll gelegen am Rande Strombergs im sonnen-durchfluteten Neckartal. Unser Hofladen und SB-Verkaufshäusle bieten Genußvolles von uns und aus der Region. (Die Toilettennutzung ist nur bis 20:00 Uhr möglich.)

Selbstgemachtes: Grünspargel, Tomaten, Äpfel, Birnen, Chili, Trauben, Gurken und feine Sachen aus unserer Manufaktur z.B. Chilipaste, Tomatensossen, Konfitüren, Chutney, freitags Hofbäckerei. Außerdem: Weine, Sekte und Säfte aus der Region, feine Käse, Bio Joghurt und großes Bio-Produktsortiment. Getränke erhältlich.

Aktivitäten: Weinwanderwege, Weinwirtschaften, Weinbergrundfahrten, Fahrradwege, Freizeitpark Tripsdrill (3 km), kleinere Museen, viele Feste rund ums Jahr

Rosenberger Frucht & Gemüse D9
Schützenpfadhöfe 2 2021
74366 Kirchheim am Neckar

Zu Gast bei: Beate Rosenberger
07143/891161 o. 0172/7303503
Anreise bis: 21 Uhr
Ruhetag: So.

Hofladen und Hofverkauf:
Fr. 9–18 Uhr // Sa. 9–13 Uhr

www.rosenberger-hof.de

RUHBAUERNHOF

Kirchzarten OT Dietenbach (BW) · 47°57'14.9"N 7°56'24.9"E

Der Ruhbauernhof, gelegen auf einer Anhöhe mit einem wunderschönen Blick ins Tal, ist dort, wo die Familie wichtig und die Natur Teil des Lebens ist. Sie dürfen uns über die Schulter schauen – beim Eis herstellen, Holzofenbrot backen oder bei der Stall- und Melkarbeit.

Selbstgemachtes: Holzofenbrot, Eis, Marmeladen, Schnaps, Eier, Milch und Apfelsaft. Außerdem: Wurst und Honig.

Aktivitäten: Lamawanderungen und Wanderwege

Ruhbauernhof B11
Dietenbach 9 2016
79199 Kirchzarten
OT Dietenbach

Zu Gast bei: Matthias & Margarethe Maier 07661/61920
Anreise bis: 19 Uhr
Ruhetag: So.

Hofverkauf:
Auf Anfrage

www.ruhbauernhof.de

ÖKOLOGISCHER LAND- UND WEINBAU SEITZ

Königheim (BW) · 49°37'6.6"N 9°35'12.0"E

Mit Blick auf die Weinberge befindet sich unser Familienbetrieb idyllisch gelegen am Ortsrand der Weinbaugemeinde Königheim. Auf dem Hof können Sie Ihren Abend mit einem Gläschen Wein in unserer gemütlichen Sitzecke ausklingen lassen. Gerne können Sie nach Absprache auch unsere Probierstube als Aufenthaltsraum nutzen. Wir sind Mitglied des Bioverbandes Biokreis und geben Ihnen bei einem Rundgang auf dem Hof gerne Einblicke in unsere Arbeit! Wir freuen uns auf Sie! (Toilette und Dusche sind von ca. 7:30 -21:30 Uhr geöffnet)

Selbstgemachtes: Weine, Secco, Kartoffeln, gekühlte Getränke und eine kleine Auswahl regionaler (Bio-) Spezialitäten. Außerdem: gekühlte Getränke.

Aktivitäten: Rad- und Wandertouren in der „tauberfränkischen Toskana", Mehrgenerationenspielplatz, Burgen, Schlösser, Wertheim, Miltenberg, Würzburg

Hinweis: △ Für große Fahrzeuge oder Gespanne wird die Anfahrt von Tauberbischofsheim kommend über die Hauptstraße/Abzweigung Weinstraße oder von Hardheim kommend über das Wohngebiet Ritterberg/Kieserstraße empfohlen!

Ökologischer Land- und Weinbau Seitz D9
Ritterberg 8 2019
97953 Königheim

Zu Gast bei: Simone & Ulrich Seitz
0176/54378204
Anreise bis: 22 Uhr

Hofverkauf:
Auf Anfrage

www.öko-seitz.de

NATURSCHUTZHOF KRAUTFÜRNIX

Königheim-Brehmen (BW) · 49°34'8.3"N 9°33'21.8"E

Wir betreiben einen experimentellen Naturschutzhof mit ganzjähriger Freilandhaltung von Rindern, Eseln und Pferden mit niedrigem Standard und hohen Ansprüchen. Zudem erzeugen wir regionale Spezialitäten (Grünkern) auf traditionelle Weise. Eine sehr einfache Toilette ist vorhanden.

Selbstgemachtes: Je nach Angebot: seltene Getreidearten, Grünkern und handwerklich gebrautes Bier aus eigenem Getreide. Außerdem: Kaffee.
Aktivitäten: Schwimmbad in Buch, Kneipe in Pülfringen, Café, Kneippbecken hinterm Wald, Skilift

Naturschutzhof Krautfürnix D9
Esselsbrunner Str. 4 2020
97953 Königheim-Brehmen

Telefon: 09340/929417

Hofverkauf:
Auf Anfrage

KELLER'S ÄPFEL

Kraichtal (BW) · 49°8'51.5"N 8°44'30.7"E

Unser Hof liegt mitten in Kraichtal, umgeben von herrlicher Natur im Landschaftsschutzgebiet. Ein Paradies für Wanderer und Radfahrer. In unserer Hofrast sind Ausflügler das ganze Jahr über willkommen, an Sommerwochenenden mit Bewirtung. Neben unserem Hofladen sind wir stolze Besitzer einer eigenen Schnapsbrennerei. Direkt auf dem Hof befindet sich unser Streichelzoo, wir halten auch Walliser Schwarznasenschafen.

Selbstgemachtes: Apfelsaft, Schnaps, Likör, Essig, Äpfel, Eier, Obst und Gemüse nach Saison. Außerdem: Kartoffeln, Honig, Olivenöl, Apfel-Balsamico-Essig und Cidre. Getränke erhältlich.
Aktivitäten: Streichelzoo, Europäischer Fernwanderweg, Wanderweg K2, Hohlwege, Menzinger Wasserschlossruine

Keller's Äpfel C9
Weierbachsiedlung 8 2021
76703 Kraichtal

Zu Gast bei: Thomas Keller, einfach anreisen…
Anreise bis: 18 Uhr

Hofladen und Hofverkauf:
Mo.–Sa. 9–12, 16–18 Uhr

HOFGUT GRIMM

Külsheim (BW) · 49°41'1.3"N 9°30'35.6"E

Wir sind ein Bio-Ackerbau- und Weinbaubetrieb und arbeiten nach den Richtlinien des Naturland-Verbandes. Auf unserem idyllisch gelegenen Hof am Fuße unserer Weinberge befindet sich eine Vinothek und Weinlounge. Wir freuen uns darauf, Sie auf unserem Hofgut begrüßen, Ihnen unsere überaus schöne und kulturell vielfältige Regionen zu zeigen und nette Gespräche mit Ihnen führen zu dürfen. Vinothek und Weinlounge öffnen täglich nach Saison, meistens 15–21 Uhr.

Selbstgemachtes: eigener Wein, Traubengelee, Honig. Außerdem: verschiedene landwirtschaftliche Produkte. Nach Voranmeldung: Getränke erhältlich.
Aktivitäten: Hallenbad im Ort, Rundwander- und Radwanderwege, Kneippanlage, versch. Gastrobetriebe im Umkreis von 2 km, Kloster Bronnbach, geführte Weinwanderungen mit Probe ab Hof oder Rundfahrten, gemütliche Abende in der Weinlounge
Hinweis: △ Unser Hof befindet sich ca. 1,5 km außerhalb von Külsheim.

Hofgut Grimm D8
Roter Rain 2 2019
97900 Külsheim

Zu Gast bei: Barbara Grimm
09345/95454 o. 0160/4125150
Anreise bis: 20 Uhr
Schließzeit: 22.12.–15.03.

Hofverkauf:
Auf Anfrage

www.hofgut-grimm.de

Nord · Nordwest · Ost · Mitte-West · West · Südost · Südwest

WEINGUT GRAVINO

Kürnbach (BW) · 49°4'16.0"N 8°50'22.9"E

Unser selbstvermarktender Weinbaubetrieb ist in der 1. Generation, demnach sind wir mitten in der Entwicklungsphase. Unser Bestreben ist es, Weine mit hoher Güte und im Einklang mit der Natur herzustellen. Der Slogan: „Weinbau mit Herz, Hand und Verstand" spiegelt die Leidenschaft zur Natur wider. Eingebettet in der Landschaft der „1000 Hügel", liegen wir direkt an ausgeschilderten Wander- und Radstrecken. Der ideale Startpunkt für Tagesausflüge.

Selbstgemachtes: Wein, Sekt, Perlwein, Likörwein, Brände und Traubensaft. Bewirtung nach Voranmeldung.
Aktivitäten: Rad- und Wanderwege, Weinproben, Minigolfanlage, Kraichgau-Märchenwald, 1. Deutsches Aktienmuseum, Kloster Maulbronn, Barockschloß Bruchsal, Auto- und Technikmuseum Sinsheim, Erlebnispark Tripsdrill, Melanchtonhaus in Bretten, Wald- und Weinlehrpfade
Hinweis: △ Die letzten 100 m sind einspurig und haben eine 7% Steigung.

Weingut GravinO C9
Gräfental 54 2015
75057 Kürnbach

Zu Gast bei: Jochen Grahm, einfach anreisen…
Ruhetag: So.
Schließzeit: 01.09.–30.11.

Hofverkauf:
Mi., Fr. 17–19 Uhr // Sa. 10:30–15 Uhr

www.gravino.de

ZIEGENHOF ENSMAD

Langenenslingen (BW) · 48°11'36.2"N 9°20'36.4"E

Wir sind ein Bio-Milchziegenbetrieb mit eigener Käserei. Unsere Hofstelle liegt in wunderschöner Einzellage auf einer Waldlichtung am Südrand der Schwäbischen Alb. Hier stellen wir als Familie eine breite Palette leckerer Ziegenkäsespezialitäten her. Hunde sind auf dem gesamten Gelände um Haus und Stall an der Leine zu führen, Rüden bitte außerdem erst nach Absprache. Während der Wallfahrts-Saison im Mai ist ggf. kein Stellplatz vorhanden.

Selbstgemachtes: komplettes Ziegenkäse-Sortiment und Ziegensalami.
Aktivitäten: herrliche Umgebung zum Wandern und Verweilen, sehenswerte Wallfahrtskappele zur Heiligen St. Ursula direkt am Hof
Hinweis: △ Ab Ortsausgang Ittenhausen geteerte Nebenstrecke mit Walddruchfahrten und zwei steilen Passagen – keine Zufahrt für Fahrzeuge über 3,5t.

Ziegenhof Ensmad GbR D11
Ensmad 2 2015
88515 Langenenslingen

Zu Gast bei: Steffen Rübeling
07376/1756
Anreise bis: 20 Uhr
Schließzeit: 01.12.–28.02.

Hofverkauf:
Mo.–Sa. 8–20 Uhr

www.ziegenhof-ensmad.de

BERND SCHRECK

Lauda-Königshofen OT Heckfeld (BW) · 49°33'3.3"N 9°38'20.6"E

Wo Fuchs und Hase sich gute Nacht sagen, liegt unser landwirtschaftlicher Betrieb am Ortsrand von Heckfeld. Wir führen den Betrieb in der 3. Generation im Nebenerwerb und produzieren Winter- und Sommerbraugerste, Dinkel, Weizen, Raps, Klee und Mais in der Fruchtfolge. Der Erhalt unserer Streuobstwiesen liegt uns am Herzen. Wir sind in der Natur zuhause und verbringen die meiste Freizeit mit der Hege und Pflege unseres Jagdreviers.

Selbstgemachtes: Wildschweinbratwurst, Wildleberwurst in der Dose, Wildgriller, Wildbratwurst und Wildfleisch (Reh und Wildschwein).
Aktivitäten: Weinort Beckstein (5 km), Radweg Liebliches Taubertal (7 km)

Bernd Schreck D9
Schüpfer Straße 9 2021
97922 Lauda-Königshofen
OT Heckfeld

Zu Gast bei: Tanja Schreck
09343/600866 o. 0157/32417184
Anreise bis: 23 Uhr

Hofverkauf:
Auf Anfrage

Nord
Nordwest
Ost
Mitte-West
West
Südost
Südwest

WEINGUT SCHAAF

Lauffen (BW) · 49°5'43.7"N 9°8'30.7"E

Wir sind ein Weinbaubetrieb in der 3. Generation mit einem großem Sortiment an verschiedensten Weinen. Für jeden Gaumen finden wir den passenden Tropfen. Tauchen Sie ein in ein traditionsreiches Handwerk und erfahren Sie vor Ort Wissenswertes über die einzelnen Arbeiten an der Rebe bis hin zum Ausbau im Weinkeller. Finden Sie zudem in einer kleinen Weinprobe Ihre Geschmacksrichtung heraus!

Selbstgemachtes: Weißweine, Rotweine, Roséweine, Winzersekt, Secco, alkoholfreier Traubensecco, Traubensaft, Traubengelee, Roséwein-Essig pur /mit Honig /mit Himbeeren und Walnussöl (solange der Vorrat reicht).
Aktivitäten: Weinproben in den Weinbergen, Startpunkt für viele Radtouren und Wandertouren auf dem Neckartal-Radweg, Freizeitpark Tripsdrill, Technikmuseum Sinsheim, Palmenparadies Sinsheim, AUDI-Forum Neckarsulm, Salzbergwerk in Bad Friedrichshall, Blühendes Barock in Ludwigsburg

Weingut Schaaf D9
Rotenberg 9 2020
74348 Lauffen

Zu Gast bei: Wolfgang Schaaf
07133/960146 o. 0151/22843543
Anreise bis: 21 Uhr

Hofverkauf:
Auf Anfrage

www.weingut-schaaf.de

WEINGUT SEYBOLD

Lauffen am Neckar (BW) · 49°3'58.1"N 9°9'22.7"E

Sie sind zu Besuch auf einem familiengeführten Bio-Weingut inmitten der Weinberge oberhalb der Neckarschleife. Wir produzieren neben unseren eigenen Weinen und Sekten eine Vielzahl an Kürbissen. Aus dem Ölkürbis stellen wir unser eigenes Kürbiskernöl und Kürbisknabberkerne her. Für unsere Gäste öffnen wir nach Absprache gern zum Testen unsere Produkte. Für kleine Gruppen bieten wir Führungen in den Terrassenweinbergen und dem historischen Eiskeller an. Weingut Seybold – mit der Natur, mit Herz, mit uns.

Selbstgemachtes: Wein, Sekt, Secco, Traubensaft, Traubensaftschorle, Brände, Kürbiskernöl, Balsamicos, Kürbisknabberkerne und Walnüsse. Außerdem: Schmuck.
Aktivitäten: Neckartalradweg, Freibad, Hölderlinmuseum, Zwergziegen und Quessantschafe auf dem Hof
Hinweis: △ Die letzten 200m sind ein befestigter Feldweg.

Weingut Seybold D9
In den Herrenäckern 28/1 2021
74348 Lauffen am Neckar

Zu Gast bei: Familie Seybold
0151/15203704
Anreise bis: 20 Uhr
Schließzeit: 05.09.–04.10.

Hofladen:
Mi., Fr. 17–19 Uhr // Sa. 9–14 Uhr

www.weingut-seybold.de

GASTHAUS ZUM ADLER

Leibertingen (BW) · 48°2'33.7"N 9°1'0.9"E

Wir sind ein bäuerlicher Großfamilienverband mit einem kleinen Restaurant, Ackerbau Viehzucht und Brennerei. Der Hof befindet sich am Rande von Leibertingen, oberhalb des Donautales, herrlich ruhig in Alleinlage. Neben den hochwertigen Obst-Destillaten führen wir auch Whisky. Im Café gibt es an den Wochenenden selbstgemachten Kuchen. Unsere Porsche-Dieselsamlung ist ebenso sehenswert wie die Texas-Longhorn Rinderzucht.

Selbstgemachtes: hochwertige Obstbrände, Texas-Longhorn-Whisky, hausgemachte Kuchen und Speisen. Außerdem: Porsche Diesel Traktoren, Getränke und Alles, was halt gerade ausgegangen ist. Abendbrot und Getränke erhältlich.
Aktivitäten: Naturbad Thalheim, Donautal, Campus Galli, Segelflugplatz, klettern, wandern, naturbaden Naturpark Obere Donau

Gasthaus zum Adler C11
Kreuzbühl 1 2021
88637 Leibertingen

Zu Gast bei: Claudia Biselli-Veeser
07466/318

Hofverkauf:
Auf Anfrage

www.Adler-Leibertingen.de

WEINGUT WEINREUTER

Leingarten (BW) · 49°8'25.1"N 9°5'29.7"E

Das Bioweingut der Familie Weinreuter liegt im Leintal am Fuße des Heuchelbergs, mitten in der Natur. Besuchen Sie eine der zahlreichen, saisonale Veranstaltungen wie z.B. „360° Württemberg", „Spargel, Erdbeer und Wein", „ Mediterranes Scheunenfest" und „Picknick im Weinberg". Außerhalb der Öffnungszeiten öffnen wir unseren Weinverkauf gern nach Vereinbarung.

Selbstgemachtes: Wein, Sekt, Secco, Traubensaft und saisonal Tafeltrauben. Nach Voranmeldung: Abendbrot und Getränke erhältlich.
Aktivitäten: Tierpark, Heuchelberger Warte, Weinwanderungen, Erlebnispfad Heuchelberger Wald, Picknick im Weinberg

Weingut Weinreuter D9
Riedhöfe 2 2016
74211 Leingarten

Zu Gast bei: Michaela Weinreuter
0172/7443795

Hofverkauf:
Do. 18–22 Uhr // Sa. 8–16 Uhr

www.weinerlebnis-weinreuter.de

WEINGUT WAGNER

Leutenbach-Weiler zum Stein (BW) · 48°54'15.0"N 9°22'27.8"E

Wir sind ein kleines, familiengeführtes Weingut mit angeschlossener Besenstube. Unser Betrieb liegt im Außernbereich inmitten von Streuobswiesen. Unsere Trauben gedeihen im Stromberg, die hochwertigen Weine werden auf dem Weingut in Weiler zum Stein gekeltert und ausgebaut.

Selbstgemachtes: ca. 20 verschiedene Weine und Sekt. Verkauf während der Öffnungszeiten, auf gut Glück oder persönlicher Vereinbarung.
Aktivitäten: Rekultivierter, ehemaliger Steinbruch, Wanderung im Naturschutzgebiet Buchenbachtal

Weingut Wagner D10
Kelteräcker 1 2021
71397 Leutenbach-Weiler zum Stein

Zu Gast bei: Robin Wagner
07195/61509

Hofladen und Hofverkauf:
Mi., Fr. 17–19 Uhr // Sa. 9–13 Uhr

www.wagnerweingut.de

PETERSHOF

Löchgau (BW) · 48°59'17.0"N 9°6'13.8"E

Ruhiger Aussiedlerhof mit Weinbaubetrieb, zentral gelegen mit sehr guter Fahrradanbindung an die schöne Wein- und Fachwerkstadt Besigheim und nur wenige Autominuten vom Erlebnispark Tripsdrill entfernt.

Selbstgemachtes: Wein.
Aktivitäten: Erlebnis- und Tierpark Tripsdrill, Weinstadt Besigheim und das Blühende Barock in der Residenzstadt Ludwigsburg, Freibad in der Nähe

Petershof D9
Petershöfe 2 2021
74369 Löchgau

Zu Gast bei: Sebastian Krug
0177/7821552
Anreise bis: 21 Uhr

Hofverkauf:
Auf Anfrage

Nord
Nordwest
Ost
Mitte-West
West
Südost
Südwest

WEINGUT BIHLMAYER

Löwenstein (BW) · 49°6'6.1"N 9°22'56.4"E

Das Familienweingut Bihlmayer liegt inmitten der Weinberge in den Ausläufern des Naturpark Schwäbisch-Fränkischer Wald. Im Rücken die Wälder, zu Füssen das Weinsberger Tal, legt man hier Wert auf einen lebendigen Weinberg. Die Winzerfamilie ist bodenständig und unkompliziert, sie legt viel Herzblut in die Arbeit als Winzer.

Selbstgemachtes: Wein, Sekt und Edelbrände. Außerdem: Likör und Nudeln.
Aktivitäten: Breitenauer See, Rag- und Wanderwege, Burg Löwenstein

Weingut Bihlmayer D9
Reisacher Str. 60 2021
74245 Löwenstein

Zu Gast bei: Amelie Bihlmayer 07130/8172
Anreise bis: 20 Uhr
Ruhetag: Mo.
Schließzeit: 13.08.–26.08., 24.12.–28.02.

Hofladen und Hofverkauf:
Mo.–Fr. 9:30–11:30, 13:30–17:30 Uhr // Sa. 9:30–14:30 Uhr // So. 9:30–11:30 Uhr

www.bihlmayer.de

WEINGUT KLEINLE

Ludwigsburg (BW) · 48°54'33.9"N 9°16'57.3"E

Wir sind ein kleiner Familienbetrieb, in dem bereits in dritter Generation auf umweltschonende und naturnahe Weise Weinbau betrieben wird. Unsere Weinberge liegen überwiegend in Steillagen am Neckar. So können wir Ihnen einen gesunden und rückstandslosen Wein anbieten. Seit 1972 gibt es unsere Besenwirtschaft. Wir bieten in rustikaler und familiärer Atmosphäre eine reiche Auswahl typischer Besengerichte und Tagesspezialitäten an (Öffnungszeiten auf unserer Webseite). Der Verkauf unserer Produkte erfolgt ab 18.30 Uhr oder nach telefonischer Absprache.

Selbstgemachtes: Weine aus der Ludwigsburger Neckarhälde und Spirituosen. Abendbrot und Getränke erhältlich.
Aktivitäten: Neckartalradweg, Wanderwege, Schloss Ludwigsburg, Zugwiesen (großes Naturschutzgebiet), Heilbad Hoheneck, Marbach, Stuttgart
Hinweis: △ Wir sind ein Aussiedlerhof mit einspuriger Straße.

Weingut Kleinle D10
Grasiger Weg 2 2020
71642 Ludwigsburg

Telefon: 07144/4259
Anreise bis: 20 Uhr

Hofverkauf:
Auf Anfrage

www.kleinles-besen.de

LÄDLE IM RIEGENHOF

Mainhardt (BW) · 49°4'40.9"N 9°34'17.1"E

Wir bewirtschaften unseren Hof nach Demeter-Richtlinien, die Biodiversität zu fördern, ist uns ein großes Anliegen. Erleben Sie bei uns Mutterkuhhaltung, Streuobstwiesen, einen Kräutergarten, das Backen von Holzofenbrot und vieles mehr. Neben unseren eigenen Produkten vertreiben wir diverse Produkte von Bio-Kollegen aus der Umgebung, ein Hofbistro gibt es auch. In unserer Kulturscheune, einem Begegnungsort für Menschen, veranstalten wir viele kulturelle Events.

Selbstgemachtes: Holzofenbrot, Rindfleisch, Wurst im Glas, Geräuchertes, Fruchtaufstrich und Obst (im Herbst). Außerdem: gut sortiertes Naturkostsortiment (teilweise unverpackt).
Aktivitäten: Veranstaltungen in der Kulturscheune, Holzofenbrot backen, Apfelsaft pressen, Sauerkraut einstampfen, Tiere streicheln, Kräutergarten, Kinderspielplatz, Wander- und Radwanderwege, Mineralfreibad, Römermuseum, Freilandmuseum Wackershofen, Weltkulturerbe Limes

Lädle im Riegenhof D9
Riegenhof 4 2014
74535 Mainhardt

Zu Gast bei: Doris Braun 07903/2782
Anreise bis: 20 Uhr

Hofladen:
Do., Fr. 9–13, 16–19 Uhr // Sa. 9–13 Uhr

www.biolaedle.de

WEINGÄRTNEREI MARBACH

Marbach am Neckar (BW) · 48°56'7.8"N 9°16'19.8"E

Die Weingärtner Marbach sind eine Genossenschaft mehr als 70-jähriger Tradition, 200 Mitgliedern und 70 ha Rebfläche. Wir setzen auf heimische Rebsorten – traditionell oder neu interpretiert. Große Namen der Stadt Marbach, wie Friedrich Schiller und Tobias Meyer, spiegeln sich in den Namen der Weine wieder. Die Toilette ist während der Öffnungszeiten nutzbar. Aktuelles und Öffnungszeiten des Café Drilling siehe Website. Wir freuen uns auf Ihren Besuch.

Selbstgemachtes: Wein, Secco und Sekt. Außerdem: Gelee, regionale Produkte, Geschenke, Getränke. Getränke erhältlich.

Aktivitäten: Wander- und Radwege, Schwimmbad, Literatur, Kultur, historische Altstadt, Schillers Geburtshaus, Literaturmuseum der Moderne

Weingärtner Marbach D10
Affalterbacher Str. 65 2016
71672 Marbach am Neckar

Einfach anreisen...
Schließzeit: 02.09.–04.09.

Hofverkauf:
Mo.–Mi., Fr. 14–17 Uhr // Do. 14–19 Uhr // Sa. 9–12:30 Uhr

www.wg-marbach.de

GRETHERMÜHLE

Maulburg (BW) · 47°38'39.0"N 7°46'3.2"E

In unserem Familienbetrieb betreiben wir umweltfreundlichen Obstbau und erzeugen aus den eigenen Früchten hochwertige Destillate und Liköre. Bereits in 5. Generation wird das Handwerk des Destillierens in der Familie Grether ausgeübt. Mehr als 40 verschiedene Produkte sind das Ergebnis von viel Erfahrung, Tradition, Leidenschaft und Experimentierfreude. Je nach Saison bieten wir auch unser frisches Obst im Hofladen zum Verkauf an: Kirschen, Him- & Brombeeren, Zwetschgen, Mirabellen, Äpfel, Birne und Walnüsse. Unsere Erzeugnisse vermarkten wir ausschließlich direkt ab Hof an unsere Kunden.

Selbstgemachtes: über 40 verschiedene Edelbrände und Liköre, Obst der Saison, Honig, Fruchtaufstriche, Sirup, Apfelchips und Apfelsaft.

Aktivitäten: Hallenschwimmbad, Vogelpark, Burgruine Rötteln, ca. 15 km bis in die Schweiz (Basel) oder nach Frankreich

Grethermühle B11
Mühleweg 20 2015
79689 Maulburg

Zu Gast bei: Heike Arzet
07622/6846115
Anreise bis: 22 Uhr

Hofladen:
Mo.–Fr. 10–12, 17–19 Uhr // Sa. 10–12 Uhr

www.grethermuehle.com

KUGLERHOF

Mengen-Rosna (BW) · 48°0'18.0"N 9°19'32.6"E

Wir sind ein mittelständischer Familienbetrieb mit ca. 60 Milchkühen im wunderschönen Oberschwaben. Einen Teil unserer Milch vermarkten wir direkt über unsere Milchtankstelle. Eine Herzensangelegenheit ist uns die Öffentlichkeitsarbeit um dem Verbraucher die Landwirtschaft näher zu bringen. Unser Hofladen hat rund um die Uhr für Sie geöffnet.

Selbstgemachtes: Rohmilch, Hartkäse, versch. Schnittkäsesorten und naturtrüber Apfelsaft. Außerdem: verschiedene Säfte, Kartoffeln, Eier, Rapsöl, Äpfel, Mehl, Haferflocken, Marmelade, Honig, Butter, Alblinsen, Schokolade, Nudeln, verschiedene Wurstwaren (im Sommer Grillfleisch) und Getränke.

Aktivitäten: Wanderwege, Radwege, Baggerseen

Kuglerhof D11
Habsthalerstr. 25 2021
88512 Mengen-Rosna

Zu Gast bei: Klaus Kugler
0172/6345936
Anreise bis: 19 Uhr

Hofverkauf:
Auf Anfrage

www.kuglers-milchtankstelle.de

KELTENMOND HOF

Meßkirch OT Rohrdorf (BW) · 48°1'23.9"N 9°6'13.5"E

Idyllische Lage in der Nähe des Naturparks Obere Donau, mit atemberaubenden Blick auf die umliegenden Wälder, Felder und Alpen. Naturgarten nach Permakultur, Hoftiere, kleine Gaststube mit Hofprodukten zum vor Ort Genießen oder Mitnehmen. Hofladen, Kurse, Seminare, Workshops, Gartenführungen, Schmiede und Keramikwerkstatt. Hunde bitte an der Leine führen. Wir freuen uns auf Euch!
Selbstgemachtes: Kräutertees, -schnäpse, -salz, Eier, Speisen, Getränke, Konfitüren, Sirupe, Liköre, Salben, Badesalz, Schafwolle, Kissen, Räuchermischungen und -zubehör, Dekoration- und Gebrauchsgegenstände. Außerdem: Hof-Nudeln, Hof-Schafsalami, Bücher, Meeresschwämme, Luffaschwämme und besondere Teetassen. Nach Voranmeldung: Frühstück, Abendbrot und Getränke erhältlich.
Aktivitäten: Outdoorspiele (Mölkky, Hufeisenwerfen, Boccia), Kinderspielplatz, Grillstelle, Lagerfeuer, in der Umgebung: Campus Galli, Donautal, Bodensee, Keltenmuseum Heuneburg, historische Stadt Meßkirch u.v.m.

Keltenmond Hof D11
VuK Rau GbR 2021
Benzenbergstr. 16
88605 Meßkirch OT Rohrdorf

Zu Gast bei: Vesna und Klaus Rau
0175/8325588

Hofverkauf:
Auf Anfrage

www.keltenmond.de

AULACHHOF

Muggensturm (BW) · 48°51'51.5"N 8°15'58.5"E

Unser Familienbetrieb betreibt in der dritten Generation Landwirtschaft mit Mutterkuh-Haltung und Pensionspferden. Später kam dann ein Partyservice mit der dazugehörigen Partyscheune dazu. Neben Ackerbau bietet der Hof auch eine Pferdepension an, mehrere Pferde finden in familiärer Umgebung ihr Zuhause. Fast alles, was zu den Mahlzeiten angeboten wird, ist selbstgemacht. Spanferkelessen nach Termin auf unserer Internetseite oder telefonisch erfragen. Wir freuen uns auf Ihren Besuch!
Selbstgemachtes: Spanferkelzubereitung. Nach Voranmeldung: Abendbrot und Getränke erhältlich.
Aktivitäten: Badesee, Radwanderweg, Museum
Hinweis: △ von der Hauptstraße kommend links bzw. rechts in Schafhofstraße abbiegen, nicht über Friedhof fahren!

Aulachhof C10
Schafhofstraße 2019
76461 Muggensturm

Zu Gast bei: Angelika Drützler
07222/53601
Anreise bis: 18 Uhr

Hofverkauf:
Auf Anfrage

www.aulachhof.de

BAUERNHOF AICHELE

Mühlacker-Lomersheim (BW) · 48°55'36.8"N 8°51'36.0"E

Wir sind ein kleiner, familiengeführter landwirtschaftlicher Bioland-Betrieb mit vielen Standbeinen und Direktvermarktung. Neben Gänsen und Hähnchen halten wir Legehennen in drei Hühnermobilen. Zudem bauen wir Getreide an, sowie Himbeeren in einer Kooperation. Ein weiterer Betriebszweig ist die Bauernhofpädagogik, wodurch viele Kinder und Jugendliche zu uns kommen, um das Bauernhofgeschehen hautnah zu erleben und unsere Ziegen und Pferde zu streicheln.
Selbstgemachtes: Eier im Eiomat (24/7), Nudeln aus unseren Eiern, Geflügel-Wurstkonserven, Brot, Himbeeren (saisonal), Himbeerfruchtaufstrich, Hähnchenfleisch (saisonal). Außerdem: regionale Produkte von Biolandbetrieben wie Käse, Molkereiprodukte, Milch, Mehl, Honig, Öl, Essig, Saaten, kleines Sortiment an Gemüse, Äpfel und Kunsthandwerk.
Aktivitäten: Enztalradweg, Baden und Kanufahren auf der Enz, Schwarzwald
Hinweis: △ Geschotterter Feldweg ca. 2m breit mit Steigung

Bauernhof Aichele C10
Tiefer Weg 4 2021
75417 Mühlacker-Lomersheim

Zu Gast bei: Sina & Thomas Aichele
07041/949083 o. 0151/12579634
Anreise bis: 22 Uhr

Hofladen und Hofverkauf:
Di. 16–18 Uhr // Fr. 10–18 Uhr

www.bauernhof-aichele.de

VERONIKAS HANDARBEITEN

Mühlenbach (BW) · 48°15'33.2"N 8°8'24.5"E

Eine einzigartige Oase der Ruhe und Gemütlichkeit inmitten der Natur. Umgeben von hohen Tannen, vielen Tieren und jeder Menge Kreativität. Lassen Sie sich überraschen und besuchen Sie mich.
Selbstgemachtes: Sitzkissen, vegetarische Schaffelle, Wolle, handgesponnene und selbst gefärbte Wolle, handgestrickte Socken, gefilzte Taschen, Körbe, Seifen, gewebte Textilien, Eingemachtes z.B. Marmelade, Mixpickel, Essiggurken, Dosenwurst, Honig, Likör, Tischdecken und Tischsets u.v.m.
Aktivitäten: Wanderwege, Mountenbiken, Spinnkurse, Webkurse, Filzen, Stricken, Ziegenwanderung u.v.m
Hinweis: △ Die letzten 100 m geht es über befestigten Schotterweg, einspurig bis zum Hof. Eine großzügige Wendemöglichkeit ist gegeben.

Veronikas Handarbeiten
Bärenbach 29
77796 Mühlenbach
C11
2021

Zu Gast bei: Veronika Kliem
07832/9941484
Anreise bis: 19 Uhr

Hofladen:
Auf Anfrage

www.spinnkurse.de

BENDER'S SCHLEMMERSCHEUNE UND HOFLADEN

Mühlhausen/Tairnbach (BW) · 49°15'30.0"N 8°44'44.9"E

Mitten im Kraichgauer Hügelland, umrahmt von Hohlwegen, finden Sie unsere Hofgastronomie, den Hofladen und ein Hofcafé mit angeschlossenem Partyservice. Wir kochen und backen nach Omas Rezepten, aber ohne das Moderne auszuschließen und nur mit natürlichen Gewürzen ohne Geschmacksverstärker. Das Lamm- und Ziegenfleisch stammt von unserer eigenen Herde.
Selbstgemachtes: Wurstwaren, Kuchen, Torten, Brot und Fruchtaufstriche. Außerdem: Käse, Milchprodukte, Honig, Nudeln, Gemüse, Obst, Weine und Spirituosen. Nach Voranmeldung: Frühstück, Abendbrot und Getränke erhältlich.
Aktivitäten: SAP-Arena Sinsheim (Fußball), Badewelt Sinsheim, Hohlwegwanderungen, Museum Sinsheim

Bender's Schlemmerscheune und Hofladen
Dreibrücken 1
69242 Mühlhausen/Tairnbach
C9
2020

Zu Gast bei: Waltraut Bender
06222/63566
Anreise bis: 17 Uhr

Hofladen:
Do., Fr. 9:30–12, 15–18 Uhr // Sa. 9:30–12 Uhr

www.bauernhof-bender.de

HOFLÄDLE OCHSENTAL

Mulfingen (BW) · 49°20'52.4"N 9°50'2.6"E

Wir sind auf unserem Hof im idyllischen Weiler Ochsental zu Hause. Hier züchten und mästen wir die vom Aussterben bedrohten Schwäbisch-Hällischen Landschweine, haben Legehennen und vermarkten sowohl unsere eigenen Produkte, als auch die von anderen Bauern. Da uns Nachhaltigkeit ein großes Anliegen ist, sind wir ein ökologisch wirtschaftender Betrieb. Unsere Produkte sind im täglich geöffneten SB-Hoflädle erhältlich, sowie in unserem Hofladen (Fr. von 9–19 Uhr). An Sonn- und Feiertagen können wir leider keine Gäste empfangen.
Selbstgemachtes: Dosenwurst, Geräuchertes, Fleisch- und Wurstwaren (TK) und Eier. Außerdem: Nudeln, Öl, Gsälz, Dinkelmehl, Bauernhof-Eis, Süßwaren, Linsen, Honig, Spirituosen, Senf, Käse und frisches Brot (Fr. ab 12 Uhr). Nach Voranmeldung: Frühstück erhältlich.
Aktivitäten: Badesee (2 km), Radwanderweg, Pfad der Stille, Schlösser in Bartenstein und Langenburg, Automuseum, Waldkletterpark

Hoflädle Ochsental
Mäusebergerstr. 13
74673 Mulfingen
D9
2020

Zu Gast bei: Simone Franz 07938/7225
Anreise bis: 20 Uhr
Ruhetag: So.
Schließzeit: 01.11.–30.04.

Hofladen und Hofverkauf:
Täglich 8:30–21 Uhr

www.hoflaedle-ochsental.de

WEIBLER BIOBAUERNHOF

Münsingen (BW) · 48°24'55.4"N 9°30'47.2"E

Wir sind ein Bioland-Bauernhof inmitten des Biosphärengebietes Schwäbische Alb, ruhig am Stadtrand von Münsingen gelegen. Gastronomie und touristische Angebote der Region sind in nächster Nähe erreichbar. Einkaufsmöglichkeit gibt es im Hofladen und im Ort. Gerne öffnen wir unseren Hofladen auch außerhalb des regulären Donnerstags für Sie.

Selbstgemachtes: Leinsamenöl, Leinsamenprodukte, Getreideprodukte, Alblinsen und Wurstspezialitäten vom Original Allgäuer Braunvieh. Außerdem: Weitere Spezialitäten von befreundeten Erzeugern aus der Region.
Aktivitäten: Radtouren und Wanderungen ins Biosphärengebiet, direkt an der Kernzone gelegen, Freibad, Hallenbad, Langlaufloipen im Ort, Skilifte in der Umgebung, viele weitere Ausflugsmöglichkeiten

Weibler Biobauernhof D10
Mühlhof 1 2019
72525 Münsingen

Zu Gast bei: Sonja Weibler
07381/934353
Anreise bis: 19 Uhr

Hofladen:
Do. 14:30–17 Uhr

www.weibler.bio

SCHINDELMATTHOF

Münstertal (BW) · 47°53'57.2"N 7°52'55.6"E

Ob unvergessliche Auszeit über den Wolken oder Premium-Bio-Bergweiderindfleisch direkt vom Erzeuger: wir sind euer Bioland Bergbauernhof auf 1.120 m ü.M. im Südschwarzwald. Sagenhafte Ausblicke, idyllische Ruhe und Einblicke in die Berglandwirtschaft mit unseren Fleischrinder-Mutterkühen erwarten Euch auf unserem Familienbetrieb. Hier ist der Landwirt auch der Metzger. Der Ab-Hof-Verkauf ist flexibel nach Absprache möglich.

Selbstgemachtes: Bio-Bergweiderindfleisch und saisonale Bio-Bergweiderindprodukte.
Aktivitäten: Wanderungen direkt ab Hof möglich, Steinwasenpark, Hasenhorn Rodelbahn, Museumsbergwerk, längste Umlaufseilbahn Deutschlands, Bienenmuseum, Barfußpfad, Vita Classica Therme

Schindelmatthof B11
Stohren 21 2021
79244 Münstertal

Zu Gast bei: Anke Riesterer
07602/9208746
Anreise bis: 20:30 Uhr
Ruhetag: So.
Schließzeit: 01.01.–01.03.

Hofverkauf:
Auf Anfrage

www.schindelmatthof.de

BIOLANDHOF FAUSER

Mutlangen (BW) · 48°50'17.1"N 9°48'2.1"E

Unser Betrieb ist ein Gemischtbetrieb mit Milchkühen, Mastrindern und Mastschweinen. Auf unseren 30 ha Ackerland bauen wir als Grundlage für unser „Schweinemüsli" Kleegras, Weizen, Hafer, Triticale und Ackerbohnen an. Unser Dauergründland liefert das Futter für die Kühe und Rinder, die dort im Sommer auch weiden dürfen. Außerdem gibt es noch Pferde und Wollschweine. Wir haben einen Hofladen mit Naturkost-Vollsortiment und eine angeschlossene Metzgerei. Gern dürfen Sie auch zu den Stallzeiten morgens von 6 bis 7 Uhr und abends von 17.30 bis 18.30 Uhr vorbeikommen und sich frisch vom Milchtank zapfen lassen.
Selbstgemachtes: frische Fleisch- und Wurstwaren aus eigener, wöchentlicher Schlachtung sowie frische Milch. Außerdem: Gemüse, Obst, Milchprodukte, Trockensortiment Naturkost, Geflügel- und Lammfleisch sowie Backwaren von benachbarten Betrieben.
Aktivitäten: Limes, viele Seen und Badeseen und Radwege im Schwäbisch-Fränkischen Wald

Biolandhof Fauser D10
Sandäcker 1 2020
73557 Mutlangen

Telefon: 0174/1471087

Hofladen:
Di. 9–14 Uhr // Fr. 9–18:30 Uhr // Sa. 8–12 Uhr

www.fauser-bioland.de

WEINGUT BERTHOLD

Neckarsulm (BW) · 49°11'24.1"N 9°14'45.8"E

Mitten in der Natur am Fuße des Scheuerbergs im Anbaugebiet Württemberg liegt unser Familienweingut. Zwei Generationen arbeiten im Keller, dem Weinberg und der Besenwirtschaft. Dabei legen wir besonderen Wert auf eine hohe Biodiversität im Weinberg, gesunde Reben, organische Düngung und eine qualitätsfördernde Ertragsreduktion, damit aus unseren Trauben edle Tropfen werden.

Selbstgemachtes: Wein, Sekt, Liköre, Brände, alkoholfreier Secco und Traubensaft.
Aktivitäten: Radwanderwege, Spaßbad Aquatoll, Zweiradmuseum, Bugagelände Heilbronn, Altstadt Bad Wimpfen, Audiforum Neckarsulm, Neckartalradweg

Weingut Berthold D9
Reutweg 4 2022
74172 Neckarsulm

Zu Gast bei: Ursula Berthold
07132 /37117
Anreise bis: 18 Uhr
Ruhetag: So.
Schließzeit: 13.08.–15.08.

Hofladen:
Mo.–Do. 12–14, 17–19 Uhr // Fr. 10–19 Uhr // Sa. 9–14 Uhr

www.weingut-berthold.de

NIEDERFELDER BIOHOF

Neuried-Altenheim (BW) · 48°28'30.9"N 7°49'20.6"E

Unser Familienbetrieb inmitten der Felder von Neuried vereint Landwirtschaft und Tierhaltung nach Bioland-Richtlinien. Wir fördern maximales Tierwohl durch Weidegang, Melkroboter und kuhgebundener Kälberaufzucht. Da Landwirtschaft eine Faszination auf Jung und Alt, Groß und Klein ausübt, bieten wir ganzjährig, vorzugsweise für Familien, verschiedene Angebote für wunderschöne, unvergessliche Bauernhofmomente. Ein Einblick in den Produktionsbetrieb ist nach Rücksprache möglich.

Selbstgemachtes: Rohmilch, Fleisch, Rindswürste in Bio-Qualität.
Aktivitäten: Kutschfahrt, Fütterung der Tiere, Station des Bureradweg der Gemeinde Neuried
Hinweis: △ Gelegen 1 km außerhalb als Aussiedlerhof sind die letzten 100 m ein Schotterweg.

Niederfelder Biohof B10
Niederfeldgasse 10 2021
77743 Neuried-Altenheim

Zu Gast bei: Carolin Zinsel
0176/72211637
Anreise bis: 18 Uhr
Ruhetag: So.
Schließzeit: 01.11.–31.03.

Hofverkauf:
Auf Anfrage

niederfelder-biohof.de
niederfelder-bauernhofmomente.de

UNTERBAURENHOF WILHELM STOCKINGER

Neuweiler/Zwerenberg (BW) · 48°38'0.7"N 8°34'58.7"E

Unser Milchviehbetrieb liegt in schöner Ortsrandlage (80 Milchkühe und 100 Jungtiere) und es sind nur 30 m bis zum Waldrand. Eine Spielwiese für Kinder ist vorhanden und wir haben 50 Hühner, 2 Ziegen und 1 Pferd. In unserem Ab-Hof-Verkauf können Sie alles für ein gutes Frühstück und eine leckere Brotzeit erwerben!

Selbstgemachtes: Holzofenbrot, Milch, Eier, Dosenwurst, Grillwurst und geräucherte Wurst. Außerdem: Äpfel und Kartoffeln.
Aktivitäten: Wanderwege, Heimatmuseum, Bergwerk (10 km)

Unterbaurenhof C10
Wilhelm Stockinger 2014
Lindenstr. 22
75389 Neuweiler/Zwerenberg

Zu Gast bei: Wilhelm Stockinger
07055/1651 o. 0172/8123376
Anreise bis: 17 Uhr

Hofverkauf:
Auf Anfrage

MARTINSHOF

Niederstetten (BW) · 49°26'29.3"N 9°51'17.9"E

Wir führen einen biologischen Milchviehbetrieb mit Ferienwohnung in einem romantisch-idyllisch gelegenen Dorf. Der Stellplatz befindet sich auf einem historischen Dreiseitenhof. Eine Fahrt durch das liebliche Taubental an der Romantischen Straße stimmt sie auf einen Besuch bei uns ein. Das Idyllische Aschbachtal geht in Markelsheim von der Tauber ab. Genießen Sie in mobilfunkfreier Natur die Ruhe bei uns auf dem Land.

Selbstgemachtes: Milch, Obst, Gemüse und Dosenfleisch.
Aktivitäten: Radwanderweg, Kleintiere, Badesee (5 min mit PKW), Wanderwege, Wildpark (5 min)

Martinshof GbR D9
Rüsselhausen 6 2018
97996 Niederstetten

Zu Gast bei: Gerd Bayer 07934/1441
Anreise bis: 21 Uhr
Schließzeit: 31.03.–30.04.

Hofverkauf:
Auf Anfrage

MÜLLERS WEINGUT & WEINSTUBE

Nordheim (BW) · 49°6'9.4"N 9°8'18.3"E

Wir sind ein selbstvermarktendes Weingut und haben Gästezimmer, Ferienwohnungen, Übernachtungsfässer und Stellplätze am Ortsrand von Nordheim. In unserer Weinstube wird immer von freitags bis sonntags sowie an Feiertagen regional und saisonal gekocht.

Selbstgemachtes: Wein, Traubensaft, Gelee, regionale und saisonale Gerichte. Frühstück und Getränke erhältlich.
Aktivitäten: beheiztes Freibad, Rad- und Wanderwege

Müllers Weingut D9
& Weinstube 2018
Im Auerberg 3
74226 Nordheim

Zu Gast bei: Ricarda Müller
07133/9293640 o. 0151/19024616
Anreise bis: 20 Uhr

Hofverkauf:
Auf Anfrage

www.weingut-im-auerberg.de

HOPFENHOF TRAUB

Nürtingen-Oberensingen (BW) · 48°38'48.1"N 9°18'47.7"E

Wir führen einen bäuerlichen Familienbetrieb auf der Oberensinger Höhe. Der Hopfenhof liegt inmitten von Feldern, Wäldern und Wiesen in einer traumhaft schönen Landschaft zwischen Neckartal und Filderebene. Neben Gemüseanbau (Solawi) halten wir noch Schafe, Enten, Hühner, Hasen und Katzen. Unser SB-Verkaufsstand, mit weiteren Erzeugnissen, steht Ihnen ganztägig zur Verfügung.

Selbstgemachtes: Getreide, Mehle, Linsen, Haferflocken und Apfelsaft. Außerdem: Öl.
Aktivitäten: Jakobsweg (fußläufig ab Hof), Radfahren, Wandern, Restaurants und Einkaufsmöglichkeiten in Nürtingen, Wolfschlugen, Burg Teck oder Hohenneuffen (15 km)
Hinweis: △ Bei schlechten Witterungsverhältnissen kann der Stellplatz nicht angefahren werden.

Hopfenhof Traub D10
Oberensinger Höhe 11 2022
72622 Nürtingen-Oberensingen

Zu Gast bei: David Traub
0172/2934494
Anreise bis: 19 Uhr
Ruhetag: So.
Schließzeit: 15.12.–15.03.

Hofverkauf:
Auf Anfrage

www.hopfenhof-traub.de

HANNES' BIO HOF

Oberderdingen (BW) · 49°3'22.8"N 8°48'0.0"E

Wir sind eine junge Familie, die am Fuße des Derdinger Horns eine kleinen Biohof führt. Bei uns fühlen sich hauptsächlich Pferde, Gänse und Bienen daheim. Auf unseren Äckern wachsen Getreidesorten wie Dinkel, Hafer und Weizen, aber auch Soja und Kartoffeln. Wir betreiben Ökolandbau aus Überzeugung.

Selbstgemachtes: hofeigener Streuobstsaft, verschiedene Mühlenprodukte, Honig und saisonale Produkte. Außerdem: Verkausautomat 24/7 geöffnet.
Aktivitäten: Rad- und Wanderwege, Badeseen, netter Ort mit historischem Ortskern

HANNES' bio HOF C9
Im Krautbühl 18 2018
75038 Oberderdingen

Zu Gast bei: Sarah Werner
0162/1315168

Hofverkauf:
Auf Anfrage

www.hannes-biohof.de

WEINGUT MANUEL LUTZ

Oberderdingen (BW) · 49°3'38.7"N 8°48'2.4"E

Es erwartet Sie ein Weingut mit reicher Weinauswahl, einer Weinstube mit schwäbisch-badischer Küche und eine schöne Gartenterrasse zum Geniessen. Die Weinstube hat montags und dienstags Ruhetag (keine Bewirtung). Der Hofladen öffnet von 9–12 Uhr und von 14–18 Uhr, sowie auf Anfrage. Ein Einblick in den Produktionsbetrieb ist nach Absprache möglich.

Selbstgemachtes: Weingelee, Schnäpse, reiche Weinauswahl, Seccos, Sekte und Präsente. Nach Voranmeldung: Frühstück, Abendbrot und Getränke erhältlich.
Aktivitäten: beheiztes Freibad mit Riesenrutsche, ausgeschilderte Wander- und Radwege, Kloster Maulbronn (Weltkulturerbe), Stadt Bretten

Weingut Manuel Lutz C9
Amthof 1 2021
75038 Oberderdingen

Zu Gast bei: Barbara Schwemmle
07045/201900 o. 0171/7870023
Anreise bis: 20 Uhr
Schließzeit: 15.09.–15.10.

Hofladen:
Auf Anfrage

www.weingut-lutz.com

ERLEBNISBAUERNHOF SCHAPPACHER

Oberkirch (BW) · 48°32'29.0"N 8°5'2.1"E

Unser Familienbetrieb befindet sich im wunderschönen Renchtal und ist ein reiner Obstbaubetrieb, insbesondere Erdbeeren und Äpfel sind unsere Welt. Seit 2010 führen wir mit viel Liebe und Engagement unsere Besenwirtschaft „Moschtkeller" in unserem über 250 Jahre alten Bauernhaus. Genießen Sie bei uns die Ruhe und lassen Sie sich mit unseren köstlichen Speisen verwöhnen.

Selbstgemachtes: Obst der Saison, Schnaps, Apfelsaft, Fruchtaufstriche, Bauernbrot und Eier. Außerdem: Honig, Wein und Kartoffeln. Getränke erhältlich.
Aktivitäten: Ponyreiten nach Absprache, Grillplatz, Hofführung, Kinderspielplatz, Selbsternten des Obstes, Radwanderweg, Museum, Schnapswanderweg, Schwimmbad
Hinweis: △ Anfahrt zu unserem Hof bergauf mit Wendemöglichkeit im Hof.

Erlebnisbauernhof C10
Schappacher 2021
Wolfhag 5a
77704 Oberkirch

Zu Gast bei: Markus & Alexandra Schappacher 07802/983119
Anreise bis: 19 Uhr

Hofverkauf:
Auf Anfrage

www.obsthof-schappacher.de

FERIENHOF GIEDENSBACH

Oberkirch (BW) · 48°29'20.8"N 8°6'31.3"E

Unser Hof liegt in einem Seitental nahe dem Weinort Oberkirch. Wir sind ein Nebenerwerbsbetrieb mit Wein- und Obstbau, einer Brennerei und Forstwirtschaft. Zusätzlich betreiben wir zwei Ferienwohnungen und unseren Eventraum Rebstüble. Bitte beachten Sie, dass in unserer Region Kurtaxe gezahlt werden muss.

Selbstgemachtes: Edelbrände, Liköre, Eier, Brot und Gemüse aus dem eigenen Garten. Außerdem: Wein vom eigenen Berg und diverse Getränke.
Aktivitäten: eigener Spielplatz, Europapark (30 min), Straßburg (20 min), schöne Wanderungen ab Hof und anschließend den Tag bei einem Gläschen Wein ausklingen lassen, Fahrrad- oder Fatbiketouren (Verleih im Ort) und Erkundung der schönen Umgebung
Hinweis: △ Die letzten 3 km führen durch eine enge Straße.

Ferienhof Giedensbach C10
Giedensbach 10 2021
77704 Oberkirch

Zu Gast bei: Marianne Braun
07802/7009900 o. 0151/59169797
Anreise bis: 21 Uhr

Hofverkauf:
Auf Anfrage

www.ferienhof-giedensbach.de

OBERKIRCHER WINZER

Oberkirch (BW) · 48°32'22.7"N 8°4'15.1"E

Wir sind eine Erzeugergemeinschaft mit Weinbergen rund um Oberkirch. Kompromisslose Qualitätsorientierung, bis hin zur selektiven Handlese der Trauben, ist die Voraussetzung für die Erzeugung von Weinen, die die hohen Ansprüche unserer Kunden erfüllen. Oberkirch, am Rande des Schwarzwaldes inmitten von Obstgärten und Weinbergen, ist immer einen Besuch wert. Jeden Dienstag um 14:30 und jeden Freitag um 17 Uhr ist eine Weinprobe mit Kellerbesichtigung – keine Anmeldung erforderlich.

Selbstgemachtes: Wein und Sekt. Außerdem: Edelbrände und Accessoires.
Aktivitäten: Rad- und Wanderwege, schöne Innenstadt in unmittelbarer Nähe, Restaurants

Oberkircher Winzer eG C10
Renchener Str. 42 2014
77704 Oberkirch

Einfach anreisen...
Anreise bis: 22 Uhr

Hofladen:
Mo.–Fr. 9–17:30 Uhr // Sa. 9–13 Uhr

www.oberkircher-winzer.de

OBST- UND FRUCHTKERNEHOF BERGER

Oberkirch-Hesselbach (BW) · 48°30'11.5"N 8°3'50.5"E

Eingebettet zwischen den Ausläufern des Schwarzwalds und Rebhängen, liegt unser Hof im Südwesten Deutschlands. Wir führen einen Obstbetrieb mit eigenem Streuobst, wie Kirschen, Zwetschgen und Mirabellen, sowie eigenem Weinberg im Schwarzwald mit Schwerpunkt Brennerei. Die Anreise muss nach Absprache erfolgen, da durch Erntestoßzeiten der Empfang nicht immer möglich ist. Es darf aber immer gerne telefonisch angefragt werden.

Selbstgemachtes: Schnäpse, Liköre, Honig, kaltgepresste Öle, Fruchtkerne, Apfelmost, Marmelade und Obst nach Saison.
Aktivitäten: Wandern, Radfahren, Burgen, Freibad ca. 3 km entfernt, Zuschauen oder Mithilfe bei der Ernte möglich (Steigungen - gutes Schuhwerk notwendig)
Hinweis: △ Auf das Obst und Weinbau Berger Schild achten und rechts hoch fahren, danach noch etwa 300 m bis zur Hofstelle. Der Hof ist von der Durchgangsstrasse nicht sichtbar.

Obst- und Fruchtkernehof Berger C10
2021
Hesselbach 28
77704 Oberkirch-Hesselbach

Zu Gast bei: Klaus Berger & Christel Walz 07802/5242 o. 0171/6332939
Anreise bis: 20 Uhr

Hofverkauf:
Auf Anfrage

www.obsthof-berger.de

BENZ EDLE FRÜCHTCHEN

Oberkirch-Bottenau (BW) · 48°29'52.5"N 8°2'42.1"E

Herzlich willkommen mitten in Baden, dem südlichsten und sonnigsten Teil Deutschlands. In der Vorbergzone des Schwarzwaldes mit seiner fruchtbaren Natur wechseln Kirschbäume, Zwetschgen, Mirabellen und Haferpflaumen ab mit Weinreben und Kastanienwäldern. In alter Familientradition destillieren wir in unserem „Brennhäuschen" Schwarzwälder Klassiker mit viel Liebe zu regionalen Spezialitäten und „Besonderem".

Selbstgemachtes: Destillate, holzfassgereifte Brände, Obst, Christbäume und Reisig.
Aktivitäten: gutes Wanderwegenetz, Aussichtsturm Geigerskopf (45-minütige Wanderung), Wein und Destillat-Hofbegehung für kleine Gruppen (ab 8 Personen)

Benz Edle Früchtchen B10
Weintal Straße 32 2022
77704 Oberkirch-Bottenau

Zu Gast bei: Franz Benz 07802/5906
Anreise bis: 20 Uhr

Hofladen und Hofverkauf:
Auf Anfrage

www.benz-bottenau.de

BUSSECK HOF

Oberkirch-Bottenau (BW) · 48°30'34.9"N 8°3'41.1"E

Unser Hof liegt auf knapp 400 Höhenmeter im schönen Renchtal am Fuße des Schwarzwaldes mit einmaligem Panorama über unsere Weinberge bis in die Rheinebene. Wir sind ein Obst- & Weinbaubetrieb mit Ferienwohnungen und Brennerei, wo wir in den Wintermonaten unsere Edelbrände destillieren. Wir haben eine qualitativ hochwertige Auswahl an edlen Tropfen, die Sie bei uns am Hof probieren und erwerben können.

Selbstgemachtes: Edelbrände und Liköre. Außerdem: Erfrischungsgetränke, Bier, Radler, Weißweine, Roséweine, Winzersekt, Hofeis und Bauernvesper auf Anfrage. Bewirtung nach Voranmeldung.
Aktivitäten: Wanderweg Oberkircher Brennersteig, Aussichtsturm Geigerskopfturm, Schloss Staufenberg
Hinweis: △ Die letzten 500 m führt die Straße durch den Wald mit mäßiger Steigung.

Busseck Hof C10
Diebersbach 12 2022
77704 Oberkirch-Bottenau

Zu Gast bei: Marco & Melanie Grampp 0176/43322011
Anreise bis: 19 Uhr
Ruhetag: So.
Schließzeit: 01.11.–28.02.

Hofverkauf:
Auf Anfrage

www.busseck-hof.de

MÜLLERS BAUERNLADEN

Oberkirch-Zusenhofen (BW) · 48°32'54.8"N 8°1'3.7"E

Wir sind ein attraktiver Obstbaubetrieb mit umweltschonendem Anbau, wofür wir regenerative Energien nutzen. Informationsaustausch und Gastfreundlichkeit ist für uns selbstverständlich. Unser Hofladen ist für unsere Gäste außerhalb der Öffnungszeiten auch nach Vereinbarung geöffnet.

Selbstgemachtes: saisonales Obst, Schnaps, Liköre, Apfelsaft, Apfelsekt und Apfelwein. Außerdem: Honig, Eier, Wurst, Käse, Brot und vieles mehr.
Aktivitäten: Ausspannen in der Gartenanlage mit Teich, Radwanderwege, Badesee, Allerheiligen Wasserfälle

Müllers Bauernladen B10
Lindenstr. 53 2016
77704 Oberkirch-Zusenhofen

Zu Gast bei: Franz Josef & Monika Müller 07805/3294
Anreise bis: 20 Uhr

Hofladen:
Mo.–Do. 16–19 Uhr // Fr. 9–12, 13–19 Uhr // Sa. 9–12 Uhr

www.muellers-bauernladen.de

EIER

VOM EI ZUR LECKEREI

Knapp 6.000 Hühner leben in mobilen Hühnerställen auf dem Hof von Familie Thiele in Sorsum bei Hildesheim. Die artgerechte Haltung schmeckt man.

Aus der Ferne wirken die mobilen Hühnerställe auf den Wiesen von Thieles Leckerei wie Tiny Houses. Solargeneratoren auf den schrägen Welldächern versorgen sie mit Strom. Ihre Bewohnerinnen halten sich an diesem sonnigen Nachmittag aber lieber draußen auf und picken zufrieden im Boden rund um ihr Heim auf Rädern.

„Die Haltung in mobilen Ställen hat viele Vorteile“, erläutert Celina Thiele, die zusammen mit ihrem Mann Volker, ihren beiden Söhnen und Münsterländerhündin Lotte auf dem Hof lebt. „Neben speziellem Legehennenfutter und Mineralien, die wir ihnen geben, können sich die Tiere frisches Gras und Klee auf der Wiese suchen.“ Ist der Boden abgegrast, ziehen die Landwirte die Ställe mit dem Trecker an einen anderen Platz und die Wiese kann sich erholen. So bilden sich bei Regen auch keine matschigen Mulden, die Parasiten anziehen und die Hühner krank machen können.

Die Ställe sind so eingerichtet, dass die Hennen beste Bedingungen zum Legen vorfinden. Am liebsten mögen sie es dabei dunkel und geschützt. Gleich zu Beginn, wenn eine Herde von einem Aufzuchtbetrieb neu auf den Hof zieht, lernen sie, ihre Eier in die integrierten Legenester abzulegen. Bei 5.700 Tieren wäre es sonst schwierig, jedem Huhn einzeln hinterher zu spüren.

Einmal am Tag, meist am Nachmittag, sammeln die Landwirte die Eier ein. Im Schnitt kommen sie auf etwa 4.000 Stück, die dann direkt vom Hof oder über Supermärkte in der Umgebung verkauft werden.

Seit Mai diesen Jahres prangt das Bruderhahn–Symbol auf den Eierkartons von Thieles Leckerei. Auch wenn der Hof keine eigenen Hähne aufzieht, zahlt er dem Aufzuchtbetrieb mehr Geld für die Hennen, damit er es tut. Das Fleisch der im Gegensatz zu Masthähnchen eher schlacksigen Bruderhähne wird zu entsprechend gekennzeichneten Produkten wie Bolognese verarbeitet. So müssen keine männlichen Küken mehr getötet werden. →

LANDVERGNÜGEN
www.landvergnuegen.com
LANDVERGNÜGEN STELLPLATZ
GOLDENE REGELN

S
M/L
XL
4,20
Glück schmeckt man.
NEU
aus unseren Mobilstall

AUFZUCHT GARANTIERT!
Ein Herz für Henne & Hahn

Auch wenn die Hofstelle, auf der sich Thieles Leckerei befindet, bereits seit 1646 existiert und schon seit 1981 Hühner dort leben, gehen Celina und Volker Thiele mit ihrer Freilandhaltung neue Wege. 2016 schafften sie das erste Hühnermobil an und weiteten den Tierbestand neben dem Ackerbau Schritt für Schritt aus. Für den Frieden in der Herde, zum Schutz vor Habichten und natürlich für das morgendliche Kikiriki gehören auch Hähne dazu, obwohl das nicht gesetzlich vorgeschrieben ist.

Celina Thiele ist wichtig: „Obwohl wir von der Landwirtschaft leben, ist unsere Tierhaltung nicht in erster Linie auf den maximalen Ertrag ausgerichtet. Mit unserer Freilandhaltung haben wir immer auch das Tierwohl im Auge. Unsere Standards sind ähnlich hoch wie in der Biolandwirtschaft.“ Das schlägt sich letztlich auf den Geschmack der Eier, aber auch auf ihren Preis nieder.

Wenn die Legeleistung der Hühner nachlässt- üblicherweise nach einem Jahr- werden sie einem Schlachtbetrieb übergeben. Im Hofladen verkaufen die Thieles Suppenhühner sowie Produkte aus den eigenen Eiern, zum Beispiel Eierlikör oder Nudeln. In Zukunft soll auch fertiges Hühnerfrikassee im Glas oder Hühnerbrühe dazukommen.

Für die Camper haben Thieles einen Platz gleich bei den Hühnern reserviert. Schloss Marienburg ist in Sichtweite und vielen Reisenden eine Radtour wert. Bei ihrer Rückkehr auf den Hof werden sie mit freundlichem Gegacker begrüßt.

WEINGUT LAICHER

Obersulm-Willsbach (BW) · 49°7'57.7"N 9°21'26.9"E

Schönes Weingut mit 4-Seiten-Hof. Die Besenwirtschaft hat im Sommer beinahe jeden Monat für eine Woche geöffnet. Wir sind ein kinderfreundlicher Familienbetrieb, da wir selbst drei Kinder haben. Einkauf im Hofladen ist jederzeit nach Vereinbarung möglich.

Selbstgemachtes: Wein, Sekt, Weincocktail, Destillate, Likör, Essig, Öl und Traubensaft. Getränke erhältlich.
Aktivitäten: Badesee, Weinlehrpfad, Schulmuseum, Shopping

Weingut Laicher D9
Heerweg 21 2014
74182 Obersulm-Willsbach

Zu Gast bei: Raimund Laicher
07134/3374

Hofladen:
Auf Anfrage

www.weingut-laicher.de

SPARGEL- & MELONENHOF GIESER

Oftersheim (BW) · 49°22'9.8"N 8°36'2.1"E

Wir führen unseren Familienbetrieb in fünfter Generation. Schwerpunkte sind Sonderkulturen wie Spargel, Melonen und Artischocken. Frische ist unser höchstes Ziel, denn regionale Produktion führt zu kurzen Wegen und damit zu Kontakt zwischen Produzent und Verbraucher. Wir arbeiten rein ökologisch, sind aber nicht bio-zertifiziert. Während der Spargelsaison (April-Juni) hat unser Hofladen tägl. geöffnet (sonst siehe Webseite).

Selbstgemachtes: Bleich- und Grünspargel, Wasser-, Cantaloupe- und Galiamelonen, Artischocken, div. Gemüsesorten, Marmeladen und Eingemachtes. Außerdem: Säfte, Nudeln, Weine, Obst, Gemüse, Steaks, Bratwurst (April-August), Joghurt und Trinkjoghurt.
Aktivitäten: Mannheim, Hockenheim-Ring, Radwege, Maimarkt (größte Einzelhandelsmesse Europas), Heidelberg, Ladenburg, Ausstellungen in Schwetzingen

Spargel- & Melonenhof C9
Gieser 2020
Altneurott 4
68723 Oftersheim

Zu Gast bei: Sabrina Moras
06202/55984 o. 0151/70233148
Anreise bis: 18 Uhr
Ruhetag: So.
Schließzeit: 20.12.–09.01., 26.11.–29.11.

Hofladen und Hofverkauf:
Mi.–So. 8–19 Uhr

www.spargelhofgieser.de

LONETAL BRENNEREI

Öllingen (BW) · 48°31'36.4"N 10°9'11.8"E

Wir sind eine kleine regionale Brennerei mit eigenem Obstbau. Unser Familienbetrieb bewirtschaftet ca. 4 ha Obstwiesen nach Bioland Richtlinien. In unserer Vesperstube bieten wir unseren Gästen regionale Spezialitäten an. Die Öffnungszeiten des Hofladens und der Vesperstube finden Sie auf unserer Internetseite.

Selbstgemachtes: sortenreine Brände, Liköre, Säfte, Honig und Obst. Nach Voranmeldung: Abendbrot und Getränke erhältlich.
Aktivitäten: Wander- und Radfahrmöglichkeiten auf befestigten Wegen im Weltkulturerbe Lonetal (ca. 1,5km), – Legoland Günzburg (ca. 20km)

Lonetal Brennerei E10
Lindenstraße 11 2015
89129 Öllingen

Zu Gast bei: Dirk Dänekas
0177/9603820
Anreise bis: 18 Uhr

Hofladen:
Auf Anfrage

www.lonetal-brennerei.de

MARXENHOF

Oppenau (BW) · 48°27'17.8"N 8°9'31.6"E

Unser Hof liegt auf einer ruhigen Anhöhe mit einzigartiger Aussicht auf Oppenau und die umliegenden Berge. Die Spezialisierung unserer Arbeit liegt in der Offenhaltung des Grünlandes und der Forst- und Waldwirtschaft. Sie können bei uns u.a. Einblicke erlangen wie Stammholz verarbeitet, Brennholz gespalten, gebündelt oder zugesägt wird, wie Heuen funktioniert und Rundballen erstellt werden.

Selbstgemachtes: Brennholz, Nordmanntannen-Weihnachtsbäume, Heu und Zwetschgen.
Aktivitäten: Mountainbike, Skifahren, Wanderungen, Hallenbad, Schwarzwaldtouren, Städtetouren

Marxenhof C10
Moosstrasse 8 2022
77728 Oppenau

Telefon: 0174/5289595
Anreise bis: 18 Uhr

www.am-marxenhof.de

KIEFER OBSTWELT

Ortenberg (BW) · 48°26'21.6"N 7°58'11.6"E

Unser weitläufiger Hof liegt im Herzen der Weinbauregion mit einem wunderschönen Blick auf das Ortenberger Schloß und den Rebberg. Übernachten Sie naturnah zwischen unseren Obstbäumen. Tolle regionale und saisonale Produkte finden Sie in unserem Hofladen.

Selbstgemachtes: Obstbäume, Beerensträucher, Äpfel, Birnen, Nüsse, Kiwis, Beerenobst, Trockenobst, Wein, Schnaps, Liköre, Apfelsaft, Holundersirup und Essig. Außerdem: Brot, Nudeln, Wurst, Salze und andere Gewürze, Holunderbeerensirup, Eier, Gemüse, Schnaps, Liköre und Wein.
Aktivitäten: Badesee, Wandermöglichkeiten, Eisdiele im Dorf, Bäckerei, Lebensmittelgeschäft und Restaurants im Dorf
Hinweis: △ Die letzten 100 m sind gut befahrbarer Feldweg.

Kiefer Obstwelt GmbH B10
Allmendgrün 20 2022
77799 Ortenberg

Zu Gast bei: Michelle Kiefer
0176/84505160
Anreise bis: 16 Uhr
Ruhetag: So.

Hofladen:
Mo.–Fr. 8–12, 13–18 Uhr // Sa. 8–12 Uhr

www.kiefer-obstwelt.de

WEINGUT SCHLOSS ORTENBERG

Ortenberg (BW) · 48°27'12.2"N 7°58'47.6"E

Unsere Weine sind stolze Botschafter der Region. Sie erzählen Ihnen vom Boden, auf dem sie wachsen, vom Klima, in dem sie gedeihen, und vom traditionellen Winzerhandwerk in der Ortenau. In ihrer klaren Struktur erkennen Sie die Qualität ehrlicher Arbeit und im Genuss die Leidenschaft der Menschen. Und genau so fühlt sich Heimat an und damit unser Wein. Am Wochenende empfangen wir nur begrenzt Gäste – entsprechend der Öffnungszeiten unserer Vinothek.

Selbstgemachtes: Weine, Sekte und Spirituosen.
Aktivitäten: Wanderwege durch die Weinberge, Schwarzwald, Ausflüge nach Gengenbach, Offenburg, Europa-Park, Straßburg

Weingut Schloss Ortenberg B10
Am St. Andreas 1 2019
77799 Ortenberg

Zu Gast bei: Matthias Wolf
0781/93430
Anreise bis: 17 Uhr
Ruhetag: So.

Hofladen:
Mo. 8–12, 13–17 Uhr // Sa. 9:30–13 Uhr

www.wso-wein.de

Nord
Nordwest
Ost
Mitte-West
West
Südost
Südwest

BENEDIKTINERINNENPRIORAT UNSER LIEBEN FRAU

Ostrach-Habsthal (BW) · 47°59'31.2"N 9°19'22.4"E

Habsthal ist ein ehemaliges Dominikanerinnenkloster aus dem 13. Jhd. und liegt auf der Westroute der Oberschwäbischen Barockstraße. Seit 1892 wird es von Benediktinerinnen bewohnt, zu deren klösterlichem Lebensstil selbstverständlich eine nachhaltige, ökologische Betriebsführung gehört. Geschichte, Kunst, Spiritualität und Landwirtschaft bilden ein harmonisches Ganzes und lassen das Kloster zu einem Ort der Stille und Erholung werden. Unseren Klosterladen öffnen wir gerne auf Anfrage.

Selbstgemachtes: Honig, Schafswollprodukte, Schafsfelle. Außerdem: Weine, Spirituosen, religiöse Gegenstände, Gruß- u. Kunstkarten, Kerzen und Literatur.
Aktivitäten: Klosteranlage mit Schafzucht und Imkerei, Baggerseen, Radwanderwege, Jakobsweg, Oberschwäbischer Pilgerweg, Kanufahren und Klettern im Donautal, Hohenzollernschloss Sigmaringen, Keltenmuseum Heuneburg, Seepark Linzgau, Naturschutzgebiet Pfrungener Ried
Hinweis: △ Eine Anfahrt ist nur am unteren Parkplatz möglich.

Benediktinerinnenpriorat ULF in Habsthal D11 2019
Klosterstr. 11
88356 Ostrach-Habsthal

Zu Gast bei: Priorin Kornelia Kreidler
07585/656
Anreise bis: 16:30 Uhr
Ruhetag: So.

Hofverkauf:
Fr. 14:30–18 Uhr // Sa. 10–14 Uhr

www.kloster-habsthal.de

WEINGUT IHLE

Rauenberg (BW) · 49°15'51.5"N 8°40'43.8"E

Umrahmt von herrlichen Streuobstwiesen, kann man im Weingut Ihle und im angegliederten Besenlokal selbsterzeugte Weine und Edelbrände verkosten und käuflich erwerben. Ob unkompliziert, frisch, fruchtig und mineralisch (Weißweine) oder gehaltvoll, kräftig, intensiv und mit Reifepotential (Rotweine). Die Gaststätte „Ihle Besen" ist Di – Fr ab 17:00 Uhr, Sa, So und feiertags ab 11:30 Uhr geöffnet. (Winter bis 21:00 Uhr, Sommer bis 22:00 Uhr). Während der Öffnungszeit verkaufen wir auch Produkte aus dem Hofladen.

Selbstgemachtes: Wein, Edelbrände, Liköre und Fruchtaufstriche. Außerdem: Dosenwurst, Schinken, Honig, Nudeln, Eier, Geschenkartikel rund um den Wein. Abendbrot und Getränke erhältlich.
Aktivitäten: Weinprobe mit Kellerbesichtigung, Weinbergsrundfahrten, Lama-Wanderungen, Badischer Weinradweg, Winzermuseum, Heidelberg, Speyer, Badesee, Thermen Sinsheim, Auto-Technik Museum, sonntags Live-Musik auf dem Hof (Sommer)
Hinweis: △ landwirtschaftlicher, einspuriger Weg am Weingut

Weingut Ihle GbR
Höfe am Sträßel 3 2021
69231 Rauenberg

Zu Gast bei: Sabine Haas
06222/64692 o. 0151721774496
Anreise bis: 19 Uhr
Ruhetag: Mo.
Schließzeit: 10.04.–17.04., 18.12.–31.01.

Hofladen:
Di.–Fr. 15–18:30 Uhr // Sa. 10–15 Uhr

www.ihle.biz

RENCHHOF

Rheinau OT Memprechtshofen (BW) · 48°40'53.0"N 7°58'53.6"E

Wir bewirtschaften einen Milchviehbetrieb mit Nachzucht und Bullenmast sowie Ackerbau am Ortsrand von Memprechtshofen nahe der deutsch-französischen Grenze. Gern können Sie uns bei der Arbeit über die Schulter sehen, etwa beim Melken oder beim Füttern der Kälbchen. Im Dorf nahe unseres Wohnhauses finden Sie unsere beiden Verkaufsautomaten, hier können Sie unseren Käse sowie Spezialitäten von Bauern aus der Region erstehen (im Sommer auch Grillspezialitäten des Metzgers aus dem Ort).

Selbstgemachtes: 20 Sorten Käse. Außerdem: Dosenwurst, Salami, Schwarzwälder Schinken, Joghurt, regionales Obst, Feldsalat, Eier und Grillspezialitäten (letzteres nur im Sommer).
Aktivitäten: Badesee, Barfußpfad, Radwanderweg und Geschichtslehrpfad, größte Fischtreppe Europas in Rheinau, Hofladen-Radweg, Straßburg

Renchhof B10
Höllengasse 3 2020
77866 Rheinau OT Memprechtshofen

Zu Gast bei: Jochem Weiß
07844/98937 o. 0176/43876903
Anreise bis: 18 Uhr
Ruhetag: So.

Hofverkauf:
Auf Anfrage

KAPPELBAUER HOF

Riesbürg (BW) · 48°52'11.9"N 10°25'46.1"E

Unser Hof liegt am Rand vom kleinen schwäbischen Dorf Goldburghausen. Goldburghausen liegt schon im Nördlinger Ries, einem Meteoritenkrater, unmittelbar hinter dem Dorf erhebt sich der Kraterrand mit Goldberg und Langenberg. Von dort hat man traumhafte Ausblicke. Wir machen seit 1986 Bioland Landwirtschaft mit Hühnern und Ackerbau

Selbstgemachtes: Gemüse, Kartoffeln, Eier, Nudeln und Apfelsaft.
Aktivitäten: Goldbergmuseum, historische Stadt Nördlingen (10 min mit dem Rad), Ipf mit keltischer Siedlung
Hinweis: △ Zufahrt etwas eng und Untergrund mäßig befestigt: max 3,5t Fahrzeuggewicht. Für große Wohnwagengespanne nicht geeignet, man muß ca 50m rückwärts fahren können.

Kappelbauer Hof GbR E10
Baldingerstr. 11 2021
73469 Riesbürg

Zu Gast bei: Thilo Albath
Ruhetag: So.

Hofladen und Hofverkauf:
Fr. 15–18 Uhr

www.facebook.com/BiolandbauKappelbauer

EDELOBSTBRENNEREI WÖSSNER

Rötenberg (BW) · 48°18'9.3"N 8°26'3.1"E

Wir sind ein kleiner landwirtschaftlicher Hof mit Brennerei. In unserem Getränkemarkt finden Sie über 100 Schnaps- und Likörsorten.

Selbstgemachtes: Schnaps und Liköre. Getränke erhältlich.
Aktivitäten: Freibad, Museen, Klosterbesichtigung, Brauereiführung

Edelobstbrennerei C11
Gerhard Wössner 2016
Reint 1
78733 Rötenberg

Zu Gast bei: Gerhard Wössner
07444/2398 o. 0171/3293905
Anreise bis: 19 Uhr

Hofladen:
Mo.–Fr. 17–19 Uhr // Sa. 16–18 Uhr

www.edelobstbrennerei-woessner.de

HÖLLEHOF

Rottweil (BW) · 48°10'39.0"N 8°38'13.2"E

Unseren kleinen Mutterkuhbetrieb betreiben wir als Familie mit viel Liebe und Leidenschaft. Unsere Kühe mit Kälbern sind den Sommer über auf den umliegenden Weiden rund um den Hof und laden zum Bestaunen ein. Neben der Scheune auf einer Wiese und der Kuhweide stehen Sie mit Blick auf die Stadt Rottweil und der Testturm mit 243 m.

Selbstgemachtes: Bauernbrot am Dienstag/Mittwoch und Wurst aus eigener Schlachtung. Außerdem: Likör. Nach Voranmeldung: Frühstück und Abendbrot erhältlich.
Aktivitäten: Neckartalradweg, idyllische Wanderwege, ThyssenKrupp-Testturm, Stadt Rottweil
Hinweis: △ Bitte unbedingt ins Navi Seehof 4 eingeben, 100 m nach dem Gasthaus auf dem Höllehof melden.

Höllehof C11
See 4 2021
78628 Rottweil

Zu Gast bei: Ramona & Traudl Hölle
0741/42034 o. 0175/1275576
Anreise bis: 19 Uhr
Ruhetage: Mo. So.

Hofverkauf:
Auf Anfrage

Nord Nordwest Ost Mitte-West West Südost Südwest

PANORAMAWEINGUT BAUMGÄRTNER

Sachsenheim-Hohenhaslach (BW) · 49°0'6.8"N 9°1'53.3"E

Hohenhaslach liegt wie ein Balkon oberhalb des malerischen, komplett unter Landschaftsschutz stehenden Kirbachtales. Unser Weingut ist eingebettet in die Weinberge und Wälder des Naturparks Stromberg. An der schönsten Aussichtsstelle lädt das Panoramaweingut Baumgärtner dazu ein, im stilvollen Ambiente seiner Vinothek oder im Panoramasaal Württemberger Weine kennenzulernen. Im Einklang mit der Natur entstehen diese in unserer Familie seit 1865 in aufwändiger Handarbeit. Heute wird auf 10 ha Rebfläche angebaut und die Trauben im eigenen Keller schonend verarbeitet. Eine Bewirtung ist während der kulinarischen Wochen im Mai und Ende September möglich. Nur während der Öffnungszeiten des Hofladens ist die Toilettennutzung möglich.

Selbstgemachtes: Wein und Traubensaft. Außerdem: Sekt, Spirituosen, Gelee, Senf, Schokolade und Geschenkideen rund um den Wein.

Aktivitäten: Wanderwege, Radwege direkt am Weingut

Panoramaweingut Baumgärtner C9
An der Steige 94 2014
74343 Sachsenheim-Hohenhaslach

Zu Gast bei: Christine Baumgärtner
07147/6298
Anreise bis: 21 Uhr
Ruhetag: So.

Hofladen:
Mo.–Sa. 8–12, 13–18 Uhr

www.panoramaweingut.de

KAIS WINZERHOF

Sasbach (BW) · 48°7'60.0"N 7°36'53.8"E

Wir betreiben ein Weingut auf einer Hochebene, umgeben von Weinbergen. Freie Aussicht und Blick in die Vogesen, Schwarzwald, Kaiserstuhl und in die Rheinebene. Wir produzieren pilzwiderstandsfähige Rebsorten und Weine, kurz „Piwi-Reben". Das bedeutet den kompletten Verzicht auf chemisch-synthetischen Pflanzenschutzmittel. Unsere Gäste der Ferienwohnungen genießen Ruhe und Abgeschiedenheit, wir appellieren an Ihr Feingefühl und bitten Sie die Privatsphäre unserer Feriengäste zu respektieren und nicht in die Nähe derer Terrassen und Liegewiesen etc. zu gehen.

Selbstgemachtes: Wein, auf Anfrage auch Kaffee und Kuchen. Außerdem: kleine Speisen.

Aktivitäten: Wander-und Radwege, Weinberge, Baggersee, Rheinwälder, Flora und Fauna

Hinweis: △ Zufahrt über die Weinstraße in Sasbach. Bitte nicht über den Hof des Cousin Jörg Wiedemann fahren! In der Nähe des Bahngleises an der alten, runden Weinpresse fahren Sie hoch in die Weinberge zu unserem Hof Eichert 3.

Kais Winzerhof B11
Eichert 3 2021
79361 Sasbach

Zu Gast bei: Kai Wiedemann
0152/23093870 o. 0172/7104375
Anreise bis: 16 Uhr

Hofladen:
Auf Anfrage

www.kais-winzerhof.de

SANDRAS-BERGSTATION

Schapbach (BW) · 48°23'31.8"N 8°16'59.2"E

Wir bieten Ihnen Landurlaub, Natur pur, frische Bergluft, Wanderfreuden und natürlich unsere Gastfreundschaft zusammen mit unseren Hühnern, Highlands und Schäfchen auf dem Bauernhof. Sie campen autark auf einem fantastischen Stellplatz mit phänomenalen Sonnenauf- und untergängen und Bergpanorama. Des Weiteren betreiben wir zertifizierte Ferienwohnungen. Der Hofladen öffnet von 17 bis 19 Uhr und nach Absprache.

Selbstgemachtes: Eier, Nudeln, Marmelade, je nach Vorrat Sirup, Most oder Apfelsaft, Nudelsoßen, Suppen, frische Kräuter und Salat (Gartensaison). Außerdem: Frühstück- und/oder Vesperkörbchen nach Voranmeldung, mit engregionalen Köstlichkeiten und Bieren. Nach Voranmeldung: Frühstück, Abendbrot und Getränke erhältlich.

Aktivitäten: Mountainbiken, Premiumwanderwege und Waldbaden

Hinweis: △ Den Berg fahren sie die letzten 4 km hoch von etwa 380 Hm auf 720 Hm.

Sandras-Bergstation C10
Kupferberg 3 2021
77776 Schapbach

Zu Gast bei: Sandra Müller
07839/1241
Anreise bis: 19 Uhr
Schließzeit: 15.11.–01.04.

Hofverkauf:
Auf Anfrage

www.sandras-bergstation.de

OBSTHOF HÖSCH UND MAYER

Schlat (BW) · 48°39'13.1"N 9°42'12.9"E

Unser Hof liegt am Fuße der schwäbischen Alb in der Obstbau-Gemeinde Schlat, auf halber Strecke zwischen Stuttgart und Ulm. Im Einklang mit der Natur produzieren wir regional hochwertiges und gesundes Obst für Sie. Dazu nutzen wir modernste Technik sowie unsere jahrzehntelange Erfahrung. Jedes Obstjahr stellt uns vor neue Herausforderungen. Neben unserem Hofladen haben wir einen Verkaufsautomaten, der rund um die Uhr geöffnet ist.

Selbstgemachtes: Äpfel, Birnen, Kirschen, Aprikosen, Pfirsiche, Mirabellen, Zwetschgen und Honig, eigener Apfelsaft, Most und Apfelringe. Außerdem: regionale Spezialitäten, Wurst, Eier, Kartoffeln und saisonales Gemüse.
Aktivitäten: Filsradweg, Löwenpfade, Märklin, Museum Göppingen, WMF Factory Outlet, Drei Kaiser Berge

Obsthof Hösch und Mayer GmbH D10
Eschenbacherstr. 16 2022
73114 Schlat

Zu Gast bei: Tobias Hösch
0172/7117544
Anreise bis: 19 Uhr
Ruhetage: Sa. So.

Hofladen und Hofverkauf:
Mo.–Fr. 8–18:30 Uhr // Sa. 8–17 Uhr

www.gutes-aus-schlat.de

WEINGUT & WEINSCHÄNKE ZIMMERMANN

Schliengen (BW) · 47°44'13.0"N 7°34'28.7"E

Leidenschaft leben, Traditionen pflegen, guten Wein genießen – so lautet unsere Philosophie. Das in 2. Generation familiär geführte Weingut liegt auf dem Schliengener Berg im Dreiländereck. Ideal für einen Zwischenstopp für Reisende von Nord nach Süd (dicht an der Schweizer Grenze), direkt an der B3 gelegen zwischen Schliengen und Hertingen geht es leicht bergauf zu unserem Weingut. Von unserer Weinschenke aus bietet sich Ihnen ein herrlicher Blick auf das Rheintal und den Schwarzwald. Wir laden Sie ein, in einmalig schöner und ruhiger Lage zu entspannen und das Leben zu genießen. Bitte beachten Sie, dass unsere Toiletten nur während der Öffnungszeiten zugänglich sind.

Selbstgemachtes: Wein. Abendbrot und Getränke erhältlich.
Aktivitäten: Radwanderweg (Römerstraße)
Hinweis: △ Bitte beachten Sie die Steigung von ca. 10%.

Weingut & Weinschenke Zimmermann B11
Bürgelnblick 1 2015
79418 Schliengen

Zu Gast bei: Karl-Ernst Zimmermann, einfach anreisen…
Anreise bis: 21 Uhr
Ruhetage: Di. Mi.

Hofladen:
Mo.–Fr. 9–14 Uhr

www.zimmermann-wein.de

DORFSCHEUNE BIESELSBERG

Schömberg (BW) · 48°48'3.0"N 8°42'3.5"E

Die Bieselsberger Dorfscheune liegt mitten in einem Waldhufendorf im Nordschwarzwald mit Blick auf Wald und Wiesen. Sie ist regionaler Treffpunkt und bietet Landferien für Familien. Alle unsere Produkte stammen aus artgerechter Haltung und werden mit Terra Preta und nach den Prinzipien der regenerativen Landwirtschaft erzeugt. Bei uns finden Sie alte Gemüsesorten und Pferde der Rasse Schwarzwälder Fuchs.

Selbstgemachtes: Gemüse, Apfelsecco, Apfelsaft, Eier und Honig.
Aktivitäten: Nutztiere aller Art, Barfußpfad, Rad- und Wanderwege, Freibad / Thermalbad (5 km)

Dorfscheune Bieselsberg C10
Friedenstr. 29 2020
75328 Schömberg

Zu Gast bei: Catherina Haessler
0173/9730444
Anreise bis: 19 Uhr

Hofverkauf:
Auf Anfrage

www.die-dorfscheune.de

GASTHAUS HIRSCH

Schorndorf (BW) · 48°46'36.4"N 9°33'8.9"E

Tradition trifft Moderne – wir sind ein traditionelles Familiengasthaus, in dem die 4. und 5. Generation zusammen arbeitet. Unsere schwäbischen Spezialitäten mit modernem Touch sind bei Jung und Alt sehr beliebt. Als „Schmeck den Süden"- Mitglied ist uns die Regionalität unserer Produkte sehr wichtig.

Selbstgemachtes: hausgebackenes Bauernbrot, Marmelade, Bratensoße, je nach Jahreszeit passende Säfte, Maultaschen und Griebenschmalz. Außerdem: Dosenwurst, Schnaps, Linsen, Kutteln. Zum Verzehr im Gasthaus gibt es noch vieles mehr (Spätzle, Salate, Linsen). Abendbrot und Getränke erhältlich.

Aktivitäten: Wanderwege, Radwege, Bewirtung mit Gartenwirtschaft, Kinderspielplatz

Gasthaus Hirsch D10
Wangener Straße 38 2021
73614 Schorndorf

Zu Gast bei: Dieter Schurr 07181/3037
Anreise bis: 20 Uhr
Ruhetage: Mo. Di.

Hofverkauf:
Mi.–So. 11:30–20:30 Uhr

www.hirsch-oberberken.de

HUMPFER RANCH

Schrozberg (BW) · 49°20'9.2"N 10°6'3.1"E

Ein seit 1735 geführter landwirtschaftlicher Familienbetrieb mit Biogas, Rinderhaltung und seit 2016 mit Bisonzucht und -vermarktung. Gelegen am Rande der Hohenloher Ebene, direkt am betriebseigenen Lehrpfad „Hohenloher-Prärie-Trail" inmitten des eigenen Jagdreviers, heißen wir Reisemobilisten willkommen.

Selbstgemachtes: Rehwildfleisch, Bisonfleisch und -produkte, Rindfleisch und -produkte.

Aktivitäten: „Hohenloher-Prärie-Trail" (2 km langer Rundwanderweg), Schandtaubertal, Rothenburg o.d. Tauber

Humpfer Ranch D9
Standorf 5 2021
74575 Schrozberg

Zu Gast bei: Katrin & Joachim Humpfer 07939/306
Anreise bis: 18 Uhr
Ruhetag: So.
Schließzeit: 15.11.–15.04.

Hofverkauf:
Auf Anfrage

www.humpferranch.de

NATURLANDHOF HOFFMANN

Schrozberg (BW) · 49°21'50.5"N 10°2'18.7"E

Der Naturlandhof liegt inmitten zahlreicher Schlösser und Burgen im schönen Hohenloher Land. Unser Familienbetrieb umfasst Acker- und Gemüsebau. Die Tierwelt setzt sich zusammen aus Rindern, Schweinen, Gänsen, Enten und Hühnern. Beobachten Sie wo Fuchs und Hase sich „Gute Nacht" sagen.

Selbstgemachtes: Grün-Spargel und Fleisch auf Bestellung.

Aktivitäten: Taubertal-Radweg, Rothenburg ob der Tauber, Schloss Langenburg

Naturlandhof Hoffmann D9
Bovenzenweiler 7 2015
74575 Schrozberg

Zu Gast bei: Werner Hoffmann 07939/611

Hofverkauf:
Auf Anfrage

www.naturlandhof-hoffmann.de

FIXENATURHOF

Schuttertal (BW) · 48°13'43.5"N 7°56'34.4"E

Wenn Sie sich für Nachhaltigkeit, Natur und Bio interessieren, dann sind Sie bei uns auf dem Fixenaturhof richtig. Wir sind ein Biobauernhof im Schwarzwald mit Weiderindern, Wald und eigener Seifenmanufaktur. Bestellungen im Onlineshop und Abholung vor Ort möglich. Derzeit wird ein neuer Radweg neben dem Stellplatz gebaut.

Selbstgemachtes: Naturseifen, Naturseifengeschenke, Bionaturseifen, Biorindfleisch (auf Bestellung ab 10 kg), Rinderkraftbrühe, Kurse: Erlebe Naturseife, Erlebe Reinigung aus der Natur, Erlebe Haarpflege aus der Natur, Erlebe Kosmetik aus Küche und Garten.
Aktivitäten: viele Wandermöglichkeiten, Schwarzwald

Fixenaturhof B11
In der Steig 6 2021
77978 Schuttertal

Zu Gast bei: Melanie Göppert, einfach anreisen…
Ruhetag: So.
Schließzeit: 23.12.–06.01.

Hofverkauf:
Auf Anfrage

www.fixenaturhof.de

WEINGUT WILL & WÜRZ

Schwaigern (BW) · 49°7'53.4"N 8°58'49.3"E

Unser Weingut liegt inmitten von Reben und Feldern, mit Möglichkeiten zum Wandern oder Radfahren. Unsere Vinothek wird auch nach Absprache geöffnet, sowie jedes 2. Wochenende unsere Besenwirtschaft. Ein Einblick in die Produktion ist nach Absprache möglich.

Selbstgemachtes: Flaschenwein. Außerdem: Dosenwurst, Honig, Kräutersalze, Marmeladen, Essige und Traubenkernöl. Nach Voranmeldung: Getränke erhältlich.
Aktivitäten: Rad- und Wanderwege
Hinweis: △ Der letzte Kilometer ist einspurig, Wendemöglichkeit ist vorhanden.

Weingut Will & Würz C9
Sonnenberghöfe 1 2021
74193 Schwaigern

Telefon: 07138/67177

Hofverkauf:
Auf Anfrage

www.willundwürz.de

PRIVATKELLEREI KÜMMERLE

Schwaigern-Stetten (BW) · 49°7'46.7"N 9°0'20.7"E

Wir sind eine familiengeführte Weinkellerei mit eigenem Weinbau. Neben dem angeschlossenen Getränkemarkt und der Vinothek führen wir ganz neu ein eigenes Winzercafé mit dem Namen „Korkenzieher". Dort gibt es an zwei Sonntagen im Monat ein leckeres Frühstücksbuffet. Gerne bieten wir Ihnen auch diverse Weinwanderungen an.

Selbstgemachtes: Wein, Sekt, Seccos, Fruchtsäfte und Liköre. Außerdem: Essig und Öl. Nach Voranmeldung: Frühstück erhältlich.
Aktivitäten: Badesee Ehmetsklinge ca. 10 km, Wandergebiet Heuchelberg-Stromberg ca. 2 km

Privatkellerei Kümmerle C9
Entengasse 11 2015
74193 Schwaigern-Stetten

Zu Gast bei: Daniel Kümmerle
07138/6674 o. 0160/5214830
Anreise bis: 18 Uhr
Schließzeit: 01.09.–31.10.

Hofladen:
Mo.–Fr. 9–12, 14–18:30 Uhr // Sa. 8–14 Uhr

www.privatkellerei-kuemmerle.de

WEINGUT MAIER

Schwaikheim (BW) · 48°52'44.7"N 9°20'46.8"E

Das Weingut liegt wunderschön, umgeben von Streuobstwiesen, oberhalb von Schwaikheim. Neben der modernen Vinothek lädt der traditionelle Gutsausschank in den Wintermonaten zu kulinarischem Genuss ein. Entdecken Sie das angrenzende Remstal mit seinen vielfältigen Ausflugszielen sowie tollen Rad- und Wanderwegen. Die Hauptstadt Stuttgart ist durch eine direkte S-Bahn Anbindung in 20 Minuten zu erreichen.

Selbstgemachtes: Wein, Sekt & Secco und Traubensaft. Außerdem: Oliven-Öl, Hofladen mit Milchautomat (150 Meter). Getränke erhältlich.
Aktivitäten: Freibad, Mini-Golf, Wander- und Radwege, Demeter Bio-Käserei (3 km)

Weingut Maier D10
Zehnmorgenweg 2 2021
71409 Schwaikheim

Zu Gast bei: Fabienne Gabriel
0172/7728684
Anreise bis: 19 Uhr
Ruhetag: So.

Hofladen:
Di.–Fr. 17–19 Uhr // Sa. 9–14 Uhr

www.maier-weingut.de

BRENNEREI SÜDSTRASSE

Schwanau (BW) · 48°22'59.3"N 7°45'18.2"E

Unser Familienbetrieb mit kleiner Landwirtschaft (Schweine, Hühner, Gänse) mit dem Schwerpunkt Brennerei und Likörherstellung liegt im schönen Ried unweit des Taubergießens. Spontan sind Einblicke in den traditionellen Produktionsbetrieb möglich. Das Obst für unsere hochprozentigen Produkte liefern uns unsere mit alten Sorten bewachsenen Streuobstwiesen. Der Hofladen ist regional bestückt und tagsüber fast immer geöffnet. Die Gaststätten und Einkaufsmöglichkeiten im Ort sind zu Fuß erreichbar.

Selbstgemachtes: Edelbrände, Liköre, GIN, Brot, Wurst, Speck, Schinken, Nudeln, Butter, Honig, Kräutertee und Bier.
Aktivitäten: Badesee, Rad-und Wanderwege, Bootsfahrten, Europa-Park, Burg Hohengeroldseck, Schloss Ortenberg, Naturraum Offenburger Rheinebene inkl. Auengebiet Taubergießen, Hohkönigsburg (Frankreich)

Brennerei Südstrasse B10
Südstraße 1 2020
77963 Schwanau

Zu Gast bei: Lutz Weide 07824/1547
Anreise bis: 17:30 Uhr

Hofladen:
Auf Anfrage

www.brennerei-suedstrasse.de

ERDBEERHOF MALL

Schwörzkirch (BW) · 48°19'4.2"N 9°46'42.4"E

Unser Hof liegt am Fuße der Schwäbischen Alb, ca. 6 km von Ehingen/Donau entfernt. Wir bauen Getreide, Erdbeeren, Spargel und Himbeeren an, die Sie neben vielen anderen regionalen Produkten in unserem Hofladen erwerben können. Im Obstgarten gibt es Zwergziegen, Hühner, Laufenten und einen kleinen Spielplatz. Getränken stehen zur Selbstbedienung in einem Kühlschrank bereit.

Selbstgemachtes: Erdbeeren, Spargel, Himbeeren und Marmelade. Außerdem: Wurst, Eier, Honig, Nudeln, Kirschen, Spirituosen, Eis, Kartoffeln u.v.m.
Aktivitäten: Hühner, Zwergziegen, Laufenten,Bierkulturstadt Ehingen (6 km), Ulmer Münster (20 km), Radfahren, Wandern, Joggen

Erdbeerhof Mall D10
Härtleweg 3 2022
89604 Schwörzkirch

Zu Gast bei: Simone Mall
0152/21791597
Schließzeit: 15.10.–31.03.

Hofladen:
Mo.–Fr. 9–19 Uhr // Sa., So. 9–11 Uhr

www.erdbeerhof-mall.de

GASTHOF-PENSION „ZUR KRONE“

Sigmaringen OT Unterschmeien (BW) · 48°5'34.8"N 9°8'54.9"E

Wir sind ein kleiner Gasthof mit regionalen Gerichten. Unsere Küche serviert schwäbische Essen. Wir sind spezialisiert auf Wildgerichte aus heimischer Jagd.

Selbstgemachtes: Wildmaultaschen, Schwäbische Maultaschen, Wildschweinschinken und Wildbratwürste. Frühstück, Abendbrot und Getränke erhältlich.
Aktivitäten: Wandern, Kanufahren, Radwege, Klettern

Gasthof-Pension „Zur Krone“ D11
Altschmeierstraße 14 2022
72488 Sigmaringen
OT Unterschmeien

Zu Gast bei: Jürgen Stauß
07571/51912

Hofverkauf:
Mo., Mi.–Sa. 17:30–21 Uhr // So. 11–14, 17–21 Uhr

www.krone-unterschmeien.net

WEHRLEHOF

Simonswald (BW) · 48°6'55.2"N 8°1'51.8"E

Unser Hof, ein Pensionsviehbetrieb für Rinder mit Öko-Status, liegt verkehrsgünstig unweit der A5 bei Freiburg in ruhiger Lage mit herrlicher Aussicht. Aus den Äpfeln und Birnen von den Streuobstwiesen stellen wir Saft, Gelee und Schnaps her. Unser Brot backen wir selbst. Wir betreiben ein Catering-Unternehmen außer Haus. Genießen Sie in Ihren eigenen 4 Wänden unser Wohnmobil-Dinner. Die extra für Sie erstellte Speisekarte senden wir Ihnen gerne vorab. Auch im Advent, über Weihnachten und Silvester freuen wir uns darauf, Sie kennenzulernen.

Selbstgemachtes: Saft, Gelee, Schnaps, Brot, vakuumierte, tiefgekühlte, küchenfertig abgeschmeckte Speisen, marinierte Steaks und hausgemachte Suppen. Außerdem: regionale Weine und Schinken. Nach Voranmeldung: Abendbrot und Getränke erhältlich.
Aktivitäten: Hofführung, Radtouren, Mountainbiken, Wanderungen, Museen

Wehrlehof B11
An der Niederbruck 5 2021
79263 Simonswald

Zu Gast bei: Reinhilde Fischer
07683/909323 o. 0172/5668216
Anreise bis: 18 Uhr

Hofverkauf:
Auf Anfrage

www.lefestin.de

ROSENHOF

Sinzheim (BW) · 48°45'59.8"N 8°8'34.9"E

Auf unserem familiengeführten Bauernhof gibt es Pferde, Kühe, Schafe, Katzen, Hunde, Hühnern, Pfauen und Ponys. Ein Spielplatz und Tipizelte dürfen von Kindern genutzt werden. Wir befinden uns in unmittelbarer Nähe zur Autobahn. Der Stellplatz auf dem Hof bietet Blick auf den Schwarzwald, Fremersberg und Weinberge. Wir haben einen kleinen Selbstbedienungsladen mit regionalen Produkten und freuen uns auf Ihren Besuch!

Selbstgemachtes: Kartoffeln, Rosen, Dosenwurst und Eier. Außerdem: verschiedene Käsesorten aus der Region.
Aktivitäten: Badeseen, Ponyreiten, Radwege, Wanderwege, 6 km Baden-Baden, 8 km zum Elsaß

Rosenhof C10
Rosenhof 1 2021
76547 Sinzheim

Zu Gast bei: Albrecht Meier
0171/3059566
Anreise bis: 19 Uhr
Schließzeit: 24.12.–31.01.

Hofverkauf:
Auf Anfrage

LANDGASTHOF ZUM PFLUG

Steinen-Endenburg (BW) · 47°42'42.1"N 7°44'2.7"E

Familiengeführter Landgasthof in der 4. Generation mit regionaler und saisonaler Küche und 4 großzügig geschnittenen Gästezimmern. Schön gelegen am Südhang des Luftkurortes Endenburg auf ca. 650 müM im Dreiländereck Schweiz/ Deutschland/Frankreich nahe Lörrach bei Basel und idealer Ausgangspunkt für Ausflüge mit dem Fahrrad oder zum Wandern. Schöne Gartenwirtschaft im Sommer.

Selbstgemachtes: Fleisch- und Wurstwaren aus eigener Mutter-Kuh-Haltung, Wildbratwurst und Wildgerichte aus heimischer Jagd, hausgemachte Spätzle, Salatsauce, Quarkbutter, Kräuterquark, Mayonnaise und Kuchen. Im Herbst Hausmacher Metzgete, Selbstgemachtes auch zum Mitnehmen, Fertiggerichte zum Aufwärmen. Frühstück, Abendbrot und Getränke erhältlich.
Aktivitäten: Rad-und Wanderwege, Höllschlucht, Bauernhausmuseum Schneiderhof, Vogelpark Steinen-Hofen.

Landgasthof zum Pflug B11
Im Hofacker 2 2021
79585 Steinen-Endenburg

Zu Gast bei: Henning & Tina Oßwald 07629/347
Anreise bis: 19 Uhr
Ruhetage: Di. Mi.

Hofverkauf:
Auf Anfrage

www.gasthauspflug.de

KÜCHLE HOF

Steinhausen an der Rottum (BW) · 48°1'44.1"N 9°54'34.8"E

Wir sind ein kleiner landwirtschaftlicher Betrieb in Alleinlage mit ca. 30 Kühen und Hühnern in Oberschwaben am Übergang zum Vorallgäu. Unser Hof wird in dritter Generation geführt. Wir freuen uns auf Ihren Besuch.

Selbstgemachtes: Milch und Eier.
Aktivitäten: Kloster Ochsenhausen mit Freibad, Bad Wurzach (größtes Moorgebiet Oberschwaben), Federseemuseum Bad Buchau, Ummendorf und Jordanbad

Küchle Hof D11
Von Aberle Str. 55 2021
88416 Steinhausen an der Rottum

Zu Gast bei: Ralf Rieger 07352/8401
Anreise bis: 19:30 Uhr

Hofverkauf:
Auf Anfrage

BIOLANDHOF REISER

Straubenhardt (BW) · 48°51'28.2"N 8°32'21.2"E

Unser landwirtschaftlicher Gemischtbetrieb ist ca. 300 m außerhalb der Ortschaft an einem Wanderweg gelegen. Wir haben Pferde, Kühe, Schweine, Ziegen, Schafe, Hühner und Küken. Unser großer Naturkostladen ist ganztägig geöffnet, ca. 2 km vom Hof entfernt.

Selbstgemachtes: Eier, Teigwaren, Fleisch, Belugalinsen, Kartoffeln und Mehl. Außerdem: großes Natursortiment. Nach Voranmeldung: Frühstück und Getränke erhältlich.
Aktivitäten: Ponyreiten, Naturpool, Sauna am Hof (bitte anmelden), großer Sport- und Walderlebnisparcours

Biolandhof Reiser C10
Bannholz-Str. 100 2021
75334 Straubenhardt

Zu Gast bei: Elke Reiser 0172/9974881
Anreise bis: 20 Uhr

Hofladen:
Mo.–Fr. 8:30–19 Uhr // Sa. 8:30–14 Uhr

www.biobauernmarkt.de

WILDOBSTHOF MITSCH

Sulzfeld (BW) · 49°5'45.9"N 8°51'43.9"E

Sie sind zu Besuch auf einem Wild- und Streuobsthof mit Hofladen und Hofcafé/Restaurant. Seit Jahren bewirtschaften wir Streuobstwiesen und Wildobstflächen wie Aronia und Sanddorn. Wir verarbeiten und vertreiben unsere Waren selbst. Saisonale Öffnungszeiten siehe Homepage. Ein Einblick in den Produktionsbetrieb ist nach Absprache möglich.

Selbstgemachtes: Säfte, Secco, Marmeladen, Frischobst aus Streu- und Wildobst, Eier, Aronia-Nudeln, selbstgebackene Kuchen und ausgewähltes Speiseangebot. Außerdem: Bio-Vollsortiment (Naturkostladen). Nach Voranmeldung: Abendbrot und Getränke erhältlich.
Aktivitäten: Streuobsterlebnis, mehrere Wanderwege und Radwege direkt ab Hof, Ravensburg, 3 Badeseen im 5 km Radius, Naturparkzentrum Stromberg-Heuchelberg

Wildobsthof Mitsch C9
Ochsenburger Str. 22 2021
75056 Sulzfeld

Zu Gast bei: Dieter Mitsch
07269/9608140 o. 0170/4407223

Hofladen:
Auf Anfrage

www.wildobsthof.de

TALHEIMER HOF

Talheim (BW) · 49°5'17.4"N 9°13'26.5"E

Kleiner, familiärer Obst- und Weinbaubetrieb mit Brennerei, Hofladen und einer traditionellen Besenwirtschaft. Wir sind ein Direktvermarktungsbetrieb von Obst, Schnaps und Weinen. Mitten in den Weinbergen gelegen, zwischen Flein und Ilsfeld. Bewirtung während der Besenöffnungszeiten (täglich ab 11 Uhr) möglich.

Selbstgemachtes: gepflegte Qualitäts- und Prädikatsweine, Sekt, Edelbrände, Liköre, Honig, Apfelchips, Fruchtaufstriche u.a. aus Quitten, Säfte, 15 Apfelsorten, drei Birnensorten, Früchte der Saison: Sauerkirschen, Pfirsiche und Zwetschgen. Abendbrot und Getränke erhältlich.
Aktivitäten: Wanderwege durch die Weinberge, Radweg Schozachtal, Radweg am Neckar

Talheimer Hof D9
Talheimer Hof 1 2014
74388 Talheim

Zu Gast bei: Andreas Kühfuß
07131/251278

Hofladen:
Di.–Fr. 10–12, 13–18 Uhr // Sa. 9–15 Uhr

www.talheimer-hof.de

WEINGUT KURZ-WAGNER

Talheim (BW) · 49°5'35.9"N 9°12'13.2"E

Familienweingut in dritter Generation, schön gelegen auf einer Anhöhe inmitten der Weinberge. Mediterranes Anwesen mit toller Aussicht. Leidenschaft, Gefühl und Erfahrung sind Voraussetzungen, um Spitzenweine zu erzeugen. Wir verknüpfen alte Weinbereitungstraditionen mit neuesten Erkenntnissen und moderner Technik. Überzeugen Sie sich selbst! Achtung: bitte Hunde an der Leine halten.

Selbstgemachtes: Wein, Secco und Sekt.
Aktivitäten: Weinproben, Radwanderwege, Neckar (10 km), Waldklettergarten (15 km)

Weingut Kurz-Wagner D9
Haigern 8 2021
74388 Talheim

Zu Gast bei: Anja Kurz 07133/8436
Anreise bis: 19 Uhr
Ruhetag: So.
Schließzeit: 23.12.–08.01.

Hofladen:
Mo.–Fr. 18–20 Uhr // Sa. 10–16 Uhr

www.kurz-wagner.de

Nord Nordwest Ost Mitte-West West Südost Südwest

DISTELHÄUSER BRAUHAUS

Tauberbischofsheim (BW) · 49°35'54.7"N 9°41'38.0"E

In unserem modernen Wirtshaus mit Biergarten, direkt in der Distelhäuser Brauerei dreht sich alles – wie könnte es anders sein – ums frische Bier. Aber nicht nur Distelhäuser Bierspezialitäten laden ein. Unser Team aus der Brauhausküche verwöhnt Sie ab mittags mit leckeren Schmankerln für den kleinen und großen Hunger. Um Reservierung wird gebeten. Für zu Hause empfehlen wir Ihnen einen Abstecher in unsere Metzgerei: Bauer's Brotzeit. Die Küchenzeiten entnehmen Sie bitte unserer Homepage. Bitte beachten Sie, dass die Toilette nur während der Öffnungszeiten des Hofladens genutzt werden kann.

Selbstgemachtes: Bier, Apfelschorle, Wurst- und Fleischspezialitäten. Außerdem: Souvenirs aus dem Distelhäuser Shop. Abendbrot und Getränke erhältlich.

Aktivitäten: Bauernhofmuseum, Brauereibesichtigung, Rad- & Wanderweg „Liebliches Taubertal"

Distelhäuser Brauhaus D9
Grünsfelder Str. 3 2014
97941 Tauberbischofsheim

Zu Gast bei: Christiane Seidl
09341/805820
Anreise bis: 20 Uhr
Ruhetage: Mo. Di.

Hofverkauf:
Mi.–Sa. 14–22 Uhr // So. 11–21 Uhr

www.distelhaeuser.de

WEINGUT MÖSSNER-BURTSCHE

Teningen-Köndrigen (BW) · 48°8'22.7"N 7°48'19.2"E

In unserem Familienweingut bewirtschaften wir auf 2,5 ha Reben in Köndringen, gelegen im Weinbaubereich Breisgau, zwischen Schwarzwald und Kaiserstuhl. Es macht uns Freude, mit den Jahreszeiten zu leben und mit der Natur zusammenzuarbeiten. Unser Ziel ist es, Weine zu erzeugen, die harmonisch und langlebig sind. Probieren Sie und genießen Sie die schöne Umgebung! Gerne öffnen wir unsere Probierstube auch außerhalb der regulären Öffnungszeiten für Sie.

Selbstgemachtes: Wein, Sekt und Edelbrände.

Aktivitäten: Weinverkostung, Badesee, Radwege, Burgruinen, Europapark

Weingut Mößner-Burtsche B11
Heimbacher Str. 3 2020
79331 Teningen-Köndrigen

Zu Gast bei: Eva Burtsche
07641/2808 o. 0173/9717767
Anreise bis: 18 Uhr
Ruhetag: So.

Hofverkauf:
Auf Anfrage

www.weingutmoessner.de

FERIENHOF MOSCHT-STÜBLE

Tettnang-Apflau (BW) · 47°37'35.9"N 9°36'54.3"E

Schwäbische Gastfreundlichkeit und regionale Küche. Genießen Sie die Tage auf unserem Bauernhof nur 6 km vom Bodensee entfernt. Das Argental läd zum Wandern, Radeln und Baden ein. Natürlich dürfen Sie nicht fahren ohne unseren hausgemachten Moscht zu probieren. VW-Busse sind besonders willkommen!

Selbstgemachtes: Moscht, Schnäpse, Kirschen und Äpfel. Abendbrot und Getränke erhältlich.

Aktivitäten: Radeln, Wandern, Traktor fahren, Kirschen selber pflücken, Baden im Bodensee, Entspannen und Nichtstun

Ferienhof Moscht-Stüble D12
Apflauer Str. 26 2015
88069 Tettnang-Apflau

Zu Gast bei: Stefan Trautmann
07543/8193
Anreise bis: 19 Uhr
Ruhetag: Di.

Hofverkauf:
Auf Anfrage

www.moscht-stüble.de

KNOLL'S OBSTBAU UND BRENNEREI

Überlingen OT Lippertsreute (BW) · 47°48'7.8"N 9°13'43.4"E

Inmitten von Obstbäumen liegt Ihr idyllischer Hof mit Obstanbau, Brennerei und Ferienwohnungen. Genießen Sie die herrliche Kulturlandschaft des Bodensees mit ihren Sehenswürdigkeiten. Ihnen wird eine Fülle von Aktivitäten und Erholung geboten. Wenn wir Zeit haben, führen wir Sie gerne über unseren Hof mit Brennerei und durch die Obstplantagen. Es gibt einen Getränkekühlschrank mit Selbstbedienung. Anreise bitte von 17–19 Uhr nach telefon. Anmeldung zwischen 8–11 Uhr. Kleinfahrzeuge und nicht autarke Mobile werden bevorzugt.

Selbstgemachtes: Obstbrände, Geiste, Äpfel, Apfelchips, Apfelsaft, Birnen, Kirschen, Zwetschgen, Renekloden, Mirabellen, Walnüsse, Haselnüsse, Haselnussöl, Fruchtaufstriche, Apfel- und Birnensecco und Honig. Außerdem: Frucht- und Schokomüsli.
Aktivitäten: Radeln, Wandern, Streicheltiere, Kirschen pflücken, Baden im Bodensee oder im Schlosssee, Affenberg, Haustierhof Reutemühle, Altstadt Überlingen mit Therme, Entspannen

Knoll's Obstbau und Brennerei D11 2016
Bambergerstr. 8
88662 Überlingen OT Lippertsreute

Zu Gast bei: Joachim & Ingeborg Knoll 07553/917731 o. 0170/8943076
Anreise bis: 19 Uhr
Schließzeit: 15.11.–20.02.

Hofladen: Mo.–Fr. 8–12, 13–18 Uhr // Sa. 8–17 Uhr

www.obstbau-knoll.de

IMKEREI KLEIN

Uhingen (BW) · 48°42'46.3"N 9°34'26.2"E

Familiengeführte kleinere Imkerei im schönen Filstal. Unseren Honig gibt es zum Verkauf im Selbstbedienungsschrank mit Vertrauenskasse. Sonstige Produkte gibt es auf Anfrage an der Haustüre oder per Telefon.

Selbstgemachtes: Honig und Produkte aus dem Bienenvolk. Nach Voranmeldung: Getränke erhältlich.
Aktivitäten: Fahrradweg am Haus, schönes Freibad (400 m), Bahnhof (600 m) mit direkter Zugverbindung nach Stuttgart und zur Stadtmitte Uhingen

Imkerei Klein D10 2021
Heerstraße 100
73066 Uhingen

Zu Gast bei: Marianne Klein 07161/4078695 o. 0151/14455427

Hofverkauf:
Auf Anfrage

www.imkerei-klein.de

BRÄUHAUS UMMENDORF

Ummendorf (BW) · 48°3'47.8"N 9°49'57.6"E

Die Kirche und der Brauerei-Gasthof bilden den Mittelpunkt von Ummendorf. Neben Speis und Trank oder einem leckeren Brand aus der eigenen Brennerei findet der Gast hier vor allem das Gefühl herzlich willkommen zu sein. Bitte melden Sie sich bei Ankunft im Gasthof an. Eine Brauerei-Besichtigung ist nach Anmeldung und für Gruppen ab 12 Personen möglich. Ein kurzer Blick in die Brauerei – auch spontan. Die Toiletten sind nur während der Öffnungszeiten des Brauerei-Gasthofes geöffnet.

Selbstgemachtes: Biere, Destillate und Bier-Likör. Außerdem: Handelsbiere, Wässer, Säfte, Spirituosen, Präsentartikel und schwäb. Küche. Abendbrot und Getränke erhältlich.
Aktivitäten: Brauerei-Besichtigung, Thermalbad, Naturbadesee, Oberschwäb. Barockstr., Erwin-Hymer-Museum, Wander- und Radwege, Flohmarkt im Brauereihof jeden letzten Samstag im April, Biernacht im Brauerei-Gasthof und Biergarten jeweils am 3. Freitag im November

Bräuhaus Ummendorf D11 2014
Bachstr. 10
88444 Ummendorf

Zu Gast bei: Stefan Dobler, einfach anreisen…
Anreise bis: 21 Uhr
Ruhetag: Mi.
Schließzeit: 22.12.–05.01., 27.10.–30.10.

Hofverkauf:
Mo. Di. Do. Fr. 9–12, 13–18 Uhr // Mi. 9–12 Uhr, Sa. 9–13 Uhr

www.braeuhaus.de

HOF STETTENFELS

Untergruppenbach (BW) · 49°5'25.3"N 9°16'59.6"E

Unser Bauernhof mit grandioser Aussicht auf Weinberge, Felder und Wälder, liegt neben einer mittelalterlichen Burg. Bei uns gibt es regionales Obst und Gemüse von glücklichen Bauern.

Selbstgemachtes: Erdbeeren, Himbeeren, Brombeeren, Äpfel, Birnen, Kiwis, Trauben und Johannisbeeren. Außerdem: Obst und Gemüse der Saison, Milchprodukte, Käse, Dosenwurst, Wein, Sekt, Brände und Liköre, Säfte, Marmelade, Honig, Fisch, Eier, Kartoffeln, Nudeln, Kaffee, Gebäck u.v.m.
Aktivitäten: Wandern, Radfahren, Biergarten, Freibad, im Sommer Theater

Hof Stettenfels D9
Hof Stettenfels 6 2016
74199 Untergruppenbach

Telefon: 07131/70777
Anreise bis: 18 Uhr
Ruhetag: So.

Hofladen:
Mo.–Fr. 15–18 Uhr // Sa. 8:30–16 Uhr

RESTAURANT ROSE

Vellberg (BW) · 49°4'58.8"N 9°53'43.1"E

BIO aus Küche und Keller, möglichst regional, ist das wofür wir stehen! Saisonale hausgemachte Gaumenschmeicheleien nach Hausrezepten und regionalen und zeitgemäßen Naturgenuss erleben, dafür arbeiten wir bereits in der 5. Generation. Unser Restaurant bietet traditionelle Gemütlichkeit und sinnlichen Hoch-Genuss. Das Restaurant ist darüber hinaus eine „Verwöhnadresse" für Vegetarier, Veganer sowie auch für Personen mit Nahrungsmittel-Allergien. Unsere Kochkurse müssen vorgebucht werden. Die Toilette ist nur zu Öffnungszeiten zugänglich.

Selbstgemachtes: Brände, Säfte, Kräutertee, Chutney, Marmelade (Gsälz), Nektare, Limonaden und gelegentlich eingekochte Speisen. Abendbrot und Getränke erhältlich.
Aktivitäten: Bühletal Rad- und Wanderweg, Heimatmuseum, Freilichtopide Schwäbisch Hall, Kunsthalle Würth, Kirchen

Restaurant Rose D9
Ortstr. 13 2021
74541 Vellberg

Zu Gast bei: Adelheid Andruschkewitsch 07907/2294
Anreise bis: 18 Uhr
Ruhetage: Mo. Di.

Hofverkauf:
Mi., Do. 17:30–21:30 Uhr // Fr.–So. 11:45–13:45, 17:30–21:30 Uhr

www.eschenau-rose.de

WEINGUT LANDERER

Vogtsburg (BW) · 48°5'12.5"N 7°37'0.5"E

Herzlich willkommen auf dem Weingut Landerer. Das Urlaubsdomizil mit angrenzenden Weingärten bietet unbegrenzte Möglichkeiten für aktive Naturliebhaber. Übernachten Sie direkt neben Weinreben und gewinnen Sie interessante Einblicke in unser Weingut. Von April bis Oktober findet freitags 15.30 Uhr die beliebte Weinbergsafari statt – hierzu ist eine Anmeldung erforderlich.

Selbstgemachtes: Weine, Edelbrände, Obst, Marmeladen und Gelees.
Aktivitäten: 2 km zum Badesee, Radwege durch Weinberge und Obstplantagen, Traktorfahrten durch die Weinberge

Weingut Landerer B11
Niederrotweil 3 2016
79235 Vogtsburg

Zu Gast bei: Karin Landerer, einfach anreisen…
Anreise bis: 18:30 Uhr
Ruhetag: So.
Schließzeit: 31.10.–01.03.

Hofverkauf:
Mo.–Fr. 8–12, 14–17 Uhr // Sa. 9–12 Uhr // Sa. 13:30–16 Uhr

www.weingut-landerer.de

WINZERGENOSSENSCHAFT ACHKARREN

Vogtsburg-Achkarren (BW) · 48°3'60.0"N 7°37'21.3"E

Umgeben von wunderschönen Weinbergen liegt unsere Genossenschaft mitten im Herzen des Kaiserstuhls. Von unserem ruhigen Stellplatz, direkt neben der Traubenannahme auf der Rückseite des Gebäudes gelegen, haben Sie einen tollen Blick auf unsere beste Lage, den Achkarrer Schlossberg. In den Monaten Januar, März, April, Juni, Juli, August, Oktober und November ist bei uns nochmal extra was los – aber schauen Sie doch einfach auf unserer Webseite oder auf Facebook nach. Ansonsten laden wir Sie natürlich auch herzlich zu unseren wöchentlichen Kellerführungen, immer mittwochs um 10.00 Uhr, ein. Wir freuen uns auf Sie!

Selbstgemachtes: Wein, Sekt und Secco.

Aktivitäten: Achkarrer Weinbaumuseum, Traktortouren, Weinwanderungen, bestens ausgebautes Radwegenetz, verschiedene Restaurants in fußläufiger Entfernung, Dorfladen für das gemütliche Frühstück

Winzergenossenschaft Achkarren im Kaiserstuhl B11
Schlossbergstr. 2 2017
79235 Vogtsburg-Achkarren

Zu Gast bei: Denis Kirstein
07662/93040
Anreise bis: 17 Uhr
Schließzeit: 01.09.–01.11.

Hofladen:
Mo.–Fr. 8–17:30 Uhr // Sa. 9–13 Uhr

www.achkarrerwein.com

WEINGUT SUSANNE SCHMIDT

Vogtsburg-Bischoffingen (BW) · 48°6'4.4"N 7°37'52.7"E

Unser Weingut liegt am Fuße der Mondhalde inmitten von Weinbergen in sehr ruhiger Lage mit herrlichem Blick auf die Vogesen. Willkommen bei Familie Schmidt auf dem sympathischen Weingut im Herzen des Kaiserstuhls!

Selbstgemachtes: große Auswahl an Weinen und Destillaten mit Schwerpunkt auf Burgundersorten.

Aktivitäten: Badesee (3 km), Schwimmbad (2 km), Aussichtspunkt Mondhalde (800 m), Radwege

Weingut Susanne Schmidt B11
Weinbergstr. 1 2020
79235 Vogtsburg-Bischoffingen

Zu Gast bei: Gerhard Schmidt
0173/5679272
Anreise bis: 19 Uhr

www.schmidts-weingut.de

WINZERGENOSSENSCHAFT OBERBERGEN

Vogtsburg-Oberbergen (BW) · 48°5'38.7"N 7°39'9.7"E

Die Winzergenossenschaft Oberbergen liegt mitten in der sonnenreichsten Region Deutschlands – im Kaiserstuhl. In der Vinothek, welche sich dem Wohnmobilstellplatz direkt anschließt, können Sie unsere prämierten Wein- und Sektspezialitäten verkosten. Wer mehr über die Winzergenossenschaft und ihre Weinherstellung erfahren möchte, für den bieten wir mittwochs um 14 Uhr, Ostern bis Oktober eine Kellerführung an.

Selbstgemachtes: Wein- und Sektspezialitäten.

Aktivitäten: Weinverkostung und Kellerführung, Einkaufsmöglichkeiten, Schwimmbad in 1,5 km

Winzergenossenschaft B11
Oberbergen eG 2021
Badbergstraße 2
79235 Vogtsburg-Oberbergen

Zu Gast bei: Karin Mayer
07662/946011
Anreise bis: 17 Uhr
Ruhetag: So.

Hofverkauf:
Mo.–Fr. 8:30–18 Uhr // Sa. 8:30–13 Uhr // So. 11–15 Uhr

www.bassgeige-wein.de

HAUSBRENNEREI / WINZERHOF BAUMGARTNER

Vogtsburg-Oberbergen im Kaiserstuhl (BW) · 48°5'41.0"N 7°39'13.9"E

Wir führen einen Wein- und Obstbaubetrieb mit 5 Ferienwohnungen im Herzen des Kaiserstuhls. Außerdem stellen wir charaktervolle und individuelle Brände her, die in den letzten Jahren mehrfach ausgezeichnet wurden. Überzeugen Sie sich davon bei fachkundigen Verkostungen in unserer gemütlichen Probierstube. Hinweis: In unserer Gemeinde wird von allen Reisenden Kurtaxe erhoben.

Selbstgemachtes: Edelbrände. Außerdem: Wein.
Aktivitäten: Wandern, Radfahren, Schwimmbad 1,5 km, Badesee 5 km, gute Gastronomie

Hausbrennerei / Winzerhof Fridolin Baumgartner
Badbergstr. 9
79235 Vogtsburg-Oberbergen im Kaiserstuhl
B11
2015

Telefon: 07662/6646 o. 0171/7645198
Anreise bis: 18 Uhr

Hofverkauf:
Auf Anfrage

www.hausbrennerei-baumgartner.de

KURGESTÜT HOHER ODENWALD

Waldbrunn (BW) · 49°27'57.2"N 9°6'12.8"E

Deutschlands erste und größte Stutenmilchfarm. Wir sind ein offener Betrieb: es kann beim Melken zugeschaut werden, im Hofladen kann man sich über Stutenmilch beraten lassen und unsere Stutenmilchprodukte testen. Unsere schöne Landschaft im Hohen Odenwald lädt zu Wanderungen und Radtouren ein und es können unsere Pferde in unseren Ställen und auf den Weiden beobachtet werden.

Selbstgemachtes: Bio-Stutenmilch, Bio-Kumys, Stutenmilchprodukte und Stutenmilch-Hautpflegeprodukte.
Aktivitäten: Wandern, Radfahren, Schwimmbad (Katzenbuckeltherme), Pferdemelken live, Stuten und Fohlen hautnah, gute regionale Gastronomie

Kurgestüt Hoher Odenwald
Simmesstr. 17
69429 Waldbrunn
D9
2014

Zu Gast bei: Jette Zollmann 06274/242
Ruhetag: So.

Hofladen:
Mo.–Fr. 9–14 Uhr // Sa. 9–12 Uhr

www.stutenmilch.de

STRAUSSENFARM WALDBURG

Waldburg (BW) · 47°44'45.0"N 9°42'58.1"E

Unsere familiengeführte Straußenfarm liegt idyllisch zwischen Bodensee und Allgäu am Ortsrand des Luftkurorts Waldburg. Wir beheimaten etwa 300 Strauße in artgerechter Freilandhaltung. Außerdem leben hier Hühner und Hunde. Unser Hofladen öffnet auch nach Vereinbarung. Dort erhalten Sie hochwertige Produkte rund um den Strauß garantiert ohne Antibiotika oder Geschmacksverstärker. Bitte nur gut erzogene Hunde mitbringen.

Selbstgemachtes: Straußenfleisch, -wurst, -eier, -räucherspezialitäten, Nudeln, Kosmetik mit Straußenöl, Federn und Dekorationsmaterial.
Aktivitäten: Bergbesichtigung, Waldburg, Wanderwege, Luftkurort Waldburg, Spirituosenvertrieb „Vom Fass“, Bauernhausmuseum Wolfegg
Hinweis: △ Bei Schnee und Eis ist die Zufahrt erschwert.

Straußenfarm Waldburg
Hinterwiddum 2
88289 Waldburg
D11
2014

Zu Gast bei: Wolfgang Schmid, einfach anreisen…
Anreise bis: 19 Uhr

Hofladen:
Fr. 15–18:30 Uhr // Sa. 10–14 Uhr

www.straussenfarm-waldburg.de

WEINGUT NOPPER

Waldkirch (BW) · 48°4'50.8"N 7°54'37.7"E

Wir sind natur- und heimatverbunden und haben uns dem Erhalt gesunder Böden und Pflanzen verpflichtet. Seit 7 Jahren haben wir ein zweites Weingut, das ökologisch wirtschaftet. Diese Erfahrungen mit der Natur spiegeln sich in unseren Weinen wider. Ob Degustation oder Winzervesper, Planwagenfahrten oder Gemeinschaftsaktionen – wir laden Sie herzlich ein, die Fülle der Landschaft und den Charakter unserer Weine und Spezialitäten bei uns vor Ort kennen und schätzen zu lernen. Fühlen Sie sich jederzeit herzlich willkommen.

Selbstgemachtes: Wein, Sekt, Edelbrände und saisonal Erdbeeren.
Aktivitäten: Schwimmbad, Wanderwege, Weinlehrpfad, Schwarzwaldzoo, Naturlehrpfad, Orgelmuseum

Weingut Nopper B11
Denzlingerstr. 10a 2020
79183 Waldkirch

Zu Gast bei: Berthold Nopper 07681/3255
Anreise bis: 21 Uhr
Ruhetag: So.

Hofladen und Hofverkauf:
Mo.–Fr. 9–12, 14:30–19 Uhr // Sa. 8–14 Uhr

www.weingut-nopper.de

GASTHAUS ADLER ROGGENZELL

Wangen (BW) · 47°37'28.4"N 9°44'59.2"E

Für alle Freunde von gutem Essen bietet das Gasthaus Adler in Roggenzell eine ideale Adresse für frische Speisen in gemütlichem Ambiente. Seit über 20 Jahren prägen wir, die Familie Köhle, unser Gasthaus. Wir verarbeiten in unserem Familienbetrieb nur frische Zutaten, biologisch und regional! Alles wird selbstgemacht: feinste deutsche Küche mit mediterranem Flair. Überzeugen Sie sich selbst und seien Sie Gast bei uns im Gasthaus Adler. Die Toilette ist nur während der Öffnungszeiten im Restaurant nutzbar.

Selbstgemachtes: Biologische & regionale Speisen (Salate und Gemüse) und Getränke (Biere, Limonaden, Weine). Außerdem: regionale Biere. Nach Voranmeldung: Abendbrot und Getränke erhältlich.
Aktivitäten: Rad- und Wanderwege, Besuch in Wangen, Bregenz oder Lindau am Bodensee, Tierfriedhof mit beeindruckender Gartenanlage (15 Min. Fußweg) u.v.m.

Gasthaus Adler Roggenzell D12
Roggenzell 12 2019
88239 Wangen

Zu Gast bei: Roland Köhle 07528/7008
Anreise bis: 20 Uhr
Ruhetage: Mi. Do.

Hofverkauf:
Mo., Di., Fr.–So. 11:30–14, 17–21 Uhr

www.adler-roggenzell.de

JOCHAM GMBH

Wangen (BW) · 47°43'35.3"N 9°49'12.3"E

Idyllisch gelegener, ehemaliger Bauernhof, der zum hochwertigen Einrichtungshaus umgebaut wurde. Ein Badesee befindet sich in direkter Nähe, bei guter Witterung ist es auch möglich am See zu übernachten. Als eingetragener Bio-Betrieb stellen wir im Nebenerwerb Heu für Pferdefutter her (Öffnungszeiten des Einrichtungshauses: Di-Fr. 10–18 Uhr und Sa 10–14 Uhr).

Produkte: Naturmatratzen von Hüsler und Dormiente für Freizeitmobile, Maßanfertigungen sind fast in jeder Art möglich.
Aktivitäten: Badesee, Radfahren, Wandern und Golf

Jocham GmbH D11
Ungerhaus 2 2021
88239 Wangen

Telefon: 07506/9550 o. 0151/43814853
Anreise bis: 20 Uhr
Ruhetage: Mo. So.
Schließzeit: 01.11.–01.04.

www.jocham-wangen.de

Nord | Nordwest | Ost | Mitte-West | West | Südost | Südwest

LEONHARDTS STALL-BESEN

Wangen im Allgäu (BW) · 47°41'5.2"N 9°47'48.9"E

Herzlich willkommen in Leonhardts Stall-Besen, der etwas anderen Gastronomie. Im Jahr 2001 haben wir unseren Stall umgenutzt und kochen nun schon in der zweiten Generation gut bürgerlich und mit einem kräftigen Schuss regionalem Selbstverständnis. Unser gemütlich-rustikales Ambiente, eine tolle Bergsicht und die ruhige Lage runden das Vergnügen bei uns ab. Beachten Sie bitte: Gastronomie und Toilettenbenutzung nur zu unseren Öffnungszeiten (www.stall-besen.de/oeffnungszeiten). Unsere Stellplätze können Sie jederzeit benutzen. In unserer Region ist eine Kurtaxe zu entrichten.

Produkte: Most und Spirituosen vom Nachbarn, Fleisch, Kartoffeln und Gemüse von regionalen Bauern. Abendbrot und Getränke erhältlich.

Aktivitäten: eigener Kinderspielplatz, Wandern, Radfahren, im Winter Langlauf ab Hof, Besichtigung Altstadt Wangen (1,5 km)

Hinweis: △ Die Straßen sind schmal, aber für alle Fahrzeuge befahrbar.

Leonhardts Stall-Besen D11
Humbrechts 1 2018
88239 Wangen im Allgäu

Zu Gast bei: Hans-Jörg Leonhardt
07522/9155360 o. 0171/7707047
Anreise bis: 20:30 Uhr
Ruhetag: Mo.

www.stall-besen.de

BIOHOF FRANK

Weinsberg (BW) · 49°10'25.3"N 9°17'26.4"E

Am Fuße von Weinbergen, umgeben von Pferdekoppeln, Erdbeerfeldern und Streuobstwiesen, liegt unser kleiner Biohof. Im Hofladen wird ein Vollsortiment an ökologischen und regionalen Lebensmitteln angeboten. Zusammen mit unserem Hofcafé lädt dieser Ort zu Genuss und Begegnung ein. Bitte entnehmen Sie die Café Öffnungszeiten unserer Homepage!

Selbstgemachtes: Biogemüse (Salat, Fenchel, Süsskartoffeln, Tomaten, Paprika, Zucchini u.v.m.) und Obst (Äpfel, Birnen,Rhabarber, Pfirsiche u.v.m.), Marmelade, Sirup, Likör und große Kuchenauswahl. Außerdem: Vollsortiment. Nach Voranmeldung: Frühstück, Abendbrot und Getränke erhältlich.

Aktivitäten: Badesee, Reitanlage, Radwege, Wanderwege, Freibad, Spassbad, Einkaufsmöglichkeiten, Kultur, historische Sehenswürdigkeiten, viele Spielplätze

Hinweis: △ Geteerte, einspurige Straße, Ausweichmöglichkeit am Straßenrand.

Biohof Frank Gbr D9
Erlenbacherweg 45 2021
74189 Weinsberg

Zu Gast bei: Andreas Frank
0176/10012513
Anreise bis: 19 Uhr
Ruhetage: Mo. Di. Mi.

Hofladen:
Do., Fr. 8:30–18:30 Uhr // Sa. 8–17 Uhr

www.biohof-frank.de

WEINGUT KNAUSS

Weinstadt (BW) · 48°47'33.5"N 9°21'47.3"E

Schön gelegen inmitten von Weinbergen und Streuobstwiesen befindet sich unser traditionelles und modernes Weingut mit Besenwirtschaft (nicht ganzjährig) und Herstellung eigener Produkte. Das Weingut besteht aus einem Neubau in moderner Architektur sowie einer traditionellen Besenwirtschaft im Altbau. Bewirtung ist während der Besenwirtschaft möglich.

Selbstgemachtes: Wein, Saft und Schnaps.

Aktivitäten: verschiedene Veranstaltungen auf dem Weingut und der Besenwirtschaft (Infos finden Sie auf unser Webseite), Wanderwege, Radwege, Skulpturenpfad

Weingut Knauß D10
Nolten 2 2015
71384 Weinstadt

Zu Gast bei: Margit Knauß
07151/606345
Anreise bis: 18 Uhr
Ruhetag: So.

Hofladen:
Di., Fr. 15–19 Uhr // Sa. 10–13 Uhr

www.weingut-knauss.com

WEINGUT STAIB

Weinstadt-Beutelsbach (BW) · 48°48'0.3"N 9°22'37.6"E

Unser Bioland-Weingut befindet sich im Remstal 20 km östlich von Stuttgart zwischen Weinbergen und Streuobstwiesen. Dort bewirtschaften wir neben der Rebfläche auch Äcker, auf denen wir Getreidesorten wie Emmer, Dinkel, Roggen und Weizen anbauen, die in der hofeigenen Backstube verarbeitet werden. Gerne nehmen wir Sie im Herbst auch zur Weinlese mit. In unserem Hofladen gibt es jeden Mittwoch (außer in den Schulferien BW) Vollkornbrote und Müsli von eigenem Getreide, sowie Backwaren nach hauseigenen Rezepten und natürlich unsere Weine und Traubensaft. Der Weinverkauf ist nach individueller Vereinbarung auch außerhalb der Öffnungszeiten möglich. Bitte beachten Sie, dass wir nur kleinere Caravan-Gespanne unterbringen können (keine ausreichende Wendemöglichkeit).

Selbstgemachtes: Wein, Traubensaft, Vollkornbrot, Brote, Brötchen und Knuspermüsli.

Aktivitäten: Rad- und Wanderwege, S-Bahn nach Stuttgart, Museen, kulturelle Sehenswürdigkeiten

Weingut Staib D10
Schönfelderstr. 40 2014
71384 Weinstadt-Beutelsbach

Zu Gast bei: Helmut & Dorothee Staib
07151/68546

Hofverkauf:
Mi. 16–19 Uhr

www.weingut-staib.de

MANNSCHRECK-WEINE

Weinstadt-Strümpfelbach (BW) · 48°47'7.2"N 9°21'53.3"E

Unser Weinbaubetrieb liegt im romantischen Fachwerkörtchen Strümpfelbach. Kultur (Skulpturenpfad) trifft auf Natur und Genuss. Ausgangspunkt für Ausflüge im Remstal, kulinarische Genüsse (Feste und hervorragende Gastronomie) oder sportliche Aktivitäten. Wir bewirtschaften Weinberge, Streuobstwiesen, einen kleinen Pferdepensionsstall und haben noch einige Kleintiere. Hunde müssen bitte an der Leine geführt werden.

Selbstgemachtes: Weine, Sekt und Secco, Traubensaft, Traubenlikör, verschieden Marmeladen. Ausserdem Eier und Wachteleier von unseren Hühnern/ Wachteln (je nach Saison).

Aktivitäten: Weinerlebnisführungen und Planwagenfahrten, Abenteuerspielplatz, vielfältige Gastronomie, Bäckerei, Freibad und kleines Lehrschwimmbecken, Skulpturenpfad der Künstlerfamilie Nuss

Hinweis: △ Hinter der Gaststätte Lindhälder Stüble rechts in Wirtschaftsweg einfahren.

Mannschreck-Weine D10
Kelterstr.3 2021
71384 Weinstadt-Strümpfelbach

Zu Gast bei: Claus und Martina Mannschreck 0151/10700451
Anreise bis: 22 Uhr

Hofverkauf:
Auf Anfrage

www.mannschreck-weine.de

WEINGUT IDLER

Weinstadt-Strümpfelbach (BW) · 48°47'30.0"N 9°21'32.5"E

Wir leben für unsere Weinberge, die wir biologisch nach den Richtlinien von Bioland bewirtschaften. Mit viel Liebe, Fleiß und handwerklichem Geschick erzeugen wir authentische Spitzenweine. Gastfreundschaft wird bei uns großgeschrieben, und wir freuen uns stets über interessierte Besucher. Gerne empfangen wir Sie auch außerhalb unserer Öffnungszeiten zu einer Verkostung in unserer modernen und mit einem Architekturpreis gekrönten Vinothek. Unsere Streuobstwiese bietet eine Feuerstelle und Sitzgelegenheit zum Verweilen. Des Weiteren gibt es unweit einen Abenteuerspielplatz, einen Bäcker mit Lebensmitteln für den täglichen Bedarf, sowie eine vielfältige Gastronomie.

Selbstgemachtes: Wein, Sekt, Secco und Traubensaft. Nach Voranmeldung: Getränke erhältlich.

Aktivitäten: viele gut beschilderte Wander- und Radwege, Skulpturenpfad des Künstlers Nuss, Freibad im Ort, Kanutouren auf der Rems

Weingut Idler D10
Lehenweg 21 2020
71384 Weinstadt-Strümpfelbach

Zu Gast bei: Laura & Marcel Idler
0173/3275220
Anreise bis: 19 Uhr

Hofladen und Hofverkauf:
Mi., Do. 17–19 Uhr // Sa. 10–13 Uhr

www.weingut-idler.de

Nord | Nordwest | Ost | Mitte-West | West | Südost | Südwest

BIOHOF JOAS

Wertheim-Dörlesberg (BW) · 49°42'19.3"N 9°29'33.4"E

Bei uns stehen Sie in unmittelbarer Nähe zu unseren Kühen. Die Landschaft ist einmalig. Hier können Sie einfach zur Ruhe kommen und den wunderbaren Käse genießen. Unser SB-Kühlschrank ist rund um die Uhr zugänglich.

Selbstgemachtes: Weichkäse, Schnittkäse, Joghurt, Milch und Mayenkäse.
Aktivitäten: Radwege, Wandern, Freibad, Badeseen, Bikepark

Biohof Joas D8
Ernsthofsiedlung 7 2019
97877 Wertheim-Dörlesberg

Zu Gast bei: Daniel Joas
09342/22974 o. 0151/19148078
Anreise bis: 20 Uhr
Ruhetag: So.

Hofverkauf:
Auf Anfrage

www.biohofjoas.de

BIO-BAUER BÄUERLE

Wiernsheim-Iptingen (BW) · 48°53'25.2"N 8°53'32.4"E

Wir betreiben im Familienverbund einen kleinen Biobauernhof im schönen Heckengäu mit Milchvieh, Ackerbau, Grünland und Brennholzerzeugung sowie Direktvermarktung über unseren Hofladen. Hier bieten wir auch Erzeugnisse von benachbarten Produzenten an. Wir befinden uns in der Bio-Musterregion Enzkreis, auf unserer Gemarkung wird mit über 90 Prozent ein fast flächendeckender Bio-Anteil erreicht. Es erwartet Sie ein Blick über unser ganzes Dorf bis hinüber ins Weinbaugebiet Stromberg/Lembergerland. Den Hofladen zu öffnen ist von Montag bis Freitag flexibel möglich.

Selbstgemachtes: Getreidemehle, Brotbackmischung, Leinsamen, Leinöl, Hanfsamen, Hanföl, Milch. Außerdem: weitere Produkte unserer Bioland-Partnerbetriebe.
Aktivitäten: Hofführung, Kleintiere, blau blühende Leinfelder, größtes Kaffeemühlen-Museum Deutschlands, Radfahrern und Wandern im Heckengäu, Weltkulturerbe Kloster Maulbronn (21 km), Goldstadt Pforzheim (15 min)

Bio-Bauer Bäuerle C10
Sonnenhaldenhof 1 2020
75446 Wiernsheim-Iptingen

Zu Gast bei: Frank Bäuerle
07044/5136 o. 0172/7300425
Anreise bis: 19 Uhr

Hofladen und Hofverkauf:
Auf Anfrage

LANDWIRTSCHAFT & EISPRODUKTION MÜLLER

Wildberg-Gültlingen (BW) · 48°40'18.1"N 8°48'4.5"E

Der Haselstaller Hof ist ein in bereits vierter Generation familiengeführter Milchviehbetrieb. Seit 2006 wird zusätzlich aus der hofeigenen Milch leckeres Speiseeis hergestellt. So hat der Besucher die Möglichkeit, Landleben mit allen Sinnen zu genießen. Der Hofladen ist in Selbstbedienung durchgehend von 7 -21 Uhr geöffnet. Bei Nachfragen können Sie dennoch gern klingeln.

Selbstgemachtes: Rohmilch, Speiseeis, Pralinen, Schokoladiges, Marmeladen. Außerdem: Honig, Eier, Dosenwurst, diverse Schnäpse & Liköre, Kaltgetränkeund weitere regionale Produkte.
Aktivitäten: Rad- und Wanderwege, Schwarzwaldnähe
Hinweis: △ Auf den letzten 500 m führt die Straße am Waldrand entlang.

Landwirtschaft & C10
Eisproduktion Müller 2021
Haselstaller Hof 1
72218 Wildberg-Gültlingen

Zu Gast bei: Traugott Müller
07056/1390
Anreise bis: 21 Uhr
Schließzeit: 31.10.–01.03.

Hofladen:
Auf Anfrage

www.bauernhofeis-mueller.de

WEINGUT HÄUSSER

Winnenden (BW) · 48°52'42.9"N 9°25'10.3"E

Wir sind das Weingut Häußer aus Winnenden, im Remstal. Mit Blick auf unsere Weinberge in Hertmannsweiler und Bürg, liegen wir auf einem ruhigen Aussiedlerhof im Ortsteil Höfen, inmitten von Felder und Streuobstwiesen. Trotz dessen sind Einkaufsmöglichkeiten, Stadtzentrum und Bahnhof schnell mit dem Fahrrad oder auch zu Fuß erreichbar.

Selbstgemachtes: Rotwein, Weißwein, Roséwein, Winzersekt, Brände, Traubensaft, 5 L Bag-in-Box Traubensaft und Apfelsaft. Außerdem: Wasser. Getränke erhältlich.
Aktivitäten: Remstalradweg, Stromberg-Murrtal-Radweg, Freibad, Kutschfahrten, Hot Rod Fahrten
Hinweis: △ Die letzten 200 Meter sind einspurig.

Weingut Häußer D10
Heringshalde 1 2021
71364 Winnenden

Zu Gast bei: Carolin Häußer
0719/573283 o. 0163/4645123
Anreise bis: 18 Uhr

Hofverkauf:
Auf Anfrage

www.weingut-haeusser.de

BIO-HOF RAPP

Winterlingen (BW) · 48°12'19.9"N 9°8'58.1"E

Am Rande der schwäbischen Alb finden Sie unseren Bauernhof, außerhalb eines kleinen Dorfes inmitten der Natur. Auf unserem Hof finden Sie Mutterkühe mit Nachzucht, Hühner, Enten und Pferde. Wir arbeiten nach Bioland-Richtlinien und betreiben neben Landwirtschaft und Hofladen eine Kompostierung zur Herstellung von Rindenmulch und Pflanzerde für Gärtner und Privatpersonen. Außerhalb der Öffnungszeiten bieten wir nach Absprache Grillgut, Wurstsalat, Wurst- und Käseplatten sowie Backwaren an.

Selbstgemachtes: Wurst, Brot, Eier und Fleisch vom Rind. Außerdem: Schweinefleisch, Nudeln, Mehl, Milchprodukte von der Kuh, Säfte und Kaffee. Bewirtung nach Voranmeldung.
Aktivitäten: Schloss in Sigmaringen, Rad- und Wanderwege, Naturfreibad und Wildgehege, verschiedene Museen

Bio-Hof Rapp D11
Bockstellen 1 2021
72474 Winterlingen

Zu Gast bei: Franz & Tabitha Rapp
0176/24153946
Anreise bis: 19 Uhr

Hofladen:
Sa. 9–13 Uhr

www.bio-hof-rapp.de

ZIEGENHÜTTE ZOLLERNALB

Winterlingen OT Harthausen (BW) · 48°11'30.2"N 9°9'40.7"E

Ein Bioland-Familienbetrieb mit Milchziegenhaltung und Ackerbau. In unserer hofeigenen Käserei verarbeiten wir unsere Ziegenmilch zu edlen Käseprodukten verschiedenster Art. Ergänzend bieten wir in unserem Hofladen Bioprodukte aus der Region an. Mittwoch, Freitag und Samstag bieten wir zudem frisches Brot aus dem eigenen Steinbackofen an.

Selbstgemachtes: Ziegenkäse und Ziegenwurst. Außerdem: Schweinewurst, Trockenware, Getränke und Brot (freitags und sonntags).
Aktivitäten: Naturbad in Winterlingen, Schloss Sigmaringen

Ziegenhütte Zollernalb D11
Bei der Ziegelhütte 2 2020
72474 Winterlingen
OT Harthausen

Zu Gast bei: Carolin Dietz
0172/8838663
Anreise bis: 19 Uhr
Ruhetag: So.

Hofladen:
Mo.–Sa. 8–20 Uhr

www.ziegenhuette.de

Nord
Nordwest
Ost
Mitte-West
West
Südost
Südwest

LANDGUT AN DER LAUTER

Wüstenrot (BW) · 49°3'7.9"N 9°26'20.0"E

„Ambiente mit Genuss“ auf dem Landgut Lauter, unserem Erhaltungshof bedrohter Nutztierrassen mitten im Schwäbisch-Fränkischen Wald. Umgeben von geschützten Lebensräumen wild lebender Tier- und Pflanzenarten genießen Sie Produkte nach handwerklicher Kunst mit viel Liebe zum Detail. Der Hofladen kann auch nach Absprache geöffnet werden, zusätzlich können Sie an unserem 24h-Verkaufsautomaten einkaufen. Die saisonalen Öffnungszeiten des Hofcafés entnehmen Sie bitte unserer Homepage.

Selbstgemachtes: Eier, Nudeln, Honig, Lammfleisch, Lammwurst, Felle, Wollprodukte und Brot. Außerdem: regionales Obst und Gemüse, Milchprodukte, Kaffee, Tee, Gewürze, Öl, Wein, Schafmilchseifen, Bienenwachsprodukte und Propolis. Nach Voranmeldung: Frühstück, Abendbrot und Getränke erhältlich.
Aktivitäten: Mitarbeit auf dem Hof, Finsterroter See, Breitenauer See, Burg Maienfels, Löwensteiner Berge, Dachsi-Pfad für Kinder, Skilift, Greifvogelanlage Wüstenrot

Landgut an der Lauter D9
Sulzbacherstraße 90 2020
71543 Wüstenrot

Zu Gast bei: Lydia Heckel-Löflad
07194/9542121
Anreise bis: 20 Uhr

Hofladen:
Fr. 15–19 Uhr

www.landgut-lauter.de

HOLZBRANDKERAMIK

Zwiefalten (BW) · 48°12'38.0"N 9°26'53.9"E

In dem Zweikammer-Holzbrandofen, dem Herzstück der Keramikwerkstatt, werden Teekannen, Teeschalen, Gefäße für den täglichen Gebrauch und Vaseunikate gebrannt. Wir bieten Ihnen Dreh-und Aufbaukurse für Anfänger und Fortgeschrittene an.

Selbstgemachtes: Keramik. Nach Voranmeldung: Frühstück, Abendbrot und Getränke erhältlich.
Aktivitäten: Wandern und Radfahren

Holzbrandkeramik D11
Mörsingen 84 2015
88529 Zwiefalten

Zu Gast bei: Susanne Lukas-Ringel
07373/915035
Anreise bis: 20 Uhr
Schließzeit: 01.01.–31.01.

Hofverkauf:
Auf Anfrage

www.holzbrandkeramik.de

ST. JOSEFGUT MÖRSINGEN

Zwiefalten (BW) · 48°12'41.4"N 9°26'26.1"E

Landwirtschaftlicher Betrieb mit Acker- und Waldbau (seit 2019 Umstellung auf Bio) mit Direktvermarkung und kleinem Hofladen. Landschaftlich am südlichsten Zipfel des Biosphärengebietes Schwäbische Alb ruhig und schön inmitten von Wander- und Radwegen gelegen. Den Hofladen öffnen wir auf Anfrage auch gern außerhalb der Öffnungszeiten.

Selbstgemachtes: Amaranth, Amaranthprodukte und Feines aus dem Hausgarten.
Aktivitäten: Wandern, Radfahren, Schwimmbad in 5 km Entfernung
Hinweis: △ Bei Zufahrt über Zwiefalten ist die Fahrt durch eine landschaftlich schöne Felsenschlucht.

St. Josefgut Mörsingen D11
Mörsingen 19/1 2021
88529 Zwiefalten

Zu Gast bei: Johannes Traub
07373/915721
Anreise bis: 18 Uhr

Hofladen:
Sa. 9–12 Uhr

www.st-josefgut.de

FÜR EIN GUTES MITEINANDER IM LANDVERGNÜGEN

Im Sommer und an Feiertagen ist bei unseren Landvergnügen-Gastgebern oft viel los. Dies erfordert besondere Rücksicht von allen Landvergnügen-Reisenden!

! Seien Sie ein guter Gast!

Verhalten Sie sich Ihrem Gastgeber, dem Hof, den Tieren und der Natur gegenüber so, wie man sich auch Ihnen gegenüber verhalten soll.

! Halten Sie sich an Auflagen!

Die Angaben zu den Höfen sind die Spielregeln Ihrer Gastgeber und nicht verhandelbar.

! Zeigen Sie Respekt!

Sie sind im Urlaub. Ihre Gastgeber haben jedoch viel zu tun. Nehmen Sie unbedingt Rücksicht auf den Arbeitsalltag und das Familienleben Ihrer Gastgeber.

! Seien Sie offen!

Haben Sie nicht zu hohe Erwartungen, sondern lassen Sie sich überraschen. Freuen Sie sich auf interessante Begegnungen vor Ort.

! Sagen Sie Danke!

Bedanken Sie sich für die Gastfreundschaft mit einem kleinen Besuch im Hofladen und einem freundlichen „Auf Wiedersehen“.

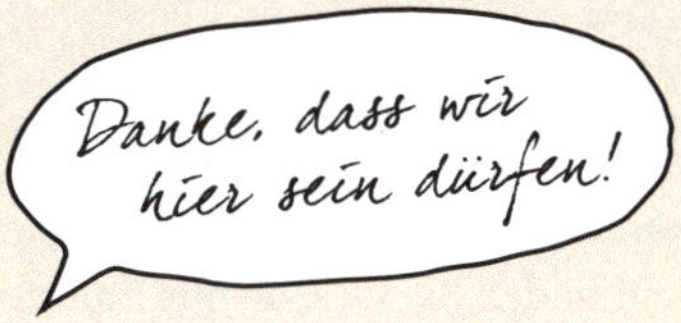

MEIN LANDVERGNÜGEN

Landvergnügen ist mehr als nur ein Stellplatzführer.

Landvergnügen im Netz

In unserem Landvergnügen-Blog finden Sie spannende Informationen zu Veranstaltungen unser Gastgeber, Neues aus der Caravaning-szene und Einblicke ins Landvergnügen.

Das Landvergnügen Magazin

In unserem regelmäßig erscheinenden Magazin finden Sie Geschichten aus dem Landvergnügen mit besonderen Tipps zum Campen und kulinarischen Entdeckungen.

Kulinarische Urlaubserinnerungen

In unserem digitalen Hofladen finden Sie ausgewählte, kulinarische Produkte unserer Gastgeber und tolle Landvergnügen-Produkte im Landvergnügen-Freundeshop.

mein.landvergnuegen.com

Landvergnügen auf Facebook:
facebook.landvergnuegen.com

Landvergnügen auf Instagram:
instagram.landvergnuegen.com

Landvergnügen Newsletter:
www.landvergnuegen.com/newsletter

Die Landvergnügen App:
www.landvergnuegen.com/app

Machen Sie mit!

Erzählen Sie uns von Ihren Erlebnissen im Landvergnügen. Unsere Redaktion freut sich auf Ihre Reiseberichte und Fotos von unterwegs. **#landvergnügen**

VERANTWORTUNG ÜBERNEHMEN

LANDVERGNÜGEN

KLIMANEUTRALER DRUCK & VERSAND

Wir drucken und versenden unseren Stellplatzführer 100% klimaneutral.

NACHHALTIGE ROHSTOFFE

Bei der Auswahl unserer Papiere, Druckfarben und Textilien setzen wir auf nachwachsende und recycelte Rohstoffe ohne Plastik.

AUFFORSTUNG

Als Verlag spüren wir die Verantwortung gegenüber dem Rohstoff Papier und unterstützen kontinuierlich regionale Aufforstungsprojekte.

KEIN WACHSTUM UM JEDEN PREIS

Der Landvergnügen Stellplatzführer erscheint in einer limitierten Auflage, um die Qualität im Netzwerk für alle Beteiligten sicherzustellen.

FÖRDERUNG VON REGIONALTOURISMUS

Wir laden die Reisenden ein, neue Wege zu gehen und geben auch Regionen abseits der bekannten touristischen Destinationen mehr Sichtbarkeit.

REGIONAL & SAISONAL EINKAUFEN

Wir fördert die Direktvermarktung der Bauern und schärfen das Bewusstsein beim Verbraucher für die Wertigkeit seiner Lebensmittel.

SOZIALE VERANTWORTUNG

Inklusion, faire Bezahlung, langfristige und vertrauensvolle Partnerschaften sind uns wichtig und selbstverständlich.

UNTERSTÜTZUNG UNSERER GASTGEBER

Für unsere Gastgeber sind wir ein engagierter Partner im Bereich Öffentlichkeitsarbeit und Marketing. Wir unterstützen ausgewählte Hofprojekte und bieten kostenfreien Rechtsbeistand im Konfliktfall.

EINLADUNG STATT STRAFE

Landvergnügen ist die kluge Antwort auf Wildcamping und bietet besondere Orte für freiheitsliebenden Individualtourismus.

verantwortung.landvergnuegen.com

FEFI – FÉDÉRATION EUROPÉENNE DE LA FORMULE INVITATIONS

Unter dem Namen FEFI sind europäische Verlage vereinigt, die das Einladungskonzept von France Passion in verschiedenen Ländern anbieten. Als Erfinder und Vorreiter ermöglicht France Passion Wohnmobilfahrern schon seit 1993 die wahrscheinlich authentischste Form ein Land zu bereisen.

Was ist „la formule invitations“?

- Auf exklusiven Stellplätzen und privaten Flächen stehen
- Regionale Produzenten und ländliche Gasthäuser kennenlernen
- Mit der nationalen Jahresvignette 24 Stunden kostenfrei zu Gast sein
- Frische und Genuss direkt ab Hof einkaufen

Was will FEFI?

So wie Reisende einfach Landesgrenzen überqueren, möchte es auch die Einladungsformel für Wohnmobilfahrer tun. Wir wollen Ihnen zeigen, wie unkompliziert es ist nach dieser Formel in ganz Europa zu reisen und laden Sie ein persönliche Herzlichkeit und kulinarische Vielfalt auch bei unseren Freunden zu erfahren.

Genießen Sie die Gastfreundschaft und das Landleben in ganz Europa ...

FRANCE PASSION

FRANKREICH
www.france-passion.com

LANDVERGNÜGEN
Schöner steht man selten!

DEUTSCHLAND
www.landvergnuegen.com

BRIT STOPS

GROSSBRITANNIEN, IRLAND
www.britstops.com

Motorhome Stopovers in Spain
españa discovery

SPANIEN
www.espana-discovery.es

SWISS terroir

SCHWEIZ
www.swissterroir.ch

SWEDE STOPS

SCHWEDEN
www.swedestops.se

Pintrip

DÄNEMARK
www.pintrip.eu

BAUERNLEBEN

ÖSTERREICH
www.bauernleben.at

nortrip

NORWEGEN
www.nortrip.no

WWW.FEFI.EU

HÖFE VON A-Z

IMPRESSUM

Herausgeber und Verlag

Landvergnügen GmbH
Hasenheide 12
10967 Berlin
www.landvergnuegen.com
support.landvergnuegen.com

Geschäftsführer: Ole Schnack
Projektleitung: Daniela Pensold

Redaktion

Judith Jenner, Daniela Pensold, Anne Schikora, Nicole Milinski, Maria Lemke, Carolin Weyland, Juliane Grupe, Anna Heib, Angela Hoppe, Anna Pröbstle

Design und Publishing Services

Lars Schulz, www.systemic.de

Corporate Design

Kathrin Nierstheimer, Julie Quadfass

Druck

Grafisches Centrum Cuno GmbH & Co. KG
Gewerbering West 27
39240 Calbe
www.cunodruck.de
www.ultraHDprint.de

Copyright

Printed in Germany
2. Auflage 2022
ISBN: 978-3-9820834-2-1

Die Landvergnügen Botschafter

Angela und Hansjörg Hoppe, Marlis Jonas und Joachim Krüger, Horst Hartmann, Claudia Marold-Mittendorf, Maike und Clauspeter Doerenberg, Ute Schauff, Tonnie und Wilna Monikhoff, Verena Treichel, Matthias Berns, Bastian Dammers, Stefan und Claudia Grothus, Dana und Henrik Meyer, Bernd Blumhardt, Axel Strohmeier, Stefanie Hangen, Meike Claus, Rolf und Jutta Kleinecke, Katharina Lika, Sylvia und Dirk Peter, Monika und Volker Passmann, Susi und Frank Reiser, Thomas und Sigrun Beiderwieden, Bea Brüdigam, Kerstin und Michael Jastrezembskis, Christina Meier, Silke Kreip, Bernd Clemens, Sabine und Jürgen Over, Monika Chemello, Heinz Worms, Oliver Reinhold, Andreas und Gaby Ennennbach, Lutz Graben und Ulla Adams, Stefanie Kraft und Herbert Fischer, Friedemann Lindenthal, Desiree Braun Jäger, Andreas Pusch, Bernd Litzenburger, Monika und Herbert Pfrötzschner-Foerster, Uwe Gabele, Marion und Jürgen Bentel, Miriam Bajon, Sibylle und Thomas Ketterer, Christian und Georg Schabronath, Kerstin Simon und Thorsten Geiselhart, Reiner Luft, Alwine und Georg Buhl, Alke Richler-Polgen, Sibylle Jäger und Steffen Nagl, Jessica und Horst Dehn, Morris Schneider, Sigrid Dorlach, Doreen Liebsch, Thomas Kraschinski, Jürgen Friedrich und Thekla Denk-Friedrich, Olaf Janssen, Nicole Seib und Gerhard Vogler, Ralf Firk, Dr. Sabine Ronneberg und Jens Bemmlotte, Andrea und Dankward Graichen, Uwe und Carmen Sauer, Janine und Nils Winkler, Ulrike Pape, Fabian Kerkhoff, Matthias Walther, Isabell Dietsch und Carsten Bub, Rolf Tigges, Annette und Ulrich Behrendt, Frank Neuhaus und Iris Stöcking, Désirée und Tobias Neumaier, Christine und Heiner Harding

Dankeschön

All you good friends from fefi.eu, Covermodels: Inga, Stephen, Matti, Lauri & Balou, Location: Christa Ringkamp und Karl-Heinz Müller vom Landhof Neulingen, Tonnie Monnikhof, Felix Böhm, Claudia und Stefan Grothus, Ulla Adams, Rolf Kleinecke, Dr. Christine Danziger, Jochen Mittenzwey, Eric Tiedt, Max Kerkhoff und Team, Anja Woesler, Peter Riegler, in-halt, Beyond Berlin, Franz und Melanie Lohwasser, Matti Pohjola, Lasse Schnack, Dr. Cäcilia Bartmann, Peter Zeise, Franziska Heinz, Kathrin Nierstheimer, Martina Jacob, Stephanus-Werkstätten Berlin, Jens Walsdorf, Frauke Tampe-Falk, Michaela Liefeld, Birgit Haase, GeoCenter Touristik Medienservice, Sophie Klein, Matthias Berns, Hansjörg Hoppe, Hans-Michael Schnack, Stephan Lüdecke, Promobil, Stefan Weidenfeld, Knaus Tabbert, Rent and Travel, Patricia Wilhelm, Bioland, Ulrike und Friedhelm Plaß, Nikita von papertwins, Leah Katz, Jan Stallmann, Jan Zimmermann, Reinier Woltjer, Johanna Poland, Markus Nass, Julia Schnack, Jukka, Lotta & Line, Clara und den vielen Reisenden im Landvergnügen

Bildnachweis

Landvergnügen, Lars Schulz, Madlen Krippendorf, France Passsion, Eric Tiedt (Illustrationen), Markus Nass, Timo Jaworr, Anna Pröbstle, Knaus Tabbert

Klimaneutral Druckprodukt
ClimatePartner.com/13493-2203-1027

FSC www.fsc.org MIX Papier aus verantwortungsvollen Quellen FSC® C043106